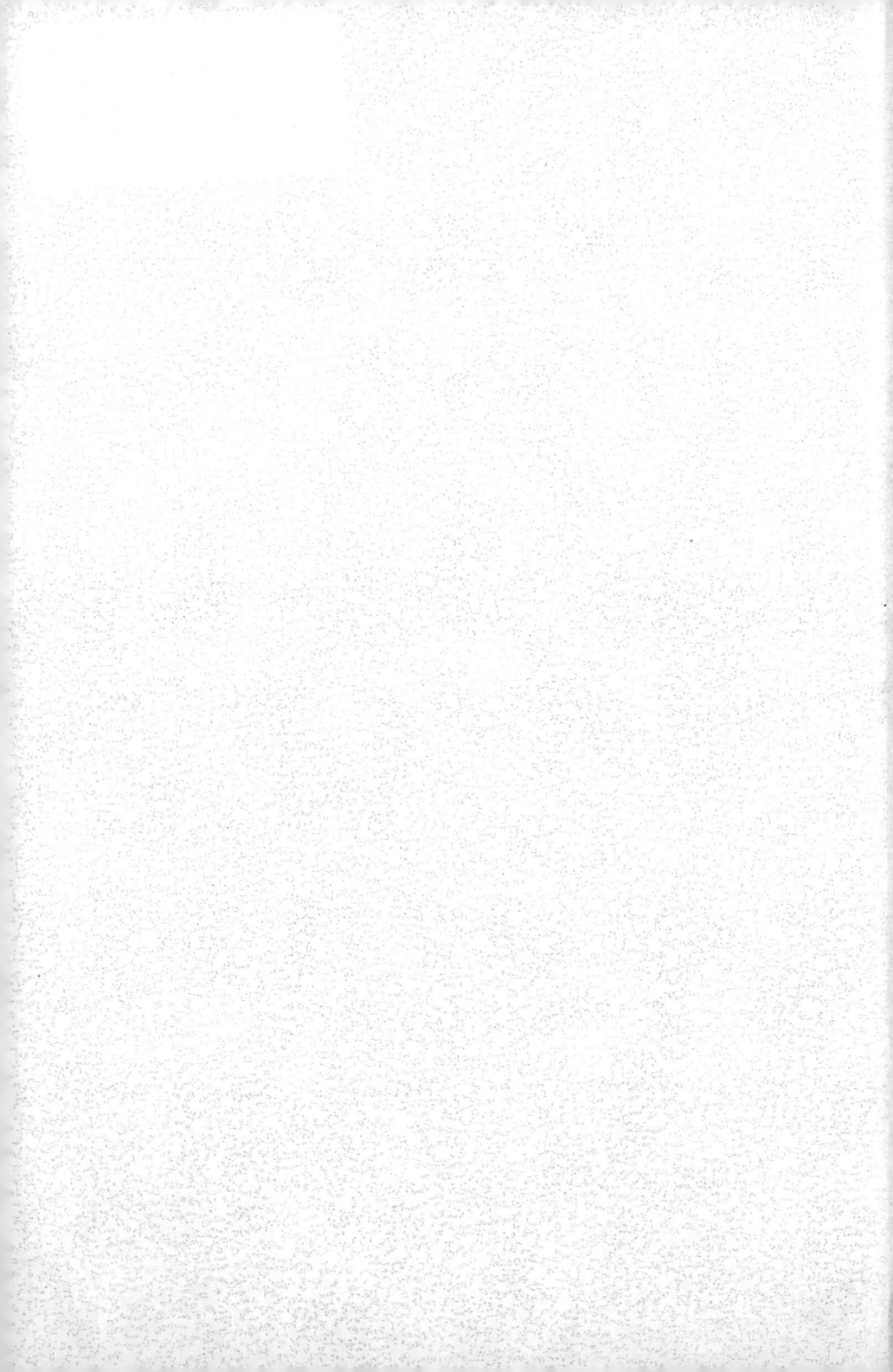

廣東文人年表

嶺南陳永正署

李君明 著

第一冊

南方出版傳媒
廣東人民出版社
·廣州·

圖書在版編目（CIP）數據

廣東文人年表／李君明著. —廣州：廣東人民出版社，2020.8
ISBN 978-7-218-09092-4

Ⅰ. ①廣… Ⅱ. ①李… Ⅲ. ①文人—年表—廣東省—古代 ②文
人—年表—廣東省—近代 Ⅳ. ①K825.4—62

中國版本圖書館 CIP 數據核字（2013）第 263251 號

GUANGDONG WENREN NIANBIAO

廣東文人年表

李君明　著

出 版 人：肖風華

封面題簽：陳永正
責任編輯：張賢明
裝幀設計：瀚文文化
責任技編：吳彥斌　周星奎

出版發行：廣東人民出版社
地　　址：廣州市海珠區新港西路 204 號 2 號樓（郵政編碼：510300）
電　　話：(020) 85716809（總編室）
傳　　真：(020) 85716872
網　　址：http://www.gdpph.com
印　　刷：廣州市浩誠印刷有限公司
開　　本：889mm×1194mm　1/32
印　　張：111.5　字　　數：3000 千
版　　次：2020 年 8 月第 1 版
印　　次：2020 年 8 月第 1 次印刷
定　　價：980.00 元（全四冊）

如發現印裝質量問題，影響閱讀，請與出版社（020—85716849）聯繫調換。
售書熱綫：(020) 85716826

代　序①

陳永正

　　廣東，古代爲百粵之地，故稱爲"粵"；因處於五嶺之南，故習稱"嶺南"。嶺南地區在商周時代，古越族土著已與中原及楚、吳、越等地有著經濟文化交往。秦、漢以來，大量的北方群眾越嶺南來，與本地居民融合，共同創造了絢爛多彩的嶺南文化。作爲嶺南文化的一個重要方面的嶺南詩歌，也在中原文化的熏陶中成章，成爲中國詩歌的一個組成部分，並逐漸形成在中國詩壇上著稱的具有地方特色的詩派——嶺南詩派。嶺南詩歌與中原文化的關係大致可分爲三個時期：一、自漢至宋元，可稱爲"接受期"，嶺南受到中原文化的直接影響，嶺南詩歌尚未形成真正的地方特色。二、自明至清中葉，可稱爲"交融期"，嶺南與其他地區交流密切，嶺南詩歌已形成獨特的詩派，足以與中原、江左頡頏。三、清末至民國初年，可稱爲"拓展期"，嶺南詩歌在全國也處於領先地位。

　　嶺南地處僻遠，唐宋以前，文獻散佚，詩歌流傳甚少。嶺南詩人見於載籍最早的是漢初番禺人張買。據歐大任《百越先賢志》載，張買在西漢孝惠帝時，"仕游苑池，鼓棹能爲越謳，時切規諷"，可惜這些越謳未能流傳下來。東漢番禺人楊孚，作

---

　　①　本文原为《全粵詩》前言的第一部分，今徵得作者同意，用作本書代序。

《南裔異物志》，文中的“贊”，都是四言韻語，優美生動，富有詩味。屈大均認爲：“《南裔異物贊》，亦詩之流也。然則廣東之詩，其始於孚乎?”（《廣東新語》卷十二）六朝時期，嶺南文士，代有其人。南朝梁時，新會人馮融爲羅州刺史，“汲引文華士，相與爲詩歌。蠻中化之，蕉荔之墟，弦誦日聞。”（黃佐《廣州人物傳》卷二）羅州，即今化州，爲當時文化落後的“蠻中”，而馮融以詩歌教化，可謂難得。梁武帝時桂陽（今連州）人廖冲，“博學能文辭……時武帝好儒學，招徠天下名士，冲與焉。嘗命賦詩，稱上意，嘉賞之。”（黃佐《廣州人物傳》卷二）梁武帝時曲江人侯安都，“工隸書，能鼓琴，涉獵書傳，爲五言詩頗清靡。”（《南史》卷六十六）他曾多次招引文士如陰鏗、張正見等吟詩。可惜馮融、廖冲、侯安都等人的詩歌都已經失傳了，但他們開嶺南風雅之先，其功自不可沒。陳朝南海人劉刪，梁武帝時被州郡舉爲咨議，侯官令徐伯陽到廣州，看到他的文章，歎爲“嶺左奇才”。劉刪的詩，流傳下來的只有收進《藝文類聚》的九首。綜上所述，漢魏六朝這個中國詩歌發展史上的重要時期中，嶺南詩歌則殊爲冷落，沒有比較傑出的詩人與詩作。這個時期只能算是嶺南詩歌的萌芽期。

　　唐玄宗初年，一位寒門之士崛起嶺南，在建功立業的同時，也以其詩歌創作在中國詩壇上占一席之地。他就是韶州曲江人張九齡。張九齡詩現存兩百餘首，中以五言古風爲多，五律次之。初唐詩壇尚存“梁、陳宮掖之風”，詩歌格調輕靡，陳子昂提倡漢魏風骨以變六朝的陋習，張九齡是陳子昂詩歌革新的同盟者。其詩長於比興，寄託深遠，繼承了楚辭以來的優良傳統，正如高棅的評論：“張曲江公《感遇》等作，雅正冲淡，體合風騷，駸駸乎盛唐矣。”（《唐詩品彙·五言古詩敘目》）除了“雅正冲淡”一路外，還有一些是高古清剛、風骨稜稜的，如《敘懷》、《詠史》、《荆州作》等皆是。張九齡的詩，開創了嶺南一代詩風，給當時和後世的優秀詩人以很大的影響，對嶺南詩派的形成和發展都起著重要作用，故有人也把嶺南詩派稱爲"曲江詩派"。作爲當時"文場元帥"的張九齡，自然也成爲嶺南詩歌的百代宗主。

晚唐的邵謁和陳陶，是張九齡之後較著名的嶺南詩人。邵謁現存詩三十二首，内容充實，涉及的社會面較廣，以五言古詩見長，形成了一種"洗剝到極净極真"（胡震亨《唐音癸籤》卷八）的藝術風格。不用任何彩繪的言辭，不用過多的修辭手段，以樸實無華的真情來感動讀者。邵謁詩的真樸與張九齡詩的雅正，成爲嶺南詩歌的兩條藝術主線，一直影響著各代詩人，如宋代的余靖，明代的區大相、屈大均、陳恭尹，清代的黎簡、宋湘，近代的黄遵憲、康有爲，不管是直接或間接，是有意或無意，大都沿著這兩條主線進行藝術創作，逐步形成嶺南詩歌的獨特風貌。

北宋時期嶺南詩歌的代表是余靖。余靖是一位"炳烺青史"的名臣，爲人剛正不阿。他的詩也繼承了張九齡、邵謁的傳統，體現出幽嶠傲兀、蒼勁樸老的風骨。南宋時較著名的詩人有崔與之與李昂英。崔與之詩，梁善長《廣東詩萃》稱其"猶有唐人遺音"，多憂念國事之作，在沉鬱中有高昂的氣概。李昂英以"直聲動天下"，是以詩亦剛直激昂、奇崛遒健。南宋末年，作爲抗元最後一個據點的珠江三角洲地區，在民族危難之際湧現了一批愛國詩人。其中影響較大的有以趙必璇爲首的東莞籍詩人群體。趙氏與邑中遺民結成吟社，以名節相勵，所爲詩長歌當泣，慷慨激烈，鮮明地體現了嶺南詩歌傳統的雄直之風。唐宋時期，可以説是嶺南詩歌的成長期。羅蒙正是元代詩人，顧嗣立謂其詩"格調頗高，五言律句，音響尤工。"（《元詩選》三集辛）羅蒙正承先啟後，開南園諸子的先河。宋元之際，嶺南詩人群體形成，大量雄渾蒼勁的詩作出現，顯示著所謂"嶺南詩派"已經有了雛形。

元末明初，嶺南最主要的詩人群體當數"南園五先生"。"南園五先生"又稱"南園五子"，指嶺南詩人孫蕡、王佐、李德、

黃哲、趙介五人。他們在廣州南園抗風軒中同組的"南園詩社"，
爲嶺南詩史上影響最爲深遠的詩社，後人亦稱他們爲"南園派"。
五先生爲詩，上追三唐，力矯元代詩歌創作中的纖弱萎靡之風，
嶺南詩風爲之振起。歐大任在《潘光禄集序》中指出："明興，
天造草昧，五嶺以南，孫蕡、黃哲、王佐、趙介、李德五先生
起，軼視吳中四傑遠甚。"屈大均《廣東新語·詩語》亦云："五
先生以勝國遺佚，與吳四傑、閩十才子並起。皆南音，風雅之
功，於今爲烈。"《四庫全書總目提要》云："粤東詩派，數人實
開其先，其提倡風雅之功，有未可没者。"（《四庫全書》卷一八
九《廣州四先生詩》條）以孫蕡爲首的"南園五先生"與以高
啟爲首"吳四傑"、以林鴻爲首的"閩十才子"同時，共開有明
一代風雅之宗。明胡應麟謂"嶺南詩派昉於孫蕡仲衍"（《詩藪續
編》卷一），嶺南詩派之名亦自此著稱於中國詩壇。孫蕡是南園
五先生之首，才華洋溢。他的詩既有氣象雄渾的一面，又有清圓
流麗的一面。明清以來，學者對其詩評價很高，推許爲嶺南明詩
之首。朱彝尊更盛讚道："自蕡以下，世所稱南園五先生也，仲
衍才調，傑出四人。五古遠師漢、魏，近體亦不失唐音，歌行尤
琳瑯可誦。"（《静志居詩話》卷三）五先生對嶺南詩歌的發展，
起過積極的作用。

　　明代中葉，隨著社會經濟的繁榮和文化統治政策的放寬，嶺
南詩壇出現了前所未有的活躍氣象。一百年間詩人輩出，佳作如
雲。其中最有特色的作家，當推世稱明代廣東三大學者的邱濬、
陳獻章和黃佐。

　　邱濬是一位飽學之士，爲詩格律精嚴、不失矩度。陳獻章爲
明代著名哲學家，《白沙子全集》存詩約兩千首，風格超妙冲淡，
清新秀美，富於韻味，不少寄寓哲理或議論藝事的作品，也寫得
奇瑰跌宕，情理交融，妙義微言，隨機而發。七言絶句，寫景優
美，別具理趣，一位哲學家澹遠的襟懷、澄明的心境都在詩中表
現出來了。陳獻章詩與莊定山齊名，時人號爲"陳莊體"。白沙

弟子能詩者頗多，如湛若水爲詩恪守師法，重自然，重韻趣，爽朗俊逸，時有精妙之語。黃佐詩風雄奇瑰麗、壯浪恣肆，後人因尊爲"吾粵之昌黎（指韓愈）"。作品題材多樣，境界雄闊、意蘊深厚，給明代中葉以後的廣東詩人以很大的影響。溫汝能《粵東詩海》稱其詩"言皆有物可以措施"，"旗鼓振發，群英競從"。朱彝尊則謂"嶺南詩派，文裕（黃佐謚號）實爲領袖，未可泯也"，並稱其有"起衰"之功。（《静志居詩話》卷十一）

　　"南園五先生"，指嘉靖年間的詩人歐大任、黎民表、梁有譽、李時行、吳旦五人，又稱"南園後五子"。歐大任才氣縱橫，學養甚深，因受到李、王等人的習染，追求"詞氣溫厚"、"一歸雅馴"，以成就所謂"治世之音"，故其作品雖"正大典麗"而缺乏創作個性。但縱觀其全集，仍有不少自抒胸臆、不依傍古人的佳作。黎民表古詩結構嚴謹，用筆沉著，近體則清勁深遠，頗得其師黃佐的神髓。梁有譽是明"後七子"之一，在中原詩壇頗有聲響。古詩多擬"選體"，而近體詩卻清新婉美，頗有情致，時亦有雄深悲壯、句律精嚴之作。李時行詩寄託深微、骨力騫舉。五人早年曾師事學者、詩人黃佐，頗受黃佐雄直恣肆詩風的影響，在當時濃厚的擬古主義氛圍中能够或多或少擺脱"文必秦漢、詩必盛唐"的陋習，比較自覺地繼承和發展南園前五先生開創的詩風及現實主義傳統。清檀萃認爲："嶺南稱詩，曲江而後莫勝於南園，南園前後十先生，而後五先生爲尤盛。"（《南園後五先生詩序》）後五先生不僅在嶺南詩壇上高張大纛，在中原地區也蜚聲一時。

　　區大相爲明後期嶺南傑出的詩人。屈大均謂"明三百年，嶺南詩之美者，海目爲最"，又謂其"力袪浮靡，還之風雅"（《廣東新語》卷十二）。王士禎又謂"粵東詩派，皆宗區海目"（《漁洋詩話》卷下）大相詩內容充實，感慨深沉，其《南行感懷》四十首，對國家政治的重大問題，如宦官專權、橫徵暴斂、經濟崩潰、媚事强敵等都作了深刻的揭露，表現了詩人對當時社會危機的洞察力。

　　明末天啟、崇禎年間政亂國危，嶺南愛國志士爲挽救民族危亡，勇赴國難，在艱苦卓絕的鬥爭中，耿耿孤忠發而爲詩，大量悲慨感人的作品抒發國破家亡的悲憤，揭露清軍入侵的暴行，表現漢族人民堅貞不屈的鬥爭精神和高尚的愛國情操。其中一些詩人親身參加抗清戰鬥，獻出了寶貴的生命。在這些烈士詩人中，以被稱爲"嶺南前三家"的鄺露、黎遂球、陳邦彥三人成就最高，溫汝能分別將他們稱爲"粵中屈原"、"粵中李白"和"粵中杜甫"。（《粵東詩海·例言》）鄺露詩在内容上多涉及時事，寄慨無窮；在藝術上清曠超妙，一片神行，繼承楚辭的優秀傳統，充滿了積極浪漫主義精神。黎遂球詩高華駿爽，氣魄宏闊，表現出强烈的愛國熱情。陳邦彥詩風慷慨蒼涼、氣勢甚勁，如《和杜甫秦州雜詩》二十首，揭露清軍殺戮平民的暴行，抒發山河淪喪的悲慨，表達抗戰到底的決心，逼肖杜甫原作。

　　明清之際的屈大均、陳恭尹、梁佩蘭三人，被稱爲"嶺南三大家"，三家的詩作不僅在嶺南而且在全國都享有令譽，在文學史上也有重要地位。嶺南三大家力掃明代復古詩風，爲詩"自成面目，不在天下風氣之内"（梁佩蘭《東軒詩略序》），滿懷激情地反映當時的社會現實生活，有著鮮明的地方特色，發展了嶺南詩歌的"雄直"詩風。三家成爲嶺南詩壇的領袖，而"嶺南詩派"也以嶄新的面目崛起於中國詩壇。屈大均詩取法楚辭，其本人也常以屈原自比。早年的作品慷慨豪邁，奇情鬱勃，表現了詩人爲國家民族建功立業的理想。中年時歷盡艱辛，長途跋涉、志圖恢復，詩風更是悲憤沉雄，表現出强烈的民族志節。直到晚年，抗清事業失敗，壯志無成，依然不改初衷，詩意深刻沉痛，表現了當時遺民志士共同的心情。陳恭尹是抗清烈士陳邦彥之子，身歷國破家亡的慘變，早年詩感事傷時，表現了對國家民族危難的巨大憂憤，有不少反映人民疾苦、志圖恢復的好詩。詩人飽經憂患，直到晚年仍保持堅貞的氣節。其詩風格沉雄鬱勃、慷慨蒼涼。陳氏論詩亦不拘泥於宗唐宗宋的偏見，博採眾長，直抒胸臆。梁佩蘭一生不甚得志，早年經歷明清之際的喪亂，目睹戰爭給人民帶來的沉重的灾難，寫過一些反映民生疾苦的詩篇，並流露出對故國的眷念之情。如他在二十一歲寫下的名作《養馬行》，揭露清軍殘害人民的罪行，深爲世人所稱賞。“嶺南三大家”在藝術風格上也各具特色。屈大均詩以屈原、李白爲宗，怨憤中有超逸之氣；陳恭尹則師法杜甫，筆力沉著雄健；梁佩蘭則導源古樂府，藻麗辭豪。在體裁上，屈氏尤擅五律，陳氏擅七律，梁氏則以七古擅場，“當代誇爲三絕”（朱庭珍《筱園詩話》）。而在三家之中，尤以屈大均的成就爲最高。

　　明末清初有一個獨特的詩人群體很值得注意，那就是所謂的“海雲詩派”。崇禎末年政局頹敗，戰亂紛起。一些中下層讀書人無意仕進，每逃遁於空門。明亡後，在嚴酷的民族壓迫下，不少有氣節的仁人志士，寧願出家爲僧，也不跟清政權合作。廣東一代高僧天然大師函昰，嘗主持番禺雷峰山隆興寺（後改名海雲寺），其門下弟子眾多，皆以“今”字排行，中多能詩者，詩歌內容和風格亦較相近。函昰的《瞎堂詩集》中，有不少激楚高昂的詩作。函可與函昰同門，聲氣相同，其所爲詩，“痛傷人倫之變，感慨家國之亡，至性絕人，有士大夫之所不能及者。”（《廣東新語》卷十二）函昰門下最著者稱爲“十大法嗣”，即今無、今覷、今摩、今壁、今釋、今辯、今䵺、今但、今遇、今攝。十人皆能詩，清人徐作霖、黃蠡編有《海雲禪藻集》四卷，收錄與海雲寺有關的僧人、居士的詩作，其中詩僧六十位，多爲“今”、“古”兩輩僧人，故編者以“海雲”名集，稱爲“海雲詩派”亦源於此。

　　乾隆年間，黎簡與呂堅、張錦芳、黃丹書訂交，詩酒唱酬。李文藻贈詩四人，有“張黃黎呂各云樹”之句，時人遂據之稱爲“嶺南四家”。四家是廣東詩壇中興的代表人物，他們繼承了“嶺南三大家”的優良傳統，一掃雍正及乾隆初年廣東詩壇中庸濫的

詩風，使嶺南詩歌走上健康發展的軌道。黎簡是清中葉最傑出的
詩人，足不逾嶺而名滿天下。黎簡詩以境新、句奇、意深、情真
而獨樹一幟。使用新的語彙和創作手法，創造新的藝術意境，形
成獨特的個人風格，故深受時人的讚譽。洪亮吉特別欣賞其善於
"造境造意"，"能拔戟自成一家"，所存之詩"足以睥睨一世"。
（《北江詩話》卷一、卷三）張錦芳詩取精用弘、魄力頗大。馮敏
昌為詩少時學韓愈、黃庭堅，上宗李白、杜甫，貫穿諸家，自成
蹊徑。錢載對嶺南詩素存偏見，認為"自曲江後，諸子或存偏方
之音，惟馮生力追正始"。（黃培芳《香石詩話》卷一）馮氏詩
工力極深，亦有情致。《清史稿》本傳謂"其悱惻之情、曠逸之
抱，一寓於詩"，推之為嶺南詩的"大宗"，自當之無愧。宋湘的
詩，更是嶺南"雄直"詩風的代表作品，雄渾奔放、駿爽豪健，
有著鮮明的個性。宋湘發對摹擬，自言"作詩不用法"，努力突
破正統藩籬，這對晚清"詩界革命"巨子黃遵憲等人影響很大。
宋湘詩中不少明白如話的作品抒懷述事，委曲盡情，語言簡潔生
動、筆調自然。晚年之作，漸趨沉鬱深厚，氣韻沉雄，骨格勁
健，大筆淋漓。嘉慶年間，譚敬昭、黃培芳、張維屏三人有詩名
於時，黃培芳詩筆秀健，其五言律詩尤為超卓不凡。張維屏為
嘉、道間廣東詩壇領袖，晚年經歷兩次鴉片戰爭，寫過不少反映
現實的詩歌，近代文學史家都把他當做近代文學開創者之一來論
述。張氏早年詩清麗優雅，然未脫乾、嘉詩壇習氣。中年以後，
筆力轉趨老健，時有沉摯雄宕之作。晚年目睹帝國主義入侵，寫
下一些悲壯豪邁的愛國詩篇。

　　十九世紀六十年代以後，是中華民族與外國侵略者矛盾鬥爭
極其尖銳複雜的時期。中國人民在創巨痛深的民族危難中，為救
亡圖存作了不懈努力，一批愛國政治家掀起了一場維新變法運
動，積極宣傳改革現狀、抗禦外敵的思想。其中的進步詩人，發
起了"詩界革命"的呼聲，以他們大量的充滿政治熱情的詩歌，
揭露和譴責外國侵略者和封建專制勢力，反映當前的民族危機和

人民的苦難，以"新派詩"表現時代的新精神、新面貌。維新運動的代表人物黄遵憲、康有爲、梁啓超等也都是傑出的愛國詩人。他們在戊戌變法前後寫下的詩歌，是中華文化中不可多得的瑰寶。黄遵憲是近代中國詩壇大家、詩界革命派的中堅，詩歌成就很高。黄氏尤擅長篇歌行，縱横跌宕、氣勢甚勁，多寫重大歷史題材，故時人稱之爲"詩史"。黄氏又曾出使日本及美洲，有不少反映外國新事物的詩歌。丘逢甲先世爲廣東蕉嶺人，後移居臺灣苗栗。丘氏詩多抒寫愛國愛鄉的激情，蒼凉悲壯。康有爲是戊戌變法的主要領導者。他在變法期間所寫的詩歌，多反映當時的重大歷史事件，表現了詩人對國家和民族命運的關切之情。戊戌政變發生後，康有爲逃亡國外，仍然心懷故土，寫了大量愛國懷鄉的詩歌。梁啓超在變法失敗後逃亡日本，展望將來時局，詩人的心始終繫在祖國，詩歌抒發悲憤愴痛的心情，但又不失豪邁的意氣。康門弟子能詩者甚多，其中最著者如麥孟華、曹泰、韓文舉、梁朝傑、王覺任、潘之博、歐榘甲、伍莊、陳焕章、陳榮袞、張伯楨、盧子駿、梁啓勛、何雲衢、劉翰棻、潘鏡涵等均有作品傳世。

　　廣東是民主革命的策源地。一大批革命志士追隨孫中山先生左右，爲推翻清王朝封建統治、建立民主共和國而奮鬥。他們自覺地運用詩歌這一武器，宣傳民主革命和反帝反清主張，謳歌正義，貶斥邪惡，詩中洋溢著强烈的革命激情。朱執信是一位堅定的革命者，他以傳統的比興手法，熱情歌頌革命者的高尚品格和犧牲精神，悲歌慷慨，氣足神旺。胡漢民早期作品意氣豪邁，感情深摯。廖仲愷政務繁忙，作詩不多，亦時有佳製。在民主革命時期，革命者能詩的不少，其中比較突出的尚有尢列、陳少白、羅仲霍、羅福星、潘達微、陳樹人、何香凝、葉恭綽等。

　　近代嶺南詩壇上，除了維新派和民主革命派詩人外，還有一些以詩才詩功見長的詩人，他們或多或少受到風靡一時的宋詩運動的影響。其中最著名者是被稱爲"近代嶺南四家"的梁鼎芬、曾習經、羅惇曧和黄節。梁鼎芬詩在藝術風格上是獨樹一幟的，在近代中國詩壇中有頗高的地位。陳衍曾説他“窺中晚唐及南北宋著名家堂奥。佳處多在悲慨，超逸兩宋”（《石遺室詩話》卷二）。梁氏七絶走晚唐一路，清婉動人。曾習經一生對詩藝孜孜以求，刻意專精，憂念國事，所爲詩亦情詞淒苦。晚年之作由絢爛歸平澹，功力尤深。羅惇曧詩以冲澹平和見長，寫景之作格韻俱高。在“近代嶺南四家”中，成就最高的當推黄節。作爲學者的黄節，其詩也達到了學力與才力的完美統一，詩功日進，詩境日深，卓然成爲近代詩壇大家。諸體詩中，尤以七律最爲擅長，既有唐詩的文采風華，又有宋詩的骨格矯健，剛柔並美，渾化無跡。

序

　　吾粵文明，先秦草昧。降及漢唐，文家迭出。張文獻發軔於前，崔清獻、李文溪繼隆於後。洎乎明清近代，已可與中原、江南鼎而三足矣。

　　陝右中部李君明博士，師從當代嶺南文化名人、中山大學陳永正教授，以《明末清初廣東文人年表》未能備述粵東文客之盛，遂致意蒐輯，上自周秦，下迄近代，舉凡典籍有載可編年者，悉納於內，歷數寒暑，終成鴻篇，名之曰《廣東文人年表》，都三百萬言，粵東文人行跡可稱備矣。

　　李君書成，求序於予。余主法廣州花都華嚴寺有年，素有助興中華傳統文教之志，故特設基金，已出版《華嚴叢書》等多種。今得李君書，甫一展閱，即驚其學殖醇正、識見高妙、用力勤勉，感其志，遂誌數語弁諸首，以悉原由。是爲序。

　　　　　　　　廣州花都華嚴禪寺主持　釋印覺謹序
　　　　　　　　壬辰年閏四月十五日

代前言①

一、概述

西漢司馬遷著《史記》，開創了紀傳體史書，其中有"表"之體例，立表凡十，年表居八②：《十二諸侯年表》（卷十四）、《六國年表》（卷十五）、《漢興以來諸侯王年表》（卷十七）、《高祖功臣侯者年表》（卷十八）、《惠景閒侯者年表》（卷十九）、《建元以來侯者年表》（卷二十）、《建元以來王子侯者年表》（卷二十一）和《漢興以來將相名臣年表》（卷二十二）。後來正史如《宋史》、《元史》、《遼史》、《明史》、《新元史》和《清史稿》等，均列有年表多種。

明清時期出現了年表成書，如清代王之樞、周清原奉敕重修的《御定歷代紀事年表》，多達一百卷，清代齊召南編的《歷代帝王年表》三卷、周嘉猷撰的《三國紀年表》等。

近代更是有不少年表專書問世，如盧彤的《中國歷史大事年表》、劉大白編的《五十世紀中國歷年表》、陳慶麒編的《中國大事年表》以及日人今關壽麿編撰的《宋元明清儒學年表》、中村久四郎和山根倬三編的《支那歷代年表》等。

---

① 本文原為《明末清初廣東文人年表》序言，今移此作代前言。有改動。

② 《史記》在流傳中所有的表皆已遺失，僅存序文，但表之體例由此而創，後世史書多有沿襲者。

當代各種年表更是數不勝數。近人張慧劍於二十世紀八十年代初著的《明清江蘇文人年表》（以下簡稱"張表"），在海內外學術界產生了較大影響，成爲研究明清江蘇文人的必讀書和工具書。《明末清初廣東文人年表》（以下簡稱"本表"）雖然直接受張表影響而編成，如均爲一省的明清文人編年表，但在體例上有許多不同：

第一，本表主要記載明末清初廣東文人的活動，起於明泰昌元年（一六二〇），終於清康熙六十一年（一七二二）。

第二，體例有不同。張表並不按年月日順序排列文人的活動，而本表只要年月日可稽，就按年月日順序列出廣東文人的行跡。

第三，張表不列人物小傳，而本表爲五百七十餘位明末清初廣東籍文人或長期在粵生活的外省籍文人列小傳。

第四，詳略不同。張表非常簡明，而本表則視資料多寡而有詳有略。

二、明末清初廣東文人個案攷察舉例

前人編成的年表雖然很多，但全面反映明末清初廣東文人的年表則未見。我數年來參與《全粵詩》的編撰，特別是負責明末部分，積累了許多明末清初廣東文人的第一手資料，這爲本表能夠編成提供了必要條件。

在編撰本表的過程中，我發現了不少問題，亦有不少收獲：

首先，通過本表的編撰，對明末泰昌至清初康熙末廣東文人，上至達官顯宦，下至釋道閨媛，有了總體的把握和瞭解。而如實按年月日順序列出他們的生平際遇、所作所爲，讓人一覽便知，既可省却許多翻檢之勞，也給學者進行更深入的研究提供了便利。

其次，通過本表的編撰，解决不少具體的學術問題。如明天啓、崇禎時期的重要大臣熊文燦，《明史》失載其字。而在其幕客梁朝鐘的《喻園集》中有不少詩篇涉及，如《同熊心開楊海門張蒴公曾宅師劉觀復入黄岩謁空和尚道開先寺寺石壁有吳道子鐫觀音像王伯安平宸濠紀功文》、《同熊總理心開舟師過漳江時張蒴公曾宅師扁舟來自廬山》、《憶檀谿》（小序云：“初歸粤，與汪祥麟話。又明年，熊心開死矣”）、《蘭谿取道入蘄水與都護汪祥麟偕有懷熊心開總理》、《初至襄陽與熊心開總理夜話》等。因爲古人有稱字習慣，由上述詩可知，熊文燦應字“心開”，且字“心開”與作爲名的“文燦”亦語意相關。又據梁朝鐘《上巳前一日微雪夜酌石巢示熊伯子檜仲子柏季子椿司馬心開原籍蜀瀘避亂寓楚三子兩母一瀘一蘄時生陟屺之歎詩以慰 二首》，此處“心開”即熊文燦。梁朝鐘曾爲熊文燦長子檜、次子柏、季子椿之師，故所記自然准確。此外，通過此詩題亦可攷出熊文燦原籍爲四川瀘州。如果對熊文燦字心開之説還不放心，那麼釋函昰詩亦可爲證：《悼袁特丘中丞四首 有引》第二首小注有“憶崇禎庚辰九江與熊心開經略道別，亦以住匡心切，弗獲同入京師，竟至永訣”句（《瞎堂詩集》卷八）；《彭飛雲刺史入海雲偶談往事感而成詩即以爲贈》詩後自注云：“崇禎末制府熊心開參先老人（釋道獨）最篤，後經略西師，在楚被逮，刺史適居其署中。”（《瞎堂詩集》卷十四）

　　另外，近披閱清初“神韻派”創始者、當時文壇泰斗新城王士禎之《帶經堂集》，發現了清初廣東重要詩人程可則的小字爲“佛壯”[1]，由此亦可見王士禎與程可則有非常密切的私人關係。又據羅天尺《癭暈山房詩删》卷九《題程舍人湟榛集後 可則》首句“程五遺編騰海日”，可知程可則排行第五。

---

[1]　王士禎有七絶《江上懷汪程劉三子兼寄家兄西樵二首》（王士禎《帶經堂集》卷七《漁洋詩七 庚子稿》），第一首首句云“佛壯談詩登秘閣，周量小字，時聞舍人之命”，由此可知程可則小字佛壯。

至於本表攷出廣東文人的生卒情況，更是不勝枚舉。略舉數例如下：

陳是集，字虛斯（一作期），號筠似，別號雙峰居士，晚曰忍辱道人。瓊山（一作文昌）（今屬海南）人。天啟元年（一六二一）舉人。崇禎四年（一六三一）進士，崇禎九年（一六三六）授中書舍人，出使蜀、粵諸王。既復命，被人嫁禍而入獄，會赦得免。永曆元年（一六四七），郡邑多事，遁居鄉里。清兵占瓊，絕粒而亡。著有《南溟詩集》、《中秘稿》。道光《瓊州府志》卷三四有傳。陳是集生卒年不詳，但從《中秘稿》卷首《筠似公行狀》可知其登進士第時年三十九，而據其崇禎四年（一六三一）中進士，可以推出其當生於萬曆二十年（一五九二）。另外知陳是集在清兵占瓊時絕粒而亡，那麼清兵占領海南的清順治七年（一六五二）就應爲其卒年。

凌雲，字澹臞，號髡放。仁化人。天啟七年（一六二七）舉人，崇禎十三年（一六四〇）副榜進士，授河南府推官。清初不仕。著有《集陶集》、《樂此吟》。釋澹歸《徧行堂集》文之十二有《凌髡放墓表》，其中言凌雲於康熙十年（一六七一）卒，享年七十七歲，依此可逆推其生於明萬曆二十三年（一五九五）。

再舉陳遇夫爲例。據其《涉需堂文集·涉需堂書義序》記載，陳遇夫年十一始學爲時文。而他十一歲那年是清康熙六年（一六六七），由此可推知陳遇夫當生於清順治十四年（一六五七）。又知其年七十一卒，亦可推知其卒於清雍正五年（一七二七）。

在本表的編撰過程中，也發現一些記載的歧異，有必要加以攷辯。如"庚寅之劫"①（亦稱"廣州再陷"或簡稱"廣再陷"）

---

① 因爲本年即永曆四年（清順治七年，一六五〇）爲夏曆庚寅年，故有此稱。庚寅年亦即俗稱的虎年，而此劫的主要劊子手尚可喜恰好屬虎，因廣州又別稱羊城，所以民間又有"虎吃羊"之說。

作爲重大歷史事件，發生的時間就有不同的説法：一是釋成鷲①
在其《紀夢編年》中的説法："年十有四，歲在庚寅。清平南王
尚名可喜、靖南王耿名重明，帥師南下，恢復廣東。正月，内城
中聞警，舉國惆惶。（南明）巡撫杜名永和，移家戰艦，將帆海
南竄矣。越月，大兵（指清兵）未入境，復還據城。未幾兵（指
清兵）至，駐札北郭外，連營十里，軍勢殊鋭。杜不克帆海，乃
堅壁固守，三面拒敵，惟南門通海運，接濟糧草，不致合圍坐困
耳。下令居民婦女不許出城，男子往來印臂爲號。先君（釋成鷲
父方國驊）以母在不忍遽去，遣予兄弟先還鄉里。圍城八月餘，
日夕攻守，砲礮（"礮"當衍）聲如泲雷，民不聊生，士不解甲。
城中有掌兵柄者范某，踰垣納欵，致礮臺失守。清兵據險薄城，
勢不可支，眾將解體。先君知不可守，泣別老母，先六日冒險還
鄉。至十月初二日城陷，以拒命故，屠焉。男子之在城者，靡有
孑遺。婦稚悉爲俘擄，監管取贖。七日止殺。先君入城，幸眷屬
無恙。"②

　　另一種説法是汪宗衍《天然和尚年譜》引《通鑑輯覽》之説
法：二月清兵圍廣州城，十一月城陷。吳天任《澹歸禪師年譜》
同意後一種説法，即十一月初二日穗再陷，並引《行在陽秋》、
乾隆《番禺縣志》卷十八以證之。汪、吳所同意的"十一月初二
日穗再陷"，史家多從之。③而汪宗衍《鄺中秘湛若年譜》則説
二月清兵圍廣州，十月二十八日清軍大舉入城，主要依據是乾隆
《番禺縣志》和阮元《廣東通志》等。我認爲釋成鷲身經此劫，
又年已十四歲，是好記憶力的時期，其《紀夢編年》雖然爲晚年
所作，但終究是當代人作當代史，其説法儘管是孤徵，但應更接

───────────

　　①　釋成鷲在甲申國變時年僅七歲，但一直不與清廷合作，可稱之爲明遺民
之遺少。
　　②　（清）釋成鷲撰：《紀夢編年》，清同治二年《嶺南遺書》本。
　　③　清李天根《爝火錄》、清計六奇《明季南略》均言廣再陷於十一月初二
日，清王夫之《永曆實錄》言廣再陷於十一月。

近事實，即廣州二月被圍，守城凡八月餘，十月初二日穗再陷，屠城，七日止殺，所以羊城"庚寅之劫"亦可稱之爲"廣州七日"，如同發生在此前不久的"揚州十日"、"嘉定三屠"、江陰之"滿城殺盡"。如果依據釋成鷲的説法即十月初二日穗再陷，那麼死於此劫的"粤中屈原"鄺露的卒日就應另當別論了。

汪宗衍《鄺中秘湛若年譜》將鄺露殉國日定爲十二月初一日，也承認廣州城第二次被攻陷在十月份①，但又説二十八日由於突然被調守北門的范承恩開門揖盜，所以同日清軍大舉入城。照汪先生的説法來推，鄺露之死也應在十月二十八日或其後七日之內（據釋成鷲記載説清軍"七日止殺"），而不應拖至十二月初一日待清朝騎兵入室就戮。

汪宗衍、黄莎莉《張穆年譜》康熙六年（一六六七）條言：十月，博羅知縣胡大定移官河南鄧州，張穆繪畫二葉贈行。② 釋今無《羅浮書院碑記 代》言及胡大定事，明言其於康熙九年（一六七〇）擢雲南鄧川州牧，乾隆《博羅縣志》卷五《秩官》亦言大定"陞雲南鄧川知州"，與汪譜所言於六年十月擢河南鄧州迥異，汪譜所言當誤。（釋今無《光宣臺集》卷七）

本表反映了廣東明遺民的所作所爲。廣東地區忠於明朝的遺民尤多，這應與宋以來廣東人就有遺民情結有關，《宋遺民録》、《明遺民録》兩書中，粤籍人士就爲數不少。宋、明兩朝，宋亡於廣東崖山，明雖亡於滇，但最後與清決戰的地方卻是在廣東地區。

明末清初廣東遺民詩人除了在全國產生影響的第一流詩人屈大均、陳恭尹外，還有一大批較有成就和特色的詩人，如張穆、

---

① 廣州城第一次陷落是由清將佟養甲、李成棟於紹武元年（一六四六）十二月十五日突襲攻入。
② 廣州市美術館藏《胡邑侯移官去思册》，一爲《小鳥竹枝圖》，題識云"鐵橋道人"。一爲《枯樹獨驥圖》，題識云："丁未孟冬，寫於萬軸堂，羅浮張穆。"

王邦畿、陳子升、何絳、何鞏道、張家珍、羅賓王、薛始亨、王鳴雷、岑徵、屈士煌、陶璜等，還有些方外詩人，如釋函昰、釋函可、釋成鷲，嚴格講都是重要的遺民詩人，以至於曾任清翰林學士、辛亥後避居香港的陳伯陶編了《勝朝粵東遺民錄》，專爲三百一十二位明末清初的廣東遺民立傳。

廣東遺民如此之多的原因可從以下幾個方面來攷察：

首先，從外因來講，宋末、明季都面臨民族危亡的局面。特別是明末清兵入關以後焚燒殺掠，不尊重漢民族的傳統習慣，強令男子剃髮易服，又推行圈地、蓄奴、禁止逃亡、遷界等暴政，自然激起歷來崇尚氣節的嶺南人激烈反抗。當時北起韶關，南抵番禺、新會，東至潮州，西達靈山，義軍蜂起，達數十支之多。但當這些反抗被鎮壓，抗清志士除了戰死外，剩下的便做起了遺民。他們有的隱遁山林，匿跡鄉園，堅持不仕清廷；有的矢志不渝，從事地下活動，暗中聯絡各地抗清志士，以圖再舉；有的削髮爲僧，利用佛寺掩護反清復明的秘密活動，這些遺民僧以番禺雷峰海雲寺天然和尚爲精神領袖，據《海雲禪藻集》的不完全統計，人數多達一百五十一人。

其次，中華傳統文化對廣東人潛移默化的影響，也使得廣東人崇尚氣節，鄙視變節事敵。特別是陳獻章的“白沙詩教”，其弟子湛若水進一步將其發揚光大後，至今仍被人津津樂道。廣東自宋亡不久就在南園（今廣州文德路中山文獻館）立三大忠祠祀殉宋之文天祥、張世傑、陸秀夫，包括陳白沙在內的歷代廣東文人墨客咏三大忠之作代不絕書。從廣東遺民來看，他們很多受到傳統“華夷之辨”思想的影響，很少變節事敵。即使功名心較重而出仕清朝的，也與遺民們往還不絕。如梁佩蘭雖然考取清朝進士，做了翰林，但跟屈大均、陳恭尹仍往來頻繁，關係密切。而另一位仕清的程可則，其所住北京廣東會館可以説是廣東文人在北京的接待站和後勤補給處。他們跟屈大均、陳恭尹私交甚厚，往來不絕，還時常飲酒高會。甚至因父蔭而曾做南明錦衣衛指揮僉事的陳恭尹，在病危時還邀請梁佩蘭爲他作行狀。[1]

最後，淳厚良好的社會氛圍，給遺民提供了精神的支撐、生活的保障和避難的場所。清廷首次在廣東舉行鄉試，强令士子赴考，不去者以叛逆論處，但最終因應者寥寥，誅不勝誅，只好作罷。更諷刺的是，主管考試的清提學使竟令諸生賦《西山采薇文》，以禮相送這些永謝場屋的明遺民士子。此次毅然不赴考的方顓愷（釋成鷲）當時更以忠孝男子自矜，並以此誇視鄉黨。（釋成鷲《紀夢編年》）而在廣東，不少地方也是遺民危難時的避風港。如南海的弼唐鄉。明永曆元年丁亥（一六四七）八月二十八日，陳邦彦殉國，遺孤陳恭尹聞變，易服逃至南海弼唐鄉，依陳邦彦弟子龐嘉鐾。後陳邦彦友湛粹（後爲恭尹岳父）遣舟迎至新塘，藏於夾壁中，陳恭尹才倖免於難。

至康熙十五年（一六七六），三藩之亂正熾，吴三桂兵攻惠州、肇慶諸處，廣東尚之信應之，嶺南兵火又起，還是龐嘉鐾招釋函昰遊南海弼唐之亦庵（嘉鐾所捨凈社），釋函昰有詩紀之。（釋函昰《瞎堂詩集》卷十四《磊園舍作禪林招予主社感而留題》、《龐若雲招遊亦庵有懷梁同庵》）次年五月初五，方顓愷（釋成鷲）自斷己髮爲僧，同時相約披髮入山者爲其故人陶璜[2]（北田五子之一）。當時釋成鷲還未拜師受戒，暫時寄跡亦庵。十七年，粤東變亂，釋成鷲暫假館於故人陶璜之別業，"依山而居。山名小漫者，因漫溪而得名。同時避亂擇里買鄰，惟弼唐爲安土。……梁藥亭太史爲首倡，予亦與焉。買地十畝餘，環溪卜築，匝以箐篁，森然有山水之趣。藥亭而樂之……遂名其地爲漫溪，自號漫溪翁焉。握山家有餘貲，別買地於山之陽，去漫溪烟

---

① 參見梁佩蘭《六瑩堂集·補佚·前錦衣衛指揮僉事私諡貞諧先生獨漉陳公行狀》。

② 陶璜爲釋成鷲好友，本來相約一同出家爲僧，但璜總猶豫不決，至死未能出家，璜卒後釋成鷲寫了既充滿幽默機趣又飽含深情的妙文《致亡友陶握山書》。（釋成鷲《咸陟堂文集》卷之十四）

火相望耳。結屋數椽，以待避亂之客，名小漫山。"居半載，釋成鷲大病幾死，好友李祈年憐其貧病，移榻就之，投以藥石，越月乃瘳。至三十九年（一七○○）秋，釋成鷲大病初起，支策能行，遂返故里，又養疴於弼唐亦庵。（釋成鷲《紀夢編年》）由以上可見，弼唐已成爲遺民們危難時的安身的"安土"。

除了弼唐，還有北田亦值得一提。

北田是順德縣的一個鄉，清順治年間，遺民詩人何絳①與兄衡及好友陳恭尹、陶璜、梁樏隱遁北田，合稱"北田五子"。地以人名，這些遺民詩人選北田隱居，應是因爲此地適合他們生活與活動。

三、明末清初廣東文人團體與文人世家

本表也記載了廣東地區明末清初許多文人團體與文人世家，今擇其要者略作介紹。

（一）明末清初的廣東詩社

明代文人極喜結詩社，廣東文人亦不例外，到了明末清初，此風更有過之而無不及，除了南園詩社繼續不定期活動外，還有訶林詩社、西園詩社、旦社、粵臺詩社（於西禪寺）、東皋詩社（在廣州東門外東皋別業）以及遠在潮州的陶社、北京的京社、晋社、偶社等。

1. 南園詩社

南園詩社建於明初，崇禎十一年（一六三八）二月十五日

---

① 何絳曾幾次與陳恭尹結伴遠遊，其真實目的要麼是訪海外明遺臣，要麼是想赴滇跟從永曆帝或聯絡張煌言、張名振、鄭成功等海上抗清勢力，事皆無成，倦遊歸隱北田。

（花朝節），由陳子壯（粤後三忠①之一）發起，與弟子黎遂球，弟陳子升，友人歐主遇、歐必元、區懷瑞、區懷年、黄聖年、黄季恒、黎邦瑊、徐棻、釋通岸等十二人復修南園舊社，世號“南園十二子”。其後吳越江楚閩諸名流亦來入社。（歐主遇《自耕軒集·憶南園八子詩》，《陳文忠公行狀》）

2. 訶林詩社

天啟五年（一六二五）二月，梁元柱與鄺露、黎遂球、李雲龍、歐必元、梁夢陽、梁繼善、趙焞夫等重新於訶林净社結訶林詩社，推陳子壯爲社長，常飲酒高會，賦詩作畫。（梁元柱《偶然堂遺稿》卷四《附錄·年譜》，康熙《順德縣志》卷八）訶林净社位於廣州光孝寺西廊（光孝寺別稱訶林）。最重要的一次聚會是崇禎元年（一六二八）四月，袁崇煥被重新起用爲薊遼總督，出山海關督師，陳子壯招集諸文士於廣州訶林净社殷勤餞行，趙焞夫作圖，陳子壯題引首“膚功雅奏”。題詩者十九人，除鄺露與陳子壯外，還有梁國棟、黎密、傅于亮、陶標、歐必元、鄧楨、吳邦佐、韓暖、戴柱、區懷年、彭昌翰、李膺、吕飛熊、梁稷、釋通岸、釋超逸、釋通炯等，對袁崇煥復出寄予厚望。鄺露題有七言律詩四首。（該卷現藏廣州市美術館，《東莞袁崇煥督道餞別詩》、吳天任《鄺中秘湛若年譜》）

3. 西園詩社

崇禎十七年（一六四四），屈大均年僅十五歲，與同里諸子立西園詩社。

4. 旦社

永曆二年（清順治五年，一六四八）春，在兵亂之後廣州大饑，斗米八百錢（乾隆《番禺縣志》卷十八）的情況下，薛始亨

---

① “粤後三忠”指抗清犧牲的陳子壯、張家玉、陳邦彦。粤人稱之“三大忠”是指宋末抗元犧牲的文天祥、張世傑、陸秀夫，並在南園（今廣州中山文獻館）立祠祀之。

與諸子結社於龍江青雲臺，釀金爲長明燈，始亨因命爲旦社，有
《龍江青雲臺旦社題辭》。（薛始亨《蒯緱館十一草·雜著》）

5. 粵臺詩社

康熙二十三年（一六八四）二月花朝日（十五日），吳綺集
海內詞人於廣州西禪寺，結粵臺詩社。[①] 吳綺爲外省人，偶遊粵
地就可結起詩社，可見粵人對詩社趨之若鶩。

6. 東臯詩社

康熙三十年（一六九一）春，廣州駐防參領王之蛟發起重修
廣州東臯關壯繆侯廟（俗稱關廟或武廟），勒碑以紀其事，又鑄
鐘鼎，請屈大均、梁佩蘭、陳恭尹各撰銘文。復於廟旁修別業，
創東臯詩社，請屈大均、陳恭尹、梁佩蘭主之。（樊封《南海百
詠續編》、《番禺縣續志·金石略》）

7. 京社、晉社與偶社

早在明永曆九年（清順治十二年，一六五五），陳衍虞進北
京參加會試，雖未登第，卻廣結各地文士，在北京創建了京社、
晉社、偶社，出順治九年至十一年所作舊稿《爾爾草》遍示京中
社友，彙其詩作爲《北征草》。此次陳衍虞在京城連續創辦三家
詩社，雖然實際效果不很大，僅於本年歲末即出任番禺縣教諭，
但其連創三家詩社的舉動，確實前無古人，後無來者。（曾楚楠
《蓮山詩集點注·前言》）

8. 陶社

在此之前的永曆二年（清順治五年，一六四八）夏，明定國
公鄭鴻逵率舟師三千人至潮陽港口，九軍附之。後來因堅持抗清
而殉國的郭之奇以九軍散故，回揭陽里居，結陶社，與羅萬傑等

---

① 梁憲《無悶集·花朝社集西禪寺》詩小序云：“甲子花朝，吳興太守吳
園次入粵，集海內詞人於西禪寺結粵臺詩社。至期，則宴序分題。”屈大均亦有
《花朝社集西禪寺》詩。（《翁山詩外》卷八）吳綺，字園次，號豐南，一號廳
翁，又號紅豆詞人。江蘇江都人。著有《林蕙堂集》、《藝香詞》、《宋金元詩
選》、《嶺南風物記》。

唱和以寄意。(《忠逸傳》二)

9. 汾江詩社

番禺武舉汪後來於康熙後期署佛山千總,倡建汾江詩社。

(二) 明末清初的廣東文人世家

由於粵人喜詩好文,重視教育,到了明末清初已形成不少文
人世家,本表也反映了這種情況,爲使其眉目清晰,今擇其要者
略述如下。

1. 番禺黎家

黎家於南宋時入粵,世居番禺板橋鄉。明末清初涉及本表的
重要文人有:

黎密(一五六六~一六二九),字縝之。番禺人。遂球父。
密少時,隨姊至諸暨,與王驥德、徐渭、葛冰壺等交善。年甫弱
冠,補邑諸生,未四十解去諸生,不復試。崇禎二年(一六二
九)因病卒,年六十四。著有《籟鳴集》。阮元《廣東通志》卷
二七九有傳。

黎遂球,明末廣東主要抗清烈士文人。

黎延祖,字方回,小名長雄。番禺人。遂球長子。崇禎貢
生,以父蔭錦衣衛千户。與陳恭尹等遊。國變後禮釋函昰於雷
峰,名今延,字達公,號禺海遺民。晚歸耕羅浮。著有《瓜圃小
草》。同治《番禺縣志》卷四二有傳。

黎彭祖(一六二九~?),字務光。番禺人。遂球次子。隆武
元年(一六四五)貢生。早有詩名,遭國變,與兄延祖俱隱。著
有《醇曜堂集》。陳伯陶《勝朝粵東遺民錄》卷一有傳。

2. 從化黎家

源出番禺黎家。明末清初涉及本表的重要文人有:

黎邦琰,字君華。民表子。著有《旅中稿》、《南秀堂稿》。

黎邦瑊(? ~一六四四?),字君選,號洞石。從化人。民表
猶子。著有《洞石稿》。陳伯陶《勝朝粵東遺民錄》卷三有傳。

康熙三十三年（一六九四），黎延祖輯《番禺黎氏存詩彙選》，陳恭尹序之。録番禺、從化黎氏詩人二十人，由此可見其盛。

3. 高明區家

明末清初涉及本表的重要文人有：

區懷瑞（一五六九？～一六四五？），字啟圖。高明人。大相長子。與弟懷年承家學。天啟七年（一六二七）舉人，知當陽縣，以憂去。尋補平山縣，不二年歸里，與陳子壯、黎遂球等復修南園詩社。國變後，與鄺露同赴南都。隆武帝立，復赴閩，途死於兵。著有《趨庭稿》、《廓然堂稿》等。陳伯陶《勝朝粵東遺民録》卷三有傳。

區懷年（一五七一？～一六五八？），字叔永。高明人。大相仲子。天啟元年（一六二一）貢生。崇禎九年（一六三六）入都候選，以内艱回籍，後授翰林院孔目。歸臥雲石。著有《元超堂（藏）稿》、《擊筑吟》諸集。光緒《高明縣志》卷十三有傳。

4. 順德陳家

明末清初涉及本表的重要文人有：

陳邦彦，明末廣東主要抗清烈士文人。

陳恭尹，嶺南三大家之一。① 清初廣東主要遺民文人。

陳贛（一六五八～？），字端木。南海籍。恭尹長子。贛妻爲吳文煒次女。著有《弗如亭草》。

陳勱（一六六五～？），字士皆。恭尹次子。康熙三十八年（一六九九）舉人。十四五歲即能爲古文、詩歌。著有《東軒詩略》。

陳世和（一六九六～一七三三），字聖取，號（一説字）時

---

① 另兩位是屈大均和梁佩蘭。大均是陳恭尹及門弟子，曾在恭尹義軍中獨當一隊，恭尹殉國，大均冒著生命危險收其身軀、髮膚而葬之，並終其身不仕清朝。

一。勵子。雍正元年（一七二三）貢生。著有《介亭詩鈔》、
《拾餘子草》。頗受學使惠士奇賞識，爲"惠門八子"之一。

5. 海陽陳家

明末清初涉及本表的重要文人有：

陳廷策（一五七三～一六三四），字穎夫，一字覲墀。海陽
（今潮州）人。衍虞父。諸生。崇禎五年（一六三二）明經。十
七年（一六四四）貢生。晚年修造西湖山老君巖，建文昌祠。著
有《世馨堂詩集》、《暘山詩文集》。康熙《潮州府志》卷九上等
有傳。

陳衍虞（一六〇四、一六〇三～一六八八、一六九三、一六
九二），字伯宗，自號園公、玄公、園道人。海陽（今潮州）人。
爲諸生時入復社。崇禎十五年（一六四二）舉人。明亡隱於鄉。
清順治十二年（一六五五）出任番禺教諭，遷廣西平樂知縣。尋
歸，居林下三十年，年八十五卒。著有《蔚園文稿》、《蓮山續文
稿》、《還山文稿》、《昭潭集》、《爾爾草》、《蓮山詩集》、《禺山
詩草》、《邑乘論》、《郡乘代言》、《鍾墨亭啟集》、《鍾墨亭尺牘》
等。乾隆《潮州府志》卷二九有傳。

陳王猷（一六六三～一七三〇），字良可，一字（號）硯村。
海陽人。衍虞子。年十九，於康熙二十年（一六八一）中舉人，
官至肇慶府教授。著有《蓬亭詩文集》。事見凌揚藻《國朝嶺海
詩鈔》卷三。

陳學典，字潛涯。海陽人。衍虞孫，王猷次子。康熙五十九
年（一七二〇）舉人，官甘肅金縣知縣。著有《小蓬亭詩草》。
事見光緒《海陽縣志》卷三九。

6. 香山何家

明末清初涉及本表的重要文人有：

何吾騶（一五八一～一六七〇？），字龍友，號象岡。香山
（今中山）人。萬曆四十七年（一六一九）進士。崇禎六年（一
六三三）加尚書入閣。八年因忤首相溫體仁罷官。隆武帝立，召

爲首輔。帝被殺，吾騶與隆武帝弟自閩浮海至廣州，與蘇觀生等擁立之，改元紹武。廣州破，吾騶降。卒於家。著有《元氣堂詩文集》三十卷等。阮元《廣東通志》卷二八三有傳。

何準道，字旦兼，號蒨園。香山（今中山）人。吾騶長子。崇禎十五年（一六四二）舉人，官至吏科給事中。清兵入粵，吾騶督師，準道從父軍中。明亡不出，與屈大均、高儼、謝長文、陳子升多酬和，並多方外交。著有《玄英閣稿》、《棕山詩集》。陳伯陶《勝朝粵東遺民錄》卷二有傳。

何鞏道，清初廣東主要遺民文人。

何栻，字太詹（一作占），號南塘漁父。準道侄。明亡後隱居南塘，與屈大均、陳恭尹等往還，開湖心詩社。著有《南塘詩鈔》。

道光時何天衢輯《欖溪何氏詩徵》九卷，錄香山小欖鄉何氏家族之作，凡百二十餘人。

7. 番禺王家

明末清初涉及本表的重要文人有：

王邦畿，清初廣東主要遺民文人。

王隼，清初廣東主要遺民文人。

王瑤湘，隼女。著有《逍遥樓詩》。

王鳴雷，字震生，號東村。番禺人。邦畿從子。隆武元年（一六四五）舉人，授中書舍人。清兵陷廣州，與羅賓王同下獄。獲釋後，乃北遊燕趙，往來吳楚歸。著有《王中秘文集》、《空雪樓詩集》等。陳伯陶《勝朝粵東遺民錄》卷一有傳。

四、明末廣東抗清烈士文人和清初遺民文人

明末清初廣東文人的最大特色是他們中的絕大多數人面對國家內憂外患，特別是面對清的民族征服戰爭時，要麼慷慨戰死，要麼抗節不仕，顯示出昂揚而偉大的民族氣節與民族精神。本表

按年月日順序列出廣東愛國文人和遺民文人的抗清行爲，説明他們之間的關係。如廣州初陷時，陳子壯、張家玉、陳邦彦、黄公輔等幾乎同時起兵抗清，並且互相配合，直至最後壯烈殉國。本表對廣東抗清烈士和遺民及其活動凡年月可稽者，均悉數列入，讓人對其所作所爲一目了然。①

（一）明末廣東主要抗清烈士文人

明末廣東主要抗清烈士文人有：

袁崇焕（一五八四～一六三〇），字元素。東莞人。萬曆四十七年（一六一九）進士。天啓二年（一六二二）單騎出關，考察形勢，自請守遼。築寧遠城，屢次擊退後金進攻。六年，獲寧遠大捷，使後金汗努爾哈赤受重傷死。次年獲寧錦大捷，皇太極敗逃。以功授兵部尚書，督師薊遼。崇禎二年（一六二九），後金繞道自古北口入長城，進圍北京，崇焕星夜馳援。後金施反間計，崇禎帝誤信其通敵，置之極典，自毁長城，天下冤之。《明史》卷二五九有傳。

鄺露（一六〇四～一六五〇），字湛若，號海雪。南海人。年十五補諸生。督學嘗以恭、寬、信、敏、慧爲題考試，露以真、行、篆、隸、八分五體書之，督學大怒，黜置五等，露棄去不復應試。崇禎七年（一六三四）上元夜，露跨馬與諸公子聯騎遊燈市，衝撞邑令，遂亡命廣西，爲瑤人女首領雲𩇕娘掌書記。歸著《赤雅》。後更縱遊燕、齊、吴、楚間。永曆二年（一六四八），擢中書舍人。四年，奉使還廣州。清平南王尚可喜入粤，露與諸將戮力死守廣州凡十閲月。城陷，不食，從容就死。又著有《嶠雅》二卷。阮元《廣東通志》卷二八五有傳。

郭之奇（一六〇八、一六〇七～一六六二），字仲常（一作

仲嘗），號菽子，一號正夫。揭陽人。崇禎元年（一六二八）進士，官至詹事府詹事。甲申聞變，歸從永曆帝，授文淵閣大學士，兼禮、兵二部尚書，轉戰閩、粵、桂、黔間。後爲交趾韋永福誘執，獻於清廷，不屈而死，年五十六。乾隆中賜謚忠節。著有《宛在堂集》、《古詩唐詩大觀評語》、《陋吟集》、《巢居集》、《九九篇》等。康熙《潮州府志》卷九、乾隆《潮州府志》卷二八、阮元《廣東通志》卷二九四有傳。

黎遂球（一六〇二～一六四六），字美周。番禺人。天啟七年（一六二七）舉人。崇禎元年（一六二八），赴試過金陵，會影園集賦黃牡丹詩，即席成，錢謙益置第一，稱"牡丹狀元"。十七年（一六四四），北京陷，遂球聞變痛哭。隆武二年（一六四六），徵拜兵部職方司主事，監督粵兵赴贛。城破，下城巷戰，脅中三矢，與其弟遂琪等三十餘人同日戰死，謚忠湣。著有《蓮鬚閣集》二十六卷。屈大均《皇明四朝成仁錄》卷九、阮元《廣東通志》卷二八五有傳。

陳子壯（一五九六～一六四七），字集生，號秋濤。南海人。熙昌子，子升兄。萬曆四十七年（一六一九）進士。時熙昌爲吏科給事，劾魏閹。閹黨摭子壯典試錄中語，以爲誹謗，父子同日奪職。崇禎初起用，旋以言事下獄，減死放歸。永曆帝時授東閣大學士兼兵部尚書，總督四省軍務。清兵入粵，陳子壯與陳邦彥、張家玉拒戰死，世稱爲粵後三忠。贈南海忠烈侯，賜謚文忠。著有《昭代經濟言》十二卷、《練要堂前集》六卷、《後集》五卷。《明史》卷二七八有傳。

陳邦彥（一六〇三～一六四七），字會份，號巖野。順德龍山鄉人。恭尹父。以諸生教學於縣城之北錦巖，從學者數千人。屈大均、薛始亨、程可則嘗從學。甲申國變後，赴南都上《中興政要書》，報聞。歸鄉，中隆武乙酉鄉試。後爲永曆朝兵科給事中。清師入粵，與陳子壯、張家玉同起義，事敗，不屈死。與二人並稱明末廣東三忠。阮元《廣東通志》卷二八五有傳。

張家玉（一六一五、一六一六～一六四七），字玄子，號芷園。東莞人。崇禎十六年（一六四三）進士。北京陷，家玉哭明崇禎帝於東華門。旋乘間南歸。阮大鋮惡其附東林黨，構罪下獄。明年，南都失守，脫羈入閩從隆武帝，請募兵惠、潮，得眾數萬。聞帝被殺，乃歸里。永曆元年（一六四七），毀家招義兵據東莞，與陳子壯、陳邦彥相呼應。永曆帝授兵部尚書、提督嶺東軍務右副都御史。家玉與清兵數戰，取龍門、博羅、連平、長寧，攻惠州，克歸善，還屯博羅，糧盡而潰。復募兵圍攻增城。清提督李成棟率兵來擊，家玉三分其兵，力竭而敗，被圍數重，中箭投野塘死。追贈太保、武英殿大學士、增城侯，諡文烈。著有《名山集》。另著有《大易纂義》、《詞林館課》、《歷代世說》、《名臣論贊》、《百將妙略》、《燕山吟》、《南遊草》、《西征集》、《軍中遺稿》等。後人編成《張文烈遺集》六卷，附錄一卷。《明史》卷二七八有傳。

黃公輔（一五七六～一六五九），字振璽。新會人。萬曆四十四年（一六一六）進士。晉南京山西道御史，劾權璫魏忠賢、李實，削籍歸里。崇禎七年（一六三四）起復原官，升湖廣參議。甲申聞國變，北向痛哭。丁亥（一六四七），永曆帝起公輔爲太僕寺卿。陳子壯、陳邦彥、張家玉同起義兵，公輔亦與王興起兵於新會。李成棟反正，公輔赴行在，晉刑部侍郎，司尚書事。庚寅（一六五〇），南雄不守，公輔受命與李元胤、馬吉祥防守三水。永曆帝奔南寧，公輔旋赴行在，桂林破，扶病入深山，後輾轉歸里，駐王興軍中。丁酉（一六五七），永曆帝幸雲南，公輔遣其孫確由安南入雲南。明年，確至雲南，帝召見，晉公輔兵部尚書。清平南王尚可喜差人督公輔來省自明，公輔復書拒之。己亥（一六五九）以憂卒於王興軍中。著有《北燕巖集》。

梁朝鐘（一六〇三～一六四六），字未央，號車匿。番禺人。幼孤，依舅氏霍子衡。曾師事釋道獨，兩廣總督熊文燦延爲子師。崇禎十五年（一六四二）舉人，明年中進士乙榜。清軍入

關，南明弘光、隆武兩朝徵之，均謝去。後蘇觀生等於廣州擁立
紹武帝，授國子監司業。順治三年（一六四六）十二月十五日，
廣州初陷。次日，朝鐘整冠帶北面成禮，復拜家廟，屏家人，赴
池水，淺不能没。其僕至，扶起覆之被，少更蘇。清兵入室，叱
令削髮。朝鐘大罵，被三刃而死，年四十四。著有《輔法録》、
《家禮補賤》、《日紀録》、《喻園集》。阮元《廣東通志》卷二八
五有傳；另門人王鳴雷有《梁朝鐘傳》。

（二）清初廣東主要遺民文人

本表着重反映廣東衆多遺民詩人的活動，對他們的生平和著
述作了大量攷索。

在衆多的遺民詩人中，首推"嶺南三家"中的屈大均與陳
恭尹。

屈大均（一六三〇～一六九六），番禺人，初名紹隆，字翁
山，又字介子。清兵入粤，曾抗擊之。明亡，削髮爲僧，法名今
種，字一靈；後還俗，定名大均。吳三桂反清，曾至湘監軍。以
詩文著名，與陳恭尹、梁佩蘭並稱嶺南三大家。著有《翁山文
鈔》、《翁山詩外》、《皇明四朝成仁録》、《廣東新語》等，乾隆
時列爲禁書。

陳恭尹（一六三一～一七〇〇），字元孝，晚號獨漉子。順
德人。父邦彥於明季起兵，被執不屈死，蔭恭尹錦衣衛指揮僉
事。廣州再陷，恭尹避兵西樵。永曆五年（一六五一）秋入閩，
自閩而浙，而金陵，往來觀變者三年。十二年（一六五八）春，
復與何絳出崖門，渡銅鼓洋訪明遺臣。秋，逾嶺北，時永曆帝在
滇，恭尹欲從之，乃取道宜春至昭潭，道阻，因登衡嶽，泛洞
庭，順流江漢間。至蕪關，值海舶亂，濟江入汴，北渡黄河，徘
徊太行下，逾年歸。與陶璜、梁槤、何衡、何絳隱於順德羊額
鄉，世稱北田五子，遙與江西寧都易堂九子應。康熙十七年（一
六七八）以嫌疑下獄。晚年寓居廣州城南，以詩酒自娱。工詩，

與屈大均、梁佩蘭合稱嶺南三大家。著有《獨漉堂集》。陳伯陶《勝朝粵東遺民錄》卷二有傳。

除了屈大均和陳恭尹外，清初廣東主要遺民詩人還有：

謝元汴（一六〇五～一六六八），字梁也，號霜崖。澄海人。崇禎十六年（一六四三）進士，擬館選，以母老辭，南歸。聞北京陷，北向慟哭。隆武元年（一六四五）赴福州，授兵科給事中。以直忤鄭芝龍，革職歸里。永曆二年（一六四八）至肇慶，復授兵科給事中。次年，奉命募兵平遠。帝西奔，遂奉母隱居。亂平，居潮州城。母卒，披緇入臺灣。著有《爇言》、《放言》、《霜崖集》、《霜山草堂詩集》、《和陶》、《霜吟》諸集。康熙《潮州府志》卷九上、乾隆《潮州府志》卷二九有傳。

張穆（一六〇七～一六八三），字爾啟，號穆之，又號鐵橋。東莞茶山張家圍人。明神宗萬曆四年（一五七六）舉人。崇禎六年（一六三三）北遊。隆武帝立，穆入閩，謁蘇觀生，擯不錄。後又經舉薦，著御營兵部試用，旋詔與張家玉募兵惠州、潮州。會汀州變，遂不復出。以畫馬名世。著有《鐵橋山人稿》。陳伯陶《勝朝粵東遺民錄》卷二有傳。

王邦畿（一六一八～一六六八），字誠籲。番禺人。崇禎副貢生。紹武中以薦官御史。永曆帝都肇慶，與陳恭尹同往從之。帝西奔，邦畿乃遁歸，終隱於順德龍江。帝蒙難，邦畿著襌衣於雷峰，號今吼，字說作。著有《耳鳴集》十四卷。陳伯陶《勝朝粵東遺民錄》卷一有傳。

陳子升（一六一四～一六九二），字喬生，號中洲。南海人。子壯弟。諸生。與黎遂球、陳邦彥等以文章聲氣遙應江南社。弘光帝立，以明經舉第一。隆武改元，赴閩授中書科舍人。使粵而閩陷，遂歸里。永曆帝立，官至兵科給事中。帝西奔，子升追之不及，乃歸。晚遊黃山、青原，繼而入廬山歸宗寺，受戒於釋函昰。歸後杜門不出，未幾卒。著有《中洲草堂遺集》。陳伯陶《勝朝粵東遺民錄》卷一有傳。

何絳（一六二七～一七一二），字不偕，號孟門。順德人。明末隱羅浮、西樵山。隆武二年（一六四六），聞張名振抗清，遂疾趨南京，至則事敗，乃已。永曆十二年（一六五八），與陳恭尹同渡銅鼓洋，訪遺臣於海外。又聞永曆帝在滇，復與恭尹北上，西濟湘沅，不得進，乃東遊長江，北過黃河，入太行，歷遊江浙及燕、齊、魯、趙、魏、秦間，終無所就。晚年歸鄉，隱跡北田。與其兄衡及陳恭尹、陶璜、梁槤，合稱“北田五子”。著有《不去廬集》十四卷。康熙《順德縣志》卷十三有傳。

李雲龍，字煙客。諸生。以貲遊國學，無所成，走塞上，爲督師袁崇煥幕賓。崇煥死，遂爲僧，稱二嚴和尚。明亡，不知所終。著有《雁水堂集》、《嘯樓前後集》。同治《番禺縣志》卷四二有傳。

屈士煌（一六三〇～一六八五），字泰士，一字鐵井。番禺人。士燝胞弟。貢生。順治三年（一六四六）冬，廣州初陷，士煌與兄士燝往來陳子壯等軍。事敗，潛歸奉母。及廣州再陷，乃遁西樵。永曆八年（一六五四），聞李定國復高、雷、廉州三府，士煌與兄往從不果，入化州。時鄧耀屯龍門島，親迎之。後李定國護駕入滇，乃賫表前往。既達，上書陳三大計六要務，授兵部司務，試職方司主事。永曆帝走永昌（今雲南保山），士煌兄弟追之不及，遂東還。著有《屈泰士遺詩》。《明史》卷二七八有傳。

張家珍（一六三一～一六六〇），字璩子。東莞人。家玉仲弟。永曆元年（一六四七）年十六，從兄家玉起兵抗清。常著小金冠，別率所部轉戰，號“小飛將”。家玉克連平、長寧，家珍功最多。家玉歿，於龍門圖恢復，旋以兄蔭錦衣衛指揮使。廣州再陷，隱於鐵園。通賓遊，客常數十人。年未及三十而卒。著有《寒木居詩鈔》一卷。陳伯陶《勝朝粵東遺民錄》卷二有傳。

何鞏道（一六四二～一六七五、一六七六），字皇圖，號樾巢。香山（今中山）人。吾驥子，準道弟。永曆十一年（一六五七）諸生，蔭錦衣衛指揮使。值鼎革之交，時懷復國之思。後因匡復無望，困頓流離十餘載，徜徉自廢。屢欲逃禪以隱，以母在未果。方在盛年，族人恐其株連，使人夜殺於道。著有《樾巢詩集》。陳伯陶《勝朝粵東遺民錄》卷二有傳。

釋函昰（一六〇八～一六八五），俗姓曾，字宅師。本南雄人，後占籍番禺。後爲僧，法名函昰，字麗中，別字天然，號丹霞老人。與里人梁朝鐘、黎遂球、羅賓王、陳學佺輩縱談時事。崇禎六年（一六三三）舉人。會試不第，謁釋道獨於廬山，祝髮歸宗寺。既返廣州，主法訶林。明亡，徙番禺雷峰，創建海雲寺，舉家事佛，歷主福州長慶、廬山歸宗及海幢、華首、丹霞、芥庵諸刹，晚年主法雷峰。著有《瞎堂詩集》二十卷等。陳伯陶《勝朝粵東遺民錄》卷四有傳。

釋函可（一六一一～一六五九），俗姓韓，名宗騋，字猶龍。博羅人。日纘長子。諸生。崇禎十二年（一六三九）落髮爲僧，法名函可，字（一説號）祖心，爲釋道獨第二法嗣。曾充羅浮山華首臺都寺，又在廣州創不是庵。甲申之變，悲慟形辭色。弘光元年（一六四四）以請藏入金陵，值國再變，紀爲私史。順治四年（一六四七），以“私攜逆書”爲清將所拘，械送北京。部審免死，流放遼陽。先在瀋陽南塔（廣濟寺）開法，又於普濟等七大寺説法。又與遼陽流寓者結冰天吟社。家人均抗節死，故自號千山剩人。永曆十三年（一六五九）圓寂，世壽四十九。著有《千山詩集》二十卷（補遺一卷）。陳伯陶《勝朝粵東遺民錄》卷四有傳。

釋成鷲（一六三七～一七一九、一七二二），俗姓方，名顓愷，字麟趾。番禺人。諸生。舉人國驊子，殿元從弟。鼎革後，其父隱居授徒，父歿，奉母避居，與釋元覺耕羅浮，師資契合。旋下山雲遊。清督學傳檄諸生應試，乃逃隱肇慶鼎湖山慶雲寺削髮爲僧，先名光鷲，後改成鷲，字跡刪，又字即山，號東樵山人，後爲慶雲寺第七代住持。晚年歸廣州爲大通寺住持。著有

《咸陟堂詩文集》等。事見溫汝能《粤東詩海》卷九九。

羅賓王（？～一六四八？），字季作。番禺人。萬曆四十三年（一六一五）舉人，官南昌同知，告歸，與曾起莘（釋函昰）、黎遂球、梁朝鐘、韓宗騄（釋函可）等遊。禮釋道獨爲居士，法名函駱。丙戌（一六四六）清兵陷廣州，與王鳴雷俱下獄，久之乃得釋。後年餘卒於家。著有《散木堂集》、《獄中草》。同治《番禺縣志》卷四二有傳。

岑徵（一六二七～一六九九），字金紀，號霍山。南海人。遭鼎革，棄諸生，隱西樵。事定，乃入粤西，泛三湘，走金陵，復北遊燕趙間。著有《選選樓集》。陳伯陶《勝朝粤東遺民録》卷一有傳。

王隼（一六四四～一七〇〇），字蒲衣。番禺人。邦畿子。父没，棄家入丹霞山爲僧，法號古翼，字輔曇。後遊閩，復至廬山，居太乙峰六七年，始歸。隱於西山，與屈大均、陳恭尹、梁佩蘭輩交好唱酬。著有《大樗堂初集》等，嘗編選《嶺南三大家詩選》，"嶺南三大家"之稱即起於此書。事見溫汝能《粤東詩海》卷六三。

廖衷赤，字藎孟。程鄉（今梅縣）人。隆武元年（一六四五）舉人。食貧力學，詩酒自娱。著有《五園集》等。光緒《程鄉志》卷二三有傳。

易弘（一六五〇～一七二二），字渭遠，號秋河，亦號雲華子。原籍新會，後歸鶴山。吳興祚任兩廣總督，遊海幢寺，見壁間詩，延至幕中。興祚遷瀋陽，邀之行，五嶽登其四。後寓端州法輪寺，以著述自娱。卒於寺。著有《雲華閣詩略》六卷、《坡亭詞鈔》。

抗清烈士文人，特別是遺民文人占了明末清初廣東有成就文人的大多數，他們要麽直接投身抗清或反清復明的戰爭和活動，爲此流盡最後一滴血，要麽在大規模的鬥爭失敗後，抗節不屈，不仕新朝，繼續從事反清復明秘密活動，並以筆爲武器，揭露異

代前言

族統治者的暴虐，抒發其故國之思，紀述忠臣烈士可歌可泣的
事蹟。①

五、明末清初廣東文人與禪宗

本表也反映了明末清初廣東文人與佛教禪宗慧能派水乳交融
的關係。

明末清初廣東文人的最大特色還在於他們和嶺南佛教慧能派
禪宗（即南禪）千絲萬縷、水乳交融、你中有我、我中有你的密
切聯繫。

自唐六祖慧能開創南中國禪宗以來，經歷代祖師的不懈努
力，禪宗在南中國深深紮根，並不斷給人以精神力量。

就明末清初文人來講，有不少人受到佛教特別是南禪深刻的
影響：

明末抗清愛國大臣、將領、詩人陳子壯於天啟五年（一六二
五）在廣州光孝寺發起組織訶林淨社，參加者除文人外，還有當
時名僧釋通岸、釋超逸、釋通炯等。明遺民精神領袖釋函昰於崇
禎十五年（一六四二）十月朔日開法訶林，就是陳子壯率諸人借
其從廬山省親廣州的機會而延請的。據記載，陳子壯母奉佛甚
謹，陳子壯自然也從小受其薰染。

另一個受佛教深刻影響的是"牡丹狀元"黎遂球。黎遂球的
母親也奉佛甚謹，崇禎四年（一六三一）夏至，黎於其家中一口
名瑞井的井上作閣以奉佛經，外露小臺，名曰蓮鬚臺閣，其下為
黎遂球讀書處。（黎遂球《蓮鬚閣集》卷二十《瑞井銘》）後來
黎遂球之遺集即因此而名之曰《蓮鬚閣集》。

此外，受到佛教深刻影響的還有在廣州初陷時以身殉國的梁
朝鐘。梁朝鐘少時拜釋道獨為師，經常去廬山歸宗寺找其參學，

① 如屈大均著有《皇明四朝成仁錄》十二卷。

可以説跟後來成爲遺民精神領袖的釋函昰、直接投身反清活動的
釋函可是師兄弟的關係。也因爲這層關係，梁朝鐘認識了同樣尊
禮釋道獨的明末重臣熊文燦，熊文燦曾延梁朝鐘爲其子師，倚爲
重要謀士

　　嶺南三大家之首屈大均跟佛門結緣更深，甚至出家爲僧多
年。永曆四年（一六五〇）冬廣州再陷後，屈大均禮釋函昰爲
僧，正式出家，法名今種，字一靈，名其居曰死庵。又曾爲釋道
獨侍者，出嶺到廬山。後訪釋函可於塞外，雖没訪到，但借此開
了眼界，並結交了不少遺民與文士。清康熙元年（一六六二年）
秋，已經爲僧十二載的釋今種（屈大均）又一次從嶺外歸來，遷
居沙亭，蓄髮返儒，定名大均。（汪宗衍《屈大均年譜》）屈大均
後來雖然不當和尚，也絕少跟以海雲寺天然和尚（釋函昰）爲領
袖的遺民僧來往，但卻跟海雲派遺民僧從不來往的釋大汕時常飲
酒高會，旋又絕交。與釋大汕交好，可能與其已拜釋函昰爲師又
到江南拜釋函昰師叔釋道盛爲師有關。屈大均出家後又還俗，其
原因是多方面的：首先，可能是屈大均只是將佛門作爲抗清或反
清活動的掩體，一旦覺得没有這個掩體也無所謂，就歸儒了。其
次，他母親不太支持他出家（這跟大力支持兒子出家的釋函昰之
母和釋成鷲之母構成明顯的對比）。最後，佛門門户之見太深，
同時由於戒律太嚴，束縛了他的自由。

　　另外還有王隼，走了幾乎和屈大均相同的出家、還俗之路。
而張二果、陳學佺、梁佩蘭①等，也都跟佛門有不解之緣。

　　從佛門來看，情況也幾乎一樣，他們絕大多數爲文人出身，
只是進了佛門，再也没有離開而已，其中大多數可以説是披着袈
裟的文人。

---

　　①　張二果、陳學佺均參禮釋道獨。二果後出家爲僧，創建羅浮山華首臺等
寺，至今華首臺寺巋然獨存。梁佩蘭跟釋大汕關係密切，常聚會賦詩唱和。康熙
三十八年（一六九九）潘耒與釋大汕交惡，於九月十二日刻《救狂砭語》攻之
（《遂初堂別集·救狂砭語》），並致書梁佩蘭攻訐釋大汕，佩蘭復書婉謝。

拿明遺民的精神領袖釋函昰來講，他於崇禎六年（一六三四）中舉人，早歲棄功名如草芥，出家爲僧，後來又動員父、母、妹、子、媳全家出世。他享壽七十八歲，廣收門徒，據《海雲禪藻集》的不完全統計，其徒竟多達一百四十餘人，其中不乏文人。

釋函昰的師弟釋函可就是官宦世家出身（其父韓日瓚官至明禮部尚書），其已入學爲名諸生。

釋函昰的徒弟如早在崇禎十三年（一六四○）中進士的釋澹歸，本爲明諍臣，後來拜僅比自己年長四歲、功名還没有自己高的釋函昰爲師，爲其第四法嗣，辟丹霞山別傳寺。

釋函昰的另一徒弟釋今荼曾中崇禎十二年（一六三九）舉人，爲二嚴和尚（李雲龍）之子。

其他曾有諸生頭銜後棄之爲僧的徒子徒孫就更多了，計有徒子今如、今離、今摩、今覿、今音、今嚴、今二、今邡、今從、今回、今佛、今錫、今徼、今印、今沼、今幟、今四、今鷟、今足、今身與徒孫古卷、古通等。

其中還有不少因各種原因不能出家的俗家弟子，今撮取部分收入本表者略述如下：

袁彭年，字特丘。湖廣公安人。崇禎甲戌（七年，一六三四）進士，都憲。禮天然和尚，法名今忏，字高齋。

王應華，字崇闇，號園長。東莞人。崇禎戊辰（元年，一六二八）進士，禮部侍郎。禮空隱老和尚，法名函諸，字言者。

謝長文，字伯子。番禺人。户部員外。禮天然和尚，山名今悟，字了聞。

陳學佺，字全人。東莞人。崇禎癸酉（六年，一六三三）解元。禮空隱老和尚，法名函全。

王瑝，字澹子。番禺人。文學，隆武乙酉（元年，順治二年，一六四五）徵辟。禮天然和尚，法名今葉，號開五居士。著有《野樗堂稿》等。

楊晋，字二雪。香山（今中山）人。歲貢生。兵部職方司主事。禮天然和尚，法名今報，字薦緣。

羅賓王，字季作。番禺人。萬曆四十三年（一六一五）舉人，官南昌同知。禮空隱老和尚，法名函駱，字思唐。

王邦畿，字誠籥。番禺人。崇禎副貢生。禮天然和尚，號今吼，字説作。

陳恭尹，字元孝。順德人。金吾。

陶璜，字握山。番禺人。禮天然和尚。

程可則，字周量。南海人。清順治壬辰（九年，一六五二）會元。兵部職方郎中，桂林知府。禮天然和尚，法名今一，字萬間。

黎延祖，字方回。番禺人。恩貢生。禮空隱老和尚，法名今延，字達公。

黎彭祖，字務光。番禺人。貢生。禮空隱老和尚，法名今彭，字遠公。

屈修，字修古。番禺人。禮阿字和尚（釋今無）。

潘楳元，字浣先。番禺人。儒學教授。禮天然和尚，法名今豎，字亞目。

龐嘉螯，字祖如。南海人。貢生。禮天然和尚，法名今悔（一作焰），號若雲居士。

鄺日晋，字無傲。南海人。都督同知。禮空隱老和尚，法名函乂，字安老。

梁憲，字緒仲。東莞人。推官。禮天然和尚。

湯晋，字建孟。新會人。布衣。禮天然和尚，法名今惺。

王隼，字蒲衣。番禺人。布衣。禮天然和尚，法名古翼，字輔曇。[1]

[1] 以上資料多采自清人徐作霖、黃蠡《海雲禪藻集》和仇江師編纂之《粵詩人彙傳》，恕不一一注明。

這些俗家弟子不乏高官顯宦，如王應華官至永曆朝東閣大學士（宰相），袁彭年、何運亮、謝長文均爲明朝官員，袁彭年更是立身永曆朝的"五虎"之首。另外，以上所列，番禺人居多，應與天然和尚就是番禺本地人有關。

明末清初文人之所以跟佛教關係密切，有多方面的原因：

首先，明末清初特殊的局勢造成人們普遍信佛。明自萬曆以來內憂外患不絕，外有滿人的步步進逼，內有農民軍的不斷進攻，整個社會處於劇烈的變動之中。各階層都感到惶惶不可終日，迫切需要宗教給予精神力量和痛定思痛的精神慰藉，而源遠流長的佛教自然成爲首選。不僅明朝上至達官顯宦下至平民百姓大多信佛，清朝亦差不多，清順治帝、平南王尚可喜佞佛，幾乎盡人皆知。此外，除佛教在明末清初得到極大發展外，其他宗教的信衆也不斷增加。①

其次，統治者的政策促成許多人進入佛門。清入關以後焚燒殺掠，遭到廣大漢族人民的激烈反抗，尤以江南、華南和西南爲烈。爲了減少反抗，統治者對放下武器、進了佛門的明朝官民，一般不再追究，甚至鼓勵被俘而不願歸降的明朝官員入佛門。如明朝督師瞿式耜、巡撫張同敞在桂林被執不降，定南王孔有德勸其爲僧，仍遭拒絕後才被殺。而方以智在桂林陷後爲僧，名弘智，字無可，號藥地和尚，繼續往來各地，從事反清復明秘密活動。

再次，也跟嶺南地區自唐以來就深受佛教影響、人們普遍信佛密不可分。嶺南自唐朝六祖慧能開創南中國禪宗，將繁難的佛典以通俗的《壇經》概括之，使從印度來的佛教完成了中國化、平民化，並提出了"即心是佛"、"見性成佛"的"頓悟"說，

---

① 明永曆二年（清順治五年，一六四八），以皇太后爲首五十餘名妃嬪、大員四十人及多名太監受洗入教。據當時的外國傳教士記載，連當時的重臣瞿式耜都皈依了天主教。詳見李君明、楊權：《利瑪竇與王弘誨首次進京》，載《圖書館論壇》二〇〇七年第四期。

使人們逐步消除了對佛教的畏難情緒，從而使更多人學佛、信佛。再加上六祖本身就是嶺南新州（今廣東新興）人，有鄉先賢的感召力和認同感。其真身留存至今，每年仍吸引大批海內外信眾和遊客到南華寺頂禮膜拜。

當年張蒼水（煌言）抗清失敗被執押赴杭州殉國時曾賦詩云："國破家亡欲何至，西子湖頭有我師。"其實進入佛門也是人們在國破家亡時一個看似無奈，其實有其必然性的歸宿。何鞏道的"十年王謝半爲僧"，可以說是對明末清初廣東文人的絕好概括。

六、清初入粵文人及其貢獻

本表也收錄了不少清初入粵文人及其在粵從事的各種各樣的活動。

自唐韓愈、宋蘇東坡入粵以來，歷代入粵官員（其實絕大多數皆有文人身份）、文人與廣東文人往還不絕。明末，特別是清初，有許多嶺北文人來粵創作了大量作品。這種情形在本表中有不少記載，略舉數例如次：

官至兵部尚書的河南祥符人曹燁，曾巡撫廣西，與瞿式耜唱和，後流寓佛山而卒。著有《曹司馬詩集》三卷，其中有以《南征》、《宦粵》、《嶺南》爲名，當有不少有關嶺南之作。

崇禎十六年（一六四三），江蘇宜興吳湛旅粵，與黎遂球結交，歸鄉，著有《粵遊日記》。（《迦陵文集》）

"寧都三魏"[①] 之一的魏禮曾於永曆十二年（清順治十五年，一六五八）第一次入粵，客梁佩蘭家，與嶺表文人廣泛交遊。禮又於永曆十四年（清順治十七年，一六六〇）仲夏五月，與曾燦自江西入粵。（魏際端《魏伯子文集》卷七《庚子仲夏送季弟之

---

① 其他兩魏是長兄際瑞和次兄禧。

廣》、《送曾子止山入廣偕予季弟》）此次禮仍住佩蘭家，交陳恭
尹。至東莞交張穆，又赴海南，遇見同樣客遊瓊島的天然和尚首
座釋今無，後返廣州，直到康熙二年（一六六三）才歸寧都。禮
寫下了大量詩篇，僅在前往海南途中就作有《海南道中》五古詩
三十首。（魏禮《魏季子文集》卷二）

　　康熙二十六年（一六八七）春，嚴繩孫來粵（《法性禪院倡
和詩》卷首序云："歲丁卯，宮允藕漁嚴公來粵，太史藥亭梁公
相拉見過，樂其清净，因題匾曰'華嚴香海'，嚴公書之"），與
梁佩蘭、屈大均、陳恭尹、吳文煒等交遊唱酬（嚴繩孫《秋水
集》卷七《酬梁藥亭次余南歸見送之作並簡別陳元孝屈翁山吳山
帶諸子》七律四首）。① 梁佩蘭以名花丫蘭贈之。② 秋，繩孫歸。

　　康熙三十五年（一六九六）十一月初一日，趙執信來廣州爲
王煐《憶雪樓詩集》撰序（《憶雪樓詩集》卷首趙執信序末署
"康熙丙子年十一月朔日青州同學弟趙執信撰"），與梁佩蘭、陳
恭尹、樊澤達、劉曾、王煐、王隼等雨中泛舟小港橋。（《飴山詩
集》卷八《樊檢討昆來招同劉郎中行齋梁吉士藥亭及南村元孝雨
中泛舟小港橋》）

　　佟湜招同趙執信、梁佩蘭、陳恭尹、王煐、樊澤達等集於粟
園看早梅，分賦。③

　　康熙五十二年（一七一三），海寧查嗣瑮（慎行弟）典試廣
東，有《重遊嶺南》、《廣州竹枝詞》等詩。（袁行雲《清人詩集
序錄》第一册第五〇九頁）

---

　　① 嚴繩孫此次來粵，作詩二十餘，俱收在《秋水集》卷七。

　　② 《秋水集》卷七《粵臺春日雜成短句》十八首。其十四首云："紫莖綠
葉滿天涯，唯有丫蘭此最誇。珍重國香相覓贈，歸來應號解元花　梁藥亭見贈丫
蘭，是第一種。"

　　③ 參見《六瑩堂二集》卷七《佟聲遠粟園看早梅同趙秋穀中允王紫詮觀察
陳元孝處士賦》，《獨漉堂詩集》的《佟聲遠招同王紫詮使君樊昆來翰檢趙秋穀
宫贊梁藥亭吉士胡□□雅集粟園看新梅分賦五律得八庚》、《七律得九佳》。屈向
邦《粵東詩話》卷二云："粟園，在宋三忠、明南園五先生祠側"。

還有一些入粵詩人將其入粵作品編成專集行世：

如錢澄之《藏山閣文存》卷九《生還集》收其永曆二年（清順治五年，一六四八）入粵所作詩二十八首。三年，在兩粵作詩五十四題，收於《藏山閣文存》卷十、十一《行朝集》。四年，在兩粵作詩四十二題，收於《藏山閣文存》卷十二《行朝集》。又有詩六題收於《藏山閣文存》卷十三《失路吟》。五年，又在粵作詩九題，收於《藏山閣文存》卷十三《失路吟》。

永曆十一年（清順治十四年，一六五七），查繼佐入粵，過番禺雷峰，晤同學釋澹歸。後又交黎遂球子延祖、彭祖，爲遂球作傳，至東莞晤張家珍、尹源進，又赴潮州，兩年後歸，成《粵遊雜詠》一卷行世。

清康熙四年（一六六五），彭孫遹至粵，有長歌贈張穆，並題畫冊絕句三首。（《南往集》卷一《贈張穆之水墨翎毛歌》七言歌行、《題張山人畫冊》七言絕句三首，並見《投贈集》頁六）

康熙十六年（一六七七），黃岡陳大章至嶺南，後彙其本年至甲子詩爲《輶軒集》一，載其《玉照亭詩鈔》卷一，其中涉粵詩達三十餘題。

康熙二十二年（一六八三）秋梢，吳綺應兩廣總督吳興祚之邀遊粵。（吳綺《林蕙堂全集》卷三《韓公吉觀察嶺雲集序》云："余以癸亥秋杪，始至羊城。"《嶺南五朝詩選·前集》卷八吳綺小傳："癸亥應留村大司馬之約，策杖羅浮。"）十一月初五日，梁佩蘭招同吳綺、陳恭尹、曹燕懷、吳源起、柯崇樸集六瑩堂分賦。① 後綺又著《嶺南風物記》。

顧炎武的外甥、吳江潘耒也兩次來粵，其《遂初堂詩集》卷

---

① 參見《獨漉堂詩集》卷九《冬至後一日同吳園次曹石閭吳隼庵柯寓匏集梁藥亭六瑩堂分得齊字》、吳綺《林蕙堂全集》卷十九《至後一日梁藥亭招集六瑩堂分得八庚》七律。吳綺《林蕙堂全集》卷十五收綺在粵詩二十餘題，卷十九收綺在粵詩五十餘題。

七《江嶺遊草》中涉粵詩達三十八題，均爲潘耒康熙二十六年
（一六八七）首次來粵所賦。其《遂初堂詩集》卷十三《楚粵遊
草下》中涉粵詩達四十餘題，爲其康熙三十八年（一六九九）再
次來粵所作。潘耒第二次來粵還與釋大汕交惡，刻《救狂砭語》
攻之，並致書梁佩蘭攻訐釋大汕，梁佩蘭婉謝，而屈大均可能因
此而與釋大汕絕交。

康熙三十三年（一六九四）十月，藍漣來粵，屈大均序其
《嶺南遊稿》。

康熙三十六年（一六九七）秋，梁佩蘭同年、高州知府鄭梁
以父喪回籍，梁佩蘭贈以詩。梁有《寒村南行雜録》五十九首，
卷首題："番禺屈大均翁山戴曾實坻王煐紫詮刪定南海梁佩蘭藥
亭戴晟。"

重陽後五日，鄭梁之徒武進錢安世於高涼郡署之西齋爲梁之
《高州詩集》作序。（鄭梁《寒村高州詩集》① 卷首）

康熙四十三年（一七〇四）九月，錢以塏調任山西隰州知
州，梁佩蘭爲其《嶺海見聞》作序。②

而作爲當時全國文壇執牛耳者之王士禛、朱彝尊，入粵跟屈
大均、梁佩蘭、陳恭尹交好，並在詩文創作上取得不菲的成就。

王士禛早年就與程可則往還密切，時常飲酒高會，作詩多首
贈答。可則死，爲校其遺集。

康熙二十三年（一六八四）十一月，王士禛奉使至粵祭南海
神（《漁洋先生自撰年譜》："康熙二十三年甲子……十一月，奉
命祭告南海"），朱彝尊囑其代致意屈大均、梁佩蘭、陳恭尹（朱

---

① 鄭梁《寒村高州詩集》分上下兩卷，上卷收詩五十五首，下卷收詩九十
六首，多詠嶺南風物。

② 錢以塏《嶺海見聞》卷首梁佩蘭序云："蔗山使君之爲見聞録也，其宰
茂名，三年報政，得諸茂之見聞也；調繁東莞，四年報政，得諸莞之見聞也。"
以塏自康熙三十九年（一七〇〇）至四十二年（一七〇三）任東莞知縣，至本
年離粵。

彝尊《曝書亭集》卷一二《送少詹王先生士禎代祀南海兼懷梁孝廉佩蘭屈處士大均陳處士恭尹》)。

明年春，王士禎入粵，詢《蓮鬚閣集》，欲重爲刊刻，未果。

王士禎奉使至粵，與屈大均、陳恭尹、黃與堅、高層雲等同遊廣州諸名勝，有《與元孝翁山蒲衣方回王顧諸子集光孝寺》、《同庭表稷園元孝蒲衣翁山遊海幢寺遂至海珠寺》（王士禎《帶經堂集》五二）、《別嵩孩元孝翁山蒲衣方回》詩（王士禎《帶經堂集》五七）。陳恭尹有《同王阮亭宮詹黃忍庵太史高稷苑廷評張超然屈翁山兩處士五羊訪古作三首》（《菩提樹》、《五仙觀》、《海珠石》）、《菖蒲澗》詩。（陳恭尹《獨漉堂詩集》卷九）

四月，王士禎奉使至粵祭南海事竣北還，陳恭尹有《扶胥歌送王阮亭宮詹祭告南海事竣還都兼呈徐健庵彭羡門王黃湄朱竹垞諸公》詩。（陳恭尹《獨漉堂詩集》卷九）

初九日，吳興祚招屈大均與王士禎、黃與堅飲於端州石室巗。（《帶經堂集》卷七六《遊端州七星巗記》）時吳、王欲疏薦，屈大均婉謝曰："家有老母，況所著《詩外》、《文外》、《文鈔》、《廣東新語》、《廣東文集》、《十八代詩選》、《李杜詩選》、《今文箋》、《今詩箋》、《翁山六選》諸書未竟。余之筆硯未可輟也。"（《翁山詩外》卷首黃廷章序）程化龍有《王阮亭先生招同屈翁山叔燕思遊閱江樓》。（《詩觀三集》五）。

王士禎來粵之前就稱頌嶺南三家詩並編選過三大家詩[①]，對他們在全國產生影響起了很大作用。王士禎在粵期間不僅廣交廣東文人，而且將其當年來粵前後及在粵所作詩編爲專集《南海集》行世，並著有《廣州遊覽小志》。（王士禎《帶經堂集》卷五十二《漁洋文十四》）離粵後，時與陳恭尹以詩酬答。

---

① 永曆十二年（清順治十五年，一六五八），屈大均在北京初識王士禎，極賞釋今種（屈大均）詩，選爲百篇，謂爲唐宋以來詩僧無及者。康熙十五年（一六七六）王士禎《感舊集》刻成，錄屈大均詩四十六首、梁佩蘭詩十首、陳恭尹詩十八首（王士禎《感舊集》卷首自序）。

而兩次來粵的朱彝尊在粵更是廣交文人，尤其與屈大均交好。

早在永曆十一年（清順治十四年，一六五七），朱彝尊首次來粵，就訪張家珍、高儼，有《贈張五家珍》、《贈高儼》詩。（《曝書堂集》卷三）又在廣州客舍與萬泰、嚴煒、陳子升、薛始亨聚飲，醉後有詩賦之。（《曝書堂集》卷三《羊城客舍同萬泰嚴煒陳子升薛始亨醉賦》）又與陳子升同過光孝寺，有詩紀之。（《曝書堂集》卷三《同陳五子升過光孝寺》）後至東莞，贈詩張穆，穆賦詩酬答。（《曝書亭集》卷三《贈張山人（穆）》、朱彝尊《明詩綜》卷八一下張穆《酬客》，並見《粵東詩海》卷六〇，《東莞詩錄》卷二四、《補遺》頁八）又在東莞客舍會見屈大均，談起羅浮之勝，因道阻不得遊，悵然賦《東莞客舍屈五過談羅浮之勝因道阻不得遊悵然有懷三首》詩。（朱彝尊《曝書亭集》三）時屈大均住東莞篁村之介庵。朱彝尊與屈大均交最契，歸則持其詩遍傳吳中，名大起。明年四月，朱彝尊將歸。薛始亨未能親送之，有《與朱錫鬯》書一封並詩二首送之。冬，朱彝尊歸至其家鄉浙江秀水。

朱彝尊第二次入粵已到了康熙三十二年（一六九三）二月了，此次是攜其子昆田、友沈名蓀奉使至粵。（《獨漉堂詩集》卷六《別朱竹垞三十六年矣癸酉二月復會於廣州三日別去送之以詩》）初八日，與屈大均、梁佩蘭、陳恭尹同遊五羊觀（五仙觀）、五層樓（鎮海樓）、訶林（光孝寺），在光孝寺觀唐釋貫休所畫羅漢。朱彝尊有《同屈五大均過五羊觀》、《嶺海將歸梁吉士佩蘭載酒邀同屈大均陳恭尹吳韋王隼陳元基梁無技季煌燕集五層樓席上分得會字》（朱彝尊《曝書亭集》一六），陳恭尹有《同朱竹垞梁藥亭屈翁山集訶林南公房觀唐貫休畫羅漢歌》（陳恭尹《獨漉堂詩集》卷六）。三日後（十一日），朱彝尊等別去，梁佩蘭設宴五層樓，邀同屈大均、陳恭尹、吳文煒、王隼、梁無技、陳元基、季煌等餞行。

梁佩蘭復以羅浮山蝴蝶繭二枚爲彜尊贈行，有《送竹垞》
詩。(《六瑩堂二集》卷八)

有了這些文壇領袖的獎掖，再加上明末清初廣東文人的傑出
成就，他們在全國産生很大影響是勢所必然的。

另外，作爲入粵的外省籍官員，他們與廣東文人長期交好，
對廣東文化建設也作出了不少貢獻。如作爲封疆大吏的兩廣總督
吳興祚，自康熙二十二年（一六八三）上任以來，一直禮遇屈大
均、陳恭尹等遺民文人，時常邀他們飲酒高會，並特贈屈大均三
十七畝地①，基本解決了屈家的生活問題，也尊重屈大均的選擇，
不强迫其出仕，使他可保全志節。

康熙二十八年（一六八九）四月二十日至惠州任知府的王
煐，更是跟廣東文人們長期密切往還。王煐尤其與屈大均、陳恭
尹、梁佩蘭友善，甚至當其離開嶺南多年，在京城偶遇梁佩蘭，
也不減當年的熱情。

還有康熙二十八年（一六八九）任韶州知府、曾一度代理廣
州知府的陳廷策，可以說是廖燕惟一的知音，替其出資刻印詩文
集，解決其生活上的困難，甚至在他卸任回朝覆命時，還帶廖燕
北遊（這也是廖燕平生惟一的一次離家北上遠遊），本來是要帶
燕進北京謀求進身機會，只是因爲廖燕途中身體不適，陳廷策只
好在南昌與他分路，臨行時還不忘給廖燕留下三十兩白銀作生活
費。無怪乎廖燕在陳廷策死後還對他念念不忘，要爲其入祀韶州
名宦祠而大聲疾呼，並與人口舌相爭了。

最後值得一提的還有惠士奇。他於康熙六十年（一七二一）
任廣東學政時大興經學，獎掖後進，經他提攜的廣東文人很多，

---

① 康熙二十五年（一六八六）閏四月，粵督吳興祚以茭塘黃女官沙（番禺
茭塘司）之田三十七畝惠屈大均自耕之。

其中最著名者爲"惠門四子"。①

七、結語

明末清初是大變更、大動蕩的"天崩地解"時期，廣東文人
處於這樣的特殊時代，自覺不自覺地作出了各種各樣的人生選
擇，但他們中大多數都能共赴國難，失敗後又能抗節不屈，體現
了昂揚而偉大的民族氣節。程可則、陳衍虞、梁佩蘭等仕清文
人，在創作上也作出了不少貢獻。廖燕雖僅爲諸生，後又棄之，
但也取得較大成就。釋函昰、釋函可、釋澹歸、釋今無、釋成
鷲、釋大汕等都是奇偉不凡之人，在創作上也作出了很多實績，
即使是"在朝派"②的代表人物釋道忞，也有專集留傳至今。康
熙年間非粵籍文人和地方官絡繹不絕地進入廣東，也爲粵地文化
建設作出了貢獻。本表通過對前人成果的爬梳、整理，將上述廣
東文人凡有年可稽者的事蹟，依年月日順序彙列爲一編，將可極
大地便利研究者使用。

由於時間倉猝，許多原始資料未來得及涉獵，不可避免地會
遺漏很多有用的材料，特別是康熙末期，明顯感到份量不足。再
加上自己才疏學淺，許多材料應收而未收，尚祈方家不吝批評
指正。

---

① 康熙年間，惠士奇主持湖廣鄉試，居粵多年。時青年詩人何夢瑶、蘇
珥、勞孝輿、羅天尺四人，同入學士奇門下，大受賞識，稱"惠門四子"，活躍
於雍正、乾隆初年，爲當時沉寂的廣東詩壇增添了一些活氣。
② 近人姜伯勤在其力作《石濂大汕與澳門禪史》一書中將清初嶺南僧人分
成"故國派"和"在朝派"。故國派以釋函昰爲代表。

例　言

一、本年表體例，以年月日爲經，以事件爲緯。每年之下内容大致可分爲四節：首先爲全國重大史實（用小四號黑體字），無則略。其次爲廣東文人活動，按年月日順序列出廣東文人之作爲；若僅可攷季，依春夏秋冬序，列於每季月首；僅可繫年者，列於末；如無法考訂確切年份，於"本年"字樣後酌加"頃"字。再次爲恩遇與科歷。最後列本年廣東文人之生卒（僅列可繫年者，如月日可攷，列於第二節）。所列各條多注明出處，酌加腳注。近現代人物資料出自網絡者，偶注出處。

二、本年表所言文人是就文人最廣義而言，即凡著者所寓目見諸記載①可編年者均收録，以求完備。

三、本年表所收嶺表人物以廣東籍（含今屬廣西之欽、廉二州與今海南，偶涉今廣西欽、廉之外的其他地方、香港、澳門及越南北部）人物以及雖爲外省籍但長期生活在廣東者爲主，兼及部分來粤或與粤文人有來往的外省籍人士。

四、本年表起自秦王政七年（前二四〇），訖於清宣統三年（一九一一）。② 同時出現幾個年號者，依《辭海》後附年表順序排列。

五、本年表所涉廣東文人小傳所引書，以周駿富輯《明代傳記叢刊》、《清代傳記叢刊》爲主，次則爲見於《中國地方志集成

---

① 材料出自網絡之廣東人物，經斟酌亦予以收録，然一般不標明出處。
② 自明代洪武元年（一三六八）始，無論有事無事，均逐年列出紀年。

叢書》的各省通志、府志、州志和縣志，間取影印本文淵閣《四庫全書》等。

六、本年表中的廣東文人，首次出現時列出其小傳（用五號楷體），偶亦有不在首次出現時列小傳的情況；有一小部分人物，因文獻出處不同，會有多處列小傳的情況。卷末附有“廣東文人年表人名索引”（以姓名音序排列），以便檢索。

七、凡廣東籍文人不出省名。外省籍或今已不屬粵者，列出省名。

八、本年表年月日均依照中國夏曆，一般不換算爲公曆。唯生卒年出西曆。

九、年表中年月日均用漢字。

十、所引書標明編著者，不出著作方式；出處書名（含篇名）首次出現一般用全稱及標注較詳細的出版信息等，偶用簡稱，其後則用簡稱。一些常用史籍文獻如二十四史、《資治通鑑》之類則只標示書名。因文獻典籍較多，標注出處全書不盡統一，以簡明爲要。

十一、年表所列人物於每條首次出現時列全稱姓名，其餘僅稱其名。

目　録

三國兩晉南北朝（二二〇～五八一）

隋（五八一～六一八）

唐（六一八～九〇七）

元（一二七九～一三六八）

明（一六三八～一六四四）

清（一六四四～一九一一）

秦（前四七六～前二〇六）

秦王政七年　辛酉　前二四〇年

趙佗生。

趙佗（約前二四〇～前一三七），恒山郡真定縣（今河北正定）人。南越國開國皇帝，前二〇四年至前一三七年在位，稱"南越武王"或"南越武帝"。十九歲獲賜護駕御劍隨秦始皇出巡。前二一九年，被封副帥隨主帥任囂率領五十萬大軍征戰嶺南。前二〇四年，創立南越國，自號"南越武王"。前一九五年，漢高祖正式分封為南越王。呂后時期，漢越矛盾激化，呂后發兵南下攻打南越。趙佗發兵抵抗，並反攻至今湖南一帶。後即帝位，稱"武帝"。趙佗重視傳入中原漢文化和先進生產技術，並融合越地社會，使嶺南生產發展，人民安居樂業。都城設於番禺（今廣州）。南越國自前二〇四年建立至前一一一年被漢平，歷五代，凡九十三年。南陳朝時，追封佗為開天體道聖武神哲皇帝。

秦始皇二十八年　壬午　前二一九年

本年秦始皇命令尉屠睢率領五十萬大軍南下攻擊百越。

秦始皇三十三年　丁亥　前二一四年

本年秦軍在任囂和趙佗的率領下攻擊百越，該戰平定百越之地，統一嶺南，設置了南海、桂林、象三郡。

秦二世元年　壬辰　前二〇九年

本年趙佗以秦南海郡割據，大殺秦所留長吏中之異己分子。

漢（前二〇六～二二〇）

漢高祖三年　丁酉　前二〇四年

本年南海尉趙佗在嶺南建立南越國，冼夫人全力支持。

冼夫人，高涼（今高州）人。秦末至西漢時期的南越族女首領，被南越國封爲冼將軍。屈大均《廣東新語》言其"身長七尺，兼三人之力"。秦朝末年，政局不穩，社會動蕩，流賊四起，調集兵力，加强防守以保境安民。前二〇四年，南海尉趙佗建立南越國，立即決定全力支持，精選二百精壯士卒，肩挑各類軍用物資，親自從高涼押送至廣州南越王宫交與。佗接見時，論及時政、兵法時，智辯縱横，佗無以對，深爲佩服。於是委任爲高涼大將軍。自此勵精圖治，聲威遠播，轄區内物産漸豐，鄰郡常賴之。

漢高后元年　甲寅　前一八七年

本年吕后稱制，丞相審食其爲言之，於是封張買爲南宫侯。

張買，粤人。父戍，以越騎將軍從高帝定三秦有功，未及封而死。買少善射知書，拜中大夫。惠帝時侍遊苑池，鼓櫂能爲越謳，時切諷諫。不自言父勛，高后稱制，丞相審食其爲言之，於是封爲南宫侯。父子相繼，正色立朝，故粤人構祠祀之，名其區曰"秉正"。祠在今番禺秉正街。清潘楳元《廣州鄉賢傳續傳》有傳。

漢武帝元光元年　丁未　前一三四年

五月丙午日，無名氏刻《漢元光鏡銘（二首）》。（清郭汝誠修咸豐三年刊《順德縣志》卷一九《金石畧一》）

1
漢（前二〇六～二二〇）

漢武帝元鼎六年　庚午　前一一一年

本年漢朝大軍征討南越國呂嘉集團。

本年呂嘉之亂，鄭嚴爲戈船將軍。

鄭嚴，南海人。與田甲一起率先以越人歸漢。武帝令越人之善騎射者選爲越騎，使嚴、甲將之，並封歸義侯，號其士卒曰越侯兵。呂嘉之亂，嚴爲戈船將軍，師出若耶、白沙，配合伏波、樓船二將軍平呂氏之亂。（清阮元修道光刊《廣東通志》卷二六八、同治《番禺縣志》卷三四）

漢昭帝始元元年　乙未　前八六年

本年漢昭帝即位，吳霸在此前後任廣鬱都尉。

吳霸，字子公。桂陽（今陽山）人。早年率兵守衛中宿洭浦關。嘗於湞陽招徠流民，衆感其德，名所駐山爲吳山。昭帝即位前後任廣鬱都尉，後遷牂牁太守，爲夜郎王立后。五世孫雄，官光禄勳，東漢桓帝元嘉元年（一五一）爲司徒，永興元年（一五三）罷。（明歐大任《百越先賢志》卷一）

新王莽天鳳元年　甲戌　一四年

陳欽自殺。

陳欽（？～一四），字子佚。西漢廣信（今封開）人。成帝時舉賢良方正。自幼好學，熟習五經，對《左傳》尤精，曾向王莽傳授，與劉歆同時得名。莽稱帝後，封爲厭難將軍，駐守塞北雲中抵禦匈奴。天鳳元年（一四）因誅殺單于人質子登事件下獄自殺。著有《陳氏春秋》。（《漢書·儒林傳》）

漢光武帝建武元年　乙酉　二五年

本年頃陳元上疏請立左氏學，與范升辯難，漢光武帝卒從元議。

陳元，字長孫。蒼梧廣信（今封川）人。父欽，習《左氏春秋》，事黎陽賈護，與劉歆同時，以《左氏》授王莽而撰爲《陳氏春秋》以自別。傳父業，以父任爲郎。建武初上疏請立左氏學，與范升辯難，帝卒從元議。後更辟司空李通、司徒歐陽歙府掾，以病去官，卒於家。著有《左氏同異》、《司徒掾陳元集》。吳道鎔《廣東文徵作者考》卷一有傳。

漢和帝永元十二年　庚子　一〇〇年

本年詔楊孚在廷議政，復以宜行孝悌，吏治必務廉平勸之，漢和帝從其議。

楊孚，字孝元。南海人。[①] 漢章帝時舉賢良，對策上第，官議郎。和帝即位，欲用兵匈奴，孚上奏，以“毋輕用武”諫之。永元十二年（一〇〇）旱災，詔在廷議政，復以宜行孝悌，吏治必務廉平勸之，帝從其議。其時南海官吏競事珍獻以邀寵，孚乃枚舉物性靈悟，指爲異品，以諷切之，著爲《南裔異物志》（又名《楊議郎著書》、《異物志》、《交州異物志》、《交趾異物志》）。自後羅浮玳瑁之屬日絶，時謂能通神明。後爲臨海太守，復著《臨海水土記》。二書皆已佚，清道光間南海曾釗從《太平御覽》等書輯得若干條，南海伍崇曜收入《嶺南遺書》付梓。孚家於今廣州河南下渡頭村，傳其自嵩山移松柏於宅畔，是年冬，即有“雪巢其巔”。明黃佐修嘉靖四十年刊《廣東通志》卷五四、歐大任《百越先賢志》卷二有傳。

漢順帝永和二年　丁丑　一三七年

本年李進出任武陵太守。

李進，字子賢。高興（今化州）人。八歲能詠詩賦，十八歲考取功名，二十二補郡功曹，翌年升騎都尉。永和二年（一三

---

① 一說番禺河南下渡村人。

七）出任武陵太守。時荊蠻叛，斬首數百級，餘部歸附。梁太后臨朝（一四六），嘉其穀二千石，賜錢二十萬。中平年間，升交州刺史。（《化州縣志》卷九）

士燮生。

士燮（一三七～二二六），字威彥，廣信（今封開）人。東漢末遊學京師，舉孝廉、茂才，歷遷交趾太守，拜安遠將軍，封龍度亭侯。建安時歸附東吳孫權，加左將軍；後又因誘降益州豪族雍闓，遷衛將軍，封龍編侯。為人寬厚，謙虛下士。中原士人往依避難者百數。在郡四十年，頗有政績。學問淵博，尤精《左傳》。著有《士燮集》、《春秋經注》、《公羊傳注》、《穀梁傳注》、《春秋左氏傳》等。墓在今越南。燮卒，孫權遣陳時代為交趾太守，子徽自立為太守，發兵抗拒。權令呂岱破交州城，徽及其家族為岱所誅。弟壹，初為郡督郵，為司徒黃婉禮重，遂見恨於董卓。卓亂時歸鄉，後任合浦太守。孫權當政，恪守其職，拜中郎將、偏將軍、都鄉侯。後被誅。（《三國志》本傳）

漢桓帝永康元年　丁未　一六七年

本年陳臨為蒼梧太守。

陳臨，字子然。南海人。蠻俗荒陋，學覽經典，行誼卓然。郡舉孝廉，永、建①中官至蒼梧太守。推誠而理，導民孝悌。建安中徵為廷尉。歐大任《百越先賢志》卷二有傳。

漢靈帝熹平三年　甲寅　一七四年

本年太守周憬開導昌樂六瀧，流通商旅，郭蒼為撰《神漢桂陽太守周府君碑銘》。（歐大任《百越先賢志》卷四《郭蒼》據

---

① 東漢無永建年號，安帝有永寧（一二〇）、建光（一二一）年號；桓帝有永康（一六七）年號，靈帝有建寧（一六八）年號。均僅用一年即廢。茲採後者。

《水經注》、《金石錄》、《歐陽六一集》參修）

郭蒼，字伯起。曲江（今韶關曲江）人。富有文學，舉茂才，爲荆州從事。漢靈帝熹平三年（一七四），太守周憬開導昌樂六瀧，流通商旅，蒼爲撰碑銘，以紀其德。黃佐《廣東通志》卷五四、歐大任《百越先賢志》卷四有傳。

漢靈帝光和二年　己未　一七九年

唐珍卒。

唐珍（？～一七九），字惠伯。桂陽（今連縣）人。先世家潁川，後南遷，至珍已歷三世。珍幼聰敏，人稱神童。就辟召，累官太常，進司空。熹平二年（一七三）爲楊賜所代。光和二年（一七九）卒。（《後漢書》卷八四、歐大任《百越先賢志》卷三、清楊楚枝修乾隆三十六年《連州志》卷七）

漢靈帝中平元年　甲子　一八四年

本年①張角、袁術起難，天下大亂，董正每仰觀天象，知漢曆之不長，輒掩涕太息。

董正，字伯和。番禺人。年十五，通《毛詩》、《三禮》、《春秋》，遂以學行知名。公府常詣其廬，疇咨理道。賦性高潔，貧寒不戚。躬耕以足衣食，暇即講詩書。遠近多從之遊。建安中卒，葬番禺之東。明黃佐《廣州人物傳》卷一有傳。

本年交阯屯兵反，執刺史及合浦太守，有司舉賈琮爲交阯刺史。琮到部大治，民爲作《交阯合浦民爲賈琮歌》。（《後漢書》卷三一《賈琮傳》）

漢獻帝建安十五年　庚寅　二一〇年

本年孫吳命步騭爲交州刺史，統兵進取南海，與衡毅、錢博

---

① 原作熹平末，誤。

戰於高要西江之羚羊峽口，毅、博軍大敗，投水死者千餘。（唐李吉甫《元和郡縣圖志》卷三四）

漢獻帝建安二十四年　己亥　二一九年

本年劉熙卒於交州（今越南北部）。

劉熙，字成國。交州人，先北海人。博覽多識，名重一時。薦辟不就，避地交州，人謂之徵士。往來蒼梧、南海，授徒數百人。著有《釋名》二十七篇，又著《謚法》三卷。建安末卒於交州。歐大任《百越先賢志》卷三有傳。

漢獻帝延康元年　庚子　二二○年

本年吳國派呂岱至番禺，繼步騭爲交州刺史，接收高涼錢博請降，發兵鎮壓鬱林郡土人反抗，征討滇陽地區（今曲江、英德），擊敗擁兵對抗之王金。

三國兩晉南北朝（二二○~五八一）

三國吳景帝永安五年　壬午　二六二年

十一月，校尉某刻《吳永安五年鏡銘》。（阮元《廣東通志》卷二○○《金石畧二》、清道光十五年修同治八年重刊《南海縣志》卷二七《金石畧一》）

三國吳末帝甘露元年　乙酉　二六五年

《南越志》云：水東流入海，帆道二日至東莞，漢順帝時屬南海縣地，吳孫皓以甘露元年（二六五）置始興郡，以其地置司鹽都尉，晉立東官郡，隋爲寶安縣，唐至德二年（七五七）遂改爲東莞縣。（宋樂史《太平寰宇記》卷一百五十七《嶺南道一》）

晉武帝太康元年　庚子　二八〇年

十一月，廣州高興郡海安縣（今雷州半島）縣令蕭輔聚眾反晉。（《晉書》卷三《武帝紀》）

晉武帝太康五年　甲辰　二八四年

葛洪生。

葛洪（二八四～三六四），字稚川。原籍丹陽句容。少時好學，家貧，乃自采薪以貿紙筆，夜輒寫書誦習，遂以儒學知名。性木訥寡欲，而好尋究書義，尤好神仙導養之法。從祖玄，吳時方士，以其煉丹秘術授弟子鄭隱，洪就隱學，悉得其法。後師事南海太守鮑靚，靚以女妻之，復傳靚業。晉惠帝太安中，石冰作亂，吳興太守顧秘檄洪為將兵都尉，討破之，遷伏波將軍。洪見天下已亂，乃參廣州刺史嵇含軍事。含遇害，遂停南土多年，始還鄉里。元帝為丞相，辟為掾。以平賊功，賜爵關內侯。成帝咸和初，司徒王導召補州主簿，轉司徒掾，遷諮議參軍。聞交趾出丹，堅求為句漏令，將子姪俱行。至廣州，刺史鄧岳留不聽去，遂止羅浮山煉丹。岳表補東官太守，又辭不就。在山積年，優遊閒養，著述不輟，自號抱樸子，因以名書。卒年八十一。《晉書》卷七二、趙道一《歷世真仙體道通鑑》卷二四、清宋廣業輯康熙五十六年刊《羅浮山志會編》卷四有傳。詩五首。弟子王野人，原名體靚，居羅浮冲虛觀。何藻翔《嶺南詩存》卷一有傳。

晉武帝太康八年　丁未　二八七年

本年王範表上所著《交廣二州春秋》，名動京師。

王範，南海人。好讀書，有鑑識。吳孫皓時閉戶不出門，問其縣，對曰：“見彈繳而弗避，非靈禽也；處亂世而求聞達，非知士也。”郭馬亂廣州，逐刺史徐旗，從旗避難，朝夕不離側者五年。晉平吳，遵行九品官人法，刺史熊睦舉為秀才，乃以為廣州大中正，選舉人才，第其高下，皆愜輿論。司馬彪著《九州春秋》，範見其略於嶺服，乃搜羅百粵典故爲書，名爲《交廣二州春秋》。太康八年（二八七）表上之，自是名動京師。交廣素缺修載，自範始創爲之。明郭棐《粵大記》卷二三有傳。

晉懷帝永嘉五年　辛未　三一一年

本年有《西晉永嘉五年墓磚銘》云：

永嘉世，九州空。余吳土，盛且豐。（廣州西村出土西晉墓磚銘文）

西晉永嘉五年墓磚銘①

子孫昌，皆侯王。

西晉永嘉磚銘②

子孫千億，皆壽萬年。

晉永嘉磚銘

永嘉世，九州禮。（以上阮元《廣東通志》卷二〇〇《金石畧二》録嘉慶七年出土廣州聚龍岡墓磚銘）

西晉永嘉磚銘③

永嘉世，九州荒。余廣州，平且康。（清鄭夢玉等道光十五年修同治十一年刊《南海縣志》卷一一《金石畧一》）

晉懷帝永嘉六年　壬申　三一二年

本年有《西晉永嘉六年磚銘④》云：

宜公侯，壽百年。（清李福泰修史澄等纂同治十年《番禺縣

①　磚銘全文爲“永嘉五年辛未子孫昌皆侯王”。原按：永嘉磚，嘉慶七年番禺蔡長青得於廣州聚龍岡，凡三十餘塊，藏順德溫遂之家。
②　原注：此與上永嘉五年合爲一磚，文在旁殺處。
③　原按：《知稼軒集聯》，“羅蘿軒少司農所藏”。考《晉書》，王機以永嘉六年據廣州，則亦非無事之時也。
④　磚銘全文爲“永嘉六年壬申宜公侯壽百年”。磚藏邑人許應鑅家。

志》卷二八《金石畧一》）

晋愍帝建興三年　乙亥　三一五年

本年有《西晉建興三年墓磚銘》云：

永嘉世，天下荒。余廣州，皆平康。（廣州西村出土西晉墓磚銘文）

晋明帝太（泰）寧三年　乙酉　三二五年

本年有《東晉泰寧三年墓磚銘》云：

按：東晉“□□□□廣州蒼梧廣信侯”墓，在肇慶黃崗大路田村坪石崗，近年挖掘出土墓磚，磚之平面陰刻云“□□□□廣州蒼梧廣信侯也”，磚側陽文銘云“泰寧三年太歲在乙酉五月壬申立大吉昌”，磚之另一側陽文銘云：

吉且陽，宜侯王。（廣東省文物考古研究所提供肇慶黃崗大路田村坪石崗出土東晉泰寧三年墓磚銘照片）

晋穆帝永和五年　己酉　三四九年

本年楊平拜交州刺史。

楊平，字伯衛。南海人。以才略爲郡從事，官蕩寇校尉。永和五年（三四九）拜交州刺史，破林邑，自是貢獻不絕。詔加龍驤將軍，封南陵縣侯。（阮元《廣東通志》卷二六八）

晋簡文帝咸安二年　壬申　三七二年

陳元德生。

陳元德（三七二～？），秦州南安郡狄道縣（今甘肅隴西）人。以其才勇出眾而聞名於世，事東晉孝武帝、安帝和恭帝三朝，有征戰功。隆安三年（三九九），與輔國將軍劉牢之奉詔進討孫恩，以功擢建國大將軍。元興元年（四〇四），盧循所領義軍攻陷番禺，再次奉命率軍前往征討，鎩羽而歸。元熙二年（四二〇），劉裕篡晉建宋，不願改仕，棄官攜妻子遁跡番禺，避居於禺南白水坑，後又遷居坑頭。是爲珠三角陳氏之祖。（同治《番禺縣志》卷三三）

晋安帝元興三年　甲辰　四〇四年

冼勁被殺。

冼勁（？～四〇四），南海人。家本武帥，世爲部曲，至勁讀書尚節操，爲廣州中兵參軍。元興三年（四〇四），盧循圍廣州，執而殺之。義熙中追贈始興太守、曲江縣侯，謚忠義。（阮元《廣東通志》卷二六八、同治《番禺縣志》卷三四）

晋安帝義熙元年　乙巳　四〇五年

四月，盧循遣使貢獻，以循爲廣州刺史，徐道覆爲始興相。循遺劉裕益智粽，裕報以湯。（《資治通鑑》一七一三頁）

本年頃有《義熙初童謠》云：

安帝義熙初，童謠云云。其時官養盧龍，寵以金紫，奉以名州，養之極也。而龍不能懷我好音，舉兵內伐，遂成讎敵也。及盧龍之敗，斬伐其黨，猶如草木以成積也。

官家養蘆化成荻，蘆生不止自成積。（《晋書》卷二八《五行志中》）

又義熙初謠云：

其時復有謠言云云。盧龍果敗，不得入石頭也。

盧橙橙，逐水流。東風忽如起，那得入石頭。（《晋書》卷二八《五行志中》）

盧循（？～四一一），字於先，小字元龍。孫恩妹夫。曾參加孫恩部。元興元年（四〇二），恩敗死，循領其餘部。時桓玄克建康（今南京），方謀篡晉，命循爲永嘉太守。後爲劉裕所攻，率部浮海占廣州，號平南將軍，遣使納貢於晋，被任爲征虜將軍、廣州刺史、平越中郎將。義熙六年（四一〇）乘劉裕北伐南燕，與其姊夫始興太守徐道覆起兵廣州，北占豫章（治今南昌）等地，順流下逼建康。屢敗於裕，廣州又被裕襲取，回師轉戰至交州，戰敗投水死。

晋安帝義熙六年　庚戌　四一〇年

本年盧循率軍至番禺。翌年被劉裕部下孫處、沈田子打得大敗，遂退至合浦、交州之間，後於交州敗没。（《資治通鑑·晋紀》三七、三八）

南朝宋武帝永初元年　庚申　四二〇年

本年頃王叔之與兄伯之共將家口踰嶺，依廣州刺史王鎮之。

王叔之，字穆仲。原籍山東瑯琊臨沂。晋丞相導後。晋宋之際，王室多艱，叔之與兄伯之共將家口踰嶺，依廣州刺史王鎮之。因愛羅浮丘壑之勝，築室鳳凰洞之南，庭植蘭菊，攜子弟讀書其中，自稱處士，世傳其得仙。清初，羅浮王子洞猶存其所著書三種。黄佐《廣東通志》卷五一、《羅浮山志會編》卷六有傳。詩五首。

南朝宋明帝泰豫元年　壬子　四七二年

廖冲生。

廖冲（四七二～五六八），字清虛。桂陽（今連州）人。梁大通三年（五二九），居連山郡。以才德見稱，爲本郡主簿、西曹祭酒。時梁武帝好儒學，應詔入朝，命賦詩，大見嘉賞。湘東王就國，請爲常侍。嘗坐講《老子》，進無欲自靜之説。大同三年（五三七），見武帝無道，諸王不法，辭其印綬，遊探道要。居嵩高山①。久之過荆渚，二神作妖，起風浪阻船，遂伏之，令護船。而渡至南嶽，於祝融頂遇太平真君傳道要。復謂二神曰：

---

①　一作静福山。

"吾居郴陽作丹，可爲吾守鑪。他日丹就，汝亦有分。"丹成歸鄉。常乘一虎，執蛇爲鞭。陳光大二年（五六八）風雲晦冥而昇舉。後人號其地爲廖仙巖、仙翁壇，築清虛觀以奉之。（歐大任《百越先賢志》卷四）

南朝齊和帝中興二年　壬午　五〇二年

張岊卒。

張岊（？～五〇二），字彥高，又字巴玉。封川（今封開）人。齊時舉茂才，初任晋興令，累遷安昌將軍、左將軍。齊明帝時因平叛有功爲司空。後因蕭湛獲罪，諫不成，辭京官，即拜驃騎大將軍郢州刺史，仍加司空。棄官入長沙温泉山，人因稱其山爲司空山。（阮元《廣東通志》）

南朝梁武帝天監三年　甲申　五〇四年

陳孝女生。

陳孝女（五〇四～五三五），名妙圓。博羅人。四歲從母授《孝經》，侍奉父母，矢志不嫁。母殁，哀毀。父卒，以田爲祀田，後危坐而逝。梁武帝敕封龍華護國庇民夫人，以其宅爲龍華寺。（光緒《惠州府志》卷四一）

南朝梁武帝普通元年　庚子　五二〇年

侯安都生。

侯安都（五二〇～五六三），字成師，謚曰風烈。曲江人。工隸書，能鼓瑟，擅五言詩，兼善騎射。少事州郡，梁始興內史蕭子範辟爲主簿。侯景亂起，召甲兵三千人，從陳霸先入援京邑。力戰有功，授猛烈將軍，除蘭陵太守。參與定計，襲滅王僧辯，敗徐嗣徽，以功進爵爲侯，號平南將軍。參與討蕭勃，加開府儀同三司。討王琳，初敗績，出爲南豫州刺史。後平琳，還軍南皖。陳霸先死，與群臣定策立文帝，遷司空。又殺文帝政敵衡陽王昌，進爲清遠郡公。後因居功驕橫，部下將帥多不遵法度，坐罪賜死。（《陳書》卷八、《南史》卷六六、阮元《廣東通志》卷二八八）

南朝梁武帝普通三年　壬寅　五二二年

譙國冼夫人生。

譙國冼夫人（約五二二、五一二～六〇二），名英，高涼（今高州）俚族人。統部落十餘萬家。英自幼勤勞樸實，聰明能幹，尤善帶兵打仗。及長，嫁漢人高涼太守馮寶，助寶爲政，聽訟判事。凡罪必治，凡冤必糾。梁末大亂，高州刺史李遷仕蓄謀造反，召見寶，冼夫人勸阻。遷仕果然起事，夫人設伏敗之。陳朝立國第二年（五五八），派其九歲子僕帶領俚族首領至建康朝賀，僕被任命爲陽春太守。太建元年（五六九），廣州刺史歐陽紇扣留僕爲人質，脅迫作亂，被拍案拒絕，率眾攻打紇，又派出部屬迎接王師。後僕轉任石龍太守，封爲太夫人。隋文帝滅陳後，嶺南數郡推舉爲首領，號“聖母”，保境安民。尋隋使攜陳後主書信、兵符和犀杖，勸其歸順隋朝。此時僕已死，便由其孫迎接隋文帝派來之總管韋洸至廣州，使嶺南二十四州皆歸隋。次年，王仲宣起兵反隋，圍廣州城。派孫馮暄領部屬解圍，暄與王仲宣部將陳佛智爲莫逆之交，暗中禮尚往來。得知大怒，派人將暄綁進牢獄，再命另一孫盎領兵殺佛智，盎與隋軍會師，擊潰仲宣，解廣州圍。時隋文帝派給事郎中裴矩巡視嶺南，披甲騎馬，陪矩巡視。隋文帝追贈寶爲譙國公，冊封夫人爲譙國夫人，准開府，非常時可調動六州兵馬。開皇年間，番州總管趙訥激起土民反抗。派屬官張融告發，朝廷依法處死訥。在世八十餘年，經梁、陳、隋三代。陳封爲石龍郡夫人，隋封爲宋康郡夫人、譙國夫人。仁壽二年（六〇二）卒，諡誠敬夫人，多地立廟。（《資治通鑑》、《北史》、《隋書》、《廣東通志》、《高州府志》、《茂名縣志》）。

南朝梁武帝普通七年　丙午　五二六年

九月二十一日，禪宗初祖達摩一行遠涉重洋，在海上顛簸三年後抵達達中國南海（今廣州）。廣州刺史蕭昂以東道主禮迎接，並上表梁武帝，武帝派遣使臣奉詔至廣州迎請。

菩提達摩，又稱菩提達磨，意譯爲覺法。稱佛傳禪宗第二十八祖，爲中國禪宗始祖，故中國禪宗又稱達摩宗，達摩被尊稱爲"東土第一代祖師"、"達摩祖師"。與寶志禪師、傅大士合稱梁朝三大士。於中國南朝梁武帝時期航海到廣州，又至南朝都城建業會梁武帝，面談不契，遂一葦渡江，北上北魏都城洛陽，後卓錫嵩山少林寺，面壁九年，傳衣缽於慧可。後出禹門遊化終身。

南朝梁武帝大同八年　壬戌　五四二年

十二月，盧子略、盧子烈、杜天合、杜曾明、周文育等合兵攻打廣州，西江督護、高要太守陳霸先平之。（《資治通鑑》卷一五八《梁紀》十四）

南朝梁武帝太清二年　戊辰　五四八年

本年侯景叛亂，侯官令徐伯陽浮海至廣州，見劉刪所爲文，嘆曰："嶺左奇才也。"

劉刪，字正簡。南海人。少篤學，有志操。梁武帝時州郡舉爲諮議。侯景叛亂，侯官令徐伯陽浮海至廣州，見所爲文，嘆曰："嶺左奇才也。"伯陽爲司空侯安都記室，亟薦其詞學。陳宣帝太建初召至京師，除臨海王長史，與記室張正見輩爲文翰之友，王深禮遇之。後卒於官。清黃子高《粵詩蒐逸》卷一有傳。

南朝梁簡文帝大寶元年　庚午　五五〇年

馮僕生。

馮僕（五五〇～約五八五），潘州（今高州）人。寶子。陳永定二年（五五八），僕九歲，率諸首領入朝，拜陽春郡守。後廣州刺史歐陽紇謀反，誘與爲亂，告其母譙國夫人，夫人止之，遂發兵拒境，紇衆潰散，僕封信都侯，加平越中郎將。至德中病卒。

南朝梁元帝承聖元年　壬申　五五二年

本年張偲任江州刺史。

張偲，字淩曜。始興人。祖寶生，天監年間官始興刺史，卒於任。偲與弟仁、偕均饒智勇。侯景亂時，偲與曲江人侯安都各率千餘人，隨陳霸先起兵入援，破蔡路養、李遷仕。後霸先與景戰石頭城，偲領騎兵大勝。梁元帝承制，授偲江州刺史，弟仁官護國將軍，偕官戶科給事中。後三人俱告歸，卒於里。子孫多定居樂昌。（《南史》卷九）

南朝陳武帝永定元年　丁丑　五五七年

本年無名氏撰《歐陽威德政碑銘①》云：

赫赫宗陳，桓桓鼎臣。千乘建學，五與攸因。盛德斯選，公門日新。崇高惟岳，覜甫生申。去衡移廣，遷征自鎮。悠悠銅暑，藐藐金鄰。莫遠非督，無恩不賓。三江靡浪，五嶺冥塵。式歌式舞，仁哉至仁。公其饗福，於萬斯春。（清戴肇辰修光緒五年刊《廣州府志》卷九八《金石署二》

南朝陳文帝天嘉五年　甲申　五六四年

本年譚瑱率水師俘叛將陳寶應。

譚瑱，始興人。原籍金陵。頗讀書，知大義，有膂力。侯景亂時，集鄉勇自衛，衆推爲首領。陳初，從曲江人侯安都東征留異有功，拜假節雲騎將軍。陳文帝天嘉五年率水師俘叛將陳寶

---

① 碑銘撰於陳武帝永定元年（五五七）。

應，並擒異送京，擢始興太守。致仕後，擇居始興，享壽八十有
五。賢績見府志、邑志，祀名宦祠。後裔尊爲廣東始興派譚氏始
祖。孫誨爲唐循州司馬，即張九齡岳丈。（民國《始興縣志》卷
十二）

南朝陳宣帝太建元年　己丑　五六九年

九月，廣州刺史歐陽紇聚兵反陳。十月，車騎將軍章昭達討
之。翌年，高涼冼夫人領兵於陽春自守，與章昭達南北夾擊紇，
生擒之。（《資治通鑑》卷一七〇《陳紀》四）

正月十一日，拘那羅陀爲戒弟子，遂化去。

拘那羅陀（？～五六九），漢名真諦，印度高僧。應梁武帝
之請，從扶南泛海出發，於梁大同十二年（五四六）八月十五
日，抵達南海（今廣州）。沿途所經，乃停兩載。以太清二年
（五四八）閏八月，始屆京邑（建業，今南京），陳永定二年
（五五八）七月，還返豫章（今江西），又上臨安（今杭州）、晉
安諸郡。真諦雖傳經綸，道缺情離，本意不申，遂欲泛舶往梭迦
修國（今馬來半島北部）。道俗虔請，結誓留之。天嘉二年（五
六一）又泛小舶，至梁安郡，再裝大船，欲返西國。學徒追逐，
相續留連。太守王方奢述眾元情，更申邀請。三年（五六二）九
月，發自梁安，泛舶西引。業風賦命，飄還廣州。後於廣州譯經
講法，歷時八載，陳太建元年（五六九）入寂。在華期間翻譯佛
經四十九部，凡百四十二卷。致力於宏揚印度瑜伽行派學説，對
佛學中唯識論、“三性”等闡精發微，多有創建。（《續高僧傳·
拘那羅陀傳》）

南朝陳宣帝太建二年　庚寅　五七〇年

陳文玉生。

陳文玉（五七〇～六三八），合州（今海康）人。唐貞觀五
年（六三一）爲合州刺史。在任八年，奏准改合州爲雷州，修城

池。安撫黎苗瑤寮，發展生產。貞觀十二年（六三八）春，築城工程告竣，與僚屬登城巡視，盍然而逝，享年六十八。十六年（六四二），立廟郡城西南隅，稱雷祖祠。（《高雷文獻專輯》）

隋（五八一～六一八）

隋文帝開皇十年　庚戌　五九〇年

本年麥鐵杖隨越王楊素鎮壓江南反隋勢力。

麥鐵杖（？～六一二），保昌（今南雄）人。傳日行五百里。早年結眾橫行。陳太建間為廣州刺史歐陽歆所獲，沒為官奴。陳亡，遷居清流縣。隋開皇十年（五九〇），隨越王楊素鎮壓江南反隋勢力，後又參與北征突厥。歷任萊州刺史、汝南太守，遷右屯衛大將軍。大業八年（六一二）在對高麗之遼東戰役中陣亡。贈光德大夫、宿國公，諡武烈。子孟才，嗣授光祿大夫，拜武賁郎將。子仲才、季才，授正議大夫。（《隋書》卷六四）

隋文帝開皇十四年　甲寅　五九四年

本年始建坐落於廣州東郊黃埔廟頭鄉（古稱扶胥鎮）之波羅神廟（即南海神廟），後每年二月十三日為波羅誕，均有盛大祭祀活動。

隋煬帝大業三年　丁卯　六〇七年

五月二十八日，無名氏撰《隋故太原王夫人墓誌銘①》云：

夫人王氏，其先太原晉陽人也。曾祖峴公持節南海，遂家焉。祖潛夫，

---

① 此墓銘撰於隋煬帝大業三年（六〇七）。清宣統三年六月出土於城東二十六里鹿步司屬石牌鄉山麓。

世承家訓，忠孝立身。父元德，居州牧時，奉公克勤，才聞八座。夫人即公之第五女也。既笄之後，適於同邑陳氏。自結秦晋之好，無虧婦道之儀。事姑惟勤，事夫以敬，逾廿載而睦如也。夫人厚德，閭里喧傳。山□天奪其壽，魂魄上升，體掩重泉，千秋飲恨。以大業三年五月二日□於南海揚仁坊之私第，春秋四十有八。育子一人，曰延裕。凤承慈訓，□□令名，泣血哀號，行路傷悲。即以其月二十八日，窆於南海治扶胥□□□。恐陵谷變遷，刻慈貞石。銘曰：

　　屹然孤墳，南阜之墩。殞我慈母，蒼天不仁。澗水夜流，松煙晝昏。□□漣洏，暮暮晨晨。

　　□□□年五月二十八日記。（清梁鼎芬、盧維慶修民國二十年刊《番禺縣續志》卷三三《金石志一》）

隋煬帝大業五年　己巳　六○九年

　　本年無名氏撰《前陳散騎侍郎劉府君墓銘　並序①》，銘曰：
　　羨乎元族，厥裔彭徐。膺靈啟業，秉璽神書。傳符永代，獨擅邦除。先根氓主，末葉斯□。可傷黔□，□愧皇墟。古今乃異，盈長空無。瑞□上紀，凡挾嚚愚。昔食九土，昔食九士。令□□□，所菹唯守。所宰唯令，五等相仍，無期九命。欽咨散騎，水潔璆輝。州里崇仁，朝敦君子。德儔薖溺，行儕□李。文秀長卿，武該樊杞。獻秩孔臧，林茅怒士。天祿阡淪，歸□窀里。歲月久長，靡言回紀。（民國《番禺縣續志》卷三三《金石志一》）

隋煬帝大業八年　壬申　六一二年

　　三月，無名氏撰《大隋儀同三司建州刺史故徐君墓誌銘②》，銘曰：

---

①　據簡又文《劉猛進碑考》，此碑銘撰於隋煬帝大業五年（六○九）。清光緒三十二年（一九○六）出土於廣州王聖堂。
②　此碑銘撰於隋煬帝大業八年（六一二）。

崇基負海，建國□□。遺□後嗣，留愛於民。興王啟霸，世屬功臣。攀龍矯足，高蹈燕秦。美矣高□，華哉盛族。余慶必隆，挺茲岳牧。無遺兩□，有榮五服。負石沉江，嗽流巖谷。公之誕嗣，蔭□餘榮。承家主奠，實彼高明。敦崇禮讓，修拭身名。詩騷散志，風月吟情。冽□□朝，位隆二國。吏仰其威，民思其德。卷舒圖史，遨遊儒墨。道□南容，□逾□北。方城刺舉，求瘝帷襄。衢奔竹馬，水涸貪泉。慈仁孝悌，公亦有焉。九皋□響，聲聞於天。梁木橫□，太山其頹。哲人萎矣，嗚呼哀哉。悲風滿□，愁云□開。淚將花墮，鳥共聲哀。素車同萃，白馬俱來。掛劍空存，懸□徒在。□返北城，□旋南海。芳林欲正，□風無改。孝子欲養，慈親不在。（民國《番禺縣續志》卷三三《金石志一》）

唐（六一八～九〇七）

唐高祖武德元年　戊寅　六一八年

本年頃顏遊秦累遷廉州刺史，多善政，民爲賦《廉州邑人爲顏遊秦歌》云：

> 遊秦①，武德初累遷廉州刺史，封臨沂縣男。時劉黑闥初平，人多以强暴寡禮，風俗未安，遊秦撫恤境內，敬讓大行。邑里歌曰云云。高祖璽書勞勉之。

廉州顏有道，性行同莊老。愛人②如赤子，不殺非時草。（《舊唐書》卷七三《顏籀傳》）

---

① 秦，南宋王象之《輿地紀勝》卷一二〇《廣南西路·廉州·官吏》作"泰"。

② 人，《全唐詩》卷八七四作"民"。

唐高祖武德五年　壬午　六二二年

四月，鄧文進統所部降唐，每戰必身先士卒，軍中爲賦《廣州韶州軍中謠》云：

鄧文進，南陽人。其祖徙家廣州，素雄於財。至文進，獨折節讀書，以故士之流徙者競趨其門。文進皆館穀之，賓客至千餘人。因擇其勇黠者，使捍鄉井。俚峒夷獠聞風慄服，役屬唯謹。隋大業中，爲韶州刺史，移州治於武水西。宇文化及弑煬帝於江都，盜賊徧滿天下，五嶺亦擾。文進散財集兵以赴難，旬月之間，衆數萬，掠地至始興。時賊帥林士弘據虔、饒，兵不克進，與戰輒敗，於是保有廣、韶二州，歸之者如市。豪酋楊世畧據循、潮，馮盎據高、羅，甯長真據欽、廉、桂林諸郡，文進皆通書，使以生民爲念，定盟同歸於好。百粵之境得免於兵革者，文進之力也。無何，士弘稱帝，遣使至番禺，授諸帥以僞官，文進獨不受。梁主蕭銑遣兵徇嶺南，攻樂昌。即至樂昌，率邑人拒守，扼其鋒，使不得進。唐高祖武德五年，諸帥次第納款。是年四月戊寅，文進遂統所部降。高祖賜敕獎勞之，即拜鷹揚將軍，累立戰功卒。初理郡時，嚴重有威，爲吏民所畏，每戰必身先士卒，或奮臂一呼，風雲變色，軍中謠曰云云，言其勇也。没後多著靈響，郡人爲之立廟祀於樂昌。

鄧守一呼，百夫避途。（黄佐《廣東通志》卷四六）

唐太宗貞觀三年　己丑　六二九年

本年廣州清真先賢古墓始建。清真先賢古墓位於今廣州市越秀區解放北路蘭圃西側。元代以來，中國境内穆斯林被稱爲"回回"，因而此墓亦叫回回墳。明清中國學者稱伊斯蘭教義爲"至清至真"，因而伊斯蘭教又被稱爲"清真教"，其墓地因而稱之爲清真先賢古墓。①

---

① 清真先賢古墓是以賽義德·艾比·宛葛素爲首的四十多位阿拉伯著名伊斯蘭教教士墓地。相傳宛葛素於唐貞觀初年到廣州傳教並建清真寺供僑民禮拜。歸真後，教徒爲其營葬於此。

唐太宗貞觀九年　乙未　六三五年

義淨禪師生。

義淨禪師（六二五～七一三），字文明。俗姓張。范陽人。年十五出家。高宗咸亨二年（六七一）至番禺，曾遊歷三十餘國，歷時二十五年。武后證聖元年（六九五）得梵本經，還京洛，住佛授寺。玄宗先天二年（七一三）圓寂。（同治《番禺縣志》卷四九）

唐太宗貞觀十二年　戊戌　六三八年

二月，釋惠能生於新州龍山。①

釋惠能（六三八～七一三），一作慧能，俗姓盧，又稱盧行者。先世河北范陽（今涿縣）人。唐初，其父謫官新州（今新興），遂爲新州人。三歲喪父，家貧，目不識丁，以采樵爲生養母。二十四歲時，聞人誦《金剛經》而發心學佛，遂北上尋師，初至韶州曹溪，後抵樂昌西石窟。高宗咸亨三年（六七二），投湖北蕲州黃梅縣東山禪宗五祖弘忍門下，得傳衣缽，南歸四會、懷集二縣間，隱遁十六年。唐高宗儀鳳元年（六七六），薙髮於廣州制旨寺（又稱法性寺，今廣州光孝寺），遇印宗②法師，受具足戒。武后時，往韶州曹溪寶林寺大倡頓悟法門，宣揚"見性成佛"，爲佛教禪宗南宗開創者、禪宗六祖。唐玄宗先天二年（七一三）八月圓寂，年七十六。唐憲宗詔謚大鑒禪師。弟子編其語錄爲《六祖壇經》。事見《壇經》及釋法海撰序，又王維、柳宗

---

① 六祖故家廬墓、故宅之地今存國恩寺。

② 釋印宗（六二七～七一三），俗姓印，吳郡（今蘇州）人。生即茹素，長而出家，通《涅槃經》。高宗咸亨元年（六七〇）於京都盛揚道化。上元中敕住大愛敬寺，辭謝不赴。遊行至黃梅東山，向弘忍大師諮受禪法。過嶺南，遇六祖慧能，問答之間，深詣玄理。東返故里，刺史王冑置壇請其傳戒，先後度人數千百。又赴天柱、報恩諸寺，置壇度人。博學能文。著有《心要集》，今佚。

元、劉禹錫撰碑銘、碑文。弟子法海，字文允，俗姓張。曲江人。出家鶴林寺。天寶中預揚州法慎律師講席。初見六祖，問即心即佛。祖曰：“前念不生即心，後念不滅即佛。成一切相即心，離一切相即佛。”海遂信受。冼玉清《冼玉清文集》下編有傳。

唐太宗貞觀二十年　丙午　六四六年

馮盎卒。

馮盎（？～六四六），字明達。良德（今高州東北境）人。寶與譙國冼夫人孫，僕子。少時便具文韜武略。隋文帝開皇十年（五九〇），番禺首領王仲宣起兵反隋，圍攻廣州城。冼夫人派盎擊敗仲宣，文帝封盎高州刺史。仁壽二年（六〇二），潮（今潮陽西北）、成（今開平東南賀江口）等五州僚人反。時冼夫人已故，盎親往京師請旨討伐。詔左僕射楊素論時勢，盎論使素驚歎。於是命盎領兵伐僚，平亂後，盎授金紫光禄大夫，任漢陽太守。大業七年（六一一），盎隨煬帝征遼東，升爲左武衛大將軍。隋亡，盎與子智戴回嶺南，聚集各部，擁兵馬五萬衆，守土防亂。唐武德三年（六二〇），番禺（廣州）、新州（新興）之高法澄、冼寶徹等人起兵殺戮朝廷官吏，被盎率兵擊退。冼寶徹侄智臣聚兵新州抵抗，盎率兵征討。智臣兵降，寶徹、智臣被擒。自此，番禺、蒼梧以至朱崖（今雷州、海南一帶）等地，均歸盎，自稱總管。五年（六二二）七月，盎歸唐。唐高祖將盎所轄之地劃分爲高、羅、春、白、崖、儋、林、振八州，授爲上柱國、高州總管，後封吳國公，又封越國公，旋又封耿國公。貞觀初年（六二七），人誣告盎謀反，太宗詔右武衛將軍准備討伐，魏徵力主安撫。五年（六三一）正月，盎上京朝見，太宗待之甚厚。尋羅、竇（今信宜鎮隆）諸僚又亂，詔盎率兵兩萬剿除。事後，帝命盎子智戴歸省慰勞，重賞盎。其時，盎轄地二十州。貞觀二十年（六四六）盎卒，贈左驍衛大將軍、左驍騎大國公及荆州都督。新、舊《唐書》有傳。祖寶，南朝梁大同間（五三五～

五四五）高涼太守，與高涼冼氏女（後封譙國夫人）婚。父融爲羅州刺史。侯景作亂，高州刺史李遷仕欲反，絡寶共謀，夫人止之。寶亦與夫人共謀襲遷仕計，終敗之，由夫人率兵與長城侯陳霸先會於贛石。陳初，寶卒，追贈廣州總管、譙國公。（光緒《茂名縣志》）

唐高宗顯慶四年　己未　六五九年

本年廣州帥府舉明經、帖括，張弘雅皆得及第。

張弘雅，始興人。祖君政，父子虔，佐九齡。高宗顯慶四年（六五九）廣州帥府舉明經、帖括，皆得及第。從此嶺南多經學之士，弘雅首開粤俗風氣之先。弟三人，弘矩爲洪州都督府參軍，弘載任端州録事，弘顯官戎城令。（民國《始興縣志》卷十二）

唐高宗龍朔元年　辛酉　六六一年

十二月二十四日，許夫人窆於潘州南巴縣之下浮里，無名氏爲作《唐故順政郡君許夫人墓誌銘並序①》，銘曰：

在唐凝績，於周利達。祚土惟中，降年於萬。閨房挺秀，淑順先聞。是稱玉潔，亦比蘭薰。百兩言歸，三周始御。日居未幾，人斯何遽。雲收雨夕，彩設霞朝。一瞻河鼓，再斷星橋。紈素空聲，金翠掩色。備物有象，幽途無極。蒙蒙朧霧，颯颯風揚。身將地厚，義與天長。（譚棣華、曹騰騑、冼劍民編《廣東碑刻集》）

唐高宗總章元年　戊辰　六六八年

馮媛生。

馮媛（六六八～？），潘州（今高州）人。生於官宦世家，潘州刺史君衡長女，馮元一（高力士）姊。媛自幼聰穎，喜賦詩，

---

① 此墓誌銘撰於唐高宗顯慶三年（六五八）。碑今存電白文化局。

留有《閨媛詩集》一卷名世。與同籍人周雲結髮爲妻。長壽二年（六九三），監察御史萬國俊誣告嶺南“流人謀反”，錯殺二千餘人。潘州刺史馮君衡被誣告爲“策叛”，被革官職，没收家産。子元一被閹割爲奴，女被俘入宫。媛入宫後，因其生得嬌豔玲巧，文才出衆，武后欲留宫中爲才人，然媛請賜爲尼，准其至泰山庵堂落髮。從此化緣修道，不知所終。

唐高宗總章二年　己巳　六六九年

本年潮州寇亂，陷岡州、嶺左，陳元光隨父征閩，父死，代爲將。

陳元光，字廷炬。揭陽人。原籍河南潁川，祖洪官義安丞，遂落籍爲揭陽人。其父政以武功著，隸廣州揚威府。元光習韜鈐，善用兵，有父風。唐高宗總章二年（六六九），潮州寇亂，陷岡州、嶺左，元光隨父征戍閩，父死，代爲將。永隆二年（六八一），再提兵入潮平盜亂。還戍於閩，奏請創置漳州。歷官嶺南行軍總管、晋中郎將、右鷹揚衛率府懷化大將軍、漳州刺史。後戰閩寇，殁於陣。贈右豹韜衛大將軍。開元四年（七一六），追贈潁川侯，謚昭烈。著有《龍湖公集》。黄佐《廣東通志》卷五五、清林杭學纂修康熙二十三年《潮州府志》卷九有傳。

釋道廣生。

釋道廣（六六九～七四三），俗姓朱。原籍湖南郴州，駐錫韶州仁壽臺（光運寺）。寺與乞丐所居鄰。每日持盂化食，以所得與乞丐所討同放一器，稱和羅飯，老病者先食，次及群丐，餘者自食。天寶元年（七四二）韶州大旱，曾預有雨，後果霖雨沛下。次年坐逝。（阮元《廣東通志》卷三二八）

唐高宗上元二年　乙亥　六七五年

本年詩人王勃往交趾，旅次南海，人示以南海女子之《礐鑑圖銘》，勃激賞之，爲作敍。

肇鑑圖

南海女子，唐高宗時人。製肇鑑圖，名曰《轉輪八花鈎枝鑑銘》，凡一百九十二字，構思精巧，寓詞箴規，似有得乎風人之旨，可與蘇若蘭《璿璣圖》、范陽楊氏《天寶迴文詩》並傳。上元二年（六七五），詩人王勃往交趾，旅次南海，人示以肇鑑圖銘，勃激賞之，爲作敘。敬宗寶曆二年（八二六），令狐楚命人繪於縑素，復爲作跋。圖銘花上八字，枝間八字，環旋讀之，四字爲句，遞相爲韻。其盤屈糾結爲八枝者，左旋讀之，自"篇"字起至"詞"字止，當就"支脂"字韻；右旋讀之，自"詞"字起至"篇"字止，當就"先仙"字韻。前人爲演繹之，今並附之圖銘後。阮元《廣東通志》卷三〇六有傳。

唐高宗儀鳳二年　丁丑　六七七年

時潮州寇亂，陷岡州、嶺左，陳政奉命征戍赴閩，卒於任。

陳政，揭陽人。元光祖。父洪，原籍河南潁川，隋時官義安郡丞，遂落籍爲揭陽（一作揭陽）人。政以武功著，隸廣州揚威府。唐高宗儀鳳二年（六七七），潮州寇亂，陷岡州、嶺左，政奉命征戍赴閩，卒於任。事見黄佐《廣東通志》卷五五其子陳元光傳。詩一首。

唐高宗儀鳳三年　戊寅　六七八年

張九齡生。

張九齡（六七八～七四○），字子壽，一名博物。韶州曲江人。唐中宗景龍元年（七○七）進士，始授校書郎。又以道侔伊吕科策高第，遷左拾遺，調左補闕、司勳員外郎。以才鑒爲宰相張説所重，進中書舍人。玄宗開元十四年（七二六），説罷官，改九齡太常少卿，出爲冀州刺史，以養母，請改洪州都督，徙桂州都督，攝御史中丞、嶺南按察兼選補使。以擬奏章稱旨，詔擢秘書少監、集賢院學士，副知院事。遷工部侍郎，知制誥。二十一年（七三三）冬，晋中書侍郎、同中書門下平章事。固辭，不許。次年，遷中書令，知院事。爲李林甫所忌，又以諫阻進用張守珪、牛仙客而遭潛構，罷爲尚書右丞相，尋再貶荆州長史。開元二十八年（七四○），請拜掃南歸。五月初七日，病卒於故里。追贈荆州大都督，謚“文獻”。著有《曲江集》二十卷。事見徐浩撰碑銘。《舊唐書》卷九九、《新唐書》卷一二六有傳。

唐高宗永淳元年　壬午　六八二年

何仙姑生。

何仙姑（六八二①～？），增城人。泰女。相傳生時有紫雲繞室，頭頂有六毫。四歲力能舉一鈞，自謂則天童子。事親孝，性靜柔簡淡。所居春岡，地産雲母石，嘗夢異人教以服餌，兼得化煉之術，漸覺身輕健。唐中宗景龍中，一日告其母將遊羅浮。父母怪之，私爲擇配。親迎之夕，忽不知所之。明早起視，家側井

---

① 一説生唐開耀間（六八一），見屈大均所作《女官傳》。

徑有遺履而已。頃有羅浮道士來，説姑在麻姑石上，顧謂道士曰：“若之增城，囑吾親收拾井上履。”乃口占詩以寄家。玄宗天寶九年（七五〇）、代宗大曆中，鄉人先後見其現身於羅浮麻姑壇、小石樓云云。明文章修嘉靖十七年刊《增城縣志》卷八、明姚良弼修嘉靖三十五年刊《惠州府志》卷一四、阮元《廣東通志》卷三二九有傳。今存詩八首。

唐中宗嗣聖元年　甲申　六八四年

高力士生。

高力士（六八四、六八三～七六二），潘州（今屬信宜）人。盎曾孫。父君衡以獲罪，家被籍没，力士幼隨母移居瀧州。武則天聖曆元年（六九八），嶺南討擊使李千里進爲閹兒，敕留給事左右，坐累逐出。内官高延福收爲養子，遂冒其姓。歲餘，復入禁中。善傳詔令，授宮闈丞。唐中宗景龍中玄宗在藩，力士傾心附結，及平韋氏，升儲位，奏力士屬内坊，擢内給事。玄宗即位，力士以誅蕭、岑等功，加右監門衛將軍，知内侍省事。四方進奏，必先呈力士，然後進御前，小事便決之。肅宗在東宮，亦兄事之。帝曰：“力士當上，我寢乃安。”天寶初，拜冠軍大將軍、右監門衛大將軍，進封渤海郡公。七載，加驃騎大將軍。玄宗幸蜀，力士從之，進齊國公。還京後，加開府儀同三司，賜實封五百户。後爲李輔國所構，長流巫州。代宗寶應元年（七六二），赦還，見二帝遺詔，北望號慟，嘔血而卒。以護衛先帝功，敕還其官，贈揚州大都督，陪葬泰陵。《舊唐書》卷一八四、《新唐書》卷二〇七有傳。詩一首。力士有姊名馮媛，嶺南良德人。周雲妻。俘没入宮，不肯爲才人，乞身爲尼。有詩一卷。冼玉清《廣東女子藝文考》有傳。

周武則天垂拱元年　乙酉　六八五年

七歲女子生。

七歲女子（六八五～？），南海人。據《唐史遺事》載：武則天如意中，南海貢女子，方七歲，則天令賦詩，皆應聲而就。惜爾後默默無聞，良可惋歎。詩一首。

周武則天垂拱四年　戊子　六八八年

本年陳元光賦《半徑廬居語父老①）》詩二首。（陳尚君輯《全唐詩續拾》卷八引廈門圖書館古籍部藏民國五年印陳禎祥撰《潁川陳氏開漳族譜》）

周武則天永昌元年　己丑　六八九年

寧原悌於本年中進士。

寧原悌，欽江人。寧氏世爲合浦豪族，刺史純從孫。純能以詩書禮義教其族人。原悌少好學。武后永昌元年（六八九）舉進士，張柬之第一，原悌第九，授秘書省校書郎，累官諫議大夫。唐睿宗景雲二年（七一一），上以二女西城、隆昌公主爲女官，以資天皇太后冥福，原悌上言諫止之。玄宗朝復以諫議兼修國史。玄宗取所修史閱之，見直書隱、巢事，由是忤旨去官。卒葬大帽山。郭棐《粵大記》卷十九有傳。

周武則天天授元年　庚寅　六九〇年

張九皋生。

張九皋（六九〇～七五五），曲江（一作始興）人。九齡仲弟。唐中宗景龍三年（七〇九）明經及第。授南海司戶參軍、南康郡贛縣令、南康郡別駕、殿中大監、襄陽郡太守兼山南東道採訪處置使、南海太守兼五府節度經略採訪處置使，攝御史中丞。賜爵南康縣開國男，益封開國伯。五子抗，初任朔方行軍司馬、檢校戶部郎中，後爲侍御史。善作諫章，婉而多諷。卒贈左僕

---

① 《潁川陳氏開漳族譜》引陳元光詩原注：“出《龍湖公集》。”

射。（《舊唐書》卷九九）

周武則天聖曆二年　己亥　六九九年

正月二十三日，陳集原鐫《龍龕道場銘　並序（五首）》，其詞曰：

巖巖石室，鬱鬱禪枝。五門清静，八解連漪。神高習海，道溢須彌。欲求蟬税，良津在斯。其一。

龕自天工，室維地絡。石磬長懸，洪鐘不著。無假梁棟，自然花藥。掩室杜口，何憂何樂。其二。

爰飾金繩，於茲勝境。圖像畢備，雕礱咸整。雲起山窗，花開蓮井。蕭爾閑曠，悠然虛静。其三。

篤爾清信，共弘利益。或捨衣資，或傾銀帛。詎勞斤斫，無煩匠石。湛然真相，嶷爾無斁。其四。

卅二相，八十種好。佛日之日，天寶之寶。猛虎夜宿，波洵降旱。闢六道於迷津，踐三乘之悟道。其五。（龍龕巖石刻拓片）

陳集原，瀧州開陽（今屬羅定）人。世爲嶺表酋長。父龍樹，爲欽州刺史。集原幼有孝行，父才有疾，即終日不食。唐高宗永徽中，喪父，嘔血數升，枕服苫塊，即塋作廬，悲感行路。資財田宅及僮僕三十餘人，盡以讓兄弟，里人高之。武后時，官至左豹韜衛將軍，累遷冠軍大將軍，封潁川郡開國公。《舊唐書》卷一八八、《新唐書》卷一九五有傳。詩六首。

周武則天久視元年　庚子　七〇〇年

釋希遷生。

釋希遷（七〇〇～七九〇），即石頭和尚。俗姓陳。端州高要人。初詣曹溪，得度未具戒。六祖圓寂，秉遺命謁青原，爲青原行思禪師法嗣。唐玄宗天寶初，被薦往湖南衡山南寺。寺之東有石，狀如臺，乃結庵其上，時號石頭和尚。著有《參同契》，爲世所稱。唐德宗貞元六年（七九〇）卒，年九十一。唐德宗賜謚無際大師。其肉身至今供奉於日本橫濱總持寺。釋靜、釋筠撰高麗海印寺（一二四五）刊《祖堂集》卷四、釋道原《景德傳燈錄》卷三〇、釋普濟《五燈會元》卷五有傳。詩歌偈語五首。

唐中宗神龍元年　乙巳　七〇五年

十二月十九日，敕改古寶林爲中興寺（今韶關南華禪寺）。（宋釋道原《景德傳燈錄》）

唐中宗神龍二年　丙午　七〇六年

本年敕於六祖盧能舊宅建寺①，賜額國恩，寺在新興縣城內二十五里仁豐都。（乾隆《新興縣志》卷十八）

唐中宗景龍元年　丁未　七〇七年

十一月十八日，敕下韶州百姓，可修六祖中興寺佛殿及六祖經坊，賜額法泉寺。② 六祖生緣新州故宅，爲國恩寺。（《續藏經》第二編乙第十九套第五冊《曹溪大師別傳》）

唐睿宗景雲二年　辛亥　七一一年

本年六祖命弟子立楷令新州龍山造塔。（敦煌本 S.516 號《歷代法寶記》）

唐睿宗太極（延和）元年　唐玄宗先天元年　壬子　七一二年

七月初六日，六祖忽然命弟子於新州故宅建塔一所。（日本花園大學圖書館藏高麗覆刻本《祖堂集》卷二《第三十三祖慧能和尚》）

---

① 新州六祖故宅，史籍記載有兩處，一在盧村，即今新興縣城附近之夏盧村，一在龍山即今新興龍山溫泉賓館附近，距盧村二十六里。（姜伯勤《石濂大汕與澳門禪史》五二五、五二六頁）

② 據説爲武則天賜額。

新州塔成。

九月，六祖從曹溪卻歸。乘舟經肇慶至新州，在肇慶駐錫城西梅庵，插梅爲標，廟前有井泉，今仍名六祖井。（《高要縣志》）至新州，曹溪僧立楷、智海①等問衣缽將傳何人，六祖答以二十年後豎起宗旨者爲得法人。（敦煌本 S.516 號《歷代法寶記》）

本年六祖歸新州，修國恩寺。（《續藏經》第二編乙第十九套第五册《曹溪大師別傳》）

六祖歸新州，其重要弟子上座法海、神會（南陽人）、玄楷、智本、崇一等，均曾至新州及國恩寺。（姜伯勤《石濂大汕與澳門禪史》五三二頁）

唐玄宗開元元年　癸丑　七一三年

夏末，新州報恩塔落成。

七月一日，別諸門大眾："吾當進途歸新州矣。"門人問："師歸新州，早晚卻回？"師云："葉落歸根，來時無口。"（日本花園大學圖書館藏高麗覆刻本《祖堂集》卷二《第三十三祖慧能和尚》）

初八日，六祖辭曹溪歸新州。六祖首次在新州告別諸弟子言："汝眾近前，五（吾）至八月，欲離人世。"法海等眾僧聞已，涕淚悲泣，唯有神會不動，亦不悲泣。六祖言："神會小僧，卻得善（不善）等，毀譽不動。"爲眾說解《真假動靜偈》云：

一切無有真，不以見於真。若見衣真者，是見盡非真。若能自有真，離假即心真。自心不離假，無真何處真。有性即解動，無性即不動。若修不動行，同無情不動。若見真不動，動上有不動。不動是不動，無情無佛眾。能善分別相，第一義不動。若悟作此見，則是真如用。報諸學道者，努力須用意。莫於大乘門，卻執生死智。前頭人相應，即共論佛語。若實不相應，合掌令勸

---

① 一作上座法海，韶州曲江人。

善。此教本無諍，無諍失道意。執迷諍法門，自性入生死。（敦煌本《壇經》）

八月初三日，六祖慧能於新州入滅前告別。法海又問："大師今去，留付何法?"六祖留《見真佛解脫頌》、《自性真佛解脫頌》。六祖圓寂。寂前作《臨寂偈》云：

兀兀不修善，騰騰不造惡。寂寂斷見聞，蕩蕩心無著。（契嵩本《六祖大師法寶壇經》、《五燈會元》）

六祖涅槃後肉身又返曹溪，一直留存至今。（乾隆《新興縣志》卷十六）

唐玄宗開元十六年　戊辰　七二八年

正月，陳行范起兵反唐。

陳行范，羅定人。嶺南地方首領，曾任瀧州刺史。開元十六年（七二八）正月起兵反唐，攻陷瀧州附近四十餘城，唐驃騎大將軍楊思勖進討，逃往雲際、盤遼二洞，被擒獲斬殺。（《舊唐書·玄宗紀》）

唐玄宗開元十八年　庚午　七三〇年

姜公輔生。

姜公輔（七三〇～八〇五），字德文，又字拜廷，號繼規。欽州遵化（今屬靈山陸屋）人，一說愛州（今屬越南）人。父神翊，官舒州刺史，有德政。徙家日南，生公輔。唐代宗廣德二年（七六四）進士。初授秘書省校書郎，旋召入翰林院爲學士。剛毅正直，才高識廣，正色敢言，有大臣風。朱泚叛，密蠟裏書邀其兄弟泚。公輔請誅泚，德宗不從。俄而涇師亂，建中四年（七八三）犯闕，隨駕出走。至奉天，奏請帝召諸路兵馬勤王護駕。帝以其有進諫防禦之功，拜爲諫議大夫，未幾，擢升爲中書門下侍郎、同平章事。駕幸至山陽城固縣。德宗長女唐安公主得病天亡，帝命厚葬公主，力諫，言天子蒙難，不宜鋪張，應留此金銀以賞三軍。帝大怒，貶爲泉州別駕。順宗即位，起爲吉州刺史，未就官卒。憲宗朝贈禮部尚書。郭棐《粵大記》卷十六有傳。

唐玄宗開元二十年　壬申　七三二年

釋寶通生。

釋寶通①（七三二～八二四），自號大顛和尚，俗姓陳，或曰楊姓，隋帝之後。先世潁川人，唐開元間生於潮州。大曆中，與藥山、惟儼並師事惠照②於潮陽西山，剃髮受戒。既而復與之同遊南嶽，參石頭希遷，得大無畏法，自是機辯無滯。貞元初歸龍川，居羅浮瀑布巖。五年（七八九），歸潮陽。翌年辟白牛巖，築庵以居。七年（七九一）於潮陽縣西塔口山創靈山禪院（寺），自號大顛，學者四集，門人傳法者至千餘，漳南三平山開巖之僧義忠，即其侍者。爲青原下二世，石頭希遷禪師法嗣。上堂講道，以“此心即佛，不待修治，應機隨照，泠泠自用。窮其用處，了不可得，喚作妙用，仍是本心”垂教。元和十四年（八一九），韓愈貶潮州刺史，嘗與共遊。長慶四年（八二四）逝，年九十三。釋静、釋筠《祖堂集》卷五、明黄一龍修、林大春纂隆慶六年刊《潮陽縣志》卷一四有傳。偈一首。

唐玄宗開元二十八年　庚辰　七四〇年

十一月十二日，青原行思圓寂。

青原行思禪師，吉州安城劉氏子。幼歲出家於青原山静居寺。聞曹溪法席盛化，徑來參禮六祖，得法語。（具《六祖》章）。一日祖謂師曰：“汝當分化一方，無令斷絕。”師得法回青原山，弘法紹化。開元二十八年（七四〇）十一月十二（“二”，

---

①　一作通寶。
②　惠照，潮陽僧。學禪，爲懷讓禪師法嗣，深契南宗之旨。精持戒律，又博通詞翰，時人重之。大曆初自曹溪歸潮州，居邑之西山。大顛、藥山、惟儼皆師事之。（清乾隆《潮州府志》卷三〇）

《五燈會元》卷五作"三"）日，升堂告眾，跏趺而逝。僖宗謚號"弘濟禪師"。

唐玄宗天寶三年　甲申　七四四年

釋如會生。

釋如會（七四四～八二三），始興曲江（今韶關）人。初謁徑山，改參道一，爲南嶽下二世，馬祖道一禪師法嗣。後爲湖南東寺主僧。唐穆宗長慶三年（八二三）歸寂，年八十。謚傳明大師。釋普濟《五燈會元》卷三有傳。偈一首。

唐玄宗天寶五年　丙戌　七四六年

本年張九章任嶺南經略節度使。

張九章，始興人。九齡、九皋弟。筮仕廣州南海令，累遷桂陽郡長史及吉、明、曹三州刺史，入爲鴻臚寺卿。天寶五年爲嶺南經略節度使。爲民興利除弊，户口倍增。八子采，以明經仕至雷州刺史。（《舊唐書》卷九九）

唐玄宗天寶十四年　乙未　七五五年

十一月初九日，范陽、平盧、河東節度使安祿山率各族軍十五萬，號稱二十萬，以"憂國之危"、奉密詔討伐楊國忠爲藉口於范陽起兵，歷時八年之安史之亂爆發。

本年後李玉珪與同邑何昌期應募。

李玉珪，陽山人。少以義勇，爲鄉人欽佩。天寶十四載安史之亂後，與同邑何昌期應募。後爲郭子儀部將，復兩京，平安史，人服其勇。卒，歸葬陽山。（黃佐《廣州人物傳》卷三）

何昌期，陽山人。少有膂力，長能挽二石弓，以是知名。天寶十四年（七五五）應募參與平定安史之亂，大敗叛將高秀巖，勇冠三軍，人贊爲"何十萬"。累遷千牛衛上將軍，封宵國伯。（黃佐《廣州人物傳》卷三）

唐代宗大曆元年　丙午　七六六年

張仲方生。

張仲方（七六六～八三七），字靖之。韶州曲江人。九齡姪孫，九皋孫。唐德宗貞元六年（七九〇）進士、宏辭，初授集賢校理，丁母憂，喪除補秘書省正字。調咸陽尉，出爲邠州從事。辟判官，尋授監察御史。歷殿中、侍御史、倉部員外郎、金州刺史、度支郎中。以駁李吉甫諡議，出爲遂州司馬，遷刺史。改曹州刺史、河南少尹、鄭州刺史。入爲諫議大夫。唐文宗大和初，出爲福建觀察使兼御史中丞。三年（八二九），征還，爲太子賓客。五年（八三一），轉左散騎常侍。九年（八三五），授京兆尹；方月餘，出爲華州刺史兼御史大夫。開成元年（八三六）入爲秘書監。勳至上柱國，階至銀青光祿大夫，封至曲江縣開國伯，食邑七百戶。唐文宗開成二年（八三七）四月卒。贈禮部尚書，諡曰"成"。有文集三十卷，已佚。《舊唐書》卷九九、又卷一二一、《新唐書》卷一二六、黃佐《廣東通志》卷五五有傳。詩二首。

唐德宗建中二年　辛酉　七八一年

本年現存最早六祖慧能之傳《曹溪大師別傳》寫成。（胡適《跋〈曹溪大師別傳〉》，《胡適論學近著》第一集上冊）

唐德宗貞元元年　乙丑　七八五年

本年，馬植見劉軻文，歎爲韓愈之流。

劉軻（七七五？～八三九？），字希仁。韶州曲江人。生於唐代宗大曆間。幼嗜學，博通羣書。少爲僧，釋名溢納，止於豫章高安縣南果園，遂窮內典。德宗貞元初，馬植見其文，歎爲韓愈之流。復至羅浮，從楊生學《春秋》。憲宗元和初，乃下羅浮，從廬山隱士茅君學，躬耕自給。後上京師，白居易以書介紹於所知者。元和元年（八〇六）進士①，貢舉試《玉聲如樂》詩，遂登第。文宗時，官宏文館學士。累遷侍御史，出爲洛州刺史，卒於官。軻慕孟軻爲文，故以名焉，文章與韓、柳齊名。著述多種，皆已佚。清道光間，南海伍崇曜重刊前人所輯軻文十餘篇，名爲《劉希仁文集》，收入《嶺南遺書》第二集。黃佐《廣東通志》卷五五、阮元《廣東通志》卷二八八有傳。詩一首。

唐德宗貞元五年　己巳　七八九年

本年東嶽董師元受《龍虎元旨歌》於羅浮山隱士青霞子。（明正統本《道藏》之《龍虎元旨》）

青霞子，唐德宗貞元年間羅浮山隱士。② 事見《龍虎元旨》。詩七首。

唐德宗貞元十九年　癸未　八〇三年

本年韓愈由監察御史貶陽山令③，有《貞女峽》、《同冠峽》、《次同冠峽》、《宿龍宮灘》等詩作，區冊冒險往陽山師愈。

區冊，南海人。冶子後。爲人喜讀書循理，謹持雅飭，人樂從遊，家徒四壁，縹緗盈其間。郡守以下，皆重其文采。貞元十九年，韓愈貶陽山令，隨冒險往陽山師愈。愈亟稱之。及冊歸，送之以《序》。黃佐《廣州人物傳》卷三有傳。

唐順宗永貞元年　乙酉　八〇五年

本年召盧眉娘入宮，號神姑。

---

① 明黃佐《廣東通志》卷一一、阮元《廣東通志》卷六六，《全唐文》小傳作唐憲宗元和末進士。

② 《龍虎元旨》："東岳董師元於貞元五年受之於羅浮山隱士青霞子，貞元十九年傳受劍州司馬張陶，開成三年京師傳族弟李汾，長慶五年傳成君。"按：此青霞子者，或非隋文帝開皇間居羅浮山之隱士青霞子蘇玄朗也。

③ 一説貞元二十年（八〇四）。韓愈三次入粵。首次爲其十歲時隨兄韓會至韶州貶所，尋會死任上，隨寡嫂扶柩回中原。

　　盧眉娘，南海人。生而眉緑而長，稱眉娘。神針善繡，能於一尺綃上繡《法華經》，字如粟粒。唐順宗永貞元年（八〇五），召入宮中，號神姑。唐憲宗元和中，度爲女道士，稱逍遙大師，放歸。後數年，屍解。趙道一《歷世真仙體道通鑑後集》卷五、康熙《羅浮山志會編》卷五、阮元《廣東通志》卷三二九有傳。詩二首。

　　釋善會生。

　　釋善會（八〇五～八八一），俗姓廖。廣州人。幼年出家，出住澗州鶴林。因道吾勸發，往見船子德誠。爲青原下四世德誠禪師法嗣。唐懿宗咸通十一年（八七〇），率衆僧卜於夾山，遂成院宇。唐僖宗中和元年（八八一）卒，年七十七。謚傳明大師。釋普濟《五燈會元》卷五有傳。偈頌四首。

唐憲宗元和二年　丁亥　八〇七年

　　本年劉軻作《農夫禱》文。（劉軻《農夫禱》）

　　釋慧寂生。

　　釋慧寂（八〇七～八八三），俗姓葉。自號小釋迦。韶州懷化（今韶關）人。[1] 年九歲，於廣州和安寺投不語通禪師出家。十四歲，父母取歸，欲與婚媾。不從，斷手二指，跪致父母前，以明禮佛之志，父母乃許之。再詣通禪師處，得披剃，未登具，即遊方。初謁耽源，後參溈山，爲南嶽下四世溈山祐禪師法嗣。於袁州仰山開溈仰宗，世稱仰山和尚。唐僖宗中和三年卒，年七十七。謚智通禪師。釋静、釋筠《祖堂集》卷一八、釋普濟《五燈會元》卷九有傳。偈頌五首。

唐憲宗元和七年　壬辰　八一二年

　　李金馬於本年中進士。

――――――――――

　　[1]　一説滇昌（今南雄）人。

李金馬（？～八五三），字慶霄，號南峰。保昌（南雄）人。晋正議大夫耿孫。金馬力學有大節，舉才識兼茂，開南雄人文之首。元和七年（八一二）進士，得考官器重，爲李吉甫所抑。後授江陵令，遷戶部侍郎。大中七年（八五三）卒於官，進階尚書、金紫光祿大夫。（《登科記考》卷十八）

陳陶生。

陳陶（約八一二～八八五），字嵩伯，自號三教布衣。《全唐詩》卷七百四十五"陳陶"傳作"嶺南（一云鄱陽，一云劍浦）人"。然而從其《閩川夢歸》等詩題，以及稱建水（在今福建南平東南，即閩江上游）一帶山水爲"家山"（《投贈福建路羅中丞》）來看，當是劍浦（今福建南平）人，而嶺南（今廣東、廣西一帶）或鄱陽（今江西波陽）爲其祖籍。早年遊學長安，善天文曆象，尤工詩。舉進士不第，遂恣遊名山，曾漫遊浙江、福建、廣東。唐宣宗大中時隱居洪州西山（在今江西新建縣西）①，後不知所終。有詩十卷，已散佚，後人輯有《陳嵩伯詩集》一卷。

唐憲宗元和十年　乙未　八一五年

本年廖有方賦《題旅櫬　並記②》詩云：

余元和乙未歲落第，西征適此，聞呻吟之聲，潛聽而微惙也。問其疾苦住止，對曰："辛勤數舉，未遇知音。"眳睐叩頭，久而復語，唯以殘骸相託，餘不能言，俄而逝。余乃釁所乘馬於村豪，備棺瘞之。恨不知其姓字，臨岐悽斷，復爲詩曰：

嗟君沒世委空囊，幾度勞心翰墨場。半面爲君申一慟，不知何處是家鄉。（宋佚名《全唐詩話》卷四）

盧宗回於本年中進士。

---

① 一説嘗寓居番禺河南盧埭石（今海珠區南箕村）。
② 原注：一本題作《葬寶雞逆旅士人銘詩》。

盧宗回，字望淵。南海人。唐憲宗元和十年（八一五）進士。官至集賢校理。以父有疾乞歸，尋卒。黃佐《廣東通志》卷五五有傳。詩一首。

唐憲宗元和十一年　丙申　八一六年

廖有方於本年中進士。

廖有方，改名遊卿。交州人（黃子高《粵詩蒐逸》作南海人）。唐憲宗元和十一年（八一六）進士。官校書郎。事見佚名《全唐詩話》卷四。詩一首。

唐憲宗元和十二年　丁酉　八一七年

釋了拳生。

釋了拳（八一七～八六一、八六六），俗姓潘，別號慚愧。原籍閩沙縣。初生，左手拳曲，因名拳。一日有遊僧至，撫之，書“了”字於拳，指忽伸，更名了拳。十二歲喪父母。十七歲往依潮州黃砂社車上村（今屬大埔）嫠婦游氏爲母。游母歿，往依袁氏三年而去，駐錫於梅州陰那山。住三十餘年。一日，語其徒曰：“從前佛祖，皆宏演法乘，自度以度人。我未能也，心甚愧之。圓寂後，藏我骸於塔，當顏其額曰慚愧。”因留偈云云。語畢，端坐而逝。清周碩勳修纂乾隆四十年刊《潮州府志》卷三〇、阮元《廣東通志》卷三二八有傳。偈一首。

唐憲宗元和十四年　己亥　八一九年

本年韓愈被貶爲潮州刺史，牒請趙德攝尉海陽爲衙推官。

趙德，海陽人。進士。唐元和間韓愈刺潮州，牒請攝尉海陽爲衙推官，專勾當州學，督生徒。潮之學者，翕然奮興。愈以平生所爲文授，饑餐渴飲其中，沛然滿足，因爲《文錄序》一篇，愈見而稱善。比愈改官袁州，欲與同行，謝不往。愈益高其風操，作詩相別。自愈入粵，所與交遊賢士，德與區冊、區弘外，邈無聞焉。屈大均《廣東新語》卷十一有傳。

本年韓愈謫潮州，李文孺請嶺南節度使孔戣加優禮。

李文孺，字元質。南海人。少善書劄，漸摛文藻，以詞翰知名。仕爲番禺從事。元和中應湖南徵辟，道樂昌，遊泐溪石室，眾推作記，揮毫立就，見者駭服。轉觀察推官。罷憂東還，帥孔戣甚重之，延爲記室。會韓愈謫潮州，請戣加優禮。戣從之，月給送使錢，愈謝不受。後在湖南以侍御史充節度判官。性剛方，竟以忤帥罷歸。郭棐《粵大記》卷二四有傳。

本年韓愈第三次入粵，至樂昌瀧水（武溪），賦《題臨瀧寺》七絕。將至韶州，賦《將至韶州先寄張端公使君借圖經》七絕。經廣州至增城，值水患，賦《宿曾江口示姪孫湘》。至龍川與五華交界之"秦嶺"、"藍關"，賦名詩《左遷至藍關示姪孫湘》七律。至潮州，首驅鱷魚，寫《鱷魚文》。次大興文教，捐俸辦學，重用趙德等名士，培育賢才。

唐穆宗長慶四年　甲辰　八二四年

韋昌明於本年中進士。（阮元《廣東通志》卷六六《選舉表》四）

韋昌明，字思明。循州龍川人。勵志讀書，工詩詞律賦。長慶四年（八二四）進士，授翰林學士。上書宰相李吉甫，責以協恭和衷之義，並獻《鼎實賦》。累官校書郎，轉秘書丞。竟以勞瘁卒於官。郭棐《粵大記》卷二三有傳。

唐文宗大和三年　己酉　八二九年

曹松生。

曹松（約八二九～？），字夢徵。舒州（今安徽潛山）人。早年屢考進士不中，家鄉戰亂頻仍，寄身洪州（今江西南昌）西山。後投靠建州（今福建建甌）刺史李頻爲幕客，頻死，流落荊楚巴蜀間，約於咸通年末至乾符年間（八七四年前後）至西樵山，愛山中景色，於黃旗峰黃龍洞築翠微石室，耕田賦詩度日。曾將福建帶來之紫芽茶種（俗稱雲霧茶）教山民栽植焙制，茶民發展至千餘人，有"茶山"之稱。約在山中隱居十多年，北歸後，茶農築"茶仙廟"以祀。唐天復元年（九〇一），松已七十高齡，與王希羽、劉象、柯崇及鄭希顏等四老同中進士，史稱"五老榜"，松得授秘書省正字，任數年而卒。詩學賈島，深得幽旨。著有《曹夢微詩》三卷，《全唐詩》編爲兩卷。其詩"澤國江山入戰圖，生民何計樂樵蘇。憑君莫問封侯事，一將功成萬骨枯"，至今膾炙人口。（《南海名人數據庫》）

唐文宗大（太）和八年　甲寅　八三四年

十一月初六日，澧州藥山惟儼禪師圓寂。

澧州藥山惟儼禪師（？～八三四），絳州韓氏子，年十七出家。師在石頭會下坐次，頭曰："汝在這裏作個甚麼？"師曰："一物也不爲。"曰："恁麼不（"不"，《五燈會元》卷五作"即"）閒坐也。"師曰："閒坐即爲也。"曰："子道不爲，又不爲個甚麼？"師曰："千聖亦不識。"頭乃作偈贊曰："從來共住不知名，任用相將祇麼行。自古上賢猶不識，造次風（"風"，《五燈會元》卷五作"凡"）流豈可明？"藥山海眾四集。太和八年（八三四）十一月六日臨示寂，叫曰："法堂倒！法堂倒！"眾皆持柱撐之。師舉手曰："子不會我意。"乃告寂。弟子奉全身塔於院東隅。

莫宣卿生。

莫宣卿（八三四～八六七、八六八），字仲節，號片玉。封州開建（今封開）人。早孤，受母訓，幼即儁拔，稱神童，十二歲時舉茂才。比長，構書屋於麒麟山下，奮志讀書。唐宣宗大中五年（八五一）進士第一，初仕翰林院，以母老表請外任，授台州別駕。以母老乞歸養，賜其鄉曰"錦衣"。未至官所而病卒於故里，享年三十四，諡孝肅。嶺南狀元及第自宣卿始。十六世孫子洪（一三一九～？），始遷於番禺河南鷺江村。明方尚祖天啟二年修纂、清胡璿康熙二十四年續修《封川縣志》卷一八、明陸鰲、陳烜奎纂修崇禎十三年刻本《肇慶府志》卷二二有傳。詩十九首。

唐文宗開成二年　丁巳　八三七年

鄭愚於本年中進士。

鄭愚（？～約八八四），番禺人。[1] 幼穎力學，嘗作《泛石岐海》詩，隱然有濟川之志。唐文宗開成二年（八三七）進士，授秘書省校書郎，累遷尚書郎。唐懿宗咸通初，爲桂管觀察使。咸通三年（八六二），詔授嶺南西道節度使。[2] 以禦守功，召爲禮部侍郎。八年（八六七），知貢舉。黃巢平後，廣州殘破，僖宗中和初，命出鎮南海，以撫綏功召拜尚書左僕射。其後三載而卒。黃佐《廣東通志》卷五五、郭棐《廣東通志》卷二三有傳。詩六首。

唐文宗開成五年　庚申　八四〇年

本年莫宣卿七歲，賦《七歲戲題沙上》詩云：

英俊天下有，誰能佐聖君。我本南山鳳，豈同凡鳥羣。（清邵龍元纂修康熙三十一年刻本《開建縣志》卷一〇《藝文志》）

唐武宗會昌五年　乙丑　八四五年

七月，□斯撰《太原王府君墓誌銘》，銘曰：

旌善無徵，一朝已矣。杳然故鄉，江山不邇。列樹封墳，炎荒萬里。哀哀嗣子，終天難弭。（《廣州碑刻集·太原王府君墓誌

---

① 一作香山人。

② 後晉劉昫《舊唐書》卷一九：（咸通）三年五月敕"以邕管經署使鄭愚爲廣州刺史，充嶺南東道節度、觀察處置等使"。宋歐陽修、宋祁《新唐書》卷二二二：（咸通）三年"以桂管觀察使鄭愚代節度"。

銘》①)

　　□斯，佚其姓。南海人。鄉貢進士。唐文宗開成間在世。事見《太原王府君墓誌銘》。

唐宣宗大中元年　丁卯　八四七年

　　劉瞻於本年中進士。

　　劉瞻（？～八七四），字幾之。桂陽（今屬連州）人。唐宣宗大中元年（八四七）進士。四年（八五〇），復登博學宏詞科，歷佐使府。累遷太常博士。劉瑑執政，薦爲翰林學士，轉員外郎中，拜中書舍人，進戶部侍郎承旨。出爲太原尹、河東節度使。入拜京兆尹，復爲戶部侍郎、翰林學士。懿宗咸通十一年（八七〇），以中書侍郎同平章事，兼刑部尚書、集賢殿大學士。是年八月，同昌公主薨，逮太醫及其族人數百人論罪。瞻上疏力諫。帝大怒，即日罷瞻相位，以檢校刑部尚書、同平章事爲荊南節度使。當政路巖、韋保衡等更以惡言聞帝，再貶廉州刺史、驩州參軍。巖等復命李庾作詔極力詆毀，欲殺之。天下爲鳴寃，遂不敢害。僖宗即位，徙瞻康、虢二州刺史，以刑部尚書召還，復以中書侍郎平章事，居位三月而卒，人以爲路、韋之黨劉鄴者鴆之。《舊唐書》卷一七七、《新唐書》卷一八一有傳。

　　何鼎於本年中進士。

　　何鼎，番禺人。大中元年（八四七）進士。薯仕著作郎，遷瀧州司馬。節度使李迢禮重之，累遷容管經略使。峒賊梁宗煽叛，單車往說之，宗即率其眾歸耕。廉、辯二州歲大祲，賑濟不足，以俸周之。善星曆，時朱溫強逆不臣，戒諸子勿事。黃佐《廣州人物傳》卷三有傳。

唐宣宗大中四年　庚午　八五〇年

劉蛻於本年中進士。

劉蛻，字復愚，號文泉子。桂陽（今屬連州）人。學有根柢，二十四歲已著書滿十卷。又上書南海崔尚書貢舊作《投刺書》一卷、《雜歌詩》二卷。唐宣宗大中四年（八五〇）中進士，累官右拾遺、中書舍人、左拾遺，以極論令狐綯之子滈恃權納貨而觸怒權貴，貶華陰令。終商州刺史。生平著述甚豐，嘗聚十五年所爲文，封土掩埋，刻石爲《文塚銘》。後編集十卷，名《文泉子》，早佚。明天啟間吳郋輯爲六卷，崇禎間閩人韓錫合爲一卷。事見《登科記考》卷二二、鄔魯《廣東通志》稿《列傳》。詩四首。

唐宣宗大中五年　辛未　八五一年

莫宣卿狀元及第，是爲粵東第一人，賦《登第（二首）》詩云：

炎方遠地產奇材，闢破天荒出草萊。禹穴跳翻三汲浪，皇都驚震一聲雷。青雲得路登科甲，黃榜標名負大魁。身著錦衣遊帝里，邦人齊唱狀元來。

玉漏聲催御殿煙，六街人看榜初縣。手揮驪頷方知貴，足躡鼇頭即是仙。天意有情開泰運，山林無事可留連。凌雲涉漢平生志，指顧丹霄在目前。（康熙續修《封川縣志》卷二一《藝文志二·唐狀元莫宣卿詩》）

又賦《及第自詠》詩云：

羽翼高飛到碧霄，鵬程九萬豈知遙。才吞王母千年藥，便奪龍頭第一標。腳下雲霞隨地起，眼前塵土霎時消。萬金書寄南歸雁，三汲龍門已一跳。（康熙《開建縣志》卷一〇《藝文志》）

黃惟堅於本年中進士。

黃惟堅，高要人。大中五年（八五一）進士，或謂乾符二年

（八六五）進士，壯年主持築金西堤，卒後子孫續建，至宋初全堤完工。（郝玉麟《廣東通志》卷三一、宣統《高要縣志》、民國《高要縣志》）

唐宣宗大中十一年　丁丑　八五七年

本年軒轅集被徵至長安。

軒轅集，世稱羅浮先生。東莞人。唐武宗好談神仙，集以山人進。唐宣宗即位，流嶺南，居羅浮山。大中十一年（八五七）①，奉詔徵至長安，解答長生術，尋歸羅浮。著有《太霞》。事見《歷代真仙體道通鑑》卷四二、《全唐文》卷九二八、嘉靖《惠州府志》卷一四。詩一首。

唐懿宗咸通二年　辛巳　八六一年

楊環與本年中進士。（阮元《廣東通志》卷六六《選舉表》四）

楊環，南海人。力學工詩。咸通二年（八六一）進士。初任，夢登高臺耘草，得玉麟。及除弘文館校書郎，人賀曰："子居是職，所謂麟臺蕓閣也。"拜官後，時事日非，即歸隱。至德令周縣與環友善，極稱許之。又有黃隱居者，家朝臺，與環莫逆。人稱"安濱三隱"。郭棐《粵大記》卷二四有傳。

釋了拳圓寂，臨寂賦《臨寂偈》②云：

四十九年，無繫無牽。如今撒手歸空去，萬里雲開月在天。（乾隆《潮州府志》卷三〇《了拳傳》）

---

① 一作大中十二年（八五八）。

② 清溫汝能編嘉慶十八年刻本《粵東詩海》卷一〇〇所錄了拳詩題作《題石壁上》，內容互異，曰："山青青，水泠泠。今朝撒手飛空去，萬里雲開月自明。"

唐懿宗咸通五年　甲申　八六四年

本年命辛、傅、李、趙四將部兵來過涌灘港，適渴，其白馬嘶噭跑沙，得泉，後宋許康民賦《白馬井》詩云：

鏤鑠平生善用兵，論他薏苡得貪名。不因渴驥遺蹤在，誰識將軍到底清。（明上官崇修唐冑纂正德十六年刊《瓊臺志》卷六）

許康民，字廷惠。原籍福建泉州，隨其父玨寓海南儋州久，遂落籍於斯，居城東。宋高宗建炎間，於邑中大江橋建湛然庵以居，與樞密折彥質效司馬光真率會，爲鄉約五日一集，知州李行中等亦與焉。正德《瓊臺志》卷三四有傳。詩一首。

釋文偓生。

釋文偓（八六四～九四九），俗姓張，原籍嘉興（今屬浙江）。年十七依空王寺志澄律師出家。及長，落髮稟具於毗陵壇。往參雪峯，爲青原下六世、福州雪峯寺義存禪師法嗣。後出嶺，於五代後唐莊宗同光元年（九二三）建韶州雲門山光奉院，創雲門宗。南漢乾和七年（九四九）卒，年八十六。謚大慈雲匡真弘明禪師。釋靜、釋筠撰《祖堂集》卷一一、釋普濟《五燈會元》卷一五有傳。今據陳尚君輯校《全唐詩補編》之《全唐詩續拾》卷五○錄其詩三十一首。

唐懿宗咸通七年　丙戌　八六六年

本年溫庭筠主試，榜邵謁之詩三十餘篇以彰之。

邵謁，韶州翁源人。初貧賤，少爲縣廳吏。客至，令目使揞牀者三，不應，令怒，謁瞪視曰："咄，吏豈供汝揞牀者耶？"遂掉臂而出，截髻著縣門，發憤讀書。書堂距縣十餘里，隱起水心。平居雙髻蓬然，如里中兒。人多嗤之，謁不自沮，久之學成，爲有司辟舉，隸籍太學。謁苦吟，尤長於樂府。唐懿宗咸通七年（八六六），溫庭筠主試，榜其詩三十餘篇以彰之，由是釋褐赴官，後不知所終。存詩一卷。著有《邵謁集》。黃佐《廣東通志》卷五五、清孫可訓修、劉世騏續修康熙二十五年刊《新修翁源縣志》卷七有傳。

唐僖宗乾符二年　乙未　八七五年

陳萬言於本年中進士。

陳萬言，封州（今屬封開）人。唐僖宗乾符二年（八七五）進士，官歙州刺史，周恤民隱，力折豪強，時稱能吏。晚年歸隱漁村，刻意賦吟，人皆慕之。黃佐《廣東通志》卷五五、康熙續修《封川縣志》卷一八、清史樹駿修康熙十二年刊《肇慶府志》卷二〇有傳。詩二首。

孔閏生。

孔閏（八七五~？），唐湞昌（今南雄）人。聰明嗜學。景福二年（八九三）進士，官至朝散大夫，遷袁州刺史。（《南雄府志》卷十）

唐僖宗乾符三年　丙申　八七六年

本年高湘遷吏部侍郎，邵安石得中進士。

邵安石，連州高良（今連南）人。曾以所業投獻，遇知於高湘。乾符三年（八七六）湘遷吏部侍郎，安石得中進士，與曹松等有交往。後仕梁，爲啓晉使"寶匣"，觸發機關，中矢身亡，贈右諫議大夫。（《登科記考》卷二三）

唐僖宗乾符四年　丁酉　八七七年

張昭遠於本年中進士。

張昭遠，歸善人。唐僖宗乾符四年（八七七）進士。官至戶部侍郎。撰修《舊唐書》，出力最多。（民國《惠州西湖志》卷八）

唐僖宗中和元年　辛丑　八八一年

本年頃唐僖宗避黃巢在蜀，周傑上書言治亂萬餘言，擢水部員外郎。

周傑，南海人。開成進士。解褐獲嘉尉，歷弘文館校書郎。中和初，僖宗在蜀，上書言治亂萬餘言，擢水部員外郎。三遷司農少卿。精於曆算，著《極衍》二十四篇。時天下方亂，傑以天文占之，惟嶺南可避地，天復中棄官攜家適嶺表。劉隱素聞其名，每令占候天文災變，以年老，謝病不出。龔襲位，強起之，令知司天監事。問國祚修短，對以五百五十。大有中遷太常少卿。卒，年九十餘。郭棐《粵大記》卷二三有傳。

本年張詢隨車駕至蜀。

張詢，字正言。南海人。家貧力學，工詩。性行孤潔，不下書帷，而藻藝莫不超絕。舉進士不第，流寓長安，以畫自適，善貌吳中山水。中和元年（八八一）隨車駕至蜀，人重其名，爭詣求之。爲昭覺寺夢休作早、午、晚三景於壁間，謂三時山。帝幸寺，見之，歎賞彌日。以是與夢休交善，值唐亂，遂依脫焉。郭棐《粵大記》卷二四有傳。

唐僖宗光啟三年　丁未　八八七年

黃匡躬於本年中進士。

黃匡躬，連州人。幼有詩名。唐僖宗光啟三年（八八七）進士。後仕梁，爲江西鍾傳掌書記，並爲楚王馬殷所傾慕。與張鴻、邵安石、吳靄等名著一時。黃佐《廣州人物傳》卷四、乾隆《連州志》卷七有傳。

唐昭宗乾寧元年　甲寅　八九四年

張昭生。

張昭（八九四～九七二），本名昭遠，避後漢祖諱，止稱昭，字潛夫。原籍濮州范縣。博通學藝，書無不覽，兼善天文、風角、太一、卜相、兵法、釋老之説，尤好纂述。五代間歷仕後唐、後晉、南漢、後周四朝，官至吏部尚書，進封鄭國公。宋太祖開寶五年（九七二）卒，年七十九。著有《嘉善集》，已佚。《宋史》卷二六三有傳。詩二首。

唐昭宗乾寧二年　乙卯　八九五年

孟賓于生。

孟賓于（八九五～九七七、九八三），字國儀。連州保安人。祖籍山西太原。少以詩百餘篇編成《金鰲集》，獻侍郎李若虛，若虛廣爲揚譽，聲名大起。後漢高祖乾祐元年（九四八）進士（一説後晉天福九年進士），與同年李昉交善。避亂還鄉。楚王馬希範辟爲永州軍事判官，歷陽山令。後歸南唐，授豐城簿，遷塗陽令。坐繫當死，後主赦之，復其官，起爲水部員外。俄致仕，隱於吉州玉笥山，著道士衣，自號羣玉峯叟。吉州高使君奏爲郡倅，旋歸舊隱。高越强起爲豐城令，既而引去，嬉遊吟嘯二十年，老求致仕，得本曹郎中分司南都，服章金紫。入宋，以老病不任朝謁，聽還故里，後以縣令卒於宋太宗太平興國中，年八十三（一説八十七）。著有《孟水部集》，已佚。《南唐書》卷二三、戴璟《廣東通志初稿》卷一四、黃佐《廣州人物傳》卷四有傳。

唐昭宗乾寧三年　丙辰　八九六年

本年蘇章從征譚玘、盧琚有功，升内騎軍都指揮使。

蘇章（？～九三七），封川（今封開）人。唐昭宗乾寧三年（八九六）從征譚玘、盧琚有功，升内騎軍都指揮使。後隨劉隱以功充任左右衛使，掌管禁衛諸軍。大有元年（九二八），與楚於封州賀江水戰，以鐵鏈佈陣獲勝。晚年因五子被斬，抑鬱成疾年卒。（清吳任臣《十國春秋》）

唐昭宗光化三年　庚申　九〇〇年

吴霭於本年中進士。

吴霭，字廷俊。連州人。唐昭宗光化三年（九〇〇）進士，後仕朱梁。黄子高《粤詩搜逸》卷一有傳。

唐哀帝天祐元年　甲子　九〇四年

陳拙於本年中進士。

陳拙，字用拙，以字行。連州人。唐哀帝天祐元年（九〇四）進士，授著作郎。假使節南歸，依南漢主劉隱，掌書記，攝觀察推官。隱薨，其弟巖繼位，益信任之。乾化四年（九一四），奉使吴越。巖稱南漢，授吏部郎中，知制誥。卒於官。著有詩集八卷，今佚。黄佐《廣東通志》卷五五、阮元《廣東通志》卷三〇三有傳。

張鴻於本年中進士。

張鴻，連州桂陽（今屬連州）人。唐哀帝天祐元年（九〇四）進士①，筮仕，知唐祚將絶，遂隱遁不出，世人高之。爲詩清絶，時人傳誦。有集十二卷，已佚。黄佐《廣東通志》卷五五、阮元《廣東通志》卷三〇三有傳。詩二首。

李謹微於本年中進士。

李謹微，德慶人。唐哀帝天祐元年（九〇四）進士，授番禺令。之任，夜泊三洲，時夜半月高，作歌吟聲。有一漁父拏舟而來，長揖謂曰：“適聞子吟嘯，有觀國之志，偶就子會。世將亂矣，宜高尚雲林，以保天年。”言訖不見。遂隱不仕。郭棐《粤大記》卷二五有傳。

---

① 一作天祐二年（九〇五）進士。

唐哀帝天祐二年　乙丑　九〇五年

劉贊於本年中進士。

劉贊，桂陽（今屬連州）人。瞻子。唐哀帝天祐二年（九〇五）進士。仕梁，官至崇政院學士。明吳中、高橙修成化九年《廣州志》卷二三附贊傳於其父瞻傳中。詩一首。

五代十國（九〇七～九六〇）

後梁末帝貞明三年　南漢高祖劉龑乾亨元年　丁丑　九一七年

本年劉龑於廣州建南漢，有《劉龑石讖》云：

《青箱雜記》：龑初開國，營構宮室，得石讖，有古篆十六，其文曰：

人人有一，山山值牛。兔絲吞骨，蓋海承劉。人人有一，大人也。山山，出也。值牛者，龑建漢國，歲在丑也。兔絲者，晟襲位，歲在卯也。吞骨者，滅諸弟也。越人以天水爲蓋海，指宋國姓也。承劉者，言受劉氏降也。（明胡震亨輯清康熙刊配補鈔本《唐音統籤》卷九六二）

王翃於本年中進士。

王翃，一名翶。咸寧（今南海）人。南漢乾亨元年（九一七）進士。拜中書舍人。善詩賦，頗受高祖劉龑賞重。吳任臣《十國春秋》卷六三、梁廷枏《南漢書》卷十一有傳。詩一首。

後梁末帝貞明四年　南漢劉龑乾亨二年　戊寅　九一八年

簡文會於本年中南漢狀元。

簡文會，南海人。幼穎異，工詩，性耿直。南漢主劉龑開進士科，擢第一人及第①。累官尚書右丞。及事劉晟，諫其暴酷，

① 一作乾亨四年（九二〇）狀元。

謫貞（湞）州刺史。盡心民事，卒於官。所居里有簡狀元井，後倫文敘亦居其地云。潘楳元、譚瑩《廣州鄉賢傳》卷一有傳。

後梁末帝貞明五年　南漢劉龑乾亨三年　己卯　九一九年

鍾允章於本年中進士。

鍾允章（？～九五九、九六○），其先邕州，後徙居，遂爲番禺人。淹博能文。南漢劉龑乾亨三年（九一九）進士，累遷至中書舍人。尤見知於劉晟，推爲“倚馬才”，拜工部郎中，知制誥。乾和六年（九四八），使允章聘楚以求婚，楚不許，還，具言楚亂可攻之狀。晟遣軍伐之，克賀、桂、連、宜、嚴、梧、蒙七州，乃重賞允章。復命教長子衛王繼興。繼興即位，更名鋹，擢允章爲尚書左丞，參政事。大寶二年（九五九），以嘗請誅亂法官者，遂爲所誣，族誅。黃佐《廣州人物傳》卷四、吳任臣《十國春秋》卷六四有傳。

後梁末帝龍德二年　壬午　九二二年

黃損於本年中進士。

黃損，字益之。連州人。少時慷慨有大志，築室靜福山，顏曰“天衢”，讀書吟嘯其中，罕與浮俗接。以淹通聞於時，尤善爲詩。自謂所學未廣，乃扁舟溯洞庭窮匡廬諸勝，結交天下士。與桑維翰、宋齊丘交善，每執手論天下事，二人皆謝不如。嘗與鄭谷及釋齊己定近體詩格，世多傳之。又著書三篇，類《陰符》、《鬼谷》，論修治之術，具有宏識，議者每期以公輔器。爲有司所薦，登後梁龍德二年（九二二）進士。尋假歸廣州。會四方兵亂，道梗不得通，遂與梁絕，不復作嶺北遊。後仕南漢主劉龑，累官尚書左僕射。著有《桂香集》，今佚。趙道一《歷世真仙體道通鑑》卷四三、黃佐《廣東通志》卷五五、吳任臣《十國春秋》卷六二有傳。詩五首。

後梁末帝龍德三年　後唐莊宗同光元年　癸未　九二三年

周渭生。

周渭（九二三~九九九），字得臣。連州人。幼孤，力學，工詩。時州隸楚，與南漢相持。渭爲廣人俘獲，委質南漢；妻子流離昭州，遂爲恭城人。劉鋹時，苦於繁賦，率鄉人六百逾嶺，將避地零陵；未至而賊起，斷道絕糧，復還恭城，而廬舍盡毀，遂北上。宋太祖建隆初至汴京，上書陳時務。召試，賜同進士出身，授白馬主簿，擢知永濟縣。乾德中通判興州。開寶元年（九六八），代鳳州房治主吏。遷知棣州。嶺南平，始還故里。奏革南漢時所定繁稅，興建學校。宋太宗太平興國二年（九七七），任廣南諸州轉運副使，遷殿中丞、監察御史。在嶺南六年，調知揚州，晉殿中侍御史，改兩浙東西路轉運使。入爲鹽鐵判官，遷侍御史，歷判戶部度支二勾院。出知亳州，賜金紫。俄知宋州，加職方員外郎，爲益州轉運使。咸平二年（九九九）卒，年七十七。《宋史》卷三○四、黃佐《廣州人物傳》卷五、吳任臣《十國春秋》卷六五有傳。詩三首。弟瀆，有詩名。今存詩四首。（《全唐詩》卷七七一）

何澤於本年中進士。（阮元《廣東通志》卷六六《選舉表》四）

何澤，南海（一說番禺）人。少好學能詩。同光元年（九二三）進士。爲洛陽令，唐莊宗好獵，數踐民田，乃潛身伏草間，伺帝，當馬進諫，帝爲之止獵。拜倉部郎中。後以太僕少卿致仕，居河陽。時年已七十。晉高祖入立，招爲太常少卿，以疾卒於家。郭棐《粤大記》卷十九有傳。

後唐莊宗同光三年　南漢高祖白龍元年　乙酉　九二五年

梁嵩於本年中南漢狀元。嵩賦《殿試荔枝詩》云：

露濕臙脂拂眼明，紅袍千里畫難成。佳人勝盡盤中味，天意偏教嶺外生。橘柚遠慚登貢籍，鹽梅應合共和羹。金門若得栽培地，須占人間第一名。（汪森輯《粵西詩載》卷一三）

梁嵩，潯州平南（今屬廣西）人。南漢高祖白龍元年（九二五）年進士第一（狀元），仕至翰林學士。見時多虐政，乞歸養母，獻《倚門望子賦》以見志。高祖憐之，聽其去。賞賜皆卻而不受，惟請蠲本州一歲丁賦，從之。及歿，州人感其德，歲祀不絕。或云嵩常乘白馬遊東壕墟，過渡，溺水死。吳任臣《十國春秋》卷六三、梁廷枏《南漢書》卷一一一有傳，詩一首。

後唐末帝清泰二年　南漢高祖大有八年　乙未　九三五年

楊洞潛卒。

楊洞潛（？~九三五），字昭元。始興人。先世自蜀逾嶺，遂落籍始興。仕唐爲邕管巡官，秩滿客居南海。時劉隱爲嶺南藩鎮，薦任試大理評事及清海、建武節度判官。龑繼任，自立爲南漢主，洞潛建言廣納中州名士選爲刺史。從之，嶺海以治。以功擢節度副使、御史中丞，進兵部侍郎、同平章事。立學校，開貢舉，設銓選，皆其規劃。終因諫不聽，以病謝歸。（《南漢書》卷九）

後晉高祖天福元年　南漢高祖大有九年　丙申　九三六年

本年張昌以從祖蔭授朝請大夫。

張昌（？~九七六），義寧沙岡（今屬開平）人。天福元年（九三六）以從祖蔭授朝請大夫，挈家由新會遷至義寧沙岡，辟地數十里開荒耕種，設牧場，建倉濟眾。太平興國初，因其地設信安縣。（清《開平縣志》）

後晉高祖天福五年　南漢高祖大有十三年　庚子　九四〇年

趙損①卒。

趙損（？～九四〇），原籍洛陽。南漢同平章事光裔長子。仕南漢，高祖劉龑時官翰林學士承旨、尚書左丞。及光裔歿，龑復以損爲門下侍郎、同平章事。卒於大有十三年（九四〇）。吳任臣《十國春秋》卷六二《南漢五·列傳》有傳。詩二首。

後晉高祖天福六年　南漢高祖大有十四年　辛丑　九四一年

本年黃勵官正州刺史。

黃勵，大有末官正州刺史，以高祖法酷，不忍用，辭職，隱羅浮山水簾洞左，慕雲華野人名，亦自號黃野人。嘗獨處，有羽客至，授以丹訣，遂得道。時黃衣皂絲懸玉瓢出，施藥後飛升去。人名其地曰書堂坑。梁廷枏《南漢書》卷十七有傳。

後晉高祖天福七年　南漢劉玢光天元年　壬寅　九四二年

九月，盧應奉敕撰《高祖天皇大帝哀辭》。（《廣州碑刻集·高祖天皇大帝哀冊文》）

盧應（？～九五七），南漢高祖時官翰林學士承旨、銀青光禄大夫、行尚書左丞、知制誥，累官工部侍郎。大有中加太尉。與謝宜清等出使吳越，求聘錢傳瓘之室爲繼后，無功而還。才藻俊茂，酷有體裁。南漢高祖劉龑駕崩，殤帝即位，承勅撰哀冊文。中宗時，拜中書侍郎、同平章事。乾和十五年（九五七）冬卒於官。吳任臣撰《十國春秋》卷六四、梁廷枏《南漢書》卷一二有傳。② 詩十首。

---

① 損，《全唐詩》卷七七一作“搏”，誤。

② 阮元《廣東通志》卷一三：“盧應，據朱彝尊《曝書亭集》載劉龑碑。謹案，《十國春秋》作‘盧膺’，誤。”則梁廷枏《南漢書》作“盧膺”，並誤。

本年張遇賢起事。

張遇賢，博羅人。原任縣吏。百姓擁之反南漢，爲中天八國王，改元永樂，置百官，著絳衣，光天元年（九四二）起事。南漢主劉玢遣越王宏昌、循王宏杲攻之，遇賢被圍，指揮使陳道庠救之。遇賢取東方諸郡，入循州，殺刺史劉傳，敗贛州節度使賈浩。後敗降於南唐邊鎬，被殺於建康。（《資治通鑑》卷二八三）

後晋高祖天福八年　南漢劉晟應乾、乾和元年　壬寅　九四三年

本年陳道庠助劉晟發動宮廷政變，殺殤帝劉玢自立。

陳道庠，高要人。父瑙於唐末避亂封川。道庠久任南漢朝廷指揮使，掌實權。應乾元年（九四三），助劉晟發動宮廷政變，殺殤帝劉玢自立，受重賞得授英州刺史。旋被晟猜疑，滅族。（《南漢書·陳道庠傳》）

後晋高祖天福九年　甲辰　九四四年

本年孟賓于賦《獻主司》詩云："那堪雨後更聞蟬，溪隔重湖路七千。憶昔故園楊柳岸，全家送上渡頭船。"主考符蒙大見稱賞，由是登第。

後漢高祖乾和六年　戊申　九四八年

鄧恂（洵）美於本年中進士。

鄧恂美，連州人。有敏才，工詩賦。時湖南朱昂博學，號朱萬卷，士類無當意者，獨推遜恂美。唐哀帝天祐中與孟賓于並爲李若虛薦，入洛陽。後漢高祖乾祐元年（九四八）成進士[①]，登第後還家，湖南節度使周行逢留爲館驛巡官，置幕下。恂美背傴，時謂之鄧駝子，性頗迂僻如其形，衆多不悅之者。後行逢疑

_____

① 阮元《廣東通志》卷六六《選舉表》四言洵美於乾祐二年（九四九）中進士。

恂美泄其陰事，黜爲易俗場官，又使人詐爲山賊，突入官署殺之。戴璟《廣東通志初稿》卷一四、黃佐《廣州人物傳》卷四有傳。詩一首。

後漢高祖乾和九年　辛亥　九五一年

本年潘崇徹擊敗南唐軍，攻占郴州。

潘崇徹，南海人。爲人勇武，喜讀兵書，南征北戰，屢立奇功。南漢主劉晟曾派遣大將吳懷恩討伐桂州，攻佔後懷恩卻爲部下所殺，命崇徹代之，御衆有方，軍紀嚴明。乾和九年（九五一），馬氏楚國內亂，南唐大將邊鎬乘機出兵佔領原楚國領土，崇徹被任命爲內侍省丞，與將軍謝貴一起領兵進攻原屬楚國郴州，邊鎬從潭州發兵救援，崇徹在義章設下埋伏，擊敗南唐軍，攻取郴州。次年，原楚國舊將劉言、王逵、孫朗、周行逢等人叛亂，攻佔長沙，逵乘勝率軍會合洞蠻兵共五萬攻擊郴州，南漢皇帝再命崇徹救援，雙方相遇，崇徹縱兵出擊，大敗逵，伏屍八十里。南漢末帝劉鋹繼位後，加授崇徹爲西北面都統。年餘鋹即疑崇徹造反，派太監薛宗譽查看。因索賄未成，宗譽竟說崇徹不理軍務，日惟與以伶人百餘衣錦繡、吹玉笛，爲長夜之飲。鋹大怒，召回崇徹，奪其兵柄。後宋太祖派遣大將潘美等人出師討伐南漢，大將伍彥柔陣亡，損失數萬人，鋹任命崇徹爲都統，率兵五萬防守賀江，潘美進軍奪取昭州後，崇徹即率軍降，授汝州別駕，卒於任。

後周世宗顯德三年　丙辰　九五六年

駱仲舒於本年中進士。

駱仲舒，連州人。後周顯德三年（九五六）進士。宋太祖開寶中歷給事郎、起居舍人。同治《連州志》卷四有傳。

後周世宗顯德五年　南漢後主大寶元年　戊午　九五八年

本年南漢後主初嗣位，重用宦官、宮女，又大興土木，因夢於羅浮山建天華宮，又立雲華閣，皆極宏麗，命鍾有章爲文記之。

鍾有章，番禺人。允章弟。少有文藻，與允章齊名。累官翰林學士、中書舍人。後主初嗣位，於羅浮山建天華宮，又立雲華閣，皆極宏麗，命爲文記之，稱大手著作。不半年，被誣伏法，遂有滅門之禍。時有章已先卒，故不及見。梁廷枏《南漢書》卷一二有傳。

```
宋（九六〇～一二七九）
```

宋太祖建隆元年　庚申　九六〇年

本年譚桓上書陳安南急務，召試，賜進士。

譚桓，從化人。建隆元年（九六〇）上書陳安南急務，召試，賜進士。累遷金紫光禄大夫，賜紫金魚袋。開寶四年（九七一）征南漢，獲劉鋹，未班師而卒。（清《從化縣志》）

宋太祖建隆三年　壬戌　九六二年

梁顥生。

梁顥（九六二～一〇三四），字微之。高要人。祖籍陝西萬年（今西安），因宦遊徙居嶺南，宋初入籍高要。顥於宋初試補州縣吏，仕至光禄寺丞。任官賢能，又善辭章。（《武溪集》卷二〇）

宋太祖乾德三年　南漢後主大寶八年　乙丑　九六五年

釋蘊聰生。

釋蘊聰（九六五～一〇三二），俗姓張，南海人。曾參百丈道常，繼參首山省念，大悟，嗣其法。後遊方，歷參洞山守初、大陽警延、智門師戒。宋真宗景德三年（一〇〇六），住襄州石門山。天禧四年（一〇二〇），移住谷隱山太平興國禪寺，卒謚慈照禪師。著有《石門山慈照禪師鳳巖集》一卷。宋李道勗《天聖廣燈錄》卷一七、《五燈會元》卷一一有傳。詩十八首。

邵廷琄卒。

邵廷琄（？～九六五），原籍連州，後遷東莞篁村（亦稱邵村）。南漢宦官。光天元年（九四二），爲內謁者，後爲掌管內廷府庫之內府局令。大寶時升內常侍。大寶三年（九六〇），上書南漢後主進諫。旋宋軍南征，攻陷郴州，圍連州，後主加封廷琄爲開府儀同三司東南面招討使，統率水軍抵禦宋軍。宋兵退後，準備收復郴州、連州時，爲同僚所嫉，誣其謀反，爲後主所殺。東莞城內住宅捐作佛寺，此即資福寺。①（《東莞市志》一三九九頁）

宋太祖乾德四年　南漢後主大寶九年　丙寅　九六六年

本年李廷珙降宋。

李廷珙，連州人。祖仕唐，著有勞績。父處顏，仕後唐爲武安軍節度幕府掌文翰。處顏早逝，廷珙寄養舅氏。南漢乾和年間除番禺主簿。大寶初年，擢士軍都知兵馬使。時後主無道，宦官專權，九年（九六六）廷珙降宋，授郴州沿邊招收指揮使、檢校

---

① 資福寺幾經損毀和修繕。二十世紀三十年代，資福寺僧眾四散，後東莞縣立第一小學遷資福寺，並拆毀寺內建築擴建小學，今爲莞城中心小學所在地。一九七四年，隨著大雄寶殿被拆，資福寺不復存在。二〇一〇年五月二十三日東莞市資福寺重建奠基大典在東城區同沙生態公園圓滿舉行。

工部尚書，兼御史大夫、春州刺史。次年獻《平嶺表策》。潘美
南進，以爲嚮導。南漢平，遷廣西總管、招討使。討服諸州，還
汴京，終刑部尚書。（梁廷枏《南漢書》卷十八）

宋太祖開寶元年　南漢後主大寶十一年　戊辰　九六八年

本年陳昭遇被引薦至京任翰林醫官。

陳昭遇，南海人。幼承先世醫術。宋開寶初年被引薦至京任
翰林醫官，領溫水主簿職，官至光祿寺丞，賜金帶紫袍。六年
（九七三），與翰林醫官劉翰、道士馬志等審定《唐本草》，取名
《開寶新評定本草》二十卷，另目錄一卷，宋太祖作序，國子監
印行。翌年，對該書重新修訂，易名《開寶重定本草》，收錄新
舊藥物九八三種。太平興國三年（九七八）又與王懷隱等類編從
各處搜集萬餘家傳治病藥方，經十四年，於淳化三年（九九二）
成書，集理、法、方、藥於一體，宋太宗作序，賜名《太平聖惠
方》。全書百卷，載醫藥驗方一六八三四首，刻印頒行，州設醫
博士掌管。後遠傳至高麗、日本。（《南海名人數據庫》）

宋太祖開寶三年　南漢後主大寶十三年　庚午　九七〇年

本年何承裕自涇陽令入爲監察御史。

何承裕，字仕進。韶州曲江人。後晉天福末進士。有清才，
好爲歌詩，而嗜酒狂逸。初爲中都主簿，累官至著作佐郎，直史
館。出爲盩厔、咸陽二縣令，醉則露首跨牛趨府，府尹以其名士
而容之。然爲治清而不煩，民頗安焉。每覽牒訴，必戲判以喻曲
直，訴者多心伏引去。宋太祖開寶三年（九七〇），自涇陽令入
爲監察御史，後歷侍御史，累知忠、萬、商三州。太平興國中
卒。《宋史》卷四三九有傳。詩一首。

本年鍾軾奉命助潘美征南漢劉鋹。

鍾軾，從化人，原籍河南開封，以佐宋太祖官至防御使。開
寶三年（九七〇），奉命助潘美征南漢劉鋹，越明年平之，得州

六十、縣二百四十，功加廣州留守，因卜築於從化家焉。（清
《從化縣志》）

本年宋軍南下，龔澄樞走投無路，竟以盡焚宮殿府庫爲退兵
之策。

龔澄樞，南海（世稱咸寧）人。以閹入宮。後主劉鋹即位，
授上將軍、左龍虎軍觀容軍使，進內太師，軍國大權盡歸其手。
然品性酷毒，爲民怨憤。大寶十三年（九七○），宋軍南下，澄
樞走投無路，竟以盡焚宮殿府庫爲退兵之策。被俘後押送至宋都
汴京，處死。（《南漢書·宦官傳二》、吳任臣《十國春秋》卷六
六）

宋太祖開寶四年　南漢大寶十四年　辛未　九七一年

二月初四日，宋將潘美平南漢。先是，有《南漢廣州童
謠》云：

南漢乾和中，廣州童謠云云。

羊頭二四，白天雨至。後宋師以辛未年二月四日平南漢。羊，未之神。
天雨者，王師如時雨之義。（《全唐詩》卷八七八、吳任臣《十國春秋》
卷六○《南漢三·本紀》）

本年頃，林楚材賦詩，僅存殘句云：

大寶末，有稻田自海中浮來，上魚藻門外，民聚觀之。楚材見而歎曰云
云，時好事或有記其語者。及宋師至，潘美爲都部署，方悟爲“潘”字。

水魚湫湫兮南。（阮元《廣東通志》卷三二六林楚材本傳）

林楚材，原籍賀州富川，南漢乾和中劉晟取賀州，始隸籍番
禺。布衣，不求仕進。精數學，能詩。一時縉紳咸折節與之遊，
與黃損尤交善。阮元《廣東通志》卷三二六、梁廷枏《南漢書》
卷一四有傳。詩一首。

本年南漢主劉鋹成階下囚，然其殘部剽掠，皆爲李夫人
所敗。

李夫人，海康人。勇而有謀，眾皆欽服。開寶四年潘美平南

漢，南漢主劉鋹成階下囚，然其殘部剽掠，皆爲李夫人所敗，一方賴之，號甯國夫人。（鄧柏《海國巾幗志》）

本年藍繼宗隨後主劉鋹降宋。

藍繼宗，字承祖。咸寧（今廣州）人。以閹人事後主劉鋹，年二十歲，隨劉氏降宋。官至邕州觀察使。卒贈安德軍節度使。謚僖靖。（《南漢書·宦者傳二》）

植廷曉卒。

植廷曉（？～九七一），字朗伯。東莞水南人。勇而有謀，因見南漢後主劉鋹日益荒淫殘暴，便辭官歸家。宋開寶三年（九七〇），潭州防御史潘美率軍討伐南漢，長驅直進，大破南漢李承渥象陣，占領韶州。劉鋹見朝中已無可派之將，起用廷曉爲將，郭崇岳爲招討使，統軍六萬駐馬逕抵禦宋軍。四年（九七一）正月，潘美克英德、南雄二州，兵至馬逕。廷曉欲出戰，然崇岳不許。劉鋹更遣弟保興率傾國之兵助陣。二月初四日，廷曉乃領前軍據水而陣，留崇岳殿後。宋軍踴躍渡江，洶湧殺來，廷曉拼死力戰，不勝，遂死陣中。（嘉慶《廣東通志》）

薛崇譽被殺。

薛崇譽（？～九七一），曲江人。善兵法、書算。中宗署爲內史，兼太倉使。後主劉鋹即位，遷內中尉，特進開府儀同三司、簽署點檢司事。宋滅南漢，師入廣州，舉火焚倉廩，被執不降，檻送汴京，旋被殺。（《十國春秋·南漢紀》）

宋太祖開寶五年　壬申　九七二年

宋太學生陳均著《宋朝編年》載本年廢媚川都一事，劉龑於海門鎮（今東莞虎門附近）募兵能采珠者三千人，號媚川都，歲溺死者甚眾，至是罷之。（張惟寅《上宣慰司采珠不便狀》）

宋太祖開寶八年　乙亥　九七五年

本年南唐亡，孟歸唐歸宋，遷大理丞。

　　孟歸唐，連州人。賓于子。授秘書省正字，吉州民掾。歸宋，遷大理丞，以罪貶袁州司户。黄子高《粤詩搜逸》卷二有傳。

　　馮元生。

　　馮元（九七五～一〇三七），字道宗。南海人。宋真宗大中祥符元年（一〇〇八）進士。初授江陰尉。會詔取明經者補學官，元自薦通《五經》，試，補國子監講書，遷大理評事，擢崇文院檢討兼國子監直講。未幾遷太子中允，直龍圖閣，詔預內朝。天禧初遷太常丞兼判禮部、吏部南曹，擢左正言兼太子右諭德。仁宗即位，遷户部員外郎，爲直學士兼侍講，歷會靈觀副使、知通進銀臺司、判登聞檢院、同判國子監。元與孫奭以經術並進講論，同知貢舉，進龍圖閣學士，預修《三朝正史》。拜翰林學士、判都省三班院、史館修撰、判流內銓兼羣牧使，四遷給事中。明道元年（一〇三二）罷知河陽。尋召爲翰林侍講學士，遷禮部侍郎、知審官院，遷户部侍郎。景祐四年（一〇三七）卒，年六十三。贈本部尚書，諡章靖。《宋史》卷二九四、黄佐《廣東通志》卷五八有傳。詩一首。

宋太宗太平興國二年　丁丑　九七七年

　　三月初三日，韶州韓氏之族九女同日飛升，賦《仙隱留題巾子峯巖壁①》詩云：

　　　共作雲仙侣，俱辭世界塵。静思前日事，抛卻幾年身。（阮元《廣東通志》卷三二九）

　　韶州韓氏九仙女，韶州韓氏之族九女，皆處子，曰信貞、慧貞、修貞、守貞、慕貞、静貞、妙貞、清貞、潔貞，常静室養蠶。宋太宗太平興國二年（九七七）三月三日，往巾子峯巖畔采桑，遇暴風雷雨奄至，陰晦失道，入巖避之，忘歸。其夜半，鄉人共聞有樂聲從西北來，自雲中降於巖。次日，覺有異香。時樵

────────

①　詩題擬加。

人蘇福保等亦以雨迷路，宿峯側，亦聞樂聲。次早過巖，見諸女衿服若蟬蛻，然身已去矣，惟有一詩留巖壁間云云。事見阮元《廣東通志》卷三二九。詩一首。

宋太宗太平興國三年　戊寅　九七八年

正月十一日，釋達岸圓寂。

釋達岸（？～九七八），俗名梁志清。曲江人。年十一出家，禮僧慧濤，爲三皈童子。年二十至曹溪，南遊廣州，掛搭訶林。偶過大通滘口，阻風登岸，入寺，愛其勝，遂請南漢主移居，從遊者眾，寺不能容，漢主乃恢弘之，賜名寶光寺，後名大通煙雨禪寺。

宋太宗太平興國八年　癸未　九八三年

七月，蘭坡道人志《南漢鐘銘》云：

穹然而隆，訇然而宏。其形其聲，傳茲不窮。癸未七月，蘭坡道人志。（阮元《廣東通志》卷二〇五《金石畧七》）

邵奕（一作曄）於本年中進士。

邵奕（九四九？～一〇一一？），字日華。桂陽（今連州）人。七歲能詩。宋太宗太平興國八年（九八三）進士。解褐授邵陽主薄，改大理評事，知蓬州錄事參軍。調光祿寺丞，通判荆南，遷著作佐郎，知忠州，歷太常丞、江南轉運副使，改監察御史。以母老乞就養，得知朗州，入判三司磨勘司，遷工部員外郎、淮南轉運使。宋真宗景德中，假光祿卿充交阯安撫信國使。還，改兵部員外郎。大中祥符初（一〇一一），起知兗州。四年，改右諫議大夫，知廣州，俄病卒，享年六十三。乾隆《連州志》卷七、阮元《廣東通志》卷三〇三有傳。詩一首。

宋太宗雍熙二年　乙酉　九八五年

本年古成之赴禮部試，有司奏以梁灝第一，成之第二。妒者忌嶺南人居其上，暗投啞藥於食，邀成之夜飲。次日臚唱，成之暗不能應，遂落第，而曷無憾色。

　　古成之（九六二、九四七～一〇〇五、一〇〇七），字亞奭，人稱紫虛先生。本惠州河源人，五代末避地寄籍增城。結廬羅浮山，力學不倦，淹通羣籍。宋太宗雍熙二年（九八五），赴禮部試，有司奏以梁灝第一，成之第二。妒者忌嶺南人居其上，暗投啞藥於食，邀成之夜飲。次日臚唱，成之暗不能應，遂落第，而曷無憾色，人服其量。端拱二年（九八九）成進士。初授真定府元氏縣尉，改青州益都知縣，爲政以惠愛爲本。淳化三年（九九二）召試館職，授祕書省校書郎。以張詠薦，出知綿州魏城縣。宋真宗咸平五年（一〇〇二），知漢州綿竹縣，卒於任。著有《古成之集》，已佚。黃佐《廣州人物傳》卷五、王駒修康熙二十八年刊《河源縣志》卷六有傳。今存詩七首。

宋太宗雍熙三年　丙戌　九八六年

　　黃正生。

　　黃正（九八六～一〇五九、一〇六一），字仲通，以犯從祖諱，遂稱字焉。韶州曲江（今韶關）人。宋仁宗天聖二年（一〇二四）進士。歷官信州大名府司理參軍、衞州推官、著作佐郎、監廣州軍資庫。遷祕書丞，知南儀州，以病乞換江南監當。徙監宣州商稅按察使，就除太常博士，簽書歙州判官公事，尋賜緋，通判建州，知惠州，累遷至屯田郎中。年六十八，辭歸，不復朝，卒於家。余靖《武溪集》卷一九有墓碑誌，阮元《廣東通志》卷二八八有傳。詩一首。

宋太宗淳化二年　辛卯　九九一年

　　本年釋蘊聰年二十七，賦《呈首山師偈》云：
　　我今二十七，訪道曾尋覓。今朝喜得逢，要且不相識。（釋普濟《五燈會元》卷十一）

宋太宗至道二年　丙申　九九六年

本年彭達甫倡築欖江堤（今稱長利圍）。

彭達甫，高要人。（《宋史·太宗紀》）

宋真宗咸平三年　庚子　一〇〇〇年

胡賓王於本年中舉人。

胡賓王，字時彥（賢）。曲江人。少而力學，以博洽知名。曾讀書中宿峽，經史皆有發揮。南漢時舉進士甲科，累官中書舍人，知制誥。劉鋹淫虐，乃辭官歸，著南漢國史十二卷。鋹亡，上書於宋，名《劉氏興亡錄》。以明經授著作郎。宋真宗時，有詔准任官者得與科試，遂登咸平三年（一〇〇〇）進士第，官至翰林學士。後致仕，卒於家。為人樂易俊爽，言行不苟。居官憂國奉公，歸鄉憐貧恤寡。明黃佐纂嘉靖四十年刊《廣東通志》卷五六、清張洗易修康熙二十五年《乳源縣志》卷六有傳。

吳世範於本年中進士。

吳世範，連州人。工詩文。宋真宗咸平三年（一〇〇〇）進士。大中祥符間任漳浦令。後由太子中舍遷殿中丞。成化《廣州志》卷二三、清楊楚枝修乾隆三十六年刻本《連州志》卷七有傳。今存詩二首。

余靖生。

余靖（一〇〇〇～一〇六四），原名希古，字安道。韶州曲江（今韶關）人。宋仁宗天聖二年（一〇二四）進士。初為贛縣尉，累遷秘書丞，受命與王洙並校《史記》、《漢書》、《後漢書》，擢集賢校理。景祐三年（一〇三六）以上疏論范仲淹謫官事，貶監筠州酒稅。後遷知英州。慶曆間為右正言，屢奏安邊之策，嘗三使契丹，皆不辱使命。以作蕃語詩出知吉州。皇祐四年（一〇五二），僮酋儂智高反，命靖知潭州，改桂州，經制廣南東西，與狄青、孫沔協同作戰。事平，遷尚書工部侍郎，復加集賢院學士，遷吏部侍郎。嘉祐六年（一〇六一），以尚書左丞知廣州。官至工部尚書。英宗治平元年（一〇六四）卒，年六十五。諡襄。後入廣州八賢堂。著有《武溪集》二十卷。與張九齡同被尊爲嶺南二詩宗。事見本集卷二一附錄歐陽修《余襄公神道碑銘》，《宋史》卷三二〇有傳。

宋真宗咸平五年　壬寅　一〇〇二年

　　古成之知漢州綿竹縣，卒於任。卒前賦《臨卒書詩》詩云：
　　物外乾坤誰得到，壺中日月我曾遊。留今留古曾留得，一醉浮生萬事休。（王象之《輿地紀勝》卷九九《廣南東路·惠州·人物》）

宋真宗景德二年　乙巳　一〇〇五年

　　周克明於本年中進士。（阮元《廣東通志》卷六六《選舉表》四）
　　周克明，字昭文。精數術。開寶中授司天六壬，五遷春官正，頗修詞藻，喜藏書。景德二年（一〇〇五）賜同進士出身。三年，大星出氐西。時出使嶺表，及還，亟請對，上即從其請。拜太子洗馬、殿中丞。屬修兩朝國史，其天文律曆事，命參之。大中祥符九年（一〇一六），降洗馬。天禧元年（一〇一七）夏，火犯靈臺。八月，疽發背卒，年六十四。郭棐《粵大記》卷二四有傳。
　　林從周於本年中進士。
　　林從周，海陽（今潮州）人。景德二年（一〇〇五）進士。授泉州南安主簿，擢大理評事，遷寺丞，知開封考城縣，有惠政。出爲杭州通判，又入朝以屯田員外郎充開封府推官，轉度支員外郎提點浙東西刑獄公事，以賢聞。二子，東喬官至汀州知州，東美官至雷州知州。東喬子定知惠州事。（明郭春震纂修嘉靖二十六年刊《潮州府志》卷七）

宋真宗大中祥符三年　庚戌　一〇一〇年

本年釋曉聰嗣繼詮禪師。

釋曉聰（？～一〇三〇），俗姓杜。韶州曲江（今韶關）人。少依雲門寺得度，周遊荊楚，至洞山依詮禪師。宋真宗大中祥符三年（一〇一〇），嗣繼詮禪師。宋仁宗天聖八年（一〇三〇）卒。事見釋惠洪《禪林僧寶傳》卷一一。宋釋普濟《五燈會元》卷一五作青原下九世文殊應真禪師法嗣。

本年許申舉賢良方正，會真宗東封，召對第一①，特授將仕郎、秘書省校書郎。

許申，字維之。潮陽人。宋真宗大中祥符三年（一〇一〇）舉賢良方正，會真宗東封，召對第一，特授將仕郎、秘書省校書郎。出知鄞縣，歷知韶、吉、柳、建諸州。仁宗天聖中，任廣西提點刑獄。景祐二年（一〇三五）以工部郎中爲江南東路轉運使，兼制江西、湖南諸路。官終刑部郎中。著有《高陽集》，今佚。嘉靖《潮州府志》卷七、隆慶《潮陽縣志》卷一二有傳。今存詩五首。

宋真宗大中祥符五年　壬子　一〇一二年

徐德明生。

徐德明（一〇一二～一〇九〇），字安民，原籍江西南昌，後入籍廣東番禺。宋仁宗明道二年（一〇三三）任廣南東路總管都監，以仁恕行之，遐邇獲安。卒於元祐五年（一〇九〇），年七十九，葬於東官（東莞）鷓鴣坑亭子岡。子孫繁衍，皆家於粵，析居三縣；番禺之夏圍，東莞之鼓鎮、萬江，增城之西洲，

---

① 見黃佐《廣東通志》卷一一《選舉表上》、阮元《廣東通志》卷六六《選舉表四》；郭棐《粵大記》卷四《科第》、郭棐纂萬曆三十年刊《廣東通志》卷四二《潮州府選舉表》皆作大中祥符二年（一〇〇九）進士。

皆其後云。（同治《番禺縣志》卷三二）

宋真宗大中祥符八年　乙卯　一〇一五年

唐静於本年中進士。

唐静，連州人。父元，雍熙初進士，歷知渝、韶、峽、光化四州，終尚書屯田員外郎。十歲能文。隨父宦蜀，母喪，扶呼歸葬。大中祥符八年（一〇一五）再舉進士，初調澧州獄掾，試秘書省校書，歷韶州判官，試大理評事。執法不撓，爲張士遜、陳堯咨、晏殊推重，范仲淹、龐籍皆兄事之。子炎，景祐元年（一〇三四）進士，官至太子贊善大夫。三世甲科，湟川前此未有。郭棐《粵大記》卷二二有傳。

宋真宗天禧二年　戊午　一〇一八年

林絢生。

林絢（一〇一八～一〇七六），字伯素。懷集人。與其弟繹同榜中進士。初任長沙縣尉，得余靖薦以有能，任桂州修仁、恭城兩縣令，後又調任端溪縣令。志尚高節，施政講求惠愛。（《粵西文載》、《宋元學案補遺》、同治《懷集縣志》）

宋仁宗天聖二年　甲子　一〇二四年

許彦先於本年中進士。

許彦先，一名光，字覺之。始興人。深明《易》學，尤工書法，素有文名。宋仁宗天聖二年（一〇二四）進士。累官殿中丞，熙寧間遷廣東轉運使。與王安石交遊。黄佐《廣東通志》卷五六、明胡永成修嘉靖二十一年刊《南雄府志·志下·傳二》有傳。詩十首。

許致於本年中進士。

許致，始興人。彦先族人。宋仁宗天聖二年（一〇二四）進士。官常侍。事見阮元《廣東通志》卷六六《選舉表》四。

王汝礪於本年中進士。

王汝礪，龍川人。宋仁宗天聖二年（一〇二四）進士。任潮州刺史，官至工部尚書。致仕回里後，築鳳臺書院（一名望高書院）於望高山下，以舒吟詠。卒葬望高山下之龍津源。清胡璿修嘉慶二十三年刻本《龍川縣志》第三十六冊有傳。今存詩二首，乃明崇禎十五年邑庠徐壯行、沙棟龍在普安寺（汝礪讀書處）掘得斷碑所發現。

王式於本年中進士。

王式，曲江人。宋仁宗天聖二年（一〇二四）進士。大理寺丞，知吉州永新，移知梅州。事見阮元《廣東通志》卷六六《選舉表》四。

黃仲通於本年中進士。（阮元《廣東通志》卷六六《選舉表》四）

黃仲通（九八六～一〇六一），本名正。曲江人。宋仁宗天聖二年（一〇二四）進士。余靖甥。官至尚書屯田員外郎中、知惠州軍事。著有《惠州野吏亭詩》。陳融《讀嶺南人詩絕句》卷一有傳。

梅鼎臣於本年中進士。

梅鼎臣，翁源人。宋仁宗天聖二年（一〇二四）進士。殿中丞。事見阮元《廣東通志》卷六六《選舉表》四。

宋仁宗天聖三年　乙丑　一〇二五年

釋祖心生。

釋祖心（一〇二五～一一〇〇），號晦堂，俗姓鄔。南雄始興人。爲南嶽下十二世，黃龍南禪師法嗣。少爲儒生，有聲。年十九而目盲，父母許以出家，忽復明，乃依龍山寺沙門惠全。後參雲峯悅禪師，三年無所得。往依黃檗南禪師，四年不大發明。復上雲峯，會悅謝世，就止石霜，因閱《傳燈》，自此開悟，徑回黃檗，後繼席黃龍。宋哲宗元符三年卒，年七十六。賜號寶

覺。釋普濟《五燈會元》卷一七、釋惠洪《禪林僧寶傳》卷二三
有傳。詩十三首。

宋仁宗天聖五年　丁卯　一○二七年

七月十九日，郢州大陽警玄禪師卒。

郢州大陽警玄禪師（九四五～一○二七），江夏張氏子。十
九爲僧，遊方到梁山，問：“如何是無相道場？”山指觀音，曰：
“這（此處《五燈會元》卷十四還有“個”字）是吳處士畫。”
師擬進語，山急索曰：“這個是有相底，那個是無相底？”師（此
處《五燈會元》卷十四還有“遂”字）有省，便禮拜。山曰：
“何不道取一句？”師曰：“道即不辭，恐上紙筆。”山笑曰：“此
語上碑去（此處《五燈會元》卷十四還有“在”字）。”及年八
十，歎無可繼洞宗者，乃以頂相及偈寄浮山遠公，使爲求法器，
遠得投子青，俾續洞宗。天聖五年（一○二七）七月十九以偈寄
王曙侍郎，停筆而化，時年八十有五。

王陶於本年中進士。（阮元《廣東通志》卷六六《選舉表》四）

王陶，字子元。式子。博學有俊才。天聖五年（一○二七）
進士。官至京東提刑度支郎中。妻朱氏賢淑，與諸婦約曰：“今
歲科舉，汝等夫有預鄉薦者免執爨。”諸婦各勉其夫。是年，五
子應舉，中選者三人。後子履古亦登進士，曲江稱三世進士第，
惟王氏、鄧氏云。阮元《廣東通志》卷二八八有傳。

梅佐於本年中進士。（阮元《廣東通志》卷六六《選舉表》四）

梅佐，翁源人。鼎臣子。天聖五年（一○二七）進士。是科
帝表章《中庸》，以賜新第者，佐與焉。又表《大學》，皆習之。
歷官知藤州。父子著有《學庸講義》。阮元《廣東通志》卷二八
八有傳。

鄧勘於本年中進士。

鄧勘，曲江人。天聖五年（一○二七）進士。累官殿中丞。
子堂，孫彌亮，分登皇祐五年、元祐五年進士第。堂爲郡守，彌

亮任新興縣令。（康熙《乳源縣令》卷十）

黃程於本年中進士。

黃程，海陽（今潮州）人。少結廬讀書西湖山，咸平間陳堯佐判潮，爲所獎引。天聖五年（一〇二七）進士，官至太子中舍。（嘉靖《潮州府志》卷七）

宋仁宗天聖七年　己巳　一〇二九年

釋福静生。

釋福静（一〇二九～一〇七五），宋名僧。俗姓黎。封州（今封開）開陽鄉人。少出家，禪行高潔，治西山寺，修身事佛，識經得度。爲方外遊，至嶺南各名寺求經。嘉祐間返封州，住光孝寺。熙寧八年五月一日，招集諸弟子至身邊説偈趺坐而逝，年方四十七。（《肇慶府志》、《封川縣志》）

宋仁宗天聖八年　庚午　一〇三〇年

羅孟郊於本年中探花。

羅孟郊，字耕甫，號休休。興寧城南羅嶺人。生於宋真宗景德間，年少喪父。宋仁宗天聖八年（一〇三〇）進士（探花），累官諫議大夫、翰林學士。性孝，乞歸養母。終年七十。明黃國奎修嘉靖三十一年《興寧縣志》卷四、黃佐《廣東通志》卷五六有傳。今存詩一首。

宋仁宗天聖九年　辛未　一〇三一年

梁嚴諷生。

梁嚴諷（一〇三一～一一二二），字進卿，號厚庵。高要人。[1]

---

[1]　嚴諷，原籍江西，生時籍屬高要，明萬曆五年（一五七七）其舊里雲蓋里洞源村割附羅定州東安縣，今雲浮市雲城區都騎鎮之書山，即當年嚴氏讀書處云云。

順孫子①，晋康伍仕階壻。宋仁宗皇祐間賡薦辟成特科進士②，授朝請郎，北宋元符間知韶州。事見阮元《廣東通志》卷六七。詩二首。

宋仁宗景祐四年　丁丑　一〇三七年

釋慧元生。

釋慧元（一〇三七～一〇九一），俗姓倪，潮陽人。爲南嶽十三世。年十九落髮受具。宋英宗治平三年（一〇六六），至黄龍。宋神宗熙寧元年（一〇六八），住吴江壽聖寺。後居崑山慧巖院、承天萬壽寺、湖州報本禪院。宋哲宗元祐六年卒，年五十五。謚證悟禪師。事見釋慧洪《禪林僧寶傳》卷二九，黄佐《廣東通志》卷六四有傳。偈一首。

① 黄佐《廣東通志》卷五六："梁順孫，字景樞。高要人。以兩貢辟雍，賜廷對，將作郎出身，歷陽江尉，廣州左司理，興寧、新會令，桂州觀察判官，監邕州横山、田州謹乃、寧畢等峒金坑。舊制，輸金監官多有所需，峒丁苦之，叛服靡常，屢爲朝廷患。先時，儂寇陸梁，掠平民入峒，凡數十年，無一人還者。梁至，撫諸峒以恩信，不較其金，惟從其便，諸酋長悉聽服。梁遂以身請歸其民，民之從而歸者如市，州人德之，有梁父母之稱。未幾，卒於官。喪發之日，民護送者數百里，祀於名宦祠，以狀聞於朝。朝廷嘉之，官其子嚴諷，累官朝請郎，知韶州。其子孫累世仕宦。"阮元《廣東通志》卷二九六《梁順孫傳》："謹案：《高明志》曰，順孫姓梁，後姓嚴，蓋賜姓也。稽家譜云嚴諷補蔭時，上閱順孫狀，有'號令嚴明'之語，遂賜姓嚴。又云，舊志，嚴諷累官朝請郎，知韶州。世居高要峒原村，遷居范山多岡，子孫累代世宦。考書山註云，鄉人嚴穆肄業其上，子諷以特奏知韶州，孫挺臣以正奏通判廉州。與之矛盾，疑有錯簡。又曰，按高田嚴家譜云，諷由特科列在郡志。其先本姓莊，後改嚴，載之氏族，可考也。宋英宗時，避遼夏兵火，卜於古端之西雲蓋鄉都騎都書山下峒原居焉。子穆，孫挺臣，以正奏通判廉州。並存備考。"
② 據雲浮梁元先生考證：《宋史》載，宋真宗大中祥符八年二月丙子，"詔進士六舉、諸科九舉者，許奏名"。宋仁宗皇祐間僅元年有特奏名，其時嚴諷虛齡十九歲，不可能應試多科，疑"仁宗皇祐"乃"哲宗元祐"之訛。

宋仁宗康定元年　庚辰　一〇四〇年

八月二十七日，王陶作《碧落洞記》。（王陶《碧落洞記》）

本年始有衣冠遊大峒山者，後余靖賦《遊大峒山　並序》詩。（成化《武溪集》卷一）

本年余靖謫官，賦《五色雀》詩云：

五方純色儼衣冠，尤可愛者，朱藍正色，若朝服焉。應是山靈寄羽翰。多謝相逢殊俗眼，謫官猶作貴人看。（明成化九年蘇韡刻本《武溪集》卷二）

宋仁宗慶曆二年　壬午　一〇四二年

劉致一於本年中進士。

劉致一，龍川人。慶曆二年（一〇四二）進士。歷官翰林、國子祭酒，嘗與鄉之文士結吟於鳳臺，祀鄉賢。（《龍川縣志》）

宋仁宗慶曆三年　癸未　一〇四三年

本年張持以博學善文詞入太學。

張持，字久中，初名伯虎。曲江人。幼孤，養於兄嫂，以嫂爲母。慶曆三年，以博學善文詞入太學。詔學官歲薦獻士二人，獨薦伯虎，乃更名，會學散，不報。後二年，竟卒於興國。友人莆陽陳悼歸其葬，南豐曾鞏志其墓。郭棐《粵大記》卷十九有傳。

釋悟新生。

釋悟新（一〇四三～一一一四），自號死心叟，俗姓黃。韶州曲江（今韶關）人。初謁棲賢秀鐵，壯依佛陀院德修，祝髮進具後，遊方至黃龍謁晦堂，初住雲巖，次遷翠巖，晚住黃龍。爲南嶽下十三世，黃龍祖心禪師法嗣。卒於宋徽宗政和四年，年七十二。釋普濟《五燈會元》卷一七、《補禪林僧寶傳》有傳。詩二首。

宋仁宗慶曆四年　甲申　一〇四四年

本年余靖進《享廟詩　慶曆四年進》詩云：

裸獻遵彝典，時思展聖謨。猗那百世祀，孝愛萬邦孚。禮盛郊丘配，感因霜露濡。承祧光德劭，進册報仁劬。想見先猷遠，恢洪介福俱。明靈欽至治，純嘏被歡呼。（成化《武溪集》卷一）

宋仁宗慶曆六年　丙戌　一〇四六年

九月十五日，范仲淹之千古名文《岳陽樓記》撰成。

梁杞於本年中進士。

梁杞，香山人。醇謹好學，通《五經》，值郡庠。慶曆六年（一〇四六）進士。初爲連州司理，遷桂陽令。嘉祐中遷比部員外郎，尋以朝奉郎通判鄂州軍事。熙寧初致仕，與通判徐九思議請立香山爲縣，事不果行，然自是後竟成縣治。其裔孫現，系籍番禺，宋理宗嘉熙二年（一二三八）進士。知南康，作興學校。郭棐《粤大記》卷二〇有傳。

陳世宗於本年中進士。

陳世宗，龍川人。慶曆六年（一〇四六）進士。翰林待制。祀鄉賢。（《龍川縣志》）

雷庠於本年中進士。

雷庠，字長善。陽山人。少力學強記，嘗登岳陽樓玩古碑，一閱即能記誦。三預鄉薦，年逾六十時中慶曆六年（一〇四六）進士。任衢州西安令。因母老，棄官歸，遂不復出。益肆力於學，博覽群書，因以通儒名其鄉。（黃佐《廣州人物傳》卷七）

譚必於本年中進士。

譚必（一〇〇六～一〇五二），字子思。樂昌人。六歲遍誦九經，能屬文，明年試韶州童子科，口誦萬言，州牧王益奇之，祥符五年（一〇一二）知府破格薦於京師應考，落第。歸，益發憤於學，因廢視。然不欲輟業，常令人誦所學書，危坐聽之討論，不遺餘力。年四十，目復明，領鄉薦，慶曆六年（一〇四六）成進士，授邕州推官。皇祐四年（一〇五二）儂智高起兵，稱南天國，年號景瑞，兵臨邕州，必堅壁以守，圍久糧盡，城陷被執死。上聞其事，賜金紫光禄大夫、太子太傅。（《樂昌縣志》卷十六）

宋仁宗慶曆七年　丁亥　一〇四七年

本年饑荒，丁秦出資賑災，全活甚衆。

丁秦，字尚寬。東莞琥珀坑人。樂善好施。慶曆七年（一〇四七）饑荒，出資賑災，全活甚衆。宣統《東莞縣志》卷五四有傳。

宋仁宗皇祐元年　己丑　一〇四九年

鄧誥於本年於進士。

鄧誥，南海人。宋仁宗皇祐元年（一〇四九）中進士五甲。事見黃佐《廣東通志》卷一一。詩一首。

宋仁宗皇祐二年　庚寅　一〇五〇年

李巖於本年賜同進士出身。

李巖，字子章。樂昌人。渤弟。宋仁宗皇祐二年（一〇五〇）以上書，召見崇政殿，特賜同進士出身。[1] 官至朝奉郎、知象州。曾隨余靖平儂智高。重正學，於龍山之麓辟草堂，與兄渤讀書其中。兄弟皆以文章孝友顯，時號草堂二夫子。黃佐《廣東通志》卷五六、阮元《廣東通志》卷二八八有傳。詩四首。

---

[1]　黃佐《廣東通志》卷十一、明郭棐纂萬曆三十年刊《廣東通志》卷二九，阮元《廣東通志》卷六六作皇祐元年（一〇四九）進士，溫汝能《粵東詩海》卷五作皇祐四年（一〇五二）進士。

宋仁宗皇祐四年　壬辰　一〇五二年

本年古成之賦《桂源早行》五律詩。（陳永正《嶺南歷代詩選》五二頁）

徐信於本年中進士。

徐信，保昌（今南雄）人。宋仁宗皇祐四年（一〇五二）進士。[①] 官中書省右諫議大夫。蘇軾謫南海，造訪其齋，見信作《甘露寺》詩云："平地風煙飛白鳥，半空雲木卷蒼藤。"軾以"橫"字易"飛"字，信爲之服。事見黃佐《廣東通志》卷五六，戴璟《廣東通志初稿》卷一二有傳。

譚佚於本年中進士。

譚佚，始興人。宋仁宗皇祐四年（一〇五二）進士。博通經史，教三子皆成名：粹，朝議大夫；銳，朝請大夫；橋，中散大夫。一門三大夫，時人榮之。郭棐《粵大記》卷二三有傳。

宋仁宗皇祐五年　癸巳　一〇五三年

五月，宋將狄青討平儂智高。先是，有《宋皇祐間徭諺》云：

初，徭言云云。至是（皇祐五年正月），（儂）智高果爲（狄）青所敗。
農家種，糴家收。（郭棐《粵大記》卷二《狄青討叛》）

儂智高（一〇二五～一〇五五），安德州（今廣西靖西安德鎮）人。成年後與其父長期活動廣源州。廣源州在邕州（州治在今廣西南寧）西南，郁江之源，邕州所屬四十四羈縻州之一，隸左江道。該州物產富庶，尤以金礦爲最。自從宋初交趾（今越南）自立爲國後，廣源雖號邕管西羈縻州，實服役於交趾。慶曆

---

① 一作皇祐二年（一〇五〇）進士。見明郭棐纂萬曆三十年刊《廣東通志》卷三三《南雄府選舉表》、阮元《廣東通志》卷六六《選舉表四》；黃佐《廣東通志》卷一一《選舉表上》、郭棐《粵大記》卷四《科第》皆作皇祐五年（一〇五三）進士。

元年（一〇四一），智高在儻猶州（今廣西靖西）建"大曆國"，與交趾李朝相抗衡。時智高向宋朝請內附，求獲職統攝諸部，抗擊交趾，遭拒，遂在家鄉安德州建"南天國"，稱仁惠皇帝，年號景瑞。多次擊退交趾，但再三請求歸附宋朝未果。皇祐四年（一〇五二）四月，舉兵反宋，五月，破邕州，改國號爲大南國，年號啟曆，數敗朝廷征剿之兵。次年正月，敗於狄青，後流亡大理，不知所終。

盧侗於本年特奏名，授本州長史。

盧侗（一〇二三～一〇九四），字元伯。海陽（今潮州）人。宋仁宗皇祐五年（一〇五三）特奏名，授本州長史。嘉祐中余靖、蔡襄、王舉元皆薦其文行，調惠州歸善簿。未幾，靖帥廣州，以機宜辟。宋英宗治平初，授國子監直講。宋神宗熙寧初，知柳、循二州，以太子中舍致仕。黃佐《廣東通志》卷五六、嘉靖《潮州府志》卷七有傳。詩一首。

本年黃仲通賦《載葺惠州野吏亭備紀遺烈因成蕪綴附於末焉》詩云：

危亭治舊基，登覽一何奇。萬態羅浮景，三章宰輔詩。嵐光如畫處，霽色乍開時。味此休閒趣，惟予野吏知。（阮元《廣東通志》卷二〇六《金石畧八》，又見《全宋詩》卷一六二，題作《惠州野吏亭　幷序》）

宋仁宗嘉祐二年　丁酉　一〇五七年

釋善清生。

釋善清（一〇五七～一一四二），號草堂，俗姓何。保昌（今南雄）人。宋神宗元豐四年（一〇八一）剃度，初謁大潙喆禪師，無所得。宋徽宗政和五年（一一一五）謁黃龍，豁然契悟。依止七年，乃辭。遍訪叢林，後出世黃龍，終於隆興府泐潭草堂寺，爲南嶽下十三世，黃龍祖心禪師法嗣。宋高宗紹興十二年卒，年八十六。釋正受《嘉泰普燈錄》卷六、釋普濟《五燈會

《元》卷一七有傳。詩十首。

宋仁宗嘉祐三年　戊戌　一〇五八年

李渤於本年中進士。

李渤，字子文。樂昌人。宋仁宗嘉祐三年（一〇五八）進士。官至朝奉郎、知白州。黃佐《廣東通志》卷五六、阮元《廣東通志》卷二八八有傳。詩四首。

鄧戒於本年中進士。

鄧戒，始興人。宋仁宗嘉祐三年（一〇五八）與弟辟連袂中進士，官至戶部尚書。（民國《始興縣志》卷十二）

鄧辟於本年中進士。

鄧辟，始興人。宋仁宗嘉祐三年（一〇五八）與兄戒連袂中進士，官至翰林學士。（民國《始興縣志》卷十二）

林東美於本年特奏名。

林東美，海陽（今潮州）人。從周子。學究出身。宋仁宗嘉祐三年（一〇五八）特奏名。官尚書員外郎、知雷州。事見黃佐《廣東通志》卷一一。詩一首。

譚粹於本年成貢生。

譚粹，字文叔。始興人。侁子，煥父。宋仁宗嘉祐三年（一〇五八）鄉貢。元祐中知循州軍州事。調知韶州軍州事，元符元年（一〇九八）擢韶州知州。宋徽宗建中靖國元年（一一〇一）以朝散大夫知英州軍州事。詩文皆可觀，學行亦爲眾人所重。著有《羅浮集》十卷，已佚。黃佐《廣東通志》卷五六以粹附於父侁傳中。

宋仁宗嘉祐五年　庚子　一〇六〇年

本年安昌期至惠州。

安昌期，原籍昭州恭城。隱清遠峽山。青年時曾舉進士。宋仁宗皇祐中朝廷以儂智高之難，推恩三廣進士，曾參與禮部試者，皆特試。昌期因此得官，初爲橫州永定縣尉，以事去官。不復仕，獨與一童來廣州，放曠山水間。嘉祐五年（一〇六〇）至惠州，值同年曲江胡濟爲海豐令，遊從甚久。平日輒以道家小術示人以娛之。英宗治平二年（一〇六五），攜童至中宿峽山偕隱。嘗遊廣慶寺，謂訪和光洞，數日不返。寺僧意其爲虎豹所食，率僕夫求之不獲，惟見石室間有詩云云，後題"前橫州永定縣尉安昌期筆"，然後知其得道。趙道一《歷世真仙體道通鑑》卷四九、嘉靖《惠州府志》卷一四、明黃佐纂修嘉靖四十年刊《廣東通志》卷六四有傳。詩一首。

宋仁宗嘉祐八年　癸卯　一〇六三年

四月，宋仁宗崩，余靖賦《仁宗皇帝挽詩二首》詩云：

丕承三後績，盛烈古難陪。納諫書囊集，談經殿閣開。御弧圓月滿，宸翰舞鸞回。冠劍雖歸葬，英風萬祀恢。

四十載居尊，勤勞滌化源。精禋敦舜孝，至治布堯言。武尚包戈節，刑寬解網恩。遺弓初奉諱，雨淚遍乾坤。（成化《武溪集》卷一）

宋英宗治平二年　乙巳　一〇六五年

本年安昌期攜童至中宿峽山偕隱。嘗遊廣慶寺，謂訪和光洞，數日不返。寺僧意其爲虎豹所食，率僕夫求之不獲，惟見石室間有詩云云，後題"前橫州永定縣尉安昌期筆"，其《題和光洞石壁》詩云：

蕙帳相①辭去，猿猱不忍啼。琴書自爲樂，朋友孰相攜。丹竈非無藥，青雲別有梯。峽山予②暫隱，人莫擬夷齊。（趙道一《歷世真仙體道通鑑》卷四九）

---

① 相，黃佐《廣東通志》卷六四本傳作"將"。
② 予，黃佐《廣東通志》卷六四本傳作"余"。

本年歲大歉，駱時憲捐粟三千石以賑饑民。

駱時憲，字道軒。樂昌人。治平二年（一○六五）歲大歉，捐粟三千石以賑饑民。宣和四年（一一二二）選貢，授國子監五經博士。紹興十三年（一一四三），率眾抵抗流民入境，被殺。贈奉訓大夫、國子監祭酒，賜葬祭。（《樂昌縣志》卷一六）

宋英宗治平三年　丙午　一○六六年

蕭雅生。

蕭雅（一○六六～一一三九），字安正。其先河南，落籍樂昌。政和元年（一一一一）進士①，官潮州教授，轉廣州通判。以親老致仕。弟雄，字安道，少從兄學。崇寧四年（一一○五）進士，歷官知桂陽軍，人稱循吏。弟維，字安國。大觀三年（一一○九）進士，官惠州教授。政和七年（一一一七）改任吉水知縣。（《樂昌縣志》卷十六）

宋神宗熙寧元年　戊申　一○六八年

本年知廣州張田徙郡學於國慶寺東，劉富納資獻材，戮力自效。

劉富，南海人。仕試將作監主簿，拂衣歸隱。熙寧元年，知廣州張田徙郡學於國慶寺東，富納資獻材，戮力自效，殿堂廊序，次第將完，轉運使陳安道止之。繼田任者程師孟、蔣之奇，發官資成之。富復以負郭之田總其值與費爲錢五十萬，資於學。郭棐《粵大記》卷二五有傳。

宋神宗熙寧二年　己酉　一○六九年

張夔生。

張夔（一○六九、一○六八～一一六一、一一六○），字柏

---

① 一作崇寧三年（一一○四）進士。

舉，號致堯。饒平人。① 宋徽宗重和元年（一一一八）進士。知
茂名縣，有廉聲，諸司薦爲南中清介第一人，高宗特賜璽書。擢
判廉州。高宗紹興二十年（一一五〇）遷知新州。高宗嘗書於屏
曰：“南有張夔，北有周昕。”七十致仕，卒年九十三。著有《祿
隱集》，已佚。嘉靖《潮州府志》卷七、黃佐《廣東通志》卷五
六、清劉抃修康熙二十六年刊《饒平縣志》卷八有傳。詩一首。

宋神宗熙寧三年　庚戌　一〇七〇年

本年王安石拜相行新法，以成倬通經術置門下。

成倬，翁源人。年二十始知讀書。妻父母待諸婿，惟以力學
與薦者上坐。發憤辭家，遠方就學。不數年通經術，尤深易數。
熙寧間王安石用事，以通經術置門下。懇歸，安石惜其志未遂，
特薦爲右選。嘗爲閣門祗候，終西京左藏庫事。阮元《廣東通
志》卷二八八有傳。

劉暐於本年中進士。

劉暐，韶州翁源人。宋神宗熙寧三年（一〇七〇）進士。博
學洽聞。崇寧中置廣南東路提舉學事司，掌州縣學政，以暐爲
之。宣和三年（一一二一）罷歸。士林稱之，祀邑鄉賢。阮元
《廣東通志》卷二八八有傳。

宋神宗熙寧四年　辛亥　一〇七一年

嚴穆生。

嚴穆（一〇七一～一一五九）②，字於遠，號吉人，一號西隅
主人。高要（其故里今屬雲浮市雲城區）人。諷子。未應科舉，
以子挺臣貴，贈中奉大夫。事見《嚴氏宗史》。詩二首。

---

① 一作海陽（今潮州）人。
② 嚴穆生年，一作宋神宗熙寧二年（一〇六九）。

宋神宗熙寧七年　甲寅　一〇七四年

三月初三日，許彥先賦《熙寧甲寅上巳再遊藥洲題九曜石》詩云：

花藥氛氳海上洲，水中雲影帶沙流。直應路與銀潢接，槎客時來犯斗牛。（阮元《廣東通志》卷二〇七《金石畧九》）

宋神宗熙寧九年　丙辰　一〇七六年

本年陳履以左藏庫副使知全州。

陳履，廣東人。特奏名進士。宋神宗熙寧九年（一〇七六）以左藏庫副使知全州。事見阮元《廣東通志》卷六七。詩一首。

張漸於本年中進士。

張漸，字子正。始興人。宋神宗熙寧九年（一〇七六）進士，崇寧間知端州軍州事，歷官朝請（議）大夫。博通經史，工詩文。著有《沙田集》，已佚。黃佐《廣東通志》卷五六有傳。詩一首。

歐陽經於本年中進士。

歐陽經，連州人。宋神宗熙寧九年（一〇七六）進士，登第後，乞歸，建草堂，日劬書其中。初任杭州幕官，以詩文見稱。時蘇軾帥杭州，頗推賞而表薦之。官至朝散大夫、知封州。黃佐《廣州人物傳》卷五、乾隆《連州志》卷七有傳。詩一首。

廖蒙於本年中進士。

廖蒙，連州人。宋神宗熙寧九年（一〇七六）進士。知封州。事見阮元《廣東通志》卷六六。

孔粹於本年中進士。

孔粹，番禺人。宋神宗熙寧九年（一〇七六）進士。知封州，官至朝散大夫，致仕，居蟠溪以老。子元勳，紹興初進士，授迪功郎，官至朝散大夫，知新州。（阮元《廣東通志》卷二六九、黃佐《廣州人物傳》卷七）

宋神宗熙寧十年　丁巳　一〇七七年

四月，許彥先賦《熙寧丁巳孟夏再遊陽春通真巖》詩云：

壁倚乾寧碣，龕籠大業僧。七年馳使路，兩躡石梯層。

八月，彥先賦《熙寧十年丁巳八月被召北歸艤舟琅石遊碧落洞十二日書二首》詩云：

崖卷層霄闊，溪穿碧玉橫。銀河一派水，終日瀉天聲。

玉峯刓不盡，滿室碧琅玕。太始藏靈氣，寥寥五月寒。（以上阮元《廣東通志》卷二〇七《金石畧九》）

宋神宗元豐元年　戊午　一〇七八年

陳顯於本年中進士。

陳顯，河南固始人。宋元豐元年（一〇七八）進士，累官至戶部尚書，後被貶知越州。靖康之亂，避南海，落籍於廣東南海縣陳村（今屬大瀝鎮水頭管理區）。

古鞏生。

古鞏（一〇七八～一一六二），字仲遜，號丹泉。五華人。紹聖四年（一〇九七），與兄蘋、葷赴京都殿試，同登進士。鞏官廣西賓州知府，封四品中順大夫。（《五華文獻資料》第二輯）

宋神宗元豐二年　己未　一〇七九年

丁璉於本年中進士。

丁璉（一〇二八～一一〇〇），字玉甫（輔）。番禺人。少有才名，杜門讀書。講明經學，遠近從之受業者羅屨於外。元豐二年（一〇七九）進士。始授融州司戶，遷宣教郎。尋拜大府丞，改朝議郎。元祐元年（一〇八六），靈州爲夏人所侵，廷議討之。有異議，貶爲桂州學教授。紹聖初薦爲左朝散郎，知連州。元符三年（一一〇〇），轉朝散大夫，賜緋魚。致仕。卒年七十三。黃佐《廣州人物傳》卷六有傳。

李積中於本年中進士。

李積中，四會人。寓居豫章。元豐二年（一〇七九）進士。歷任縣令、御史、翰林直學士。公正廉明，直言敢諫，受蔡京排擠，入元祐黨籍，貶至豫章。自積中始，四代爲朝廷命官：子良弼任衛尉丞；孫安國任戶部侍郎；曾孫大性任兵部尚書、大東任兵部侍郎，均爲名臣。（《宋史》卷三九五）

譚揆於本年成貢生。

譚揆，字文初。曲江人。昉子。少時與王安石同學。後安石拜相，爲《字説》，引揆入局爲郎官，揆不苟從。宋神宗元豐二年（一〇七九）舉鄉貢。七年，由廣西經畧司勾當公事、連州推官改京官。宋哲宗紹聖初知梅州。元符二年（一〇九九），遷戶部員外郎。累遷廣文館學士、廣南東西路轉運副使，移本路憲，知南恩州。黃佐《廣東通志》卷五六、阮元《廣東通志》卷二八八有傳。詩一首。

宋神宗元豐五年　壬戌　一〇八二年

香山縣在廣州東南四百里，本東莞縣香山鎮。本年運判徐九思請建爲縣。《國朝會要》云：紹興二十二年升爲縣。（王象之《輿地紀勝》卷八十九《廣州東路》）

石處道於本年中進士。

石處道（一〇五八～？），字元叟。德慶人。築室篤志讀書，鄉人因其所居之村、山、水皆名書堂。宋神宗元豐五年（一〇八二）進士。知松江縣。官至朝奉郎，祀鄉賢。著有《松江集》。郭棐《粵大記》卷二三有傳。

宋神宗元豐六年　癸亥　一〇八三年

五月初四日，投子義青禪師圓寂。

舒州投子義青禪師（？～一〇八三），青社李氏子。七齡穎悟，妙相寺出家，聽《華嚴》五年，講至諸林菩薩偈曰“即心自性"，忽猛省曰："法離文字，寧可講乎？"即棄之。遊方至浮山，遠禪師居會聖巖，夢得俊鷹畜之，覺而師届旦至，遠以爲吉，令看外道問佛"不問有言、不問無言"因緣。經三載，一日問曰："汝記得話頭麼？試舉看。"師擬對，遠掩其口。師了然開悟，遂禮拜。遠時出洞下宗旨示之，師悉妙契，遂付與大陽衣履，曰："代吾續洞上宗風，善自護持。"元豐六年（一〇八三）五月四日盥沐升堂，別眾寫偈而化。（《開元傳燈録》）

宋神宗元豐八年　乙丑　一〇八五年

李熙載於本年中進士。

李熙載，字伯先。都城（今屬鬱南）人。宋神宗元豐八年（一〇八五）進士。宋哲宗元符間擢爲廣南西路計度轉運使。官至朝請大夫。有詩詞集，今佚。明陸舜臣嘉靖十六年《德慶志》卷一五、黃佐《廣東通志》卷五六有傳。詩一首。

梅蟠於本年中進士，賦《登第歸日作　殘句》詩云：

滄海有風鵬翼健，青雲得路馬蹄輕。（王象之《輿地紀勝》卷九九《廣南東路·惠州·人物》）

梅蟠，字子升。歸善（今惠州）人。宋神宗元豐八年（一〇八五）進士，授迪功郎。博學多才，人稱梅夫子。惠州江山，多有留題。晚年居豐湖，號羅浮山人，眉州博士唐庚謫惠時常與之遊。嘉靖《惠州府志》卷一三、阮元《廣東通志》卷二九〇有傳。詩一首。

侯晉升於本年中進士。

侯晉升，字德昭。曲江人。元豐八年（一〇八五）進士。程鄉令。與蘇軾兄弟往還款密，家藏二公帖甚富。後知南恩州，期年而卒。郭棐《粵大記》卷二〇有傳。

宋哲宗元祐元年　丙寅　一〇八六年

本年霍暐入太學。

霍暐，字明甫。南海人。篤志向學，與馬存遊。爲文淵雋奇古。皇祐間，新會龍山變爲紫者旬日，人以爲瑞，獨以爲怪。元祐初入太學。詔舉八行人，遂應命。官終海豐尉。黄佐《廣州人物傳》卷六有傳。

本年蔣之奇知廣州，初下車，即聞黄洞名，遂與之相往還。

黄洞，字明達。南海人。性度玄曠，博學能文。舉進士於鄉，數奇，竟不得雋南省。元祐初，蔣之奇知廣州，初下車，即聞洞名，遂與之相往還。時出筆劄唱酬，之奇以爲不及。會妖人構亂，爲之奇畫計，先事平之。紹聖改元，蘇軾以寧遠軍節度副使安置惠州，時往來南海，又與遊焉。嘗與軾登鑒空閣，軾賦詩有曰“黄子寒無衣，對月句逾警。”元符三年（一一〇〇）十一月，軾被命北還，與吳復古、何崇道、李公弼、林子中、穎、堂、通三長老，自番禺追餞至清遠峽，同遊廣慶寺而後返。郭棐《粤大記》卷二四有傳。

本年林修調官京師，授鳳翔府寶雞縣主簿。

林修，南海人。輕財好施，造净慧寺千佛塔。元祐初調官京師，授鳳翔府寶雞縣主簿。時司馬光《書儀》及《居家雜儀》未刊行，手録以歸，守爲家法。孫師仲、遜、遠，皆好學循禮。黄庭堅謫涪州，師仲往謁之，庭堅勉其教子讀書一帖。後其家慕庭堅之説，創義齋，延賢師以教子弟及諸生。遜、遠居母喪，一遵禮制。胡銓作《素冠説》貽之。郭棐《粤大記》卷二五有傳。

本年鞠杲於本年中進士。

鞠杲，吳川人。元祐元年（一〇八六）進士。神宗時王安石變法，助保守派。元符中入汴京，上書陳章惇、蔡卞之罪，辭極抗直，被惇隸黨籍，貶謫終身。（《吳川縣志》）

宋哲宗元祐二年　丁卯　一〇八七年

本年許彦先賦《題舜井斷碑》詩云：

碑字漫滅，唯碑陰有五大夫字，餘亦莫辨。相傳秦時碑，舊在舜子巷草間，元祐間移置州治，今在漢東閣下。元祐丁卯許覺之記碑首，有詩云云。

一千二百餘年外，萬古銷磨不可尋。舜子井泉誰記古，隨人間巷祇如今。隸書字雜科蟲體，氏爵名存樂石陰①。登覽時來醒醉眼②，也勝他物在園林。（王象之《輿地紀勝》卷八三《京西南路·隨州·碑記》）

宋哲宗元祐三年　戊辰　一〇八八年

藍奎於本年中進士。

藍奎，字秉文，燦斗。程鄉（今梅縣）人。③博聞強記，借書而讀，輒成誦，越宿即歸之。宋哲宗元祐三年（一〇八八）進士，官文林郎、郡博士，受詔校文福州。以文章氣節聞世，學者稱藍夫子。嘉靖《潮州府志》卷七、黃佐《廣東通志》卷五六、清劉廣聰康熙三十年《程鄉縣志》卷六有傳。詩一首。

李修於本年中進士。

李修，字季長（成）。湞陽人。宋哲宗元祐三年（一〇八八）廣文館進士。出廣帥蔣之奇門。崇寧詔籍元祐黨人立碑於端禮門，名與焉。時有鄭準、劉緯，俱英州進士，亦預黨籍。吳道鎔《廣東文徵作者考》卷一有傳。

歐陽獻可於本年中進士。

歐陽獻可，字晉叔。連州人。宋哲宗元祐三年（一〇八八）進士。工古文辭，嘗作《所居見山堂記》，張浚極稱之，名其讀書處爲"致一堂"。（吳道鎔《廣東文徵作者考》上）

宋哲宗元祐四年　己巳　一〇八九年

王大寶生。

---

① 氏、樂，《輿地紀勝》原作"民、藥"，據南宋祝穆《方輿勝覽》卷三二《隨州》改。
② 眼，《輿地紀勝》原作"目"，據《方輿勝覽》卷三二改。
③ 一説鎮平（今蕉嶺）蘭坊鄉人。

王大寶（一〇八九～一一六五），字元龜。海陽（今潮州）人。宋高宗建炎二年（一一二八）廷試進士第二，授南雄州教授，移病歸。差監登聞鼓院，主管台州崇道觀，復累年。紹興十六年（一一四六），起知連州，後移袁州。進《詩》、《書》、《易解》，紹興二十五年除國子司業兼崇政殿說書。翌年，出知温州，提點福建、廣東刑獄。宋孝宗即位，除禮部侍郎，擢右諫議大夫。力贊張浚恢復之議。未幾，以忤湯思退，以敷文閣直學士提舉太平興國宫，尋致仕。乾道元年（一一六五），召爲禮部尚書。言官劾其乞復免行錢非是，詔致仕。尋卒，年七十七。《宋史》卷三八六、黄佐《廣東通志》卷五七有傳。詩五首。

宋哲宗元祐六年　辛未　一〇九一年

本年釋慧元圓寂，寂前留《示寂偈》云：

五十五年夢幻身，東西南北孰爲親。白雲散盡千山外，萬里秋空片月新。（釋慧洪《禪林僧寶傳》卷二九）

陳希伋於本年舉經明行修第一。

陳希伋，字思仲。揭陽人。宋神宗元豐間兩冠鄉書，首薦漕臺，肄業太學十餘年，聲譽日著，士人目爲廣南夫子。上書陳利害數萬言，皆切中時病。宋哲宗元祐六年（一〇九一），舉經明行修第一。知梅州，卒於官。著有《揭陽集》，已佚。明郭春震纂修嘉靖二十六年《潮州府志》卷七、黄佐《廣東通志》卷五六有傳。詩一首。

莫宗舜於本年中進士。

莫宗舜，封州（今封開）人。宋哲宗元祐六年（一〇九一）進士，官邕州司户參軍。事見阮元《廣東通志》卷六六。詩一首。

嚴武於本年中進士。

嚴武（一〇六八～？），連州人。少而俊敏，九歲時，以詩獻郡守邵農於郊，太守奇之。宋哲宗元祐六年（一〇九一）進士。

知南恩州，治號循良。累官朝散大夫。成化《廣州志》卷二三、清楊楚枝乾隆三十六年《連州志》卷七有傳。詩二首。

宋哲宗元祐八年　癸酉　一〇九三年

本年蘇軾貶惠州，遇石汝礪於聖壽寺。

石汝礪，號碧落子。英德人。少穎悟，讀書過目成誦。逾嶺之江西，從聞人遊，久而有得。《五經》多有講說，於《易》尤契微妙，嘗曰《易經》不須注，但熟讀則見互相發明，總一《乾》元亨利貞之道。晚年進所著《易解》、《易圖》於朝，爲王安石所抑。蘇軾貶惠州，遇於聖壽寺，與之談《易》及羅浮之勝，至日暮方散。著有《水車記》，刻南山石壁。明樂律，以琴爲準，著有《碧落子琴斷》一卷，鄭樵最稱之。郭棐《粵大記》卷二三有傳。

宋哲宗紹聖元年　甲戌　一〇九四年

十月初二日，蘇軾至惠州，寓居合江樓，上《到惠州謝表》，喜賦《十月二日初到惠州》七律。

十八日，遷居嘉祐寺。（蘇軾《蘇軾文集》）

本年蘇轍安置雷州，莫謀所止。吳國鑒慕義而不顧害，特創一室館之。

吳國鑒，雷州海康人。紹聖中爲太廟齋郎，後退居於家。先是，寇準謫雷州，人有舍之者，爲丁渭所害，自是無人敢舍遷客。及蘇轍安置雷州，莫謀所止。慕義而不顧害，特創一室館之。因是不復仕進，世稱其高致。郭棐《粵大記》卷二五有傳。

本年蘇東坡謫惠州，舟至清遠，曾與顧純甫聚談。

顧純甫，清遠人。鄉貢士。善詩，有柳韋風格。喜遊山水，隱居羅浮十載，足跡遍大江南北。紹聖元年（一〇九四），蘇東坡謫惠州，舟至清遠，曾與聚談，並賦詩以志。大觀年間卒。（《東坡紀年錄》、《蘇文忠詩集》、《清遠縣志》卷六）

本年蘇軾謫惠，翟逢亨時與往還。

翟逢亨，歸善人。事母孝，學問博洽，邦人呼爲翟夫子。居白鶴峰東，讀書嘉祐寺。紹聖元年（一〇九四）蘇軾謫惠，時與往還焉。阮元《廣東通志》卷二九〇有傳。

宋哲宗紹聖二年　乙亥　一〇九五年

三月十九日，蘇軾復遷於合江樓。（蘇軾《蘇軾文集》，中華書局一九八六年版，第七〇七頁）

宋哲宗紹聖三年　丙子　一〇九六年

四月二十日，蘇軾復歸於嘉祐寺。時方卜築白鶴峰上，新居成，庶幾其少安。（蘇軾《蘇軾文集》，中華書局一九八六年版，第七〇七頁）

宋哲宗紹聖四年　丁丑　一〇九七年

劉允於本年中進士。

劉允（？～一一二五），字厚中。海陽（今潮州）人。宋哲宗紹聖四年（一〇九七）進士，初任循州戶曹，改知程鄉縣，權知化州。後除新、循二州，皆不赴，致仕。宋徽宗宣和七年卒。著有《劉厚中文集》，已佚。明郭春震纂修嘉靖二十六年《潮州府志》卷七、黃佐《廣東通志》卷五六有傳。詩十二首。

古革於本年中進士。

古革，字逢時，又字仲通。程鄉（今梅州）人。成之四世孫。宋哲宗紹聖四年（一〇九七）進士。官瓊州教授，調潮州教授，歷知興慶、潮州軍州事。嘉靖《潮州府志》卷七、明黃佐纂嘉靖四十年刊《廣東通志》卷五六有傳。詩一首。

龔湜於本年中進士。

龔湜，樂昌人。初與蕭雅兄弟讀書青雲山麓。紹聖四年（一〇九七）進士。官至南恩州知州。（《樂昌縣志》卷十六）

宋哲宗元符二年　己卯　一○九九年

閏九月，姜唐佐來從學於蘇軾，至儋耳。

姜康佐，名弼，字君弼。瓊州人。己卯閏九月，唐佐來從學於蘇軾，至儋耳，次年三月方還瓊，軾題其課冊。崇寧二年（一一○三）正月隨計過汝陽，訪蘇轍。阮元《廣東通志》卷三○有傳。

本年王霄事蘇軾筆硯。

王霄，字霞舉。儋州人。嘗事蘇軾筆硯間年餘。七十發貢至京，住辟雍者三年。建炎初歸鄉，李光以宿學稱之。年至九十六，眾推為鄉先生。妻吳氏，亦年九十餘。郡守以聞，授初品官，吳封孺人。郭棐《粵大記》卷二五有傳。

陳鵬飛生。

陳鵬飛（一○九九～一一四八），字少南。本永嘉人。紹興十二年（一一四二）進士。歷官太學博士、崇政殿說書、吏部員外郎。因諷秦檜子恃寵而驕，謫居惠州，遂定居鐵爐湖，子孫繁衍，為惠州望族。善書工詩。著有《管見集》、《羅浮集》。光緒《惠州府志》有傳。

宋哲宗元符三年　庚辰　一一○○年

十一月，蘇軾被命北還，與吳復古、何崇道、李公弼、林子中、穎、堂、通三長老，自番禺追餞至清遠峽，同遊廣慶寺而後返。（郭棐《粵大記》卷二四）

吳復古（？～一○九九），字子野。揭陽人。以父為侍講，當蔭官，遜於庶兄。居父母憂，廬於墓者三年，手植木墓旁。又以餘力葺治園亭，教養子弟。後遺去妻子，築庵居潮陽直浦都麻山，絕粒不食。間出遊四方，遍交公卿，然一無所求。李師中、蘇軾、轍皆傾下之。軾嘗問養生，對以"日安日和"。及軾南遷，見於真陽，無一言及得喪休戚事，獨曰："邯鄲之夢，猶足以破

妄而歸真，今子目見，其身履之，亦可以少悟矣。"軾嘗爲作
《遠遊庵銘》。郭棐《粤大記》卷二五有傳。

　　本年釋祖心圓寂荼毗，釋悟新賦《祖心禪師荼毗日爲舉火口
占》詩云：

　　不是餘殃累及我，彌天罪過不容誅。而今兩脚捎空去，不作
牛兮定作驢。（釋普濟《五燈會元》卷一七《黃龍祖心禪師》）

　　本年宋徽宗即位，鄭敦義上書勸行仁德善政以得民心，特命
陞知端州軍州事。

　　鄭敦義，字彥忠，一字尚仁。滇陽（今屬英德）人。好古博
學。宋神宗時舉文科，哲宗紹聖間知潮陽縣，官市翠羽、黃牛皮
峻急，竟不奉命。郡勋之，敦義上書哲宗，言奪民之黃牛廢耕且
教其犯法，朝廷下令禁約。徽宗即位，上書勸行仁德善政以得民
心，特命陞知端州軍州事。隆慶《潮陽縣志》卷十一、阮元《廣
東通志》卷二八八有傳。詩一首。

　　許居仁於本年中進士。

　　許居仁，潮陽人。申五世孫。宋哲宗元符三年（一一〇〇）
進士，知廣南西路貴州軍州。事見阮元《廣東通志》卷六六。詩
一首。

　　梁竑於本年成貢生。

　　梁竑，南海人。宋哲宗元符三年（一一〇〇）鄉貢，任端州
文學。事見黃佐《廣東通志》卷一一、阮元《廣東通志》卷六
六。詩一首。

　　嚴挺臣生。

　　嚴挺臣（一一〇〇~一一九一），字堯佐，號端樞。高要
（今屬雲浮雲城區）人。穆子。宋徽宗宣和三年（一一二一）與
何煥同榜中進士。官至樞密使，以正奏出外任，判廉州。卒，贈
一品上柱國。事見《嚴氏宗史》。詩四首。父穆，因功績累贈中
奉大夫。伯諷，舉特科，累官朝請郎，知韶州。（宣統《高要縣
志》）

宋徽宗建中靖國元年　辛巳　一一〇一年

八月初十日，譚粹賦《建中靖國辛巳八月十日獨遊碧落洞遂成拙句》詩云：

碧落嵯峨石室幽，到難嗟我未嘗遊。兩崖卷束雲華滿，一水通流秋色浮。宛矣壺天延日馭，凝然乳竇滴泉旒。徘徊注目屏顏久，疑有真仙在上頭。（曹騰騑、黃道欽《廣東摩崖石刻》拓片）

十月初五日，粹賦《重建南山亭榭輒成小詩乃建中靖國元年孟冬五日也》詩云：

南山亭榭復修完，上枕蒼崖下碧瀾。此景詩人吟不盡，丹青圖寫也應難。（阮元《廣東通志》卷二〇九《金石畧一一》）

詹學傳生。

詹學傳（一一〇一～一一八九），字成宗，號正峰。江西南豐州廣昌人。二十二歲鄉試考中舉人，翌年會試中進士。任經略安撫使。後又提調入宮，累官至閣直學士、中書侍郎，加太子太保，位居一品。靖康元年（一一二六）金兵入侵南遷福建，數年後遷至廣東大埔。卒後朱熹撰《祭詹侍郎文》。（《大埔縣志》）

宋徽宗崇寧二年　癸未　一一〇三年

王傳燮於本年中進士。

王傳燮，河源人。崇寧二年（一一〇三）進士。（《河源縣志》）

蕭服於本年中進士。

蕭服，字敍禮。樂昌人。崇寧二年（一一〇三）進士。官永州府新田知縣，擢廣西思恩府知府，未赴任，升江南道。旋內召，授禮部侍郎、都察院監察御史。（《樂昌縣志》卷十六）

宋徽宗崇寧四年　乙酉　一一〇五年

本年張漸賦《崇寧乙酉元祀率同僚修禊於星巖》詩云：

妙意其誰運大鈞，玲瓏奧室闢天真。斗臨平地精初結，龍去丹霄穴未堙。洪造故教虛待物，良辰贏得樂同民。我來禊有自然興，豈羨蘭亭曲水濱。（阮元《廣東通志》卷二〇九《金石畧一一》，歐廣勇、劉偉鏗主編《七星巖鼎湖山書法石刻選》拓片）

宋徽宗大觀元年　丁亥　一一〇七年

本年李南仲授奉議郎，知康州。

李南仲，英州湞陽人。少穎悟，日記數千言。十歲舉神童，中童子科。元豐後，賜出身者五人，為其一也，授從事郎。歸省親，遁羅浮，誦讀不輟。提舉儒學司韓瑾等皆重其文行，人名其地曰李秀巖。大觀初，授奉議郎，知康州。嘗著《羅浮賦》。郭棐《粵大記》卷二四有傳。

葉顒生。

葉顒（一一〇七～一一九五），字子昂，號誠美。原籍福建仙遊，晚年落籍南海大瀝大圃顏峰村。宋紹興元年（一一三一）進士，歷官南海主簿、攝尉，江西貴溪、浙江上虞知縣，江蘇常州知府，官至尚書郎、尚書左僕射兼樞密使、觀文殿學士。乾道中隱退，攜五子回南海定居，為顏峰村葉姓始祖。死後葬葫蘆崗，謚正簡。顒為官清介，處理大事志不可奪。南海人曾為立"遺愛祠"。力主抗金，保衛疆土，推行一系列便民政策。生活儉樸，自主簿至宰相，服食、童妾、田宅等一仍其舊。（《南海名人數據庫》）

宋徽宗大觀三年　己丑　一一〇九年

馮寅於本年中進士。

馮寅，字賓之。湞陽（今英德）人。大觀三年（一一〇九）進士，官殿中丞。（《韶州府志》卷三四）

譚煥於本年中進士。

譚煥，字文煥。佚孫，粹子。始興人。大觀三年（一一〇

九）進士，官朝請大夫。（《廣東文徵作者考》上冊）

宋徽宗政和二年　壬辰　———二年

本年郭椿年特奏名。

郭椿年，曲江（今韶關）人。宋徽宗政和二年（一一一二）特奏名。宋高宗紹興八年（一一三八）知東陽縣。官至修職郎。事見阮元《廣東通志》卷六六。詩三首。

馮安上於本年中進士。

馮安上，字康國。英德人。寅子。宋徽宗政和二年（一一一二）① 進士。歷官吉州通判，改廣州，擢知梧州軍。黃佐《廣東通志》卷五六有傳。詩二首。

鄭之才於本年中進士。

鄭之才，潮州惠來人。宋徽宗政和二年（一一一二）進士。事見阮元《廣東通志》卷六六。詩一首。

酈（一作鄔）大昕於本年中進士。

酈大昕，字東啟。河源人。宋徽宗政和二年（一一一二）進士。官廣州僉判。爲廣州開一水道，東起東洲，西接黃木灣，延環十餘里，闊數丈，船隻暢通。後人建祠以祀。（《廣東通志》）

宋徽宗政和三年　癸巳　———三年

本年張勱自鄉郡易守廣州。

張勱，字深道。長樂人。政和三年（一一一三）自鄉郡易守廣州。是年，徽宗以天錫元圭，冬祀大赦文，令福地、靈祠、聖跡所在守令嚴加崇奉，於是重修廣州五仙祠而爲之記，碑在五仙觀。吳道鎔《廣東文徵作者考》卷一有傳。

---

① 一作政和三年（一一一三）。

宋徽宗政和四年　甲午　———四年

釋悟新圓寂，寂前留《臨寂示偈》云：

說時七顛八倒，默時落二落三。爲報五湖禪客，心王自在休參。（釋普濟《五燈會元》卷一七《黃龍悟新禪師》）

宋徽宗政和五年　乙未　———五年

陳謨於本年中進士。

陳謨，東莞人。政和五年（一一一五）進士。以朝奉郎署縣令，爲官清廉，興利除弊。（宣統《東莞縣志》卷五四）

宋徽宗政和六年　丙申　———六年

許牧於本年中進士。

許牧，始興人。政和六年（一一一六）進士。先於大觀元年（一一〇七）與譚煥、歐陽鈺應八行科。著有《廣州記》。阮元《廣東通志》卷三〇四有傳。

宋徽宗政和八年　重和元年　戊戌　———八年

五月十四日，芙蓉道楷禪師圓寂

禪宗第十三世祖東京芙蓉道楷禪師，沂州崔氏子。得度，謁投子青於海會，乃問：“佛祖言教（“教”《五燈會元》卷十四作“句”字），如家常茶飯，離此之外，別有爲人處也無？”子曰：“汝道寰中天子勅，還假堯舜禹湯外（此處《五燈會元》卷十四無“外”字）也無？”師欲進語，子以拂子摵師口曰：“汝發意來，早有三十棒也。”師即開悟，再拜便行。子曰：“且來！闍黎。”師不顧，子曰：“汝道（“道”《五燈會元》卷十作“到”字）不疑之地耶？”師以手掩耳而出。宋徽宗政和八年（一一一八）五月十四日，索筆書偈曰：“吾年七十六，世緣今已足。生不愛天堂，死不怕地獄。撒手橫身三界外，騰騰任用（“用”《五燈會元》卷十四作"運"字）何拘束。"移時乃逝。

張夔於本年中進士。

張夔，字致堯。饒平人。政和八年（一一一八）進士。初宰茂名，旋判廉州，遷知新州。五十登第，七十致仕，卒年九十有三。著有《禄隱集》。子昌裔通判容州，夔嘗示以詩。後改瓊州。黄子高《粤詩搜逸》卷二有傳。

宋徽宗宣和二年　庚子　一一二〇年

盧彦亨於本年中進士。

盧彦亨，字嘉父。博羅人。宣和二年（一一二〇）進士。官成都知府，終朝議大夫。（乾隆《博羅縣志》卷十二）

宋徽宗宣和三年　辛丑　一一二一年

本年許居仁賦《題佛祖巖①》詩云：

日日無臯爭，青山有僧巖。更逢施善樂，知足是閑情。（黄挺、馬明達《潮汕金石文徵》引《潮汕文物志》第四章第一節）

嚴挺臣於本年中進士，賦《登第奉旨歸娶感賦》詩云：

蟾宮舊路留孫步，雁塔新名繼祖題。蓮炬分光歸閬苑，碧梧鸞鳳羡雙棲。（《嚴氏宗史·列祖遺詩》）

龍驤於本年中進士。

龍驤，高要人。宋徽宗宣和三年（一一二一）進士。官虞部郎中。事見阮元《廣東通志》卷六六。詩一首。

張昌裔於本年中進士。

張昌裔，海陽（今潮州）人。夔子。宋徽宗宣和三年（一一二一）進士。官容州通判，改瓊州。（嘉靖《潮州府志》卷七）

---

① 佛祖巖，今存，在揭東埔田鎮佛祖巖寺前。此詩前題曰"奉議郎節度□遣貴州軍州□□許居仁□□宣和辛丑遊此"，詩後署云"住山僧普同開巖"。

宋徽宗宣和六年　甲辰　一一二四年

　　劉昉於本年中進士。

　　劉昉（？～一一五〇），又名旦，字方明。海陽（今潮州）人。允子。宋徽宗宣和六年（一一二四）進士。宋高宗紹興十年（一一四〇），任實錄院檢討官。以事罷。秦檜薦爲荆湖南路轉運副使，改知潭州，兼湖南安撫使。官至龍圖閣學士。事見阮元《廣東通志》卷六六，清林杭學修康熙二十四年刊《潮州府志》卷九上以昉附父允傳中。詩二首。

　　方邦基於本年中進士。

　　方邦基，海豐人。宋徽宗宣和六年（一一二四）進士。（《惠州府志》）

宋欽宗靖康元年　丙午　一一二六年

　　八月二十九日，釋希賜遊碧落洞，賦《靖康丙午八月廿九日遊碧落洞》詩云：

　　難到不難到，一遊成屢遊。人間常踽束，物外恣冥搜。白隱團團露，清涵寸寸秋。丹砂無問處，騷客冷猿啾。（阮元《廣東通志》卷二一〇《金石畧一二》）

　　釋希賜，號廓如。真陽（今英德）人。宋欽宗靖康元年（一一二六）嘗遊本邑碧落洞。宋高宗紹興十七年（一一四七）洪邁寓英州時，與之有交往。事見阮元《廣東通志》卷二一〇。詩一首。

宋高宗建炎元年　丁未　一一二七年

　　徐球於本年舉經義科。

　　徐球，花縣（今花都）人。建炎元年（一一二七）舉經義科，授國子監助教。（民國《重修花縣志》卷八）

宋高宗建炎二年　戊申　一一二八年

李諤於本年中進士。

李諤，番禺人。建炎二年（一一二八）甲科進士，爲瓊州安撫，州人賴以安堵。（黃佐《廣州人物傳》卷七）

宋高宗建炎三年　己酉　一一二九年

本年丞相李綱謫雷州，至湖光巖遊覽，題“湖光巖”三字及詩贈與釋琮師。

釋琮師，俗姓孫。遂溪人。靖康間湖光巖僧。建炎三年（一一二九）丞相李綱謫雷州，至湖光巖遊覽，題“湖光巖”三字及詩贈與之，勒諸石壁。綱遇赦北歸，往訪，於天台山圓寂。（道光《遂溪縣志》）

鄧孝廉於本年中進士。

鄧孝廉，字清臣。曲江人。精研《春秋》。建炎三年（一一二九）進士。初爲韶州教授，後以朝散郎通判邕州，攝州事。後遷德慶府。（阮元《廣東通志》卷二八八）

留正生。

留正（一一二九～一二○六），字仲至。祖籍泉州永春。六世祖從效，事宋太祖，爲清遠軍節度使，封鄂國公。父某，僑寓歸善（今惠州）之下郭而正生，少遊惠庠，守貧力學，里人徐敦實見而奇之，以爲公輔之器，以女妻之，因落家焉。應惠州舉，宋高宗紹興三十年（一一六○）登進士。授南恩州陽江尉、清海軍節度判官。以薦召對，獲宋孝宗嘉歎。知循州，歷起居舍人，累遷給事中，兼權吏部尚書。淳熙二年（一一七五），以顯謨閣直學士出知紹興府。歷知贛州、隆興府。進龍圖閣直學士、四川制置使兼知成都府。以平羌功，進敷文閣學士，遷端明殿學士、簽書樞密院事、參知政事、同知樞密院事。十六年，拜右丞相。宋光宗受禪，進左丞相。紹熙五年（一一九四），孝宗崩，光宗以疾未能執喪，正累乞早正嘉王儲位，與知樞密院事趙汝愚不合，遂以肩輿逃去。宋寧宗即位，以光祿大夫致仕。後復舊銜。嘉泰元年（一二〇一），進封魏國公，復少師、觀文殿學士。開禧二年（一二〇六）七月卒，年七十八。贈太師，諡忠宣。有詩文集等二十卷行世，已佚。《宋史》卷三九一、明鄭維新嘉靖七年《惠大記》卷三有傳。詩三首。子恭，字伯禮，號惠愛。任廣州通判，紹興、廣州、建寧知府。弟筠。溫汝能《粵東詩海·補遺》卷二有傳。

宋高宗紹興元年　辛亥　一一三一年

黃煥國於本年中進士。

黃煥國，字章卿。揭陽人，紹興元年（一一三一）進士。宰臨汀，政協民心。通判汀州，秩滿民爲立祠。再遷鄞江，三載卒。（嘉靖《潮州府志》卷七）

宋高宗紹興二年　壬子　一一三二年

劉藻於本年中進士。

劉藻，字廷潔。始興人。宋高宗紹興二年（一一三二）進士。[1] 累官英州僉判，權知新州。爲人質直好義，治尚安靜，庭無留獄，胥吏無所干預，百姓愛之。官至朝請大夫。阮元《廣東通志》卷三〇四有傳。詩一首。

黃勛於本年中進士。

黃勛，字有功。南海人。母没，傭書以葬。宋高宗紹興二年（一一三二）進士。郡守季陵素重之，爲新第宅，名所居巷曰"擢甲"。始授永福丞，民稱爲再生父。以監司薦，授修職郎，尋

---

[1] 據郭棐《粵大記》卷四《科第》、阮元《廣東通志》卷三〇四本傳；明郭棐纂萬曆三十年刊《廣東通志》卷三三《南雄府選舉表》、阮元《廣東通志》卷六七《選舉表五》作寶祐四年（一二五六）進士。

進右朝奉郎，知新昌縣。終朝散大夫，致仕，卒。嘗言"求義當如求官，除欲當如除病。"從弟熙，後一科進士登第，攝新興令，爲韶州推官，胡寅極稱之。郭棐《粵大記》卷二〇有傳。

歐陽祐於本年中進士。

歐陽祐，字力忠。連州人。父震，元豐進士，歷朝請郎，知興慶府。陽祐中宋高宗紹興二年（一一三二）進士，即引疾歸。吟詠自適，士林多其高致。尤工書翰，有集藏於家。阮元《廣東通志》卷三〇三有傳。

林幹於本年中進士。

林幹，海豐人。紹興二年（一一三二）進士。（《惠州府志》）

譚惟寅於本年中解元。

譚惟寅，字子欽，號蜆齋。高明人。宋高宗紹興二年（一一三二）鄉試解元①，翌年聯捷進士。以參政龔茂良薦，除大學博士，出倅靜江、容州。宋孝宗淳熙十三年（一一八六），提舉廣西鹽鐵事，尋遷廣東提刑，改江西提刑，卒於官。著有《蜆齋集》，已佚。黃佐《廣東通志》卷五七、康熙《肇慶府志》卷二〇有傳。今從康熙《肇慶府志》、清康熙廿八年《高明縣志》、譚耀華主編一九五七年香港版《譚氏志》輯得其詩十首。

嚴師道生。

嚴師道（一一三二～一二〇三），字玉成，號梧溪。高要（今屬雲浮雲城區）人。挺臣長子。事見《嚴氏宗史》。詩四首。

宋高宗紹興三年　癸丑　一一三三年

曾晞常於本年中進士。

曾晞常，花縣（今花都）人。紹興三年（一一三三）進士。官廣西桂林府知府。（光緒重刊《花縣志》卷三、民國《重修花

①　一說本年登進士。

縣志》卷八）

彭延年於本年特奏名。

彭延年，原籍江西廬陵。宋高宗紹興三年（一一三三）特奏名。由大理少卿謫知潮州。值儂智高變，城閉，延年爲鑿三十六井以資居民飲用。倭亂，延年射殺其巨魁。事平，晉大理寺卿。旋隱揭陽浦口村以老。清林杭學修康熙二十三年《潮州府志》卷八有傳。詩五首。

宋高宗紹興四年　甲寅　一一三四年

三月初一日，王以寧賦《馬王廟鐘銘》詩。（清盧蔚猷纂修光緒二十六年刊《海陽縣志》卷三〇《金石畧》）

王以寧，海陽人。事見清盧蔚猷纂修光緒二十六年刊《海陽縣志》卷三〇。

本年羅寶珍與父輝之及弟寶球、寶裔等十五人，自南雄珠璣巷遷入南海縣大良村落籍。

羅寶珍，號務光子。南海人。生有異質，性恬淡脫畧。能詩善琴，尤精理數之學。宋高宗紹興四年（一一三四），與父輝之及弟寶球、寶裔等十五人，自南雄珠璣巷遷入南海縣大良村落籍。既長，有室，且生子。中年棄家，遊歷名山，遇異人於武夷山。歸里後於鳳南山麓建玄真觀，修煉於紫霄圃。一日，忽失蹤，人以爲仙去。務光善製琴，曾自製“震北雷”名琴，世傳爲寶，惜抗戰時被盜賣海外。清黃培彝修、嚴而舒纂康熙十三年刻本《順德縣志》卷九《人物志》有傳。詩七首。

宋高宗紹興五年　乙卯　一一三五年

黃熙於本年中進士。

黃熙，南海人。宋高宗紹興五年（一一三五）進士，歷韶州推官，胡寅甚重其才。郭棐《廣東通志》卷二三以熙傳附於其從兄黃勛傳中。詩一首。

　　翟傑於本年中進士。

　　翟傑，號樸庵。東莞人。宋高宗紹興五年（一一三五）進士。詔就職，以親老辭。家居孝友，究心理學。宋孝宗淳熙七年（一一八〇），親喪畢，任化州司戶。後乞休，歸構桂華書院，講學窮經以終老。清郭文炳康熙二十八年《東莞縣志》卷一二、阮元《廣東通志》卷二七〇有傳。詩一首。

　　廖顒①於本年中進士。

　　廖顒（？～一一七六），字季卬。連州人。玖子。聰慧博學，九歲能屬文。宋高宗紹興五年（一一三五）進士。歷官戶錄、縣令。改秩授封州教官。三十一年，知化州，守城有功。三十二年，於知藤州任坐事降兩官。後調知英州、循州，皆有政聲。宋孝宗乾道八年（一一七二），陞提舉廣南東路茶鹽事。淳熙三年，改廣南西路提點刑獄事而卒。黃佐《廣東通志》卷五七、明郭棐纂萬曆三十年刊《廣東通志》卷二三有傳。詩二首。

　　孔元勳於本年中進士。（阮元《廣東通志》卷六六《選舉表》四）

　　孔元勳，番禺人。宋高宗紹興五年（一一三五）進士，授迪功郎、連州教授。凡四任學官，三歷倅車，乃知封州。嘗上機切預防七事，多見施行。值廣寇嘯聚薄城，親率僚屬嬰城自守。轉朝散大夫、知新州，未及大用而卒。有集藏於家。父粹，熙寧間知封州，改知雷州，兼官直學士，賜緋魚袋，亦至朝散大夫。致仕居磻溪，鄉人稱其賢。元勳與弟元凱友愛，遵其父教。郭棐《粵大記》卷二〇有傳。

　　陳嘉猷於本年成貢生。

　　陳嘉猷，南恩州（今恩平）人。宋高宗紹興五年（一一三五）鄉貢，任高州府推官，後知新州，遷秘書省校書郎。（《廣東通志列傳》）

陳煥於本年特奏名。

陳煥，字少微。博羅人。安貧守道，以禮遜化閭里之橫逆者，鄉人稱陳先生。宋高宗紹興五年（一一三五）特奏名①於朝，調高要縣主簿，秩滿不仕。著有《陳少微詩集》，已佚。嘉靖《惠大記》卷三、嘉靖《惠州府志》卷一三、黃佐《廣東通志》卷五七有傳。詩四首。

梁氏生。

梁氏（一一三五～一一九六），高要（今屬云浮）人。嚴師道妻。父弼臣，曾任知縣。事見《嚴氏宗史》。詩二首。

宋高宗紹興八年　戊午　一一三八年

本年陳天覺試博學宏詞科。

陳天覺，香山人。紹興八年（一一三八）試博學宏詞科，議論切直，爲時貴所黜，乃不復仕。時香山尚爲鎮，紹興二十二年與東莞令姚孝資請立爲縣，詔從之。天覺亦以文學知名。黃佐《廣州人物傳》卷六有傳。

宋高宗紹興十二年　壬戌　一一四二年

吳翬於本年中進士。

吳翬，字無黨。番禺人。幼穎悟，有致遠器，登紹興十二年（一一四二）進士，歷令掾，洎改秩，所至有聲。以員外郎通判瓊州。時海盜竊發，翬出賞俸立城堡以禦之。峒黎爲亂，翬單騎詣營曉諭利害，遂戢兵歸耕。

後瓊州人爲群賦《瓊州人爲吳翬歌》云：

前有李君今見吳，瓊管保障皆番禺，民之父母邦之樞。（戴璟《廣東通志初稿》卷一）

---

①　阮元《廣東通志》卷六六，嘉靖《惠州府志》卷一三作紹興三十年進士。

宋高宗紹興十三年　癸亥　一一四三年

本年徐滋任東莞知縣。

徐滋，南雄人。宋高宗紹興十三年（一一四三）任東莞知縣，右通直郎。事見明張二果、曾起莘纂修崇禎《東莞縣志》卷四、阮元《廣東通志》卷一五。詩一首。

宋高宗紹興十四年　甲子　一一四四年

李康臣於本年中舉人。

李康臣，南海人。好學嗜古，名聞州里。紹興十四年領鄉薦，明年登進士第。嘗知昌化軍，官至朝散郎。

宋高宗紹興十五年　乙丑　一一四五年

本年張浚貶連州，子栻隨侍。

張栻，字敬夫。漢州綿竹人。張九齡弟九皋嘗節度劍南，一子留蜀，栻，其後也。父浚，高宗朝封魏國公。紹興乙丑，因星變極論時事，秦檜大怒，以特進提舉江州太平興國宮，連州居住，栻隨侍至連州。浚爲書院於嘉魚池之左，栻亦開書堂以講學。浚後徙永州，復入爲平章事兼樞密使，栻皆從焉，仕爲直秘閣。浚開府治戎，間以軍事入奏。孝宗異其對，擢左司員外郎兼侍講、吏部侍郎，知江陵府，終右文殿修撰。卒年四十八。著有《論語孟子説》、《太極圖説》、《洙泗言仁録》、《諸葛武侯傳》、《經世紀年》。學者稱南軒先生。淳祐初封華陽伯，從祀孔子廟庭。

本年張浚在連，獨喜與陳宗諤論文。

陳宗諤，世居連州龍津門外。工文章，不從時尚。家有養元堂，著述甚富。張浚在連，獨喜與論文。浚子栻，嚴事之，爲賦《養源堂詩》。以特奏名仕瀧水丞，擢端溪令。阮元《廣東通志》卷三〇三有傳。

陳萃於本年中進士。

陳萃，龍川人。紹興十五年（一一四五）進士。（《龍川縣志》）

張淑生。

張淑（一一四五～一二一六），號種庵。東莞人。家財饒富而勤儉樸素，喜施捨錢財，解救他人困難。（宣統《東莞縣志》卷五四）

宋高宗紹興十八年　戊辰　一一四八年

本年張棣知新州。

張棣，新興人。紹興十八年知新州，時胡銓貶新州，棣承秦檜旨劾銓語言不遜，銓至海南編管，即日得持節湖北。（《新州州學御書閣記》，載《斐然集》卷三）

鄭國翰於本年中進士。

鄭國翰，原名翰，字寧夫，人稱澹軒先生。揭陽人。紹興十八年（一一四八）進士，與朱熹同榜。授莆田令，歷官至兵部郎中。南渡後見國事日非，致仕歸。聚徒講學於揭陽飛泉嶺，朱熹遊揭陽，居其家，且親為生徒講學。卒年八十九。（乾隆《潮州府志》卷二八、《韓江聞見録》卷一）

宋高宗紹興十九年　金熙宗黃統九年　己巳　一一四九年

普照希辯禪師圓寂。

禪宗第十五世祖青州普照希辯禪師（一〇八一～一一四九），洪州黃氏子。年十一，丁父憂，服悉出家。十八具戒，參襄州鹿門，問：“如何是盡乾坤是學人一隻眼？”門曰：“汝被一卷經遮卻也。”師擬對，門搖手曰：“不快漆桶。”師釋然。政和五年（一一一五）冬，師雪夜發明大事。金皇統九年（一一四九）己巳示寂，塔分仰山棲隱陽臺、清水院二處，壽六十九。

宋高宗紹興二十年　庚午　一一五〇年

本年丞相陳康伯保奏黄瑄子世顯襲武德大夫、嶺南安撫使。

黄瑄，字清護。保昌（今南雄）人。高宗南渡，曾與金將粘罕戰，有確山之捷。（《南雄府志》卷十四、阮元《廣東通志》卷三〇四）

宋高宗紹興二十三年　癸酉　一一五三年

本年馬持國請廣州文解，凡三到省，不售。

馬持國，字鯁臣。南渡入嶺，遂居新會。紹興癸酉請廣州文解，凡三到省，不售。乃逾嶺以冊干督府張浚，浚置之幕下。不合，求去。胡銓措置浙淮海道，檄稟議，詮見之喜。廬州安撫使張師顏聞持國為銓所知，檄委招集流民。淮帥吳總、王希呂錄其功於朝。持國力學，大有志，每語及恢復，輒泣下。志不及竟，奉祠而歸。壽八十餘卒。長子晞驥，字千里。淳熙七年進士。郭棐《粵大記》卷一九有傳。

宋高宗紹興二十五年　金海陵王貞元三年　乙亥　一一五五年

本年大明僧寶禪師靈塔遷滏陽大明。

禪宗第十六世祖磁州大明僧寶禪師，參辯公於青州，問："離四句，絕百非，請師直指西來意。"辯曰："昨日有人恁麼問，打出去也。"師曰："今日又如何？"曰："汝得恁麼不識痛癢？"師禮拜。照曰："可惜許棒折也。"師直得汗下。初住青州真堂。靈塔金貞元三年（一一五五）乙亥遷滏陽大明，時南宋高宗紹興二十五年（一一五五）。

宋高宗紹興二十七年　丁丑　一一五七年

張宋卿於本年中進士。

張宋卿，字恭父。博羅人。性警敏強記，讀書一閱成誦。嘗與留正講學於羅浮。宋高宗紹興二十七年（一一五七），以《春秋》魁南省，成進士。三十二年，授秘書省正字。宋孝宗隆興二年（一一六四），遷校書郎。爲官嚴正，名重縉紳。乾道元年（一一六五），出任廣西提舉。胡銓、張浚力薦之，謂其才堪大用，知肇慶府，未幾卒於官，年四十二。嘉靖《惠大記》卷三、明戴璟嘉靖十四年《廣東通志》卷十二有傳。詩三首。

宋高宗紹興二十八年　戊寅　一一五八年

崔與之生。

崔與之（一一五八～一二三九），字正子，號菊坡。增城人。宋光宗紹熙元年（一一九〇）補太學生。四年登進士。初授潯州司法參軍，調淮西提刑司檢法官，歷知建昌縣，通判邕州，知賓州，提點廣西刑獄。寧宗嘉定六年（一二一三），召爲金部員外郎。七年，知揚州兼淮東安撫使。十二年，召除秘書監兼太子侍講，權工部侍郎，出知成都府兼四川安撫使。十四年，除四川制置使。十七年，召爲禮部尚書，不拜，便道還廣。理宗即位，屢次授官皆辭。端平二年（一二三五），知廣州兼廣東經畧安撫使。尋拜參知政事、右丞相，皆力辭。嘉熙三年（一二三九），以觀文殿大學士提舉洞霄宮致仕。嘗在萬松崗（即今中山大學正南門路南純陽觀所在之漱珠崗）講學，崗上純陽觀西側原建有宋丞相崔菊坡祠，今不存。卒年八十二。贈太師、南海郡公，諡清獻。著有《宋丞相崔清獻公全錄》。乃後人所編，存詩一卷。事見集中所附李肖龍《崔清獻公言行錄》、李昴英《文溪集》卷一一《崔清獻公行狀》，《宋史》卷四〇六有傳。另有《菊坡集》傳世。

宋高宗紹興三十年　庚辰　一一六〇年

陳康延於本年中進士。

陳康延，字元舉。番禺人。力學自奮，紹興三十年（一一六〇）庚辰登進士第。初調鐔津勾警，再調龍川録事，三任學官，兩歷邑令。淳熙間改秩入京，朝廷議催二廣鹽。丞相梁克家與厚，招赴都堂，俾之分司蒼梧以任是責，事成處以監司，力辭之。遂知梅州，官至朝散大夫。兄澤延；長子洪彦，端溪令；孫椷，領鄉薦，爲府學正。黃佐《廣州人物傳》卷七有傳。

黃煥於本年中進士。

黃煥，長樂（今紫金）人。紹興三十年（一一六〇）進士，授迪功郎。（《永安縣志》、《長樂縣志》）

宋孝宗隆興元年　癸未　一一六三年

王中行於本年中進士。

王中行，揭陽人。登隆興元年（一一六三）進士。淳熙十二年（一一八五）宰東莞，慈祥愷悌，博洽能文，以興學崇教爲首務。舊學宮傾圮，捐資修治，勸農桑，平賦役，邑人頌之。郭棐《粵大記》卷二〇有傳。

鄭方興於本年中進士。

鄭方興，字以先。增城人。祖爲福建人。父日光，官廣南東路轉運副使，定居增城，生方興。南宋隆興元年（一一六三）進士，官國子宣教，階通直郎。（康熙《增城縣志》卷六）

宋時彦於本年成鄉貢。

宋時彦，字邦美。樂昌人。隆興元年（一一六三）鄉貢。存詩一首。（《樂昌縣志》卷十六）

宋孝宗隆興二年　甲申　一一六四年

錢公超生。

錢公超（一一六四～？），大埔人。曾開鑿邑中蔡仙圳，題詩白侯洞壁。詩一首。

宋孝宗乾道五年　己丑　一一六九年

陳楠生。

陳楠（一一六九～一二一三），一名樸，字南木，號翠虛，博羅白水巖人。初以盤櫳箍桶爲業，後從薛道光受太乙刀圭金丹法訣，又遇黎姥山神人得景霄大雷琅書。嘗以泥丸治病，人稱陳泥丸。宋徽宗政和間攉提舉道録院事。後歸羅浮山，以道法行於世。授丹法於白玉蟾。宋寧宗嘉定六年四月十四日，赴漳州鶴會罷，在漳州梁山與一箍桶老兒觕角，入水而逝。著有《翠虛妙悟集》，有《翠虛篇》一卷傳世。事見《靜餘玄問》，元趙道一《歷世真仙體道通鑑》卷四九、黃佐《廣東通志》卷六四有傳。

宋孝宗乾道六年　庚寅　一一七〇年

本年虞尚驀族叔允文同平章事，奏范成大爲金國祈請使，尚驀副之。

虞尚驀，字淵修。連山人。原籍浙江餘姚。父同善，江淮宣撫使。叔同人，歷任武都、陳州、南昌太守。乾道六年（一一七〇）族叔允文同平章事，奏范成大爲金國祈請使，尚驀副之，以原官超三級，加尚書銜。淳熙七年（一一八〇）丁外艱。爲避亂攜眷往南昌依叔父。及至，叔同人已故。適值門人區興除程山（即連山）知縣，尚驀同入粵，終年一百〇三，是爲虞氏來連山始祖。（清《連山鄉土志》）

徐安國於本年中解元。

徐安國，字邦寧，原籍江西。宋乾道六年（一一七〇）解元，爲廣東茶鹽提舉。慶元三年（一一九七），東莞大奚山（今香港大嶼島）鹽民作亂，安國討平之後，隱居增城塔岡，移居西湖，遂爲當地徐姓之祖。（《大明一統志》、《增城縣志》卷十三）

宋孝宗乾道七年　辛卯　一一七一年

李喬木子玖於本年中解元。

李喬木，字楹礎。原籍汴梁。宋高宗建炎間進士。官至銀青光禄大夫、兵部尚書。紹興間抗疏數千言，忤權奸，因與莫汲等謫嶺南，適瓊黎叛，詔復原職，率師平之。復命經南恩州，卒於官。其子玖，宋孝宗乾道七年（一一七一）中式廣東解元，遂占籍焉。清王植修乾隆六年《新會縣志》卷一〇有傳。詩三首。

嚴鋋生。

嚴鋋（一一七一～一二五〇），字文和，號南屏，一號喬林。高要（今屬雲浮雲城區）人。師道長子。宋鄉進士，授宣議郎、光禄寺丞。事見《嚴氏宗史》。詩四首。

宋孝宗乾道八年　壬辰　一一七二年

劉少集於本年中進士。

劉少集，海陽（今潮州）人。昉子。乾道八年（一一七二）進士，官太中大夫、直秘閣翰林院、太子中允。撰有《東津劉氏家譜》。（《潮州志·藝文志》）

李大異於本年中進士。

李大異，字伯珍。四會人。大性弟。乾道八年（一一七二）進士，官至諫議大夫、建康知府。（《宋元學案補遺》）兄大性。曾祖積中，父安國。與弟大異、大東，均爲宋名臣。大性少力學。以父任爲官。光宗時任户部尚書。寧宗開禧間忤韓侂胄，出知江陵府，除刑、兵二部尚書，再知平江府。終年七十，贈開府儀同三司，謚文惠。著有《典故辯疑》。（《宋史》卷三九五）

翁炳於本年特奏名。

翁炳，東莞人。宋孝宗乾道八年（一一七二）舉特奏名。官迪功郎、欽州司法。有《寶安百詠》，已佚。事見阮元《廣東通志》卷六六、陳伯陶等纂修民國十六年鉛印《東莞縣志》卷四四。詩一首。

宋孝宗淳熙二年　乙未　一一七五年

韋君載於本年中進士。

韋君載，字厚元。陽春人。宋孝宗淳熙二年（一一七五）進士，以奉議郎攝廣南路提舉，嘗奏減官賣鹽及增收鹽稅斤錢，商民稱便。（《陽春縣志》卷十）

蔡諄於本年中舉人。

蔡諄，潮陽人。淳熙二年（一一七五）鄉貢。建炎時，釋大峰募建和平橋，成十六墩，南北枕岸二墩未完工而圓寂，諄捐資續建，成之，鄉人稱德。（乾隆《潮州府志》卷二九）

宋孝宗淳熙四年　丁酉　一一七七年

本年邑宰蘇邦平縣基，得古碑《鹿鳴燕士詩　殘句》曰：

鳳頭崗，在四會縣。淳熙丁酉，邑宰蘇邦平縣基，得古碑，乃《鹿鳴燕士詩》，有云：

龍嶺行歌龍已化，鳳頭將見鳳齊鳴。（南宋王象之《輿地紀勝》卷九六《廣南東路·肇慶府·景物下》）

宋孝宗淳熙五年　戊戌　一一七八年

曾躍鱗於本年中進士。

曾躍鱗，一作躍麟，字子龍。肇慶南恩州（今陽江）人。幼警敏，博通經史，爲詩文立揮即就，且善講書，人多從之遊。宋孝宗淳熙五年（一一七八）進士，授羅源簿，擢汀州通判，所至皆有政聲。學士李彥穎、少師陳俊卿尤器重之，薦拜監察御史。著有《曾子龍集》，已佚。黃佐《廣東通志》卷五七、崇禎《肇慶府志》卷二二有傳。今存詩三首。

曾槐於本年中進士。

曾槐，字仲卿。番禺人。大父自清江調廣州稅官，因家焉。

幼能屬文，經史皆手編成帙。遊周必大、楊萬里門。弟機，亦力
學修行。執經者踵門，其督弦誦、程行業如學規。適大比，兄弟
聯薦，其門充貢者八人。淳熙五年（一一七八）戊戌、紹熙元年
（一一九〇）庚戌科，伯仲先後登進士第。槐稟資剛介，不與時
俯仰，故仕祗郡守，官止正郎。自號省齋。著有《省齋文集》、
《桂水續抄》。郭棐《粵大記》卷二〇有傳。

宋孝宗淳熙六年　己亥　一一七九年

本年楊萬里爲提舉廣東常平茶鹽，升廣東提點刑獄，至廣州
赴任，溯贛江而上，越大庾嶺入粵，沿湞江而南至穗。曾至粵
北，亦經循州、梅州，賦《題望韶臺》、《明發龍川》、《過瘦牛
嶺》、《自彭田鋪至湯田道旁梅花十餘里》等詩。

宋孝宗淳熙七年　庚子　一一八〇年

龔卞於本年中特科進士。

龔卞，韶州樂昌人。宋孝宗淳熙七年（一一八〇）特科進士
（據《韶州府志》，《樂昌縣志》作鄉舉），不仕，修行於鍾靈寨。
以道行聞於南海。事見《韶州府志》、《龔氏族譜》。詩一首。

馬晞驥於本年中進士。

馬晞驥，字千里。新會人。持國長子。弱冠入太學，嘗讀書
齋中，帝臨學，誦書自若。宋孝宗淳熙七年（一一八〇）進士。
初調安豐、六安，改秩知衡山縣。官滿，民惜其去。及肇慶府，
留心佐二，有潛以奇硯獻者，謝之。尋知雷州，時其父持國亦握
州麾，鄉人以爲榮。官至朝議大夫。壽五十四，卒。子宜祖，官
至朝奉大夫，知英德府。三世太守，亦一門盛事。郭棐《粵大
記》卷十九有傳。

酈聲於本年中進士。

酈聲，河源人。宋孝宗淳熙七年（一一八〇）進士。後授太
子太保。父淳，號俞平，原籍江南宣城。二十歲中進士，官至京

城大尹，累擢太子少保。因女爲皇妃，封宣城侯。聲長兄一元贈
朝議大夫。弟一俊爲錦衣衛。韓侂冑議北伐，父子上緩金伐元
疏。（《河源縣志》）

宋孝宗淳熙十年　癸卯　一一八三年

本年方驥之授潮陽縣尉。

方驥之，字文邵。原籍福建莆田，爲惠來方姓始祖。淳熙十
年（一一八三）授潮陽縣尉，尋遷縣丞。慶元三年（一一九七）
調東莞。後戰歿於陣。（雍正《惠來縣志》卷十四）

宋孝宗淳熙十一年　甲辰　一一八四年

莊應祥於本年中進士。

莊應祥，海豐人。淳熙十一年（一一八四）進士。（《惠州府
志》）

宋孝宗淳熙十二年　乙巳　一一八五年

二月，崔與之撰《宋始祖考户部司判晋贈朝議大夫克應鍾府
君之墓誌銘》，銘曰：

肩頭挺秀，黃峒含光。氣蟠龍虎，靈萃陰陽。留待厚德，梁
孟同藏。一抔之土，五世其昌。樵漁有禁，松柏蒼蒼。（《廣州碑
刻集·宋始祖考户部司判晋贈朝議大夫克應鍾府君之墓誌》）

宋孝宗淳熙十三年　丙午　一一八六年

温若春於本年中舉人。

温若春，番禺人。少力學能文，事親以孝聞。淳熙十三年
（一一八六）鄉薦，累計偕不第，凡三十五年。嘉定十三年（一
二二〇）廷對，特奏名第一，賜同進士出身。兩調潼川、英德
學官。寶慶間除樞密院架閣。紹定二年（一二二九）春除太學
正。夏除秘書省正字，秋除校書郎。早與崔與之遊，與之素重其

學行，紹定三年冬，薦除秘書郎。無何，與之帥維揚，握手道生平。力請掛冠，以朝奉郎致仕。壽八十餘卒。淳祐四年（一二四四）甲辰，廣帥方大琮既成二獻祠，復立四先生祠，祀古成之、李昴英、郭閣暨若春。黃佐《廣州人物傳》卷九有傳。

宋孝宗淳熙十四年　丁未　一一八七年

六月，太上皇宋高宗崩，留正賦《高宗皇帝挽詞（二首）》詩云：

內禪堯咨舜，中興夏配天。鴻名光寶冊，奎畫動星躔。靜享仁人壽，書傳聖政編。永言天下養，胡不萬斯年。

南北休兵久，仁恩及物深。九齡終帝夢，四海遏韶音。聖學高於古，衰衣始自今。一抔陵上土，他日卜嵩岑。（《聖宋名賢五百家播芳大全文粹》卷九二）

宋孝宗淳熙十五年　戊申　一一八八年

本年王知在歸。

王知在，東莞南柵人。淳熙間中八行舉士科，遊太學。十五年歸，築寧軒別墅隱居，不仕而卒。（宣統《東莞縣志》卷五四）

宋光宗紹熙二年　辛亥　一一九一年

盧順之於本年中進士。

盧順之，海陽（今潮州）人。紹熙二年（一一九一）進士，授肇慶軍推官，三年，以母老歸。年三十九卒。（嘉靖《潮州府志》卷七）

宋光宗紹熙四年　金章宗明昌四年　癸丑　一一九三年

本年萬松行秀禪師被金章宗迎入禁庭。

禪宗第十九世祖燕京萬松行秀禪師（？～一二四六），河南蔡氏子。參勝默老人，教看"長沙轉自己歸山河大地話"，半載全無縫入。默曰："我願你遲會。"師忽有省，看《玄沙未徹語》，請益巖。巖曰："待你頭上生角來，腳上生出爪牙來，然後討棒吃。"師偶見雞飛鳴，乃大悟，巖付衣偈，勉以流通大法。自是兩河三晋，咸仰師名。金章宗癸丑（一一九三）迎入禁庭，躬自問法，賜錦袈裟。元太宗二年（一二三〇），復奉勅主萬壽。師博覽群書，內外無不貫徹，三閱《大藏法錄》。元定宗元年丙午（一二四六）之夏書偈而逝，荼毗舍利無數，門人分塔供養。

謝文晏於本年中進士。

謝文晏，德慶人。紹熙四年（一一九三）登進士榜。初知武城縣，詢民疾苦，興利除害，重修城垣，民樂以安。官至殿中侍御史。（《德慶州志》）

許騫於本年中進士乙科。

許騫，潮陽人。[1] 登紹熙四年進士乙科。[2] 為惠州推官，慶元二年（一一九六）作《西新橋記》。調南恩僉幕。居官有守，不詭隨。丁父憂歸，年三十九卒於家，官終從事郎。吳道鎔《廣東文徵作者考》卷一有傳。

宋光宗紹熙五年　甲寅　一一九四年

本年太上皇宋孝宗崩，光宗未能執喪，李大性上疏極諫。

李大性，字伯和。四會人。父積中官御史，入元祐黨籍。以父任入官，為湖北提刑司幹。丁母艱，服闋，進《典故辨疑》百篇，孝宗嘉之。擢大理司直，尋除大理寺丞。孝宗崩，光宗未能執喪，上疏極諫。遷軍器少監，累遷司農卿、兵部侍郎。出知紹興，招還，升戶部尚書。忤韓侂胄，出知平江府。尋遷荊湖制置使、刑部尚書。以端明學士再出知平江。引疾歸。著有《典故辨疑》二十卷、《書錄解題》。吳道鎔《廣東文徵作者考》卷一

---

① 一說海陽人。
② 一說紹熙二年（一一九一）進士。

有傳。

白玉蟾生。

白玉蟾（一一九四～一二二九），本名葛長庚，因繼雷州白氏爲後，改今名。字如晦、白叟、以閱、衆甫，號海瓊子、海南翁、瓊山道人、蠙庵、武夷散人、神霄散吏、紫清真人。本閩人，生於瓊山（今屬海南）。善詩文書畫。師事陳楠學道，遍歷名山，曾贈羅浮山冲虛觀主鄒師正①詩。宋寧宗嘉定中詔赴闕，命館太乙宮，賜號紫清明道真人（明嘉靖《建寧府志》卷二一）。全真教尊爲南五祖之一。相傳理宗紹定二年解化於盱江。著有《海瓊集》、《武夷集》、《上清集》、《玉隆集》等，由其徒彭耜合纂爲《海瓊玉蟾先生文集》四十卷。事見本集卷首彭耜《海瓊玉蟾先生事實》，趙道一《歷世真仙體道通鑑》卷四九、正德《瓊臺志》卷四〇有傳。

宋寧宗慶元二年　丙辰　一一九六年

郭安仁於本年中進士。

郭安仁，海豐（今屬惠來）人。宋寧宗慶元二年（一一九六）進士，授宣教郎，官循州府龍川縣知縣。行廉政平，循人德之。明鄭維新纂嘉靖七年《惠大記》卷三、阮元《廣東通志》卷二九〇有傳。詩一首。

黎必取於本年中進士。

黎必取，龍川人。宋寧宗慶元二年（一一九六）進士，授迪功郎。（《龍川縣志》）

---

① 鄒師正，宋代道士。故里無考。入羅浮山修道，嘗執掌冲虛觀教事。其沉酣道妙，身飄雲霞，寄情泉石，無思住心。南宗五祖白玉蟾曾與之相交，贈詩曰：“吾師有道貌，山水個中人。無著故無累，是清還是真。煙霞供嘯詠，泉石瀹精神。何日分峰隱，詠茅願卜鄰”。師正能詩善文，撰有《羅浮指掌圖記》，流傳於世。郡文學掾王胄遊羅浮作志，師正亦化緣而刻之。冼玉清《冼玉清文集》下編有傳。

陳仲真生。

陳仲真（一一九六～?），台山人。理宗時爲屯田校尉。與賊李猛龍屢戰百峰山下，後被軍中受賊賄者所殺。清道光間敕封綏靖伯。（《新寧縣志》）

宋寧宗慶元三年　丁巳　一一九七年

本年提舉徐安國捕鹽大奚山，島民以萬登爲首嘯聚爲盜，劫殺平民百三十餘人。（王象之《輿地紀勝》卷八十九《廣州東路》）

宋寧宗慶元五年　己未　一一九九年

蒙天民於本年中進士。

蒙天民，字元初。仁化人。淳熙貢生，宋寧宗慶元五年（一一九九）進士。時仁化始建縣，授知縣。執政三年，百廢俱興。母病逝，歸田服喪，不復仕。（《廣東文徵作者考》上冊）

劉鎔於本年中進士。

劉鎔，字叔冶。南海人。鎮弟。有文名，尤工於書。宋寧宗慶元五年（一一九九）進士。嘗知欽州，官至朝奉大夫。明黃佐修嘉靖四十年《廣東通志》卷五八、阮元《廣東通志》卷二七〇，皆以鎔與其兄鎮、弟鐸合傳。

宋寧宗慶元六年　庚申　一二〇〇年

本年朱熹卒，郭叔雲與北溪陳淳講論先後天、太極圖、《易》書之旨。

郭叔雲，字子從。揭陽（一說潮陽）人。始見朱文公（熹），與論道。又教以爲學切須收斂端嚴，就自家身上下工夫，自有所得。由是一意實踐，不爲虛文之學。以禮教久廢，慨然欲講求而舉行之。著有《禮經疑》二十餘條。文公没，與北溪陳淳講論先後天、太極圖、《易》書之旨。與其弟割先業以充蒸嘗，忌及時祭，一按《禮》書編《宗禮》、《宗義》以訓族。辛祀鄉賢。鄧淳《粵東名儒言行錄》卷二有傳。

宋寧宗嘉泰元年　辛酉　一二〇一年

李昴英生。

李昴英（一二〇一～一二五七），字俊明，號文溪。番禺河南鷺江村人。初祖邵，宋侍御史，由豫章至南雄。四世祖承奉大夫仙之，遷鷺江村。傳六世至奉直大夫天棐，生五子，昴英其長也。昴英結茅讀書海珠島（石），師從崔與之。宋理宗寶慶二年（一二二六）舉進士第三人（即探花），授汀州推官。除廣東經撫司主管機宜文字。端平三年（一二三六）召爲太學博士。嘉熙二年（一二三八）遷祕書郎兼沂王府教授，出爲福建建寧憲倉提舉。丁父憂。淳祐六年（一二四六）召爲右正言兼侍講，以劾史嵩之、趙與籌等罷。十二年，起爲江西提刑，兼知贛州。寶祐二年（一二五四）除大宗正卿，兼國史院編修官、實錄院檢討官，兼翰林侍講學士，累官至龍圖閣待制、吏部侍郎，加中大夫，封番禺開國男。三年，因論救御史洪天錫斥宦官董宋臣等專權，與俱貶，遂歸隱五羊文溪。五年卒，年五十七。諡忠簡。遺著由門人李春叟於元至元三十一年（一二九四）編爲《文溪存稿》二十卷。事見本集卷首李春叟序、清康熙李際明刊本卷首裔孫李殿苞[1]《忠簡先公行狀》，《宋史翼》卷一六有傳。昴英祖父櫟，官安撫助教。昴英父天棐，官龍圖閣待制。（黃佐《廣州人物傳》卷九）

曾有昌生。

曾有昌（一二〇一～一二九四），字仁伯。嘉定十七年（一

---

[1]　李殿苞，字桐君，號鳳岡。順德人。昴英裔孫。父文燦，能詩善文。著有《天山草堂集》。殿苞幼承家學，有神童之譽。年二十貢生。康熙五十六年饑荒，將重修祖居之銀購糧五百石，活人數百。著有《碧梧園鳳岡詩文集》九卷等。吳道鎔《廣東文徵作者考》卷七有傳。

二二四）甲申奉旨出仕瓊州統帥，並遷居於瓊，爲曾氏最早遷瓊始祖。公能文善武，儒將風度。施行仁政，舉辦學堂，撫庶安邦，民頌業昌，功昭宋廷，海外名揚。配姚王氏，繼娶馬氏，生子五：元謹、元瑜、元琮、元琦、元珍。其長子元謹，任督視江淮軍馬；次子元瑜，任沿江招討使；三子元琮，任徐聞縣尹；四子元琦，任安撫使；五子元珍，字國寶，生於紹定三年（一二三〇）庚寅，授元帥府經歷，元成宗大德三年（一二九九）己亥海寇侵境，公心愛國，雖時年六十有九，仍率兵征戰，殉職沙場。昌公傳孫有十，其中壽安，元千戶，率千兵伐海寇，卒於途；壽祖，福建鹽運使。明名臣邱濬贈楹聯於瓊州府府城曾氏大宗祠云：「問淵源孝寬學士居閩窮究經史不愧福中碩望，考世系有昌帥府鎮瓊撫艾黎庶允爲海外功臣」。

宋寧宗嘉泰二年　壬戌　一二〇二年

劉鎮於本年中進士。

劉鎮，字叔安。南海人。宋寧宗嘉泰二年（一二〇二）進士。與弟鎔、鐸俱有文名。性恬淡，士大夫皆目爲賢士。以註誤，謫居閩之三山三十年，爲詩詞益工。真德秀帥閩時，言於朝，得自便，自號隨如，學者稱隨如先生。嘗與崔與之交遊。詩明白清潤，爲時所推。著有《隨如集》，今佚。又有《隨如百詠》詞一卷，今存。戴璟《廣東通志》卷一四、黃佐《廣東通志》卷五八有傳。今存詩五首。

宋寧宗嘉泰四年　甲子　一二〇四年

本年留筠通判漳州，調知邵州。

留筠，字端父。祖籍泉州，落家歸善（今惠州）。正次子。宋寧宗嘉泰四年（一二〇四）通判漳州，調知邵州。嘉定九年（一二一六）使金賀生辰。歸，提點湖南刑獄。十二年，代兄恭知廣州軍州事。十三年，提點江西刑獄。十五年，自廣東經署罷領宮觀。宋理宗端平間復任廣東提點刑獄。清阮元道光刊《廣東通志》卷一六、清宋廣業編康熙五十六年刊《羅浮山志會編》卷六有傳。詩六首。子元崇，號紫元，曾爲廣帥，時至羅浮，遊詠殆遍。

　　本年吳英應募剿捕東南海盜有功，授承信郎。

　　吳英，南海人。自幼體格魁梧，有謀略。南宋嘉泰四年（一二〇四），應募剿捕東南海盜有功，授承信郎。開禧二年（一二〇六），金兵南犯，調守漢川江防，曾喬裝漁人，來往洲諸間，手刃敵軍遊哨。嘉定十年（一二一七），授平江府駐御前都副統制，調武節郎、武德郎。寶慶元年（一二二五）於兩淮抗金，親冒矢石，爲先鋒，乘風縱火，焚敵船五百餘艘，斬首千餘，受理宗御筆嘉獎。其後又挫金兵於北辰鎮，縱火燒斷橫江鐵鎖。金兵圍鹽城，英率舟師登陸死戰，連獲大捷。累功轉左武大夫防禦使。卒於家，年八十四。封南海縣開國男，贈節度使。（《南海名人數據庫》）

　　梁百（伯）揆於本年中解元。

　　梁百揆（？～一二四六），字宗盛。番禺人。[1] 父仲欽，博究群書，尤邃性命之學。少謹厚，苦志力學，登嘉泰四年（一二〇四）省元、嘉定十年（一二一七）丁丑進士。初授從事郎、太學錄。晋符璽郎。歷奉議大夫。與族人文奎、該、詡羣，皆以直諫忤時。未幾史彌遠矯詔廢立，引疾歸，退隱禺山，學者稱端懿先生。淳祐六年丙午卒。鄧淳《粵東名儒言行録》卷四有傳。

宋寧宗開禧元年　乙丑　一二〇五年

　　二月，錢公超刻《余生甲申年四十二因開此圳謬言四句[2]》詩云：

----

① 一作順德人。

② 詩刻末署云“開禧元年乙丑仲春開山錢公超刻石”。

白侯洞里號神仙，一帶江山幾百年。余今開墾乾坤地，永與鬼爲祭祀田。（曹騰騑、黃道欽主編《廣東摩崖石刻》附照片）

梁文奎於本年中進士乙科第一。

梁文奎，號鈍庵。東莞人。博學強記，爲文尚理致。宋寧宗開禧元年（一二〇五）廷對幾中首選，時韓侂冑當國，以策語切直，故爲所排，易置乙科第一。性不喜干人，居左藏十餘年不調，處之自如。以直諫忤當道。史彌遠專權，乃乞歸。築迎翠樓，講學其中，四方學子多就之。黃佐《廣東通志》卷五八、崇禎《東莞縣志》卷六有傳。詩二首。

留元剛於本年中博學宏詞科，特賜同進士出身。

留元剛，字茂潛，晚年自號雲麓子。祖籍泉州，落家歸善（今惠州市）。正孫，恭子。宋寧宗開禧元年（一二〇五）試，中博學宏詞科，特賜同進士出身。嘉定元年（一二〇八），除秘閣校理。二年，授太子舍人兼國史院編修官、實錄院檢討官。遷直學士院。三年，兼太子侍講，除起居舍人，以母憂去。起知溫州，移贛州。以事罷。築圃北山以終。著有《雲麓集》，已佚。事見《宋史》卷三九一《留正傳》附錄、清道光《福建通志》卷一七六《留正傳》附錄。詩七首。

宋寧宗開禧二年　丙寅　一二〇六年

宋權臣韓侂冑有封狼居胥山之志，本年五月，分道進兵。初收復部分失地，旋金援兵大舉南下，宋師敗績。金要求懲禍首，主和派之禮部侍郎史彌遠等竟殺侂冑，函其首送金人，從此宋廷再無人北伐矣。

本年朝奉大夫馬晞驥、陽江進士彭吳、郡守黃朝請於新州建報恩塔。（乾隆《新興縣志》五三一頁）

宋寧宗開禧三年　丁卯　一二〇七年

本年釋應璣歸里。

釋應璣，新會人。自少出家，瓶缽江湖四十年，開禧三年（一二〇七）丁卯歸里。吳道鎔《廣東文徵作者考》卷十二有傳。

宋寧宗嘉定元年　戊辰　一二〇八年

本年宋金雙方重定和約，史稱"嘉定和議"。

本年崔與之有感和議，賦《送范漕赴召》五律詩兩首。（陳永正《嶺南歷代詩選》六一頁）

本年黃行勿任慶遠軍節度使。

黃行勿，清遠吉河鄉（今屬佛岡）人。（《佛岡廳志》）

趙善璙於本年中進士。

趙善璙，字德純。宋太宗七世孫。原籍歙縣，宋季落家南海。宋寧宗嘉定元年（一二〇八）進士，調德清縣主簿。復中法科。六年，除大理評事。歷知武寧縣，通判廣德軍。宋理宗端平間知江州。累官尚書郎。宋亡後隱居不出。著有《自警編》傳世。詩一首。

羅愷於本年中進士。

羅愷，龍川人。宋寧宗嘉定元年（一二〇八）進士，官通直郎。（《龍川縣志》）

宋寧宗嘉定二年　己巳　一二〇九年

本年李大東由知平江府移知建康。

李大東，四會人。寓居豫章。大異弟。嘉定二年（一二〇九）由知平江府移知建康，徙廬州，在任五年，累官龍圖閣學士。（《四朝聞見錄》）

翟卷石於本年中進士。

翟卷石，號於介。東莞人。嘉定二年（一二〇九）進士。任瀧水判簿，瑤民反官府，不避險阻，前往勸降。事後捐俸設義學，聘師教其子弟。（嘉慶《廣東通志》卷二七〇）

宋寧宗嘉定四年　辛未　一二一一年

莫天祐於本年中進士。

莫天祐，字均祚。封州（今封開）人。宋寧宗嘉定四年（一二一一）一甲進士，任連州司法參軍，改道州寧遠縣令。子姪俱領鄉薦。康熙續修《封川縣志》卷一八、崇禎《肇慶府志》卷二二有傳。詩一首。

陳應辰於本年中《周禮》都魁。

陳應辰，字清溝。東莞人。宋寧宗嘉定四年（一二一一）《周禮》都魁，十二年再領貢舉，恩授任南恩司法。將之任，適廣帥方大琮舉鄉飲，請充大賓，次年復請之。再任龍川丞，改連州推官，兼署僉判。在職五年，以治績遷通直郎。後致仕家居，作清溝亭，延師訓子孫。又嘗構青紫峯亭於邑中黃旗嶺，與名士倡和其中。年八十餘卒。黃佐《廣東通志》卷五八、崇禎《東莞縣志》卷五有傳。詩一首。

宋寧宗嘉定五年　壬申　一二一二年

八月，陳楠賦《羅浮翠虛吟》七古長詩。（明正統刊《道藏》太玄部《翠虛篇》）

宋寧宗嘉定六年　癸酉　一二一三年

本年崔與之賦《題吉水黿潭李氏仁壽堂　嘉定癸酉以廣西憲赴召經此》五古長詩。（明嘉靖十三年刊本《宋丞相崔清獻公全錄》卷八）

張允迪於本年中舉人。

張允迪，字德明，號警齋。東莞人。淑子。嘉定六年（一二一三）鄉進士。曾遊京師，蜚聲太學。建擁書樓，樓額爲崔與之所題，好友李昴英稱之爲奇士。（宣統《東莞縣志》卷五四）

宋寧宗嘉定七年　甲戌　一二一四年

梁該於本年中進士。

梁該，字如佳，一字博甫，號石峯。東莞人。文奎從子。長於記問，人稱"書筥"。宋寧宗嘉定七年（一二一四）進士，歷官醴陵縣令、欽州通判，皆有德政。崇禎《東莞縣志》卷一二、康熙《東莞縣志》卷一二有傳。詩二首。

姚宏中於本年中進士。

姚宏中，字安道。海陽（今潮州）人。嘉定七年（一二一四）進士。少穎悟好學，得周程理學著作，曰："道在是矣。"深究索微，中進士後，旅寓京城一年，唯與師友講學。歸鄉又端居一室，温習舊學。補静江教授，未赴卒，年二十九。（嘉靖《潮州府志》卷六、卷七）

宋寧宗嘉定八年　乙亥　一二一五年

本年吳純臣官連州，春夏不雨，露行酷日中，禱於神，雨大澍。

吳純臣，番禺人。父羣，通判瓊州。官連州，春夏不雨，露行酷日中，禱於神，雨大澍。崔與之薦其賢，除提點廣西刑獄。吳道鎔《廣東文徵作者考》卷一有傳。

本年蔡齊基爲瓊州戶録。

蔡齊基，字夢傳。連州人。篤學業文，年十九領鄉薦。嘗著《周易述解》九卷。嘉定八年（一二一五），爲瓊州戶録。瓊管安撫趙善譚，東萊呂祖謙門人，見其書，大喜，謄寫進於朝，參政樓鑰報書極譽之。詩尤高，嘗自謂少從竹林先生徐張學詩，得四大法門：律詩學老杜，長篇學東坡，絕句學荆公，古詩學魯直。著有《周易述解》。黃佐《廣州人物傳》卷七有傳。

宋寧宗嘉定九年　丙子　一二一六年

本年崔與之賦《送聶侍郎子述　淮東帥（二首）》詩云：

嘉定丙子，侍郎爲蜀之行，舟過揚州，此①詩贈之。

碧幢紅旆白貂裘，去踏西風萬里秋。要得處方醫壞證，便須投矢負全籌。百年機會真難遇，一線光陰更易流。早辦出師諸葛表，祁山斜谷鬱綢繆。

吳蜀相通一水長，聞公西土意差彊。人謀合處天心順，民力寬時國勢張。參井光芒搖戟纛，關河事業耀旂常。雪山自是西人重，赤舄歸來早趣裝。

宋寧宗嘉定十年　丁丑　一二一七年

七月初七日，劉鎮填《蝶戀花·丁丑七夕》詞。

十二月臘前，留筠賦《題浯溪》七律、《舟還浯溪再留二絕》。（陸增祥《八瓊室金石補正》卷九二）

初八日，留筠賦《題澹山巖》詩云：

清源留筠端父嘉定丁丑杪冬八日行郡來遊，與僧文思酌衡嶽菴，誦山谷詩，徜徉久之，因識歲月。

起仰高山積有年，忽看巖窬鎖雲煙。一塵不到非凡地，六月當知不暑天。昔有秦人嘗穴處，世從山谷始名傳。品題自古因人重，我謾邀僧煮石泉。（王昶《金石萃編》卷一三五）

蒙甄於本年中進士。

蒙甄，番禺人。嘉定十年（一二一七）進士。倅欽州，守廉州。以精《禮記》聞。家於城東，今之蒙姓繁衍，多其族。黃佐《廣州人物傳》卷六有傳。

區仕衡生。

---

① 此，芹桂堂本作“以”。（嘉靖《宋丞相崔清獻公全錄》卷八）

　　區仕衡（一二一七～一二七七），字邦銓。順德人。宋理宗淳祐間舉鄉貢，入太學爲上舍生。上書論賈似道誤國，不報。歸築九峯書院，聚徒講學，學者稱九峯先生。宋恭宗德祐二年（一二七六），元軍漸逼，端宗航海幸閩廣，仕衡出家資萬金，集鄉兵爲聲援，上恢復策，議未決，而宋軍屢戰不利。景炎元年（一二七六），仕衡病，次年卒。著有《九峯先生詩文集》十卷。事見本集附錄歐大任撰《家上舍公傳》、孫蕡撰《上舍公墓表》。

　　陳益新生。

　　陳益新（一二一七～一二八八），東莞人。父應辰，嘉定三年以《周禮》舉鄉貢都魁。十二年特奏進士。官至連州推官，權僉判。致仕家居，作清溝亭訓子孫，年八十餘卒。益新承庭訓，博通群書，尤邃性理之學。依次應補貢，不就，遂隱居東湖之上，號東湖居士。宋亡，不復出，幅巾杖屨逍遙里社，惟與趙必璟諸遺老相遊宴。至元二十五年卒，年七十二。必璟挽以詩。二子庚、紀別有傳。

宋寧宗嘉定十一年　戊寅　一二一八年

　　十二月，崔與之賦《嘉定甲戌正月以金部郎分閫東淮正當金虜棄巢南奔之時人不願往以君命不敢辭首尾五年而不得代戊寅臘月以少蓬召而病且衰矣自知不堪世用決意南歸舟次豫章三疏丐閑而不得請幡然東下艤棹南康重湖閣夜夢人告之曰死於廬山之下覺而識其事並以小詩謝山神》。（嘉靖《宋丞相崔清獻公全錄》卷八）

　　紀應炎生。

　　紀應炎（一二一八～？），字伯明，號後坡。雷州遂溪人。少時讀書於湖光巖。宋理宗寶祐四年（一二五六）進士[①]，時年三十九。調澄邁主簿，在任間有饋白金十兩於米中者，即遣還

① 一說嘉熙二年（一二三八）進士。

之；又募民塞海得田千畝，以付縣學爲諸生費。後知南海縣，執法不阿，與經畧冷覺齋不合，乃自書桃符云云。事見《寶祐四年登科録》卷二、正德《瓊臺志》卷三〇、黄佐《廣東通志》卷五八有傳。

宋寧宗嘉定十二年　己卯　一二一九年

楊汪中於本年中舉人。

楊汪中，字季子。番禺人。幼孤，篤志好學。廣帥楊長孺見其文，敬之，言於郡博士，請爲州學録。嘉定十二年（一二一九）己卯領鄉薦，明年進士。調靜江民曹。桂帥以窮管極宜辟之。及過海，既平王君佐之叛，又弭陳用成之變。端平二年（一二三五）乙未，改肇慶府推官。摧鋒戍卒干紀，晝薄城下，居民大恐，有縋城諭賊功。崔與之判鄉郡，因攝帥幕，密贊平叛謀。改佐廣右經幕，市馬横山，措置得宜。無何知廬陵縣，爲政多建白。既而改知歸善，事業不竟，人多惜之。官至奉議郎。郭棐《粤大記》卷二〇有傳。

宋寧宗嘉定十三年　庚辰　一二二〇年

正月初二日，崔與之賦《嘉定庚辰正月二日楊尚書率同年團拜於西湖因爲遊湖之集適湖水①四合乘興鑿冰泛舟如所約也杜侍郎賦詩和之》詩云：

雪裏同騎白玉鼇，湖山人物一時高。銀潢下瀉波千頃，寶鑑旁開水半篙。我欲乘風驚老大，誰將剪水戲兒曹。梅花紙帳扁舟夢，但覺歸心長羽毛。

冬，與之賦《答李侍郎嘉定庚辰冬之官成都至城外驛侍郎亦赴鎮常得相遇於道惠詩答之》五古長詩、《寄黄州趙别駕庚辰入蜀舟次黄岡適趙倅奇夫沿檄行邊不遇以詩寄之》七律。（嘉靖

① 湖水，芹桂堂本作“湖冰”。（嘉靖《宋丞相崔清獻公全録》卷八）

《宋丞相崔清獻公全錄》卷八）

宋寧宗嘉定十四年　辛巳　一二二一年

二月十五日戌時，張雷卒，明年十二月無名氏爲撰《宋象州簽判從政郎張公墓銘》云：

張雷，字稚春。世居海陽。祖知新州。大父昌裔倅容、瓊二州。父嗣宗，隱德。公幼穎悟，力學能文。登嘉定七年進士第，授廣州南海西尉，未赴，改授藤州司理。秩滿，陞從政郎。辟象州簽判，蒞再考，卒於官。時嘉定十四年二月十五日戌時也。公以壬辰十二月十二日午時生，享年五十。娶詹氏。男三人，極、概，一尚幼。二孤扶匶以歸。次年下，乃克至。葬於潭口先塋之峙山。縣曰海陽，鄉曰光德，峽曰金石，地曰湖口。塚之頂庚，麓之趾甲。歲壬午，月癸丑，日丙申，實皇宋嘉定十有五年十有二月十有二日掩坎，銘曰：

克世厥家秀以文，克躋臚仕忠以勤。砥節礪行達以聞，弗永厥考惟中旬。金石之源河沄沄，秀麓西峙茲其墳，吁千萬祀詒厥昆。（民國三十二年《民國新修大埔縣志》卷三六《金石志》）

宋寧宗嘉定十五年　壬午　一二二二年

本年崔與之賦《送夔門丁帥赴召》二首五言律。（陳永正《嶺南歷代詩選》五九頁）

古再思生。

古再思（一二二二～一二九七），程鄉（今梅縣）人。嘗薦任梅州學錄，領薦南宮，敕授登仕郎。（《古氏族譜》）

宋寧宗嘉定十六年　癸未　一二二三年

八月初一日，白玉蟾與黃天谷賦《旴江舟中聯句》、《南臺舟中聯句》、《疏山舟中聯句》、《泊舟浮石寺前有善士百餘輩拜迎因聯句於水濱民居之壁》。（正統臞仙重編《海瓊玉蟾先生文集》卷六）

本年普通禪師自曹溪來居獅子洞。

普通禪師於嘉定十六年自曹溪來居獅子洞。洞原無水，師得泉於榻側，其味甘冽，無異於景泰之卓錫泉，遂改其地曰泉源。（《廣州府志》卷一四一）

趙崇垓於本年中進士。

趙崇垓，字德暢。南海人。宋太宗九世孫。宋寧宗嘉定十六年（一二二三）進士。宋理宗端平二年（一二三五）權肇慶府通判。事見阮元《廣東通志》卷六七。詩一首。

伍隆起生。

伍隆起（一二二三～一二七八），字正夫，號秀川。台山人。宋亡，率義兵從帝昺於崖山，與元將張弘范力戰不屈。爲其麾下謝文子所殺。（清《新寧縣志》）

宋寧宗嘉定十七年　甲申　一二二四年

閏五月初五日，白玉蟾聞宋寧宗崩，賦《嘉定甲申閏月五日聞皇帝升遐》詩云：

喚鶴啼猿怨滿懷，煙葵露槿淚盈腮。一鈎桂月千林黯，半夜松風萬壑哀。不禦六龍昌寶祚，遽驂八駿駐瑤臺。小臣泉石膏肓了，無任冰肝玉膽摧。（明正統瞳仙重編《海瓊玉蟾先生文集》卷四）

本年崔與之賦《嘉定甲申以禮部尚書得請便道還家作此詩》詩云：

九重天上別龍顏，萬里江南衣錦還。聖主有憐雙鬢白，老臣長抱寸心丹。短篷疏雨春聽浪，瘦馬輕寒曉度關。何處好尋幽隱地，長松流水白雲間。（嘉靖《宋丞相崔清獻公全錄》卷八）

翟龕生。

翟龕（一二二四～一三一四），號遁庵。東莞人。景先子。宋理宗景定二年（一二六一）以《書經》領鄉貢，咸淳二年（一二六六）再舉都魁。官本邑主簿。時值亂離，與李春叟、趙必璟、張元吉協力安輯，邑賴以完。宋亡悲憤，杜門不出，建聚

秀樓貯書，以延文學士講程朱理學。黃佐《廣東通志》卷五八、
崇禎《東莞縣志》卷五有傳。今存詩三首。曾孫喜，字悦民，號
怡堂。有才學，任德慶、韶州路屬官。元末棄官，廣東宣慰司都
元帥世傑班强留，藉故逃脱。曾設法從强盜手中救出鄧昆德等十
餘人。（宣統《東莞縣志》卷五四）

宋理宗寶慶元年　乙酉　一二二五年

二月，崔與之撰《宋朝議大夫鍾玉嵒墓誌銘》，銘曰：

牛峯高衛，邐洞深盤。環以藥勒，對以朝冠。陰陽大會，碩
人之寬。瓜瓞綿綿，松柏丸丸。（《廣州碑刻集·宋朝議大夫鍾玉
嵒墓誌銘》①）

本年朱榮刻廣州版《九家集注杜詩》。

朱榮，廣東刻工。寶慶元年（一二二五）刻廣州版《九家集
注杜詩》，淳祐三年（一二四三）刻惠州版《義豐文集》，開版
宏朗，字體渾厚。（《宋元考古學初稿》）

宋理宗寶慶二年　丙戌　一二二六年

清明日，劉鎮填《水龍吟·丙戌清明和章質夫韻》詞。

本年朝廷從鄉民之請，建廟賜額，後董樸賦《保應廟》
詩云：

隋諸王避難，殁葬其地。水旱疾疫，祈禱輒應。宋寶慶二年，從鄉民之
請，建廟賜額。

廟食空山八百年，衣冠猶是李唐前。汴河十里垂楊柳，何似
松陰數畝田。（陳世隆《宋詩拾遺》卷二二）

朱誥於本年中進士。

朱誥，字少揚。歸善（今惠州惠陽）人。少警悟。七歲習
《論語》、《孟子》，再讀成誦，敏於占對。長而嗜學，通六經百家

---

① 原注：碑在白雲區蘿崗鎮徑子村宋朝議大夫鍾玉嵒暨元配黃夫人墓前。

言。爲文不趨時好，爲人温恭愷悌，漕使慕其賢，辟攝新興僉
幕，檄至而卒。子篆，宋理宗寶慶二年（一二二六）進士。明鄭
維新纂嘉靖七年刊《惠大記》卷三、阮元《廣東通志》卷二九〇
有傳。詩一首。

朱篆於本年中進士。

朱篆，歸善人。寶慶二年（一二二六）丙戌進士。官從事
郎、梅州司法。吳道鎔《廣東文徵作者考》卷一有傳。

葉剛生。

葉剛（一二二六～一二七七），字永青，號安錄。東莞茶山
京山人。喜讀孫吳兵書，然屢試不第。南宋咸淳十年（一二七
四），元入據中原，剛持弓矢至縣衙求試。縣令見其武藝高超，
且有雄才大略，薦予知府，授軍前參謀。征戰數月，屢立奇功，
升都督，統兵抗元。後因元兵勢大，宋軍不敵，隻身歸里。妻爲
熊飛妹。宋德祐二年（一二七六）春，飛於東莞榴花村起兵勤
王，剛聞風響應，領其弟判、釗同投飛。九月，元兵犯莞，隨飛
敗元兵於銅嶺，飛乘勝出擊，會同廣東制置使趙溍、新會縣令曾
逢龍，合兵收復廣州、新會等地，剛隨軍參戰。後隨飛軍北上，
於韶關被元兵圍困，剛兄弟率兵力戰，因寡不敵衆，飛壯烈殉
國，判亦戰死。剛與弟釗化裝逃回東莞，隱居大朗。景炎二年
（一二七七）二月，宋端宗流亡惠州，剛與弟釗前往拜謁。端宗
封督府職，提督江西軍務。三月，隨丞相文天祥出征，先後收復
梅州、會昌。八月，元將李恒率軍襲擊文天祥部於興國，剛掩護
文天祥突圍，至空坑，力戰而死，終年五十二。釗攜其屍回莞，
葬於京山黎霧嶺。

宋理宗寶慶三年　丁亥　一二二七年

何起龍生。

何起龍（一二二七～？），一作起隆，字君澤。先世南雄保昌
人。建炎中避寇遷徙廣州。祖琛，官承仕郎。父人鑒，定居番禺

沙灣。起隆於淳祐十年（一二五〇）中進士，官鬱林司戶參軍，調肇慶府司理。再授南容州判，官至太常寺卿。晚年匾所居曰恕堂，學者稱恕堂先生。（《沙灣何氏家譜》）

宋理宗紹定二年　己丑　一二二九年

本年方大琮任廣南東路經略安撫使。（阮元《廣東通志》卷十六《職官表》七）大琮初行鄉飲禮，請林橐爲大賓。大琮又建濂泉書院，既落成，謀於文溪李昴英，求元老以首席，昴英答曰：“是邦老成人，無如田知白者。”

林橐，南海人。以静修聞。廣帥方大琮初行鄉飲禮，請爲大賓，橐時年九十四，威儀可則，終席無倦容。黃佐《廣州人物傳》卷七有傳。

田知白，廣州人。廣帥方大琮躬詣請主濂泉書院，以病辭；再往叩之，則遁矣。時年逾八十，猶能燈下細書。貧甚，得錢即貰酒飲之，自號醉鄉遺老，制行甚潔，皆一時耆舊也。黃佐《廣州人物傳》卷七有傳。

莫洞觀卒。

莫洞觀（？～一二二九），一名莫道人。原籍廣西容州。居羅浮石洞。入山不知其幾年，問之亦不言其歲，而身歷三甲戌，能言崇寧、大觀間事。山下父老或有八九十歲者，自言少年時已見其丰姿，今其容貌不異於昔。精力甚旺，登山如飛，飲食兼人，或辟穀數日，不避寒暑。蕭然一庵，傍無侍者。常夜坐飛雲頂石巖間，有虎侍側不去，叱遣之，達旦乃去。宋理宗紹定五年（一二三二），人聞其羽化已三年。史東巖叩其故居，捐錢三萬營葺之，大書“廣莫庵”三字以光其額。清宋廣業輯康熙五十六年刊《羅浮山志會編》卷五、阮元《廣東通志》卷三二九有傳。詩一首。

宋理宗紹定三年　庚寅　一二三〇年

嚴質魯生。

嚴質魯（一二三〇～一二七九），字公祺，號遁齋，一號信齋。高要（今屬雲浮雲城區）人。南宋末官授行軍百戶。南宋帝昺祥興二年二月初四日，與元軍戰於新會厓門，壯烈殉國。事見明黃淳《厓山志》卷六、《嚴氏宗史》。詩一首。

宋理宗紹定四年　辛卯　一二三一年

蘇良生。

蘇良（一二三一～?），字堯臣。番禺人。宋理宗寶祐四年（一二五六）進士，宋度宗時官肇慶知府。事見阮元《廣東通志》卷六七。詩四首。

宋理宗紹定五年　壬辰　一二三二年

本年雪庭福裕禪師出住少林寺。

禪宗第二十世祖西京雪庭福裕禪師（? ～一二七五），太原文水張氏子。參萬松，松問：“從何處得個消息，便恁麼來?”師曰：“老老大大，向學人納敗闕作麼。”曰：“老僧過在何處?”師曰：“學人且禮拜，暫爲和尚蓋覆卻。”松大喜。師壬辰（宋理宗紹定五年，一二三二）出住少林，元定宗戊申（三年，一二四八）詔住和林興國。憲宗辛亥（元年，一二五一）徵至北庭問道，世祖庚申（中統元年，一二六〇）俾師總領釋教，復天下僧尼廢寺，賜號“光宗正辯禪師”。乙亥（元世祖至元十二年，一二七五）坐脫。師說法三十餘年，如鼓雷電，揭日月。後仁宗履位，仍追封師號，命詞臣撰文表其塔，尊隆特甚。

吳文震於本年中進士。

吳文震，字鉉發。南海人。宋理宗紹定五年（一二三二）進士。初試鬱林民曹，權宰，有政聲。次任南恩州司法，尤加意獄事，囚繫者感之。授新昌僉幕。知歸善縣，尋倅欽州，攝全州及春陵守，皆有惠愛。阮元《廣東通志》卷二七〇、同治《番禺縣志》卷三六有傳。詩六首。

許迪於本年中進士。

許迪，龍川人。宋理宗紹定五年（一二三二）進士。官承直郎。（《龍川縣志》）

黎獻生。

黎獻（一二三二～？），字子文，號拙翁。東莞人。如璧孫。性警敏，富於學問，弱冠授徒，全依朱子之法，從學者眾。宋亡，與趙必璙卜鄰隱居，時以詩筒往來。黃佐《廣東通志》卷五八、崇禎《東莞縣志》卷五有傳。今存詩六首。祖如璧，好善樂施長者也。紹興間，紫霞真人崔羽遊羅浮，寓邑之上清觀，與如璧交特厚。一日來辭曰：“吾將去矣。”曰：“何以處我？”紫霞曰：“我以三字授汝。”因書“依本分”三字於壁。數日崔屍解。張其淦《東莞詩錄》卷一有傳。

李夢呂生。

李夢呂（一二三三～？），字純翁。龍川人。宋理宗寶祐四年（一二五六）進士，官惠州僉判、翰林博士。生平好善，年至百餘歲。嗜吟詠，有遊羅浮詩。鄉人見其善而壽，以“善慶”名其鄉，祀鄉賢。事見《寶祐四年登科錄》卷三、嘉慶《龍川縣志》第三十六冊有傳。詩一首。

宋理宗端平二年　乙未　一二三五年

本年趙崇垓賦《端平乙未偕曾純同年遊星巖並和其韻》詩云：

地秉乎陰竅本空，巖名以斗古傳風。世人適意為行樂，造物何心著巧功。弱水蓬萊仙境界，石橋方廣佛神通。達觀不作塵寰看，笑挹天漿樂在中。（阮元《廣東通志》卷二一三《金石畧一五》）

本年曾悅由福建莆田甘蔗園豬屎巷出仕瓊州府昌化軍。

曾悦，南宋端平二年（一二三五），由福建莆田甘蔗園豬屎巷出仕瓊州府昌化軍，後改爲南寧軍教授，興辦學校。後升南寧軍判，知南寧軍，領三縣。年老不歸，生男育女八人，居小塘北村。

屈竦於本年中進士。

屈竦，保昌（今南雄）人。端平二年（一二三五）乙未進士。吳道鎔《廣東文徵作者考》卷一有傳。

胡夢貞於本年中進士。

胡夢貞，字明道。乳源人。賓王後裔。天資聰穎，才綜學博。端平二年（一二三四）進士，官至翰林學士。（康熙《乳源縣志》卷十）

張鎮孫生。

張鎮孫（一二三五～一二七八），字鼎卿，號粵溪。南海人。①自幼刻苦讀書，以博學強記聞。宋度宗咸淳七年（一二七一）狀元。權相賈似道欲示恩結納，鎮孫不爲謝，人服其不阿。初授秘書監正字，遷校書郎。以不附權勢，出判婺州。宋恭宗德祐元年（一二七五），元兵至，相臣請和，太后納降，百官奔散，鎮孫遂棄官奉親歸粵。次年，宋端宗立，建號景炎，航海幸閩、廣間。廣州海上潰軍奉鎮孫爲帥，又糾結鄉兵，與都統凌震分東西二路，誓圖恢復。詔以鎮孫爲龍圖閣待制、廣東制置使兼經畧安撫使，委以軍事。二年（一二七七）四月出兵收復廣州。十一月，元兵復至，鎮孫率戰船二千餘艘迎戰於珠江，兵敗被執。②三年，被解北上，至大庾嶺，道死殉國。文天祥聞而爲詩悼之。著有《見面亭遺（詩）集》。黃佐《廣東通志》卷五八、黃佐《廣州人物傳》卷一〇有傳。

李肖龍生。

① 鎮孫四代居於城南太平門内泰通里（今廣州人民路狀元坊）；寶祐元年（一二五三）鎮孫遷居番禺石壁謝村；鎮孫生二子，次子直專四傳後遷居番禺河南龍尾道鄉，稱所居之井爲狀元井，地名亦是。

② 一説鎮孫與侍郎譚應斗獻城投降。

李肖龍（一二三五～一二九二，一二九一），字叔膺。增城人。宋度宗咸淳七年（一二七一）進士，初任贛州司戶，改循州興寧簿尉，攝長樂縣事，後除太社司令，累遷朝請大夫。鼎革後，於至元間任增江提學。二十九年卒，年五十八。李春叟爲撰墓誌。嘉靖《增城縣志》卷六、黃佐《廣州人物傳》卷九有傳。詩三首。

宋理宗嘉熙元年　丁酉　一二三七年

陳南一於本年中進士。

陳南一，興寧人。嘉熙元年（一二三七）進士，任翰林宣教。（一九八九年《興寧縣志》）

宋理宗嘉熙二年　戊戌　一二三八年

梁應龍於本年中進士。

梁應龍，博羅人。嘉熙二年（一二三八）進士。任官廣西二十年，始改常德僉判。（嘉靖《惠大記》）

梁現於本年中進士。

梁現，香山人，入番禺籍。嘉熙二年（一二三八）進士，知南康州，大興學校。（阮元《廣東通志》卷二六九、同治《番禺縣志》卷三五）

鄭玠於本年特奏名。

鄭玠，字太玉。湞陽（今屬英德）人。少而博學，通經史，工詩文，入太學。宋理宗嘉熙二年（一二三八）特奏名。淳祐四年（一二四四）釋褐知博羅縣事，賦詩志喜，遂結廬幽居洞後，每政暇，輒至讀書其中，自稱幽居野人云。時有異人逍遙子①者，

①　逍遙子，常住羅浮茶庵，後人名其所居爲逍遙庵。著有《內旨通玄訣》三卷，貫通蘇元朗之旨，而附以嵩山浮丘公原道歌。鄭玠知博羅，相與唱和，爲神明交。玠擢守丞去，亦不知所適。咸淳中玠子康佐知惠州，乃辟庵爲鄭公書堂，塑玠與逍遙子像，時謁祭賦詩焉。溫汝能《粵東詩海》卷一百有傳。

常與唱和，爲神明之交。玠治邑清静不苟，政成人和，有曹參之風。擢大府寺丞。明黄佐《廣東通志》卷五八、明郭棐纂萬曆三十年刊《廣東通志》卷三一有傳。詩九首。

廖金鳳生。

廖金鳳（一二三八～一三○七），字叔祥。龍門人。開慶元年（一二五九）進士。授增城尹，後調守長沙，募兵抗元。率所部援助衛王趙昺。領軍紀律嚴明，所過人不知兵。宋亡，歸隱。（康熙《龍門縣志》卷十一）

宋理宗嘉熙三年　己亥　一二三九年

十一月，藍震龍撰《張夫人詹氏墓銘》。（民國三十二年《民國新修大埔縣志》卷三六《金石志》）

藍震龍，海陽（今大埔）人。南宋進士。事見民國三十二年《民國新修大埔縣志》卷三六《金石志》。詩一首。

李守道生。

李守道（一二三九～一二七八），字尚翁，號澗泉。番禺人。昂英次子。蔭官輅院，賜紫金魚袋。初娶崔與之長女，無子。崔氏殁，續娶東莞顧氏，生子光文，爲番禺碧江龍津沙灣李氏祖。咸淳四年（一二六八）赴官福州，病卒海豐北新街。（《李文溪集》）

宋理宗嘉熙四年　庚子　一二四○年

盧天保生。

盧天保（一二四○～一三一四），大埔人。任潮州守備。曾參與文天祥勤王，輾轉閩粵邊，遊擊襲敵。長子正道，次子千二郎、六子前六郎皆從之。（《范陽盧氏族譜》）

宋理宗淳祐元年　辛丑　一二四一年

錢益於本年中進士。

錢益，字良甫、履齋。東莞人。宋理宗淳祐元年（一二四一）進士。性剛介，不可干以私。執親喪，三年居廬，足跡不入寢室。寶祐間任廉州鹽官。開慶元年（一二五九），調靜江府僉判。宋度宗咸淳元年（一二六五），知贛州興國縣。終靜江府通判。所至皆有惠政，人稱“錢佛子”。黃佐《廣東通志》卷五八、崇禎《東莞縣志》卷五有傳。詩一首。

梁斗南於本年中進士。

梁斗南，肇慶府城東廂明直里人。淳祐元年（一二四一）進士，官迪功郎，主學南海。子世美，咸淳四年（一二六八）進士，官賀州吏目。世英，與兄世美同年進士，官翰林院檢討、國史院編修。父子三人聯翩進士，傳爲佳話。

宋理宗淳祐二年　壬寅　一二四二年

陳考生。

陳考（一二四二～一三六九），一作巧，字仲義，號景彝。番禺人。猷子。元延祐初，郡縣以充貢有司，乃遁跡廬山，得異人導引術，壽百二十八，經宋、元兩代，爲石頭鄉陳姓始遷祖。（《廣州府志》卷一三八）

宋理宗淳祐三年　癸卯　一二四三年

劉宗於本年中特奏名進士。

劉宗，東莞人。以賦中鄉舉。宋理宗淳祐三年（一二四三）特奏名進士。[①] 官封州司法，秩迪功郎。宋亡，與從弟劉玉退隱員山，互相唱和。著有《壎篪偶詠》，已佚。事見張其淦《東莞詩錄》卷一。詩二首。

邵繼賢於本年中舉人。

---

① 《東莞縣志》，黃佐《廣東通志》卷一一、阮元《廣東通志》卷六七均作“宋寧宗慶元五年特奏名進士”。

邵繼賢，番禺人。宋理宗淳祐三年（一二四三）舉人。任四川順慶知府。天資明敏，究心理學。元兵日盛，乃退隱贛州玉龍山，杜門修靜。元世祖以先朝名臣徵之，不出。（阮元《廣東通志》卷二七〇）

張元吉生。

張元吉（一二四三～一三〇四），字仲甫，號積齋。東莞大朗水口人。南宋末期東莞縣尉。元招討使黄世雄、梁雄飛率兵入廣東，邑丞派遣元吉以全縣戶口、稅册歸附，世雄委任元吉仍攝縣尉職，委其弟登辰爲縣丞。德祐二年（一二七六），宋制置使趙溍舉義，元吉又以全縣歸宋。溍命其帶兵隨熊飛北上，收復廣州、韶州，轉戰粤北南雄等地。因飛戰死韶州，勤王兵敗，元吉見大勢已去，乃歸故里，仍攝縣尉職。祥興元年（一二七八），元將張弘范帶兵大肆掠劫，將惠州洗劫一空，遊騎抵東莞蘭村，揚言將洗劫東莞。元吉與弟登辰决定捐家產，並號召鄉紳大戶捐助，先爲莞民完糧，另遣登辰冒死攜金銀珠寶前往惠州賄賂弘范，於是莞民免遭元兵浩劫。弘范委元吉爲東莞縣令，登辰攝縣丞。後帥府欲增東莞稅額，登辰力爭得免。其後元吉兄弟告病辭官，隱跡於水口林泉不再仕。元大德八年（一三〇四），元吉卒，人送對聯云：“德著元書存莞邑，忠標宋史鎮南雄”。水口村爲修積齋公祠。（《東莞市志》一四〇三頁）

宋理宗淳祐四年　甲辰　一二四四年

趙若龍於本年中進士。

趙若龍，一名希逸，字雲翔。潮陽人。淳祐四年（一二四四）第一甲進士。歷秘書省撰制誥事。文章氣節，推重當時。（乾隆《潮州府志》卷二九）

郭闓於本年中進士。

郭闓，字開先，號方泉。番禺人。治《書》，三試皆舉首。宋理宗淳祐四年（一二四四）進士。歷官真陽縣尉、鬱林學官、高要知縣，有政聲。秩滿，授梅州僉判，改知平江；尋擢監察御史，知無不言，糾正奸邪，不避權要，其所彈擊，公論莫不快焉。遷右正言，所言皆軍國大事，不及其私。以勞瘁至病革，卒年六十六。闔素清廉，幾無以殮。帝嗟悼之，贈恤特厚。粵人德之，以闔與崔與之、李昴英合祠。戴璟《廣東通志初稿》卷一四、黃佐《廣東通志》卷五八有傳。詩一首。

淩震於本年中進士。

淩震，字國威，號雷門，原籍福建莆田，後居番禺淩邊，遂入籍。宋理宗淳祐四年（一二四四）進士，知廣州，兼領嶺南東路經略安撫使，改廣東都統。宋末與張鎮孫誓圖恢復廣州，鎮孫被執，震得脫。遂與王道夫再復廣州，官廣東制置使。祥興元年（一二七八）十月，元將李恒襲廣州，道夫被執，震敗走。退戰於番禺茭塘，又敗；復退至廣州城東東圃，糾義勇力戰，勢終不支，遂皆退走。後震卒，子孫葬之於東圃古鼎岡。（《番禺淩氏家譜》）

馬南寶生。

馬南寶（一二四四～一二七九），香山（今中山）人。家殷富，而讀書好義，尤工詩。景炎二年（一二七七）十月，端宗自潮州避敵航海過邑境，南寶獻粟千石餉軍，召拜權工部侍郎。時元軍追迫帝舟，丞相陳宜中、少傅張世傑等奉帝暫居南寶家。南寶竭力保衛，元人無知者。居數日，元兵陷廣州，諸將召募里民以行，南寶爲敬酒曰：“痛飲黃龍府，在此行也。”遂歌岳飛《滿江紅》詞以相激勵，聞者莫不壯之。端宗舟遇颶風，驚悸而崩，還殯南寶家。南寶爲設疑塚以惑元人。宋亡，逃匿不降。後聞帝昺猶在占城，南寶遂與黎德等起兵運糧往迎。尋戰敗被執，不屈而死。《宋季忠義錄》卷七、黃佐《廣東通志》卷五八有傳。詩三首。

宋理宗淳祐五年　乙巳　一二四五年

趙必璩生。

趙必璩（一二四五～一二九四），字玉淵，號秋曉。東莞人。宋太宗十世孫。爲人才識俊邁，多慷慨，仗大義，好濟人之急。度宗咸淳元年（一二六五），與其父同登進士。初任肇慶府高要縣簿尉，歷攝知四會縣、南安軍南康縣丞。尋棄官歸隱。惠州守文璧辟爲郡從事。一月後，以親病告歸。會邑人熊飛勤王敗歸，力勸其建宋號舉兵入城，復以家貲三千緡、米五百石贍軍。帝昺祥興元年（一二七八），文天祥開府於惠州，辟爲朝散郎，攝惠州軍事判官，兼知録事。宋亡，元以故官例授將仕郎、象州儒學教授，不赴。隱居邑之溫塘村，足跡不入城市，時或短衣敝笠，徘徊海岸，每望厓山，則伏地大哭。元世祖至元三十一年十二月初七卒。著有《覆瓿集》。鄉人陳紀爲作行狀，黃佐《廣州人物傳》卷九有傳。

宋理宗淳祐六年　丙午　一二四六年

本年李昴英爲右正言，上疏彈劾樞密使陳韡、臨安尹趙與蔥，觸怒皇帝，罷官南歸，填《蘭陵王》詞。（陳永正《嶺南歷代詞選》一二頁）

李得朋於本年中進士。

李得朋，號梅邊。東莞人。用子三人，各通一經。得朋善《易》。淳祐六年（一二四六）特奏進士，官從事郎，南恩州司法。宋亡不仕。卒，趙必璩挽以詩。陳伯陶《宋東莞遺民録》卷下有傳。

蔡蒙吉生。

蔡蒙吉（一二四六、一二四四～一二七七、一二七六），字梅庵。程鄉（今梅州）人。幼穎悟，八歲能背誦五經。宋理宗寶祐四年（一二五六），應童子科，賜進士出身，授迪功郎。再試

銓衡，復中第一，加三資，授從政郎、韶州司戶兼司法。未赴任
而值世變，郡守檄權梅州僉書事、義兵總督。宋端宗景炎二年
（一二七七）①　正月，元將易正大陷梅州，蒙吉被執，拒降，大罵
曰："吾知盡忠報國耳，寧肯從胡奴苟生耶！"易部下陳一元殺
之。翌年，文天祥收復梅州，嘉其忠，爲文祭之，並遷葬其鄉。
明郭春震嘉靖二十六年《潮州府志》卷七、黃佐《廣東通志》卷
五八有傳。詩四首。

宋理宗淳祐七年　丁未　一二四七年

本年李昴英賦《酧別張子元二首　並序》五古詩。（李昴英
《文溪集》卷一三）

張子元，李昴英門人。淳祐六年昴英上疏彈劾上疏彈劾樞密
使陳韡、臨安尹趙與憲，觸怒皇帝，罷官南歸，子元適中進士，
毅然相送。

本年蒲壽晟知梅州，後楊圭賦《題蒲侯曾井石亭》詩云：

千秋名姓共芳亭，瓶水居然座右銘。曾氏井泉千古冽，蒲侯
心地一般清。（清胡曦編清光緒十二年排印本《梅水匯靈集》卷
一）

楊圭，程鄉人。宋度宗咸淳間鄉貢。官司戶參軍。事見阮元
《廣東通志》卷六七。詩一首。

李蔡於本年中進士。

李蔡，龍川人。淳祐七年（一二四七）進士。官迪功郎。
（《龍川縣志》）

何天隱於本年中進士。

何天隱，河源人。淳祐七年（一二四七）進士。（《河源縣
志》）

陳栻於本年中進士。

———————

①　一作德祐二年（一二七六）。

陳械，番禺人。康延子孫。淳祐七年（一二四七）進士，爲府學正。（黃佐《廣州人物傳》卷七）

林仁於本年中進士。

林仁，河源人。淳祐七年（一二四七）進士。（《河源縣志》）

翟景先於本年中進士。

翟景先，字以文，號存溪。東莞人。淳祐七年（一二四七）進士。官廣東路僉判，遷樞密府僉事，以樞密府多權貴辭官。（宣統《東莞縣志》卷五四）

陳庚生。

陳庚（一二四七～一三一五），字南金，號月橋。東莞人。應辰裔孫，益新長子。少時從師李春叟。宋度宗咸淳三年（一二六七）以《書經》舉鄉貢。六年、九年二科，連冠乙榜。南省罷歸，絕意仕途，肆力詩律古文，所作明暢沉蔚，有歐曾風。經畧劉應龍奇其才，辟置幕府。未幾，以世亂歸隱邑中東湖家塾，究心道德性命之學，學者多師之，與南海區仕衡並稱一時。宋亡，與趙必璭往還，結爲兒女姻親。年六十九卒。黃佐《廣東通志》卷五八、崇禎《東莞縣志》卷五有傳，元攝東莞令郭應木爲作墓誌銘。今存詩四首。

宋理宗淳祐八年　戊申　一二四八年

十月，吳桂發賦《恕堂何老先生墓誌銘》。（梁鼎芬、盧維慶修民國二十年刊《番禺縣續志》卷三三《金石志一》）

宋理宗淳祐九年　己酉　一二四九年

本年李昴英賦《苦秋暑引　並序》五古詩（李昴英《文溪集》卷一三）、《送三舉人並序》七律（李昴英《文溪集》卷一五）。

曾宋珍於本年成貢生。

　　曾宋珍，番禺人。① 宋理宗淳祐九年（一二四九）鄉貢。宋度宗咸淳十年（一二七四）進士。官迪功郎、龍川尉。後人輯有《曾宋珍遺刻》。事見阮元《廣東通志》卷六七。詩二首。

宋理宗淳祐十年　庚戌　一二五〇年

　　陳昌言於本年中進士。

　　陳昌言②，海陽人。宋理宗淳祐十年（一二五〇）進士，初任宣教郎，歷官至制劾。事見清張士璉修雍正八年《海陽縣志》卷六。詩一首。

　　歐陽麟於本年中進士。

　　歐陽麟，曲江人。宋理宗淳祐十年（一二五〇）進士。事見阮元《廣東通志》卷六七。詩一首。

　　趙時鏦於本年中進士。

　　趙時鏦（一二二五～一二七三），南海人。宋宗室。宋理宗淳祐十年（一二五〇）進士，授承節郎。父懌夫曾官香山縣令，遂於度宗咸淳間舉家遷居香山潮居里（今珠海斗門赤坎村），築金臺精舍於黃楊山，與翰林學士鄧光薦、大理寺冀行卿等避亂隱居。事見黃佐《廣東通志》卷十一。詩二首。

　　鄭康佐於本年成貢生。

　　鄭康佐，湞陽（今屬英德）人。玠子。宋理宗淳祐十年（一二五〇）鄉貢。宋度宗咸淳間知惠州軍州事，乃辟庵爲鄭公書堂，塑其父玠及逍遙子像，時謁祭賦詩。事見阮元《廣東通志》卷六七。詩十一首。

　　陳一濯生。

　　陳一濯（約一二五〇～？），新會波羅（今屬開平）人。咸淳

---

　　① 曾宋珍，明嘉靖十四年戴璟《廣東通志》卷一九作東莞人，清舒懋官嘉慶二十四年《新安縣志》作新安人。今按黃佐《廣東通志》卷一一、阮元《廣東通志》卷六七、清李福泰同治十年《番禺縣志》卷一〇作番禺人。

　　② 黃佐《廣東通志》卷一一作“陳昌玄”。

六年（一二七〇）鄉貢第一人。任雷陽郡博。後解歸，置祭田之規，邑人因之。（清《開平縣志》）

宋理宗淳祐十一年　辛亥　一二五一年

嚴宗宏生。

嚴宗宏（一二五一～一三〇二），字衍之，號東田。高要人。質魯子。爲哀其父與元軍作戰壯烈殉國，作《紀哀詩》一首。事見《嚴氏宗史》。

宋理宗淳祐十二年　壬子　一二五二年

冬，□子發賦《遊錦石巖　淳祐壬子冬（三首)》詩云：

巉巉怪石錦鮮明，不假人爲自織成。頻向水晶簾外立，泉聲那更雜溪聲。

倚空峻壁列松杉，水色嵐光總不凡。一段畫圖奇絕處，夕陽天際認歸帆。

平昔曾聞錦水名，維舟特向此中行。只恐凡骨成仙去，寒卻當年泉石盟。（阮元《廣東通志》卷二一三《金石畧一五》）

□□□，字子發。曲江（今韶關市）人。宋理宗淳祐十二年（一二五二）冬嘗遊仁化錦石巖。事見阮元《廣東通志》卷二一三。詩三首。

十一月冬至後三日，李昴英賦《峽山詩並序》詩云：

山通一水逕皇都，多少英豪出此途。傳我飛來元羽翼，好風吹送過天衢。（李昴英《文溪集》卷一七）

黃石於本年中舉人。

黃石，東莞人。淳佑十二年（一二五二）舉人，開慶元年（一二五九）進士。初授梅州府程鄉主簿，後仕至迪功郎。（康熙《新安縣志》）

宋理宗寶祐元年　癸丑　一二五三年

陳大震於本年中進士。

陳大震，字希聲，晚年號邇覺。番禺人。宋理宗寶祐元年（一二五三）進士，授博羅主簿。歷循州長樂、蘄州廣濟知縣。以平盜功，改奉議郎，參靜江帥府。宋度宗咸淳七年（一二七一），權知雷州。轉朝奉大夫，知全州。元兵至，誓與城共存亡，而力不支，遂歸里，自劾罷。宋端宗入廣，召爲尚書、吏部侍郎，不就。元世祖至元十八年（一二八一），召授司農卿、廣東儒學提舉，請閒居，從之。乃立靈位以待死，卒年八十。黄佐《廣州人物傳》卷一〇、郭棐《廣東通志》卷二三有傳。詩一首。

李志道於本年中進士。

李志道（？～一二七九），字立翁，號漁灣。番禺人。昂英長子。宋理宗寶祐元年（一二五三）進士。帝御明德殿再試稱旨，授京邸教授，賜紫金魚袋。明年，昂英爲大宗正，引嫌乞外任，改浙江僉憲，參諸軍事。五年，以父喪歸。服闋補都憲御史，專理糧餉。未幾，丁祖母艱去職。度宗咸淳三年（一二六七），召爲朝散大夫直寶謨閣、廣南東路經畧安撫司提點刑獄、節制兵馬兼屯田使、尚書工部侍郎。時國事多艱，強敵在外，賈似道專政，志道屢疏乞歸，不許。恭宗德祐元年（一二七五），以疾請得歸。端宗航海，元兵日逼。志道糾鄉勇，親自督戰於潮州，上粟十萬石，餉軍三月，益兵三千餘人。帝重其忠，賞以番禺、南海、新會、東莞、香山各縣田地八千餘頃。厓山師潰，宋亡。志道大哭，奉先帝木主於家向陽堂，率子弟宗戚鄉人朝夕哀奠。未幾，卒。同治《番禺縣志》卷三六有傳。詩一首。

宋理宗寶祐三年　乙卯　一二五五年

陳紀生。

陳紀（一二五五～？），字景元，號淡交，一號淡軒。東莞

人。應辰裔孫，庚弟。宋度宗咸淳九年（一二七三）以《周禮》
中鄉舉，次年成特奏名進士。官至通直郎。宋亡不仕，與兄退隱
家居，以賦詠自娛，時與趙必璿、趙時清等宋遺民唱和。紀工小
詞，有周邦彥、康與之風韻。著有《越斐吟稿》、《秋江欸乃》，
皆佚。黃佐《廣東通志》卷五八、崇禎《東莞縣志》卷五，皆以
紀與其兄庚合傳。今從張其淦《東莞詩錄》輯得詩二十六首，參
校陳伯陶《宋東莞遺民錄》卷下《陳紀傳》附詩及《詩文補
遺》。

宋理宗寶祐四年　丙辰　一二五六年

　　十月上旬，吳文震賦《三海巖（二首）》七律二首（明林希
元纂修嘉靖十八年刊《欽州志》卷一）、《半月巖》五律（明張
國經修崇禎十年刻本《廉州府志》卷一三）。

　　陳經國於本年中進士。

　　陳經國，字伯夫。海陽人。寶祐四年（一二五六）進士。著
有《龜峰詞集》。翁輝東《潮州文概》卷一有傳。

　　許君輔於本年中進士。

　　許君輔，海陽人。寶祐四年（一二五六）進士。授漳州南靖
知縣。後辭官家居，修《韓山許氏族譜》。（《潮州志·藝文志》）

　　陳惟中於本年中進士。

　　陳惟中，字子敬。吳川人。寶祐四年（一二五六）進士，任
文昌縣尹，景炎中端宗遷硇洲，惟中轉餉艘至井澳，將趨硇洲，
元將劉深帥水兵來追，張世傑前鋒稍卻，深縱火焚艦，惟中與吳
川司戶何時方朝食，投箸而起，冒矢石俱被創，力戰，值天反
風，我艘乘上流亦縱火，深兵始逃。（《吳川縣志》）

　　蔣科於本年中進士。

　　蔣科，字進之。電白人。寶祐四年（一二五六）進士，任瓊
州教授。任滿，遷宜倫縣令，時稱循吏。（道光《電白縣志》）

　　羅隱孫於本年中進士。

羅隱孫，字宗棟。高要人。寶祐四年（一二五六）進士，官至浙江轉運司幹辦公事。居里羅岸村瀕臨西江，建成長兩千餘丈、高丈許之大堤，命名爲羅岸堤。（宣統《高要縣志》卷十八）

宋理宗寶祐五年　丁巳　一二五七年

余英生。

余英（一二五七～一三二二），字文英，號節翁。海陽人。本姓黃，咸淳末避兵燹遷潮，依海陽弦歌都余姓富户而改。至元進士，歷官封川節度判官。以老歸田，居黃岡，建義學，修橋道，施小榕田十五頃與開元寺僧。（乾隆《潮州府志》卷二九）

宋理宗寶祐六年　戊午　一二五八年

除夕，區仕衡作《送窮文》。（區仕衡《送窮文》）

李時可於本年中舉人。

李時可，一名昌期。東莞人。春叟子。寶祐六年以《春秋》中鄉舉。早卒。妻何氏，鄉貢何漢臣女，以孝節聞。姑病篤，剮股肉煉糜以進，疾尋愈。咸淳十年（一二七四），邑宰爲立孝行坊。景炎二年（一二七七），復旌其門，賜束帛焉。陳伯陶《宋東莞遺民録》卷下有傳。

宋理宗開慶元年　己未　一二五九年

本年李春叟以薦授惠州司户。

李春叟，字子先，號梅外。東莞人。用長子，昂英門人、族人。春叟承家學而覃思經術，嘗從學於李昂英等。宋理宗嘉熙、寶祐間，以《春秋》鄉貢凡三中舉。開慶元年（一二五九）以薦授惠州司户，景定間調肇慶府司理，皆有政譽。擢德慶府教授。秩滿而歸。廣州百姓受害於銀場鹽局，春叟上書察院，奏罷。家居著書授徒，嶺海名士多出其門。朝廷授軍器大監，辭而不赴，特賜"梅外處士"號以旌之。宋恭宗德祐二年（一二七六），其姻兄弟熊飛起兵勤王赴文天祥麾下，春叟乃作詩送行。宋端宗景炎二年（一二七七），元兵欲剿東莞，春叟往謁其帥，以死爭得止。因命春叟任邑令，力辭不就。自是絕意仕進，橫經講學，以道自任。年八十而卒。著有《詠歸集》（已佚）、《論語傳說補》。明初陳璉為撰《梅外先生墓表》，黃佐《廣東通志》卷五八、崇禎《東莞縣志》卷五有傳。今從明吳中、高橙修成化九年刊《廣州志》卷二五及清張其淦《東莞詩錄》卷二輯得其詩共十三首，參校清陳伯陶《宋東莞遺民錄》卷下《李春叟傳》附錄其詩。子昌辰，字昭可，號簡齋，元府庠。張其淦《東莞詩錄》卷三有傳。

陳夢龍於本年中進士。

陳夢龍（？～一二七九），又名應辰、五齊。祖籍福建莆田，父仕穎中明經，任潮陽知縣，遂定居。開慶元年（一二五九）進士，授石首主簿，後調任揚州司法。時元兵漸迫境，數次上疏提纓請勁旅，未被採納，遂於咸淳六年（一二七〇）春棄官回鄉。景炎元年（一二七六）十一月，南劍州宋軍降元，宋端宗君臣登船南逃，夢龍散家資起兵勤王，朝廷授予潮惠諸路招撫使。祥興元年（一二七八），協助文天祥進屯潮陽討伐陳懿，後得知其弟江西招撫使陳恩貞被困孤城，便發兵馳援，途中遭元兵截擊，到達時城已破，恩貞身亡。夢龍痛恨交加，發誓殺敵救國，隊伍很快由三千多人增至二萬多人，在江西、福建等地抗元兵數月，歷經數十次戰鬥，終因眾寡懸殊而敗。二年初率九百人退回潮陽南山舊營，得報文天祥在五坡嶺被執，已解往海口（今海門鎮），遂率兵解救，於海口古埕鄉與元兵激戰捐軀。（乾隆《潮州府志》卷二八）

林履中於本年中進士。

林履中，海豐人。開慶元年（一二五九）進士。（《惠州府志》）

古文龍生。

古文龍（一二五九～一三三五），號野舟。梅縣人。殿試高中，任肇慶、德慶、南思等八路教授。（《廣東通志》）

宋理宗景定二年　辛酉　一二六一年

秋，吳文震賦《景定辛酉秋題道州元山石》詩云：

卷石之中有道存，巖巖氣象峻於天。巍乎近取舜爲法，卓爾如羣孔在前。跨六鼇頭觀戴極，出羣龍首要承乾。聖門所重非科第，向上工夫合勉旃。（陸增祥《八瓊室金石補正》卷一二〇）

本年鍾開泰以貢起家，授福建莆田令。

鍾開泰，番禺人。景定二年（一二六一）以貢起家，授福建莆田令。咸淳三年（一二六七）乞養致仕，歸里卒。（李志道撰《鍾三陽墓誌》、《番禺縣續志》卷一八）

李通甫於本年中舉人。

李通甫，東莞人。春叟次子。景定二年（一二六一）鄉貢舉人，簡將仕郎，貴州路儒學教授。居喪以孝聞。邑述其事申於郡。陳伯陶《宋東莞遺民錄》卷下有傳。

林斗南於本年中舉人。

林斗南，字景星。化州人。景定二年（一二六一）鄉舉，連捷終成進士。出任桂林路判官，勤政廉潔，譽滿桂林，後致仕歸。（《化州縣志》卷九）

宋理宗景定三年　壬戌　一二六二年

四月初一日，吳文震賦《題浯溪崖》詩云：

景定初元汎虜氛，掀天功業掩前聞。扶唐社稷郭中令，造漢乾坤賈冠軍。好激浯溪湔舊案，重磨崖石紀元勳。僕今已辦湘山

刻，未遜聱翁星斗文。（清陸增祥《八瓊室金石補正》卷九三）

李得順於本年中進士。

李得順（？～一二七六），字定之，號介溪。東莞人。宋理宗景定三年（一二六二）進士，官春州司法，調端州司法。爲官清廉，性情爽直。（宣統《東莞縣志》卷五四）

陳建中於本年中進士。

陳建中，海豐人。宋理宗景定三年（一二六二）進士。（《惠州府志》）

談文炳於本年中進士。

談文炳，字榮甫。鬱南人。景定三年（一二六二）進士。歷任果州、化州州判，萬州州同，思明府同知。（乾隆《德慶州志》卷十五）

宋度宗咸淳元年　乙丑　一二六五年

本年楊鎮恩選博學鴻詞，御試詩文第一，特選駙馬都尉，賜名鎮。

楊鎮，原名公傑，號英叔。高要羅格村（今屬高明）人。咸淳元年恩選博學鴻詞，御試詩文第一，特選駙馬都尉，賜名鎮。元軍占臨安，回廣東。祥興二年（一二七九）崖門兵敗，至端州。（光緒《高明縣志》）

吳桂發於本年中進士。

吳桂發，號東園。南海人。宋度宗咸淳元年（一二六五）進士，官昌化軍僉判。入元後，舉城歸附，曾任南寧軍知軍事，在任十年。元世祖至元二十八年（一二九一）赴北朝，授道州同知總管。正德《瓊臺志》卷三一有傳。詩二首。

吳應辰於本年中進士。

吳應辰（？～一二七八），名樞。潮陽人。宋度宗咸淳元年（一二六五）進士，授江西南康錄事參軍。祥興元年（一二七八），與弟枑、希奭率丁壯勤王，隨文天祥屯兵海豐五坡嶺。元

將張弘范追至，文天祥兵敗被執，應辰兄弟三人皆戰死。（乾隆《潮州府志》卷二八）

古揆卒。

古揆（？～一二六五），梅縣人。官江西吉安府永豐令。清廉有政聲。（《嘉應古氏源流考》）

宋度宗咸淳三年　丁卯　一二六七年

梁畿於本年中進士。

梁畿，鬱南人。咸淳三年（一二六七）進士，官至朝請大夫。卒葬羅旁九牛山。（道光《西寧縣志》卷十一）

梁起於本年中舉人。

梁起，字起莘，號定山。順德人。咸淳三年（一二六七）鄉薦。累拜中順大夫、嶺南招討使，以忤同官解兵柄。及宋帝殂崖山，江南傳其在占城。起率義兵，爲書與馬南寶，詞甚慷慨。眾推南寶爲帥，起副之。與制置使黎德以迎駕號召，聚眾二十萬，爲元將王守信所敗，遂易名隱匿。後元詔大赦，求宋遺民。起與謝枋得有舊，當事者薦枋得，起亦被薦。與枋得書，枋得不食死，起亦卒不往。久之，海濱盜剽掠居民，里人黎耕叟以起才略白閫帥，里中父老泣求，起往討平之。閫帥上其功，授賓州路同知。力辭不受。自是浪跡江湖，無復人間事。卒年六十。吳道鎔《廣東文徵作者考》卷一有傳。

宋度宗咸淳四年　戊辰　一二六八年

本年廣州光孝寺藏殿失火，皆爲灰燼。原《廣州光孝寺藏經刻語》云：

光孝寺藏殿樓閣五十三，參之上有經函一，上刻十字云云。寺僧不敢啟。宋度宗咸淳四年（一二六八），藏殿失火，皆爲灰燼。欲要此經開，須同慈氏來。（同治《番禺縣志》卷五三《雜記一》，據任志修）

蔡鬱於本年官雷州司理。

蔡鬱，字西野。元定四世孫。原籍福建建陽。宋度宗咸淳四年（一二六八）官雷州司理。宋端宗景炎間，聞文天祥至粵，作詩奉寄。宋亡，歸路梗塞，遂落家東莞，後子孫無仕元者。事見清陳伯陶《宋東莞遺民錄》卷下《蔡鬱傳》。著有《西野詩集》，已佚。今存詩一首。

王道夫於本年中進士。（阮元《廣東通志》卷六七《選舉表》五）

王道夫，番禺人。少從陳大震遊，苦志力學，登陳文龍榜進士。咸淳四年（一二六八）進士，官連山尉，有保民驅寇功，度宗寵以御劄，由是知名。張鎮孫敗後，凌震得脫，收集敗亡，得數千人，倚文天祥諸軍為聲援。時大震、道夫皆家居。端宗召大震、道夫。大震固辭。道夫拜命，與凌震各將兵為犄角。景炎二年四月，端宗崩，衛王即位，改元祥興，加道夫學士兼兵部尚書。十月，元將李恒襲廣州。力戰不利，閏十一月庚戌，道夫遁；壬戌，震遁；癸亥，元人復陷廣州。於是二人會兵圖再舉。十二月壬午，道夫引兵先往取廣州，與李恒兵戰，大敗，為元人所執。凌震繼至，亦敗退，戰於城東茭塘，又敗。明年二月，李恒與張弘范合攻崖山，震解甲降。宋亡後，道夫不知所終。

劉襄然於本年中進士。（阮元《廣東通志》卷六七《選舉表》五）

劉襄然，字興之。從化人。咸淳四年（一二六八）進士，官至承議郎行太常丞。（《韶州府志》卷三三）

劉褒然於本年中進士。

劉褒然，字舉子。番禺人。咸淳四年（一二六八）進士，官文林郎、韶州軍事判官。元兵入境，百官多散亡，死守不去，特授朝奉郎，諡忠毅。（《韶州府志》卷三三）

魏珣於本年中進士。

魏珣，龍川人。咸淳四年（一二六八）進士，官將仕郎。

（《龍川縣志》）

宋度宗咸淳七年　辛未　一二七一年

張鎮孫於本年中狀元，賦《辛未狀元謝恩詩①》詩云：

當宁宵衣務得賢，草茅何足副詳延。天人要語垂清問，仁敬陳言上奏篇。愧乏謀猷神乙覽，忽驚姓字首臚傳。乾坤大德知難報，誓秉孤忠鐵石堅。

王元甲於本年中進士。

王元甲（一二三〇～一三〇一），字士遷。番禺人。咸淳辛未進士，與張鎮孫同榜。李忠簡公婿也。官陽江縣主簿，兼尉事，有惠政。罷歸，廬於先塋旁。元師下廣州，張鎮孫死之，元甲護其柩歸葬。宋亡，朝夕望崖門而哭，人目為狂。會海盜擾，元將聘入幕，不就。鄉父老以安危力請，乃為籌策捍禦。事平，元將欲以其績上聞，亟辭去，隱於番禺沙灣。環所居種梅數十本，徜徉其間，因自號梅灣居士。年七十二卒。吳道鎔《廣東文徵作者考》卷一有傳。

邱必明於本年中進士。

邱必明（？～一二七六），保昌（今南雄）人。咸淳七年辛未（一二七一）進士，累官韶州僉判。德祐二年（一二七六）元兵逼梅關，熊飛領兵與元軍戰，敗還韶。元兵攻城，城陷，被執，不屈遇害。（《南雄府志》卷十四）

宋度宗咸淳八年　壬申　一二七二年

董樸於本年任刑部郎官。

董樸（一二三二？～一三一六？），字太初。順德人。宋度宗咸淳八年（一二七二）任刑部郎官。鼎革後，於元世祖至元十六

---

① 詩題，明黃瑜《雙槐歲鈔》卷八作《謝恩詩》。（清張耀昌道光二十五年刻本《見面亭遺集》）

年（一二七九）任陝西知法官，尋召爲太史院主事，辭不赴。元
仁宗皇慶初，年逾八十，以翰林修撰致仕。卒年八十五。學者稱
龍岡先生。事見《元史類編》卷三一，《宋元學案》卷九〇有傳。
詩一首。

宋度宗咸淳九年　癸酉　一二七三年

　　本年元軍經六年苦戰攻佔襄陽，復移軍略淮東，欲渡江南
下，賈似道尚粉飾太平，日坐葛嶺半閒堂作樂，袁玠憤作《傷
亂》七律二首刺之。（陳永正《嶺南歷代詩選》六九頁）

　　袁玠，字廷玉。祖臻來粤任參軍，後留居東莞。宋末玠爲修
正庶尹、防團推官、從軍郎。後感國勢日蹙，與弟瑨相與棄官，
同隱東莞鄉中。

　　戴應魁於本年中舉人。

　　戴應魁，號雪溪。東莞人。咸淳九年（一二九三）癸酉鄉
貢。官連山儒學。張其淦《東莞詩錄》卷二有傳。

宋度宗咸淳十年　甲戌　一二七四年

　　陳息卿於本年中進士。

　　陳息卿，字鵬圖。其先汴人，以祖鐸爲宋承事郎，靖康末扈
蹕於杭，遂入廣，家於番禺、增城之間。息卿登咸淳十年（一二
七四）甲戌黃龍澤榜進士，授登仕郎，歷僉書清海軍副使，所至
有廉聲惠政。祖夢龍，知鬱林郡。父炎震，知建康府糧科院侍郎
大震，其諸父也，同登進士，列顯秩，一時榮之。裔孫道，太僕
寺卿：大章，刑部尚書；堂，光祿卿。潘楳元、譚瑩《廣州鄉賢
傳》卷一有傳。

　　尹鼎來於本年中進士。

　　尹鼎來（？～一二七八），東莞人。少讀書太學。咸淳十年
（一二七四）進士。於福州擁立廣王，官御史中丞。後扈從廣王
入粤，殉難死。（宣統《東莞縣志》卷五四）

宋恭宗德祐元年　乙亥　一二七五年

　　本年李用命其婿熊飛起兵勤王，用渡海至日本，教授詩書。日人多被教化，尊稱曰"夫子"。熊飛起義，許之鑒集兵千餘人跟隨。

　　李用，字叔大，號竹隱。東莞人。少孤，事母孝愛盡禮。初業科舉，及讀周程諸書，即棄之，杜門潛心理學。將三十年，而所學益熟，士子登門從學無虛日。李昴英慕名往見之，稱爲有道君子，並進其所著《論語解》於朝。詔授校書郎，不受而歸。又遷承務郎以旌表之，所著《論語解》梓行天下。後大臣交口薦舉，宋理宗特書"竹隱精舍"賜之。宋恭宗德祐元年（一二七五），用命其婿熊飛起兵勤王，而已赴交阯（交越南）教授詩書，多被教化，尊稱曰"夫子"。年八十一卒。交阯國王以倭衣倭帽鼓吹一部送喪返里，後東莞人稱送喪鼓吹爲"過洋樂"，吹鼓手皆穿日本衣帽。其子春叟遵遺囑往葬交阯，以完其生不食元粟，死不葬元土之節云。黃佐《廣東通志》卷五八、崇禎《東莞縣志》卷五有傳。詩四首。

　　熊飛（？～一二七六），東莞人。李用婿，春叟內兄。德祐二年（一二七六），元兵圍臨安，宋恭帝降。五月，丞相陳宜中立罵於福州。先是，春，飛勤王。五月，聞文天祥經略江西，率兵從之。至江西敗，返莞。尋聞帝至海上，飛再起兵。八月，飛率兵攻廣州，再敗還莞。元將黃世雄派姚文虎追飛至銅嶺榴花村，被飛兵圍，殺文虎。飛乘勝再攻穗，拔之。時元兵度梅嶺，飛軍北上。十月至南雄，大戰，飛退保韶州。十一月，部將劉自立開韶州城降元，飛巷戰而亡。康熙《東莞縣志》卷十二《人物》三有傳。

　　許之鑒（？～一二七八），東莞莞城城西人。熊飛起義，集兵千餘人隨飛抗元。榴花戰役，其戰最大。飛殉國後，從文天祥於汀洲，駐兵潮陽。元兵突至，力戰五坡嶺，被執，不屈死。

（《東莞市志》一四〇一頁）俚國泰，與熊飛起兵勤王，隸文天祥麾下。（《東莞詩錄》卷二）

本年李志道撰《勅授文林郎鍾三陽墓誌銘》，銘曰：

君之生兮志從龍，君之没兮永譽終。造化毓兮神秀鍾，如竇友兮閟幽宫。天祚德兮禄靡窮，貽子孫兮寵命隆，表其墓兮大其封。（《番禺河南小志》卷七《金石》）

本年至明年李秋攝東莞縣丞。

李秋，字世貞。東莞人。德祐間攝東莞縣丞，與張元吉、翟龕齊心合力，使鄉親免遭元軍蹂躪。（宣統《東莞縣志》卷五四）

宋恭宗德祐二年　宋端宗景炎元年　丙子　一二七六年

五月，熊飛率軍欲往江西助文天祥，李春叟賦《送熊飛赴文丞相麾下①》詩云：

龍泉出匣鬼神驚，獵獵霜風送客程。白髪垂堂千里別，丹②心報國一身輕。劃開雲路冲牛斗，挽落天河洗甲兵。馬革裹屍真壯士，陽關莫作斷腸聲。（崇禎《東莞縣志》卷七《垂芳》）

許國泰賦《之鑑俚偕熊飛起義勤王同赴文丞相麾下賦此送行》詩云：

汝懷報國心，忠義劇純悆。敵愾思勤王，提戈時奮躍。幸有熊義士，同袍與偕作。期汝立戰功，英姿邁褒鄂。　（羅嘉蓉輯《寶安詩正續集》卷一、張其淦《東莞詩錄》卷二）

許國泰，東莞人。宋末時居莞城西門。事見張其淦《東莞詩錄》卷二。詩一首。

十一月，熊飛兵敗韶州，劉玉真避亂鄉曲。

劉玉真，東莞人。學士繼增子，進士宗從弟。初寓邑之西城

---

①　詩題，清陳伯陶《宋東莞遺民錄》卷下《李春叟傳》作《送熊飛將軍赴文丞相麾下》。

②　丹，清陳伯陶《宋東莞遺民錄》卷下《李春叟傳》作“赤”。

栅口，兄弟倡和爲詩。景炎末熊飛兵敗，避亂鄉曲。入元後自以家世宋臣，隱居不仕。嘗作《曾内》一律，時人誦之。溫汝能《粵東詩海》卷六有傳。

十二月，文天祥被執，方幼學乃大慟歸。

方幼學，字行父。東莞人。其先莆人。祖邦榮，正奏朝奉大夫，始由莆入莞。父良輔，官司隸校尉。幼學善文辭，尚濮王郡主，官郡附。嘗還莆觀時變。文天祥勤王師起，方謀捐資助餉。會大事去，天祥被執，乃大慟歸。建寧謝翱者，天祥客也。天祥殉國，翱設主於嚴子陵臺。幼學與翱同汐社，多所賦詠。翱垂没，語後事於妻劉。訃聞，幼學與方鳳、吳思齊、馮桂芳、翁登及弟衡會小爐峰相向哭。明日，與鳳及方熹先往臺南，度所葬地，復具舟之杭，哭諸劉氏，劉循命殯所度處，即其地作許劍亭，伐石表墓，曰"粵謝翱墓"。後歸莞，營菟裘，與兄恭己樂塤箎以終老焉。陳伯陶《宋東莞遺民録》卷下有傳。

本年間翰林學士陳仲微、省郎謝少敏抵瓊臨訪唐文嚴。

唐文嚴，字克寬。瓊山人。任迪功郎。宋末隱德不仕，建亭名"松軒"，日逸其中，留意經史。景炎間，間翰林學士陳仲微、省郎謝少敏抵瓊臨訪，合歡終日，改其軒名"廣蔭"，有詩相倡和云。郭棐《粵大記》卷二四有傳。

本年張世傑保宋端宗退至潮州，許夫人遂倡領畬民數千入伍。

許夫人，海陽人。景炎元年（一二七六），張世傑保宋端宗退至潮州，許夫人遂倡領畬民數千入伍。二年，夫人率義軍攻打泉州不克。元援兵至，世傑退兵，夫人前往援救，與元兵遭遇，浴血奮戰而死。鄉人建祠奉祀。（一九九二年《大埔縣志》）

本年宋帝奔甲子門，元兵追至。宋鄭復翁宰牛誓眾，率義兵襲奪元軍十舟。

鄭復翁，海豐人。嘗在外洋值海濤大作，同舟者幾無人色，復翁獨放歌自得。景炎元年（一二七六），帝奔甲子門，元兵追

至。復翁宰牛誓眾，率義兵襲奪元軍十舟。王師得援，任爲先
鋒。扈從崖門，遭風溺死。（《惠州府志》）

本年元兵攻廣州，黃俊奉命率摧鋒軍抵敵。

黃俊，南海人。德祐二年（一二七六），元軍攻打廣州，奉
命率摧鋒軍抵敵，戰敗被俘，不屈而死。（阮元《廣東通志》卷
二七〇）

張方谷生。

張方谷（一二七六～一一三三四），字種德。東莞人。登辰
子。工詩文。歷任高州路教授，陽江、陽山縣令。（宣統《東莞
縣志》卷五四）

伍鳳殉國。

伍鳳（？～一二七六），東莞人。善用槊。隨熊飛抗元，出
征江西，殺敵力盡，被元將黃世雄捉獲，不屈死。（宣統《東莞
縣志》卷五四）

宋端宗景炎二年　丁丑　一二七七年

本年李忠募死士五百，從制置使張鎮孫襲取廣州，授都統。

李忠，字延齡。龍門人。景炎二年募敢死士五百，從制置使
張鎮孫襲取廣州，授都統。祥興元年（一二七八）隨帝昺遷崖
山，以積勞遽卒於軍。（咸豐《龍門縣志》卷十三）

陳子全殉國。

陳子全（？～一二七七），吳川人。惟中兄。端宗景炎二年
（一二七七）任廬陵縣丞，聞元兵陷臨安，與主簿吳希奭、縣尉
王夢應起兵勤王，收復袁州。已而陷沒，中流矢死，希奭力戰亦
死。夢應收殘卒趨永新，圖再起，力不支，亦死。人稱“廬陵三
忠”。（《吳川縣志》）

宋帝昺祥興元年　元世祖至元十五年　戊寅　一二七八年

冬，文天祥將兵至潮陽，趙嗣助具糧草勞軍。

趙嗣助，字衍獎。潮陽人。咸淳進士，官至朝奉大夫惠州通判。景炎初以母老乞歸。祥興元年（一二七八）冬，文天祥將兵至潮陽，具糧草勞軍，宋亡不仕。元至大間倡建雙忠廟，祀文天祥、張世傑。（隆慶《潮陽縣志》卷十二）

潘惟賢卒。

潘惟賢（？～一二七八），茂名人。宋咸淳年間中舉，任茂名縣尹。元至元十五年（一二七八），元兵直搗高州，知州李象祖投降。惟賢奉命守禦白沙寨，時敵勢猖獗，人皆降附，惟賢仰天慟哭。人勸其降，憤然厲聲曰：“忠臣不事二君，我為宋臣，當為宋鬼耳！”旋被俘，仍憤罵不屈，被殺。

潘斗輔卒。

潘斗輔（？～一二七八），惟賢長子。惟賢被捕後，斗輔備金求贖，不受。請以身代，亦不許。父被殺後，斗輔怒不可遏，持劍衝向敵營。人勸其勿送死，斗輔痛哭道：“為臣死忠，為子死孝，實屬本分。以此劍刺賊之腹為父報仇，方可解恨，萬一被賊殺死，隨父地下，死而無悲。”弟梅窗欲同往，止之曰：“汝當活以存後。”言罷，闖進敵營與元兵拼殺而死。

馬發卒。

馬發（？～一二七八），潮州人。任潮州摧鋒寨正將。德祐二年（一二七六），元兵進犯，潮守令皆棄印去，發權知州事，稱安撫使。景炎二年（一二七七），元兵屢犯，發一再退之。三年正月，陳懿銀部元兵攻城，二十餘日不能下。二月，元兵破城，發自鴆。（《永樂大典》卷五三四三）

宋帝昺祥興二年　元世祖至元十六年　己卯　一二七九年

本年宋帝昺及張世傑、陸秀夫所率水軍戰船千餘艘，與宋降元將領張弘范決戰於新會崖山，宋師潰而國亡，秀夫負帝蹈海，世傑突圍至陽江海陵島自盡。（《宋史紀事本末》卷一○八“二王之立”）

二月，元將張弘范破宋師於崖山，帝昺蹈海，陳植隨張世傑斷舟索出。

陳植，海陽（今潮州）人。宋末勤王至崖山。祥興二年二月，元將張弘范破宋師於崖山，帝昺蹈海，植隨張世傑斷舟索出，以六艦泊梅嶺港。元軍追至，乃遁跡九侯巖，尋卒。（乾隆《潮州府志》卷二八）

本年宋幼主駐崖山，東莞人多應募勤王，李佳慷慨請行。

李佳，一名彥忠。東莞靖康人。曾祖元亨嘗捨田百餘畝入慶林寺。父頤，配陳氏。生佳而頤死，陳矢志教子。佳有才略，祥興中，幼主駐崖山，莞人多應募勤王，佳慷慨請行。佳既行，陳亦趨廣州，至黃木灣自沉死。佳至崖山，得潮州府教授，還家，拜母不見，哀隕莫及，乃築望至堂於烏沙之陽，朝夕哭奠，邑宰尹天覺嘉其孝，微惠陽守臣文璧爲之記。陳積善好施，未死時囑佳割先疇以益慶林寺。宋亡後，佳遂捨田五十畝以成母志，因自號居士云。陳伯陶《宋東莞遺民錄》卷下有傳。

本年宋帝昺崩於崖山，宋亡。馬南寶賦《哭祥興帝（二首）》詩云：

翔龍宮殿已蓬飄，此日傷心萬國朝。目擊崖門天地改，壯心難與海潮消。

黃屋匡扶事已非，遺黎空自淚沾衣。眾星耿耿滄溟底，恨不同歸一少微。（清申良翰修康熙十二年刊《香山縣志》卷八）

本年宋都統饒平張達戰死厓山，其妻陳璧娘求得其屍葬之，亦不食而死。先是景炎時，璧娘賦《平元曲》云：

三年消息無鴻便，咫尺憑誰寄春怨。何不將我張郎西，協義維舟同虎帳。無術平寇報明主，恨身不是奇男子。倘妾當年未嫁夫，願學明妃獻西虜。元人未知肯我許，吾能絲竹又能舞。幾回聞難幾欲死，未審三郎能再覯。（康熙《饒平縣志》卷九本傳）

張達（？～一二七九），海陽人。南宋末爲都統官。景炎元年（一二七六）冬，端宗走潮州，駐南澳紅螺山，達輸粟餉軍。

祥興二年（一二七九）帝昺遷駐厓山，率義勇扈從，殉難。（乾隆《潮州府志》卷二八）

陳璧娘，宋都統饒平張達妻。宋端宗景炎時，達扈帝舟至紅螺山，璧娘送之海洲上（後人名其地為辭郎洲），後作《平元曲》寄達。達戰死厓山，璧娘求得其屍葬之，亦不食而死。清劉抃纂修康熙二十六年刊《饒平縣志》卷九有傳。詩一首。

宋沒，趙良驥抱黍離之感。

趙良驥，東莞人。必璟仲子。必璟器之，曰：“此子能讀父書。”宋沒，抱黍離之感，營隙地，植花竹，視人世富貴利達直等微塵。祁正①《三朝東莞遺民錄》卷上有傳。

宋亡，趙良駿與人日遨遊山水。

趙良駿，字駒仲。必璟第五子。宋亡，與文應麟、何文季及宗人華巔野仙，日遨遊山水。賓從過訪，輒擊鮮浮白，酒酣長嘯，尤仗義輕財，樂周人急。嘗言《易》，一言蔽之曰“懼以終始”。妻錢氏，進士陽江縣薄尉夢驥女。夢驥宋亡不仕。祁正《三朝東莞遺民錄》卷上有傳。

崖門之變，何文季痛哭成疾而卒。

何文季（？～一二七九），字子友。東莞人。嘗師從李昴英。仕於宋季，後棄官歸。崖門之變，痛哭成疾而卒。②臨終戒子孫勿出仕。著有《蘭齋稿》、《宋東莞遺民錄》。黃子高《粵詩搜逸》卷三有傳。

宋元鼎革後，殷彥卓隱羅浮。

殷彥卓，宋進士。官惠州府通判。鼎革後，隱於羅浮，結陶庵精舍於寶積寺。③元徵聘之，不就。後家於東莞。祁正《三朝

① 祁正，字武垣。東莞人。著有《梨川集》。陳融《讀嶺南人詩絕句》卷十三有傳。

② 一說崖山之變後棄官不出。

③ 寶積寺，為羅浮山九觀十八寺之一，始建於宋朝慶歷年初，明末清初仍存，後淪沒，今已恢復重建。

東莞遺民録》卷上有傳。

入元，方圭與三弟具隱德不仕。

方圭，東莞人。幼學四子圭、甲、平、申，皆宋郡主趙氏出。圭學籍五車，人稱學士。嘗官登仕郎。入元，與三弟具隱德不仕。陳伯陶《宋東莞遺民録》卷下有傳。

宋季有薦葉野舟爲學職，固辭不就。

葉野舟，增城人。宋元間隱君子。博學窮經。著有《四書闕疑》。宋季有薦之爲學職，固辭不就。阮元《廣東通志》卷二七○有傳。

元初，何子達以明經舉，蕭然不出。

何子達，號柏堂。尚志讀書。宋末隱遁山林。元初，以明經舉，蕭然不出。黃佐《廣州人物傳》卷十有傳。

胡元代有天下，羅鑄夫不忍仕，遂隱居教授。

羅鑄夫，順德人。生有異質，日誦數萬言。宋景定中以明經試省，舉第一人。是時廣盜鍾明亮起，寇南海，告諸父老捍禦計，鄉里賴之。胡元代有天下，不忍仕，遂隱居教授。又作祠堂爲蒸嘗，伏臘以祭宣義公。衆議諡曰義隱。次子文鳳，仕宋爲都巡檢，後辭去。廣置田莊三百頃，歲入擬封君，長老相傳曰“無官寧羅”。慕漢樊重爲人，好行義讓，不吝施捨。

葉光祖生。

葉光祖（一二七九～一三四二），號謙齋。梅縣人。薦任潮州圓頭司巡檢。（《梅州葉氏族譜》卷一）

元（一二七九～一三六八）

元世祖至元十七年　庚辰　一二八○年

本年陳蕭以賢良應聘，賜第。

陳肅（一二四二～一二九八），字文瑞（端）。海（揭）陽人。宋寶謨閣待制恪之子。宋末避亂鮀江，教授蓮花山下，講明正學。文天祥過潮召見，與語，奇之，檄為參謀，不就。至元初，以賢良應聘，賜第。舉署總管府事，修文廟及濟川橋，多惠政。累官朝列大夫、宣慰同知、總撫湖廣常德路，有奇勳。遷樞密同知，卒。著有《蓮峰集》。阮元《廣東通志》卷二九二有傳。

元世祖至元二十年　癸未　一二八三年

三月初三日上巳日，李璞賦《至元癸未上巳陪緝山遊七星巖並次其韻》七律詩。（歐廣勇、劉偉鏗主編《七星巖鼎湖山書法石刻選》拓片）

李璞，字德秀。端州（今肇慶）人，祖籍四川。曾任梅州推官。詩二首。

元世祖至元二十一年　甲申　一二八四年

本年大赦，李長卿歸家。

李長卿（？～一二九○），字取之，晚年自號陶隱。廣州人。諸生。家富於財，而尚氣節。宋末元兵壓境，廣州降，長卿率徒眾三應募協復府城，從役舟運芻糧木石至海以濟宋師。厓山之戰，其弟方卿並徒眾多歿，惟長卿得存。時元人追捕甚急，長卿攜二子變姓名逃海，遺其妻及幼子。妻被執不屈，卒於家。元世祖至元二十一年（一二八四）大赦，長卿乃歸家，葬其妻於祖墳側，立碑不稱元正朔。以深痛其妻死節，誓不再娶，優遊鰥居。至元二十七年卒。事見陳言惠《重刻宋忠義李公墓表》。詩一首。

元世祖至元二十三年　丙戌　一二八六年

本年寶應還源遇禪師出世開法永慶。

禪宗第二十二世祖西京寶應還源遇禪師（一二五四～一三一三），霍州靈石王姓，薙染後偏歷諸方。聞靈隱泰公道眼精明，乃往參焉。一日值泰上堂，舉洞山偈曰：“切忌從他覓，迢迢與我疎。”語未竟，師當下發悟。越二年，遂印可。至丙戌（元世祖至元二十三年，一二八六）出世開法永慶。乙未（元成宗元貞元年，一二九五）奉旨住少林，僧問：“如何是西來的的大意？”師曰：“風送泉聲來枕畔，月移花影到窗前。”仁宗皇慶癸丑（二年，一三一三）冬示寂，壽六十九。（《開元寺傳燈錄》）

元世祖至元二十五年　戊子　一二八八年

本年李蒲林率眾揭竿而起。

李蒲林，河源人。至元二十五年（一二八八），率河源農民揭竿而起，趕走縣官，攻佔縣城八十餘天。後失敗被殺。（《河源縣人物志》）

鍾明亮在鄉里舉旗造反，

鍾明亮，龍川人。至元二十五年（一二八八）在鄉里舉旗造反，聚眾萬餘人，自稱老大。曾率兵屢攻贛州不克，後轉攻閩西、粵東各縣，亦戰果不大。次年五月失敗降元。（《龍川文史》）

鍾復昌於本年成鄉貢。

鍾復昌，字子還。番禺蘿崗（今屬廣州）人。六歲被人略去賣與南海岑姓為子。至元二十五年（一二八八）舉人，徵為蘇州府教授，勵行課士，無意軒冕。不數載棄官歸，高臥蘿峰、周嶺間，作家訓十則以垂子孫。其曾祖玉岩公嘗結一廬讀書曰種德庵，復昌拓其庵為書院，親臨課士。（徐朝直《子還鍾公墓誌》、陳澧《蘿峰書院記》、《番禺縣續志》卷一八）

元世祖至元二十六年　己丑　一二八九年

正月，靈隱文泰禪師圓寂。

禪宗第二十一世祖靈隱文泰禪師（？～一二八九），汾州陽城魏氏子。參雪庭，庭問：“當機一句，試拈出看。”師擬對，庭遽曰：“家產被人籍沒了也，還在這里叫屈。”師因有省，乃撫掌曰："誰奈我何？"庭曰："這風顛漢，參堂去。"師曰："仁義道德中且與一拜。"執侍十載，後奉旨主少林。元世祖至元己丑（二十六年，一二八九）正月示微疾，謂維那曰："古人坐脫立亡，即不無於老衲僧分上，皆餘事也。山僧則不然。"言畢而逝。門人分靈骨舍利建塔少林、寶應兩處。（《開元寺傳燈錄》）

十一月，王顯德題《七星巖》詩云：

七星峯頂聳蒼穹，仙境塵寰迥不同。龍殿巖前珠滴瀝，斗魁臺上玉玲瓏。長生石髓藏山罅，煉性丹砂閉井中。雲路一朝還我識，鉄衣作翼便乘風。（崇禎《肇慶府志》卷四八《藝文二三》）

王顯德，字耀卿。疑爲粵人。元世祖至元二十六年（一二八九），曾題詩肇慶星湖大巖洞東壁。詩一首。

元世祖至元二十九年　壬辰　一二九二年

本年趙鼎《題神符巖》詩云：

五丁擘破石巖巖，拔起孤峯頓此間。長作蓮塘中砥柱，遠移蓬島下塵寰。曉來雲潏龍歸洞，夜半仙遊鶴滿山。壁立東南爲勝境，腳頭高處愈躋攀。（肇慶市文物志編纂委員會編《肇慶文物志》第四篇《石刻》第二節《元明清摩崖石刻》）

趙鼎，高要人。元代任肇慶路儒學教諭，秩滿後遂占籍高要，始居城西，後遷蓮塘都蘭巷坊。元世祖至元二十九年（一二九二）嘗留題詩刻於高要蓮塘神符巖壁。詩一首。

元世祖至元三十一年　甲午　一二九四年

十二月初七日，趙必璈卒，翟龕賦《輓趙秋曉》七律詩（張其淦《東莞詩錄》卷一），黎獻《輓趙秋曉（四首）》五律詩（道光二十年詩雪軒刊本《秋曉先生覆瓿集》卷末附錄），李春叟賦《輓趙秋曉（七首）》七絕詩（張其淦《東莞詩錄》卷二），陳庚《輓趙秋曉（三首）》五律詩（道光二十年詩雪軒刊本《秋曉先生覆瓿集》卷末），張登辰賦《過趙秋曉墓》七律詩①、《挽趙秋曉（三首）》五律（張其淦《東莞詩錄》卷二），翟佐②賦《挽趙秋曉（二首）》五律詩（道光二十年詩雪軒刊本《秋曉先生覆瓿集》卷末附錄，出處下同），胡駿升③賦《挽趙秋曉》五律詩，張孺子④賦《挽趙秋曉》五律詩，陳繼善⑤賦《挽趙秋曉》五律詩，姚然⑥賦《挽趙秋曉（二首）》五律詩，釋覺真⑦賦《挽趙秋曉》七律詩，李士龍⑧賦《挽趙秋曉（二首）》七律詩，陳紀賦《輓趙秋曉（三首）》七律詩（清張其淦《東莞詩錄》卷二），羅附鳳⑨賦《挽趙

----

　　①　張登辰（一二四六～一二九九），字規甫，號恕齋。東莞人。元吉弟。善屬文，有器識。宋度宗咸淳九年（一二七三）鄉貢。試南省歸，感慨時事，勸邑宰作保障之計。後元將張弘范率兵將自惠州至東莞，邑人奔竄，登辰奉兄元吉之命，罄家貲千金往賂，得免兵犯。後攝縣丞，帥府欲增東莞稅額，登辰力爭而罷。事定後，元朝授以將仕佐郎、靜江路儒學教授，命下，登辰謝病不出。與李春叟等宋遺民交善，又與趙必瑑結爲姻家。有《恕齋集》，已佚。黃佐《東莞縣志》卷五八、崇禎《東莞縣志》卷五，皆以登辰與其兄元吉合傳。今從《東莞詩錄》及邑志共輯得其詩十八首。

　　②　翟佐，字孟卿。東莞人。與趙必瑑友善。事見清陳伯陶《宋東莞遺民錄》卷上。詩二首。

　　③　胡駿升，字德夫。疑爲東莞人。詩一首。

　　④　張孺子，字全德。東莞人。迓衡長子。宋遺民，逃元不仕，時稱高士。事見東莞《張氏族譜》，陳伯陶《宋東莞遺民錄》附於張迓衡傳後。詩一首。父迓衡，或作衡，號小山。東莞人。太學生，有德望，工詞翰，肄業太學觀化齋，嘗創蕺月庵，延湖海名士。滄桑後獨棲遲。衡、泌與趙必瑑、李春叟諸遺老想往還，或感憤噓唏，長歌短牘，以寫其麥秀黍離之戚，必瑑嘗用其韻以懷梅水村。著有《小山吟稿》、《蕺月集》。張其淦《東莞詩錄》卷二有傳。

　　⑤　陳繼善，字仲卓。東莞人。詩一首。

　　⑥　姚然，字達泉。東莞人。詩二首。

　　⑦　釋覺真，號半顛。東莞人。趙必瑑友。事見陳伯陶《宋東莞遺民錄》卷上。詩一首。

　　⑧　李士龍，號梅南。廣州人。宋末名士。詩二首。

　　⑨　羅附鳳，字桐江。疑爲粵人。詩一首。

秋曉》七律詩，趙時清①賦《挽趙秋曉》七律詩，黎善夫②賦《挽趙秋曉（二首）》七律詩，鄧元金③賦《挽趙秋曉》七律詩，葉特④賦《挽趙秋曉》七律詩，張震⑤賦《挽趙秋曉》七律詩，張昭子⑥賦《挽趙秋曉（二首）》七律詩，李昌辰⑦賦《輓趙秋曉》七律詩，陳師善⑧《挽趙秋曉（二首）》七律詩，黎伯元⑨賦《挽趙秋曉》七律詩（道光二十年詩雪軒刊本《秋曉先生覆瓿集》卷末附錄）。

元成宗元貞元年　乙未　一二九五年

本年廣東廉訪司唐古臺約徐心遠同遊羅浮。

徐心遠，惠州人。郡儒，負宿望。元貞乙未，廣東廉訪司唐古臺約同遊羅浮，心遠爲作《登山記》。吳道鎔《廣東文徵作者考》卷二有傳。

元成宗元貞二年　丙申　一二九六年

趙嗣煥生。

----

① 趙時清，號華巔。東莞人。宋宗室。宋末任修職郎、連州桂陽縣主簿。宋恭宗德祐後，戰亂紛繁，幕府委任時清代理邑丞，時清盡心竭力，勉濟民艱。宋亡，乃與趙必璵、陳紀偕隱鄉間。事見陳伯陶《宋東莞遺民錄》卷上。詩一首。
② 黎善夫，東莞人。詩二首
③ 鄧元金，字松蒼。東莞人。詩一首。
④ 葉特，字南坡。東莞人。詩一首。
⑤ 張震，號古翁。東莞人。詩一首。
⑥ 張昭子，字竹處。東莞人。與趙必璵交遊唱酬。事見清陳伯陶《宋東莞遺民錄》卷上。詩二首。
⑦ 李昌辰，字昭可，號簡齋。東莞人。春叟子。元朝府庠生。詩一首。
⑧ 陳師善，字季質。疑爲東莞人。詩二首。
⑨ 黎伯元，字景初，號漁唱。東莞人。元朝末年由歲貢歷官連山教諭及德慶、惠陽教授，所至學者尊之，文風以振。黃佐《廣東通志》卷五九作黎伯原，附於其子黎光傳中。著有《漁唱稿》，已佚，今從趙必璵《覆瓿集》卷六附、張其淦《東莞詩錄》卷三輯得其詩共三十四首。

趙嗣煥（一二九六～一三六五），字仲華，號梅南，自號意翁。香山（今珠海斗門）人。宋太祖御弟匡美十一世孫。理學名賢，以道學文章爲世所仰。以傷宗國之亡，隱居不仕，浮游物外，隱居香山潮居里（今斗門赤坎村）。性愛竹，自築一亭名意翁亭，遍植翠竹，額其亭曰"菉猗"。著有《菉猗詩集》，已佚。清暴煜修乾隆刊本《香山縣志》卷六有傳。詩八首。

元成宗大德元年　丁酉　一二九七年

七月十五日，區子復書《公署述懷①》七古長詩。（清道光二十年伍崇曜詩雪軒校刊本《九峯先生集》附錄）

區子復，號拙翁。南海人。仕衡次子。元成宗大德初任象州武仙縣縣丞。事見《九峯先生集》附錄。詩一首。

元成宗大德二年　戊戌　一二九八年

本年李逢卯以文學舉。

李逢卯，開建（今封開）人。學行優飾。大德二年（一二九八）以文學受薦舉。② 曾任江西行省肅政廉訪司副使，振綱肅紀。（《肇慶府志》）

元成宗大德四年　庚子　一三〇〇年

李梅國（一作國梅）於本年中探花。

李梅國（？～一三二七、一三六三），字敦臨。陽江人。③ 元成宗大德四年（一三〇〇）登進士及第第三名（探花）。七年，授給事中。十一年，陞通議大夫、吏部左侍郎。仁宗皇慶二年（一三一三），進資政大夫、刑部尚書。泰定四年（一三二七）卒。清范士瑾纂修康熙二十七年刻本《陽江縣志》卷三《人物

---

① 詩後原留題云"元大德元年秋七月望日寓象州武仙縣拙翁子復書"
② 一作至正二年（一二六五）。
③ 一作恩州（今恩平）人。

《志》有傳。詩三首。

曾宋暐於本年中舉人。

曾宋暐，花縣（今花都）人。大德四年（一三〇〇）舉人。官至福建福州府同知。（光緒重刊《花縣志》卷三）

元成宗大德五年　辛丑　一三〇一年

張復禮生。

張復禮（一三〇一～一三六一），字禮廷。番禺人。祖一飛，通《周易》，士大夫推爲宗伯，號黃岐張氏易。父彬甫。復禮薰家教，易學益粹。後築室廣州，禪諸子就名師學習。至正二十一年卒，年六十一。洪武元年（一三六八），其子葬之於增城西章山，子孫遂爲增城人。（黃佐《廣州人物傳》卷七十）

元成宗大德八年　甲辰　一三〇四年

正月初一日，陳紀賦《甲辰元日》詩云：

屋角雞聲一歲分，起搔吟鬢惜芳辰。江山有恨英雄老，天地無私草木春。柏葉又傾新歲酒，梅花同是去①年人。東風著物能多少，寫入清詩句句新。

本年新州瑶人作亂，宣慰使阿里元帥討平之，謝應子爲作《平猺碑》。

謝應子，新州人。大德八年，新州瑶人作亂，宣慰使阿里元帥討平之，州人建生祠，紀功立石，應子爲作《平猺碑》。吳道鎔《廣東文徵作者考》卷二有傳。

元武宗至大元年　戊申　一三〇八年

趙孟傑於本年任博羅縣尹。

————————

① 去，明張邦翼輯萬曆四十四年刻本《嶺南文獻》卷二八作"隔"。（清張其淦《東莞詩錄》卷二）

趙孟傑，字公甫，號橘隱。新會人。宋燕王德昭後。元武宗
至大元年（一三〇八）任博羅縣尹。事見清溫汝能編嘉慶十八年
刻本《粵東詩海補遺》卷一。詩二首。

元武宗至大三年　庚戌　一三一〇年

王誠生。

王誠（一三一〇～一三六八），字可誠。東莞人。夢元次子。
至正十一年（一三五一）中原兵起，東莞殘破，誠募兵保土安
民，元封宣武將軍廣東道副都元帥。時何真爲淡水鹽場勾管，棄
官告誠擁兵爲亂。十四年，真率兵攻誠，誠固守。二十六年，真
再攻誠，戰於茶山，大破之。誠遁走，真子貴獻誘餌法，誠家奴
乘隙縛誠獻真。明年正月二十五日，誠與經歷陳日新同被殺。事
見《明史》卷一三〇《何真傳》。

元仁宗皇慶元年　壬子　一三一二年

春，劉應雄賦《潮陽縣東山張許廟辭》詩云：

天將完節付二公，捍蔽江淮嬰孤壙。四百餘戰挫賊鋒，誰知
際運陽九窮。生爲人英歿愈雄，桓圭丹烏膺王封。地無南北錫福
同，吏民薦祀端厥躬。趙公精誠與神通，植僵起廢新斯宮。巍峨
雙廟等山崇，鐫瑤勒石紀豐功。（明《永樂大典》冊五九《潮州
圖志·文章·潮陽縣東山張許廟記》）

劉應雄，潮陽人。元武宗至大、仁宗皇慶間在世，任吉安路
龍洲書院山長。事見明《永樂大典》冊五九《潮州圖志·文章》、
明黃一龍修隆慶六年刊《潮陽縣志》卷一五。詩一首。

本年侯圭作《廉泉亭記》。

侯圭，東莞人。元皇慶初作《廉泉亭記》。宋末進士。吳道
鎔《廣東文徵作者考》卷一有傳。

郭貞順生。

郭貞順（一三一二～一四三六），一作真順。元海陽（今潮

州市）處士周瑤（字伯玉）之妻。幼而淑慧，受經於其父，旁通子史百家，尤長於古詩。爲人有智辯，知大義，元末兵起，避居鄉寨。衆欲推瑤爲長。貞順曰：「寨中少年驍桀不相下，將以君爲禍首，請謝之，更立長。」既而，果大亂，殺其立者。寨人多積粟，貞順盡散所有，日以索綯自業，人莫喻其意。比賊至，積粟盡焚。瑤及貞順率其家夜縋以出，走溪頭寨居焉。明初，命指揮俞良輔巡潮州，將誅諸寨未附者。貞順已六十餘，作詩遮馬前上之。良輔大喜，一寨獲免。瑤後被徵，貞順笑曰：「衣繡入廟，將爲孤犢，得乎？」遂不就。卒年一百二十五歲。隆慶《潮陽縣志》卷一二、清林杭學纂修康熙二十四年刊《潮州府志》卷九下有傳。詩六首。

元仁宗延祐二年　乙卯　一三一五年

畢思明於本年中武進士。

畢思明，花縣人。延祐二年武進士。官山西大同府中軍守備。（民國《重修花縣志》卷八）

元仁宗延祐三年　丙辰　一三一六年

李質生。

李質（一三一六～一三八〇），字文彬，號樵雲。德慶人。通經，有大志，以儒發身，才兼文武。元至正間往省，左轄東莞何真見元運將盡，爲守備計，辟質爲參軍，時德慶民何國賓、張宗達爲亂，真遣質歸募鄉兵二萬餘爲防禦平亂。上連蒼梧、象郡，下接三山、九江，皆藉其保障。洪武元年（一三六八）二月，明太祖命征南將軍廖永忠下嶺南，四月至德慶，質封府庫，詣轅門納款，與真同入覲。詔授質奉訓大夫、中書省斷事。五年二月，遷中順大夫、刑部侍郎。三月，進嘉議大夫、刑部尚書。遣賑山東饑，賜詩。九月，進中奉大夫、浙江行中書省參知政事。八年，致仕，居京師。是年十一月，復授資政大夫、靖江府右相。王罷廢，竟坐死。著有《樵雲集》。《明史》卷一三八、崇禎《肇慶府志》卷二二有傳。弟穆，與兄齊名。著有《牧隱集》。溫汝能《粵東詩海》卷十一有傳。

元仁宗延祐四年　丁巳　一三一七年

吳正卿賦《丁巳赴湖廣鄉試曉發城月驛待友人周景沂不至詩以督之》詩云：

畫角聲殘月影橫，鄰雞多事管人行。灩杯滿引防嵐重，新句慵編愛駛輕。一宿蓮廬仁義熟，三生敗石夢魂清。故人不至予懷眇，長笑出門天地明。（清顧嗣立、席世臣編《元詩選癸集・己集上》）

吳正卿，字素臣，號太素。遂溪人。任化州路學錄。元仁宗延祐四年（一三一七），赴湖廣鄉試。後期，授平湖書院山長。元惠宗元統間嘗任合浦、臨桂縣尹，歷官至南寧軍知軍。年七十五致仕。明戴璟《廣東通志初稿》卷一三、黃佐《廣東通志》卷五八有傳。詩二首。

元仁宗延祐五年　戊午　一三一八年

陳大謨生。

陳大謨（？～一三一八），字仲謀。先本銅陵人，父璽爲宋機宜文字，從端宗入粵，卒於廣州，因家焉。元初，大謨隱居番禺五馬山，不樂仕進。後以才德薦起，授秘書，歷官戶、禮部郎，官至樞密副使。延祐五年卒於官。其子孫散居南海、順德。（清阮元《廣東通志》卷二七一）

元仁宗延祐六年　己未　一三一九年

何真生。

何真（一三一九、一三二二～一三八八），字邦佐。東莞人。元至正年間爲河源縣務副使，轉淡水場管勾，棄官歸。元末盜

起，真先後率衆平之，粵賴以安，以功累進資德大夫、行省左
丞。明太祖洪武初，征南將軍廖永忠率舟師取廣東，以書諭真，
真即遣使奉表降。後奉詔入朝，先後授江西、山東行省參政。洪
武四年（一三七一），命還廣東收集舊部。事竣，仍涖山東。九
年致仕。大軍征雲南，復命偕其子貴往規畫軍餉。遷山西右布政
使，尋命爲浙江布政使，改湖廣。二十年復致仕。封東莞伯。卒
於京師。《明史》卷一三〇有傳。

元仁宗延祐七年　庚申　一三二〇年

古鎧生。

古鎧（一三二〇~一三八九），字廷美。梅縣人。以明經行
修，領梅州儒學司訓。致仕後於洪武九年（一三二六）再次主修
《古氏族譜》。（《嘉應古氏源流考》）

元英宗至治元年　辛酉　一三二一年

畢思聰於本年中進士。

畢思聰，花縣人。至治元年（一三二一）進士，官四川迪功
九品副使、山東提舉。（民國《重修花縣志》卷八）

阮泳於本年中舉人。

阮泳，香山人。至治初領鄉薦，爲邑學教諭。遷惠州路學教
授。學博行修，一時視爲儀表。攻古文辭，以韓歐爲宗。子士
桂，亦以文刑名。後有趙梅南①、楊士元者，皆以詩翰鳴於時，
由泳倡之。郭棐《粵大記》卷二三有傳。

劉椿年卒。

---

① 趙梅南，香山人。本宋宗室，善書翰。香山自阮泳後，梅南與同邑楊士
元皆以詩鳴，嘗作《潮居八庸》，士元序之。梅南往復辨論，必求工而後已。寓
意佳山水，自號意翁。於竹徑構亭，曰漪菉門，牓云："但存方寸有餘地，不可
一日無此君。"不仕終。著有《家範》一卷、《漪菉詩集》。吳道鎔《廣東文徵作
者考》卷二有傳。

劉椿年（？～一三二一），端州高要人。祖經，以武功授武經大夫。父青，蔭授汀州都監，歿於王事，贈武翼郎。椿年承襲之，授廣東市舶監庫，轉德慶、高要都監，再調陽江都監，轉新州同知。元代高要人仕宦見於記載者，以該祖孫三人爲最高。

元英宗至治二年　壬戌　一三二二年

李震器於本年中舉人。

李震器，倘驛人。至治間任乾寧訓導，轉本學教諭，應湖廣鄉試中式，至元間升廉州學正。中式湖廣者，元至治間廣東合試湖廣故也。黃子高《粵詩搜逸》卷四有傳。

元英宗至治三年　癸亥　一三二三年

本年元文宗潛邸於海南，道經雷州，覽王景賢所進詩，甚喜，手書"愚谷"二大字賜之。

王景賢，字希賢，號愚谷。海康人。登元仁宗延祐鄉薦，由邕州路教授遷慶遠天河縣尹，官至靖江路推官致仕。學富行修，著作超逸，皆自抒胸臆。元英宗至治三年（一三二三），文宗潛邸於海南，道經雷州，覽景賢所進詩，甚喜，手書"愚谷"二大字賜之。天曆中，復賜六花宮袍。明黃佐《廣東通志》卷五八、清吳盛藻修康熙十一年刊《雷州府志》卷九有傳。詩三首。

元泰定帝泰定元年　甲子　一三二四年

九月二十五日，西寇犯高涼戰於坡山，羅蒙正賦《甲子年九月二十五日西寇犯高涼戰於坡山》詩云：

原頭鐵騎氣如雲，妖祲西來白晝昏。千里西風吹戰血，半營殘月照城軍。竈寒尚認飛仙跡，骨冷難招猛士魂。盛代懷柔資輔治，兩階干羽已敷文。（清顧嗣立編康熙五十九年刻本《元詩選三集·希呂集》）

羅蒙正，字希呂。其先廬陵人。父穉叔遊學新會，因家焉。

蒙正資質秀拔，博學強記，弱冠從肇慶羅斗明學詩，盡得其法，有名於時。縣尹沈壽創古岡書院，禮之，從遊者甚衆。尋承省檄爲高州學正，秩滿歸。元惠宗至正七年（一三四七）赴省試，遇開武銓，或勸其借注巡檢，不屑就，以詩答之云："儒冠不是將軍具，只作當年措大看。"後遭亂，避地郡城，館憲吏趙式家。式薦於行省，授南恩州教授、州判。吳元良謀割據，欲倚其籌畫，用爲幕官，蒙正悟其意，力辭不就。後因病以詩謝之云："願賜一廛閒養病，簡編燈火伴青衿。"未幾卒，元良禮葬之。希呂詩格調頗高，五言律句，音響尤工。著有《希呂集》五卷。黃佐《廣東通志》卷五八、清賈雒英修康熙二十九年刻本《新會縣志》卷一二有傳。

本年海寇黎靜海爲亂，楊仲玉挾策謁宣慰使印雲谷於海上，大奇之，命率勇士五百人與賊戰，梟其酋，遂大破賊。

楊仲玉，字匪石。香山人。與兄紹孫，均究韜黔之畧。元泰定帝泰定元年（一三二四），海寇黎靜海爲亂，仲玉挾策謁宣慰使印雲谷於海上，大奇之，命率勇士五百人與賊戰。梟其酋，遂大破賊。惠宗至正間，歲饑，與兄紹孫賑穀五千石。邑人德之，爲建麗澤亭，祀鄉賢。著有《龍門遺草》，已佚。事見《香山詩畧》卷一。詩八首。

元泰定帝泰定三年　丙寅　一三二六年

本年袁義安捐鉅資賑灾。

袁義安，字菊隱。東莞人。年受租穀巨萬，人稱巨萬公。泰定三年（一三二六）捐鉅資賑灾。（《茶山鄉志》卷四）

張撝生。

張撝（一三二六～一三九一），字彥謙，晚號病叟。新會人。羅蒙正弟子。年十八賦《厓門懷古》詩，蒙正器之。明洪武初，以足疾累薦不起。留心經籍，學以明理爲要，詩文以典雅爲本。縣令謝景暘爲構書堂於象山之麓，扁其軒曰"養拙"。世稱象山先生。著有《象山詩集》，已佚。黄佐《廣東通志》卷五八有傳。
詩五首。

元泰定帝泰定四年　丁卯　一三二七年

楊宗瑞於本年中進士。

楊宗瑞，揭陽人。元泰定帝泰定四年（一三二七）進士，官
至翰林侍講學士。事見陳樹芝纂修《揭陽縣志》卷八。詩一首。

蒲里翰於本年中進士。

蒲里翰，又作蒲理翰或蒲里罕，字文淵。其先西域人，宋
末，祖魯尼氏流寓廣東南海，遂占籍焉。至翰，登元泰定帝泰定
四年（一三二七）進士。至正四年（一三四四），由漕運副使知
溧陽州，在任三年，擢雲南廉訪司僉事。同治八年重刊《南海縣
志》卷三四有傳。詩三首。

觀音奴於本年中進士。

觀音奴，字志能。唐兀人氏，居新州（今新興）。元泰定帝
泰定四年（一三二七）右榜進士。任户部主事，轉知歸德府。元
文宗天曆間官廣東廉訪僉事。後升都水監官，致仕歸。卒年六十
九。事見顧嗣立、席世臣編《元詩選癸集·丙集》。詩三首。

張守忠生。

張守忠（一三二七～？），號樵隱，又號間叟。開平人。明太
祖洪武初謫戍廣西，明成祖永樂改元赦歸。民國《開平縣志》卷
三二有傳。

元泰定帝致和元年　元天順帝天順元年　元文宗天曆元年　戊辰
###　一三二八年

本年李仙賦《和吕僉憲詩①》詩云：

鳳舞龍盤勢兩雄，箇中樓閣接晴空。朝飛畫棟雲初起，暮捲

――――――――――

　① 詩題擬加。

珠簾月自通。排闥四時山鎖翠，繞城千古水流東。不須更問民淳偽，好惡同歸草偃風。（清于殿琰修乾隆二十四年刊《高州府志》卷一六、阮元《廣東通志》卷三三三）

李仙，元文宗天曆間僉憲呂沈改化州城上春風臺爲觀風樓，題詩曰：“龍山鳳井兩爭雄，突兀層霄倚碧空。三日一墟人不斷，雙流繞郭海相通。風林樹色依天外，茅屋雞聲隔水東。皐府公餘登覽處，大書樓上號觀風。”後一日，忽見樓版上書李仙和詩云云。再往視之，字忽不見。事見阮元《廣東通志》卷三三三。詩一首。

元文宗天曆二年　己巳　一三二九年

楊漢傑生。

楊漢傑（一三二九～一四〇六），字仕英，號菊庭。番禺人。元末以材器辟，治獄有能名，後時事不可爲，乃奉母歸。入明，以史書自娛，不問世事。（《番禺縣續志》卷十八）

元文宗至順元年　庚午　一三三〇年

本年雷州路廉訪司經歷郭思誠重修邑之西湖會濟橋，陳光大爲之記。

陳光大，海康人。以薦辟授本府教授。至順間，雷州路廉訪司經歷郭思誠重修邑之西湖會濟橋，建亭其上，光大爲之記。吳道鎔《廣東文徵作者考》卷二有傳。

元惠宗（順帝）元統二年　甲戌　一三三四年

黄文淳於本年中舉人。

黄文淳，清遠吉河鄉（今屬佛岡）人。元統二年（一三三四）舉人，至正二年（一三四二）進士。歷官秘書監卿、翰林院侍讀學士、兵部右侍郎。（《佛岡廳志》）

元惠宗（順帝）至元二年　丙子　一三三六年

本年黎墊補刻《西晋太康元年龔泰磚硯銘①》云：

研雖非石難磨穿，心雖非鐵如其堅，守之弗失道自宣。（咸豐《順德縣志》卷二〇《金石畧二》）

元惠宗（順帝）至元三年　丁丑　一三三七年

四月，聶秀卿與譚景山等造軍器，拜戴甲爲定光佛，聯合增城朱光卿等抗元。

聶秀卿，歸善（今惠州）人。至元三年（一三三七）四月與譚景山等造軍器，拜戴甲爲定光佛，聯合增城朱光卿等抗元。七月，被元將狗劉里、沙的所擒。（阮元《廣東通志》卷六）

本年王夢元參與鎮壓農民暴動。

王夢元，字子元。東莞人。鼎孫。出資修復福隆堤，灌田貳萬頃。至元三年參與鎮壓農民暴動。（宣統《東莞縣志》卷五四）

古原生。

古原（一一三七～一四二八），字復初，號樂田。梅縣人。洪武初知管倉庫，因失火入獄。獲釋歸田，卒諡務本。（《古今圖書集成》）

孫蕡生。

孫蕡（一三三七、一三三八～一三九三、一三九四），字仲衍，號西庵。順德平步人。南園五先生之首。元末避亂鄉間。早年爲廣東行省右丞何真幕僚。明太祖洪武初，廖永忠南征至廣，真求蕡作書，請歸附，曲盡誠款。永忠不戮一人，闔境帖然，蕡之力也。洪武三年（一三七〇）舉於鄉。初授工部織染局使。尋

---

① 磚右側題記曰"龔泰以太康元年太在歲壬寅□"，上側題記曰"□□□是皇甫雲山石室題雨樓玩賞"，下側題記曰"先大夫榮禄所遺元貞寶之"，正面之左題記曰"余永禄製"。銘文刻於硯背，其末曰"至元二年黎墊題"。編者按：銘文乃元惠宗至元二年黎墊補刻於西晋磚硯之背面，故次於元代。

出主虹縣簿。入爲翰林典籍。曾嘗與黃哲、王佐、李德、趙介結詩社於南園抗風軒，世稱南園五先生。後以事被誣，謫戍遼東。又以題畫坐藍玉黨，被株連處死。門人黎貞收葬於安（鞍）山之陽。著有《西庵集》八卷。《明史》卷二八五有傳。

元惠宗（順帝）至元四年　戊寅　一三三八年

本年張撝年十八，賦《厓門懷古》詩云：

漁翁知我閑無事，拉我乘舟訪鼎湖。野草閑花春寂寞，蠻煙瘴雨晝模糊。磨厓可羨張弘范，把酒惟澆陸秀夫。興廢由來總天命，臨風何必更長吁。（顧嗣立、席世臣編《元詩選癸集·辛集下》）

元惠宗（順帝）至正元年　辛巳　一三四一年

本年張廣俊官至工部主事。

張廣俊，新會沙岡（今屬開平）人。至正元年官至工部主事，襄辦河工有績。（清《開平縣志》）

馬德龍生。

馬德龍（一三四一～一四一四），號眠雲道者。海豐人。事見劉世勇《海豐歷代詩選》卷一。詩一首。

鄧國琦（一作麒、錡）生。

鄧國琦（一三四一～一三八一）。東莞人。少崇文尚武，長深孚衆望。元末盜賊蜂起，國琦挽危濟難。洪武初，三舉賢良，授饒州府判不就。十四年（一三八一），蘇友興（卿）反，國琦與之激戰被俘，受鋸刑而死。清宣統《東莞縣志》卷五五有傳。

元惠宗（順帝）至正五年　乙酉　一三四五年

曾孳於本年中舉人。

曾孳，花縣人。至正五年（一三四五）舉人。官廣西桂縣知縣。（民國《重修花縣志》卷八）

元惠宗（順帝）至正六年　丙戌　一三四六年

正月十五日，無名氏謹書《潮州開元寺銅雲鈑銘①》詩云：

開元禪寺首座比丘普潤，募緣鑄造銅鈑法器，供養人天，同圓種智。銘曰：

道以時鳴，警於朝夕。清净音聞，如夔拊石。覺彼參玄，盡來知識。鎮重禪林，有典有則。（譚棣華、曹騰騑、冼劍民編《廣東碑刻集》，黄挺、馬明達《潮汕金石文徵》引《潮汕文物志》）

葉文保生。

葉文保（一三四六～一八九八），號梅隱。梅縣人。父被賊害，戮力報仇。嘗捐資築城垣數百丈，以衛鄉里。（光緒《嘉應州志》）

黎貞生。

黎貞（一三四六？～一四〇五？），字彦晦，號秫坡。新會人。曾學於孫蕡門下。明太祖洪武初補郡庠生。八年（一三七五）以明經薦辟至京師。時例由薦辟者俱赴吏部考試，乃授職。貞獨不往，賦詩出郭而歸。部使者以其有學行，署爲邑訓導。貞不就，退築鈞臺，以詩酒自樂，故自號陶陶生。晚更號秫坡，學者稱之曰秫坡先生。洪武十八年（一三八五）坐事誣，發戍遼東十三年。居遼時，孫蕡因藍玉案被株連處死，貞抱屍哭，典衣營葬安山之陽。後又輯編其詩文成集。艱危困厄之中，學愈博而識趣愈高，氣愈充而議論愈出。洪武三十年（一三九七）赦歸，聲聞益著，學者從之，遠近畢至。年五十九卒。著有《秫坡集》八卷等。《明史》卷二八五有傳，附見於孫蕡傳中。黄佐《廣州人物傳》卷一三亦有傳。

---

① 銅雲鈑今存，銘文後題云："至正六年丙戌上元謹書，當代住持日巖、覺葵，前代住持簡庵、福吉祥，前代住持端叟、惠中。"

元惠宗（順帝）至正七年　丁亥　一三四七年

正月二十一日，東莞資福寺大銅鐘鑄成。（東莞資福寺銅鐘銘文）

本年羅蒙正赴省試，遇開武銓，或勸其借注巡檢，不屑就，賦《答勸注巡檢　殘句》詩云：

儒冠不是將軍具，只作當年措大看。（黃佐《廣州人物傳》卷一〇羅蒙正本傳）

元惠宗（順帝）至正八年　戊子　一三四八年

本年陳穎撰《均賦役記》。

陳穎，東莞人。《縣志・金石略》載所作《均賦役記》，結銜稱至正八年戊子邑士陳穎撰。著有《山中日課》。吳道鎔《廣東文徵作者考》卷二有傳。

畢原瑞於本年中進士。

畢原瑞，花縣人。至正八年（一三四八）進士。官北京宣撫使。（民國《重修花縣志》卷八）

元惠宗（順帝）至正九年　己丑　一三四九年

本年海寇犯合浦，化州路通判袁宏道以張友明爲先鋒追寇。

張友明（？～一三五〇），吳川人。武生。至正九年（一三四八）海寇犯合浦，化州路通判袁宏道邀同高、瓊、廉諸郡發兵船數追寇於海南澄邁，以友明爲先鋒。俄而海南官兵先逃，海寇合圍，友明與宏道戰死。（《吳川縣志》）

元惠宗（順帝）至正十年　庚寅　一三五〇年

本年黃子壽因抵抗海盜有功，拜高州路同知。

黃子壽，信宜人。原充本縣牌兵。至正十年（一三五〇）因抵抗海盜有功，拜高州路同知。洪武元年（一三六八）隨廖永忠

討伐海盜，奪回原信宜縣縣尹大印。翌年以賢能任戶部軍儲十五倉副使。卒於官。（光緒《信宜縣志》）

蘇秀弘生。

蘇秀弘（一三五〇～一三九九），河源人。軾第十一代孫。曾任東莞京山（今茶山）巡檢，後辭官落戶河源合水，是爲河源蘇氏始祖。（《河源文史》）

元惠宗（順帝）至正十一年　辛卯　一三五一年

畢原顯於本年中武進士。

畢原顯，花縣人。至正十一年（一三五一）武進士。官鳳陽府中軍守備。（民國《重修花縣志》卷八）

元惠宗（順帝）至正十二年　壬辰　一三五二年

五月，香岩淳拙才禪師圓寂。

禪宗第二十三世祖鄧州香岩淳拙才禪師（一二七三～一三五二），平陽臨汾姚氏。嘗讀《永嘉證道歌》，至"幻化空身即法身"處，欣然契悟，乃謁遇，呈所解。遇詰曰："祇如道君，不見是指阿誰？"師曰："覿面新呈，更無回互。"曰："墮坑落塹漢，作恁麼語？"師曰："和尚又作麼生？"曰："你口聾。"師曰："勘破了也。"源休去。順帝至正壬辰（十二年，一三五二）五月申誡門人，乃示寂，葬全身於雪庭塔右，春秋八十。（《開元寺傳燈録》）

本年莫益蘭襲擊官署，盡殺汙吏，佔據縣城，以莫知州自擁，保境安民。

莫益蘭，別號安民。陽春人。自幼習武，擊技精良，時民不聊生，益蘭遂與眾酋領密謀舉義。至正十二年（一三五二）襲擊官署，盡殺汙吏，佔據縣城，以莫知州自擁，保境安民。爲政十六載，至明洪武元年歸順明朝。治政期間，嘗築水堤，民稱"益蘭陂"。決瀆治耕，政績卓著，民頌之"莫安民"。（《新編陽春

縣志·人物篇》）

楊維寶於本年中進士。

楊維寶，電白人。至正十二年（一三五二）進士。張士誠兵起，遂隱居不仕。明太祖即位，詔舉遺逸，終不出。（道光《電白縣志》）

何本生。

何本（一三五二～一四二〇），字有源，號訥庵。東莞人。文季曾孫。洪武初，族子被後母驅趕，收養如己子。有封姓者為避凶徒追索，將二百兩銀擲入，明日全數取回。（宣統《東莞縣志》卷五五）

元惠宗（順帝）至正十四年　甲午　一三五四年

二月初五日，羅亨信父昌生。（羅亨信家族墓出土《贈中憲大夫都察院右僉都御史羅公壙志銘》）

羅昌（一三五四～一四三七），字祖昌。先世南雄人，宋季遷東莞英溪。元季避惠，明平定，始歸田里，自號英溪。長子亨信官右僉都御史，封如其官。配黃氏。次子勝瑤，早逝。孫三，泰、賓、敬。正統丁巳六月十九日卒。（羅亨信家族墓出土《贈中憲大夫都察院右僉都御史羅公壙志銘》）

梁全於本年中舉人。

梁全，字伯謙。晉康人。好學，通《禮記》，有文武才。延祐間應薦舉。至正十四年（一三五四）甲午鄉薦，乙未副榜。任本路同知，為政以厚風俗、興教化為本。郡屢為西寇所擾，全乃諭民為防禦策。調武州同知，未幾遷太平路同知，封敦武校尉。子俊傑，舉文學，授承務郎、海豐縣令，祀鄉賢。阮元《廣東通志》卷二九六有傳。

梁伯謙於本年成貢生。

梁伯謙，號野泉。順德人。元惠宗至正十四年（一三五四）鄉貢。事見清黃培彝修康熙十三年刊《順德縣志》卷六。著有

《野泉集》，今佚。詩五首。

梁敏生。

梁敏（一三五四～一四五〇），字以納。高要人。父至孫於元朝任新州同知。敏十九歲中洪武五年（一三七二）舉人。歷任清遠教諭，繁昌、宛平縣丞，擢左春坊左贊善。旋以乞休忤旨，謫連陽苑使、枝江訓導。中年喪偶不再娶。終年九十六。著有《雲萍集》。（《廣東文徵作者考》）

元惠宗（順帝）至正十六年　丙申　一三五六年

正月，黎伯元賦《至正丙申端月避寇竹州岡梁家（二首）》詩云：

始識通村塢，因尋遁世人。園廬幽背郭，翁媼喜迎賓。耕鑿家隨足，過從俗尚淳。囊衣來避寇，終夕話酸辛。

蚤作逢人日，客途難自舒。四方戎馬地，一宿野人居。翠小梅初綴，金勻柳尚疏。陰暝望開霽，世運定何如。

三月，伯元又賦《三月自端泮還鄉》詩云：

滿眼鶯花欲發吟，四方戎馬正關心。農歸渤海家如寄，人恨桃源路不深。夜月啼鵑空慘愴，朝陽鳴鳳遂消沉。三年枉作尃鱸夢，采蕨惟應入翠岑。（張其淦《東莞詩錄》卷三）

伍仲昂生。

伍仲昂（一三五六～一四三五），號雲軒。番禺人。精九章數學。（陳璉《琴軒集》卷九）

元惠宗（順帝）至正十八年　戊戌　一三五八年

本年元朝政已衰，天下群雄並起，徐壽輝、張士誠、韓林兒等各據地稱王，王佐隨父客宦南雄，賦《戊戌客南雄》五律，傷時憫亂。（陳永正《嶺南歷代詩選》一〇八頁）

陳坤蒲於本年中進士。

陳坤蒲，號萬一郎。豐順人。祖籍福建寧化。至正十八年

（一三五八）進士。初任陝西長安縣正堂，後升河南彰德府太守，欽命湖北襄陽府兵備道兼管水利。元亡後隱居興寧、五華、豐順，以修理木桶等爲生，永樂間卒於豐順。（五華《陳氏源流考志》）

元惠宗（順帝）至正十九年　己亥　一三五九年

本年趙友于以明經授縣學教諭。

趙友于（一三一六～一三七四），字思政（敬）。東莞人。宋濮安懿王後，必璟孫。父良麟，元長樂教諭。生三子，友于居季。早孤，鞠於嫂氏。至正十九年（一三五九），以明經授縣學教諭。部使者聞其名，特加禮遇。既而邑陷於兵，遂棄官隱山澤間。洪武初嶺海平定，始還故居。三年，以文學薦至京師，以老病乞歸，惟以讀書教子爲業。七年（一三七四）卒，年五十九。清溪漁隱《元廣東遺民錄》卷上有傳。

元惠宗（順帝）至正二十年　庚子　一三六○年

本年陳友諒自立爲帝，國號大漢，率軍圍朱元璋於鄱陽湖，黎翼士冒險相救。

黎翼士，一作逸士，號饅頭，賜名輔君。豐順人。元末隨叔父從軍。至正二十年（一三六○）陳友諒自立爲帝，國號大漢，率軍圍朱元璋於鄱陽湖，翼士冒險相救，元璋脫險。後稱帝，念救駕之功，詔見，封爲副將，賜祿養老，襃封三代。終年八十一。（民國《豐順縣志》）

元惠宗（順帝）至正二十一年　辛丑　一三六一年

林興祖生。

林興祖（一三六一～一四一一），字伯楨。海陽人。洪武初舉孝廉，授蓬萊縣簿，改邵武府倉大使。歲饑，爲民求賑，文詞懇切。巡撫檄府發廩，百姓全活甚眾。擢當塗令，有惠政。遷代府長史，改工部都水郎中。升廣西右參議。永樂五年（一四〇七）後調交趾，分守盤灘城。永樂九年卒。著有《棠陰清趣集》。（嘉靖《潮州府志》卷七、乾隆《潮州府志》卷二八、《潮州志·藝文志》）

元惠宗（順帝）至正二十二年　壬寅　一三六二年

蘇禰生。

蘇禰（？～一三六二），字同壽。東莞人。官惠州路學正。內弟陳仲玉結黨橫行，蘇父以禮規勸，反被殺。禰棄官葬父，多次伺機復仇。後於道刺殺仲玉，不成身死。（宣統《東莞縣志》卷五四）

元惠宗（順帝）至正二十四年　甲辰　一三六四年

程文表於本年中進士。

程文表，保昌人。元惠宗至正二十四年（一三六四）進士。事見明胡永成修譚大初纂嘉靖二十一年刊《南雄府志》卷上《選舉表》。詩八首。

陳進之於本年中進士。

陳進之，字思退。保昌（今南雄）人。元惠宗至正二十四年（一三六四）進士。任本路教諭。累官嶺南學校提舉。（《南雄府志》卷十）

本年蔡九娘不屈死，陳子瑚賦《爲蔡九娘作》詩云：

一笑花前醉似泥，綺筵歡劇不聞雞。馬蹄到此空歸去，不是花迷是酒迷。（徐淦等修民國六年刊《瓊山縣志》卷二六《蔡九娘傳》）

蔡九娘（？～一三六四），瓊山（今屬海南）疊村人。千戶蔡克憲女，有姿色，解書義，智謀勇畧過於男子。年十一，喪父，弟幼，不欲以黎土屬之他人，越三十不肯嫁，親統父兵俟弟之壯。元末寇亂，率兵保境，鄉人賴之。元惠宗至正二十四年

（一三六四），陳子瑚陷乾寧郡邑，九娘固守，子瑚屢攻不下。日久力竭，泣謝鄉人曰：「賊帥新得郡城，不守而來，為我也。我死，則禍息矣。」間投入補錦巖以避。子瑚怒，以草塞巖口，縱火薰之，九娘死巖中。子瑚為作詩云云。

陳子瑚，元末海南寇酋。事見正德《瓊臺志》卷四〇、清王贄修康熙四十七年刊《瓊山縣志》卷七。詩一首。

元惠宗（順帝）至正二十五年　乙巳　一三六五年

本年群盜陷東莞城，翟喜依外家伍氏。

翟喜（一三一一～一三八三），字悅民，一字怡堂。東莞人。博學富才識，為其師李可仁器重。補德慶、韶州二路掾，有能名。元季嶺海弗靖，遂棄歸。廣東宣慰司都元帥世傑班恃寵作威福，聞其名，強起之。既見與語，舉古忠臣節概對。欲留之與計事，以他故脫歸。後世傑班事敗，人皆服其先見之明。至正二十五年，群盜陷邑城，喜依外家伍氏。未幾，廣州亦陷。時據鄉土者殺人不啻犬豕，白沙村氓鄧昆德等被執，將就戮，馳書，立釋數人。洪武元年（一三六八），明兵定廣東，始還故居，惟聚秀樓獨存。每縣令下車即其家訪時政，接以賓禮而去。洪武十六年卒，年七十三。清溪漁隱《元廣東遺民錄》卷上有傳。

元末，李茂隱居不仕。

李茂，樂昌人。父鼎，字福明，以字行。元至正末流寇猖獗，福明力籌保障，有司薦於朝，授乳源縣主簿，尋升乳源令，卒於官。茂有才名，隱居不仕。清溪漁隱《元廣東遺民錄》卷下有傳。

元末動亂，馬桂遜隱居新會海邊白石村中，羅蒙正賦《懷馬教授》七絕二首、《和白石馬教授》七絕二首。（陳永正《嶺南歷代詩選》九二頁）

馬桂遜，字茂卿。新會人。元末曾為遼陽教授，後天下動亂，與弟德遜歸隱白石村，與羅蒙正等唱和。

元末陳文瑤隱居華古巖中，不與世事。

陳文瑤，潮陽人。元末隱居華古巖中，不與世事。

本年戴希文爲總管王翰所聘，主州學校教事。

戴希文，名昌，號野民，以字行。海陽人。博通經史，敦行誼，爲鄉里推重。著有《航録》。（嘉靖《潮州府志》卷七）

元惠宗（順帝）至正二十六年　丙午　一三六六年

駱基生。

駱基（一三六六～？），字韶廣。樂昌人。父賓榮，由恩貢官浙江青田知縣。基承家教，有文才。洪武二十年（一三八七）舉人，任廣西忻城縣教諭。時地方動亂，基率鄉勇抵抗，被執遇害。卒贈奉直大夫、鴻臚寺右少卿，諡文恭。（《樂昌縣志》卷一六）

明（一六三八～一六四四）

明太祖洪武元年　元惠宗（順帝）至正二十八年　戊申　一三六八年①

正月初一日，吳王朱元璋祀天地於金陵南郊，即皇帝位，是爲明太祖高皇帝，定國號曰大明，以金陵爲京師，稱南京應天府，建元洪武，以李善長、徐達爲左、右丞相。（《明史》卷二《太祖本紀》二）

正月二十五日，王誠被何真所殺。（《明史》卷一三〇《何真傳》）

本年平定嶺海，陳秉始回故居。

陳秉，字宗彝。東莞人。警敏嗜學，事母以孝聞。時廬陵林

---

① 自本年起，無論有事無事，均逐年列年號、干支及公元紀年。

性翁講學鄉塾，從之遊，得聞性理之學。元季奉母避兵，雖處荊棘中，猶能竭力孝養。洪武元年（一三六八）戊申，平定嶺海，始回故居，治農圃，供甘旨。鄉鄰有假貸不能償者，則焚其券；有憤事不平者，詣之，輒喻以理而釋之。時與二三親朋，徜徉山水間。長子璉，字琴軒，官禮部侍郎，築有萬卷堂。祁正《三朝東莞遺民錄》卷中有傳。

本年下詔求賢，當道交口薦舉張伯陽，以老病力辭。

張伯陽（一三一九～一三九四），東莞人。登辰孫，方谷子。幼端謹嗜學，澹然無所好，屏居一室，焚香靜坐，書史自娛，詩文雅實典則。洪武初下詔求賢，當道交口薦舉，以老病力辭，隱居教授。祁正《三朝東莞遺民錄》卷中有傳。

明初詔徵盧原敏不起。

盧原敏，東莞人。遭元亂，隱居自適。明初，詔徵不起。東莞專《易經》之學者，元有李同文，明有劉鴻漸，與原敏後先輝映。著有《義經大義》三卷。

洪武間王德昭被徵辟，弗應。

王德昭，字興周。東莞人。元亡隱居不仕。德昭生文友，當元明間草昧艱屯之際，能卓然自淑，以才行稱。洪武間被徵辟，弗應。遂韜光以終其身。清溪漁隱《元廣東遺民錄》卷上有傳。

洪武初，張撝以足疾不能行，屢薦不起。

張撝，字彥謙。新會人。幼嗜學，性敏強記。受業於羅夢正，年十八賦《厓門懷古》詩，夢正甚器重之。洪武初，以足疾不能行，屢薦不起。益留心經籍，學以明理爲要，詩文以典雅爲本。縣令謝景晹爲構書堂於象山之麓，扁其軒曰"養拙"。晚號"病叟"，世稱象山先生。溫汝能《粵東詩海》卷七有傳。

入明，高彬乃走江湖爲巨賈。

高彬，字文質。南海人。何真部曲。仕元至萬戶，佩金虎符。入明，乃走江湖爲巨賈，徵爲武職，固辭。久之，把筆學爲

詩，有奇語，孫蕡稱之。晚年日坐一小樓讀《易》，不知身之老
也。號"蟾溪"云。

本年梁彥明買地天台山之西。

梁彥明，字漁隱，又號溪隱。新會人。先世居邑城南二里
許，接大江，有煙波林木勝概。元季兵革相尋，抱獨行之志，雖
欲有爲而不可得。洪武初，買地天台山之西，遂卜居焉。性好絲
竹，復執竹如意傲歌。生平慕嚴子陵之風，逍遙塵外。清溪漁隱
《元廣東遺民錄》卷下有傳。

元明鼎革，李福祺隱居不仕。

李福祺，茂名人。幼篤孝友，澹於名利。元明鼎革，隱居不
仕，親至浦江，學禮於義門鄭氏，三年得其要領而歸。著爲家
法，聯族而居，人無間言。年八十餘卒。清溪漁隱《元廣東遺民
錄》卷下有傳。

本年陳添佐與弟始奉母還陳冲，修復故業。

陳添佐，新會人。號月溪居士。世居陳冲。爲人至孝。生五
歲失所怙，與弟添佑育於母李氏。值元季，所在盜起，隨母逃難
山林間，爲賊首所得，母子不相見者十載。洪武初元，與弟始奉
母還陳冲，修復故業。邑令辟爲孝廉，會添佑早逝，乃以母老固
辭。後以事謫戍遼海，亦以母老懇祈於閫帥，甫三載，得代歸。
然未及家而母没。延名士鄧林於家塾，教其五子。郭棐《粵大
記》卷二一有傳。

明興，屈仲舒從太祖，歷征有功。

屈仲舒，字右仲，號南叟。番禺人。世以武功顯。元末仗義
衛民。明興從太祖，歷征有功。授在京元帥府總護，遣鎮紫荆
關。溫汝能《粵東詩海》卷十一有傳。

本年鄧佛德致書何真勸其歸附明將廖永忠。

鄧佛德，字慈航。順德（一説南海）人。少與孫蕡同學。元
末隱居西樵。朱元璋兵起，何真反元自保，佛德助真辦團練安
民。洪武元年（一三六八），致書何真勸其歸附明將廖永忠。事

定，署龍潭巡檢，尋加定遠將軍。（阮元《廣東通志》卷二七一）

本年黎友龍獨出鉅資重建經史閣。

黎友龍，字士震，號耐交。東莞人。晦曾孫。咸淳間舉孝廉方正。歷任東莞教諭、校書郎。至元二十八年（一三六八）獨出鉅資重建經史閣。（宣統《東莞縣志》卷五四）

明初，鄧羽知青陽縣事。

鄧羽，南海人。明初知青陽縣事，後為道士，隱居武當、南嶽，自號松石道人，不知所終。著有《觀物吟》，又曰《驚世文》。洪武中吳中多有識之者。冼玉清《冼玉清文集》下編有傳。

范伯可於本年舉明經。

范伯可，惠州（一作海豐）人。洪武初舉明經，授縣學訓導。勤於講授。閒居衣冠危坐，終日無惰容。雖嚴寒酷暑霖雨，手不釋卷，人服其勤謹清修。（《陸豐縣志》、《海豐縣志》）

邵宗愚卒。

邵宗愚（？～一三六八），南海鳳鳴三山人。元至正十三年（一三五三）起兵，建三山寨，自稱元帥。二十二年，率師沿水陸兩路攻入廣州，殺元江南行侍御史八撒剌不花，守將何深自刎死。後東莞何真來攻，宗愚退守三山。二十五年九月，宗愚再攻廣州，十月攻入。二十七年四月，何真復引兵來攻，宗愚退歸三山寨自守。明洪武元年（一三六八），征南將軍廖永忠兵進廣東，何真投降。永忠攻破三山寨，擒宗愚，解至廣州殺之。（《南海名人數據庫》）

明太祖洪武二年　己酉　一三六九年

正月初一日，立功臣廟於南京雞籠山。（《明史》卷二《太祖本紀》二）

二月，何真以福建、江西、廣東降明，簡祖英隨之。（黃佐《廣州人物傳》卷十一）

簡祖英（一三二一～？），字世英。東莞人。九歲喪父，長有才略，爲何真參佐。至正二十三年（一三六三），南海三山盗邵宗愚掠廣州，祖英家五人被殺。真爲江西福建行省左丞，祖英爲江西都省員外。洪武二年二月，真以福建、江西、廣東降明，祖英隨之。廖永忠平宗愚，祖英贊畫爲多。詔至京師，賜宴，賞賜甚厚，授建平知縣。時其母年八十一，以奉養無人，上《陳情表》力辭，人以李密之作比美，太祖從其請，隱逸以終。黄佐《廣州人物傳》卷十一有傳。

何真歸命入朝，其婿袁震興因授錦衣衛鎮撫、忠武校尉。

袁震興，字日岡，號松埜。東莞人。貌魁梧，性沉毅，好讀孫吳書，慷慨有大志，仗義樂施，時人呼爲救貧公。何真召爲婿。真歸命，乘傳入朝，震興於洪武十六年（一三八三）授錦衣衛鎮撫、忠武校尉，没於天津官署。張其淦《東莞詩録》卷四有傳。

冬，孫蕡賦《夜遊樓禪寺紀事詩》並爲序。（孫蕡《夜遊樓禪寺紀事詩序》）

本年明兵入廣東，累徵蔡養晦不起。

蔡養晦，字益善。新會人。元至正間以學行舉爲邑訓導，每教子弟必使端立寡言。元季大亂，避地番禺，與名士孫蕡、王佐輩結南園詩社。明兵入廣，累徵不起。後强之京師，稱疾不仕歸。清溪漁隱《元廣東遺民録》卷下有傳。

入明，周伯玉復膺徵命，辭弗就。

周伯玉，潮陽人。初名瑶。元季讀書自娱，累辟不起。入明，復膺徵命，嘆曰：“吾老矣，無適於用。”辭弗就。子三人：彦敬、彦作、彦器，皆膺薦。郭棐《粵大記》卷二五有傳。

洪武初，有司辟李真佑爲吏，避居古岡爲人傭。

李真佑，字鍼之。號扶摇子。南海人。自少力學，老而不倦。洪武初，有司辟爲吏，避居古岡爲人傭。久之，主人異其行，延爲塾師。永樂間，左布政王公亮將薦之，會公亮卒，遂不果。未幾，真佑亦卒。著有《家式》。

洪武初，唐奎以明經行修薦。

唐奎，南海平步人。洪武初以明經行修薦，授增城教諭。博覽群書，鄉人號“新唐書廚”。湛菜寇至，被執，不屈死。羅學鵬《廣東文獻》卷四有傳。字豫，孫璧，皆有名。

洪武初，陳季澤舉人材。

陳季澤，原籍四明，父德甫扈宋入粵。季澤洪武初舉人材，赴闕，授參議。曾孫英，字廷佐，博記能文，尤工詩賦，甫遊郡庠，隱居樂志，授徒講學，建秋澗草堂。香山黃佐爲英高弟，其父讖建粵洲草堂，英與爲道義交，時稱穗城二隱。阮元《廣東通志》卷二七七有傳。

洪武初陳靖吉舉文學。

陳靖吉，東莞人。工詩，洪武初舉文學，授廣州府訓導，與黃裳①、周溥敬、曾惟忠、潘耆相酬和。歸里與何潛淵②、羅泰③等結鳳臺詩社。張其淦《東莞詩錄》卷四有傳。

洪武初李伯震舉懷才抱德科。

李伯震，德慶人。質次子。洪武初，舉懷才抱德科。初授廣西容縣知縣，改知大興，尋遷光祿寺丞。著有《巢翠集》。溫汝能《粵東詩海》卷十一有傳。

洪武初，譚克忠辟舉明經。

譚克忠，號雲谷。高明人。洪武初辟舉明經，爲本邑訓導。

---

① 黃裳，字文中。東莞人。著有《敬庵集》。（嘉慶《廣東通志》卷二七二、宣統《東莞縣志》卷五五、《東莞詩錄》卷五）

② 何潛淵，字時羅。東莞人。稱止齋先生。與羅思貽、陳靖吉、梁柏庭、梁樂道、任東橋、李思朋輩結詩社於鳳凰臺。陳融《讀嶺南人詩絕句》卷二有傳。

③ 羅泰，字彥通，號思貽。亨信子。少警敏，爲詩文已如老成人。性勤儉，無貴介氣。父亨信爲給事中，坐累謫交趾，泰綜理事務，井井有條。亨信出鎮上谷，泰不遠萬里省視。亨信喪葬後，於英溪旁種橘數百疇。博通經史，尤長於詩，邑令吳時中爲築詩社於鳳臺下，泰詩思飄逸，爲同社冠，著有《思貽詩稿》。張其淦《東莞詩錄》卷八有傳。

余祖明《廣東歷代詩鈔》卷一有傳。

國初，李鳳以人才辟授行人司正。

李鳳，字元昌。饒平人。生穎異，歷覽書史，識其大意。國初，以人才辟授行人司正，調福建長樂令，改調連江，棄官歸，杜門不出而卒。郭棐《粵大記》卷十九有傳。

本年萬安松庭子嚴禪師奉詔開法少林寺。

第二十四世祖南陽萬安松庭子嚴禪師，河南古緱氏縣樊姓子。首參息庵有省，後謁淳拙，舉所得質之。拙曰：“子不聞蠱毒之家水莫嘗否？”師曰：“也須吞得入，吐得出，始是肚皮。”拙曰：“蒼天中更添冤苦。”師曰：“謝和尚記荊。”拙復以寶鏡三昧徵之，大豁疑礙。開法南陽萬安、鄭之普照、大都天寧、浙之雲福、西京天慶。洪武己酉（二年，一三六九），奉詔嵩少。壬戌（十五年，一三八二）冬，周殿下請師說法，薦國母慈孝皇后，賜師號、紫袈裟，旌異至甚。七十乃作退休計。（《開元寺傳燈錄》）

陳璉生。

陳璉（一三六九、一三七〇～一四五四），字廷器，號琴軒。東莞厚街橋頭人。明太祖洪武二十三年（一三九〇）舉人，選授廣西桂林府學教授。惠帝建文三年（一四〇一），秩滿遷國子監助教。成祖永樂元年（一四〇三），廷臣薦璉有治才，召試列優等，擢知許州。三年，改知滁州。七年，擢揚州知府，仍掌滁州事。復擢四川按察使。宣宗宣德元年（一四二六），召還，改任南京通政使，掌國子監事。英宗正統元年（一四三六），調陞南京禮部左侍郎。六年，致仕。歷仕五朝，卒年八十五。璉官滁州時，均徭役，時征斂，禁奸戢暴，滁人感其德，並歐陽修、王禹偁而祀之，稱三賢祠。著有《琴軒集》三十卷、《歸田稿》若干卷等。事見明羅亨信撰行狀，明戴璟修嘉靖十四年刻本《廣東通志初稿》卷一二、黃佐《廣州人物傳》卷一四有傳。

梁珤生。

梁琚（一三六九～一四三八），字璧粹，號雙江。化州人。過目成誦，鄉人譽爲神童。永樂二年（一四〇四）舉二甲進士。初任福建寧化知縣，升湖廣隨州同知。（《化州縣志》卷九）

明太祖洪武三年　庚戌　一三七〇年

正月，徐達爲征虜大將軍，李文忠、馮勝、鄧愈、湯和副之，分道北征蒙元。（《明史》卷二《太祖本紀》二）

十月，孫蕡賦《朝雲》詩，其序云：

庚戌十月，余與二客自五仙城泛舟遊羅浮，道出合江，訪東坡白鶴峰遺址，還，艤舟西湖小蘇堤下。夜登棲禪寺，留宿精舍。時薄寒中人，霜月如畫，山深，悄無人聲，二客醉臥僧榻上。余獨散步東廊，壁光皎潔若雪，隱約有字，急呼小奚童篝燈讀之。字體流麗飛動，似仿衛夫人書法。詩凡十首，皆集古語而成者。……"（孫蕡《西庵集》卷五）

本年何真賦《洪武三年朝京師轉授山東等處行中書省參知政事有感而作》詩云：

鼎沸圖存僅十年，平生忠義在安邊。英雄不學萬人敵，方寸長懸尺五天。宣佈曾分南國政，賢勞敢詠北山篇。真心獨有松堪比，臣節惟應老更堅。（崇禎《東莞縣志》卷七）

本年李德以明《尚書》薦至京師，授洛陽長史。

李德，字仲修，人稱易庵先生，自號采真子。番禺人。南園五先生之一。明太祖洪武三年（一三七〇），以明《尚書》薦至京師，授洛陽長史。繼遷濟南、西安二郡幕，歷十餘年。後自言不能吏，改就湖廣漢陽教諭。時當兵革初息，學舍荒涼，生徒既少且野。德遂羅致民間子弟之俊穎者，盡心訓迪，自此人知向學。後改任廣西義寧縣。該縣舊俗甚陋，德乃立法約束鄉黨，不使爲惡。習俗日美，科貢漸盈。當道方薦達之，而德以倦遊南歸。著有《易庵集》，惜多散佚不存。《明史》卷二八五、黃佐《廣州人物傳》有傳。

鄭毅於本年中進士。

鄭毅，字德弘。洪武三年（一三七〇）庚戌鄉貢進士，歷官
監察御史，一時風裁凜然。按八閩以清直稱。才思敏贍，世言能
詩者，必曰鄭御史。郭棐《粵大記》卷二四有傳。

翟德方於本年中舉人。

翟德方，號正軒。東莞人。明太祖洪武三年（一三七〇）舉
人，官歸善知縣。子黎善，辟舉行人。孫溥福，進士，知府。張
其淦編《東莞詩錄》卷四有傳。

孫蕡於本年中舉人。

林祖於本年縣舉明經。

林祖，字述古。潮陽人。少孤貧，從學於張奐。明太祖洪武
三年（一三七〇），縣舉明經，以母老乞準終養。十三年，復以
孝廉舉，赴京，授四川重慶府巴縣丞，陞河間府通判。尋致仕，
卒於家。黃佐《廣東通志》卷五九、阮元《廣東通志》卷二九二
有傳。

慈辯禪師圓寂。

慈辯禪師（？～一三七〇），又稱高僧湧東海。東莞人。早
年出家資福寺。遊杭州，登壇受戒，留為徑山端禪師書記，於嘉
興府建寺，與浙江省丞相保捐缺木兒辯論佛法，思路敏捷，詞語
鋒利，人稱慈辯禪師。（宣統《東莞縣志》卷七四）

明太祖洪武四年　辛亥　一三七一年

夏，黃河決口，黃哲賦《河渾渾　洪武辛亥夏河決作》古
詩。（黃佐《南園前五先生詩》卷五）

本年何真賦《洪武四年蒙宣回京欽差回廣東收集軍士道經梅
關謁張公九齡（廟）詩》云：

提兵昔過梅關北，奉命今還五嶺東。古廟尚留朱履跡，舊題
羞見碧紗籠。一天雲氣千山雨，萬壑松聲十里風。謁罷相祠重回
首，蓬萊宮闕五雲中。（崇禎《東莞縣志》卷七）

本年郭貞順賦《上指揮俞良輔引》七古詩，使其鄉免除兵災。（隆慶《潮陽縣志》卷一五）

本年張度受薦如京師。

張度，字景儀。增城人。元季舉茂才，授高要縣教諭。明太祖洪武四年（一三七一）舉於鄉，受薦如京師，擢監察御史，歷仕至吏部尚書。阮元《廣東通志》卷二七二有傳。

本年鄧伯凱以經明行修薦授番禺縣訓導。

鄧伯凱，號迂叟。元末隱居不仕，洪武四年（一三七一）以經明行修薦授番禺縣訓導，升太平府教授。有《龍江八景詩》。《順德龍江鄉志》卷三有傳。

本年黃哲升東平府通判。

黃哲（？～一三七五），字庸之，人稱雪蓬先生。番禺人。南園五先生之一。明初太祖駐師金陵，招徠名儒。哲以李善長、汪廣洋之薦，拜翰林待制。尋出知山東東阿縣。洪武四年（一三七一），升東平府通判。尋上疏陳時務數十事，太祖怒其狂誹，欲治其罪。會山東分省奏哲有政績，始釋不問。哲南歸後，於洪武八年復徵還東平，在郡註誤，四月，竟置於法。著有《雪蓬集》十卷，已佚。《明史》卷二八五、黃佐《廣州人物傳》有傳。

本年彭通拜給事中。

彭通，字萬里。南海人。早失怙，勵志讀書，工詩。隱居教授，從之者常數百人。洪武四年（一三七一）由儒士舉銓部，以召入見，上親閱之，拜給事中。通詩思敏給，上稱之。九年三月，與方征等十六人，皆轉監察御史。奉命巡京郡，薦達賢才，攻擊貪暴，有能聲。久之，升山西布政司參政。有吳印者，官陝西方面，受上知，譖殺按察僉事張丁，其家人橫肆，偶干通，通直其罪，且恥辱之，條其事以聞，上不之罪。尋引年致仕，卒於家。郭棐《粵大記》卷十八有傳。

本年郡守步公薦徐鼎為陽江儒學教諭。

徐鼎，字宗器。恩州（今恩平）人。因率鄉兵拒寇，洪武四年（一三七一）郡守步公薦之爲陽江儒學教諭，赴京考驗，遷西安府戶縣知縣。九年升燕府審理，欽賜寶鈔，敕禮部給鵝酒，隨授文林郎。（《廣東通志列傳》、清《恩平縣志》）

梁臨於本年中進士。

梁臨，字仲敬。新會沙岡（今屬開平）人。至正時探花及第。明太祖洪武三年鄉薦，四年（一三七一）進士，後擢禮部，殿試第四名。官禮部主事。著有《彥良集》、詩文集十卷。事見阮元《廣東通志》卷六八。

梁安於本年中進士。

梁安，高要人。明太祖洪武四年（一三七一）進士，授德平縣丞。事見阮元《廣東通志》卷六八。

何子海於本年中進士。

何子海，字百川。番禺人。宋進士起隆後。與梁臨洪武四年（一三七一）同年中進士。博學能詩，嘗擬《秋風三疊》，清婉沈蔚。歷丞睢寧、永康二縣。郭棐《粵大記》卷二四有傳。

陳玄於本年中進士。

陳玄，原名默甫。東莞人。明太祖洪武四年（一三七一）進士，官陝西岐山縣丞。事見阮元《廣東通志》卷六八。

張迪於本年中進士。

張迪，增城人。洪武四年（一三七一）鄉貢進士。選爲御史，左遷弋陽知縣。後因前任事被逮，縣民何溥等千餘人赴京奏，宥選職。尋復召爲御史，卒。郭棐《粵大記》卷二十有傳。

明太祖洪武五年　壬子　一三七二年

本年趙晦以明經膺薦，任番禺縣學教諭。

趙晦，字俊明。東莞人。系出濮邸，元季避地東莞石崗。亂離中仍篤志問學。鄉里自雄者召爲館賓，不屑就。洪武五年（一三七二）壬子，以明經膺薦，任番禺縣學教諭。後升國子監學録。寓羊城東壖，自號東橋。郭棐《粤大記》卷二五有傳。

本年黃秉由秀才薦授刑部主事。

黃秉，清遠人。洪武五年（一三七二）由秀才薦授刑部主事，升工部郎中。（阮元《廣東通志》、《廣州府志》、《清遠縣志》）

黎光於本年中舉人。

黎光（一三三〇～一四〇三），字仲輝。東莞人。伯元子。明太祖洪武五年（一三七二）舉人，拜監察御史。洪武九年擢刑部侍郎，執法不阿，爲御史大夫陳寧所忌，坐事死陝西山丹貶所。《明史》卷一三八有傳。

周彥敬於本年中舉人。

周彥敬，名礣，以字行。潮陽人。郭貞順長子。洪武五年（一三七二）舉人，官棲霞知縣。事見阮元《廣東通志》卷七〇。

謝天與於本年中舉人。

謝天與，河源人。明太祖洪武五年（一三七二）舉人，官雲南順元府同知。事見康熙《河源縣志》卷五。

梁敏於本年中舉人。

吳仕彬於本年中舉人。

吳仕彬，翁源人。明太祖洪武五年（一三七二）薦舉舉人，授建安縣丞。（《廣東通志》卷二八九）

明太祖洪武六年　癸丑　一三七三年

本年部使者薦王佐於朝。

王佐（一三三七、一三三八～？），字彥舉。南園五先生之一。家世本河東（今山西永濟蒲州），元末侍父宦南雄，後遂占籍南海。會何真開署求士，與孫蕡首被禮聘。洪武六年（一三七三），部使者薦於朝，徵至京師，拜給事中。論思補闕，恒稱上意。時宋濂爲學士承旨，上賜黃馬爲歌，令詞臣和之。佐有"臣騎黃馬當赤心"之句，上極賞之。上游幸，或遇會心處，多命之賦詩。佐性不樂樞要，居官二載，即乞骸骨歸，得其善終。著有《聽雨集》、《瀛洲集》，均已佚。《明史》卷二八五、黃佐《廣州人物傳》卷一二有傳。

本年王佐被徵，有《憶舍弟彥常詩》。

王彥常，佐弟。其先河東人，元末侍父宦南雄，經亂不能歸，遂占籍南海。佐結南園詩社，洪武初被徵，有《憶舍弟彥常詩》。清溪漁隱《元廣東遺民錄》卷上有傳。

陳迪於本年中進士。

陳迪，字保中。四會人。洪武六年（一三七三）進士，歷任湖廣江陵縣丞、國子監助教，入文淵閣參修《永樂大典》。博學能文。著有《詩文類集》。

明太祖洪武七年　甲寅　一三七四年

三月，孫蕡賦《送虹縣尹陳景明》詩，首句云："甲寅三月春欲盡，我來洪州尋吏隱。"（孫蕡《西庵集》卷四）

本年鄧昌齡以明經薦辟爲鎮江府推官。

鄧昌齡，龍川人。洪武七年（一三七四）以明經薦辟爲鎮江府推官。享年百餘。（《龍川縣志》）

明太祖洪武八年　乙卯　一三七五年

春，陳文達攜其子儒顯來受學於黎貞。

陳文達，新會人。祖孟甫，元至正間爲新會學官，元亡，因居紫羅峰下秀林村。父和卿有五子，長文實、次文諒、文達、宗善、文廣，俱篤實樂善，而文達尤慷慨不群。洪武八年庚寅①春，攜其子儒顯來受學於黎貞，復手疏其宗譜及所居秀林請爲記之。清溪漁隱《元廣東遺民錄》卷下有傳。

本年黎貞以明經薦辟至京師，賦《出郭二律　洪武乙卯，天

_____

① 此處有誤，本年干支應爲乙卯。

下士由薦辟至者數百人，例赴部考。予病不赴。使者促之曰：
"若以老成明經薦，得非恥與後進校末藝耶？"予笑而不答，出郭
賦此呈館閣諸公》詩。（黎貞《秫坡先生詩集》卷三）

　　黎伯倫生。

　　黎伯倫（一三七五～一四五六），字僖如，號北窗。番禺人。
平生不仕，耽於泉石。（蘇葵《吹劍集・禮園黎公墓碣銘》）

明太祖洪武九年　丙辰　一三七六年

　　正月，湯和、傅友德、藍玉、王弼、丁玉等備邊延安。（《明
史》卷二《太祖本紀》二）

　　七月，孫蕡以奉常之節監祀於西川，自湖北溯長江入蜀，途
徑歸州，賦《次歸州》七古詩、《昭君》七絕詩。（陳永正《嶺
南歷代詩選》一〇一頁）

　　九月初九日重陽節，蕡監祀完畢乘船順流東下，賦《出蜀》、
《下瞿塘》等詩。（陳永正《嶺南歷代詩選》一〇四、一〇五頁）

明太祖洪武十年　丁巳　一三七七年

　　十月二十八日，羅亨信生。（東莞羅亨信家族墓出土《故通
議大夫都察院左副都御史羅公壙志銘》）

　　羅亨信（一三七七、一三七八～一四五七），字用實，號樂
素。東莞英溪人。明成祖永樂二年（一四〇四）進士。改庶吉
士，授工科給事中，進吏科右給事中，坐累謫交阯爲吏九年。仁
宗嗣位，始召入爲爲監察御史。先後任右僉都御史、通議大夫、
右副都御史、左副都御史。任間興利除弊，頗有政聲。正統十四
年（一四四九）土木堡之變突發，英宗爲瓦剌所俘。亨信時正巡
撫宣化府，乃坐鎮該城，設策捍衛，據力死守，外禦強寇，內爲
京師屏障，有安社稷大功。著有《覺非集》十二卷。《明史》卷
一七二有傳。

　　溫裕於本年舉明經。

温裕，字文中。增城人。明太祖洪武十年（一三七七）舉明經，任增城教諭。事見阮元《廣東通志》卷六四。

明太祖洪武十一年　戊午　一三七八年

本年孫蕡還家，至十五年被起用，家居五年間賦《幽居雜詠七十四首，自洪武十一年平原還家作也》絕句。（孫蕡《西庵集》卷七）

劉金受於本年辟舉。

劉金受，始興人。洪武十一年（一三七八）辟舉，官浙江龍泉知縣，去任之日，囊無一錢。（民國《始興縣志》卷十二）

韓文達卒。

韓文達（一二九五～一三七八），字時用。番禺人。才行迴邁，而性樂澹退，優遊泉石之間。明興，屢徵不起，區其室曰西窗，又曰種庵。洪武十一年卒。清溪漁隱《元廣東遺民録》卷上有傳。

明太祖洪武十二年　己未　一三七九年

除夕，孫蕡賦《己未除夕》詩云：

四十今已過二年，明日又復歲華遷。頭顱種種見白髮，生計落落仍青氈。梅花亂開客愁里，雲物長迷鄉國邊。且可吟詩酌春酒，爛熳取醉東風前。（孫蕡《西庵集》卷五）

明太祖洪武十三年　庚申　一三八〇年

正月，左丞相胡惟庸謀反伏誅，罷中書省，廢丞相等官，更定六部官秩，改大都督府爲中、左、右、前、後五軍都督府。（《明史》卷二《太祖本紀》二）

本年何唐弼舉孝廉至京，以病辭歸。

何唐弼，東莞人。勤奮好學，工唐體詩及古文辭。（宣統《東莞縣志》卷五五）

葉思敬於本年中舉人。

葉思敬，新興人。洪武十三年（一三八〇）舉人。授真定知縣，官至副使。（《新興縣人物志稿》）

明太祖洪武十四年　辛酉　一三八一年

正月，徐達爲征虜大將軍，湯和、傅友德爲左、右副將軍，帥師討元殘部乃兒不花。（《明史》卷二《太祖本紀》二）

本年增城鄰邑草寇竊發，廖衡請募精壯討賊。

廖衡（？～一四二七），字孟璿。增城人。父克忠，元武節將軍，廣東元帥府都元帥。衡少警敏，長益嗜學。洪武十四年，鄰邑草寇竊發，衡走廣東都指揮司，願募精壯討賊。主者給榜遣歸。募勇者千餘，爲官兵嚮導，徑搗賊巢。群盜既平，總兵官南雄侯趙庸欲錄其功而旌擢之，力辭歸。築室香溪，以耕讀爲業，顏所居曰南山書舍。耕讀之暇，課子侄讀書，以經史詩文自娛。宣德二年卒。清溪漁隱《元廣東遺民錄》卷下有傳。

本年增城鄰民蘇友興作亂，廖德彰募義兵討之。

廖德彰，增城人。元末任本縣教諭，當嶺海騷騷，建築保障，民賴以安。後退居青帽山，以耕讀爲業。洪武十四年（一三八一）鄰民蘇友興作亂，募義兵討之，寇平復歸隱。清溪漁隱《元廣東遺民錄》卷下有傳。

本年東莞中堂湛翠村蘇友興作亂，湛懷德率鄉兵營救，方解官兵之圍。

湛懷德，增城人。元末天下大亂，練鄉兵衛鄉井，被推爲頭目。洪武十四年（一三八一）東莞中堂湛翠村蘇友興作亂，率鄉兵營救，方解官兵之圍。事後不願爲官，被封爲義士。（《增城新塘鎮志》）

明太祖洪武十五年　壬戌　一三八二年

四月，詔天下通祀孔子。（《明史》卷二《太祖本紀》三）

本年楊守信參與論治之道，以安民生，授廣西象州知州。

楊守信，茂名人。材異學優，考取通經儒士。洪武十五年（一三八二）參與論治之道，以安民生，授廣西象州知州。（光緒《茂名縣志》）

本年楊寅甫以德行聲名送吏部，授陝西平涼府涇州判官。

楊寅甫，茂名人。洪武十五年（一三八二）以德行聲名送吏部，授陝西平涼府涇州判官，後改任河南布政司理問所理問，卒於任。（光緒《茂名縣志》）

本年崔則高應制稱旨，撥爲湖廣按察僉事。

崔則高，字南山。電白人。洪武十五年（一三八二）應制稱旨，撥爲湖廣按察僉事，在任十餘年，勞瘁卒於官，葬於江夏。（道光《電白縣志》）

本年崔則乾以秀才被薦。

崔則乾，字德健。電白人。洪武十五年（一三八二），以秀才被薦，行拜朝請大夫，任福建布政使司左參議。（道光《電白縣志》）

明太祖洪武十六年　癸亥　一三八三年

正月，帝大祀天地於南郊，大將軍徐達留鎮北平。（《明史》卷二《太祖本紀》三）

本年周礦以儒士舉薦，應詔第一，拜大理評事。

周礦，字彥器，以字行。潮陽人。伯玉子。幼年由母郭真順口授經子諸書。洪武十六年（一三八三）以儒士舉薦，應詔第一，拜大理評事。擢河南參議。（嘉靖《潮州府志》卷七）

本年黃紹欽由明經授永康縣丞。

黃紹欽，吳川人。洪武十六年（一三八三）由明經授永康縣丞。爲人寬厚，愛民如子，公正廉明。（《吳川縣志》、《浙江通志》）

明太祖洪武十七年　甲子　一三八四年

本年麥志德擢工部侍郎。

麥志德（？～一三八五），字純仁。連山人。洪武初以孝悌力田舉。上奇其謀略，任爲五府斷事，累遷右參軍。十七年（一三八四）擢工部侍郎，再試尚書。翌年戶部侍郎郭桓坐盜官糧被誅，志德及闔部均爲所累，置於法。（《明史》卷三）

周尚文於本年中解元。

周尚文，香山人。初遊邑庠，選入郡學。時翰林待制黃哲解官家居，尚文從之讀書禺山。洪武十七年（一三八四）甲子領解額第一，乙丑登進士，明年筮仕丞龍巖。召爲御史，未行，坐事謫戍馴象衛。同年狀元丁顯同戍，相與唱和。孫慈堅，讀書儒雅，年七十餘，嘗爲鄉飲大賓。郭棐《粵大記》卷二四有傳。

張志遜於本年中舉人。

張志遜（一三五七～一四一八），原名世祖。東莞人。明太祖洪武十七年（一三八四）舉人，入國子上舍。二十三年選刑部觀政，逾年授戶部司務。未幾左遷柳城少宰。三十一年罷官歸。事見張其淦編《東莞詩錄》卷六。

董珣於本年中舉人。

董珣，字伯琪。番禺人。博極群書。洪武十七年（一三八四）甲子鄉薦，吉水教諭。長子翼，字宗志，永樂十二年（一四一四）甲午鄉薦，金溪訓導；次子匡，字宗輔，永樂十五年（一四一七）丁酉鄉薦，萬載教諭，升貴州道監察御史。俱能詩，而匡尤善草、隸、篆。時稱二董爲"克肖子"。著有《二董集》及《自見集》。黃佐《廣州人物傳》卷十三有傳。

吳彥華於本年中舉人。

吳彥華，新興人。明太祖洪武十七年（一三八四）舉人，任楚王府長史。（《新興縣人物志稿》）

張廣揚於本年中舉人。

張廣揚，羅定人。明太祖洪武十七年（一三八四）舉人，二十四年進士。曾任中軍都督府經歷。後辭官學道修煉。（《皇明進士登科考》）

曾雋於本年中舉人。

曾雋，花縣人。明太祖洪武十七年（一三八四）舉人，官江西九江府同知。（民國《重修花縣志》卷八）

林宗溥於本年中舉人。

林宗溥，徐聞人。明太祖洪武十七年（一三八四）舉人，連捷進士。官至監察御史。（新編《徐聞縣志》）

鍾瑛生。

鍾瑛（一三八四～一四三七），字汝器。高要人。永樂九年（一四一一）進士。以文行優長選入秘閣習譯館文字，後任翰林院編修。宣德中轉大理寺正，仍辦秘閣事。久居侍從，卻不顯榮耀。（《廣東文獻》、宣統《高要縣志》）

明太祖洪武十八年　乙丑　一三八五年

正月元夕，孫蕡賦《乙丑元夕送傅城進士還桂林》詩云：

舊時相見即相歡，見說如今又作官。湖海別魂空宵宵，天涯愁思獨漫漫。春風幾日來江上，燈火逢君坐夜闌。忽報故園歸思切，素琴惆悵不勝彈。（孫蕡《西庵集》卷五）

夏，馬宗善與黎貞有江漢之行。

馬宗善，字靜庵。號惺惺子。新會人。隱居龍溪，因江山之勝，額其亭曰“寶風”。洪武十八年夏，與黎貞有江漢之行，途中道所以命名之意，貞稱其能窮通，一順逆。清溪漁隱《元廣東遺民錄》卷下有傳。

本年黎貞謫戍遼東，一去十三載。（黎貞《秫坡先生詩集》卷二《洪武丁丑免戍南歸　自乙丑戍遼，至是蓋十三年也》）

本年劉梓偕黎貞從番禺北行度嶺。

劉梓，字粹之，號採薇生。南海人。洪武十八年（一三八五）偕新會黎貞從番禺度嶺，拏舟自南安歷吉贛順流而下，訪古懷賢，觸景成詩。清溪漁隱《元廣東遺民録》卷上有傳。

本年王珍官江西龍南縣丞。

王珍，字珍卿。東莞鰲臺人。宏第四兄。洪武十八年（一三八五）官江西龍南縣丞，因事至京病卒。（宣統《東莞縣志》卷五五）

朱華慶於本年中進士。

朱華慶，南海人。明太祖洪武十八年（一三八五）進士，官刑部主事。事見康熙《順德縣志》卷五。

林遜於本年中進士。

林遜（一三五〇～一三八九），字志宏、文敏。潮陽人。與同郡楊璧師事蔡希仁，傳《古文尚書》。居嘗究心當世之務。明太祖洪武十八年（一三八五）進士，授福建閩縣丞。在官四年，遷福清知縣，未赴而卒，年四十。著有《尚書經義》。隆慶《潮陽縣志》卷一二、康熙《潮州府志》卷九上有傳。

戴雲於本年中進士。

戴雲，清遠人。明太祖洪武十八年（一三八五）進士，官兵部主事，陞御史。與孫蕡友善。著有《戴御史詩文集》。事見阮元《廣東通志》卷六八。

甘友信於本年中進士。

甘友信，名節。保昌人。家貧力學，登洪武十八年（一三八五）乙丑進士。後坐累謫戍楚雄，用薦起爲瑞州訓導。深明《易》理，後學宗之。嘗考廣西等處鄉試。在瑞一十八年，瑞人德之。郭棐《粵大記》卷二三有傳。

黃子平於本年中進士。

黃子平，字觀瀾。電白（一作茂名）人。洪武十八年（一三八五）乙丑進士。任山東、雲南、京畿三道御史。著有《潘氏三賢記》等。吳道鎔《廣東文徵作者考》卷二有傳。

鄭鎔於本年中進士。

鄭鎔，字鴻亮，號鳴宇。吳川人。洪武十八年（一三八五）進士。曾任福建泉州府推官，欽差山西道監察御史。（《吳川縣志》）

禤明德於本年成貢士。

禤明德，字志學。保昌（今南雄）人。性至孝。洪武十八年（一三八五）貢士。以太學生歷丞分宜、龍陽、海寧縣，累遷甯國知府。後左遷刑部主事。未幾出判紹興。（《南雄府志》卷十四）

明太祖洪武十九年　丙寅　一三八六年

陳德文於本年中舉人。

陳德文（？～一四一四），一名瑩中，字文石，號肅庵。始興（一作保昌）人。明太祖洪武十九年（一三八六）舉人，官北平道監察御史、按察使。洪武三十年出使西番撒馬兒罕等國。官至右都御史。阮元《廣東通志》卷三〇四有傳。

汪貞於本年成貢士。

汪貞，保昌（今南雄）人。洪武十九年（一三八六）貢士。官至御史，升陝西僉事。晚年致仕。（《南雄府志》卷十）

明太祖洪武二十年　丁卯　一三八七年

本年蘇恭則以《春秋》經中鄉薦，授刑部員外郎。

蘇恭則，樂昌人。明太祖洪武二十年（一三八七）以《春秋》經中鄉薦，授刑部員外郎，歷仕至廣西左（右）參政。阮元《廣東通志》卷二八九有傳。

陳思賢於本年中舉人。

陳思賢，字天聖。化州人。領洪武二十年（一三八七）丁卯鄉薦第二，授漳州府學教授。靖難繼統，詔至，思賢慟哭曰："明倫之義，正在今日。"與其徒吳性原、陳應宗、呂賢、林玨、鄒君默、曾廷瑞相率堅不出迎詔，即明倫堂爲舊君位，哭臨如禮。郡人執之，系送京師，思賢與六生皆死。或曰死於道。郭棐《粵大記》卷十五有傳。

張昌於本年中舉人。

張昌，羅定人。洪武二十年（一三八七）舉人，永樂二年（一四〇四）進士，曾任江西弋陽知縣。（《皇明進士登科考》）

黃希禮於本年成貢生。

黃希禮，龍川人。洪武二十年（一三八七）貢生。任荔波教諭，升辰州府教授。（《龍川縣志》）

明太祖洪武二十一年　戊辰　一三八八年

十月初四日，黎貞於遼東戍所得弟彥器噩耗，哭賦《哭弟彥器歌　十月初四得音，知彥器戊辰五月二十六日卒於南寧，作七歌哀之七首》七律。（黎貞《秫坡先生詩集》卷一）

本年羅亨信年十二，喪其母黃氏。（東莞羅亨信家族墓出土《故通議大夫都察院左副都御史羅公壙志銘》）

本年何榮襲封東莞伯。

何榮（？～一三九三），字耀先。東莞人。真長子。洪武二十一年襲封東莞伯。因藍玉黨獄死。（宣統《東莞縣志》卷五五）

朱稚於本年中進士。

朱稚，清遠人。明太祖洪武二十一年（一三八八）進士，任工部主事，奉祠正。阮元《廣東通志》卷六八有傳。

明太祖洪武二十二年　己巳　一三八九年

本年趙介因事被誣，逮赴京師，病卒途中。

趙介（一三四三～一三八九），字伯貞。番禺人。南園五先生之一。洪武初，屢薦不起，發憤讀書。雖曆官醫卜之說，浮屠老子之書，靡所不究。氣宇豪邁，與物無芥蒂，興至即揮毫賦詩，人莫測其涯涘。洪武二十二年（一三八九），因事被誣，逮赴京師。後事白南還，卒於南昌舟中。著有《臨清集》，已佚。

《明史》卷二八五、黃佐《廣州人物傳》亦有傳。

　　張溥生。

　　張溥（一三八九～一四三二），字文博，號蘭軒。東莞人。好學不倦，詩詞有晋唐風格。經陳璉推薦，官江西萍鄉縣訓導。（嘉慶《廣東通志》卷二七二）

明太祖洪武二十三年　庚午　一三九○年

　　本年凝然了改禪師出世祖庭永嘉。

　　禪宗第二十五世祖西京凝然了改禪師（一三三五～一四二一），□□□店任氏。參嚴，嚴奉月印示眾曰：“路逢死蛇莫打殺，無底籃兒盛將歸。此是深明洞上宗旨，若是個鹵莽禪和，到這裡如何透得？”師曰：“這個莫是背觸不得底意麼？”嚴曰：“笶（此字不見字書，疑爲“笑”之誤）破山僧口。”師罔措。嚴曰：“你在鬼窟裡討甚椀那？”師愈不安。一日嚴上堂曰：“一言迥脫，獨拔當時。”師當下釋然。洪武庚申（二十三年，一三九○）出世祖庭永嘉，辛丑（永樂十九年，一四二一）無恙，忽集眾敘別，說偈曰：“行年八十七，相逢在今夕。撒手威音前，金烏叫天碧。”偈畢，儼然而寂。（《開元寺傳燈錄》）

　　本年何宏被授尚寶司少卿。

　　何宏（？～一三九三），字彥先。東莞人。真第六子。好學，能文章。明太祖召見與語，悅之，授尚寶司丞。洪武二十三年（一三九○），陞少卿。與其兄貴皆死於黨禍。著有《近日軒詩草》。崇禎《東莞縣志》卷五有傳。

　　李宗仁於本年中舉人。

　　李宗仁，字秉彝。英德人。性純行修，苦志力學，登洪武二十三年（一三九○）庚午鄉貢進士。旦夕讀書不厭。隱居南山終身。郭棐《粵大記》卷二五有傳。

　　歐陽初於本年中舉人。

　　歐陽初（？～一四一二？），字遂初。潮陽人。明太祖洪武二十三年（一三九〇）舉人第二，初任泉州教授，調任柳州教授。明成祖永樂十年（一四一二）丁母憂，以疾卒於家。隆慶《潮陽縣志》卷一二、康熙《潮州府志》卷九上有傳。

譚新於本年中舉人。

譚新，清遠人。明太祖洪武二十三年（一三九〇）舉人，官廣西道御史。事見民國《清遠縣志》卷一〇。

陳灝於本年中舉人。

陳灝，歸善（今惠州）人。明太祖洪武二十三年（一三九〇）舉人。本名魯生，因奏對，太祖奇之，賜名。歷官工科給事中、兵科都給事中、福建按察僉事。坐累，謫戍興州。永樂初復官，任浙江道監察御史，謫鳳翔尉。洪熙（一四二五）初，復爲左春坊中允一年。乞致仕，卒於家。（嘉靖《惠州府志》卷十三）

林茂於本年中舉人。

林茂，香山小黃圃人。發奮讀書，移入郡學。洪武二十三年（一三九〇）庚午領鄉薦，選爲湖廣道御史，擢刑部員外郎。阮元《廣東通志》卷二七二有傳。

曾恩於本年中舉人。

曾恩，儋州人。洪武二十三年（一三九〇）庚午科舉人，任儋州教諭。

莫士忠於本年中舉人。

莫士忠，字行恕。開建（今封開）人。洪武二十三年（一三九〇）中舉，任瑞州府教授，師道克舉。遷上饒縣丞，再以忠孝清廉薦本縣知縣，有政聲，後值靖難之際，進香至京城，以大義極諫成祖。忤旨罷歸。（《廣東通志》、《肇慶府志》）

明太祖洪武二十四年　辛未　一三九一年

本年陳瑞貞掌司彩職。

陳瑞貞，又稱二妹。增城人。幼習《孝經》、《內則》、《列女傳》等，稍長工刺繡。洪武初設女官，選民間淑女任其職，瑞貞入選。入朝後即令兼理六局，宮嬪皆師事之。洪武二十四年（一三九一）掌司彩職。後賜回家省親，仍給薪俸。永樂初以熟知宮中，詔復原職，後病卒宮中。（《增城新塘鎮志》第六頁）

楊璧於本年中進士。

楊璧，字允玖。海陽（今潮州）人。家貧，弱冠設教鄉塾自供。師蔡希仁受《古文尚書》。洪武二十四年（一三九一）進士，以親老乞歸養。丁憂服闕，授刑部郎中。燕王奪位，殺朝臣不附者多人，璧死之。（乾隆《潮州府志》卷二八）

張慎生。

張慎（一三九一～一四五〇），字竹榮，號竹齋。五華人。少時爲縣學生員。永樂二十一年（一四二三）中舉人第二。適母喪，守孝期滿，會試不第，任山西沁州府州判。後升山東巡按御史，卒於任。（乾隆《嘉應州志》）

明太祖洪武二十五年　壬申　一三九二年

正月，河決陽武，發軍民塞之，免被水租。（《明史》卷二《太祖本紀》三）

馬驥生。

馬驥（一三九二～？），字子良。河源人。永樂二十一年（一四二三）舉人，宣德五年（一四三〇）進士，授廣西灌陽知縣。官清政顯。正統八年（一四四三）以父喪辭歸，列名宦，入《桂林府志》。歸里樂爲善事，曾捐資領眾建回龍鎮，並修水利。（《河源縣志》）

明太祖洪武二十六年　癸酉　一三九三年

正月乙未，馬名廣上言五事。

馬名廣，番禺人。少讀經書，能賦詩，以家累充遼東開元衛軍士。洪武二十六年（一三九三）乙未，上書言五事。上觀所言有可採者，命禮部擇其可者行之。名廣在衛讀書不輟，至是詣闕上書，上既納其言，復命吏部用之，遂授吉安泰和縣丞。郭棐《粵大記》卷二三有傳。

梁濟平於本年中解元。

梁濟平，順德人。明太祖洪武二十六年（一三九三）解元，授福州府教授。著有《淡軒集》。事見康熙《順德縣志》卷五。

梁致育於本年中舉人。

梁致育，字遂初。高要人。通《五經》，由洪武二十六年（一三九三）癸酉科鄉舉，歷紹興、建昌訓導。致仕家居，嘗修郡志。天順初，廣西流賊劫掠蓮塘，致育年亦九十六，且瞽，被執，賊令講書，罵之。賊不忍加害，舁之行。後投淵死，賊驚嘆而去。著有《竹屏稿》。郭棐《粵大記》卷十五有傳。

曾寶於本年中舉人。

曾寶，儋州（今屬海南）人。明洪武二十六年（一三九三）癸丑科舉人，任國子監學正。

李浩於本年成貢生。

李浩，清遠人。明太祖洪武二十六年（一三九三）貢生，官太平府教授。事見民國《清遠縣志》卷一〇。

黃裳於本年成貢生。

黃裳，字迪吉。番禺人。少從李韡遊，明經學，善文辭。洪武二十六年（一三九三）癸酉鄉貢進士，卒業太學，授福建政和知縣。永樂初，縣病荒歉，裳善政惠民，獲全者眾。罹母憂去。服闋，升禮部主事，歷刑部郎中卒。著有《黃郎中集》十卷。黃佐《廣州人物傳》卷十三有傳。

余真於本年成貢生。

余真，潮陽人。明太祖洪武二十六年（一三九三）歲貢生，

入太學。後以大臣薦，任監察御史。坐言事謫四川按察司知事，蜀人呼爲"雪白御史"。（嘉靖《潮州府志》卷六）

羅亨信於本年補諸生。（東莞羅亨信家族墓出土《故通議大夫都察院左副都御史羅公壙志銘》）

何貴卒。

何貴（？～一三九三），字奉先。東莞人。真第三子。有學行，曾於惠州豐湖築書屋講學。因藍玉黨獄死。（宣統《東莞縣志》卷五五）

明太祖洪武二十七年　甲戌　一三九四年

八月，吳傑等率致仕武臣備倭廣東。（《明史》卷二《太祖本紀》三）

梁禧於本年中進士。

梁禧，新興人。洪武二十七年（一三九四）甲戌進士。余祖明《廣東歷代詩鈔》卷十一有傳。

李琛於本年中進士。

李琛，字廷圭。化州人。洪武二十七年（一三九四）甲戌進士，任浙江永嘉知縣，升廣西柳州通判。（《化州縣志》卷九）

蔣資於本年中進士。

蔣資，字源深。化州人。洪武二十七年（一三九四）甲戌進士，官至刑部郎中。成祖繼統（一四〇三），因直諫抗旨下獄，絶食三日不死，貶謫口外軍，繼續上書。帝嘉其忠，任濟寧知州，民奏請留任九年。（《化州縣志》卷九）

古彥輝於本年成貢生。

古彥輝，五華人。洪武二十七年（一三九四）甲戌歲貢，授福建德化主簿，遷縣丞、知縣，後升監察御史。（乾隆《嘉應州志》）

明太祖洪武二十八年　乙亥　一三九五年

九月，陳璉賦《遊南薰亭　有序》五古詩，其序云：

前刑部尚書楊公靖使安南，駐節桂林，聞南薰亭之勝，命予同登，訓導董珣攜琴以隨。鼓數曲，遂下。遊韶音洞，觀宋南軒《張公記》。時洪武二十八年秋九月也。（陳璉《琴軒集》卷三）

本年陳博民乘朝廷遣使修天下水利之機，悉心手繪圍內倒流港深廣圖册，探析成患始因，自費赴京向太祖上書請修治。

陳博民，字克濟，號東山。南海九江人。家居桑園圍西堤內，因感西潦爲患，壞廬墓，淹禾稼，民常受其害。明洪武二十八年（一三九五），乘朝廷遣使修天下水利之機，悉心手繪圍內倒流港深廣圖册，探析成患始因，自費赴京向太祖上書請求修治。太祖賞識，令下省縣治理，並囑勉博民主持此項工役。博民歸鄉後，面對激湍西潦，毫不畏難，指揮鄉人用大船多艘，載滿石頭，沈於倒流港口，將水勢堵住。後組織江旁十八堡衆，運土填築，墊高堤圍。計自豐浩下至甘竹灘，東繞龍江，上達三水，堤長數十里，沿堤增築高、寬均五尺，半載工成。從此水無旁溢，民始得安。衆建穀食祠於忠良山麓，並懸太祖詔命“乃功”兩字於祠堂以永祀之。（《南海名人數據庫》）

明太祖洪武二十九年　丙子　一三九六年

本年雷潛中式，選湖廣京山縣訓導。

雷潛，字必昇。台山人。洪武二十九年（一三九六）中式，選湖廣京山縣訓導，升河南信陽教諭。秩滿，升湖廣道府伴讀。出仕四十餘年，歷仕四朝。（清《新寧縣志》）

陳奎於本年中舉人。

陳奎，河源人。明太祖洪武二十九年（一三九六）舉人，官桂林司訓。事見康熙《河源縣志》卷五。

莊恭於本年中舉人。

莊恭，字克敬。東莞人。明太祖洪武二十九年（一三九六）舉人，入太學讀書。時東莞學宮毀於火。恭上奏陳請，朝廷派鄧祖賢督工重建。洪武三十年（一三九七）開工，沿用六百年。官豐城教諭、上林苑監正。與陳義重修《寶安志》，成《寶安續志》。嘉慶《東莞縣志》卷三八有傳。

鄧林於本年中舉人。

鄧林，初名彝，字觀善，又字仕齊。號純素子。新會人。明太祖洪武二十九年（一三九六）舉人，歷貴縣教諭、南昌教授。秩滿，試高等，遷吏部主事。明宣宗宣德四年（一四二九）以言事忤旨，謫居杭州，學士大夫多從之遊。後放歸田里，卒。著《退庵遺稿》。阮元《廣東通志》卷二七二有傳。

湯有容於本年中舉人。

湯有容，字載行。新會人。少年能文，勇於爲義。洪武二十九年（一三九六）丙子舉於鄉，會試中乙榜，任廣西恭城教諭，歷興安。棄官養母七年，復官容縣。時舉縣大役，知縣彭清中病，有容晝夜不離其側，清得不死。郭棐《粵大記》卷二二有傳。

劉簡於本年中舉人。

劉簡，新興人。明太祖洪武二十九年（一三九六）舉人。擢江西道監察御史。（《新興縣人物志稿》）

歐觀生於本年成貢生。

歐觀生，號梅軒。香山人。倜儻不群，博學工文。洪武二十九年（一三九六）丙子鄉貢進士。教授紹興，以性傲忤當道，左遷什邡典史。歸，年六十卒。有集。郭棐《粵大記》卷二四有傳。

茹連於本年成貢生。

茹連，字匯貞。新會人。洪武二十九年（一三九六）鄉貢，初爲齊府祠副，改四川江安縣丞，升刑部員外郎，出知長沙府。連身體豐偉，律己甚嚴。（清《新會縣志》、《廣東通志》卷二七

二）

黄克俊於本年成貢生。

黄克俊，龍川人。洪武二十九年（一三九六）貢生。任陽朔縣訓導。（《龍川縣志》）

陳貞豫生。

陳貞豫（一三九六～一四二五），字奮揚。遂溪人。永樂三年（一四〇五）舉人。歷任監察御史、都察院交趾道巡按御史。爲官清正，執法嚴明。洪熙元年私訪途中爲賊所害。（道光《遂溪縣志》）

明太祖洪武三十年　丁丑　一三九七年

本年黎貞於遼東十三載後，免戍南歸，賦《洪武丁丑免戍南歸　自乙丑戍遼，至是蓋十三年也》云：

太平不用戍邊關，六合塵清戰馬閑。聖代儒冠應有用，獨騎款段出青山。（黎貞《秫坡先生詩集》卷二）

本年陳德文出使撒馬兒罕，賦《撒馬兒罕見雁懷友》詩云：

上林書劄爲誰將，漢節蘇卿憶帝鄉。萬里承恩來此地，何年歸覲列鵷行。繡衣塵滿關山杳，驄馬星馳驛路長。此日雲邊看雁字，老懷無計附同窗。（民國《始興縣志》卷八）

本年袁友信以薦赴闕，被命往董七閩經界。

袁友信（一三五二、一三五三～一四〇七），初名友仁，號雲蘿。東莞人。築雲蘿書舍，攻讀經史。明太祖洪武三十年（一三九七）詔求賢才，以薦赴闕，被命往董七閩經界。事竣乞歸。明成祖永樂五年（一四〇七）被徵，卒於京師。宣統《東莞縣志》卷五五有傳。

明太祖洪武三十一年　戊寅　一三九八年

閏五月乙酉，明太祖崩於西宮，年七十有一。辛卯葬孝陵，謚曰高皇帝，廟號太祖。（《明史》卷二《太祖本紀》三）皇太孫允炆即皇帝位，是爲明惠帝，大赦天下，以明年爲建文元年。
（《明史》卷四《恭閔帝本紀》）

　　本年右軍都督府同知韓某總兵征猺於廣西柳州遷江，後陳璉賦《呈韓都督》排律詩，其小序云：

洪武三十一年，公由右軍都督府同知總兵征猺於廣西柳州之遷江。（陳璉《琴軒集》卷一一）

　　洪武末，王惠用大臣薦至京。

　　王惠，字仲通，號霜筠。瓊山人。家本合肥，從兄千户志調官海南，遂占籍焉。博洽能文，學士解縉稱其學。洪武末，用大臣薦至京，以三喪未舉，力辭歸隱。著有《截山詠史》、《嶺南聲詩鼓吹》。郭棐《粤大記》卷二三有傳。

明惠帝建文元年　己卯　一三九九年

七月癸酉，燕王棣舉兵反。（《明史》卷四《恭閔帝本紀》）

　　本年張舉薦爲州學正。

　　張舉，字元直。番禺人。建文元年（一三九九）薦爲州學正，永樂三年（一四○五）徵爲户科給事中，選備講讀。廉潔自持，卒後無以爲葬，有司及親友饋贈，乃克殮。（阮元《廣東通志》卷二七二）

　　李時秀於本年中舉人。

　　李時秀，字廷賓。英德人。明惠帝建文元年（一三九九）舉人，歷仕山東按察副使。阮元《廣東通志》卷二八九有傳。

　　朱璧於本年中舉人。

　　朱璧，字含章。清遠人。明惠宗建文元年（一三九九）舉人，授兵部主事，補工部主事，因故出爲興化通判，署莆田縣，分試闈闔，解綬歸，卒。民國《清遠縣志》卷六有傳。

　　周新於本年中舉人。

　　周新，字志新，原名志新，字日新。南海人。己卯舉於鄉，仕大理評事。壬午拜監察御史，彈劾敢言，人稱冷面寒鐵公。永

樂元年巡按福建，三年擢雲南按察使。後被殺。（黃佐《周憲使傳》）

盧功名於本年中舉人。

盧功名，惠州人。明惠宗建文元年（一三九九）舉人，授江西南城縣令。著有《經史匯纂》、《鬱林石詩文集》。（《陸豐縣志》）

李晟於本年成貢生。

李晟，字孟昭。南海人。博通經史，有文名。明惠帝建文元年（一三九九）貢生。靖難初，官戶科都給事中。成祖永樂元年（一四○三）春，御選近臣有才識者使廣東，撫綏河源流民。晟奉詔前往，稱旨。七年春，奉旨保舉吏員中有才幹者，益爲帝所知。十年，晉都給事中。擢廣西南寧知府；在任六載，以績最陞河南布政司參政，所至有聲。後致仕家居，尤篤孝友，鄉人重之。黃佐《廣東通志》卷六○、阮元《廣東通志》卷二七二有傳。

明惠帝建文二年　庚辰　一四○○年

正月，釋奠於先師孔子。（《明史》卷四《恭閔帝本紀》）

明惠帝建文三年　辛巳　一四○一年

本年吳文祥，以監生署縣學事。

吳文祥，瓊山（今屬海南）人。趙考古高弟。明惠帝建文三年（一四○一），以監生署縣學事。成祖永樂初，募財建學於南郊。正德《瓊臺志》卷三七有傳。

明惠帝建文四年　壬午　一四○二年

六月，燕兵陷都城南京，宮中火起，明惠帝不知所終。（《明史》卷四《恭閔帝本紀》）己巳，燕王謁孝陵，詣奉天殿即皇帝位，是爲明成祖，以建文四年爲洪武三十五年，明年改永樂元

年。（《明史》卷五《成祖本紀》一）

六月，李景隆獻金川門，郭節等從建文帝出亡。

郭節，連州人。洪武年間舉賢良，授中書舍人。建文帝即位，由削藩演變爲“靖康之役”。建文四年（一四〇二）六月，李景隆獻金川門，節等從建文帝出亡，又相約離散。節挾卜筮書走四方，並與何洲、史仲彬等人詣重慶，走雲南，在白龍山深處拜帝榻前。居數月，辭去。後建文帝不知所終，燕王棣嗣位。永樂十八年（一四二〇）仲彬至連州訪節，節先出走，下落不明。（《明史》卷一四三、乾隆《連州志》卷七）

同月，陳璉於南京奉天門朝賀燕王登基，賦《奉天門朝賀三十五年六月》詩云：

天子龍飛登大寶，衣冠虎拜集虞廷。羣臣喜際風雲會，萬國重瞻日月明。河洛定聞龍馬瑞，朝陽應見鳳凰鳴。舞階已喜干戈戢，四海從今樂治平。

七月，璉又於奉天門聽赦令，賦《承天門聽赦　三十五年七月》七律詩。（陳璉《琴軒集》卷九）

靖難之役後，王度因出語得罪明成祖被殺，後何轉書賦《感懷三首》七律詩分詠王度、葉夢熊與楊起元，其一云：

王御史度

考吾邑黃文裕所撰《王御史孤忠廟碑》，載其死建文帝遜國死難事甚詳。《通紀》、《從信錄》並遺，若非文裕謹承先志，於史館日錄極力參考，不幾淪沒乎？

東昌始捷犒師旋，此外南軍潰莫前。一死幸能存十族，寸心私可謝諸賢。苺苔坐石留蕭寺，藏菊秋嘗失介田。不是博聞黃祭酒，孤忠淪沒孰爲傳。（何天衢《欖溪何氏詩徵》卷八補遺）

何轉書，字書子，號乙上。香山（今中山）人。日寅孫。明思宗崇禎諸生。長於史，善畫山水。著有《鵝湖草》。事見何天衢《欖溪何氏詩徵》卷一。

至清康熙時，何絳亦賦《西湖後曲》絕句十首，亦詠及葉夢

熊、王度。（何絳《不去廬集》卷一二）

本年靖難之變，黃充抗疏救方孝孺，忤旨坐謫。

黃充，石城人。明太祖洪武間由歲貢生膺薦山西道御史。靖難之變，抗疏救方侍講孝孺，忤旨坐謫。光緒《高州府志》卷三七有傳。

本年梁宏聞長安兵變，遂不復仕。

梁宏，字廓之。南海人。少穎敏，選爲弟子員，貢入胄監。司業劉崧試其文，稱爲奇才。將省親，蒙由道輩求方孝孺爲《南士之說》以送行。歸廣州，聞長安兵變，遂不復仕。郭棐《粵大記》卷二三有傳。

吳謙於本年中舉人。

吳謙，徐聞人。建文四年（一四〇二）中舉人，永樂二年（一四〇四）進士。官江西上猶知縣。（新編《徐聞縣志·人物編》）

王度被殺。

王度（一三五五～一四〇二），字子中。歸善（今惠州）人。明初，部使者以明經儒學薦，明太祖洪武二十二年（一三八九）任山東道監察御史。靖難之役中多所策畫。四年秋七月，坐黨禍，謫戍賀縣千户所，出語得罪，被殺，姻親連坐百五十五户。著有《橄欖詩》。郭棐《粵大記》卷一五有傳。

明成祖永樂元年　癸未　一四〇三年

正月辛卯，大祀天地於南郊，以北平爲北京。（《明史》卷六《成祖本紀》二）

本年張康侯子鎮國晋職衛指揮。

張康侯，字錫蕃。南海人。元末隱居西海樂善。喜吟詠，愛植菊花。時王彥舉、孫仲衍結社南園，開抗風軒，康侯往還其間。子鎮國，嫻兵略，討海寇、苗獠有功，永樂初晋職衛指揮。清溪漁隱《元廣東遺民錄》卷上有傳。

洪、永間，累詔徵遺逸，或爲陳亮推轂。

陳亮，字景明。長樂人。元儒生，學問博洽。洪、永間，累詔徵遺逸，或爲推轂，亮掉頭不顧，作《讀陳摶傳》詩以明志。於山中爲小樓，號曰儲玉，購四方異書藏之。做草屋滄洲中，與諸名士爲文酒會。暇則歷名山，投上方蘭若尋僧問偈。時往還三山中，爲九老社，以此自終。詩有陶孟風。清溪漁隱《元廣東遺民録》卷下有傳。

永樂初冼用行授鎮江府推官。

冼用行，番禺人。少力學窮經。洪武中貢入南監，永樂授鎮江府推官。郭棐《粤大記》卷二〇有傳。

李憲舉於本年中舉人。

李憲舉，字克清，號澹然。潮陽人。永樂元年（一四〇三）癸未舉人，授中江縣教諭、興化府教授。翁輝東《潮州文概》卷二有傳。

趙康鼎於本年中舉人。

趙康鼎，高要人。明成祖永樂元年（一四〇三）舉人，官桂陽教諭。事見宣統《高要縣志》卷一六。

馮宣於本年中舉人。

馮宣，萬州人。明成祖永樂元年（一四〇三）舉人，授官唐藩紀善。阮元《廣東通志》卷三〇一有傳。

羅亨信於本年中舉人。（東莞羅亨信家族墓出土《故通議大夫都察院左副都御史羅公壙志銘》）

黎璿於本年成貢生。

黎璿，清遠人。明成祖永樂元年（一四〇三）貢生，入太學，仕至四川右布政。歷官三十餘年。光緒《廣州府志》卷一二七有傳。

明成祖永樂二年　甲申　一四〇四年

四月初八日，陳璉賦《十臺懷古》七古詩，分詠姑蘇臺、章華臺、朝陽臺、黃金臺、戲馬臺、歌風臺、望思臺、銅爵（鵲）臺、鳳凰臺、淩歊臺，其小序云：

> 予愛正傳吳先生《十臺懷古歌》音節雄渾，思致高古，每欲追和未暇。今年春三月，自潁川召回，從小商橋發舟，入黃河，經淮泗，半月行千餘里，所經歷山川名勝，足有感發於衷者，因追和之，足成十首。非敢傳於大方之家，聊自適興爾。時永樂二年四月八日，書於維揚舟中。（陳璉《琴軒集》卷五）

五月，羅亨信授工科給事中，命往浙江視水。（東莞羅亨信家族墓出土《故通議大夫都察院左副都御史羅公壙志銘》）

八月，陳璉賦《騶虞詩 有序》，其小序略云：

> 皇上嗣無疆大曆，服七緯順度，九圍敉寧，仁被含靈，澤臻草木，受天之祐，享鬼神之靈，諸羣之物可致之祥，莫不備至。乃永樂二年秋八月，騶虞見於河南鈞州神後山之陽。（陳璉《琴軒集》卷一）

本年王氏選入宮中爲司彩。

> 王司彩，番禺人。永樂二年（一四○四）選入宮中爲司彩，通文學，能詩。（阮元《廣東通志》卷三○七）

本年李震知順天府大興縣。

> 李震，一名伯震，號巢翠。德慶人。刑部尚書質次子。明洪武初，舉懷才抱德科。初授廣西容縣知縣，永樂二年（一四○四）改知順天府大興縣，尋遷光祿寺丞。著有《巢翠集》，已佚。崇禎《肇慶府志》卷二二有傳（附於父質傳）。

本年李讓以國學生授浙江縉雲知縣。

> 李讓，字遜之。新會人。永樂二年（一四○四）以國學生授浙江縉雲知縣，晋交趾原州府同知，民立祠以祀。丁艱服闋，補淮安同知。（清《新會縣志》）

林文亨於本年中進士。

> 林文亨，海康人。永樂初鄉試第一，登二年（一四○四）甲申進士第。歷官戶部員外郎。性情淳謹，無貴勢氣習，鄉評重之。工詩文，不苟作，獨同年同邑林現者，爲興化縣丞，恬退不

求利達，文亨爲賦《還鄉詩》。郭棐《粤大記》卷二四有傳。

翟溥福於本年中進士。

翟溥福（一三七一～一四四一），字本德，號慎庵。東莞人。明成祖永樂元年中舉人，二年（一四〇四）進士，除青陽知縣。任滿移知江西新淦，歷仕至南康知府。年六十六以年老乞歸。人稱江西第一賢郡守。正統六年卒，年七十一。《明史》卷二八一有傳。

翟彦榮於本年中進士。

翟彦榮，字達道，號了玄先生。歸善人。明成祖永樂二年（一四〇四）進士，授江西宜黄令，擢兩浙直指使。雍正《歸善縣志》卷一七有傳。

唐舟於本年中進士。

唐舟，字汝濟，號頤庵。瓊山人。明成祖永樂二年（一四〇四）進士，授新建知縣，升江西僉事，以微累降衢州通判，仕至監察御史。及歸，杜門不出。年八十二卒。正德《瓊臺志》卷三六有傳。

羅亨信於本年中進士。（東莞羅亨信家族墓出土《故通議大夫都察院左副都御史羅公壙志銘》）

黄希谷於本年中舉人。

黄希谷，龍川人。永樂二年（一五二九）舉人。官漢陽府通判，復判台州。（《龍川縣志》）

明成祖永樂三年　乙酉　一四〇五年

冬，唐誼方詣闕請老。

唐誼方（一三三九～一四一五），本名遜，字誼方，以字行。瓊山人。元郡教授闔孫。篤儒學，有古行，元末隱居避辟。入明首舉經明行修，拜郡庠訓導。永樂三年冬，詣闕請老，成祖奇其狀貌容止，曰：“此老回去還有十年壽。”門有祖植古榕，常休憩其下，雨則躬循田畝，代貧乏嫁娶，鄉里稱榕樹公、直長者。任

舟，少從筆硯間，後歷官內外臺，奉書問安，答之詩。永樂十三
年乙未（一四一五）卒，壽七十七。郭棐《粵大記》卷十九
有傳。

白純素於本年中舉人。

白純素（一三七五～一四二二），字尚質。樂昌人。明成祖
永樂三年（一四〇五）舉人，十二年中進士，歷官至南京大理寺
評事。民國《樂昌縣志》卷二三有傳。

徐以誠於本年中舉人。

徐以誠，清遠人。明永樂三年（一四〇五）舉人，官閩縣知
縣、禮部主事。事見阮元《廣東通志》卷七〇、康熙《清遠縣
志》卷九。

蘇葵於本年中舉人。

蘇葵，字朝陽。乳源人。明成祖永樂三年（一四〇五）舉
人，官知縣。事見同治《韶州府志》卷三三。

李僖於本年中舉人。

李僖，清遠人。明成祖永樂三年（一四〇五）舉人，官交阯
統寧知縣。事見阮元《廣東通志》卷七〇。

陳范於本年中舉人。

陳范，龍川人。早喪父，事母以孝聞。永樂三年（一四〇
五）乙酉舉於鄉。歷官湖廣麻城學教諭、衡州府教授。奉母就
養，承順備至。秩滿，乞歸終養。遷唐府長史，慕親不置，王察
而憫之，爲請追贈之恩。大學士楊榮嘗贈以《思親辭》三章。郭
棐《粵大記》卷二十一有傳。

梁新於本年中舉人。

梁新，新興人。儀貌莊重，言詞簡當。通五經，尤專《春
秋》、《禮記》。永樂三年（一四〇五）乙酉舉人。宣德間官太平
府教授。日坐講席不少懈，每夕必衣冠危坐，思日之所爲，以圖
改勉；或焚香鼓琴，倦始就枕。三教郡邑，兩典文衡，有知人
鑒。阮元《廣東通志》卷二九五有傳。

方瑛於本年中舉人。

方瑛，字玉卿。博羅人。明成祖永樂三年（一四〇五）舉人。與武周文等從姚少師（光孝）、解學士（縉）等校書文淵閣，四歷寒暑，書成，名《永樂大典》。授宜山知縣，九載秩滿，增秩梧州同知。後升廣西蒼梧道兵備僉事，檄至而卒。（光緒《惠州府志》卷三二）

楊頤於本年中舉人。

楊頤，博羅人。明成祖永樂三年（一四〇五）舉人。授交趾下洪州知州，擢工部員外郎、刑部郎中、山東登州知府。（嘉靖《惠大記》）

吳宏於本年中舉人。

吳宏，海豐人。明成祖永樂三年（一四〇五）應天中式，任教諭。（《惠州府志》）

邱谷於本年中舉人。

邱谷（？～一四四九），號愛筠。河源人。明成祖永樂三年（一四〇五）以《易經》中舉人，次年會試中進士。任廣西平樂府學訓導，升福建漳州府學教授，卒於官。（《河源縣志》）

楊漢傑卒。

楊漢傑（一三三八～一四〇五），字仕英，號菊庭。東莞人。父爲廣州路元貞庫副使。漢傑幼警敏，嗜學。元季辟廣東廉訪司書吏，日持簿書贊上官，治獄以能名。及嶺海騷動，知事不可爲，乃棄歸奉母。永樂三年（一四〇五）卒，年六十八。清溪漁隱《元廣東遺民錄》卷上有傳。

明成祖永樂四年　丙戌　一四〇六年

仲秋八月初，廟學修理完美，陳璉喜賦《永樂四年秋丁祀廟學修理完美喜而有賦》五古詩。（陳璉《琴軒集》卷三）

王克義於本年中進士。

王克義，字宜齋。瓊山人。明成祖永樂四年（一四〇六）進士，授崇仁知縣，擢建昌府推官。民國《瓊山縣志》卷二四有傳。

李澤於本年中進士。

李澤（？～一四五六），石城（今廉江）人。永樂三年（一四〇五）乙酉鄉試，登四年丙戌進士，歷官至郎中。以道義自重，不爲利祿所干。中歲告歸田里，不履公庭。繼詔進職，力辭不起，以耕讀終。郭棐《粤大記》卷十九有傳。

陳鼎於本年中進士。

陳鼎（一三八九～一四三七），字重器。新興人。永樂四年（一四〇六）丙戌進士。[①] 官至刑部左侍郎。守正不阿，風裁益振，有古大臣風。余祖明《廣東歷代詩鈔》卷十一有傳。

周岐後於本年中進士。

周岐後，字士誠。博羅人。永樂四年（一四〇六）進士。歷官兵科給事中、山東道御史。正統七年（一四四二）九月作《重修玄妙觀記》。事見《惠陽山水紀勝》卷下。

陳道同於本年中進士。

陳道同，四會人。永樂四年（一四〇六）進士。浙江道御史，有直聲。（《皇明進士登科考》）

黎常於本年中進士。

黎常，新興人。永樂四年（一四〇六）進士。福建道監察御史，時稱“鐵面御史”。（《皇明進士登科考》）

明成祖永樂五年　丁亥　一四〇七年

五月甲子，張輔平安南。六月，置交阯布政司。（《明史》卷六《成祖本紀》二）

本年解縉貶交州，嘗遇廖謹。

廖謹，字慎初。南海人。恬靜力學，以“澹交”名其齋。永

---

① 一作永樂十三年（一四一五）進士。

樂五年（一四〇七）學士解縉出爲交趾參議①，嘗過謹，與之上下其論。當是時，讀書山中，名聞公府，識與不識，皆曰“廖五經”。以明經舉爲四會教諭，轉通山教諭。人或笑之爲“古必”，謂爲泥古不通，乃作《古必解》自嘲。久之，升南安府學教授。致仕卒。從子惝，宣德八年（一四三三）癸丑進士，至通顯，事謹猶執服役。黄佐《廣州人物傳》卷十三有傳。

謝廉於本年成貢生。

謝廉，字子清。河源人。永樂五年（一四〇七）歲貢，曾任交趾芙蓉縣知縣，在任期間剛正自持，創建縣城。初時境内多有鄉民搶掠作亂，廉親帶兵深入巢穴。賞罰嚴明，故人人盡力，頗有政績。後調山東青州府樂安縣知縣，體恤民情，視産定税。任職期滿，告老還鄉。後交趾叛變，諸官駭竄，廉適鋤圃地，聞之後厲聲曰：“如我在此，便當以身殉國，何偷生爲?”不覺揮鋤傷足，血流滿地。桑梓以鄉賢祀之。（《廣東通志》、《惠州府志》、《河源縣志》）

邱偶生。

邱偶（一四〇七～一五〇〇），號石蒲。河源人。谷子。入潮州府學，由廩生充選。正統十三年（一四四八）歲貢，廷選一等，補授浙江湖州府鹽漕水利僉判，後任江西南康知府，有政績。成化十六年（一四八〇）七十四歲致政，加授中憲大夫。（《河源縣志》）

朱彦明卒。

朱彦明（一三三三～一四〇七），字伯彦。東莞人。事親孝，處人和。元季嶺海兵亂，據境土者各收攬才俊，争招延之，俱不就。及邑城陷，避地小享，未嘗易所守。明初復故居，躬治稼穡，推有餘以周人急，不責其報。晚年開别墅於城南，黄冠野服徜徉其間。永樂五年卒，年七十五。清溪漁隱《元廣東遺民録》

---

① 一作廣西參議。

卷上有傳。

明成祖永樂六年　戊子　一四〇八年

阮惟良於本年中舉人。

阮惟良，高要人。明成祖永樂六年（一四〇八）舉人。事見黄佐《廣東通志》卷七〇。

蘇聰於本年中舉人。

蘇聰，清遠人。明成祖永樂六年（一四〇八）舉人，官交阯大堂知縣。事見阮元《廣東通志》卷七〇。

劉簡於本年中舉人。

劉簡（？～一四二五），字以中。歸善人。明成祖永樂六年（一四〇八）舉人，官交阯諒江州判官。洪熙元年（一四二五）黎利叛，所在皆降，獨固守數月。城陷死，弟及妻子七人亦赴井殉國。（嘉靖《惠州府志》卷一三）

韓鏐生。

韓鏐（一四〇八～一四五九），字子剛。博羅人。以博覽經籍授富池驛丞。好詩，苦吟不輟，上官破格禮之。因詣闕陳某使者案頭有金硯，下獄。出獄改淩山驛丞，遂拂衣歸。（乾隆《博羅縣志》卷十二）

明成祖永樂七年　己丑　一四〇九年

二月十二日，明成祖鑾駕至滁州，陳璉率官吏父老郊迎，賦《永樂七年春二月九日上巡狩北京越三日至滁陽予率官吏父老郊迎》七律二首詩云：

罕畢前驅輦路長，馬隨仙杖識天香。明良喜際風雲會，士庶欣瞻日月光。羽葆龍旂紛雜遝，金輿玉略倍焜煌。時巡今睹雍熙世，禮樂文章邁漢唐。

聖主時巡稽古禮，千官扈從出鑾坡。祥雲擁駕青鸞引，御寶隨車白象馱。四海清寧歌治化，萬方豐稔慶時和。小臣何幸逢嘉

會，此日思沾雨露多。（陳璉《琴軒集》卷九）

祁勝宗於本年成貢生。

祁勝宗，字孝思。東莞人。為人豁達大度。永樂七年（一四
○九）貢生。授交趾建平府長安知州，去苛煩，薄稅收。（宣統
《東莞縣志》卷五五）

明成祖永樂八年　庚寅　一四一○年

三月十六日，陳璉被召至京，陞揚州府知府，賜金綺衣服一
套、寶鈔一百錠，就賜宴禮部，蹇、呂二尚書主席，璉賦《謝恩
偶成》詩云：

昨日承宣到玉京，賜金增秩荷恩榮。衣頒内藏傳中使，宴賜
容臺近列卿。沉水香清焚寶篆，葡萄酒釀瀉瑶觥。微生何幸霑休
澤，願效涓埃答聖明。（陳璉《琴軒集》卷九）

五月，陳諤拜刑科給事中。

陳諤（一三七七～一四四四），字克忠。番禺人。永樂六年
（一四○八）戊子領鄉薦，卒業太學。八年庚寅五月，即拜刑科
給事中。遇事剛果，彈劾不避權要。嘗奏事，聲響甚大，上令餓
之數日，奏對如前，乃曰："是天生也。"每呼為大聲秀才。嘗以
直諫觸禁，上怒命為坎瘞之，露其首，七日不死，遂釋還職。尋
升吏科給事中。一日率同列奏事，忤旨，落職，罰使葺象房。宣
德三年（一四二八）戊申，丁母憂歸。郡人素服其公直，有屈者
多訟之於諤，諤語諸當道，皆伸之。服闋，復為長史，與王不
協，遂除鎮江府同知。未滿考，以老乞歸，卒年六十八。郭棐
《粤大記》卷十九有傳。

本年黎貞作《溪隱記》文。（黎貞《溪隱記》）

黎和於本年辟茂才，以老疾辭。

黎和，字伯英。南海人。少警悟，能文，美風度。事親以孝
謹聞。與孫蕡、唐豫友善。元季避兵槎溪。雖遭亂離，手不釋
卷。明初還夏溪，捐資建永安橋二。永樂八年（一四一○）辟茂

才，以老疾辭。一時名士多從之遊。清溪漁隱《元廣東遺民錄》
卷上有傳。

明成祖永樂九年　辛卯　一四一一年

鄭義於本年中解元。

鄭義，字伯集，號在翁。潮陽人。明成祖永樂九年（一四一
一）解元。署教廣西北流。宣宗宣德初，母喪守孝，服除，擢周
府右長史，卒於官。著有《右史集》、《在翁梅花百詠》。清康熙
《潮州府志》卷九上有傳。

陳英弼於本年中舉人。

陳英弼，字廷佐。東莞人。明成祖永樂九年（一四一一）舉
人，官廣西興業縣教諭、靖江府教授。阮元《廣東通志》卷二七
二有傳。

王德賓於本年中舉人。

王德賓，號葵齋。東莞人。明成祖永樂九年（一四一一）舉
人，官靖江府教授。事見阮元《廣東通志》卷七〇。

林茂森於本年中舉人。

林茂森，字良材。臨高（今屬海南）人。少孤，事母性至
孝。甘貧力學，博極群書。以《春秋》領永樂九年（一四一一）
辛卯鄉薦。仕武宣教諭，勤於課士。當擢，以母老辭歸養，家居
以孝弟勤儉迪訓家塾及鄉人子弟。暮年手不釋卷，嘗校注《方
輿》、《儒林一覽》行世，大學士邱濬稱其博洽云。郭棐《粵大
記》卷二三有傳。

朱子福於本年中舉人。

朱子福，字廷錫。保昌（今南雄）人。明成祖永樂九年（一
四一一）舉人，十年不出戶，十九年進士。知萊陽縣，卒於通
州。歷仕二十八年，家無餘資。（阮元《廣東通志》卷三〇四）

劉奎於本年中舉人。

劉奎，字玉成。博羅人。明成祖永樂九年（一四一一）舉

人。宣德元年（一四二六）授福建長泰知縣，升承務郎，仍掌縣事，凡二十一年，致仕歸。（光緒《惠州府志》卷三二）

彭誼生。

彭誼（一四一一、一四一〇～一四九八），字景宜，號正庵。東莞市橋人。明宣宗宣德十年（一四三五）舉人，任紹興知府九年，多善政。升山東左布政使，除工部左侍郎。代宗立，用薦改御史，歷仕至右副都御史。年六十七，上章乞休，成化十四年致仕歸，家居四十餘年，於弘治十一年卒，年八十一。①《明史》卷一五九有傳。

明成祖永樂十年　壬辰　一四一二年

陳道生。

陳道（一四一二～一四八〇），字克修、德修。番禺人。政從子。天順八年（一四六四）進士。成化元年（一四六四）授吏部文選主事。坐累，調南京刑部。爲人寡言笑，人稱“板陳”。官至南京刑部尚書。卒贈太子少保。（阮元《廣東通志》卷二七五）

黃勛卒。

黃勛（？～一四一二），字敏功，號學圃。東莞人。年少好學。元末世亂，無書可讀，借得《事文類聚》百七十卷，手自抄錄，從不間斷。洪武時兩次被薦至京師，均託病辭歸，開門授徒，戶無所容，陳璉爲其高足。十七年（一三八四）授東莞儒學訓導，後改梧州，以目疾歸，永樂十年卒於家。著有《學圃先生文集》，已佚。黃佐《廣東通志》卷五九有傳。

明成祖永樂十一年　癸巳　一四一三年

本年羅亨信謫交阯布政司（今越南），過十八灘，賦《癸巳

---

①　一說卒年八十八，見陳融《讀嶺南人詩絕句》卷二。

謫交阯過十八灘》詩云：

　　幾年蹤跡仕途間，此日重過十八灘。怪石槎牙如列戟，湍流迅急似傾盤。神靈有感能相護，心事無私險自安。遙望九重猶咫尺，秋高應擬泛舟還。

　　亨信至安南（今越南），賦《安南感懷》詩云：

　　拙宦虞翻拙未休，九年恩譴滯炎州。日長山鳥啼官舍，地僻蠻煙繞郡樓。夢斷禁垣虛補袞，憂深邊徼欲前籌。莫言交廣風煙接，一望南溟恨已悠。（羅亨信《覺非集》卷八）

明成祖永樂十二年　甲午　一四一四年

　　九月，陳璉賦《麒麟詩　有序》四言詩。（陳璉《琴軒集》卷一）

　　彭森於本年中解元。

　　彭森，字伯森。南海人。明成祖永樂十二年（一四一四）解元，十三年（一四一五）進士。授山西道監察御史，陞福建參政。阮元《廣東通志》卷二七二有傳。

　　陳良弼於本年中舉人。

　　陳良弼，東莞人。明成祖永樂十二年（一四一四）舉人，官山東膠州州判。事見阮元《廣東通志》卷七〇。

　　李亨於本年中舉人。

　　李亨，字嘉會。博羅人。明成祖永樂十二年（一四一四）舉人，十六年（一四一八）會試乙榜，授廣西博白教諭，改四川琪縣，遷國子監學正。阮元《廣東通志》卷二九〇有傳。

　　蒙端於本年中舉人。

　　蒙端，封川（今屬封開）人。明成祖永樂十二年（一四一四）舉人，翌年中副榜。康熙續修《封川縣志》卷一八有傳。

　　曾道忠於本年中舉人。

　　曾道忠，萬寧（今屬海南）人。明永樂十二年（一四一四）甲午科舉人，回故居重操祖業。

湯性方於本年中舉人。

湯性方，字行素。花縣人。明永樂十二年（一四一四）甲午科舉人。初授刑部主事，歷員外郎。正統初，遷廣西按察司僉事。擢陝西行軍副使，從兵部尚書王驥、僉都御史羅亨信等禦敵塞外。後以親老告歸，優遊林泉十餘年。（光緒《花縣志》卷九）

董匯於本年中舉人。

董匯，字宗志。番禺人。珣子。永樂十二年（一四一四）甲午科舉人。金溪訓導。與弟匡合著《二董集》、《自見集》。（黃佐《廣州人物志》卷八一）

林禧於本年中舉人。

林禧，海豐人。永樂十二年（一四一四）舉人。任主簿。（《惠州府志》）

郭瑛於本年中舉人。

郭瑛，字廷瓚。番禺人。永樂十二年（一四一四）舉人，十六年進士。知金華縣，廉明剛斷，懲治貪吏，施惠於民，大興學校。（同治《番禺縣志》卷三七）

蔡煥於本年中舉人。

蔡煥，海豐人。永樂十二年（一四一四）舉人，任宣化教諭。（《惠州府志》）

明成祖永樂十三年　乙未　一四一五年

夏，西域以獅子來貢，陳璉賦《獅子詩　有序》五古。（陳璉《琴軒集》卷一）

譚壽海於本年中進士。

譚壽海（一三八五～一四五七），字信潮，一字比衡，號深源。瀧水（今羅定）人。明成祖永樂十三年（一四一五）進士，授河南道御史，上疏願改教職，除南寧府學教授，卒祀鄉賢。嘉靖《德慶志》卷一五、康熙《羅定州志》卷六有傳。

嚴貞於本年中進士。

嚴貞，字守正，號不阿。新興人。明成祖永樂十三年（一四一五）進士，官江西鄱陽知縣。乾隆《新興縣志》卷二三有傳。

趙純於本年中進士。

趙純，番禺人。明成祖永樂十三年（一四一五）進士，官按察司僉事，陞御史。事見阮元《廣東通志》卷六八。

林賁於本年中進士。

林賁，字光輔。四會人。永樂十三年（一四一五）乙未登進士第，授陝西道監察御史。在任十餘年，歷按三省，嚴毅執法。守制家居，族姻私托，悉拒之。制滿，之藩司起文，藩、臬將設餞，即夜解舟去。郭棐《粤大記》卷十九有傳。

王制於本年中進士。

王制（？～一四二九），字宗義。德慶人。其先出自江西廬陵。元末大父文政，任廣東藩省使。次子觀銘隨任，入籍德慶。制幼警敏穎異，過目成誦，尤好《左氏》。永樂九年（一四一一）辛卯舉試，十三年（一四一五）乙未登進士第，授行人，丁外艱歸。起復，上疏議馬政數事，上優詔褒答。宣德四年（一四二九）己酉，奉敕冊封蜀王，動止有儀，應對明爽。還至夔州南陀驛，遇洪水暴湧，舟覆溺水死，遺骸不可得。祀鄉賢。阮元《廣東通志》卷二九五有傳。

明成祖永樂十四年　丙申　一四一六年

本年白彬入太學，被拔爲齋長。

白彬，字文甫。清遠人。永樂十四年（一四一六）入太學，被拔爲齋長，奉旨入文華殿説書，宮中稱爲“老秀才”。後任職兵部，爲武選司主事，升員外郎。精《詩》，教授生徒，學者稱竺山先生。著有《毛詩集義》。（《清遠縣志》）

邢宥生。

邢宥（一四一六～一四八一），字克寬，號湄邱。文昌人

（今屬海南）。明英宗正統六年（一四四一）舉人，十三年（一四四九）進士，授御史。明代宗景泰間出巡福建，明英宗天順中出爲台州知府，有治績，坐累謫晉江丞。未三月會赦，憲宗復其職，改知蘇州府，詔加浙江布政司左參政，仍兼理府事。居半載，以右僉都御史巡撫南畿，尋兼理兩浙鹽政。因名重遭謗，年五十五引疾致仕。成化十七年（一四八一）卒於家，享壽六十六。諭賜祭葬，崇祀鄉賢，諡忠惠。著有《湄邱集》。

林良生。

林良（約一四一六～一四八〇），字以善。南海大瀝人。幼喜繪事。初在布政司當差，布政使陳金於堂上觀賞名畫，良諸多指斥，金怒慾毆。良明己見，應命揮筆，金見之大賞，自此畫名日盛。後良得供職於工部營繕所，入仁智殿，以錦衣衛鎮撫衛從事宮庭畫繪制，得觀宮內歷代藏畫，畫藝大進。有“林良、呂紀，天下無比”之譽，留下畫作約百幅。又能詩，曾與都御史何經劇飲唱和，頃刻成詩百篇。（《南海名人數據庫》）

張鐸生。

張鐸（一四一六～一四八七），字文振。博羅人。景泰四年（一四五三）貢士，卒業成均。成化五年（一四六九）授福建南安知縣，百務皆舉。（光緒《惠州府志》卷三二）

明成祖永樂十五年　丁酉　一四一七年

六月，郭張善以儒士舉。

郭張善，潮陽人。少孤力學。永樂十五年（一四一七）丁酉六月以儒士舉。[①] 自陳幼孤，賴繼母陳氏撫教而成，願出任報效，授翰林院檢討。郭棐《粵大記》卷二四有傳。

本年陳璉賦《聖駕幸北京率僚屬父老郊迎　永樂十五年》

---

① 一作永樂二年（一四〇四）以儒士赴京。

詩云：

聖朝崇典禮，大駕重時巡。鑾輿度淮甸，馳道無纖塵。金吾
肅前驅，平原殼騎分。日華輝寶蓋，爛若五彩雲。皇風被寰宇，
草木亦欣欣。歡聲動黎庶，喜氣騰三軍。禮文煥有光，功烈邁前
聞。幸哉睹盛事，稽首歌皇仁。（陳璉《琴軒集》卷三）

本年羅亨信被謫交趾省爲吏九年，除原配劉氏外，於交趾又
娶黃氏。（邱立誠《明代羅亨信家族墓碑銘及羅亨信生平歷史介
述》，載《粵地考古求索——邱立誠論文選集》，北京，科學出版
社，二〇〇八年三月版四八四頁）

劉玘於本年中解元。

劉玘，字允璋。潮陽人。明成祖永樂十五年（一四一七）解
元，十九年登進士，授兵部車駕司主事。坐忤大臣，放歸。登臨
題詠，著述甚富。乾隆《潮州府志》卷二九、阮元《廣東通志》
卷二九二有傳。

梁本於本年中舉人。

梁本，字時中。東莞人。明成祖永樂十五年（一四一七）舉
人。事見阮元《廣東通志》卷七〇。

朱惠於本年中舉人。

朱惠，字元錫。英德人。明成祖永樂十五年（一四一七）舉
人，隱身不仕。事見同治《韶州府志》卷三四。

陳衡於本年中舉人。

陳衡，字祖平。祖籍莆田，其先元至順二年（一三三一）官
南恩學錄，遂入籍爲陽江人。明成祖永樂十五年（一四一七）舉
人，仕至工部主事。爲官三十年，績行昭卓。著有《潭底月詩》。
（《陽江縣志》卷三十）。

陳傑於本年中舉人。

陳傑，清遠人。明成祖永樂十五年（一四一七）舉人，官南
昌通判。事見阮元《廣東通志》卷七〇。

林厚於本年中舉人。

林厚，字萬重。博羅人。永樂十五年（一四一七）丁酉舉人，歷遷江、武隆、德化、九江四學職。居官三十六年，囊無餘資。年逾六十，一日沐浴更衣，呼子姓輩至前，諭以後事，因口占一詩，末云：“蓋棺萬古無遺恨，含笑從容入九泉。”端坐瞑目而逝。郭棐《粵大記》卷二十二有傳。

李鬱於本年中舉人。

李鬱，字文盛。連州（今連縣）人。明成祖永樂十五年（一四一七）舉人，官福清縣儒學訓導。九年始遷河南祥符縣知縣。又九載，擢開封府同知。後解職歸里。（阮元《廣東通志》卷三〇三）

沙浩於本年中舉人。

沙浩，陽江人。明成祖永樂十五年（一四一七）十七歲中舉人，官福建莆田訓導，因稱職。乃召入京，委令剛下而卒。（《陽江縣志》卷三〇）

董匡於本年中舉人。

董匡，字宗輔。番禺人。明成祖永樂十五年（一四一七）中舉人，官萬載教諭，升貴州道監察御史。（黃佐《廣州人物傳》卷八一）

蕭守中於本年中舉人。

蕭守中，字必常。保昌人。永樂十五年（一四一七）舉人。授戶部主事。歷南京吏、刑部郎中。景泰間出守黎平。天順二年（一四五八）致仕，家居十餘年。成化改元，進亞中大夫。卒年八十六。（《南雄府志》卷十四、阮元《廣東通志》卷三〇四）

明成祖永樂十六年　戊戌　一四一八年

金誠於本年中進士。

金誠，字誠之。番禺人。明成祖永樂十六年（一四一八）進士，授工部主事，尋改刑部主事。正統初謝病歸。事見黃佐《廣州人物傳》卷一九。

嚴貞彥生。

嚴貞彥（一四一八～？），連州人。陳才惠妻。宣德九年（一四三四）才惠去世，貞彥二十歲，父欲再嫁，貞彥以舅姑年高，兒在繈褓，不從。弘治十一年（一四九八），貞彥八十一歲，州守旌表其門，年九十餘卒。（黃佐《廣州人物傳》卷二十）

明成祖永樂十七年　己亥　一四一九年

明成祖永樂十八年　庚子　一四二〇年

八月丁亥，詔自明年改京師爲南京，以北京爲京師。十一月以遷都北京詔天下。十二月北京郊廟宮殿成。是年始設東廠，命中官刺事。（《明史》卷七《成祖本紀》三）

本年陳駿以鄉薦任廣西柳州知府。

陳駿，字仲良。河源人。永樂十八年（一四二〇）以鄉薦任廣西柳州知府。時境內馬平山、宜山鄉民造反。駿至郡府，突至圍城，親臨城下，多方安撫。又至各營壘開誠勸諭，皆投戈而散。（《廣東通志》）

黃受益於本年中舉人。

黃受益，字虛己。東莞人。勣子。善詞賦，尤長古文，以明經教授鄉里子弟。性恬澹不樂仕進，明成祖永樂十八年（一四二〇），有司敦促就試，遂中舉。然終不肯改其初服，隱居不出，年五十五卒。有文集十二卷，已佚。康熙《東莞縣志》卷一二、阮元《廣東通志》卷二七二有傳。

彭舉於本年中舉人。

彭舉，海豐人，一作陸豐人。明成祖永樂十八年（一四二〇）舉人。官桂林訓導。事見阮元《廣東通志》卷七〇。

黎秉緻於本年中舉人。

　　黎秉緻，字宗冕。番禺人。明成祖永樂十八年（一四二〇）舉人，爲柳州訓導。教授林幹嗜酒，數諫止之，竟以醉死。時廣人多工詩，秉緻與族叔本、寧謹、周溥敬、曾惟忠、潘藼、胡悌、梁㮮、涂俊、楊肇初，皆有名於詩。東莞時有鳳臺詩社，則陳靖吉、何潛淵、羅泰爲之宗，皆力欲追唐，而力不逮。黃佐《廣州人物傳》卷十三有傳。

　　陳克昌於本年中舉人。

　　陳克昌，潮陽人。父彥恭，嘗以學官論征交趾事，忤旨謫從英國公張輔南伐。歸復教職，任國子助教，卒。克昌中明成祖永樂十八年（一四二〇）舉人。宣德七年（一四三二）擢寧波府推官，升監察御史，卒於官。郭棐《粵大記》卷二十有傳。

　　邵誠於本年中舉人。

　　邵誠，連州人。永樂十八年（一四二〇）舉人，官建昌府教授。母楊妙貞，可威女。十九嫁邵守琪爲妻，守琪年二十六早喪，誓不再嫁。孝養舅姑以壽終，撫育孤兒。正統十四年（一四四九），有司上其事，旌表其門。（黃佐《廣州人物傳》卷二十）

　　何寅於本年中舉人。

　　何寅，番禺人。永樂十八年（一四二〇）舉人。官湖廣荆州知府。善畫人物，天順、弘治年間與名畫家林良供奉内廷。（黃佐《廣州人物傳》卷二一）

　　張紹於本年中舉人。

　　張紹，字述古。番禺人。于逵父。永樂十八年（一四二〇）舉人。官北流知縣，以賢能稱。後辭官家居。（同治《番禺縣志》卷四十）

　　陳貞於本年中舉人。

　　陳貞，海豐人。永樂十八年（一四二〇）舉人。官分水知縣。（《惠州府志》）

　　林簡於本年中舉人。

　　林簡，海豐人。永樂十八年（一四二〇）舉人。任刑科給事

中。(《惠州府志》)

蔡愈濟於本年中舉人。

蔡愈濟，字仲舟，後避諱改名忠，字汝忠。保昌（今南雄）人。永樂十八年（一四二〇）弱冠中舉人。歷蒼梧、盱眙教諭，擢監察御史。按察河南、陝西、甘肅，所至肅振風紀，奸貪畏懼。服母喪，奪哀起復，累遷山西屯田僉事。(阮元《廣東通志》卷三〇四)

邱濬生。

邱濬（一四二〇～一四九五），字仲深，號瓊臺。瓊山（今屬海南）人。明英宗正統九年（一四四四）解元，明代宗景泰五年（一四五四）進士，選授翰林院編修，歷官至太子太保、禮部尚書，入直文淵閣。尋加少保、戶部尚書，武英殿大學士。卒年七十六，諡文莊。著有《瓊臺詩文會稿》二十四卷。《明史》卷一八一有傳。夫人亦瓊山人。溫汝能《粵東詩海》卷九六有傳。

明成祖永樂十九年　辛丑　一四二一年

正月初一日，明成祖御奉天殿（今北京故宮太和殿）受朝賀，大宴。(《明史》卷七《成祖本紀》三)

龔遂於本年中進士。

龔遂，字文昌。番禺人。永樂十九年（一四二一）辛丑進士，授浙江道監察御史，降山東布政司副理問。比九載考最，升廣西按察司經歷。景泰四年（一四五三）癸酉擢柳州府知府。又將九載，不及待，乞致仕去。郭棐《粵大記》卷二十有傳。

林希蔭①友林厚於本年中進士。(阮元《廣東通志》卷六八《選舉表》六)

---

①　林希蔭，字宜民。揭陽人。自幼能屬文，博通《五經》。敦孝行，父客死，貸錢歸葬，母没，廬墓三年。妻亡不再偶。與林厚友善，俱以孝行稱。永樂間，郡邑以二人薦孝廉，希蔭不應，終身家食，自號貧樂。著有《逍遥歌》。季子嚴，性剛介，嘗從白沙講道江門。郭棐《粵大記》卷二一有傳。

　　林厚，海陽人。永樂十九年（一四二一）辛丑進士，官山西
參政。與林希蔭友善，俱以孝行稱。

　　李顒生。

　　李顒（一四二一～一四七四），字思誠。博羅人。正統元年
（一四三六）進士。授戶部主事，丁憂後補刑部，遷福建按察司
僉事，未幾升參政。景泰七年（一四五六），調山東賑濟。天順
二年（一四五八）進右布政。成化二年（一四六六），召爲工部
右侍郎。七年錢塘江溢，奉命治之，浙人安居。（光緒《惠州府
志》卷三二）

明成祖永樂二十年　壬寅　一四二二年

　　正月十五日，鄧林賦《賜觀燈詩五首　永樂二十年正月十五
日進》五律詩。（鄧林《退庵鄧先生遺稿》卷四）

明成祖永樂二十一年　癸卯　一四二三年

　　盧寬於本年中舉人。

　　盧寬，字伯栗。東莞人。明成祖永樂二十一年（一四二三）
舉人，任廣西全州訓導。薦爲知縣，辭不就。遷上高縣教諭。事
見崇禎《東莞縣志》卷三、康熙《東莞縣志》卷八。

　　聶遜於本年中舉人。

　　聶遜，歸善人。明成祖永樂二十一年（一四二三）舉人，官
義寧教諭，二載辭歸。雍正《歸善縣志》卷一七有傳。

　　黃鷺於本年中舉人。

　　黃鷺，一作鑾，字志鳴。南海人。明成祖永樂二十一年（一
四二三）舉人，官慈溪訓導。事見阮元《廣東通志》卷七〇。

　　伍服於本年中舉人。

　　伍服，新會人。明成祖永樂二十一年（一四二三）舉人，官
海寧知縣。事見阮元《廣東通志》卷七〇。

　　姚俊於本年中舉人。

　　姚俊，清遠人。明成祖永樂二十一年（一四二三）舉人。事見阮元《廣東通志》卷七〇。

　　吳秀芳於本年中舉人。①

　　吳秀芳，潮陽人。永樂二十一年（一四二三）舉人。官安遠教諭。事見阮元《廣東通志》卷七〇。

　　顏宗於本年中舉人。

　　顏宗，字學淵。南海人。永樂二十一年（一四三二）癸酉舉於鄉，仕福建邵武知縣。沙尤寇鄧茂七作亂，命率師討之，渠魁既獲，餘黨據險弗服，當道委宗招撫。宗率耆老直詣賊所，皆泣謝稱命，散爲良民，活者七萬餘人。景泰二年（一四五一）辛未，九年滿考，升兵部車駕司主事。三載，轉署員外郎。奔母喪歸，卒於途。宗善畫山水，爲世所重。郭棐《粵大記》卷二十有傳。

　　葉孟昭於本年中舉人。

　　葉孟昭，字文明。保昌人。永樂二十一年（一四二三）舉人。歷潯州京衛教職，選臨江教授。嘗主試山東，遷魯府左長史，終任。郭棐《粵大記》卷二三有傳。

　　黃鸒於本年中舉人。

　　黃鸒，字志鳴。順德人。永樂二十一年（一四二三）舉人，官湖廣慈利教諭。溫汝能《粵東詩海》卷十二有傳。

　　吳瓛於本年中舉人。

　　吳瓛，海豐人。永樂二十一年（一四二三）舉人，於廣西中式，官來賓縣教諭。（《惠州府志》）

　　何文生於本年中舉人。

　　何文生，番禺人。永樂二十一年（一四二三）舉人，官廣西梧州府訓導。（《沙灣何氏家譜》）

————————

　　①　吳秀芳，阮元《廣東通志》卷七〇作“吳季芳”，小注“戴《志》、黃《志》作吳秀芳”。

何善承於本年中舉人。

何善承，字紹勳，號靜齋。番禺人。永樂二十一年（一四二三）舉人，官廣西南寧府同知，調江西贛州府同知，升雲南廣南府知府。天順七年（一四六三）以老病乞歸。年八十卒。（《沙灣何氏家譜》）

彭睍於本年中舉人。

彭睍，遂溪人。永樂二十一年（一四二三）舉人，官南安府推官，宅心仁厚。升南京刑部員外郎，致仕歸，奉詔進階郎中。（道光《遂溪縣志》）

蔡琯於本年中舉人。

蔡琯，海豐人。永樂二十一年（一四二三）舉人，官教諭。（《惠州府志》）

明成祖永樂二十二年　甲辰　一四二四年

七月辛卯，明成祖崩於北征蒙古之返途榆木川，年六十有五。（《明史》卷七《成祖本紀》三）八月，太子高熾即皇帝位，是爲明仁宗，以明年爲洪熙元年。（《明史》卷八《仁宗本紀》）

陳縝於本年中進士。

陳縝，新興人。明成祖永樂二十二年（一四二四）進士，官恭城知縣。事見阮元《廣東通志》卷六八。

楊欽於本年中進士。

楊欽，字謝山。石城（今廉江）人。明成祖永樂二十二年（一四二四）進士，改翰林庶吉士，尋授職翰林編修，致官歸養。光緒《高州府志》卷三七有傳。

林全於本年中進士。

林全，字光道。四會人。貴弟。永樂二十二年（一四二四）進士。授吏部文選司主事。性剛直，有藻鑒。與兄貴同心國事，爲時所重。（光緒《四會縣志》、《皇明進士登科考》）

明仁宗洪熙元年　乙巳　一四二五年

五月辛巳，明仁宗在位僅九月而崩，年四十有八。（《明史》卷八《仁宗本紀》）六月庚戌，太子瞻基即皇帝位，是爲明宣宗，以明年爲宣德元年。（《明史》卷九《宣宗本紀》）

本年羅亨信四十八歲，仁宗召爲御史，任山西道監察御史。（邱立誠《明代羅亨信家族墓碑銘及羅亨信生平歷史介述》，載《粵地考古求索——邱立誠論文選集》，北京，科學出版社，二〇〇八年三月版四八四頁）

本年詹泰致仕歸里。

詹泰，字泰之，號章水。連州人。洪武初以明經入太學。歷任浙江監鹽，福建清卷、武緣縣令，江西瑞金縣令及盧州別駕等職。前後二十餘年，忠勤愛民。著有《古松集》。（乾隆《連州志》卷七）

明宣宗宣德元年　丙午　一四二六年

正月初一元旦早朝，陳璉賦《正旦早朝　宣德元年》詩云：

金門初啟列朝班，立對金鑾咫尺間。四海共沾新雨露，千官同肅舊衣冠。香浮袞冕天顏近，光眩旌旗日色寒。自愧疏慵無以報，願祈宗社萬年安。（陳璉《琴軒集》卷十）

宣德初，監察御史何善薦王子倫，授長沙攸縣丞。

王子倫，先名綱。南海人。博學能文，有名於時。宣德初，監察御史何善薦授長沙攸縣丞，政惠及民。時草寇蕭彥真剽掠，子倫與百戶張本捕之，遇寇，與戰失利。既而陳璉薦知江陰。遷河南道監察御史。歷官始終不攜妻子。正統間，巡按雲南，遂以疾卒。著有《彝齋集》。二子載、貫。貫由鄉貢任南平知縣，卒。載子觀光，亦舉人，能詩。

陳綱於本年中解元。

陳綱，南雄人。明宣宗宣德元年（一四二六）解元，二年

（一四二七）進士。事見清乾隆《保昌縣志》卷九。

　　李若林於本年中鄉試第二。

　　李若林，潮陽人。舉宣德元年（一四二六）丙午鄉試第二。五年庚戌舉進士，授刑部主事。居久之，會疾，請告歸。晚年詩文與同邑李齡相伯仲，稱二李。卒年八十。阮元《廣東通志》卷二九二有傳。

　　黃英於本年中舉人。

　　黃英，番禺人。明宣宗宣德元年（一四二六）舉人，官廣西梧州知府。事見阮元《廣東通志》卷七一。

　　劉康於本年成貢生。

　　劉康，字志寧。河源人。宣德元年（一四二六）歲貢。正統元年（一四三六）任高郵知府，後轉桂陽太守。（《廣東通志》）

明宣宗宣德二年　丁未　一四二七年

　　十月戊寅，成山侯王通棄交阯省，與黎利盟，安南（今越南）遂逐漸永遠脫離中國。（《明史》卷九《宣宗本紀》）

　　本年成山侯與抗亂者和約，收岑哲骸骨，題旌。

　　岑哲，字永明。封川（今封開）人。由歲貢知交阯唐安縣，甫三年，值交人黎利叛，攻城，率民效死守城，城中食盡，叛民聚益眾。度不能全，令妻子服毒死，哲督兵出戰，被創死。子姪遙奔而救，亦被創俱死。（《肇慶府志》）

　　本年僉憲彭某聘謝牧修《郡志》。

　　謝牧，字牧野，號小山。河源人。通畫經史，善鼓琴，勤著述。著有《小山集》。宣德二年（一四二七）僉憲彭某聘牧修郡志。天順元年（一四五七）詔徵天下懷才抱德者，邑令梅英欲舉，牧力辭不就，隱於桂山而終，年九十二。（《河源縣志》）

　　蕭鑾於本年中進士。

　　蕭鑾，字景和。潮陽人。登宣德二年（一四二七）丁未進士。初拜行人，使甘肅。天順五年（一四六一）辛巳遭誣奏，都察院奉旨訊得其實，復職。七年癸未，復補福建僉事。成化元年（一四六五）乙酉擢山西副使。居二年，上疏乞歸。抵家，囊無長物。時年近七十，出入自策扶老，不乘輿馬。郭棐《粵大記》卷十八有傳。

陳璉遇害卒。

陳璉（？～一四二七），字濟美，號完庵。新會人。永樂中以明經授湖廣永州推官，用英國公張輔薦，調安南新安府推官。會黎利父子叛，成山侯王通戰敗，傳檄以青化以南城池與利，所屬官吏悉令出城。璉守不去，竟遇害。英國公以詩挽之。顧嗣協《岡州遺稿》卷一有傳。

明宣宗宣德三年　戊申　一四二八年

本年兀良哈寇會州，明宣宗率精兵三千親征，破敵。（黃明同《陳獻章評傳》附《陳獻章年譜》）

九月，陳琮卒，年二十七。（黃明同《陳獻章評傳》附《陳獻章年譜》）

陳琮（一四〇二～一四二八），號樂芸。新會都會村人。少穎悟，讀書一目數行，尤善詩，十餘歲長吟不屬稿，出語多奇。隱居不仕。年二十七卒。著有《樂芸詩》一卷。子獻章，官翰林檢討。顧嗣協《岡州遺稿》卷二有傳。

十月二十一日，陳獻章生。（黃明同《陳獻章評傳》附《陳獻章年譜》）

陳獻章（一四二八～一五〇〇），字公甫，號石齋。新會白沙里人，世稱白沙先生。受學於吳與弼。正統十二年（一四四七）舉人。後絕意科舉，以薦授翰林院檢討，乞終養歸。自後屢薦不起。居鄉講學，創白沙學派。主靜坐，以達靜悟自得之境，開明代心學之先聲。爲廣東唯一從祀孔廟之大儒。《明史》卷二八三有傳。

本年馮學明以貢入太學，授兵部主事。

馮學明（？～一四四九），保昌（今南雄）人。少為郡庠生。宣德三年（一四二八）以貢入太學，授兵部主事。歷任禮部儀制，遷精膳郎中。正統十四年（一四四九）扈征北庭，陷陣而歿。（《南雄府志》卷十四）

許慎於本年成貢生。

許慎，字汝徽。澄海人。宣德三年（一四二八）貢生。不仕，結廬蓮花山，躬耕而食。（乾隆《潮州府志》卷三〇）

王佐生。

王佐（一四二八～一五一二），字汝（與）學，號桐鄉。臨高（今屬海南）人。少時從學於唐舟、邱濬之門。明英宗正統十二年（一四四七），以禮魁中舉人，與同榜陳獻章並稱"二俊"。遂遊學京師，監試每擢第一，而會試不售。成化二年（一四六六），選授高州同知，歷官邵武、臨江同知，所至以廉操聞。然以質直不與時合，遊宦二十餘年而不得遷，後告歸。著有《雞肋集》、《金川玉屑集》、《瓊臺外紀》等。正德《瓊臺志》卷三六有傳。

劉文奎生。

劉文奎（一四二八～一五一二），字永章，號慎齋。潮陽人。正統十二年（一四四七）舉人，景泰五年（一四五四）進士。授監察御史。擢重慶知府。父憂去官，復補雲南知府。（乾隆《潮州府志》卷二九）

白思謙卒。

白思謙（？～一四二八），樂昌人。先祖璧於宋神宗時知鬱林州，辭官定居樂昌。思謙中應天鄉舉，歷官兵部（一作工部）主事、廣西左參政，擢山西布政使。（《樂昌縣志》卷十六）

明宣宗宣德四年　己酉　一四二九年

兩京地震。（黃明同《陳獻章評傳》附《陳獻章年譜》）

三月二十五日，鄧林賦《出京赴謫所　宣德四年三月二十五日》詩云：

曾將方寸質神明，亦有封章達帝廷。葵藿素心空自赤，乾坤老眼爲誰青。一身去國風中葉，萬里攜家水上萍。最恨君親俱未報，閑愁博得鬢星星。

五月十三日，抵杭州，賦《入杭　五月十三日　見〈西湖志〉》詩云：

遊遍江湖未到杭，不知人世有天堂。六橋花柳丹青畫，九陌樓臺錦繡妝。北米南柴誇物產，朝歌暮燕樂時康。逐臣何幸蒙寬卹，到此渾忘見異鄉。

林儆屋里仁坊，賦《儆屋里仁坊　見杭州府志、西湖志、廣東通志、本邑志》詩云：

謫居何處好逍遙，仁里深深遠市囂。夜色滿簾湖上月，秋聲到枕海門潮。上林鴛侶空相憶，南浦鷗群苦見招。覆載無私天地德，暫容閒散在漁樵。（以上鄧林《退庵鄧先生遺稿》卷六）

本年鄔驥以年老致仕。

鄔驥，字駿中。東莞人。博學多識，有事謫戌平城，洪武末獲釋。以薦任福建興化典史，改貴州普安倉大使，升交阯九真州巡檢。宣德四年（一四二九）以年老致仕，居家，自號林下閑人。賦《歸田十樂》自娛。年八十卒。事見陳璉《琴軒集》卷六《十樂詩序》。

曾蘭於本年中解元。

曾蘭，名克蘭。儋州（今屬海南）人。宣德四年（一四二九）己酉科解元，授文昌儒學。

李齡於本年中舉人。

李齡（一四一〇～？），字景齡。潮陽人。明宣宗宣德四年（一四二九）舉人，英宗正統元年（一四三六）乙榜，授官賓州學正。以母喪守孝，服闋補國子學錄。轉江西道監察御史，敕命提督北直隸郡縣學。未幾，特旨陞詹事府丞。代宗景泰初，選充宮僚，入史館，與修《歷代帝紀》。嘗任京闈考官。英宗復辟，改太僕寺丞，出爲江西提學。以才名爲人所忌，被讒去官歸，逾月而卒，時論惜之。隆慶《潮陽縣志》卷一二、康熙《潮州府志》卷九上有傳。

　　鄭宗維於本年中舉人。

　　鄭宗維，字宗禮。香山（今中山）人。宣德四年（一四二九）舉人，仕福建政和縣教諭。啟迪有方，一時士類多所造就。旋升太平教授。性淳厚，善爲文，治家甚嚴。諸子各能通經，以文學名。（乾隆《香山縣志》）

　　俞德於本年中舉人。

　　俞德，海豐人。宣德四年（一四二九）舉人。官北流訓導。（《惠州府志》）

　　李胃生。

　　李胃（一四二九～一五三〇），化州人。平生惇於謹，以善聞名鄉里。壽一百有三。（《化州縣志》卷九）

　　丁松卒。

　　丁松（一三四六～一四二九），字雪村。東莞人。父禮，元德慶州同知。松於元季嘗爲博羅簿尉、義兵千户。入明歸隱，躬耕隴畝，不入城市。持躬甚約，惟奉先儀文備至，訓子孫以同舍合族之義。於鄉邑建義塾，宗朱子之教。洪武十四年（一三八一），流賊至，鄉人望風遁，旋被執，不屈，賊不忍加害，遣之歸。宣德四年卒，年八十四。清溪漁隱《元廣東遺民錄》卷上有傳。

明宣宗宣德五年　庚戌　一四三〇年

　　本年羅亨信食按察僉事俸禄。（邱立誠《明代羅亨信家族墓碑銘及羅亨信生平歷史介述》，載《粤地考古求索——邱立誠論文選集》，北京，科學出版社，二〇〇八年三月版，四八四頁）

明宣宗宣德六年　辛亥　一四三一年

九月十七日，羅亨信賦《辛亥九月望後二日北京大雪偶成》詩云：

初冬未至雪花飄，六出沾泥積後消。弱柳低垂銀嫋娜，遠山高聳玉岧嶤。書窗偏稱書聲雅，酒市應知酒價饒。豐稔預占來歲兆，自慚無作頌神堯。（羅亨信《覺非集》卷八）

明宣宗宣德七年　壬子　一四三二年

本年鄧林生辰，賦《壬子初度日客分陽李二尹開筵爲壽》詩云：

去年初度客姚江，今歲分陽舉壽觴。萍跡羈棲猶未定，松姿偃蹇漸成蒼。鶯花滿目娛佳景，朋友邀人入醉鄉。富貴功名在何所，得徜徉處且倘徉。（鄧林《退庵鄧先生遺稿》卷六）

鍾順於本年中舉人。

鍾順，字必華，一字伯華。南海人。明宣宗宣德七年（一四三二）舉人，明代宗景泰中知沔陽，官終廣西太平知府。著有《和鳴盛集》。阮元《廣東通志》卷二七三有傳。長子學，字雪舫。工畫，陳白沙題其畫《春草》。汪兆鏞《嶺南畫徵略》卷一有傳。

湯麟於本年成副貢生。

湯麟，花縣人。宣德七年（一四三二）副貢，官徐聞縣學訓導。（民國《重修花縣志》卷八）

明宣宗宣德八年　癸丑　一四三三年

本年郭貞順已一百二十餘歲，歸寧，賦《歸寧自敍　時年已一百二十餘歲。伯玉與季子先作（古），已祀鄉賢》詩云：

天甲年來度二週，暮桑榆景雪盈頭。五經立業儒家雅，三子成名壯志售。橋梓有光聯俎豆，柏舟無憾泛橫流。階前蘭玉森森

秀，斑綵扶來到首丘。（清康熙二十三年林杭學修《潮州府志》卷一六《藝文志·詩部》）

吳高於本年中進士。

吳高（？～一四五一），字志高，一字尚志。歸善（今惠州）人。明宣宗宣德八年（一四三三）進士，歷官刑部主事、員外郎，擢福建參政。阮元《廣東通志》卷二九〇、光緒《惠州府志》卷三五有傳。

明宣宗宣德九年　甲寅　一四三四年

本年李鼐貢入太學，任臨江府同知。

李鼐，字仲器。保昌（今南雄）人。宣德九年（一四三四）貢入太學，任臨江府同知。時新淦、長樂等地瑶民起事，巡撫命其捕之。後補黄州知府，卒於官。季子昕，成化十年（一四七四）舉人，長泰知縣。（《南雄府志》卷十）

明宣宗宣德十年　乙卯　一四三五年

正月乙亥，明宣宗崩，年三十有八。（《明史》卷九《宣宗本紀》）壬午，太子祁鎮即皇帝位，是爲明英宗，以明年爲正統元年。（《明史》卷十《英宗前紀》）三楊（楊士奇、楊榮、楊溥）輔政。（黄明同《陳獻章評傳》附《陳獻章年譜》）

正月初十日，陳璉賦《題米元暉楚山秋霽圖》詩云：

楚峯溪頭車騎散，鏡湖影里畫圖開。有客相尋草堂去，何人欲棹酒船回。

是處山林有真隱，如此風塵無好懷。青袍不似黄冠樂，米老風流安在哉。

右米敷文《楚山秋霽圖》，雲山煙樹，景象蕭閑，深得乃父之遺風。余見之，漫綴二絶，以識歲月。時宣德十年乙卯春正月十日，嘉議大夫、通政使司通政使、羊城陳璉書。（龐元濟《虛齋書畫録》卷一）

本年羅亨信升右僉都御史，賜褚幣，命往平涼莊浪，練兵以

備邊塞。（東莞羅亨信家族墓出土《故通議大夫都察院左副都御史羅公壙志銘》）

本年姚仲禮捐重資重修廣濟橋，出資賑濟饑民。

姚仲禮，平遠人。賦性孝友，敦行尚義，家世巨富，樂善好施。宣德十年（一四三五），捐重資重修廣濟橋，出資賑濟饑民，置船爲鄉民擺渡，爲鄉人所稱頌。（《平遠縣志》）

葉禎於本年中舉人。

葉禎（？～一四五九），字夢吉。高要人。明宣宗宣德十年（一四三五）舉人，授潯州府同知，後調慶遠同知。明英宗天順三年（一四五九），兩廣傜亂，戰死。贈朝列大夫、廣西參議。《明史》卷一六五有傳。

李顒於本年中舉人。

鄧喁於本年中舉人。

鄧喁（？～一四四八），字伯昂。樂昌人。明宣宗宣德十年（一四三五）舉人，明英宗正統七年進士，官永豐知縣。正統十三年（一四四八）十一月閩寇犯境，力戰被執，罵賊而死。贈光禄少卿，賜謚忠毅。子瑗亦知名。溫汝能《粵東詩海》卷十二有傳。

王逵德於本年中舉人。

王逵德，海豐人。宣德十年（一四三五）舉人。官陽朔訓導。（《惠州府志》）

江永於本年中舉人。

江永，字壽夫。連州人。宣德十年（一四三五）舉人。官柳州府同知。自稱蓬萊仙子謫居人間，世稱“四異”。後致仕家居，卒年九十餘歲。（乾隆《連州志》卷八）

明英宗正統元年　丙辰　一四三六年

朝廷發禁軍三萬人屯田畿輔。封黎利子麟爲安南國王。

本年陳獻章九歲，其《乞終養疏》自稱：“幼時無歲不病，

至於九歲以乳代哺，非母之仁，臣委溝壑久矣。"（黃明同《陳獻章評傳》附《陳獻章年譜》）

本年英宗即位，擢羅亨信爲右僉都御史，時年五十九（神道碑載爲宣德十年）。（邱立誠《明代羅亨信家族墓碑銘及羅亨信生平歷史介述》，載《粵地考古求索——邱立誠論文選集》，北京，科學出版社，二〇〇八年三月版四八四頁）

本年羅亨信與都督趙安率師巡邊。（東莞羅亨信家族墓出土《故通議大夫都察院左副都御史羅公壙志銘》）

本年鄭子誠奉敕巡視西邊，奉斬退縮將領，士氣一振。

鄭子誠，字本明。乳源人。洪武間舉賢良，官至雲南監察御史。正統元年奉敕巡視西邊，奉斬退縮將領，士氣一振。後巡大同、宣府，廣屯種，足軍餉。（阮元《廣東通志》卷二八九）

劉震於本年成貢生。

劉震，字敬之。英德人。明英宗正統元年（一四三六）貢生，歷仕至潯州知府。同治《韶州府志》卷三四有傳。

明英宗正統二年　丁巳　一四三七年

朝廷發兵十五萬征討雲南。

六月十九日，羅亨信父昌卒。（羅亨信家族墓出土《贈中憲大夫都察院右僉都御史羅公壙志銘》）

本年羅亨信丁外艱，奪情視事，年疹虜功成，馳驛歸葬父，畢事還京。（東莞羅亨信家族墓出土《故通議大夫都察院左副都御史羅公壙志銘》）

陳獻章弟子賀欽生。（黃明同《陳獻章評傳》附《陳獻章年譜》）

明英宗正統三年　戊午　一四三八年

太監王振弄權。（黃明同《陳獻章評傳》附《陳獻章年譜》）

戴璉於本年中舉人。

戴璉，字汝器。南海人。明英宗正統三年（一四三八）舉人，四年（一四三九）乙榜，授羅城訓導，僅二載卒。世稱清節先生。著有《靖節集》。事見郭棐《粵大記》卷二二。

陳斌於本年中舉人。

陳斌，清遠人。明英宗正統三年（一四三八）舉人，官國子監助教。事見阮元《廣東通志》卷七一。

陳容於本年中舉人。

陳容，明英宗正統三年（一四三八）舉人，官長沙教諭。阮榕齡《白沙門人考》有傳。

周昂於本年中舉人。

周昂，字時舉。曲江人。明英宗正統三年（一四三八）舉人，七年官贛州府寧都縣。時鄰縣有鄧茂七起事，郡邑震動，獨修武備抵抗，升本府通判，並掌縣事。後改遷思恩府。（阮元《廣東通志》卷二八九）

明英宗正統四年　己未　一四三九年

閏二月二十二日，羅亨信父昌合葬麻地嶺祖塋之左。（羅亨信家族墓出土《贈中憲大夫都察院右僉都御史羅公壙志銘》）

十二月初八後，陳璉賦《和吏部黃尚書喜雪　正統四年冬》五律詩云：

臘八纔過後，同雲暗碧空。玄冥司令肅，三白報年豐。道蘊詩方就，袁安睡政濃。何如黃塚宰，高詠畫堂中。

琪花開玉樹，瑞葉散瑤空。對此知冬暮，因之卜歲豐。灞橋吟政穩，剡曲興何濃。立雪程門者，聲名滿洛中。（陳璉《琴軒集》卷八）

王彰於本年中進士。

王彰，字廷顯。澄海人。正統四年（一四三九）進士。授刑部廣西清吏司主事，遷郎中。後謫居山西大同平城。卒於謫所。善詩文。著有《金臺集》、《雲中稿》。（乾隆《潮州府志》卷二

九）

　　胡庭芳於本年中進士。

　　胡庭芳，字子蘭。東莞人。正統四年（一四三九）舉人。景泰間官福建福寧縣令，體恤縣民，注重教育。（宣統《東莞縣志》卷五六）

明英宗正統五年　庚申　一四四〇年

　　建北京宮殿。（黃明同《陳獻章評傳》附《陳獻章年譜》）

　　本年東莞縣丞周式重新脩築東江隄，後祁順賦《東江隄》四言詩，其小序云：

　　在東莞縣東七十里。自京山至司馬頭，延袤萬余丈，護田九千八百餘畝。宋元祐中，邑宰李岩始剙，其後姚孝資、趙善週二宰脩之。元大德、至正間，鄧榮、楊大舉二令前後修治，俱有成績。皇明正統五年，邑丞周式重新脩築，至今完固，民賴焉。（祁順《巽川祁先生文集》卷二）

　　周瑄生。

　　周瑄（一四四〇～一五〇七），字仲英。五華人。家殷富，急公好義。因感於下壩、沙渴等地乾旱，捐銀千兩，於成化年間築陂開圳三十多華里，灌田三千多畝，爲當時長樂最大水利工程，此圳後被命名爲"周瑄圳"。（《五華縣志》卷八）

明英宗正統六年　辛酉　一四四一年

　　朝廷大舉征討雲南麓川。（黃明同《陳獻章評傳》附《陳獻章年譜》）

　　歲暮，羅亨信於宣化賦《辛酉宣府歲暮書懷》詩云：

　　塞北馳驅又二冬，宣城除夕思忡忡。先塋遠隔滄溟外，天闕遙瞻紫極中。笑飲屠蘇惟我後，謾題桃句與誰同。六旬有六明朝是，擬解朝簪學老農。（羅亨信《覺非集》卷八）

　　歐陽瑄於本年中舉人。

　　歐陽瑄，潮陽人。初子。明英宗正統六年（一四四一）舉人。事見隆慶《潮陽縣志》卷四。

葉進於本年中舉人。

葉進，字懷中。揭陽人。明英宗正統六年（一四四一）舉人，官武定同知。事見阮元《廣東通志》卷七一。

袁袞於本年中舉人。

袁袞，字秉中（忠），號竹庭。東莞人。友信孫。受業於陳璉，得其詩學之傳。明英宗正統六年（一四四一）舉人，初授戶部河南司主事、吏部主事。景泰二年（一四五一）出使蒙古，七年官浙江。尋任梧州知府，後改知平樂，仕至永州知府。著有《竹庭稿》。郭棐《粵大記》卷二〇有傳。

黃結於本年中舉人。

黃結，字資友。東莞人。受益次子。明英宗正統六年（一四四一）舉人，授天河教諭，陞泉州教授、遼府右長史，後轉岷府而卒。著有《雪嵒集》。阮元《廣東通志》卷二七二有傳。

白璿於本年中舉人。

白璿，字在衡。清遠人。彬孫。明英宗正統六年（一四四一）舉人，官太平府訓導。早年與新會陳獻章同學於吳與弼門下。致仕後與新會蔣希舜結詩社於越臺。著有《白鄉賢詩文集》。民國《清遠縣志》卷六有傳。

郭觀於本年中舉人。

郭觀，歸善人。明英宗正統六年（一四四一）舉人，歷官廣西平南訓導、福建道監察御史、浙江按察司僉事。守官二十餘載，清操不渝。致仕後，家徒壁立，解衣質米。郭棐《粵大記》卷十九有傳。

李顯於本年中舉人。

李顯（一四一五～一四九三），字炳文。先祖仕能，南雄珠璣巷人。宋末遊羅溪，遂為高要人。高祖若成、曾祖銘德、祖安技，皆隱。父杓，樂善好友。生四子，長為顯，正統六年（一四四一）辛酉以《易經》領鄉薦，赴會試，除武學訓導。秩滿，升江西安仁教諭、南昌府學教授。比歸家居，怡然守道，吟詠自適。生於永樂十三年（一四一五）十月二十八日，卒於弘治六年（一四九三），享年七十九。黃登瀛《端溪文述·端溪詩述》卷六有傳。

　　全節於本年中舉人。

　　全節，化州人。明英宗正統六年（一四四一）舉人，歷官福建古田知縣，後調任廣西柳城知縣。（《化州志》卷六）

　　李孜於本年中舉人。

　　李孜，字日孜。南雄人。明英宗正統六年（一四四一）舉人，三任教諭，遷淮安教授。著有《林塘詩集》。（《南雄府志》卷十四）

　　譚經於本年中舉人。

　　譚經，歸善（今惠州）人。明英宗正統六年（一四四一）舉人，歷任武緣、瑞安教諭，遷南雄教授。著有《六經大學綱領》。（嘉靖《惠州府志》卷十三）

　　嚴纓生。

　　嚴纓（一四四一～？），字宗冕。高明人。正統十四年（一五一九）土木之變，盜賊遍地，纓父母遇害。長移居郡城，刻苦讀書。成化二十一年（一四八五）以歲貢授融縣教諭，以身作則。升石城（南京）王府教授。著有《遺教錄》。（《肇慶府志》）

明英宗正統七年　壬戌　一四四二年

　　新會盜起。（黃明同《陳獻章評傳》附《陳獻章年譜》）

　　本年謝永安捐穀千石備賑，受敕旌爲義民。

　　謝永安（？～一四四六），高要人。正統七年（一四四二）捐穀千石備賑，受敕旌爲義民。時實行撫綏瑤民，奉命世襲瑤官。死後其子守信接位。景泰四年（一四五三）高明、四會、廣寧、德慶諸山區瑤民起事，守信撫定三百六十八戶。事平以原官受理四縣瑤壯事務。（宣統《高要縣志》卷一八、《謝氏家譜》、

梁伯振撰墓表）

薛遠於本年中進士。

薛遠（一四一四～一四九五），字善述①。原江南無爲州人，海南衛籍。工部尚書祥孫。明英宗正統七年（一四四二）進士。官至兵部尚書。弘治八年（一四九五）乙卯八十二歲卒。遠本廬州府巢縣人。洪武中祖祥得罪死；父能坐是謫戍海南衛。遠發身儋州學，既大用，有司爲建祖孫尚書坊。事見阮元《廣東通志》卷六八。

鄭敬於本年中進士。

鄭敬（一四二七～一四八四），字德聚。東莞人。明英宗正統六年（一四四一）舉人、七年進士，成化二年（一四六六）升至山東按察副使，年五十八卒於家。光緒《廣州府志》卷一二三有傳。

盧祥（一四〇一、一四〇二、一四〇三～一四六八），字仲和。東莞樟村人。年三十始習舉子業。兄寬爲廣西全州訓導，祥從兄學四年，宣德十年（一四三五）中舉人，明英宗正統七年（一四四二）中進士。天順元年（一四五七）召爲禮部都給事中。八年起補順天府丞，旋升右僉都御史，巡撫延綏。成化二年（一四六五）蒙古毛里孩入侵，敗之。三年歸，四年五月卒，年六十六。著有《行素集》，編成天順《東莞縣志》十二卷（殘存三卷）。阮元《廣東通志》卷二七三有傳。

黃裳於本年中進士。

黃裳（？～一四四九），字元吉。曲江人。正統七年（一四四二）舉進士，授監察御史。巡視兩淮鹽政。正統十四年，在土木堡之役殉職。（《明史》卷一六七、阮元《廣東通志》卷二八九、歐樾華《韶州府志》卷三二）

---

① 郭棐《粵大記》卷十七作"字繼遠"。

楊端於本年成貢生。

楊端，龍川人。正統七年（一四四二）貢生，授沂水知縣。（《龍川縣志》）

明英宗正統八年　癸亥　一四四三年

朝廷再征雲南麓川。王振殺侍講劉球，下大理少卿薛瑄於獄。（黃明同《陳獻章評傳》附《陳獻章年譜》）

本年歲饑，劉福廣捐穀千石，有司建義民坊旌之。

劉福廣，番禺人。（同治《番禺縣志》卷五〇）

本年歲饑，羅積潤捐穀千二百石，有司建坊表旌。

羅積潤，番禺人。正統八年（一四四三）歲饑，捐穀千二百石，有司建坊表旌。（同治《番禺縣志》卷五〇）

古鏞於本年成貢生。

古鏞，字應期。河源人。正統八年（一四四三）歲貢，官南寧府橫州知州、瓊州府儋州知州。（《河源縣志》）

陳道於本年成貢生。

陳道，字常經。歸善（今惠州）人。正統八年（一四四三）歲貢，官撫州推官，攝郡事，發倉賑濟，倉粟不足，益以己俸，活數萬人。上官責其專擅，遂乞休。（乾隆《歸善縣志》卷十四）

吳裕生。

吳裕（一四四三～一五〇一），字敬昆。揭陽人。成化八年（一四七二）進士，授南京戶部主事，累遷吏部郎中。擢右通政。尋以母老乞歸省。母卒盡哀。服闋，改太僕卿，過勞，卒於官。（《國朝文獻徵錄》卷七二）

明英宗正統九年　甲子　一四四四年

邱濬於本年中解元。

王璉於本年中舉人。

　　王璉，字廷器。興寧人。明英宗正統九年（一四四四）舉人，明年明通進士。仕至南工部員外郎。著有《王員外集》。事見阮元《廣東通志》卷七一。

　　蔣浚於本年中舉人。

　　蔣浚①，字希舜。新會人。明英宗正統九年（一四四四）舉人。積學能文，尤工詩，同學學士邱濬亟稱之。成化初知福建晋江，官至漳州同知。事見萬曆《廣東通志》卷二五。

　　張紳於本年中舉人。

　　張紳，字書紳，號懷荆。開平人。父秋逕，爲黎貞門人。嘗從幕府往征交趾，返遊京省，著有《交州行稿》及《金陵行稿》，早卒。紳下帷十年，以明經司訓應天府。正統九年（一四四四）甲子，領南闈鄉薦，授湖廣沅江知縣。後拂袖歸，杜門讀書，嘗講學梁金山下。弟紀，領景泰鄉薦。子瑛，登成化進士。朱慶瀾《廣東通志稿》有傳。

　　李直於本年中舉人。

　　李直，新興人。正統九年（一四四四）甲子舉人。子元傑，慕白沙，爲其父請作墓誌，遂師事焉。白沙嘉其行，號曰“習隱”。壽八十二。阮榕齡《白沙門人考》有傳。

　　潘本恭於本年中舉人。

　　潘本恭，博羅人。正統九年（一四四四）甲子舉人。歷任鎮安、韶州、南寧、清遠知府，民不忍欺。（光緒《惠州府志》卷三二）

　　曾英於本年中舉人。

　　曾英，瓊山（今屬海南）人。明正統九年（一四四四）甲子科舉人，任茂名縣尹，贈户部主事。

明英宗正統十年　乙丑　一四四五年

本年羅亨信升右副都御史，時年六十八。（邱立誠《明代羅亨信家族墓碑銘及羅亨信生平歷史介述》，載《粵地考古求索——邱立誠論文選集》，北京，科學出版社，二〇〇八年三月版四八四頁）

本年教諭熊大觀器重黃緝，作《春暉堂記》以揚其孝。

黃緝，字朝用。龍川人。正統十年（一四四五）教諭。天順四年（一四六〇）貢生，授溫州府推官。（《龍川縣志》）

本年梁軫劾奏楚藩僭用禮樂，忤旨回籍。

梁軫，號端溪、貞白。高要新生鄉（今屬三水）人。舉人。會試不第，入太學肄業。歷官八道巡按御史。正統十年（一四四五）劾奏楚藩僭用禮樂，忤旨回籍。（嘉慶《三水縣志》、《廣東通志》）

明英宗正統十一年　丙寅　一四四六年

本年陳獻章十九歲，補生員。《行狀》："弱冠充邑庠生"。（黃明同《陳獻章評傳》附《陳獻章年譜》）

張華於本年成貢生。

張華，原名賜耕。東莞人。正統十一年（一四四六）貢生，官廣西遷江令，力主招撫樂春峒夷人。歸，遇災荒必捐錢物賑濟。（宣統《東莞縣志》卷五六）

張昕生。

張昕（一四四六～一五三七），字景明，號敬所。東莞人。溥孫。成化元年（一四六五）舉人。於福建任教諭九年，遷南京國子監學錄、助教。告歸講學，聽者常達數百。（嘉慶《廣東通志》卷二七二）

蒙榮生。

蒙榮（一四四六～?），字志仁。仁化人。年少聰敏，學貫經史。天順六年（一四六二），十七歲以《易經》舉賢書。於南京講學七年，士人無不推重，從學者甚眾。助人為樂，友人稱之。卒於京。（《韶州府志》卷三三、《仁化縣志》卷六）

明英宗正統十二年　丁卯　一四四七年

本年邱濬賦《丁卯舟中望鞋山因憶解學士弔李白詩戲作》詩云：

舟次吳城山，遥望彭蠡湖。匡廬五老時隱現，大孤小孤如有無。眼中鞋山青兀兀，世間安得許大足。始信防風氏，真有專車骨，不知天公肯借不。我欲躐之湖海遊，等閒踏碎黃鶴樓，等閒踢翻鸚鵡洲。驚醒采石李，觸起耒陽杜。更遊赤壁邀老蘇，倡和鳳凰臺上驚人句。鳳凰臺，江之東，龍盤虎踞高隆隆。脫鞋濯足大江水，鳴玉矩步朝九重。

濬又賦《歲丁卯過采石弔李白》詩云：

采石江頭，黃土一壞。東有蛾眉亭，西有謫仙樓。謫仙仙去不復返，惟有江水日夜流。人生一世幾何久，不如眼前一杯酒。飢來文字不堪餐，死後虛名竟何有。請君看此李謫仙，掀揭宇宙聲轟然。長安市上眠不足，長來采石江頭眠。百世光陰一大夢，衾天枕地無人共。寧知浩浩長江流，不是醽丘春酒甕。此翁自是太白精，星月自合相隨行。當時落水非失腳，直駕長鯨歸紫清。至人雖死神不滅，終古長庚伴明月。（以上邱濬《重編瓊臺稿》卷二）

本年陳獻章二十歲，“中鄉試第九人，錄經義一篇。”（《行狀》）（黃明同《陳獻章評傳》附《陳獻章年譜》）

盧皞於本年中舉人。

盧皞，字逢堯。東莞人。寬子。明英宗正統十二年（一四四七）舉人，官廣西慶遠府教授。事見阮元《廣東通志》卷七一。

王佐於本年中舉人。

何楚英於本年中舉人。

何楚英，字邦佐。南海人。正統十二年（一四四七）丁卯舉於鄉，卒業太學，拜陝西道監察御史。天順初天變，詔求直言，上書條陳四事。又劾逆臣曹吉祥擅作威福，下楚英錦衣獄拿問，降廣西貴縣主簿。成化初，巡撫都御史韓雍用楚英剿賊，以功升潯州府同知，仍掌貴縣事，升柳州知府。丁艱，起補太平府，升廣西參政。郭棐《粵大記》卷十九有傳。

鄭璣於本年中舉人。

鄭璣，字文象。潮州人。幼失父母，事繼母惟謹。舉正統十二年（一四四七）丁卯鄉試，授廣西靈川教諭，擢寧波府教授，入為國子學正。歷官廿載，死至無以為殮。阮元《廣東通志》卷二九三有傳。

吳讓於本年中舉人。

吳讓，字克讓。南海人。正統十二年（一四四七）丁卯舉於鄉，登景泰五年（一四五四）甲戌進士。授廣西臨桂知縣，以清慎知名，巡撫都御史葉盛獎異之。天順三年（一四五九）己卯升清遠同知，未三年，升知府。居一年卒，年四十八。潘楳元《廣州鄉賢傳》卷二有傳。

何淡於本年中舉人。

何淡，字中美。順德人。正統十二年（一四四七）丁卯舉於鄉，登天順元年（一四五七）丁丑進士。除知山東濱州，九年升貴州左參政。時生、熟苗相攻，巡撫集議用兵，淡請招之，單騎深入，遍諭威德，苗遂釋甲。尋乞歸，時年五十餘。與從弟經、內弟李聰同時致政。遊宦三十年，家居貧甚。知縣吳廷舉分俸賙之，張翊贈之詩。潘楳元、譚瑩《廣州鄉賢傳》卷二有傳。

張廷倫於本年中舉人。

張廷倫，字允言。翁源人。原籍廣西平南。父輝，任翁源縣學訓導，遂落籍。諸生。詞賦俱佳。正統十二年（一四四七）丁卯舉於鄉，登天順四年（一四六〇）進士。授南京戶部主事。尚氣節，嘗劾奏南道趙御史。後罷歸，卜居全州。（《韶州府志》卷三四）

陳健於本年中舉人。

陳健，博羅人。正統十二年（一四四七）丁卯舉於鄉。少與潘本恩、方遑讀書羅浮，忍饑啖薺，夜不設榻。初任江西撫州訓導，遷廣西荔浦教諭，以聘分校山東，鄒魯名士多出其門。（光緒《惠州府志》卷三七）

謝澤於本年中舉人。

謝澤，號商霖。德慶人。正統十二年（一四四七）舉人，授龍南縣知事。有元惡李源欺民霸地，澤力鋤之，取其所占土田悉還原主。（《德慶州志》）

明英宗正統十三年　戊辰　一四四八年

廣東黃蕭養越獄起事，後擁兵三萬餘，稱"順民天王"。（黃明同《陳獻章評傳》附《陳獻章年譜》）

春，陳獻章入京赴春闈。

四月，中副榜進士，告入國子監讀書。（阮榕齡《次編陳白沙先生年譜》）

十二月，給羅亨信正三品，巡撫大同宣府。（東莞羅亨信家族墓出土《故通議大夫都察院左副都御史羅公壙志銘》）

本年鄧茂七兄弟在福建寧德聚眾起兵，十餘日聚眾萬餘，據龍溪稱鏟平王，因黃琴等叛變，茂七中箭被俘犧牲。在鎮壓過程中，顏清頗有功。

顏清，字汝陽。廣東人。正統中任寧德丞。時銀場文書絡繹，應接如流。後卒於銀場，貧無以殮，百姓葬之。（阮元《廣東通志》）

白瑩於本年中進士。

白瑩（一四一三～一四五八），字潤禧。樂昌人。思謙孫。

明英宗正統十三年（一四四八）① 進士，官户科給事中。著有
《白給諫遺集》。民國《樂昌縣志》卷二三有傳。

明英宗正統十四年　己巳　一四四九年

七月，蒙古瓦剌也先寇大同，明英宗下詔親征。八月辛酉次
土木堡，被圍。壬戌，師潰，死者數十萬，帝被俘。是爲土木之
變。（《明史》卷十《英宗前紀》）是月，廣東黄蕭養作亂。九
月，郕王祁鈺即皇帝位，是爲明代宗，尊英宗爲太上皇帝，以明
年爲景泰元年。（《明史》卷十一《景帝本紀》）

九月，羅亨信轉左副都御史。（東莞羅亨信家族墓出土《故
通議大夫都察院左副都御史羅公壙志銘》）

本年蒙古人大舉入侵，都御史羅亨信坐鎮宣府，使城保全，
後邱濬賦《輓羅都御史》七古詩述其事，其小序云：

正統己巳，北虜深入，當道者建議趣召宣府總戎官率兵入衛京城。或欲
遂棄其城，衆紛然争就道。時羅公爲都御史，巡撫其地，乃毅然仗劍坐當門
拒之，且下令曰：“敢有出者，手斬之。”衆遂定。口外人至今能言之，而
修宣府志者亦載其事。公平生事業固多，而此舉猶爲卓偉。抑庵先生作墓
誌，略不及，何也？濬初來京師時，嘗拜公於寓所，極蒙獎諭。及濬登朝，
公已致仕家居，不久，捐館舍矣。瓣香致敬，其道無由。茲因其壻鍾輅應貢
來，致其子泰命求挽章，因次第完城事爲韻語，以補公志之略云。（邱濬
《重編瓊臺稿》卷二）

本年唐璧避寇佛山。

唐璧，字從厚，號主一。順德人。② 有文行。築主一齋，遠
近皆師之。每訓誘子弟，必使端立正坐，出入規矩，然後授以句
讀。正統十四年（一四四九）己巳之亂避寇佛山，爲其鄉人畫
策，賊不能入。著有《主一集》和《唐千家詩》。清羅學鵬輯
《廣東文獻》四集卷十一有傳。

① 一作正統三年（一四三八）
② 據黄佐《廣州人物傳》卷十三《唐豫傳》應爲南海平步人。

本年韓殷賦《己巳避寇將適羊城舟抵桂華兵阻未達用李嘉祐京口旅泊詩首句發引率成十首　錄四》七律詩。（清羅學鵬編輯《廣東文獻》四集卷一三《雪鴻集》）

韓殷，字阜民，號雪鴻。番禺人。明代宗景泰五年（一四五四）進士。官刑部郎中，人稱"韓鐵筆"。著有《雪鴻集（稿）》四卷。事見羅學鵬編《廣東文獻》四集卷十三。

本年官軍至羊腸河，爲苗人所敗，死者數萬，後祁順賦《羊腸河吊古》七古詩。（祁順《巽川祁先生文集》卷三）

本年黃蕭養作亂，後張詡賦《祖廟》七古詩、《楊公祠》五律二首述及。（以上張詡《南海雜詠》卷二）

本年賊攻順德北村，李德彰率眾禦賊。

李德彰，順德人。聰父。贈御史，善醫。正統十四年（一四四九）己巳賊攻北村，率眾禦賊，境內獲全。溫汝能《粵東詩海》卷十五有傳。

本年李謙避寇蜆岡。

李謙，新會人。以明經任歸善訓導，有詩二卷。正統十四年（一四四九）己巳避寇蜆岡。顧嗣協《岡州遺稿》卷三有傳。

本年李千戶殺族人地主英妙，揭竿而起。

李千戶，香山人。正統十四年（一四四九）殺族人地主英妙，揭竿而起，參加黃蕭養部，被授予千戶之職，與林帝祐、蘇有卿等率香山農、漁民攻取大欖，佔領鹽場，又與新會義軍攻新會縣城及香山石岐。時東莞黃福率義軍攻莞城，一時席捲珠三角沙田地區。景泰元年（一四五○）四月，各路義軍圍攻廣州，黃蕭養中箭陣亡，各部退兵大良等營寨，五月後各寨先後被破。（光緒《香山縣志》）

明代宗景泰元年　庚午　一四五○年

兵部尚書于謙破蒙古瓦剌兵，明英宗被送還京師，居南宮，稱太上皇。朝廷派楊信民征黃蕭養，五月，蕭養戰死。（黃明同

《陳獻章評傳》附《陳獻章年譜》）

七月二十日，羅亨信得致仕還鄉。①（東莞羅亨信家族墓出土《故通議大夫都察院左副都御史羅公壙志銘》）

八月二十一日，亨信賦《景泰元年七月二十日蒙恩致仕八月二十一日早於奉天門陛辭奉旨賜酒飯畢復宣至左順門賜衣一襲俾歸服用内大紅紵絲圓領一織金獬豸青紵絲搭護一綠紵絲摺子一退賦詩一首以紀其榮云》七律詩云：

四十餘年事聖君，歸休此日別楓宸。醉來内醖葡萄豔，賜出宫袍獬豸新。人羡風流同廣受，自慚衰朽少經綸。故鄉賸有佳山水，應覓漁樵爲結鄰。（羅亨信《覺非集》卷八）

本年景帝即位，羅亨信進左副都御史，時年七十三。（邱立誠《明代羅亨信家族墓碑銘及羅亨信生平歷史介述》，載《粤地考古求索——邱立誠論文選集》，北京，科學出版社，二〇〇八年三月版四八四頁）

本年唐璧賦《青雲館　並序》七律詩，其小序云："館在平步，鄉儒唐豫剏未就而卒。景泰改元，鄉老何淮等成之。舉豫子璧爲師，遠方士子至者甚眾。"（羅學鵬《廣東文獻》四集卷一一）

唐豫，字用之。南海平步人。父奎，字景文，洪武初鄉貢，著有《龜峰集》。豫少從孫蕡遊，作詩文有古人風度，尤篤於孝，作蓼莪亭以寓孝思，主事劉履爲之記。號樂澹。時有平步六逸，謂東皋劉祖生、南軒劉祖念、節庵劉子羽、芸庵何淮、素庵劉子高及豫也。嘗相與訂鄉約，鄉人信守行之。一時公卿皆尊重豫，布政參議陳贄懿其文行，待以賓禮，且贈以詩。子璧，亦有文行。黄佐《廣州人物傳》卷十三有傳。

① 邱立誠《明代羅亨信家族墓碑銘及羅亨信生平歷史介述》，載《粤地考古求索——邱立誠論文選集》，北京，科學出版社，二〇〇八年三月版四八四頁。定爲次年辭官歸里，恐有誤。

本年邱濬歸至金陵，賦《夜宿江館 有序》七律詩，其小序略云："歲庚午，歸至金陵，寓新河客邸。鄉友馮元吉誦宋人周明老《龜山回文》詩，命予兩和其韻……"（邱濬《重編瓊臺稿》卷六）

本年羅顯韶率父老請置順德縣。

羅顯韶，字九成，號東澗。順德人。簡默多智略。正統十四年（一四四九），黃蕭養作亂。明年揭稽鎮廣，顯韶率父老上書請置縣，稽善其策，聞於朝。景泰三年（一四五二），遂置順德縣，治大良。自是民無兵擾者八十年。吳道鎔《廣東文徵作者考》卷二有傳。

鍾仕傑於本年中舉人。

鍾仕傑，潮陽人。明代宗景泰元年（一四五〇）舉人。任梧州教授。事見阮元《廣東通志》卷七一。

林弁於本年中舉人。

林弁，南海人。明代宗景泰元年（一四五〇）舉人，官瓊州同知。正德《瓊臺志》卷二九有傳。

祁順於本年中舉人。

祁順（一四三四～一四九七），字致和，號巽川。東莞人。景泰元年（一四五〇）舉人。登天順四年（一四六〇）進士。廷對當舉首，以其姓名近御諱，於傳臚勿便，抑置二甲第二，授兵部主事，巡山海關。代歸，轉戶部，督餉臨清。陞員外郎、郎中。嘗充會試同考官。憲宗成化十一年（一四七五）建儲，賜一品服，使朝鮮。未幾，陞江西左參政。三載以註誤左遷貴州石阡府知府。弘治六年（一四九三），陞山西右參政。八年，陞福建右布政使。尋轉江西左布政使。平生邃學問，持大禮，人不敢干以私。著有《石阡志》十卷，詩文二十卷，《巽川集》四十五卷，《冷菴翠渠》、《倡和集》各一卷，《寶安雜詠》一卷，《使東稿》十卷行於世。事見張其淦編《東莞詩錄》卷八、吳道鎔有《廣東文徵作者考》卷二。

裴崇禮於本年中舉人。

裴崇禮，字居敬。崖州人。由景泰元年（一四五〇）庚午鄉舉任貴縣訓導，改甌寧。積學，能詩文，有古趣。著有《遊大小洞天記》。阮元《廣東通志》卷三〇一有傳。

涂暲於本年中舉人。

涂暲，番禺人。俊生子。番禺人。景泰元年（一四五〇）鄉薦，仕韶州府通判。（阮元《廣東通志》卷二七三）

謝輝於本年中舉人。

謝輝，字明甫。東莞人。隸衛所軍籍。家貧無燈火，巡邏時常在月下讀書。景泰元年（一四五〇）舉人，歷官廣西柳州府訓導、魯王府左長史。認爲無辱可以當貴，無憂可以當富，辭職歸里。（宣統《東莞縣志》卷五六）

莫英生。

莫英（一四五〇～一五一八），字國器。恩平人。少時被流賊劫去，官兵得之，獻入宮內，升大使伺憲宗，再升內官監右少監、太監，賜蟒衣。（《廣東通志列傳》、清《恩平縣志》）

蘇葵生。

蘇葵（一四五〇～一五〇九），字伯誠，別號虛齋。順德人。明憲宗成化二十三年（一四八七）進士。選庶吉士，授編修。孝宗弘治九年（一四九六），例當充會試同考官，會有權勢爲其私人通關節，葵堅卻之，因辭入試，遂被讒，出爲江西僉事，提督學校。增修白鹿洞書院，置田以贍其來學者。改提督四川學政。每朔望講堂，與諸生研求正心誠意之旨。修飾大益書院，擇文行之尤賢者讀書其中，賢聲丕著。屢遷至福建右布政使，卒於官，年六十。著有《吹劍集》十二卷。阮元《廣東通志》卷二七六有傳。

黃蕭養卒。

黃蕭養（？～一四五〇），原名懋松。南海（一說順德）人。正統十一年（一四四六），粵洪水爲患，而賦稅不減，蕭養抗交

租税，因被逮，遂越獄起兵，稱順民天王。十四年圍攻廣州，屢
敗守城官軍。安鄉伯張安率軍圍剿，被擊潰於戙船澳，安溺水
死。景泰元年（一四五〇）二月，明將董興大軍至，蕭養軍迎
擊，死者逾萬，蕭養軍敗身亡。（《明史》于謙、楊信民、董興
傳）

明代宗景泰二年　辛未　一四五一年

九月，袁衷賦《辛未季秋奉使出居庸關用杜工部曉發公安
韻》七律。（張其淦《東莞詩録》卷七）

本年邱濬下第，賦《一笑　辛未歲下第作 三首》五律詩、
《辛未歲過揚州懷古》、《歲庚午來自金臺寓新河有金陵即事之作
明年復至因觀高槎軒詩不意暗與之合如勦竊然初實不知也用廣
其意爲雜詠二首云》、《辛未下第還至金陵寄友》、《和李太白韻寄
題金陵》（以上七律）。（以上邱濬《重編瓊臺稿》卷五）

本年陳獻章會試再次下第。（黃明同《陳獻章評傳》附《陳
獻章年譜》）

李牧於本年中進士。

李牧，字克活。四會人。景泰二年（一四五一）進士。官至
刑部郎中。（《皇明進士登科考》）

潘本愚於本年中進士。

潘本愚，字克明。博羅人。本恭兄。景泰二年（一四五一）
進士。官戶部給事中。冊封占城王充正使，賜一品服。天順元年
（一四五七）補刑科給事中，出爲福建興化知府。丁外艱去，復
除漳州府。（《福建通志》）

陳綱於本年成貢生。

陳綱，字文舉。潮陽人。景泰二年（一四五一）鄉貢入太
學。成化間授高州石城（今廉江）令，多惠政。擢本府通判，遷
廣西慶遠府同知。時廣西壯、瑤民亂，左僉都御史韓雍辟爲幕府
諮軍事。轉重慶知州，帶四品俸，卒於官。（嘉靖《潮州府志》

卷六）

明代宗景泰三年　壬申　一四五二年

本年特設兩廣總督，此官至清爲兩廣（廣東、廣西）最高軍政長官，民國成立後始廢。（《兩廣總督府、羅定直隸州和瀧水瑤亂》，載《嶺南考古研究》第九期，中國評論學術出版社二〇一〇年香港版二三八頁）

五月二十四日，指揮使歐信、左副總兵右都督董興等，統領廣州左等四衛官軍四百名，前去廣海衛會同總督備禦，都指揮僉事杜信、提督邊務右叅政謝祐、巡察邊務副使項忠、都司委官指揮僉事張通，嚴督廣海、南海、東莞、香山、新會五衛所官軍人等，勦捕海賊。

二十七日，至廣海衛，有項忠、杜信、張通在彼，先已差人分投歸德、靖康等塩場，借取槽船未到。官軍駐紮至六月初三日，方得海晏塲駕到槽船三十隻。（《皇明經濟文錄》卷二十八于謙《爲海賊等事》）

本年歐信以戰功擢都指揮同知，遷大寧都指揮使。

歐信，廣東人。嗣世職金吾右衛指揮使。明代宗景泰三年（一四五二），以廣東戰功擢都指揮同知，遷大寧都指揮使。英宗天順元年（一四五七），以都督僉事充參將，進都督同知，代副總兵。憲宗成化元年（一四六五），先後平英德諸縣及廣西大藤峽傜亂。七年春，充總兵官，鎮守遼東。十四年，爲巡按王崇之所劾，召歸。《明史》卷一七四、阮元《廣東通志》卷二五四有傳。

陳獻章長子景雲生。

陳獻章弟子李承箕生。（黃明同《陳獻章評傳》附《陳獻章年譜》）

楊一清生。

楊一清（一四五二～一五三〇），字應寧，號邃庵。化州人。

少以神童神馳四鄉，後薦爲翰林秀才，憲宗命內閣擇師而教，十四歲中舉人，成化八年（一四七二）進士。初授中書舍人，三爲陝西三邊總制，累升太子太師，特進左柱國華蓋殿大學士，爲內閣首輔，仕成化、弘治、正德、嘉靖四朝，功德赫赫。晚年被張璁構陷落職，謫住巴陵，疽發背而卒。世宗復其官，贈太保，諡文襄。（《明史》卷一九八）

俱空契斌禪師圓寂。

禪宗第二十六世祖俱空契斌禪師（？～一四五二），亳邑王氏子。參凝然，求示心要。然曰：“向達磨未來時，你作麼生參？”師甚疑之。一日睹秦封槐，豁然大悟，徑回侍立次，身甚戰慄。然曰：“契斌參得禪也，何驚疑之有？”師曰：“某甲今日到此，如在紅鑪中拾得一片冰相似。”然曰：“洞上一宗密在你躬矣。”住後，僧問：“如何是空劫已前底事？”師曰：“烏龜向火。”景泰壬申（三年，一四五二）示寂。（《開元寺傳燈錄》）

明代宗景泰四年　癸酉　一四五三年

本年邱濬赴京師，至廣州，賦《歲癸酉赴京至羊城有感》詩云：

落落江城雁翅開，誰人到此不徘徊。藤盤泛水浮丹荔，木屐穿花踏翠苔。載酒舟遊江上寺，題詩人醉月中臺。故人有約來遲暮，不得追陪漸老杯。廣人新娶者具錢相賀爲漸老會。（邱濬《重編瓊臺稿》卷五）

唐濂伯於本年中解元。

唐濂伯，瓊山（今屬海南）人。明代宗景泰四年（一四五三）鄉試解元，後未遇會試而卒。明正德《瓊臺志》卷三八有傳。

蔡顒於本年中舉人。

蔡顒，字伯昂。揭陽人。明代宗景泰四年（一四五三）舉人，官廣西太平府通判，監梧州府鹽稅，遷象州知州。事見阮元

《廣東通志》卷七一。

任效於本年中舉人。

任效，字廷忠。東莞人。明代宗景泰四年（一四五三）舉人，官遷江訓導。事見阮元《廣東通志》卷七一。

任璩於本年中舉人。

任璩，字伯玉。東莞人。明代宗景泰四年（一四五三）舉人，官蒼梧訓導。事見阮元《廣東通志》卷七一。

方俊於本年中舉人。

方俊，字彥卿。東莞人。究心程朱理學，與蔣浚友善。明代宗景泰四年（一四五三）舉人，授浙江義烏縣令，改廣西藤縣。與陳獻章交遊，面刺其過。素重張泰，謂其日後必前程遠大。著有《虛堂集》。阮元《廣東通志》卷二七三有傳。

熊德於本年中舉人。

熊德，字惟一。增城人。飛十二世孫。明代宗景泰四年（一四五三）舉人，任汀州府推官。事見阮元《廣東通志》卷七一。

梁韠於本年中舉人。

梁韠，字文煥，號樂道。東莞人。明代宗景泰四年（一四五三）舉人，官湖廣巴東知縣。晚與任東橋、李書朋等結社鳳臺，時相唱和。事見張其淦編《東莞詩錄》卷七。

朱琳於本年中舉人。

朱琳，清遠（一作佛岡）人。璧孫。明代宗景泰四年（一四五三）舉人，官福建龍溪知縣。事見阮元《廣東通志》卷七一。

馬襄於本年中舉人。

馬襄，字服良。南海人。明代宗景泰四年（一四五三）舉人。歷官肇慶府同知、潯州知府。事見阮元《廣東通志》卷七一。

黃浩於本年中舉人。

黃浩，字浩年。南海人。明代宗景泰四年（一四五三）舉人。官德慶同知。事見阮元《廣東通志》卷七一。

袁亮於本年中舉人。

袁亮，封川（今屬封開）人。明代宗景泰四年（一四五三）舉人。官廣西陽朔縣訓導，轉廣東潮陽教諭，擢楚府紀善。事見阮元《廣東通志》卷七一。

楊英於本年中舉人。

楊英，字廷傑。新會人。景泰四年（一四五三）癸酉舉於鄉。性至孝，父喪，廬墓三年。母贏病目，日夜焚香祝天，越二載，母初度而目復明。子敷，謁選赴都銓曹胡公詢白沙先生起居及其詩，敷默錄將千首以復。授南京留守司經歷，有備倭功，贈英如其官。潘楳元、譚瑩《廣州鄉賢傳》卷二有傳。

吳澮於本年中舉人。

吳澮，字源深，號雙白居士。增城人。景泰四年（一四五三）癸酉鄉薦，天順元年（一四五七）丁丑進士。初令弋陽，居六載，邑中利病興革殆盡。遷饒州府同知。卒年三十九。著有《雙白集》，祀鄉賢。鄧淳《粵東名儒言行錄》卷七有傳。

許仁於本年中經魁。

許仁，高要人。明代宗景泰四年（一四五三）經魁，官太平知府。事見阮元《廣東通志》卷七一。

方暹於本年中舉人。

方暹，字孔昭。博羅人。明代宗景泰四年（一四五三）舉人。成化初授南海知縣。性廉謹，爲官剛直。（光緒《惠州府志》卷三九）

李正於本年中舉人。

李正，字德。番禺人。昂英遠孫。明代宗景泰四年（一四五三）舉人。與陳白沙爲莫逆交。成化五年（一七六九）自都門歸，閉戶靜坐，徵辟不起。卒，白沙挽以詩。（《廣州府志》卷一一八）

陳龍於本年中舉人。

陳龍，字仲和。東莞人。明代宗景泰四年（一四五三）舉人。天順七年（一四六三）會試，考場失火，勇救舉子七十餘人，人稱陳神仙。成化間任瓊州通判，鎮壓黎民起事。官至廣西按察副使。（嘉慶《廣東通志》卷二七五）

陳錡於本年成貢生。

陳錡，字重器。東莞人。明代宗景泰四年（一四五三）貢生，官福建安溪知縣。事見民國《東莞縣志》卷四五。

陳善於本年成貢生。

陳善，龍川人。明代宗景泰四年（一四五三）貢生，官鬱林州訓導。（《龍川縣志》）

梁儲生。

梁儲（一四五三、一四五一～一五二七），字叔厚，號厚齋、鬱州。順德人。明憲宗成化十年（一四七四）舉人，十四年會試第一，廷試二甲第一。選庶吉士，授編修。進侍講洗馬，掌翰林院學士。侍孝宗、武宗東宮講讀，遷吏部右侍郎。正德初，進吏部尚書兼學士，入參機務。官至少師兼太子太師、華蓋殿大學士。辛賜太師，諡文康。著有《鬱洲遺稿》十卷。《明史》卷一九〇、阮元《廣東通志》卷二七四有傳。孫孜，字思伯，號羅浮山人。少孤，事母孝。弱冠，充博士弟子員。與梁有譽、黎民表、歐大任爲詩古文，尤好書畫。廳補中書舍人、客部主事。王世貞稱其詩書畫。汪兆鏞《嶺南畫徵略》卷一有傳。

曾禄生。

曾禄（一四五三～一五〇五），字汝學，號恕齋。博羅人。成化十七年（一四八一）進士。知武義縣，儲水灌田百餘頃。召爲雲南道監察御史，出按黔閩蜀，懲治病民官吏之尤者。升浙江按察副使。（光緒《惠州府志》卷三二）

明代宗景泰五年　甲戌　一四五四年

正月初一日，韓殷參加朝賀及皇帝賜宴，賦《甲戌正旦朝賀》七律、《元旦賜宴》七律。並應廷試，賦《廷試即事》

詩云：

夾仗旌旗集羽毛，九重春色醉仙桃。天臨奎璧星辰近，雲捲珠簾劍珮高。麗日祥煙承罕畢，紫駝銀甕出葡萄。揚雄更有河東賦，敷奏明時豈憚勞。（羅學鵬編輯《廣東文獻》四集卷一三《雪鴻集》）

八月，吳康齋贈陳獻章《孝思堂文》及"孝思"題字。

本年陳獻章發憤讀書，往江西臨川從吳康齋學，康齋令其從事耕作及各種雜活勞作，並爲之講授大量儒家經典，然獻章仍"未知入處"。（黃明同《陳獻章評傳》附《陳獻章年譜》）

韓殷於本年中進士。

康麟於本年中進士。

康麟，字文瑞，號介軒。順德人。明代宗景泰五年（一四五四）進士。授御史，陞福建按察司僉事。著有《宦遊》、《紀行》、《歸吟》等草。康熙《順德縣志》卷七有傳。

陳政於本年中進士。

陳政（一四一八～一四七六），字宣之。增城人。① 正統六年（一四四一）與邱濬同赴省試，中解元。明代宗景泰五年（一四五四）進士，選翰林庶吉士，官至雲南按察司副使。著有《東井集》。康熙《增城縣志》卷八有傳。

魯能於本年中進士。

魯能（一四二八～一四八四、一四八五），字千之。新會人。其先自涇來隸籍，遂家焉。明代宗景泰五年（一四五四）進士，官至都察院右副都御史。巡撫甘肅，三閱月而父訃至，哀毀逾禮，歸至會城卒。著有《强齋集》。清顧嗣協《岡州遺稿》卷三有傳。

李嗣於本年中進士。

李嗣（一四二六～一四九四），字克承，號介軒。南海人。

---

① 吳道鎔《廣東文徵作者考》卷二作"番禺人"。

性端謹，質幹魁梧。年十三爲邑庠生。中景泰五年（一四五四）甲戌進士，授南京戶部主事，官至戶部左侍郎、左僉都御史。居官三十餘年，田園無所營增，歿日衣篋中惟白金十兩而已。子辰，以蔭爲國子監生。黃佐《廣州人物傳》卷十五有傳。

鄭安於本年中進士。

鄭安，字康民。海陽人。景泰五年（一四五四）進士，授河南道監察御史，彈劾不避權要。憲宗即位，陳事多見採用。遷陝西按察副使，安撫邊民，討平叛亂，築堡屯兵，邊境以寧。居官二十年，未嘗有產業。以母老歸省。有《西征鏡歌吹》之作。（嘉靖《潮州府志》卷七、《潮州志·藝文志》）

蕭青於本年中進士。

蕭青，字廷翠。歸善人，景泰五年（一四五四）進士。歷官南京禮部主事、員外郎，湖廣永州府知府。（嘉靖《惠州府志》卷十三、阮元《廣東通志》卷二九〇）

邱文瀚生。

邱文瀚（一四五四～一五〇九），字浩章，號雲崖。保昌（今南雄）人。原籍江西吉水，先祖於元代爲南雄路總管同知，遂落籍焉，五傳至文瀚，十七歲補弟子員。成化二年（一四七四）舉人。十年苦讀，二十年登進士，授翰林檢討。無何以父喪歸，讓宅建學。服除，進階正四品中憲大夫，迎教王子。留任十四載，卒年五十五。（《南雄府志》卷十四）

明代宗景泰六年　乙亥　一四五五年

年初，陳獻章自江西返新會。

獻章"自臨川歸，足不至城市。朱英時爲參議，造廬求見，卒避不見。閉門讀書，益窮古今典籍。徹夜不寢，少困則以水沃其足。久之乃嘆曰：'夫學貴自得也。自得之，然後博之以載籍。'遂築臺，名曰春陽，靜坐其中，足不出閫者數年。"（阮榕齡《次編陳白沙先生年譜》）

本年康麟賦《乙亥再復命退朝作》詩云：

封章重奏上金鑾，喜得天顔兩度看。銀漢月低仙仗曉，玉階霜重繡衣寒。自慚讜薄沾恩早，誰謂精忠報國難。退食從容還北望，丹心飛傍五雲端。（《順德龍江鄉志》卷五）

本年侍讀學士錢溥、王豫出使安南，册封黎灝爲安南國王，邱濬賦《送王給事中使安南》七律詩。（陳永正《嶺南歷代詩選》一二五頁）

張浚於本年中舉人。

張浚，電白人。景泰六年（一四五五）舉人。銓選爲南寧、宣化教諭。擢漳州府、邵武府教授。後遭母喪，去官居里二十餘年，樂於聚徒講學。卒祀鄉賢。（道光《電白縣志》）

黃信於本年中舉人。

黃信，字達士。石城（今廉江）人。少爲倭寇所擄，脱歸，發憤報仇。習兵書，學武藝。景泰六年（一四五五）登賢書，任全州同知，升泉州郡守。時倭寇欲犯城，城中文武驚慌，信獨帶兵堅守，並選健卒數十從間道趨擊，俘獲甚衆。奏報戰功，爲居要職者妒，竟沉抑。遂去官歸里，未幾卒。（光緒《石城縣志》）

簡閱生。

簡閱（一四五五～一五四五），字以賢。番禺人。弘治十一年（一四九八）舉人。授南京國子監學録，擢北京國子監助教，調浙江衢州府通判，攝龍遊縣事。嘉靖八年（一五二九）致仕，二十四年卒，年九十一。（《番禺簡氏族譜》）

明代宗景泰七年　丙子　一四五六年

八月，袁衷賦《丙子仲秋過富春山》七律詩。（民國張其淦《東莞詩録》卷七）

初一日，黃瑜賦《蓮峰卿雲次鄭同舍賢韻》五律詩，其小序云：

景泰丙子仲秋朔旦，邑庠行香後，忽見五色雲出於蓮峰之上，霏靄互

天，黃彩爲多。予時在廣，同舍鄭賢領批居首，自負時名，其讀書自扁
"元吉齋"，作詩有"元吉協黃裳"之句。予竊哂之，因次韻云。（黃瑜
《雙槐文集》卷二）

　　本年陳獻章"初築春陽臺，日坐其中，用功其中，用功或
過，幾致心病。後悟其作，且曰：'戒慎或恐懼，斯言未云偏。
後儒不省事，差失毫釐間。'蓋驗其弊而廢也。坐春陽臺，家人
穴壁饋餤。"（阮榕齡《次編陳白沙先生年譜》）

　　梁昉於本年中解元。

　　梁昉，字景熙。順德人。博學強記。景泰七年（一四五六）
丙子解元，丁丑（一四五七）進士，年甫弱冠，授蕭山知縣。升
雲南道監察御史，擢浙江僉事。監試，得狀元謝遷爲擧首。卒於
官，無一錢尺帛以遺子孫。郭棐《粵大記》卷十九有傳。

　　李素於本年中擧人。

　　李素，號拙庵。嘉應州人。明代宗景泰七年（一四五六）擧
人，明英宗天順四年（一四六〇）會試乙榜。歷任賓州訓導，貴
溪、上游、當塗教諭。張煜南、張鴻南《梅水詩傳》卷九、清光
緒《嘉應州志》卷二三有傳。

　　梁惠於本年中擧人。

　　梁惠（一四一八～一四九〇），字宗澤，號鶴洲。新會（今
屬開平）人。明代宗景泰七年（一四五六）擧人，任梧州府教
授，署蒼梧縣令。事見阮元《廣東通志》卷七一、民國《開平縣
志》卷三二。

　　何清於本年中擧人。

　　何清，字仁甫。連州人。明代宗景泰七年（一四五六）擧
人，歷仕至廣西太平知府。清同治《連州志》卷七有傳。

　　王恪於本年中擧人。

　　王恪（一四三一～一五二四），字克敬，號淡軒。東莞厚街
人。縝父。年十八，中明代宗景泰七年（一四五六）擧人，補授
慶遠府同知。丁外艱，起補泉州，擢寶慶知府。以子縝功，封都

察院右副都御史。年九十四卒。事見宣統《東莞縣志》卷五六。

袁孚於本年中舉人。

袁孚，字秉誠，號靜齋。東莞人。袁子。明代宗景泰七年（一四五六）舉人。事見阮元《廣東通志》卷七一。

陳龍於本年中舉人。

陳龍，字世澤。東莞人。明代宗景泰七年（一四五六）舉人。官梧州府同知。事見阮元《廣東通志》卷七一。

鄧瑗於本年中舉人。

鄧瑗（一四三二～一四九六），字良璧。樂昌人。喎長子。明代宗景泰七年（一四五六）舉人，授大理評事，陞湖廣按察司僉事。著有《靈江詩集》。清同治《韶州府志》卷三三有傳。

伍敬於本年中舉人。

伍敬，新會人。明代宗景泰七年（一四五六年）舉人，官江西斷事。事見阮元《廣東通志》卷七一。

黄瑜於本年中舉人。

黄瑜，字廷美，號雙槐老人。香山人。明代宗景泰七年（一四五六）舉人，官長樂縣知縣。棄官歸羊城，隱居自樂。著有《雙槐歲鈔》十卷。子畿，字宗大。少補諸生，絕意科舉，隱粵山之椒，研辨九流，著有《三五元書》二十五卷。讀邵雍《皇極經世》，因著《皇極經世書傳》八卷。晚年潛心《大易》、《中庸》，述《易説》。嘗著書羅浮山中。正德八年（一五一三）癸酉，與子佐計偕入京，殁於儀真。學者稱粵洲先生。著有《貫道論》一篇、《皇極管窺》十三篇。後人輯爲《粵洲集》四卷。吳道鎔《廣東文徵作者考》卷二有傳。

葉敏於本年中舉人。

葉敏，字汝行。南海人。明代宗景泰七年（一四五六）舉人，明英宗天順元年（一四五七）進士，官主事。事見阮元《廣東通志》卷六八、七一。

梁益於本年中舉人。

梁益，新會人。登景泰丙子鄉薦，知興業縣。父繼灝，字行素。黎貞弟子。博學有行誼，嘗以書授生徒。後陳獻章稱之。邑人魯能、吳韜、鄺慈皆出其門。益子文，任衡山訓導。郭棐《粤大記》卷二三有傳。

謝廷舉於本年中舉人。

謝廷舉，番禺人。景泰七年（一四五六）丙子舉人。官湖廣興國同知。吳道鎔《廣東文徵作者考》卷二有傳。

陳騏於本年中舉人。

陳騏（麒），字夢祥（一作長）。南海人。二十七歲爲邑庠生，景泰七年（一四五六）丙子三十一歲中舉人，連登進士。官大理寺評事，晋左寺副。升江西僉事，分巡嶺北。巡九江，百姓呼爲“陳打鬼”。升雲南副使。落職家居。年八十餘卒。著有《鳶魚辯》、《原學》諸篇，論名理，與張詡不協。郭棐《粤大記》卷十八有傳。

曾瑁於本年中舉人。

曾瑁，萬州人。景泰七年（一四五六）丙子舉人，歷任浙江永樂、廣西梧州府懷遠知縣，誥令郎中，入祀鄉賢。

李澈於本年中舉人。

李澈，號澄庵。化州人。景泰七年（一四五六）丙子舉人，任沛縣知縣，升臨江通判，廉明耿介，受明憲宗御書褒獎。卒年八十三。（《化州縣志》卷九）

何讓於本年中舉人。

何讓，字宗貫，號蘭坡。番禺人。景泰七年（一四五六）丙子舉人，任江西信豐知縣，移知南康。（《沙灣何氏家譜》卷十八）

何恕於本年中舉人。

何恕，番禺人。善承子。景泰七年（一四五六）丙子舉人，任福建懷安知縣。（《沙灣何氏家譜》卷十八）

黃濼於本年中舉人。

黃濚，字之浩。潮陽人。景泰七年（一四五六）舉人，授沅州學正，改萬州，遷漳州訓導。（隆慶《潮陽縣志》卷十二、乾隆《潮州府志》卷二八）

張詡生。

張詡（一四五六～一五一五、一五一四），字廷實，號東所。番禺人。明憲宗成化二十年（一四八四）進士，授戶部主事。無何，以喪事辭官，屢薦不起。武宗正德九年（一五一四）召爲南京通政司參議，抱疾北上，抵南京，謁孝陵即歸，卒於家。詡爲陳獻章弟子，獻章稱其學以自然爲宗，以忘己爲大，以無欲爲至。著有《白沙遺言纂要》、《厓山志》、《南海雜詠》、《東所文集》。《明史》卷二八三、阮元《廣東通志》卷二七四有傳。

蘇仲生。

蘇仲（一四五六──一五一九），字亞夫。順德人。葵弟。明孝宗弘治十五年（一五〇二）進士，官戶部主事。旋忤宦官劉瑾意，出爲岳郡散官。十八年，皇帝賜命進承德郎。武宗正德七年（一五一二），任廣西象州知州。九年，退居歸田。十四年，卒於家。著有《古愚集》，詩三卷，文一卷。康熙《順德縣志》卷七有傳。其來孫天琦又有《奉直大夫象州知州前戶部主事古愚公傳》，見《古愚集》卷首。

明代宗景泰八年　明英宗天順元年　丁丑　一四五七年

正月丁丑，明代宗興疾宿南郊齋宮。壬午，石亨、徐有貞迎英宗復位。二月乙未，廢代宗爲郕王。是爲奪門之變。癸丑，代宗崩，年三十。（《明史》卷十一《景帝本紀》）丙戌，英宗詔赦天下，改景泰八年爲天順元年，英宗因此而爲明清時唯一擁兩年號之帝。（《明史》卷十二《英宗後紀》）

十月二十五日，羅亨信壽終於家。（東莞羅亨信家族墓出土《故通議大夫都察院左副都御史羅公壙志銘》）

陳爵於本年中進士。

陳爵，字良貴。南海人。明英宗天順元年（一四五七）進士。官揭陽知縣。值嶺南山海寇亂，爵令築城浚池，爲守備計。未幾，海寇大至，爵披甲冑冒矢石，身先士卒。寇知不可犯，乃引去。事聞，擢知韶州，改高州。卒後，揭陽民立祠祀之。阮元《廣東通志》卷二五一有傳。

張綱於本年中進士。

張綱（？～一四五七），字秉常，號三峰。嘉應州人。明英宗天順元年（一四五七）進士，未閱月卒。清張煜南、張鴻南輯《梅水詩傳》卷九有傳。

張瓆於本年中進士。

張瓆，字德潤，號兩山。番禺人。詡父。明代宗景泰元年（一四五〇）舉人，明英宗天順元年（一四五七）進士。歷官至駕部員外郎。黃佐《廣州人物傳》卷一有傳。

黃簏於本年中進士。

黃簏，字仲和，號南溪。南海九江人。明英宗天順元年（一四五七）進士。官工科給事中，出爲廣西督學僉事。年三十六即告歸侍養，以孝著海內。朱次琦《九江儒林鄉志》云：“移寓番禺河南村，有司建坊於官渡頭，以旌其間。壽八十八。逍遙林下殆五十餘年。”著有《諫草》、《吟草》。子奉、泰、粵，科貢聯芳，均有詩作傳世。

劉澄於本年中進士。

劉澄，字端本。四會人。明英宗天順元年（一四五七）進士。官戶部郎中。（《皇明進士登科考》）

徐虔於本年中進士。

徐虔，號肅軒。揭陽人。天順元年（一四五七）進士，授兵部主事。贊助上司，規劃拯救山東及真定等州水旱災害。晋承德郎，升鎮遠守，興學校，勸農桑。四年以病辭歸。（乾隆《潮州府志》卷二八）

明英宗天順二年　戊寅　一四五八年

莊敬於本年成貢生。

莊敬，字元泰，號希陶。河源人。明英宗天順二年（一四五八）貢生，授山東東平州壽張令。以終養父母，不願出仕，赴京辭命。帝嘉其孝行，賜七品服還鄉。（《河源縣志》）

明英宗天順三年　己卯　一四五九年

十二月二十五日，羅亨信子泰葬亨信與其妻劉氏於麻地嶺祖塋之右乙向原，隨葬私章二枚及銘有“爲善最樂”銅鏡一面。（東莞羅亨信家族墓出土《故通議大夫都察院左副都御史羅公壙志銘》）

羅素於本年中解元。

羅素，字文之。新會羅村（今屬開平）人。明英宗天順三年（一四五九）鄉試第一，授梧州府同知，升雲南尋甸府知府。（阮元《廣東通志》卷二七五）

鄭翼於本年中舉人。

鄭翼，字永時。順德人。明英宗天順三年（一四五九）舉人。官瑞金縣知縣。温汝能《粵東詩海》卷一六有傳。

陸宣於本年中舉人。

陸宣，字汝爲，號萬松。三水人。明英宗天順三年（一四五九）舉人，四年（一四五〇）乙榜，官至靈壁教諭。清嘉慶《三水縣志》卷一一有傳。弟陸之，澄心理學，嘗應弟子試，已入選，督學欲易名爲“宜”，辭之不願充，歸從陳獻章遊，獻章雅重之。阮榕齡《白沙門人考》有傳。

何濚於本年中舉人。

何濚，字源清。東莞人。明英宗天順三年（一四五九）舉人，明憲宗成化八年（一四七二）進士，授松江府推官，升南京湖廣道監察御史，轉四川按察僉事，力持風紀。升福建按察使，未離川而病卒。著有《律學奏議》。民國《東莞縣志》卷五六有傳。

王隆於本年中舉人。

王隆，字崇道。海陽人。明英宗天順三年（一四五九）舉人，授徐州學正，秩滿棄官歸，養母盡孝。（嘉靖《潮州府志》卷七）

韓統於本年中舉人。

韓統，字馭民。番禺人。殷弟。明英宗天順三年（一四五九）舉人，授南安府推官，有政聲。（阮元《廣東通志》卷二七五）

鄭亶於本年中舉人。

鄭亶，字崇信。潮陽。天順三年（一四五九）舉人，任浙江寧波府通判，升嘉興府同知。辨冤獄，厘奸邪，剔弊政，撫馭有方。以終養告歸。鄉人問學者眾，時人目其廬爲子雲宅。（乾隆《潮州府志》卷二八）

鄒文著於本年成貢生。

鄒文著，龍川人。明英宗天順三年（一四五九）貢生，授松江府通判。（《龍川縣志》）

明英宗天順四年　庚辰　一四六〇年

本年邱濬賦《李布政顯旌異卷　歲庚辰旌異，天下朝覲官十人，賜宴及衣服》五言排律詩云：

萬國朝王日，三年述職春。乾坤開泰運，岳牧賀昌辰。期會逢千載，褒嘉僅十臣。天顏臨下赫，聖語爲民諄。魚藻歌王在，龍光荷帝仁。賜衣明黼黻，尚食出珍醇。金縷盤銀鶴，鸞刀擘玉麟。賓筵張錦綺，仙樂奏韶鈞。共載需雲厚，親承湛露均。朝廷旌有德，臣庶愧無因。豈是恩偏厚，由來治最循。一方勞撫字，九德克忱恂。匪懈勳庸著，無華恉愊真。姓名書國史，風彩動朝紳。品藻殊猷異，丹青眷顧頻。暫教還外服，行見據通津。有美山東牧，同爲嶺表人。寸心顒爲國，餘惠尚留閩。新政孚青社，先聲達紫宸。上方期汝作，詔再許於旬。日下辭丹宸，天邊候皁輪。此行應不久，四海待陶甄。（邱濬《重編瓊臺稿》卷四）

崔浩於本年中進士

崔浩，字文淵。電白人。天順四年（一四六○）進士。任江蘇吳縣知縣，人贊其"虛堂一鏡"。（道光《電白縣志》）

明英宗天順五年　辛巳　一四六一年

二月，梁惠賦《辛巳仲春遊巖有感》詩云：

落魄瀧城十五春，回頭夢覺水□身。月當劫蝕光猶在，棋到殘敲著始神。古洞煙霞藏石角，靈巖風雨出龍津。念知此後名山約，添得紗籠一事新。（雲浮九星巖梁惠詩刻）

本年饑荒，利懋捐資賑濟。

利懋，新安人。家資饒餘，輕財重義。天順五年（一四六一）饑荒，捐資賑濟。東莞記其名於義民碑。雅好吟詠。著有《雲莊集》，詩入《嶺南珠玉》。（康熙《新安縣志》）

韓榮生。

韓榮（一四六一～一五○五），字子榮，號東墅。博羅人。成化二十二年（一四八六）舉人。遊南雍，文名藉甚。弘治九年（一四九六）上書於分部僉事王相，議拓築博羅西城，相是其議。凡材用徒傭，悉從授畫。十八年（一五○五）授浙江桐廬知縣。甫三月卒。（乾隆《博羅縣志》卷十二）

明英宗天順六年　壬午　一四六二年

廣西暴亂者至新會，縣丞陶魯築輔城防禦。（黃明同《陳獻章評傳》附《陳獻章年譜》）

除夕，陳獻章於北京賦《壬午京城除夕》詩云：

爆竹沿更響，燕城覺歲除。客懷元自在，詩興乃何拘。大地行藏活，風花點弄迂。天遭老丈侍，華酒幸相娛。（陳獻章《白

沙子全集》卷四）

陳晟於本年中解元。

陳晟，字美宣。番禺人。則恭子。天順六年（一四六二）壬午解元，成化二年（一四六六）丙戌進士，改翰林院庶吉士。後拜戶部主事。歷員外郎、郎中，出知雲南臨安府。未幾卒於任。敏於文詞，詩尤工，陳獻章稱重之。黃佐《廣州人物傳》卷十六有傳。

李彰於本年中舉人。

李彰，字文輝，號翠庭。東莞人。明英宗天順六年（一四六二）舉人，天順七年、明憲宗成化十四年（一四七八）會試兩科副榜。官湖廣臨湘縣知縣。事見鄧淳《寶安詩正》續集卷一。

李蓁於本年中舉人。

李蓁，字子盛，號灼庭。東莞人。明英宗天順六年（一四六二）舉人。事見阮元《廣東通志》卷七一。

張善昭於本年中舉人。

張善昭，字彥光①，號臥雲。順德人。明英宗天順六年（一四六二）舉人。授兵部司務，官至四川按察司僉事。著有《流光詩草》。事見咸豐《順德縣志》卷二三。

歐陽寅於本年中舉人。

歐陽寅，字敬之。從化人。明英宗天順六年（一四六二）舉人。後爲鬱林州知州。成化十七年（一四八一）征都康，十九年征陸川，俱與有功。擢南寧府同知，旋擢潯州知府。郭棐《粵大記》卷二〇有傳。

鄭瓘於本年中舉人。

鄭瓘，番禺人。天順六年（一四六二）舉於鄉，授豐城知縣，改調泉州令。爲政平易廉恕，推誠待物，民風大變；興修水利，民受其利。擢杭州府通判。（阮元《廣東通志》卷二七五）

---

① 吳道鎔《廣東文徵作者考》卷二《張善昭傳》作“彥充”。

姚瓆於本年中舉人。

姚瓆，字弘瓚。潮陽人。天順六年（一四六二）舉鄉薦。授南京兵部司務，調戶部主事。歷職方員外郎，弘治末官至武選郎中。時宦官蔣琮橫肆，瓆抗疏其罪，以違旨被逮。尚書王恕以直道稱之，疏救乃免。（嘉靖《潮州府志》卷七、隆慶《潮陽縣志》卷一二、乾隆《潮州府志》卷二八）

李孔修生。

李孔修（一四六二、一四三六～一五三一、一五二六），字子長，自號抱真子。順德人。布衣。僑居廣州高第街，人初不識。張詡薦於其師陳獻章，獻章亟稱之，由是名益顯。平生善詩畫，攻《周易》。吳廷舉在粵時，與孔修爲布衣交，兩人高風在塵埃之表。孔修卒，無子，尚書霍韜葬之於西樵山。西樵人祭社，以孔修配。光緒《廣州府志》卷一二一有傳。

明英宗天順七年　癸未　一四六三年

敕廣東總兵官歐信率兩廣軍討瑤。（黃明同《陳獻章評傳》附《陳獻章年譜》）

本年流民羅劉寧攻程鄉，朝廷派兵鎮壓，賴福興隨軍。

賴福興，五華人。天順六年（一四六二）秋，流民羅劉寧攻破興寧城，攻長樂。翌年攻程鄉，朝廷派兵鎮壓，福興隨軍至畬坑。明年楊輝作亂，隨軍追殺，斬首數十。終年七十四。（乾隆《嘉應州志》）

本年邱濬賦《送廣東夏廉憲　天順癸未》五古詩（邱濬《重編瓊臺稿》卷一）、《聞人說海北事有感　二首，天順癸未》七律詩（邱濬《重編瓊臺稿》卷五）。

明英宗天順八年　甲申　一四六四年

正月己巳，明英宗大漸，遺詔罷宮妃殉葬。庚午，崩，年三十有八。（《明史》卷十二《英宗後紀》）乙亥，太子見深即皇帝

位，是爲明憲宗，以明年爲成化元年。（《明史》卷十三《憲宗本紀》一）

八月初二日，明憲宗首開經筵，後邱濬賦《學士四榮·經筵進講》詩云：

奉天朝罷日暉暉，鳳輦東行御講幃。五色龍光騰黼扆，兩班獸錦絢緋衣。敷揚帝典明如見，對越天顔近不違。共荷聖恩親賜食，相將霑醉出彤闈。（邱濬《重編瓊臺稿》卷五）

十五日，祁順賦《甲申中秋與蕭文明登東樓待月和東坡江月詩五章》詩云：

一更月出海，河漢净無瀾。今夜景偏勝，此時猶好看。星躔避光采，山氣漾清寒。舉酒便邀賞，莫教清漏殘。

二更月滿樓，團圓是今夜。遥看東海頭，玉盤蕩高下。朱簾掛銀鈎，欄檻一憑藉。喜有攀桂人，來談客中話。

三更月當天，坐久攬衣起。回思鄉國間，清光只如此。香傳桂子風，露滴藕花水。對景不盤桓，後夜徒爲耳。

四更月傾昃，耽翫待平明。談笑不知久，起看參已橫。姮娥速歸轍，西顧重行行。光輝如有念，偏照玉關城。

五更月西下，雲暝四山幽。棹艤袁郎渚，盃停庚亮樓。良宵不易得，一隔動經秋。詩成倍惆悵，誰爲商聲謳。（祁順《巽川祁先生文集》卷二）

本年邱濬賦《秋興　七首，天順甲申》七律詩。（邱濬《重編瓊臺稿》卷五）

本年大饑，詔令民間出粟千石賑饑者，給冠帶。陳讓出穀三千石，歸名於叔。

陳讓，字克遜。東莞人。幼孤，事母孝。與從弟計口授田，三分遜其二。性嗜學善詩，有詩集四卷。（康熙《新安縣志》）

陳穢於本年中進士。

陳穢，字仲芳。番禺人。天順八年（一四六四）甲申進士，拜南京户部主事，晋員外郎、郎中，出守梧州。丁外艱，起復，升福建參政，晉廣西右布政使。弘治十四年（一五〇一）辛酉乞歸。居家十餘年，以詩文自娛，卒，年七十八。郭棐《粵大記》卷十八有傳。

余諒於本年中進士。

余諒，字以貞。開平人。父復，永樂初征交趾，民饋運者多道斃，時叔當行，復請身代，卒無恙歸。諒登天順八年（一四六四）甲申進士，拜南京御史，三署都察院事。晉福建按察僉事，遷湖廣副使。居官十八年，清操如一日。歸，悉讓故業諸兄弟侄。與邱濬校印《家禮節序》行於世。崇祀鄉賢。朱慶瀾《廣東通志稿》有傳。

林榮於本年中進士。

林榮（？～一四九四），字孟仁。番禺人。天順八年（一四六四）甲申進士，授南京河南道監察御史。丁外艱，起復，入補河南道。成化五年（一四六九）己丑按山東，值歲荒，設法賑濟。十年（一四七四）甲午按山西，劾襄桓王不法。甲午提督順天府北直隸學校，九載滿考。十六年（一四八〇）庚子，擢福建按察司副使，獲海盜四百餘人。二十年甲辰解官家居。弘治七年卒。郭棐《粵大記》卷十九有傳。

蕭鼎於本年中進士。

蕭鼎，字伯鉉。海陽（今潮州）人。天順八年（一四六四）進士。任工部虞衡司主事，總理遵化鐵冶，改戶部主事，出董德州軍儲。遷戶部員外郎，擢溫州知府。以疾卒於家，年五十六。（嘉靖《潮州府志》卷七、《國朝獻徵錄》卷八五）

陳嘉言於本年中進士。

陳嘉言，字用之，號西澗。東莞人。明英宗天順七年（一四六三）進士，歷官南京戶部員外郎、廣西柳州、平樂知府。興利除弊。有政聲。事見民國張其淦編《東莞詩錄》卷八。

明憲宗成化元年　乙酉　一四六五年

本年邱濬主試應天（今南京），取俞鱭等，後賦《俞氏雙壽詩》七古詩，後跋云：

金陵俞鱭廷章，予乙酉主試應天所取士也，有美材而負屈稱。以親老，急於祿養，俯從舍選，一任邑宰閱十數年，猶循常調。其二親尚康強無恙，如五六十歲時。今其考滿書最，南還，將便道過家稱觴上壽。予久焚筆硯，念廷章相與余三十年，未嘗得予一字，故勉爲書此，俾持歸以爲二親壽觴之侑云。（邱濬《重編瓊臺稿》卷六）

本年陳獻章築春陽臺十年，"自得之學"成。（黃明同《陳獻章評傳》附《陳獻章年譜》）

本年陳琳官開建知縣。

陳琳，歸善（今惠州）人。成化元年（一四六五）官開建知縣，多德政。以憂去。（乾隆《歸善縣志》卷十四）

江源於本年中解元。

江源（一四三七～一五○八），字一原。番禺人。明憲宗成化元年（一四六五）解元，五年（一四六九）進士，授上饒知縣。升戶部主事，晉員外郎、郎中。以忤權貴，出爲江南按察僉事，綜屯田水利之政。擢四川兵備副使，鎮松潘。夷酋饋獻，一無所受。居三年，邊鄙不聳。致仕歸，優遊林泉。雅好吟詠，以詩名嶺外。卒年七十二。著有《桂軒稿》。阮元《廣東通志》卷二七六有傳。

羅昕於本年中舉人。

羅昕，字公旦。番禺人。幼業《春秋》。成化元年（一四六五）舉鄉薦第四人。嘗著《春秋撮要》及《綱領》。後登二十年（一四八四）甲辰進士。弘治間累遷貴州按察僉事。尋升廣西副使。阮元《廣東通志》卷二七六有傳。

林光於本年中舉人。

林光（一四三九～一五一九），字緝熙，號南川，晚號南翁。

東莞人。好學不懈，博綜經史。年十七，讀吳澄論學諸書，大感悟，建得趣亭，日讀書其中。明憲宗成化元年（一四六五）舉人。五年會試，拜陳獻章於神樂觀，與語甚合，遂師事之，從歸江門。尋築室欖山，往來問學幾二十年，深得自然宗旨。二十年（一四八四），會試中乙榜，授浙江平湖教諭。先後主考福建、湖廣，同考順天試。遷兗州府、嚴州府教授，以薦授國子監博士，升襄王府左長史，進中順大夫，致仕歸。年八十一卒。世謂陳獻章弟子百餘人，首推光，次湛若水云。著有《南川冰蘗全集》十二卷。明崇禎《東莞縣志》卷五、阮元《廣東通志》卷二七四有傳。光父彥愈，字抑夫，號竹齋。少曾販賣魚鹽爲生，鼓勵子光以范仲淹爲榜樣，百計爲子購買、抄錄欲讀之書。對光中舉後不爲官而師從白沙甚爲滿意。（光緒《廣州府志》卷一二三）

麥秀於本年中舉人。

麥秀，字景實。南海人。明憲宗成化元年（一四六五）舉人，官福建運判。事見阮元《廣東通志》卷七二。

黎暹於本年中舉人。

黎暹，字景升。順德人。明憲宗成化元年（一四六五）舉人。卒業國子監，嘗爲祭酒邱濬所稱。授金華府同知，罷歸，搆羅江書院，吟嘯其中。著有《草庭藁》。阮元《廣東通志》卷二七六有傳。

鄺鼎於本年中舉人。

鄺鼎，字器之。南海人。成化元年（一四六五）乙酉中式鄉試，二年丙戌中乙榜。入太學肄業。卒業太學二十餘年，爲詩文灑然有自得之趣。郭棐《粵大記》卷二五有傳。

李昇於本年中舉人。

李昇，字廣輝。新會人。陳獻章門人。成化元年（一四六五）舉人，不仕。阮榕齡《白沙門人考》有傳。

李璨於本年中舉人。

李璨，東莞人。成化元年（一四六五）乙酉鄉薦，豐城教諭。子希説，字惟肖。正德九年（一五一四）甲戌進士。張其淦《東莞詩録》卷十一有傳。

崔廷圭於本年中舉人。

崔廷圭，字國信。番禺人。成化元年（一四六五）乙酉鄉薦，二年丙戌進士。授行人，奉命勞西陲三邊將士。擢南京、江西道監察御史。上疏請立東宮，上嘉納之。尋遷廣右按察僉憲，詔加副使，俸滿再任卒。蒞官二十載，囊無餘蓄。有集十卷。阮元《廣東通志》卷二七六有傳。

丁詡於本年中舉人。

丁詡，字士敏。東莞人。成化元年（一四六五）舉人。任江西信豐知縣。（《廣東通志》卷七二）

鄧任於本年中舉人。

鄧任，字勝之。三水人。成化元年（一四六五）舉人。會試不第，遂於麒麟石建屋隱居。陳白沙慕其品，造訪締交，講論道學，甚相得。終年七十九，白沙爲作墓誌。（嘉慶《三水縣志》）

曾綸於本年中舉人。

曾綸，字大綸。博羅人。成化元年（一四六五）舉人。事祖母及繼母至孝。授柳州同知，善讞決，無留牘。棄官歸。（光緒《惠州府志》卷三七）

范勉於本年中舉人。

范勉，字彥勒。東莞人。成化元年（一四六五）舉人。弘治間任浙東泰順知縣，對縣政建設頗有建樹。（嘉慶《廣東通志》卷二七六、宣統《東莞縣志》卷五六、光緒《廣州府志》卷一二三）

周成於本年中舉人。

周成，字朝美，號復齋。海陽（今潮州）人。成化元年（一四六五）舉人。任崑山教諭，累擢翰林博士。著有《古今通義》、《家禮節要》等。（嘉靖《潮州府志》卷七）

黃暐於本年成貢生。

黄皞，字時雍。南海人。成化元年（一四六五）乙酉鄉進士，讀書太學幾二十年，試銓曹第一，授吏部司務，轉驗封司員外郎，擢九江左參議。正德二年（一五〇七）丁卯，劉瑾用事，治裝歸。家居二年，以舊職起之。尋擢雲南左參政。致仕卒，年七十三。子學裘、學準、鶴齡、學矩、延年，皆舉於鄉，延年領首解。孫溍、溥相繼鄉薦，溥任南寧府同知。郭棐《粤大記》卷十八有傳。

盛鳳儀於本年成貢生。

盛鳳儀，字景瑞。海陽人。成化元年（一四六五）鄉貢，授仁化縣學訓導。擢安溪教諭，署縣事。（嘉靖《潮州府志》卷七、乾隆《潮州府志》卷二八）

黄畿生。

黄畿（一四六五～一五一三），字宗大，號粵洲。香山（今中山）人。郡庠生。著有《皇極管窺》十三篇、《易説》、《删正黄庭經》、《三五元書》、《皇極經世書傳》、《粵洲集》。（乾隆《香山縣志》、光緒《香山縣志》）

明憲宗成化二年　丙戌　一四六六年

秋，薛遠進户部尚書，邢宥晋都御史，邱濬爲翰林學士，皆海南人，王宏爲賦《廣於天下爲遠藩仕籍華秩已少况瓊於廣又爲遠郡成化二年秋進薛公遠户部尚書邢公宥都御史邱公濬翰林學士皆在一月恐雖天下望郡亦希海外衣冠勝事真奇逢也》七律詩。（正德《瓊臺志》卷四二）

王宏，字孟遠，號蟄庵。海南衛（今屬海南）人。少孤力學，工詩文。以母老不求仕，開鄉塾訓子弟十餘年。明正德《瓊臺志》卷三七有傳。

秋，陳獻章離鄉赴京。自南海動身，過庾嶺，經彭蠡、匡廬、蕭山、桐江、天台、西湖等地，作《湖山雅趣賦》。（黄明同《陳獻章評傳》附《陳獻章年譜》）

　　獻章至京，祭酒邢讓使和楊龜山《此日不再得》詩，讀後嘆曰："龜山不如也。""由是名震京師"，京師名流"以爲眞儒復出"，已舉進士賀欽"執弟子跪拜禮"。獻章"歷事吏部文選司"。（《行狀》）

　　十月，陳獻章賦《悼李宮詹齡》五古詩，首句云："丙戌冬在孟，謁公洪城居。"（乾隆《潮州府志》卷四二）

　　本年陳獻章"講學之暇，時與門徒習射禮。流言四起，以爲聚兵。衆皆爲先生危，先生處之超然。時學士錢溥謫知順德縣，雅重先生，勸亟起"。（阮榕齡《次編陳白沙先生年譜》）

　　本年林光過下邳，有《懷子房》詩云：

　　劍提三尺走貔貅，誰道先生只事劉。讎怨戴天生即報，功名如夢醒還休。萬全計裏降群策，三傑儕中出一頭。今日下邳橋畔過，傷心忍見水東流。（林光《南川冰蘗全集》卷八）

　　本年江源殿試後賦《殿試後作》七古詩。（江源《桂軒稿》卷二）

　　蕭龍於本年中進士。

　　蕭龍，字宜中，號湖山逸叟。潮陽人。明英宗天順三年（一四五九）己卯領鄉薦，憲宗成化二年（一四六六）進士。官南京戶科給事中兼管湖事。遭構陷，戍邊萬全達十一年。二十一年復原職。著有《湖山類稿》。乾隆《潮州府志》卷二八有傳。

　　戴縉於本年中進士。

　　戴縉（一四二七～一五一〇），字子容。南海人。明代宗景泰四年（一四五三）舉人，明憲宗成化二年（一四六六）進士。善諂媚，授御史，九年秩滿不得遷。會西廠罷，而宦官汪直仍受寵。縉探知其事，上疏盛頌直功。西廠復擅權，愈諂媚直。不數年，官至南京工部尚書。直敗，斥爲民。著有《雲巢稿》。事見溫汝能《粵東詩海》卷一六。

　　余統於本年中進士。

　　余統，字承之。開平人。明憲宗成化二年（一四六六）進

士。授行人，擢南京監察御史。阮元《廣東通志》卷二七六
有傳。

李珊於本年中進士。

李珊，字廷珍，一字玉樹，號古愚。瓊山海南衛（今屬海
南）人。明憲宗成化二年（一四六六）進士，授行人司行人，使
占城，賜從一品服。選南京福建道御史，陞廣西僉事，整飭柳慶
兵備道。著有《古愚集》。正德《瓊臺志》卷三八、道光《瓊州
府志》卷三六有傳。

李聰於本年中進士。

李聰，字士達，號北山。順德人。父德彰，善醫，以藥濟
人。正統十四年（一四四九）己巳之亂，眾推保障，捍禦有功，
民賴全活。聰中明憲宗成化二年（一四六六）進士，授南京江西
道監察御史，改嘉興知府，陞廣西參政。黃佐《廣東通志》卷六
一有傳。

鄺文於本年中進士。

鄺文，字載道。南海人。父宏，善詩，與陳獻章賡和，澹於
名利，二子皆入官，其貧如舊。獻章以“三代遺老”稱之。文中
成化二年（一四六六）丙戌進士，歷監察御史。謫黃巖令，以最
擢淮安府同知。丁內艱，補大名府。成化二十三年（一四八七）
十二月知漳州府，為政未究而卒，民思之。郭棐《粵大記》卷二
○有傳。

陳大章於本年中進士。

陳大章，番禺人。道子。成化二年（一四六六）丙戌進士，
歷官太僕少卿。（阮元《廣東通志》卷二七五）

柯漢於本年中進士。

柯漢，字時昭。潮陽人。成化二年（一四六六）進士。授泉
州司理。建晉江縣學，創石井書院，立蘇祠，造銅魚橋，平反冤
獄，多行善政。遷衡州府同知，轉南安。告歸，築陽溪草堂，與
羅倫、張弼著書質正程朱理學。卒年八十一歲。（乾隆《潮州府

志》卷二八）

　　陳進於本年成貢生。

　　陳進，保昌（今南雄）人。明憲宗成化二年（一四六六）貢生。任廣州府學提舉。道光《直隸南雄州志》卷二七有傳。

　　倫文敘生。

　　倫文敘（一四六六、一四六七～一五一三），字伯疇。南海人。明孝宗弘治三年（一四八九年）以儒生應鄉試，獲雋第三。十二年會試、殿試皆第一，爲狀元。授翰林院修撰。武宗即位，擢右春坊右諭德兼翰林侍講。正德七年（一五一二年）主應天試，事竣，卒於京師，年四十七。著有《迂岡集》。黃佐《廣東通志》卷六二、阮元《廣東通志》卷二七六有傳。

　　湛若水生。

　　湛若水（一四六六～一五六〇），初名露，字民澤。爲避祖諱，二十七歲時改名雨，四十歲始定名若水，字元明，號甘泉。增城甘泉都（今新塘鎮）沙貝村人。明孝宗弘治五年（一四九二）以書經魁東省，登孝宗弘治十八年（一五〇五）進士，選庶吉士，授編修。歷侍講，遷南祭酒，進禮部侍郎。累遷南京吏、禮、兵三部尚書。致仕，居天關講學。卒年九十五。贈太子少保，諡文簡。若水從陳獻章遊，潛心理學，一時學者稱爲甘泉先生。前後開講席，來學者，每示以澄心見道設教，以隨處體認天理爲宗。從遊至三千餘人。著有《甘泉問辨》、《心性書》、《遵道錄》、《樵語》、《古小學》、《四書測》、《五經測》等。詩文集有《甘泉集》。《明史》卷二八三、阮元《廣東通志》卷二七四有傳。祖江，字宗遠，懷德孫。性好靜，務農崗下，種桑數百株。與江門陳白沙有交往。暇則入山採樵，因號樵林。次子瑛，因事被誣入獄，憤而得病早卒。瑛子若水賴祖父母及母撫養成人。後若水成名，江、瑛具追贈禮部尚書。（《增城新塘鎮志》）

　　莊典生。

　　莊典（一四六六～?），字惇之。揭陽人。弘治九年（一四九

六）進士，授安福令，調國子監進士，旋升德府長史。丁內艱，起復淮府長史。後爲宸王宸濠所害，卒於獄中。（《明史》卷一一九）

明憲宗成化三年　丁亥　一四六七年

春，陳獻章"南歸"。（阮榕齡《次編陳白沙先生年譜》）

八月二十四日，《明英宗實錄》修成。後邱濬賦《學士四榮·史館進書》詩云：

……濬入翰林，凡四預纂修。成化三年八月二十四日，英廟實錄成，隨禮部尚書兼翰林院學士陳文等進呈。夫翰林之事莫重於此，而進實錄恩禮尤爲優渥，故以爲四榮之首。

一代人文已就編，裝潢進入九重天。禮官捧案陳階上，閣老開函近御前。文武侍朝喧九奏，典章垂世詔千年。廁名卷末真叨冒，愧乏三長似昔賢。

二十五日，濬升侍講學士，繼升學士，後賦《學士四榮·奉天侍宴》詩云：

……濬以成化三年八月二十五日，升侍講學士，繼升學士，幸皆預焉。

聖代崇儒禮數優，特陪御宴殿東頭。八珍厭飫恩波洽，萬舞回翔樂意周。勸釃頻承丹宸詔，餕餘親用福囊收。遠方草芥何多幸，坐侍從容近冕旒。（以上邱濬《重編瓊臺稿》卷五）

謝仁生。

謝仁（一四六七～一五四三），字元夫。博羅人。弘治十一年（一四九八）舉人。授浙江寧波同知。因持法忤權貴，調市舶提舉。奸民朱鼎，欺壓入貢倭使獲厚利。倭使再至，血刃市中，一郡戒嚴。仁單騎往諭，並捕鼎父而抄其家產，倭使帖然心服。舶司本膻地，仁無所染。未滿一考，竟垂橐歸。隱居羅浮，躬耕自給。（光緒《惠州府志》卷三二、乾隆《博羅縣志》卷一二）

林雄卒。

林雄（？～一四六七），茂名人。初地方未靖，雄與符瓊倡議保鄉，謀翼劉太守，終全郡城。又從知府孔鏞破諸強寨，皆勇奪先鋒。成化三年（一四六七）追陸公強，中槍死於陣，鏞立義壯祠祀之。（光緒《茂名縣志》）

明憲宗成化四年　戊子　一四六八年

秋，陳獻章賦《戊子①秋開化吳廷介縣博校文於我省念太夫人初度之辰在十月八日撒棘之後幸公程之便趨歸爲壽詩以送之》詩云：

高下原從腳板分，江山富貴幾般人。吳家子弟官情薄，欲把行藏壽老親。（陳獻章《白沙子全集》卷六）

本年陳獻章"復入京師"。（阮榕齡《次編陳白沙先生年譜》）

羅章於本年中舉人。

羅章，字克明。海康人。明憲宗成化四年（一四六八）舉人，任袁州府學訓導。年五十，致政歸，授生徒，吟詠自適，文行爲時所欽。著有《宜陽唱和》、《雲窩文集》。阮元《廣東通志》卷三〇〇有傳。

陳猷於本年中舉人。

陳猷，字公遠。東莞人。明憲宗成化四年（一四六八）舉人，會試不第，卒業國學。歸與白沙陳獻章論，甚相得，遂從講學。隱居四十餘年。卒年八十七。著有《金臺》、《蘭陵》、《吳興》、《崆峒》等稿藏於家，今佚。阮元《廣東通志》卷二七四有傳。

趙相於本年中舉人。

趙相，字文卿，號西庵。潮陽人。明憲宗成化四年（一四六八）舉人。從學於陳獻章，得其宗旨。長於詩，名山勝蹟多所題詠。徵辟不就，築西圖書室，親授諸子。乾隆《潮州府志》卷二

---

① 戊子，林本、高本、何子明本、蕭本、何本作"戊午"。

八有傳。

劉舉於本年中舉人。

劉舉，字邦賢。海陽（今潮州）人。明憲宗成化四年（一四六八）舉人。歷官長樂、伍緣、永從縣令。（嘉靖《潮州府志》卷七）

林會於本年中舉人。

林會，字明見。番禺人。成化四年（一四六八）鄉舉，常州府通判。廉恕自持，民稱不擾。九年，母喪歸，行李蕭然，民追送數百里，復勒石以頌。（同治《番禺縣志》卷三八）

林球於本年中舉人。

林球，字天球，號時齋。東莞人。成化四年（一四六八）舉人。官浙江上虞縣令，廉潔愛民，人稱古虞慈父。歸家時，一貧如洗。（宣統《東莞縣志》卷五六）

蔡珍於本年成貢生。

蔡珍，字國珍。東莞人。成化四年（一四六八）貢生。官蒼梧訓導、淮王府教授。（宣統《東莞縣志》卷五六）

何達生。

何達（約一四六八～一五二八），字子成。博羅人。七歲補郡庠生，號奇童。正德元年（一五〇六）以貢授福建光澤縣訓導，後擢楚府永安王教授。未幾棄官歸。（光緒《惠州府志》卷三四）

區越生。

區越（一四六八～一五五四），字文廣，號西屏。新會人。嘗從學於白沙陳獻章。明孝宗弘治十八年（一五〇五）進士。歷官浙江嘉善縣令，戶部主事、知建寧、寧國府、浙江副使、江西左參政。年八十七卒。著有《西屏集》行世。萬曆《廣東通志》卷二四、乾隆《廣州府志》卷三四、乾隆《新會縣志》卷九有傳。

符瓊卒。

符瓊（？～一五五四），茂名人。與林雄等倡議保鄉，從知府孔鏞破諸强寨。成化四年（一四六八）與北流寇戰，中藥矢死，鏞立義壯祠，與林雄並祀之。（光緒《茂名縣志》）

明憲宗成化五年　己丑　一四六九年

二月二十五日，祁順往天壽山（今北京明十三陵）陪祀，賦《己丑歲二月二十五日往天壽山陪祀三首》七絕詩。（祁順《巽川祁先生文集》卷七）

三月十五日，邱濬任讀卷官，後賦《學士四榮·謹身讀卷》詩云：

……濬以成化己丑三月十五日叨充讀卷官。是年，得狀元張昇，第二名丁溥，第三名董越。

多士充庭伏玉墀，攄忠同對御前題。進來試卷臣分讀，選出魁名帝自批。殿內拆封天咫尺，案旁填榜甲高低。須臾姓字臚傳出，炳炳文星聚在奎。（邱濬《重編瓊臺稿》卷五）

秋，陳獻章第三次會試"復下第"。"群公往慰之，先生大笑"。

五月，"至南京見羅倫"。

秋，歸自京師，"南歸，杜門卻掃，潛心大業"，四方來從學者日眾，名流無不登門致禮。（阮榕齡《次編陳白沙先生年譜》）

林光會試下第，於神樂觀拜見獻章，行弟子禮，並侍南歸。

十月，獻章師吳康齋卒，享年七十九。（黃明同《陳獻章評傳》附《陳獻章年譜》）

本年陶魯奏請重臣開府梧州，遂爲定制。

陶魯，字自强。其先鬱林人。父成死倭難，以廕授新會丞，破賊保城有功，選知縣，晉廣州同知，從韓雍征大藤峽有功，擢僉事。成化五年（一四六九），奏請重臣開府梧州，遂爲定制。魯治兵久，賊銜之，劫其故居，詔徙籍番禺。累官至湖廣按察使、右布政使，治兵兩廣如故。後改湖廣左布政使兼廣東按察副使，領嶺西道事。人稱爲三廣公云。吴道鎔《廣東文徵作者考》卷二有傳。

本年邱濬始得張九齡《曲江集》於館閣群書中，手自抄録。（邱濬《曲江集》序）

陳斌於本年中進士。

陳斌，字德章，號敬齋。順德人。明憲宗成化五年（一四六九）進士，選庶吉士，授監察御史。以疏劾宦官汪直等獲罪，謫戍居庸，後放歸。阮元《廣東通志》卷二七五、咸豐《順德縣志》卷二三有傳。

唐絹於本年中進士。

唐絹，字世用。瓊山（今屬海南）人，寓居澄邁。明憲宗成化五年（一四六九）進士，授江陰知縣。以遭誣從戎，事白，改臨湘知縣。正德《瓊臺志》卷三八、阮元《廣東通志》卷三〇一有傳。

張翊於本年中進士。

張翊，字廷弼。番禺人。璜侄。明憲宗成化五年（一四六九）進士，授南京工部主事，即乞歸侍養繼母，以孝稱。（同治《番禺縣志》卷三八）

明憲宗成化六年　庚寅　一四七〇年

八月，祁順見白髭，賦《庚寅歲八月見白髭》詩云：

少不如人老可驚，百千功業幾能成。含愁謾掩窗前鏡，新見吟髭白一莖。（祁順《巽川祁先生文集》卷七）

九月，陳獻章作《李文溪文集序》，申述其“自得之學”追求“不知天地之爲大，死生之爲變”，不爲富貴、功利、得失之所累之超然境界。（黃明同《陳獻章評傳》附《陳獻章年譜》）

十月，黃瑜賦《烈鴛謠》樂府詩，其小序云：

成化六年十月，淮安鹽城大蹤湖漁人見鴛鴦交飛，獲其雄烹之。雌戀戀飛鳴，竟投沸湯中而死。漁人悲其意，爲棄羹不食。余稱之曰“烈鴛”。

（黃瑜《雙槐文集》卷二）

　　本年龍韜任廣西容縣令。

　　龍韜，字聖兆。曲江人。成化六年（一四七〇）任廣西容縣令。（《廣西通志.》卷二四七）

明憲宗成化七年　辛卯　一四七一年

　　陳獻章"百病交攻"，但"應接事煩"，去函伍雲欲借尋樂齋靜居。

　　九月，探伍雲病。（黃明同《陳獻章評傳》附《陳獻章年譜》）

　　伍雲（一四二五～一四七一），字光宇。新會人。自少軒整有志，與世人善。垂四十始拜白沙爲師。成化七年（一四七一）辛卯秋爲祠。辛前數夕，焚香燭，招白沙與訣。無子，以兄裕子秉中爲後。阮榕齡《白沙門人考》有傳。

　　十月十八日，陳白沙徒伍雲卒，年四十七。獻章甚悲痛，爲作《行狀》。

　　本年王拯知邵武縣。

　　王拯，字以仁。東莞人。天順三年（一四五九）舉人，由鄉貢成化七年（一四七一）知邵武縣，多德政。尋以憂去任。服闋，補知杭之昌化，政如閩時。邱濬稱其政行足爲吾廣出色。郭棐《粵大記》卷十九有傳。

　　姚琛於本年中解元。

　　姚琛，字弘璧。潮陽人。以貢入太學，成化七年（一四七一），登順天鄉試解元。通判撫州，蒞政嚴明。累遷順天府治中。（嘉靖《潮州府志》卷七）

　　李德修於本年中舉人。

　　李德修，字成之。東莞人。明憲宗成化七年（一四七一）舉人，官雲南嵩明府同知。事見阮元《廣東通志》卷七二。

　　張繒於本年中舉人。

張緒，瓊山人。明憲宗成化七年（一四七一）舉人，官閩清知縣。事見康熙《瓊山縣志》卷七。

曹宗於本年中舉人。

曹宗（一四五二～？），字宗道。海陽（今潮州）人。明憲宗成化七年（一四七一）舉人。入太學，為祭酒邱濬所重。後官國子監助教。以丁母憂歸，卒於家。事見阮元《廣東通志》卷七二。

梁魚於本年中舉人。

梁魚，字克龍。順德人。明憲宗成化七年（一四七一）舉人。官廣西平樂知縣。孝宗弘治十四年（一五〇一）遷賓州知州。後為部使者所斥，遂拂衣歸。郭棐撰《粵大記》卷二〇有傳。

蔡軾於本年中舉人。

蔡軾，字子敬。東莞人。明憲宗成化七年（一四七一）舉人，官福建縣訓導。張其淦《東莞詩錄》卷九有傳。

鄧應仁於本年中舉人。

鄧應仁，字子榮。南海人。成化七年（一四七一）辛卯領鄉薦，十七年（一四八一）辛丑登進士。授浦城知縣，為政愷悌。弘治二年（一四八九），虔州賊竊發，膺仁躬督拒戰，賊遂遁去。尋升南京禮部主事，歷戶部郎中。弘治末出守南安，在任數年，惟攜一家僮。郭棐《粵大記》卷二〇有傳。

鄧廷禎於本年中舉人。

鄧廷禎，東莞人。成化七年（一四七一）舉人。官江西萬安教諭，升廣西藤縣知縣，未赴任。（康熙《新安縣志》）

寧寬於本年中舉人。

寧寬，字子莊。東莞人。成化七年（一四七一）舉人。官廣西橫州知州，清廉愛民。（宣統《東莞縣志》卷五六）

韓約於本年中舉人。

韓約，字禮民。番禺人。殷從弟。成化七年（一四七一）舉

人。以教諭行廣西蒼梧縣事，有政聲。（阮元《廣東通志》卷二七五）

唐胄生。

唐胄（一四七一～一五三九），字平侯。瓊山（今屬海南）人。明孝宗弘治十五年（一五〇二）進士，授戶部主事，以憂歸。劉瑾斥諸服除久不赴官者，坐奪職。瑾誅，召用，以母老不出。嘉靖初，起故官。進員外郎，遷廣西提學僉事。屢遷廣西左布政使。擢右副都御史，巡撫南、贛，移山東，遷南京戶部右侍郎。十五年改北京，進左侍郎。十八年卒，年六十九。著有《西洲存稿》。《明史》卷二〇三、阮元《廣東通志》卷三〇一有傳。

明憲宗成化八年　壬辰　一四七二年

正月，陳獻章爲伍雲作奠文。

二月，獻章得知其師吳康齋卒訊。

四月，獻章病小愈，復作詩。（阮榕齡《次編陳白沙先生年譜》）

九月初九重陽日，獻章賦《壬辰秋九日圭峰作》詩云：

神仙自古非無術，佳節如今更要詩。野岸扶行秋勃率，山靈逢見恐驚疑。朋來斟酌三杯酒，我未悲傷半日時。醉上籃輿還老母，笑攜稚子候門籬。（《全粵詩》卷一〇一）

林貴於本年中進士。

林貴，字良貴。番禺人。成化八年（一四七二）進士。知進賢縣，補館陶令。巡撫察其政績，敬禮之。以薦被徵，未行而卒。（同治《番禺縣志》卷三八）

明憲宗成化九年　癸巳　一四七三年

七月，邱濬之藏書石室落成，後濬作《藏書石室記》。（邱濬《藏書石室記》）

本年定國無方從禪師奉旨主少室。

第二十七世祖西京定國無方從禪師（？～一四八二），洛陽許氏子。參俱空，空曰：“子曾參何人來？”師曰：“少室山前風悄然。”曰：“因甚一花開五葉？”師曰：“没孔鐵錘百雜碎。”曰：“掠虛頭作麽？”師曰：“某甲見盡天下人只解掠實，無一人掠虛者。”曰：“不打自招。”師曰：“老和尚慣用的不妨拈出。”明成化癸巳（九年，一四七三）奉旨主少室，壬寅（十八年，一四八二）順世。（《開元寺傳燈録》）

明憲宗成化十年　甲午　一四七四年

秋，漳州陳真晟卒，陳獻章爲之惋惜，於《與胡僉憲提學》提及。（黄明同《陳獻章評傳》附《陳獻章年譜》）

十一月十五冬望日，江源賦《閑居雜言集陶三十首並序》五絶、《詠古五首》五絶，其跋云：

> 余自總角時庸心舉子業，酷不好詩，常聞諸先輩談陶淵明詩冲淡有趣，初不以爲然。及擢第之官上饒，又以案牘之勞、將迎之擾，殆無虛日。今年兼以朝天之行，動輒數千里，冒風霜而嘗險阻，偶因檢閲巾笥中，得陶集一帙，展玩再四，然後知陶之心不以富貴利達死生禍福少變，而先輩之言不誣也。遂撥拾其句，得三十首，名曰閑居雜言。又五首詠古，蓋以自遣其情云。時成化甲午冬望日書於良鄉之旅寓。（江源《桂軒集》卷九）

隆冬，吳璉賦《同年胡竹亭大聲擢廣東方伯來顧詩以奉謝》詩云：

> 甲午隆冬貴水濱，相看相敍即相親。八千里外新方伯，四十年前老故人。叔厚德剛官異秩，邦賢元善跡同塵。笠翁忽迓乘車客，濁醑清談意各真。（吳璉《竹廬詩集》）

除夕，邱濬賦《甲午除夕　五首》五律詩。（邱濬《重編瓊臺稿》卷三）

本年濬又賦《甲午歲舟中偶書》七絶詩四首。（邱濬《重編瓊臺稿》卷四）

本年蘇葵不第，賦《出師行　甲午不第作》七古詩。（蘇葵

《吹劍集》卷二）

本年陳獻章"母年七十"，"太夫人老耄康强如壯。先生顧常多病，常慮一旦身先朝露不能送終，故自太夫人七十以後，每夕具衣冠，秉燭焚香，露禱於天，曰：'願某後母死。'"（阮榕齡《次編陳白沙先生年譜》）

彭祚於本年中舉人。

彭祚，海豐人。明憲宗成化十年（一四七四）舉人，官泗城府同知。事見阮元《廣東通志》卷七二。

梁瑜於本年中舉人。

梁瑜，高要人。明憲宗成化十年（一四七四）舉人，官安遠知縣。事見阮元《廣東通志》卷七二。

祁頤於本年中舉人。

祁頤，字思正。東莞人。順弟。明憲宗成化十年（一四七四）舉人。事見阮元《廣東通志》卷二七四。

陳復於本年中舉人。

陳復，字養浩。新寧（今屬台山）人。明憲宗成化十年（一四七四）舉人。官廣西富川知縣。著有《養浩詩集》。事見趙天錫《宵陽詩存》卷一、阮元《廣東通志》卷七二。

鄧球於本年中舉人。

鄧球，字俊圭，號東川居士。樂昌人。容次子。容死難，謚忠毅。兄瑗，舉人，官僉事。球中明憲宗成化十年（一四七四）舉人。禮闈數闕，遂遊白沙陳獻章之門。阮元《廣東通志》卷二八九有傳。

馮德讓於本年中舉人。

馮德讓，保昌人。明憲宗成化十年（一四七四）舉人。孝宗弘治八年（一四九五）任廣西上林縣知縣。事見阮元《廣東通志》卷七二。

陳庸於本年中舉人。

陳庸，字秉常。海南人。倫文敘師。成化十年（一四七四）

舉人。聞江門之學，往師之，與張詡、李孔修交。詡初見獻章，庸爲紹介。庸潛心理奧，羅倫、莊昹少許可，遇庸輒嘆賞。逾五十，親友強之仕，補荆門州同知，蒞任五年（日）歸。隱居三十年，城市斷跡，督學王宏請見，竟謝不往。年八十六卒。著有《東峰詩文集》一卷。（阮元《廣東通志》卷二七四）

方湜於本年中舉人。

方湜，字本清。東莞人。成化十年（一四七四）舉人。署和州訓導，官新城縣令。（宣統《東莞縣志》卷五六）

李時於本年中舉人。

李時，字中立。東莞人。成化十年（一四七四）舉人。弘治十六年（一五〇三）官福建福寧知州。正德間不奉上命賄劉瑾。（宣統《東莞縣志》卷五六）

黃廷圭於本年中舉人。

黃廷圭，電白人。成化十年（一四七四）舉人。任廣西羅城縣知縣，後改任福建龍巖知縣。（道光《電白縣志》）

蕭泰於本年中舉人。

蕭泰，字宜安。潮陽人。成化十年（一四七四）舉人。弘治十二年（一四九九）選授黔安順知州。終年八十二。（乾隆《潮州府志》卷二九）

余繢生。

余繢（一四七四～一五五九），字思繹。博羅人。折節爲學，年三十始補邑庠生。外姑死，資盡予女，應付五十金，一文不受。弟絃官望江令，奉五百金，請兄櫝之，及絃卒於官，舉還其子，封識猶存。嘉靖十二年（一五三三）歲薦，不行，率鄉人奉《呂氏和約》，醉者不敢入里門。御史、督學表其閭，尚書湛若水稱之爲躬行君子。（光緒《惠州府志》卷三八）

周鑰生。

周鑰（一四七四～一五〇八），字希準。海陽人。弘治十五年（一五〇二）進士。授完縣知縣，調束鹿知縣，内召爲兵科給事中。正德三年（一五〇八）勘事淮安，時劉瑾專權，索重賄，鑰不得金，無以供瑾索，乃草疏劉瑾罪狀，自刎死。（《明史》卷一八八）

翁玉生。

翁玉（一四七四～一五四九），字文璇，號梅齋。揭陽人。萬達父。以經術著。居鄉置義田，講鄉約，捐資助賑，多爲善事。嘉靖二十八年卒，年七十六。（《鈐山堂集》卷三八、《世經堂集》卷十六、乾隆《潮州府志》卷二八）

薛俊生。

薛俊（一四七四～一五二四），字尚哲、尚節、尚賢，號靖軒、質庵。揭陽人。以學行著於鄉。先從學鄉人陳琨，後師從王陽明，有所得。弘治七年（一四九四）鄉薦，中乙榜，授連江分教，升玉山教諭。遷國子助教，聞母喪，奔至貴溪卒。（《明史》卷二〇七）

明憲宗成化十一年　乙未　一四七五年

夏，陳獻章命容斑與陳庸、易元謁羅倫於永豐。

容斑，字彥昭，號兩峰。成化十一年（一四七五）夏，白沙命斑與陳庸、易元謁羅倫於永豐，爲五古贈別。至永豐，倫贈《三峰記》。年四十一卒，白沙有《奠彥昭文》。阮榕齡《白沙門人考》有傳。

易元，字德元，號南峰。玉橋人。郡學生，有文名。嘗與陳庸、容斑謁羅倫於永豐。如神人異僧，使人望而敬之。阮榕齡《白沙門人考》有傳。

四月，陳獻章賦《讀胡僉憲訪緝熙欖山詩因爲三絕句寄題山中書舍兼呈竹齋老丈》詩云：

護法沙門也作人，白衣送酒此山頻。天機蚤有胡僧識，算到梅花五百春。

白日傳呼索翠崖，仙家玉樹碧雲埋。卻疑冬酒開松徑，便有山靈怨竹齋。

回首扶胥浪拍衣，翩然來閉攬山扉。明朝擬入清湖洞，不送山前畫舫歸。乙未夏四月。（明林光《林南川先生冰蘗全集》卷末）

寒食日，祁順賦《和徐議政三月三日途中之作是日寒食》（七律）。（《巽川祁先生文集》卷四）

九月十四日，林光登羅浮山飛雲頂，賦《乙未九月十四日登羅浮飛雲頂》詩云：

立立空青明返照，遥遥行邁了崔嵬。身輕欲逐雲飛去，機盡從知鳥不猜。四際莫遮天活脱，百年何幸此徘徊。褰衣細認經行處，知有遊人取次來。（林光《林南川先生冰蘗全集》卷七）

本年祁順以明憲宗建儲出使朝鮮，賦詩如下：《光山下營以下使朝鮮作》、《登百祥樓》、《登鳳山環翠樓次張中書世璉韻》、《謁孔廟》、《坐中獲覩諸生所作文賦因贈以詩》、《將遊漢江風雨未止》、《漢江舟中和張廷玉一律》、《朝鮮途中寄國王十律今錄二律》、《奉都憲彭公二首》、《和朝鮮陪臣徐居正贈別》（以上皆七律）。（以上《巽川祁先生文集》卷四）

本年祁順出使朝鮮，填《滿江紅》詞。

本年屈氏被旌表，後霍韜賦《詠屈氏》五言古詩，其小序云：

屈氏，保昌汪佺妻。年十六歸佺，居十年，佺卒，子有能甫七歲，姑蕭氏亦孀居，家業蕭條，勤績紡以資衣食，事姑孝謹。既没，以禮葬祭，撫育遺孤，克底成立。孀居五十餘年。成化乙未，知府江璞覈實以聞，詔旌其門。（嘉靖《南雄府志》卷下）

本年陳獻章“北試下第南歸，至此五六年間，學養有更上一層之進境，於《復張東白内翰》書中，將其心得披露。”（陳鬱夫《明陳白沙先生獻章年譜》）

黄鑰於本年中進士。

黄鑰（一四四四～？），字世美，號香山主人。香山（今中山）人。明憲宗成化十一年（一四七五）進士，官大理評事，外擢廣西僉事，旋改江西僉事，卒於廣西按察副使任。光緒《廣州府志》卷一二七有傳。

袁仕（士）鳳於本年中進士。

袁士鳳，字彥祥，號忠清。東莞人。明憲宗成化十一年（一四七五）進士。歷江西廣昌、萬安知縣，晋都察院都事，卒於官。民國《東莞縣志》卷五六有傳。

盧勗於本年中進士。

盧勗，字汝成。東莞人。明憲宗成化十一年（一四七五）進士。累官吏部郎中，得罪宦官，任廣西太平知府。（宣統《東莞縣志》卷六〇）

海澄於本年中進士。

海澄，字靜之。番禺人。成化十一年（一四七五）進士，知建陽，升調御史。（同治《番禺縣志》卷三八）

明憲宗成化十二年　丙申　一四七六年

本年朱英總督兩廣。（黃明同《陳獻章評傳》附《陳獻章年譜》）

五月十七日夜，邱濬賦《悶中有懷伯兄　歲丙申五月十七夜，枕上口占此詩。是年九月得訃音，伯兄是日捐館舍，哀哉》七律詩。

六月，濬賦《歲丙申六月伏中雨中待朝偶成》詩云：

二十年前入禁闈，朝朝侍立看朝儀。頭顱種種疑非我，世道悠悠責付誰。人到衰年情頓減，天將陰雨骨先知。可憐歲歲忙中過，年少功名異所期。（以上邱濬《重編瓊臺稿》卷五）

本年陳獻章賦《夢觀化書六字壁間曰造物一場變化》五古。（黃明同《陳獻章評傳》附《陳獻章年譜》）

黃衷生。

黃衷（一四七六～一五五五），字子和，號鐵橋，別號矩洲。南海人。璉子。明孝宗弘治九年（一四九六）進士，授南京戶部主事。武宗正德年初，晋户部員外郎。父喪服闋，補南京兵部員外郎，擢禮部郎中，遷吏部。在留都久，與朱應登、顧璘、陳沂輩以詩文擅名。歷官湖州知府、福建都轉運使、廣西參政。十六年，陞雲南右布政使，以征剿功轉左巡察。世宗嘉靖二年（一五二三），擢右副都御史，巡撫雲南。以營建仁壽宮及顯陵功，晋工部右侍郎兼僉都御史，改兵部右侍郎。爲人構陷，奪職。後奉旨復職，致仕。卒年八十。著有《矩洲文集》十卷、《矩洲詩集》十卷等。阮元《廣東通志》卷二七六、潘尚楫修道光十五年刊《南海縣志》卷三五有傳。

楊鳳生。

楊鳳（一四七六～一五〇九），字仕敬，號北山。饒平人。父潛齋曾從陳白沙遊。鳳雖學無師承，亦卓然超乎流俗之表，倡二弟驥、鷟以向白沙、陽明之學。（《薛中離先生全書》卷二八）

鍾芳生。

鍾芳（一四七六～一五四四），字仲實。先崖州人，改籍瓊山。明武宗正德三年（一五〇八）進士。選庶常，授編修。以忤時，左遷寧國推官。陞漳州同知。歷官南京戶部員外郎，署吏部稽勳司郎中，轉考功。陞浙江提學副使、廣西右參政，去貴縣虎患，諭降洛容賊，討田州叛酋岑猛，定平樂、藤峽，屢有軍功。捷聞，兩賜金帛。陞江西布政使、南京太常寺卿，疏言祭告禮，稱上意，擢南京兵部右侍郎，改户部右侍郎，奉敕總督太倉，經略邊儲，漕政大舉。值南京太廟災，疏陳修省。尋乞休。世宗嘉靖二十三年（一五四四）卒於家。著有《易學疑義》、《春秋集要》、《皇極經世圖》、《續古今紀要》、《崖志略》、《小學廣義》、《養生舉要》、《筠溪詩文集》諸書。阮元《廣東通志》卷三〇一有傳。

明憲宗成化十三年　丁酉　一四七七年

本年明憲宗專爲太監汪直設西廠。

春，邱濬五十七歲賦《丁酉春偶作》詩云：

五十年來加七歲，古稀相去十三年。飽諳世味只如此，痛絕塵緣任自然。舉世不爲齊客瑟，後人或取蜀儒玄。人生但得平平過，不用操觚更問天。（邱濬《重編瓊臺稿》卷五）

春，羅養明奉兄一峰命來白沙，陳獻章作《送羅養明還江右序》，又賦《病中寫懷寄李九淵》五古。（阮榕齡《次編陳白沙先生年譜》）

二月，林光賦《留別羅一峰暨吉淦諸友》詩云：

丙申冬，余訪羅一峰於金牛。丁酉二月，一峰送余至玉笥，舟別於仁和，時吉水黃時憲、許良楫、王忠肅，廬陵陳符用，新淦蕭宜中咸在，因賦此識別。

送送江村欲暮春，北風寒雨爲誰頻。春杯且共消紅燭，身事無端祇白雲。伏枕流年看佩劍，推篷入夜數星辰。不知千里東吳路，雲鶴相參有幾人。（林光《林南川先生冰蘗全集》卷七）

晦朔之交，祁順與同年會，賦《同年會集句次鄭瑤夫內翰韻》七律詩二首，其小序略云：

成化丁酉仲春晦朔之交，地署郝君世瞻、庫部楊君宗嗣相繼設席，會同年之在京師者二十有八人，禮意沖融，主賓歡洽。內翰鄭瑤夫作詩二章以紀其事，宗嗣拉諸在席者和焉。……（祁順《巽川祁先生文集》卷八）

五月初五日，林光賦《端午寓虎跑寺胡憲副來饋》詩云：

忽忽臨重午，無嘗得自娛。依僧謝葷酒，沿澗羨菖蒲。時節催人世，風光控越吳。又勞胡憲府，一價過西湖。（林光《林南川先生冰蘗全集》卷七）

八月，祁順至江西參政任，賦《丁酉歲五月二十四日除江西參政八月到任》七古詩。（祁順《巽川祁先生文集》卷三）

九月初九日，林光賦《客中重九日》七律詩。

十一月，光賦《臥林亭　丁酉仲冬，予訪莊木齋於江浦，木齋草亭適成而余至，名曰臥林亭，因賦此以識》七律詩。

除夕前三日，光賦《除夕前三日閱戊戌曆》詩云：

驕陰斷送過冬頻，黃紙新開得早春。甲子巧當元日腳，屠酥偏待少年人。杖藜俯仰難供世，行幾跚跌稱病身。料理太平堪擊壤，鵑聲何敢到天津。（以上明林光《林南川先生冰蘗全集》卷七）

本年林光雲遊嶺北，至江西，賦詩如下：《豫章懷羅一峰》七律、《宿馬祖寺　二首》、《鵝湖謁四賢祠　二首》、《峰頂寺》、《九崖　爲韓介之》（以上七絕）、《南岩寺》七律。

光又遊江南杭州、蘇州、南京、廬山一帶，賦詩如下：《遊杭州西湖諸山》七律、《酌虎跑泉》五律、《虎跑寺與袁德純明府對飲》七律、《題山間林下卷》七絕、《竹隱》七律、《和憲副胡復庵重訪虎跑行寓　二首》、《題方童子卷　前有石齋二詩》（以上五律）、《遊天平山》、《登姑蘇臺過上方轉石湖小酌》（以上七律）、《秋野》五絕、《酌惠山泉》七律、《寓惠泉僧舍》七絕、《遊定山寺》七律（後跋：時同莊木齋遊，木齋即孔昜號）、《真珠泉》（跋：同木齋遊）、《項羽廟　二首》、《浴香淋湯泉》、《者落道中　者落，山名》、《遊龍洞》、《留別莊木齋　四首》（以上七律）、《和木齋雨中宿徐伯淳宅與姚潤華夜話》五律、《白下懷木齋》七律、《江寧留別徐伯淳》七絕、《發楊子汪》七律、《宿西梁》五律、《江行》七律、《漁者》七絕、《吉陽避風示舍弟克明》、《再用前韻答克明》、《吉陽發舟晚抵鄱陽風濤洶湧》、《望匡廬》、《筠州鞭春日偶成》、《立春日遊碧落山》、《答陳貳教》（以上七律）。（以上明林光《林南川先生冰蘗全集》卷七）

本年由陳獻章倡議之崖山大忠祠建成。（黃明同《陳獻章評傳》附《陳獻章年譜》）

黃泰於本年中舉人。

黃泰，字伯亨。南海人。① 麓第三子。明憲宗成化十三年（一四七七）舉人。初授宜黃令，尋轉山東理問，告歸養。事見

---

① 一作番禺河南人。

溫汝能《粵東詩海》卷一六。

王新於本年中舉人。

王新，始興人。明憲宗成化十三年（一四七七）舉人，官蒼梧教諭。事見阮元《廣東通志》卷七二。

饒金於本年中舉人。

饒金，字廷賜。大埔人。明憲宗成化十三年（一四七七）舉人，任汀州通判，陞劍州知州，以疾乞歸。著有《茶山詩集》。康熙《潮州府志》卷九上、乾隆修《潮州府志》卷二八有傳。

王士衡於本年中舉人。

王士衡，一作仕衡，字秉銓。定安（今屬海南）人。明憲宗成化十三年（一四七七）舉人。遊太學，邱濬器重之。孝宗弘治間，選中書舍人，陞衡王府審理副，再陞右長史。武宗正德間，丁內艱，起任岷府，修《武宗實錄》。後致仕家居，卒年八十。祀鄉賢。正德《瓊臺志》卷三八、阮元《廣東通志》卷三〇一、道光《瓊州府志》卷三三有傳。

周京於本年中舉人。

周京，字文都。新會人。幼孤，事母、兄以孝聞。成化十三年丁酉（一四七七）舉於鄉，以母老不遠遊，藏修十餘年，築曝日臺，習靜其上。正德三年（一五〇八）戊辰，銓受應天府通判，廉明公慎，卒於官。後報擢治中。白沙有《贈文都詩》。阮元《廣東通志》卷二七四有傳。

余拱於本年中舉人。

余拱，字伯璿。饒平人。成化十三年丁酉（一四七七）舉於鄉，以親老不試春官。越十餘年，親歿，始就教梧州，擢清流縣令。抗疏當道，歸卒於家。（嘉靖《潮州府志》卷七）

張翽於本年中舉人。

張翽，字鳳翔。番禺人。翊從弟。成化十三年丁酉（一四七七）舉於鄉，授漳州同知。後補湖廣德安，因有司程督太苛，遂致仕歸家。（阮元《廣東通志》卷二七五）

黄冕於本年中舉人。

黄冕，字冠之。河源人。成化十三年（一四七七）舉人，以孝廉授廣西慶遠州同知，旋調福建汀州同知，卒於官。（《河源縣志》）

黄汝隆於本年中舉人。

黄汝隆，字公大。博羅人。成化十三年（一四七七）舉人，任長汀知縣。著有《耆樂集》、《歸田集》。（光緒《惠州府志》卷三四、民國《博羅縣志》卷七）

蕭瓚於本年中舉人。

蕭瓚，字宣瑄。潮陽人。龍弟。成化十三年（一四七七）舉人。以兄貶謫，不仕。二十一年復職任廣西荔浦知縣。（乾隆《潮州府志》卷二八）

李苾於本年成貢生。

李苾，龍川人。成化十三年（一四七七）丁酉科貢生，官臨武知縣。弟莒，弘治五年（一四九二）壬子科貢生，官臨高知縣。兄莊，字德容。貢生，授廣西永福知縣。聞訃歸，博學好古，垂髦不倦。莊著有《澹庵詩集》。（《龍川縣志》）

明憲宗成化十四年　戊戌　一四七八年

四月，陳獻章弟子“順德梁儲會試第一，南海李祥同榜”。（黄明同《陳獻章評傳》附《陳獻章年譜》）

十一月，祁順與左時翊聯句，賦《定興道中同左時翊大參聯句　戊戌歲十一月》詩云：

驅車同出帝王州，祁。冬晚霜風襲敝裘。左。紫陌塵埃隨馬到，祁。白溝河水帶冰流。左。孤村酒幔夕陽外，左。野草郊原天際頭。祁。敢憚旬宣歸路遠，左。江南人候木蘭舟。祁。（祁順《巽川祁先生文集》卷八）

十二月初八日，林光賦《朱都憲見遊　戊戌臘月八日》詩云：

披草香傳竹徑幽，午窗冬睡尚科頭。膏肓泉石終何取，麋鹿心情愧自由。輾轉更占前夜夢，跎蹰真被白雲留。櫓聲入夜難交睫，月子篷窗掛一鈎。（林光《林南川先生冰蘗全集》卷七）

本年林光經江西返粤，沿途賦詩如下：《留別子穎》、《冷庵爲陳粹之僉憲》（以上七律）、《題畫　二首》、《相如題橋》（以上七絕）、《題漁圖》五絕、《謝陳粹之僉憲惠語類歐文唐詩品彙》七律、《題畫》五絕、《登滕王閣》七律、《溪山小景》、《謝歐陽玘醫時會頭瘡》、《和祈大參致和將出巡阻雨見寄 三首》（以上七絕）、《蘇公圃》、《永新譚節婦》、《謁徐孺子次石齋韻　三首》、《題藍關擁馬圖》（以上七律）、《將謁徐孺子》、《過陳國賓園亭》、《賞瑞香和杜醉老》、《題幽貞四詠卷》、《題西湖醉老卷》（以上七絕）、《豫章留別陳粹之僉憲》、《剛峰》、《清明五雲阻風過蕭氏莊》（以上七律）、《別梁光岳》、《題畫》（自跋云：前有一峰修撰二詩）、《盤窩觀筍》、《蕭莊觀盤魚》、《醒庵》、《上十八灘》（以上七絕）、《西隱寺》、《望鬱孤臺》、《蒙泉書屋》（以上七律）、《和王半山韻十八首 覆疊題　九首》、《懷古》二首、《歌眠》、《山行》、《即事》、《經故居》、《晝寢》、《東臯》、《露坐》（以上五律）、《題白沙節母受旌卷》、《偶書》、《開戶》、《偶題》、《傷竹　三首》、《絕句　三首》、《題扉　二首》、《謝石齋轉惠遼東賀克恭黃門所寄高麗團領》、《視決明》、《種芥》、《酌文舉饋酒》、《看橙橘　二首》、《燈蛾》（以上七絕）、《扶胥口　二首》、《浴日亭次東坡韻》、《扶胥書事借東坡韻》、《望羅浮　五首》（以上七律）。（以上明林光《林南川先生冰蘗全集》卷七）

林榮於本年中進士。

林榮，字仲雲。合浦（今屬廣西）人。明憲宗成化十四年（一四七八年）進士。官禮科給事中。曾充冊封正使出使滿喇加國。卒祀鄉賢。黃佐《廣東通志》卷六二有傳。

劉芳於本年中進士。

劉芳，字永錫。陽江人。明憲宗成化十四年（一四七八）進士，官南寧知府。康熙《陽江縣志》卷三有傳。

張泰於本年中進士。

張泰，字叔亨。順德人。景泰四年（一四五三）舉人，成化十四年（一四七八）進士，官至南京都察院右都御史、南京戶部尚書。事見康熙《順德縣志》卷七。

姚紹於本年中進士。

姚紹，字廷述。潮陽人。成化十四年（一四七八）戊戌進士。歷官戶部郎中、廣西參議。泗城、南丹、那地、東蘭諸州土官饋以兼金，竣拒不受。郭棐《粵大記》卷十八有傳。

李祥於本年中進士。

李祥，字元善。南海人。成化十四年（一四七八）進士，官至貴州布政，少陳獻章二十三歲。雅有清操，取爲白沙高弟。阮榕齡《白沙門人考》有傳。

葉應於本年中進士。

葉應，字子唯。歸善（今惠州）人。①成化十四年（一四七八）進士，官南京工部屯田員外郎。著有《易卦方位次序圖》等。（阮元《廣東通志》卷二九〇）

鍾雅於本年中進士。

鍾雅，字大章。歸善（今惠州）人。成化十四年（一四七八）進士。善詞，風格近柳永。（嘉靖《惠州府志》卷一三、光緒《惠州府志》卷三五）

陳士章於本年成貢生。

陳士章，字文昭。東莞人。明憲宗成化十四年（一四七八年）貢生。官廣西興業訓導。事見溫汝能《粵東詩海》卷一六。

陳志敬生。

陳志敬（一四七八～一五四九），字一之，號蓮峰。東莞人。

①　一作永安（今紫金）人。

明孝宗弘治十七年（一五〇四）舉人。嘉靖元年（一五二二）上京會試，至清河關，同邑舉人林載陽橫死，獨留理其喪，致誤試期。謁選，授廣西潯州通判，旋調南寧，升南寧同知、左江兵備道僉事。嘉靖十三年（一五三三）歸休鄉里。孫履。阮元《廣東通志》卷二七七有傳。

詹安國生。

詹安國（一四七八～？），字元凱。饒平人。正德五年（一五一〇）漳州土寇作亂，奉檄率鄉勇數百越省進勦。事平，論功授指揮，詔贈平閩鷹揚烈士。（乾隆《潮州府志》卷二九）

明憲宗成化十五年　己亥　一四七九年

七月，詔令汪直巡邊，直擅九邊軍權。

正月初十日，邱濬賦《歲己亥正月吉祀南郊禮成奉旨分獻中鎮①》詩云：

聖皇秋祀涖郊壇，摺玉凝旒從百官。薦璧禮行黃屋下，燔柴煙起碧雲端。祥光冉冉從空至，瑞雪飄飄擁駕還。明日慶成應賜宴，嵩呼金殿拜龍顏。

四月，林光父處士彥愈卒。

十二月，陳獻章作《林彥愈墓誌銘》。（黃明同《陳獻章評傳》附《陳獻章年譜》）

初一日，祁順自廬山之九江，賦《己亥臘月朔自匡廬之九江》詩云：

彭蠡通南北，開篷見萬艘。雪消山翠重，水落石痕高。吳楚風煙闊，江湖歲月勞。往來吟思苦，贏得鬢刁騷。（祁順《巽川祁先生文集》卷四）

本年邱濬賦《雜詩　四首 成化己亥》五古詩。（邱濬《重編

---

① 弘治本此詩題爲"歲己亥正月十日吉祀南郊奉旨分獻中鎮"，內容略異。（邱濬《重編瓊臺稿》卷五）

瓊臺稿》卷一）

本年湛若水年十四，始入學。（黃明同《陳獻章評傳·附傳：湛若水生平及其哲學思想》）

本年高明縣學建成，譚南昌親往廣西安城請國子監祭酒吳節作序。

譚南昌，字邦憲。高明人。從學於廣西慶遠府同知葉貞。由歲貢授長樂左尹，爲潘南山器重。辭官回鄉，請高明縣令唐簡修建縣學。卒年九十。著有《清玉軒集》。（《肇慶府志》）

明憲宗成化十六年　庚子　一四八〇年

本年新會縣暴亂，知縣丁積平之。（黃明同《陳獻章評傳》附《陳獻章年譜》）

正月初一日，陳獻章賦《庚子元旦》詩。（阮榕齡《次編陳白沙先生年譜》）

九月中，陳獻章於西田獲早稻，賦《庚子歲九月中於西田獲早稻》五古詩。（《全粵詩》卷九八）

長至後八日，江源與馮蘭、邵珪聯句，賦《成化庚子歲長至後八日余偕馮秋官佩之過同寅邵文敬第夜坐聯句八首俱借韻走筆》七絕詩。（江源《桂軒集》卷八）

本年陳獻章爲陶魯作《電白儒學記》。（阮榕齡《次編陳白沙先生年譜》）

林昕於本年中解元。

林昕，字宏耀，號鈍齋。揭陽人。成化十六年（一四八〇）鄉試解元。授雲南昆明知州，化盜寇，編爲州民，州東南有渠濫川，屢溢，昕浚之，使泄入滇池，溉田萬畝。擢廣信府同知。以疾致仕，卒於家。（乾隆《潮州府志》卷二八）

袁天麒於本年中舉人。

袁天麒，字國正，號西藪。東莞人。成化十六年（一四八〇）舉人。擅作文，長於考據。署江西興國教諭，先後編輯《興

國縣志》、《會昌縣志》。（宣統《東莞縣志》卷五六、《東莞詩録》卷九）

陳理於本年中舉人。

陳理，字子文。饒平人。明憲宗成化十六年（一四八〇）舉人，授德興教諭，陞浦城知縣。以病告歸。康熙《潮州府志》卷九上、乾隆《潮州府志》卷二九有傳。

黎億於本年中舉人。

黎億，字汝賢，號一溪。順德人。明憲宗成化十六年（一四八〇）舉人，官監利知縣。梁九圖、吴炳南《嶺表詩傳》卷二有傳。

鄧琛於本年中舉人。

鄧琛，字貢甫。東莞人。曾祖國綺，明初保鄉安民，稱義士。祖組，字延綏，永樂歲貢，官廣西靈川令。琛於成化十六年（一四八〇）中舉人，二十二年（一四八六）進士。授南京户部郎中，邱濬重之。後出督揚州，開倉賑餞，活民數萬。調知桂林，督兵剿賊，民賴以安。晚年上疏退歸。宣統《東莞縣志》卷五六有傳。

羅子房於本年中舉人。

羅子房，字宗傑。順德人。成化十六年（一四八〇）庚子領鄉薦。會試後遊太學歸，以母老，乃築臥愚亭以奉母。時白沙陳檢討（獻章）、江浦莊行人（昶），皆與友善，爲賦臥愚，大良李孔修亦與爲友。吴廷舉治縣，嘗諮問民間利病。弘治中知廣西永福縣，縣大治。後以疾乞致仕。卒，子粥廉爲喪葬具。郭棐《粵大記》卷二五有傳。

莊隆於本年中舉人。

莊隆，潮陽人。父母兄嫂俱逝，遺隆三歲。姑擇吉于歸，親迎到門，隆牽衣號哭不止，姑毅然解粧割髮歸夫，以示志決，撫隆如子。後隆登鄉薦，姑已老。將終，囑隆曰："余死題墓曰'勝前鄉莊貞女之墓'，余願足矣。"隆，成化十六年（一四八

○）庚子科舉人。事見黃釗《讀白華草堂詩·菭蓿集》卷四 庚子《莊貞姑詩》小序。

畢元於本年中舉人。

畢元，花縣人。明憲宗成化十六年（一四八〇）舉人，官江西湖口縣教諭。（民國《重修花縣志》卷八）

李士軒於本年中舉人。

李士軒，字尚志。博羅人。明憲宗成化十六年（一四八〇）舉人，官萬安訓導，除壽王府教授，升伴讀，進階奉政大夫。（光緒《惠州府志》卷三七）

明憲宗成化十七年　辛丑　一四八一年

正月初一日，陳獻章賦《辛丑元旦戲筆》詩云：

酒杯不與年顏老，詩思還隨物候新。分外不加毫末事，意中長滿十分春。棲棲竹幾眠看客，處處桃符寫似人。除卻東風花鳥句，更將何事答洪鈞。（《全粵詩》卷一〇一）

三月，新會知縣丁積於白沙建樓，陳獻章名之遊心，並書敬義碑。（阮榕齡《次編陳白沙先生年譜》）

七月，江西廬山白鹿書院修復，遣李、劉二生往白沙請陳獻章主持書院，獻章力辭，作《贈李劉二生還江右詩序》及《復江右藩憲諸公書》。（阮榕齡《次編陳白沙先生年譜》）

同月初，林光見髭一莖白者，賦《辛丑得年四十三七月初見髭一莖白者走筆賦此》詩云：

掀鬚犬子膝間橫，笑指今朝白一莖。衰此退之還差晚，壽過顏子竟何成。尋常歲月消明鏡，潦倒煙霞媿此生。羨得青青籜外竹，向人無語不勝情。

八月十五日，袁藏用饋魚，林光賦《中秋袁藏用饋魚寫懷兼寄》詩云：

白帝吝商飈，煩暑仍靡靡。昨日山中歸，倒臥西窗裏。開窗蔭疏竹，爐煙滅復起。寧知井屋下，索寞亦閑只。提鮮來君池，白鰱兼赤鯉。頃適嘗新釀，濃香壓酒子。念茲赤壁攜，浩然良有以。今夕復何夕，中秋散霢淬。開襟南川流，皓月照寒水。吾欲泛扁舟，中流玩清泚。思君君不來，弄丸空隱几。（以上《林南川先生冰蘗全集》卷七）

歲暮，邱濬六十二歲，賦《歲暮偶書》詩云：

屈指明年六十三，人情世態飽經諳。幾多黑髮不曾白，無數青衿出自藍。大半交遊登鬼錄，一生功業付空談。不堪老去思歸切，清夢時時到海南。（邱濬《重編瓊臺稿》卷五）

本年林光於家鄉東莞及廣州番禺、清遠等地賦詩如下：《寓資福寺》五律、《題李乾伯掌教乃翁挽卷》七絕、《銀瓶阡》、《揮使安廷用訪欖山留宿兼惠紙並豬樋子》、《贈別李乾伯掌教》、《將遊三洲巖招同志　二首》（以上七律）、《扶胥舟中借韋蘇州西坡韻》五言詩、《黿魚搶寶石》七律、《番禺泊舟　二首》五律、《瓴船澳風　二首》七絕、《經貪泉》七律、《經貪泉和石齋》、《三江晚泊　二首》（以上五律）、《過橫槎》、《羚羊峽》（以上七律）、《憶嘉魚》、《小湘峽》（以上七絕）、《小湘峽葉生璧買鮮儳明日攜遊三洲巖詩以戲之》七律、《宿禄步》五言詩、《汲江子　二首》五絕、《觀燒》五律、《呼風》、《和尚石》（以上七絕）、《晨發》五言詩、《工書》七絕、《奉別都憲誠庵朱先生》七律。（以上《林南川先生冰蘗全集》卷七）

本年邢宥生日，賦《辛丑初度日》詩云：

前生自是白頭翁，再見蒼龍歲舍同。身世悠悠還是客，顛毛短短返成童。兩間俯仰期無愧，百事修爲貴有終。此去古稀年不遠，桑榆晚景好收功。（邢宥《湄邱集》卷二）

本年邱濬生日，賦《辛丑初度日》、《次友人寄來韻》（以上七律）。（以上邱濬《重編瓊臺稿》卷五）

本年陳獻章弟子張詡來從學。（黃明同《陳獻章評傳》附《陳獻章年譜》）

本年湛若水入廣州府城就讀。（黃明同《陳獻章評傳·附傳：

湛若水生平及其哲學思想》)

　　姚祥於本年中進士。

　　姚祥（一四六〇～一五一〇），字應龍。歸善人。明憲宗成化十七年（一四八一）進士，官至雲南按察副使。遭劉瑾誣，謫戍鐵嶺。瑾誅復官，卒於道。著有《西園漫草》。雍正《歸善縣志》卷一七有傳。

　　程文於本年中進士。

　　程文，字貫道。高要人。通《春秋》，積學不倦。明憲宗成化十七年（一四八一）進士，官南京禮部主事，後升議制司郎中，再調南京工部都水司郎中，途經高郵時卒。（阮元《廣東通志》卷二八九）

明憲宗成化十八年　壬寅　一四八二年

　　立春日，陳獻章五十五歲，賦《立春日呈丁縣尹》詩云：

　　浮生五十五回逢，青帝來朝駕自東。草色向江先自綠，桃花臨路爲誰紅。高堂滿獻曾孫酒，小邑初移令尹風。身著斑衣啼又笑，老萊真個是兒童。（《全粵詩》卷一〇一）

　　二月初二日，林光於總督府園亭宴賞，賦《二月二日總督府園亭宴賞奉謝朱誠庵都憲》詩云：

　　二月還逢二日臨，一樽容我坐花陰。且看蓓蕾精神滿，自是乾坤雨露深。斟酌春光歸酒盞，訪尋物色更山岑。從今頗識明公澤，聽得兒孫幾操琴。（《林南川先生冰蘗全集》卷七）

　　初八日，江源與劉朋節聯句，賦《壬寅二月八日偕侍御劉朋節遊月河寺聯句》七言詩。（江源《桂軒稿》卷九）

　　秋，陳獻章"應薦入京"。廣東左布政使彭韶以獻章爲醇儒，上疏舉薦。"至廣州，由城南至藩臺，觀者數千萬人，圖其貌者以百數十計"。（阮榕齡《次編陳白沙先生年譜》）

　　九月初十日，林光生日，賦《重九後一日賦是日即余生日》詩云：

天生兩腳踏煙霞，老態從來日日加。不把西風移皂帽，還澆秋酒對黃花。涼侵院竹知秋老，醉舞萊衣到日斜。四十四年貧是福，眼邊兒女莫容嗟。（《林南川先生冰蘗全集》卷七）

二十八日，陳獻章過南安作《書玉枕山詩話後》。（阮榕齡《次編陳白沙先生年譜》）

十月，邱濬賦《首尾吟》七言長詩，其小序云：

邵堯夫作《首尾吟》一百三十六首，《性理書》摘取其中六首。予在學校時，每聞鄉先達馮本清教諭者，去其首尾而次第其中聯句以爲排律，時寓齋舍，閉目諷誦。予臥聽之，心竊感焉，嘗欲效其體作之，未果也。歲壬寅孟冬，享太廟，齋居不成寐，偶憶往事，因綴緝成百韻而貫以首尾云。時予年六十二，距聞詩時四十餘年矣。（邱濬《重編瓊臺稿》卷六）

十至十一月，陳獻章過永豐，先後作《告羅一峰墓文》及《祭先師康齋墓文》。

十二月，作《恩平儒學記》、《新遷電白儒學記》。（阮榕齡《次編陳白沙先生年譜》）

本年林光於清遠、廣州等地賦詩如下：《回仙亭和洞賓》、《再疊總督府園亭宴賞韻答翁僉憲》、《祿步舟中》、《出羚羊峽》、《峽口》（以上七律）、《望古耶》七絕、《石門》五言詩、《貢三角牛》二首、《過蛋家租》、《夜入古鎮峽與時嘉葉璧小酌》、《宿古鎮峽》（以上七絕）、《蜆涌舟中》、《扶胥感興》、《題張翀母挽》、《贈別石齋先生　二首》（以上七律）、《贈石齋先生　十首》五律、《餞石齋於石門用前貪泉韻兼簡諸友》七律、《安揮使惠靴兼詩見贈因韻奉謝》、《初晴》（以上七絕）、《擬移居　二首》七律、《食魚鯽》七絕、《題丁明府三江漁樵人卷》七律、《憂旱》七絕。（以上《南川冰蘗全集》卷七）

明憲宗成化十九年　癸卯　一四八三年

正月，祁順自樂昌北上賦詩如下：《過樂昌　癸卯歲正月》、《樂昌瀧》、《登合江亭　在衡州》、《自寶慶之沅州》、《過沅州寄

友》、《石阡述懷》（以上七律）。（祁順《巽川祁先生文集》卷
五）

正月，陳獻章應薦入京，"過江浦，訪孔暘莊先生。"

三月三十日，到京，公卿大夫日造其門數百，咸謂聖人復
出。因旅途勞累，舊疾復發。（阮榕齡《次編陳白沙先生年譜》）

夏，祁順繼續自湖南北上，賦《夏意》七律。（祁順《巽川
祁先生文集》卷五）

五月，陳獻章奉聖旨：考試了，量擬職事。（阮榕齡《次編
陳白沙先生年譜》）

初六日，祁順賦《端午後一日》七律。

順又北上，沿途賦《和周時雍見寄》、《寫懷》、《遣興》二
首、《和蕭文明見寄》、《五十生朝》（以上七律）。（祁順《巽川
祁先生文集》卷五）

七月，陳獻章抱病赴部聽事，因未堪筆硯，故請再延旬日。

八月，得子書，知母憂念成疾，終夜不寐，呈《乞終養疏》，
帝親閱。

九月初，奉旨：陳獻章與做翰林檢討去，親終疾愈，仍來供
職。獻章上《謝恩疏》，即離京南歸。（阮榕齡《次編陳白沙先生
年譜》）

陳希文於本年中舉人。

陳希文，字載道。河源人。明憲宗成化十九年（一四八三）舉
人。官武清知縣、常德府知府。阮元《廣東通志》卷二七六有傳。

梁繼於本年中舉人。

梁繼，瓊山人。明憲宗成化十九年（一四八三）舉人，授徽
州府推官，改嚴州，卒於官。著有《竹溪集》。康熙《瓊山縣志》
卷七有傳。

譚律於本年中舉人。

譚律，字仲和。新會人。明憲宗成化十九年（一四八三）舉
人。官江西建昌教授。著有《節庵集》十二卷。子以賢，字希

聖。由貢生爲會同訓導。著有《玉蜂集》行世。道光《新會縣志》卷八有傳。

翟宗於本年中舉人。

翟宗，字師孔。東莞人。溥福曾孫。明憲宗成化十九年（一四八三）舉人，官安徽貴池縣教諭。著有《珠璣集》、《一川集》。張其淦《東莞詩錄》卷九有傳。

鄭稽於本年中舉人。

鄭稽，字考夫。瓊山人。成化十九年（一四八三）癸卯舉人，任洛容知縣。與兄穟早失怙恃，及長，不忍分爨，凡出入之需，皆兄主之。穟没，奉嫂益恭。吳道鎔《廣東文徵作者考》卷二有傳。

馬升於本年中舉人。

馬升，河源人。成化十九年（一四八三）舉人，明年進士。歷任福建沙縣、建寧知縣、延平同知、廣西潯州知府。居官清廉，政績卓著。年老辭官，無川資回鄉，落籍廣西，祀潯州名宦。（《河源縣志》）

畢廷拱於本年中舉人。

畢廷拱，花縣人。成化十九年（一四八三）舉人，正德六年（一五一一）進士，官至禮部主客清吏司主事。（光緒《花縣志》卷三）

張輅於本年中舉人。

張輅，字本素。博羅人。成化十九年（一四八三）舉人，弘治間選爲丹徒教諭，遷九江教授，士論稱之。（光緒《惠州府志》卷三八）

廖觀海於本年中舉人。

廖觀海，海豐人。弱冠中成化十九年（一四八三）舉人，歷永定、仙居、棗陽教諭，遷柳州教授，卒於官。諸生聞訊，無論遠近，皆奔喪慟哭。（《海豐縣志》）

邱敦蔭補太學生。

邱敦，字一成。瓊山人。濬長子。性簡默。明憲宗成化十九年（一四八三）蔭補太學生。試京闈，下第，遂屏去舉業，研究經史百家。嗜《素問》，著《醫史運氣表》、《三因說言》，又作《發塚論》以攻宦者。年三十一卒。黄佐《廣東通志》卷六一、雍正《廣東通志》卷四六有傳。

黄佐於本年中舉人。

黄佐，字希顔。工詩文。成化十九年（一四八三）舉人，官廣西太平府推官。陳獻章有《贈希顔春試詩》。阮榕齡《白沙門人考》有傳。

杜觀光於本年中舉人。

杜觀光，饒平人。成化十九年（一四八三）舉人，授福建長汀教諭，調江西船山教諭。薦修憲宗、孝宗實録。（嘉靖《潮州府志》卷六）

明憲宗成化二十年　甲辰　一四八四年

春，陳麟賦《送王汝學先生　名佐，號桐鄉》詩，其小序云：

先生以癸卯秋報最，上金臺，道次金陵，留別以詩，厚相期待。師生義固爾也。甲辰春旋旆將之任，生罔克報稱，不揣譾陋，録呈示教。（陳麟《唾餘集》）

五月十三日舟中，林光賦《下邳》詩云：

篇詩曾記詠留侯，二十年來亦浪遊。黄石老人今在否，北風吹我過邳州。丙戌，余過下邳，有《懷子房》詩云："劍提三尺走貔貅，誰道先生只事劉。讎怨戴天生即報，功名如夢醒還休。萬全計里降群策，三傑儕中出一頭。今日下邳橋畔過，傷心忍見水東流。"時甲辰五月十三日舟中，南川小識。

十七日，光賦《題寄寄亭　甲辰夏五月十七日，舟渡淮河，同侍御李公暨宵永貞禮曹、宋公訪地曹、周公載，因乘月遊寄寄亭，花木森然，地曹索詩，聊賦此律以紀佳致云》五律詩。（以上林光《南川冰蘗全集》卷八）

七月初七日，江源賦《夜坐感懷四十韻書於彭城御史臺時甲辰七月七日也》長篇五言排律。（江源《桂軒稿》卷三）

中秋後，林光賦《成化甲辰中秋後寶安袁藏用林子翼林時嘉童子時遠時表從緝熙來訪白沙緝熙新授浙江平湖縣博將之官是夕辭去賦此識别》七律詩。（林光《林南川先生冰蘗全集》卷末）

林時嘉，字子逢。東莞人。光族子。嘗從光遊白沙門。自律甚嚴，入邑庠，規行矩步，雖盛暑未嘗去冠服，無事則終日對書册。提學魏公選爲廣州西隅社學師。初娶妻李，未娶而目病，雙瞽。母欲改聘，時嘉堅執不可，竟娶之，相敬終其身不衰。郭棐《粤大記》卷二一有傳。

十一月初十日，江源與周世祥聯句，賦《甲辰仲冬十日會同年周世祥於杭酌酒聯句五首時世祥已致仕矣故云》詩。（江源《桂軒集》卷八）

本年陳獻章南歸，居家傍母，講學不倦。（陳鬱夫《明陳白沙先生獻章年譜》）

本年何瀞來從陳白沙學。

何瀞，字宗濂。番禺人。成化二十年（一四八四）來學。陳獻章嘗曰："吾宗門如宗濂者，不可多得也。"阮榕齡《白沙門人考》有傳。

本年陳獻章又賦《家兄往東向村收早稻登舟後雷雨大作章侍坐貞節堂至夜分以爲憂是年甲辰家兄六十一未嘗有如意之求》七律（《全粤詩》卷一〇一）、《春中雜興三首》七絶、《社西村六首》五律、《端陽後一日里人送角黍酒至》七絶、《（題）萬松草屋二首》五律、《次韻張侍御見寄二首》七律、《九日寄丁明府》、《寄太虚上人二首》、《菊節後五日丁明府彦誠攜酒來飲白沙社賦補會三首》、《對菊（酒）》（以上五律）、《九日木犀未開二首》七絕、《秋晚》五律、《周鎬①送白菊乞詩》七絕、《邀丁縣主賞菊》六絕、《木犀花下陳秉常》、《謝九江惠菊四首》（以上七絕）、《偶憶夢中長髯道士用一囊貯羅浮山遺予戲作示范規》七律、《夜夢見太母急呼諸孫前拜》、《馬肇文惠油酒並録示哭一峰先生詩》（以上七絕）。（陳獻章《白沙先生詩近稿》卷一《白沙先生甲辰詩稿》）

本年邱濬生日，賦《甲辰初度》七律詩云：

百年光景易消磨，三分中間二分過。事到久來天自定，人於老後日無多。一天風月催歸思，萬古乾坤入浩歌。心上自如無所愧，閑將十指細摩挲。

濬又賦《夢起偶書》、《感事偶書》、《哭邢克寬都憲》、《送人遊嶺南》、《送丁詡知信豐縣》、《遊歸信筆付敬之》（以上七律）。（以上邱濬《重編瓊臺稿》卷五）

本年林光賦詩如下：《憂旱》、《四月二十八日狂風大作》、《將至德州短述　二首》、《過固城》、《電火》（以上五律）、《贈別同官林汝惇》七律、《下吕梁洪　二首》七絕、《彭城漢高廟》、《舟中小酌聽甯永貞别駕説武夷》、《夾溝閘寫懷》（以上皆七律）。（林光《南川冰蘗全集》卷八）

李渭於本年中進士。

李渭，字長源。新會人。少以户役爲縣官辱，乃發憤讀書，三年不設枕席，遂博覽群籍，與梁儲齊名，時爲“梁儲筆、李渭腹”。領成化十年（一四七四）甲午鄉薦，二十年（一四八四）進士。官至淮安府同知。黄佐《廣東通志》卷六二、阮元《廣東通志》卷二七六有傳。

姚珩於本年中進士。

姚珩，字鳴玉。增城人。明憲宗成化二十年（一四八四）進

① 周鎬，字文邦。麻園人。陳白沙嘗與爲雲潭之遊，作《雲潭記》。三十六歲卒，僅留一女，白沙悼以詩。阮榕齡《白沙門人考》有傳。

士。歷官戶部郎中。卒於官。嘉靖《增城縣志》卷六有傳。

　　吳璉於本年中進士。

　　吳璉，字美中。南海人。明憲宗成化二十年（一四八四）進士。授直隸含山知縣。值年荒，多方賑救，作粥糜以餉流移，前後所活盈萬。政暇，授生徒以《周易》。逾年，以憂去任。起後知進賢縣，以守正不合，引疾歸。卒年八十餘。著有《竹廬詩集》。阮元《廣東通志》卷二七六有傳。

　　盧淵於本年中進士。

　　盧淵，字光潛。香山人。明憲宗成化二十年（一四八四）進士。授江西新淦知縣。性亢直，忤郡守，解組歸。著有《釣叟集》。余祖明《廣東歷代詩鈔》卷一有傳。

　　李春蕃生。

　　李春蕃（一四八四～一五五五），字際元，號秀峰先生。海陽人。與兄春芳同遊鄉社，並有聲名。春芳舉進士，春蕃以父老不試，盡心事父。嘉靖初嶺東水旱交作，率眾興水利，灌田千餘畝。（《井丹林先生文集》卷七）

　　陶梁民生。

　　陶梁民（一四八四～一五二二），字英華。番禺人。弘治十一年（一四九八）授錦衣衛副千戶，後升廣州左衛使。十五年從撫寧侯朱麟戍邊，以孤軍深入戰死，贈宣威將軍上騎都尉。（清《新會縣志》）

　　黃學裘生。

　　黃學裘（一四八四～一五五二），字本治，別字介軒。花縣人。皞子。正德十一年（一五一六）舉人，十五年乙榜進士。官福建龍溪縣學教諭。嘉靖三十一年卒於官。（民國《重修花縣志》卷九）

　　鄭維新生。

　　鄭維新（一四八四～？），字敬甫。歸善人。弘治十七年（一五〇四）舉人。歷任浙江道監察御史、湖廣按察僉事、廣西參政，以廉静稱。嘉靖七年（一五二八）著《惠大記》六卷。光緒《惠州府志》有傳。

方獻夫生。

方獻夫（一四八四～一五四一、一五四四），字叔賢。南海人。明孝宗弘治十八年（一五〇五）進士，改庶吉士。正德中，授禮部主事，調吏部，進員外郎。與主事王守仁論學，悅之，遂請爲弟子。尋謝病歸，讀書西樵山中者十年。嘉靖改元，還朝，道聞大禮議未定，草疏具見。由是荷帝眷。尋進少詹事，謝病去。六年（一五二七），與同里霍韜並被召，修《明倫大典》。尋命署大理寺事，拜禮部右侍郎，仍兼學士，代桂萼爲吏部左侍郎，復代爲禮部尚書。《明倫大典》成，加太子太保，晋吏部尚書。兩疏引疾，報允，猶虛位以待。十年，召還，獻夫以疾辭。及使命再至，云將別用，乃就道。至都，命以故官，兼武英殿大學士，入閣輔政。居職二載，三疏引疾，許之。家居十年卒，贈太保，謚文襄。著有《周易約説》、《程子語》、《西樵遺稿》八卷。祖用中，名權。穎悟善記，經史百家，無不成誦。名聞當道，無所考者恒咨詢焉，皆得其詳。兒童婦女咸稱爲"方書櫥"。最工詩，平淡典雅。尤善推步之術，觀星象之變，四方旱澇皆先知之。年八十卒。子遂，以鄉薦爲州學正。孫貴夫，爲州同知；茂夫，舉於鄉；獻夫，少保大學士。潘楳元、譚瑩《廣州鄉賢傳》卷二有傳。獻夫次子葉，字清臣。多智略，善騎射，以平寇功官贛州府同知，終武定府知府。著有《龍井集》。吳道鎔《廣東文徵作者考》卷二有傳。

李方卒。

李方（？～一四八四），字時瑞。饒平人。少孤，事母至孝，以漁爲業，得魚，必擇美者供母。成化二十年，颶風，海潮暴漲，奉母避之不及，同死。（嘉靖《潮州府志》卷七）

明憲宗成化二十一年　乙巳　一四八五年

清明日，林光賦《乙巳清明日》詩云：

青鈍聊把伴芳樽，柳葉還將插鬢根。佛子岡頭應聚拜，銀瓶嶺上獨銷魂。糟妻臥病空揮淚，慈母燒香定倚門。南海思歸歸未得，斜風吹雨正傾盆。二世祖葬佛子嶺，先君葬銀瓶嶺。（林光《南川冰蘗全集》卷八）

閏四月，陳獻章爲陳方伯作《道學傳序》，申述其心學要旨："養其在我者，勿以聞見亂之"，"去耳目支離之用，全虛圓不測之神"。（阮榕齡《次編陳白沙先生年譜》）

六月，江源將赴任，同友人聯句，賦《夏夜燕集聯句並序》五言詩，序云：

成化甲辰，余領部檄催督江淛宿賦，便道歸拜先瑩。越明年，乙巳孟夏，聞有江西憲之擢，以六月初吉將赴任。時友人劉君用之、麥君廷秀、內弟蔣君時雍以余別去，遂拉余夜過蔡君梅隱第，少敘宿昔，留飲焉。酒既數行，咸謂斯會不可孤，乃以《夏夜燕集》爲題，遂相與聯句，聊以紀一時會合之盛，而工拙未暇論也。

二十一日，江源又與友人聯句，賦《海珠燕別聯句並序》五言詩，序云：

成化乙巳六月二十一日，余之任江西，解舟江淛，友人劉君用之、蔡君梅隱、麥君廷秀、曹君德潤、內弟時雍餞飲於海珠禪室。時天青日朗，四野無翳，賓主交樂。酒數十行，用之起謂衆曰："吾儕爲一原餞，不可無詩以紀其事。況勝地不常，良會非偶，且在席者俱能詩，何不一吐爲快胸中之奇乎？請以《珠江餞別》爲題，以紀一時之盛、諸公之樂，庶斯會不虛負也。"衆以爲然，各分韻以賦。用之遂先倡焉，諸公以次繼作，共得韻六十二句一百二十四。敘情撫景之外，一歸之禮義之正，箴規之誠而已。觀者無謂流連光景，爲無益之空言，則幸甚。詩成而日已晡，主人洗盞再酌，三揖而別。（江源《桂軒集》卷八）

秋，陳獻章賦《贈秀夫如江東　乙巳秋作》詩云：

浦口來尋舊路歧，柴門過午未開時。青山十里花圍斷，不許

遊人折半枝。（陳獻章《白沙子全集》卷六）

　　本年陳獻章賦詩如下：《陳方伯恥庵挽詩二首》五律二首、《贈周二仔入京　文都家僕》七絕、《次韻張廷實東所寄興見寄》七絕、《苦熱》、《晚步》、《崔清獻公裔孫潛示遺芳卷復許示遺像予既書紀夢之作於其還也贈之詩》（以上五律）、《次韻定山先生種樹三首》七律、《沽酒》、《題南浦送別圖　爲蔣方伯》、《對菊》（自跋：丁縣主告予謝病不果行）、《種扶留用舊韻》、《絕句》、《贈麥岐①出遊　二首》、《八月八夜忽夢玉宇無瑕碧雲燦爛南斗下大書八字云生生生德俊逸超全下有四人面西而行或隱或見覺後紀以絕句》、《贈人》、《悼周鎬　京之兄也　二首》（其一跋云：京以母命赴春官，鎬亡，京南歸在途）（以上七絕）、《至日病初起四首》七律、《望白龍池　在本邑昆侖山頂　三首》七絕、《殘菊寄張兼素　此菊自九江舁來》七律、《太夫人晚歸攜諸孫候於貞忠節橋下　二首》五律、《晨起將出尋梅　二首》七律、《梅花絕句　三首》七絕、《桃花》七絕、《太子少保前奉勑總督兩廣軍務都御史郴陽朱公挽詩　三首》（其二跋云：公爲陝西布政時，方出師，衆以餉道不給爲憂。公獨以身任其責，省三十餘萬石，陝人至今德之）七律。（陳獻章《白沙先生詩近稿》卷二《白沙先生乙巳詩稿》）

　　本年邱濬六十四生辰，賦《乙巳初度》詩云：

　　明年六十五年來，志氣昏憒漸覺衰。尚幸眼明看細字，獨憐量淺怯深盃。無情歲月催人老，有待溪山望我回。自慶無憂更無病，坦然心地轉悠哉。（邱濬《重編瓊臺稿》卷五）

　　本年鍾芳十歲，考取入學。長大成人後賦《懷督學張公習，蘇州人》詩云：

　　窮荒何意迓瓊鸞，我昔垂髫幸識韓。賞鑒謾誇千里足，頼林偶借一枝安。南山賦就相期遠，小草春妍欲報難。四十年來文士

———————————

　　①　麥岐，字秀夫。白沙門人。阮榕齡《白沙門人考》有傳。

塞，輶軒無復到瓊南。邊海衛所，丁口未出幼，皆苛役之。予十歲，蒙張公考取入學，倖免苛役。崖之南，大山盤護，名曰甗山。張公有詩在《瓊臺志》。予既歸老，感念不能忘。（鍾芳《筠溪文集》卷二九）

明憲宗成化二十二年　丙午　一四八六年

春，蘇葵過梅關，賦《丙午春過梅關二首》詩云：

關前春早梅花開，關外肩輿春後來。不向南枝采酸實，書生原自有鹽梅。

芙蓉如削倚蒼冥，又是朝天一度經。欲折梅花無覓處，山雞啼落五更星。（蘇葵《吹劍集》卷六）

正月初四日，江源賦《成化丙午正月四日瑞昌殿下召群公飲因與佩之先生聯句二十韻》五言詩。

初七日，江源與李德馨、馮佩之（蘭）、莊儀甫宴於滕王閣，相與聯句，賦《丙午歲正月七日李大參德馨邀余偕憲副馮佩之僉憲莊儀甫爲同年會燕於滕王閣相與聯句四首》七言律。

秋，陳獻章子景暘隨俗應試。

七月，新會知縣丁積卒，獻章作《祭丁知縣文》，代容珪作《丁知縣行狀》。（黃明同《陳獻章評傳》附《陳獻章年譜》）

長至後六日，江源與江一原聯句，賦《夜會聯句》七言詩，跋云：

成化丙午歲長至後六日，一原江先生偶過予小齋，夜話久之。予謂茲會不可無作，因留促席相與聯句。一原首韻得江字，予遞續之。命僕更燭，盡韻以賦。既成篇，凡得句五十。然其間詰崛之詞局於險韻，重復之字雜於長篇，瑕指疵摘，或者不免。乃若撫時即事，感今懷古，而江湖廊廟之思，棠棣桑梓之念，形之矢歌，大略殆盡，如所謂秉燭以遊者，不敢爲無謂也。馮蘭錄。（以上江源《桂軒稿》卷八）

八月十五日，祁順賦《丙午中秋》詩云：

邊城四度賞中秋，節序驚心似水流。明月滿窗人自醉，不須攜酒到南樓。（祁順《巽川祁先生文集》卷七）

　　九月十一日，江源偕李德馨陪寧王謁獻王陵，聯句，賦《成
化丙午九月十一日偕大參李德馨年兄陪寧殿下謁獻王陵聯句二
首》七言詩。

　　二十日，源偕同寅李由道、羅象州過於馮佩之（蘭）先生
館，因留小酌，聯句，賦《丙午歲九月廿日余偕同寅李由道羅象
州過於馮佩之先生館因留小酌聯句三首》七律詩。（以上江源
《桂軒稿》卷八）

　　本年陳獻章數旬來手足不仁，地方多虞，朋友各散。（阮榕
齡《次編陳白沙先生年譜》）

　　本年陳獻章賦詩如下：《枕上偶成》五律、《讀張進士挽丁明
府彥誠詩次韻》、《寄莊定山兼謝惠藥鼎祭器》、《易彬①訃至乞書
銘旌》（以上七律）、《秋興　四首用前感事韻錄寄東所》五律、
《題袁氏知歸卷　三首》、《界江八景　存其四》、《送黃在赴京
在有母老》、《題松雪圖》（以上七絕）、《題黃萬碩司訓風木圖》
五言六句、《半江爲謝德明②賦　四首》七絕、《制布裘成偶題寄
黎雪青》五言詩（跋：雪青事佛）、《紫菊　一首寄林時嘉》五
言詩、《經陳氏家廟》、《題萬松庵壁》、《過東涌　周貢士抱乳兒
久住出迓》、《經曝日臺　周鎬所築。鎬亡，無子，止一女》、《寄
袁暉林敬③四首》　（其二跋：暉治香櫃自給，近爲社學師矣）、
《謁諸墓》、《景雲如郴陽未返懷之　舊韻》、《寄定山　用寄太虛韻》

---

　　①　易彬，字公學。玉橋人。與弟才遊白沙門。阮榕齡《白沙門人考》有
傳。

　　②　謝慈昱，字德明，號半江。城西沙堤人。阮榕齡《白沙門人考》有傳。

　　③　袁暉，字藏用。東莞茶山人。十歲喪父，作木工養母，夜則讀書。時莞
香木產茶山，暉以作香櫃，名重一時。林光師從陳白沙（獻章），白沙常來茶山，
見暉好學，遂收爲弟子，於所居旁築小庵住之。後辭白沙歸，爲社學師，年七十
三卒。崇禎《東莞縣志》卷二七四有傳。仲子金蟾，亦白沙門人。少好學仙，終
身不娶。獨坐臥一室，髮結成毯。宗白沙詩，有“夜深山色靜，明月滿西川”
句。年八十四卒。後有人見之增城山中。阮榕齡《白沙門人考》有傳。林敬，字
子翼。東莞人。白沙門人。阮榕齡《白沙門人考》有傳。

（以上七律）（陳獻章《雲白沙先生詩近稿》卷三《白沙先生丙午詩稿》）

錢鐸於本年中舉人。

錢鐸，字道鳴。東莞人。成化二十二年（一四八六）進士。官戶部主事，監督通州各衛糧倉，革除積弊。升郎中，國戚以賄賂謀取田莊，拒不答應，稱疾辭官。（宣統《東莞縣志》卷五六、光緒《廣州府志》卷一二三）

錢璧於本年中舉人。

錢璧，字伯瑞。東莞人。明憲宗成化二十二年（一四八六）舉人。官慶遠府通判、廣西梧州府同知。事見宣統《東莞縣志》卷四五。

利仁於本年中舉人。

利仁，字萬榮。東莞黃客埠（今屬深圳）人。明憲宗成化二十二年（一四八六）以《禮記》中舉人。官惠州府教授（一作學正）。事見民國《東莞縣志》卷四五。

蕭岑於本年中舉人。

蕭岑，字邦鎮，號檗齋。順德人。明憲宗成化二十二年（一四八六）舉人，官橫州知州。事見阮元《廣東通志》卷七二。

林濟民於本年中舉人。

林濟民，字廷泰。海陽人。以孝聞。母病篤，強命娶婦，入門而母卒。及葬，廬於墓。服闋，始合巹。領成化二十二年（一四八六）丙午鄉薦，授龍巖教諭，升贛榆知縣。卒年六十四，從祀鄉賢。郭棐《粵大記》卷二十一有傳。

宋容重於本年中舉人。

宋容重，字子敬。潮連社邊人。成化二十二年（一四八六）舉人，賀縣知縣。白沙門人。阮榕齡《白沙門人考》有傳。

梁衛於本年中舉人。

梁衛，字國鎮，一字夅南。新會小岡人。成化二十二年（一四八六）舉人。明年南旋，遂堅志不仕。同門李孔修曾贈之以詩。阮榕齡《白沙門人考》有傳。

黃在於本年中舉人。

黃在，字子察。新會人。成化二十二年（一四八六）舉人，官蓬州學正。陳白沙有《喜黃在登科詩》。阮榕齡《白沙門人考》有傳。

尹緒於本年中舉人。

尹緒，字廷禮。東莞人。成化二十二年（一四八六）舉人，官福建上高教諭。（宣統《東莞縣志》卷五七）

李鉞於本年中舉人。

李鉞，字德威。東莞人。成化二十二年（一四八六）舉人，官福建建寧府訓導、龍溪教諭。（宣統《東莞縣志》卷五七）

李大綱於本年中舉人。

李大綱，字宏舉。海陽（今潮州）人。事父至孝。成化二十二年（一四八六）舉人。著有《家禮易覽》。（乾隆《潮州府志》卷二八）

鄭士忠於本年中舉人。

鄭士忠，字廷獻。東莞人。自幼聰穎，方伯祁順以大器奇之，後以《易經》中成化二十二年（一四八六）鄉試，弘治三年（一四九〇）進士，授浙江麗水知縣。旋解組歸，杜門絕跡城市。（雍正《東莞縣志》）

趙璧於本年中舉人。

趙璧，字國珍，號誠庵。東莞人。必璟後裔。成化二十二年（一四八六）舉人，署廣西融縣教諭，挑選瑤、壯子弟就讀社學。弘治十二年（一四九九）進士，授南京戶部主事，廉明能幹。與王守仁結爲莫逆之交。疏劾劉瑾，朝野稱是。（宣統《東莞縣志》卷五七、光緒《廣州府志》卷一二三）

薛侃生。

薛侃（一四八六～一五四五），字尚謙，號中離。揭陽人。明武宗正德十二年（一五一七）登進士，以母老請歸養，遂師事王守仁於贛。十六年，始赴銓選，授行人。尋服母喪，居中離山，與士子講習，人稱中離先生。世宗嘉靖七年（一五二八）補官，以疏請早定皇儲罷官。歸羅浮永福寺講學，二十四年（一五四五）始還。從王守仁遊，歸語其兄俊，俊大喜，率群子侄往師之。王氏之學盛行嶺南自侃始。卒年六十。穆宗隆慶初，追贈御史，爲潮州八賢之一。著有《研幾錄》、《薛中離先生全書》等。《明史》卷二〇七、康熙《潮州府志》卷九上有傳。

張栱生。

張栱（一四八六～一五七〇），字子材。新會中樂塘溪人。少習舉業，屢弗售，遂謝去，以白沙賢而師事之。阮榕齡《白沙門人考》有傳。

明憲宗成化二十三年　丁未　一四八七年

八月己丑，明憲宗崩，年四十一。（《明史》卷十四《憲宗本紀》二）九月，皇太子即位，是爲明孝宗，以明年爲弘治元年。（《明史》卷十五《孝宗本紀》）

秋，邱濬賦《丁未秋偶書》、《閑中偶書》（以上七律）。（以上邱濬《重編瓊臺稿》卷二）

重陽節，林光於平湖賦《丁未平湖重九日》（跋云：元沙，寺名。丙午重九日，在閩南同張、董二侍御飲此寺）、《重九疊韻改犬子時表稿》。（以上七律）（林光《南川冰蘗全集》卷八）

十月，邱濬賦《梁父吟　丁未歲十月》古詩。（邱濬《重編瓊臺稿》卷二）

本年陳獻章賦《次韻張廷實舟中寫興三首》、《次韻顧通判夜泊江門見示》（以上七律）（以上《全粵詩》卷一〇一）。

本年梁惠賦《卻聘詩》七律。（民國《開平縣志》卷三二）

本年明憲宗崩，祁順賦《大行皇帝挽詞用周憲僉韻》七律詩二首。（祁順《巽川祁先生文集》卷六）、《次蕭文明見寄韻　時蕭自鎮寧赴衢州別駕》七古二首（其一首句云：“戊戌仲冬都下

會，相將已是十年來。"）（祁順《巽川祁先生文集》卷七）

涂瑞於本年中探花。

涂瑞（一四四八～一四九三），字邦祥。番禺人。明憲宗成化十三年（一四七七）解元，二十三年（一四八七）進士及第第三人。授編修，進修撰，兼經筵日講。未經大用，早卒。傳附見清同治《番禺縣志》卷三七《涂俊生傳》。

涂瑾於本年中進士。

涂瑾，番禺人。瑞從弟。暲子。明憲宗成化二十三年（一四八七）進士，授戶部主事。未幾乞終養歸。優遊林下二十餘年，竟不復仕。傳附見清同治《番禺縣志》卷三七《涂俊生傳》。

陳經綸於本年中進士。

陳經綸（一四六三～？），字汝學。新會人。明憲宗成化十九年（一四八三）解元，二十三年（一四八七）進士。官南京戶部主事，以忤權貴，遷象州同知，卒於官。著有《寒泉遺稿》。阮元《廣東通志》卷二七六有傳。

黃印於本年中進士。

黃印，字廷章，號賓萊。新會人。明憲宗成化二十三年（一四八七）進士。官至廣西梧州府同知。道光《新會縣志》卷八有傳。

張津於本年中進士。

張津（一四六四～一五一八），字廣漢，號羅峯。博羅人。明憲宗成化二十三年（一四八七）進士。初授建陽知縣。憂歸，補大冶，徵授御史。孝宗弘治十四年（一五〇一），忤旨下獄，尋得釋。武宗正德初，巡按廣西，出爲泉州知府。以不附劉瑾，削籍爲民。瑾敗，起任寧波知府，遷山東左參政，擢右僉都御史，提督操江，進右副都御史，巡按應天諸府。官至戶部右侍郎。卒，贈南京戶部尚書。《明史》卷一八六、阮元《廣東通志》卷二九〇有傳。

張瀾於本年中進士。

　　張瀾，字東之。瀧水（今屬羅定）人。明憲宗成化二十三年（一四八七）進士，任刑部侍郎。居官十載，乞歸養病。卒於家。康熙《羅定直隸州志》卷六有傳。

　　翁理於本年中進士。

　　翁理，字存道，號竹湖。饒平人。徙海陽。成化二十三年（一四八七）丁未進士。授興化府推官，湖廣副使。翁輝東《潮州文概》卷二有傳。

　　霍韜生。

　　霍韜（一四八七～一五四〇），字渭先，號兀崖山人、渭厓。南海人。明武宗正德九年（一五一四）會元，殿試二甲第一。世宗即位，授兵部主事。屢次奏事，帝皆嘉納之。以“大禮”議稱旨，嘉靖四年（一五二五），擢少詹事兼侍講學士。六年，遷詹事兼翰林學士。《大禮》書成，超拜禮部尚書，掌詹事府事，力辭。九年，以諍郊禮，爲夏言彈劾，下獄，尋復職。歷官吏部左侍郎、右侍郎、南京禮部尚書，累官太子少保、禮部尚書。十九年十月，卒於官，年五十四。贈太子太保，謚文敏。著有《渭厓文集》十卷。《明史》卷一九七、黃佐《廣東通志》卷六二有傳。弟任，字尹先。習静西樵山中，絕玩好。嘗從王文成、湛文簡遊，窮究理奧。事二親最孝，齋戒三年。歲歉，每傾囊以賑，多所存活。居西樵三十年，人化其德。子玧。著有《心性説解》、《宙山剩言》。從孫尚守，字益芳。自幼家居西樵山，數十年讀書隱逸山中，自號西樵山人。博學多才。著有《粵東名臣志》、《西樵山志》、《樵中匯草》、《天下名山水志》等。郭棐《粵大記》卷二二有傳。

明孝宗弘治元年　戊申　一四八八年

　　二月十五日，明孝宗行耕籍禮，邱濬賦《弘治初元春二月十五日皇上躬耕籍田臣濬叨在九卿之列預行九推禮感而有作》五言長詩。（邱濬《重編瓊臺稿》卷一）

三月二十四日，祁順賦《學宮栽柏》七律詩，序云：

阡學文廟之左，有柏樹焉，鬱然森茂，高越五尋，前人植之六十餘年矣。郡博毛先生謂斯樹孤挺，宜有與之並秀者，乃於戊申三月廿四日別移一本，植其西以配之……（祁順《巽川祁先生文集》卷六）

四月，湖北李承箕來從陳獻章學，凡二年，獻章服食行纏，待如子弟，復築楚雲臺居之，與之唱酬頗多，並作《送李世卿還嘉魚序》。（阮榕齡《次編陳白沙先生年譜》）

六月，祁順禱雨，賦《戊申六月禱雨有感》七律詩。（祁順《巽川祁先生文集》卷六）

九月初十日，林光五十初度，賦《自慶五十和顧能見贈　五首》五律詩。（林光《南川冰蘗全集》卷八）

除夕，光又賦《除夕自勉　戊申歲》五言長詩。（以上林光《南川冰蘗全集》卷八）

本年陳獻章賦詩如下：《元旦試筆二首》七律、《元夕》七絕、《寄張進士廷實》五律、《正月菊》、《舫子》、《木犀偶成》（跋：阿田，小孫名也）（以上七絕）、《偕伍伯饒楊伯順甥舅順德李子長遊李村山》五律、《書易隱求①銘旌後感而有作　三首》、《移海棠花》、《曉飲忽醉擁禪衣坐睡》（以上七絕）、《洗竹三首》、《曉起三首》（以上五絕）、《晝睡偶成寄玉臺僧文定》、《春日江村二首》、《驛吏送酒》、《春日醉中言懷　二首》（以上五律）、《弄筆二首》七絕、《偶成》七律、《鴝鵒育雛於貞節堂東壁壁高且危二雛墮地下乃就而哺之悲鳴傍徨如在無人之境予憐之取雛納之巢紀以絕句》七絕、《贈張叔亨侍御》五絕、《夢匡廬》、《與世卿閑談兼呈李憲副　二首》七律、《得林憲副待用書有懷故友張兼素》五律、《江上》七絕、《觀群兒釣二首》五絕、《九日》、《江村晚望寄世卿圭峰》（以上五律）、《有懷故友張兼

---

①　易允，字秉信，號隱求。新會坡山人。庠生。白沙門人。阮榕齡《白沙門人考》有傳。

素三首》、《何宇新赴南京來白沙告別云此行且復見定山時秋已盡
矣此詩送之　二首》（以上七絕）、《閔光宇傳》七絕（跋曰：光
風艇，尋樂齋，白沙讀書所，今廢。光宇長於予。病軀，每疾
作，使一童倚背拉之，便起，衣冠坐，習靜，忘其病也）、《閔丁
知縣傳》五絕、《六十一自壽》七律、《戲題顧進士瓊林宴圖》
七絕、《贈世卿　六首》五律、《梅花　二首》七絕。（陳獻章
《白沙先生詩近稿》卷四《白沙先生戊申詩稿》））

　　本年邱濬又賦《即事　戊申》五律詩（邱濬《重編瓊臺稿》
卷三）、《送董尚矩庶子頒詔朝鮮　戊申年》、《戊申歲次韻　二
首》（以上七律）。（以上邱濬《重編瓊臺稿》卷五）

　　本年王佐賦《澹庵井①》詩云：

中興封事百年無，身倚皇天自不孤。酌罷清泉問秦檜，已無
寸土寄頭顱。

　　本年澳門媽祖閣（舊名海覺寺，人稱天后廟）鼎建。（姜伯
勤《石濂大汕與澳門禪史》四五一頁）

　　本年黎鑒被賜蟒衣玉帶，掌管東廠。

　　黎鑒，化州人。成化間被一京官誘掠至京，後爲宦官寵兒。
經憲宗目選入內廷。弘治元年（一四八九）賜蟒衣玉帶，掌管東
廠。後經波折，與失散二十二年之生母重逢，母子於京城相依爲
命，鑒亦改惡從善。母卒，建永恩堂奉祀。卒後明孝宗賜葬化州
四十里之黃姜嶺。（梁瑞《羅江流韻》）

　　張天賦生。

　　張天賦（一四八八、一四八一～一五五五、一五四七），字
汝德，號葉岡，別號愛梅道人。興寧人。少負才名，從湛甘泉
遊，聞性命之學。明世宗嘉靖十一年（一五三二）拔貢生，爲縣
令祝枝山所賞識。嘗講學於崇正書院，凡三修縣志，並興修《廣

① 原注：弘治改元，余督役鳳陽道。建康時有盜發秦檜墳。……（王佐
《雞肋集》卷一〇）

東通志》及《武宗實錄》。由拔貢任瀏陽丞，署縣事，以病乞歸。
年六十七卒。著有《葉岡詩集》四卷。咸豐《興寧縣志》卷九
有傳。

明孝宗弘治二年　己酉　一四八九年

　　春，陳獻章賦《次韻姜仁夫留別　九首》七絕詩，序云：

　　弘治己酉春，姜仁夫進士以史事貴州，還，取道廣東，過予白沙。自己
卯至丙戌，凡八日。辭別三首，予亦次韻爲別。明日，仁夫至潮連寨，方十
餘里，遣隸回，並得三絕，和之，通前九首。吾與仁夫之意，皆不在詩也，
豈尚多乎哉？仁夫，瀞之蘭溪，從學章先生德懋，吾廿年舊好，故吾詩兩及
之。(陳獻章《白沙子全集》卷六)

　　秋，邱濬賦《己酉秋思》七律詩。(邱濬《重編瓊臺稿》卷
五)

　　九月初九日，林光於武昌登洪山寺，賦《重九日登洪山寺
己酉在武昌》七律詩。(林光《南川冰蘗全集》卷九)

　　冬，陳獻章書《弘治二年冬子長命書是日應之》七絕詩二
首。(容庚《頌齋書畫小記》第七三頁)

　　本年陳獻章賦詩如下：《次韻廷實進士送倫長官出遊》、《新
年田家》(以上七絕)、《贈黃進士廷章還京》、《得林別駕書云去
秋九月嘗夢予於廣信舟中兼云道路所聞》(以上五律)、《麥秀夫
於城南小渚中累土結茅居之容一之馬伯幹取酒共醉桃花下各賦詩
爲樂秀夫謁余同作附其韻　三首》、《得倫長官詩疑其果於遊而未
可以遊次韻復之以博一笑》(以上七絕)、《春陰偶作寄定山》五
律、《與廷實看李世卿題竹》七絕、《讀推府胡公爲纂修事批責本
縣不采丁知縣行狀申文後》七律、《題熊氏桐軒》、《飲馬氏園贈
童子馬國馨①》(跋云：六歲能誦予春牛之句)、《贈張進士入京

_____

　　①　馬國馨，新會潮連人。父默齋。童子時，受知於陳子。阮榕齡《白沙門
人考》有傳。

四首有序》（序云：別後，膝痛甚於前日。本無詩惊，獨念吾與廷實不可無一言以別，爲四絶句，命童子容憑録於自作序文之下）（以上七絶）、《世卿寄示經飛來寺和予壬寅秋舊律詩復用韻答之》七律、《喜晴》七絶、《贈人》五絶、《得沈大參時暘漳州發來書答之》、《悼舊》（跋：何潛死逾十年，並其母皆未葬）、《馬文祥寄五氣朝元爐至》、《五月二十六雨　民謂二十五、六、七日有雨卜豐年》、《六月一日不雨　民謂有雨主旱》（以上七絶）、《夢中作》、《夢丁彥誠》、《對竹三首》、《隨筆六首》（以上五絶）、《築室二首》五律、《圖新書舍中植蕉數本壁間李世卿題句潮州饒鑒至讀之有所興起勉以小詩》七絶、《送景暘赴秋試》、《龍眼》、《秋夕偶成明日揭榜》五律、《將營土閣使人取材於海山颶作舟逾期始至喜而賦此》七律、《秋夕偶成小兒失解聊以慰之》七律、《贈梁景行赴春闈》七絶、《憶世卿廷實用寄景暘韻》七律、《夢亡友袁德純侍御》、《周侍御文化將訪白沙阻風江上連日以詩迓之》（跋：積雨，是日得大霽）、《懷胡大參希仁》、《梅下雜詩三首》（以上七絶）、《梅下雜詩二首》五絶、《題瑞鵲卷　有序》（序云：成化十九年，予被薦入京，過江訪孔暘莊先生。送予揚州，偕行至六合縣，經宿而去。當是時，周君文化令六合有聲。後八年，莊先生病猶臥家，予乞終養歸。侍下亦衰且老。周君以監察御史按治吾廣，過寒舍道舊。於是，周君舉莊先生昔者所爲賦瑞鵲詩，俾予和之）、《贈化州守鄭順解官歸》、《贈羅梁還程鄉二首》（以上七絶）。（陳獻章《白沙先生詩近稿》卷五《白沙先生己酉詩稿》）

本年王佐賦《弘治二年述職泊南京上新河和大理府吳守韻》詩云：

浩浩大江流，行人古渡頭。萬年初日麗，六代暮煙愁。吳楚舟航地，唐虞岳牧秋。紫宸仍昨夢，北望綠雲浮。（王佐《雞肋集》卷九）

本年陳獻章作《送張進士廷實還京序》，稱廷實之學“以自

然爲宗，以忘己爲大，以無欲爲至，即心觀妙，以揆聖人之用。"（黄明同《陳獻章評傳》附《陳獻章年譜》）

本年譚宗懿以歲貢入國子監。

譚宗懿，字德良。高明人。弘治二年（一四八九）以歲貢入國子監，列上舍。以省親爲由告假回鄉，於錦巖勝會與程驥、熊兆平等相唱酬。著有《品雲集》。（《肇慶府志》）

本年黎磐由舉人任兩浙鹽運判官。

黎磐，電白人。弘治二年（一四八九）由舉人任兩浙鹽運判官。宦官劉瑾專權，守正不阿。後瑾敗，改任橫州知州，民稱"循吏"。（道光《電白縣志》）

梁景行於本年中舉人。

梁景行，字宗烈。順德人。明孝宗弘治二年（一四八九）舉人。知崇明縣，除鎮江府同知，尋遷壽府長史。致仕，歸隱壺山，學者稱壺山先生。景行與父文冠及弟景孚俱師白沙。著有《壺山集》。傳附見阮元《廣東通志》卷二七四《梁文冠傳》。父文冠，字華卿。少體弱多病。晚居古谷，稱古谷老人。從白沙遊，數年不返。日見意趣，詩學益進。著有《鶴山集》。溫汝能《粵東詩海》卷十六有傳。弟景孚，字宗正。娶妻，白沙助穀三十斛。阮榕齡《白沙門人考》有傳。

伍士廉於本年中舉人。

伍士廉，新寧（今屬台山）人。明孝宗弘治二年（一四八九）舉人，官湖廣歸州學正。事見阮元《廣東通志》卷七二。

王文欽於本年中舉人。

王文欽，字宗堯，號筆峰。保昌（今南雄）人。明孝宗弘治二年（一四八九）舉人，六赴會試不第。授浙江松陽知縣，以忤上官罷歸。家居三十餘年，以詩文自娛。年九十卒。阮元《廣東通志》卷三〇四有傳。

譚以良於本年中舉人。

譚以良，字士直。新會人。遊於白沙之門。明孝宗弘治二年

（一四八九）舉人，以親老不試。白沙歿，以文弔之。有《玉樓稿》。阮元《廣東通志》卷二七四有傳。

陳恩於本年中舉人。

陳恩，字弘濟，號理庵。東莞人。弼孫。明孝宗弘治二年（一四八九）舉人，初授福建南安訓導，以課最擢大理寺司務，歷戶部員外郎中，尋擢雲南廣南知府，未幾，卒於任。黃佐《廣東通志》卷六二、阮元《廣東通志》卷二七六有傳。

王尚學於本年中舉人。

王尚學，字宗儒。東莞人。明孝宗弘治二年（一四八九）舉人，授廣西零川縣教諭，歷福建市舶提舉、廣西柳州府同知，所至皆有善政，以引年致仕。民國張其淦《東莞詩錄》卷一〇有傳。

梁貞於本年中舉人。

梁貞，字惟正。南海人。以父贅室桂洲，因家順德。少遊郡庠，師事陳獻章，篤志向學。居父喪，哀毀逾禮，服除，不入寢所。弘治二年（一四八九）舉人。阮榕齡《白沙門人考》有傳。

梁奎於本年中舉人。

梁奎，字文燦。順德大良人。弱冠補諸生，師事陳獻章，沉毅淳謹，白沙雅重之。居家以孝聞，趙督學區其堂曰“愛日”。弘治二年（一四八九）舉人，通判袁州，闔郡稱其廉。阮榕齡《白沙門人考》有傳。

何宇新於本年中舉人。

何宇新，字子亮。博羅人。性至孝，父滔早卒，每忌日，輒泣不食。母卒，水漿不入口者七日。嘗求李西涯爲作廬墓詩，白沙封其卷。嘗遊白沙之門，白沙書“卓行”二字並遺詩。弘治二年（一四八九）舉人，仕至宗人府經歷。請告展省墓，卒於家。阮榕齡《白沙門人考》有傳。

馮殷於本年中舉人。

馮殷，字質夫。開平人。弘治二年（一四八九）舉人。遊白

沙之門，究心濂洛，得其大旨。嘗與李江、羅素讀書薛公巖。阮
榕齡《白沙門人考》有傳。

　　袁珽於本年中舉人。

　　袁珽，字廷玉，號復庵。東莞溫塘人。弘治二年（一四八
九）舉人，官至福建松溪縣知縣。張其淦《東莞詩録》卷十
有傳。

　　陳昊賢於本年中舉人。

　　陳昊賢，字乾及。三水人。弘治二年（一四八九）舉人。官
臨江判時，寧藩爲虐害民，請於兩院，改諸道運糧，民便之。擢
漳州同知，嘗攝郡事。入覲事竣，遂致仕。著有《在臨、在漳
稿》。乾隆《番禺縣志》卷十五有傳。

　　李埏於本年中舉人。

　　李埏，字玉輝。東莞人。家貧力耕。常在樹下讀書。人來問
疑，即於田間答之。弘治二年（一四八九）舉人，官廣西洛容教
諭，旋辭職歸家耕田。種荔枝數棵，自號荔浦，與友朋吟詠其
間。（宣統《東莞縣志》卷五七）

　　吳卦於本年中舉人。

　　吳卦，字允升。高要人。尚質子。弘治二年（一四八九）舉
人，官廣西武宣縣。升太平府通判、思恩府同知、南京工部虞衡
司員外郎、郎中，加光禄寺少卿。在太平時與安南人交涉，著有
《交南問答録》。岳父梁伯鴻以歲貢任溫州訓導，與卦父尚質並知
名於時。（宣統《高要縣志》卷一八）

　　陳頊於本年中舉人。

　　陳頊，字子敬。東莞人。弘治二年（一四八九）舉人，官吳
江縣訓導。升河南唐縣令。正德七年（一五一二）二月，堅守城
池二十八日，打退趙燧農民軍圍攻。以河南通判致仕。（宣統
《東莞縣志》卷五七）

　　林銘於本年中舉人。

　　林銘，字朝器。海陽（今潮州）人。弘治二年（一四八九）

舉人。授大興教諭，質剛方正，教士不詭於理。累遷襄府右長
史。丁內艱，起，疏請蠲鹽鈔，潮民賴之。改淮府左長史，進階
四品。致仕卒，年八十三。（嘉靖《潮州府志》卷七）

林韜於本年中舉人。

林韜，字葆光。東莞人。家貧爲僕，工餘苦讀。弘治二年
（一四八九）舉人。官江西吉水教諭，見裁縫子毛伯溫可造就，
予以培養。以王府伴讀辭官。二十年後甘當官舫船夫，被右都御
史毛伯溫認出，遂與相見，然不提要求，時人以爲賢。（宣統
《東莞縣志》卷五七、光緒《廣州府志》卷一二三、《嶺海見聞》
卷三）

明孝宗弘治三年　庚戌　一四九〇年

秦紘總督兩廣，劉大夏任廣東右布政。（阮元《廣東通志》
卷十八《職官表》九）

六月十一日，陳琴窗訪祁順於巽川，明年六月二十三日順賦
《別琴窗》詩云：

弘治庚戌夏六月十有一日，石灘琴窗陳先生訪予巽川。又明
日，同酌舟中，送至川外而別。順因憶前人詩有"如今送別臨溪
水，他日相思來水頭"之句，遂爲先生誦之。明年夏四月，先生
以詩寄予，其末云："不久當拏小舟至巽川之口，以踐相思來水
頭之句。"至六月二十三日，先生果至，明日邀余復酌舟中，徘
徊川上。余曰："先生可謂不食言矣，請以前所誦二句爲韻，韻
各賦詩，可乎？"先生曰："諾。"於是順即韻爲絕句二十八首，
前十四首題曰"巽川別思"，記別時之意；後十四首題曰"尊酒
重論"，則志復來之喜云。今存一首

薄宦歸來雪滿頭，欲將簪組換漁舟。懷人不奈蕭條意，昨夜
梧桐又報秋。（祁順《巽川祁先生文集》卷七）

秋，陳獻章作《程鄉社學記》。（阮榕齡《次編陳白沙先生年
譜》）

　　十月初十日，江源賦《弘治庚戌歲十月十日公事稍暇奉邀大參德馨內翰世賞過行臺小酌遂相與聯句仍用內翰韻得二首別賡韻一首》七律詩。（江源《桂軒集》卷八）

　　本年陳獻章賦詩如下：《寄李若虛憲副》五古、《蓬島煙霞圖贈羅定直　一峰先生之子也》七絕、《次韻張侍御叔亨至白沙》七律、《次韻張叔亨宿別》七律、《挽林別駕孟和》七絕、《容珪①輓詩》五古二首、《大田看山》七絕、《次韻鄒汝愚陽江道中見寄》七律、《雨中漫興二首》七絕、《問厚郭胡父子起居於其鄉人蘇　並序》七絕（序云：胡君名全，先師康齋先生女夫也。其子曰宵壽。景泰甲戌，予遊小陂，與君父子同處先生之門。時宵壽方七歲，工於筆硯，今二十又七年矣）、《何宗濂書來推許太過復以是詩》、《題兩山居士圖爲新淦李文光大賈》、《讀林和靖詩集序》（以上七律）、《讀宛陵先生歷覽昔賢皆泯泯尋思魯叟自波波　二首》七絕、《惠州法從事夜忽於江門垂釣得二尾魚送山廚作饌戲贈之因懷舊釣伴張廷實》五七雜言、《次韻羅明仲先生見寄》、《偶閱岳季方題商山四皓圖次韻》、《閱周溪圖作贈劉景林歸呈尊甫翁蕭庵程鄉令　四首》（以上七絕）、《用韻寄潘時用》五律、《丁明府置莊蕭二節婦祭田邑人訟而奪之》、《贈晉江掌教陳昌期赴任》、《村晚》、《對菊五首》、《代簡答吳撫州次定山韻》（以上七絕）、《張克修別駕約遊羅浮》、《張克修別駕見訪》、《題劉鑒松》（以上五絕）、《送子長遊玉臺兼懷林緝熙張廷實三首》七絕、《題扇面畫　二首》五絕、《次韻羅冕②》七律、《贈袁暉用林時嘉韻》、《贈兩生　三首》、《冬至日示袁暉用前韻》、《袁暉久在白沙候容貫不至以詩來和之》、《擬於精舍旁結小庵以處袁暉》（以上七絕）、《奉贈胡地曹　次韻四首》（前二首爲五絕、

<hr />

　　①　容珪，字彥禮，號到軒。新會荷塘人。父恪，命與弟斑、璿、璣俱從遊白沙。年五十五卒。白沙有詩文悼之。阮榕齡《白沙門人考》有傳。
　　②　羅冕，字服周。南海人。晚年嘗館白沙，陳子居喪，與書。阮榕齡《白沙門人考》有傳。

後二首爲七絶）、《答蔣方伯　有序》七絶（小序云：淮鵝之惠，
報以草書。少借右軍之譽，便成故事。寄興小詩，録以代謝）、
《得蕭文明寄自作草書至三首》七絶、《答惠菊》、《戲題張千户
畫松》（以上七古）、《送柑答之》七絶、《種梅》、《種樹二首》
（以上七律）、《雙鳳石在七星巖其一爲好事者取去族子冕以書來
索題　二首》、《龍山吟走筆和陳冕六首》、《次韻蘇伯誠吉士二
首》（以上七絶）。（陳獻章《白沙先生詩近稿》卷六《白沙先生
庚戌詩稿》）

　　本年林光賦詩如下：《次韻朱太古太尹述懷兼致贈別之意
以下庚戌作》七律、《送柳貳尹》七絶、《奉提學廣川吳先生試賦
此求教》、《問月樓》、《梯雲樓》、《賞中秋月》、《閱事有感》、
《重九日》、《有鄉僧自錢塘來訪詩以贈之》（以上七律）、《送沈
剛夫偕吳紳赴南監　七首》七絶、《承莊定山和答過訪之作七律
再用前韻寄意　八首》七律、《侍御彭憲卿出示過處州次卻金亭
韻一絶依韻奉答》七絶（跋云：沈香亭在廣州石門。吳隱之爲廣
州刺史，既滿任，經石門，搜籠中，得沈香一塊，棄之。好事者
爲建沈香亭）、《代柬答吳方伯》、《挽張僉憲父》、《連珠池諸生
欲搆亭其上詩以促之》（以上七律）、《連珠池旁與屠大理酌別》
五律、《静觀亭抛梁》七律、《哭舍弟克明　三首》五律、《静觀
亭雨中》七律、《重泛當湖　四首》五律、《避暑》七律、《偶
書》七絶、《題林大參訥齋》七律、《寄林待用憲長　三首》五
絶、《冬官林居魯謝病歸養來訪平湖賦此贈別》、《静觀亭奉餞屠
元勳少大理》、《送諸生往杭州時吳提學檄選諸生聽講　三首》七
絶、《牡丹忽枯悴》五律。（以上林光《南川冰蘗全集》卷九）

　　林廷瓛於本年中進士。

　　林廷瓛（一四五四～？），字公器，號南峰。吳川人。弘治三
年（一四九〇）進士。歷官永嘉縣令、蘇州同知。早年受業於新
會陳白沙，爾後師生互有詩文酬答。篤志理學，終生謹遵師訓。
著有《林南峰詩集》。（《吳川縣志》、《吳川歷代名人録》）

劉存業於本年中進士。

劉存業（一四六〇～一五〇六），字可大，號簡庵。東莞人。早孤，事母至孝。成化十九年（一四八三）舉人，明孝宗弘治三年（一四九〇）進士一甲第二①，授翰林編修，選充經筵官。六年，疏歸養母。十年，以母命赴朝。越年，復乞歸。武宗即位，赴京仍任經筵官，纂修《孝宗實錄》。正德元年五月，卒於官，年四十七。著有《簡庵稿》五卷，已佚。崇禎《東莞縣志》卷五、阮元《廣東通志》卷二七六有傳。

夏昇於本年中進士。

夏昇（？～一五一九），字景熙，號東庵。瓊山海南衛（今屬海南）人。明孝宗弘治三年（一四九〇）進士。授兵部職方司主事，改車駕司主事，歷官武庫員外職方郎中、尚寶司少卿、南京尚寶司卿、鴻臚寺卿。武宗正德十四年（一五一九）服闋，需選京邸，病篤乞歸，例加南京太常卿致仕，命下而卒。正德《瓊臺志》卷三八有傳。

廖紀於本年中進士。

廖紀（？～一五三二），字廷棟。陵水（今屬海南）人。明孝宗弘治三年（一四九〇）進士。累遷吏部員外郎、南京兵部尚書。卒，贈少傅，諡僖靖。阮元《廣東通志》卷三〇一有傳。

葉永秀於本年中進士。

葉永秀（一四六一～一五一〇），字汝寶，號介庵。東莞人。年二十，中明憲宗成化十六年（一四八〇）舉人，明孝宗弘治三年（一四九〇）進士，除烏程令，多有德政。六年，升湖廣道御史。明武宗正德元年（一五〇六），巡按北直。後出知永州。劉瑾竊權，兩次被逮入獄，奪職歸。五年八月，瑾被誅，起補衛輝知府，未到任，升陝西按察司兵備副使，不數月，卒於官，年五十。黃佐《廣東通志》卷六二有傳。

---

① 即榜眼，東莞人無中狀元者，劉存業既爲榜眼，當爲莞人科甲第一人。

陳文輔於本年中進士。

陳文輔，字以道。番禺人。穢從子。明孝宗弘治三年（一四九〇）進士。官大理寺正，決獄不祖宦官，劉瑾惡之，遂罷歸。後瑾伏誅，起知台州府，不赴。年未五十而卒。著有《坡山集》。事見阮元《廣東通志》卷六八。

余敬於本年中進士。

余敬，字行簡。新會書夏村（今屬開平）人。弘治三年（一四九〇）庚戌進士，出宰湖廣漵浦縣，後拜南京監察御史。（清《開平縣志》）

陳禄於本年中進士。

陳禄，懷集人。弘治三年（一四九〇）庚戌進士，歷任刑部郎中、江西撫州府知府。入祀鄉賢祠。（《皇明進士登科考》）

韓淳於本年成貢生。

韓淳，字樸夫。博羅人。弘治三年（一四九〇）庚戌歲貢，授福建南靖訓導。（乾隆《博羅縣志》卷十二）

李翶生。

李翶（一四九〇～一五四五），字文輿，號過齋。番禺人。正德八年（一五一三）舉人，嘉靖二年（一五二三）進士。知侯官縣，後任南京刑部主事，進郎中。十四年，出知袁州，以不賂嚴嵩，調知思南。到任兩月，移平樂。妻林氏，番禺巨族林遠女，寬厚好施。（同治《番禺縣志》卷三九）

黃佐生。

黃佐（一四九〇～一五六六），字才伯，號泰泉。香山（今中山）人。明武宗正德五年（一五一〇）解元，十五年（一五二〇）進士，明年世宗即位始廷試，選庶吉士，授翰林院編修。尋省親歸，便道謁王守仁，與論知行合一之旨，數相辯難，守仁亦稱其直諒。還朝，會出諸翰林爲外僚，除江西僉事，旋改督廣西學校。聞母病，引疾乞休，不俟報竟去。被逮問，以爲親受過，於情可原，乃令致仕。家居九年，命以編修兼司諫，尋進侍讀，

掌南京翰林院。召爲右諭德，擢南京國子祭酒。母憂除服，起少
詹事。因與首輔夏言不合，辭官歸，改白雲山景泰寺爲泰泉書
院，講學其中，人稱泰泉先生。佐善詩，有粵中昌黎之稱。弟子
梁有譽、歐大任、黎民表等亦以詩名。年七十七卒。穆宗詔贈禮
部右侍郎，諡文裕。佐平生著述甚豐，著有《泰泉集》、《廣東通
志》七十卷、《廣州人物傳》二十四卷及《香山縣志》、《羅浮山
志》等三十餘種、二百六十餘卷。佐與邱濬、陳獻章合稱明代廣
東三大學者。《明史》卷二八七、阮元《廣東通志》卷二七八
有傳。

明孝宗弘治四年　辛亥　一四九一年

十一月，以邱濬爲文淵閣大學士。

四月，邱濬賦《脩譔費宏子充告病南歸臨行書此爲別所謂輔
世應須弘事業非但以告子充亦以諗其伯父夏官也時辛亥孟夏作》
詩云：

當代掄魁四十六，就中惟子最青春。既膺聖祖高科選，莫作
儒流次等人。輔世應須弘事業，還家聊且養精神。秋來我亦南歸
去，懷玉山前一問津。(邱濬《重編瓊臺稿》卷五)

二十五日，江源賦《弘治辛亥四月廿五日余訪同年憲僉鄒君
濟時於新喻之石上因留信宿酌酒話舊遂相與聯句得三十六蓋以寫
一時會合之情而未暇論其工拙也》七言長篇聯句詩。

五月二十九日，江源賦《弘治辛亥五月廿九日世賞内翰訪余
於行臺因留小酌聯句二首》七言聯句詩。（以上江源《桂軒稿》
卷八）

八月十五日夜，祁順賦《答方彥卿》七絕詩，序云：

中秋之夕，承示佳作，既而辱臨蓬舍，賞翫甚歡，何其慰也。高韻難於
奉和，而情自不能已，因成四絕，以達所懷。（祁順《巽川祁先生文
集》卷七）

九月初九日，林光賦《重九日　三首　辛亥歲》七律詩。

（林光《南川冰蘗全集》卷八）

十月，陳獻章與劉大夏等泛舟至厓門，有建慈元廟之議。
（陳鬱夫《明陳白沙先生獻章年譜》）

除夕，邱濬賦《辛亥除夕》詩云：

一年將盡夜，好似我殘生。短晷無多刻，通宵欲煞更。心期應已畢，身事亦垂成。歲去毋庸守，從他天自明。（邱濬《重編瓊臺稿》卷三）

濬又賦《除夜感懷》七律。（邱濬《重編瓊臺稿》卷五）

蘇葵亦賦《辛亥除夕》七律詩云：

鐘鼓樓頭報歲除，五更春入散衰初。桃符自把尋佳句，銀鬢誰教逼老夫。城市人家聞爆竹，海蠡杯子酌屠蘇。太平叨禄無裨補，只教嵩呼近御爐。（蘇葵《吹劍集》卷三）

本年邱濬賦《辛亥思歸偶書》、《朝回口號》、《憶青山莊》（以上七律）。（以上邱濬《重編瓊臺稿》卷五）

本年陳獻章賦《新年試筆》七絶、《挽黎雪青》、《劉進盛書來勸著述用舊韻答之》、《用前韻寄羅養明工畫竹》、《玉臺次楊敷韻》、《與楊敷投壺》、《楊敷別後有懷二首》（以上七律）、《對影》、《雨中偶得》、《題陶憲長畫唐詩圖》、《雨後觀園》、《僉憲莆陽李公自海南征黎過白沙》（以上七絶）、《有懷世卿　四首》、《觀自作茅筆書》（以上五律）、《益母草》五言古詩、《飲名酒》七絶、《久雨》五律、《贈趙日新還潮州》七律、《觀競渡》、《贈茶園何視履翁》、《題王廷直畫》（以上七絶）、《送順德李縣幕岳兼呈吳明府》七律、《贈李若虛憲副》、《次韻李憲副若虛見憶》（以上七絶）、《次韻李憲副留別》七律、《贈畫師》、《次韻馬廣重過白沙二首》、《葵山小睡次韻謝天錫韻　二首》（以上七絶）、《次韻劉程鄉至白沙》七律、《送劉程鄉遊玉臺》七絶、《贈劉程鄉別》五律、《葵山受諸持齋者拜戲作示之》、《次韻張別駕古勞望白龍池》（以上七絶）、《題林府尊壽家慈書後　有序》五絶、《九日小廬山山示諸友》（自注：五羊潘漢、南海葉宏、南海謝

佑）、《九日下廬山》（以上七律）、《睡起偶成》、《候方伯東山劉
先生》（以上七絕）、《奉陪方伯東山劉先生往厓山舟中作》、《東
山至厓山議立慈元廟因感昔者夢中之言成詩呈東山》（以上七
律）、《病疥用後山韻寫懷四首》、《梅花二首》、《喜梁文冠至》
（以上五律）。（陳獻章《白沙先生詩近稿》卷七《白沙先生辛亥
詩稿》）

本年祁順賦《月梅爲石灘陳志子銘題二首》詩云：

水橫疏影月傳神，詩到林逋最逼真。還憶羅浮風雪夜，翠禽
啼破夢中春。

瀟灑風情玉雪姿，一梢寒月浸山池。調羹資訊傳來近，看取
青青結子時。

順又賦《從弟重嚚詩來索紙走筆次韻以紙二十幅與之》七
絕。（祁順《巽川祁先生文集》卷七）

本年邱濬七十二壽辰，梁儲賦《壽邱閣老七十二》詩云：

瓊山前度降神時，初報寒梅第一枝。麟出九真曾瑞世。鳳翔
千仞更來儀。蒼生正喜歸仁壽，黃閣於今有俊耆。淺薄幸隨鄉里
後，願輸忠悃答無爲。（梁儲《鬱洲遺稿》卷八）

明孝宗弘治五年　壬子　一四九二年

九月初八日，江源賦《弘治五年九月八日司空戴先生召諸公
爲白雲寺之遊歸途間張靖州有九日遣懷之作遂次其韻十四首》五
律詩。

源又賦《寫懷二首》詩云：

五十始衰時，如今又六期。但償沽酒價，不計買山資。水稻
供饘粥，園蔬當肉糜。他年買歸棹，聊此足娛嬉。

萬里赴松潘，孤舟別故園。風波江上路，兒女夢中言。月色
滿前浦，雞聲出遠村。思家原有淚，過峽莫聞猿。（以上江源
《桂軒續稿》卷二）

十一月，祁順賦《壬子仲冬上京族中弟姪送過石門而別》

詩云：

相送情深過石門，醉中分袂暗銷魂。舉頭一望人何處，遠樹蒼茫無數村。

南北舟中兩渺茫，相思情與海天長。隔篷侵曉聞人語，猶訝諸君在耳傍。（祁順《巽川祁先生文集》卷七）

本年陳獻章賦詩如下：《元日有懷楊榮夫示陳東淵①》七律、《贈夏進士升》七絕、《代簡答林蒙庵先生》、《次韻興化王太守諸公會飲顧通府宅見憶白沙聯句》（以上七律）、《顧別駕欲人以號稱不以官口號取笑》、《書稱顧別駕曰勉庵別車詩以博笑》、《顧別駕來教民板築復以詩見示次韻奉答》（以上七絕）、《雨中栽竹》五律、《次韻顧通府擬歸索和章　二首》、《次韻吳獻臣明府》（以上七律）、《題春草畫》七古、《次韻黃澤飲酒見寄　二首》七絕、《題顧通判集古唱和卷後》五絕、《謁鄧家山墓》、《送扇與萬松庵》、《次韻劉方伯東山見寄》（以上七絕）、《題畫松泉為張別駕吉　二首》（前四言、後五絕）、《小酌次前韻二首》七律、《松隱挽詩　薛廉憲父也》、《送薛廉憲江門　三首》、《謝東山惠廣西酒》、《李評事題其弟世卿詩卷曰采菊蓋取予贈世卿古詩首句語名之因題》、《次韻世卿再至白沙》（以上七絕）、《送劉方伯東山先生》、《楚雲臺呈世卿　四首》（以上五律）、《度楚雲臺前小橋》、《用前韻答張直兄弟助修楚雲臺》、《偕一之世卿詣楚雲臺偶作呈世卿　二首》、《代簡奉寄饒平丘明府》（以上七絕）、《次韻世卿贈蔡亨嘉還饒平》七律、《喜康沛②至》五古六句詩、《寄廷實制中》、《聞黃澤發解》、《和林子逢至白沙》、《秋夜楚雲臺小集贈俞溥》（以上七絕）、《林子逢至白沙作示之》七律、《遊圭峰同世卿作》五古、《送梁國鎮》、《生日答吳明府

---

① 陳東淵，增城仙村人。郡諸生馬龍為其友。阮榕齡《白沙門人考》有傳。

② 康沛，順德人。陳獻章弟子。阮榕齡《白沙門人考》有傳。

獻臣》、《示李孔修近詩》（以上五律）、《世卿赴順德吳明府之召
五日不返詩以促之二首》、《一之夜歸自楚雲臺失足墜臺旁溝諸生
拽出之予聞大笑與世卿各賦詩啳之》（以上七律）、《憶衡山呈世
卿四首》七絕、《次韻顧通判夜泊江門見示》、《送羅服周解館》
（以上七律）、《尋梅飲李鴻①宅用服周韻》（二首，前七律、後五
律）、《蔣韶州書至代簡答之》五古、《次韻顧通守》七律、《留
世卿飲用前韻》七律。（陳獻章《白沙先生詩近稿》卷八《白沙
先生壬子詩稿》）

　　本年邱濬賦詩如下：《壬子歲慶成宴偶成》、《遊山寺寺僧攜
卷求詩因次人韻》、《內閣晚歸口號》、《壬子二月偶成》、《壬子
四月有感》、《題老狂卷》、《送傅日川學士還鄉祭掃》、《送李世
賢祭酒之南雍》、《壬子九月偶書》、《壬子十月望雪》、《閑中書
懷壬子冬作》、《頒曆日有感》、《偶書》、《壬子除夕偶書》（以上
皆七律）。（以上邱濬《重編瓊臺稿》卷五）

　　本年林光較文至北京，後賦《贈袁陽健夫進士尹上元　並
序》詩云：

　　　余官平湖時，與袁士宏先生爲僚友，時健夫侍厥考，方草角耳。壬子，
　予較文來京，健夫由滿城中式，無何又登黃甲，既任江寧尹，以憂去。今又
　補上元，攜其子來京，亦若健夫在平湖時。嗚呼，余安得不衰且老哉？因感
　而贈以是詩。

　　　童草相期更不疑，如今有子似當時。才掄京邑君逾壯，跡寄
　橋門我向衰。秋嫩共聽蟬韻細，春回爭覘壠苗肥。莫言仕路知心
　少，更醉南川酒一巵。（以上林光《南川冰蘗全集》卷十一）

　　本年湛若水二十七歲，寒窗十餘載，始終未中舉。（黃明同
《陳獻章評傳·附傳：湛若水生平及其哲學思想》）

　　黃澤於本年中解元。

　　黃澤，字曰雨。順德人。弘治五年（一四九二）解元，六年

---

　　① 李鴻，字從正。阮榕齡《白沙門人考》有傳。

進士。陳白沙有《聞澤發解詩》。性豪舉博學，工詩，善真草書。初計偕同舉人何欽病疫，僮僕盡死，澤獨負欽至省治，逾旬而愈，人義之。阮榕齡《白沙門人考》有傳。

梁㮣於本年中舉人。

梁㮣，字廷用。番禺人。明孝宗弘治五年（一四九二）舉人。事見阮元《廣東通志》卷七二。

黃粵於本年中舉人。

黃粵，字秀卿。南海人。① 麓第四子。明孝宗弘治五年（一四九二）舉人。事見阮元《廣東通志》卷七二。

龍宣和於本年中舉人。

龍宣和，字宗韶，號五江。順德人。明孝宗弘治五年（一四九二）舉人，晋江知縣，改連江教諭。康熙《順德縣志》卷七有傳。

韓宗堯於本年中舉人。

韓宗堯，字仁卿，號愛軒。番禺人。明孝宗弘治五年（一四九二）舉人，九年（一四九六）進士。初署柳州學正，旋補睢州。晋湖廣蒲圻令，以憂去。起補安仁縣，尋棄官歸。阮元《廣東通志》卷二七六有傳。

陳珙於本年中舉人。

陳珙，南海人。府尹錫之父。官訓導，贈太常卿。事見溫汝能《粵東詩海》卷一七。

王世亨於本年中舉人。

王世亨，萬州人。祐子。明孝宗弘治五年（一四九二）舉人。官宣化知縣。正德《瓊臺志》卷三八有傳。

鍾曉於本年中舉人。

鍾曉，字景暘（陽），一字一齋。順德人。明孝宗弘治五年（一四九二）舉人，官國子學正，選南京貴州道監察御史、思恩

_____

① 一說番禺河南人。

知府。正德間服闋，改北道差巡京畿東路，巡按四川。居官三十餘年，年八十五卒。著有《奏疏稿》、《燕石集》。康熙《順德縣志》卷七有傳。

李江於本年中舉人。

李江（一四五五～一五三八），字朝宗，號亦山。新會巋峒（今屬開平）人。明孝宗弘治五年（一四九二）舉人。任廣西梧州推官，以文章忤當道，罷歸。著有《亦山先生遺稿》四卷。道光《肇慶府志》卷一八、民國《開平縣志》卷三二有傳。

陳護於本年中舉人。

陳護，字宗湯。以學行稱，事父兄最恭謹。明孝宗弘治五年（一四九二）舉人。任賓州教授，擢清江知縣。後祀賓州清江名宦。少陳白沙三十六歲。嘉靖二十九年（一五五〇），湛若水奉謝佑與護神位，同配享於白雲山白沙祠，以二人皆無後也。阮榕齡《白沙門人考》有傳。

曾奎於本年中舉人。

曾奎，字梅山。興寧人。明孝宗弘治五年（一四九二）舉人。官夔州通判。初授來賓教諭，謫廬陵訓導，後遷北國子學正，轉吉安通判，改調思恩。胡曦《梅水匯靈集》卷一有傳。

李翰於本年中舉人。

李翰，字文卿。新會潮連人。明孝宗弘治五年（一四九二）舉人，六年會試副榜第一。官懷集、上海教諭，轉國子學錄，升山西道御史。未任卒。爲陳白沙門人，少白沙三十五歲，人謂其操律行，風韻瀟灑，酷似白沙夫子。阮榕齡《白沙門人考》有傳。

施用於本年中舉人。

施用，字以政。新會竹蓢人。遺腹子。少嗜學。遊白沙先生門。明孝宗弘治五年（一四九二）舉人，知太平縣，著廉能聲。家蕭條猶好施，友人林捷之貧，月給資糧。卒年七十五。第五子應岳拔貢。阮榕齡《白沙門人考》有傳。

黄元於本年中舉人。

黄元，字克仁。陳獻章門人。明孝宗弘治五年（一四九二）舉人，知龍巖縣，改江南武德經歷。阮榕齡《白沙門人考》有傳。

趙日新於本年中舉人。

趙日新，字新民。潮陽人。相子。明孝宗弘治五年（一四九二）舉人，羅城教諭。曾受業於陳白沙，白沙稱爲忠信之人。與湛甘泉同學友善。阮榕齡《白沙門人考》有傳。

陳昊元於本年中舉人。

陳昊元，字乾善。番禺人。少受學於陳獻章。明孝宗弘治五年（一四九二）舉人，陸川教諭，以艱歸。服闋，改直隸南宮。正德三年（一五○八）戊辰登進士，知浙江青田。一意高蹈，留心濂洛，杜門講學終。乾隆《番禺縣志》卷十五有傳。

王傅於本年中舉人。

王傅，字希説。番禺人。漸逵父。明孝宗弘治五年（一四九二）舉人，泰州學正。（阮元《廣東通志》卷二七八）

明孝宗弘治六年　癸丑　一四九三年

正月二十日，陳獻章書其《遇雨詩》五律四首，序云：

易菊主偕其姪婿楊和從子庸信宿白沙，遇雨，偶憶莊定山與予於白馬庵夜雨聯句云：公來天閣雨，天共主人情。菊主感歎，再三誦之。予因舊韻以復。跋：弘治癸丑春正月二十日，石翁書於白沙貞節堂。（《陳獻章集·陳獻章詩文補遺》）

易贊，字翼之，別字菊主。新會玉橋人。白沙先生門人。女適白沙孫貢生琬。阮榕齡《白沙門人考》有傳。

三月，陳獻章作《羅倫傳》。（阮榕齡《次編陳白沙先生年譜》）

四月首夏，邱濬賦《癸丑首夏偶書》詩云：

殘年短景急騶騶，一刻清陰直萬金。生在世間能幾久，莫將閫事苦操心。

昭君詞翻白樂天詩案　二首

奉命將身事朔酋，出門已分此生休。使回致語無他囑，但願君王惜好逑。

受釃登車不敢違，嫁雞直合與雞飛。黃金留作邊功賞，縱贖妾身難再歸。（以上邱濬《重編瓊臺稿》卷四）

七月，陳獻章作《程鄉儒學記》。（阮榕齡《次編陳白沙先生年譜》）

除夕，祁順賦《癸丑除夕次敖靜之韻》詩云：

雪飄殘臘玉鋪塵，暖入條風節報春。六十年來垂老境，九千里外未歸人。宦程自笑先居後，歲月從教故又新。朋舊別離相憶切，愁腸終日轉車輪。（祁順《巽川祁先生文集》卷六）

本年陳獻章賦詩如下：《即事》、《謫仙亭》（以上七絕）、《訪客舟中》五絕、《世卿還黃公山》七絕、《與雷震東　從世卿來》、《與雷震陽　從世卿來》、《與李嚴　世卿仲子》（以上七律）、《謝金方伯曆》七絕、《贈世卿別二首》（跋云：世卿乞予藤蓑，回贈之）、《贈世卿遊山二首》五律、《聞周京春試下第遣黎公往報其家》、《聞東山先生領都憲之命修理黃河以詩寄之》（以上七絕）、《世卿將歸　二首》五律、《題山水小畫寄姜知縣》、《送蔣誠之考績入京》（以上七絕）、《夢後作　四首》、《贈酈筠巢》、《客乞題隨時子軒》、《偶題扇面　二首》（以上五絕）、《沈石田作玉臺圖題詩其上見寄次韻以復》七絕、《蔣韶州世欽挽詩二首》、《周京聞母喪歸吊以是詩》、《題南窗壁》、《雨後示劉宗信①林時嘉二首》（以上五絕）、《八月二十四日颶作多溺死者》五律、《漫筆》、《神泉八景爲饒鑒賦其四贈之》（以上五絕）、《得世卿永興書》七絕、《九日　三首》、《讀李評事承芳文三首》五絕、《贈饒鑒》五律、《方伯金公顧白沙用前謝送曆韻代簡答

① 劉瓛，字宗信。增城人。太學生。阮榕齡《白沙門人考》有傳。

之》、《題一峰傳稿後》、《閔都憲惠曆》（以上七絕）、《送劉宗信還增城四首》五絕、《送林時嘉》七絕、《次韻顧別駕江門夜泊》、《次韻伍南山賀碧玉樓新成二首》（以上七律）、《贈張叔亨侍御出按雲南》、《碧玉樓晚望》（以上五絕）、《再和碧玉樓韻》七律、《讀張主事近稿　二首》（前五古、後五絕）、《贈針灸楊飛》五古（我主大行人　莊定山昔爲行人司副，母疾，迎楊翁於常山）、《次韻陳冕　二首》、《冕與張別駕約遊清淇冕後至》（以上七絕）、《梅花》五律、《讀世卿藎卿挽五羊鍾狂客卷次韻》七律。（陳獻章《白沙先生詩近稿》卷九《白沙先生癸丑詩稿》）

　　本年邱濬賦《癸丑內閣晚回口號》、《學（闕）》、《海詩》、《冬夜掖門待漏口占》、《朝退偶書》、《白紅梅　二首》、《癸丑科傳臚侍班口占》、《道中聞有哭子者感而作》（老去思鄉正愴情，不堪又聽哭兒聲。也知人理終歸盡，亦解死亡難復生。耳里忽聞腸似割，眼中不覺淚如傾。年逾七十無多日，不免同爲地下行）、《客有談及家林者偶成》、《聞哭聲有感》、《重陽　三首》（滿城風雨近重陽，籬菊含滋欲放香。明日陰晴殊未定，先時歡會又何傷。茱萸細看今還健，竹葉新醅且預嘗。倖免催租人敗興，不妨連日醉壺觴。八日。滿城風雨作重陽，籬菊滋滋濕更香。不用登高狂落帽，正須開口笑傳觴。村醪彷彿宜城醞，田舍依稀崔氏莊。乘興盡歡同一醉，明年誰在又誰亡。九日。滿城風雨送重陽，不獨蜂愁蝶已忙。乘興還來聯斷句，開懷重與盡餘觴。須知佳節難常遇，未必寒花遽減香。笑殺牛山垂淚客，逢時不樂卻悲傷。十日）、《京城見梅》、《偶讀魯論篤信好學章因誦宋蘇州七十詩愛其二語用予意以足之》、《慶成宴上口占》、《郊行有感》、《明妃　二首》、《憶戚文淵編修》二首（序云：文淵別我去也餘二十年。夫人鬼殊途，於故人妻子尚有憐顧之意，況生爲人乎？予因老妻述其夢中所見，感歎者久矣。曰：不但今世無此人，亦未聞古有此神也。古詩有云：莫憑無鬼論，終負托孤心。予愧於君也多矣。扶淚書此數句以逢之。君神遊八極，幸勿笑曰：我不識世間人作何等語。雖然，予年逾七望八，在人世幾何時哉？冥冥之中相見蓋有期也。明年乞骸南還，道錢塘江，求一帆風以相送，不知肯於夢中一會晤否耶？）、《題故紙》（以上七律）。（以上邱濬《重編瓊臺稿》卷五）

　　本年王佐六十六歲，賦《書懷》五古詩，首句云："我生未幾時，遽已六十六。"（王佐《雞肋集》卷八）

　　本年林光賦詩如下：《和一庵贈別王廷秀　一庵常遊康齋之門，以下癸丑作》五古長詩、《次韻姜仁夫秋官過訪平湖　四首》五絕、《贈別姜仁夫秋官》七律、《題蕉池積雪圖》七律、《桃花　四首》七絕、《對紫荆花有懷亡弟克明》七絕、《癸丑三月十三日劉生玘邀爲陳山之遊以事不果賦此呈胡伯雍明府　二首》、《宿陳山時陪胡伯雍明府祭神龍》、《遊陳山遇雨》、《雨霽復登陳山》、《遊陳山議搆亭龍湫之上　二首》、《賞牡丹　二首》（以上七律）、《龍湫》五古長詩、《與處州吳千兵索金盤露》七律、《題扇面》二首七絕、《義搆陳山龍湫亭》、《題當湖別意　二首》、《送歐員外還京時彭從吾亞卿兩浙賑濟》、《承許憲副昌世沈大參元節過訪留飲静觀亭既別大參留詩示教依韻奉答》、《癸丑六月之望立秋後一日胡伯雍明府邀泛當湖二首》、《題使湖還朝卷》、《嘉興柳郡侯輓》、《雪窓》、《給由赴杭楊玘曹魁楊燧三子在侍（首聯云："癸丑人間八月秋，三生侍我又杭州"）》（以上七律）、《發錢塘　二首》五律、《官滿平湖留別　二首》、《官滿南歸吳汝儀沈元式孫吉夫送至姑蘇飲別於虎邱寺》、《石谷爲吳提學憲副先生》（以上七律）、《紀別　三首》七絕、《次韻石齋先生見贈》、《用韻留別諸友》（以上五律）、《承吳獻臣明府王日雨進士張廷實地曹餞別東山寺用地曹韻留別　三首》七絕、《題盧居士小像》七絕、《石門西華寺　三首》五絕、《過峽山寺　二首》、《七月十七日將至韶州》、《南園草屋》（以上七絕）、《金陵浦潤少爲僧既長棄僧歸依父母》、《哭時襃　四首》、《贈王敬止行人使朝鮮次定山韻》（以上七律）、《直沽阻風　二首》七絕、《奉新

偶述　二首》五絕、《挽黃良貴郎中父省高壓庵卷》七律、《時褱
樞得便舟先發　四首》五律、《送高大用尹邵武》、《與楊居敬大
尹敘別》、《登太白樓（四首)》、《兗州到任》、《謁孔廟　二首》、
《曲阜道中　二首》、《謁孔子墓》、《孔子手植檜》（以上七律)、
《登兗州城西樓》五律、《嶽雲樓　即城南杜甫所登之處，又名杜
甫樓》五律、《東魯門》、《顏樂亭　三首》、《尼山》（以上七
絕)、《承少參孫拙庵僉憲王恥齋二明公枉駕茶園》七律、《王僉
憲同孫少參枉駕敝廬留詩見贈奉答兼呈張少參先生　四首》七
絕、《和羅一峰贈王樂用侍御　二首》五律、《次韻孫少參見寄
二首》七絕、《銅仁太守輓　孫少參祖也》七絕、《孫少參父母
輓》七律。（以上林光《南川冰蘗全集》卷九）

　　本年黃鑰五十歲生日，賦《癸丑五十作》詩云：

　　忽忽光陰五十過，半生回首愧蹉跎。雲霄萬里飛鴻遠，江海
千尋數罟多。貧病獨嗟原憲在，窮途無奈阮公何。枌榆社酒渾忘
醉，明月清風且放歌。（黃鑰《香山主人遺草》）

　　本年湛若水赴京會試，落第。（黃明同《陳獻章評傳·附傳：
湛若水生平及其哲學思想》）

　　胡灃於本年中進士。

　　胡灃，字伯鍾，號節庵。南海三江（今屬三水）人，附籍英
德。成化十六年（一四八〇）庚子賢書，弘治六年（一四九三）
進士，授刑部主事，遷員外郎，以病免。武宗正德五年（一五一
〇）起補工部，遷郎中。以督治濟寧河道有功，擢敘州知府，轉
四川松潘副使。以忤權貴，棄官歸。遊西樵山，與霍韜論理學，
甚相投契。大同兵變，韜薦灃，並進灃所製箭。詔徵赴京，命兵
部傳其技法，擬授僉都御史，開府西北，命未下而卒。阮元《廣
東通志》卷二七六有傳。

　　鍾渤於本年中進士。

　　鍾渤（一四五七、一四五一～一五二八），字元溥，號東岡。
東莞人。年二十一，中成化十三年（一四七七）舉人，弘治六年

（一四九三）成進士，任官吏部。八年，調刑科給事中，巡京倉，劾太監不法罪狀。又奉命查山西庫銀盜失案，得其實情，時稱神明。歷官吏科右給事中、兵科左給事中、兵科都給事中，服父喪告歸。武宗正德二年（一五〇七），補工科都給事中。太監劉瑾忌恨構陷，四年，出屬浙江參議。值浙江旱災，發倉賑饑，民受其惠。瑾誅，陞雲南左參政。以鯁直不容於權勢，遂辭歸。世宗嘉靖二年（一五二三），晉大中大夫。年七十二，卒於家。著有《東岡集》（已佚）。明張二果、曾起莘崇禎《東莞縣志》卷五、阮元《廣東通志》卷二七六有傳。

曾鎰於本年中進士。

曾鎰，萬寧（今屬海南）人。明孝宗弘治六年（一四九三）進士，南京戶部主事，升浙江司郎中。事見道光《萬州志》卷二。

陳繗於本年中進士。

陳繗，字克紹，瓊山人。父經，宣德十年（一四三五）乙卯舉人。繗童年稱異，補弟子員。三十選貢，赴廷試。從邱文莊學，分韻賦詩，輒先成。明孝宗弘治六年（一四九三）進士，選庶常，翰林院檢討。著有《唾餘集》四卷，後人輯成《海南叢書》，曰《陳檢討集》。事見阮元《廣東通志》卷六八。

王縝於本年中進士。

王縝（一四六四～一五二四）①，字文哲，號梧山。東莞人。恪子。明憲宗成化二十二年（一四八六）舉人，明孝宗弘治六年（一四九三）進士。官兵科給事中，強直敢言。出使安南，不收饋贈。轉禮科右給事中，升工科都給事中。正德初，遷雲南左參政，不迎合劉瑾，被罰米五百石，變賣家產以償。瑾被誅，升右布政使，又升福建左布政，封都察院右副都御史，巡撫應天，正德七年（一五一二）丁母憂歸。起，撫治鄖陽。升南京刑部右侍

① 一說（一四六五～一五二三）。

郎。世宗嘉靖二年（一五二三）擢南京戶部尚書，年五十九，卒於官。著有《梧山集》。《明史》卷二〇一、阮元《廣東通志》卷二七六有傳。

胡濂於本年中進士。

胡濂，定安人。弘治六年（一四九三）癸丑進士，官至江西布政使。溫汝能《粵東文海》有傳。

何歆於本年中進士。

何歆，字子敬。博羅人。弘治六年（一四九三）癸丑進士。南京江西道監察御史。督江右軍政，戎伍一新。出知徽州府，居五年，以治辦聞。擢山西參政。（光緒《惠州府志》卷三二）

明孝宗弘治七年　甲寅　一四九四年

六月，巡按廣東御史熊成章謀創樓爲盍簪之地，檄通判顧文來卜地，數月後，白沙嘉會樓告成，獻章有《與顧別駕止建嘉會樓書》。（阮榕齡《次編陳白沙先生年譜》）

同月，陳獻章賦《次韻顧別駕留宿碧玉樓　五首有序》詩，序云：

弘治七年夏六月，按治廣東侍御熊公欲創樓於白沙水湄，爲往來相接之地。謀始事於我，郡主林先生遂盡聞於藩憲諸公。議既定，別駕以按治之命來相地。是夕，宿白沙碧玉樓。遂次韻奉答。（陳獻章《白沙子全集》卷六）

八月十五日夜，祁順賦《中秋之夕陳方伯廉夫招飲》詩云：

畫堂紅燭照深更，對景相看感至情。秋色正當今夕半，月輪應似故鄉明。一樽酩酊忘賓主，四海交遊即弟兄。卻恐宦途容易別，思君何處可尋盟。（祁順《巽川祁先生文集》卷六）

九月，邱濬賦《感懷　甲寅九月作》詩云：

憶昔堂前別母慈，號天哭地淚淋滴。想應慈母肝腸裂，亦似當時育我時。

題周都尉墨竹

森森出地傳龍種，挺挺參天結鳳巢。人道此君敦世契，風雲氣概歲寒交。（邱濬《重編瓊臺稿》卷四）

冬，厓門慈元廟成。（黃明同《陳獻章評傳》附《陳獻章年譜》）

十月，邱濬又賦《受一品封　四首，甲寅十月作》七絕詩。（邱濬《重編瓊臺稿》卷四）

本年邱濬又賦《甲寅進秩偶書》詩云：

御筆親陞三學士，寵光濫及一衰翁。天心獨眷恩難報，日力無多技已窮。老我羞為阿世學，昔人曾決背城功。除書未捧先垂淚，可惜虛閑半世中。

甲寅初度

人生七十古來稀，我度稀年又四暮。竊比夢楹加一歲，如方易簀活多時。平生切切懷三戒，此日休休有萬宜。所欠是歸兼是死，四分百歲過三之。（邱濬《重編瓊臺稿》卷五）

本年詔選天下畫士，林郊取第一。

林郊，字子遠。良子。傳其業，擅水墨翎毛。弘治七年（一四九四）詔選天下畫士，郊取第一，授錦衣衛鎮撫，值武英殿，十七年致仕。有《都亭詠別序》，士大夫賦詩甚眾。歸隱龍子窩，修黃白之術。汪兆鏞《嶺南畫徵略》卷一有傳。

本年陳獻章賦詩如下：《正月二日雨雹　是日雨水節》五古（跋云：後二日雨霰）、《五日雨霰二首》（前五絕、後五言六句）、《讀張地曹偶拈之作》五古、《次韻見訪》七律、《張克修別駕遷梧州守來別白沙贈之二首》五絕、《嚴墓堂銘》四言、《贈陳護湛雨二首》五絕（其二：君若問鳶魚，鳶魚體本虛。我拈言外意，六籍也無書）、《送李子長往懷集取道謁張梧州　二首》五絕（其二跋云：克修由肇慶同知轉梧州知府）、《飲酒二首》、《再依韻答子長　三首》（其三跋：比歲常夢遊天台華頂山）、《張主事報林縣博歸過五羊用飲酒韻》（以上七律）、《喜何竹窗重過白沙話舊贈之二首》五律、《聞林緝熙初歸自平湖寄之》五

律、《張地曹見和飲酒數篇復用韻答之》七律（頸聯：學士有箋
飛紫禁　張東白上疏乞歸，東山無計謝黃河　劉時雍修黃河）、
《寄題邵西澗》七絕、《張地曹見和寄林縣博韻答之二首》五律、
《贈范能用①　二首》五絕、《將至廬山有作和吳兆麒》、《和景孚
遊山　二首》（以上七律）、《悼孟章　有序》七絕（序云：章姓
區氏，順德人。四十不娶，棲跡空山，委志逍遙，漠然不知人世
之欣戚何如，亦一奇士也）、《悼馬龍②　有序》七絕（序云：龍
從一峰先生遊，頗見意趣。一峰賦《道南詩》送之。後為仕進累
心，遂失其故步，至不得一第而死，亦命也夫！人生幾何，徒以
難得之歲月，供身外無益之求，弊弊焉終其身而不知返。若林琰
皆覆轍可鑒，惜哉）、《西良容倫饋荔枝非桂州本色戲以是詩》、
《壽南山翁七十　二首》（以上五絕）、《和子長民澤論詩寄與羅
浮之作》五律、《再用韻示諸友》五律、《得世卿書訝其太略》、
《答世卿書》、《追和劉文靖偶得韻二首》、《吳明府約過廬山不果
使人送菊酒至用世卿韻答之》（以上七律）、《贈李司訓先生別》、
《再用韻寫懷》（以上五律）、《次韻顧別駕奉寄彭司寇二首　有
序》七律、《次韻顧別駕留宿碧玉樓　五首有序》（序云：弘治七
年夏六月，按治廣東侍御熊公欲創樓於白沙水湄，為往來相接之
地。謀始事於我，郡主林先生遂盡聞於藩憲諸公。議既定，別駕
以按治之命來相地。是夕，宿白沙碧玉樓賦詩，碧玉主人陳獻章
次韻答奉）、《偶憶廷實遷居之作次韻示民澤　二首》、《湛民澤攜
諸生遊圭峰甚適奉寄小詩呈文定上人　四首》（以上七絕）、《嘉
會樓用顧別駕韻奉答熊侍御》七律、《代簡答府尊林先生慶老母
生日》、《秋坐碧玉樓三首》、《夢楊敷道定山事　數，羅一峰門
人》、《九日嘉會樓登高四首》、《楚雲臺觀民澤所栽菊寄民澤用昨

---

① 范規，字能用。南海人。阮榕齡《白沙門人考》有傳。
② 馬龍，字文祥。南海人。郡諸生。嘗從羅倫學。阮榕齡《白沙門人考》
有傳。

九日韻時民澤還五羊未返》、《野菊吟寄子長再次》（以上五律）、
《山斗爲羅一峰作二首》七絶、《不習書絹殊失故態已付染師作碧
玉老人臥帷矣呵呵拙詩紀興録上顧別駕先生以博一笑》五古、
《觀黎秫坡先生畫像二首》、《次韻周憲副孟中見寄二首》、《代簡
答黃太守》（以上七絶）、《壽王松坡用西涯韻　清戎王侍御父》
七律、《次韻廷實見示二首》七絶、《吳明府送菊次韻答之》五
律、《寄題張主事小西湖次韻二首》七絶、《贈太守黃公》、《題
宋丞相陳俊卿畫像》、《題宋狀元陳文龍畫像》（以上五絶）、《待
黃太守見訪　時當考績入京》七律、《龍江鄧翹①送晚菊》、《次
韻送藤枕》（以上七絶）、《病中寫懷二首》七律、《悼陳冕②三
首》七絶、《送左秀才次韻》七律、《寄左行人》、《左行人寄惠
倭金酒盞醉中賦答》、《劉景仁自雷州別二親還永豐過白沙贈之》
（以上七絶）、《梁惟正鄧德昌③往來白沙途中遇盜惟正以舟泊淺
奔於岸避之德昌抱書立船頭盜不加害戲贈以詩》、《曉枕偶成二
首》、《度危橋》（以上五絶）、《雲蘿處士挽詩》、《張生以詩來謁
次其韻答之》（以上七律）、《慈母石爲門人區越作（慈母石下有
無名氏古風一首詩以代跋）》五絶、《汪巡按見訪》、《寄題小圓
岡書屋和民澤韻》（以上五律）、《贈閔巡撫都憲還升南京秋官
二首》五絶、《八年春部書復至顧別駕以兩司之命來勸駕用舊寫
懷韻賦詩見示答之二首》七律。（陳獻章《白沙先生詩近稿》卷
十《白沙先生甲寅詩稿》）

　　本年祁順生日賦《生朝自述》詩云：

————————————

　　①　鄧翹，字孟材。順德人。善墨竹。正德歲貢，教諭浮梁。汪兆鏞《嶺南
畫徵略》卷一有傳。
　　②　陳冕（？～一四九四），字子文。三水白泥人。生員。雅負氣節，陳子
甚重之。阮榕齡《白沙門人考》有傳。
　　③　鄧德昌，字順之。順德人。貢生。官應天訓導。居西樵，築鐵泉精舍，
讀書其中，湛若水極相推重。晚年以其學授傅名應，稱蕡齋先生，讀書鹿洞，復
授史桂芳。均得白沙之傳。阮榕齡《白沙門人考》有傳。

寓世初經兩甲寅，重陽前日是生辰。衰顏半似黃花瘦，老眼全驚白髮新。兩字功名真笑我，一生才行不如人。將來歲月知多少，正好投閒樂此身。（祁順《巽川祁先生文集》卷六）

本年湛若水來白沙從陳獻章學，直至六年後獻章卒。（黃明同《陳獻章評傳》附《陳獻章年譜》）

歐讓於本年成貢生。

歐讓，字文禮。龍川人。弘治七年（一四九四）貢生，授福建都司斷事，升思明府同知。乞致仕，卒於家。（《龍川縣志》）

曾守約生。

曾守約（一四九四～一五四九），字子如。歸善（今惠州）人。嘉靖八年（一五二九）進士。歷官江西道監察御史、廣西巡按，恃勢欺良者皆置之法。郭勳總陵工，守約巡視，奏勳欺縱不法，又奏罷監工郎中。嘉靖十九年（一五四〇）升大理寺右丞，監陽翠嶺工畢，辭官歸養，時年四十六。（嘉靖《惠州府志》、阮元《廣東通志》）

潘恕生。

潘恕（一四九四～一五四四），字行之，號南窗。海陽人。嘉靖元年（一五二二）以《春秋》魁鄉薦，十一年進士，授新建知縣，調合肥，擢南京戶部主事，遷員外郎，升郎中。二十三年九月卒。著有《讀史日抄》。（嘉靖《潮州府志》卷六）

明孝宗弘治八年　乙卯　一四九五年

大學士邱濬卒。

二月十六日，陳獻章母林氏卒，獻章悲痛萬分。（阮榕齡《次編陳白沙先生年譜》）

本年林士元八歲，後賦《哭周岳父追憶前事　並序》詩云：

予家有田在山頭，將熟，恐爲馬所侵，先封君命元守馬。元攜《孟子》讀之，偶遇公過，因問姓名。親揭《明堂》章，使予背誦畢，復命講解，盡得書義，公因大歎賞。尋與先封君約爲婚姻，時予八歲，荊叔甫二歲，是爲弘治乙卯年也。

　我本樗櫟姿，供奉冰玉清。言念八歲時，與公未識荊。高聲讀孟子，防馬踐田塍。公來予起揖，作意問姓名。手揭明堂章，詢我王政行。予既誦之遍，講義亦粗明。公大爲歎息，興宗良後生。荊釵甫二歲，已屬桃夭情。先君重交誼，即此訂昏盟。山頭亦紅葉，他年故事增。

　自鹿車共挽，欣呌進瓊庠。文場聲譽起，期予破天荒。庚午年大比，秋闈舉於鄉。計偕將北上，厚贈充行裝。愛我如所生，期望大顯揚。甲戌捷南宮，慰公與高堂。嘖嘖聽人言，稱公眼力長。職授行人司，乞假歸稱觴。方圖報寸草，誰料厄黃楊。悠然乘化去，曷禁心悲傷。（林士元《北泉草堂遺稿》）

　林高於本年中解元。

　林高，字伯喬。番禺人。少從白沙學，得聞性命之旨。明孝宗弘治八年（一四九五）解元。官知縣，有循聲。阮榕齡《白沙門人考》有傳。

　羅獻於本年中舉人。

　羅獻，字子忠。順德人。明孝宗弘治八年（一四九五）舉人。事見阮元《廣東通志》卷七二。

　鄭應文於本年中舉人。

　鄭應文，順德人。明孝宗弘治八年（一四九五）舉人，官宣平知縣。光緒《廣州府志》卷一一五有傳。

　陳越於本年中舉人。

　陳越，字廷卓。東莞人。恩子。弘治八年（一四九五）舉人，江西瑞金知縣。事見民國張其淦《東莞詩錄》卷一○。

　黃經於本年中舉人。

　黃經，字子常。香山麻涌（今屬東莞）人。明孝宗弘治八年（一四九五）舉人，官同知，改學正。事見黃紹昌、劉熽芬《香山詩略》卷一、阮元《廣東通志》卷七二。

　黃常於本年中舉人。

黄常，字克庸，號木齋。順德人。明孝宗弘治八年（一四九五）舉人。官羅城知縣。事見阮元《廣東通志》卷七二、咸豐《順德縣志》卷一〇。

王緯於本年中舉人。

王緯（一四五八～？），原名組緯，字文衡，號忍庵。東莞人。恪子，縝兄。習《詩經》。明孝宗弘治八年（一四九五）舉人。事見阮元《廣東通志》卷七二。

林元於本年中舉人。

林元，字善長。增城人。明孝宗弘治八年（一四九五）舉人。任廣西馬平知縣，陞江西臨江府通判，調浙江紹興府通判。事見嘉靖《增城縣志》卷六、阮元《廣東通志》卷七二。

黃袞於本年中舉人。

黃袞，字德章。順德人。明孝宗弘治八年（一四九五）舉人。官廣西橫州學正。事見阮元《廣東通志》卷七二。

冼文淵於本年中舉人。

冼文淵，字希哲。順德人。明孝宗弘治八年（一四九五）舉人。官松溪縣學教諭。正德四年擢知南安，邑民謠曰：“冼清清，冷如冰。”升南昌府通判。至南昌，知寧賊將變，投檄遁去，至家六日而卒。郭棐《粵大記》卷十九有傳。

潘節於本年中舉人。

潘節，字興亨。高要人。明孝宗弘治八年（一四九五）舉人。歷容縣教諭、桂林教授、南太學助教。考最，以不屈權貴，止授永州府通判，進同知。屬邑東安葺兵亂，誓死獨往撫輯，賴安。勞瘁，疾革，對客議政，毫不及私。今祀鄉賢。阮元《廣東通志》卷二九五有傳。

陳紹裘於本年中舉人。

陳紹裘，字仲冶。新會外海人。弘治八年（一四九五）舉人，仕浙江布政司都事。陳子有《寄仲冶金臺詩》。阮榕齡《白沙門人考》有傳。

盧綸於本年中舉人。

盧綸，字朝言，號望峰。增城人。年十二，能屬文。弘治八年（一四九五）乙卯舉人，十五年壬戌進士，授行人。嘗使安南，以八寶盤贈，辭弗受。遷戶科給事中，轉吏科右，歷兵科左。武宗初，劉瑾用事，抗疏劾其奸狀。三年六月，瑾得匿名書，詔百官悉跪奉天門外，執三百餘人下詔獄。時酷暑，多渴死者。綸獨氣舒，得不死。奉命核大同軍餉，大檢諸不法事，人多忌之。出爲四川參議，升按察使。楊廷和當國，置其子弟法，以事罷綸。嘉靖初，藍冀良田賊大橫，王大用提兵住增城剿捕，綸爲畫策，擒賊首黃雪梅。足不至會城三十餘年。卒年八十九。阮元《廣東通志》卷二七六有傳。

梁億於本年中舉人。

梁億，字叔永。順德人。儲弟。弘治八年（一四九五）乙卯舉人，正德六年（一五一一）辛未進士，授兵部職方司主事。尋改工部，署員外事，歷禮、兵二部郎中。嘉靖五年（一五二六）丙戌出爲廣西參政。後致政歸。著有《懷元集》、《續賓退録》、《洪武輯遺傳信録》、《羅浮志》。潘楳元、譚瑩《廣州鄉賢傳》卷三有傳。

駱士弘於本年中舉人。

駱士弘，號丫山。花縣（今花都）人。弘治八年（一四九五）舉人，正德九年（一五一四）會試舉進士。睹明政不綱，無意仕進。隱教生徒。嗜詩禮，通群經，尤達於《春秋》，著《春秋地輿考》、《春秋大義補》。晚年耽於吟詠，有“惟於世外開青眼，懶爲兒曹折此腰”之句。時雖隱居鄉曲，而名動公卿。遠方慕道而來者日集於門，海內稱爲人師。著有《丫山詩草》。世傳與游應韶、黃希尹，佛山梁日孚、霍韜、鄧貢齋等比飲中八仙。（民國《重修花縣志》卷九）

黃璋於本年中舉人。

黃璋，字廷宣。番禺人。弘治八年（一四九五）舉人，正德

間知南康。（同治《番禺縣志》卷三九）

　　鄧玘於本年成貢生。

　　鄧玘，字樵雲，號嵩陽。從化人。弘治八年（一四九五）乙卯貢生。少聰慧，十歲能文，十二歲應童子科，列第一。（清《從化縣志》）

明孝宗弘治九年　丙辰　一四九六年

　　三月，祁順升江西左布政使，賦《丙辰三月陞江西左布政使》詩云：

　　春風恩命出金鑾，忝拜薇垣第一官。滕閣衣冠登覽舊，閩邦黎庶別離難。千灘雪浪隨舟遠，一路雲山當畫看。願效忠勤報明主，鬢毛雖白寸心丹。（祁順《巽川祁先生文集》卷六）

　　本年陳獻章賦《和汪御史丙辰留別韻》詩云：

　　百代文章百代儒，小將碧玉贊黃虞。功名路上多塵土，桃李人間見此夫。頃以高談知識量，未聞俗態是規模。不因指示晨雞唱，白日誰知有兩徒。（《全粵詩》卷一〇一）

　　獻章於《與湛民澤書》中言將登衡山，“老腳一登祝融峰，不復下矣”。在《與李白洲書》中言明年將“采藥羅浮，訪醫南嶽”。（阮榕齡《次編陳白沙先生年譜》）

　　按察使李白洲破數百金買園一區於羊城，欲奉獻章，獻章力辭。（陳鬱夫《明陳白沙先生獻章年譜》）

　　本年築縣城，李元厚不受官酬。

　　李元厚，字致遠。龍門人。慷慨好義，荒亂頻仍，無論識與不識，周恤不遺餘力。（咸豐《龍門縣志》卷十三）

　　韓俊於本年中進士。

　　韓俊，字克昌。文昌人。明孝宗弘治九年（一四九六）進士，官刑部主事，擢員外郎。以忤劉瑾罷歸。瑾伏法，起禮部員外郎，轉刑部郎中，升河南副使，卒於官。正德《瓊臺志》卷三八、阮元《廣東通志》卷三〇一有傳。

冼光於本年中進士。

冼光，字汝實，號羅江。順德人。明孝宗弘治九年（一四九六）進士，官至南京工部右侍郎。阮元《廣東通志》卷二七六有傳。

吳祚生。

吳祚（一四九六～一五七三），字廷錫。東莞人。南頭濱海，離舊治較遠，常有鄉民作亂，飢民嘯聚掠米，祚往往彈壓之。隆慶六年（一五七二）海道劉穩按臨經略，祚泣請立縣曰：“爲濱海萬年計，久安不如立縣。”穩深以爲然，遂於萬曆元年（一五七三）割立新安縣。祚是年七十八歲而卒，知縣孔志親爲文祭之。（康熙《新安縣志》）

明孝宗弘治十年　丁巳　一四九七年

春，陳獻章作《丁知縣廟記》，坦露其政治思想。（阮榕齡《次編陳白沙先生年譜》）

除夕，林光賦《客中除夕　二首》詩云：

一日光陰盡一年，雲帆穿破小姑煙。雖無異饌供除夕，亦有長風送我船。膝下懷深兒女念，眼中天假故人緣。屠蘇入手何妨後，更攔同安買酒錢。

甲子書窮丁巳年，無端身計過浮煙。思家心斷屠蘇酒，守歲宵連客子船。老句未工猶有債，衰顏欲換笑無緣。長風果協篙師願，晚向沙汀插紙錢。（林光《南川冰蘗全集》卷一〇）

本年陳獻章病臥山樓，衡山之行無日。（阮榕齡《次編陳白沙先生年譜》）

本年從學三年之湛若水向師函告其“日用間隨處體認天理”之學習體會，對此獻章十分贊賞，並認定“江門衣缽屬之子”，賦《江門釣瀨與湛民澤收管》詩三首。（黃明同《陳獻章評傳·附傳：湛若水生平及其哲學思想》）

本年林光賦詩如下：《余既出湖狂風夜作舟阻三日形於聲律

矣今復大雪遣懷》、《和子翼湖中對匡廬小酌》（以上七律）、《舟次南浦》五律。（以上林光《南川冰蘗全集》卷十）

黃奉於本年成貢生。

黃奉，字宗欽。南海人。麓長子。明孝宗弘治十年（一四九七）歲貢生，授廣西北流教諭。事見溫汝能《粵東詩海》卷一八。

陳建生。

陳建（一四九七～一五六七），字廷肇，號清瀾、清瀾釣叟。東莞莞城人。嘉靖七年（一五二八）舉人。官福建侯官教諭，遷江西臨江府學教授、山東信陽知縣。著有《學蔀通辨》、《治安要略》、《皇明通紀》、《西雅樂府通考》等著作。對朱子思想的先後次序作了闡明，並辨明了朱學和陸學之不同之處。江門有陳獻章，稱新會之學；有湛若水，稱增城之學；至陳建，有稱爲東莞之學。（嘉慶《廣東通志》卷二七九）

明孝宗弘治十一年　戊午　一四九八年

正月初一日，林光賦《戊午元旦試筆》詩云：

元旦新揮筆，元雲灑墨香。乾坤初換景，花鳥未須忙。帆掛南風穩，江浮旭日光。夢中行草勢，吾愛皂衣郎。（林光《南川冰蘗全集》卷十）

十二日，王縝賦《弘治戊午歲正月十一日聖天子郊祀次日刑科楊方震作大祀迎駕詩次韻三首》七律詩。（王縝《梧山集》卷三）

七月，林光自京師至蘇州一帶賦《舟中偶述　四首》七絕詩、《戊午七月訪清江浦冬官席文同地曹劉用熙飲於園亭賦此》、《過姑蘇贈鄺廷瑞明府》（以上七律）。

八月十五日，光至杭州，賦《武林中秋遇雨遂阻西湖之興賦三律以紀　三首》七律詩。

十七日，光看錢塘潮，賦《戊午八月十七日出錢塘江頭看午潮》七律詩云：

江頭細雨棹初回，潮傍中秋亦壯哉。水底暗疑雷鼓動，海門驚駕雪山來。雄吞眾水期如約，急送行舟去似催。引領篷窗興無限，白雲遮破萬山堆。

九月初九日，光在嚴州賦《嚴州重九日登思范亭用節度推官院逸竹閣韻　二首》五律詩。

冬至前一日，光賦《戊午冬至前一日承趙提學先生免試退而賦此》、《建德縣庠菊與芙蓉初放林分教邀賞》（以上七律）、《嚴州迎春　二首》五律。

小年，光賦《小年遣懷》七言古風。（以上林光《南川冰蘗全集》卷一〇）

除夕日，李瑜賦《戊午除夕》詩云：

三十三回江上年，年年江上枕簑眠。夢迷雲水輕鷗外，身在梅花太極前。造次眼中攻百病，淺深盃里謝千緣。床頭且覓花婆酒，一笑聊供守歲筵。（康熙《順德縣志》卷一二）

李瑜（一四六六～？），字伯溫。順德人。諸生。陳獻章弟子。篤志有爲，白沙雅重之，特以吳康齋所書《雪竹贊》贈之。與湛若水友善，同處上游莊凡十年。年八十二卒。阮元《廣東通志》卷二七四有傳。

歲末，蘇葵賦《予生日屬火以水用事每值戊年戊土傷水輒羅否剝除九齡少小不能記憶自十九至於今四歷茲口地支雖異禍患則均臘窮幸其去於歲月之邁有不暇惜云時在戊午餞歲賦以送之》五古長詩。（蘇葵《吹劍集》卷一）

本年林光賦詩如下：《寄莊定山》七律、《吏部候選》七絕二首、《贈熊士選進士尹平湖　二首》七律、《屠亞卿索次周司徒分獻星辰二壇韻》、《次韻慶成宴》、《次韻宴歸喜雪》（以上七律）、《望西山　十首》五律、《壽三原王冢宰》、《將之嚴州寫懷留別京師諸友　八首》、《贈吳道夫侍御》、《懷竹爲孫志同稽勳》（以上七律）、《題陳明之郎中四像》五律、《白巖爲喬希大考功》、

《次韻内翰劉可大贈別　名存業》、《贈北京王端館主》、《次韻答任國光侍御過訪》、《次韻陳學之郎中與客談詩》（以上七律）、《舟中偶述　四首》七絕、《平湖舉人吳紳輓》、《平湖御史曹瓊輓　字玉夫》、《寄謝陳天錫明府送紙墨》、《臨清候關偶成》、《舟中有懷陳學之冬官因寄》、《經濟寧新聞》、《過姑蘇贈酈廷瑞明府》（以上七律）、《舟中望富陽》五律、《入嚴州境》七律、《經釣臺　二首》七律、《初至嚴州官寓》五律、《嚴州聞三子中式》七律、《勉諸生習小學　四首》七絕。（以上林光《南川冰蘗全集》卷一○）

本年陳獻章致弟子函中言及病未愈。（阮榕齡《次編陳白沙先生年譜》）

本年陶荆民授錦衣百户

陶荆民，字鳴虞。番禺人。鳳儀父。弘治十一年（一四九八）授錦衣百户，歷官懷遠將軍輕車都尉。（同治《番禺縣志》卷三九）

黃應期於本年中舉人。

黃應期，澄邁人。澄子。明孝宗弘治十一年（一四九八）舉人，福寧知州，祀名宦。事見光緒《澄邁縣志》卷八。

嚴逾於本年中舉人。

嚴逾，字時鎮。高明人。明孝宗弘治十一年（一四九八）舉人，官廣西河池州知州，在任一年餘，因母老辭官回鄉。著有《有定集》。事見阮元《廣東通志》卷七二。

鍾華於本年中舉人。

鍾華，字美彰。順德人。明孝宗弘治十一年（一四九八）舉人，爲興國教諭，擢光澤令。教民孝弟力田。經義文學，與炳齊名。二子善本、善言，弘治十七年（一五○四）甲子、正德五年（一五一○）庚午舉人。族子善經，別有傳。阮元《廣東通志》卷二六七有傳。

梁大廈於本年中舉人。

梁大廈，邦沖人。明孝宗弘治十一年（一四九八）舉人，官豐城教諭。阮榕齡《白沙門人考》有傳。

李文明於本年中舉人。

李文明，字朝光。開平人。明孝宗弘治十一年（一四九八）舉人，初官湖廣衡州通判。時朝廷有事乾清宮，督運材木。以憂去，補判湖、松兩府，遷福建建寧同知，居官三載，以疾致仕。卒年八十一。著有《剩語》二卷。朱慶瀾《廣東通志稿》有傳。

湯文經於本年中舉人。

湯文經，字懋誠。增城人。明孝宗弘治十一年（一四九八）舉人，授江西臨江府通判。正德十四年（一五一九）宥王宸濠反，王陽明起兵平亂，文經於臨江接應，不足十日，造戰艦百艘。陽明惜其才，收爲部將，後遷福建延平府同知。經三年，罷官回鄉，囊空如洗，惟積書數千卷。與湛若水、盧綸並稱“增城三賢子”。（《增城縣志》卷十三）

湯文蕚於本年中舉人。

湯文蕚，花縣人。明孝宗弘治十一年（一四九八）舉人，授龍門縣儒學教諭。（民國《重修花縣志》卷八）

余世盛於本年中舉人。

余世盛，字昌期。東莞人。明孝宗弘治十一年（一四九八）舉人，以國子監助教出任江西九江推官，卒於廣西恩明府同知任。（光緒《廣州府志》卷一二三）

黃天爵於本年中舉人。

黃天爵，博羅人。弘治十一年（一四九八）舉人。任信豐知縣。三年後以思親托疾掛冠歸。（光緒《惠州府志》卷三二、民國《博羅縣志》卷七）

黃用直於本年中舉人。

黃用直，字宗弼。潮陽人。少時拾一囊金不昧。弘治十一年（一四九八）舉於鄉，授國子監學正，出爲福建長汀知縣。（隆慶《潮陽縣志》卷十二、乾隆《潮州府志》卷二九）

王漸逵生。

王漸逵（一四九八—一五五八），字用儀，一字伯鴻，號青蘿子。番禺人。世居沙灣青蘿山下，人稱青蘿先生。少從湛若水受五經大義。明武宗正德十二年（一五一七）進士。授刑曹主事，三載告侍養，家居三十餘年。應公車之召，復補刑部郎。上疏言四事，請行帝王之政五事，言極剴切。再上疏乞休。又上《乞創立以存根本》疏，天下仰其風采。晚年究心理學，粹然一根於心，何古林諸老咸推重之。其祓身治家，嚴敬整肅，助喪賻葬，恤饑賑貧，尤殫心力。年六十一卒。著有《青蘿文集》二十卷。阮元《廣東通志》卷二七八有傳。

翁萬達生。

翁萬達（一四九八、一四九六～一五二二、一五五二），字仁夫，號東涯。揭陽人。嘉靖五年（一五二六）進士。授戶部主事，升郎中，十二年出守梧州。閱四年，政聲卓著。會朝議將討安南，擢萬達爲廣西副使，專辦安南事，以計先平諸州逆，弒土官。十八年，毛伯溫集兵進剿安南莫氏，萬達以參政涖其事，功最多。二十一年遷四川按察使，歷陝西布政使。二十三年擢右副都御史，巡撫陝西。尋晉右僉都御史，總督宣大山西保定軍務。累官至左都御史。疏請修長城，前後修築近千里，京師賴以安。二十年春，俺答大犯居庸，萬達計敗之，帝大喜，進兵部尚書。召入視部事，以父憂歸。明年秋，俺答逼京城，帝詔萬達爲兵部尚書，日夕候之。萬達因路遙慢至，爲嚴嵩所讒，奪秩爲兵部右侍郎。明年春，謫爲民。三十一年十月，起爲兵部尚書，未聞命卒，年五十五。諡襄敏。著有《平交紀事》、《總督奏議》、《三鎮兵守議》、《宣大山西諸邊圖》等，曾自編信劄爲《稽愆集》，今唯存民國重輯本，又後人輯其詩文信劄爲《東涯集》。（《明史》卷一九八、《國朝獻徵錄》卷三九、《王文肅公文草》卷六）

麥福生。

麥福（一四九八～一五五二），字天賜，號升庵。三水人。

幼年選入內廷被閹。武宗時任近侍太監。嘉靖時升御馬監，後歷任乘馬禁中提督勇士四衛營、提督十二團營、總提督西教場都知監。嘉靖帝南巡，留守京師。再任掌司禮監印兼督東廠。（嘉靖《三水縣志》）

明孝宗弘治十二年　己未　一四九九年

正月初一日，林光賦《元旦試筆　四首》五律詩（其一首句云："年編新己未，六十一回春"）、《新年謁烏龍廟偶成　二首》七絕、《新年雜興　八首》七絕。

夏，陳獻章病小愈，書《慈元廟記》。（阮榕齡《次編陳白沙先生年譜》）

秋，林光賦《己未秋上丁祭》五言排律。（林光《南川冰蘗全集》卷一〇）

八月，王縝賦《弘治十二年秋八月到靖康外叔祖陳廷珪贈詩一律席上走筆次韻三首》七律詩。（王縝《梧山集》卷四）

十六日，李江賦《十哀詩》一卷，其小序云：

單闕秋，予遊大學。三年，戊午臘三日子夜，讀於金臺。移燈就睡，恍惚夢琴一張，形樸紋斷，其制如古，其絃皆朱，於結髮處如嚙絕，披而新。風、月、山、水、花、木、鳳麟、東公、金母若向予弔而哀，哀若有詞，挽而成歌，各有首尾十章。予悲而驚曰："琴乎，琴乎，胡爲乎夢哉！夫琴始制於舜，長三尺六寸，絃五，以象五行，歌《南薰》，則庶尹和諧。及夫繼制於文、武，其長如法，絃加二，以象七星，音數足以壽八百年之命脈。玉徽石軫，鶴舞鸞鳴，世譬以夫婦和諧，取此義也。琴乎，琴乎，胡爲乎夢哉？"既而解曰："形樸而紋斷者，老吾材也；如嚙而披者，不以爲意也。"明年，己未春，又不捷，返而南。八月，冀苗二英，舟次於羊城，始聞斷絃之訃。卒於戊午臘三日。嘆曰："去年子夜之夢，是其兆也，豈非天乎！胡爲以琴告我哉？予知之矣。昔朱文公銘琴云：'養君中和之正性，禁爾忿慾之邪心。'此琴之爲用也，今而已矣。"三復斯言而退追，十五而結髮，三十有二而亡。子一人，梁其姓也。茲因暇乃拭淚實錄其夢中哀詞，發其幽潛，以俾不忘於傳中云爾。時龍飛弘治己未八月十六日傳於東亭夜泊。（李

江《亦山先生以遺稿》卷二）

　　九月初九日，林光賦《己未重陽日遣懷　四首》五律詩。
（林光《南川冰蘗全集》卷一〇）

　　二十四日，光登雲居寺，賦《登雲居寺》詩云：

己未九月二十四日，登嚴之雲居，拉同官偕行。既涉山腰，鄭、王二君
以勞辭去，獨司訓張君守敬同予至寺。布席獅子石旁，觴酌遊賞，盡日而
還。嗚呼，不涉其勢而欲尋其樂，難矣。直遊山一事乎哉？因賦以紀。

　　曾因南嶽笑昌黎，下馬巇屼路未迷。紅樹半遮幽逕晚，白雲
回視眾山低。崖蹲獅子天生獸，徑轉烏龍石作梯。勝處莫言容易
到，幾人能不避艱危。（林光《南川冰蘗全集》卷一〇）

　　十二月十六日，梁儲以司經局洗馬奉使至安南界上，後賦
《次前韻並送倫太史張黃門奉使安南有序》詩云：

弘治己未冬十二月既望，僕以司經局洗馬奉使至安南界上，庚申九月末
始歸至闕下。嘗作絕句，欲示安南來迎諸陪臣，既而自顧吾上國使臣大
體，竟不果出。近吾倫張二君有安南奉使之命，瀕行，見索拙作，僕輒自次
前韻，以簡從者如右。二君他日歸，倘不以前秕見棄，惠賜和教，亦僕今日
區區所以投桃引玉之意也。

　　未度安南巨竹關，征途先過石門山。平生精力知多少，真可
乘軺遍八蠻。

　　來歲秋深迓子還，舉杯論舊定開顏。皇華集裏三千首，都在
微吟朗誦間。（梁儲《鬱洲遺稿》卷八）

　　除夕，林光賦《除夕》詩云：

儺皷鼕鼕數百家，旱餘山喜暮雲遮。桃符筆底藏春意，籤雨
聲中剪燭花。身事暗隨殘臘改，年華都付後生誇。老懷何以過除
夕，蠣眼湯烹雪水茶。（以上林光《南川冰蘗全集》卷一〇）

　　本年陳獻章賦《漫筆》詩云：

行年七十二，七十一年非。漁樵真有分，語默各因時。比恨
四愁具，方年伯玉衰。末行元屬我，天命更由誰。（陳獻章《白
沙子全集》卷四）

　　本年林光賦詩如下：《往釣臺祭子陵先生阻風示諸生》、《至

釣臺》、《送郎黃門上京　三首》、《送郎黃門代張司訓》（以上七律）、《遊石佛寺　五首》（其一爲五律，其餘爲七絕）、《遊清涼寺》、《過王氏莊小酌》、《次韻答陳石翁》、《飲邢將軍宅時牡丹未放席上賦》、《弄筆示諸生》、《和韻答吳泌處士》（以上七律）、《和陳石翁寄題嚴子陵祠壁》五律、《議鄉飲圖代柬呈胡府尊　己未》、《送桐廬縣博林秉愚還莆陽》、《過龍泉宋氏莊》（以上七律）、《題金陵折桂圖》七言歌行、《嚴州名宦　九首》七言古詩、《承葛司訓邀飲聞門生皷琴席上賦》、《聞梁侍講叔厚先生暨王文哲黃門使交南將過富春賦此二律以侯兼致贈別之意》、《郯城任侍御東莊八景》、《過方生克寬行寓看蔕雙瓜》、《贈蘭溪董遵道》、《登嚴州北高峰圓通院》、《嚴之北高峰奇絕處擬搆亭其上詩以代疏》、《東田草屋爲張鳳舉明府》、《題云津書院爲劉敬縣博》、《贈何宗源分教東莞》、《贈周仲鳴進士　四首》、《陪周進士仲鳴謁思范亭小酌成詩　二首》、《天臺陳晦光別余二十年今得舉領官之清流過嚴詩以送之》、《元妙觀陪張淳安明府周仲鳴進士諸公夜話》（以上七律）、《得平湖沈楷秀才書》五古、《嚴州再遇迎春　二首》五律。（以上林光《南川冰蘗全集》卷一〇）

本年蘇葵五十歲，賦《送酈敦仁經藩南還二首》七絕詩云：

我年半百公六十，別久精神憂共衰。五載相逢只如故，短鬐同訝幾莖絲。

故鄉別後今八載，百載能堪得幾回。夢里蒐裘歸有計，到家煩報水邊梅。

敦仁坐舟中避嫌不肯再顧詩以要之

心嚴不憚門如市，舟寂惟應日似年。莫道我無江閣馬，侯門真有鶴蹁躚。

葵從兄鐵峰卒，葵爲賦《予從兄鐵峰長予二歲服在小功親如同氣己未歲得年五十有二卒於家時予在江西官舍初不知其終也其子兆麟一夕夢之云我有和某人六絕何不寫寄僉憲叔看兆麟醒能道之即錄遺稿之作並書寄來予讀之悲不自已嗚呼予在貧宦不擬鐵峰之速逝也十年之間未付寸帛以酬情誼竊謂南歸有日可以藉舊産具酒食歡笑以終餘年而世路不常其在幽冥之中尚戀戀不忘於予予將何施以塞友愛姑步韻作六絶以寄哀一字一淚鐵峰有知亦庶幾鑒於斯言也耶》七絶詩六首。（以上蘇葵《吹劍集》卷六）

本年蘇仲行年四十四歲，賦《自詠》七古詩略云：

……顔回短命三十二，我已行年四十四。古來賢豪各如此，敢不低頭拜天地。（蘇仲《古愚集》卷一）

本年陳獻章效佛教儀軌，將江門風月釣臺作爲衣鉢傳與湛若水，若水即爲江門學派嫡傳。（黄明同《陳獻章評傳·附傳：湛若水生平及其哲學思想》）

盧宅仁（江）於本年中進士。

盧宅仁，字伯居。四會人。明孝宗弘治十二年（一四九九）進士。授都水司主事，管濟寧閘河，議修仲家淺諸閘，咸有績。不屈狗逆瑾，歷官雲南部使，以父喪去，遂不起。工詞賦，富著述，嘗修邑志。光緒《四會縣志》卷七有傳。

明孝宗弘治十三年　庚申　一五〇〇年

正月新年林光賦《新年試筆　庚申》詩云：

年更新甲子，己未及庚申。雪粒寒飄几，瓊花爛照人。微醺心里酒，漸放筆頭春。忽憶疏頑子，無書慰老親。

光又賦《新年　二首》五律。

二月初十日，陳獻章卒。卒前數日早具朝服朝冠，令子弟焚香北面五拜三叩首，曰："吾辭吾君。"（阮榕齡《編次陳白沙先生年譜》）李瓗又師事白沙弟子李孔修。

李瓗，字德玉。萬州（今海南萬寧）人。弱冠補諸生。侍母病，湯藥必親嘗，居喪盡禮。受業於陳白沙，白沙卒，又師事李子長，講學三年，歸作栽花閣、釣魚臺，笑傲煙霞。著有《南溟集》、《養癡集》、《鳴情集》。朱慶瀾《廣東通志稿》有傳。

三月，湛若水作《奠先生文》追奠其本師。

七月二十一日，陳獻章葬於圭峰之麓，送葬者數千人。二十一年後，改葬皁帽峰下。

湛若水於江門爲師陳獻章服喪守墓三年，如喪父。李承箕自湖北來拜祭。（阮榕齡《編次陳白沙先生年譜》）

本年林光賦詩如下：《賞雪　四首》七律、《偶題》七絕、《再雪　八首》五律、《三雪和東坡效歐陽體限不以鹽玉鷗鷺絮蝶飛舞之類爲比仍不使皓白潔素等字》七古、《尋梅　四首》五律、《嚴之天寧寺舊有瀟灑亭今廢偶讀志書見錢公可則因和之》七絕、《和東坡日日出東門》五古、《相廬吳浩然居士過訪》、《遊玉泉寺用杜工部登四安寺鐘樓韻》、《陪仲藩幕暨別駕公遊玉泉寺座中賦》、《陪二仲遊天寧寺席上賦》、《贈別仲與正》（以上七律）、《僉憲仲與立以織金青紵絲團領留別詩以奉謝》七絕、《贈別駕仲與興立陞廣西僉憲歸省》、《舟中餞送仲僉憲用前韻　二首》、《石壁月夜餞邢揮使之東甌把總》、《次韻贈分水何軾秀才》（以上七律）、《輓詩》五律、《次韻周仲鳴進士題便面見寄》、《輓詩》（以上七絕）、《鄧林芳意八首爲鄧侍御》五絕、《陳僉憲嫡母呂氏輓》、《題偃薰樓》、《題聚遠樓》（以上七絕）、《送詹秀才還鄱陽》、《吳少參續母武氏輓》、《靖安尹吳翼之輓》、《嚴州試諸生》、《承巡按鄧侍御旌獎檄至　二首》、《候巡按陳侍御秉衡先生兼奉贈》（以上七律）。（以上林光《南川冰蘗全集》卷一○）

本年王佐賦《庚申録寄王國昌》詩云：

不見王生半載餘，空懷鄙吝對殘書。怪來寶藏搜山海，遺卻人間照乘珠。

海國人中翰墨孤，國昌風韻正何如。逢人近問春消息，花落花開只讀書。（正德《瓊臺志》卷三七）

本年蘇葵賦《庚申入京途中漫書》詩云：

白頭操檄入京師，萬里舟航兩月移。忠藎有懷人或會，驅馳亡倦鳥相嗤。薛瑩未解甘玄靜，原注：出《晉書·陸喜傳》。孝若從聞著抵疑。江客不知覊旅思，夜深橫玉數聲悲。（蘇葵《吹劍集》

卷四）

葵五十一歲，賦《新春漫興二首》詩云：

天涯五十一回春，世事茫茫見未真。莫訝知非蘧伯玉，只今猶有長年人。（蘇葵《吹劍集》卷六）

陳蕚於本年成貢生。

陳蕚，字德輝。東莞人。明孝宗弘治十三年（一五〇〇）貢生，惠安縣教諭。事見張其淦《東莞詩錄》卷一〇。

鄧鎮生。

鄧鎮（一五〇〇～一六〇三），字靜夫。曲江人。貢生。官龍門教諭，遷香山教諭。萬曆三十年（一六〇二）巡按李時華薦升昌化令，途次得疾，卒於家，年百四。（阮元《廣東通志》卷二八九）

明孝宗弘治十四年　辛酉　一五〇一年

正月，蘇葵賦《辛酉孟春奉命入蜀道出鄱湖寄別匡廬五老》七古詩。（蘇葵《吹劍集》卷二）

九月初一日，王縝賦《臨清途次日蝕有感》七古詩，首句云：“弘治辛酉九月朔，日行偏午忽瑟縮。”（王縝《梧山集》卷七）

冬，海南黎賊叛，當道以大參劉朋節清才宿望，檄往捕之。兵交，聞朋節斬其渠魁一人，而朋節亦竟死其難，後張詡賦《哭大參劉朋節先生詩　有序》詩云：

弘治辛酉冬，海南黎賊叛，當道以大參劉公朋節清才宿望，檄往捕之。兵交，鯨鯢既翦，聞公斬其渠魁一人，而公亦竟死其難。嗚呼，人誰無死，公之死也，舍生取義，爲國而死，功名寫汗青，英烈垂千古，雖死猶不死也。世方寒心公受禍之慘，而不知公死之得所也。訃聞，哭之以詩。

薤露歌傳遠近悲，兩間志士古今誰。殺身取義名千古，賣國偷生快一時。白刃如公真可蹈，丹心到死肯教移。英風颯颯淩朱鳥，俎豆毛楊許並祠。（張詡《東所先生文集》卷一二）

本年蘇葵賦詩如下：《辛酉南還過梅關》、《過飛來寺》（以上七律）。（以上蘇葵《吹劍集》卷四）

本年林綱謁其族祖南京冢宰林瀚，灑淚相見。瀚婉導其歸籍不得，綱乃書《別族祖瀚公　二首》七絶云：

客途涼雨送新秋，萬里煙波海上舟。不見甘泉山　祖塋所在頂樹，故鄉誰道是瓊州。

萬里還鄉還異鄉，珠崖南去海天長。何年歸向三山路，卻認春魁冢宰坊。（正德《瓊臺志》卷四二）

林綱，會同（今屬海南）人。閩籍。其父煒，明英宗天順間省舅楊巡宰至瓊州，因僑居會同縣（今屬海南），納室不歸，後竟膠留，死於客。孝宗弘治十四年（一五〇一），綱謁其族祖南京冢宰林瀚，灑淚相見。瀚婉導其歸籍不得，綱乃書二絶別之。事見正德《瓊臺志》卷四二。

劉毅於本年中舉人。

劉毅，字萬里，號南山。乳源人。明孝宗弘治十四年（一五〇一）舉人，官衡州府教授。事見清康熙《乳源縣志》卷六。

劉毅於本年中舉人。

劉毅，字子仁。東莞人。明孝宗弘治十四年（一五〇一）舉人，官廣西義寧教諭、湖南衡州府教授。（宣統《東莞縣志》卷五七）

趙善鳴於本年中舉人。

趙善鳴，字元默。順德人。明孝宗弘治十四年（一五〇一）舉人。任南京户部員外郎，官至曲靖知府。遊陳白沙之門。工書法，其行草入神品，爲世珍寶。人稱丹山先生。著有《朱鳥洞集》。阮元《廣東通志》卷二七四有傳。

陳則於本年中舉人。

陳則，字養新。南海人。明孝宗弘治十四年（一五〇一）舉人。授正定學正，歷官至光禄寺少卿。致仕，杜門講學，閩粵士多歸之。梁文康顔其堂曰心性。著有《心性學宗》。阮元《廣東

《通志》卷二七七有傳。

　　謝宜申於本年中舉人。

　　謝宜申，河源人。明孝宗弘治十四年（一五〇一）舉人，十五年（一五〇二）副榜。事見康熙《河源縣志》卷五。

　　林瓚於本年中舉人。

　　林瓚，新寧（今台山）人。明孝宗弘治十四年（一五〇一）舉人，知江西南安司。事見阮元《廣東通志》卷七二。

　　許洪宥於本年中舉人。

　　許洪宥，字舜仁。海陽人。性孝讓。明孝宗弘治十四年（一五〇一）舉人，授廣西臨桂教諭，以學行最，徵爲御史。刑科給事中實明以言下獄，疏救獲免。丁外艱，卒於家。著有《龍江集》、《南臺日録》、《易經管見》。阮元《廣東通志》卷二九二有傳。

　　周正於本年中舉人。

　　周正，字天統。明孝宗弘治十四年（一五〇一）舉人，順天通判、寶坻教諭。阮榕齡《白沙門人考》有傳。

　　嚴逢於本年中舉人。

　　嚴逢，字時鑒。高明人。明孝宗弘治十四年（一五〇一）舉人，官龍陽訓導，志未竟而卒於任。黃登瀛《端溪文述·端溪詩述》有傳。

　　曾鵬於本年中舉人。

　　曾鵬，瓊山人。英第三子。弘治十四年（一五〇一）辛酉科舉人，時年三十一歲。正德甲戌科（一五一四）進士二甲，第一百九十六名。歷任福建漳州府龍溪縣令、刑部主事、福建副使、貴州都勻兵備道、貴州司右參政，海瑞稱之爲先輩師。入祀鄉賢。

　　曾應昌於本年中舉人。

　　曾應昌，名日昌，瓊山人。明弘治十四年（一五〇一）辛酉科舉人，任賀縣教諭。與卜宅村曾鵬舉人同科，故尚書王弘誨贈贊聯云：“一年兩捷報，四代五登科”。

李東於本年中舉人。

李東，番禺人。弘治十四年（一五〇一）辛酉科舉人，任興國知州。州有豪強十餘輩，得其情，悉置於法。（《番禺河南小志》卷八）

林南於本年中舉人。

林南，惠州人。弘治十四年（一五〇一）鄉薦。初任刑部司務，升員外郎，補知淮安府。在仕途甚久，始終以廉潔自持。衣服飯食，惟甘淡樸素。未嘗貪贓循勢納賄。卸任之時，行李蕭條。（《海豐縣志》、《惠州府志》）

羅珊於本年中舉人。

羅珊，字廷佩。番禺人。弘治十四年（一五〇一）舉人。正德中知永安，忤使者徐俊，因被誣謫去。復忤權貴，辭官歸養。（同治《番禺縣志》卷三九）

黃昇於本年中舉人。

黃昇，字士超，號與竹。番禺人。弘治十四年（一五〇一）舉人。由肥鄉教官擢昌化知縣。（同治《番禺縣志》卷三九）

易龍於本年成貢生。

易龍，字體乾。坡山（今鶴山）人。白沙門人。明孝宗弘治十四年（一五〇一）貢生，郴州訓導。服闋補汀州府學訓導。事見乾隆《鶴山縣志》卷九。

駱廷用於本年成貢生。

駱廷用，海康人。明孝宗弘治十四年（一五〇一）貢生。二次讓貢與同門黃玹、陳瑞，以冠帶自老，不肯授官。阮元《廣東通志》卷三〇〇有傳。

明孝宗弘治十五年　壬戌　一五〇二年

八月，湛若水跋其《題陳郎中哀輓卷並跋尾一首　國朝人才薦授禮部郎中，以事貶雲南，城陷死事，失體骨所在，具衣冠葬之，故前作有招魂之説》詩云：

菊坡鄉里許誰倫，聖祖龍飛第一人。天造英雄多伏死，先生明哲不謀身。讟嚴日遠心空赤，戰苦雲深箭不神。若與睢陽留宇宙，寓墳何必更招魂。公以韋布至春官，必有以過人者。未幾即以讟去，何哉？然當草昧危疑之秋，能保腰領而去，不智者能之乎？余不及。公之處死，城陷而鬭斃，與被執而不屈者，皆不可謂不勇也。……世多偉人，公蘊德而位不稱，將委祉於後昆，其在茲乎？時弘治十五年歲次壬戌秋八月跋。（湛若水《甘泉先生文集外編》卷一二）

九月初九日，林光賦《和陶十一首　壬戌重九日》詩。（以上林光《南川冰蘗全集》卷十一）

十一月初六日，湛若水賦《弘治壬戌仲冬六日予與丹山趙元默歸自羅浮復有西雲之行予方有事於先祖不得偕往小詩二絕奉贈》詩云：

吾山雖小從吾愛，不向羅浮更乞靈。資訊朝來先到洞，山靈拍手笑相迎。

七洞天深還別洞，白雲搖手向西行。到時笑與山靈道，已許羅浮作友生。見前望羅浮詩。（湛若水《甘泉先生文集外編》卷一二）

陳實於本年中進士。

陳實，字秀卿。瓊山人。明孝宗弘治十五年（一五〇二）進士，授南京江西道監察御史，改北御史，出爲常州知府。卒於官。雍正《廣東通志》卷四六有傳。

黃閱古於本年中進士。

黃閱古（一四六五～一五二七），字時準，號景溪。東莞人。結子。明孝宗弘治十五年（一五〇二）進士，累官至福建鹽運使。致仕歸家，創立書院，組東山詩社。能詩工書。事見張其淦《東莞詩錄》卷一〇。

祁敏於本年中進士。

祁敏（一四六九～一五一二），字惟學，號存真。東莞人。

順子。明孝宗弘治五年（一四九二）壬子鄉薦，十五年（一五〇二）進士，授戶部廣西司主事。歷陞員外郎、郎中，卒。黃佐《廣東通志》卷六一、民國《東莞縣志》卷五七有傳。

盛端明於本年中進士。

盛端明（一四七六～一五五六），字希道，號程齋。饒平（今屬大埔）人。明孝宗弘治十一年（一四九八）解元，十五年（一五〇二）進士。歷官至工部尚書、禮部尚書。年八十一，卒於家。贈太子太保銜，謚榮簡。穆宗隆慶初，被褫官奪謚。著有《程齋匯稿》等。《明史》卷三〇七、康熙《潮州府志》卷九上有傳。

鍾紹於本年中進士。

鍾紹，字大韶。東莞人。明孝宗弘治十五年（一五〇二）進士，授福建長樂知縣，擢戶部主事，遷員外郎。阮元《廣東通志》卷二七六有傳。

吳允禎於本年中進士。

吳允禎，字天祐。南海人。璉子。明孝宗弘治十五年（一五〇二）進士。歷戶部郎中，出知永州府，累官至廣西參政。阮元《廣東通志》卷二七六有傳。

李學曾於本年中進士。

李學曾，字宗魯，號鶴林。茂名人。明孝宗弘治十五年（一五〇二）進士。由進賢令擢禮科給事中，晉吏科都給事中。每奏事，吐問琅琅，朝端悚聽。外官入覲，多藉關系納補，學曾指名彈劾，詞嚴義正，聞者皆悚，一時清廉成風。嘉靖元年（一五二二）任大理寺少卿等職。後因議承大統事忤旨，謝病歸。卒，享年六十六歲。著有《鶴林遺稿》。羅良會《列郡名賢錄》有傳。

楊瑋於本年中進士。

楊瑋，揭陽人。琪弟。與兄同事陳白沙。明孝宗弘治十五年（一五〇二）進士。累官貴州兵備副使。（乾隆《潮州府志》卷二八）

李津於本年中進士。

李津，字濟之。四會人。弘治十五年（一五〇二）進士。出知山東寧海州，升南京刑部員外郎，進郎中，遷兩淮鹽運使。（《廣東文獻》二集卷九）

李春芳於本年中進士。

李春芳，海陽人。弘治十五年（一五〇二）進士，授新建知縣，後召拜南京四川道御史。（《井丹林先生文集》卷七）

明孝宗弘治十六年　癸亥　一五〇三年

元旦（正月初一日），湛若水賦《新春試筆　癸亥》詩云：

新歲題詩發興新，新梅枝上太撩人。三元甲子周天日，一十六回弘治春。天上經綸知有自，人間竿木小隨身。強顏欲索慈顏笑，毛義終慚捧檄頻。（湛若水《甘泉先生文集外編》卷一二）

六月二十一日，蘇葵賦《癸亥六月念一日同寅諸公過予敝道看竹因留小酌遂成拙作二首索和》詩云：

一庭蒼玉欠人看，誰似王猷興未闌。願典春衣供酒盞，每迎賓從上詩壇。雨催苦節凌霄漢，風颭柔枝舞鳳鸞。淇澳猗猗今不減，先生何畏切磋難。

萬個青青耐久看，每愁風橫益洞闌。首陽餓叟聯家譜，玉版禪師共石壇。只友寒松鄙惡木，不棲野鳥候真鸞。高軒若肯時相過，百斛松花買不難。

八月十三日，葵夢遊廬山白鹿洞書院，又賦《夢遊白鹿書院時癸亥八月十有三日也》七律詩。（以上蘇葵《吹劍集》卷四）

冬至日，林光賦詩如下：《癸亥冬至以次該陪祭陵因病不果承學錄昌平李廷用先生慨然見代因賦二律奉贈》七律、《研茶》七絕、《贈別聶承之侍御巡按廣東》七律、《贈梁光岳判晋安》七絕。（以上林光《南川冰蘗全集》卷十一）

本年蘇葵賦詩如下：《和陳正郎學之鄉友見寄》、《代賀新都楊僉憲封君七十一二首》、《寄題乙齋義官親家兼柬景弘鄉友二

首》、《癸亥歲晏漫成二首》（以上七律）。（蘇葵《吹劍集》卷四）

本年湛若水奉母命，再欲赴京應試。（黃明同《陳獻章評傳·附傳：湛若水生平及其哲學思想》）

盧寧生。

盧寧（一五〇三～一五六一），字忠獻，別號冠巖。南海人。博學而工文，嘗受業於黃佐，而以不得及陽明之門爲憾。明世宗嘉靖十九年（一五四〇）舉人，二十三年（一五四四）進士。授昆山知縣，旋移知贛州興國縣事。二十九年擢守潼川。三十三年遷南京戶部員外郎，尋改刑部，後爲南京刑部郎中。三十八年升登州知府，卒於官。著有《五鵲臺集》、《五鵲別集》等。

明孝宗弘治十七年　甲子　一五〇四年

春，蘇葵於巴江舟中賦《甲子春巴江舟中》詩云：

去年冬孟此行舟，一別青山又半秋。山色卻緣三月好，江聲不管二更愁。何當今古閑圈套，賺過乾坤好日頭。欲著誰家雙木屐，直從衡嶽到羅浮。（蘇葵《吹劍集》卷五）

正月初一日，林光賦《新春試筆　四首　甲子》五律詩、《試筆疊韻答王汝楫助教》、《祭酒謝芳石先生祖母獲旌門喜　用杜子美臘日索韻和奉答八首》（以上七律）。（林光《南川冰蘗全集》卷十二）

十六日，王縝賦《弘治十六年十二月二十五日午大雪二十九日寅止正月三日晚又雪至十六日或雪或止惟十五日尤異其雪花大者約廣二三寸長亦如之見者莫不驚駭余時奉命在鎮是日雨水節寒如冬至沿河凍合舟不能行屋簷積雪彌月不消不知天道竟何如也感而有作》五古詩，首句云："我生三十九，半在燕京走。"（王縝《梧山集》卷六）

二月，林光賦《贈王冬官壽乃翁卷　並跋》七律詩，跋云：

成化丁丑正月，予同羅一峰狀元過沙溪，拜瀧岡阡，成詩一律，一峰既和矣，夢中復和一首。時王君壽方弱冠，侍乃翁濯清居士，邀余二人至其家。既別後數年，王君領鄉薦，登進士，歷有今官。太學王君索贈其父，因追錄舊事，紀以是詩，弘治甲子二月書。（林光《南川冰蘗全集》卷十二）

二十日，蘇葵賦《甲子歲二月二十日拜進萬壽聖節表文憲長陳吉夫首倡予步韻二首》七律詩云：

沈檀香傍龍圖起，華蓋星依帝座明。五位岡陵常介福，萬邦葵藿自傾誠。真同虞舜昭神化，豈獨周文有駿聲。獻罷琅函偏踴躍，樗駑猶得效幹城。

唐虞過後三千載，天地如今見大明。竿食自忻叨際會，嵩呼誰不罄丹誠。清清屢睹黃河瑞，翩翩常聞彩鳳聲。強撫微言鳴盛治，詩慳多愧謝宣城。

四月，蘇葵賦《憂旱時甲子四月富順道中》詩云：

麥穗將垂秔甲舒，懶龍終日吝沾濡。難占怪得休徵少，龜坼愁看遍畝俱。滿地農家驅崇魃，一時天地厭苞苴。病夫謬典吾儒事，也慮蒼生釜有魚。（以上蘇葵《吹劍集》卷五）

長至（夏至）日，王縝賦《長至寓徐州是日晴明喜而有作》詩云：

上元新甲子　是歲甲子年甲子月，長至入彭城。風定葭灰細，陽微灞氣清。天心從此復，吾道與時亨。喜起不成寐，端居憶聖明。（王縝《梧山集》卷二）

六月，蘇葵賦《弘治甲子夏六月巡新繁道由田塍睹禾稼有感二首》詩云：

千畝香風散稻花，只輸租賦更無他。任教金勒纖離好，不似藤蓑縠縺嘉。學稼者曾聞聖道，明農人豈外官家。少年也有犁鋤趣，況復如今兩鬢華。

二頃潮田荒不荒，騎牛人戀跨飛黃。也知伊尹莘郊樂，絕勝蘇秦相印忙。門外水苗生處好，鼎中雲子熟時香。殷勤寄謝浮萍草，漂去漂來夢一場。

秋，蘇葵賦《秋日私居感懷》詩云：

芙蓉零落菊蕭條，颯颯西風射綺寮。半路孤琴絃已斷，莫年中饎味誰調。三更殘夢猶如見，一片香魂不可招。底用金剛爲渠誦，大羅天上珮聲遥。

葵又賦《秋日書懷二首》七律。

七月初八日，葵賦《七夕後一日漫書》七律詩云：

長繩不繫日西馳，又道人間七夕期。織女心情橋鵲會，蓐收消息井梧知。三更送巧偏遺我，一片支機又與誰。閑倚危樓望河漢，不勝秋興入新詩。

二十日，葵賦《甲子七月二十日觀劉巡撫發兵氣勢之盛因占丑虜有不足殄作此二律以揄揚之呈寅長諸君索和二首》七律。（以上蘇葵《吹劍集》卷五）

二十二日，湛若水賦《望匡廬同元默定白鹿之遊　七月二十二日甲子年》詩云：

湖水之闊闊莫收，廬山之高高莫儔。青連百越諸山近，影落東溟海若愁。驛下風湍深駐槳，山腰樵路□沿流。明朝兩馬衝雲去，十載心期一日酬。（湛若水《甘泉先生文集外編》卷一二）

九月初九日，林光賦《九日次杜工部韻》詩云：

那錢選買燕都菊，攲帽思登郭隗臺。紅樹盡從霜後醉，黄花剛對節中開。淵明遠興山應識，陳子真容天送來　是日偶得白沙像。倒插茱萸不成舞，感時懷舊淚相催。（林光《南川冰蘗全集》卷十二）

同日，蘇葵賦《九日二首》七律、《九日和江寅長韻》七律。（蘇葵《吹劍集》卷五）

小至日，林光賦《小至　四首追次老杜韻》七律詩。

十一月十五日，光賦《孔廟迎春遇雪　甲子十一月十五日》七律詩。

十二月二十三日，光於北京賦《小年二首》詩云：

甲子春侵臘，燕京又小年。兒童歡禮竈，簫鼓鬧喧天。數九晴看柳，書空仰羨鳶。此身吾自有，富貴乃浮煙。

　　旅館身如贅，春催未盡年。童顏欺白髮，老眼看青天。徇俗焚巫馬，乘風笑紙鳶。歲窮窮未送，淚落濕薪煙。（以上林光《南川冰蘗全集》卷十二）

　　歲暮，蘇葵賦《歲晏漫成四首》、《送江寅長致政還江右二首》、《除夕》（以上七律）。（蘇葵《吹劍集》卷五）

　　本年林光於京師賦詩如下：《義兒篇》五古、《贈別鍾給事使湖貴》七律、《碧溪》五律、《題徐居士輓卷》、《承倫内翰葉侍御垂顧失迓走筆奉謝》、《疊韻再贈》、《贈陳式尹之建安》（以上七律）、《九峰十景》五絕、《寫懷次韻答陳子崇　二首》、《贈別秦用中司訓之安仁》、《贈別張宗昭縣尹之衡陽》（以上七律）、《和李白》五古、《訂馬代簡戲答王都給事》七律、《屋賣》、《南去》（以上五律）、《贈黃時準地曹》、《贈馮廷伯僉憲赴嶺南專督鹽屯之政》、《題愛日樓爲錢世恩正郎》、《奉謝諸明公惠乙丑曆》、《贈別余宗周侍御左遷雲南藩幕赴任》、《疊前韻再贈》、《苦寒行和杜　二首》（以上七律）（以上林光《南川冰蘗全集》卷十一）、《將赴襄陽》七律。（林光《南川冰蘗全集》卷十二）

　　本年蘇葵於四川巡行途中賦詩如下：《送張撫民一之寅長捧表北上用前韻》、《奉和清軍俞繡衣先生曉發蓬州詩韻》、《奉和前人書蓬州行臺韻》、《奉和前人果州靈泉寺留題二首》、《書錦屏驛用前人韻》、《喜雨》、《觀山》、《行途漫興》、《哭鄉友陳正郎學之四首》、《挽鄉友李元善方伯二首》、《和陳秉衡寅長韻四首過重慶》、《八陣圖》、《過墊江二首》、《弘治甲子陳憲長吉夫入覲時予按保甯送之郊即別去賦此寄之》、《和答江景吳寅長》、《甲子蜀藩放榜》、《雨中新寒坐芸香小閣呈郝兵備二首》、《夜坐》、《心懸北闕爲李國賓題》、《目極南山同前》、《奉和宋兵備同寅來韻二首》、《奉和陳秉衡長官夢漁舟之作》、《再用前韻呈陳長官》、《挽陳白　白字下疑當有沙字　二首》、《醉後漫書二》（以上皆七律）。（以上蘇葵《吹劍集》卷五）

　　本年經廣州僉事徐紘規勸，湛若水進京入國子監，準備課業。（黄明同《陳獻章評傳·附傳：湛若水生平及其哲學思想》）

　　陳珖於本年中解元。

　　陳珖，鎮平人。明孝宗弘治十七年（一五〇四）解元。官南京戶部員外郎。事見阮元《廣東通志》卷七二。

　　陳輅於本年中舉人。

　　陳輅，字以載。高要人。明孝宗弘治十七年（一五〇四）舉人，授袁州府推官。南贛都御史王守仁執宵王宸濠獻俘行在，輅有勞績，爲忌者中傷，罷歸。享年七十五。崇禎《肇慶府志》卷二二有傳。

　　祁孜於本年中舉人。

　　祁孜，字惟勤，號東濱。東莞人。順子。明孝宗弘治十七年（一五〇四）舉人。事見張其淦《東莞詩録》卷一一。

　　陳超於本年中舉人。

　　陳超，字廷英。東莞人。恩子。明孝宗弘治十七年（一五〇四）舉人，湖廣鄖陽府推官。張其淦《東莞詩録》卷一一有傳。

　　張鏢於本年中舉人。

　　張鏢，字文盛，又字紫峰，又字靜觀。順德人。明孝宗弘治十七年（一五〇四）舉人。歷官刑部員外郎、思南知府。事見咸豐《順德縣志》卷一〇。

　　鄺岑於本年中舉人。

　　鄺岑，字元秀。順德人，南海籍。明孝宗弘治十七年（一五〇四）舉人。官知縣。事見阮元《廣東通志》卷七二。

　　張璧光於本年中舉人。

　　張璧光，字純卿。新會人。嘗從陳獻章遊。明孝宗弘治十七年（一五〇四）舉人。事親孝，母黄九十二，每食必親供。初任浙江慈溪知縣，嚴禁溺女。改廣西懷集。年八十一卒。阮元《廣東通志》卷二七四有傳。

　　曾確於本年中舉人。

　　曾確，字子魯。博羅人。明孝宗弘治十七年（一五〇四）舉人。正德間知尤溪，毀淫祠，黜浮屠，建義倉十七所。升湖州府通判，致仕。以薦爲南京刑部主事，卒年八十。嘗受學白沙。仕工部員外郎。阮榕齡《白沙門人考》有傳。

　　李文於本年中舉人。

　　李文，字彥博，一字龍峰。番禺人。時陳獻章倡道學，慕之，乃與湛若水至江門訪之。因築西臺請獻章講學。明孝宗弘治十七年（一五〇四）舉人，禮部得乙榜，例應官，不就，業太學。嘉靖六年（一五二七）判泉州。以直忤時，隱西臺不出。阮榕齡《白沙門人考》有傳。

　　何鰲於本年中舉人。

　　何鰲，字子魚。順德人。明孝宗弘治十七年（一五〇四）舉人，正德三年（一五〇八）戊辰進士，授慶元知縣，以治行召爲御史。時佛朗機藉貢獻名治區東莞南頭，鰲疏劾之出境。出按湖廣。尋擢守松江，遷按察司副使，備兵徐淮，自沛至徐築堤百餘里而河不爲害。轉福建參政，升湖廣左布政使，未抵任而卒。弟鷲，亦進士，官兵部主事。潘楳元、譚瑩《廣州鄉賢傳》卷三有傳。

　　張宰於本年中舉人。

　　張宰，字體敬，號簡齋。番禺人。明孝宗弘治十七年（一五〇四）舉人。嘉靖元年（一五二二）壬午謁選，塚宰擢第一，授南京兵部司務。三年考績，進登仕佐郎。七年（一五二八）戊子晉車駕司員外。八年己丑歸省，逾年晉刑部郎中。素有渴病，每誦白沙“江湖拈起十年蓑”句，浩然返初服。郭棐《粵大記》卷十九有傳。

　　何儆於本年中舉人。

　　何儆，字子勗。龍川人。明孝宗弘治十七年（一五〇四）舉人，授陸川知縣，升福州府通判，五日解官歸。（《龍川縣志》）

　　趙通於本年中舉人。

　　趙通，字半村。饒平人。弘治十七年（一五〇四）舉人，授山東寧海知州。中使采黃金於郡，通抗不受命，罷官。歸時州民遮道哭送。（乾隆《潮州府志》卷二八）

　　鍾經於本年中舉人。

　　鍾經，字子常。龍川人。由監生登弘治十七年（一五〇四）甲子科舉人。口訥，精通六經。生徒執經，講解不輟。（《龍川縣志》）

　　梁宸於本年中舉人。

　　梁宸，字應辰，號賓月。從化人。弘治十七年（一五〇四）舉人，正德六年（一五一一）會試副榜，授定遠教諭，升衡山令。（清《從化縣志》）

　　朱士諒生。

　　朱士諒（一五〇四～一五七〇），字少貞，號方池。清遠人。嘉靖四十四年（一五六五）社會動亂，以保障地方爲己任，功成不受爵賞。與海瑞、葉夢熊、楊起元交遊，爲諸公稱道。著有《康爵堂詩草》等。子學熙、學顏。學顏歷官吳縣丞、南寧府經歷。（《清遠縣志》卷六）

明孝宗弘治十八年　乙丑　一五〇五年

　　五月辛卯，明孝宗崩於乾清宮，年三十有六。（《明史》卷十五《孝宗本紀》）壬寅，太子厚照即皇帝位，是爲明武宗，以明年爲正德元年。

　　孝宗崩，湛若水賦《大行孝宗皇帝輓詞二首》詩云：

　　淚穿無厚土，目眢有高旻。敬祖翻材藝，用尚書。祈年蹶玉身。恤囚揚末命，前七日因暑，有旨放囚。放女陋前人。妃嬪絕少。從有如椽筆，誰能畫得春。

　　退朝恭默處，座上見秋旻。十八全弘治，清修在側身。折節延諸老，承平頌一人。親王遺諭在，花萼自冬春。（湛若水《甘泉先生文集外編》卷一一）

春，蘇葵賦《乙丑春日思郊野之遊不遂戲書》、《乙丑春暫視臬篆公暇漫成》（以上七律）。（蘇葵《吹劍集》卷三）

林光賦《舟中小酌贈蘇徽二郡守並序》七律二首，其序云：

蘇守林君思紹、徽守何君子敬咸以御史領郡，政聲奕奕，二君皆鄉邦之傑然者也。弘治乙丑春，朝覲南還。余適赴襄陽，聯舟而行，往往小酌共話，心孚情契，因賦律以贈，兼寫疊韻一首附焉。

正月初一日，林光賦《試筆　小年韻》五律二首。（以上林光《南川冰蘗全集》卷十二）

蘇葵賦《元旦後用前韻呈郝王二官長二首》七律二首。（蘇葵《吹劍集》卷三）

二十七日，林光賦《乙丑正月二十七日出京承諸公餞送至城南馬上口號》五律詩、《坐小船》五律。（以上林光《南川冰蘗全集》卷十二）

二月，蘇葵賦《弘治乙丑二月憲長入覲予暫署堂事比得代就間戲而賦此》詩云：

大隱隱朝市，誰今是隱魁。雨聲閑枕簟，竹色小亭臺。高閣刑書束，常時笑口開。雖然贏得懶，終愧我非才。（蘇葵《吹劍集》卷三）

初二日，林光賦《二月二日蔡村船中》詩云：

盡日風塵裏，花朝不見花。輕煙穿舴艋，長薄散烏鴉。硯拂冰還凍，春催柳漸芽。前村是何處，荒落幾人家。（林光《南川冰蘗全集》卷十二）

三月，蘇葵賦《三月忠州道中》詩云：

日斜雲淡遠山低，三月王孫草色萋。一葉頻繁明月峽，六年流戀浣花溪。鹽虀有味名還薄，木鐸無功道未西。何日濯纓江海去，石床藤枕對鳧鷖。

四月，葵賦《乙丑送春寫懷》七律詩。

十三日，林光賦《四月十三日舟次安陸風暴非常州人謂五十

年來未有此》七絕、《安陸候夫》七絕。（林光《南川冰蘗全集》卷十二）

七月，蘇葵賦《初秋》七律詩、《秋興二首》七律。

初七日，葵賦《弘治十八年七月七日聽宣大行皇帝遺詔感慟有作》七律詩。

二十五日，葵又賦《乙丑七月二十有五日北樓觀兵有作》七律詩。（以上蘇葵《吹劍集》卷五）

除夕，王縝賦《除夕次許啟衷同寅韻二首》詩云：

客館不成寐，端居思渺然。人喧分歲夜，春喚上元年。碩果藏生意，涓流積巨川。興來拚酩酊，還自戒初筵。（王縝《梧山集》卷二）

本年林光賦詩如下：《楊考功名父乃翁輓》、《職方後署小酌走筆並序》（以上五律）、《將出京留別諸明公次屠亞卿元勳先生見贈韻三首》七律、《新齋爲施憲副題》五律、《舟中寫懷疊前韻》、《分夫助拽過武城用前韻奉謝蘇郡守思紹宗契》、《貞則卷爲林思紹太守母題》、《過臨清總鎮中貴朱公盛席留款至夜三鼓禮意不倦時陪林蘇州何徽州二郡守》（以上七律）、《上安山閘》七絕、《彭城舟中長沙李德舉太守出沈仲律憲副所贈詩索和次韻奉答》、《過彭城》（以上七律）、《過寶應湖四首》、《過高郵湖二首》（以上七絕）、《夜雨過邵伯湖風逕迷路遂宿湖中》五律、《發揚州》、《儀真獲亡尹袁陽所借拙稿六册》（以上五絕）、《過石頭城》五律、《次韻答何徽州》七律、《江中》七絕、《次韻答安處郡守楊麈洲》、《過湖口》（以上七律）、《墨菊》、《墨蒲萄爲慎庵殿下題》（以上七絕）。（以上林光《南川冰蘗全集》卷十二）

本年蘇葵於四川賦詩如下：《酌酒及灌花復用前韻呈川北同寅二首》、《奉和劉都憲喜松潘報捷韻二首》、《感事》、《奉和王朝器同寅來韻二首》、《署篆冗中漫書呈楊至道陳孔章長官》、《寄劉仁仲學士同年》、《謬掌堂事四越月頗厭煩勞喜得憲長京還交代有作三首》、《苦熱》、《從弟亞夫進士自南安寄書至喜而賦此寄京答之》、《喜亞夫進士將選寄以期勉》、《憶歸四首》、《寄畢汝舟編修畢予督學日雅舊也》、《喜雨後乍涼》、《感事漫書》、《寄婁元善正郎婁江西上饒人時家居修鵝湖書院予在江西日曾請爲白鹿書院山長二首》、《寄示毅兒》、《漫興》、《延景花　此花蜀人重之，開於元宵時候》、《遊昭覺寺歸途偶成三首》、《無題》、《登嘉定儒學後山先天閣閣爲黄冠所據自國初至今知州瞿剛乃取而歸之儒學遂易今扁》、《登八角亭亭在州學後山半》、《嘉定泛舟南下馬尾灘惡既過賦此》、《送猶子兆麟東還》、《寄致政州守梁叔龍親家》、《寄余宗善表弟義官》、《寄德言何親家致政轉運》、《寄萬松邵妹丈》、《寄從兄月江先生致政司訓》、《答林宗敬致政別駕》、《奉和羅方伯遊静居寺韻》、《題浣花草堂二首》、《錦州較士閲卷漫成》、《過梓潼七曲文昌祠》、《歇劍州武蓮寺》、《題宋學士祠二首》、《寄楊學士介夫先生》、《立兒扶其母櫬還鄉作此以示四首》、《舟行值雨停泊沙岸偶成》、《過梁山蟠龍嶺遇雨》、《宿塾江新興鋪　鋪，疑當作舖　風雨驟作》、《舟中漫興》、《予巡自東還過重慶大參吴公餞予舟中既醉日晚別去予舟西行是夜月色如畫江空沙白壺觴對影有懷吴公因作二律》、《合州河即事》（以上皆七律）。（以上蘇葵《吹劍集》卷五）

本年蘇仲五十歲，賦《到官》詩云：

行年方五十，拜職地官曹。面目塵埃染，心神會計勞。效忠期犬馬，愛國惜脂膏。借問東南客，漕兵賣布袍。（蘇仲《古愚集》卷二）

本年湛若水年四十，高中進士，授翰林院庶吉士，爲宦至七十五歲告老。（黄明同《陳獻章評傳・附傳：湛若水生平及其哲學思想》）

方獻夫於本年中進士。

陳錫於本年中進士。

陳錫，字祐卿，號天遊。南海人。明孝宗弘治十八年（一五〇五）進士，授戶部主事。歷官至順天府尹。以兄子紹儒贈太常寺卿。著有《天遊集》。黃佐《廣東通志》卷六二、阮元《廣東通志》卷二七六有傳。

黃著於本年中進士。

黃著（？～一五四〇），字子誠，號容庵。順德人。明孝宗弘治十八年（一五〇五）進士。世宗嘉靖間官至朝議大夫。以疾歸，卒祀鄉賢。咸豐《順德縣志》卷二三有傳。

鄭銘於本年中進士。

鄭銘，字克信（新）。新會人。明孝宗弘治十八年（一五〇五）進士。會孝宗崩，與修《孝宗實錄》。授戶部主事。尋由郎中出守江西袁州。後乞休歸里。著有《岡州近稿》、《使滇雜興》。子時舉正德十一年（一五一六）丙子鄉薦。光緒《廣州府志》卷一二六有傳。

周用於本年中進士。

周用（一四六五～一五三一），字舜中，號顧影道人、瞻峰。饒平人。明孝宗弘治十八年（一五〇五）進士。歷知建昌、惠安二縣，擢大理評事，累官浙江僉事。後告歸，家居十餘年，布衣草履，吟詠自適。著有《顧影集》。黃佐《廣東通志》卷六二、康熙《潮州府志》卷九上有傳。

鄭一初於本年中進士。

鄭一初，字朝朔，號紫坡。揭陽人。明孝宗弘治十八年（一五〇五）進士。以劉瑾專權，不謁選，家居以耕讀教子弟。瑾敗，赴都，授監察御史。在京師事王陽明。後以疾乞休，途次杭州，卒。嘉靖《潮州府志》卷七、阮元《廣東通志》卷二九三有傳。

劉斌於本年中進士。

劉斌，字伯度。陽江人。父芳，成化十四年（一四七八）戊戌進士，授靖安縣，擢廣西南寧府。斌中明孝宗弘治十七年舉人，十八年（一五〇五）進士，官至光祿寺丞。康熙《陽江縣志》卷三有傳。

關中於本年成貢生。

關中，字時中。新會談雅人。明孝宗弘治十八年（一五〇
五）貢生，官岳州沅江訓導。少遊白沙之門，凡持身教人，以端
嚴爲宗。由湖廣宜章訓導至按察副使。阮榕齡《白沙門人考》
有傳。

明武宗正德元年　丙寅　一五〇六年

正月初一日，王縝賦《正德紀元元日次許啟衷韻》詩云：

元年元日里，拈筆試東風。正德光華異，長安歌吹同。逢人
多獻歲。得句每呼童。從此星辰轉，天清日正紅。（王縝《梧山
集》卷二）

五月初五日，蘇葵五十七歲，賦《丙寅端陽日對酒寫懷二
首》七律。（蘇葵《吹劍集》卷五）

六月二十六日，林光賦《喜雨　丙寅六月二十六日》詩云：

陰雲欲合即生風，陽亢相將一月終。赤日行空煎伏暑，乾雷
輾地跨長虹。田農束手嗟無計，禄吏輪誠冀感通。甘雨連宵忽沾
足，閭閻誼笑望年豐。（林光《南川冰蘗全集》卷一二）

七月初七日，蘇葵賦《七夕》詩云：

五更魂夢隔年情，雲霧綃衣織漸成。離恨未消榆莢老，佳期
元在鵲橋橫。河邊有信鸞先度，海底無緣日緩行。賴是人間盡新
巧，不勞分送下雲城。（蘇葵《吹劍集》卷五）

九月初九日，林光賦《重九日登峴石洞巖次磨崖石刻古韻》
七律詩。（林光《南川冰蘗全集》卷一二）

冬，海南萬州雨雪，王世亨賦《正德丙寅冬萬州雨雪》七古
詩。（正德《瓊臺志》卷四一）

十月，王縝賦《正德紀元十月間吾東莞桃李花開後得邸報御
史奏九月間京師城南李花滿園因感有作》五古詩。（王縝《梧山
集》卷六）

除夕，蘇仲賦《丙寅除夕二首》七律詩。（蘇仲《古愚集》卷二）

本年林光賦詩如下：《洗心亭爲華廷禧少參題》、《傅寺副雙親輓二首》、《奉和内閣及大理諸公聯句贈少司馬德興孫先生四首並序》、《訪曹西泉侍御山居二首》（以上七律）。（其一跋云：成化丙申，予初訪羅一峰殿元於湖西，一峰夢詩云：南冠今入習家池，一代風流更屬誰》（以上林光《南川冰蘗全集》卷一二）

本年蘇葵賦詩如下：《寄義宰乙齋趙親家》、《奉和陳憲長先生來韻》、《讀史至蘇武歸國感而有作》、《秋日閑中戲呈楊志道長官》、《遊白鹿洞和沈文進寅長韻》（以上七律）。（以上蘇葵《吹劍集》卷五）

本年湛若水於南京結識王守仁（陽明）。時陽明於吏部講學，若水與之分庭主教。雖一主“致良知”，一主“隨處體認天理”，然彼此切磋，交情極深。（黄明同《陳獻章評傳·附傳：湛若水生平及其哲學思想》）

張鳴鸞生。

張鳴鸞（一五〇六～一五五〇），字文和，號定江。東莞人。昕子。嘉靖十三年（一五三四）舉人。累官雲南晉寧知州，爲官清白，卒於任。（嘉慶《廣東通志》卷二七二）

章熙生。

章熙（一五〇六～一五七五），字世曜，號西峰。海陽（今潮州）人。嘉靖十年（一五三一）舉人，二十三年進士。官拜行人，遷行人司副，轉户部員外郎。後出爲廣西按察司僉事，分巡蒼梧。存《遊湖山記》刻石。（《井丹詩文集》卷七、《潮州西湖山志》卷五）

明武宗正德二年　丁卯　一五〇七年

正月初一日，區元晉賦《元日書懷》詩云：

嶺屋煙晴臘已消，太和再覿聖明朝。屠蘇集宴聊從俗，丁卯

題詩不用橋。別院風生楊柳細，小池暖動鷺鳧驕。春光杖履堪乘興，更枉比隣折簡招。（區元晉《區奉政遺稿》卷二）

蘇仲賦《新春試筆》、《挽蕭以忠主事二首》、《鎮撫司和題韻》（以上七律）。

十五日，又賦《元宵》詩云：

春向融融景向鮮，物豐時泰是今年。輝煌燈月交相映，錦繡人家共鬪妍。笛弄鼓摣花塢外，男歌女唱彩樓前。病夫欲寫升平頌，付與唐虞擊壤篇。（蘇仲《古愚集》卷二）

上元日，日食，王縝賦《正德二年元日日食》五古長詩。（王縝《梧山集》卷六）

閏正月初一日，湛若水賦《九章贈別　並序》五古詩，其序云：

九章，贈陽明山人王伯安也。山人爲天德王道之學，不偶於時，以言見譴，故首之以《窈窕》。窈窕，比也，然而譴矣，終不忘乎愛君，故次之以《遲遲》。譴而去也，其友惜之，故次之以《黃鳥》。惜之非但已也，爰有心期，故次之以《北風》。道路所經，不無吊古之懷，故次之以《行行》。行必有贈與處，故次之以《我有》。贈非空言也，必本乎道義，故次之以《皇天》。皇天明無爲也，無爲則虛明自生，無朋從之思而道義出矣，故次之以《窮索》。《窮索》非窮索也，無思而無不思也，無爲立矣，虛明生矣，道義出矣，然後能與天地爲一體，宇宙爲一家，感而通之，將無間乎離合，雖哀而不傷也，故次之以《天地終焉》。於虖，山人將索我於形骸之外者言語焉乎哉。丁卯閏正月朔日。（湛若水《甘泉先生文集內編》卷二五）

大年除夕，蘇仲賦《丁卯除夕二首》七律詩云：

歲月無情萬事傭，江山依舊此門風。人知薄分惟安分，官到窮時不送窮。仰面君親無報答，強顏天壤敢從容。從頭歷數今年事，無日無憂過夢中。

飲罷屠蘇興未終，幾人相對燭搖紅。兒童聽鏡還同俗，老子焚香只省躬。客送桃符無好句，人逢新曆喜春風。衣冠整頓明朝起，萬壽君王拜舞中。（蘇仲《古愚集》卷二）

本年林貴與謝詳領導河源農民武裝數千人，攻打縣城。

　　林貴（？～一五〇九），河源人。正德二年（一五〇七）與謝詳領導河源農民武裝數千人，攻打縣城，鎮壓官吏，開倉濟貧。兩廣都御史派兵數萬圍剿，義軍三千多人被殺。四年，貴與謝詳、鍾仕高等再次組織農民暴動，規模更大，兩廣總督劉洪率兵數萬鎮壓，起義軍終因寡不敵眾而失敗，貴等慘遭殺害。（《河源縣人物志》）

　　本年張佑擢署都指揮僉事。

　　張佑（？～一五一六），字天佑。廣州人。弘治中襲世職官廣州右衛指揮使。明武宗正德二年（一五〇七）擢署都指揮僉事。總督林廷選引爲中軍，事無大小皆諮詢之。性好書，每載以隨，暇則延儒生講論。十一年（一五一六）以疾卒於軍中。（阮元《廣東通志》卷二七七）

　　黎倫於本年中舉人。

　　黎倫，字汝常。順德人。明武宗正德二年（一五〇七）舉人，官廣德州學正。清梁九圖、吳炳南輯《嶺表詩傳》卷二有傳。

　　李一甯於本年中舉人。

　　李一甯，字應坤，號帽山。東莞人。德修子。明武宗正德二年（一五〇七）舉人，授灘澤學教諭，掌漳州書院，遷蘇州府教授，後擢懷甯知縣。阮元《廣東通志》卷二七七有傳。

　　梁文瑞於本年中舉人。

　　梁文瑞，字岐鳳，號雙池。東莞人。文重兄。明武宗正德二年（一五〇七）舉人，歷福安縣、常州府訓導，鬱林州學正，擢福建順昌知縣、陝西延安府同知。性情剛直，有政績。傳附見民國《東莞縣志》卷五七《梁文重傳》。

　　何宏於本年中舉人。

　　何宏，字道充。順德人。昌孫。明武宗正德二年（一五〇七）舉人。德安知府。阮元《廣東通志》卷二七五有傳。

　　梁廷振於本年中舉人。

　　梁廷振，字伯綱，號瀾石。南海人。事親盡禮，時稱孝童。年十四，師事白沙高弟陳東峰。十六習舉業，明武宗正德二年（一五〇七）舉人。五年庚午著海雲精舍於瀾石，究心古學。嘉靖二年（一五二三）癸未第進士。連丁內外艱，年四十二，髮已斑白。服闋，十年（一五三一）辛卯春，授兵部職方主事，尋晉職方郎中。十七年戊戌升廣西副使，督諸軍進剿斷藤峽，號令嚴肅。捷聞，賜金幣。升福建右參政，升按察使。晉浙江右布政，尋轉左，未幾卒於任。諸孫騰、茂等，克繼其志。郭棐《粵大記》卷十九有傳。

　　盧津於本年中舉人。

　　盧津，字要卿，號涯軒。南海人。昌孫。明武宗正德二年（一五〇七）舉人，六年（一五一一）辛未以乙榜授鳳陽府訓導。父憂服闋，改建平縣學。母老，乞終養歸。字寧，宰崑山、興國，守潼川。阮元《廣東通志》二七七有傳。

　　楊天祥於本年中舉人。

　　楊天祥，字休徵。本博羅人。父順遷於歸善，生天祥。明武宗正德二年（一五〇七）舉人。九年（一五一四）甲戌下第，省父膠州，誦書官廨，郎朗徹衢道。十二年丁丑成進士。選官戶曹，差通州督運，有糧長饋一金硯，峻拒之。阮元《廣東通志》卷二九〇有傳。

　　李翱於本年中舉人。

　　李翱，字如鳳。番禺人。七歲，父客死粵西，母黃氏紡織供其讀。正德二年（一五〇七）舉人。官國子助教，除福建興化府同知，進禮部郎中。以俸滿出知潯州，在官八月歸。（同治《番禺縣志》卷三九）

　　何炯於本年中舉人。

　　何炯，番禺人。正德二年（一五〇七）舉人。官福建漳浦、廣西興業等縣知縣，升桂林府通判、知府。（《沙灣何氏家譜》）

　　何瀚於本年中舉人。

何瀚，字源遠。東莞人。正德二年（一五〇七）舉人。官河南封丘教諭，因未賄賂宦官谷大用，不得升遷而歸。（光緒《廣州府志》卷一二三）

陳禧於本年中舉人。

陳禧，字天佑。化州人。正德二年（一五〇七）舉人。官上猶教諭，樂於選士，深得督學趙竹崗讚賞，遷禧爲國子監助教。後出任松江府通判，被譽爲名宦。（《化州縣志》卷九）

林鐘於本年中舉人。

林鐘，字太和。三水人。正德三年（一五一七）舉人，嘉靖二年（一五二三）進士。授浙江西安（今衢縣境）令，持廉奉公，勸農興學，清除奸猾，民安其業。考績北上，士民載道遮留，立"感恩碑"。特轉戶部郎，督大同兵餉，招扶叛卒，卓有成效。升安慶守，詢民利病，事無大小，必親躬，建學校，振風教。生平好吟詠，多不存稿。著有《硯山集》。（嘉慶《三水縣志》）

羅紹魁於本年中舉人。

羅紹魁，東莞蒲心湖（今屬深圳）人。正德二年（一五〇七）以《易經》中鄉試，福建龍溪縣教諭，後升江西安仁縣知縣，調江南徽州府教授，再升杭州通判。（康熙《新安縣志》）

黃應賓於本年中舉人。

黃應賓，字寅卿。博羅人。正德二年（一五〇七）舉人。初授臨海教諭，擢國子博士、南京戶浙江司主事，晋秩員外郎。（光緒《惠州府志》卷三二、乾隆《博羅縣志》卷十二）

明武宗正德三年　戊辰　一五〇八年

正月十四日，王縝賦《戊辰元宵前一日同大中丞吳交石黔國公沐總戎泊三司往松花灞巡視水利因以省耕次吳交石韻二首》七律詩。（王縝《梧山集》卷五）

四月初十日，縝賦《正德戊辰余叨參政滇南四月十日有寒鴉

四來巢於公廨之西北牆空西者乳子四純墨北者乳子亦四間白占之
朕兆不知何謂因作短句以識之庶後有所考》詩云：

　　有鳥有鳥，載飛載鳴。亦集爰止，實有公庭。有鳥有鳥，來
巢於屋。亦既馴人，廼生廼育。其育維何，並四而偶。黑白孔
明，兆云稀有。其有維何，曰性慈孝。匪佞匪阿，順適於道。右有
鳥四章。（王縝《梧山集》卷六）

　　九月重陽日，林光賦《戊辰重九攜子時表衷登峴石巖》
詩云：

　　旱極誰家菊解開，清秋老興若爲栽。乾坤一雨山將變，父子
三人馬續來。醉杖鳩藤哦舊句，笑扳崖石拂枯苔。未須計度明年
事，且盡巖邊入手杯。（林光《南川冰蘗全集》卷十二）

　　十二月二十七日夜，湛若水夢王守仁，賦《戊辰臘廿七日夜
夢王伯安兄》詩云：

　　四時有去來，逐客久不至。天運尚可量，人事誰能計。昨夜
夢見之，仿佛精神契。語久聲彌低，畫地示予字。滅沒不可辯，
了了得其意。言別何匆匆，路遠會難繼。合歡詎知夢，是夢聊足
慰。借如平生魂，亢爽不可致。念之生悲淒，達旦不能寐。

　　除夕，若水賦《除夕　戊辰》詩云：

　　陰陽無停機，天道常流轉。除夕依辰至，歲月忽已晚。感節
念年非，令人發悲惋。少壯多志氣，白髮已亂短。行年逾不惑，
知命途尚遠。誓當師繼日，畏此流光遄。（湛若水《甘泉先生文
集內編》卷二五）

　　林光賦《襄陽戊辰除夕遣懷》詩云：

　　春光殘臘領年光，賞雪趺跏坐北堂。醴酒揮杯還自設，好山
驅馬逐誰忙。閒從樂地安心地，老把他鄉作故鄉。旋買河田供百
指，東坡陽羨我襄陽。

　　本年光賦詩如下：《送朝使還京》、《次韻冀中貴桃竹感之
作》、《南陽莊國華國賓詩來徵文次韻奉答》、《奉次徵王韻贈畢亞
卿豫荆兗荒黎民阻饑朝廷簡命亞卿畢公兼都憲來膺賑恤重任王有

詩嘉贈因次韻少申頌期之意》（以上七律）。（以上林光《南川冰蘗全集》卷十二）

本年鍾芳賦《太平涇縣大水》七言長詩，篇首云：

歲直戊辰天下荒，宣城編戶多流亡。去年圩破水千尺，盡掃百穀生蒿稂。今年道涇歷西原，正值潦水爲民殃。源從石埭涉太平，校之宣城適相當。蛟螭翻騰鬼魅泣，沿溪四望皆沙場。室廬爲桴隴爲沼，泥浮樹杪如塗黃。……（鍾芳《筠溪文集》卷二六）

黃重於本年中進士。

黃重，字子任。南海人。明武宗正德三年（一五〇八）進士。初授行人，歷轉戶、吏、兵三科給事中，官至南京太常寺少卿。阮元《廣東通志》卷二七七有傳。

唐勳於本年中進士。

唐勳，字汝立。歸善人。明武宗正德三年（一五〇八）進士，授靖江知縣。歷官休寧知縣、河南道監察御史、陝西道監察御史。素多病，乞歸。阮元《廣東通志》卷二九〇有傳。

鄧炳於本年中進士。

鄧炳，字子幾。順德人。明武宗正德三年（一五〇八）進士。授南京刑部主事。十二年任廣西太平府知府。累官廣西副使兵備。年八十六卒。阮元《廣東通志》卷二七六有傳。

楊琠於本年中進士。

楊琠，字景瑞。海陽人。師事白沙，與王守仁善。明武宗正德三年（一五〇八）進士，山西道監察御史。按江南，全活冤獄百餘人。病歸，族有規，鄉有約，化行於鄉。著有《庭訓錄》，王陽明爲序。阮榕齡《白沙門人考》有傳。

葉廷會於本年中進士。

葉廷會，字以嘉，號龍塘。東莞人。明武宗正德三年（一五〇八）進士，官南京戶部主事，以員外郎出任福建屯田僉事、廣西兵備副使。（宣統《東莞縣志》卷五七）

林紹於本年中進士。

林紹，字伯箕。潮陽人。正德三年（一五〇八）進士。授戶部主事。奉命犒遼東左軍，宣佈德意，邊伍感奮。時劉瑾擅權，欲援爲黨，毅然不應，上疏乞歸終養。家居，修文廟，建宗祠，濟貧賑荒，和鄰睦里，世稱其德。（乾隆《潮州府志》卷二九）

尹嵩於本年中舉人。

尹嵩，字惟中。東莞人。明武宗正德三年（一五〇八）舉人。曾拜王守仁、魏校、湛若水爲師。官至襄王府長史。（光緒《廣州府志》卷一二三）

周鬱於本年成貢生。

周鬱，字尚文，號耿庵。東莞人。明武宗正德三年（一五〇八）貢生，福建漳州府訓導。歸里，與陳白沙唱和。著有《龍洲草集》。阮元《廣東通志》卷二七五有傳。

李貢於本年成貢生。

李貢，字祖禹。英德人。明武宗正德三年（一五〇八）貢生，官荔浦知縣。時田州士官岑猛叛，從督府姚鏌征之，中流矢而死。阮元《廣東通志》卷二八九、清同治《韶州府志》卷三四有傳。

黎元熙生。

黎元熙（一五〇八～一五六一），字雍孺。增城人。補邑博士弟子，試輒優等。曾參修邑志，凡署當道所撰，多出其手。嘉靖四十年（一五六一）年五十四卒。著有《水簾洞存稿》。清康熙《增城縣志》卷九有傳。

明武宗正德四年　己巳　一五〇九年

元旦，蘇仲賦《己巳春日試筆二首》五律、《己巳春日試筆》七律。（蘇仲《古愚集》卷二）

湛若水賦《新春寫懷三首》五古詩。（湛若水《甘泉先生文集內編》卷二五）

二月，林光賦《己巳仲春王承吉招遊習池因謁乃祖忠節祠墓遂同侍御曹西泉伯仲彭副郎文卿倘徉盡日而還》詩云：

白雲雙袖帶天香，忠節祠參谷隱傍。春半花開兼蓓蕾，風和柳舞任低昂。巉巖嶺峻登還怯，蒼翠林深步更長。返照在山杯在手，諸君能不爲詩忙。

六月十六日夜，光賦《六月十六夜宿萬山迓少保大司寇總制洪兩峰先生四首》五律詩，其四跋云：

萬山前有碑，潭中有王粲井、幽蘭寺，已廢。

本年林光賦詩如下：《和李岳臺別駕至日有感》、《三過曹侍御見麗亭疊韻二首》、《讀果庵傳》、《南川別墅四首》（以上七律）、《食鮮蝦》、《偶書》（以上七絕）、《讀總制宮保洪先生榜文有感蒙枉顧因拜錄謝》、《少保大司寇總制洪兩峰先生見示春日遊雞鳴寺舊作追和奉答二首》、《少保大司寇總制洪兩峰先生隆中謁武侯兼承致前美建議立祠之意各依韻奉答二首》、《疊用屠司寇舊贈韻答鍾舜臣少參》、《大司馬劉東山老先生謫戍肅州遇赦放還經襄陽鐵佛寺敘舊賦此奉贈》、《贈典簿史奈致仕還沁源》、《陪岳臺李別駕西泉曹侍御遊峴石寺同次磨崖石刻詩韻二首》、《再疊》、《承國主命代祀西南二壇齋居偶成》、《登樓介壽爲都憲陳矩庵先生》（以上七律）。（以上林光《南川冰蘗全集》卷十二）

本年王縝至平溪，賦《正德己巳到平溪二力乙孫阿八從廣中來得家信時蒙朝廷罰米四百石爲任給事中時建言失當也》五言古詩。（王縝《梧山集》卷六）

明武宗正德五年　庚午　一五一〇年

三月，黃印賦《庚午三月聞小警出城呈同年譚郡博仲和兼呈潘揮使》詩云：

振衣休整出城遲，泉石年來是故知。白髮山人歸老日，乾城老將得閒時。謀身於我真成愧，卻虜今誰不解詩。臺省未聞憂治世，春風何日到天涯。（顧嗣協《岡州遺稿》卷三）

六月二十日，龐嵩生。後嵩賦《卜築黃龍洞時六月廿日乃予生之日也》詩云：

懸弧已卜分龍日，卜築黃龍古洞天。蝴蝶深深頻入夢，此山遺鉢定前緣。（龐嵩《龐弼唐先生遺言》卷三）

龐嵩（一五一〇～一五八六），字振卿。南海人。居弼唐鄉，學者稱弼唐先生。明世宗嘉靖十三年（一五三四）舉人。計偕南還，讀書講業羅浮山，從遊者雲集。累試南宮不中。二十三年謁選應天府通判，二十八年晋本府治中，屢攝府尹事。遷南京刑部員外郎，三十年晋郎中。三十五年擢雲南曲靖知府。居二載，為忌者所擠，以老罷，年僅五十。隆慶初復出。嵩早年從王守仁遊，歸而復從湛若水遊。晚築室西樵大科峰，優遊自適，講學天關以倡士風。著有《龐弼唐先生遺言》四卷、《弼唐存稿》等。明黃佐《粵大記》卷一四、《明史》卷二八一、阮元《廣東通志》卷二八〇等有傳。

冬，鍾芳賦《庚午冬次金陵遇邢景陽北上》七律詩二首。（鍾芳《筠溪文集》卷二七）

除夕，蘇仲賦《庚午除夕寫懷二首》七律詩。（蘇仲《古愚集》卷三）

本年歲饑，任錫休捐粟助賑。

任錫休，字慎爾。歸善（今惠州）人。樂善好施。正德五年（一五一〇）歲饑，捐粟二百石助賑。（乾隆《歸善縣志》卷十四）

劉瑞葵於本年中舉人。

劉瑞葵，字世貞，一字原向。潮陽人。明武宗正德五年（一五一〇）舉人。授安鄉教諭，晋紹興教授，陞耒陽知縣。學者稱其為碧山先生。著有《碧山漫稿》。隆慶《潮陽縣志》卷一二、康熙《潮州府志》卷九上、阮元《廣東通志》卷二九三有傳。

陳仕齡於本年中舉人。

陳仕齡，字壽卿。東莞人。明武宗正德五年（一五一〇）舉人，六年乙榜進士，官太平繁昌縣教諭，陞溧陽知縣。張其淦《東莞詩録》卷一一有傳。

馮教於本年中舉人。

馮教，南海人。與弟徽同領正德五年（一五一〇）庚午鄉試。徽歷官按察僉事。父載，字克任，號野莊，先名祥。弱冠補諸生，廉憲薛公器之，委幣使於白沙，慨然有求道之志，遂棄舉業，講明心性之學。比歸，白沙贈詩稱許之。湛甘泉稱其能隱居以求其志。孫士懋，秉禮無悔，有古人風。曾孫良棟，領乙酉鄉試第七名。郭棐《粵大記》卷二三有傳。

黃彦於本年中舉人。

黃彦，新會人。正德五年（一五一〇）舉人。宜黃知縣。陳獻章門人。阮榕齡《白沙門人考》有傳。

王軾於本年中舉人。

王軾，字國瞻。揭陽人。正德五年（一五一〇）舉人。授懷遠教諭。十四年遷蕪湖知縣。次年武宗南巡，檄各縣率民赴役，爲人所誣，引決。（嘉靖《潮州府志》卷七）

盧金潤於本年中舉人。

盧金潤，字孟雨，號豫齋。東莞人。正德五年（一五一〇）舉人。授安仁教諭，率兵攻打農民軍。後官江陰、嘉善教諭，升溧陽縣令，以光澤知縣歸。嘉靖三十五年（一五五六）任禮科給事中，辭不就。（宣統《東莞縣志》卷五七）

麥夢陽於本年中舉人。

麥夢陽，字汝復。高要人。正德五年（一五一〇）舉人。授湖南興寧教諭，又任國子助教，官至石阡知府。（宣統《高要縣志》卷十八）

淩士顔於本年中舉人。

淩士顔，化州人。正德五年（一五一〇）舉人，初任仙遊教諭，後升永醇、大庾知縣。（《化州縣志》卷九）

詹旻於本年中舉人。

詹旻，字宗德。番禺人。正德五年（一五一〇）舉人，官祁陽教諭，卒於官，貧不能殮，邑士助之始得歸。（同治《番禺縣志》卷三九）

廖任於本年中舉人。

廖任（？～一五五〇），字志尹。歸善（今惠州）人。正德五年（一五一〇）舉人，十二年（一五一七）應禮部試，同行潭汝時、姚應昌疫病，獨撫視不去。歿，治其喪。授臨武知縣。嘉靖九年（一五三〇）引疾歸，居惠州西湖二十載。（嘉靖《惠州府志》卷十三）

葉孟於本年中經魁。

葉孟，東莞人。正德五年（一五一〇）以《禮記》中經魁。（康熙《新安縣志》）

何維柏生。

何維柏（一五一〇、一五一一～一五八七、一五八一），字喬仲，號吉（古）林。南海人。少讀書西樵山。明世宗嘉靖十四年（一五三五）進士，選庶吉士，改監察御史，謝病歸。復入西樵，研白沙之學，從學者眾。既補任，出按閩，以坐劾嚴嵩，廷杖免官歸。隆慶改元（一五六七），詔復原官，擢大理寺少卿，遷左僉都御史，歷左副都御史，遷吏部侍郎。以忤張居正，出爲南京禮部尚書。旋致仕，留寓番禺河南雲桂村，辟天山草堂①講學，弘揚陳白沙理學，培養進士十餘，如尚書葉夢熊、僉憲陳吾德等，著聲海內。爲方便行人，建雲桂石橋，至今尚存。卒年七十七，謚曰端恪。著有《天山草堂存稿》八卷、《易學義理經辨》、《太極圖解》等。郭棐《粵大記》卷一四、《明史》卷二一〇、阮元《廣東通志》卷二七九等有傳。

---

① 清康熙三十一年（一六九二）楊天祥出資將天山草堂改建爲是岸寺（庵），釋上德首駐錫，並立碑記其事。宣統元年，梁鼎芬、汪兆鏞重修天山草堂，今已不存。

明武宗正德六年　辛未　一五一一年

正月初一日，蘇仲賦《辛未一日試筆》詩云：

燭影搖紅拜聖君，兩朝臣子受深恩。眼看幾百年前事，身過五十六回春。門地雅看無改舊，桃符空換一番新。醉來感慨多時事，青草湖邊看白雲。（蘇仲《古愚集》卷三）

二月，林光賦《正德辛未二月陪都憲矩庵陳先生方伯管公少參白公僉憲陳公往隆中謁武侯二首》七律詩。（林光《南川冰蘗全集》卷十二）

夏，鍾芳賦《佛回山在涇縣西百三十里經藍山桃花潭皆李白所遊也辛未夏予覈田過此》七言長詩。（鍾芳《筠溪文集》卷二六）

五月，王縝賦《辛未五月同王文濟憲副聯舟有作》詩云：

今古斯文氣味同，先生況有古人風。百年宗譜分支遠，一片吟情入畫中。舟檝驚波能自濟，邊郊多壘藉誰忠　時貴州多事，故及之。倚蓬對月不成寐，坐待東方日正紅。（王縝《梧山集》卷四）

本年林光賦詩如下：《贈人》、《次韻送羅柱舉人　一峰子，二首》。（林光《南川冰蘗全集》卷十二）

本年鍾芳賦《賀彭都憲濟物　代張都憲作》七古長詩二首（其一首句云："歲當辛未斗插午，薊寇儌擾京西東。蔓延青齊被河洛，赤子若墮洪鑪中"）、《金陵送客　陳君德淵分教新淦》七律、《送張少宰　亭溪，內江人。辛未》七古（鍾芳《筠溪文集》卷二六）、《辛未羈州賊擾齊魯汴豫間總制馬公不能制改命陸司馬以邊兵破之》（鍾芳《筠溪文集》卷二六）、《再廣石宗海韻辛未年寧國稿》（鍾芳《筠溪文集》卷二九）。

本年謝譽恩例冠帶。

謝譽，河源人。明武宗正德六年（一五一一）恩例冠帶。事見清康熙《河源縣志》卷六。

張潨於本年中進士。

張濚，字景川。順德人。明武宗正德六年（一五一一）進士。初知建平，尋改廣昌，歷仕至禮部員外郎。會大禮議興，濚與諸臣哭諫，竟以杖死，年三十八。阮元《廣東通志》卷二七八、咸豐《順德縣志》卷二三有傳。

陳洸於本年中進士。

陳洸，字世傑。潮陽人。江從弟。明武宗正德六年（一五一一）進士。官戶部給事中，坐事削官。事見阮元《廣東通志》卷六九、卷三三二。

鍾善經於本年中進士。

鍾善經，字世傑。潮陽人。明武宗正德六年（一五一一）進士。授興化府推官，部使者稱其"片言可以折獄，一介不以取人"。滿考授監察御史。未幾，移疾省覲，杜門讀書。卒年四十五。郭棐《粵大記》卷十九有傳。

劉文瑞於本年中進士。

劉文瑞（？～約一五二〇），字廷麟。新會人。明武宗正德六年（一五一一）進士。拜行人，占城請封，廷推以往，賜一品服。事竣，擢刑科給事中。武宗屢出巡遊，十三年（一五一八）三月抗疏請回鑾。十五年六月，升湖廣僉事。飄然抵家卒。郭棐《粵大記》卷十九有傳。

張希載於本年成貢生。（康熙《順德縣志》卷五《選舉》一）

張希載，字博之，一字柏山。順德人。明武宗正德六年（一五一一）貢生。攸縣教諭。嘗師事陳白沙，隱居西樵山。溫汝能《粵東詩海》卷二一有傳。

明武宗正德七年　壬申　一五一二年

正月二十六日，湛若水於安南賦《富良歌　壬申正月二十六日安南作》詩云：

乘玉節兮坐王子舟，披霞纓兮雲袤。擊蘭漿兮泛中流，馮夷

舞兮蛟人遊。草萋兮荒洲悵，獨立兮容與，望五雲兮神州。（湛若水《湛甘泉先生文集》卷二六）

二月初七日，湛若水賦《壬申二月七日出京駐通州有懷》、《雙松頌通州王彥聲侍御行臺》（以上五古）。

二十六日，若水至山東德州，賦《德州吟　二月廿六日》五律、《舟泊梁家莊驔括與應原忠語》五古。

晦，若水至臨清，賦《臨清吟》詩云：

壬申仲春尾，問道臨清流。寒泉汲短綆，新草彌荒洲。去鳥歷微靄，焉知光景遒。感物發長歎，雲日令人愁。群公遞傾蓋，所語皆兵籌。折衝在千里，虎噬猶未休。如聞復内向，獨抱杞人憂。安得漢驃騎，一鼓清神州。（湛若水《甘泉先生文集内編》卷二四）

九月，鍾芳賦《慶省圖贈判府何汝弘　諱宇》詩云：

歲在壬申秋，九月月營魄。吾皇迓初度，玉帛走萬國。岳貢川呈珍，三靈協嘉告。何侯松柏姿，忠藎盍可掬。際茲風露涼，北去致嵩祝。早發陵陽城，莫輾長安陌。載瞻太乙居，天顔邃穆穆。遂覯五山翁，清瑩對冰蘖。壽君兼壽親，一德贊亭毒。敏祉用敷錫，九有悉沾沃。豈曰門户榮，峨峨羨冠紱。傳家有彝訓，此意良自勖。（鍾芳《筠溪文集》卷二五）

本年湛若水賦詩如下：《太湖二章》五言六句詩、《泛太湖訪九和侍講聚塢别業》、《登琴臺》、《自天竺過靈隱》、《錢塘觀潮》、《過塘江將訪大塚宰王先生有懷陽明》、《訪陽明洞天》、《遊湘湖》、《嚴州詩　三首》、《謁徐高士墓二章章十句》、《過十八灘》、《蛋子》、《三婦辭》、《明月吟三章　南安舟中作》、《飲南雄張太守忠愛堂即席賦》、《畫》（以上五古）、《曲江吟　張文獻》、《武溪吟　余忠襄》、《憩南華方丈》、《出漕（曹）溪即事》（以上五律）、《貞陽吟》五言排律、《同趙元默聯舟如江門》、《黃丹道中即事》（以上五古）。

本年湛若水謁其本師陳白沙墓，賦《謁石翁墓三首》詩云：

　　哲人久已逝，山水有遺光。復地益懷人，況此埋玉鄉。登山
勿採松，采之恐枝傷。臨水勿没汲，汲之流不長。

　　夫君有嘉惠，贈我雲錦裳。中繡自然字，服之永不忘。忍著
君遺物，爲人作新妝。酹酒矢心曲，敬進南豐香。

　　鳳凰去不返，萬仞空高岡。升岡望孤鳳，何時復來翔。感此
籠中鳥，睠彼曠世祥。黄唐代已遠，五色徒文章。（湛若水《甘
泉先生文集内編》卷二四）

　　本年祁敕賦《壬申遊蓮峰四詠》五律。（民國張其淦《東莞
詩録》卷十一）

　　本年歐陽建年十二歲，賦《十二歲自省》詩云：

　　自古聖狂兩路歧，算來原是錯毫釐。群居博奕有誰省，終日
邀遊衹自癡。孔孟曾顏皆可法，關閩濂洛總當期。如今身入宫牆
裏，盡改前愆與往非。（歐陽建《篁莊遺稿》卷一）

　　本年海寇圍南通城，劉瓚登陴勵衆死守。

　　劉瓚，字子襄。饒平人。由國學生授南通州判官，升同知，
代知州事。正德七年（一五一二）海寇圍城，瓚登陴勵衆死守，
援兵至，遂破賊，升府判官。致仕家居二十餘年，卒年九十。著
有《子襄詩文集》。（乾隆《潮州府志》卷二八）

　　本年楊翔知靖州。

　　楊翔，番禺人。正德七年（一五一二）知靖州，廉直剛介。
升南寧同知，未赴任卒。（同治《番禺縣志》卷三九）

　　胡宗奎於本年成貢生。

　　胡宗奎，英德人。明武宗正德七年（一五一二）貢生。官福
建按察司經歷。事見清道光《英德縣志》卷九。

　　饒相生。

　　饒相（一五一二～一五九一），字志尹，號三溪。大埔人。
明世宗嘉靖十四年（一五三五）進士，授中書舍人。晋户部員外
郎，監山東、河南漕運。二十二年（一五四三），以註誤謫無爲
州判官，署州事。二十四年調任兗州判官，遷淮陽郡丞。二十八

年，擢南昌知府。三十二（一五五三）年，陞饒州兵備、江西按察副使。尋乞歸養，家居三十餘年，卒。著有《三溪先生文集》。康熙《潮州府志》卷九上、乾隆《潮州府志》卷二八有傳。

畢炟生。

畢炟（一五一二～一五三二?），字彥晦，號粵溪。花縣人。嘉靖十年（一五三一）舉人，翌年進士，授戶部主事。年甫二十，疏請歸娶，未幾卒。（光緒《花縣志》卷三）

明武宗正德八年　癸酉　一五一三年

正月初一日，蘇仲賦《新春試筆》詩云：

半百光陰又八年，春風吹面只依然。怒蛙氣懷本如昔，老馬驅馳不似前。曲意媚人甘老拙，謀生無術任連顛。寸功未遂空回首，下愧人寰上愧天。（蘇仲《古愚集》卷三）

湛若水賦《春情將至貴縣有感而作　癸酉》、《立春後七日過三十里灘乍聞鶯聲》、《新歲》、《古邕州忽見故人龔謙之贈之歸潮陽》、《自龍州至憑祥道中》、《僕山驛道中》、《丕禮驛夜坐》（以上五古）。

初三日，若水夢其先師陳獻章，賦《回宿丕禮曉枕夜夢先師石翁先生正月初三日》詩云：

鳥鳴客初覺，簾隙光漸發。欲起仍遲留，省事心已折。哲人夜入夢，遺我一書劄。恍惚不可讀，意了字滅没。展轉隔幽明，哀歌思盈闥。

二月初十日，若水賦《予與潘黃門使安南還憩龍州同州守趙良弼遊仙岩即席賦此時正德癸酉年二月十日》、《遊三州巖》、《初宿鳳凰山棲鳳窩》（以上五古）。

九月二十二日，若水賦《九月二十二日同巡按高侍御登六榕寺塔》、《題飛來寺》、《同南雄李太守林通府冷節推讌飲登浮屠》、《吳東湖於清遠行臺構處遠亭》、《漫天》（以上五古）。

除夕，若水賦《癸酉除夕　寓貴溪道中》詩云：

伊昔垂髫年，逢歲輒歡喜。喜歡將何如，數日仍屈指。事與年侵尋，世網固纏已。物態遷性情，感節悲懷起。四序恒不居，天地有剝否。眇茲血氣軀，神理會頹圮。四大非我物，安能保妻子。骨肉尚不顧，官爵寧久恃。困魚樂深淵，醲齞思脫屣。何當凌高風，采薇西山趾。（湛若水《甘泉先生文集內編》卷二五）

本年歐陽建年十四，賦《十四歲自省》詩云：

義利兩歧千里隔，算來原是差毫釐。百千倍力今須盡，十四年前頓覺非。事業光明皆地步，身心修省是男兒。從今識破賢愚路，明道希文好自期。（歐陽建《篁莊遺稿》卷一）

劉漢於本年中舉人。

劉漢，字宗之，號慇齋。揭陽人。明武宗正德八年（一五一三）舉人，初授滁州學正。世宗嘉靖間任安化知縣。康熙《潮州府志》卷九上、阮元《廣東通志》卷二九三有傳。

陳錠於本年中舉人。

陳錠，字國珍。封川（今屬封開）人。明武宗正德八年（一五一三）舉人。任榮澤、晉江教諭，升興化府教授。康熙續修《封川縣志》卷一八有傳。

方茂夫於本年中舉人。

方茂夫，初名茂科，字仲賢。南海人。獻夫兄。明武宗正德八年（一五一三）舉人。時獻夫為相國，茂夫仍隱居不仕，徜徉山水。著有《狎鷗亭集》。溫汝能《粵東詩海》卷十有傳。

方紹魁於本年中舉人。

方紹魁，番禺人。肯父。明武宗正德八年（一五一三）舉人，官沙縣令。縣有虎患，率人入穴連殺五虎。（阮元《廣東通志》卷二八〇）

張鵬於本年中舉人。

張鵬，字子用，又字伯翔。東莞人。精於《易》學。正德八年（一五一三）癸酉舉人，任鄞縣訓導。升蕪湖知縣，調福建歸化，所至有惠政。郭棐《粵大記》卷二二有傳。

許士經於本年中舉人。

許士經，南海人。正德八年（一五一三）癸酉舉人。嘉靖間福寧州學正。刻楊時以來至朱熹門人語，曰《道南觀感錄》，又刻《梭山家訓》。阮元《廣東通志》卷二七八有傳。

車露於本年中舉人。

車露，字時澤。博羅人。明武宗正德八年（一五一三）舉人。官至處州同知。（乾隆《博羅縣志》卷十二）

李曰芳於本年中舉人。

李曰芳，字元暢。從化人。明武宗正德八年（一五一三）舉人。歷官南平教諭、長汀縣令。（清《從化縣志》）

彭善於本年中舉人。

彭善，字性夫。東莞人。明武宗正德八年（一五一三）舉人。歷官新樂教諭、雷州府教授、綏寧知縣，將俸祿移交布政司以養親。人稱崖天三俸。（清《從化縣志》）

韓孟良於本年中舉人。

韓孟良，字元善。博羅人。明武宗正德八年（一五一三）舉人。以乙榜署建陽教諭，捐俸爲油燈紙筆費。遷贛州通判，以德感人。任六年而歸。（乾隆《博羅縣志》）

林鳴鷟於本年中舉人。

林鳴鷟，號竹洲。揭陽人。明武宗正德八年（一五一三）舉人。官水部郎中，出任貴州都勻知府，曾力爲諸生陸傑兄弟雪冤獄，後傑官廣東布政使，疏請爲鳴鷟建坊，以彰其清。（乾隆《潮州府志》卷二六）

袁永德於本年中舉人。

袁永德，字汝進。東莞人。正德八年（一五一三）舉人。署福建連城教諭，修訂學規，振興教化，卓有成效。累官贛榆知縣。（宣統《東莞縣志》卷五七）

劉士騰生。

劉士騰（一五一三～一五八八），字於朝，號蒼崖。香山

（今中山）人。嘉靖十三年（一五三四）舉人。任江南淮安府安東縣教諭，三十一年（一五五二）分典浙江鄉試，遷江西饒州安仁知縣。外孫何吾騶、伍瑞隆嘗隨課誦。（乾隆《香山縣志》）

明武宗正德九年　甲戌　一五一四年

正月，湛若水賦《送人之荆州榷木》詩云：

尹鐸輕繭絲，馮驩毀券錢。汲公置焚閭，矯詔賑饑氓。火辰借天紀，木德受其燔。遂令山岳赭，轉使民物煩。民物煩以冤，號聲迸高旻。時當雲雷屯，經綸在群賢。子今萬里去，衣袘何翩翩。燕雀尚堂室，溟鵬薄雲天。形影日以遠，思子心淒然。荆楚多遺蹟，問俗重延緣。倘然得一木，能支大廈顛。

十七日，若水賦《甲戌正月十七日潘仲魯黄門諸友遊金華雙龍赤松諸洞二首》五古詩。（湛若水《甘泉先生文集内編》卷二五）

夏，鍾芳賦《甲戌夏過潮州謁韓文公廟》詩云：

砥柱當年屹倒瀾，一官遥謫瘴江干。臣身未死心終赤，佛法如靈骨不寒。逢亂常多逢治少，得民容易得君難。津頭落日天涯暮，敬爲先生一駐驂。（鍾芳《筠溪文集》卷二八）

四月，鍾芳賦《甲戌四月過蓬辣灘　在潮州，最險》詩云：

欖潭東下溪流惡，惡灘自古傳蓬辣。平澎百里聞鍧雷，怪石嶜岈劍相搏。百夫推挽僕且僵，倉黄急喚黄頭郎。須臾修緪忽中絶，一落千丈魂飛揚。蛟螭磷磷囓舟碎，命如蚶蜆遭沸湯，嗚呼，命如蚶蜆遭沸湯，君欲南征殊莫忙。（鍾芳《筠溪文集》卷二六）

冬，鍾芳賦《洪都沮風　甲戌冬》詩云：

五日江城下，江船壅不流。掩篷自歌嘯，吹浪任蕭颼。岸渚三分凍，煙嵐一色秋。濁醪滋味薄，微飲亦消愁。（鍾芳《筠溪文集》卷二七）

除夕，蘇仲賦《甲戌除夕和梁應和韻四首》七律詩。（蘇仲

《古愚集》卷三）

　　本年鍾芳寓福建漳州，賦《諭俗詩 甲戌寓漳州作》四言長詩（鍾芳《筠溪文集》卷二五）、《哭邵均衡 二首，甲戌稿》、《過蓮塘》、《次化州舟行沮寇復從石城路》（以上五律）（鍾芳《筠溪文集》卷二七）、《還崖稿 甲戌》七律（鍾芳《筠溪文集》卷二八）。

　　梁希鴻於本年中進士。

　　梁希鴻，字雲翔。東莞人。明武宗正德九年（一五一四）進士，以廣西蒼梧教諭中第三甲，官兵部主事。事見宣統《東莞縣志》卷四五。

　　李希説於本年中進士。

　　李希説，字惟肖。東莞人。明武宗正德九年（一五一四）進士，歷永新、霍山令，擢南京戶部主事，轉員外郎中。以足疾歸里，杜門著書。著有《燕石集》。光緒《廣州府志》卷一二三、民國《東莞縣志》卷五七有傳。

　　陳江於本年中進士。

　　陳江，字世殷。潮陽人。明武宗正德九年（一五一四）進士。官南京戶科給事中。光緒《潮陽縣志》卷一七有傳。

　　彭絅於本年中進士。

　　彭絅，東莞人。誼孫。明武宗正德九年（一五一四）進士。除浦城令，擢刑部主事，乞終養。年四十三卒。傳見民國《東莞縣志》卷五六。

　　梁焯於本年中進士。

　　梁焯，字日孚。南海人。明武宗正德九年（一五一四）進士。嘗過贛從王陽明學。拜主客主事。十四年（一五一九）己卯三月，上議南巡，與葉龍登十七人上疏諫止。上怒，罰跪五日，大杖三十，車駕遂行。佛朗機人入四夷館，不行跪禮，焯執間杖之。江彬聞之，將奏聞。三月丙寅明武宗崩，是日太后懿旨誅彬。焯升俸一級。嘉靖初改司職方，聞弟訃而病，予告歸養。卒於家，年四十六。郭棐《粵大記》卷十九有傳。

　　王天與於本年中進士。

　　王天與（一四七五～一五一九），字性之，號東郭。興寧人。明武宗正德二年（一五〇七）廣東鄉試亞元，九年（一五一四）進士。十一年知江西寧都縣。明年冬，率兵助南贛巡撫王守仁討賊，悉破之。十三年，又率兵助守仁討賊。擢浙江道監察御史，未行。十四年（一五一九）六月寧王反，守仁等起兵，天與以兵至，會攻南昌。冒暑入火，竟得疾卒。著有《平寇錄》。胡曦《梅水匯靈集》卷一有傳。

　　林士元於本年中進士。

　　林士元（一四八八～？），字舜卿。瓊山人。明武宗正德九年（一五一四）進士，授行人。嘉靖四年（一五二五）擢南京戶科給事中，十一年擢湖廣副使，備兵衡永。後轉廣西參政，分守蒼梧。十五年（一五三六）征大藤峽，士元督餉紀功，有貴勢子弟希報功次，絕不假借。捷奏，擢浙江按察使。未赴，以憂歸，遂不起。祀桂林名宦。著有《北泉論草》及文集十卷。阮元《廣東通志》卷三〇二有傳。

　　陳絅於本年中進士。

　　陳絅，東莞人。明武宗正德九年（一五一四）進士，授福建浦城令。征戰、招撫漳州寇有功，升刑部主事。（宣統《東莞縣志》卷五六）

　　李時行生。

　　李時行（一五一四、一五一三～一五六九），字少偕，號青霞子。番禺人。少時曾讀書羅浮山青霞谷，自號青霞子。湛若水、黃佐倡學東南，時行先後及其門。明世宗嘉靖二十年（一五四一）中進士第，知浙江嘉興縣，敘績擢南京兵部車駕主事。後因同官蜚語攻訐而辭官，與山人陳鳴野、李崞嶁結社論詩。遍遊吳、越、燕、齊、楚、豫，渡薊門，過塞北，與海內人豪結社聯吟，抒心中峭拔激昂之氣。南歸後於廣州西郊築浮丘草堂讀書，又於北城開小雲林別業以托棲隱。卒年五十六。著有《李駕部集》、《青霞漫稿》、《天求子》、《雲巢子》、《膜瘤子》等。其文章發漢魏，古詩法顏謝，歌行效李杜，絕律取裁於沈宋王孟等諸大家。爲南園後五先生（後五子）之一。阮元《廣東通志》卷二八〇有傳。

　　海瑞生。

　　海瑞（一五一四～一五八七），字應麟，一字汝賢，又字開國，號剛峰。瓊山（今屬海南）人，本貫番禺。回族。明世宗嘉靖二十八年（一五四九）舉人。初任福建南平教諭，後擢浙江淳安知縣。嘉靖四十五年（一五六六）於戶部主事任上以忤帝下獄。穆宗改元後獲釋復官。累擢尚寶丞，調大理。穆宗隆慶三年（一五六九），以右僉都御史巡撫應天十府。明神宗萬曆初張居正當國，閒居十六年。復起官南京吏部右侍郎、南京右僉都御史。兩年後卒於官。著有《海剛峰集》。郭棐撰《粵大記》、《明史》卷二二六、阮元《廣東通志》卷三〇二等有傳。

明武宗正德十年　乙亥　一五一五年

　　春，鍾芳賦《乙亥春送上舍嚴仲弘歸高明》詩云：

　　漠漠春雲曉樹蒼，江東門外著歸航。三年燈火金陵舊，二月風濤玉峽長。鄉國高垣遮牡蠣，野田新課入禾粱。到家隨處堪行樂，身外浮名且未忙。（鍾芳《筠溪文集》卷二八）

　　正月初一日，吳璉賦《乙亥元旦示兒孫》詩云：

　　去年今日喜迎新，今日迎新乙亥辰。膝下盛傳新歲酒，眼中多是未官人。兵民利病身親閱　指已官者，今古詩書眼到頻　指未官者。亦欲百年垂老眼，未知松柏幾經春。（吳璉《竹廬詩集》）

　　立春日，蘇仲賦《立春》詩云：

　　寂寂山居睡正醒，土牛鞭動萬山青。心閒有酒不知醉，貌老逢春亦覺榮。有子敢言萬事足，無官真是一身輕。園林轉眼皆成趣，開過桃花李又明。（蘇仲《古愚集》卷三）

十一月初一日，日食，鍾芳賦《乙亥十一月朔日食》詩云：

赫曦連碧净無垠，俄報虧痕一二分。大造豈應豐厥蔀，宣尼何怪困於陳。潛滋陰慝寧能久，同護陽精自有神。寶鼎香銷金鼓罷，玉輪如舊倍光新。（鍾芳《筠溪文集》卷二八）

本年歐陽建賦《十六歲與督學張公聯吟》詩云：

酒了瓷甌局了棋，竹床風静打眠遲。漏聲到耳更三點，梅影横窗月一枝。四海萍蹤今夜定，半生事業兩心期。憑誰爲剪鄰雞舌，更與從容話片時。（歐陽建《篁莊遺稿》卷一）

本年湛若水母陳氏卒，若水扶柩返粤守墓三年，王陽明書墓石曰：“湛賢母之墓”。（黄明同《陳獻章評傳·附傳：湛若水生平及其哲學思想》）

本年祝允明至興寧任知縣，賦《短長行》古詩，表達其對現實之憤懣。主編正德《興寧縣志》，賦《遊神光山》等詩。

李輔於本年成貢生。

李輔，號芝松。① 清遠人。陳獻章弟子。明武宗正德十年（一五一五）貢生，任浦城訓導，改教諭。著有《芝松詩集》。民國《清遠縣志》卷六有傳。

黎民表生。

黎民表（一五一五～一五八一），字惟敬，號瑶石山人。從化人。貫長子。出黄佐門下。明世宗嘉靖十三年（一五三四）舉人。② 官翰林孔目，轉吏部司務，執政知其能文，用爲制敕房中書，供事内閣。擢南京兵部職方員外郎。丁母憂，服闋，補浙江司員外郎，監通州倉，轉餉雲中。後掌秘閣，預修武宗、世宗《實録》。萬曆初晋河南布政司参議，致仕歸羊城，於越秀山麓築清泉精舍講讀。好讀書，工書法。詩與梁有譽、歐大任、吴旦、李時行並稱“南園後五子”，王世貞將其與王道行、石星、朱多

---

① 一説字芝松。

② 一説正德十二年（一五一七）進士。

煃、趙用賢合稱爲"續五子"。著有《瑤石山人詩稿》十六卷、《梅花社稿》、《北遊稿》、《清泉精舍小志》等。郭棐《粵大記》卷二四、《明史》卷一八一、溫汝能《粵東詩海》卷二二等有傳。

明武宗正德十一年　丙子　一五一六年

三月晦，五坡嶺表忠祠落成，方獻夫爲作《五坡嶺表忠祠記》文。（方獻夫《五坡嶺表忠祠記》）

本年蘇仲六十一歲，賦《六十一自賀》詩云：

借得閑山剩水眠，日逢初度酒開筵。三門女壻歌眉壽，四箇兒郎祝老天。世上無功空白首，時逢有道引長年。無官無累無榮辱，看到春花日幾千。

自壽爲李國瞻題

或者山中有道流，年週甲子尚休休。時逢盛世看青鬢，眼見諸孫未白頭。柱杖客歸花底月，拜天人願海添籌。從今不管塵囂事，爛漫看花幾度秋。（蘇仲《古愚集》卷三）

本年黃佐賦《遊南華同章樸庵提學作　正德丙子》詩云：

維舟訪寶林，策蹇登翠微。晴坡無鳥聲，雲霞隨客衣。寒威起層碧，楓葉隨意飛。山僧見行塵，竹房開半扉。南能本無物，金碧何榮輝。風幡忽高下，泠然啓塵機。雲春雜疏磬，嵐影青四圍。眷茲川原幽，冥心澹忘歸。逃禪非我事，且與丘樊違。振纓一鳴彎，皓月生苔磯。（黃佐《泰泉集》卷六）

祁政於本年中舉人。

祁政，字惟舉。東莞人。順子。明武宗正德十一年（一五一六）舉人。事見阮元《廣東通志》卷七三。

張潮於本年中舉人。

張潮（一四八五～一五六八），字允信，號春岡（江）。增城人。明武宗正德十一年（一五一六）舉人。世宗嘉靖間授建始知縣。晚拜湛若水門下，爲明誠書院山長。著有《遊藝集》。阮元《廣東通志》卷二七八有傳。

區燦於本年中舉人。

區燦，字文光。番禺人。明武宗正德十一年（一五一六）舉人，官福建連江知縣。事見阮元《廣東通志》卷七三。

楊驥於本年中舉人。

楊驥（一四八四～一五二〇），字仕德，號毅齋。饒平人。①鸞兄。明武宗正德十一年（一五一六）舉人。與弟鸞同受學湛若水，與薛侃同處庠舍相砥礪，後更從王陽明遊。十五年春，以疾馳歸。疾篤，尤講學不輟，整冠自持，拱手正襟而卒。康熙《潮州府志》卷九上、乾隆《潮州府志》卷二八有傳。

楊鸞於本年中舉人。

楊鸞（一四九二～一五二六），字仕（士）鳴，一字少默。初號玉林，又號復齋。饒平人。②驥弟。明武宗正德十一年（一五一六）舉人。與兄驥當時並稱雙鳳，從學湛若水。若水爲南京祭酒，鸞從居觀光館，凡三年，病卒。阮元《廣東通志》卷二九三有傳。

鍾千於本年中舉人。

鍾千，字君錫，號梅邨。順德人。明武宗正德十一年（一五一六）舉人。初判岳州，遷瑞州同知，以事見忤當路，罷歸。家居四十年，不履城市。卒年九十。著有《梅邨詩稿》。咸豐《順德縣志》卷二二有傳。

許相於本年中舉人。

許相，字廷翰。新會人。明武宗正德十一年（一五一六）舉人。官建安教諭。事見阮元《廣東通志》卷七三。

鄭時舉於本年中舉人。

鄭時舉，字一鵬。新會人。明武宗正德十一年（一五一六）舉人。父銘，字克新，弘治八年（一四九五）乙卯鄉薦，十八年

---

① 一作海陽人。

② 一作海陽人。

乙丑進士，袁州知府。與同里鄉會同年區越皆善事繼母，白沙兩作《慈母詩》遺之。嘉靖間時舉知泰寧縣，以清儉聞。升道州。丁父憂。起補海州，遷南寧同知。著有《鄭氏家乘》三卷。

王鳳靈於本年中舉人。

王鳳靈，字應時。順德人。明武宗正德十一年（一五一六）偕兄鳳儀中舉人，俱從吳姓。明年丁丑鳳靈登進士，授刑部主事，疏復王姓，出爲襄陽太守，以母喪歸，服闋，補淮安。在淮五年，多德政。擢陝西學憲，未抵，遭謗歸。起補霸州兵備，又督城沙河，留五載，始遷廣右大參，欲赴，竟罷之。著有《淮陽稿》及諸奏疏。字宗右軍，淮諸生稱曰筆鋒先生。阮元《廣東通志》卷二七八有傳。

陳岳於本年中舉人。

陳岳，海陽人。明武宗正德十一年（一五一六）中舉人，橫州知州。吳道鎔《廣東文徵作者考》卷三有傳。

鄧崇德於本年中舉人。

鄧崇德，字子修。明武宗正德十一年（一五一六）中舉人，沙縣知縣。未幾卒，百姓如哭其私。嘗遊白沙門，卒，私謚古廉先生。阮榕齡《白沙門人考》卷三有傳。

李邦祥於本年中舉人。

李邦祥，字兆卿。高明人。明武宗正德十一年（一五一六）中舉人，山東棲霞教諭，官至署宜興知縣。（《登州志》）

陳嘉猷於本年中舉人。

陳嘉猷，番禺人。明武宗正德十一年（一五一六）中舉人，羅源知縣，愛民如子。擢橫州知州。（同治《番禺縣志》卷三九）

林文於本年中舉人。

林文，字載道，號希齋。揭陽人。正德十一年（一五一六）舉人。任西安學教諭，遷國子學正，有雅望。初磊落不羈，後於虔州聞陽明之學，改悟進修，希致聖賢，因以“希”名齋。掌教西安時，王陽明居越，往來侍講，學日益明。丁憂南歸，卒於

家。（《薛中離先生全書》卷十一）

梁文重本年中舉人。

梁文重，字仕任。東莞人。正德十一年（一五一六）舉人。任嘉慶縣訓導、瓊州府教授，毀淫祠，建書院。遷宜春知縣，上書請免貢漆，幾陷囹圄。轉零陵，怠慢過境之嚴嵩婿，於敘州府推官任被嵩排擠歸里。築東溪草堂講學，對律呂頗有研究。著有《經世要略》、《大禮統說》、《大學疏引》、《樂書》。（光緒《廣州府志》卷一二三）

謝宗孔本年中舉人。

謝宗孔，高要人。正德十一年（一五一六）舉人。任藤縣教諭、國子監助教，調贛州府推官。（宣統《高要縣志》卷十八）

顏容端本年中舉人。

顏容端，字體敬。五華人。正德十一年（一五一六）舉人。嘉靖二年（一五二三）進士，任福建南安知縣，升安吉州太守，七年後升戶部員外郎，後任雲南僉事。時交趾作亂，帶兵平定，破格升巡撫，旋卒於任。（《五華縣志》）

蕭與潔於本年成貢生。

蕭與潔，潮陽人。與成弟。明武宗正德十一年（一五一六）貢生，官光祿寺署丞。事見乾隆《潮州府志》卷二六。

歐大任生。

歐大任（一五一六～一五九五），字楨伯，號崙山。順德人。少時即工古文詞詩賦，屢試不第。與梁有譽、黎民表、吳旦、李時行重結吟社於廣州南園，人稱"南園後五子"，王世貞又將其與余允文、盧柟、李先芳、吳維岳合稱"廣五子"。世宗嘉靖四十二年（一五六三），大任年垂五十，始以歲貢生入都，試大廷，特進御覽，列第一，由是海內知名。穆宗隆慶四年（一五七〇），授江都司訓，轉光州學正，遷邵武教授。神宗萬曆三年（一五七五），升國子監助教，日與都中詩人唱酬，聲名益起。復升大理寺左評事，不受權貴囑託，平反冤獄頗多。九年，遷南京工部屯田司主事，翌年轉虞衡郎中。十二年，以老乞歸。卒年八十。著有《歐虞部文集》二十二卷。大任出黃佐門，其詩雄闊高華，頗負重名，然受擬古風氣影響，內容終嫌單薄。《明史》二八七、清黃培藝修、嚴而舒纂康熙十三年刻本《順德縣志》卷七有傳。

明武宗正德十二年　丁丑　一五一七年

六月二十九日寅刻，王縝賦《正德丁丑六月二十九日寅刻天正黑有大星似蓬差大而長五倍之色紅照地如晝自東北方起入天天若開裂然見者咸驚口占紀之》詩云：

有星大於蓬，紅光宛如日。六月起東方，直北入天域。恍然天門開，照人人戰慄。天遠人道邇，神寵亦多惑。我歌非狂言，臣工盍修職。

七月初一日，縝又賦《正德丁丑七月朔大雨幾旬傷損居多人甚苦之》五古詩。（王縝《梧山集》卷六）

八月十五日，黃衷賦《丁丑中秋玩月和合溪》詩云：

塵世清光重此時，夜晴那惜倚闌遲。槎通銀浦客何去，秋遍唐宮人未知。輪轉高山看桂滿，席妨深樹命樽移。酣歌不作西巖望，神魄休疑我是誰。

九月，衷又賦《九月水際拒霜》、《遣悶和合溪次拒霜韻》（以上七律）。（黃衷《矩洲詩集》卷四《粵中稿》）

十月，湛若水賦《考室》詩云：

丁丑孟冬吉，湛子闢煙霞。雖非鹿門勝，亦攜龐公家。乃開正義堂，乃建崇經樓。樂閣在堂前，茹芝堂名。在樓頭。有亭面西壁，麗澤亭名。雙泉北。退軒後洞居，峻潔亭名。垂虹洞名。側。亦或考金鍾右石名。亦或擊石鼓左石名。前撫臥龍巖名。吟，後引九龍巖名。舞。七曜巖名。明天經，三水地名。察地理。俯仰參兩間，其道一而已。（湛若水《甘泉先生文集內編》卷二六）

本年湛若水因對朝廷宦官弄權不滿，上疏稱養病告假，得準。（黃明同《陳獻章評傳·附傳：湛若水生平及其哲學思想》）

本年明武宗欲微行宣大，巡居庸關，後黃膚賦《題守關忠節卷　並序》詩云：

> 正德丁丑，武宗欲微行宣大，巡居庸關，御史張欽三疏諫止，及駕至昌平，命千戶閆　音鹽，姓也　岳宣守關官，欽閉不納，奉勅印持刀誓死。岳回報，遂旋鑾。

御史不貴鐵爲冠，所貴七竅心孔丹。閉關手持三寸鐵，誓死不納披忠肝。精誠感激動天聽，六龍倏忽旋迴鑾。舍生臣節不足異，回天力大驚天顏。追思十六年來事，轉危原未易爲安。幾事破犂誰小犢　初謀除劉瑾八黨事。失身何惜天幾翻。披肝泣血非無士，百川既決難回瀾。東都再見申屠蟠，皇朝屹屹居庸關。（唐膚《西洲遺稿》）

本年張天賦妻卒，天賦賦《秋夜有懷　是年丁丑，室人棄世時也》詩云：

絃斷無緣撥好音，風前吟詠感懷深。此情吹入姮娥耳，應起寒酸一樣心。

粧臺人去月茫茫，默坐無聊已斷腸。惟有寒蛩知此苦，終霄助予嘆淒涼。

金風淅淅夜迢迢，四壁蛩聲自寂寥。展轉不成蝴蝶夢，腹中似有斷腸刀。（張天賦《葉岡詩集》卷二）

倫以訓於本年中進士。

倫以訓（一四九三～一五四〇），字彥式，別號白山。南海人。文敘次子。明武宗正德十二年（一五一七）省元、榜眼，授翰林院編修。予告完婚，遂居家侍母七年。世宗嘉靖二年（一五二三），以訓乃復出，供職四年。四年，與修《武宗實錄》成，晉修撰。曾兩典會試，所取多名士。歷官經筵講官、右春坊、右諭德。又主試南京。十五年（一五三六），陞南京國子監祭酒。十九年，母喪，過哀而卒，年四十八。著有《明朝彝憲》、《白山集》。傳附見阮元《廣東通志》卷二七六《倫文敘傳》。

祁敕於本年中進士。

祁敕（一四八五～一五三七），字惟允。東莞人。順第三子。明孝宗弘治十七年（一五〇四）舉人。劉瑾誅，始應會試，中明武宗正德十二年（一五一七）進士，授刑部主事。嘉靖三年（一五二四）七月爭大禮，被施廷杖。任員外郎，晉郎中。七年，任廣西主考，拜饒州知府。後因違旨，降貴州婺州典史。五十三乞歸，南還途中染病而亡。著有《棠埜藁》。民國《東莞縣志》卷五七有傳，傳又附見阮元《廣東通志》卷二七五《祁順傳》。

陳大器於本年中進士。

陳大器，字石塘。潮陽人。明武宗正德十二年（一五一七）進士。官河南道御史。光緒《潮陽縣志》卷一七有傳。

鍾雲瑞於本年中進士。

鍾雲瑞，字天慶，號黃山。東莞人。湛若水弟子。明武宗正德八年（一五一三）中鄉試第三，十二年（一五一七）進士，授南京大理評事。嘉靖二年（一五二三）調北寺副。三年，與何孟春以諫大禮忤旨，披廷杖三十。尋遷寺正，出爲江西按察僉事。任未滿，升布政司右參議。歷官至湖廣副使。六十謝病歸，卒年八十四。著有《黃山文集》。阮元《廣東通志》卷二七八有傳。

劉士奇於本年中進士。

劉士奇，字邦正。順德人。明武宗正德十二年（一五一七）進士。授刑部主事，歷員外郎，會哭諫大禮，廷杖幾死。已，遷郎中。歷官至山東右布政，治獄平寇，所至著績。以病乞歸，杜門八年卒。阮元《廣東通志》卷二七七有傳。

黎貫於本年中進士。

黎貫（一四八三～一五四九），字一卿（一作宣卿），號韶山。從化人。明武宗正德十二年（一五一七）進士，選翰林庶吉士。改授陝西道御史。帝從張璁議，去孔子王爵，貫率同官上疏爭之，忤旨，下獄，尋罷爲民。穆宗朝追贈尚寶司少卿。著有《臺中稿》、《使閩稿》、《西巡稿》、《文集》等。陳恭尹《番禺黎氏存詩彙選》、阮元《廣東通志》卷二七七有傳。

　　蕭與成於本年中進士。

　　蕭與成（一四九三～一五五七），字宗樂，號鐵峯。潮陽人。明武宗正德八年（一五一三）鄉試解元。十二年（一五一七）登進士。官至翰林院修撰。卒年六十五。著有《蕭鐵峰集》。康熙《潮州府志》卷九上、阮元《廣東通志》卷二九四有傳。

　　張拱辰於本年中進士。

　　張拱辰，字仰德，號虛齋。明武宗正德十二年（一五一七）進士。授戶部主事，歷官郎中監、福建布政司參議。事見清咸豐《順德縣志》卷二三。

　　張淮於本年中進士。

　　張淮，字景禹，號治齋。明武宗正德十二年（一五一七）進士。歷官台州知府。事見清咸豐《順德縣志》卷一〇。

明武宗正德十三年　戊寅　一五一八年

　　春，王守仁討平江廣諸盜，班師，霍韜賦《王陽明中丞平盜詩　有序》詩云：

　　十二年冬，欽命總制王公討江廣諸盜，悉平。十三年春，班師。是役也，王公實涖師，斬悍將之不用命者以殉，由是軍士莫敢有不效死以戰者，以有成績云。我南、韶、惠州，西南抵湖湘，北抵南安、贛州，山谷叢圍，萃爲盜區，則古以然。邇自孽瑾竊柄以來，流民從盜，如懸厓注水之得坎壑也，以故賊勢益熾。公謂責是在予，乃請得命，檄三省兵掎角攻踣之。先致賊首某棄市，餘黨以誅以宥，尋悉平滅。公用兵，不可測於成效勝算，衆謂如神。蓋公以道學經濟爲天下重，武事特其小試者爾云。韜等躬見茂烈，謹賦之永言，不諜以誣，俾南仲、召虎，不尚專美於千萬代。

　　天佑皇明，昇以全宇。丕及中國，夷貊順附。治極蠢生，有蠢厥頑。干天之紀，姎厥兇奸。負山之岨，伏谷之坑。禍我邦域，戕我士民。

　　我士我民，居贛之壤。薄湖泊湘，韶連洛昌。龍川惠陽，麄麄皇皇。民是大棘，而水斯溺。拯用不亟，木本斯撥。叢有大艱，碩人斯責。

碩人維儒，儒以用武。憲章濂洛，步趨伊呂。爲國股肱，爲民心脅。潛民大棘，不遑寧處。赫我仁怒，誓我義旅。運我神籌，期取我仇。

碩人用武，雷霆自天。碩人用武，山川震驚。山川震驚，莫不效靈。碩人用武，四閉賊衝。碩人用武，則釣渠兇。渠兇就擒，寧我兆民。

寧我兆民，各遂理所。以士以農，以工以賈。晝出夕處，莫或予侮。寧我兆民，食有廩庾。樂有妻子，養有父母。寔維碩人，代天作祜。

天實惠民，碩人以生。天實爲國，碩人生德。天實兆治，碩人在位。碩人在位，鞠躬勵勤。皇曰碩人，汝則大勤。袞職有闕，碩人旋歸。（霍韜《渭厓文集》卷七）

本年余善舉鄉貢北上。

余善，字崇一，號土齋。潮陽人。初從陳白沙遊，操履端愨，一言不苟。正德十三年（一五一八）舉鄉貢北上，遇薛侃於贛州，偕見王陽明，陽明待以殊禮。至京。授橫江教授。以母老乞歸，家居倡明王學，從學者眾，號道學先生。（《薛中離先生全書》卷十一）

黃需生。

黃需（一五一八～一五九五），字維溥，號草庭。博羅人。明經，教授，從者甚眾。居不蔽風雨，處之自若。（光緒《惠州府志》卷三八、民國《博羅縣志》卷七）

湯仲容被殺。

湯仲容（？～一五一八），俗名大鬢。和平人。弘治末，聚眾殺稅官起義，稱金龍霸王，封元帥，設都督，與漳州詹師富、湘南龔福全成犄角之勢，隊伍強大，爲湘贛閩粵邊界義軍之最。正德十三年，中明都御史王守仁計被殺。（《和平縣志》）

明武宗正德十四年　己卯　一五一九年

二月己丑，明武宗自加太師，諭禮部曰：“總督軍務威武大將軍總兵官太師鎮國公朱壽將巡兩畿、山東。”六月丙子，寧王宸濠反。七月，武宗自將討宸濠。辛亥，王守仁復南昌。丁巳，守仁擒宸濠。（《明史》卷十六《武宗本紀》）

七月，湛若水賦《凝道之什　有序》詩云：

甘泉子既定棲霞之居於大科之下，多士爰來。越二年己卯七月甲子，多士咸造於庭。誓曰：“惟乃惟來，罔於爰處。弗處弗安，罔以考業考德。予心弗遑寧煙霞之下，其下乃居，乃館乃堂，乃誦乃詠，乃遊乃處，乃食乃息。罔匪正人，罔匪正言，罔匪正動，罔匪正念。惟茲相觀，惟茲麗澤。”兀厓霍子，乃倡厥始，集厥成。甘泉子誓曰：“惟茲棲霞，惟茲尹公，爰始卜相，乃今之舉，時惟尹公。”乃以書致於增江，七月，爰來乃樵，乃卜乃相，乃經乃營，乃督乃工，乃弗遑寢食。越六月爲臘，甲子落成，公乃言歸，讌於凝道之堂。兀厓霍子還自石頭，霍兄厚來自佛山，鄧德魁來自藤，甘于盤歸自穗，石陳公贊、鄧君恪出自後峒，董本洪進自錦岩，郭元卿來自石壁，林美中、劉萬光下自樂閣，張廷文、伍大和兄弟以衰弗與，冼君明遠來遊自廣，偶與焉。乃作樂詠歌，俏觴各至於醉。厥明，兀厓子乃餞於尹公，于盤昌曰：“展矣尹公，厥有大功於大科，惠於我後之人，世世無窮，其可無言、無詠歌以贈，以昭公功。”甘泉子曰：“然。”兀厓子亦曰：“然。”諸君亦曰：“然。”甘泉子乃言曰：“昔七子賦詩，《春秋》榮之。惟爾九人，咸志於道。詠於凝道，其可無愧。惟時多士，弗及門，惟爾九人，其可無言、無詠歌以贈，以昭公功。”爰命董生定冊，其勗成之，兀厓子惟文惟敍，甘泉子乃先作詩以唱曰：

坎坎擊鼓，於樵之巔。乃薦乃獻，尹公之賢。於賢維何，德義遷遷。坎坎擊鼓，煙霞之下。乃詠乃歌，餞尹公者。於詠維何，德音雅雅。亦既擊鼓，亦既考鐘。以讌以樂，公坐於宮。維公在宮，威儀顒顒。擊鼓喤喤，考鐘鏘鏘。以樂以讌，公坐於堂。維公在堂，德容不忘。維鐘維鼓，維瑟維琴。何以假之，嗣此德音。維此德音，維樵之岑。維琴維瑟，維鐘維鼓。維以足蹈，維以手舞。其樂未央，公晏靈府。作樂歌舞，出餞尹公。聲影懸矣，送之九龍。九龍躍躍，導之以樵風。誰其主之，兀厓來同。（湛若水《甘泉先生文集內編》卷二四）

九月初九日，梁儲賦《己卯扈駕南征中途遇菊節》詩云：

幾年京國不登高，今日重陽路里遭。已見黃花盈晚徑，肯嫌白露濕征袍。皇猷遠大師無敵，軍令嚴明下不騷。早晚歸朝會知己，敢言衰病足劬勞。（梁儲《鬱洲遺稿》卷八）

本年湛若水於南海縣西樵山築大科書院，始授心性之學，撰《大科訓規》，以立志、用功、求道爲旨歸，來從者甚眾。若水爲弘揚先師之學，講學其間編撰《白沙子古詩教解》，自著《詩教解原序》。（黃明同《陳獻章評傳·附傳：湛若水生平及其哲學思想》）

本年黃佐賦《臨江道中　正德己卯》七律詩（黃佐《泰泉集》卷八）、《南征詞六首　正德己卯》五律（黃佐《泰泉集》卷十）、《感秋三首時洪都兵變予方種菊東籬有終焉之志因賦此詩　正德己卯》七律。（黃佐《泰泉集》卷十二）

本年歐陽建年十九，賦《十九歲贈星士梁月溪》詩云：

平星玄妙月溪多，算我名標己卯科。今日果然科己卯，天機無亦奈公何。（歐陽建《篁莊遺稿》卷一）

本年鄒子盛兄子能與人鬥。

鄒子盛，博羅人。世力田。正德十四年（一五一九），兄子能與人鬥，其人死，子能被逮。子盛痛兄老無子，自認殺人，有司遂判子盛死罪。後減死戍廣西潯州衛，從征有功，授總旗。（光緒《惠州府志》卷三七）

本年宗室甯王宸濠謀反，王陽明起兵討之，命謝恩榮率師以從。

謝恩榮，字天寵。德慶人。弘治進士，任長汀縣丞。正德十四年（一五一九），宗室甯王宸濠謀反，王陽明起兵討之，命恩榮率師以從。事平，陽明甚器重之，薦於朝，以年老乞歸。（《德

慶州志》）

　　本年蒙公高率壯、瑤民起義。

　　蒙公高，封川（今封開）人。因不堪官府欺壓，於正德十四年（一五一九）率壯、瑤民起義，自稱鏟平王，以白馬、麒麟二山爲寨，率八千餘人在封開、鬱南、雲浮一帶屢敗官軍。十五年（一五二〇）攻高要南部，爲郡守黃瓊擊退。明武宗下詔免賦役三年，招撫復業。嘉靖三年（一五二四）公高被捕，起義失敗。（《廣東瑤族歷史資料》）

　　本年陳桂芳以鄉薦遊太學。

　　陳桂芳，字秀甫。陽江人。正德十四年（一五一九）以鄉薦遊太學。後知清流縣，在任期間，恒以圖史自隨，刻意著述。著有《黃鐘考參》、《同契轉解》、《山居日録》等。（《陽江志》卷三十）

　　潘勗於本年中舉人。

　　潘勗，字勉甫（夫）。博羅人。明武宗正德十四年（一五一九）舉人，後以乙科授泗州學正，嘉靖間知崇安縣。著有《浮碇集》。阮元《廣東通志》卷二九〇有傳。

　　徐哲於本年中舉人。

　　徐哲，字成夫。南海人。與弟汝勛負才名。明武宗正德十四年（一五一九）舉人。官新城知縣。著有《半城集》。事見溫汝能《粵東詩海》卷一九。

　　李一清於本年中舉人。

　　李一清，字應乾。東莞人。德修子，一寧兄。明武宗正德十四年（一五一九）舉人，四川新繁知縣。事見民國《東莞縣志》卷四五。

　　周孚先於本年中舉人。

　　周孚先，字克道。潮陽人。光鎬父。明武宗正德十四年（一五一九）舉人。篤志理學，嘗從學於湛若水，又與薛侃相與論學。中舉後不應會試，歸隱桃谿，自號西山居士。明李士淳《陰那山志》卷三載其爲西川參政。著有《桃溪吟（逸）稿》。隆慶《潮陽縣志》卷一二、康熙《潮州府志》卷九上、阮元《廣東通志》卷二九三有傳。

鄧文憲於本年中舉人。

鄧文憲，字一新。新會人。明武宗正德十四年（一五一九）舉人。官江西建昌知府。事見阮元《廣東通志》卷七三。

唐光於本年中舉人。

唐光，字汝晦。歸善人。明武宗正德十四年（一五一九）舉人，官城步令。雍正《歸善縣志》卷一七有傳。

張一言於本年中舉人。

張一言，字伯恕。揭陽人。明武宗正德十四年（一五一九）舉人，官永明知縣。事見阮元《廣東通志》卷七三。

歐陽建於本年中舉人。

歐陽建（一五〇一～?），字參可，別號篁濱。新會人。明武宗正德十四年（一五一九）舉人，明世宗嘉靖十七年（一五三八）進士，授福建清流知縣。遷禮部郎中。著有《鍾佳草》、《篁莊遺稿》。事見阮元《廣東通志》卷六九。

曾俊於本年中舉人。

曾俊，字仲才。南海人。明武宗正德十四年（一五一九）舉人，謁銓，授廣西融縣令。以廉介不能徇時免歸。著有《鶴峰集》、《易義一得》、《洪范圖輯》、《訓俗篇》。子應珪、孫士鑒，皆中舉人，以才名顯。郭棐《粵大記》卷二十有傳。

黃學準於本年中舉人。

黃學準，字本平。南海人。[1] 明武宗正德十四年（一五一九）舉人，崖州學正，遷知潛江。忤中官與治兵使者，改淮安教授，擢南助教，判潯州，署桂平縣。既歸，潛心典籍，何維柏雅重之。著有《朱崖》、《湖南》、《淮南》、《留都》、《西潯》、《家

_____

① 一作花縣（今花都）人。

圜》諸稿,《詠史》諸詩。阮元《廣東通志》卷二七六有傳。

黃學齡於本年中舉人。

黃學齡,花縣人。正德十四年（一五一九）與其兄學準同科中舉,官從化縣訓導。（光緒重刊《花縣志》卷三、民國《重修花縣志》卷八）

陳璿於本年中舉人。

陳璿,字治之。揭陽人。明武宗正德十四年（一五一九）舉人。嘉靖十年（一五三一）任靈川教諭。擢松溪知縣。阮元《廣東通志》卷二九三有傳。

方重傑於本年中舉人。

方重傑,字思興。南海人。幼著孝行。受業張東所。明武宗正德十四年（一五一九）舉人。再上春官不第,遂脱跡名場。著有《希明録》以見志。後病嘔血卒。鄧淳《粵東名儒言行録》卷十六有傳。

吳預於本年中舉人。

吳預,字少凱。東莞人。以《詩經》中明武宗正德十四年（一五一九）舉人。嘉靖八年（一五二九）銓授邵武府推官,曾署邵武縣事。十二年（一五三三）赴京進階文林,旋因忤權貴,謫柳州府同知,署思恩知府。十九年（一五四〇）升工部員外郎,旋卒於任。（康熙《新安縣志》）

蔡德進於本年中舉人。

蔡德進,字日新,號元抑。東莞人。明武宗正德十四年（一五一九）舉人。嘉靖間累官福建古田知縣,調黔陽,除盗安民。（宣統《東莞縣志》卷五七）

黎伯興於本年中舉人。

黎伯興,字敬所、敬之。祖本盛,宋末爲荆州刺史,由雄州遷居番禺市橋。伯興中明武宗正德十四年（一五一九）舉人,授陸川知縣,擢南康同知,升兩浙都運使,忤權貴,罷官歸。（同治《番禺縣志》卷三九）

黃宸於本年成貢生。

黃宸，字拱辰。龍川人。正德十四年（一五一九）貢生，授洛容縣知縣，補仙遊縣知縣。嘉靖間辭官，修《仙遊志》、《和平志》。（《和平縣志》、《龍川縣志》）

曾一經生。

曾一經（一五一九～一五七六），字正夫，號心泉。博羅人。嘉靖三十二年（一五五三）進士。授郴州知州，民苦歲辦不均，爲規三十四，著爲令，郴民稱便。調太倉，擢工部員外郎。值穆宗朝大役繁興，大司空一切倚督辦，皆節省浮費。工竣，擢福建按察司僉事，分部武平，進雲南布政司參政、按察司副使，致仕歸。（光緒《惠州府志》卷三二）

明武宗正德十五年　庚辰　一五二〇年

秋，黃佐賦《鐃歌鼓吹曲二十二首　有序》詩，其小序云：

正德十有五年秋，宗室以寧叛，殲於九江，歸於豫章，就俘，將告於旬人。皇帝猶自將討之，以將軍泰爲副，遊擊將軍彬、閹人忠前驅。所至無不電驚雲駭者。七萃之士，靡不懷歸。臣佐謹撰鐃歌，冀有聞焉。　（黃佐《泰泉集》卷五）

十二月初十日，明武宗返京，黃佐賦《臘月十日奉迎大駕紀事二首》詩云：

奏凱歡呼大駕回，一時和氣滿燕臺。端門日麗龍旗入，馳道風清鳳吹來。九廟神靈真有托，百年文運定重開。都人此日瞻依切，共說君王有將才。

鐃歌聱鼓盡天聲，亭斾金繒載道迎。上將獨乘千里駿，義兒多領四家兵。車懸虎豹知蒐獮，架疊鯨鯢報武成。從此鼎彝書鎮國，漢文徒幸亞夫營。（黃佐《泰泉集》卷十二）

本年黃佐賦《伏讀嘉靖登極詔有述①》五古（黃佐《泰泉

---

① 嘉靖本、四庫本題作"伏讀今上即位詔有述"。

集》卷六）、《曉發盧溝望京城有感　庚辰》七古（黃佐《泰泉集》卷八）、《秋夜夢後作　有引》七律（序云：客久思歸，夢一金甲神人餞予行，自謂將軍。相與聯句，有曰："笑拂玉波看禹鼎"，予以爲問，曰："玉波，塵也，出秘書，子忘之乎？"予即詠曰："拜陳金鏡祝堯年"，將軍嘖嘖稱予忠。如是者凡數十聯，末云："好費將軍九萬錢"，句出自予，亦不知其何語也，其餘則忘矣。已而就駕，雲飛風從，倏忽至家，見老母，喜甚。覺來明月滿窗，乃枕上。爾時聖天子出師，以威武大將軍鎮國公行。寤歎之餘，賦此，仍用夢中韻）（黃佐《泰泉集》卷十二）、《凱歌詞十首》七絕（黃佐《泰泉集》卷十四）。

本年許炯聞武宗親征湖廣，賦《聞駕幸湖廣三首》五律詩。（清顧嗣《岡州遺稿》卷四）

本年龐嵩賦《忠節祠用韻　孫、許諸公死宸濠之難》詩云：

格天功業起淮梁，嫡緒山河萬古常。已見鳳鳴儀宇宙，敢誰龍戰血玄黃。忠臣自義身前死，朽骨焉圖殞後香。愧殺滿城冠珮者，國恩深處利名場。（龐嵩《龐弼唐先生遺言》卷三）

本年歐陽建禮闈下第，賦《春闈下第托漁父吟》詩云：

秋風颯颯浪飄飄，蓑笠慣披坐不憂。一意自懷魚可得，三更誰想餌空投。且撐禿艇灣沙嘴，暫把漁竿插灘頭。直待江回春水暖，巨鼇無信不吞鈎。

又賦《下第閒題》詩云：

十年辛苦未曾閒，笑指青雲咫尺間。富貴不從人所願，功名卻與命相關。詩書再把從頭讀，論策還將著意刪。料想廣寒丹桂在，高枝留待我來攀。（歐陽建《篁莊遺稿》）

本年張汝秀由荆州訓導陞任海南澄邁教諭。

張汝秀，字子達，瀧水（今屬羅定）人。明武宗正德貢生。十五年（一五二〇）由荆州訓導陞任海南澄邁教諭，後致仕。年八十餘。康熙《羅定州志》卷六、民國《羅定志》卷七有傳。

本年羅拱宸隨南紹兵備王君征從化縣羅山賊，屢建功績。

羅拱宸，英德大坡都（今屬佛岡）人。少有膂力。正德十五年（一五二〇），隨南紹兵備王君征從化縣羅山賊，屢建功績。（《佛岡廳志》）

倫以諒於本年中進士。

倫以諒，字彥周。南海人。文敘長子。明武宗正德十一年（一五一六）解元，十五年（一五二〇）進士，選翰林庶吉士，出爲山西道御史。未幾歸養，凡數年。南北科道交薦其才可大用，詔復起，拜浙江道監察御史。歷官吏部文選司主事、稽勳司郎中、南京通政司參議。以母喪歸，自此無復出仕之心。與王漸遠爲莫逆交，偕遊名山，詩酒自適。卒年六十五。著有《石（右）溪集》。傳附見阮元《廣東通志》卷二七六《倫文敘傳》。

余經於本年中進士。

余經，字朝綱，號石龍。順德人。明武宗正德十五年（一五二〇）進士。授行人，使蜀。尋擢刑科給事中，以事見忌，左遷漳浦縣丞。擢甌寧令，卒於官。阮元《廣東通志》卷二七七有傳。女玉馨，舉人許炯室。著有《篋中集》。溫汝能《粵東詩海》卷九六有傳。

黃一道於本年中進士。

黃一道，字唯夫，號月溪。揭陽（今屬豐順）人。明武宗正德十五年（一五二〇）進士①，授戶部郎中，擢興化知府。康熙《潮州府志》卷九上、乾隆《潮州府志》卷二八有傳。

梁喬升於本年中進士。

梁喬升，字以順。順德人。明武宗正德十五年（一五二〇）進士，官刑部主事。著有《平齋集》。事見溫汝能《粵東詩海》卷二一。

梁世驃於本年中進士

梁世驃（一四九五～五四四），字應房，一字遠之，號南皋。

① 一說正德六年（一五一一）進士，授戶部主事。

順德人。有譽父。明武宗正德十五年（一五二〇）進士。官僉
事。事見黃佐《廣東通志》卷一八黎貫所撰墓誌。

徐嘉祉於本年成貢生。

徐嘉祉，字梅林。程鄉（今梅縣）人。正德十五年（一五二
〇）貢生，官江西龍南縣知縣，有惠政。光緒《嘉應州志》卷二
三有傳。

王希賢於本年成貢生。

王希賢，字宗顏。興寧人。正德十五年（一五二〇）貢生，
官岢嵐衛知事。與父靜莽明經並以清節著。靜莽八齡入泮，肄業
太學，乞歸養親。希賢仕三月即歸養。胡曦《梅水匯靈集》卷一
有傳。

明武宗正德十六年　辛巳　一五二一年

三月丙寅，明武宗崩於其行樂處豹房，年三十有一。（《明
史》卷十六《武宗本紀》）四月癸卯，興獻王世子厚熜即皇帝位，
是爲明世宗，以明年爲嘉靖元年。（《明史》卷十七《世宗本紀》
一）

正德末，番禺寇大起，相戒以張雲彩長者，慎勿害也。

張雲彩，字伯起。番禺人。居山水之濱，自稱溪山子。又結
廬隱螺山。善詩，多效陳白沙，亦能入格。里中稱張先。每樂閒
居，少出。出則整冠衣，嚴步趨。諸弟子或雜劇，望見張先來，
則匿之。正德末，邑寇大起，相戒以張先長者，慎勿害也。有二
女，其一適羅虞臣，爲作傳。阮元《廣東通志》卷二七八有傳。

正德末，湯霨與湛若水改葬陳獻章。

湯霨，新會北到人。與兄雲、弟霓皆從陳獻章遊。霨，字民
悅，號九山，嘗延獻章至其鄉八仙井山中從學。與湛若水善，年
七十，尚以詩寄區越。正德末，湯霨與湛若水改葬陳獻章。若水
因留其家，爲置田百畝而去。阮榕齡《白沙門人考》有傳。

本年武宗晏駕，奉箋勸進，陶鳳儀與焉。

陶鳳儀，字瑞之。番禺人。承祖魯廥，授錦衣千户。奉詔恤刑雲南，平反多得情。武宗晏駕，奉箋勸進，鳳儀與焉。使往朝鮮，遺贈無所受。犒軍九邊，卻例銀萬兩。歷升本衛指揮使。御史何維柏疏劾嚴嵩，忤旨，發錦衣衛杖一百，鳳儀方掌衛事，密諭行杖者，得不死。其弟承仕郎鳳翥以書來，即以母老再疏歸，築白雲山下書屋以居，兄弟斑衣終老。潘楳元、譚瑩《廣州鄉賢傳》卷三有傳。

梁有譽生。

梁有譽（一五二一～一五五六），字公實，別號蘭汀。順德人。明世宗嘉靖二十二年（一五四三）舉人，二十九（一五五〇）進士。授刑部主事，居官三載，“決獄務平反，時稱長者”。以嚴嵩柄國告歸，於鄉間築拙清樓，以圖書、彝鼎、花木、丹青自娛。與李攀龍、謝榛、王世貞、宗臣、徐中行、吳國倫共結詩社，並稱“後七子”。嘉靖三十五年與黎民表等遊羅浮山，感風寒卒，年三十六。爲諸生時曾與歐大任、黎民表、吳旦、李時行同結社南園，師事黄佐，世稱“南園後五先生”。著有《蘭汀存稿》（亦稱《比部集》）八卷存世。阮元《廣東通志》卷二八〇有傳。

明世宗嘉靖元年　壬午　一五二二年

正月初十日，湛若水賦《與韶守　有序》詩云：

嘉靖元年春王正月十日，予以部檄，北上過韶，與太守周子語及先朝抗疏事，而言予以先去，俯仰今昔，共成悲歡，遂與謁舜祠，吊文獻之墓，賦此言懷。

里奚非智士，公奇爲忠臣。何期數載下，共沐新主恩。入疆問賢守，高宴具前陳。憂餘發孤笑，痛定説酸辛。晴祠拜舜日，憤惋吊荒墳。願持精一學，獻之重瞳君。（湛若水《甘泉先生文集内編》卷二六）

五月初四日，區越賦《壬午北上舟至餘杭值五月四日同年周

舜中趙從之二憲伯預爲節酒召飲呈謝》五律二首。（區越《區西
屏詩集》卷一）

秋，有鶴降於吏部，湛若水見素翁和白巖諸公有作，賦《壬
午秋有鶴降於吏部庭見素翁和白巖諸公有作予亦步韻二首》七律
二首和之。（湛若水《甘泉先生文集外編》卷一二）

除夕前二日，黃衷於雲南昆明圓通寺賦《壬午歲除前二日同
諸藩長登圓通寺閣和青厓》詩云：

笑拂高冠賦遠遊，梅花歲晚共躋憂。吏情偶問青蓮社，客夢
時橫白鷺洲。鼇海更誰紆漢策，登樓何作後荆州。春光如錦明朝
路，握手寒暉暫爾留。（黃衷《矩洲詩集》卷二《南中稿》）

本年區越賦《杭守劉年兄招遊吳山諸寺觀既歸追思正德丁卯
同年諸公任浙者多赴事場屋相別於此迨今十有六年矣偶復經過惟
劉兄任郡事其餘遷轉不一而顧張倪三君俱已物故可惜也因感賦二
律呈謝劉郡伯》七律詩二首。（區越《區西屏詩集》卷一）

本年張天賦下第，賦《慈闈生旦寅惠州水東舟中傷感一律》
七律詩。

又賦《壬午下第慶親生旦舟中用前韻》七律詩云：

嚴親初度值斯辰，飄泊江湖愧此身。白鶴杏人天外信，四官
負我榜頭名。時場中取余首卷，因答三策《周禮》中引"四官各垂法而《禮》獨
名於象魏"之句，有司擬作買求字眼，故置之。孤蓬徒極雲邊目，盃酒難伸
膝下情。謾指岡陵遙祝壽，西風爲寄白頭人。內注：祖親筆云：天賦明
在嚴慈侍下三十四年矣，雖歷六科，父母生旦未嘗離膝下。二載連逐奔波，不勝傷
感，故二詩筆舌之間，烏足情於萬一哉。（張天賦《葉岡詩集》卷三）

本年流賊壓境，馮文暉負母逃。

馮文暉（一四九四～一五二三），字景現。新興人。邑庠
生。嘉靖元年（一五二二），流賊壓境，負母逃，俱爲擄。賊感其孝，
得不害。翌年爲豪惡所誣，幽辱於恩州而終，時年三十。卒後歸
葬於義塚岡，弟子舉人陳善志墓。余祖明《廣東歷代詩鈔》卷十
一有傳。

　　黄延年於本年中解元。

　　黄延年，花縣人。嘉靖元年（一五二二）中舉人第一，官浙江孝豐知縣、從化學正。（光緒重刊《花縣志》卷三、民國《重修花縣志》卷八）

　　黎瞻於本年中舉人。

　　黎瞻，字民仰，號前峰。番禺人。遜球曾祖。明世宗嘉靖元年（一五二二）舉人，初授福建尤溪教諭，歷仕至順天府尹，以忤嚴嵩出判南昌。遭父憂歸，築室於板橋之南，遂不復出。與何維柏、歐大任、王漸逵、黎民表結社賦詩。年八十六卒。著有《燕臺集》。從祀廣州府學鄉賢。溫汝能《粵東詩海》卷二一、阮元《廣東通志》卷二七九等有傳。

　　利賓於本年中舉人。

　　利賓（一五〇〇？～一五七四），字用卿，號湖干叟。歸善人。明世宗嘉靖元年（一五二二）舉人，仕至湖廣參議。著有《宦遊草》。雍正《歸善縣志》卷一七有傳。

　　吳允裕於本年中舉人。

　　吳允裕，字天和。南海人。明世宗嘉靖元年（一五二二）舉人。官浙江象山令，擢寧波通判。溫汝能《粵東詩海》卷二一、阮元《廣東通志》卷二七六有傳。

　　陳激衷於本年中舉人。

　　陳激衷，字元誠。南海人。明世宗嘉靖元年（一五二二）舉人。少為郡庠生，善歌《鹿鳴》諸詩，聲若金石。嘗與獻夫兄弟講學，獻夫著《學庸二原》，激衷勸有司梓之。激衷教諭邵武之泰寧，晉國子助教，棄官歸。卒，與獻夫祀鄉賢祠。郭棐《粵大記》卷十四有傳。

　　林大典於本年中舉人。

　　林大典，字秉彝。番禺人。明世宗嘉靖元年（一五二二）舉人。知浙江開化縣。四方亡命聚八千餘人，盜開銀礦，率民兵捕之。逾年值積雨，平地水深四五丈，百計拯溺。復大旱，上疏自勩，且乞免租稅。會有忌之者，遂乞老歸。從湛若水遊，卒於家。吳道鎔《廣東文徵作者考》卷三有傳。

嚴孔章於本年中舉人。

嚴孔章，字道充。高明人。明世宗嘉靖元年（一五二二）舉人。會試時，郡守贈銀五十兩，堅拒不受。（光緒《高明縣志》）

何琠於本年中舉人。

何琠，字廷潔。博羅人。明世宗嘉靖元年（一五二二）舉人，授德化知縣。丁母艱歸，起補惠安。擢桂林通判，轉知左州，自免歸。（光緒《惠州府志》卷三二）

姚仲韶於本年中舉人。

姚仲韶，字以高。高要人。十歲爲生員。嘉靖元年（一五二二）中舉，曾任永安知縣。著有《屏桐遺稿》。（宣統《高要縣志》卷一八）

黃學矩於本年中舉人。

黃學矩，花縣人。嘉靖元年（一五二二）舉人。官從化學正。（光緒重刊《花縣志》三卷、民國《重修花縣志》卷八）

古文集於本年成貢生。

古文集，河源人。明世宗嘉靖元年（一五二二）貢生。官沙河司訓。事見清康熙《河源縣志》卷五。

黃民準於本年成貢生。

黃民準，字邦直，號慎齋。順德人。明世宗嘉靖元年（一五二二）貢生。官福建政和縣訓導。九年滿，補廣西平樂府學訓導。徐升富川縣學教諭。嘉靖十七年（一五三八）戊戌，以丁繼母憂，遂隱不出。既致仕，年已七十餘，師事甘泉，講明心性。年九十卒。郭棐《粵大記》卷二三有傳。

李紹敏於本年補諸生。

李紹敏，字叔宜，號槐臺。嘉靖初，補邑弟子員。四入棘試弗售，遂隱林泉，日誨其子光宸。天性孝友妹夫黃裳病異癥，調護數月，又經紀其後事。兄子光宙，亦舉於鄉，爲亳州學正。孫

廷璘、廷琰、廷瑜，能讀書以繩武。郭棐《粵大記》卷二二
有傳。

霍傑卒。

霍傑（？～一五二二），字民先。南海人。韜弟。終年隱居
西樵山錦巖石室，學辟穀絕粒之術。終身不娶。嘉靖元年（一五
二二）登廣州越王臺，端坐而逝。（范端昂《粵中見聞》卷十
五）

明世宗嘉靖二年　癸未　一五二三年

春，黄衷賦《春日宴黔國山亭》詩云：

令轉青陽氣已濃，上公臺榭許從容。花光熌射銀塘麗，霞彩
廻聯石巇重。興掩歌鐘誇算馬，笑分篇什記登龍。執規誰更司春
事，好借晴和遍四封。（黄衷《矩洲詩集》卷二《南中稿》）

本年提學魏校延陳應麟主書院，固辭不就。

陳應麟，字經成，號乾山。海陽（今潮州）人。孝友恬静，
通經史。嘉靖二年（一五二三）提學魏校延應麟主書院，固辭不
就。晚歲服膺陽明學。（嘉靖《潮州府志》卷二）

薛僑於本年中進士。

薛僑，字尚遷，號竹居。揭陽人。侃弟。明世宗嘉靖二年
（一五二三）進士。官至翰林院左春坊司直。十八年被劾罷官，
遷居潮州郡城。丁母憂，築一真巖講學，門人輯其言成《一真語
錄》。著有《南關志》。事見《明史》卷二〇八、康熙《潮州府
志》卷七。

薛宗鎧於本年中進士。

薛宗鎧（一四九八～一五三五），字子修，號東泓。揭陽人。
俊子，僑姪。明世宗嘉靖二年（一五二三）進士，任貴溪知縣。
丁父喪，服闋起補將樂知縣，調任建陽知縣。被召爲户科給事
中，以奏劾太宰汪鋐等奸邪恣惡，詔收獄，受杖刑八十，五日而
死。穆宗隆慶初追贈光禄寺少卿。《明史》卷二〇九、康熙《潮

州府志》卷九上、阮元《廣東通志》卷二九三有傳。

　　李翔於本年中進士。

　　李翔，字舉南。新會人。明武宗正德二年（一五〇七）舉人，世宗嘉靖二年（一五二三）進士。歷官衢州府推官、刑部主事、南京吏部文選司主事、兵部員外郎中、邵武府知府。掛冠歸，自號漁樵適者，推明性命理氣之原，闡所獨得，著有《似說》、《聞稿》。顧嗣協《岡州遺稿》卷三有傳。

　　吳允禄於本年中進士。

　　吳允禄，字天申。番禺人。璉次子。明世宗嘉靖二年（一五二三）進士。初授武選主事，出爲湖廣參政，擢按察使。免歸。著有《九嚴集》。溫汝能《粵東詩海》卷二一、阮元《廣東通志》卷二七六有傳。

　　李義壯於本年中進士。

　　李義壯，字稚大，號三洲。番禺人。明世宗嘉靖二年（一五二三）進士。初令仁和，尋遷戶、禮兩部主事。歷仕至都察院僉都御史，巡撫貴州。工古文詞。嘗師從湛若水，晚年學業益進。著有《三洲初稿》。郭棐《粵大記》卷一七、阮元《廣東通志》卷二七八等有傳。

　　李邦直於本年中進士。

　　李邦直，字汝司，號（一說字）東洲。學曾族孫。茂名（今高州）人。嘉靖二年（一五二三）癸未進士。初任直隸徽州府績溪縣知縣，調浙江金華府東陽縣知縣，轉工部都水清吏司主事，升刑部山西清吏司主事、禮部清吏司署員外郎、吏部清吏署郎中，官至太僕寺正卿，會試同考官、欽差提督邊關爲政大臣。邦直被民間傳爲李天官。創建東津書院，於高州城西岸故居留下茹樹一株，爲"中土無雙"的明代珍稀樹種，至今仍枝繁葉茂。著述《東洲集》等。許汝韶《高涼耆舊文鈔》卷二有傳。

　　麥春芳於本年中進士。

　　麥春芳，字蒲源。從化人。明世宗嘉靖二年（一五二三）進

士。官至貴州提學僉事。（清《從化縣志》）

袁昊於本年成貢生。

袁昊，字先衷，號居易。東莞人。明世宗嘉靖二年（一五二三）貢生。官福建同安訓導。張其淦《東莞詩錄》卷十一有傳。

譚維弼於本年成貢生。

譚維弼，高明人。明世宗嘉靖二年（一五二三）貢生，湖廣孝感二尹。值上崇大孝，奉公勤職，奉敕旌賞三世明經。父宗懿，字德良。尤長詩賦。以歲貢入虎闈，列上舍，告省歸。嘗於錦巖盛會，與程驤、程駱、熊兆平贈答。著有《品雲集》。朱慶瀾《廣東通志稿》有傳。

李價生。

李價（一五二三～一五五九），字少藩。番禺人。科孫。嘉靖二十六（一五四七）進士。師事黃佐。二十七年任當塗知縣。官至考功員外郎。（阮元《廣東通志》卷二八〇）

林大春生。

林大春（一五二三～一五八八），字井丹。潮陽人。精熟史漢，工古文辭。明世宗嘉靖二十九年（一五五〇）進士。除行人，晉戶部主事，歷官至浙江副使兼提學使。任河南睢陳僉事時，執法不避權貴，故相高拱銜之，以大計調。後二年，拱免相，起蒼梧僉事，尋移浙江。迨拱再相，言官希拱意，劾大春命題割裂經義，遂罷歸。家居十八年，於桑梓利病必備悉達之官。著有《井丹集》。康熙《潮州府志》卷九上、阮元《廣東通志》卷二九四、吳道鎔著《廣東文徵作者考》有傳。

龐尚鵬生。

龐尚鵬（一五二三、一五二四～一五八〇），字少南。南海人。明世宗嘉靖二十五年（一五四六）舉人，三十二年（一五五三）進士。授江西樂平知縣，召爲監察御史，出按河南。尋丁外艱，服闋，催赴河南道管理考察事，改按浙江。明穆宗隆慶二年（一五六八），擢右僉都御史，累官至左副都御史。後因張居正排擠而罷官，家居四載，年五十八卒。天啓初賜諡惠敏。著有《百可亭摘稿》、《行邊漫紀》等。明郭棐撰《粵大記》卷一七、《明史》卷二八七、阮元《廣東通志》卷二八〇等有傳。弟尚鴻，字少襄。以貢入國學，上書政府，獻飛車、飛舟。授鹽城訓導，擢英山知縣。河決，進《治河三策》。謫西安縣教諭，官終崑山縣丞。著有《治水或問》（一名《治水方略》）。

明世宗嘉靖三年　甲申　一五二四年

夏，鍾芳病起，賦《甲申夏病起》詩云：

齒齦驚衰早，形羸怯歲寒。病貽妻子累，起笑帶袍寬。殀壽皆如寄，行藏信所安。早營筠菊勝，擬傍白雲閑。（鍾芳《筠溪文集》卷二七）

本年李文積招集民眾，教習武藝，市戰馬，設關防，拒官兵。

李文積，歸善（今惠州）人。嘉靖三年（一五二四），招集民眾，教習武藝，市戰馬，設關防，拒官兵。後嶺東參議徐度等率七千餘官軍圍剿，俘斬千餘人，事敗。（嘉靖《惠州府志》卷一）

袁郵於本年成貢生。

袁郵，字伯高，號温溪。東莞人。士鳳子。師事湛若水。明世宗嘉靖三年（一五二四）貢生，授萬載訓導，歷湘潭教諭、慶遠府教授。民國《東莞縣志》卷五七、張其淦《東莞詩録》卷一一有傳。

明世宗嘉靖四年　乙酉　一五二五年

正月，湛若水賦《贈何道亨轉北工部侍郎理易州廠　名天衢，乙酉正月》詩云：

宇宙何寥遯，造化苦長勤。綿綿初生條。倏忽摧爲薪。采薪須采枝，采薪休采根。枝傷可復生，根蹶難爲春。牛山既濯矣，乃尚尋斧斤。斧斤亦易缺，生理亦易滅。疇若予草木，帝咨益重烈。往諧周虞衡，咸若夏魚鼈。盡物斯盡人，性分在調燮。（湛若水《甘泉先生文集內編》卷二六）

秋，張天賦賦《乙酉秋飲李村黎宅後園》詩云：

聞說李村全是李，我來見竹又成村。竹山欲到嗟無及，千里令人望白雲。（張天賦《葉岡詩集》卷二）

九月，若水賦《將遊觀音閣諸勝途中　乙酉秋九月》詩云：

朝出平子門，朔風吹我衣。欣然得閒情，荒村稻畦畦。仰視雲間雁，木落猶南飛。感我故園念，秋深客未歸。（湛若水《甘泉先生文集內編》卷二六）

冬，黃衷賦《乙酉冬宴客黃鶴樓用崔韻》詩云：

鄂城自昔登臨地，崔詠何年擅此樓。總有才華多役役，祇應江水付悠悠。天開詩客陰晴景，木落漁家遠近洲。形勝不殊風物異，謾堪笳鼓散清愁。（黃衷《矩洲詩集》卷五《湖中稿》）

十二月十五日，湛若水賦《臘望送南京王大理汝溫陞北少司馬　名珝》詩云：

義和馭短景，昏中正昴星。修途翳積雪，長河合層冰。客行馬汲汲，召命有嚴程。舊握棘寺符，今搖司馬旌。明皇重孝理，兵刑亦匪輕。折衝在尊俎，萬里有長城。（湛若水《甘泉先生文集內編》卷二六）

除夕，黃佐賦《乙酉守歲》詩云：

帝城鼓角促朝暉，紫禁煙花錦繡圍。風靜笙歌臨路發，雪晴烏鵲背人飛。貪趨魏闕年華換，留滯周南心事違。柏葉椒花吾祝汝，明年須對老萊衣。（黃佐《泰泉集》卷十二）

本年九月前湛若水賦詩如下：《送陳靜齋少宰考滿　名鳳梧》、《送都憲高先生總督漕運　名友璣》、《送莊西峰還江浦　名會》、《送陳太僕謝病還福建　名達》、《題淮浦爲楊敬之太僕》、《陪諸公瀛洲勝會　共七首》、《呈朱玉峰塚宰》、《呈趙類庵少宗伯　名永》、《呈李蒲汀少宰　名廷相》、《呈何柏齋太常　名

塘》、《呈郭杏東翰長　名維藩》、《呈陳琴溪少司成　名寰》（以上皆五古）。（湛若水《甘泉先生文集內編》卷二六）

本年鍾芳賦《乙酉烏蠻灘謁伏波廟　四首》詩云：

重煽炎光達遠夷，歸來翻履禍幾危。蠻灘千仞誰云險，卻在城西槀葬時。

帝鑒高齊兩曜明，不緣謗篋罪干城。全歸已爽包屍願，身比珠犀孰重輕。

熒熒金碧映球琅，銅柱千春海岳光。莫把雲臺浪評品，漢皇元不重椒房。廢郭后。

柱分南裔恢皇度，碑勒燕然兆女戎。一樣親臣連桂掖，到頭功罪欲誰從。（鍾芳《筠溪文集》卷三〇）

本年黃佐賦《文淵閣登望　嘉靖乙酉》詩云：

八柱高欒遠漢，四簷長納明霞。渺渺碧山雲樹，重重紫禁煙花。（黃佐《泰泉集》卷一三）

本年方中拱倡設惠來縣。

方中拱，惠來人。原籍潮陽。嘉靖四年（一五二五）倡設惠來縣。朝廷諭可，命董其役。城郭衙宇，先後經營，皆資其力。（雍正《惠來縣志》卷十四）

本年曾貫官廣西仰利州知府、奉直大夫。

曾貫，花縣人。（光緒《花縣志》卷三）

葉漢於本年中舉人。

葉漢，字維東。新會人。明世宗嘉靖四年（一五二五）舉人，官江西寧都知縣。著有《象洲集》。清顧嗣協《岡州遺稿》卷三有傳。

梁彥錦於本年中舉人。

梁彥錦，字絧夫，一作綱夫。東莞人。明世宗嘉靖四年（一五二五）舉人。歷松溪、上杭教諭，遷南安令、岑溪令。張其淦輯《東莞詩錄》卷一一有傳。

區元晉於本年中舉人。

區元晉，字惟康。新會人。越子。明世宗嘉靖四年（一五二五）舉人。官雲南鎮南知州，晉福建興化府同知。享年七十餘歲。著有《見泉集》。溫汝能《粵東詩海》卷二一、阮元《廣東通志》卷二七四等有傳。

彭世潮於本年中舉人。

彭世潮，字源大，號龍溪。東莞人。明世宗嘉靖四年（一五二五）舉人。授福建古田教諭，陞國子監學錄，擢陝西道監察御史。以不能事權貴，左遷福清令。著有《龍溪漫興》。張其淦《東莞詩錄》卷一一有傳。

尹邦寧於本年中舉人。

尹邦寧，字元治。東莞人。明世宗嘉靖四年（一五二五）舉人。官廣西馬平知縣。張其淦《東莞詩錄》卷一一有傳。

曾貫於本年中舉人。

曾貫，字守賢。海南人。明世宗嘉靖四年（一五二五）舉人。官知州。事見阮元《廣東通志》卷七三。

趙鶴隨於本年中舉人。

趙鶴隨，字再鳴、頤素。南海（一作從化）人。明世宗嘉靖四年（一五二五）舉人。先任南京戶部司務，左遷福建泉州府。後知湖廣桂東縣。事見阮元《廣東通志》卷七三。

鄧浩於本年中舉人。

鄧浩，字師孟。順德人。明世宗嘉靖四年（一五二五）舉人，官靈壁知縣。事見阮元《廣東通志》卷七三。

鄭弘彝於本年中舉人。

鄭弘彝，饒平人。明世宗嘉靖四年（一五二五）舉人，官沐陽知縣。事見阮元《廣東通志》卷七三。

李尚理於本年中舉人。

李尚理，程鄉人。素子。明世宗嘉靖四年（一五二五）舉人，歷任瓊州教授，順昌、詔安知縣。傳附見清光緒《嘉應州志》卷二三《李素傳》。

陳其具於本年中舉人。

陳其具，字才甫，號唐山。番禺人。昊賢子。明世宗嘉靖四年（一五二五）舉人。① 壬辰以乙榜授武寧學諭。後知浙江昌化，丁父憂，未任。服闋補湖廣鍾祥，未幾以母憂去。起補閩之連城。歸時年五十一耳，與里人劉模、岑萬、龐嵩、何維柏四仲月爲天關大會，發明心性之旨。又爲粤山詩社，吟詠性情。著有《思誠日録》、《讀易疑義》及文集十卷。乾隆《番禺縣志》卷十五有傳。

莫士及於本年中舉人。

莫士及，字汝賢。定安人。明世宗嘉靖四年（一五二五）舉人，授蘇州教授，升長寧知縣。致仕家居，修族譜，作家訓。著有《筆峰日録》。孫汝德，萬曆十六年（一五八八）戊子鄉薦。朱慶瀾《廣東通志稿》有傳。

何應和於本年中舉人。

何應和，字景陽。東莞人。瀚子。明世宗嘉靖四年（一五二五）舉人，授長樂知縣，累官雲南南安知州。土司鬧事，曉以禍福，境復得寧。（光緒《廣州府志》卷一二三）

曾應璿於本年中舉人。

曾應璿，字純政。博羅人。嘉靖四年（一五二五）舉人。任漳平令，未期年而境内治。與上官一語不合，憤然辭官，宦囊無長物，惟書籍數篋。居家誦讀自怡，尤好獎勵後學。（光緒《惠州府志》卷三八、乾隆《博羅縣志》卷一二）

曾綸於本年成貢生。

曾綸，花縣人。明世宗嘉靖四年（一五二五）歲貢生，授延平教諭，升平海衛教授。（民國《重修花縣志》卷八）

張政熙生。

張政熙（一五二五～一五八九），字道亨。博羅人。嘉靖三

① 一作嘉靖十一年（一五三二）進士。

十四年（一五五五）舉人。歷官將樂教諭、陸川、嶋峨縣令。忤
逆權貴，被誣受賄脫盜，下獄。出獄後自劾解組歸，築臺東皋，
治家力田。（光緒《惠州府志》卷三二）

明世宗嘉靖五年　丙戌　一五二六年

正月，黃佐賦《嘉靖丙戌郊祀慶成侍宴有述八十韻》長篇五
言排律詩。（黃佐《泰泉集》卷十一）

初一日，黃佐賦《元日早朝》詩云：

閣道沙堤雪未乾，馬前銀燭霧中看。疏鐘欲動飛宮鵲，絳節
初齊引珮鸞。瑞日影浮雙闕表，鈞天聲在五雲端。侍臣賦就陽春
曲，未覺瓊樓玉宇寒。（黃佐《泰泉集》卷十二）

十五日，黃佐賦《嘉靖丙戌元宵燕集分得銀字賦二十韻》
詩云：

帝城三五夕，明月麗芳春。玉宇澄暉早，金樞泛灩新。香車
騰桂苑，緹騎出楓宸。陸海魚龍混，天關虎豹馴。煙花連鳳野，
簫鼓動鴻鈞。樂事還同眾，清光故可人。弄芳珠作珮，步玉錦爲
茵。寶炬交蟾影，瓊奩並兔輪。風廻歌舞地，香拂綺羅塵。鼇彩
浮燕樹，星球射漢津。惰隨虯箭曉，興與鶴鴒親。對此開文會，
因之仰德鄰。摽纓三益至，揮翰四筵陳。淑氣回彤琯，清歌盡白
蘋。音徽嗟爾閟，契合道吾真。鳧藻人爭羡，驪珠世共珍。花邊
青玉案，柳外紫綸巾。雲戶低圓壁，虹橋掩寸銀。赤霄繁健翮，
滄海足潛鱗。共沐恩波洽，追歡莫厭頻。（黃佐《泰泉集》十一）

二月，區越賦《嘉靖丙戌予出守宣城值仲春廿日連雨不止正
有間閻之憂忽津吏走報麥壠淹沒遂偕同寅汪西麓登北樓四望悵
然》詩云：

山城連日雨，急潦似潮頭。麥壠都沉海，籬門各繫舟。白虹
來有兆，赤手措無籌。一望愁無際，憑誰共北樓。（區越《區西屏詩
集》卷三）

秋，黃衷賦《丙戌秋與二鎮同集用韻》七律詩（跋云：時歲

侵（鎭）議賑。）

九月初九日後，衷又賦《重陽後太府北樓賞菊觀罩魚》詩云：

江城初霽重陽雨，暇日同登節鎭樓。黃菊有情還照眼，茱萸無分最驚秋。漁人競下橫池網，客子真懷釣湘舟。優劇不妨供小坐，世情方汝更悠悠。（黃衷《矩洲詩集》卷五《湖中稿》）

初九日，區越賦《丙戌九日重過吳興》七律。

又以前韻賦《用前韻呈張別駕子文》詩云：

水入吳松帶兩江，十年西浙幾來航。松廳舊望歸臺使，子文向以侍御史左遷嘉善縣丞，時適同寅，後官至雲南按察副使。麥隴餘陰見魏塘。古岸紆徐茭繞綠，客橐迢遞柳分黃。雙魚早晚應相覓，定說零陵鬢愈蒼。（區越《區西屏詩集》卷一）

十二月初八日，黃衷賦《丙戌臘八阻風策口》詩云：

江路邅回還策口，簿書傍午且華顛。光陰流轉此何日，郡邑督督非有年。隔舸香糜晨饌玉，挾風殘雪晝飄綿。土階莫草孤根老，望斷青陽楚岸邊。（黃衷《矩洲詩集》卷五《湖中稿》）

冬末，張天賦賦《丙戌冬末徹講諸生送至老龍而別賦遺之》詩云：

燈火相親幾夜闌，點金愧我乏靈丹。梅花初霽枝頭雪，桂棹同颿海上瀾。打約蚤登周世岸，分攜當記老龍灘。休嗟吾道無南汝，體認都從一念間。（張天賦《葉岡詩集》卷三）

除夕，黃衷賦《丙戌除歲》詩云：

鄂渚俄驚歲再除，江天雪霽日光舒。吏封臺印裁紅楮，童理官資振素書。憶弟自從逢雁後，分年應聽雞初。然松燒紙曾同俗，誰道迁人世事疏。（黃衷《矩洲詩集》卷五《湖中稿》）

本年黃佐賦詩如下：《暮春書懷效陳去非》、《題雷氏山水卷》、《春夜大醉言志》、《白蓮二首》、《陵祀次韻劉侍御見寄》、《重陽次韻答孫貞父》、《省親三疏獲允出郭別親友》、《阻冰寓蕭氏樓上作》、《文衡山致仕言歸次韻二首》、《除夜贈文徵仲》（以

上皆七律）。（黄佐《泰泉集》十二）

本年張天賦賦《丙戌授講河源次一江韻宰沙泉俞太守》詩云：

奉別明時謫惠仙，如流光景七經年。精思妙入風雲裏，勁氣光搖日月邊。齊物分慳憋有志，登龍心切嘆無緣。近投涸轍誰憐我，渴想沙頭混混泉。（張天賦《葉岡詩集》卷三）

本年歲荒，黄釗子瓊等遵遺命出粟賑濟，全活甚多。

黄釗，字耕樂。英德人。力學好義，嘗捐資築土城，保衛一方。年九十三卒。臨終囑子孫輩，將來大饑，當以穀賑之。（《英德縣志》卷十一）

岑萬於本年中進士。

岑萬，初名藪，字體一，號蒲谷。順德人。明世宗嘉靖四年舉人，五年（一五二六）進士。授戶部主事，管九江鈔關。後歷官布政司參議、雲南副使、四川參政、河南右布政使、福建左布政使，年五十六致仕，徜徉林泉。著有《蒲（浦）谷集》。郭棐《粤大記》卷一八、阮元《廣東通志》卷二七九有傳。

翁萬達於本年中進士。

錢仝於本年中進士。

錢仝，字公甫。東莞人。明世宗嘉靖五年（一五二六）進士，官副使。張其淦《東莞詩録》卷一一有傳。

謝邦信於本年中進士。

謝邦信，字諭卿。東莞人。明武宗正德十四年（一五一九）舉人，世宗嘉靖五年（一五二六）進士。除江西上高令，遷南評事，謫柳州判官，轉江西贛州府通判、福建建寧府同知。著有《石涌集》、《謝氏篋中集》、《明詩類選》。民國《東莞縣志》卷五八、張其淦輯《東莞詩録》卷一一有傳。

陳思謙於本年中進士。

陳思謙，字益撝，號碧洋。揭陽人，一作澄海人。明世宗嘉靖四年（一五二五）解元，五年進士。官浦城知縣。忤上官，罷歸。以薦復官，改任北直撫城知縣，陞戶部主事。以父喪歸，服闋將北上，以病卒。康熙《廣東通志》卷九上、阮元《廣東通志》卷二九三有傳。

俞宗梁於本年中進士。

俞宗梁，字景山。瓊山人。明世宗嘉靖五年（一五二六）進士。官新昌知縣。治行最，擢南京刑部主事，歷郎中。卒，妻孥不能自給。侍郎鍾芳重之。郭棐《粵大記》卷十九有傳。

王天性生。

王天性（一五二六～一六〇九），字則衷，號槐軒，晚年別號半憨。揭陽（後屬澄海）人。明世宗嘉靖三十一年（一五五二）舉人。官盱眙縣教諭、豐城縣令、上高縣令、南昌府通判。穆宗隆慶二年（一五六八），以忤上司早賦歸田，肆志於山水詩酒間，嘗作《半憨先生傳》以自況。著有《半憨集》、《澄海志略》。馮奉初《潮州耆舊集》卷一六、吳道鎔《廣東文徵作者考》卷四有傳。

劉守元生。

劉守元（一五二六～？），號健庵。饒平人。嘉靖四十三年（一五六四）舉人，官至湖廣岳州軍需判官。因得罪張居正辭官歸，邑令吳楚材聘修邑志，未成卒。（乾隆《潮州府志》卷二九）

明世宗嘉靖六年　丁亥　一五二七年

六月，安南王國大臣莫登庸篡奪王位，改元明德。

莫登庸（？～一五四），東莞中堂蕉利人。安南國王。先世為漁民，父萍於正德年間流落至安南國海陽道宜陽縣，以打魚為生。時安南國王黎浚，見登庸神勇過人，封其為天武王都指揮使。黎濙即位後，封登庸為武川伯。後殿監陳某殺濙自立為王。登庸聯合黎氏大臣起兵攻殺陳某子及其黨羽，與群臣共擁濙子椅繼位，登庸進封武川侯。明正德十六年（一五二一），登庸自稱太傅仁國公，統轄十三道水陸各軍，左右朝中大權。翌年，椅因對登庸專權不滿，潛逃至山西明義縣依鄭綏，登庸乃立椿爲恭皇。明嘉靖六年（一五二七）四月，登庸自稱安興王。六月，逼椿讓位，自封太祖，改元明德，立子登瀛爲太子。八年（一五二九）末，登庸讓位予太子登瀛。翌年正月，登瀛即位，是爲太宗，改元大正，登庸自稱太上皇。十八年（一五四〇）正月，登瀛病卒，登庸立孫福嗣位。十一月，登庸親與大臣至廣西鎮南關向明朝求封，明朝下詔封登庸爲安南都統使，世襲。翌年登庸卒。廟號太祖，謚高皇帝，葬安陵。

正月初一日，黄佐賦《丁亥元日》詩云：

朔雲自繞灤河曲，燕樹遥連漢苑斜。彩鵲獨依河畔柳，新鶯應到苑中花。三朝禮樂開青瑣，萬里冠裳擁翠華。去去滄江回首地，太平歌頌落煙霞。（黄佐《泰泉集》十二）

二月十五日，何南遊德慶三洲巖，賦《題三洲巖①》詩云：

巖畔青山紫翠堆，昔聞此處勝蓬萊。幸來遊覽仙遺跡，留壁詩文長緑苔。（清光緒《德慶州志》卷一四）

何南，高要縣人。明世宗嘉靖六年（一五二七）曾遊德慶三洲巖。事見清光緒《德慶州志》卷一四。

除夕，黄佐賦《丁亥除夕》詩云：

旅館頻年過歲除，萊衣今夕樂何如。摇摇蠟炬輕風裏，淺淺霞杯細雨餘。江海只便魚入饌，煙霞惟恐鶴傳書。等閒又被梅花惱，漏泄春光滿敝廬。（黄佐《泰泉集》十二）

本年黄佐賦《客樓春望徵仲見過有贈》、《冰泮志喜贈徵仲》、《次韻答廖鳴吾見懷》、《微雨後風沙大作晚泊臨清》（以上七律）。（黄佐《泰泉集》十二）

本年霍韜賦《衍聖公酬述》四言詩（其序云：嘉靖歲癸未夏四月，韜南歸過濟寧，謁闕里，循洙泗，入孔林仰喬木焉。越今五年，見衍聖先生，猶懷仰孔林，侈之詩）、《倫右溪以詩贈行次

① 三洲巖何南詩刻留題云：“嘉靖六年二月望日遊，高要桃溪何南書。”

韻留別》七律。（霍韜《渭厓文集》卷七）

　　張子翼生。

　　張子翼（一五二七～?），字汝臨，號事軒。瓊山（今屬海
南）人。明世宗嘉靖二十五年（一五四六）亞魁。授武昌縣教
諭，陞廣西陸川知縣。在任五年，祀名宦。歸田後閉門課子，與
海瑞、王弘誨詩簡往來，傳爲韻事。著有《事軒摘稿》。《海南叢
書》第五冊有傳。

明世宗嘉靖七年　戊子　一五二八年

　　春，湛若水賦《題三石　有序》詩云：

　　三石者，馮冬官之號也。冬官何號爾？以寓終身之慕也。求予題之。

　　仰觀有三光，俯察有三石。誰能參兩間，許爾齊三極。三極
本同原，是名爲一體。世惟精一者，可以與於此。在天則成象，
在地則成形。無違大父母，子道自完成。（湛若水《甘泉先生文
集內編》卷二七）

　　三月初二日，若水賦《戊子三月二日取道毘陵同梁壺山攜葛
澗周衛諸生遊張公洞遂憩茂潭別院》五古詩。（湛若水《甘泉先
生文集內編》卷二七）

　　上巳日（初三），若水賦《戊子三月上巳同毛古庵黃門梁天
壺長史周紀善諸生遊善權三洞》詩云：

　　善權善洞府，神仙逸其名。惜其不在洞天之列也。嘉名吾夙慕，
於茲扣岩扃。地氣通靈竅，天神啟虛明。誰能履茲境，可遊神之
庭。明公翕然至，如雲集諸生。心同理有愜，景澹心自澄。（湛
若水《甘泉先生文集內編》卷二七）

　　七月初九日，鍾芳賦《與方棠陵度梅關　嘉靖戊子七月九
日》詩云：

　　梅關聯步躡丹梯，雨色秋光壓樹低。卻憶昔年三塔寺，三人
只少祝篁溪。（鍾芳《筠溪文集》卷三〇）

　　十一月初，湛若水賦《孟母壽詩　有序》詩云：

孟氏子兄弟二人，源、津皆從予新泉講孔孟絕學。七年十一月二日其家君誕，既稱壽畢，母索太夫人促津來新泉。津以十九日方母誕，辭。母謂之："汝第往學焉，即壽我也。"同門謂昔者孟子嘗以母命遊學於魯，數年不歸矣，而孟母之名至今不朽，請爲詩壽焉。

既有孟氏子，豈無孟氏母。經年學不歸，壽親在行道。暮宿新泉源，朝望滁陽雲。願酌無窮泉，永言不朽萱。（湛若水《甘泉先生文集內編》卷二七）

初一日，鍾芳賦《戊子十一月朔冬至次儀真　是日晴暖》詩云：

長至曾聞晷影添，瑞香霄噴掩朱簾。心依宸極朝元客，暖似陽春數九天。潮長邗溝千艇入，鼓嚴官壩萬燈懸。寒溫自是江南別，上谷而今恐未然。（鍾芳《筠溪文集》卷二九）

本年湛若水賦詩如下：《將遊句曲洞天以公程促還南雍寄曹憲僉時范　名鉦》五絕、《贈馬谿田納言歸陝右　有序 名理》、《送胡樾岡少司徒六載考績之京　名錠》、《送何柏齋少司空應召遷北部　名瑭》、《董東湖道卿母挽》、《爲牛舉人愷壽母》、《題都督馬君望雲思親圖　名永》、《送王南渠奉詔終養　名爌》（以上五古）。（湛若水《甘泉先生文集內編》卷二七）

本年區越誕日，越自賦《戊子誕日承西麓汪侍講以詩相慶次韻》詩云：

翠合松杉疊嶂秋，謝公樓是庾公樓。諸君且貸花前醉，老子還從月下遊。種種未憂新鶴髮，籧籧只夢舊漁舟。撫摩百萬慚無補，擬報堯天擊壤謳。

老守皤皤六十秋，壽盃重上謝公樓。雲開古刹浮圖見，日溜寒杉野馬遊。雙鯉何來新貫柳，百壺誰送遠移舟。時章主政饋魚，徐憲副饋酒也。窮簷歲晚多憔悴，慚愧諸公七字謳。（區越《區西屏詩集》卷一）

本年黃佐賦《南雄返棹集陶句二首　嘉靖戊子辭江西僉事》五古詩。（黃佐《泰泉集》卷一四）

本年陳明德見王守仁（陽明）於廣州。

陳明德，字思準，號海涯。海陽（今潮州）人。幼遊庠校，讀書有契於心，輒身體之。後聞白沙之學，遂棄舉業，苦心厲行，凡三變而至於道。正德末年，薛侃自虔州歸，始聞陽明學，復與楊驥兄弟砥礪，乃豁然和易通坦。汲汲以興斯文爲己任，從學者眾。嘉靖七年（一五二八）見王守仁（陽明）於廣州，學益進。十一年，薛侃起宗山書院，旁築精舍，延明德居且掌教，性益和易，雖樵夫牧豎皆可與語。以疾終。（《薛中離先生全書》卷十一）

王希文於本年中解元。

王希文（一四九二～一五六五），原名世寧，字景純，號石屏。東莞人。少時倜儻負奇氣，弱冠上方伯吳策《蘇民十二事》，條畫精詳，語皆經濟，由是知名。明世宗嘉靖七年（一五二八）解元，八年（一五二九）進士，授刑科給事中。時宦官徵稅，所至多暴斂不法，而粵市舶珠池尤甚，希文疏奏皆罷之，又奏減蕪湖、南贛、梅關等地商稅。彈劾不避權貴，因忤輔臣夏言，改調南京。居位三載，抗疏歸。家居三十年而卒。著有《石屏遺集》。明崇禎《東莞縣志》卷五、清康熙《東莞縣志》卷一二、阮元《廣東通志》卷二七九有傳。

潘梅於本年中舉人。

潘梅，字元夫，號羅陽梅。順德人。明世宗嘉靖七年（一五二八）舉人，卒業太學。官撫州通判、南京戶部郎中。後歸隱羅浮。清屈大均編《廣東文選》卷六、清梁善長《廣東詩粹》卷四、溫汝能《粵東詩海》卷二一等有傳。

陳建於本年中舉人。

陳建（一四九七～一五六七），字廷肇，號清瀾（釣叟）。東莞人。太守恩季子，越、超、赴之弟也。明世宗嘉靖七年（一五二八）舉人。兩上春宮，皆乙榜。選授侯官教諭，遷臨江府學教授，陞山東陽信令。年四十八以母老力告歸養，卒年七十一。著有《皇明通紀》、《學蔀通辨》、《擬古樂府通考》等。郭棐《粵大記》卷二四、阮元《廣東通志》卷二七九等有傳。

李秉同於本年中舉人。

李秉同，字子中。東莞人。一契子。明世宗嘉靖七年（一五二八）舉人。官廣西靈川知縣。張其淦輯《東莞詩錄》卷一二有傳。

吳繼喬於本年中舉人。

吳繼喬，字世達，號之溪。揭陽人。明世宗嘉靖七年（一五二八）舉人。聞王守仁講學蒼梧，往從之遊。謁選，授宜章知縣。以父喪歸，起補江華知縣。與州守不合，告歸，家居二十年，講學不怠。卒年八十一，入祀鄉賢。康熙《潮州府志》卷九上、乾隆《潮州府志》卷三〇有傳。

伍闇於本年中舉人。

伍闇，字太和。增城人。明世宗嘉靖七年（一五二八）舉人。歷任武城、聊城、南安知縣。嘗從湛若水遊。光緒《廣州府志》卷一二五有傳。

湯價於本年中舉人。

湯價，增城人。文經次子。明世宗嘉靖七年（一五二八）舉人。官處州府同知。事見清道光《廣東府志》卷七三。

陳堯典於本年中舉人。

陳堯典，字子敷。增城人。明世宗嘉靖七年（一五二八）舉人，官泉州府通判。事見阮元《廣東通志》卷七三。

林時衷於本年中舉人。

林時衷，字中甫。東莞人。光子。明世宗嘉靖七年（一五二八）舉人。拜湛若水爲師，能承家學。累官雲南廣南府知府，有廉惠之聲。事見阮元《廣東通志》卷七三。

王廷翰於本年中舉人。

王廷翰，樂會人。明世宗嘉靖七年（一五二八）舉人。事見阮元《廣東通志》卷七三。

　　溫孔德於本年中舉人。

　　溫孔德，新會人。明世宗嘉靖七年（一五二八）舉人，官至順天河間通判。顧嗣協《岡州遺稿》卷三有傳。

　　酈夢琰於本年中舉人。

　　酈夢琰，一作夢炎，字均房，號養吾。先名夢吉，字希因。順德人，南海籍。大父鼎，父岑，俱爲鄉薦。明世宗嘉靖七年（一五二八）舉人。二十九年授定海學諭，官至杭州通判。卒年八十六。著有《養吾吟稿》。阮元《廣東通志》卷二七九有傳。

　　陳澤於本年中舉人。

　　陳澤（？～一五五二），字子仁，號平川。南海人。總角領嘉靖七年（一五二八）戊子鄉薦，遊甘泉先生門。二十三年（一五四四）甲辰授浙江慶元知縣。甲辰冬，礦賊吳八擁眾數千犯城，澤撤橋阻水捍禦，賊乃掠閭。二十四年乙巳春，率死士二百人追擊，數十年巨寇，一鼓而殲之。二十七年（一五四八）戊申內召拜南京貴州道監察御史。三十一年壬子終於任。著有《留臺存稿》。郭棐《粵大記》卷十九有傳。

　　李應和於本年中舉人。

　　李應和，字仲節。瓊山人。嘉靖七年（一五二八）戊子鄉薦，授臨海教諭，升徽州教授，尋署府篆，擢南監助教，以老乞歸。著有《讀書抄》、《木齋集》。阮元《廣東通志》卷三〇二有傳。

　　陳天然於本年中舉人。

　　陳天然，字汝中。瓊山人。嘉靖七年（一五二八）戊子鄉薦，十四年（一五三五）乙未進士，授戶部主事。歷官鎮江知府、兵備道，改知永州府，以內艱歸。著有《自新遺稿》。阮元《廣東通志》卷三〇二有傳。

　　李德貞於本年中舉人。

　　李德貞，吳川人。嘉靖七年（一五二八）戊子鄉薦，授天長知縣。吳道鎔《廣東文徵作者考》卷三有傳。

　　曾一燕於本年中舉人。

曾一燕，萬州人。嘉靖七年（一五二八）戊子舉人。

馬聰於本年中舉人。

馬聰，字桓威。番禺人。嘉靖七年（一五二八）舉人，署福建古田教諭，修《古田縣志》。（同治《番禺縣志》卷三九）

王樹於本年中舉人。

王樹，字端立，人稱灝溪先生。饒平人。嘉靖七年（一五二八）舉人，任浙江建德知縣，改杭州府學教授、周王府教授。（嘉靖《潮州府志》卷六）

劉志學於本年中舉人。

劉志學，字行南，號肯齋。海陽（今潮州）人。嘉靖七年（一五二八）舉人。任浙江新城知縣，遷福建漳州府同知。編有《東湖勝概集》。（《東津劉氏續譜》）

麥江於本年中舉人。

麥江，字廉泉。番禺人。嘉靖七年（一五二八）舉人。任興寧知縣，重修雲蓋山八角臺。後任大理寺評事，復知郴州。（《廣州府志》卷一一九）

韓孟魁於本年中舉人。

韓孟魁，字夢祥。博羅人。嘉靖七年（一五二八）舉人。署江西萬年教諭，升湖廣桂東知縣，境內太平。未幾召爲南京戶部江西司主事，稍遷浙江司員外郎。因病自免歸。（光緒《惠州府志》卷三二）

趙勛於本年中舉人。

趙勛，字彝伯，號右坡。番禺人。明世宗嘉靖七年（一五二八）舉人，二十年（一五四一）辛丑授江西瑞金令。黃鄉洞賊曾氏及其徒葉經等，糾眾剽掠，都御史虞守愚奏征之，官軍敗。勛單騎入洞，推誠慰撫，遂平之。二十五年（一五四六）丙午考最，爲南京四川道監察御史。三十一年（一五五二）壬子，升山東按察僉事。三十三年甲寅以憂歸，遂不復出。家居課子，長思謙，積學郡庠；次子思基，領鄉薦，爲當陽令。郭棐《粵大記》卷十九有傳。

姚繼選於本年中舉人。

姚繼選，字世選。潮陽人。璡孫。嘉靖七年（一五二八）舉人，入南京國子監。後授廣西宜山知縣，擢江西撫州府通判，兼任臨川知縣，代理知府職事。興利除害，治績甚彰。後以親老乞歸，值海寇倡狂，爲鄉里籌謀防禦。（乾隆《潮州府志》卷二八）

章焕於本年中舉人。

章焕，海陽人。與弟熙齊名，潮人稱"二章先生"。嘉靖七年（一五二八）鄉薦。官桂林同知。（《井丹詩文集》卷七、嘉靖《潮州府志》卷六）

陳一敬生。

陳一敬（一五二八～一五九四），字在修。東莞人。儻十五世孫。以鹽莢起家。廣西鹽引壅滯，以布衣上疏，請停官運，恢復銷售廣鹽，鹽商、鹽丁得以解困。（宣統《東莞縣志》卷五八）

陳吾德生。

陳吾德（一五二八、一五二七～一五八九），字懋修，號省（有）齋。新會（一作惠州）人。學傳白沙，爲何維柏門人。領明世宗嘉靖三十一年（一五五二）鄉薦第二人，登四十四年（一五六五）進士。嘗任工科給事中，以諫市珍寶被罷爲民。萬曆間起用爲兵科給事中，以忤首相張居正出守饒州，坐謫馬邑典史。後以直諫忤旨削籍，退修謝山。居正敗後，被薦爲思恩推官、寶慶同知，俱以親老不就。親終後起補紹興同知，官至浙江按察司僉事，卒於官。著有《謝山存稿》十卷存世。《明史》卷二一五、顧嗣協編《岡州遺稿》卷四等有傳。

明世宗嘉靖八年　己丑　一五二九年

春，湛若水賦《大同春吟己丑作四首》詩云：

我道本大同，從人自分別。舉首問太虛，太虛亦何説。

宇宙同胞里，身居太一家。清平有麟鳳，狡獪起猱蛇。

蟯蟯誇毗子，東家復西家。尋常家計事，豈足向人誇。

天道玄同是，群分自作家。春詩拈未出，春信已開花。（湛若水《甘泉先生集外編》卷十一）

區越賦《己丑春日澄江書事呈同年陳亞卿》詩云：

林麓低空日影遲，澄江四望早春時。遊鱗喜躍新生水，倦翼來投舊好枝。薄暮放歌須待月，峭寒添酒可無詩。東風步屧還高興，誰伴宣城老守癡。（區越《區西屏詩集》卷一）

七月二十日，湛若水賦《甘泉山詩　有序》詩云：

嘉靖乙（己）丑秋，予被召入京，過廣陵。廣陵有葛生澗兄弟所爲行窩，迤邐甘泉山三十里而近，甘泉之名若預爲我設者。七月二十日，予與巡鹽朱侍御子禮、毛黄門式之、周紀善道通、陸廷評伯載、蕭督學子鳴及志學之士呂鄭諸君數十人同往觀焉。酌其泉，甘而冽；登其巔，四顧灑然，特出一方。朱侍御爲置酒，盡樂而返，詩以紀之。

是山皆我樂，何必吾家山。此山非我有，胡乃名甘泉。而我有行窩，適在泉山前。始知天所作，意或遺斯人。我來陟山巘，翕然集群賢。誰爲引天瓢，誰爲酌天泉。一歃塵慮散，再歃澄心魂。豈止澄心魂，毛骨皆通神。安得將此澤，普爲天下春。（湛若水《甘泉先生文集內編》卷二七）

九月初九日，區越賦《己丑秋九日侍御張鳳邨北上聯舟至長興久滯風雨時鳳邨有上恤灾之議詩呈同寅諸君》詩云：

聽雨不眠添客思，望燈投宿近漁舟。風號萬竅四山暮，寒戀重襟九月秋。饑饉念誰甦久困，迂疏徒自抱深憂。寬仁賴有觀風使，當宁歸來爲借籌。

雨脚如麻苦不休，間於晴色又方舟。市沽小動苕溪酌，時節難孤九月秋。四海廣歌堯復見，一方魚鼈禹堪憂。衰遲便續歸來賦，已落廬山第二籌。（區越《區西屏詩集》卷一）

本年鍾芳復本姓，賦《復姓拙稿》詩云：

生平情事鬱絲桐，泣遍春衫杜宇紅。草木有原天素定，川流
到海性方融。民彝自合遵周典，華閥寧須附郭公。幽憾百年今始
雪，揣心何以答重瞳。

不肖祖籍鍾氏，元末從宦，自虔徂崖，民也，其隸戎籍異姓。
逮也異姓顯而本宗遂微，殆百年矣。不肖自童丱稽家乘，心如銶焉。正德戊辰叨登
第，將上疏，未果。丁亥任廣西參政，乃援例陳奏，下兵部勘駁住復，重涉
險艱，三閱歲僅有成案。會部灾，悉毀於火，甚苦之。至是疏已三上，大司
馬荊山王公閱而歎曰："事固有直而抑者。夫從祖曰仁，正名曰義，理枉曰
政，不違乎舊曰法。敦仁顯義，明法敕政，善之統也。曾是不務而奚俟之
為？"具述以聞。上可之，戎籍並釋，而祖孫綿綿一脈，於是始暢。我皇上
曠蕩無涯之恩，將何以報稱哉？拜舞之餘，喜溢乎詞，頓忘鄙拙，恃愛敬呈
斤削，倘蒙垂教，敢不什襲，以垂世則。（鍾芳《筠溪文集》卷二九）

陳珪於本年中進士。

陳珪（一五〇八～一五七一），字禹成，號羅江。化州人。
禧子。明世宗嘉靖八年（一五二九）進士。歷任甌寧、元城、德
化知縣。嘉靖三十三年（一五五四），陞刑部主事，為官剛方明
敏。時嚴嵩當權，珪絕不私謁。嵩嫉之，謫青州推官。嵩敗，起
為南京戶部郎。出任江西右布政，遷浙江左布政。歷仕楚閩江
浙，所至皆有政聲。後以忤少保胡宗憲，辭歸。宗憲敗，珪屢謝
不復出仕。穆宗隆慶五年病逝。著有《羅江集》。《明史》卷一四
六、阮元《廣東通志》卷二九八有傳。

潘大賓於本年中進士。

潘大賓，海陽（今潮州）人。明武宗正德十四年（一五一
九）解元，世宗嘉靖八年（一五二九）進士。任兵科給事中，累
官禮部都給事中，贈太常寺少卿。事見雍正《海陽縣志》卷六、
阮元《廣東通志》卷六九。

馮彬於本年中進士。

馮彬，字用先。海康人。明世宗嘉靖八年（一五二九）進
士。知平陽、上海二縣，徵為監察御史，出按廣西。補松江知

府，罷歸。著有《桐岡集》。阮元《廣東通志》卷三〇〇、吳道鎔《廣東文徵作者考》卷三等有傳。

戴銑於本年中進士。

戴銑，字子聲，號角峰。東莞人。明世宗嘉靖元年（一五二二）舉人，八年（一五二九）進士。授禮部主事，改四川道監察御史。以直爲當道忌，罷職歸，從學於湛若水。年四十六卒。隆慶改元，特贈奉議大夫、光禄寺少卿。著有《子聲家集》，另有集十卷，未見。民國《東莞縣志》卷五八有傳。

彭遇於本年中進士。

彭遇，又名端遇，字時可。順德人。明世宗嘉靖八年（一五二九）進士。官休寧知縣。事見阮元《廣東通志》卷六九。

鍾允謙於本年中進士。

鍾允謙，字汝益。明世宗嘉靖八年（一五二九）進士。知浙江寧海縣，陞刑部主事，出知福州府，轉萊州知府。卒於官。與父芳同祭鄉賢。陳是集《溟南詩選》卷二有傳。

李實於本年中進士。

李實，海豐人。明世宗嘉靖八年（一五二九）進士。官御史。事見阮元《廣東通志》卷六九。

鍾卿於本年中進士。

鍾卿（一四九一～一五六七），字懋敬，號班田。東莞人。雲瑞侄。年十七，上書雲瑞，言其鴻鵠之志。尋補諸生，問學於湛若水。明世宗嘉靖七年（一五二八）舉人，八年進士，知許州，擢南京兵部員外，轉郎中。丁外艱。補户部郎中。謫郴州同知，同察獄。移判萊州府，入爲南都水郎中，尋知九江府，擢廣西副使，遷參政，轉按察使。晉廣西右布政使，轉福建左布政使。疏乞骸骨歸。四十年（一五六一），倭寇山匪頻作亂，誓衆固守，賊不敢犯。隆慶元年（一五六七）以耆宿起，以病疏辭，詔以光禄寺卿致仕，卒年七十七。郭棐撰《粵大記》卷一七、民國《東莞縣志》卷五八等有傳。

羅虞臣於本年中進士。

羅虞臣，字熙載。順德大良人。九歲能屬文，弱冠中明世宗嘉靖八年（一五二九）進士，補建昌推官。甫三載，徵拜刑部主事，改吏部。與李開先、任瀚輩以文章氣節相高，故多忌之者。後因故下詔獄，奪識爲民。歸就山中結草堂，墳索置前，圖牒陳後，總括百家，馳騁千載。卒年三十五。著有《原子》八卷。郭棐《粵大記》卷十九有傳。

何巘於本年中進士。

何巘，字子時。順德人。昌子，鰲弟。弱冠以文名，明世宗嘉靖八年（一五二九）進士，授兵部武庫主事。尋移疾歸養。鄉紳別駕沈文淵貧不能葬，邑博士滕鳳客死廣州不能歸，皆白於當路資遣之。巡按九薦不起，年六十卒。著有《禮經劄意》。郭棐《粵大記》卷二四有傳。

黃秀芳於本年成貢生。

黃秀芳，字汝成。英德人。嘉靖八年（一五二九）貢生。任杭州、九江訓導訓導。俚桂，字元馨，號日溪。二十五年（一五四六）副貢，授潯州府訓導。同年中舉，遷晉江弋陽教諭，任南京湖廣考官，再升容縣、棲霞知縣，歷官三十餘年。（《韶州府志》卷七、《英德縣志》卷九）

郭棐生。

郭棐（一五二九～一六〇六、一六〇五），字篤周，一字夢菊。南海人。大治子。少與弟槃同師事湛若水於西樵，與聞心性之學。明世宗嘉靖四十一年（一五六二）進士。初授戶部主事，尋改禮部。以數忤當路，出爲夔州知府，繼遷任副使，督學四川。歷任湖北參政、山東按察使、雲南右布政等官。入爲光祿寺卿。著有《正心堂摘稿》、《粵大記》、《嶺海名勝記》、《夢菊全集》等。溫汝能《粵東詩海》卷三〇、阮元《廣東通志》卷二七九等有傳。孫釋大韶，字范成。少有智慧，遂出家，禮淨業若禪師。祝髮即參方，受覺浪道盛和尚①付拂。喜居山，因永住蒲澗古寺。著有《蒲澗隨記稿》。黃登《嶺南五朝詩選》卷十三有傳。

明世宗嘉靖九年　庚寅　一五三〇年

十一月初三日，湛若水賦《庚寅仲冬三日奉命同大司空章樸庵如西山諸處查看風水因得勝遊詩以紀之》詩云：

恭命歷形勝，因茲恣玄覽。仲冬草木落，山色逾古淡。似我無情遊，不愛春芳豔。天青畫幅闊，湖淨開一鑒。遵曲得真源，尋巖履崎嶔。超絕金山巔，寥廓一全瞰。天山逼鬥極，帝座尊而儼。吾君古堯舜，所務在寬簡。禮樂重留神，製作慮宵旰。梵宿聞晨鍾，悄然動歸念。（湛若水《甘泉先生文集內編》卷二七）

袁宗與於本年成貢生。

袁宗與，始興人。明世宗嘉靖九年（一五三〇）貢生。事見明嘉靖《始興縣志》卷下。

嚴相於本年成貢生。

嚴相，字汝弼。高明人。明世宗嘉靖九年（一五三〇）選貢。先後任廣西興安、荔浦知縣。（《肇慶府志》）

----

① 覺浪道盛（一五九二～一六五九），字覺浪，號浪杖人，俗姓張。福建柘浦人。少習舉業，然好禪寂，依端嚴識和尚出家，棲夢筆山。初參博山元來，旋謁晦臺元鏡禪師（一五七七～一六三〇）於建陽東苑。元鏡讚歎曰："吾壽昌這枝慧燈屬子矣！"即付源流，承嗣曹洞宗三十三世。崇禎八年（一六三五）開法福船寺，遷住廬山圓通寺三載，結雞鳴庵於寺東，與黎川人祠部郎忠節黃端伯友善，旦夕相依，漫話千載因緣。後入主南京天界寺。入清，明遺民紛紛出家爲僧。投其門下求法者，先後有進士倪嘉慶、方以智等，後皆主江西名山大寺法席。順治乙未（一六五五）年，應請回江西，入主廣豐縣博山能仁寺。翌年五月與徒赴宜黃曹山，主持重建本寂祖師墓塔。旋返博山。後回到南京天界寺休夏，初住昆盧閣，臨寂前忽移錫禪堂亭，日午書偈擲筆而逝。（《方以智全書》、《江西通志》、《九江府志》、《廣信府志》、《廬山志》等）

明世宗嘉靖十年　辛卯　一五三一年

四月初一日，鍾芳賦《送崖州王上舍敘之》七古詩。跋云：

王上舍敘之，予忝瓜葛，少嘗從予習舉子業，顧予無以應之，誤之多矣。洎予叨仕版，遥沮海嶠，會晤益稀。茲抵任南太常，敘之卒業南雍，註選將歸，其得於師友講劘者益宏，非復往昔飣餖文藝云爾。留都山川融萃，才美所鍾，士觀光來者，如金在鎔，不瞬息而舊習變焉，而況敘之三年於茲者乎。歸航所留，士類拭目，詠歌之餘，序以申之。嘉靖辛卯孟夏朔旦。
（鍾芳《筠溪文集》卷二六）

六月十二日，湛若水賦《賀聞人母太孺人六十六華誕詩　有序》五古詩，序云：

聞人母者，聞人侍御詮之母，塚宰海日公之女，弟新建伯陽明子之姑母也。歸貞庵公，相之儒業。貞庵告逝矣，母三十而孀居，六十如一日，志則貞矣。有子曰闇、曰詮。詮病劇，闇爲焚香請身代之，遽斃。母曰：“天乎？闇也愛弟而斃乎。”哭之哀，乃喪明，其慈孝弟友則交感矣。詮學成，行令寶應，有聲。擢御史，有聲。帝乃推原善教，褒封母爲太孺人。太孺人華誕，適逢其會辛卯六月十有二日也，則感應之致矣。甘泉子聞之，曰：“以予觀於世而知王道之易易也，夫父子兄弟上下之心一於感應而天下治矣。”爲賦詩以壽焉，且用告夫觀風者。（湛若水《甘泉先生文集內編》卷二七）

七月，趙善鳴與客泛舟匡門，目擊廢墜，後作《修復崖山祠廟議》文。（趙善鳴《修復崖山祠廟議》）

十二月初二日，鍾芳賦《辛卯十二月二日神樂觀祈雪次李少宰蒲汀韻　二首》詩云：

民力東南竭，寧堪歲薦荒。隱憂慚肉食，虔禱合鵷行。歸路風猶勁，瞻天色更蒼。土膏方待潤，何以答民望。右祈雪。

經宿玄雲合，飛鉛遍霎時。座間銀海晃，天上玉龍知。肸蠁忱無間，菑畬稔有期。歡聲騰萬姓，欣慰豈吾私。右喜雪。（鍾芳《筠溪文集》卷二七）

本年翟宗魯與計偕。

　　翟宗魯（一四八九～一五六二），字一東。博羅人。由東莞遷博羅，建涵江精舍以教學者，人稱涵江先生。補博士弟子。嘉靖十年（一五三一）辛卯與計偕而中舉人，二十三年（一五四四）甲辰署宣平學教諭。二十八年己酉，遷容縣令。十二峒瑤來犯，率師禦之，寇前牛忽震死，大懼而退。其後上官有誅求者，寂不以應，遂被謗，乞骸骨歸。卒，無以爲殮。郭棐《粵大記》卷十九有傳。

　　本年陳爵擢新建教諭。

　　陳爵，字良貴，號鳳山。保昌（今南雄）人。文學韓蘇，詩有唐人風致。嘗遊學於湛若水門下，得益不少。嘉靖十年（一五三一）辛卯擢新建教諭，謝病歸。林居十餘年，徜徉丘壑，會心處竟日忘返。臨終，口占一詩而卒。阮元《廣東通志》卷三〇四有傳。

　　蕭應魁於本年中舉人。

　　蕭應魁，番禺人。明世宗嘉靖十年（一五三一）舉人，官國子監學錄。溫汝能《粵東詩海》卷二一有傳。

　　薛雍於本年中舉人。

　　薛雍，字子容，號拯庵，一號南潮。饒平人。亹子。明世宗嘉靖十年（一五三一）舉人，以親老不赴南宮試。親沒，數會試不第。嘗讀書蓮花山，從楊少默受良知之學，復留心經世，旁及天官律曆。未仕而卒。著有《南潮詩集》、《拯庵文集》。康熙《潮州府志》卷九上有傳。

　　許炯於本年中舉人。

　　許炯（約一五一三～?），字吾野，一字彥韜。新會人。少被目爲神童，悉通經史百家。明世宗嘉靖十年（一五三一）舉人，累上春官不第，退而著述。著有《吾野漫筆》十三卷及《厓山志》。康熙顧嗣協編《岡州遺稿》卷四、溫汝能纂《粵東詩海》卷二一等有傳。

　　鄺元樂於本年中舉人。

　　鄺元樂，字仲和。南海人。早年從學湛若水。明世宗嘉靖十年（一五三一）舉人，歷官江南廣德州、廣西鬱林州、山東寧海州知州。爲官潔己愛民，執法不阿，清鯁不屈，治行稱最。晚年解組歸里，設教羊城，與龐嵩等爲講學之會，繼湛若水發明心性之學。復與黎民表等結詩社唱和。著有《鬱州集》、《五嶺文集》。

　　趙志科於本年中舉人。

　　趙志科，文昌人。明世宗嘉靖十年（一五三一）舉人。以母老不仕。道光《瓊州府志》卷三四有傳。

　　胡文路於本年中舉人。

　　胡文路，明世宗嘉靖十年（一五三一）舉人，任池州同知、戶部員外郎。事見清道光《萬州志》卷二。

　　鄭紹烋於本年中舉人。

　　鄭紹烋，字寶峯。潮陽人。明世宗嘉靖十年（一五三一）舉人，官思恩同知。事見阮元《廣東通志》卷七三。

　　林以良於本年中舉人。

　　林以良，字遂元。增城人。明世宗嘉靖十年（一五三一）舉人，任橫州知州。事見阮元《廣東通志》卷七四。

　　鄭之藩於本年中舉人。

　　鄭之藩，香山人。明世宗嘉靖十年（一五三一）舉人。事見阮元《廣東通志》卷七四。

　　郭大治於本年中舉人。

　　郭大治，字思道，號粵白。番禺人。師事湛若水。明世宗嘉靖十年（一五三一）舉人。萍鄉教諭。阮元《廣東通志》二七九有傳。

　　劉模於本年中舉人。

　　劉模，字叔憲，號素予。南海人。明世宗嘉靖十年（一五三一）舉人，官四川梓潼知縣。阮元《廣東通志》卷二七九有傳。

　　陳善於本年中舉人。

　　陳善，字繼初，號玄山。南海人。明世宗嘉靖十年（一五三一）舉人。十四年乙未授全州學正。二十年辛丑登進士，授刑部主事。晋員外郎，擢浙江僉事。升廣西參議，以平柳慶功，擢江西清戎副使。歸侍太安人，遂不出。郭棐《粤大記》卷十八有傳。

唐守勳於本年中舉人。

唐守勳（一五一一～一五五九），字允懋。番禺人。明世宗嘉靖十年（一五三一）舉人。督府以學行延之嶺表書院，教諸生多成才。二十三年（一五四四）甲辰登進士，知閩縣。罹外艱，補任貴溪。邑無城郭，寇至，率民兵禦之，擒渠魁而還。遷南京戶部主事，歷郎中。三十八年（一五五九）己未，擢興化知府，冲炎就道，卒於贛州，年四十九。教其弟守明、守文，皆領鄉薦；守謨、守敬遊郡庠。郭棐《粤大記》卷二十有傳。

蒙學之於本年中舉人。

蒙學之，字念常，號脈渠。番禺人。明世宗嘉靖十年（一五三一）舉人。二十三年（一五四四）甲辰爲瑞昌令，調浙江昌化。暮年偕劉素予等結社坡山，談詩講學。年八十一卒。著有《教家俗説》。子希夷，庠生；而鋐，己卯鄉試第五人；而釗，庠生。郭棐《粤大記》卷二十有傳。

羅一中於本年中舉人。

羅一中（約一五一〇～約一五七九），字致吾，號元山。高明籍，高要人。從湛文簡遊。明世宗嘉靖十年（一五三一）舉人，知江西樂安、湖廣石門二縣。嘗築一軒，與子姪生徒聚講性學，以終天年。卒年七十四。著有《躬行日省錄》及《元山集》五十卷。鄧淳《粤東名儒言行錄》卷十七有傳。

馮體立於本年中舉人。

馮體立，東莞人。明世宗嘉靖十年（一五三一）舉人。初仕南直海州學正，歷山東滋陽、廣西羅城、雲南蒙自知縣。（康熙《新安縣志》）

彭漢於本年中舉人。

彭漢，字源嶓。新會人。明世宗嘉靖十年（一五三一）舉人，就慈溪訓導。十九年聘授江西，明年轉餘姚教諭。二十二年聘授四川，復晋南康令，以廉能名。（清《新會縣志》）

林松於本年中舉人。

林松，字東嶺。揭陽人。嘉靖十年（一五三一）舉人。二十年進士。官龍溪知縣，遷茶陵知州。官至廣西按察司僉事。編《茶陵州志》。（嘉靖《潮州府志》卷六、《潮州志·藝文志》）

梁文於本年中舉人。

梁文，字道顯。從化人。嘉靖貢生。十年（一五三一）就廣西鄉試，中式鄉榜。任湖廣廣濟訓導，升遷江縣教諭。（清《從化縣志》）

謝恩於本年中舉人。

謝恩，海豐人。嘉靖十年（一五三一）舉人。官知縣。（《惠州府志》）

謝明德於本年中舉人。

謝明德，字明之。高要人。嘉靖十年（一五三一）舉人，官和平知縣、潮州府通判。（宣統《高要縣志》卷十八）

明世宗嘉靖十一年　壬辰　一五三二年

正月十五日夜，鍾芳賦《壬辰元夕祀天妃於獅山》詩云：

環珮肅晨儀，琳宮倚翠微。應期扶帝運，濟險見神幾。燈火千門夕，星河萬國輝。他年滄海上，還擬仗餘威。（鍾芳《筠溪文集》卷二七）

三月二十八日，黃衷賦《壬辰三月廿八日》五古詩。（黃衷《矩洲詩集》卷八《草堂後稿》）

五月初十日，湛若水賦《承張羅峰閣老手書野外送魚之作見示倚韻奉和二首　壬辰五月十日》詩云：

宇宙恢恢是廣居，滄溟澂澂有長魚。若在相公懷度內，乾坤此樂更無餘。

爕理由來在相門，盎中潛躍化機存。枯鱗潤轍知多少，一併煩公達聖尊。（湛若水《甘泉先生文集外編》卷一二）

六月十九日，張天賦賦《壬辰六月十九謝恩辭闕還南雍》詩云：

兩袖翩翩拂舜風，又辭丹陛向南雍。六經未了三年債，燈火還加五夜功。腳板昔曾期路遠，眼頭今已覺天空。欲從南北花消息，都屬吾人一念中。（張天賦《葉岡詩集》卷三）

二十五日，湛若水賦《即座次韻和桂洲公夏日試就職貢士有感示僚屬兼慰諸生之作　壬辰六月廿五》詩云：

階前臨試鶴和鳴，忽悟天機感處生。在物飛鳴有何意，眾生得失謾留情。青天座上人皆見，澄鑒空中爾自明。德業無窮前路在，古人一善恥成名。

二十六日，若水賦《即席和桂洲公次韻郭杏東翰長觀蓮二首　壬辰六月二十六日》七律詩。

二十七日，若水賦《再和桂洲公疊杏東觀蓮韻奉答來教二首　壬辰六月二十七》詩云：

不足天教對有餘，白鷗飛處起紅蕖。一江月水客還否，萬古興衰雲卷舒。我相茹芝非食肉，公文玉珮與瓊裾。秋風欲動歸來賦，老鬢秋來無盡疏。

高歌拍拍有春生，老我下階倒屣迎。便見三歎有餘韻，何須五斗解宿醒。呼兒入室取毛穎，起自登壇揮墨卿。若云坡老吾豈敢，惟於唱和見真情。（以上湛若水《甘泉先生文集外編》卷一二）

二十九日，湛若水賦《次韻和廖洞野翰長院中觀蓮四首　壬辰六月二十九日》五律詩。（湛若水《甘泉先生文集外編》卷十一）

七月十三日，若水賦《歸途雨中即事用前韻　壬辰七月十三日》、《承桂洲公部署觀蓮晚發雙花亭亭以爲聯璧之兆用舊韻作詩以慶之》、《疊部署觀蓮韻答未齋兼呈桂洲二公》、《次九日送酒韻

酬和未齋函谷兼呈北川二首》（以上皆七律）。（以上湛若水《甘泉先生文集外編》卷一二）

八月二十一日，湛若水賦《壽蘊齋翁陳君華誕詩　有序》五古詩（跋云：壬辰中秋廿一日。）（湛若水《甘泉先生文集內編》卷二七）

九月初九日，鍾芳賦《九日二首次九峰韻》詩云：

曉霽凝孤眺，憑高把翠寒。任渠秋色老，且愛菊英團。地控輿圖盡，峰攢冕黼端。時清慚獨拙，應負舊儒冠。

野況撩鄉思，虛舟擲歲華。性恬堪混俗，秋慘故宜花。撫景晉風在，引觴陶興賒。故園今日里，農事足桑麻。（鍾芳《筠溪文集》卷二七）

十一月十五日，湛若水賦《賀沈氏二母雙壽》七古詩二首（跋云：右壬辰十一月望作）。（湛若水《甘泉先生文集內編》卷二八）

十二月二十七日，若水賦《奉和桂洲公試天文醫生之作　壬辰十二月二十七日》詩云：

經濟無能合固窮，校能猶自對兒童。身依北極星辰外，志在西山藥物叢　西樵山也。璣珩何由窺造化，頂門無術起疲癃。真聞聖主頻宵旰，肉食如何報鼎鍾。（湛若水《甘泉先生文集外編》卷一二）

本年張天賦賦《壬辰京行別親》詩云：

堂前稽首別雙親，去作朝天萬里人。四十四年新貢士，兒童應笑老儒紳。（張天賦《葉岡詩集》卷二）

本年鄭廷鵠下第，賦《壬辰下第寄所知姚思孟》詩云：

漢柳秦溝潦水春，長安依舊小郎新。風雲漫屬僧縣壁，蹊徑空回季路津。陌上標旗斜度雨，里中車馬暗生塵。羈懷未問劉蕡事，且向中原寄此身。

又賦《壬辰自慰呈李年兄雙翠》七律。（《滇南詩選》卷二）

林大欽於本年中狀元。

　　林大欽（一五一一～一五四五），字敬夫，號東莆、毅齋。海陽人。明世宗嘉靖十年（一五三一）應鄉試，十一年（一五三二）狀元及第。授翰林院修撰，目睹權臣跋扈，無意仕進，以母老乞歸。築室以聚族人，結講堂華嚴山，與鄉中子弟講貫六經。海內名流王龍溪、羅念庵、唐荆川及同郡翁東涯、薛中離時相與書言學問之意，獨大欽刊落聞見，能於隱微處著力修存。優遊典籍，怡情山水，爲詩蕭然自得。著有《東莆集》。康熙《潮州府志》卷九上、溫汝能纂《粵東詩海》卷二一、阮元《廣東通志》卷二九四有傳。

　　勞紹科於本年中進士。

　　勞紹科，番禺人。明世宗嘉靖十一年（一五三二）進士，官至四川按察僉事。溫汝能《粵東詩海》卷二一有傳。

　　衛元確於本年中進士。

　　衛元確，字少乾。東莞人。明世宗嘉靖十一年（一五三二）進士。選庶吉士。進侍食慈寧、慈慶二宮，入侍東宮諸王。丁外艱。起復，官至禮部郎中，以忤嚴嵩謫通判。旋招還，命甫下而卒。民國《東莞縣志》卷五八有傳。

　　梁滔於本年中進士。

　　梁滔，字東注。瀧水（今屬羅定）人。明世宗嘉靖十一年（一五三二）貢生，任永康丞。性喜吟詠，嘗纂輯古詩數卷。清康熙《羅定州志》卷六、民國《羅定志》卷七有傳。

　　翟鎬於本年中進士。

　　翟鎬，東莞福永村（今屬深圳）人。幼年隨父戍京師，以《易經》中順天鄉試。嘉靖十一年（一五三二）登林大欽榜進士。歷官參議。（康熙《新安縣志》）

　　葉春芳於本年成貢生。

　　葉春芳，字應元，號兩芳。歸善人。明世宗嘉靖十一年（一五三二）貢生，二十一年（一五四二）授福建古田縣丞，署知縣。雍正《歸善縣志》卷一七、阮元《廣東通志》卷二九〇有傳。

　　葉春及生。

　　葉春及（一五三二、一五三一～一五九五），字化甫，號炯齋。歸善（今惠陽）人。明世宗嘉靖三十一年（一五五二）舉人。隆慶初年由鄉舉授福清教諭，曾上書陳時政三萬餘言，都人傳誦。遷惠安令，以平賦均田忤權要而引疾歸，入羅浮山築“逃庵”以居。萬曆中起知興國州，入爲戶部郎中，以勞卒官。著有《石洞集》。《明史》卷二二九有附傳、溫汝能纂《粵東詩海》卷二八、阮元《廣東通志》卷二九一有傳。

　　陳璘生。

　　陳璘（一五三二～一六〇七），字朝爵，一字朝玉，號龍崖。翁源籍，東安人。明世宗嘉靖四十三年（一五六四）獻策軍門，參與鎮壓農民軍，授韶州指揮僉事，進廣東守備。萬曆初，屢進署都指揮僉事，僉書廣東都司，繼授肇慶遊擊，徙高州參將。遷副總兵，署東安參將，以貪黷被劾褫官。二十年（一五九二），朝鮮用兵，以璘熟倭情，復起軍職。二十六年，擢禦倭總兵官，以功進都督同知，世蔭指揮僉事。師甫旋，值征播州苗之役，命爲湖廣總兵官。事平，擢鎮貴州。三十四年，改鎮廣東，卒於官。先敍平播功，加左都督，世蔭指揮使。享年七十六。既卒，以平苗功，贈太子太保，再蔭百戶。《明史》卷二四七有傳。

　　薛洪生。

　　薛洪（一五三二～？），字梁南。揭陽人。穆宗立。供職鴻臚寺，尋乞歸養。萬曆七年（一五七九）起爲武定同知，有政聲。復請乞休，鄉居十八載。著有《光裕錄》、《梁南詩集》。（《潮州耆舊集》卷三一）

　　張祐卒。

　　張祐（？～一五三二），字天祐。廣州人。明孝宗弘治間襲世職爲廣州右衛指揮使。武宗正德二年（一五〇七）擢署都指揮僉事，守備德慶瀧水。總督林廷選引爲中軍，守備惠州、潮州。

遷廣西右參將，分守柳州、慶遠。以討府江寇有功，擢副總兵，鎮守廣西，尋進署都督僉事。以平古田傜、僮之亂，進署都督同知。世宗嘉靖十一年，奉命平高州之亂，忽得危疾而卒。《明史》卷一六六、阮元《廣東通志》卷二七七有傳。

明世宗嘉靖十二年　癸巳　一五三三年

春，鍾芳賦《贈黃用晦貢士　炎昊》詩云：

癸巳之春，予徂自南。粲粲者子，從余江潯。江漾我舟，其流浩浩。交酬以言，爰獲所好。昔在宣聖，揭訓垂則。綱宏目詳，昭在簡冊。厥中恪如，貫乎顯微。厥應晰如，燭時之幾。幾審於精，以臧其用。用利德崇，罔間動靜。顏氏博約，聖蘊以傳。軻死道隱，喧豗異言。鈎玄遠紹，實維濂洛。紫陽嗣之，洞啟扃鑰。譬彼穀粒，春踩揚淅。疊更庶工，惟在炊食。嗟哉承學，騁奇炫能。弗隮其藏，口說是呈。師心競勝，辭贅匪瑩。意念已非，奈何入聖。媚學君子，孳孳自強。無斥先賢，以顯己長。萬古一息，斯道同極。取善惟宏，隨處得益。疑則可辨，信則可因。善本大同，勿殊我人。（跋略）（鍾芳《筠溪文集》卷二五）

正月初四日，湛若水賦《次韻和桂洲西元日之作　癸巳正月四日》七律、《次韻和夏桂洲癸巳孟春齋居之作》七律。（湛若水《甘泉先生文集外編》卷一二）

四月，方獻夫賦《駕遊環碧演新乘馬應制　並序》詩（序略云：惟皇嗣統十有二祀，勵精圖治，海宇底寧。然修內攘外，安不忘危，日乾乾焉。癸巳孟夏吉日乙酉，皇上演馬南城，寓武功也。日亭午，俄傳宣臣孚敬、臣時、臣獻夫、臣鑾候重華殿。臣等方丞趨命，駕已出東華門矣。上先御環碧殿，召臣等入見，臣等稽首頓首。……（少傅張孚敬撰）、《又古樂府二章》五言、《又恭和聖製古風一章》、《又恭和聖製近體一首》七律、《謝賜飛魚服》七律、《恭和聖製夏日與輔臣同遊　並序》（序略云：癸巳孟夏戊子，駕出遊西苑，先傳宣臣孚敬、臣時、臣獻夫、臣鑾候四平臺。臣等趨命，至西苑門，擬舟渡太液池，適嚴警蹕，旋隄而趨，過樂成殿、迎翠殿，隄柳飛綿，汀蘆蔭綠，日麗風和，鳥飛魚躍，四顧真蓬島也。至平臺拱候，少間，駕出，度玉蝀金鼇橋。上先御寶月亭，召臣等入見。少傅張孚敬撰）、《恭紀聖恩春日同遊並頒賜殊品》七絕八首。（方獻夫《西樵遺稿》卷四）

湛若水賦《已及首夏遂爾尋春與諸同志遊勝泉寺時春花已罷遂觀源泉悵然嘯歌偶而成韻》、《於禮部後堂同諸公會宴衍聖公得賓字》、《題鄒山人江湖詩舫因以贈之》（以上皆五古）。（湛若水《甘泉先生文集內編》卷二七）

初一日，湛若水賦《虛山公追詠丁香桂洲公約賞碧桃次韻奉答二公　癸巳四月朔》詩云：

自愛丁香自在香，碧桃國色豔新妝。眼驚夏事憐春事，倚過南廊又北廊。萬劫塵氛愁汩没，三春花鳥廢篇章。明朝約共花前醉，放手猶堪累十觴。（湛若水《甘泉先生文集外編》卷一二）

五月，湛若水賦《賀誥封廖五洪學士配江安人雙壽歌》七古詩。（跋云：癸巳夏五月。（湛若水《甘泉先生文集內編》卷二八）

六月，湛若水賦《送沈大行使山西有事於藩府　癸巳六月》五古詩、《題芳洲爲袁御醫作》五古（湛若水《甘泉先生文集內編》卷二七）、《題松泉圖爲張伯牧中舍　癸巳六月》七絕、《贈大鴻臚黃齋王先生》。（湛若水《甘泉先生文集外編》卷一二）

七月初五日，湛若水官拜正二品南京禮部尚書。（黃明同《陳獻章評傳·附傳：湛若水生平及其哲學思想》）

二十九日，湛若水賦《賀張母季孺人壽七十八華誕歌　癸巳七月二十九日》雜言長詩。（湛若水《甘泉先生文集內編》卷二八）

秋，方獻夫又賦《恭和聖製秋日書懷》詩云：

御苑親耕喜有秋，閭閻猶系花農憂。深慚燮理臣無補，祇覺霜添兩鬢愁。

傳聞邊將謹防秋，宵旰何勞聖主憂。早晚西征罷歸士，銜枚無復室家愁。（方獻夫《西樵遺稿》卷四）

八月，湛若水賦《走筆贈倪中舍霄　癸巳八月》七絕詩、《於張參議子純亭中看竹》雜言詩（跋云：癸巳八月）、《粵峰歌贈鴻臚梁君禹范》雜言長詩（跋云：癸巳八月）、《於劉子所見白鹿山人蔡君詩戲作》七絕（跋云：癸巳八月）。（湛若水《甘泉先生文集外編》卷一二）

初七日，湛若水賦《癸巳八月七日承同志諸君於杜氏園亭餞別對假山見時芳與松柏交發有感即席賦此留別以爲諸君贈言之倡》詩云：

大火變朱夏，微涼遞秋陰。俯睨紅芳叢，仰觀松柏林。感此時節改，安得不沉吟。自強貴及時，流光互侵尋。衆星拱北極，孤鶴遺南音。所欣宇宙內，萬里同此心。

初九日，若水賦《少宰顧未齋學士請同壽其鄉隱君蔣廷器七十華誕歌》雜言長詩（跋云：癸巳八月九日）。（湛若水《甘泉先生文集內編》卷二八）

十六日，霍韜賦《癸巳中秋又一日同兩岡遊雲端至鐵泉有懷》詩云：

癸巳中秋又一日，芙蓉隔江令人愁。架空樓閣層雲表，獨鶴振翰樓上頭。

頭插黃花秋老時，泉聲一聽一回思。龍魚不爽鐵泉夢，膏澤涓涓出洞扉。

洞扉只許猿鶴伍，何物鶴歸猿未歸。肯信隔山瓜菓熟，不知天外有雲薇。（霍韜《渭厓文集》卷七）

十九日，明世宗皇嗣生，湛若水賦《述先德詩四十韻　有序》五言長詩，序云：

述先德者何？感聖恩也。何以感聖恩？嘉靖十二年癸巳七月五日叨陞南京禮部尚書，八月十九日皇嗣生，沛恩海內，得封贈祖考，皆加尚書資政大

夫焉，恩至渥矣，故感之。感之何以述先德？將俾子孫上不忘聖恩，下不忘先德焉。（湛若水《甘泉先生文集內編》卷二七）

九月，湛若水賦《過清源遇兵備齊瑞卿索言贈之　癸巳九月》七絕詩三首、《張水部惠予漿水玉石硯予視之隱有雲氣梅幹雙雙侵雲月色照耀走筆短歌謝之　癸巳九月日過呂梁》七古、《遊嘉善寺題後峒石壁》七古。（湛若水《甘泉先生文集內編》卷二八）

初六日，湛若水賦《嗟麟篇　有序，癸巳九月六日》五古詩，序云：

予之南也，過東昌，聞東昌頃者產麟，或隨爲見傷，遺骸經時不臭腐，如有生氣焉。其事甚奇，感之爲作嗟麟，以歸陳侯。（湛若水《甘泉先生文集內編》卷二七）

初九日後，黃衷賦《癸巳重九後力疾家園小步》詩云：

老至惟甘謝物華，閑園聊爲近山家。畦人豈識金光草，仙圃徒開旎節花。日出杖藜還白髮，年來伏枕少丹砂。登臺無那悲秋客，江市猶聞酒可賒。（黃衷《矩洲詩集》卷八《草堂後稿》）

冬，湛若水賦《治官舍後小圃種蔬大吟》五古詩。（湛若水《甘泉先生文集內編》卷二七）

十月初十日，湛若水又賦《走筆送刑部謝主事少南改官北上十月十日》詩云：

手持三尺法，氣噓九天雲。豈無造化筆，宇宙能回春。（湛若水《甘泉先生文集內編》卷二七）

十三日，若水又賦《送陳宜山廷尉奉召北上　癸巳十月十三日》詩云：

多年不見宜山子，到我來時作別筵。三十星霜同榜日，四千風浪各方天。可堪插翅隨鳧鷖，不盡揮絃送鳳騫。北斗瞻依意何極，貫城應在五雲邊。

廿七日，若水又賦《癸巳十月廿七翰林舊僚九人作瀛洲勝會於劉紫巖公宅上依原限韻》七律詩。（湛若水《甘泉先生文集外

編》卷一二）

十一月初二日，若水賦《虞山歌贈陳元習中丞撫南贛》（跋云：癸巳十一月二日）（湛若水《甘泉先生文集內編》卷二八）、《百歲堂歌　有序》、《閱顧新山司徒考績卷歌》（以上七古）。（湛若水《甘泉先生文集外編》卷十一）

十六日，若水又賦《用前韻送司馬莪峰先生考績癸巳十一月十六日》、《再用紫岩公宅會韻兼示同志》。（以上七律）

十八日，若水又賦《十一月十八日作會限韻二首》二首、《前此九月間費翰林瀛洲會限五字同音之韻予時方行至江北近閱諸作紫岩公欲予追和之二首》（以上七律）。（湛若水《甘泉先生文集外編》卷一二）

十二月初二日，湛若水賦《詠正堂旁老柏　癸巳臘二日》、《早出儀鳳門過獅子山有感而作》（以上五律）。（湛若水《甘泉先生文集外編》卷十一）

十八日，若水賦《十二月十八日於穆玄庵所會限韻短歌行》七古。（湛若水《甘泉先生文集內編》卷二八）

十九日，若水賦《金陵八詠　癸巳臘十九日曉枕作》七絕八首。

二十二日，若水賦《和趙地官留別　癸巳臘二十二》詩云：

石頭城到五羊城，兩月程兼一月行。極目送君千里外，飛鴻似我五絃橫。青春迓客開青眼，自得新詩欲自更。他夜西樵山上月，相思須上最高層。（湛若水《甘泉先生文集外編》卷一二）

除夕，若水賦《金陵後八詠　癸巳臘除夕作》七絕詩八首。

又賦《除夕　癸巳》詩云：

身經六十八除夕，除去駑勞天亦深。還有病根除未去，膏肓泉石更嬰心。（湛若水《甘泉先生文集外編》卷一二）

本年陳志由歲貢任廣西思恩縣訓導。

陳志，電白人。嘉靖十二年（一五三三）由歲貢任廣西思恩縣訓導。輕財重義，鬻資接濟貧士。後升江西德安縣教諭，半

載，卒於官舍。（道光《電白縣志》）

方正於本年成貢生。

方正，字木軒。惠來人。嘉靖十二年（一五三三）選貢，授福建汀州連城縣丞，代行知縣事。致仕歸里，以《孟子》垂訓子孫。（雍正《惠來縣志》卷十四）

袁以芳生。

袁以芳（一五三三～一五八一），字景標，號旸谷。東莞人。晃孫。嘉靖三十四年（一五五五）舉人。教育學生，耐心細緻。應聘前往廣西修《太平府志》，病卒於南寧。（宣統《東莞縣志》卷五八、《茶山鄉志》卷四）

明世宗嘉靖十三年　甲午　一五三四年

春，鍾芳賦《賀左都姚公壽七十》詩云：

行藏無意信蒼穹，閱世今爲鶴髮翁。朔雪炎風鞭策地，文經武略范圍中。豐培蘭桂書千軸，遠謝塵氛月一筇。我昔參藩叨任使，短歌聊贊壽筵紅。……茲甲午春，公壽七十，生平文學德業，所在有聲，予不及詳。姑掇蒼梧所知一二事，賦詩寄獻，庶觀者知公未究厥用，慶澤綿綿未艾，有不可量者云。（鍾芳《筠溪文集》卷二九）

正月初一日，湛若水賦《元旦　甲午》詩云：

三元迭運吾聞語，三正三王別作元。歲歲逢元他自喜，家家稱賀到人門。得非元者善之長，將謂善爲道所存。大道有無終始在，欲從康節覓天根。邵子爲天根月窟之論，是陰陽有所終始矣。（湛若水《甘泉先生文集外編》卷一二）

初三日，湛若水賦《官居雜詠四絶句　甲午新正三日作》七絶。（湛若水《甘泉先生文集外編》卷一二）

初七人日，湛若水與嚴嵩等酬應，賦《甲午正月初七日於嚴介溪公所寓山池作瀛洲會是日會者八公分得七言長句體爲八仙歌》、《介溪太宰畫歌》七古。（湛若水《甘泉先生文集內編》卷二八）

十日，若水賦《贈常司教之婺源詩　名廷袞，甲午正月十日》詩云：

廣文從北斗，肅肅趁春來。桃李迎門待，春風稱意哉。青氈他自冷，素業是誰開。若到齊雲勝，因風寄語回。（湛若水《甘泉先生文集外編》卷十一）

十一日，若水賦《甲午正月十一日於方山張中丞所作會限五字同音之韻》七律、《贈張方山中丞轉坐北院》七律。（湛若水《甘泉先生文集外編》卷一二）

十五日，若水賦《甲午元宵予奉會於池亭承諸公乘雪見過分得五言絕句體四首因以奉謝》、《偶書與詔使陝右白上舍》五絕。（湛若水《甘泉先生文集外編》卷一一）

二月，湛若水賦《山鄰鍾隱君　元瀚 以詩附梁表弟標見寄答之二首兼與表弟　甲午二月》詩云：

西雲予舊讀書書院。種德屢曾躋，種德庵近鍾君勝處。不周之山天與齊，界有山，舊名周嶺，予曾改名不周山，西雲在其東，種德在其西。表弟忽傳詩句到，中宵夢語西雲西。

中宵夢語西雲西，雲白天青帽頂齊。雲侶有人供茗果，天梯無路只同躋。（湛若水《甘泉先生文集外編》卷一二）

十六日夜，王漸逵賦《夢遊羅浮詩　有序》詩云：

嘉靖甲戌（午）歲二月十六夜，夢同數人遊羅浮，皆不相識。至半途石徑上俱坐，坐後復懸而登，數人不能從，予獨與三人往，路轉逶迤斜側，久之乃到飛雲頂。遙望平野數里，中多奇木，並不知名，率駢陰層翠可愛。欲卜住處，或指云，此間有水處可居。至訪之，則古壁荒蕪，若舊館然。又前去，見數碑臥於地，若昔人所留題者。既覺，而雞鳴矣。故賦此以紀興云。

遙入三峰上界西，恍疑身與太虛齊。千章異木名難識，十里青霞路欲迷。古壁飛泉憐舊館，斷瑤封蘚見留題。春風歸夢還相憶，欹枕藤床獨聽雞。（王漸逵《王青蘿先生詩集·深明館稿》）

二十八日，湛若水賦《寄題海日樓詩　有序》詩云：

予與陽明子共盟斯道如兄弟也。曾侍其家尊太宰海日翁遊陽明洞，海日翁少讀書於姚江龍泉山，陽明子嘗即其地構樓以望海日，其姪孫秋官君正思能世其美，爲予道海日之勝。予喟曰："夫能見海底日者，斯可與見道矣。"感慨二公代逝，豈勝今昔之懷？咨嗟之不足，發爲長言。

曾隨海日陽明洞，此日空聞海日樓。揭日欲尋觀海處，美人不見令人愁。紅雲一動千江曉，白首孤吟雙淚流。不有秋官傳勝事，誰窺海底陽光浮　甲午二月二十八日。（湛若水《甘泉先生文集外編》卷一二）

閏二月十七日，湛若水賦《贈寧波鄭太守威　甲午閏二月十七日》五古詩。

十八日，若水賦《贈大理丞林次崖考績之京　閏月十八日》五古詩。

二十日，若水賦《閏二月二十日於林介立納言宅會順限韻》、《周厚山中丞改大廷尉北上》（以上七律）。（湛若水《甘泉先生文集外編》卷一二）

三月初五日，若水賦《贈季明德左遷辰州　甲午三月五日》、《雲龍吟　有序》、《重遊牛首山宵行呈同遊洗司空羅江》（以上五古）。（湛若水《甘泉先生文集外編》卷十一）

十八日，若水賦《甲午三月十八日歐南野司成設會於雞鳴山憑虛閣予以風阻而返依限韻追和》七律。

二十一日，若水賦《三月二十一日遊祈澤寺即席用舊韻示劉盛夏李陳謝方二王諸生》七律。

二十四日，若水賦《疊前遊山韻示諸生兼答介谿太宰　三月二十四日》、《西園清讌和陳石亭侍講呈東園公及諸同讌》（以上七律）。（湛若水《甘泉先生文集外編》卷一二）

六月初一日，湛若水賦《偶書贈鄔青州之任　名紳，南京主客司升，甲午六月旦》詩云：

翩翩賢刺史，問俗古青州。我若登東嶽，傳聲海岱樓。（湛若水《甘泉先生文集外編》卷一一）

初十日，若水賦《贈周世清表弟省祭還南海詩十六韻　甲午六月初十日》五古長詩。

九月初六日，若水賦《芳懋堂　爲朱黃門隆禧作，甲午九月初六日》五古長詩。（以上湛若水《甘泉先生文集內編》卷二七）

十一月二十三日，湛若水賦《走筆贈孝子國子學錄加博士楊君成章宗道歸道州　甲午十一月二十三日》七古詩。（湛若水《甘泉先生文集內編》卷二八）

三十日，湛若水賦《送大司空何石湖先生乞休還越　甲午十一月三十日》五古詩。（湛若水《甘泉先生文集內編》卷二八）

除夕，霍韜賦《除夕自省　甲午》詩云：

簾外雪花欺兩鬢，短檠孤影伴遺編。依稀五十慚知命，光景流連惜往年。舜蹠雞鳴同夢覺，契夔龍見澤垓埏。非常世運尋常過，駒隙如何蓋積愆。（霍韜《渭厓文集》卷七）

本年湛若水賦詩如下：《贈新舉人懷遠楊生時秀》七絕、《題兩峰（葉應元）書屋詩　有序》、《題畫七首》、《遊梅花水》（以上五絕）、《廣德州儒學新建青雲樓雅詩　有序》、《陽峰　石首張學士璧崇象所居之山峰也，以爲號》、《仰宸樓　石首張學士所建，以貯欽賜書翰之樓也》。（以上湛若水《甘泉先生文集內編》卷二七）

本年鍾芳賦《大通橋送別西樵閣老次韻　甲午》詩云：

曉乘歸舫逐溪雲，溪上看雲忍暫分。金鼎化慚滄海外，玉堂人戀白鷗群。敢緣休告忘忠藎，直與中流遏潰奔。九老未須牢結社，舉頭堯日戴晴薰。（鍾芳《筠溪文集》卷二九）

本年霍韜賦《樵翁大學士歸贈　甲午》詩云：

望斷樵山山上雲，紫雲羌與白雲分。雲裳雲幔翳雲谷，鳳出鳳歸誰鳳羣。我更稻粱慚鶴夢，不堪湖海見鯨奔。只今箕潁雖叢桂，亦囿寰區沐舜薰。（霍韜《渭厓文集》卷七）

本年黃器先拜黃佐爲師。

　　黃器先，翁源人。十一歲入縣學，知府、提舉奇其文，令入韶州府學。王守仁見之，授其《傳習錄》。嘉靖十三年（一五三四）拜黃佐爲師。後由歲貢任建寧府訓導，歲餘託病歸。著有《兩京賦》、《儒頤集》。弟德先，嘉靖貢生，官南安府照磨。（《廣東通志》卷二八九）

　　本年黎錦任霍山縣訓導。

　　黎錦，高要人。明世宗嘉靖十三年（一五三四）任霍山縣訓導。事見民國《清遠縣志》卷一〇。

　　本年黃帙由歲貢選拔爲福建晉江縣訓導。

　　黃帙，字仲憲。高明人。嘉靖十三年（一五三四）由歲貢選拔爲福建晉江縣訓導，再升廣西懷遠縣教諭。卒後入祀名宦祠。著有《鳴真集》。（《肇慶府志》、光緒《高明縣志》）

　　梁津於本年中解元。

　　梁津，字濟甫。番禺人。明世宗嘉靖十三年（一五三四）解元，二十年（一五四一）辛丑進士。筮仕刑部主事，迎母就養。以學行改吏部。時大璫麥福最寵幸，以同鄉求見，善辭之。卒於官，年三十五，母哭之斷腸而絕，篆宰差鴻臚寺官護二喪以歸。郭棐《粵大記》卷十九有傳。

　　毛紹齡於本年中舉人。

　　毛紹齡，海陽（今潮州）人。明世宗嘉靖十三年（一五三四）舉人，官知縣。事見光緒《海陽縣志》卷一四。

　　陳道於本年中舉人。

　　陳道，字蘇山。南海人。明世宗嘉靖十三年（一五三四）舉人。事見阮元《廣東通志》卷七四。

　　孫勳於本年中舉人。

　　孫勳，號次薇。南海人。明世宗嘉靖十三年（一五三四）舉人，官同知。事見阮元《廣東通志》卷七四。

　　涂麟於本年中舉人。

　　涂麟，字于敏。番禺人。瑾孫。明世宗嘉靖十三年（一五三

四）舉人。官至廣西柳州知府。（阮元《廣東通志》卷二七三）

　　黃持衡於本年中舉人。

　　黃持衡，字小素、平叔。番禺人。明世宗嘉靖十三年（一五三四）舉人，三十年任和平縣教諭，官至府同知。事見阮元《廣東通志》卷七四。

　　招于莘於本年中舉人。

　　招于莘，字鶴巖。番禺人。明世宗嘉靖十三年（一五三四）舉人，官江西玉山知縣。事見阮元《廣東通志》卷七四。

　　梁可夫於本年中舉人。

　　梁可夫，南海人。明世宗嘉靖十三年（一五三四）舉人。官通判。事見阮元《廣東通志》卷七四。

　　林烈於本年中舉人。

　　林烈（？～一五六六），字孔承，號艾陵。東莞人。父汝椿，有《大橋集》。子培。烈中明世宗嘉靖十三年（一五三四）舉人，十六年北上應試，請教於魏校。居鄉，與鍾景星①談論理學。二十三年，與景星求教於薛侃。四次會試未中，二十六年（一五四七）任江陰教諭。二十九年遷大理寺司務，轉戶部員外郎。三十九年（一五六〇），監稅江西。四十年，父卒於官邸。四十三年（一五六四），守制滿，起爲戶部郎中、同知福建鹽運司事。明世宗崩，烈哀傷致卒。著有《臥雲洞詩文》、《青山紀聞》。阮元《廣東通志》二七九有傳。

---

　　① 鍾景星（一四八九～一五六二），字叔輝。東莞人。少習舉業，見中者鮮，遂厭棄之。聞湛若水講心性之學，偕弟景陽往西橋師焉。從入京師數年，與順德陳謨、郭筆乾相策勵。家甚貧，然毫不苟取。晚年養愈冲粹，喜怒不形。嘗輯濂溪、明道、白沙、甘泉論學精言，爲《宋明道學四書》，注甘泉《心性圖說》。年七十四卒，無以爲斂。阮元《廣東通志》卷二七九有傳。陳謨（？～一五三八），字公贊，號艮齋。順德人。父樂山先生，從湛甘泉隱居煙霞洞，攜謨來從受業，遂葡築於煙霞後洞，名其亭曰仰止。不就枕者七夕，先生力諭止之。後隨京居，逾年歸。嘉靖十七年戊戌夏卒。畫山水，筆致近文徵明。郭棐《粵大記》卷二二有傳。

侯國治於本年中舉人。

侯國治，字平裕。南海人。明世宗嘉靖十三年（一五三四）舉人，授應天江浦令，官至廣西右參政。年九十卒。阮元《廣東通志》卷二七九有傳。父天錫，字尚思，號退巖。天性至孝。郭棐《粵大記》卷二三有傳。

李一龍於本年中舉人。

李一龍，字體乾（元）。高要人。明世宗嘉靖十三年（一五三四）舉人，授石城教諭，遷棗陽令。居六年，改令宜城。比歸，立祀田，婚嫁諸任。日與士夫結社吟詩。著有《盍吟稿》。阮元《廣東通志》卷二九七有傳。

陳統於本年中舉人。

陳統，懷集人。明世宗嘉靖十三年（一五三四）舉人，後中進士，授福建寧化令。（《皇明進士登科考》）

殷廷蘭於本年中舉人。

殷廷蘭，博羅人。嘉靖十三年（一五三四）舉人。授嘉興理刑。每聽訟，詳審精密。會署平湖事，倭寇猝至，僅隔一水，廷蘭令爲疑兵以卻賊。晝則揚兵，夜則列炬，舟卒市人聲宛若十萬師，賊駭遁，百姓歡呼相賀。廷蘭曰：“是幸也，不可以再”。遂申請以城爲守，經劃措置，盡皆得宜。（光緒《惠州府志》卷三二、民國《博羅縣志》卷七）

黃士謙於本年中舉人。

黃士謙，清遠人。嘉靖十三年（一五三四）舉人。官夔州府同知。著有《黃司馬格言》。（《清遠縣志》卷十、《黃氏族譜》）

翟中立於本年成貢生。

翟中立，字孔卓。東莞人。明世宗嘉靖十三年（一五三四）貢生。官光澤教諭。事見宣統《東莞縣志》卷四五。

明世宗嘉靖十四年　乙未　一五三五年

正月十六日，湛若水賦《送翰目王嘉言考績之京　乙未正月望後》詩云：

王子桂林一枝秀，文學詎從翰林後。少年折桂秋蟾宮，衝突頗遭月娥怒。帝遣來司南葬花，潛夫書讀兩三車。朝天一別柳灣去，暮雲春樹天之涯。（湛若水《甘泉先生文集內編》卷二八）

二十一日，若水賦《壽少師費健翁六十八　乙未正月二十一日》七律。（湛若水《甘泉先生文集外編》卷十二）

二月十五日，若水賦《寄惠州太守史使君　立模　乙未二月十五日》七律詩（湛若水《甘泉先生文集內編》卷二八）、《送葉生春芳還惠州　乙未二月十五日》七絕、《送鄭廣文軾遷任郴州　乙未二月十五日》七絕。（湛若水《甘泉先生文集外編》卷一二）

二十日，若水賦《送巡按虞侍御還朝　乙未二月二十日》詩云：

繡衣乘馬驄，人好馬亦好。問俗來周南，不踐春郊草。春草春來生，春去愁凋零。願言縶其馬，使君且莫行。

三月十三日，若水賦《送南道宋侍御陞真定太守之任　名宜，乙未三月十三》五古詩云：

行邁何于于，專城新剖符。昔騎青驄馬，今乘朱輪車。問是誰刺史，唐時宋大夫。若人秉明德，福星輝上都。所重在畿輔，聖主今唐虞。（湛若水《甘泉先生文集內編》卷二八）

寒食日，黃衷賦《乙未寒食虎嶺上塚懷樗亭弟》詩云：

聒聒鳩婦鳴，羣峯雨姿暗。車帷破酸風，十里始平旦。自營數家村，節候忽已換。雞豚遞長育，松筠翠張幔。無事惟掩扉，力病將麥飯。老淚千百條，麻衣幾曾歎。有弟在都門，歸報歲云晏。豈不念茲晨，宦跡固汗漫。緇塵馬首高，安得奉清燕。懷哉復懷哉，道遠心曲亂。（黃衷《矩洲詩集》卷八《草堂後稿》）

六月十二日，湛若水賦《壽聞人母王太夫人七十華誕詩　有序》五古詩，序云：

祁門程生清告甘泉子曰："六月十二寔維我宗師北江子聞人先生母夫人

七十初度之辰，維我公以道義之雅，宜有言以爲壽祝。"甘泉子曰："壽其可知也，此吾素所期於北江子以臻之於太夫人者也。且以學曾子之事親，而方諸老萊子之兒戲，以炙繡而善養，當乎斑衣之舞跌，誠未知其孰賢也。吾何愛於言哉。"言之不足，遂長言之。（湛若水《甘泉先生文集內編》卷二八）

二十九日，湛若水賦《題春庵　爲周醫士，乙未六月二十九日》詩云：

求春春庵中，春了無可覓。逍遙坐靈臺，生意盎充塞。問春從何來，來處亦無跡。化爲方寸丹，可起天下瘵。（湛若水《甘泉先生文集內編》卷二八）

八月二十八日，若水賦《初宿甘泉山　乙未八月二十八日》雜言詩。（湛若水《甘泉先生文集內編》卷二八）

九月初九日重陽，若水賦《九日同諸賢登高甘泉山　有序》五古詩二首，序略云：

嘉靖乙未，予奉祭告於泗州，歸途出維揚。九月九日，予約巡轙侍御芝南徐子同登高於甘泉山，徐子欣然許約。予乃攜火生坤、沈生珠先期往宿於山上。九日徐子果至。都運范君總，通守閔君廷珪、趙君沆，節推徐君守義，揮使李君懋，縣尹王君惟賢，掌教高君簡，訓導李君世用，太學生史生起蟄、史生書，府縣學諸生方生頊、葛生澗、張生藻、張生沉、周生瑋，儒士王生仁、劉生昊暨弟顯咸來，先後登焉。……（湛若水《甘泉先生文集內編》卷二八）

十月，黃佐賦《草堂夜餞陳兩江大尹集杜句　乙未孟冬》長篇七言排律詩。（黃佐《泰泉集》卷一四）

初四日，湛若水賦《曉枕偶成六言六首　乙未十月四日》詩云：

正寫引年一疏，夢寐中夜思歸。心逐南翔賓雁，插翅不能奮飛。

陽鳥木落南征，欲託陽鳥寄聲。先掃煙霞荒徑，陽鳥謝予不能。煙霞，洞名。

鐵江新築釣臺，長竿待予歸來。若出九井之璜，世人無然見猜。鐵江，沙堤江也。

欲鞭九龍上天，九龍藏而不雲。雲龍不期而會，雷雨之動如神。九龍，洞名也。

雲谷依稀南畝，樂堯執穗北莊。悵想助耕諸弟，屈指大半云亡。雲谷、樂堯皆山上莊也。

垂虹珊珊從天，流落人間不還。歸挹飛泉洗耳，耳畔寂無塵喧。垂虹、樂堯左瀑布泉也。（以上《甘泉先生文集外編》卷十一）

本年黃衷六十歲，賦《六十自壽》詩云：

玉川茅屋粵城中，檜杖蕭然一遁翁。藜藿肝腸誰鑄鐵，江湖筋骨謾如銅。黃冠只弄黃灣月，綠醑長歌綠野風。自是白雲無雨腳，山農休問濟時功。（黃衷《矩洲詩集》卷八《草堂後稿》）

本年湛若水作詩如下：《寄題心期院詩　有序》（序云：心期，心學也。亭舊卜五溪，已而不果。督學聞人君詮、巡按虞君守愚既定九華山兩書院。池州守侯君緘、貳守任君柱以前御史柯君喬及諸生吳笪、江學曾之請，卜無相寺後地為心期下院，以便來學登山者之小憩講習也。甘泉子聞而作是詩，刻之院壁）、《送程太守資之南昌》、《送許太守琯之興化》、《寄題九華山書院　有序》（序云：九華山甘泉書院在書堂記之址，與陽明書院相上下。門人江學曾諸生既不得於五谿者之所，改圖池守侯君緘、貳守任君柱之所請，前御史柯君喬之所贊，督學聞人君詮、巡按虞君守愚之所定，卜而創置，以為甘泉子他時歸隱之所憩息，而與諸生之所講習之地者也。余欲拂衣以往而未能也，聊作詩寄意神遊焉）、《贈少參喬君之陝右》、《送劉祠祭實夫遷憲僉之廣右》、《福山素心亭詩　有序》（序云：嘗聞婺源有福山之勝，山有總靈洞，有自然岩，其餘名勝不可勝紀。有泉曰洗心泉，方生純仁及瓘兄弟黃生善及奇叔姪與諸同志治之，為講學之地。泉上有亭，予名之曰素心亭。夫心之自然，是以總靈，故洗心則心素矣，素心則無所用洗矣。因作詩寄題其上，以示諸同心者）、《送　令尹王君時簡之崇仁》、《送李希孟掌教安義》、《寄壽別駕潛庵曾先生華誕詩》、《贈延平太守沈君景明之任》、《題聽雪》、《贈謝生顯歸祁門》、《二子涉長江二章》、《江東登舟中流阻風易以小艇乃能抵岸》、《謁定山先生祠》、《過滁州感舊作奉胡時振崔來鳳二太僕田叔禾太守兼示二孟生》、《觀玻璃泉　泉在盱眙山》、《泗州凤赴基運山祭告道中》、《泗州學講後作示諸生》、《宿瑞巖道院》、《登泗城北樓》、《初宿甘泉山書院樓中》（以上皆五古）。（湛若水《甘泉先生文集内編》卷二八）

本年霍韜賦《大司馬桐谿錢公總制兩廣　乙未①》五古長詩。

本年薛宗鎧因劾當道受廷杖八十，五日而卒，賦《廷杖矢志》詩云：

大奸在位，毒流縉紳。爰及三年，憤積神人。乃披忠悃，乃籲帝宸。惟帝時嘉，俟時而行。惟彼奸讒，捏搆誣繩。惟帝赫然，迸茲佞人。爰逮小臣，亦置於刑。於皇明聖，實余寡誠。大奸既去，遑恤我身。陽德方亨，永底乂寧。（康熙《潮州府志》卷一六）

本年廣州、惠州、肇慶三郡大水，何桐捐穀五千石賑濟。

何桐，號素琴。番禺人。（同治《番禺縣志》卷五十）

本年西江、北江大水，堤圍崩塌數百丈，各鄉意見不一，至數年未能修復，眾請何應初總理其事，終得堤圍修復。

何應初，字宗啟。原籍南海，寄籍三水。維柏父。有孝名，熱心鄉間義舉。年七十九卒。（嘉慶《三水縣志》）

鄭一統於本年中進士。

鄭一統（？～一五四二），字朝慶，號紫坡、碧河。揭陽人。明世宗嘉靖十四年（一五三五）進士，選翰林院庶吉士，授編修。以父喪歸，嘉靖二十一年（一五四二）起復，尋卒。康熙《潮州府志》卷九上有傳。

趙崇信於本年中進士。

---

① 同治本詩題前有"贈"字。（霍韜《渭厓文集》卷七）

趙崇信，字繼周，一字仲履。順德人。明世宗嘉靖十四年（一五三五）進士，官至貴州按察司副使。著有《東臺集》。溫汝能《粵東詩海》卷二三有傳。

何彥於本年中進士。

何彥，字善充（允）。順德人。明世宗嘉靖十四年（一五三五）進士。[①] 授行人，擢南京戶科給事中，出守荊、淮兩府，官至太僕寺卿。晚築定性、澄心二樓，於其間講學賦詩。年九十卒。著有《玩秀亭稿》、《石川集》。溫汝能《粵東詩海》卷二三、阮元《廣東通志》卷二七八等有傳。

蘇應旻於本年中進士。

蘇應旻，字見江，一字萃貞。順德人。明世宗嘉靖十四年（一五三五）進士，官給事中。著有《都諫稿》。事見溫汝能《粵東詩海》卷二三、阮元《廣東通志》卷六九。

冼桂奇於本年中進士。

冼桂奇，字奕倩，號少汾，一號秋白。南海人。明世宗嘉靖十四年（一五三五）進士。授工部主事，以忤權貴，改南京刑部。不久告歸，奉母隱居羅浮山，日與名士遊息歌詠。著有《廣居稿》、《鶴園稿》。溫汝能《粵東詩海》卷二三、阮元《廣東通志》卷二七九有傳。

何維柏於本年中進士。

陳天資於本年中進士。

陳天資，號石岡。饒平人。明世宗嘉靖十四年（一五三五）進士，官湖廣布政使。致政歸，留心搜輯地方文獻，輯有《東里志》。康熙《潮州府志》卷九上有傳。

車邦佑於本年中進士。

車邦佑，字翊卿。博羅（一說南海）人。明世宗嘉靖十四年（一五三五）進士，官浙江道監察御史。乾隆《博羅縣志》卷一

---

① 一作正德十四年（一五一九）進士。

三有傳。

李兆龍於本年中進士。

李兆龍，南海人。明世宗嘉靖十四年（一五三五）進士，官僉事。事見阮元《廣東通志》卷六九。

李檗於本年中進士。

李檗，字時勵。四會人。明世宗嘉靖十四年（一五三五）進士，官至江西道御史。（《皇明進士登科考》）

翟珠於本年成貢生。

翟珠（一五一七～？），字景珍。東莞人。明世宗嘉靖十四年（一五三五）貢生，時年十七，授湖廣沅州學正。諸生初有輕視意，及知其才學，甚爲佩服。以忤權要歸里，里居五十餘年而卒。張其淦輯《東莞詩錄》卷一三有傳。

廖日恒於本年成貢生。

廖日恒，字守貞。歸善（今惠州）人。事父母孝。明世宗嘉靖十四年（一五三五）歲貢生，授福清縣丞。棄官歸，不問生產，以書自娛。（乾隆《歸善縣志》卷十四）

釋丹田司進生。

釋丹田司進（一五三五～一六一四），名司進，號丹田，俗姓潘。新會人。十八歲出家於曹溪南華寺，終年常守祖庭，日誦《金剛經》不輟。萬曆四十二年（一六一四）某日，沐浴更衣，怡然坐化。謚真覺禪師。真身至今與六祖慧能及憨山德清之肉身具供奉於南華禪寺真身殿。

明世宗嘉靖十五年　丙申　一五三六年

正月初一日，黃佐賦《丙申元日》詩云：

陽吹朝來動遠空，九重春與萬方同。金盤北望思承露，玉琯東廻驗相風。日月催人雙鶴鬢，江湖容我一漁翁。十年舊夢成追憶，曾侍朱衣紫殿中。

十五日，佐又賦《燈夕立春》、《和鄧沃泉憲副元夕》、《嬉

春曲四首　有引》、《詠竹分得臨字》、《感雨二首》（以上七律）。

三月，佐又賦《暮春贈別李儀部四首》、《送顧少參進表之京》、《草堂酌別劉仙令》、《暮春醉遊》、《登觀海樓醉後作》、《緇塵》、《贈別黃子章北上次鐵橋司馬韻二首》、《粵王臺懷古二首用王李二子韻》（以上七律）。（黃佐《泰泉集》卷一三）

八月十五日，區越賦《丙申中秋》詩云：

獨酌空階坐二更，歌鐘臺館寂無聲。何曾倒屣迎佳客，懶更尋詩過草亭。海外爭先誰禦寇，城頭分守夜徵兵。河山僇力應豪士，雲物何須礙月明。（區越《區西屏詩集》卷一）

九月，黃佐賦《夢遊洞庭作　有引》詩云：

丙申杪秋，夢軒轅奏樂洞庭之野，迓予以彩虬之舟，俾往觀之。及度湖，則荷香襲人，予訝曰："此西湖景也。"及登龜臺而上，星月之下，金樓玉闕，輝映在望，宛然皇城也。宮娥環列，群仙賦詩，俾予繼作。覺而忘其第七句，枕上足成之。

瑤臺今夕侍宸遊，五色雲中駕彩虬。銀漢有章回紫極，碧天如幕護皇州。未央日轉芙蓉殿，太液波涵翡翠樓。欲奏霓裳先按舞，鳳笙吹徹洞庭秋。（黃佐《泰泉集》卷一三）

十月，黃佐賦《夢中作　丙申十月》詩云：

南斗鍾人傑，中朝起帝臣。日明鸞鳳署，風靜大羊塵。道以無爲大，功存不宰神。披垣花萬樹，無語自成春。（黃佐《泰泉集》卷十）

本年湛若水七十一壽辰，李希賢賦《壽湛甘泉先生七十一》詩云：

翁年七十還兒齒，靜養端倪誰與比。勳名赫赫勒旂常，隨處體認皆天理。長生秘訣讓真人，煉丹壺中妙入神。孰若著書開聾瞶，栽培桃李萬年春。世間有幾如公福，濂洛關閩相接續。歸來綠野臥東山，四海九州仰金玉。羨君七十方從心，尼山一矩正嗣音。繼往開來真不朽，道學相傳亙古今。（鄧淳《寶安詩正》）

李希賢，字思齊，號東池。東莞人。明憲宗成化間贈武畧騎尉。清鄧淳《寶安詩正》有傳。

本年湛若水轉任南京吏部尚書。若水曾返粵登羅浮山，修建朱明洞書院；登南香山，修蓮洞書館。（黃明同《陳獻章評傳·附傳：湛若水生平及其哲學思想》）

韓紹奕於本年成貢生。

韓紹奕，字周卿。龍川人。嘉靖十五年（一五三六）選貢。官南寧、辰州府通判，升普安州知州。作《五戒》以勵子弟。（《龍川縣志》）

袁昌祚生。

袁昌祚（一五三六、一五三八、一五二四～一六一四、一六一六、一六〇二），原名炳，字茂文，號莞沙。東莞茶山橫崗人。明世宗嘉靖三十四年（一五五五）解元，明穆宗隆慶五年（一五七一）進士。任廣西左州知州，調守湖廣彝陵。遷戶部員外郎，擢廣西提學僉事。官終四川參議。辦理乾清、坤寧宮木而不擾民。歸，與郭棐登十六人結浮邱詩社。年七十九卒。有史才，精通音律。著有《樂律考》、《莞沙文集》、《東莞宋八遺民録》。阮元《廣東通志》卷二八一有傳。配王氏，寄《四時閨怨》，嚴嵩見詩，止逼昌祚爲贅婿。張其淦《東莞詩録》卷六四有傳。

明世宗嘉靖十六年　丁酉　一五三七年

正月十五日，鍾芳賦《丁酉上元鄉飲》詩云：

蔚文關國步，嘉會協陽亨。尊俎從橫列，階庭揖讓升。燕思魚在藻，歌和鹿鳴蘋。讀法昭謨訓，鏗金振典刑。位分天地象，道配日星明。慨此南荒極，何如一葉輕。衣冠中土舊，風氣四時並。世變兵戈隔，年饒粟穀登。聖猷天覆燾，文教日隆興。四際歸皇極，殊方款舜廷。乃知王道易，端賴典彝行。自笑雕蟲陋，虛叨佩玉榮。懸車甘隱伏，掃跡向幽貞。興寄羲黃上，情拋稷契能。敢云疲自逸，其奈眇難勝。徵牘勞躬致，賓筵荷肅迎。勉驅衰質朽，仰贊淑儀成。冠綏慚終累，溪山歎素情。旅終無一語，

何以答干旄。（鍾芳《筠溪文集》卷二七）

閏三月，鍾芳賦《賀鄧沃泉》詩云：

沃泉丙戌閏三月生，今丁酉七十二矣。因次原韻上壽。

誰將喬木頌喬年，喬木春容歲歲鮮。華轂久懸松徑月，壽筵重啟杏花天。坤從海窟撐鼇極，人向蓬丘望鶴仙。慚我無緣陪末宴，聊歌沅芷獻遺篇。（鍾芳《筠溪文集》卷二九）

十二月十二日，陳輅賦《嘉靖丁酉臘月十二日守備蠶揮使邀遊三洲巖》詩云：

曉岸晴煙駐畫篷，勝尋迷賞到崆峒。香深衣袂琪花徑，翠潤盃觴石乳宫。三島遠分浮岱粵，七星相映峙西東。崔嵬萬古堂虛靜，翻笑人心渾不同。（光緒《德慶州志》卷一四）

除夕夜，霍韜賦《丁酉除夜》詩云：

雙檜擎雲起睿思，年年北風向檜吹。雲花撒地影猶冷，龍夢騰天春未遲。鶴借空青閑宿侶，虹橫孤碧見標枝。與君歲暮歌雙檜，歌竟惟教雙鶴知。（霍韜《渭厓文集》卷七）

本年鍾芳賦《移柏行》七古長詩。（鍾芳《筠溪文集》卷二六）

本年麥祥在寧夏總兵府軍前聽用，有戰功，升冠帶小旗。

麥祥，三水人。嘉靖十六年（一五三七）在寧夏總兵府軍前聽用，有戰功，升冠帶小旗。後於遼東、涼州等處屢立戰功，升錦衣衛左百戶，旋升正千戶指揮僉事、指揮同知。三十年（一五五一）累官榮祿大夫、右都督。（嘉慶《三水縣志》）

馬拯於本年中解元。

馬拯，字壯與，號雙村。南海人。年十三入郡庠。明世宗嘉靖十六年（一五三七）解元，十七年戊戌進士。與盧夢陽齊名，時稱盧馬，授工部主事，未數月卒於任。郭棐《粵大記》卷二四有傳。

陳紹文於本年中舉人。

陳紹文，字公載，自號中閣山人。南海人。錫子。明世宗嘉靖十六年（一五三七）舉人，官通判。與梁公實、歐楨伯、黎瑤石、吳而待結詩社，又同遊黄才伯之門。著有《中閣集》。梁善長《廣東詩粹》卷四、温汝能《粤東詩海》卷二四有傳。

吳旦於本年中舉人。

吳旦，字而待，號蘭皋、雲台山樵。南海人。少時師事黄佐。明世宗嘉靖十六年（一五二〇）舉人。官歸州知州，以治行第一，擢山西按察司僉事。爲南園後五子之一。著有《蘭皋集》。温汝能《粤東詩海》卷二四、阮元《廣東通志》卷二八〇等有傳。

陳遷於本年中舉人。

陳遷，字二山。番禺（一説南海）人。明世宗嘉靖十六年（一五三七）舉人。官廣西潯州知府。事見阮元《廣東通志》卷七四。

王弼於本年中舉人。

王弼，海陽（今潮州）人。明世宗嘉靖十六年（一五三七）舉人。官沭陽知縣。事見阮元《廣東通志》卷七四。

黄行著於本年中舉人。

黄行著，高要人。明世宗嘉靖十六年（一五三七）舉人。官上高知縣。事見阮元《廣東通志》卷七四。

馮繼科於本年中舉人。

馮繼科，字斗山。番禺人。明世宗嘉靖十六年（一五三七）舉人。官福建建陽知縣。事見阮元《廣東通志》卷七四。

蘇志仁於本年中舉人。

蘇志仁（一五一六～一五五三），字道先（生），號似峰。海陽人。明世宗嘉靖十六年（一五三七）舉人，二十三年（一五四四）甲辰進士。初除池州推官。未幾假寧國守，徵入爲吏部稽勳主事，歷調驗封、考功、文選，移疾自劾歸。判兩浙，移同知興化，尋轉江西按察僉事，俱未至，以疾卒。著有《抱拙堂稿》、《中興别響》及《日記存疑》。阮元《廣東通志》卷二九四有傳。

楊惟執於本年中舉人。

楊惟執，字昆中。揭陽人。明世宗嘉靖十六年（一五三七）舉人，授劍州知州，遷嚴州府同知。年八十一卒。（乾隆《潮州府志》卷三〇）

李大標於本年中舉人。

李大標，字世準。潮陽人。明世宗嘉靖十六年（一五三七）舉人，四十一年（一五六二）授福建永安縣令。（乾隆《潮州府志》卷二八）

李仁卿於本年中舉人。

李仁卿，字甘霖。東莞人。埕孫。明世宗嘉靖十六年（一五三七）舉人，授福建上杭縣令，有平寇功。（宣統《東莞縣志》卷五七）

張仲孝於本年中舉人。

張仲孝，本名仲湯，字彞先、敬所。東莞人。鑾子。明世宗嘉靖十六年（一五三七）舉人，授福建福州同知，負責海防，以防倭寇。修城池，備糧草器械，乘艦督戰，有平寇功。調廣西思明，病卒任上。（宣統《東莞縣志》卷五八）

張斯軾於本年中舉人。

張斯軾，字可衡。博羅人。明世宗嘉靖十六年（一五三七）舉人。任常山令，升漳州海滄同知。（宣統《東莞縣志》卷五八）

陳元謙於本年成貢生。

陳元謙，惠來人。明世宗嘉靖十六年（一五三七）貢生。官萍鄉知縣。事見雍正《惠來縣志》卷六、乾隆《潮州府志》卷二六。

葉夢熊生。

葉夢熊（一五三一～一五九七、一五九八），字男兆（一作兆男），號龍潭。歸善人。明世宗嘉靖四十四年（一五六五）進士。由福清縣知縣入為戶部主事，改御史。以諫受把漢那吉降，貶合陽縣丞。萬曆時擢右副都御史，巡撫甘肅，尋代為總督。以

平寧夏亂功晉右都御史、太子太保，卒於南京工部尚書任。著有
《華蓋集》、《葉太保詩鈔》、《運籌綱目》等。《明史》卷二二八、
阮元《廣東通志》卷二九一等有傳。侄世俊，字國彥，號又湖。
常從夢熊遊湖賦詩。明萬曆三十年（一六○二）刻夢熊《塞上夢
真空上人》詩碑於回龍寺，並作跋。侄世任，有《題南隱草堂》
詩。事見《惠陽山水紀勝》卷下。

張弘濟生。

張弘濟（一五三七～一六○二），字仲輯，號心泉，又號楫
川。東莞人。隆慶元年（一五六七）舉人。官廣西永福知縣，清
丈田畝，均平賦稅。（宣統《東莞縣志》卷五九）

明世宗嘉靖十七年　戊戌　一五三八年

四月，明世宗駕幸天壽山平臺，後至清代，屈大均賦《平臺
在天壽東山口內一里，成祖嘗駐蹕焉。嘉靖十五年，命作亭於
上，名曰"聖蹟"，十七年四月，駕幸平臺，祀成祖於亭中》
詩云：

翠輦紅旗去不還，平臺一片朔雲間。宮邊流水通諸口，陵後
黃花控二關。俎豆中官修漢臘，松楸南國慘天顏。玉環何日歸廷
尉，流落龍沙戰血斑。（屈大均《翁山詩外》卷九）

秋，陶益賦《戊戌秋譚少鉉與諸賢父兄為予祈嗣大雁山賦此
奉謝時予受室幾四載矣》詩云：

酌酒風前禱，敷文壁上留。山靈如有識，玉燕定相投。桂菊
香將發，雲霞翠欲流。辛勤謝使者，欣記此清秋。（陶益《檛墩
集》卷一）

八月二十四日，黃衷賦《虎嶺省墓值雨　戊戌秋八月廿有四
日也》詩云：

裊裊松筠我自栽，光陰三十六星回。漆燈耿耿雙龍寂，雁網
冥冥獨雁哀　樗亭弟卞世。側岸飛梁青幔捲，炎風吹雨素冠來。紛
紛千騎胡為爾，莫是當年用世才。（黃衷《矩洲詩集》卷八《草

堂後稿》）

　　九月，馮彬賦《戊戌九秋扈從山陵》詩云：

　　御香載道護雙蟎，許著行衣攬轡隨。滿路弋林屯虎旅，隔山
鈴索駐龍旗。金烏玉雁藏真宅，翠釜朱型薦孝思。千古舜文今再
見，感懷還詠有周詩。（張邦翼《嶺南文獻》卷二八）

　　本年區越七十一歲壽辰，賦《自壽七十一誕辰》詩云：

　　紫氣東來漾碧潭，瑤池仙客降鸞驂。鈞天樂奏賓如簇，瑞露
珍將主半酣。歌舞自誇身矍鑠，風霜誰笑鬢鬖鬖。古稀出世真閒
逸，趾美仙家豈謾談。（區越《區西屏詩集》卷二）

　　本年歐陽建中進士，賦《登第歸泊清溪》詩云：

　　少留歸棹清溪酒，輕送松琴元日風。岸上衣冠紛拜節，行邊
書劍任飄篷。群雞咿喔茅簷午，孤鶴翱翔海氣通。笑指吾廬應咫
尺，而今不被白雲籠。（歐陽建《篁莊遺稿》卷一）

　　本年暹羅（泰國）商人奈治鴉看等持國王印信，運貨至東莞
貿易，主持外貿事務之李愷親自承辦此事，讓外商自報貨物，再
行檢驗。檢查時，不封船、不抽盤、不多收一文錢稅金，泰商十
分感激，以重金酬謝，愷堅辭不受。後泰商捐黃金百兩，在今東
莞光明路口（演武場）建卻金亭，立卻金坊，掛卻金匾。後來愷
調任尚書郎，繼任蔡存微將此事銘刻於碑，於嘉靖二十年（一五
四一）在坊前立卻金坊碑。翌年又在亭內立卻金亭碑，中華人民
共和國成立後，該亭和坊無存，僅殘留兩方石碑，

　　鄭廷鵠於本年中探花。

　　鄭廷鵠，字元侍，號一鵬。瓊山（今屬海南）人。明世宗嘉
靖十七年（一五三八）探花。授工部主事，調儀制郎，陞吏科給
事中，晉工科左給事，擢江西提學，遷江西參政。以母老乞歸，
築室石湖，著書自娛，累薦不起。祀鄉賢。著有《藿膽集》、《蘭
省集》、《披垣集》、《學臺集》、《石湖集》。郭棐《粵大記》卷一
九、清雍正《廣東通志》卷四六、阮元《廣東通志》卷三〇二等
有傳。子儒，字子珍。司訓容庠，轉上海，歷連州、廣州，卻贄

幣。有《竊位箴》以自警，《棄井銘》以訓士。阮元《廣東通志》卷三〇二有傳。

倫以詵於本年中進士。

倫以詵（約一五〇二～一五八二），字彥群，別號穗石。南海人。文敘季子。明世宗嘉靖十七年（一五三八）進士。授禮部儀制司主事，尋轉南京兵部武選司郎中，力請歸養。嘗從湛甘泉遊，宗陳白沙主靜之學。年八十卒。著有《穗石集》。黃登《嶺南五朝詩選》卷四、阮元《廣東通志》卷二八〇等有傳。

陳紹儒於本年中進士。

陳紹儒，字師孔，一字君仲，號洛南。南海人。紹文從弟。明世宗嘉靖十七年（一五三八）進士。授戶部主事，尋晉員外郎，歷官至南京工部尚書。以遭毀謗，致仕歸。卒年七十六。著有《洛南集》、《留餘遺稿》等。溫汝能《粵東詩海》卷二四、阮元《廣東通志》卷二八〇有傳。

盧夢陽於本年中進士。

盧夢陽（一五一九～？），字少明，別號星野。順德（一作南海）人。明世宗嘉靖十七年（一五三八）進士。官至福建右布政使。著有《煥初堂集》。阮元《廣東通志》卷二八〇有傳。

林冕於本年中進士。

林冕，番禺人。明世宗嘉靖十七年（一五三八）進士。官員外郎，擢知府。溫汝能《粵東詩海》卷二四有傳。

譚大初於本年中進士。

譚大初（一五〇四～一五七八），原名大本，十六歲改大初，字宗元，號次川。始興人。明世宗嘉靖十七年（一五三八）進士。初授工部主事，歷官至南京戶部尚書。嘗力薦海瑞。卒年七十五。諡莊懿。著有《次州存稿》。子英，嘉靖四十三年（一五六四）以府學選貢任石西州知州。《明史》卷二〇一、溫汝能《粵東詩海》卷二四等有傳。

林大有於本年中進士。

　　林大有，號東盧。潮陽人。明世宗嘉靖十七年（一五三八）進士。初授戶部主事，先後督豫、魯、贛漕運，轉員外郎，出守袁州，不依附嚴嵩，改福建轉運使同知，秩滿告歸。（乾隆《潮州府志》卷二八）

　　唐穆於本年中進士。

　　唐穆，字養吾。胄長子。瓊山（今屬海南）人。明世宗嘉靖十七年（一五三八）進士。官至禮部員外郎。著有《餘學錄》。傳附康熙《瓊山縣志》卷七《唐胄傳》。

　　李一夔於本年成貢生。

　　李一夔，字應教，號毅軒。東莞人。德修子。明世宗嘉靖十七年（一五三八）貢生。官海豐、瓊山訓導。張其淦《東莞詩錄》卷一二、民國《東莞縣志》卷四五有傳。

　　李彥芳生。

　　李彥芳（一五三八～一六二八），台山人。喪偶四十餘年不復娶，歲歉出粟以賑飢民。好讀書，耽吟詠。（清《興寧縣志》）

明世宗嘉靖十八年　己亥　一五三九年

　　正月初九日，黃佐幼子卒，佐賦《悼幼兒在貞二首　有引》詩云：

　　在貞以丙申八月十二日生，妾林出也。術者謂其格甚奇。始予感異，夢有人贈以黃裙，朱書“狀元人”三字其上，付林服之。既而在貞生。容貌端正，性甚靈慧，呼嫡母爲母，而姊其生母。甫及七月，能聽二兄讀書，識一二字。每立必依二兄膝，不敢仰視，人甚憐之。或取彩花及羽植諸案，卓四端如樹焉，人莫能爲也。四齡，暴病血痢，僅七日，以今正月九日死。死時猶挽其生母裙襟若訣別然，嫡母亦慟哭之。豈向夢世謂狀元紅正血痢之兆耶？抑予數奇，不能育也。埋之芳園。天方寒雨，曉起見彩羽雜土灰中，哀不能已，爲賦二詩。

　　四齡虛度世，七月早知書。常日依兄膝，危時挽母裾。芳園埋白玉，蘭砌隕明珠。拭淚看天地，傷心汗血駒。

　　汝慧言難盡，吾衷情易哀。黃裳空兆夢，彩羽竟成灰。曙色

連鴉起，春寒逐雨來。不堪心寸折，淚盡更徘徊。（黃佐《泰泉集》卷十）

三月，鍾允謙賦《瑞州道中還臨　己亥春三月》詩云：

垂楊綠處見殘梅，桃李紛紛照眼來。驛路風塵虛歲月，春山花鳥負尊罍。道情孰與溪雲定，世事應如塞馬回。攬轡郊原多勝概，不妨吟詠一徘徊。（陳是集《溟南詩選》卷二）

四月，湛若水賦《贈九山湯子還古岡　有序》五古詩，序云：

甘泉子之與九山子友也，自弱冠之前已知其爲古道之器矣。或曰：“九山子益友乎？”曰：“然。”或曰：“直乎？”曰：“然。九山子之生，心未嘗設町畦也，知其直矣。”或曰：“九山子諒乎？”曰：“然。九山子之生，口未嘗出妄語也，如其諒矣。”或曰：“九山子多聞乎？”曰：“然。九山子經書矢口成誦也，如其多聞矣。”或曰：“古之所謂三益者，九山子其庶幾乎？”曰：“然。予所敬也。”己亥夏四月，九山子攜先師石翁之孫畬及遺稿來訪予於金陵，而館於新泉者三閱月，予日與道舊，甚適，於其歸也，爲之賦三益。

又賦《寓楚雲臺贈湯民悅　二首》五律，跋云：弘治乙卯。（以上《甘泉先生文集內編》卷二八）

長至日（夏至），龐嵩賦《予所岩在黃龍洞西己亥長至龐子始闢》詩云：

高山爾名，龍岩爾姓。爾息爾遊，靜定動定。（龐嵩《龐弼唐先生遺言》卷三）

六月初七日，湛若水賦《己亥六月七日與九山諸同志遊夾岡義莊》詩云：

盛夏萬物長，陽德極光輝。天道代消長，秋陰變萎蕤。攜我眾友生，及時出遊嬉。天地尚往復，誰能超范圍。形骸非我有，爵祿豈我私。逍遙大化內，何喜亦何悲。（《甘泉先生文集內編》卷二八）

十一月十二日，黃佐賦《宮僚燕集次許松皋塚宰韻四首　己亥仲冬十二日》七律。（黃佐《泰泉集》卷十三）

除夕，黃衷賦《己亥除夕》詩云：

坐深寒漏篆煙長，卜兆偏宜燭炬光。椒頌明朝分歲事，荔花先暖透林塘。窮籌豈解驅儺法，老圃將尋種藥方。枉辱奇人誇壽骨，久慚稱丈五仙鄉。（黃衷《矩洲詩集》卷八《草堂後稿》）

本年霍韜賦《賀劉惟靜乃子新進士公事到南都與同年會》五古詩，首句云：“甲戌歲之春，廿六年以來。”（跋云：惟靜時陝憲長）（霍韜《渭厓文集》卷七）

本年湛若水七十四歲，再轉任南京兵部尚書，至此已任三部尚書，可謂官運亨通，地位顯赫。（黃明同《陳獻章評傳·附傳：湛若水生平及其哲學思想》）

本年潘維藩與諸生修建惠州西湖湖光亭、點翠洲亭、熙春臺。

潘維藩，字介卿。歸善人。嘉靖十八年（一五三九）與諸生修建惠州西湖湖光亭、點翠洲亭、熙春臺。知英山縣，革舊例，民稱快。升黃州府通判，未赴任而卒。（嘉靖《惠州府志》卷十三）

本年李文璧由歲貢任廣西平南訓導。

李文璧，字圖庵。高明人。（《肇慶府志》）

李一契於本年成貢生。

李一契，字應弼，號省軒。東莞人。德修子。明世宗嘉靖十八年（一五三九）貢生。事見宣統《東莞縣志》卷四五。

郭鳳舉於本年成貢生。

郭鳳舉，揭陽人。明世宗嘉靖十八年（一五三九）貢生。事見乾隆《潮州府志》卷二六。

謝憲於本年成貢生。

謝憲，字汝慎，號惕齋。歸善人。爲邑諸生，與葉天祐、劉梧同舍，合志聖賢之學。明世宗嘉靖十八年（一五三九）貢生。歸，築臺居之。日攜《離騷》往來西湖、北城，浩歌至暮而還。學稟程朱，多自得。折枝濡赤土注《易》，子春及錄之，名《周

易竹書》。薛侃講學惠州西湖，多與辨析。著有《通紀私見》。鄧
淳《粵東名儒言行錄》卷十有傳。

明世宗嘉靖十九年　庚子　一五四○年

正月十五日，黃衷賦《庚子元日和南臬》詩云：

山茶初放曉闌花，柏酒猶烘老面霞。深戀敢忘天北極，閑情
只在水西涯。春雯似挾青皇令，晴鵲時喧古樹槎。剪勝不須傳往
事，穗城從昔擅繁華。（黃衷《矩洲詩集》卷八《草堂後稿》）

二月，黃佐入京，賦《庚子二月入京述懷四首》五律詩。
（黃佐《泰泉集》卷十）

三月初八日，佐賦《庚子三月八日奉命充經筵講官有感賦十
二韻》七言長詩。（黃佐《泰泉集》卷十三）

四月，張天賦賦《庚子夏初攜二兒府試涪溪早發》詩云：

山色分東曙，征衣襲曉寒。苗生初展綠，梅熟尚留酸。旅思
憑詩遣，巖花帶笑看。天風如有約，九萬助鵬摶。（張天賦《葉
岡詩集》卷一）

秋，霍韜賦《次甬川東閣書懷　庚子》三首、《庚子秋對月
賞菊用杜韻》（以上七律）。（霍韜《渭厓文集》卷七）

十月，黃佐賦《庚子孟冬恭遇千秋令節賜宴賦二十韻》五古
長詩。（《泰泉集》卷十一）

本年區越七十三歲生辰，賦《誕日邀同社》詩云：

甲子年周十又三，迂疏未省鬢蓬鬖。黃雲紫水雙鞋遍，明月
清風一擔擔。酒熟缸邊巾自漉，詩留半偈客來參。諸公合共花前
醉，一月能逢幾笑談。（區越《區西屏詩集》卷一）

本年七十五歲高齡的湛若水結束其長達三十六載之仕途，返
故里增城，即於家講學，始以講學為其主要生涯。後至外地講
學，據其《講章》統計，其晚年講學處計有九華山甘泉書院、揚
州府縣學、九華山中華書堂、會華書院、韶州明經館、天泉書
堂、斗山書堂、獨岡書院、甘泉洞、天華精舍、白沙書院及天關

精舍等，仰慕若水從學者，近四千人，似可作《湛甘泉門人考》矣。（黄明同《陳獻章評傳·附傳：湛若水生平及其哲學思想》）

袁永伸於本年中舉人。

袁永伸，字道夫，號九梧。東莞人。明世宗嘉靖十九年（一五四〇）舉人。張其淦《東莞詩錄》卷一二有傳。

區益於本年中舉人。

區益，字叔謙。高明人。明世宗嘉靖十九年（一五四〇）舉人。初授都昌知縣，以討賊功遷慶遠府同知，尋轉溫州，以忤當路歸。著有《溪草堂集》。子大樞、大相、大倫俱有名。溫汝能《粤東詩海》卷二四、阮元《廣東通志》卷二九七有傳。

何其厚於本年中舉人。

何其厚，字應坤。南海人。明世宗嘉靖十九年（一五四〇）舉人。初授南京刑部司務，尋進戶部郎中，以忤同官歸。溫汝能《粤東詩海》卷二四、吳道鎔《廣東文徵作者考》卷三有傳。

黄城於本年中舉人。

黄城，曲江人。明世宗嘉靖十九年（一五四〇）舉人，官清江知縣。歸籍後，嘗與曾旦重修《南華志》。事見阮元《廣東通志》卷七四。

賀一弘於本年中舉人。

賀一弘，一名一泓，字毅甫，號新溪。大埔人。明世宗嘉靖十九年（一五四〇）舉人。授龍巖教諭，陞萍鄉知縣。擢萍鄉令，以疾致仕。年七十三，賦《絶筆詩》而亡。著有《壁墩詩集》。康熙《潮州府志》卷九上有傳。

劉格於本年中舉人。

劉格（一五一八～一五七七），字豫誠，號嶺陽。番禺人。明世宗嘉靖十九年（一五四〇）舉人。官六合縣令。歸鄉，講學於天鄉書院。阮元《廣東通志》卷二八〇有傳。

容朝望於本年中舉人。

容朝望，字幾石，號他山。新會人。明世宗嘉靖十九年（一

五四二）舉人。嘉靖四十四年（一五六五）授四川崇慶知州，晋
保寧府同知，授長蘆運同，左遷知陝西商州，二年告歸，卒年八
十一。著有《睡厭集》。顧嗣協《岡州遺稿》卷四有傳。

張溥於本年中舉人。

張溥，字景大。順德人。明世宗嘉靖十九年（一五四〇）舉
人，歷官山東青城知縣。事見康熙《順德縣志》卷五、溫肅《龍
山詩錄》卷上。

劉子興於本年中舉人。

劉子興（？～一五八二），字賓之。海陽人。明世宗嘉靖十
九年（一五四〇）舉人，翌年辛丑進士。授臨海知縣，有廉名。
遷兵部主事，歷福建按察使，晋廣西左布政。居官致仕，端介自
持。著有《見湖遺稿》。阮元《廣東通志》卷二九四有傳。

陳九成於本年中舉人。

陳九成，字子韶。高要人。明世宗嘉靖十九年（一五四〇）
舉人，歷官山西道監察御史。黃登瀛《端溪文述·端溪詩述》卷
二有傳。

王所於本年中舉人。

王所，字宜敬，又字敬作。東莞人。尚學孫。明世宗嘉靖十
九年（一五四〇）舉人。官古田知縣，將富人劃爲三等計役以備
倭寇。（嘉慶《廣東通志》卷一二四）

汪一勺於本年中舉人。

汪一勺，號梅泉。保昌（今南雄）人。嘉靖十九年（一五四
〇）舉人。二十二年官湖廣歸州知州，多有建樹。刊《唐詩正
聲》。官至南康府同知。（《南雄府志》卷一四）

陳學可於本年中舉人。

陳學可（？～一五六二），字子敬，號古亭。海陽（今潮州）
人。少事薛侃，得聞心學。嘉靖十九年（一五四〇）舉人。授福
建泰寧令，多有建樹。丁母憂，服闋補青陽知縣，尋調漢川。逾
年丁父憂歸，以疾卒於家。（乾隆《潮州府志》卷二八）

曾迪於本年中舉人。

曾迪，字道啟。博羅人。嘉靖十九年（一五四〇）舉人。授南康令，改灌陽縣，瑤壯龐錯起事，練戍卒，終殺錯。丁艱歸，起補漳平，進階大夫。（光緒《惠州府志》卷一二）

曾渙於本年中舉人。

曾渙，字至文。博羅人。嘉靖十九年（一五四〇）舉人。幼喪父，事母孝。路見暴骨，必具棺以葬。（光緒《惠州府志》卷三四）

林繼習於本年中舉人。

林繼習，字思傳。潮陽人。嘉靖十九年（一五四〇）舉人。授湖廣麻城教諭。三十七年（一五五八）聘江西同考官，多得名士。遷安化知縣，勤政愛民。歸隱十五年，爲鄉里修水利。（乾隆《潮州府志》卷二八）

夏建中於本年中舉人。

夏建中，海陽（今潮州）人。弘父。嘉靖十九年（一五四〇）舉人，官至橫州知州。生平學問，淵源於陽明學說。著有《質疑錄》。（《城南書莊草》卷九、《潮州志·藝文志》）

徐兆先於本年中舉人。

徐兆先，字履漸。番禺人。嘉靖十九年（一五四〇）舉人，知桂陽縣，崇學校，朔望講學期間，士心激奮。開三瀧之險，辨礦砂之妄，建倉儲粟，立關卡以詰刁民，鄉人感其德。升荊州府通判。（同治《番禺縣志》卷四〇）

黎紳於本年中舉人。

黎紳，字言可。番禺人。瞻從子。嘉靖十九年（一五四〇）舉人，師事黃佐。著有《藥洲》、《北園》等。（同治《番禺縣志》卷三九）

唐伯元生。

唐伯元（一五四〇～一五九七），字仁卿，號曙臺。澄海人。明神宗萬曆二年（一五七四）進士。初授萬年令，尋改泰和。秩

滿，遷南京戶部主事，歷官至吏部郎中。致仕歸。伯元受業於呂
懷，踐履篤實，而深疾王守仁新說。爲文根極理要。著有《二程
年譜》、《二程類語》、《白沙文編》、《易注》、《太乙堂采芳亭
稿》、《醉經樓集》。《明史》卷二八二、康熙《潮州府志》卷九
上、阮元《廣東通志》卷二九四有傳。

明世宗嘉靖二十年　辛丑　一五四一年

正月初一日，歐大任賦《辛丑元日》詩云：

千官元會肅金貂，草莽何由聽九韶。楚水舟航淹日月，漢京
鵷鷺滿雲霄。邊防北虜期更戍，凱奏南蠻已入朝。想見陽和遍寰
宇，滄江誰道有漁樵。（歐大任《思玄堂集》卷六）

同日，盧寧賦《舟次邳州元旦望闕二首》七律詩二首。（盧
寧《五鵲別集》卷上）

黃佐南行，宿通州察院，庭有虯松。（黃佐《南歸途中雜詩
二十二首 嘉靖辛丑》其一云：委珮朝辭白玉闌，褰帷夕駐潞河
干。半簾兔影照清夢，滿院虯陰生翠寒　宿通州察院，庭有
虯松。）

管倉陳副郎崇慶邀佐及羅達甫、唐應德二子。（黃佐《南歸
途中雜詩二十二首 嘉靖辛丑》其二詩云：隴麥枯乾徑草生，杜家
園榭坐傳觥　唐求羅隱過逢地，共指河冰未可行。管倉陳副郎崇
慶邀予及羅達甫、唐應德二子。）

二月十八日，黃佐陸行至河西務登舟，時旱已太甚。（黃佐
《南歸途中雜詩二十二首 嘉靖辛丑》其三詩云：曈曨白日照河
西，楊柳蕭蕭綠未齊。回首九重猶咫尺，青天何處有雲霓　二月
十八日陸行至河西務登舟，時旱已太甚。）

將至德州，風沙連日，門生李調元拏舟來迎，廿七日宴於公
署，次日得會試報。（黃佐《南歸途中雜詩二十二首 嘉靖辛丑》
其五詩云：朔風日日吹黃埃，忽聞李白歌聲來。德州春事可人
意，江上杏花無數開　將至德州，風沙連日，門生李主政調元拏

舟來迎，廿七日宴於公署，次日得會試報。）

濟寧郭淺齋都憲邀飲半隱園，談及泰山一冬無雪，河流益
淺。時魏淺齋巡撫河南，黃佐戲謂二淺所致。（黃佐《南歸途中
雜詩二十二首 嘉靖辛丑》其七詩云：半隱園中鳴桔槔，曲淙趨沼
白珠跳。河流淺兆真堪笑，積雪虛瞻泰岱高　濟寧郭淺齋都憲邀
飲半隱園，談及泰山一冬無雪，河流益淺。時魏淺齋巡撫河南，
予戲謂二淺所致。）

二洪斷流無水，上下作壩，以待浚流。復自徐陸行至房村
口。（黃佐《南歸途中雜詩二十二首 嘉靖辛丑》其八詩云：黃河
迢迢趨亳州，上洪下洪俱斷流，漕船估客不可度，雲石風沙無那
愁　二洪斷流無水，上下作壩，以待浚流。復自徐陸行至房
村口。）

新安驛至宿遷，挑淺者時淘得金銀，復見村婦多採草木以爲
食。（黃佐《南歸途中雜詩二十二首 嘉靖辛丑》其十詩云：荷鍤
野夫淘淺水，懸鶉贏婦出深村。沙灘豈有金銀氣，筐筥空存草木
根　新安驛至宿遷，挑淺者時淘得金銀，復見村婦多採草木以
爲食。）

淮陽夾岸多秀麥，詢知江南不旱。（黃佐賦《南歸途中雜詩
二十二首 嘉靖辛丑》其十一：清河舟楫達盂城，夾岸青青麥浪
平。聞說江南好風雨，絕憐江北望秋成　淮陽夾岸多秀麥，詢知
江南不旱。）

未至揚州，鶴群無數，西清結壇召之。（黃佐《南歸途中雜
詩二十二首 嘉靖辛丑》其十二：十里隋堤盡鶴群，春來應見玉宸
君。帝城已結三珠樹，仙苑長盤五色雲　未至揚州，鶴群無數，
西清結壇召之。）

蘇州陳推府一德召宴於城外行臺，作玉桃戲，陳設甚盛。同
席者朱玉峰尚書、徐崦西侍郎，皆玉堂前輩也。（黃佐《南歸途
中雜詩二十二首 嘉靖辛丑》其十三：姑蘇城外草萋萋，遊冶王孫
望欲迷。歌徹玉桃仙侶醉，楓橋明月夜烏啼　蘇州陳推府一德召

宴於城外行臺，作玉桃戲，陳設甚盛。同席者朱玉峰尚書、徐崦西侍郎，皆玉堂前輩也。）

　　骘崆子同年、查方伯應兆也攜酒送佐至寶帶橋。（黃佐《南歸途中雜詩二十二首 嘉靖辛丑》其十四：半醉行歌寶帶橋，橋邊齊駐木蘭橈。掀髯笑向骘崆子，水色山光共沉寥　骘崆子同年、查方伯應兆也攜酒送予至寶帶橋。）

　　詹、歐二方伯及蕭憲使召宴净慈寺，黃佐方憩藕花居。醉，乘月歸。（黃佐《南歸途中雜詩二十二首 嘉靖辛丑》其十五：净慈開宴西湖上，蓮葉田田未有花。浩蕩湖光千里月，參差煙樹萬人家　詹歐二方伯及蕭憲使召宴净慈寺，予方憩藕花居。醉，乘月歸。）

　　黃佐登嚴陵祠，回舟。連日風吹野花，異香不絕。（黃佐《南歸途中雜詩二十二首 嘉靖辛丑》其十六：嚴陵祠上白日光，嚴陵祠下滄波長。清風滿山似相慰，去路飄飄花草香　登嚴陵祠，回舟。連日風吹野花，異香不絕。）

　　同館詹文化邀飲竹庭，冒雨過懷玉，午憩草萍，憶之。（黃佐《南歸途中雜詩二十二首 嘉靖辛丑》其十七：懷玉山高雲半空，佳人遙在碧雲中。草萍回首三年夢，修竹滿庭搖午風　同館詹文化邀飲竹庭，冒雨過懷玉，午憩草萍，憶之。）

　　黃佐自玉山陸行過沙溪，野水如鏡，因懷挑淺，爲之悵然。（黃佐《南歸途中雜詩二十二首 嘉靖辛丑》其十八：舟子持篙弓樣彎，天南天北百重灘。籃輿飛度沙溪上，野水浮天相對閑　自玉山陸行過沙溪，野水如鏡，因懷挑淺，爲之悵然。）

　　四月初三日，湛若水賦《武夷風月代券付洪子歌》詩云：

覺山洪峻之侍御將別嶺南，曰："石翁謂達磨傳衣爲信，江門釣臺亦衣鉢也。"既以付公，敢援此例，願乞武夷風月，以爲衣鉢之信，詩以代券云。

　　武夷風月與人同，光霽之體，無彼我，無終窮。宇宙充塞，流行大通。風月閱人知多少，人不見風月之始終。堯舜亦在光被

中，回視浮雲點太空。千古此明月，萬古此清風。風來無跡，月
去無蹤。口不可授神可融，回也卓爾末由從。武夷風月匪衣鉢，
以付洪子得其宗。得之衣鉢亦無有，老拳槌碎還穹窿。辛丑夏四月
三日，甘泉居士湛若水書於胥江舟中。（湛若水《湛甘泉先生文集》卷二
六）

二十日，黄佐等抵江西省城，王克齋都憲暐留宴，宗室虛
白、堅白、既白連使人送所繪圖與詩，次早使復來邀，力辭之。
（黄佐《南歸途中雜詩二十二首 嘉靖辛丑》其十九：日出洪城紫
霧開，風生江渚錦帆回。滕王繪蝶頻相贈，猶帶西山爽氣來　四
月二十日抵江西省城，王克齋都憲暐留宴，宗室虛白、堅白、既
白連使人送所繪圖與詩，次早使復來邀，力辭之。）

二十二日早，黄佐至豐城，見流星有感。（黄佐《南歸途中
雜詩二十二首 嘉靖辛丑》其二十：薰風拂拂吹野花，石瀨涓涓明
早霞。天邊未辨龍泉氣，江上徒乘牛斗槎　二十二日早至豐城，
見流星有感。）

二十五日，黄佐至廬陵，往毛東塘尚書府，延宴敦敘堂，談
征交始末，出莫登庸像觀之，微行。復邀至書院池閣，散步而
別。（黄佐《南歸途中雜詩二十二首 嘉靖辛丑》其二十一：敦敘
堂前坐不辭，交南時雨有王師。清泠池閣無絲竹，還勝鳴皋送客
時　二十五日至廬陵，往毛東塘尚書府，延宴敦敘堂，談征交始
末，出莫茜登庸像觀之，微行。復邀至書院池閣，散步而別。）

黄佐舟至南安夜泊。二十七日夢老母，次早劉梅國招飲，遂
度嶺南還。（黄佐《南歸途中雜詩二十二首 嘉靖辛丑》其二十
二：新年芳草戀春暉，夢里還家願不違。嶺上白雲回首近，緇塵
猶未染萊衣　舟至南安夜泊。二十七日夢老母，次早劉梅國招
飲，遂度嶺。）（黄佐《泰泉集》卷一四）

本年區越賦《鄧體仁初度》詩云：

春壟風來翠浪新，壽筵高敞樂嘉賓。歲從辛丑逢初度，誕與
招提後兩辰。收拾江山還杖履，濯磨詩酒出精神。更無俗事干靈

府，便是浮丘一路人。（區越《區西屛詩集》卷一）

　　本年葉時詣闕，上十八策。

　　葉時，字允中。歸善人。父鶴林公瓚，有至行。時年十五補郡弟子員。與楊天祺、劉梧、葉天祐均以持正爲麥登所構，削士籍。後詔下欲起，謝之，退而益講明心性之學。父以誣被系，時請代之。嘉靖二十年（一五四一）辛丑詣闕，上十八策。歸，值父病，侍湯藥惟謹。卒，喪葬一依文公《家禮》。著《陽教書》以訓男，著《陰教書》以訓女。作《大學解》，又集濂溪、明道、象山、白沙、陽明、中離六先生見道詩合爲一編。子萼，能世其家學。郭棐《粤大記》卷十四有傳。

　　何孟倫於本年中探花。

　　何孟倫，字愼明。新會人。明世宗嘉靖二十年（一五四一）探花（一作進士）。初授鄞縣令，改知建寧縣。復令新昌，擢戶部主事，轉郎中。後擢浙江督學副使，未赴卒。著有《五代文選注》、《八代文彙》、《餘閒剩語》等。阮元《廣東通志》卷二七九有傳。

　　郭廷序於本年中進士。

　　郭廷序，字循夫，號介齋。潮陽人。嘗師事黃佐。明世宗嘉靖二十年（一五四一）進士。官貴溪知縣，卒於官。著有《郭循夫集》。隆慶《潮陽縣志》卷一二、郭棐《粤大記》卷二〇有傳。

　　何派行於本年中進士。

　　何派行（一五一〇～一五七七），字應充，一字方洲。香山人。嘉靖十三年（一五三四）甲午舉人，二十年（一五四一）辛丑進士，官至太僕寺卿。郭棐《粤大記》卷一八有傳。

　　黃顯於本年中進士。

　　黃顯，字仁叔。瓊山（今屬海南）人。明世宗嘉靖二十年（一五四一）進士。官刑部主事，出守撫州，後擢湖廣副使。嚴嵩用事，乞休歸。卒祀鄉賢。陳是集《溟南詩選》卷二有傳。

　　吳守貞於本年中進士。

　　吳守貞，字一軒。電白人。明世宗嘉靖二十年（一五四一）進士，官至貴州參議，分巡思仁道。林下二十六年，卒於家。許汝韶《高涼耆舊文鈔》卷一有傳。

　　馮元於本年中進士。

　　馮元，字大本。番禺人。師香山黄佐，明世宗嘉靖二十年（一五四一）進士，官知縣，擢郎中，致仕里居。著有《天文邃體》、《詹詹草》。子思皋，補邑諸生，嘗論屯營馬政，人皆稱之。著有《文賞齋稿》、《武夷遊記》。吳道鎔《廣東文徵作者考》卷四有傳。

　　李鷺於本年中進士。

　　李鷺，字鳴漢。番禺人。鳳長兄。明世宗嘉靖二十年（一五四一）進士，官户部郎中。（阮元《廣東通志》卷二八〇）

　　郭大鯤於本年中進士。

　　郭大鯤（？～一五四三），字時化。海陽（今潮州）人。嘉靖二十年（一五四一）進士，授福建南靖知縣。眾皆以爲屈，而蕭瑞蒙爲文勵之，大鯤適然赴任。勤於政事，竟以勞瘁卒於官。邑人哀之，建遺愛亭。（嘉靖《潮州府志》卷七、《潮州耆舊集》卷十五）

　　蕭端蒙於本年中進士。

　　蕭端蒙（？～一五五四），字曰啟，號同野。潮陽人。與成子。嘉靖二十年（一五四一）進士，補庶吉士。出爲山東道御史。二十三年（一五四四）奉詔治軍畿内。二十九年（一五五〇），俺答犯京畿，復起爲浙江道御史，尋巡按江西。著有《同野集》。（《國朝徵獻錄》卷六五、《井丹林先生文集》卷十四、乾隆《潮州府志》卷二八）

　　潘光統於本年成貢生。

　　潘光統，字少承，號滋蘭。順德人。明世宗嘉靖二十年（一五四一）貢生，入太學。授光禄寺署丞，遷京府通判。著有《滋蘭集》。郭棐《粵大記》卷二四、康熙《順德縣志》卷七有傳。子豫之，亦官光祿寺署丞，能詩，著有《櫟園集》。孫憲龍，字孟驥，郡庠生。年將八十猶赴省闈。阮元《廣東通志》卷二七九有傳。

　　謝永禕於本年成貢生。

　　謝永禕，字德美。東莞人。嘉靖二十年（一五四一）貢生。任江西信豐縣訓導，用"德行器識"教士。以翰林院孔目辭官。（宣統《東莞縣志》卷五八）

明世宗嘉靖二十一年　壬寅　一五四二年

　　本年首輔夏言革職閒住，嚴嵩加少保、太子太保、禮部尚書兼武英殿大學士入閣，仍掌禮部事，漸受重用。

　　閏五月十四日夜，王漸逵賦《壬寅閏五月十四夜靜坐後但見神氣清朗徹夜玩月不寐至五鼓畧就枕即夢見白沙先生瘦而長骨格昂峭兩目烔然一如畫圖中所見者持酒一盞飲予曰此醇酒也極甜美曾飲之乎予答曰未飲也曰可飲之飲後即覺寤天將曙矣因紀以詩云》詩云：

　　淳風久已逝，淳質亦云稀。寥寥千載間，斯人日澆漓。我生頗好古，冀或一見之。天若啟其衷，靈根夙相隨。偶夢淳德人，風采真吾師。飲我以醇酒，一歃醒心脾。清濁既以滌，晶光著先機。再拜謝吾翁，焚香勤護持。（王漸逵《王青蘿先生詩集·蘿山稿》）

　　十一月二十九日，湛若水賦《吊崖辭》詩云：

　　維嘉靖壬寅十有一月二十九日，前南京兵部尚書湛若水，謹以三香拜而三匝吊於三忠文、陸、張公之靈，而三嘆焉。其辭曰：

　　悲宇宙之無窮兮，而生人之多艱。慨興亡之交迭兮，而天運好常還。奕舉措之垣舛兮，一子以之亂盤。惟岳王之死忠死其所也，惜在軍之君命猶執義之罔堅也。何有宋之忠厚兮，而輾轉亡於海埏也。自古莫不有喪兮，繄獨使百世有餘嘆也。惟國君之死社稷兮，何逐逐極地而窮天也。胡群公之忠耿耿以塞塞兮，不能濟主於艱難也。豈大運之既去而莫留兮，人勝而天則然也。彼胡元之誠夷兮，昧此三恪而舍庥存宋祀於崖之一丸也。宜國祚之不昌兮，嘻猗哉繁我明之表大忠而顯慈元也。揭日月而中天兮，扶綱常於既顛也。（湛若水《湛甘泉先生文集》卷二七）

本年黃衷賦《壬寅牡丹再花期丫山南皋同賞 二首》詩云：

十載衡門下，三回力病看。謾勞誇富貴，直愛謝高寒。約蕊金絲净，披鈿彩纈單。嶺南無此品，不道種時難。

雙蕚驕清曉，虚庭卻耐看。挈瓶聊小潤，張幄爲輕寒。縱興盃先滿，迎暄袱欲單。玩芳仍具美，誰謂盍簪難。（黃衷《矩洲詩集》卷九《草堂續稿》一）

本年鍾芳賦《懷督學朱公 諱端彝，莆田人》詩云：

匪但文儒仗切摩，罷癃無得濟沈痾。海環晴嶂三千里，帳捲秋風兩度過。峭壁巖巖齊泰華，淵泉滚滚沛江河。醑尊欲致湘壖奠，兩鬢如霜奈病何。（跋略）

又賦《和蔡半洲督府韻 提兵征黎》詩云：

瞳瞳堯日麗邊城，銜命來司九伐兵。嘉谷每緣稂莠害，陽春須仗雪霜生。文猷武略同時奮，海漵山氛一旦清。夷徼從今殊俗變，未應專羙伏波名。（鍾芳《筠溪文集》卷二九）

朱謨於本年成貢生。

朱謨，字次皋，號石潭。南海人。嘉靖二十一年（一五四二）選貢，三十一年（一五五二）舉人，授浙江湖州府通判，署烏程縣知縣、湖州府推官。著有《石潭集》。朱次琦、朱宗琦《朱氏傳芳集》卷一有傳。

王弘誨生。

王弘誨（一五四二～一六一七），字忠銘，一字紹傳，又作少傳，自號天池居士。瓊州安定（今屬海南）人。天性聰穎，過目成誦，博極群書，以宏博淹貫名重於時。九齡就童子試，年十三遊庠。明世宗嘉靖四十四年（一五六五）以解額登進士，選庶吉士。穆宗隆慶四年（一五七〇）授翰林檢討，充實錄纂修。旋丁母憂。神宗萬曆五年（一五七七）晋翰林編修。時張居正當國用事，弘誨作《火樹篇》、《春雪歌》譏之。十一年升南京國子監祭酒，旋晋南京吏部侍郎，改南京禮部右侍郎、會典副總裁兼經筵講官，又改本部左侍郎。會典成，加太子賓客，充日講三品。掌詹事府，教習庶吉士。十七年（一五八九）會試任副考，七月升南京禮部尚書。十九年以勞瘁屢乞休，得旨還籍。二十六年（一五九八），復職北上，從南昌把義大利傳教士利瑪竇帶入南、北二京。二十八年致仕。卒於神宗萬曆四十五年。追贈太子少保。著有《尚有堂集》、《吳越遊記》、《來鶴軒集》、《南溟草》、《奇甸草》、《天池草》等。阮元《廣東通志》卷三〇二有傳。

明世宗嘉靖二十二年　癸卯　一五四三年

四月，黃衷賦《述興　二首》五古詩，其一首句云："癸卯夏四月，丁酉雷以颺。浮屠震八級，飛電市僧寓。"（黃衷《矩洲詩集》卷十《草堂續稿》二）

秋，饒相賦《癸卯歲江南北大旱黎民饑饉秋行即事》。

八月十五日，饒相賦《中秋泗川對月》詩云：

去年過此重陽後，今歲還來月半秋。微跡總如萍梗寄，壯心寧爲稻粱謀。嬋娟正好將誰共，歌笑遥聞亦喚愁。安得庾樓清興客，相攜譚道暫忘憂。

又賦《秋日同杜刺史遊百萬湖因芙蓉盛開艤舟湖中主翁蘇原山人攜尊以賞之散後蘇原贈以佳章遂次韻以答謝云》七律五首。（饒相《椿桂集》之《三溪詩草》）

冬，鍾芳賦《班竹椅　新從德慶州傳勝廣城鐵力木醉翁椅，嘉靖癸卯冬記》詩云：

湘椅來從德慶新，寢居隨意屈還伸。瀟然翠竹黃花裏，若個誰知自在春。

幾度蟾光缺又圓，篝莖細碾瀹清泉。欲留殘飯飼饑鼠，只恐

招群擾夜眠。（鍾芳《筠溪文集》卷三〇）

張天賦賦《癸卯冬出行之北赴選夜宿林頭曉發一絕》詩云：

行行信步到林頭，滿眼神光夜未收。一笑出門天地曉，廣寒指日桂香浮。（張天賦《葉岡詩集》卷二）

本年大饑荒，謝上金捐穀千石並捐款以救濟貧民。

謝上金，五華人。性好義，常周濟窮人。嘉靖二十二年（一五四三）大饑荒，捐穀千石並捐款以救濟貧民，縣令稱之為“尚義”。（《長樂縣志》、乾隆《嘉應州志》）

本年陳士俊應舉，得而復失，遂隱而不出。

陳士（仕）俊，字哲卿，號雪顛。東莞人。五以儒士應舉，嘉靖二十二年（一五四三）應舉，得而復失。遂隱居不出，大放於文詞。晚讀書於旗峰書舍，莫知所終。替陳建考訂《皇明通紀》。著有《雪顛集》，參修《東莞縣志》。（宣統《東莞縣志》卷五八）

蕭敬德於本年中舉人。

蕭敬德，潮陽人。明世宗嘉靖二十二年（一五四三）經魁。官韓府左長史。事見阮元《廣東通志》卷七四。

黎天啟於本年中舉人。

黎天啟，字允聰，號抑庵。順德人。明世宗嘉靖二十二年（一五四三）舉人，官南寧知府。溫汝能《粵東詩海》卷二六有傳。

林大章於本年中舉人。

林大章，字文經，號虛岩。新會人。明世宗嘉靖二十二年（一五四三）舉人。授江西東鄉令，以見嫉罷歸。溫汝能《粵東詩海》卷二六有傳。

羅見麟於本年中舉人。

羅見麟，番禺人。明世宗嘉靖二十二年（一五四三）舉人，官沛縣知縣。事見阮元《廣東通志》卷七四。

梁以蘅於本年中舉人。

　　梁以蘅，字仲房，號南塘。新會人。明世宗嘉靖二十二年（一五四三）舉人。弱冠以貢授賓州訓導，中式後轉廬陵教諭，歷紹興府教授，尋擢連城令。卒年四十九。著有《南塘詩集》。顧嗣協《岡州遺稿》卷四有傳。

　　吳廣於本年中舉人。

　　吳廣，南海人。明世宗嘉靖二十二年（一五四三）舉人。事見阮元《廣東通志》卷七四。

　　曾應珪於本年中舉人。

　　曾應珪（？～一五七二），字侯信，號起岑。南海人。父俊，知容縣。明世宗嘉靖二十二年（一五四三）舉人。春闈不第，乃教授生徒，絕不干謁有司。隆慶六年（一五七二）壬申，疾革，正衾而卒。仲子仕鑒，應乙酉鄉書，中中書科，有才名。孫泰、漸，皆弱冠為庠生。郭棐《粵大記》卷二一有傳。

　　林挺春於本年中舉人。

　　林挺春，字少和。順德人。嘗從湛若水遊。明世宗嘉靖二十二年（一五四三）舉人，授仙遊教諭，遷知南靖縣，縣大治。久之，遷沾益知州，以親老不赴。鄧淳《粵東名儒言行錄》卷十八有傳。

　　古文炳於本年中舉人。

　　古文炳，字懋選，號誠庵。番禺人。明世宗嘉靖二十二年（一五四三）舉人，三十二年癸丑進士，授會稽知縣，官至南寧知府，卒於官。潘楳元、譚瑩《廣州鄉賢傳》卷三有傳。

　　黃麕於本年中舉人。

　　黃麕，字金卿。新會人。明世宗嘉靖二十二年（一五四三）舉人，三十八年（一五五九）己未選知普安州，晉廣西廣遠同知，後改知雲南和曲州。著有《津庵集》十卷。（顧嗣協《岡州遺稿》卷四）

　　王道廣於本年中舉人。

　　王道廣，字平軒。番禺人。明世宗嘉靖二十二年（一五四

三）舉人。隆慶間任雲南廣南知府。（《廣州府志》卷一一九）

湯相於本年中舉人。

湯相，字少莘，號石埭。歸善人。明世宗嘉靖二十二年（一五四三）舉人。任福建龍岩知縣，修《龍岩縣志》。在官九年，擢鄖陽同知。（乾隆《歸善縣志》卷一四）

李堯卿於本年中舉人。

李堯卿，字唐馮，號太華。番禺人。明世宗嘉靖二十二年（一五四三）舉人。任福建寧德知縣。四十年（一五六一）擢處州同知。倭寇入侵，仗劍督戰，城陷捐軀，贈太僕寺丞。（阮元《廣東通志》卷二八○）

余涵於本年中舉人。

余涵，字仲海。博羅人。明世宗嘉靖二十二年（一五四三）舉人。任湖廣衡山知縣。丁父憂歸，起補江西龍南知縣，調廣西洛容，任滿升賓州，尋擢湖廣永州府同知、襄府長史。（光緒《惠州府志》卷三二）

陳一儲於本年中舉人。

陳一儲，字克宅。潮陽人。明世宗嘉靖二十二年（一五四三）舉人。任漳浦教諭，擢平和令。王橫據險作亂，計擒之。（乾隆《潮州府志》卷二八）

陳大有於本年中舉人。

陳大有，番禺人。明世宗嘉靖二十二年（一五四三）舉人，四十二年（一五六三），任仙遊令。翌年倭寇圍城，率民與相持五十餘日，戚繼光兵至始解圍。著有《保障錄》、《存城方略》。（阮元《廣東通志》卷二八○）

林咸於本年中舉人。

林咸（？～一五五八），字季虛。番禺人，嘉靖二十二年（一五四三）舉人，官惠安知縣。三十七年（一五五八），倭盜攻惠安，晝夜率民以死守，誓與城存亡。眾寡不敵，陣亡。（阮元《廣東通志》卷二八○、《明史》卷二九○）

殷伯固於本年中舉人。

殷伯固，字汝基。博羅人。嘉靖二十二年（一五四三）舉人。授福建南靖知縣。潔己愛民，興學校，增學舍，勸富戶出義谷以賑饑，禁圖賴以厚風俗。時饒州張璉反，永豐民蜂起聚眾，直逼縣城，伯固單騎出城，諭以禍福，犒以牛羊，遂遁去，民得安堵。後棄官歸，家徒壁立。（光緒《惠州府志》卷三二、乾隆《博羅縣志》卷十二）

崔柏於本年中舉人。

崔柏，字以修。番禺人。嘉靖二十二年（一五四三）舉人，由乙榜進士任建昌教諭，擢知寧都州。（同治《番禺縣志》卷四〇、崔弼《遊寧草》）

譚圭於本年中舉人。

譚圭，字稚璧，號石華。從化人。嘉靖二十二年（一五四三）舉人，授福建泰寧縣教諭，升廣西永淳知縣。（清《從化縣志》）

饒與齡生。

饒與齡（一五四三～一五九五），字道延，號寶印。大埔人。相長子。明神宗萬曆十七年（一五八九）進士。曾試政都察院，以父母歸侍二年而父卒，免服謁選，補中書舍人，才兩月而病卒。著有《新磯題詠》、《松林漫談》、《謾筆稿》、《寶印詩草》，父子合刻詩文爲《椿桂集》。萬曆三十八年（一六一〇）爲其父子興建的石牌坊至今猶存。康熙《潮州府志》卷九上、乾隆《潮州府志》卷二九有傳。

明世宗嘉靖二十三年　甲辰　一五四四年

正月初一日，張天賦賦《甲辰元日與竹齋濂川二子飲於餘干縣苦竹港舟中早自瑞洪發》詩云：

年華又轉甲辰春，天地寧甘是舊人。草木有情迎淑氣，江山無約遇嘉賓。一帆風月資行舫，萬里桃源喜問津。謾向滄浪咨遊

樂，如流春酒令催頻。（張天賦《葉岡詩集》卷三）

二月，黄衷賦《詰龍辭　有序》七古詩，序云：

> 嘉靖癸卯秋八月不雨至於甲辰二月，潮溢泉縮，萬井枯竭，咸穢之水斗六錢。庶司虔禱，不雨；捐俸降服，醮於羣廟，不雨。巫呪於墟，童子譟於衢，又不雨。春事方作，旺是用懼。老予悶然伏枕，不足以赴上下之急，遂呼龍而詰之。靉靆西興，蕭颯時至，誠偶然爾。（黄衷《矩洲詩集》卷十《草堂續稿》二）

三月，七十九高齡之湛若水應邀登衡山，於紫雲峰建甘泉書院，且立白沙祠。（黄明同《陳獻章評傳·附傳：湛若水生平及其哲學思想》）

四月，鍾芳賦《贈李掌教尹順昌　教授尚理，甲辰四月》詩云：

> 棟梁養自聖官牆，新轉官階喜近鄉。百里雷封看小試，杏壇餘馥到瑟堂。（鍾芳《筠溪文集》卷三〇）

三月，鄭學醇賦《群盗　甲辰三月，爲採珠惡少所窘，勒贖得歸》詩云：

> 攘攘黄巾者，樓船蔽落暉。排雲千盾合，擊水四輪飛。整整朱旗出，淵淵賽鼓微。健兒性無賴，況復罷池歸。（鄭學醇《勾漏集》卷五）

五月初八日，唐穆賦《甲辰仲夏八日寓黄塘憶洞元吴子歸南海予至此已半月餘矣詩云渡海蓋遥度之也》詩云：

> 剛別重山外，相逢漸面非。片雲浮目遠，孤月照形稀。渡海舟應到，朝天馬正飛。萱庭春晝永，囑與報歸期。（《傳芳集·唐穆》）

七月，唐穆賦《甲辰仲秋同内齋至姑蘇江口因東暘年兄抉臺佐守之報遂別去臺約明春訪予於金臺然内齋於東暘舅甥至懿也予於内齋乃白首知已也思其別憶其來情自無已詩以將之》詩云：

> 仗劍遥同萍水遊，那堪江柳又分舟。知音人去絲桐冷，倚玉筵開叢桂留。白首行藏緣我定，青天肝膽許誰酬。相思獨望在秋

月，猶憶春光共上樓。（《傳芳集·唐穆》）

八月初九日，湛若水賦《甲辰八月九日自西樵發南嶽舟十二夜泊清遠東林寺作》詩。

十三日午，若水遊登清遠峽飛來寺，賦《十三日午遊登清遠峽飛來寺》詩云：

歸時曾憩半雲亭，屈指於今越幾星。重到肅容看老樹，人傳此樹閱人靈。

若水過大廟峽，賦《過大廟峽有感》詩云：

文敏霍渭厓。曾祛太廟祠，一時祛去廣人疑。如今妖怪寰區滿，爭得斯人一掃之。

若水阻風，宿峽中，賦《阻風宿峽中》詩云：

波心怪石波濤生，萬斛之舟不敢行。繫舟寂寂驚風怒，伏枕漫漫聽雨聲。

十八日，若水過而重觀潮水山靈泉，賦《至清溪觀潮水山靈泉作　有序》詩云：

清溪潮水山靈泉，照府黃生朝儀、繡兄弟昔年所與甘泉子之泉也。或如龍蟄，或如雷聲，倏忽無時，天下之泉之靈之奇者也。甲辰秋八月十八日，予西遊南嶽，過而重觀焉，則見其變化不測，予故奇之，將立石坊表之，賦絕句。

清溪流泉天下奇，變化疾徐人巨知。泉頭盡日觀生坐，翕闢天機天所爲。

若水至虎榜山，賦《至虎榜山作懷嶽詩》云：

西遊腳底是青天，身世蕭條似老禪。人世萬緣揮手謝，五峰明月抱雲眠。

若水至韶州，觀曲江、武溪二水合流，賦《至韶州觀曲江武溪二水合流》詩云：

庚郴嶺下合爲流，到海滔滔勢未休。盡道源頭山下出，豈知升降與沈浮。山氣蒸爲雲雨，亦同此理。

若水至湖南，賦《郴江口見江岸野生芙蓉》詩云：

江岸芙蓉如盛妝，花光爲色葉爲裳。不妨遠地無人采，獨自臨風弄晚芳。

若水至耒陽，賦《耒陽道中見白鳥卑飛掠船先去若有意者》詩云：

有鳥翩翩貼水飛，掠船歷歷度斜暉。探看何處神君使，碧玉爲牌白錦衣。

若水過圓沙洲，望南嶽衡山而賦《過圓沙洲望嶽》詩云：

懷嶽於今五十年，丹青形影夢中傳。今朝獨立船頭望，神色何如未見前。

若水至衡陽，賦《至衡州作懷祝岣嶁憲副》詩云：

岣嶁相期岣嶁峰，我來雙袖馭天風。書堂獨鎖人何在，雲隔巫山幾萬重。

見壁虱，賦《壁虱自訟》詩云：

壁風豺狼皆嚙人，嗟予有患有吾身。直須坐到無身處。《易》：艮其背，不獲其身。無我無人無怨嗔。

九月初九日，湛若水同駱君舉登朱陵洞最高處，題名，賦《重陽日同駱君舉登朱陵洞最高處題名》詩云：

方頭路滑不可度，我來跨鶴禦天風。噴泉九月飛□冷，舉袖擎天曉日紅。（湛若水《泉翁先生續編大全》卷一九）

十月初一日，若水賦《十月初一日衡嶽居成作》詩云：

衡嶽居成，八十老姊相依在堂，未遂長往之志。念幼年得姊煮粥讀書，厚德未報，感居岳、李勣之事，賦絕句言懷。

爲姊煮粥弟燎須，爲弟作粥姊供書。情事百年渾未報，一年除半到衡廬。

又賦《永新諸生尹克恭龍誠史鳴辭歸贈之詩》、《送禾川左孟和塤宋景賢沆登祝融因答其問》、《方廣寺僧圓林送藤竹二杖作》、《訪周生自正陽清洞別業用周和靖韻》（以上皆七絕）。

十一月初七日，若水早還，爲縣尹章碧湖賦《十一月初七早還與縣尹章碧湖》詩云：

廣宴高軒送短亭，碧湖深似碧湖情。臨岐問我還山日，駕鶴
驅雲更出迎。（以上湛若水《泉翁先生續編大全》卷一九）

十一月，饒相賦《甲辰歲仲冬再過高井驛重次壁間韻》、《寄
鄭澹泉和州別駕》二首（以上七律）。

除夕日，饒相賦《除夕》詩云：

明發更新歲，殘年獨此宵。榮枯猶默默，勳業嘆寥寥。坐久
爐香息，眠遲絳蠟銷。繞床還覽鏡，糜禄愧清朝。

守歲南州夜，離愁倍愴然。凄風吹細雨，明燭照遺編。夢繞
椿萱下，神馳棠棣邊。萍蹤長苦別，荏苒度華年。（饒相《椿桂
集》之《三溪詩草》）

本年黃衷生日，賦《甲辰賤誕承周獅山以詩爲壽次韻奉答》
詩云：

未論三星宿斗時，一竿長擬老漁師。已甘林壑藏名姓，何得
雲霄振羽儀。野客相從青箬笠，藥翁爲贈紫霞巵。愧君高誼還推
引，執策前賢敢浪馳。獅山有“菊坡前轍看爭馳”之句。（黃衷《矩洲詩
集》卷十《草堂續稿》二）

本年張天賦賦《甲辰復過寶應湖》、《次雙湖共酌金華酒韻》、
《次後江韻答雙湖掌教停舟不行》、《甲辰承乏來瀏重脩歐陽圭齋
先生南山書院次先生韻一首》（以上七律）。（張天賦《葉岡詩
集》卷三）

本年湛若水高齡七十九，於廣州法政路住所湛家園旁興建天
關書院講學。（黃明同《陳獻章評傳・附傳：湛若水生平及其哲
學思想》）

本年蘇公樂與張公蕊率瑶、僮人武裝抗暴。

蘇公樂，封川（今封開）人。繼蒙公高起事後，於嘉靖二十
三年（一五四四）與張公蕊率瑶、僮人武裝抗暴，盤踞山穴，巡
撫張嶽遣副總兵程鑒守禦，暫息。翌年又起，張嶽率約五千兵討
之，起事終告失敗。（《廣東瑶族歷史資料》）

章熙於本年中進士。

　　章熙，字世曜。海陽人。明世宗嘉靖二十三年（一五四四）進士，授行人，歷官廣西按察司僉事。阮元《廣東通志》卷二九四、吳道鎔《廣東文徵作者考》卷四有傳。

　　曾楚於本年中進士。

　　曾楚，字羅江。南海人。明世宗嘉靖二十三年（一五四四）進士，官主事，知府。事見康熙《南海縣志》卷五。

　　王昂於本年中進士。

　　王昂，字仰之。揭陽人。明世宗嘉靖二十三年（一五四四）進士，歷太僕寺丞。著有《宋史補數》。翁輝東《潮州文概》卷三有傳。

　　成子學於本年中進士。

　　成子學，字懷遠，號惟道、井居。海陽人。明世宗嘉靖二十三年（一五四四）進士，授江西峽江令，擢兩淮監察御史，官至苑馬寺卿。少師從王陽明，得良知之學。（乾隆《潮州府志》卷二六）

　　鍾南於本年成貢生。（康熙《順德縣志》卷五《選舉》一）

　　鍾南，字汝巽，號肖愚。順德人。明世宗嘉靖二十三年（一五四四）歲貢，爲福建福清縣學訓導，調樂會訓導，未幾歸。嘗從鍾理夫得養性養氣之訣，年逾九十，而精神完固。郭棐《粵大記》卷二一有傳。

　　李英生。

　　李英（一五四四～一六〇九?），字少芝。順德人。少因家貧無以自資，乃以青衣給事歐大任。英天資俊穎，善詩能文，尤工五七言近體。始藉《席上賦明月》一詠，傾倒大任眾詩友，時有"青衣詩人"之譽。大任愛其清才，視若己出，置之左右，執靮宦遊二十餘載。而英之詩名隨之日興，向所吟詠膾炙都人士口，一時豪賢無不重其詩。及大任喪逝，英乃歸憩桑梓，隱居龍津，結廬賣酒，交遊一時之彥，有臨邛之風。著有《餐霞》、《歷遊》、《當壚》諸集。咸豐《順德縣志》卷二四有傳。

明世宗嘉靖二十四年　乙巳　一五四五年

正月，盧寧賦《乙巳初春午門待漏》詩云：

密旨傳朱燎，朝儀靄錦璋。紫垣星乍爛，瓊苑炬爭光。馳道沿無逸，閽人俟未央。縉雲千笏正，朝日一竿強。宮暖遊鸂鶒，池溫浴鳳凰。雪消墀草綠，晴映閣煙黃。恍見端龍袞，俄宣罷鷺行。大夫歸畫省，聖主覽彈章。（盧寧《五鵲別集》卷上）

初五日，饒相賦《乙丑（巳）歲新正五日同杜司寇李別駕郭郡博登郡譙樓眺望且小酌手談次郭洧上韻》七律二首。（饒相《椿桂集》之《三溪詩草》）

十五日夜，黃衷賦《乙巳燈夕立春力病戲筆》詩云：

清時仍忝古稀翁，謾雪芹芽照病容。隱隱鼓鐘晴挾雨，欣欣桃李白矜紅。試燈芳夕霑春酌，把火新畬散早農。爲報遊人休盡興，穠華長在閏正中。（黃衷《矩洲詩集》卷九《草堂續稿》一）

冬，張天賦賦《瀏有四倉曰東豐西滿南盈北瞻乙巳冬奉藩司委徵正賦北瞻有懷》詩云：

東作西成豐且滿，南盈北瞻粒烝民。斯民三代原無異，世道於今又一新。梅報小春潛地復，月移踈影露天真。客窗喜聽雞鳴蚤，欲學當年起舞人。（張天賦《菜岡詩集》卷三）

至日，黃衷賦《雨中隼雀行　乙巳至日作》詩云：

雨隼豪，雨雀黠。隼疾如颶鷙，雀散如電掣。隼兮三至攘空拳，雀也潛身保深樾。庭前綠橘垂暖雲，庭下蟲蟯蠕蠕分。雀思飲啄不思患，一隼盡逐啁啾羣。君不見兔營三窟備蒼鷹，不知絕足韓盧輕。君不見螳蜋引臂待鳴蚱，不知黃雀從天下。老翁隱几置得失，且送短景迎長日。（黃衷《矩洲詩集》卷十《草堂續稿》二）

本年黃衷七十歲，賦《七十自壽》七律。（黃衷《矩洲詩集》卷九《草堂續稿》一）

本年湛若水八十壽辰，梁億鍾賦《壽湛甘泉尚書八十》詩云：

瑤池宮中何所有，琪花瑤草自光茂。内有蟠桃萬歲枝，六千一度真奇秀。玉堂金馬舊主人，卻逢王母西來壽。昔年折桂遊蟾宮，文章璀璨齊韓柳。唾壺錯落聚珠璣，彩毫恍惚連牛斗。文河捲雪走龍蛇，學海飛濤起蝌蚪。歸來高臥幾度春，壽域適今逢九九。神仙駕鶴擎霞觴，玉女雲鬟妙吹奏。捧將玉露調金丹，摘取松花釀春酒。簪纓斑綵滿階前，朱門珠履如雲輳。皇華使者乘驄來，特遣存公安樂否。衣冠赫奕路輝煌，翠帆錦轂相馳走。我來上爵頌南山，獲從梓里諸紳後。祝言甲子不記年，願與天地長且久。（張其淦《東莞詩錄》卷十一）

梁億鍾，字重祿，號藻庵。東莞人。明武宗正德間官廣西靖江王府典膳正。事見張其淦《東莞詩錄》卷十一。

本年葉春及十四歲，賦《十四歲讀書永福寺友人伐鼓七聲命詩索道士酒》詩云：

遠公昔日東林寺，有酒曾呼靖節來。今夜虎溪須盡醉，莫教明月照空杯。（葉春及《石洞集》卷一八）

邱存貴生。

邱存貴（一五四五～一六四五），龍川人。生平孝友。崇禎十六年（一六四三）壽九十七，知縣沈瓚有贊。順治二年（一六四五）百歲而終。（《龍川縣志》

明世宗嘉靖二十五年　丙午　一五四六年

夏，張天賦賦《丙午夏都憲檄催邊餉瀏倉素儲一旦發之》詩云：

邊報頻催饋餉兵，披衣衝曉發南盈。白雲遠補青山缺，黃鳥初蜚綠樹聲。許國素心憐蠖屈，唱籌五夜襪雞鳴。孤臣萬里瘡痍境，拭目何時見太平。（張天賦《葉岡詩集》卷三）

張子翼賦《曉行》詩云：

丙午夏，翼與季父子賓、兄吉甫抵城黎村，暮矣。老者揖而館之，曰：余有好夢兆。歇至夜分。此老亦解詩，相贈"有緣暫宿鳳凰臺"之句，因各賦曉行即事。後果以捷秋應兆云。

萬里暝煙靜，行人思不禁。釣船猶傍竹，山鳥未辭林。月照風生袖，星懸露濕襟。鳳凰臺上詠，休作憶山吟。（張子翼《張事軒摘稿》）

五月初六日，霍與瑕賦《論詩呈雙魚　丙午五月端五遊海珠，次日呈此》五古詩九首。（霍與瑕《霍勉齋集》卷四）

七月十一日夜，湛若水在西樵痰火大作，幾絕，時燈下據案賦《自挽詩　丙午七月十一夜在樵痰火大作幾絕時燈下據案述此》詩云：

入山取椑隨，爲待終焉翁。翁年八十一，三萬化日中。言三萬，舉成數也。即盡亦已足，無復芥心胸。昨閉煙霞關，慳不與人同。今歸天堂　生墳土，骨肉等蒿蓬。毀譽滿天下，同時併成空。但恨在生時，所志未由從。爲子未盡孝，爲臣未盡忠。致君本無術，爲民沒成功。毀方愧瓦合，直行悲途窮。今則誓長往，聚散大化工。天道尚去來，人理有始終。何哉失聲哭，慮師迷去蹤。賢者或築室，送客各西東。

又賦《雞鳴一章示諸生》五律。

生日，湛若水賦《自壽且酬三十子壽觴》詩云：

生年八十一，八十能知非。秋瓜未脫蒂，多年亦奚爲。所幸男子身，聰明無損虧。又幸生中國，四朝全盛時。收身自卿相，歸來學鷗夷。朱明與朱陵，洞天隨所之。挈家入煙霞，永謝世危機。又幸得其門，入室似有期。自茲超六合，無論到期頤。試與諸賢約，且作廿年規。（湛若水《湛甘泉先生文集》卷二七）

八月初一日，黃衷賦《丙午秋八月朔沃泉裕齋二憲伯命酒矩洲奉謝二絕句》詩云：

飛蓋親勞折簡來，綺樽遙傍野堂開。十年病骨容扶掖，散弄幽樊燕雀回。

西林卜築小菟裘，欹枕槐風答四休。一座笑談霏玉屑，不知煩暑尚爭秋。

又賦《次韻酬沃泉》詩云：

花映溪橋柳映堂，百年養拙此何鄉。翠觴不減黃封醁，皓首從酣白戰場。避影自依芳檻靜，耽幽同步緒風長。光陰無限吾人得，世上還誰號太忙。

又賦《次韻酬裕齋》七律。

九月初九日，袠賦《九日期沃泉裕齋壁山矩洲小集席上和裕齋　二首》詩云：

幽興惟於熟處便，未煩奇幻想壺天。龍山賓從如流水，誰解風琴奏漢邊。

絲衫紗幘各輕便，舉白呼紅送晚天。萸菊香中渾一笑，閒人風月本無邊。（以上黃袠《矩洲詩集》卷九《草堂續稿》一）

同日，湛若水與諸人登高，賦《大科峰登高詩　有序》詩云：

丙午九日，同諸生何宗遠滾、張廷文綱、霍尹先任、周自正榮朱、鄭孔新潊，李姪元盛春芳六人與樵山父老十有六人，又童子一人焉，共登高於大科峰見日臺，飲酒放歌，浩然有與點也之樂，作詩紀之。

九日攜壺上大科，天歌一曲宣天和。浴沂六七惟童冠，孰與諸賢父老多。（湛若水《泉翁先生續編大全》卷一九）

初十，黃袠又賦《越日沃泉追和舊作見貽次韻奉答兼簡裕齋壁山　二首》七律詩。（黃袠《矩洲詩集》卷九《草堂續稿》一）

十二日，湛若水賦《丙午九月十二日新定仰辰臺同周自正鄭孔新謝振卿扳躋登望浩歌而歸》詩云：

仰辰臺上仰辰遊，一曲歌聲徹九州。感得聖恩深似海，外臣早許作巢由。（湛若水《泉翁先生續編大全》卷一九）

十二月，歐大任賦《殘歲行　丙午十二月作》七古詩。（歐大任《思玄堂集》卷三）

除夕日，張天賦賦《丙午除夕與寅長路龍峰寓長沙共酌》五古詩。（張天賦《葉岡詩集》卷一）

本年於南海九江發現《古碑詩詞①》云：

《南海縣志》：古碑詩詞，嘉靖二十五年（一五四六）南海九江堡趙涌羅大令俊築室掘土所得，上刻詩詞云云。趙涌羅、曾二姓皆世居珠山下，相隔一壁。明年羅侍御鴻遂捷南宮，人以爲詩詞之兆。

嘉樹拂五雲，大鵬垂萬里。海門浪洶湧，春龍從此起。（清張鳳喈等修、桂坫等纂宣統三年刻《南海縣志》卷一二）

梁柱臣於本年中舉人。

梁柱臣，字彥國，一字衡南。順德人。明世宗嘉靖二十五年（一五四六）舉人。官馬龍州知州、刑部員外郎。溫汝能《粵東詩海》卷二六，清梁九圖、吳永南《嶺表詩傳》卷三有傳。

雲上行於本年中舉人。

雲上行，字鰲坡。順德人。明世宗嘉靖二十五年（一五四六）舉人。官懷集知縣。事見阮元《廣東通志》卷七四。

潘元翰於本年中舉人。

潘元翰，或作元瀚。番禺人。明世宗嘉靖二十五年（一五四六）舉人。官知縣。事見阮元《廣東通志》卷七四。

陳宗魯於本年中舉人。

陳宗魯，揭陽人。明世宗嘉靖二十五年（一五四六）舉人。官臨江通判。事見阮元《廣東通志》卷七四。

蘇黎庶於本年中舉人。

蘇黎庶，番禺人。明世宗嘉靖二十五年（一五四六）舉人，官大田知縣，擢平樂府同知。清同治《番禺縣志》卷四〇有傳。

唐守明於本年中舉人。

唐守明，字允道，號青湖，晚號峻齋。番禺人。守勳弟。明世宗嘉靖二十五年（一五四六）舉人，三十八年（一五五九）選

---

① 古碑詩詞，年代不詳。以明嘉靖間已埋沒土中，歷時當已久遠。

官臨江府通判。同治《番禺縣志》卷三九有傳。

　　周坦於本年中舉人。

　　周坦，字仲履，號謙齋。博羅人。明世宗嘉靖二十五年（一五四六）舉人，官瑞昌、宿化知縣。著述甚豐，有《石城教語》、《瑞昌會語》《易圖發微》、《存心稿》等凡百餘卷。清乾隆《博羅縣志》卷一二有傳。

　　高士蜚於本年中舉人。

　　高士蜚，字載翀。新會人。明世宗嘉靖二十五年（一五四六）舉人。官江西雩都知縣。事見阮元《廣東通志》卷七四。

　　嚴文輔於本年中舉人。

　　嚴文輔，高明人。明世宗嘉靖二十五年（一五四六）舉人。官平南知縣。吳道鎔《廣東文徵作者考》卷四有傳。

　　李鳳於本年中舉人。

　　李鳳，字鳴岡，號少梧。其先大庾人。父賢始屬籍番禺。生三子：長鷺，字鳴漢，嘉靖二十年（一五四一）辛丑進士，戶部郎中；次鶚；季鳳，嘉靖二十五年（一五四六）丙午舉於鄉，三十二年（一五五三）癸丑進士，知英山縣，多德政。調知餘姚，茂著倭功。遷知登州府。升貴州兵憲。爰升西粵藩參，尋陟七閩總憲、八桂右轄，一以清節自持。任良柱，成進士，為廣西參議。子二：長良植、次良楷，舉庠生。郭棐《粵大記》卷十九有傳。

　　盧琯於本年中舉人。

　　盧琯，字呈珍。博羅人。明世宗嘉靖二十五年（一五四六）舉人。署江西雩都教諭，擢國子學正，轉戶部司務，進工部虞衡司員外郎。著有《禮經講義》、《羅浮志》等。（光緒《惠州府志》卷三二）

　　劉應魁於本年中舉人。

　　劉應魁，曲江人。明世宗嘉靖二十五年（一五四六）舉人。隆慶間任湖南知縣，夷人起事，主撫，存活千餘人。（《湖南通

志》卷一〇〇）

李大有於本年中舉人。

李大有，字子樹。歸善人。明世宗嘉靖二十五年（一五四六）舉人。任永福知縣，遷溫州州同，調瑞州。（乾隆《歸善縣志》卷一四）

羅鴻於本年中舉人。

羅鴻，番禺人。明世宗嘉靖二十五年（一五四六）舉人，次年進士。（《番禺縣續志》卷一六）

鍾大賓於本年中舉人。

鍾大賓，字體乾。曲江人。嘉靖二十五年（一五四六）舉人，任南直隸東流縣令。時遇災荒，發倉廩以賑濟，並按圖籍平均賦役。當道議加徵稅，大賓力省之，旋升鞏昌通判，按籍核征，革除積弊，民樂捐輸。（歐樾華《韶州府志》卷三二、光緒《曲江縣志》卷一四）

姚東陽於本年中舉人。

姚東陽，字國光，號明山。潮陽人，嘉靖二十五年（一五四六）舉人。由教諭升漳浦令，有政聲。以忤監司，賦《獨鶴歎》見志，力請歸田。卒年七十二歲。（乾隆《潮州府志》卷二八）

蕭端貢於本年中舉人。

蕭端貢，字日質。潮陽人。與成次子。嘉靖二十五年（一五四六）舉人。授廣西靈川知縣，遷延平府同知，歷攝南平、將樂、大田、連城諸邑。著有《廣韻府》、《梅花百詠》。（乾隆《潮州府志》卷二八、《潮州志·藝文志》）

蕭端升於本年中舉人。

蕭端升，字日階，號自麓。潮陽人。與成季子。嘉靖二十五年（一五四六）舉人。過吉水，從羅洪先遊，又與焦竑、袁黄講學於新泉書院。授羅城知縣，不就，改新會教諭，遷瓊州教授。著有《正俗合約》。（乾隆《潮州府志》卷二八、《潮州志·藝文志》、《潮州耆舊集》卷三）

崔大壯於本年中舉人。

崔大壯，字純理。番禺人。嘉靖二十五年（一五四六）舉人，官永州寧遠知縣。後知枝江縣，轉榮府審理凡二十餘年。（同治《番禺縣志》卷四〇、崔弼《遊寧草》）

梁大中於本年中舉人。

梁大中，號慕臺。新會人。嘉靖二十五年（一五四六）舉人，官永豐教諭，遷福州教授，擢漳州府推官，官至賓州知州。年七十六卒。（《新會縣志》）

劉應龍於本年成貢生。

劉應龍，龍川人。明世宗嘉靖二十五年（一五四六）貢生。任尤溪、沙縣知縣，升平樂通判。（《龍川縣志》）

明世宗嘉靖二十六年　丁未　一五四七年

正月初一日，黃佐賦《元日迎宮詹召命出驛見楊柳有感　丁未正月》詩云：

元日迎君召，恩光與歲新。即看楊柳色，同遇太平春。白日明長道，輕煙淨素塵。漢廷思羽翼，園綺樂稱臣。

又賦《用兵河套二首　嘉靖丁未》詩云：

昔日開平將，長年髀肉消。黃河屯地險，白草隔天驕。河套深藏馬，陰山遠射雕。受降城上月，曾照霍嫖姚。

定鼎燕京後，胡烽照范陽。留屯無板屋，住牧有牙璋。轉餉歸朝遍，鳴箛入塞長。墩臺絕征斾，徒爾遣邊郎。（黃佐《泰泉集》卷十一）

同日，湛若水賦《丁未元旦居樵立四不出關吟》詩云：

美景與良朋，月白仍風清。出王及遊衍，是謂與天行。（湛若水《泉翁先生續編大全》卷十八）

又賦《丁未元日吟》、《東莞孫明府惠茶園香》、《新春放歌》二首、《送羅浮用濂溪先生韻與同遊諸賢》二首（以上七絕）。（湛若水《泉翁先生續編大全》卷一九）

三月二十日，湛若水賦《奉和何古林侍御三月廿日居樵　二首》詩云：

花鳥亦何意，見之而眼明。鳥啼花發處，對主是三清。

城宿寧非寂，山泉亦是喧。要知喧寂處，動靜此心然。（湛若水《泉翁先生續編大全》卷一八）

七月初二日，若水賦《丁未七月二日雲路七父老攜酒過予水簾洞共語甚適》詩云：

岩扉半掩水簾遮，宴坐無言到日斜。七老攜壺出雲路，來看岩畔落天花。

又賦《小朱明洞天枕上》、《經始壁立洞用前韻》二首（以上七絶）。

八月十三日，若水賦《丁未八月十三夜枕上預留洪覺山方明谷》詩云：

問柳隨花路四千，吟風弄月有雙賢。西樵住過羅浮膴，待得春風送子旋。

九月初九日，若水賦《重陽攜酒同洪侍御覺山諸生方持素何宗遠鍾叔輝鄭孔新周明幾謝振卿周昌逵方毅中登高大科峰見日臺翻王摩詰韻以廣方洪歸念》詩云：

大節陽節也。登高大科頂，大家兄弟大家親。三杯宙宇酣然後，不記異鄉何處人。（湛若水《泉翁先生續編大全》卷一九）

閏九月初九日，歐大任侍其父眺賞其鄉山水之可遊者，後賦《後九日小園登閣志感　並引》：

嘉靖丁未閏九月九日，侍先大人眺賞吾鄉山水之可遊者。今乞骸歸，復值此日。追念今昔，不勝愴然。時萬曆乙酉，大任亦七十矣，紀以四十字。

閏雙重把菊，三十九年來。籬下酒不至，江頭雁獨哀。身曾隨几杖，蹟已落莓苔。惟有河山在，依稀戲馬臺。（歐大任《蘧園集》卷一）

十月，饒相賦《丁未冬初到家偶成》詩云：

鵲噪門庭喜氣揚，天涯遊子拜高堂。雙親已慰倚閭望，諸弟
應欣接雁行。兒女牽衣開口笑，賓朋移席話情長。燈前對影猶疑
夢，且舉寒暄一敘觴。（饒相《椿桂集》之《三溪詩草》）

十一月，大庾嶺張九齡祠落成，何維柏爲作《重修曲江張公
祠記》。（何維柏《重修曲江張公祠記》）

本年區越八十誕日，賦《湯澗松誕日》詩云：

清歌振響舞勝衣，八十年過又八時。竹徑幽禽迎賀客，莎階
賢輩立瓊枝。商今榷古通時論，疊韻翻聲近體詩。同向閑庭看佳
菊，悠然相與傲東籬。

酒熟行間便酒筵，何如諸老共花前。風軒有興還邀客，嘉會
難逢肯吝錢。懶服苓參方外士，不離詩酒地行仙。元神共等乾坤
老，莫問今年是去年。（區越《區西屏詩集》卷一）

本年張天賦賦《丁未歸舟會昌寫懷》詩云：

會昌城外山蒼蒼，會昌城下水汪汪。天風送我東歸航，瀟然
圖書何物長。收拾清風做一囊，收拾明月做一箱。風月滿載歸葉
岡，白雲堆裏閒徜徉。有時披風風味香，有時抹月月色光。有時
頻酌酒無量，有時狂吹笛無腔。有時狂歌徹穹蒼，有時把筆揮毫
芒。寒製芰荷爲衣裳，飢採紫芝爲口糧。渴飲月窟爲神漿，倦來
高枕臥北窗。夢魂不入利名場，怡然亦敢誇羲皇。芒鞋信步無顛
僵，看飽花紅柳綠莊。百年乘雲還帝鄉，風清月白終茫茫。（張
天賦《葉岡詩集》卷一）

陳一松於本年中進士。

陳一松（一五二○～一五八二），字宗巖，號喬東、玉簡山
人。海陽人。明世宗嘉靖二十六年（一五四七）進士，選庶吉
士。除兵部主事，遷湖廣僉事，歷官至工部侍郎。乞歸，卒於
家。著有《玉簡山堂集》等。清光緒《海陽縣志》卷三七有傳。

李價於本年中進士。

李價，字少藩。番禺人。明世宗嘉靖二十六年（一五四七）
進士，知當塗縣，擢戶部主事，晋稽勳郎中。引疾歸。出黃泰泉

門，講學知本。著有《思齊堂稿》十二卷。

莫如士於本年中進士。

莫如士，字子元。恩平人。以龍驤軍籍領順天鄉薦。嘉靖二十六年（一五四七）進士，歷官監察御史、大理寺丞。剛直敢言，理冤恤滯，人以爲有于謙之風。（《廣東通志列傳》、《廣東考古輯要》、清《恩平縣志》）

楊起元生。

楊起元（一五四七～一五九九、一六〇〇），字貞復，號復所。歸善（今惠州）人。傳芳子。明穆宗隆慶元年（一五六七）解元，明神宗萬曆五年（一五七七）進士，選翰林院庶吉士。尋授編修，晋修撰。歷官至吏部右侍郎。慕羅汝芳之學，嘗奉命冊封崇藩，取道盱江，就汝芳論道，乃大悟性命之旨。其學以知性爲宗，不離日用，直窺大原，無支離影響之弊，非世儒矯强義襲者比。性至孝，以母喪哀毀病卒，年五十三。天啟初，賜諡文懿。著有《證學編》、《諸經品節》、《楊復所文集》等。雍正《歸善縣志》卷一七有傳。

明世宗嘉靖二十七年　戊申　一五四八年

十月十三日，龐嵩賦《屢擬登牛首未果嘉靖戊申孟冬望前三日始一至值雨賦和壁間韻》詩云：

五羊奔走地，雙闕空濛隈。臥遊托殷勤，信步空遲回。振衣陟嶙峋，滑履攲莓苔。豈無葛仙骨，已養羅浮胎。何當爐陰雨，隱谷鳴春雷。願言借晴明，極盼窮紘垓。且向虎跑泉，静洗塵寰埃。菩提識靈種，寶塔凌虛臺。笑呼猿鶴群，對舞歡徘徊。（龐嵩《龐弼唐先生遺言》卷三）

本年霍與瑕賦《送洪覺山先生北歸　戊申》詩云：

五嶺之原，梧桐猗猗。其華菲菲，其實離離。鳳凰于飛，覽此德輝。

兀兀樵山，千仞其巍。君子至止，碩人時依。千仞徊翔，明德是儀。

決拾既齊，弓矢既比。鳴鐘擊鼓，童子奏詩。三射不違，示我威儀。

西谷幽幽，澗水悠悠。俯此青瀾，峙彼高樓。碩人作之，君子優遊。

涼秋九月，金風淒淒。越山青蒼，百草依依。山川脩阻，君子于歸。

于歸何方，婺源之陽。蒹葭蒼蒼，白露爲霜。願言隨之，道阻且長。

君子之駕，如雲如龍。君子之馬，如電如風。願言禦之，可望不可從。

君子於歸兮，越山淒淒兮。瞻望不及，悠悠我思兮。何以贈之，詩歌矢矣。五嶺八章章六句。

又賦《惜別》四言詩。（霍與瑕《霍勉齋集》卷二）

本年湛若水八十三高齡，於廣州白雲山建白雲書院。高齡之若水致力興學、講學，引來五位年逾七八十之老者從學，最長者已年百二，有畫者爲繪《師生六皓圖》，從而飲譽天下。（黃明同《陳獻章評傳·附傳：湛若水生平及其哲學思想》）、

明世宗嘉靖二十八年　己酉　一五四九年

三月二十五日，湛若水賦《己酉三月廿五予臥病潘進士直卿槐告別索予贈言呻吟之間遂成一絕贈之還邕州》詩云：

直卿尋樂來東遊，豹谷天湖天關，湖名。共泛舟。春盡春光須盡領，明年春榜占鼇頭。

又賦《奉和琴岡黃大巡次韻石翁釣臺之作因送還朝　有序》詩云：

琴岡先生黃侍御，廬陵實學之望也。奉命代巡嶺南，嶺南士民仰琴岡夙志聖賢之學，負有用之才而留心於振起斯文者也，莫不傾心焉。其發奸摘伏，伸冤理枉，澤之被於嶺之表、海之隅者，乃其學之緒餘，自有口碑記

之、野史載之，不可一一紀也。戊申八月，返東巡之斾，枉問俗之車，顧甘泉之廬，共登江門釣臺之上，廣石翁風月之句，嗟分付之珍重，悵繼今之何人，相樂而別。今年春季西巡還，駐節端州，寓書天關，告瓜期之已及，念言別之有期。水方臥病呻吟，呻吟之間，遂成釣臺之韻，因預書爲贈言云：

釣石不知遊客老，人人過此一登吟。江門風月江門水，那似琴岡得意深。

也須插柳記巡年，東巡西民望眼穿。丹心自照清江水，卻笑山陰愛一錢。（湛若水《泉翁先生續編大全》卷一九）

秋，霍與瑕賦《奉酬勉純　己酉秋》五古詩四首。

又賦《乘月訪覺山先生於西溪次夕復侍教次鐵峰韻》詩云：

雨夜訪西溪，皓魄當樓礅。清飆來遠天，涼露滴前嶠。嘉會逢茲夕，良晤殆通曉。高山侍子側，徽音寫玄妙。丈夫貴知心，幸矣一相眺。紛紛遽言別，此恨何時了。（霍與瑕《霍勉齋集》卷四）

七月，張天賦賦《己酉科七月初送三男赴試》詩云：

巖花甘雨報新秋，行李光芒劍氣浮。弱干自慚樗櫟用，靈枝汝可棟樑收。老龍渡上通南海，健筆場中占上頭。何日泥金好消息，菊花香裏醉金甌。

又賦《己酉季十日雨雪憶孫環山進士　孫滁州人，中辛丑甲科。壬辰南雍文會，曾對雪共酌，限韻各賦詩十首，不成行罰云》詩云：

曾試京師踏雪時，環山共酌共廣詩。數千百里聚萍梗，一十八年違面眉。蹤跡自憐終草莽，功勳誰擅上窮碑。五更風雪聞敲瓦，沼沚濃蘭有所思。（張天賦《葉岡詩集》卷三）

十五日夜，鄭學醇賦《己酉七月望夕寄宗紳叔桂開姪》詩云：

去年今夕羅浮月，同在羅浮江上看。丹桂影高靈兔隱，碧潭波靜老龍蟠。岸花汀柳撩人爽，玉露金風作早寒。回首勝遊何處是，雲山東望路漫漫。（鄭學醇《勾漏集》卷五）

本年區越賦《同年少參梁永齋來顧山中》詩云：

四十五年同看榜，榜中今尚幾人存。紛紛塵世誰青眼，望望名山只白雲。黃綺清高輕祿位，朱陳婚娶有兒孫。老來相訪非無意，信宿如何又送君。（區越《區西屏詩集》卷一）

本年王漸逵賦《己酉歲壬辰之夜夢與三洲李丈登高臺遙望中原但見齊州九點在蒼靄中隱隱可辨三洲曰宇宙內事吾儒分內事也曰子知分內之事則知盡分內之道乎三洲又曰吾今乃知居高則明處下則塞曰子知明塞之義則知盡居處之道矣三洲又曰天地山河存乎兩界秦晉爲首閩越爲尾餘皆毛髮肢節也曰子通督任之義則知通致理之源矣須臾雲霞四歛皎日照衣環顧太和萬物融合渾爲一丸三洲曰此所謂弄丸者耶曰子知轉九之義則宇宙之柄在手矣語罷而覺遂賦四章以紀其事因以贈三洲之行云》詩云：

中原膴膴，誰其域之。四陬既同，誰其宅之。赫赫神禹，應龍翼之。誰謂天遠，傾耳聽之。誰謂地廣，跂而馨之。我思藎臣，上帝命之。抑抑藎臣，神明其德。上帝之司，下土之式。九圍同人，翊我皇極。春陽載和，春日晶晶。有鳴鶬鶊，念我友生。登高作賦，送子於行。（王漸逵《王青蘿先生詩集·白雲稿》）

本年盧寧賦《己酉入覲夜過鄱陽湖三十二韻》詩云：

月黑鄱龍湖，無風不可渡。況復金颮鳴，搴帷逆浪泝。舟淺行篋單，不任波濤吼。乾坤蕩欲浮，蛟鼉紛以拚。野靄蔽匡廬，玄雲雜蒼霧。彭澤隱無依，吳城渺難據。橫煙浩淼茫，惡少潛招聚。萬境滅行蹤，百丈迷牽步。青島無前期，黃灣宜早住。長年懶被嗔，晚宿畏逢怒。翱翔課海歌，黽勉不敢訴。長庚沒已深，七宿橫空遡。試險三十里，驚悶生煩怖。天地一孤舟，進止渾無厝。擊楫矢中流，必濟勿疑顧。況復覲天顏，遲我惇成裕。戒徒罔復睡，束縛厚衣衱。望氣備風妖，登樓理戰具。橈揮六鸛翰，箭耀九龍韝。旋轉風忽條，星揚光乍露。帆高開水鳴，舟順奔電赴。暖浪濯清蒲，晴洲儼芳杜。鞋島已脫塵，妝臺若流婺。五鼓

下龍城，馬當報晨瘧。舟子賀同安，推窗慰鷗鷺。吏喜稱再生，
僕忻廢朝哺。君子仗皇靈，況復脩候度。海嶽胥護持，忠信天所
祚。居常即甚榮，遇變亦孔固。不被鬼神猜，寧令蜩螗怵。所貴
明達賢，抱正履夷素。珍重父母軀，無以河冰故。（盧寧《五鵲
別集》卷上）

　　本年李燾賦《題吐珠泉　有引》詩云：

　　桂山驪珠見則人才出，載在舊志，故古州曰禎，驛在江邊曰寶，皆以珠
名也。石徑口有湛珠湖，湛言未吐耳。今改建縣治，坐桂山，迎織女池，位
既得中，向又甚正，山澤通氣而驪龍始吐其珠。適當縣堂新成之日，且屬己
酉開洋之年，故擬名「吐珠泉」，作近體一章以紀之。

　　千古山川秀始開，驪龍珠吐疆湖隈。逼人清氣泱泱出，透地
靈泉滾滾來。疑是虞廷投此谷，應知周室兆多才。溯洄好鼓乘槎
興，織女池源接上臺。（以上康熙《河源縣志》卷七）

　　胡庭蘭於本年中解元。

　　胡庭蘭，或作廷蘭，字伯賢，號桐江。增城人。曾師事王希
文。明世宗嘉靖二十八年（一五四九）解元，二十九年進士。授
南京戶部主事，遷北京陝西司員外郎。萬曆八年（一五八〇）督
學閩中，時倭寇圍福州，廷蘭守城破寇有功，而忌者議其越俎代
庖，乃以僉事整飭，兵備雲南。以監軍指揮擒賊，功尤大。因忌
者構陷，遽移疾歸，遂不復出。嘗講學鳳臺，合王、湛之學。著
有《桐江子集》、《詩易講義》。

　　葉廷模於本年中舉人。

　　葉廷模，澄海人。明世宗嘉靖二十八年（一五四九）舉人。
官奉新知縣。事見嘉慶《澄海縣志》卷一七。

　　陳良珍於本年中舉人。

　　陳良珍，初名便殿，字在璞。南海人。明世宗嘉靖二十八年
（一五四九）舉人。官永州丞。著有《在璞文稿》、《在璞詩稿》。
黃登輯《嶺南五朝詩選》卷四、溫汝能《粵東詩海》卷二六
有傳。

區次顏於本年中舉人。

區次顏，字德興。南海人。明世宗嘉靖二十八年（一五四九）舉人。初授新蔡教諭，擢廣西北流縣令，遷養利知州。未幾以丁憂歸。結廬粵秀山讀書凡二十年，人罕睹其面。著有《寧野堂稿》。溫汝能《粵東詩海》卷二六有傳。

謝良任於本年中舉人。

謝良任，字龍喬。番禺人。明世宗嘉靖二十八年（一五四九）舉人，官永定知縣。事見阮元《廣東通志》卷七四。

蕭應韶於本年中舉人。

蕭應韶，番禺人。明世宗嘉靖二十八年（一五四九）舉人。官湖廣寧遠知州。事見阮元《廣東通志》卷七四。

羅兆鵬於本年中舉人。

羅兆鵬，一姓梁，字少南，號裕庵。新會人。[1] 明世宗嘉靖二十八年（一五四九）舉人。初選長樂教諭，擢長泰知縣，修良岡書院。移治寧洋，卒以讒歸。著有《滄溟一螺集》。言良鈺《增岡州遺稿》、清道光《新會縣志》卷六有傳。

黃夢說於本年中舉人。

黃夢說，字肖甫。增城人。明世宗嘉靖二十八年（一五四九）舉人。授邵武知縣，遷辰州府通判。丁外艱，服闋，不復有用世意。年九十二卒。著有《拾餘稿》。溫汝能《粵東詩海》卷二六有傳。

徐鏗於本年中舉人。

徐鏗，字幼林。嘉應州（今梅州）人。嘉祉子。明世宗嘉靖二十八年（一五四九）舉人。任廣西羅城、浙江汾水等縣知縣。後解組歸，優遊林下二十載。張煜南、張鴻南《梅水詩傳》卷一有傳。

王贊襄於本年中舉人。

---

[1] 一作古勞（今鶴山）人。

王贊襄，字辰臺，號澄原。澄邁人。明世宗嘉靖二十八年（一五四九）舉人，由府學出中亞元。官中書舍人，歷仕廣西按察司分巡左江道副使。祀鄉賢。著有《澄原稿》。光緒《澄邁縣志》卷九有傳。

畢于禎於本年中舉人。

畢于禎，字兆先，號梅公。番禺人。明世宗嘉靖二十八年（一五四九）舉人，官至南京西城兵馬司正指揮使。民國《花縣志》卷九有傳。

梁紹曾於本年中舉人。

梁紹曾，順德人。儲曾孫。明世宗嘉靖二十八年（一五四九）舉人。事見阮元《廣東通志》卷七四。

黃榴於本年中舉人。

黃榴，字樵溪。南海人。鵬子。明世宗嘉靖二十八年（一五四九）舉人。官莆田知縣。事見阮元《廣東通志》卷七四。

羅一道於本年中舉人。

羅一道，字貫卿，號中山。東莞人。曾師從湛若水。嘉靖二十八年（一五四九）舉人，連捷進士。徐階以爲奇才。初任刑部主事。時嚴嵩當國，十餘年而官不遷。嵩罷，遷郎中。後升福建按察副使、湖廣參政，提督湖廣貴糧儲。尋罷歸，年八十四卒。著有《恤刑疏稿》、《中山存稿》。宣統《東莞縣志》卷五八有傳。

羅煥章於本年中舉人。

羅煥章（約一五三〇～約一六一一），字美充、汝弼。高明人。嘉靖二十八年（一五四九）舉人[1]，授壽寧學諭。以外艱歸，服闋補山陰，時鄒東廓來講陽明學，從之遊。官至荆藩審理。卒年八十二。著有《仕學類編》及《家錄》十一種。郭棐《粵大記》卷二十有傳。

---

[1] 一作嘉靖九年（一五三〇）舉人。

朱孔陽於本年中舉人。

朱孔陽，字允才。東莞人。嘉靖二十八年（一五四九）舉人，授江西贛縣令，改饒州府教授。（宣統《東莞縣志》卷五八）

陳試於本年中舉人。

陳試，字惟功。新會人。嘉靖二十八年（一五四九）舉人，授臨桂教諭，主桂陽書院。遷會昌知縣，遇巨盜犯城，力禦之，因援兵敗於賊受坐，罷職。後起補臨賀，以讒免官。（《廣州府志》）

歐陽弘於本年中舉人。

歐陽弘，字任重。新安（今深圳）人。嘉靖二十八年（一五四九）以《春秋》中舉人，授河南孟縣教諭，遷福建永安知縣。未幾解印歸里，築室官橋之野，僅蔽風雨。（康熙《新安縣志》）

傅大聘於本年中舉人。

傅大聘，號莘野。海陽（今潮州）人。嘉靖二十八年（一五四九）舉人，與海瑞同年。任蒼梧知縣時，瑞任都御史，道經梧州，書"清慎勤"爲贈。以抗直忤上司，辭官歸。卒年九十五。（乾隆《潮州府志》卷二八）

羅惠於本年中舉人。

羅惠，號後山。饒平人。嘉靖二十八年（一五四九）舉人。授平樂教諭，升知縣。能詩。著有《羅後山詩集》，王天性爲序。（《潮州志·藝文志》）

黃爽於本年中舉人。

黃爽，字文明。揭陽人。嘉靖二十八年（一五四九）舉人，授衡陽教諭。轉國子監助教，升邵武同知。歸卒於家，年七十。（乾隆《潮州府志》卷三〇）

蒙諫於本年中舉人。

蒙諫，字葵東、廷俞。番禺人。詔兄。嘉靖二十八年（一五

四九）舉人，官南京戶部郎中。（阮元《廣東通志》卷七四）

李師周於本年中舉人。

李師周，字原忠。從化人。師曾季弟。嘉靖二十八年（一五四九）舉人。選江陰教諭，升永興令。與世寡合，獨與海忠介瑞、郭光禄裴以年誼意氣相善。（清《從化縣志》）

陳光世於本年成貢生。

陳光世，字復振，號雪坡。惠來人。明世宗嘉靖二十八年（一五四九）貢生，入國學。穆宗隆慶元年（一五六七）謁選，授鉅野知縣。尋告歸，家居二十年而卒。著有《雪坡集》四卷。康熙《潮州府志》卷九上有傳。

周政於本年成貢生。

周政，號塊齋。饒平人。明世宗嘉靖二十八年（一五四九）貢生。官福建古田訓導。事見康熙《饒平縣志》卷七。

姚文粹卒。

姚文粹（？～一五四九），字裕（一說純）夫，號東皋。南海人。既壯，從父石川遊廣右，所蒞佳山水多題詠。與諸同志為蘭亭詩社。執父喪，哀毀特甚。與諸弟友愛，同居合爨。與弟文貫、文粹、文暢同心競爽。文粹字純夫，號蠡山，從鍾善言習舉子業。詩弗遇，遂師事黃泰泉。疏鐘律萬餘言，黃嘉予之。兄子光虞、光南、光泮相繼取科第。嘉靖己酉，將逾嶺遊豫章，疾作而返，抵家數日卒。光泮舉嘉靖四十四年（一五六五）乙丑進士，拜行人、留臺。郭棐《粵大記》卷二二有傳。

明世宗嘉靖二十九年　庚戌　一五五○年

本年蒙古韃靼首領俺答率眾南侵，攻至北京城外，大掠而還，史稱"庚戌之變"。

四月十四日，張天賦《庚戌四月十四日》詩云：

曲肱而枕樂有餘，夫子當年不我誣。無夢坦然無障礙，就教有夢亦安舒。

秋，天賦賦《庚戌秋夜夢與甘泉先生講有道者心無老少之異一句反覆不輟既覺是夢復夢詩云》詩云：

有道心皆老少然，秋霄清夢見先生。畫前本有無言易，不向梅花講後天。（張天賦《葉岡詩集》卷二）

梁有譽自粵赴京，途經清遠，賦《夜宿清遠江口》七律詩，詩中爲國家遭敵侵擾而深深憂慮，更爲百姓被橫征暴斂而怨憤不平。（陳永正《嶺南歷代詩選》一七四頁）

七月十六日，岑用賓作《玩月賦》。（岑用賓《玩月賦》）

八月，梁有譽賦《庚戌八月虜變》詩云：

白草蕭蕭大野間，單于獵火照秋山。坐令鳴鏑侵周甸，不見封泥守漢關。郡邑瘡痍嗟正苦，邊庭供餉轉多艱。九重已命嫖姚將，爲報蒼生一解顏。

胡騎朝驅度黑河，射雕還傍帝城過。四郊此日慚多壘，三輔何時遂息戈。出塞衛青猶荷戟，從戎魏絳漫論和。漢家會見平胡績，願聽回中橫吹歌。（梁有譽《蘭汀存稿》卷四）

九月，鄭學醇賦《庚戌九月將有浙行舟泊穗城悵然有作》詩云：

木落轉深秋，衣輕怯遠遊。層城煙漸暝，孤樹鳥先投。燈影亂流水，箏聲多酒樓。悠悠吳楚去，何處是嚴州。（鄭學醇《勾漏集》卷四）

本年黃佐生辰，賦《庚戌初度和冼秋官桂奇見壽韻》詩云：

庭梅一何苾，女手一何鶊。去之五百歲，其人若長存。昊天玄且默，仲尼乃諄諄。胡爲事刪述，牖此萬世昏。紫陽繼濂洛，活水支流繁。得意忘六籍，絕利遡一源。所以合動靜，乾乾養天根。不知老將至，庚戌貞復元。隆寒誦公詩，藹藹逾春溫。大音出金石，玄酒開清尊。悠然曲肱外，白雲澹無言。（黃佐《泰泉集》卷八）

本年霍與瑕賦《安愚雅詩　庚戌》詩云：

翩翩黄雀，集於廩瘦。時啄時顧，亦儷於罟。燕燕歸飛，出簾入幕。傍人不疑，終安且樂。人之宅躬，尚巧乃窮。不如拙訥，秉德之冲。有美一人，安愚自號。允矣君子，胡不慥慥。衆口便便，吾守其默。言之不出，終焉靡嫉。亦知其白，寧守其黑。藏神於晦，終焉允吉。彼何人斯，不徑不竇。始也類迂，德音實茂。陋巷之子，蘊有若無。潛粹中涵，幽光奕如。君子攸行，其則不遠。瞻彼前哲，是儀是踐。是儀是踐，允淑不瑕。盛德容貌，亦孔之嘉。（霍與瑕《霍勉齋集》卷二）

趙時舉於本年中進士。

趙時舉，字存晦。饒平人。通子。明世宗嘉靖十三年（一五三四）舉人，二十九年（一五五〇）進士。官黄州推官。著有《白雲館集》。事見光緒《饒平縣志》卷七。

李光宸於本年中進士。

李光宸，字仲熙。南海人。明世宗嘉靖二十九年（一五五〇）進士。官户部主事，陞漳州知府。光緒《廣州府志》卷一一六有傳。

黄朝聘於本年中進士。

黄朝聘，南海人。明世宗嘉靖二十九年（一五五〇）進士，官至雲南布政使。著有《古今節概集》。朱次琦、朱宗琦①《朱氏傳芳集》卷外有傳。

張傑夫於本年中進士。

張傑夫，字淩山。新會人。明世宗嘉靖二十九年（一五五〇）進士，授長泰令，擢南京户部主事，爲政清廉，年四十一卒於官。（清《新會縣志》）

陳瑞龍於本年中進士。

陳瑞龍，字體乾。潮陽人。明世宗嘉靖二十九年（一五五

---

① 朱宗琦，號宜城。南海人。以經學取進邑庠，補增生。但久困場屋，四十歲不復求舉。著有《閑閑桑者詩集》等。（《南海縣志》卷十九）

〇）進士，授南京户部主事，累遷工部郎中。修孝陵成，晉一級，出爲興化守。倭寇犯境，客兵乘釁作亂，募兵授方略，克賊。積勞，疽發背而卒，百姓爲嚎哭。（隆慶《潮陽縣志》卷十二）

莫如善於本年中進士。

莫如善，字子明。恩平人。嘉靖二十九年（一五五〇）進士，歷官户部主事、員外郎、四川兵備、雲南參政、福建按察使，有政聲，以廉稱。著有《代藝賢已稿》、《三教會稿》、《政紀》、《莫子明文集》。弟如爵，字子秀，嘉靖二十年（一五四一）進士，官至監察御史。與堂兄如士合稱“三莫”，皆進士出身，邑有“三鳳齊鳴”坊。（清《恩平縣志》）

詹甘雨於本年成貢生。

詹甘雨，字肅徵。東莞人。明世宗嘉靖二十九年（一五五〇）貢生。官紹興訓導，擢海寧教諭。事見宣統《東莞縣志》卷四五。

張志生。

張志（一五五〇～一六〇六），字竟成，號襟海。東莞人。萬曆二十年（一五九二）武進士，官虎頭寨守備。調白沙寨，訓練士卒，嚴加防守。有暇即往儋陽書院講學。因性剛氣元，罷官歸家。（《東莞張氏族譜》卷二）

明世宗嘉靖三十年　辛亥　一五五一年

正月初一日，湛若水賦《辛亥元日作》詩云：

我今行年八十六，生平自慶平爲福。平時長在五中居，不管雙輪閒往復。（湛若水《泉翁先生續編大全》卷二〇）

四月，黄衷賦《辛亥夏四月己卯與李璧山遊橋山因覽首丘璧翁有作次韻　一首》詩云：

車驅清曉露，磴躡翠微天。綠野風何遠，朱明火未然。高歌塵外客，縱博橘中仙。更擬乘秋興，來分煮石煙。（黄衷《矩洲

詩集》卷九《草堂續稿》一）

九月二十日，湛若水賦《九月廿日白雲遣興　二首》詩云：

咄咄肩輿小北城，雨餘山色眼俱明。山眉似爲先生展，故遣寒花一路迎。

烏飛兔走尚牢籠，暑往寒來秋已窮。何妨去訪無□伴，左拉安期右赤松。

又賦《送海陽李朝芳盛子順二生還鄉》、《代簡寄薛竹居》、《爲黃肖甫進士壽親六十一華誕》、《爲梁憲甫進士壽親禄峰六十一華誕》、《喜梁憲甫黃肖甫從遊白雲》、《時有馮甥仕卿同遊白雲因爲首尾吟以足其勝》、《寄題黎似齋辭廩學於天關》、《再贈李朝芳還潮陽兼簡薛竹居連珠吟》二首、《送清遠黃一山大尹致政西歸》。（以上七絶）（湛若水《泉翁先生續編大全》卷二〇）

十月十五日夜，湛若水賦《紀夢　有序》詩云：

嘉靖三十年十月十五夜，夢先師白沙先生示以文字一卷，舒之甚長，夢中得其意，覺而忘其言，豈所謂得意忘言者乎？

夜夢自然翁，示我以文字。文字大如拳，紙高亦稱是。卷舒數千年，了了得其意。自然堯舜來，禹湯文武繼。周孔及鄒軻，相傳有何事。可得不可傳，人人有諸己。（湛若水《湛甘泉先生文集》卷二七）

十二月十八日，若水賦《辛亥臘月十八日初得上唐精舍之地於張氏以上塘作上唐蓋有三唐焉帝堯爲上唐李唐爲中唐若五代之唐斯爲下矣偶得二絶以紀其勝云》詩云：

白雲洞口上唐村，似有唐堯舊俗存。鑿井耕田忘帝力，十家雞犬共籬門。

萬青一色擁柴門，九曲六流同繞村。山水不知行客老，年年芳草遊王孫。

馬斛山如戲我前，雙飛蝴蝶來青天。一曲沇□人不和，自歌自拍安期肩。（湛若水《泉翁先生續編大全》卷二〇）

除夕，陳紹文賦《辛亥除夕感懷》詩云：

江城催節雨，入暮轉霏微。春逼梅先放，寒欺燕未飛。誰能同禹惜，吾始覺蕡非。明發成何計，青山屬故薇。（明張邦翼《嶺南文獻》卷二七）

本年黃佐賦《雙節旌門詩》詩云：

粵惟嘉靖辛亥，西蜀撫臺巡院既覆讞囚江蕭氏二節婦行實，以聞於朝。屬者部以例請旌其門，制下有司如令甲。於是東莞令何價詣予，告曰："價也受業先生之門，嘗讀《列女傳》，歎夫名世之賢，蜚英騰茂，雖由父師之訓，亦必有母教焉。《書》稱：'敷文教，奮武衛'，舜禹以來未之或改也。樹德建勳，恒必由茲。仰惟聖天子矢文詰武，和洽萬宇。咨我蕭公，兩巡全粵。其始巡西粵也，芟除巨寇，刻有戰法以訓武。今巡東粵，則表章道學之儒，刻其集以訓文。揆焉，因其地也。價得而讀之，循是以觀，其在伯姒，則罔敢知。若皇贈儒人李氏母，其必有教，如定姜之卜征，孟母之勵學，用貽今休。不然，體國闡誠，其何以經文緯武。材若此，其速且全邪？"言既跽而請曰："崇重貞節，表章而樂道之，天衷之公也，夫子既序之矣。惟是旌門之典，皇命有赫，未盡颺言，價也敢固以請。"予辭不獲，乃爲詩曰：

明昭我皇，敬躋聖神。允文允武，無競惟人。拔奇夷難，邁德振民。丕展彝敘，上明下親。懿此雙節，伯姒叔娣。姒固稱賢，娣以子貴。教子伊何，敦詩說禮。出入烏臺，表表偉偉。猗惟蕭公，進思盡忠。巡彼粵西，有奮元戎。定姜卜征，馘夫之雄。百戰奇法，奏此膚功。復巡東粵，崇我文教。表章先儒，是式是效。孟母勵學，永言克孝。紹衣德言，猶織之懋。惟皇允武，公則詰之。匪母之教，征則匪宜。惟皇允文，公則崇之。匪母之教，又孰可師。文武彝德，既曰母教。貞節昭宣，無德不報。皇錫德音，旌門有誥。爲世作程，於赫斯耀。（黃佐《泰泉集》卷五）

本年區懷年祖父抗倭有功，後懷年賦《述先十章　並序》四言詩，序云：

世廟辛亥間，先祖中憲起家邑宰，勘定島夷，著績東甌，詳於越乘。尋爲忌者所抑，僅以一郡量移，偉伐未酬，天人交憫。爰迨神宗已丑，而先考始雋禮闈，受庶常吉士，優擢史局，記注起居，復以經術爲儲皇友，勸百諷一，三禮告成。既而讒喙鴟張，東山考卜，忘情軒組，樂志典墳，行同謝傅之高，心符展季之達，典型雖遠，直道在人，梓里棠陰，疊申俎豆。小子既承嘉庇，懍隕前徽，追慕不遑，憬然敍述。（區懷年《玄超堂藏稿》）

本年李文彪擴充義軍萬人。

李文彪（？～一五七四），和平人。池仲容部元帥鑒子，承父爲嶺崗寨主。嘉靖三十年（一五五二）擴充義軍萬人，與南贛下歷賴清規、高沙謝允樟互爲犄角，結爲嶺崗三大寨，屢敗圍剿官軍。四十五年（一五五六），和平、龍川、河源、翁源、英德、從化六縣民反，聚眾十萬餘。俞大猷率重兵圍剿，遂棄寨遁。萬曆二年（一五七四）被捕遇害。子珍承志，十五年（一五八八）兵敗。（《和平縣歷史大事記》）

楊一廉於本年成貢生。

楊一廉（一五〇六～一五六五），字思介，號湛泉。大埔人。明世宗嘉靖三十年（一五五一）貢生，授新淦訓導，歷仕至唐王府教授。著有《金川稿》、《歸田稿》等。康熙《潮州府志》卷九上有傳。

韓奕生。

韓奕（一五五一～一六一〇），字禹梁。番禺人。上桂父。能詩。家貧，以授徒爲業。事見《韓節滘公遺稿》卷末附錄《家傳》。

明世宗嘉靖三十一年　壬子　一五五二年

春，張天賦六十五歲，賦《春日與廖子寒江王子麗行楊子泰唐從姪元吉伯珍輩飲於舍弟西湖席中因寒江索題遂吟數首又各似一首今錄其一》詩云：

春日無詩枉慶春，多情喜遇看花人。等來聚首原非偶，話到忘言總有神。謾昔光陰難復舊，且斟盃酒共嘗新。剡溪雪夜舟中月，妙趣憑君獨得真。雪夜子猷訪戴。

又賦《次韻寫懷》詩云：

六十五年又遇春，獨憐過半百年人。難將事業酬天債，莫遣丹青寫我椰。簫鼓兒童爭鬧熱，梅花月色共清新。高朋滿座人如玉，愛我還湏識我真。

再賦《次韻論爲學自得之趣與楊子泰唐》七律。（張天賦《菜岡詩集》卷三）

秋，張天賦賦《壬子秋科送從侄伯珍赴科場兼囑三兒云》詩云：

柳汁當年已染衣，槐黃今值選場期。文章天地分經緯，鸞鳳雲霄展羽儀。老貨卻憐無好價，奇才何幸有明時。佳期洗耳泥金報，拚醉黃蒼酒百巵。（張天賦《菜岡詩集》卷三）

長至日，梁有譽賦《壬子長至》詩云：

曾侍朱衣獻履辰，驚看此日物華新。中原天地猶寒色，南國山川自戰塵。鴻雁塞遥恒避臘，柳梅谷暖暗生春。劚苓採藥原吾分，一醉江樓笑此身。（梁有譽《蘭汀存稿》卷五）

七月十五日夜，湛若水賦《壬子七月十五日夜同黃慎齋司訓周啟政上舍宿白雲御書閣作》詩云：

床敷第一峰，峰頭更高閣。超然出塵寰，何用不寥廓。萬有聲臭無，中夜神明躍。心在不容玩，胡五峰玩心神明是多一玩字。自然本無作。（湛若水《湛甘泉先生文集》卷二七）

冬，盧寧賦《壬子冬北上陸行遇風》詩云：

自撲囊箱買轡鞍，朔風吹岸嗣眉酸。行行呼急征鴻暮，片片飛浮落木乾。竹葉淺黃憐力薄，蘆花輕白覺衣單。笑從吏計圍貂領，十載官資換尚難。（盧寧《五鵲別集》卷上）

十一月初四日，霍與瑕賦《初四日舟至觀音巖憶諸兄弟集古寄懷　壬子冬十一月》、《代諸兄贈予和前韻盍嗟於弟行役之意也》（以上四言）。（霍與瑕《霍勉齋集》卷二）

除夕日，黃佐賦《江南弄七首　有序》詩云：

癸丑迎春前一日，有司送女舞來閱，鼓箏作採蓮曲一闋，猶未成腔，階下群伶喝采。予遽賞之，使去，皆屏伏於庭，有陽盛陰退之象焉。因竊取宋王①之義，按古樂府賦此。末章寒畎畞之丹悃也。置諸簏中，不以示人。近偶搜出，改竄再三，亦終不工。古今人不相及，信夫。

　　江南弄

桃花婀娜隨輕風，芳顔照灼舒春紅，垂手攘袖舞未終。舞未終，歌羽衣。行雲駐，梁塵飛。

　　龍笛曲

朱唇掩抑呈妙音，綠水澹蕩聞龍吟。長嚲遠引搖春心。搖春心，破春寒。動光風，汎崇蘭。

　　採蓮曲

青娥翠楫行彩舟，蓮花未綻含嬌羞。顰眉聚黛揚清謳。揚清謳，度修渚。炫明妝，澹容與。

　　鳳笙曲

騰鸞起鳳吹參差，幽簧動翩纖指移，珠垂玉振爲君施。爲君施，間歌作。拊秦箏，奏別鶴。

　　采菱曲

鈿花蔔葉浮香霧，蘭槳桂楫搖江步，采菱聲合流雲度。流雲度，和風吹。振羅袂，行相隨。

　　遊女曲

聯娟翠翰映玉光，縠衣繡袿嬉江陽，淩波解珮遊龍翔。遊龍翔，聞薌澤。發浩倡，聚行客。

　　朝雲曲

朝雲飄忽巫山臺，扶光照耀群陰開，瑤姬屏伏陽春來。陽春來，散鬱滯。祝君王，千萬歲。（黃佐《泰泉集》卷四）

　　本年林大春賦《周進士挽詩　四首 有序》五律詩四首，序云：

　　進士諱汝器，河南人。未第時嘗夢見余名於日中，有老人在雲霧裏指示

————————

　　①　宋王，疑當作"宋玉"。

之曰："若進必同此生也。"後果與余同對大庭，遂辱遊好。嘉靖辛亥進士
當入選補邑，尋以病不拜。明年得告歸，未行而卒。（林大春《井丹林
先生文集》卷三）

　　韋憲文於本年中舉人。

　　韋憲文，字純顥（一作顥），一字洪初。順德人。明世宗嘉
靖三十一年（一五五二）舉人。初授泰和教諭，歷官馬湖同知，
調黑鹽井提舉，終靖江長史。晚歸會城，闢石渠洞，與門人發明
師説。大約其學出江門而參合餘姚，以豐城爲宗。著有《學測
集》。溫汝能《粵東詩海》卷二八、阮元《廣東通志》卷二八一
有傳。

　　梁有貞於本年中舉人。

　　梁有貞，字西麓。順德人。有譽弟。明世宗嘉靖三十一年
（一五五二）舉人，官綿州知州。事見阮元《廣東通志》卷七四。

　　鄧于蕃於本年中舉人。

　　鄧于蕃，字白屏。明世宗嘉靖三十一年（一五五二）舉人，
歷鹽運同知。事見阮元《廣東通志》卷七四。

　　梁士楚於本年中舉人。

　　梁士楚，字思立。番禺人。明世宗嘉靖三十一年（一五五
二）舉人。初授麗水教諭，遷詔安知縣。尋以平倭功遷福建練兵
僉事，轉巡視海道，陞貴州參議。著有《説木灣集》、《沿海要害
圖説》。阮元《廣東通志》卷二八一，潘楳元編、譚瑩續《廣州
鄉賢傳》卷三等有傳。

　　鄒可張於本年中舉人。

　　鄒可張，南海人。明世宗嘉靖三十一年（一五五二）舉人，
官建陽知縣。溫汝能《粵東詩海》卷二八、事見阮元《廣東通
志》卷七四。

　　佘國璽於本年中舉人。

　　佘國璽，號南塘。揭陽人。明世宗嘉靖三十一年（一五五
二）舉人，官如皋知縣。乾隆《揭陽縣志》卷六有傳。

陳三俊於本年中舉人。

陳三俊，字澤吾。南海人。明世宗嘉靖三十一年（一五五二）舉人，官連城知縣。事見阮元《廣東通志》卷七四。

胡世祥於本年中舉人。

胡世祥，字光甫，號曙庵。博羅人。明世宗嘉靖三十一年（一五五二）舉人，官南曹郎。後隱於羅浮山。阮元《廣東通志》卷二九一有傳。

何維椅於本年中舉人。

何維椅，字喬佐，別字二爲。三水人。維栢弟。明世宗嘉靖三十一年（一五五二）舉人，庶吉士。事見清嘉慶《三水縣志》卷九。

翟守謙於本年中舉人。（雍正《東莞縣志》卷八《選舉》二）

翟守謙，字時益。東莞人。明世宗嘉靖三十一年（一五五二）舉人。三十八年（一五五九）己未就署邵陽教諭，檄領濂溪書院事，尋檄著邑志。四十年辛酉典闈文衡。丁憂，補諭博野，尋升保定令。調貴縣，丁父憂，隆慶四年（一五七〇）庚午起補臨桂。萬曆三年（一五七五）乙亥，晉贛州郡倅，卒於任。子繩祖，有經世志，嘗詣闕上書。郭棐《粵大記》卷二〇有傳。

何道瀾於本年中舉人。

何道瀾，字濬伯。順德人。明世宗嘉靖三十一年（一五五二）舉人，四十一年壬戌授鄖城教諭，四十三年（一五六四）甲子聘主江西鄉試，明年乙丑署長葛縣。尋遷安化縣，升上思知州，平土司亂。積勞成疾，乞休歸。潘楳元、譚瑩《廣州鄉賢傳》卷三有傳。

陳嗣光於本年中舉人。

陳嗣光，南海人。明世宗嘉靖三十一年（一五五二）舉人，爲通道令，卒於官。阮元《廣東通志》卷二八二有傳。

　　陳一敬於本年中舉人。

　　陳一敬，程鄉人。父舜民，祀鄉賢。一敬中明世宗嘉靖三十一年（一五五二）舉人，歷官東安、同安知縣，擢上思知州。吳道鎔《廣東文徵作者考》卷四有傳。

　　孔煦於本年中舉人。

　　孔煦，字東熙，號竹城、東川。清遠人。明世宗嘉靖三十一年（一五五二）舉人（一作鄉試副榜）。萬曆四年（一五七六）歲薦，七年分教湖口，講修身爲本之學。升新興教諭，擢知龍南縣，遷衡州教授。著有《易經粹意》、《學庸說旨》，《兩京》等賦，《遊燕》、《鐘音》、《龍山》、《筠城》諸集。吳道鎔《廣州文徵作者考》卷四有傳。

　　鄧周於本年中舉人。

　　鄧周，字子德。樂昌人。嘉靖三十一年（一五五二）舉人。授江西武寧教諭，遷石城知縣。歸里嘗出資立文會，並助知縣張祖炳改建學宮。（《樂昌縣志》）

　　李佐於本年中舉人。

　　李佐，字叔宰，號南岡。從化人。嘉靖三十一年（一五五二）舉人。授廣西全州學正、梧州府推官、湖廣辰州府同知。（清《從化縣志》）

　　陳誥於本年中舉人。

　　陳誥，字惟異。新會人。弱冠中嘉靖三十一年（一五五二）舉人，授興化州通判。家居清苦，每把卷長吟。著有《貽燕堂詩集》。（《廣州府志》卷一二六）

　　鍾道於本年中舉人。

　　鍾道，字子宏。五華人。嘉靖三十一年（一五五二）舉人。初任山東昌邑教諭，歷升福建邵武府同知、南京戶部員外郎、工部郎中等職。爲人樸實剛直。任北津關稅監督時，有姓黃者倚勢偷稅，道依法懲辦。後爲黃某傾軋去職。（《五華縣志》、《長樂縣

志》、《乾隆嘉慶州志》）

　　郭岱於本年中舉人。

　　郭岱，番禺人。嘉靖三十一年（一五五二）舉人，侯官教
諭。爲人溫厚，取予有節。擢知縣。（同治《番禺縣志》卷三九）

　　唐守文於本年中舉人。

　　唐守文，番禺人。守勳弟。嘉靖三十一年（一五五二）舉
人。（阮元《廣東通志》卷二七九）

　　謝君錫於本年中舉人。

　　謝君錫（？～一五五九），海陽（今潮州）人。與林大欽善。
嘉靖三十一年（一五五二）鄉貢，三十三年授福建福安訓導。三
十八年四月，倭寇犯福安，分守西門，流矢中面，不爲動。城
陷，具衣冠拜於孔廟，觸柱死。（《井丹詩文集》卷十二）

　　譚經於本年中舉人。

　　譚經，番禺人。嘉靖三十一年（一五五二）舉人。司教江
華，學問淵深，擢建德知縣。（同治《番禺縣志》卷三九）

　　林熙春生。

　　林熙春（一五五二～一六二九），字志和，號仰晉。海陽
（今潮州）人。明神宗萬曆十一年（一五八三）進士。授巴陵知
縣，以母喪歸，服闋補將樂知縣。擢戶科給事中，歷禮科右給事
中、兵科左給事中，至工科都給事中，多所建白。二十三年（一
五九六），帝以兵部考選軍政事有弊，斥去言官三十四人。熙春
毅然上疏諫之，帝益怒，謫爲茶陵判官，遂引疾歸，家居二十六
年。明光宗泰昌元年（一六二〇），復起爲光祿寺少卿，歷遷太
僕少卿、右通政、太僕寺卿、太常寺卿、大理寺卿。大理寺案牘
如山積，乃力爲釐剔。明熹宗天啟四年（一六二四），六次上疏
乞休，晉戶部左侍郎，予告歸。居鄉多爲善事。年八十以壽終。
贈尚書，諡忠宣。著有《賜閒草》、《賜還草》、《賜傳草》、《城
南書莊集》、《林忠宣全集》等。康熙《潮州府志》卷九上有傳，

事又見《明史》卷二三四、清馮奉初編《潮州耆舊集》卷二九、溫汝能《粵東詩海》卷三八。室吳月素，吳川人。著有《養和堂吟草》。陳融《讀嶺南人詩絕句》卷十五有傳。

利瑪寶生。

利瑪寶（Matteo Ricci，一五五二～一六一〇），字西泰，義大利人。萬曆十年（一五八二）奉派來華。初於廣東肇慶傳教，後任在華耶穌會會長。二十九年在廣東海南人尚書王弘誨引導下進京，進呈自鳴鐘及《坤輿萬國全圖》等，並與士大夫交往。與徐光啟合作，出版了歐幾里德《幾何原本》前六回譯本。印刷《畸人十篇》，編纂歷史著作《基督教遠征中國史》。病卒後葬北京。

明世宗嘉靖三十二年　癸丑　一五五三年

三月，霍與瑕賦《贈練臺子　癸丑》詩云：

淡淡素秋雲，冷冷碧江水。悠悠末世交，無情盡如此。卓彼練臺子，高誼獨洵美。雞窗廿載前，貞心誓如矢。萍逢廿載後，久要殊未弛。道及骨肉親，悽酸不堪比。子親未歸藏，予懷當何似。買山不用錢，購子青蔥時。百歲歸其宅，千秋永不毀。厚澤蘇枯朽，高懷消客鄙。挺然百川中，立此狂瀾砥。神聽且和平，民瞻具仰止。奕奕此景行，芳聲誰為紀。嘆息復嘆息，操觚備詩史。

又賦《琴軒　癸丑季春臨青》五古四首。（霍與瑕《霍勉齋集》卷四）

五月二十八日未刻，王漸逵《紀瑞　有序》詩云：

癸丑歲仲夏二十有八日未刻，予攜酒，同右溪諸昆飲於越秀山下。初日色晶明，忽見黑雲垂起蓋日，風雷轟然潛動於中天。須臾，遂見五色燦爛盈目，環匝於日，久之乃散，雷風亦止。予與右溪且驚且喜，不知是何祥也。古今稱慶雲者甚少，茲非其類耶？古今之所罕遇者，亦有生之幸也。因詩以紀。

朱火流仲夏，溽暑氣方蒸。忽然朗風至，午色敞晶熒。中天黑雲起，與日俱騰升。風霆互藏宅，隱隱潛其形。須臾晦復霽，囷輪倏然生。鬱芬環日禦，濃麗昭帝庭。駢連五芝芳，燦若文錦成。飆光映下土，芒燄燭太清。吾聞啟靈秘，慶雲同景星。元和運樞極，二五流化精。自古傳其瑞，於今見休徵。披衣立階際，瞻望肅儀形。吾生眇然質，際此皇圖禎。焚香默以禱，永顧登文明。（王漸逵《王青蘿先生詩集·白雲稿》）

秋，霍與瑕賦《寄沈尹四首　癸丑秋》五古四首。

冬，與瑕賦《贈沈尹北征　癸丑冬》五古八首。（霍與瑕《霍勉齋集》卷四）

本年區越八十六歲，賦《壽誕黃菊初開邑長諸公惠禮賦此以謝》詩云：

九月名花十月開，適逢誕日啟賓曇。何須白社攢眉公，自有江州送酒來。老負君恩慚補報，偶同生物冒栽培。諸公日共花前醉，八十六年春又梅。（區越《區西屛詩集》卷二）

本年蕭應韶賦《癸丑監中送謝寧灣南旋》詩云：

憐君歸棹遠，握手強爲歡。楓落驚秋早，江空覺夜寒。漁人即晚渡，詞客嘆時艱。莫羨煙霞好，蒼生憶謝安。（張邦翼《嶺南文獻》卷二七）

本年林大春賦《顧徵君家園詩八首　並序》五律詩，序云：

徵君園名江黃間，園以八景名焉。客有從之遊者，賦詩八篇，江南人士聞而和之甚眾。嘉靖癸丑傳至京師，作者隱隱起臺署中，會余至自海上，辱與其仲子居，雖非能作，頗幸聞焉，因欲寓翰茲園，而徵君且攜仲子之家至矣，乃親接其人，談其勝，壽以此詩。（林大春《井丹林先生文集》卷三）

張于逵於本年中進士。

張于逵，字鴻與。番禺人。嘉靖三十二年（一五五三）進士，任武昌知縣，擢浙江清吏司主事，署員外郎，知台州。歸，琴書而已。著有《省庵集》。（同治《番禺縣志》卷四〇）

周望於本年中進士。

周望，字道見，號章山。東莞人。嘉靖三十二年（一五五三）進士，授工部都水司主事，於淮河造船，率兵斬殺放火燒船之倭寇二十四人。官浙江嚴州知府，築堤壩。調陝西，署太僕寺少卿。（光緒《廣州府志》卷一二四）

郭敬賢於本年中進士。

郭敬賢，字桂溪。海陽（今潮州）人。嘉靖三十二年（一五五三）進士，選庶吉士。累官至禮部給事中。（乾隆《潮州府志》卷二六）

彭潔於本年成貢生。

彭潔，字子澄。台山人。嘉靖三十二年（一五五三）貢生。選授漳州府訓導，升南平教諭。（《新寧縣志》）

明世宗嘉靖三十三年　甲寅　一五五四年

五月初五日，陳一松賦《午日謁屈賈二先生祠有感而賦歲嘉靖甲寅也》詩云：

傷屈

去國已多恨，況乃宗將頹。大夫成自放，漁父謾相猜。白雨沉沙沒，清風激浪回，獨憐餘誅草，空作楚騷裁。

三閭不可作，千古有餘悲。精靈向何處，宗國竟去之。頹風仍逝水，落日自荒祠。不盡臨湘意，含凄賦採蘺。

懷賈

漢文稱右士，太傅卻退遷。豈謂才蒙忌，終於志轉憐。蜚鴻魂自愴，神鬼席空前。惟有治安策，猶能千載傳。

披策叩宸扉，瑰才近代稀。胡爲湘水賦，空使壯心違。論惜過秦是，人憐事漢非。觀風訪遺廟，懷古不勝欷。（溫廷敬《潮州詩萃》甲編卷四）

七月初三日，湛若水賦《甘泉子成童時館坡山白蓮池東房嘉靖甲寅夏李氏右坡青霞父子邀飲於大鍾之樓舊跡變遷惕焉感懷①》詩云：

> 白蓮池上覓仙蹤，有仙人腳跡。曾聽攢眉夜夜鐘。七十年前燈火地，東尋無路白雲封。

八月，張天賦賦《甲寅八月約大田胡同登釣臺次舊韻》七律詩二首。（張天賦《㷍岡詩集》卷三）

九月初十日，天賦賦《甲寅九月十日登神光山紀事》詩云：

> 九日先塋薦野殽，不妨十日謾登高。黃花遲結百年約，白髮豪吟兩鬢搖。千古神光應復氣，一泓墨沼可濡毫。茱萸永戴多花實，此際重遊不憚勞。（張天賦《㷍岡詩集》卷三）

十二月末，饒相賦《甲寅殘臘余將以家難南歸鄱湖別王樂湖年兄兼呈李景山先生》詩云：

> 人世關情惟聚散，宦途無復計浮沉。投杅此日來讒口，嘗膽何時白苦心。風浪撼天終有定，重雲蔽日豈長陰。廿年交誼類陳厚，分手江頭思不禁。

又賦《甲寅除夕書懷》詩云：

> 分備漸無補，淹留忽歲殘。淒風催短景，臘雪作凝寒。世路人心險，他鄉客鬢單。親闈千里夢，旅舍百憂攢。萬感悲歡集，孤蹤進退難。防危身佩劍，罹枉髮衝冠。衰鬢驚年換，幽懷坐夜闌。畫堂燒絳蠟，對影共盤桓。（饒相《椿桂集》之《三溪詩草》）

除夕夜，陳紹文賦《甲寅守歲》詩云：

> 斜雨暮霏霏，孤城西月微。花應先暖動，燕似逼冬歸。北土多戎馬，南山空蕨薇。草玄猶未就，垂老掩雙扉。（張邦翼《嶺南文獻》卷二七）

---

① 翁方綱《粵東金石略》卷一錄有此詩，題作《題坡山白蓮池》，於詩後題曰："甘泉子成童館坡山白蓮池東房。嘉靖甲寅夏，李□□青霞父子邀飲於大鍾之樓，舊跡變遷，惕焉感懷。時是秋七月三日，前南京兵部尚書湛若水書。"（湛若水《泉翁先生續編大全》卷二〇）

本年區越八十七歲，賦《誕日謝諸賢稱賀》詩云：

藜杖朝朝出探梅，轉頭八十七年來。賓筵雖設無奇玩，縫掖相過總異才。高論故知橰可壽，清歌須用酒爲媒。名家步樂年年是，繞膝兒孫戲老萊。

又賦《壽日侄元升以詩致賀用韻》、《答孫婿尹茂才余春元壽章》、《子婿何茂才稱觴祝壽依韻答之》。（以上七律）（區越《區西屏詩集》卷二）

本年鍾允謙賦《過謝家埠》詩云：

昔年從宦此維舟，回首重來廿六秋。童稚光陰渾夢寐，壯强功業愧弓裘。山川不改千春色，世事真如拍浪漚。悟到超然應自得，小舟端坐看江流。（陳是集《滇南詩選》卷二）

本年黎民表賦《和陶徵君飲酒》詩二十首，序云：

僕自垂髫操翰，涉於强仕之年，六上京師，迄於空返。蹇劣之效，斯已彰矣。甲寅歲，言歸故山，始營隱居之所。暇日覽《陶靖節集》，有《飲酒》詩二十首，輒依其韻爲之。意率詞俚，取諸胸臆，觀者幸略其辭而原其心焉。（黎民表《瑤石山人稿》卷二）

本年倭寇犯蘇松，黄尊慷慨應募，率兵與倭戰於三墩。

黄尊，新會人。以掾吏滿考將授職，有才略。嘉靖三十三年（一五五四），倭寇犯蘇松，兵部郎中奉檄招募廣兵，尊慷慨應募，率兵與倭戰於三墩，再戰蕉樹墩，均大捷，斬首數千，倭寇膽喪。後遇寇得勝港口，後援不繼，戰死。旌其門曰“忠義”。（《廣州府志》卷一二六）

蘇季達於本年成貢生。

蘇季達，字德孚，號獲庵。東莞人。明世宗嘉靖三十三年（一五五四）貢生①，授武學訓導，遷浙江景寧教諭，歷榮府教授。著有《金陵雜稿》。張其淦《東莞詩錄》卷十二有傳。

---

① 一作嘉靖三年（一五二四）貢生。

明世宗嘉靖三十四年　乙卯　一五五五年

　　春，張天賦賦《乙卯春遊國泰巖》七律詩四首。（張天賦《葉岡詩集》卷三）

　　正月初一日，湛若水步嚴嵩詩韻，賦《乙卯元日祝聖臺即事步介翁大學士自述韻》詩云：

　　登臺躩躒喜胡然，九十逢元祝聖天。炙背熙熙同舜日，齊聲萬萬頌堯年。列宿中天扶帝座，從吾平地作神仙。明良相遇真難得，九五飛龍應在田。（湛若水《泉翁先生續編大全》卷二一）

　　二月，霍與瑕賦《送王巾川北歸二首　乙卯仲春》五古。

　　十五日，又賦《贈別》詩云：

　　有客自北來，來居歷三冬。仲春二月半，歸思忽匆匆。酌酒欲餞之，清尊良易空。折花將贈之，碧桃已脫紅。抱此耿耿懷，高歌對春風。

　　燦燦野塘花，盈盈碧江水。花開天地春，水滿蛟龍起。丈夫遠遊學，志量應無涘。飽泡羅浮雲，歸去疇堪擬。珍重遠著鞭，脩途馳逸軌。

　　春風把春酒，送遠意何深。春雨生春水，歸棹去何駸。春雲覆春山，極目渺何陰。孤舟涉瀾灘，悠悠勞我心。何日梅關外，飛鴻傳遠音。平安三兩字，以慰此孤襟。（霍與瑕《霍勉齋集》卷四）

　　五月，湛若水賦《小詩代啟通謝南北祝壽諸賢　乙卯五月》詩云：

　　定超六合到生生，前次詩句。賢哲三千祝永齡。短世息存吾守一，乾坤不管共清寧。（湛若水《泉翁先生續編大全》卷二〇）

　　本年張天賦賦《乙卯種神光山陰路松總事》詩云：

　　葉岡岡上樹成叢，分種神光十八公。分付遊人無剪伐，綠陰滿路引清風。（張天賦《葉岡詩集》卷二）

　　本年陳紹文賦《乙卯李三洲都憲訊予北上之期賦此答之》

詩云：

向來閉閣討玄思，往事空嬴兩鬢絲。老豈敢應西苑召，病惟深愧北山移。三茅道士餐松賦，五柳先生采菊詩。六六洞天何處所，撥雲飛舄任吾之。（明張邦翼《嶺南文獻》卷二八）

本年林大春賦《誥封恭人顧母挽詩　並序》詩云：

曩楚人盧生爲余道顧母之賢，相其君子有隱德，所居容膝，其地窄而不鏝，其戶簾而不飾，二子皆以學致大官。余嘗辱其子遊，余過蘄，母使使饋之食。余登其堂，良然。嘉靖甲寅，誥封爲太恭人，明年卒。余乃與友人錢惟重作詩輓之。

憶昔聞母賢，盧奎爲我言。相夫服山林，鉛華蚤見捐。所居何必廣，取足事蘋蘩。垂簾傳一經，席地思三遷。二子振英風，荀薛光後先。一撫西南夷，瘡痍方息肩。一執皋陶法，匍匐多平反。余亦汗漫遊，執戟從周旋。往年過其廬，賢母授我餐。問訊北堂前，所聞誠獨然。聖主重徽音，命復淩雲煙。云何厭紈綺，白玉朝真仙。空餘教子機，猶聞女誡篇。好德兼懷飯，斯文倘可傳。（林大春《井丹林先生文集》卷一）

姚光虞於本年中舉人。

姚光虞，字繼如。南海人。明世宗嘉靖三十四年（一五五五）舉人。歷仕十九年，官至慶遠知府。嘗從黃佐學，工詞翰。著有《玉臺》、《薊門》、《西遊》諸稿。溫汝能《粵東詩海》卷二八、阮元《廣東通志》卷二八二等有傳。

彭應乾於本年中舉人。

彭應乾，番禺人。明世宗嘉靖三十四年（一五五五）舉人，官興化府通判。事見阮元《廣東通志》卷七四。

黃志尹於本年中舉人。

黃志尹，字古泉。番禺人。明世宗嘉靖三十四年（一五五五）舉人，官湖廣興寧縣知縣。事見阮元《廣東通志》卷七四。

王鳳翎於本年中舉人。

王鳳翎，字九苞，又字儀明、宜明，號鳴岡。東莞人。明世宗嘉靖三十四年（一五五五）舉人，官廣西宜山知縣。事見阮元《廣東通志》卷七四。

　　佘光裕於本年中舉人。

　　佘光裕，字武可，一字江石。順德人。明世宗嘉靖三十四年（一五五五）舉人。屢困公車，就懷寧敦諭。四十四年（一五六五）擢湖廣桃源令。丁外艱，服闋。補博白，復丁内艱，未任。穆宗隆慶六年（一五七二）改令廣西柳城，以功升荆藩左長史。卒於官。著有《江石集》。郭棐《粵大記》卷二〇、阮元《廣東通志》卷二八一等有傳。

　　黃在袞於本年中舉人。

　　黃在袞，字公補，號水南。順德人。著子，民表甥。明世宗嘉靖三十四年（一五五五）經魁，官縉靈教諭，擢廣西賀縣知縣。溫汝能《粵東詩海》卷二九、吳道鎔《廣東文徵作者考》卷四等有傳。

　　黃在裘於本年中舉人。

　　黃在裘，字應洲。順德人。著子，在袞弟。明世宗嘉靖三十四年（一五五五）舉人，官國子監博士。事見阮元《廣東通志》卷七四。

　　黃在素於本年中舉人。

　　黃在素，字（一作號）水濂，一字幼璋（一作彰），號楚庭。香山人。佐次子。明世宗嘉靖三十四年（一五五五）舉人，官至福建漳州府通判。黃映奎《香山黃氏詩略》卷七有傳。

　　黃應芳於本年中舉人。

　　黃應芳，字世卿。東莞人。明世宗嘉靖三十四年（一五五五）舉人，官宜章知縣。張其淦《東莞詩錄》卷一二有傳。

　　梁直於本年中舉人。

　　梁直，字養浩，一字允行。號集吾。東莞人。明世宗嘉靖三十四年（一五五五）舉人，官雲南廣南知府。張其淦《東莞詩錄》卷一二有傳。

林萬韶於本年中舉人。

林萬韶，字濂泉。南海人。明世宗嘉靖三十四年（一五五五）舉人，官同知。事見阮元《廣東通志》卷七四。

楊茂先於本年中舉人。

楊茂先，字孺培。南海（一作番禺）人。紹震子。明世宗嘉靖三十四年（一五五五）舉人，官福州府推官、永寧同知。著有《草元居集》。事見阮元《廣東通志》卷七四。

謝元光於本年中舉人。

謝元光，字愧吾、於宰。番禺人。與思父。明世宗嘉靖三十四年（一五五五）舉人，歷官新昌教諭、永寧知州、廣西上石西州知州。清光緒《廣州府志》卷一二〇有傳。

張正熙於本年中舉人。

張正熙，字道亨，號鏡山。博羅人。明世宗嘉靖三十四年（一五五五）舉人。四十一年（一五六二）壬戌謁選，署將樂諭事，日擁皋比悔諸生。四十三年甲子分校浙闈，多得名士。擢陸川令，調嶍峨。都御史鄒應龍檄帥諸兵討賊，賊遁，眾謀職良民報功，堅持不可，解組歸，築臺東皋，力田教子。卒祀鄉賢。子萱，與其弟萃同舉壬午鄉試。郭棐《粵大記》卷二十有傳。

潘大行於本年中舉人。

潘大行，順德人。明世宗嘉靖三十四年（一五五五）舉人，官寧化知縣。吳道鎔《廣東文徵作者考》卷四有傳。

鄭夢賚於本年中舉人。

鄭夢賚，番禺人。嘉靖三十四年（一五五五）舉人，福建崇安教官，升邵武知縣，晋秦州知州。（同治《番禺縣志》卷四十）

梁喬幹於本年中舉人。

梁喬幹，字瑶山。三水人。少從湛甘泉遊。嘉靖三十四年（一五五五）舉人，福建漳平縣令。值倭寇犯境，早作防禦，倭不敢擾。著有《性理訓釋》、《諸子要義》等。（同治《番禺縣志》卷四十）

樊于震於本年中舉人。

樊于震，番禺龍眼洞人。嘉靖三十四年（一五五五）舉人，明亡，於順治七年（一六五〇）投水自盡，年百餘歲。（阮元《廣東通志》卷二八四）

李炤於本年中舉人。

李炤，字伯明。大埔人。明世宗嘉靖三十四年（一五五五）舉人。官南安通判。事見阮元《廣東通志》卷七四。

黎永正於本年中舉人。

黎永正，番禺人。伯興子。明世宗嘉靖三十四年（一五五五）舉人。善書，得鍾繇、王羲之之法。粵中記載多經其校讎。（同治《番禺縣志》卷三九）

潘大壯於本年中舉人。

潘大壯，字健行。新會人。伯興子。明世宗嘉靖三十四年（一五五五）舉人，授臨江別駕，繼攝清江、新淦、新喻，補大理別駕。署曲靖，辟臨建橋，竟爲人所中，罷官歸，事雙親。（清《新會縣志》）

周子造於本年中舉人。

周子造，英德人。明世宗嘉靖三十四年（一五五五）舉人。能詩文。吳道鎔《廣東文徵作者考》卷四有傳。

陳顯於本年成貢生。

陳顯，開建（今屬封開）人。嘉靖三十四年（一五五五）貢生。官遷江縣知縣。有《梅花百詠》。康熙《開建縣志》卷八有傳。

葉懋於本年成貢生。

葉懋，字維新，號右蒼。南海人。明世宗嘉靖三十四年（一五五五）貢生，授文昌訓導。著有《瓊屋集》、《幽居集》。溫汝能《粵東詩海》卷二九、吳道鎔《廣東文徵作者考》卷四等有傳。

李越於本年成貢生。

李越，字士卓。台山人。明世宗嘉靖三十四年（一五五五）歲貢生，司訓漳浦七載，升教授。（《新寧縣志》）

明世宗嘉靖三十五年　丙辰　一五五六年

六月，霍與瑕賦《聞甘泉師翁遊南嶽歸志喜　丙辰六月吉水舟中》詩云：

隻影天南無伴侶，九旬兩度下西瀧。壯年風韻今猶是，良夜月明歌更長。衡嶽白雲添五色，江門清派滿三湘。湖南豪傑多能者，衣缽今歸何處鄉。

又賦《寄何麓池臨江通府》七律。（霍與瑕《霍勉齋集》卷九）

十月，招匠鍬泥中，得異香如珠，色如松瀝，手撚之，異香不散，燒之，其味更清雅可人。匠曰：“坭香。”後張嗣綱賦《坭香　嘉靖三十五年丙辰陽月招匠鍬泥中，得異香如珠，色如松瀝，手撚之，異香不散，燒之，其味更清雅可人。匠曰：“坭香。”後考韻曰：“大良國人候鳥，林上異禽翔集，下有群魚遊，則有伏龍吐於泥中。”》詩云：

水色精靈萃此川，伏龍何日吐香涎。群魚爭戲桃花浪，異鳥來棲貝樹煙。如瑰如珠人不識，成鈞成瓦匠能傳。須知異品從天降，吩咐兒孫寶萬年。（張嗣綱《戈餘詩草》卷下）

十一月二十日夜三鼓後，湛若水賦《紀夢詩　有序》詩云：

丙辰十一月二十夜三鼓，忽夢或人、道林與予三人徘徊間，道林與或人論道，道林自得。或人以飲酒譬道，道林訂之曰：“如飲酒能醉，乃可譬道。”予從而正之曰：“猶墮聲臭，《詩》曰‘不醉無歸’，《語》曰‘唯酒無量，不及亂，能歸不亂乃道也。”覺而歎曰：“此夢耶？其非夢耶？士有曠百世而相感者，不誣矣。”覺而紀之，以詩將告道林。

道林入我夢，萬里倏感通。即此可悟道，羚羊有何蹤。飲酒非譬道，酒醉庶形容。予曰然非歟，猶墮聲臭中。一唯諒非難，得之安由從。悠悠千載下，對爾心融融。（湛若水《湛甘泉先生

文集》卷二七）

本年黎民表賦《鄔將軍平寇歌》詩云：

大羅之山莽回互，石林岸崿盤西楚。懸梯織鐵難躋攀，朝啼
鼯鼯夜猛虎。茆棚竹箐何縱橫，三峽黃昏怨行估。上書無人扣北
闕，忍使蒼生茹荼苦。丙辰之歲尤跳梁，羽檄交弛震霆怒。樓船
下瀨遄出師，詔遣將軍持繡斧。荊蠻象郡抽精銳，漓水湟川動鼙
鼓。陰厓殺氣迴長風，白日精靈泣飛雨。將軍功成振凱歸，大旱
為霖救焦土。伏波銅柱安足誇，崑崙之捷可重覯。問君謀略何太
奇，昔日東吳遏倭虜。丹書獸錦從天下，大纛高牙自能取。吁嗟
四海今承平，南粵再見煙塵清。明珠貢篚歲豈乏，玉門斥堠無脩
營。更煩牛酒休軍士，函谷封泥不用兵。（黎民表《瑤石山人稿》
卷三）

本年陶益以明經授江西永新訓導。

陶益（一五二○？～一六○○？），字允謙，號練江居士、江
門迂客。其祖本為鬱林人，附籍新會。明世宗嘉靖三十五年（一
五五六）以明經授江西永新訓導。讀書博學強記，精易通理。嘗
日集諸生，講白沙之學於明倫堂；又構檻墩書屋，讀書其中。撫
按交薦，以目疾辭歸，年八十卒。著有《練江子檻墩集》。清顧
嗣協《岡州遺稿》卷五、溫汝能《粵東詩海》卷二一有傳。孫
杜，字昭美，與兄天球、侄鎧俱能詩，為鬱林司訓以老。言良鈺
《續岡州遺稿》卷一有傳。

鄭旻於本年中進士。

鄭旻（一五一七～一五七六），字世穆（卿），號崒山。揭陽
人。明世宗嘉靖三十五年（一五五六）進士。初授兵部主事，歷
武選郎中。出守大名、歸德，累官至貴州左布政使，卒於官。著
有《崒山談言》、《哀拙集》。溫汝能《粵東詩海》卷二九、吳道
鎔《廣東文徵作者考》卷四等有傳。

黎民衷於本年中進士。

黎民衷，字惟和，號雲野。從化人。貫次子、民表弟。明世

宗嘉靖三十五年（一五五六）進士。官吏部驗封司郎中，出爲廣西參政，卒於民變。著有《司封集》。溫汝能《粵東詩海》卷二九、阮元《廣東通志》卷二八〇等有傳。

陳萬言於本年中進士。

陳萬言（約一五五二—一六二七），字道襄，別號海山。南海人。明世宗嘉靖三十五年（一五五六）進士。授池州府推官，尋擢監察御史、大名兵備副使，轉江西右參政。爲忌者排擠，致政歸，結社浮邱，優遊林泉。年七十五卒。郭棐《粵大記》卷一八、阮元《廣東通志》卷二八一等有傳。

張大猷於本年中進士。

張大猷，字元敬（政）。番禺（或作順德、或花縣）人。少負才名。明世宗嘉靖三十一年（一五五二）解元，三十五年（一五五六）進士。官工部主事，歷仕至雲南督學僉事。著有《文章源委》。同治《番禺縣志》卷四〇有傳。

李邦義於本年中進士。

李邦義，字宜之。連州人。明世宗嘉靖三十五年（一五五六）進士。知上虞縣，以績最召爲户科給事中，轉兵科都給事，升太常寺少卿，卒年五十七。同治《連州志》卷七有傳。

李思悦於本年中進士。

李思悦，海陽（今潮州）人。明世宗嘉靖三十五年（一五五六）進士，授無錫、壽昌知縣，歷官南京户部郎中。光緒《海陽縣志》卷一四、卷三七有傳。

崔吉於本年中進士。

崔吉，南海人。明世宗嘉靖三十五年（一五五六）進士，歷官户部員外郎，督理湖廣糧儲。朱次琦、朱宗琦《朱氏傳芳集》卷外有傳。

黄誥於本年中進士。

黄誥，字汝綸，又字君敕。東莞人。嘉靖三十五年（一五五六）進士，授浙江臨海縣令，累官江西吉安府同知。（光緒《廣

州府志》卷一二四、宣統《東莞縣志》卷五八）

黃宸於本年中進士。

黃宸，字文斷。大埔人。嘉靖三十五年（一五五六）進士，任浙江長興縣令，擢贛州知府，擢中憲大夫，授福建按察使，後降衢州知府。病歸，鬱鬱而終，享年六十八。（一九九二年《大埔縣志·人物》）

陳彥際於本年成貢生。

陳彥際，字道章。南海人。大猷父。明世宗嘉靖三十五年（一五五六）貢生，授建寧司訓，遷古田教諭，尋轉柳州府教授。以母老乞歸。溫汝能《粵東詩海》卷二九有傳。

鄧必昌於本年成貢生。

鄧必昌，字希文。始興人。明世宗嘉靖三十五年（一五五六）選貢生，任浙江秀水縣丞。著有《家訓》一冊。（民國《始興縣志》卷八）

明世宗嘉靖三十六年　丁巳　一五五七年

正月十二日，湛若水高年九十二歲，抱玄孫，喜賦《丁巳正月十二日抱玄孫》詩云：

我年九十二，為人祖高祖。正吉抱玄孫，天光臨正午。性□不呱呱，面目已靖好。我若躋舜年，見爾志於道。立此從心根，生生不逾矩。

三月二十五日，若水賦《丁巳三月二十五夜夢坐化時四鼓也夢覺歸寄羅念山諸同志》詩云：

坐化不圖元自在，香煙裊裊升中天。此時忘助皆無有，獨覺靈根歸自然。

又賦《壽羅明府念山六十華誕》。（湛若水《湛甘泉先生文集》卷二七）

九月十五日，王漸逵賦《明月歌別蒙楊二子》詩云：

丁巳之秋九月望日，蒙子之閩之惠安，楊子之北之京師。予與諸君餞二子於秀野亭，是夕天朗氣清，月色晶耀，華彩四射。殆古今以來，不多見也。諸君皆喜奇遇之無幾，嘆良朋之難得，賓主交酬，浩歌浮白，至三鼓乃別。王子乃爲之歌以志云，其歌曰：

有月有月孤且明，三五載望精魄盈。祝融前驅氛沴滅，昭回星漢凝太清。東皋縹緲低芳樹，漸漸靈光生綺戶。斗柄西回河漢橫，七襄東注黃姑渡。今夕何夕辰獨殊，乾象迢迢灝氣虛。尊俎賓筵鍾別思，僕夫在道歌離駒。高秋擊節商星壯，塞鴈南飛轉惆悵。空階促席月涵杯，似惜離人倍相向。二子對月興自高，呼盧喝雉聲更豪。憑闌叱吒千尊廢，眇觀宇宙如鴻毛。但願金輪滿不惜，金尊不空閩燕北。倏然去此月，何時得再逢。今年春夏生魔障，雨雨風風阻清況。只憐汨沒棲人間，豈怨清輝靳天上。君不見韶光奄忽如流梭，有月不對將奈何。王侯列鼎無消息，愁看荊棘生銅駝。（王漸逵《王青蘿先生詩集·樾森稿》）

十二月，盧寧賦《丁巳臘月獻績二首》詩云：

冒雪衝霜入帝京，微勞隨制試承明。七回趨走俱寒月，挨傍春風出禁城。

藹藹東風合曉鶯，陽回應見莢蓂生。九重宮殿曈曈日，梅柳芬芬拂御屏。（盧寧《五鵲別集》卷上）

本年白日晟參與鎮壓扶羅山瑤民起義。

白日晟，字景昕。清遠人。推恩任試奉百戶。嘉靖三十六年（一五五七）參與鎮壓扶羅山瑤民起義，以功升衛鎮撫，兼任撫瑤把總。著有《武安兵略》。（《清遠縣志》卷十八）

吳繼澄於本年成貢生。

吳繼澄，饒平人。明世宗嘉靖三十六年（一五五七）貢生。官宜山訓導。事見清康熙《饒平縣志》卷七。

黃流芳生。

黃流芳（一五五七～一六二八），字若瓚，號愷衷。博羅人。萬曆十三年（一五八五）舉人，十七年進士，知吉水縣，擢同，知。丁艱歸，起補寧國丞。三十一年（一六〇三）擢南京戶部員外郎。三十三年，出守池州。三十七年，擢廣西按察使，部署右江。四十年（一六一二），進布政司參政，署蒼梧凡六載。（光緒《惠州府志》卷三二、乾隆《博羅縣志》卷十二）

明世宗嘉靖三十七年　戊午　一五五八年

春，龐嵩賦《戊午春督濬滇河繼有清查之役寓五華山白雲窩五閱月　二首》詩云：

丹山碧水映蒼洲，臥榻搴簾總勝遊。天際鶩霞歸一覽，雨餘煙黛瀉千愁。五華亂玉空中峙，寶印晴曇坐底收。去去即窮溟海勝，由來身世本虛舟。

花間綠暗已紅稀，日日登臨傍翠微。得意時開金谷酒，弄寒猶試舞雩衣。憑欄曲塢雙鳩語，拍掌招提獨鶴飛。是處總堪吾托宇，出門休訝久忘歸。

又賦《喜歸吟　二首》詩云：

五十年來漸覺衰，煉磨筋骨強撐持。空懷盡瘁功猶拙，頗解知非過每滋。執法有時偏自信，論心千古更誰欺。論者云："以講學欺人，以執法自信。" 國恩深處慚無報，贏向朱明慰所思。七洞從今適所歸，山光物色舊依依。雲收雨歇黃龍洞名伏，天霽樊開白鶴洞名飛。漱石齒沾玄酒淡，括囊弦靜太音稀。仙群定合饒予懶，得振衣時且振衣。（龐嵩《龐弼唐先生遺言》卷三）

秋，李某中嶺南鄉試解元，後林大春賦《送李解元歸嶺南詩並序》：

始余善今國子先生李君，因知君有子，奇士也。歲戊午，李子果舉嶺南鄉試第一，明年至禮部，不遇，留事國子先生，間以先生之命謁余，余幸一再見焉。顧未有言於李子者，而李子尋以是秋歸展墓，且行矣，於是乃以言請，作此送之。

淩霄無俗懷，摘月踰仙嶺。嶺海關賢關，清名徹宸鏡。朝上春官書，眾眼紛難定。寧為失路悲，且復慰晨省。趨庭奉餘歡，投詩訪予病。輝光一再逢，煩襟思重整。一旦膏車歸，微霜度林

景。會少別苦新，意深言未罄。豈不念離憂，所重從親令。丘隴
鳳所懷，展謁義斯正。天遠羅浮高，日出扶桑瑩。安得從子遊，
千古尋幽勝。南望倚秋空，爲子發孤詠。（林大春《井丹林先生
文集》卷一）

本年張希齡用家財募兵百五十人，隨官府平賊。

張希齡（？～一五五八），五華人。任益王府禮官。嘉靖三
十七年（一五五八）用家財募兵百五十人，隨官府平賊，並至潮
州抗擊倭寇，翌年陣亡。人稱衝鋒烈士。（《長樂縣志》）

梁幹於本年中舉人。

梁幹，字秉楨，號定堂。東莞人。遊湛甘泉門。明世宗嘉靖
三十七年（一五五八）舉人，明穆宗隆慶二年（一五六八）授福
建政和教諭，擢平樂知縣，未幾卒。民國《東莞縣志》卷五八
有傳。

梁柟（枏）於本年中舉人。

梁柟（枏），字挺豫，又字豫山。番禺蕭岡（後屬花縣）人。
明世宗嘉靖三十七年（一五五八）舉人，授台（合）州學正，入
爲國子監丞，歷仕至貴州都匀同知。著有《續近思録》。溫汝能
《粤東詩海》卷二九、阮元《廣東通志》卷二八一有傳。

鄺鷥於本年中舉人。

鄺鷥，字兆可，號靜泉。東莞人。明世宗嘉靖三十七年（一
五五八）舉人，官知縣，事見阮元《廣東通志》卷七四。

李茂魁於本年中舉人。

李茂魁，號雙江。番禺人。明世宗嘉靖三十七年（一五五
八）舉人，官潯州府同知。著有《旅愬書》。溫汝能《粤東詩
海》卷二九、吳道鎔《廣東文徵作者考》卷四有傳。

陳克侯於本年中舉人。

陳克侯，字士鵠。順德人。明世宗嘉清三十七年（一五五
八）舉人。落第後究心古學，嘗與黎民表、歐大任等結詩文社。
越十年，署閩縣教諭，以師道自任。擢令永福，牧騰越。遷大理

郡丞，仍管州事，所至著績。著有《南墅集》。羅學鵬《廣東文獻》四集卷一四、阮元《廣東通志》卷二八一、吳道鎔《廣東文徵作者考》卷四等有傳。

李以龍於本年中舉人。

李以龍，字伯潛，號見所。新會人。明世宗嘉靖三十七年（一五五八）舉人。絕跡公車，與弟以麟潛心理學。其學以居敬主靜爲本，立敎以忠信誠慤爲務。卒年九十一，祀鄉賢。著有《省心録》、《寒窗感寓集》、《進學詩》。顧嗣協編《岡州遺稿》卷四、阮元《廣東通志》卷二八一等有傳。弟以麟，字應叔，號滄洲。諸生。與兄以龍慕白沙之學，署其軒曰敬存。尤工書畫，爲世所重。著有《宋儒格言》，編《薛文清公讀書録》及《諸儒履歷粹言》。子之世，池州推官。吳道鎔《廣東文徵作者考》卷四有傳。以龍裔孫其芳，字須馨。性恬雅，吟詠自適，以資貢。著有《東園詩集》。言良鈺《續岡州遺稿》卷三有傳。

吳譽聞於本年中舉人。

吳譽聞，字紫樓。順德人。明世宗嘉靖三十七年（一五五八）舉人，四十年（一五六五）乙榜。初選許州學正，尋遷邵武府推官，歷仕思恩府同知。著有《綠墅堂集》。清咸豐《順德縣志》卷二四有傳。

李時春於本年中舉人。

李時春，南海人。明世宗嘉靖三十七年（一五五八）舉人。事見阮元《廣東通志》卷七四。

譚諭於本年中舉人。

譚諭，高要人。明世宗嘉靖三十七年（一五五八）舉人，任鳳陽府五河知縣。萬曆十年（一五八二）至二十年間，曾以鄉紳籌畫、主持肇慶府學、高要縣學、崇禧塔等建築工程，受命處理利瑪竇、羅明堅之天主教堂仙花寺建築事宜，使寺建成。事見阮元《廣東通志》卷七四。

曾遷於本年中舉人。

曾遷，字子殷，一字子長。博羅人。明世宗嘉靖三十七年（一五五八）舉人，官至歸化知縣，後以事辭歸。里居二十年，好吟詩，著作甚豐，有《漫遊草》、《羅浮山人集》等。事見乾隆《博羅縣志》卷一二。

李學一於本年中舉人。

李學一（一五三四～？），字萬卿，號文軒。歸善（今惠州）人。明世宗嘉靖三十七年（一五五八）舉人，明穆宗隆慶二年（一五六八）進士，選庶吉士。散館，授刑科給事中。歷任湖廣參議、貴州提學副使。著有《文軒公集》。溫汝能《粵東詩海》卷三四、吳道鎔《廣東文徵作者考》卷四有傳。

黃應龍於本年中舉人。

黃應龍，號珠江。順德人。明世宗嘉靖三十七年（一五五八）舉人，初授教諭，升武昌知縣，巡行隴畝，悉力清丈，均其賦役，人以鐵漢稱之。考滿。擢戶部主事，監兌湖廣糧餉。累遷郎中，出爲四川保寧知府，廉介剛直，聲震一時，人稱黃青天。秩滿，擢瀘南兵備副使，有功績。尋以病乞歸。潘楳元、譚瑩《廣州鄉賢傳》卷三有傳。

王原相於本年中舉人。

王原相，字召之。番禺人。漸逵次子。明世宗嘉靖三十七年（一五五八）舉人，明年登進士。遭父喪，服闋授福建建安知縣，調知閩縣，擢南京御史，拾遺糾劾無虛日，論漕政、馬政之弊，出爲寧波知府，多德政。未幾，遷四川副使，轉廣西參議。萬曆三年（一五七五）乙亥，廣東羅旁瑤據險作亂，督府凌雲翼請討之，詔湖南、兩粵兵二十萬，分三路進。原相監西師，軍於岑溪，俘獲數千，破賊巢百餘，降賊四百有奇。凱還，晉江西按察使，遷湖廣右布政，致仕。潘楳元、譚瑩《廣州鄉賢傳》卷四有傳。

張宏毅於本年中舉人。

張宏毅（一五三五～一六〇七），字士可，號任軒。東莞人。

明世宗嘉靖三十七年（一五五八）舉人，隆慶二年（一五六八）戊辰登進士。初教授燕京及晋國學丞，遷南户曹郎，廉耿不阿，讁貳無爲州，已而移杭倅。丞建寧，平礦賊。復爲南畿司徒，佐掌邦計。尋升九江守，浩然歸。張其淦《東莞詩録》卷十四有傳。

鄭用夏於本年中舉人。（康熙《順德縣志》卷五）

鄭用夏，號任軒。桂林人，入籍順德。明世宗嘉靖三十七年（一五五八）舉人，由府學貢監選龍溪縣知縣。張邦翼《嶺南文獻》有傳。

劉光奕於本年中舉人。

劉光奕，字居謙。歸善人。明世宗嘉靖三十七年（一五五八）舉人。歷官同安教諭、清流知縣、亳州知州。參修《惠州府志》。（乾隆《歸善縣志》卷十四）

麥揮於本年中舉人。

麥揮，字時化，號蘭臺。香山小欖人。明世宗嘉靖三十七年（一五五八）舉人，翌年進士。授肇慶軍門，贊畫征潮賊張璉有功，敘升鎮撫。著有《周易講意》。（乾隆《香山縣志》）

李純仁於本年中舉人。

李純仁，字次堯。三水人。明世宗嘉靖三十七年（一五五八）舉人，授同安教諭，後任湖廣綏寧令。著有《緑野堂集》。（嘉慶《三水縣志》）

蘇皋於本年中舉人。

蘇皋，字少凝。三水人。明世宗嘉靖三十七年（一五五八）舉人，授麗水令，五年，興利除弊。升高同州守，治河有功。年五十乞致仕。（嘉慶《三水縣志》）

彭芹於本年中舉人。

彭芹，字公獻。東莞人。明世宗嘉靖三十七年（一五五八）舉人，累官至四川馬湖府同知，卒於任，無錢殮葬。（宣統《東莞縣志》）

高日化於本年中舉人。

高日化，澄海人。嘉靖三十七年（一五五八）舉人，官楚邸右長史。編有《宮省賢聲錄》。（《潮州志·藝文志》）

黃尚質於本年中舉人。

黃尚質，和平人。嘉靖三十七年（一五五八）舉人。授南京國子監博士，後攝巴縣令，歷官峽江知縣、饒州通判。（《和平縣志》）

曾士楚於本年中舉人。

曾士楚，花縣人。嘉靖三十七年（一五五八）舉人，隆慶五年（一五七一）進士。官至湖廣道監察御史。（光緒重刊《花縣志》卷三）

潘甲第於本年中舉人。

潘甲第，字伯登。新安人。嘉靖三十七年（一五五八）以《春秋》中舉人，躬耕養母。後署保昌、海豐教諭，升湖廣末陽知縣，調福建都轉運鹽使，司幕職。旋升廣西潯州府貴縣知縣，謝事歸。優遊十有七年，端坐而逝。著有《遐方邇言》、《寶安堂集》。（康熙《新安縣志》）

鄭昌期於本年中副榜舉人。

鄭昌期，英德逕頭鄉（今屬佛岡）人。嘉靖三十七年（一五五八）戊午科副榜舉人，任江西瑞州府上高縣知縣。（《佛岡廳志》）

朱完生。

朱完（一五五八～一六一九、一六一七），字季美，號白嶽山人。南海人。寶蓮叔父。諸生。善詩詞，工各體書法，尤擅畫竹，與萬國楨齊名。[①] 父執歐大任、黎民表皆折年輩交之。築虹岡別業於郭北。幸好遊，逾嶺嶠，下衡湘，順流而東，凡名山勝

―――――――――

　　①　萬國楨，字伯文。南海人。萬曆末貢生。善水墨、花卉，寫竹得玉局遺法，間作翎毛亦工。汪兆鏞《嶺南畫徵略》卷一有傳。

區，無不窮其幽邃。著有《虹岡漫録》、《清暉館稿》、《白嶽山人全集》。温汝能《粤東詩海》卷四四有傳。

張萱生。

張萱（一五五八、一五六三～一六四一、一六四七），字孟奇。博羅人。明神宗萬曆十年（一五八二）鄉試以《春秋》奪魁。肄業南雍，被推爲諸生都講。屢赴會試不第，考中内閣制敕房中書，纂修正史，侍經筵，得發秘閣所藏書讀之，有《秘閣藏書録》。因修玉牒稱旨，轉北户部主事，署奏曹。差滿，奉母還里，乞終養。擢貴州平越守，未任。築園榕溪之西，不入城市，海内稱西園公。立仁粟倉以濟族里，每遇荒歉，煮粥賑饑，多所存活。郡邑有興革事，必式閭諮訪，推誠商酌，曑無徇私。生平無他嗜好，獨癖書，善書畫。著述頗豐，有《西園存稿》、《彙雅前後編》、《古韻》、《疑耀》等。阮元《廣東通志》卷二九一有傳。

張日愷生。

張日愷（一五五八～一六二〇），字君愷，號湛虛。東莞人。入羅浮山，隱居石洞，教授徒弟。著有《羅浮稿》。（《東莞張氏族譜》卷十四）

明世宗嘉靖三十八年　己未　一五五九年

十月初七日，霍與瑕賦《寄潘春樓年兄　己未孟冬七日次天津》詩云：

維此暮春，既多受社。邦家之光，薄言觀者。既見君子，豈樂飲酒。顧我復我，亦孔之厚。四月維夏，七月流火。一日不見，子惠思我。秋日凄凄，白露爲霜。天子命我，時邁其邦。我獨南行，憂心且傷。顯允君子，遠於將之。旨酒斯柔，稱彼兕觥。何以贈之，追琢其章。既醉而出，出自東門。睠言顧之，萋萋白雲。泉流既清，泛泛楊舟。嗟我懷人，我心悠悠。念彼碩人，在水一方。懷之好音，不成報章。（霍與瑕《霍勉齋集》卷

二）

本年龐嵩從緒山先生適青原，東廓、獅泉二翁操小舟率諸賢赴白鶴觀會講，數日乃別，後賦《有懷九章寄北途濱江諸友　九首》詩云：

江水何茫茫，北風送南寒。攬我幽人懷，極目馳江干。

曲江植芙蓉，大道良不遠。乘風説飛翰，爰葺甘泉館。

此去即梅關，一竅誰鑿之。千秋仰嵯峨，金鑒真人師。

望望青原山，昔侶白鶴仙。杳矣東廓翁，念之成潸然。己未，予從緒山先生適青原。東廓、獅泉二翁操小舟率諸賢赴白鶴觀會講，數日乃別。今東廓翁長逝矣，可傷。

桐江即嚴江，挺挺念庵宅。安得從明齋，於焉永嘉客。念庵翁，家桐江。王明齋自太倉來，留館其地，予己未過桐江，擬會二公，適嵩病熱，不果，至今恨之。

新泉澮留都，濟濟濯纓侶。語默本同心，豈以岐出處。

玉女開澄潭，盤盤玉陽洞。養静時閉關，煮石誰人共。

欲駕揚州鶴，憩息甘泉窩。仰瞻仰宸樓，下盼庭樹柯。

我懷孔多方，道遠莫致之。酩然事高酌，以慰遐相思。（龐嵩《龐弼唐先生遺言》卷三）

本年霍與瑕賦《題月塘　己未玉河橋》詩云：

緑水滿塘春更好，四時有月秋偏光。塘因得月塘踰静，月爲臨塘月倍良。塘月幾宵人劇飲，月塘千里我懷將。何時重酌塘邊月，一曲高歌月下塘。（霍與瑕《霍勉齋集》卷九）

本年張邦聘父被賊殺死，因發誓殺賊報仇。

張邦聘，五華人。嘉靖三十八年（一五五九）其父被賊殺死，因而發誓殺賊報仇，用家財募士百人從軍。四十一年（一五六〇）以軍功受封。又率兵打敗犯七峰逕、潮州之倭寇。翌年獻反間計助副使葉逢時敗賊寇葉丹樓，被封爲郎。旋擊殺殺父仇人葉景清。（乾隆《嘉應州志》）

霍與瑕於本年中進士。

　　霍與瑕（？～一五八七？），字（號）勉齋。南海人。韜次子。湛若水弟子。明世宗嘉靖三十八年（一五五九）進士。初授慈溪知縣，與淳安海瑞齊名浙中，稱二廉吏。爲御史袁淳所擯，遂歸隱西樵。隆慶初爲廷臣所薦，重出，歷官江西鹺憲。卒以被謗致仕。居鄉二十年，卒於家。著有《霍勉齋集》。《明史》卷一九七、阮元《廣東通志》卷二八〇等有傳。

　　岑用賓於本年中進士。

　　岑用賓，字允（一作元）穆。順德人。萬子。明世宗嘉靖三十八年（一五五九）進士。授衢州推官，擢南京戶科給事中。以劾高拱出爲紹興守，復謫陝西宜川丞。著有《小谷集》。郭棐《粵大記》卷一九、溫汝能《粵東詩海》卷二九、阮元《廣東通志》卷二七九等有傳。

　　劉介齡於本年中進士。

　　劉介齡，字少修，別號鶴臺。南海人。明世宗嘉靖三十八年（一五五九）進士。授長興令，歷官至蘇州府同知，尋遷荆州府長史。歸後灌園賦詩，恬然自得，所屬詩文自成一家。郭棐撰《粵大記》卷二〇、溫汝能纂《粵東詩海》卷二九、阮元《廣東通志》卷二八一等有傳。

　　羅黄裳於本年中進士。

　　羅黄裳，字美至。高明人。明世宗嘉靖三十八年（一五五九）進士。授吉水、雲夢令。任南京大理寺評事，斷獄公正，爲百餘名死囚平反。官平樂知州，征戰有功，特授中憲大夫，升貴州按察司副使。（《廣東通志》）

　　翟瑀於本年成貢生。

　　翟瑀，字公佩。東莞人。明世宗嘉靖三十八年（一五五九）貢生。[①] 官訓導。事見宣統《東莞縣志》卷四五。

　　陳鶴卒。

---

　　①　一說嘉靖壬子歲貢，見張其淦《東莞詩録》卷十二。

陳鶴（？～一五五九），字鳴野，一字九皋，號海樵山人。其先山陰人，世襲南海衛百戶，故入南海籍。幼多病，自學爲醫，病癒後棄官北遊，遍交海内名士。嘉靖三十八年卒於金陵。六年後，其友徐文長（渭）爲撰墓誌。（阮元《廣東通志》卷二八三）

明世宗嘉靖三十九年　庚申　一五六〇年

春，郭棐賦《庚申春日偕蒙葵東孫居素蒙近野孫鵝泉區碧江梁文泉諸年兄飲王地官肖溪於五層樓次壁上韻》詩云：

粵王城北聳層樓，五嶺南來第一邱。縹緲煙霞常棟宇，芳菲桃桂自春秋。地平雲岫當窗出，天近珠江帶日流。此地登臨即仙窟，鶴笙何用訪瀛洲。（郭棐、陳蘭芝《嶺海名勝記》卷一）

正月初一日，龐嵩賦《和泉師元旦韻》詩云：

泰宇光澄玉燭妍，庚申堯曆正當天。慣占伍位飛龍會，正值初元合朔年。大業千年歸太宰，遐齡七洞儲真仙。鹿門授有遺安訣，寸土堪耕亦甫田。（龐嵩《龐弼唐先生遺言》卷三）

五月，嵩賦《洪覺山赴泉師武夷之約趨五羊而師已蓋棺痛哭兩旬辭去庚申歲五月也》詩云：

義重雲霄一羽輕，千山飛度集仙城。忽驚南極星芒墜，重閱南天海浦清。掩淚有情傷望道，歸舟無計駐行旟。白雲斷隔齊云路，安得長依月共明。（龐嵩《龐弼唐先生遺言》卷三）

六月，嵩賦《過東林寺有懷洪代巡》詩云：

覺山廿宿東林寺，共對庚申六月時。鬱水罏洲傳學譜，天蠶沙貝寄銘碑。雙翻棠棣齊雲秀，十載音書託雁遲。今日招提重過棹，好音先折野梅枝。（龐嵩《龐弼唐先生遺言》卷三）

十月十三日，霍與瑕賦《十月十三日送孫小渠歸廬州　庚申》五古詩四首。

十四日，與瑕賦《和寄孫三渠翁壽　庚申十月十四日》詩云：

採菊復採菊，清露溥瀼瀼。綠葉間黃華，綽約美人妝。美人在何許，河草憶中郎。矯矯少壯年，嶺外度三霜。江門有遺愛，甘棠毋剪傷。黃雲紫水間，來往自慈航。瞻彼厓山宇，至今耿輝光。去思何悠悠，芳聞復琅琅。厚德流無極，令子嗣文章。交遊海內英，太學聲譽長。賤子獲追隨，幸不棄踽涼。秋蘭結同心，時菊步妍芳。就此馥鬱傍，野服被馨香。一別一十年，無路舉瑤觴。遙瞻堂上椿，歲月不可量。欲獻此蟠桃，嗟嗟人異鄉。聊附採菊歌，琅函借輝煌。悠悠千里心，寒雲天際黃。去馬問脩途，歸舟絕滄浪。別恨兼遠懷，碧空度鸛鶒。（霍與瑕《霍勉齋集》卷四）

本年與瑕賦《十八灘雜詠》五律詩十四首，其九云：

半歲經過地，劬勞念每深。秋華承露重，古木幸風沉。辛苦平生足，脂甘季弟心。踰涯疏遠望，白髮尚勝簪。瑕生半歲，母氏自玉河懷抱南歸，後復提攜涉此灘，凡五渡。瑕庶出也，未有黃封。

其十一：

廿載重來地，依希記綠林。牧童吹笛慢，山女汲泉深。落日諸天暮，高秋一帶陰。扁舟過畫角，淒切舊遊心。嘉靖甲辰，偕黃華泉北上，阻風灘中，與樵叟牧童間敘桑麻，今廿年矣。

其十三：

當年湛夫子，澤畔寄孤吟。械樸千年意，圖書萬古心。江聲通夜轉，寒氣傍秋深。十八灘頭詠，誰知流水音。嘉靖庚子，湛甘泉師致政南歸，有《十八灘吟》，慨行路之難也。

其十四：

新詩三十六，舊恨百千重。七弟春遊地，孤村夕照中。白沙洲上語，清水岸邊容。相見知何處，來生或再逢。亡弟粹齋春元，己未北上，曾登覽灘中。見者羨其魁偉。比至京，嚴介老見之，嘆曰："渭老好後人！"不意年僅二十七，庚申卒。（霍與瑕《霍勉齋集》卷八）

本年和平學貢李學顏入太學，因念母年老不謁選。

李學顏，字叔和，號平崖。河源人。嘉靖三十九年（一六一一）和平學貢入太學，因念母年老不謁選。歸鄉後，以次子熹

貴，累封至中憲大夫，歿贈通奉大夫。（《惠州府志》）

本年雷永弼欽賜舉人。

雷永弼，字雲贊。台山人。少時以應童子試至省，年十八爲諸生，然鄉試屢落選。嘉靖三十九年（一五六〇）恩科欽賜舉人，四十一年（一五六二）賜翰林院檢討。（《新寧縣志》）

崔夢元生。

崔夢元（一五六〇～一六六二），番禺人。明末天然和尚居雷峰，與夢元家近，一時名士如屈大均、陳恭尹輩謁天然禪師，必造夢元晤談竟日。康熙元年（一六六二）卒，終年百又三歲。（同治《番禺縣志》卷五〇）

明世宗嘉靖四十年　辛酉　一五六一年

春，霍與瑕賦《迎春示馮秀才　辛酉》詩云：

春日迎春春事殷，春詩裁付小馮君。春花春柳春如許，不著春鞭將送春。（霍與瑕《霍勉齋集》卷七）

五月初五日，與瑕賦《五月五日奉鄖翁韻即事　辛酉》詩云：

滄海波揚急，狼煙處處同。事無一刻暇，人在百憂中。喜奉青門玉，涼生綠野風。悠然發孤笑，雲物滿長空。

又賦《催鄖西賞蓮兼謝祈晴見獎之作》五律二首。

十五日，又賦《五月十五日奉鄖翁韻》詩云：

白圭連三復　借白圭比佳作也，狂起舞中庭。逸調琴流水，豪光劍射星。懷人南郭畔，居士眼常醒。欲寄採蓮曲，知君聽不聽。（霍與瑕《霍勉齋集》卷八）

本年新設平遠縣於原屬程鄉縣之豪居林子營，徐鏗上書，言宜建縣於石窟，不被采納，發憤著書。崇禎七年（一六三四），果就其宗祠，建鎮平治。（乾隆《嘉應州志》）

本年葉尚柏出粟賑饑，被推爲約長。

葉尚柏，歸善人。（乾隆《歸善縣志》）

何天衢於本年中舉人。

何天衢，字大行。高明人。明世宗嘉靖四十年（一五六一）舉人第二，任直隸旌德縣訓導，升賀縣知縣，病卒於官。《高明縣志》）

廖文炳於本年中舉人。

廖文炳，新會人。明世宗嘉靖四十年（一五六一）舉人，任瓊山教諭。注有《唐詩鼓吹》。顧嗣協《岡州遺稿》卷四、溫汝能《粵東詩海》卷三〇有傳。

劉士進於本年中舉人。

劉士進，字賓吾。南海人。明世宗嘉靖四十年（一五六一）舉人，授萬安教諭。事見阮元《廣東通志》卷七四。

何進修於本年中舉人。

何進修，字仰峰。番禺人。明世宗嘉靖四十年（一五六一）舉人，官湖廣會同知縣。事見阮元《廣東通志》卷七四。

郭槃於本年中舉人。

郭槃（？～一五九五），字樂周。南海人。大治子，棐弟。明世宗嘉靖四十年（一五六一）舉人。授岳州府同知，尋改官延平，復移知桂陽州。明神宗萬曆二十三年勞瘁而卒。著有《明霞桂華稿》、《四儒粹語》、《四禮纂要》。溫汝能《粵東詩海》卷三〇、阮元《廣東通志》卷二七九有傳。

梁夢雷於本年中舉人。

梁夢雷，字明森。順德人。明世宗嘉靖四十年（一五六一）舉人，官荊州府通判。明神宗萬曆間卒於家。著有《荊州集》。梁善長《廣東詩粹》卷五、溫汝能《粵東詩海》卷三〇有傳。

顏璉於本年中舉人。

顏璉，長樂人。繼善子。明世宗嘉靖四十年（一五六一）舉人，授灌陽教諭，擢興業知縣，解組歸。著有詩文集。阮元《廣東通志》卷三〇五有傳。

王顯先於本年中舉人。

王顯先，會同人。明世宗嘉靖四十年（一五六一）舉人，官戶部員外郎。事見阮元《廣東通志》卷七四。

杜漸於本年中舉人。

杜漸，字晉夫、慎卿。番禺人。明世宗嘉靖四十年（一五六一）舉人，官靖州學正、江華知縣。卒年九十。著有《南歸續稿》、《星臺赤幟》等十餘種。（同治《番禺縣志》卷四十）

王汝爲於本年中舉人。

王汝爲，字子宣。瓊山人。明世宗嘉靖四十年（一五六一）舉人，官貴縣教諭。萬曆四年（一五七六）丙子充貴州鄉試同考官，升鄱陽令，勤恤民隱，歸囊如洗。性由友愛，厚事兄嫂，捐資贖弟於難。著有《潯懷集》、《存塾稿》、《撫弦餘韻》。阮元《廣東通志》卷三〇二有傳。

勞守謙於本年中舉人。

勞守謙，字光仲，號荊庵。鶴山人。父文益，嘗還人遺金。守謙甫弱冠，中明世宗嘉靖四十年（一五六一）舉人，官桂陽學正。萬曆元年（一五七三）癸酉，聘雲南同考，擢知廣西藤縣。丁內艱，起補馬平縣，爲武弁中傷歸。令子大臨訓里中兒，不入束脩。著有《四書五經鉤元錄》、《修德會實錄》、《貽谷碎言》。弟守謨，亦以學行知名。朱慶瀾《廣東通志稿》有傳。

鄒迪於本年中舉人。

鄒迪，字時吉。其先爲福建莆田人，自迪始隸籍潮州海陽。明世宗嘉靖四十年（一五六一）舉人，官中書舍人，轉戶部主事，尋卒。與太倉王錫爵相知。著有《青那山人集》、《俟知堂集》。（乾隆《潮州府志》卷二九）

林喬松於本年中舉人。

林喬松，字澄川。澄海人。明世宗嘉靖四十年（一五六一）舉人，歷官浙江景寧知縣、杭州通判，轉雲南寧州知州。萬曆十一年（一五八三），以擒緬甸岳鳳父子功，受上賞。乞歸林下，十餘年而卒。著有《澄海縣志略》。（乾隆《潮州府志》卷二六）

鄭廉恭於本年中舉人。

鄭廉恭，潮陽人。嘉靖四十年（一五六一）舉人。潔身自好，不事干謁。時隆井鹽場海盜出沒，鹽工多逃亡，無人繳納歲賦，遂株連族里，廉恭解囊代納，族里賴安，鄉民稱德。（乾隆《潮州府志》卷二十九）

趙思基於本年中舉人。

趙思基，番禺人。勳子。嘉靖四十年（一五六一）舉人，官南京訓導，升浙江定海知縣，爲政廉明，吏胥無所容其奸。離任之日，人民閉城留之，竟日不得行。（阮元《廣東通志》卷二七九）

蔡蘭於本年中舉人。

蔡蘭，海豐人。嘉靖四十年（一五六一）舉人，官遷江知縣。（《惠州府志》）

林汝椿卒。

林汝椿（？～一五六一），字壽卿。東莞人。嘉靖庠生。著有《大橋集》。（宣統《東莞縣志》卷五八）

黃尚正卒。

黃尚正（？～一五六一），東莞人。任江西龍泉縣秀州巡檢。嘉靖四十年（一五六一）率兵迎擊農民義軍，被俘而死。（宣統《東莞縣志》卷五八）

明世宗嘉靖四十一年　壬戌　一五六二年

立春日，歐大任遊廬山，後立春日再遊，賦《立春日匡廬山中　壬戌春曾遊此，亦立春日》詩云：

兩見青絲菜，五年今復遊。客從廬嶽下，僧候虎溪頭。春轉雙林色，冰開衆壑流。天池飛夢到，寧待拂衣秋。（歐大任《旅燕集》卷二）

四月，王希文賦《六月嗣雅和督府北川張先生韻　有引》詩云：

時辛酉，饒、埔巨寇僭亂，匪茹憑險集亡，延毒三省。上特詔命督府北川翁受簡書南伐。壬戌三月，移鎮潮州，同總府萬峯陳先生徵兵十萬。夏四月，移節饒境。渠魁盡獲。北川翁喜而有作，後或用韻，或從諸體集彙成帙，題曰《六月嗣雅》。

聖宅東南賦欲蠲，旄頭那敢犯奎纏。釜中魚泳知何樂，井底蛙鳴只自賢。時雨滋回蝸屋潤，仁風吹散蜃樓煙。懸知奏凱彤廷日，虎拜稱揚祝萬年。

又賦《再用前韻兼贈總府萬峯陳先生》七律。（王希文《石屏遺集》卷上）

五月十三日，潮夷張璉窮蹙，其黨郭玉鏡縛之以降，後黃佐賦《平潮夷雅　有序》詩云：

嘉靖四十有一載，潮夷張璉僭號飛龍，鑄金作寶，築城設官，寇掠江閩。少司馬百川張公臬受命專征，與總戎平江伯陳公王謨僉謀整旅。乃合漢達狼目官軍十萬有奇，分爲五道，以夏四月行。參議馮君皋謨、副總兵王君寵監統中軍，自大埔渡江，刊木據險，以斷其腋。僉事張君冕、參將門君崇文監統前軍，自饒平北入，簡奇兵爲左軍，控阻防倭。與前軍夾擊，則參將張君四維統之。僉事皇甫君涣、參將鍾君坤秀監統後軍，入自小靖，以扼其吭。僉事賀君涇、參將祝君明監統右軍，入自胡料，以制其臂。公下令臨寨多方設奇，四向攻之。賊帥蕭晚就馘，俘斬無算。璉窮蹙，其黨郭玉鏡縛之以降，五月十有三日也。知潮州府何君鏜復帥兵擒倭賊王伯宣於城下，公令磔於市，海寇皆遁。未幾，賊帥林朝曦就俘，巢穴悉平，潮民始出湯火云。先是，京師地震，聖天子禱於上帝，宗廟穆卜，應在東南。及公奏捷，即告於天，於祖宗昭景休也。昔唐詞臣韓愈作《平淮西詩》，柳宗元獻《平淮夷雅》，猗與！我聖天子德孚上玄，澤洽萬國，出師僅逾二旬，而逆寇於襄夙沙氏自攻其酋，以歸炎帝，不得專美於前矣。雖鬼方之克，猶嗛其憊，而況於唐乎哉！《書》稱：“伊尹元聖，與湯戮力東面而征，西夷怨，惟歸功於湯，曰：‘徯我後焉爾矣’”。《詩》曰：“周公東征，四國是皇”，神化固自東而四達也。然公勞軍士，惟曰：“我來自東，零雨其濛”，豈非膏澤歸諸天功而弗自有乎！今運籌底績，雖亦東征，而嶺海敉寧四達，皆仗天威，非但壯猷而已。是役也，提督南贛都憲陸公穩遣兵助攻，與有勞勩。紀功則侍御蔡公結、段公顧言，而豫遏海倭，蔡公與焉。三司僉議謂：出師獻馘，軍禮行於泮宮，宜有雅詩，摛之罔極。今代巡侍御陳公道基聞而韙之。於是佐竊不自揆，草創《平潮夷雅》十有一章，將以俟才如韓柳者出而潤色之云爾，非敢遽播皇休於弦誦也。其詩曰：

於赫皇命，征彼潮夷。顯允張公，秉鉞孔宜。黃旗旆旆，爰董我師。有豻有狼，如虎如螭。

維公率止，既禷既禡。元龜告祥，乃宜干社。四牡鍠鍠，梧臺之下。金盾瑑戈，光鑒於野。

出次於廣，乃涉於潮。虎臣洸洸，螭隊翹翹。七萃雲連，苞有三饒。豈敢歡囂，我皇威孔昭。

元戎啟行，四圍其藪。彼昏不知，如魚在罶。蠢爾逆璉，悔爲亂首。喘伏於莽，喙其群丑。

我師翼翼，乘其石城。石城重重，既寋既崩。深入其寨，克奮克登。按其徂奔，罔敢有啟扃。

雷電發發，威燀旁達。於程於埔，震疊莫我遏，彼麀且頯，瘋憂如喝。如蘗如柭，逢我薄伐。

我武既揚，神機允臧。消其峰雪，日出之光。璉既徽纆，群燼胥亡。潮人咸喜，時雨其滂。

旻穹穆穆，哀氓之無祿。既雨既洽，潮田既足。躪其漂血，殖我百穀。扶挈旄倪，嚮用天福。

彼海有鱷，噬人於牙。自翦且殲，俾我有室家。南溟汪汪，服嶺嵯峨。四遠來歸，式謳式歌。

休兵燕喜，俎豆維旅。簞食壺漿，祁祁士女。饔饔其鼓，軒軒其舞。蕭勺群慝，萬年無有侮。

皇錫張公，犀軬豸綖。駉駉騂黃，綏章綺靬。公拜稽首，神謀自天。公拜稽首，聖皇萬年。（黃佐《泰泉集》卷五）

七月十五日夜，歐大任賦《壬戌七月十五夜同諸親友泛舟佛教海》詩云：

賦成憶在楚江干，今夕何夕斯遊難。自操蘭橈波里白，不禁楓葉霜前丹。水落石出鱸魚上，月明星稀烏鵲寒。醉倚柁樓望天末，西風蕭蕭羌笛殘。

九月初九日，大任賦《九日登觀海樓送陳士鵠北上》七律詩。（歐大任《思玄堂集》卷六）

十一月，大任賦《羅氏園作　有序》詩云：

園即中山別業，邑人羅司勳熙載著書處也。嘉靖庚子冬，余遊金陵，熙載與鄭克一餞於宜我亭。是臘，熙載即下世。行次廬陵，聞訃哭之。今年壬戌十一月，余上燕京，羅二熙洽亦同鄭克一設餞園內筥洲書屋。罷酒，登大雅堂，謁司勳祠下。追憶庚子，已二十三年。余交於司勳兄弟，俯仰今昔，不勝河山之感。因紀別四詩，庶不忘平生云爾。

吏部文章自世家，獨留何點在煙霞。交深難向尊前別，沉醉山園十月花。

君采翩翩子業前，爾兄華省並稱賢。持杯此地雙鉤色，回首浮雲二十年。

竹林嵇阮是吾徒，空有山陽舊日廬。已分沉冥今更出，西風征馬一踟躕。

兄弟通家里閒歡，故人猶作布衣看。扁舟且載煙波興，不為微名負釣竿。（歐大任《思玄堂集》卷八）

除夕日，李英賦《壬戌除夕寓九江官舍》詩云：

臘盡長途客，官齋度此宵。思鄉千里外，歸夢九江遙。海樹春將到，溪梅雪未消。問程心更遠，惆悵路迢迢。（《李英集·歷遊集》卷上）

本年龐嵩賦《潮平頌　為蔡直指五首》詩云：

明明天子，嘉靖殷邦。率地普天，萬方來王。北虜晨遁，倭奴夕裹。矧爾廣潮，居國南鄉。而抗車轍，臂若螳螂。

明明天子，赫震厥怒。我有方文，我有召武。桓桓於征，闞如虓虎。殲厥渠魁，仍執丑虜。俾民突有煙，俾民室斯堵。

海濤既清，京觀峨峨。潮方既平，厥功孰多。予曰有奔奏，政清人和。予曰有奔奏，先驅震那。

人亦有言，撫制惟烈。以峙其糧，戢寇有截。維我蔡公，炳先作哲。人亦有言，政在元戎。以逌其逋，以餒其鋒。俾獲就擒，實維蔡公。

於惟蔡公，仁而有勇。緩帶輕裘，不懦不悚。大憝既澄，群奸滋恐。誰則剝脂，誰則竊俸。言奏膚功，蕃錫斯寵。爰握政樞，爰司憲總。俾霖雨於八方，華夷一統。（龐嵩《龐弼唐先生遺言》卷三）

本年張榮征潮倭。

張榮，字澄復。廣東提督通曾孫。歸善（今惠州）人。榮襲職，明世宗嘉靖四十一年（一五六二）嘗征潮倭，四十五年徵文我、李亞元，以軍功任都指揮僉事，升潮州守備，後轉福建都司，未任請休，卒年九十一。阮元《廣東通志》卷二九一有傳。

本年利灌任福建寧德訓導。

利灌，博羅人。歲貢。嘉靖四十一年（一五六二）任福建寧德訓導。升寧祥教諭，歷兩府教授。（民國《博羅縣志》卷七）

張廷臣於本年中進士。

張廷臣，字印江，一字伯璘。番禺人。宰長子。明世宗嘉靖四十一年（一五六二）進士。官鹽法道副使。郭棐《粵大記》卷一九、溫汝能《粵東詩海》卷三〇有傳。

倫文於本年中進士。

倫文，字紹周，號警軒。順德人。明世宗嘉靖二十二年（一五四三）解元，四十一年（一五六二）進士，官柳州知府。咸豐《順德縣志》卷二三有傳。

蒙詔於本年中進士。

蒙詔，字廷倫（一作綸），號近野。番禺人。父宗遠，以三考授靈川尉。兄諫，戶部郎中。詔弱冠中明世宗嘉靖十九年（一五四〇）解元，四十一年（一五六二）進士，授行人，選監察御史，歷擢僉都御史，巡撫南贛汀漳。同治《番禺縣志》卷四〇有傳。

鍾振於本年中進士。

　　鍾振，字玉甫。合浦（今屬廣西）人。明世宗嘉靖四十一年（一五六二）進士，歷任滁州、廣德、嘉定知縣，擢守雲南。阮元《廣東通志》卷二九九有傳。

　　唐宙於本年成貢生。

　　唐宙，字一寧。歸善人。明世宗嘉靖四十一年（一五六二）貢生，授訓平海衛，擢仙遊縣令，未任而卒。雍正《歸善縣志》卷一七有傳。

　　阮悉生。

　　阮悉（一五六二～一六二三），懷集人。萬曆十九年（一五九一）舉人，歷任英德、徐聞知縣、欽州知州、雷州府同知。（同治《懷集縣志》）

明世宗嘉靖四十二年　癸亥　一五六三年

　　正月初一日，李英賦《江州元日》詩云：

　　獻歲天涯賦獨醒，東風旄旆滿津亭。九霄日暖山雲碧，萬國春廻海樹青。匡嶽有懷頻倚劍，江湖作客即浮萍。可堪時序愁中過，嶺外孤鴻只自聽。（《李英集·歷遊集》卷上）

　　十六日，廣州越望樓始建，次年二月初落成，後李義壯爲作《越望樓記》。（李義壯爲作《越望樓記》）

　　三月十五日，饒相賦《邑中自壬戌七月朔至癸亥三月之望亢暘不雨民咸憂懼賴邑侯張潮山先生積誠虔禱遂獲靈應連雨三日衆心感悅謹賦五言排律一首用紀盛美且代述邑民歌頌之意云》詩云：

　　南州師旅後，復值亢陽天。恒霽將暮月，屯膏已隔年。深林無潤澤，平地欲生煙。東作皆停罷，祈求衆望懸。雷車渾寂寞，風伯苦縈牽。明府恩如海，丹心徹上玄。積誠堪對越，齋戒絕腥羶。瑞氣由人感，靈雲應畢躔。悠悠離遠岫，漠漠蔽前川。霢霂初霑土，滂沱佈滿田。連宵聲不斷，三日勢延綿。枯槁回生意，迂儒得穩眠。園林增勝概，阡陌表春妍。天意旌仁政，農歌載道

傳。為霖真慰望，布澤頌侯賢。安得坡翁筆，重裁喜雨篇。（饒相《椿桂集》之《三溪詩草》）

十月，蒙古韃靼首領俺答命其弟及子破墻子嶺進犯京師，大掠順義、三河等地，總兵官趙溱、孫臏敗死，黎民表賦《癸亥十月書事》四首云：

遼陽碣石枕居庸，天府元稱百二重。豈少衣冠扶帝輦，坐令邊鎮起胡烽。投簪敢謂滄洲近，鳴劍多慚白髮慵。早晚單于須款塞，玉門何用一丸封。

宵嚴羽衛聽宣麻，細柳巡行衆不譁。朔氣九關屯虎旅，軍聲千里震龍沙。河山自昔雄三輔，吳越於今總一家。何事受降仍未築，白頭揮淚坐聞笳。

漢家本自惜天驕，飲馬年來到渭橋。五夜妖氛纏大角，七陵王氣上丹霄。軍中選士皆穿劄，幕府謀臣盡賜貂。扈閣儒生慚獻賦，燕然終擬勒嵯峨。

甘泉羽檄似流星，飛將應空漠北庭。蟣虱已聞生介胄，犬羊猶未請灰釘。中天日月懸雙闕，三殿風云擁萬靈。屬國淺才還一試，豈能垂老事玄經。

民表又賦《寄懷曾工部以三直省》、《送陳侍御道襄按閩中》、《齋居後過楨伯旅館得何字》、《寄輓傅木虛》、《送方憲使定之飭兵饒州》、《歲暮和文壽承》（以上七律）。（黎民表《瑤石山人稿》卷十一）

同月，歐大任賦《三河水》古詩。（陳永正《嶺南歷代詩選》一六一頁）大任又賦《十月虜警書事　三首》詩云：

朔氣初飛萬樹霜，驚傳胡馬過漁陽。從軍豈乏三河少，度漠曾招六郡良。鳴鏑月寒窺雁塞，射雕雲暗散龍荒。皇威赤羽勞諸將，不似周王擁白狼。

甘泉烽火到長安，闕下衣冠立馬看。北轉儲胥芻粟富，西來驃騎雪霜寒。觀兵帳外期超距，拜將庭中議築壇。細柳已屯江總制，月明羌笛滿桑乾。

關塞秋陰暗白登，飛狐道上羽書仍。雲屯漢卒徵三輔，風急胡笳過七陵。暫向太原稱薄伐，已知吉甫佐中興。書生亦有燕然頌，待勒恒山第幾層。

大任又有《答張民部餉軍左安門寒夜見寄　時京師戒嚴》、《次韻酬曾繕部以三齋居省中見懷》、《和梁彥國虜退後行經三河諸村落慨然見寄》、《兵後梁彥國自灤州見過》（以上七律）。

冬，大任又賦《冬夜同梁彥國宿永光寺禪房懷故園諸子得來字》、《雪中同梁彥國過文壽承學舍》、《雪夜同惟敬餞別彥國還盧龍得高字》、《送許舍人稚榦請告還靈寶》、《送方憲副定之備兵饒州》、《冬至齋居後惟敬夜過得殘字》、《同文休承顧汝和黎惟敬於虎圈觀西域所進獅子》（以上七律）。（以上歐大任《旅燕集》卷三）

大年除夕，黎民表又賦《除夕》詩云：

風雪寒宵欲變春，短檠孤榻自相親。久辭滄海思垂釣，一臥金門忝侍臣。青玉燈煙遙拂曙，銅駝衣馬暗生塵。更闌未敢停雙管，漢殿迎年事事新。（黎民表《瑤石山人稿》卷十一）

本年歐大任賦《癸亥明堂大祀禮成紀事》、《送姚匡叔之魏郡兼寄謝茂秦》、《過沙河行》、《謁長陵》、《陽翠嶺》、《送李尚寶冊封肅府》、《送沈給事冊封周府》、《送陳侍御道襄出按閩中》、《答施虞部曾繕部同直省中見懷》、《送黃參軍赴閩幕》、《病中曾繕部攜酒同黎秘書夜過得長字》、《次夕黎秘書攜酒曾繕部同過得霄字》、《病起曾繕部夜過》、《施虞部敦甫寄詩問予臥病次韻奉答》（以上七律）。（以上歐大任《旅燕集》卷三）

本年林大春賦《遊金山詩　有序》詩云：

金山，本予郡金城山也。嘉靖癸亥，予北上至郡，友人翁希登爲具，召過之，且以爲別。初，希登以地官郎出使潮州，政暇輒與客登是山而賦焉，間頗爲復道，亭臺甚麗，山日增勝，會量移去。至是，復自惠陽假守潮州，而予適至，以有茲會，其時胡、揭二別駕與予同年趙司理並同遊云。

金城碧樹倚穹蒼，盡道新開漢署郎。長夏渾如對陰雪，遊人

不信是炎荒。雨餘村樹歌鴻雁，洞裏簫笙引鳳凰。此日重來憐勝集，明朝相望渺煙霜。（林大春《井丹林先生文集》卷五）

本年霍與瑕賦《李太華死事　癸亥》詩云：

天作五嶺，代有俊人。冰霜其操，寧有其身。於維太華，鳳質龍鱗。受天子命，以守海濱。北風其寒，小丑熵塵。憑城五年，保障斯民。艱難葺搆，靡力不陳。小邦憔悴，賊勢孔殷。乃捐其軀，以報紫宸。烈烈英風，睢陽之巡。天子軫念，恤典載伸。峨峨太僕，渙以絲綸。及其後嗣，咸荷陶甄。於戲，死而不忘，孰則是倫。於戲，我廣之事今且然，孰其奮不顧身。拯我黎氓，紓聖人南顧之頻頻，余將仰叩於蒼旻。（霍與瑕《霍勉齋集》卷二）

與瑕又填《菩薩蠻·癸亥李太華死事》。（陳永正《嶺南歷代詞選》四〇頁）

本年鮑時庭因不堪官府壓迫，聚領礦工起義。

鮑時庭（？～一五七七），龍川人。早年以掘礦爲業。嘉靖四十二年（一五六三）因不堪官府壓迫，聚領礦工起義，自號雞毛白，以部將陶溶、房伯祿、楊前激爲二十四方總，葉應祚爲演禽軍師，揮師克河源、歸善、海豐等城。萬曆五年（一五七七）夏，遭兩廣明軍圍攻，兵敗身亡。（《龍川文史》）

明世宗嘉靖四十三年　甲子　一五六四年

春，霍與瑕賦《望白雲山有作　白雲書院自元而釋，自釋而儒，事在甘泉先生碑記中》詩云：

躋攀復躋攀，遙望白雲山。樹色添新綠，花光帶舊寒。崔嵬俯瞰城頭近，畫圖一幅玲瓏甚。輕煙薄靄染諸峰，雲容霧態看無盡。憶昔開山安期翁，誅茅結屋翠微中。藥爐九轉真丹就，金闕千年姓字封。仙蹤一去三山外，芳流空有靈泉在。蒼藤古木幾經秋，梵宇禪宮相晻靄。禪宮梵宇復荒涼，野草閒花祇自香。滿澗芝蘭無去採，深山麋鹿有來場。地補東南缺，天開鄒魯文。日月

大明常普照，山河完氣幾時分。光華晻映巖崖石，精采流輝成五
色。坐嘯天風處處春，行歌雲水灣灣碧。天風雲水幾徜徉，貝錦
南箕爭哆張。止棘青蠅隨氣候，高岡苞鳳集朝陽。祇今風雨年年
好，桃李經春花發早。古壘依依長綠苔，王孫冉冉遊芳草。人去
人來春復春，一回一望一傷神。且將心上無窮事，付與山中一
片雲。

又賦《雨中見桃花》、《岑年伯見和步韻稱謝併謝周莓厓都
堂》、《遊白雲》、《洗兵馬行　社題。時甲子春，軍門移鎮惠州，
大掃山海之寇》（以上七古）。（霍與瑕《霍勉齋集》卷五）

龐嵩賦《久雨喜晴　二首》七律詩。（龐嵩《龐弼唐先生遺
言》卷三）

正月初一日，黎民表賦《甲子元旦早朝》詩云：

劍舄翩翩起玉塵，相風微轉應芳辰。璣衡共覩成文麗，鳳鳥
重經紀曆新。鸑鷟青旂回獻歲，朱絃疏越奏陽春。漢酺萬國皆歡
慶，瑶水年年預從臣。（黎民表《瑶石山人稿》卷十一）

黃佐賦《元日偶成》詩云：

甲子初開玉曆長，朱衣皤髮映朝陽。休兵自昔霑周宴，擊壤
於今貢越裳。華月未臨仙掌露，東風初度御爐香。夜來冷覺鈞天
夢，惟喜王春遍萬方。（黃佐《泰泉集》卷十三）

李英賦《甲子元日曉望》詩云：

長空耿耿斷鴻聲，曉日春風滿帝城。沙漠浮雲千樹斂，薊門
積雪萬家明。他鄉客舍南歸夢，故國親庭北望情。自笑誰如班定
遠，傭書猶得就功名。（《李英集·歷遊集》卷上）

歐大任賦《甲子元日早朝》詩云：

千官催入紫宸班，縹緲爐煙夾仗間。曉日洛中新甲子，春風
燕甸舊河山。凱成驃騎頻歸闕，詔許呼韓近欵關。共聽太平元會
曲，彩雲飛處候龍顏。

又賦《經南內》、《登遼後妝樓》七律。（歐大任《旅燕集》
卷三）

初七日，霍與瑕賦《人日喜晴　甲子春》五古詩。

又賦《送梁浮山》五古二首、《題畫李白望月》五古。（霍與瑕《霍勉齋集》卷四）

十五日，李英賦《上元日遊西苑有作》詩云：

冉冉春聲度綺羅，相隨行樂意如何。花開上苑東風早，日落中原北雁多。煙暖晴光浮碣石，雪消漸水下滹沱。建章燈火誰能賦，惟與都人擊壤歌。（《李英集・歷遊集》卷上）

同日，歐大任賦《上元日望大高玄殿燈火有賦》詩云：

太一祈年肅盛儀，燈前親拜竹官時。燎煙夕殿皆青玉，法供春筵盡紫芝。雍畤舊傳周室禮，汾陰今侍漢家祠。雲霄賦客多如雨，持槖何人獨鬢絲。

又賦《送鍾公琪改令博白》、《送徐別駕赴吉安》、《送楊參軍允恭守曲靖》、《送林邦陽僉憲赴汴備兵陳州》、《送文休承赴吉水文學》、《贈光祿李少卿請告還縉雲省覲》、《送沈祠部以安奉使因歸省湖州》、《寄徐子與》、《寄濮州蘇子川子冲兄弟》、《王户部宅紅梅花》、《春日同惟敬約卿過弘法寺訪翠巖和尚》、《出郊至南海子》、《同曾選部於野韓虞部子成夜集范職方於公宅》、《答王百谷道館病起對月見懷》、《送呂比部聲甫守廬州》、《送馮屯部信伯補撫州》、《次韻答曾參戎子澄塞上行軍見寄》、《惟敬席上喜思伯使還　思伯奉命諭祭故尚書孫公》、《約卿東巡以靈巖諸詩寄示聞已登岱嶽》、《送林維成宰邵陽》（以上七律）。（以上歐大任《旅燕集》卷三）

次日，李英又賦《十六夜同黎國輝過集李時芳館得開字》七律。

英又賦《送陳子問之汴梁》、《送黃世達還潭城》、《春日臥病有作》、《遊西山經玉泉池望西湖》、《香山寺》、《碧雲寺》、《宿金山寺》、《遊弘法寺》、《送陳子之閩中》、《旅館初度書懷》、《送黎悅勤之嘉興》、《同吳子福訪黃山人不遇》（以上五律）。（《李英集・歷遊集》卷上）

二月十五日，黃佐賦《花朝寫懷》詩云：

雨後園林生午涼，登臺持酒興偏長。遥山帶日瞳矓碧，曲徑浮花淡蕩香。薊北昨曾妝玉節，潮南今復動牙璋。春來驛使傳消息，卻喜蓬萊是帝鄉。

又賦《春日登玄覽臺偶成》七律。（黃佐《泰泉集》卷十三）

三月，霍與瑕賦《寒食　甲子三月七弟諱晨》詩云：

春華敷榮，春日漸陽。歲月其徂，思子永傷。

庭樹有枝，藹其繁陰。歲月其徂，思子傷心。

謂山其高，謂水其深。涕之欲隕，載掩予衿。

驅馬出郊，風涼月皦。曰其少飲，僕夫是告。（霍與瑕《霍勉齋集》卷二）

夏，李英賦《夏日遊永光寺》、《夏夜對月懷吳子福》、《喜雨》（以上五律）、《送蒙士賢遊泰山三首》五絕、《寄黃國鉞》七絕、《送蒙于湛之繁昌》五律、《鷲峯寺避暑晚過水塘庵》五律。（《李英集·歷遊集》卷上）

五月初五日，饒相賦《甲子端午蒙邑侯張潮山見召與郡博朱觀閒春元黃筆陽貢元邱二山邑幕周龍山同讌印山亭賦二律以識勝遊云》七律詩。（饒相《椿桂集》之《三溪詩草》）

秋，李英賦《客舍秋懷》詩云：

天涯長作客，搖落又逢秋。寶劍丹心苦，朱顏玉鏡愁。片雲飛大澤，尺牘阻滄洲。畫角邊聲急，西風獨倚樓。（《李英集·歷遊集》卷上）

七月初八日，龐嵩賦《七月八日邀徐愛潭話於青霞洞適其五十六壽辰》詩云：

花甲十年慚我長，壽筵今日爲君開。欲分東海安期棗，且薦瑤池王母杯。朱草紫芝從地出，彩雲黃鶴自天來。昨宵牛女雙星會，疑是銀河駕鶴回。（龐嵩《龐弼唐先生遺言》卷三）

八月，霍與瑕賦《遊鏡林和泰泉公韻　甲子八月》、《鏡林泛

舟》二首（以上五古）。（霍與瑕《霍勉齋集》卷四）

十六日，歐大任賦《十六夜同黎秘書吳侍御梁舍人集夢芝館聽管山人作吳歌》詩云：

千家明月照簾櫳，高詠涼天散步同。木葉自能飛洛下，秋聲先已滿雲中。銀河影落詞臣酒，玉兔光搖御史驄。醉後忽聞歌子夜，禁城鐘鼓思何窮。

大任又賦《送李太守實夫罷歸閩中》、《送姜憲副宗孝之關中》、《答潘少承經赤花海上見懷》、《送黃僉憲士弘入賀禮成取道南歸爲太夫人壽　時士弘方巡建寧》（以上七律）。（歐大任《旅燕集》卷三）

九月，黃佐又賦《杪秋甚熱偶成》詩云：

蒹葭盈海蔚蒼蒼，誰見梧桐一葉黃。殘月帶星如散火，凱風吹露未成霜。賓鴻應候還遵渚，蔓草何知只過牆。一笑東籬正迢遞，解纓惟愛濯滄浪。

又賦《小寒節有感》七律。（黃佐《泰泉集》卷十三）

初九日重陽，歐大任賦《九日惟敬置酒與張劉管張四山人同賦》詩云：

白雲簫瑟一尊開，共佩萸囊上薊臺。橘熟題書曾問訊，菊荒爲客未歸來。秋高大漠胡塵净，日落長楊漢騎回。惟羨故人今侍從，飄零誰道子虛才。（歐大任《旅燕集》卷三）

同日，李英賦《九日時芳攜酒邀集國輝館賞菊》詩云：

憐君一尊酒，把袂故人家。況是他鄉客，同看九日花。輕煙迷遠樹，孤雁度殘霞。回首千山外，長城起暮笳。（《李英集·歷遊集》卷上）

初十日，歐大任賦《重陽後一日同古比部黎秘書集張民部宅》詩云：

班生寧望酒泉封，旅食重陽已再逢。紫闥夢懸金澗月，白雲心寄石間松。故人薄禄多官釀，狂客酣歌待禁鐘。手把茱萸還强飲，明年何地憶追從。

又賦《同黎秘書曾繕部吳侍御萬金吾出善果寺訪馮侍御》、《題玉洞桃花圖贈大司空蔡公》、《送李子新還揚州因訊黃定父》、《秋風》二首、《大理潘公雪夜邀同吳侍御黎秘書萬金吾集》（以上七律）。（歐大任《旅燕集》卷三）

初十日，李英賦《重陽後一日庭前對菊因寄舍弟》詩云：

重陽又一日，客子尚天涯。大被連年別，東籬幾度花。浮雲飛大漠，征雁去長沙。欲寄江南信，何時可到家。

十一日，英賦《重陽後二日出遊善果寺因寄鄉友》詩云：

梵宇何寂闃，西風野客遊。青山當落日，黃菊過深秋。把酒會開徑，思鄉獨上樓。懷君心更遠，落葉送離愁。

又賦《宿歸義寺》五律、《金門瞻望》七律、《送客之江南》、《送姚子才還金陵》、《贈張文學汝成》（以上五律）。（《李英集·歷遊集》卷上）

二十四日，霍與瑕賦《送杜方伯入覲　甲子九月二十四日》四言詩五章。（霍與瑕《霍勉齋集》卷二）

冬，歐大任賦《雪夜同陸山人過張司理時張已補外陸將還山》、《同吳約卿攜酒訪姚元白於慈仁寺因登毘盧閣得山字》、《曾比部子玉宅同馮侍御黎秘書胡禮曹夜集》、《送劉評事少脩調望江令》、《至日同姚元白蘇子川黃定父吳約卿張羽王飲黎惟敬宅時元白將還白下羽王將之雷州》、《雪中戴伯常見過》、《贈張司理羽王之雷州》、《寄王仲房》、《次韻答顧玄緯見寄》、《洞泉有仙人盧至柔遺跡顧光祿隱居在焉為賦是詩》、《誠意伯劉公宅同羣公宴集得孤字》、《吳明卿上計至都下》（以上七律）。（歐大任《旅燕集》卷三）

冬，李英賦《雪中過靈濟宮訪黃山人因留酌齋中賦此》五律、《贈李少成》五律、《寓西長客舍對雪有懷》七律。（《李英集·歷遊集》卷上）

十月初五日午刻，湛仲樵在坐，霍與瑕賦《柳川　十月初五日午刻，湛仲樵在坐》七古。

闰十月十日巳刻，與瑤爲郭隱君題《錦厓　閏十月十日巳刻
爲郭隱君題》七古。

未刻，與瑤爲郭隱君題《後洞　閏十月十日未刻爲郭隱君
題》七古。

十一日申刻，與瑤賦《西橋　閏十月十一日申刻》詩云：

秋日涼，葛衣裳，招群命侶踏歌行。一路榕陰過野塘，雙雙
白鷺水中央。美人遥隔蒹葭蒼，欲往從之江水長。望望西川宛有
梁，惠風吹暖未成霜。砥柱鎮濤狂，清流渡不妨，既覯君子樂無
央。芙蓉被服良，芝蘭笑語香，同心合意美具張。攜手登歌綠野
堂，炙脯烹鮮泛酒漿，鳴琴鼓瑟雜羽商，長篷短簫聲皇皇。踏歌
歌有節，好樂樂無荒，南山一曲邦家光。邦家光，壽無疆，回首
西江歸有梁。（霍與瑤《霍勉齋集》卷五）

歲暮，歐大任賦《歲暮次韻答施虞部》詩云：

避喧金馬即山堂，燎玉空瞻紫禁光。把酒病猶逢漢臘，披裘
寒自拂胡霜。家人椒頌勞相憶，驛使梅花遠莫將。惟有吟詩何水
部，共憑高閣望江鄉。

又賦《送徐子明赴蒼梧參軍》、《冬日同文博士壽承黎秘書惟
敬集顧舍人汝和宅》、《同項思堯黎惟敬諸君飲顧光禄汝所齊中乃
兄汝由直閣汝和舍人皆在會》、《同惟敬夜過明卿得臺字》（以上
七律）。

大年除夕，大任又賦《除夕臥病酬施虞部見召不赴因訂早春
之約兼呈曾郎中吳韓二員外》詩云：

東省屠蘇念故人，席門虛枉使車頻。愁深白髮三年客，夢破
青山一病身。玉醴想添新歲色，金錢將醉曲江春。申公已側當時
目，猶得交歡侍從臣。（歐大任《旅燕集》卷三）

同日，李英賦《除夕同龐景元過飲李時芳館時景元將歸》
詩云：

竹林行樂且相親，雪滿河山莫問津。邸里共歡除夕酒，燈前
俱是異鄉人。世情曲折交遊在，客況蕭條歲月新。卻羨梅花千萬

樹，天涯明日又逢春。（《李英集·歷遊集》卷上）

本年霍與瑕賦《採蓮曲　甲子》詩云：

江南有蓮花，江北有蓮花。儂在江南岸，江北是郎家。泛泛採蓮舟，採蓮滿船頭。欲向江北岸，寄郎好風流。水深波浪惡，咫尺不得泊。蕭蕭秋漸深，芳情焉所托。（霍與瑕《霍勉齋集》卷四）

本年陳履賦《歲甲子叛兵犯廣州師大潰將失律也慨然賦之以紀其事》五律詩四首。（陳履《懸榻齋稿》卷下）

本年發生兵叛，李茂材散家資糾集鄉兵平叛，生擒四百餘人。

李茂材（？～一五七六），東莞人。任東莞守禦所正千戶，考選軍政掌印，因征大羅山寨有功，升指揮僉事。番彝海民從海上入擾，依次討平。嘉靖四十三年（一五六四）兵叛，散家資糾集鄉兵平叛，生擒四百餘人。次年從征海寇，搗巢不可勝計，升柏林守備。隆慶元年（一五七六）於雷州港戰死。（康熙《新安縣志》）

梁棟材於本年中舉人。

梁棟材，字隆吉，號對峰。東莞人。明世宗嘉靖四十三年（一五六四）舉人。張其淦《東莞詩錄》卷一三有傳。

龐一夔於本年中舉人。

龐一夔，字仲虔。南海人。嵩子。明世宗嘉靖四十三年（一五六四）舉人。初授蒼梧令，蒞任六載，丁外艱。起復，補歸化令。尋晉任養利州。會緬甸入犯，以禦敵功除九江府同知。致仕歸鄉。著有《江門正脈》、《諭俗編》等書。溫汝能《粵東詩海》卷三二、阮元《廣東通志》卷二八〇有傳。

蘇民懷於本年中舉人。

蘇民懷，字子仁，一字懋德。南海人。明世宗嘉靖四十三年（一五六四）舉人。初官趙州，入為國子監丞，遷刑部主事，改戶部，歷郎中，終朗寧知府。著有《吹池稿》。溫汝能《粵東詩海》卷三二有傳。

黃鰲於本年中舉人。

黃鰲，字作庚。番禺人。明世宗嘉靖四十三年（一五六四）舉人。官信豐知縣。溫汝能《粵東詩海》卷三二、阮元《廣東通志》卷七四有傳。

鄭用淵於本年中舉人。

鄭用淵，順德人。明世宗嘉靖四十三年（一五六四）舉人，官松江府通判。事見康熙《順德縣志》卷五。

鄭佐於本年中舉人。

鄭佐，順德人。明世宗嘉靖四十三年（一五六四）舉人，官漳州府通判。事見康熙《順德縣志》卷五。

王文明於本年中舉人。

王文明，澄海人。明世宗嘉靖四十三年（一五六四）舉人，官路南知州。事見阮元《廣東通志》卷七四。

黎紹詵於本年中舉人。

黎紹詵，順德人。明世宗嘉靖四十三年（一五六四）舉人，官河東鹽運使經歷。事見康熙《順德縣志》卷五。

王時元於本年中舉人。

王時元，字遇春。瓊山人。嘉靖四十三年（一五六四）甲子鄉薦。知楚東安縣，遷常德判。丁母憂歸，不受一錢。歲餘卒。著有《四禮集童訓》。阮元《廣東通志》卷三〇二有傳。

鄧俊於本年中舉人。

鄧俊，字可籲。三水人。嘉靖四十三年（一五六四）舉人。官廣西崇善令。憑祥州與安南爭界，奉命往判，安南人送銀千兩、金百兩，笑拒之，於名刺上書：“天朝使者堂堂日，卻笑夷人錯用心”，秉公定界。歸時，安南人立卻金亭以志盛德。升石西州守，卒於任。（嘉慶《三水縣志》）

李伯芳於本年中舉人。

李伯芳，字廷實，號肖松。英德人。嘉靖四十三年（一五六四）舉人，隆慶二年（一五六八）進士，官兩京刑部郎中、興化府知府。萬曆十七年（一五八九）延修邑志。（《韶州府志》卷七、卷三四）

何述忠於本年中舉人。

何述忠，字肖元，號惺寧。香山小欖人。與弟述瓚同中嘉靖四十三年（一五六四）舉人。翌年會試中進士，授浙江溫州府通判。與弟述鉉、述瓚皆負才名。享年八十八。（乾隆《香山縣志》）

陳大諫於本年中舉人。

陳大諫，東莞人。嘉靖四十三年（一五六四）以《詩經》中舉人，授湖廣荊州府通判，補任福建汀州府通判。方正剛亮，所至有聲。（康熙《新安縣志》）

鄭天憲於本年中舉人。

鄭天憲，字宗善。揭陽人。嘉靖四十三年（一五六四）舉人，授廣西來賓知縣，以威信諭撫當地壯侗民眾，遷稚州知州，立武侯祠，築石城，建靜學書院。（乾隆《潮州府志》卷二八）

劉君表生。

劉君表（一五六四～一六三七），字而正，號御亭。香山人。崇禎七年（一六三四）由貢生特授鴻臚寺序班。（《欖鄉詩粹》）

明世宗嘉靖四十四年　乙丑　一五六五年

正月初一日，李英賦《乙丑元日闕門瞻望》詩云：

宮殿雪初消，祥光滿聖朝。千官鴛鷺集，百樂鳳皇調。曉鵲棲珠樹，冰花散玉橋。中天回首處，御輦駕雲霄。（《李英集·李英詩》）

黃佐賦《元日述懷　乙丑》詩云：

靜守黃庭玉漏長，曉來嵩祝整冠裳。庭前草色交新翠，簷外梅花送暗香。漠漠緒風傳鼓吹，絲絲過雨淨林塘。粵南自笑康衢老，曾聽流鶯繞建章。

又賦《題一葦所如卷爲何石川》、《贈別張松陵憲副之浙藩大參》、《贈潘羅陽自南戶部賦歸》、《次潘少承壽七十一韻》、《贈新會陳季謙充貢北上　元吉》（以上七律）。（黃佐《泰泉集》卷一三）

正月初七日，李英賦《人日》詩云：

風塵悲獨客，飄泊忽三年。多病逢人日，歸心度楚天。暝雲千樹失，殘雪萬峯連。極目長安道，春江思渺然。

又賦《春日道院詠雪》五律。

正月十五元夜，英又賦《元夜旅懷東國輝時芳》詩云：

客中憐此夕，燈火自相親。梅柳故鄉夢，風煙上國春。年深容易老，道在豈言貧。爲問青山約，相將寄此身。

又賦《寄倫惟伯黃悅可》、《張汝成自東魯至過訪邸中二首》、《送黎國輝南還》（以上五律）、《送鄒子南還二首》七絕、《次韻酬倫惟伯見懷》七律、《答黃悅可見寄》七絕。

三月，李英又賦《暮春有懷二首》詩云：

九關北望淨風塵，碧草萋萋柳色新。卻愧文園猶臥病，落花飛雨怨殘春。

天南天北暮春時，徙倚空憐御柳絲。雲掩碧苔人寂寂，數聲啼鳥在高枝。

又賦《廣德寺觀牡丹》七律、《雨後過集徐氏諸子館》五律。（以上《李英集·李英詩》）

清明前一日，歐大任賦《清明前一日同方行人岳文學江張二山人集孫鴻臚宅得孫字》詩云：

三年持橐傍金門，漢署還來問酒尊。千疊浮雲迷客舍，五陵春草送王孫。鶯聲半入華陽館，馬首頻窺灞水園。他日看花攜手客，禁煙時節望中原。（歐大任《旅燕集》卷三）

四月十五日，霍與瑕賦《一葦所如　春 乙丑爲何石川泛舟題》、《夏》、《秋》、《冬》（以上五古），又賦《送曹洞峰憲副陟廣右　乙丑四月十五日》五古五首。（霍與瑕《霍勉齋集》卷

四）

立秋日，李英賦《立秋》詩云：

千山當落日，一葉又驚秋。未解相如病，猶增宋玉愁。行藏羞短鬢，漁釣憶滄洲。何事長爲客，西風獨倚樓。

又賦《送友人南還》七律、《出京潞河別吳子福》五律、《登岱》七律、《過曲阜闕里謁孔廟》五律。（李英《李英集·歷遊集》卷上）

秋，霍與瑕賦《秋堂獨坐　乙丑秋》詩云：

小坐山堂月上遲，木犀香斷菊離披。寒蟬抱露聲如咽，人不悲秋秋自悲。（霍與瑕《霍勉齋集》卷七）

七月，歐大任賦《早秋同達水部集施虞部省中園亭得來字是日期曾繕部不至》詩云：

署中涼色滿池臺，更有雙尊出舊醅。濯露蔬勞園吏給，冒霜花爲省郎開。邊烽幸絕甘泉報，胡雁初從大漠來。寄問東曹詞賦客，何時還共故人杯。

又賦《訊沈祠部病》詩云：

病來秋葉滿亭皋，聖主齋居念禮曹。露下金莖雙闕迥，月明瑤瑟五陵高。四愁有客思江漢，七發何人望海濤。那得沈郎腰不瘦，閉門猶是著書勞。

初七日七夕節，大任賦《秋夕臥病對月懷許維楨何啟圖二內翰》詩云：

臥遊因病久盤桓，曾記名山萬里看。雪後驅車過汝水，月中搖艇入新安。昔年白雁思傳劄，此日銅龍阻握蘭。尊酒何因攜二妙，清光知在玉堂寒。

八月十五日中秋節，大任賦《中秋同社諸子集方侍御宅得中字》詩云：

醉客揮毫倚玉驄，西園今夕正秋風。關山一賦秦城上，砧杵千聲漢苑中。歌後新涼生麈篹，尊前清露滴梧桐。庾公此興應非淺，月下何人賦最工。

又賦《太霞洞天爲永昌周象賢賦》七律、《燕京秋夜登樓懷故園》七律。（歐大任《旅燕集》卷三）

八月十五日，陶益賦《乙丑秋喜家賞月二首》詩云：

憶昔中秋客異鄉，自憐形影倍淒涼。今宵對月庭前拜，喜見兒孫學雁行。

還家最喜過中秋，塔影闌階菓亂投。老大恐妨少小樂，自邀明月上高樓。（陶益《檆墩集》卷三）

九月初九日，大任賦《乙丑九日同古茂毧蒙廷俞張鴻與蒙廷綸張伯鄰郭篤周飲倫紹周宅》詩云：

薊城佳節憶煙皋，尚喜東鄰有濁醪。赤管自憐頻索米，黃花猶得共持螯。酒錢頗羡陶彭澤，詩句深知謝法曹。歲歲佩萸何處客，歸心偏戀五雲高。

又賦《送沈祠部謝病歸吳興》七律、《秋曉經西苑》七律。（歐大任《旅燕集》卷三）

至前一日，林大春賦《自梧溯江上桂林與莊大參聯舟夜話慨然有懷京洛之舊時嘉靖乙丑至前一日也》詩云：

梧江桂嶺天南盡，江上聯舟夜語餘。鎮日蠻煙青兕出，孤燈瘴雨白鴻疏。寒開吏部床頭酒，閒傍中郎枕上書。忽憶舊遊同舍客，年年端拱拜宸居。（林大春《井丹林先生文集》卷五）

本年歐大任賦詩如下：《送龐侍御少南出按兩浙　二首》、《瑞室詩爲四明薛子熙賦》、《誠意伯劉國楨使楚餞別於孫鴻臚宅得枝字》、《陸使君道函入計還寶慶》、《送魏順甫使君上計還濟南》、《贈黎君華岑貞叔南還》、《送馮侍御出按山西》、《雨後飲蘇子川宅望西山得花字》、《送劉選部孟真請告還夷陵》、《送范職方於公奉使吳中》、《答戴進士儀周》、《送畢兆先掌教安福》、《送陳文學季謙赴信豐》、《徐子與入都見訪》、《初秋同張李陳三戶部王山人柴文學集天壇曹道士院得窗字》、《弘法寺送徐子與謫長蘆》、《南溪泛舟遇雨客有懷江南者共賦中字》、《送袁解元南歸》、《雨夜同薛文學晁秀才集吳侍御子沐宅》、《送戚進士世秀請

告歸泗州畢姻》、《子與約會滄州予將從德州南行不得過先寄此
作》、《寄李于鱗　並序》二首、《雪夜古比部攜酒雷比部同過》
（以上七律）。（歐大任《旅燕集》卷三）

　　本年林大春賦《大梁留別楊屯田先生》詩云：

　　去年此日與君來，今年此日與君別。從教世事逐浮雲，莫把
丹心負明月。吳箋楚簡爲題詩，豈意於今記別離。含情濡毫不忍
下，恐留別後更相思。往昔與公同補河南，以甲子二月入大梁。至是，予被讒
去，其行亦在二月中，乃因公寄予吳人所製冊一帙，書以爲別，初冊擬寫舊稿，乃竟
留書，此亦數也。時乙丑歲。（林大春《井丹林先生文集》卷二）

　　本年饑荒，何士奇變賣家產買米賑災。

　　何士奇，字節之，號竹屛。東莞人。嘉靖四十四年（一五六
五）饑荒，變賣家產三百金，買米賑災。自此貧困，以編織竹器
爲生。（宣統《東莞縣志》卷五八）

　　佘嘉詔於本年中進士。

　　佘嘉詔，字彥倫，號斗南。順德人。嘉靖四十三年（一五六
四）鄉舉，翌年進士，派合肥縣令，身體力行，力節浮費。升南
京福建道御史，質直敢言。隆慶元年（一五六九）與給事中駱問
禮合疏救因巡庫而廷杖除名之御史，忤朝中大貴，乃回籍退隱，
病卒。父世亨，字始大，一字山人。順德人。以子嘉詔貴，贈南
京福建道御史。著有《佘山人集》。黃登《嶺南五朝詩選》卷四
有傳。

　　姚光泮於本年中進士。

　　姚光泮，字繼昭，號同庵。南海人。明世宗嘉靖四十四年
（一五六五）進士。官南京山西道監察御史，出爲泉州守。後罷
歸，辟城西荒構榭，結社賦詩。溫汝能《粵東詩海》卷三二、阮
元《廣東通志》卷二八二等有傳。

　　鍾繼英於本年中進士。

　　鍾繼英（？～一五九一），字樂華，號心渠（一作瞿）。東莞
人。年十五喪父，二十爲諸生。嘉靖三十七年（一五五八）中解

元，四十四年（一五六五）成進士，選庶吉士。隆慶元年（一五六七）授河南道監察御史，以事得罪宰相張居正，巡鹽長蘆，秉公而斷。上書穆宗，使罷內操。又督學南畿，多有惠政。四年（一五七○）冬，以病告歸。六年六月，神宗即位，還朝補御史，侍經筵。萬曆四年（一五七六）丁太孺人憂畢，起補河南道，遷廣西提學副使。十年，張居正卒，次年補湖廣按察副使，以有心病，不果行。居家十年卒。郭棐撰《粵大記》卷一八、阮元《廣東通志》卷二八一有傳。

李應蘭於本年中進士

李應蘭，字如卿。東莞人。明世宗嘉靖四十四年（一五六五）進士。① 官至福州太守。著有《羅浮漫語》。黃登《嶺南五朝詩選》卷四、張其淦《東莞詩錄》卷一三有傳。

戴記於本年中進士。

戴記，字儀周，號梧臺。東莞人。銑子。明世宗嘉靖四十四年（一五六五）進士，歷官楚雄知府。著有《遊滇稿》。阮元《廣東通志》卷二七九、宣統《東莞縣志》卷五八有傳。

李一迪於本年中進士。

李一迪，字君哲，號我山。茂名人。學曾從子。明世宗嘉靖四十四年（一五六五）進士。② 初任湖廣夷（彝）陵州知州，政績顯著。後以失權貴歡，移任杭州府同知，到任大解民困。擢升留曹司，以廉能稱。旋爲湖廣鄉試主考官，取士公正，後僉事粵西有功，歷任南京戶部、福建清吏司員外郎、本部雲南署郎、員外郎、南京戶部、雲南清吏司郎中等職。萬曆二年（一五七四），任廣西左江道兵備兼分巡事，平亂安邦。七年，任浙江按察司副使，使三州境內久安，百姓尊“李父”。隆慶六年（一五七二），明穆宗封其母盧氏、妻杜氏爲宜人。罷官歸里居鄉期間，常托孤

---

① 一作嘉靖八年（一五二九）進士。
② 一作嘉靖四年（一五二五）進士、三十七年（一五五八）戊午探花。

恤貧，解囊助學。享年六十八歲。著有《拙宦存稿》四十六卷。光緒《高州府志》卷三七有傳。

陳一龍於本年中進士。

陳一龍，高要人。明世宗嘉靖四十四年（一五六五）進士。官鎮江府同知。事見阮元《廣東通志》卷六九。

吳與言於本年中進士。

吳與言，字志默。大埔人。明世宗嘉靖四十四年（一五六五）進士。官漢陽府推官，調杭州府同知。三年後升兵部職方司員外郎。萬曆二年（一五七四）任職方郎中。八年（一六八〇）升四川按察副使。翌年罷官回鄉。（一九九二年《大埔縣志》）

林怵於本年中進士。

林怵，字裕甫。博羅人。性格樸實。父母早亡，有繼母，省試時，聞訃即歸。以嘉靖四十四年（一五六五）進士知亳州，歷左州，遷嚴州府同知。興學重教，士人德之，擢知同仁府。後坐文書失實，謫知滁州，旋自免歸。（光緒《惠州府志》卷三八、乾隆《博羅縣志》卷十二）

黎民懷於本年成貢生。

黎民懷，字惟仁，別署白泉山人。從化人。貫季子。與兄民表、民衷同學於黃佐之門，偕梁有譽備結社講學，人稱“三鳳”。明世宗嘉靖四十四年（一五六五）貢生。官訓導。試後遽歸，絕意仕宦，日與詞人操觚染翰，慕神仙之樂。著有《清居集》。溫汝能《粵東詩海》卷三二、汪兆鏞《嶺南畫徵略》卷一有傳。

明世宗嘉靖四十五年　丙寅　一五六六年

十二月庚子，明世宗崩，年六十。（《明史》卷十八《世宗本紀》二）壬子，裕王載垕即皇帝位，是爲明穆宗，以明年爲隆慶元年。（《明史》卷十八《穆宗本紀》）

正月初一日，黃佐賦《夢作三朝祝壽詩　丙寅元旦》詩云：

東風吹漏出宮遲，鵷鷺追趨祝聖時。九奏共聞周雅樂，三朝

欣睹漢官儀。青旂日色明仙仗，紫殿天香滿玉墀。鳴珮緩歸金水畔，新鶯初囀萬年枝。（黃佐《泰泉集》卷一三）

立春日，李英賦《立春日渡江過濠梁》詩云：

落日滿濠梁，中原路已長。暝雲通泗水，歸雁度瀟湘。柳色爭春發，梅花滿路香。南行家漸近，登閣見江鄉。

又賦《春日登五羊城樓眺望因寄溪上友人》七律。

二月，英新婚，賦《丙寅二月新婚有作》詩云：

卻喜佳期至，東風柳色新。深杯銀燭夜，明月洞房春。夢寐千秋事，驅馳百感身。起看天地里，問寢在茲辰。

又賦《題醉姝圖》七絕。（李英《李英集·歷遊集》卷上）

三月初七日，霍與瑕賦《別館都春　丙寅三月七日》詩云：

天孫別院錦成雲，占斷明都萬有春。一樣東風花幾種，不堪啼鳥更撩人。

春園日暖鶯聲好，春殿月明花影低。楚客傷春渾未賦，東風那得送春歸。

花枝照水礬紅艷，荷葉淩波送遠香。春去幾時春自在，晚風聊此納新涼。

蟋蟀池塘風陣陣，鳳凰簫管夜沉沉。城西未落三更月，春恨誰緘萬里心。

亭臺霽雪月如銀，誰道陽和布未勻。好趁梅花裝彩勝，長官明日此迎春。

四明仙子好留題，勾押春風入院齊。我亦舊時梁苑客，心隨春事到江西。（霍與瑕《霍勉齋集》卷七）

五月初五日，李英賦《端午同友人泛舟遊大通寺》詩云：

中夏值端陽，來遊曲水旁。落霞侵殿閣，芳草過林塘。競渡歌聲亂，開尊客思長。陶然同一醉，明月在滄浪。（李英《李英集·歷遊集》卷上）

同日，霍與瑕賦《端午歸石頭海山索題畫　丙寅》詩云：

綠雲連地軟，紅雨接天飛。一尊誰共賞，滿目盡吾詩。杜甫

遊春

　　荷葉裁爲裳，芙蓉裹作糧。追陪吟弄席，一坐到羲皇。茂叔
觀蓮

　　秋風下太清，搖落不堪情。喜有東籬畔，黃金亂吐英。淵明
採菊

　　積雪今晨霽，呼童出破茅。天心真可見，春色在梅梢。靖節
尋梅

　　又賦《商山四皓　題畫，丙寅五月五日》詩云：

　　小坐松根石，悠悠幾度春。誰知安漢老，原是避秦人。（霍
與瑕《霍勉齋集》卷六）

　　初九日，與暇賦《頃波來柬有遊樵之約喜走筆答之　丙寅五
月九日》詩云：

　　忽傳瀾石剗，清興亦樵關。雲滿癡仙袖，煙深桂子灣。好歌
移白晝，佳伴拉青山。景勝堪良晤，祇憂人未閒。

　　十四日申刻，賦《走筆招區頓池四表　丙寅五月十四日申
刻》詩云：

　　坐看魚遊藻，忽驚人寄書。綠陰消遠望，清夏慰離居。溽暑
催時序，急流漲晚渠。山齋無一事，開戶待高車。

　　靜玩先天畫，閒抄種樹書。數時知立夏，逢價問興居。近市
煙籠竹，深山水決渠。洗心高自坐，誰駕白牛車。

　　又賦《走筆和海山舍弟訂來樵之約　丙寅》二首、《題節孝
卷爲鄧母譚氏》。

　　七月初七日巳刻，與暇又賦《邵少湄折柬有樓臺將送暑涼露
報新秋之句用何詩飄灑欣然余懷走筆答之　丙寅七月七日巳刻對
使》三首。（以上五律）（霍與瑕《霍勉齋集》卷八）

　　同日，李英賦《七夕》詩云：

　　月殿桂香飄，雙星渡鵲橋。佳期憐此夕，分手恨明朝。機杼
丹心苦，煙波涕淚遙。百年悵靈匹，懷抱幾時消。

　　又賦《月夜同歐黃諸詞客集城南樓得涼字》五律。

　　八月十五日，李英賦《中秋江村即事》詩云：

　　鴻雁南來急，秋高萬木殘。一輪明月滿，況在故園看。滄海驚烽燧，煙霞失釣竿。終宵把長劍，江色不勝寒。

　　又賦《秋日山中寄懷燕京諸友》七律、《月夜同歐黃關諸詞客雅集》七律。（李英《李英集·歷遊集》卷上）

　　九月二十四日，霍與瑕賦《壽陳唐山七十一　丙寅九月二十四日自天山草堂歸燈下》六首五言詩。（霍與瑕《霍勉齋集》卷四）

　　十月，海瑞上《治安疏》，帝暴怒，下瑞詔獄論死。（海瑞《治安疏》）

　　初冬，李英賦《初冬至淩江旅寓同何尚錫鄺建弘何尚禎丘朝仰黃汝良月夜宴集》詩云：

　　短褐西風愧旅遊，高歌一曲暫淹留。異鄉尊酒論心夜，明月天涯作客秋。驛路淩江雙水合，望中庾嶺片雲浮。明朝又是梅關別，匹馬斜陽處處愁。

　　又賦《橫浦驛別梁景懷何尚賢歐允亮》七絕、《臨江道中遇鄉友》五律、《冬夜旅泊南昌》五律、《發南康度鄱陽湖阻風》七絕、《過留都訪何尚爵客館》、《金陵旅夜》、《送羅汝績南還》、《送傅應秋南歸》（以上七律）、《雪夜寄懷溪上友人二首》六言絕、《雪巾送別黃氏諸子北上二首》七絕。

　　除夕，李英於揚州度歲，賦《揚州丙寅除夕》詩云：

　　歲月催雙鬢，浮生又一年。鄉關渺何處，書劍益淒然。雪積千山暝，雲深萬樹連。憑高仍引望，離思滿江天。（《李英集·歷遊集》卷上）

　　本年朱廷福與李亞元、鄧廷風等領導河源農民起事，經三月奮戰失敗，被殺者達兩千。

　　朱廷福，河源人。（《河源縣人物志》）

　　蘇旦於本年成貢生。

　　蘇旦，字功棐，號思軒。東莞蠔崗人。明世宗嘉靖四十五年

（一五六六）貢生，官桂林訓導，日與諸生講性理之學。張其淦輯《東莞詩録》卷一三有傳。

黃尚寀於本年成貢生。

黃尚寀，清遠吉河鄉（今屬佛岡）人。嘉靖四十五年（一五六六）歲貢。任廣西桂林府興安縣學教諭。（《佛岡廳志》）

鄧雲霄生。

鄧雲霄（一五六六～一六三一），字玄度。東莞人。萬曆二十二年（一五九四）鄉試，二十六年（一五九八）進士。授南直隸蘇州府長州知縣，旋擢南京户部給事中。居二年，出爲湖廣憲。轉四川參議，以保留仍駐永州。因抗疏州之勢宦，遂歸。復以薦任陝西兵備，尋改廣西。丁繼母憂，歸不復出。縣官因與之有隙，深文中雲霄，以冤死。後其子逢京上疏鳴冤，始復原職。著書甚多，依阮元《廣東通志》，其行於世者有《百花洲》、《浮湘》、《越鳥吟》、《燃桂》、《漱玉齋》、《竹浪齋》、《紫煙樓》、《鏡園》等集。阮元《廣東通志》卷二八二有傳。

黎密生。

黎密（一五六六～一六二九），字縝之。番禺人。遂球父。密少時，隨姊至諸暨，與王驥德、徐渭、葛冰壺等交善。年甫弱冠，補邑諸生，未四十解去諸生，不復試。性豪曠，力學好古。喜釀酒，嘗祠杜康而以焦革配之。崇禎二年（一六二九）因病卒，年六十四。著有《籍鳴集》。阮元《廣東通志》卷二七九有傳。

釋通岸生。

釋通岸（一五六六～一六四七），字覺道，一字智海。憨山大師（釋德清）書記。後居訶林。工詩，曾與陳子壯、陳子升、黎遂球、區懷瑞、區懷年、黎邦瑊、黃聖年、徐萊、歐必元、歐主遇、黃季恒結南園詩社，稱南園十二子。著有《樓雲庵集》。事見溫汝能《粵東詩海》卷九八。

明穆宗隆慶元年　丁卯　一五六七年

春，陶益賦《丁卯春偶述》詩云：

爾來丑虜不攻營，細柳殘條分外生。里閈剛逢春事好，又聞人説虎縱橫。（陶益《樾墩集》卷三）

春日，李英賦《春日遊上方寺訪竹塘上人禪房四首》五律、《泰州光孝寺留別法輪上人》七律、《友人何于參自嶺南北上過廣陵訪余客邸共宿十夕而別因賦此爲贈》七律。（《李英集·歷遊集》）

正月初一日，陶益賦《新正謁陳白沙先生祠》詩云：

東尋祠下路，一徑入丘原。地僻煙蘿合，亭虛鳥雀喧。哲人云已遠，心事可誰論。拜罷碑前立，春風空掩門。

又賦《書織錦圖》五絶、《識夢》七絶、《期宿象岡書院不果因懷善山先生》七律、《海棠》七絶、《櫻粟》、《見乞食》、《答閩陳梧岡年丈時聞其仲子被圍得釋故末聯及之》（以上七律）、《寄答大郡博雷曹山先生兼令姪禮部郎潤溪先生》五律、《登讀書嶺》七絶、《遊幻化巖》、《春莊雜興四首》（以上七絶）。

三月初三日，陶益賦《修禊二首分韻示罰》詩云：

上巳攜壺出翠微，興來猶欲典春衣。十千美酒誰家有，遙指青簾不忍歸。

嵐煙收雨日初長，花鳥吟餘泛曲觴。安得川流通作酒，與君判飲潤詩腸。

又賦《織婦吟二首》五絶、《莊次暑雨》七律、《寄綠筠社諸君》七律、《送贈詞客》五言詩、《涉江採芙蓉》五律。（以上陶益《樾墩集》卷三）

二十三日，歐大任賦《西園牡丹讌集　並引》詩云：

卞進士汝霖園在廣陵城西，花石之盛甲於淮南。隆慶改元三月既望，殷進士起莘輩十二子約方明府允治、熊博士國良及余以十九日看牡丹於園中。值允治忽有海陵之役，兼以風雨連日大作，花落者什九矣。二十又三日，余三人始能赴約，紅白二種尚數朵照映几席，不減京洛也。酒酣，因與諸君共賦，以紀燕集之興云。

國色廣陵新，西園約屢申。驅馳虛勝賞，風雨度芳晨。玉佩頻迎客，紅妝尚待人。鶯聲君試聽，猶似曲江春。

幽興春偏劇，名園酒更催。看花潘令約，領客習池來。露蕊三江爭，雲根五嶽開。石欄絲管急，秉燭未能回。（歐大任《浮淮集》卷三）

二十七日，霍與瑕賦《和古林何先生聞報之作　括易，丁卯三月念七日》五律詩四首。（霍與瑕《霍勉齋集》卷五）

三月晦，歐大任賦《晦日姚唯之茅平仲管建初蔣子夏陸無從飲齋中得春字》詩云：

花飛楊子津，君尋齋中人。芳藥不可贈，櫻桃何太勻。紅蘭楚客醉，白苧吳歌新。明月扁舟上，相思江南春。（歐大任《浮淮集》卷三）

五月二十五日申刻，霍與瑕賦《前山吟　丁卯五月二十五日申刻》雜言詩。（霍與瑕《霍勉齋集》卷五）

八月十五日，李英賦《中秋》詩云：

千家疏柳送鳴蟬，秋霽長空月正圓。山勢北連平楚外，海門東望片帆前。坐聞戍角臨城起，愁聽鄰砧閉閣眠。借問淮南叢桂樹，何人還賦小山篇。

又賦《秋興二首》、《尋迷樓遂登平山堂》、《遊大明寺》、《送余沈二春元赴進士舉》（以上七律）、《贈許秀才》五律。（《李英集·歷遊集》）

二十日夜，霍與瑕賦《濛濛　丁卯八月二十夜》云：

二更山月照江清，十五以來夜夜明。遙想雁行俱得意，靜虛堂上答歌行。（霍與瑕《霍勉齋集》卷七）

九月初一日，與瑕賦《藕花亭雜詠爲梁浮山中書　丁卯九月朔日小溪舟中》五律十二首。（霍與瑕《霍勉齋集》卷八）

十七日，歐大任賦《丁卯九月十七日同汪山人黃中舍集楊汝德園賞菊是日牡丹忽開一花江北深秋未見寒色然亦異矣爲紀一詩》詩云：

　　江上園林片片霜，君家暖豔照山房。似憐傲吏歸彭澤，故遣佳人出洛陽。繞院三千黃蛺蝶，臨池七十紫鴛鴦。淮南賓客逢今日，歌吹寧辭送百觴。（歐大任《浮淮集》卷六）

　　本年龐嵩賦《蒙恩再賜致仕　時隆慶改元，撫臺吳公薦起》詩云：

　　昔年五十三，賜老致所仕。今蒙致仕恩，年光六十二。先致致國獻，再致委家計。天地一閒身，何物能攖繫。炯炯方寸心，願從子絕四。太虛淨無雲，往來任光霽。（龐嵩《龐弼唐先生遺言》卷三）

　　本年譚清海上《三大禮疏》。

　　譚清海，字永明，號見日山人。東莞人。家貧好學，好議天下大事。穆宗即位，赴京上《三大禮疏》。萬曆初，赴戚繼光軍前，獻一字擺營守備之策，繼光拍手叫絕，與商薊州禦敵方略，爲軍旅祭酒。終年八十四。著有《靈州詩草》，屈大均爲編《譚處士集》。宣統《東莞縣志》卷五九有傳。

　　李需光於本年中舉人。

　　李需光，字體孚。順德人。明穆宗隆慶元年（一五六七）舉人，官御史。事見阮元《廣東通志》卷七五、乾隆《順德縣志》卷一〇。

　　盧堯典於本年中舉人。

　　盧堯典，字唐憲。東莞人。明穆宗隆慶元年（一五六七）舉人，授官南直青陽知縣，尋調廣西博白縣。著有《左史摘繁》、《佚我堂集》。溫汝能《粵東詩海》卷三三有傳。

　　李轂於本年中舉人。

　　李轂，字鄂先。番禺人。昴英十二世孫。明穆宗隆慶元年（一五六七）舉人，初授太倉州學正，晉南寧府推官。遷判寧國府，轉知全州，尋擢臨安府同知。以監軍平寇有功，除武定府知府。旋卒。阮元《廣東通志》卷二八一有傳。

梁紹震於本年中舉人。

梁紹震，字原東。順德人。明穆宗隆慶元年（一五六七）舉人，五年（一五七一）乙榜。署教淮安，遷守河池，又佐平樂。嘗與楊起元、劉克正往來論學。歸田後，常與歐大任等結社唱和。著有《緒昌堂集》。康熙《順德縣志》卷七有傳。

梁夢鼎於本年中舉人。

梁夢鼎，字道立。靈山（今屬廣西）人。明穆宗隆慶元年（一五六七）舉人，任華亭教諭，陞大庾知縣。丁母艱歸，遂不復仕。雍正《靈山縣志》卷一〇、阮元《廣東通志》卷二九九有傳。

鄭學醇於本年中舉人。

鄭學醇，字承孟。順德人，番禺籍。明穆宗隆慶元年（一五六七）舉人，授鬱林學正，陞武緣知縣。著有《勾漏集》。溫汝能《粵東詩海》卷三三有傳。事亦見阮元《廣東通志》卷七五。

何大勦於本年中舉人。（光緒《香山縣志》卷十一《選舉》）

何大勦，字頤齋，一字嘉侯，號太遊。香山人。番禺學。明穆宗隆慶元年（一五六七）舉人。官至北京光禄寺署丞。何天衢《欖溪何氏詩徵》卷一有傳。

鄧文炳於本年中舉人。

鄧文炳，字挺南，號敬庵。從化人。明穆宗隆慶元年（一五六七）舉人，官浙江定海令。著有《寧野集》。（《從化縣志》）

鄧鼎臣於本年中舉人。

鄧鼎臣，字建和，號礪軒。新會人。早失怙，從兄漢臣學。明穆宗隆慶元年（一五六七）舉人。學陳白沙靜坐自得之旨，後從古林何先生遊。（清《新會縣志》）

劉漸造於本年中舉人。

劉漸造，字道充。歸善人。明穆宗隆慶元年（一五六七）舉人。著有《史餘錄》、《學思錄》。卒年七十。（乾隆《歸善縣志》

卷十四）

何一麟於本年中舉人。

何一麟，字文明。高明人。明穆宗隆慶元年（一五六七）舉人。初任興業教諭，後升龍安知縣，擢大理通判，代理知府。（《肇慶府志》）

蔣上欽於本年中舉人。

蔣上欽，字思敬。台山人。明穆宗隆慶元年（一五六七）舉人，任高陽教職，萬曆四年升梧州節推，擢雲南府同知。卒於官。（《新寧縣志》）

鍾若林於本年中舉人。

鍾若林，字柱南，號美徵。花縣（今花都）人。隆慶元年（一五六七）中舉，萬曆十一年（一五八三）進士，授浙江金華府永康縣知縣。（光緒重刊《花縣志》卷三）

章曰慎於本年成貢生。

章曰慎，海陽人。明穆宗隆慶元年（一五六七）貢生，官雲南曲靖府通判。事見光緒《海陽縣志》卷一四。

鍾于田於本年成貢生。

鍾于田，字龍見。清遠人。明穆宗隆慶元年（一五六七）貢生，官永州府通判。祀鄉賢。光緒《廣州府志》卷五二、民國《清遠縣志》卷六有傳。

溫皋謨生。

溫皋謨（一五六七～？），字爾弼。東莞人。十九歲中萬曆十三年（一五八五）舉人，四十一年（一六一三）進士，時年四十七。初任江西吉水知縣，升御史，主糾遼東敗逃諸臣。出按四川，平賊有功，再按湖廣。魏閹當國，上疏救楊漣，遭帝嚴斥。著有《西臺楚蜀奏疏》及《文集》，未見。崇禎《東莞縣志》卷五有傳。

張人龍生。

張人龍（一五六七～一六五一），字廷御，號青虯。東莞人。

澹於名利，喜交遊。辟畏佳山房，養鶴數十，均有名字。與名士唱和詩文，至老不倦。著有《菉園詩草》。（《東莞張氏族譜》卷十）

張文禄生。

張文禄（一五六七～一六二七），字備純，號吹迂。東莞人。萬曆二十二年（一五九四）舉人。勤奮好學，工文辭，八十歲寫作不輟。著有《淡可圃集》。（《東莞張氏族譜》卷十一）

明穆宗隆慶二年　戊辰　一五六八年

春，陶益賦《戊辰春如練江奉懷筦社諸友四首》七律詩四首。（陶益《橄墩集》卷四）

春日，李英賦《金陵春日雨後同盛姚諸君子出遊城南諸寺遂登雨花臺》詩云：

梅岡新霽後，猶似雨花年。説法空山頂，齋心繡佛前。江邊六代寺，城上五雲天。欲賦長干柳，蒼茫起夕煙。

又賦《過姚洪鑪市隱園》五律、《訪無著上人因題青蓮宇》五律。

二月，李英自金陵過京口遇雪，賦《戊辰二月自金陵過京口遇雪有作》詩云：

飄飄何處客，乍別鳳凰臺。爲憶三山勝，寧辭百里來。夕帆過海樹，春雪點江梅。即此堪乘興，猶如訪戴廻。

又賦《遊金山寺》、《遊甘露寺》、《遊焦山因謁漢隱君祠》（以上五律）。（《李英集·歷遊集》）

三月，霍與瑕賦《寄懷龍皋葉大夫　戊辰三月寓滁》五言詩四首。

六月初十日午刻於西長安街，與瑕賦《贈張印江社丈　戊辰六月十日午刻西長安街》詩云：

侍君江海間，匆匆秋復春。野水玩遊魚，空山看出雲。花發園林媚，機忘鷗鳥馴。浩歌復浩歌，雲水傲閑身。九老聚香山，

玄談何清真。一自出山來，冉冉各風塵。羨君理舊緒，鳴珂佩華
紳。朝探嶺外梅，暮泊柳河津。顯顯服新命，肅肅拜聖人。世路
際清平，直道乃長伸。看君奮休烈，指日畫麒麟。我亦乘風便，
徊翔淮海濱。然而野鶴性，終非鳳凰群。即當返初服，毋爲明哲
嘆。君了天皇事，應步赤松芬。此時訂舊盟，參同更細論。努力
且努力，前有無窮門。

又賦《贈大司馬文峰陳老先生東歸》五古四首

四月初九日，與暇又賦《相思歌　有引，庚辰四月九日走
筆》五古。

初十日，又賦《寄關紫雲八十翁步相思歌韻　庚辰四月十
日》五古。（霍與瑕《霍勉齋集》卷四）

六月，廣東賊寇廣州，殺知縣劉師顏。（《明史·穆宗紀》）

十六日，海寇曾一本寇河南鷺江村，傷斃莫族數人，擄男婦
八人而去。（《鷺江莫氏族譜》）後梁岳賦《聞海寇犯省城》
七律。

七月，李英賦《初秋登迷樓》詩云：

倦客關山萬里遥，清尊頻爲故人招。因憐芳歲留蓬鬢，又見
秋風到柳條。淮水北來天渺渺，岷岡西上雨瀟瀟。隋堤舊是官河
路，莫向高樓怨玉簫。

又賦《思家曲四首》七絕、《酬姑蘇張太學見贈》七律。

九月，李英賦《暮秋廣陵驛下送別王氏兄弟南歸》詩云：

關河此別思依依，淮甸秋高落木稀。南國驚看魚雁杳，西風
愁送鶺鴒飛。千行衰柳籠寒色，一片征帆向夕暉。知是故園花滿
徑，應憐客子未同歸。（《李英集·歷遊集》卷上）

又賦《泗水驛樓晚眺》五律。

小除夕，李英賦《小除夕寓濠梁官舍對雪》詩云：

奔走過殘臘，辭家似管寧。淮沘天共遠，風雪路重經。萬國
曾王會，中原一客星。此時無斗酒，何以慰飄零。（《李英集·歷
遊集》卷下）

劉維嵩於本年中進士。

劉維嵩，字鎮中。增城人。明世宗嘉靖三十七年（一五五八）舉人，明穆宗隆慶二年（一五六八）進士。官大理寺評事。康熙《增城縣志》卷八有傳。

李燾於本年中進士。

李燾（一五四四～一六二五），字若臨，號斗野。河源人。明穆宗隆慶二年（一五六八）進士。授福建泉州司李，歷仕巡撫雲南兼督川貴兵餉。官居二品，人稱槎城之最。事見同治《河源縣志》卷一三。

陳堂於本年中進士。

陳堂，字明佐。南海人。明穆宗隆慶二年（一五六八）進士。授嚴州司理，征拜南京監察御史，屢奉敕巡視京營及上下江監兌漕糧。明神宗萬曆五年（一五七七）以星變上疏論河套貢市漕河段匹諸宜興革狀，及請斥權璫、易樞部、宥諫臣，因忤大臣張居正，被貶歸。後復起用，歷官廣西僉事、光祿寺少卿、南京尚寶司卿。致仕家居，肆力著述，靡所營樹。著有《朱明洞稿》及《湘南》、《皇華》、《南歸》諸集。溫汝能《粵東詩海》卷三四有傳。父其魯，字思穎，號巨川，性至孝，事澹泉翁惟謹。弱冠應試第二名，入為博士弟子員。與覺山洪公同受學於湛甘泉，後杜門藝圃二十餘年。萬曆初覃恩奉監察御史。庚辰夏卒。郭棐《粵大記》卷二三有傳。

陳大猷於本年中進士。

陳大猷，字鳴翊。南海人。彥際子。明世宗嘉靖三十七年（一五五八）舉人，明穆宗隆慶二年（一五六八）進士。官雲南副使。事見阮元《廣東通志》卷六九、卷七四。

何維椅於本年中進士。

何維椅，南海人。明穆宗隆慶二年（一五六八）進士，選庶吉士。官至禮部主事。事見阮元《廣東通志》卷六九。

徐尚斅於本年成貢生。

徐尚斆，南海人。明穆宗隆慶二年（一五六八）貢生，官兩淮鹽運判。事見清光緒《廣州府志》卷五〇。

徐尚徽於本年成貢生。

徐尚徽，南海人。明穆宗隆慶二年（一五六八）貢生，官知縣。事見光緒《廣州府志》卷五〇。

柯英卒。

柯英（？～一五六八），俗號"老官"。新興人。性好俠，愛鄉土。隆慶二年（一五六八），"浪賊"擾北廓，掠城南，人心震懼，官兵不知所措。英乃集眾，與賊大戰於西郊，凡三日夜，賊大敗，遂斬其魁首而歸。途中饑渴甚，飲水竟死。邑人塑其像於城南長生廟祀之。（《嶺南文鈔》卷一八、《新興縣人物志稿》）

柯繩武戰死。

柯繩武（？～一五六八），字允卿。東莞人。官南海衛指揮僉事。在雷州灣與海盜曾一本作戰死。（嘉慶《廣東通志》卷二八一、宣統《東莞縣志》卷五九）

明穆宗隆慶三年　己巳　一五六九年

冬，歐大任以屬吏候送於廣陵灣頭，賦《送鍾侍御改憲副督學廣西》詩云：

茱萸灣似陂陽情　己巳冬，余以屬吏候送於廣陵灣頭，故云，八載都亭復送行。繡豸共知周柱史，蒼梧今授漢經生。山分衡嶽過梅嶠，江下牂牁繞桂城。君向伏波談粵事，可能無念朔方兵。（歐大任《虞館集》卷三）

李鵬舉卒。

李鵬舉（？～一五六九），字起南。歸善人。父信，官江西理問。少從薛侃講學豐山，宗良知之學。嘉靖二十五年（一五四六）舉人，官至台州同知。光緒《惠州府志》有傳。子學一，二十四歲鄉試第一，繼中進士，官至苑馬寺卿。

何蘭力戰死。

何蘭（？～一五六九），字斯馨。台山人。嘉靖間襲職。從征會寧巨寇有功，推本千戶所。隆慶三年（一五六九）抗倭，斬殺相當，力戰死。（《新寧縣志》）

明穆宗隆慶四年　庚午　一五七〇年

春，王弘誨賦《庚午春興四首時在彭澤江上》詩云：

青郊迎氣轉鴻鈞，玉律初回禹甸春。行客不知梅節換，東風惟見柳條新。江湖目極心偏切，池草詩成夢更親。笑煞洛陽裁勝者，看花猶是昔年人。

淒風隔夜到江槎，綠鬢驚心又歲華。梅柳一春猶作客，天涯七月便離家。懶將壯志停孤劍，剩有韶光坐絳紗。獨對海棠春夢醒，流鶯剛報上林花。

華髮森森春自生，朝來攬鏡若爲情。纔看西陸移烏晷，又見南枝送鳥聲。光景郵亭憐過客，文章秘閣愧虛名。長安北去天應近，珍重梅花相伴行。

長安曉日麗城闉，鳴玉朝來會北辰。紫府屏開翔翡翠，御爐香篆動麒麟。履端共慶聞天語，瑞應抽毫記史臣。懷曝此時何處獻，觀風還向帝庭陳。（王弘誨《太子少保王忠銘先生文集天池草重編》卷二四）

清明，陶益謁天壽山皇陵，遂遊西山，賦《清明謁陵遂遊西山　庚午》七律詩八首。（陶益《樾墩集》卷六）

又賦《馴鹿》五言詩、《墩中偶述》五律、《懷吳下諸友》七律、《送兒輩應試》七律、《寄白雲社諸丈》、《訪僧不遇二首》七絕、《擬古樵白雲歌》五古、《睡起》七絕、《林氏廓然樓和吳刺史韻》五律、《訪林明府舊里次韻》五律、《送文惟高歸鬱林四首》七絕。

八月十五日，陶益賦《中秋月下懷鬱林諸侄》詩云：

跡苦江山滯，心懸骨肉求。況當明月夜，又是白雲秋。不省袁宏艇，那知庾亮樓。更攜諸小阮，歡對一林幽。

又賦《少年行二首》、《雙頭紅蕖》、《白蓮歡》（以上七絕）、《哭少鉉譚兵憲》七律、《譚大夫挽詞》、《夜酌問菊因憶方山人》、《夢訪白鹿洞道人》（以上五律）、《酬少齡王使君》、《夜泊》、《庚午生日》（以上七律）、《詠漱泉》、《詠盤石》、《放浙魚》、《裹釣裘》、《與書家夜話》、《招隱詞》（以上七絕）。

十一月初九日，陶益賦《仲冬九日友人惠菊次韻》詩云：

隆冬逢異菊，竟日想高人。學泛忘憂物，從更折角巾。狂吟方就錯，兀傲已成真。此意云誰解，潯陽舊有鄰。

又賦《擬古別離二首》五古、《早出對雪三首》七絕。（以上陶益《樾墩集》卷六）

十二月二十三日夜，歐大任賦《紀夢　有引》詩云：

隆慶庚午嘉平月二十三夜，夢迎先考於光州學堂，贊謁上壽，如家人禮。先考曰：“昔年病足，不能遊羅浮。今日爲汝過河嶽，大佳，大佳！”持觴口佔，有“蔬盤嵩閣色，釣艇汝河秋”之句，倏然而覺，嗚咽流涕，猶似在膝下也。因續成篇，索子素、虎臣共和之。

藍輿不度嶠，咫尺望羅浮。何意神遊遠，中原精爽留。蔬盤嵩閣色，釣艇汝河秋。繞膝方驚夢，哀歌涕泗流。（歐大任《遊梁集》卷三）

本年李攀龍卒，歐大任賦《哭李于鱗　四首》詩云：

梁園歸去老菟裘，聞道先生不下樓。太白星沉滄海夜，岱宗雲散大荒秋。歌風東國泱泱後，作賦西京楚楚流。千古巫陽招莫返，青山何處掛吳鉤。

金尊日向嶅湖開，白雪泠泠一代才。齊客詩傳三百在，關門書授五千來。孟諸煙莽麒麟臥，碣石天風鴻雁哀。華髮凋零玄賞絕，嶂前明月照崔嵬。

瑤草葳蕤獨閉關，至今顏色白雲間。相將向長婚初畢，便逐盧敖去不還。孤鶴驂回樓二室，片帆風引到三山。側身東望金銀闕，憶爾仙人第一班。

過江諸子各天涯，得我猶將劇孟誇。自許會稽收竹箭，似從

華頂弄蓮花。代興共有中原約，絕學能傳博士家。誰料交遊攜手
盡，扁舟淮海夢高沙。（歐大任《遊梁集》卷五）

　　大任又賦《朱仙鎮岳王廟》七律詩。（陳永正《嶺南歷代詩
選》一六四頁）

　　劉夢賜於本年中舉人。

　　劉夢賜，字良弼。新興人。明穆宗隆慶四年（一五七〇）舉
人，授連城知縣，刻《維俗家禮詩集》。清道光《肇慶府志》卷
一八有傳。

　　周篤棐於本年中舉人。

　　周篤棐，字式周。潮陽人。孚先孫，光鎬姪。明穆宗隆慶四
年（一五七〇）舉人。官富川知縣，歷仕台州府同知。事見阮元
《廣東通志》卷七五、光緒《潮陽縣志》卷一五。

　　楊瀧於本年中舉人。

　　楊瀧，字雨江，一字用仁，號訥初。原籍大埔，遷海陽（今
潮州）。明穆宗隆慶四年（一五七〇）舉人。初任辰州通判。以
忤權貴，謫經歷。凡六月，復嘉興判官。復以觸犯權貴，再罷爲
經歷。尋辟署江寧尹，陞武定知府。後乞休歸隱。乾隆《潮州府
志》卷二八有傳。

　　王原校於本年中舉人。

　　王原校，字教之。番禺人。明穆宗隆慶四年（一五七〇）舉
人，官大邑知縣。事見阮元《廣東通志》卷七五。

　　李栻於本年中舉人。

　　李栻，字子敬。番禺人。明穆宗隆慶四年（一五七〇）舉
人。官陽朔、寧陽知縣。阮元《廣東通志》卷七五有傳。

　　陳絢於本年中舉人。

　　陳絢，字衷素，別號素庵。東莞人。應辰十三世孫。明穆宗
隆慶四年（一五七〇）舉人，兩赴南宮弗售。年四十而卒。郭棐
《粵大記》卷二一、阮元《廣東通志》卷二八一有傳。

　　張守謙於本年中舉人。

　　張守謙，字斯豫。南海人。繼先長子。明穆宗隆慶四年（一五七〇）舉人。初爲贊皇縣學教諭，遷大寧縣知縣。以忤上官旨意，降職廣信縣學教諭。後攝永豐知縣，搆疾卒。雍正《從化縣新志》卷三、阮元《廣東通志》卷二八一有傳。

　　張守讓於本年中舉人。

　　張守讓，字斯禮，一字懋功。守謙弟。南海人。明穆宗隆慶四年（一五七〇）舉人。任福建永安知縣。尋陞思仁副使，官終貴州貴寧道，以勞瘁死任上。温汝能《粤東詩海》卷三四、阮元《廣東通志》卷二八一有傳。

　　梁岳於本年中舉人。

　　梁岳，字仲登。順德人。明穆宗隆慶四年（一五七〇）舉人。官瑞州推官。事見阮元《廣東通志》卷七五。

　　黄應兆於本年中舉人。

　　黄應兆，字道貞。南海人。明穆宗隆慶四年（一五七〇）舉人。初授寧遠教諭，終袁州知府，以疾卒於任。陳融《讀嶺南人詩絕句》卷三有傳。

　　夏宏（弘）於本年中舉人。

　　夏宏，字用德，號銘乾。海陽（今潮州）人。明穆宗隆慶四年（一五七〇）舉人。官詔安知縣。罷官歸，授徒講學。吳道鎔《廣東文徵作者考》卷四有傳。

　　毛鶴騰於本年中舉人。

　　毛鶴騰，字翰伯。博羅人。明穆宗隆慶四年（一五七〇）舉人。萬曆五年（一五七七）署瓊山教諭，擢天台縣，移左州知州。丁艱歸，起補贛州通判，升石屏州知州。（光緒《惠州府志》卷三二）

　　馮順宣於本年中舉人。

　　馮順宣，字子謙。番禺人。元子。明穆宗隆慶四年（一五七〇）舉人。由教諭知石首、德安，晉升路南知州。左遷晉王長史，拂袖歸。（同治《番禺縣志》卷三九）

劉升於本年中舉人。

劉升，原名晃，號元山。龍川人。相一子。隆慶四年（一五七〇）舉人，授壽光教諭，遷通江、隆昌知縣，升成都同知，攝府篆，前後治蜀十三年。遷居廣州。（《龍川縣志》）

劉時可於本年中舉人。

劉時可，字志孔。高明人。隆慶四年（一五七〇）舉人，授南直隸徽州府黟縣教諭，遷浙江奉化知縣，改惠州府、鎮江府教授，後升楚王府屬官。著有《梁湖集》、《群書拔萃》等。（光緒《高明縣志》）

曾淶於本年中舉人。

曾淶，花縣人。隆慶四年（一五七〇）舉人，授北京來安縣知縣。（光緒重刊《花縣志》卷三）

謝良翰於本年中舉人。

謝良翰，字周楨。東莞人。隆慶四年（一五七〇）舉人，授繁昌知縣。著有《養正文集》。（宣統《東莞縣志》卷五九）

梁夢日於本年成貢生。

梁夢日，字繼湖。靈山（今屬廣西）人。明穆宗隆慶四年（一五七〇）貢生。官安吉州判。後致政歸。雍正《靈山縣志》卷一〇、阮元《廣東通志》卷二九九有傳。

黃儒炳生。

黃儒炳（一五七〇～一六二七），字士明，一字焯星。順德人。明神宗萬曆三十二年（一六〇四）進士，改庶吉士，授翰林院編修。歷中允、諭德、庶子，遷南國子祭酒，歷仕吏部左侍郎。改北禮部，再改吏部。以疏劾魏忠賢不報，乞假歸。卒年五十八。著有《影木軒集》。康熙《順德縣志》卷八、溫汝能《粵東詩海》卷四三有傳。

明穆宗隆慶五年　辛未　一五七一年

正月初一日，林大春賦《辛未新春試筆二首》詩云：

朝來輕暖試纖羅，風物熙然總太和。爲報桃花今已破，春光終比舊年多。

空階縱步聽鳴鳩，誰信山人春思幽。惟有窗前雙蛺蝶，閒隨清夢到莊周。（林大春《井丹林先生文集》卷六）

陶益賦《辛未元日書事》詩云：

迎春喜是新元日，試筆慚非白雪才。柏葉未隨杯斝動，梅花先傍硯池開。從官獵獵揚鞭過，舞伎翩翩擁索來。綺陌塵香遊冶客，盡情檀板按歌臺。

又賦《憶靈隱寺雪巖靜室二首》七絕。

十五夜，陶益賦《元夜觀燈戲擬都人之作》詩云：

社鼓聲連玉漏長，星橋無禁得徜徉。春城火樹生新色，夜市煙花簇異妝。月滿天街絃管沸，風回輦路綺羅香。何人不數華胥事，故國相攜樂未央。

又賦《春起以蘭邀客》七律、《草堂漫述》五律、《春日遣愁》七律、《閒行口號》七絕、《田方老馬圖爲聶子追和文衡山》五絕、《題王生畫春遊小景》七絕、《海珠寺晚晴期與胡僧泛月》、《粵臺懷古》、《褊性》（以上七律）、《銀海釣臺爲趙君賦》五言六句、《鄭社丈館三江寄懷二首》五律、《夢觀燈賦詩末聯由俗物敗意而罷醒後足之憶録以紀異》七律、《和諸父老喜晴四首》七絕、《送張處士歸》五律、《西莊泛觴吟》五絕二首、《次韻答白雲社諸丈時有應徵而出者因並奉懷》七律、《倦坐》、《玄通館見海棠》、《送郡守戴公歸隱二首》（以上七絕）、《夜直新草堂》五律、《送熊郡博之雷州》七律、《聞破虜道上有懷》五律。（陶益《樾墩集》卷六）

二月，霍與瑕賦《右江吟　辛未二月，自右江取道古田，入桂林赴任》詩云：

春日春風滿屋，春溪春草繁綠。青閨春恨綿時，人在穿山獨宿。宿穿山。

春落桃花萬片，宵懸桂月千山。獨酌偶成孤嘯，不知身在雲間。過雷塘。

二月平分晝夜，三春忙度光陰。不知花落多少，但見千溪綠深。過東泉

草屋竹床聽雨，山城畫角傳更。行蹤自笑無定，何日東風夢醒　宿洛容。洛容祇一空石城，猺人草屋數十間。是夜大雨，予臥竹床，從人以茅薦地，皆立至曉。

路上行人吹角，一聲聲落巖中。谷神千古長在，幾曾見壞虛空。出洛容。

學士金章開府，將軍鐵甲連山。衝雨衝風卒歲，五溪才得平安。古田道中。

細雨敲篷入夜，驚雷度峽攜雲。一洗妖氛千里，喜看窮谷生春。橫塘舟中。

紅花白花照水，高樹低樹排雲。征客不知路遠，追陪萬壑齊春。永福舟中。

明月影中拂劍，亂峰雲外傳簫。得勝人閑馬壯，鳴鐃又過蘇橋。蘇橋道中。

長年涉水登山，幾度淒風寒雨。卿雲良月今宵，又泊橫塘清渚。重泊橫塘。

醒夢長安試馬，癡情古越聞雞。五更風緊霜淨，行遍千谿萬谿。理定道中。

一雨三江洗甲，千山二月行雷。作解天心如見，殘村遺老歸來。欖灘舟中。

七月，霍與瑕賦《府江吟　辛未七月自府江入桂林》詩云：

三千水驛堯封，百二山河禹甸。誰云帝子仙遊，萬古重華如見。望蒼梧。

幾陣清風送暑，一輪明月涵秋。吹簫關山何處，龍江人在孤舟。過龍江。

紫簫聲咽夜江，白練影斜秋漢。清吟心緒悠悠，一月獨行無伴。泊昭潭。

萬里緘書隔歲，百年綣鬢微霜。滾滾綠江東去，懷人清恨偏長。至平樂。翟尹以京書至，則去臘之寄也。

綠樹丹花峻壁，淡雲疏雨穹崖。大幅天然圖畫，更著扁舟勉齋。陽朔曉行。

十年見獵狂心，半夜聞雞起舞。葫蘆纏縛何時，慧劍封塵獨苦。南平舟中。

孤燈夜照西巖，畫舫秋風涼雨。詩成弄石灘頭，吏報寒更三鼓。弄石灘夜宿。

和風和日秋天，碧水碧山洞府。桃源定在前頭，試問西灣漁父。望桂林。（霍與瑕《霍勉齋集》卷七）

九月初九日，陶益賦《九日壽劉社丈七十一》詩云：

鯉魚風灑綠筠莊，置酒相從控壽章。蓬矢昔曾期此日，海籌今又祝重陽。青笻出國誰爭長，黃菊當筵晚更強。況復劉郎親手種，崇蘭叢桂滿庭芳。

又賦《寄楚蕭蒙泉四首》、《館中戲筆二首》（以上七絕）、《和諸父老秋夜徐步詩》七律、《贈諸父老》、《閱鬱林州志有感》（以上五律）、《訪油溪詩社次津庵黃少府韻》七律、《答黃少府》、《賦成對客短述》（以上七絕）、《送別友人》、《途次感秋》、《送客還吳二首　春遊卷韻》、《贈東山寺圓覺上人》（以上五律）、《東方有一士》、《長飢至於老》（以上七絕）、《雞鳴歌對賓觴作》七言六句、《過鄉社戲和壁上韻》七絕、《觀朱使君家乘題贈二首》七律、《先人琴磚從修宅得之感而賦此》五律、《寒宴樂》、《蟋蟀吟》、《酒後偶成》（以上七絕）。

十二月，陶益賦《暮冬病起對菊》詩云：

剛風吹臘拂高臺，落帽參軍昔不來。斷酒卻嫌猶是病，孰令餘菊盡情開。（以上陶益《樾墩集》卷六）

本年林大春年欲半百，賦《生辰在途其夜夢長劍耿耿倚天外之句曉起因足成之》詩云：

昨別關塞秋風清，歸途迢遞陽欲生。我生百年忽欲半，宇宙

一笑將何成。長劍耿耿倚天外，疏星脈脈傍河明。夢餘卻記雲中字，晨起書之淚滿纓。（林大春《井丹林先生文集》卷五）

本年倭寇侵擾電白，城將破，守者多逃遁，張韜獨披甲抵抗。

張韜（？～一五七一），電白人。任邑神電衛指揮僉事，守縣城東門，隆慶五年（一五七一）倭寇侵擾電白，城將破，守者多逃遁，韜獨披甲抵抗，寇前後夾攻，韜呼援不至，遂欲與城共存亡，挾戈斬寇，終因寡不敵眾而殉難。（道光《電白縣志》）

本年白元潔以功升清遠衛指揮使。

白元潔，字靜臣。清遠人。嗣世職為百戶。隆慶五年（一五七一）以功升清遠衛指揮使。萬曆十一年（一五八三）在海豐擊敗倭寇，晉蔭千戶。二十五年（一五九七）改任漳潮遊擊將軍。次年隨總兵陳璘抗倭援朝，領水師力戰，倭寇幾全軍覆滅。二十八年，隨陳璘赴貴州鎮壓楊應龍，晉都督同知、貴州總兵。著有《征播撫苗録》、《備倭芻議》。（《明史·朝鮮列傳》）

周光鎬於本年中進士。

周光鎬，字國雍，號耿西。潮陽人。孚先子。明穆宗隆慶五年（一五七一）進士，初授寧波府推官，陞南京戶部主事，改吏部主事。出任順慶知府。神宗萬曆十四年（一五八六）擢副使，監軍征西南彝，有功。歷官建昌參政、臨鞏按察使，陞寧夏巡撫，召為大理寺卿。以老乞休，築明農草堂，讀書其中，從遊者多為知名士。卒年八十一。著有《明農山堂集》。康熙《潮州府志》卷九上、乾隆《潮州府志》卷二八有傳。

劉惠喬於本年中進士。

劉惠喬，字應遷。潮陽人。明穆宗隆慶五年（一五七一）進士，官四川右參政。事見阮元《廣東通志》卷六九。

尹瑾於本年中進士。

尹瑾，字昆潤，號莞石。東莞人。明世宗嘉靖四十三年（一五六四）舉人，明穆宗隆慶五年（一五七一）進士，授福建漳州府推官。萬曆五年（一五七七）任工部給事中，八年任工科右給事中。次年任兵科左給事中。明年任吏科都給事中，上疏數十篇，主張養主德、糾官邪、核錢穀、飭戎馬、慎邊境、考典儀、正律令、開言路、杜幸倖等。奉命冊秦王，卻百金，晋南京太僕寺卿。年五十五卒。著有《莞石集》。阮元《廣東通志》卷二八一、溫汝能《粵東詩海》卷三五有傳。

劉克正於本年中進士。

劉克正（一五四四～一五八〇），字懋一，號海樵。番禺人，從化籍。格長子。明穆宗隆慶五年（一五七一）進士，官翰林院檢討，年甫三十七而卒。弟克治，號群玉，以明經選。著有《述征草》二十卷、《五芝樓稿》三十卷、《綠綺堂稿》二十卷、《訂初學記》三十卷、《許氏説文》十二卷。阮元《廣東通志》卷二八〇有傳。幼弟克平，字道子。萬曆間廩生。工詩古文辭，善六書花卉。重加修訂刊行兄《訂初學記》、《許氏説文》。後聘修《石室志》，溽暑中感疾卒。吳道鎔《廣東文徵作者考》卷五有傳。

陳履於本年中進士。

陳履，本名天澤，字德基，號定庵。東莞人。志敬孫。明世宗嘉靖三十七年（一五五八）舉人，明穆宗隆慶五年（一五七一）進士。初任蒲圻令，遷官蘇州任海防同知禦倭。丁母憂歸里，尋督修蘇州水利，晋戶部員外郎。督稅浙江，爲民請命。旋升郎中，督餉薊州。調休寧，丁父憂，起補崇德。遷蘇州同知、戶部郎中，浙江大祲，上疏言事，擢廣西副使。乞歸，結社浮邱。著有《懸榻齋稿》。阮元《廣東通志》卷二七七有傳。

黎邦琰於本年中進士。

黎邦琰，一作邦炎。字君華，號岱輿。從化人。民表長子。明世宗嘉靖四十年（一五六一）舉人，明穆宗隆慶五年（一五七一）進士。官臨川知縣，歷仕江西右參政。明神宗萬曆十六年（一五八八）致仕歸。著有《旅中稿》、《南秀堂稿》。阮元《廣東通志》卷二八〇、雍正《從化縣新志》卷三有傳。

鍾昌於本年中進士。

鍾昌，字繼文。東莞人。明穆宗隆慶元年（一五六七）舉人，五年與同村陳履同中進士。初授廣西陽朔知縣，神宗萬曆三年（一五七五）陞戶部主事，八年轉員外郎，明年擢郎中，出任常德知府。服父喪歸，起補彰德知府。十八年（一五九〇）遷福建鹽運使，轉山東右參政、雲南按察使，累官雲南布政使。以病乞休，加太僕卿，致仕。年七十卒。有《碧松館集》。阮元《廣東通志》卷二八一有傳。

方肯堂於本年中進士。

方肯堂，字子昇。番禺人。明世宗嘉靖十九年（一五四〇）舉人，明穆宗隆慶五年（一五七一）進士。授湖廣慈利令，調江西廬陵，遷應天府丞，歷吏部正郎，出爲楚王傅，尋以病乞休歸。弟肯構，官侯官訓導。阮元《廣東通志》卷二八〇有傳。

方亮工於本年中進士。

方亮工，番禺人。肯堂族弟。明穆宗隆慶五年（一五七一）進士，官至廣西副使。阮元《廣東通志》卷二八〇有傳。

張鳴鶴於本年中進士。

張鳴鶴，字於臯，號誠庵。東莞人。明穆宗隆慶五年（一五七一）進士。萬曆八年（一五八〇）官至四川成都知府，修學宮，平冤獄，賑飢民。（宣統《東莞縣志》卷五八）

明穆宗隆慶六年　壬申　一五七二年

二月丙申，倭寇廣東，陷神電衛，大掠。五月庚戌，明穆宗崩，年三十有六。（《明史》卷十八《穆宗本紀》）六月甲子，太子即位，是爲明神宗，以明年爲萬曆元年。

正月，龐嵩賦《元旦洞庭湖》詩云：

長風净洗舊汙塵，喜訝新年景色新。寶曆千回俱大統，玉繩一昔又壬申。岳陽入望湖光瀲，衡洞回瞻嶽翠春。此去王孫信行

步，寰區誰是異鄉人。（龐嵩《龐弼唐先生遺言》卷三）

閏二月，陶益賦《壬申閏二月對雨》詩云：

樓前曉望雨如絲，莽莽天涯感舊詩。秦苑霧煙迷野徑，漢城鐘鼓漏江湄。群飛水鳥心偏逐，短綴藤蓑手自持。田父到來歡對語，好春從閏不妨遲。

又賦《代簡約諸丈復象岡書院》七律。（陶益《樾墩集》卷七）

三月，龐嵩賦《壬申暮春緒山先生管南坪孫蒙泉徐水南酈仲玉餞別於天真用韻》詩云：

萬象森然未朕時，敢云根外別尋枝。心從動處方徵默，身到恒行始透知。大小本來天與備，會通應自性生隨。功夫體用無差別，細把精微再問師。（龐嵩《龐弼唐先生遺言》卷三）

三月，霍與瑕賦《柳之山　辛未二月自柳如桂林，壬申二月自柳如桂，三月又自桂如柳，歸左江》詩云：

柳之山，桂之水，瀟湘遥下幾千里。年年二月此來遊，二月年年紅間紫。紅千般，紫千般，人自匆匆花自閒。花片有時隨水下，水光無盡映花斑。五日行，三百里，孤舟夜夜空江裏。戍鼓傳更應遠山，畫角吹星落寒水。水何深，山何高，缺月一灣近釣磯。嫦娥似向滄江畔，細聽騷人讀楚騷。春漸深，行永久，一回吟望一搔首。百年心緒苦偏長，曉鏡容華先老醜。朝策馬，暮乘舟，雲滿衣裳雪滿頭。萋迷芳草王孫遠，弔湘何處托湘流。歸去來，來歸去，樵西留有仙人屨。煙霞古洞翠蘿圍，風月一堂丹桂樹。參同契，讀千週，神明或告以靈修。風燈泡影人間世，好傍赤松天外遊。（霍與瑕《霍勉齋集》卷五）

五月初五日，陳履賦《端午述懷》詩云：

去歲茲辰在帝都，琳宮綠酒送清蒲。舊遊忽憶天涯遠，佳節重驚客里徂。多病經時勞案牘，扁舟何日問江湖。低徊寂寞空懷古，擬弔靈均思轉孤。（陳履《懸榻齋稿》卷上）

六月二十日，霍與瑕賦《桂之山　壬申六月念日又自桂灘攬

灘歸左江》雜言詩。（霍與瑕《霍勉齋集》卷五）

本年明穆宗崩，陳履賦《穆皇帝哀挽　一首》詩云：

去年丹陛謁龍顔，清問新承霄漢間。正擬神謨綿寶歷，詎知仙馭棄塵寰。朝看主鼎心殊赤，野抱遺弓淚獨斑。從此居宸何處覲，千秋松柏鬱西山。（陳履《懸榻齋稿》卷上）

本年郡飢，劉拯捐穀賑濟城北。

劉拯，廣州人。諸生。隆慶六年（一五六八）郡飢，捐穀賑濟城北，授七品冠帶。（同治《番禺縣志》卷五十）

何大勳於本年成貢生。

何大勳，字幼鄰，號守庵。香山（今中山）人。明穆宗隆慶六年（一五六八）貢生。官江西湖口知縣。事見清光緒《廣州府志》卷五二。

林器之於本年成貢生。

林器之，惠來人。明穆宗隆慶六年（一五七二）貢生。事見雍正《惠來縣志》卷六。

周勳於本年成貢生。

周勳，字子建。五華人。明穆宗隆慶六年（一五七二）歲貢生。時蘇繼相作亂，所過無不毀壞，勳組織鄉民築鰲水寨使村莊免於災禍。後官南寧司理，執法嚴明。（乾隆《嘉應州志》下）

韓上桂生。

韓上桂（一五七二～一六四四），字芬男，一字孟鬱、孟奇，號月峰。番禺人。幼穎悟絕倫，日誦萬言如宿記。十六歲爲諸生，聞西部有邊患，慨然有投筆志，於是學擊劍馳馬，研習天官兵法壬遁之書。明神宗萬曆二十二年（一五九四）成舉人，翌年會試，禮闈擬榜首，以卷中觸忌，置乙榜，例得教職，不謁銓而歸。二十六年，再試下第，遂放懷詩酒，遊詠勝地，兼喜填詞度曲，人稱萬歷間嶺南第一才子。時與陳子壯、韓日纘、李待問等爲聲氣之交。四十四年會試，復中乙榜，署定州學正。次年冬，奔母喪。服闋，補易州學正。明熹宗天啟二年（一六二二）赴春

官，會討山東白蓮教，廷議欲得儒生知兵者往覘其勢，上桂奮袂
請行。首輔葉向高壯之，加國子博士參謀戎師事。忌者中以蜚
語，遂不果。請假南還，以魏閹亂政，不仕。崇禎改元，起補南
京國子博士，改助教，歷監丞，久之攝如皋令，有政聲。轉永平
通判。時中外用兵，上桂奉命督運餉邊，遷建寧同知。明亡，慟
哭不食，卒於寧遠城。清乾隆四十一年賜諡"節湣"。著有《城
坳集》、《雞肋篇》、《浮邱滙稿》、《蘧廬稿》、《韓孟鬱雜稿選》、
《韓節湣公遺稿》、《朵雲山房稿》十二卷等。事見《韓節湣公遺
稿》卷末附家傳、軼事，又阮元《廣東通志》卷二八四有傳。

　　黃錦生。

　　黃錦（一五七二～一六五四），字孚元，號絅存、絅庵。饒
平人。明熹宗天啟二年（一六二二）進士，由庶常授檢討，與修
《神宗實錄》，主制誥。時魏忠賢當道，乃乞外任。思宗即位，始
以少詹充日講官。嘗任會試考官，所拔皆知名士。陞吏、禮二部
侍郎，累官禮部尚書。以老乞歸，享年八十三。著有《筆畊堂詩
集》。康熙《潮州府志》卷九上有傳。

明神宗萬曆元年　癸酉　一五七三年

　　八月十五日，龐尚鵬賦《癸酉中秋憶前辛酉茲夕鎖院校文》
詩云：

　　　鳴鵠淩風欲上天，夜涼星斗望中懸。若教法眼空塵世，休向
　　詞垣數歲年。紫陌豪華俱夢幻，故人南北各風煙。屠龍絕技終何
　　補，誰逐虛名乞世憐。（龐尚鵬《百可亭詩集摘稿》卷下）

　　本年黎民表賦《別潘象安》詩云：

　　　郫郡潘子象安，淮南李公之門生也。象安能爲古文詞，隱居黃山中。李
　　公延之閣下，乃象安恬愉不及世事，客李公餘十年，無所請，猶蕭然布衣
　　也。李公食必並席，少別爲之揮涕，其見重如此。萬曆改元，象安復以校藝
　　至於京師，有司不見錄。以大夫人年高，亟請歸，即當途欲邀致如李公故
　　事，不能留也。慨惟李公當朝，守正不阿，以姜斐去國，而象安亦獲落不

偶；不肖之再爲掌故也，實出李公獎拔。顧窮途暮齒，無所建明，以醻知己之遇。茲復與象安別，能不悲哉。然象安尚翩翩壯夫也，必能收澠池之效。於其行也，詩以慰焉。

紫閣崇造天，劍佩聲相磨。吐哺邁良宰，招延奇士多。伊人奮下國，被髮行燕歌。願以朱絲繩，鏘然間雲和。千金不受賞，抱犢遵山阿。流言點赤烏，推轂轉蹉跎。手中青琅玕，斡棄同蓬科。倚門俟舟楫，旅服返江沱。素交一以盡，行路起揮戈。嚴霜下宿莽，悲風增微波。強食以自愛，啜泣將如何。（黎民表《瑤石山人稿》卷二）

萬曆初錢法騰湧，吳廷講慨然出其餘，納錢平糴。

吳廷講，字惟沃。增城人。師事湛甘泉，接人一團和氣。數試弗偶，築臺植槐，因號槐臺，課子讀書其中。家素饒，歲推其美以周里之貧者，里人德之。萬曆初錢法騰湧，慨然出其餘，納錢平糴，時誦其德。五子皆業儒。長子文燦敦行孝義，卓有父風。郭棐《粵大記》卷二二有傳。

本年旱灾，鍾相出糧賑饑。

鍾相，字爕可。東莞人。曾與殷仲濟建築茶山城。萬曆元年（一五七三）旱灾，出糧賑饑。（宣統《東莞縣志》卷五八、《茶山鄉志》卷四）

萬曆初黃孚以恩貢授昌化訓導。

黃孚，字顯伯，號鳴鶴。新會人。弱冠補諸生，專慕白沙，數館其鄉。萬曆初以恩貢授昌化訓導，遷福建德化教諭。告老歸，卒年七十三。著有《太極匙》、《性理真筌》、《白沙遺事》、《雨化集》、《象谷詩稿》。顧嗣協《岡州遺稿》卷五有傳。

本年梁學詰贈奉政大夫。

梁學，字壯行，號雪橋。番禺人。從陳元誠遊，私淑於魏莊渠。弱冠就試，首選爲弟子員。清嚴自律，動必由禮。與隱居七人爲泉石交，人目爲八仙友。子士楚，令詔安，倭寇充斥，募敢死士大破之。萬曆改元，詰贈學奉政大夫如其官。郭棐《粵大記》卷二二有傳。

鍾維誠於本年中解元。

鍾維誠，字純卿。番禺人。明神宗萬曆元年（一五七三）解元。事見阮元《廣東通志》卷七五。

蔡存仁於本年中舉人。

蔡存仁，番禺人。明神宗萬曆元年（一五七三）舉人，官處州府通判。温汝能《粤東詩海》卷三六有傳。

梁鶴鳴於本年中舉人。

梁鶴鳴，字體誠。三水人。明神宗萬曆元年（一五七三）舉人，累官廣西潯州知府。著有《梁氏家規》、《後樂園集》。清嘉慶《三水縣志》卷一一有傳。

傅敏功於本年中舉人。

傅敏功，字遜之。番禺人。明神宗萬曆元年（一五七三）舉人，官知縣。事見阮元《廣東通志》卷七五。

林培於本年中舉人。

林培（？～約一五九七），字培之。東莞人。烈子。明神宗萬曆元年（一五七三）舉人，二十年（一五九二）任湖廣新化知縣，擢南京河南道御史。二十四年，以疏陳時政忤帝意讁福建鹽運司知事，尋以親老告歸，卒於家。明熹宗天啟二年（一六二二）追贈光禄寺少卿。著有《疏草》、《治録》、《遊記》、《詩草》等。温汝能《粤東詩海》卷三六有傳。

麥應中於本年中舉人。

麥應中，初名來年，字孺時。東莞人。明神宗萬曆元年（一五七三）舉人。官江西撫州推官，遷廣西河池州知州。著有《雪洞稿》。温汝能《粤東詩海》卷三六、張其淦《東莞詩録》卷一五有傳。

韓鳴鳳於本年中舉人。

韓鳴鳳，字伯儀。博羅人。明神宗萬曆元年（一五七三）舉人，任邵武訓導，擢高郵知州，尋改知沅州。因忤貴州巡撫，棄官歸。以子日纘貴，贈禮部右侍郎。年七十卒。乾隆《博羅縣志》卷一二有傳。

韓鳴金於本年中舉人。

韓鳴金，字伯聲。博羅人。與兄鳴鳳同中明神宗萬曆元年（一五七三）舉人，署桐柏教諭，有《寓桐録》。移瓊州教授，纂修郡志。遷宣化知縣，去官，民多思之。居鄉十年，睦族急公。著有《五柳園集》。阮元《廣東通志》卷二九一有傳。

區大樞於本年中舉人。

區大樞，字用環，一字元宰。高明人。益長子。明神宗萬曆元年（一五七三）舉人。謁選得郡丞，不就。晚年令安遠，轉岳州通判。數月卒於官。著有《振雅堂》、《廉江》、《岳陽》稿。阮元《廣東通志》卷二九七、光緒《高明縣志》卷一三有傳。

袁應文於本年中舉人。

袁應文（？～一七九四？），字仲奎，一字聚霞。東莞人。明神宗萬曆元年（一五七三）舉人，授福建沙縣知縣，擢御史，出爲貴州僉事，於雲南曲靖整軍，移任廣西右江，解昭平之圍。遷雲南副使，於臨安（今雲南建水）整軍，後移貴州都勻備兵。以軍功由參政升至貴州按察使，食二品俸，備兵辰沅。年七十以雲南布政使致仕歸，八十二卒。子三人，曰崇友、崇祚、崇靖。阮元《廣東通志》卷二八一、宣統《東莞縣志》卷五九有傳。

宋仕明於本年中舉人。

宋仕明，潮陽人，普寧籍。明神宗萬曆元年（一五七三）舉人，官彭澤縣知縣。事見阮元《廣東通志》卷七五。

馮紹京於本年中舉人。

馮紹京，字敬宇，一字宇亭。順德人。明神宗萬曆元年（一五七三）舉人，官翁源、睢寧知縣。著有《翁山吟》。事見阮元《廣東通志》卷七五、康熙《順德縣志》卷七。父大樹，字希浩，號半江。弱冠就試爲第一。方文襄公器之，以姻戚女歸焉。邑別駕朱曾極、從化庠生李漸、漸子粹中，皆其門下士。與鄒海嶼、何次泉、陳約吾爲金石交。郭棐《粤大記》卷二五有傳。

　　孫兆葵於本年中舉人。

　　孫兆葵，字尚裒。南海人。明神宗萬曆元年（一五七三）舉人。事見阮元《廣東通志》卷七五。

　　張大化於本年中舉人。

　　張大化，字德順，號裕齋。歸善（今惠州）人。明神宗萬曆元年（一五七三）舉人。官湖北蒲圻教諭。署通山縣，升宿松知縣。有海瑞之風。（光緒《惠州府志》卷三二）

　　陳志頤於本年中舉人。

　　陳志頤，字養洛。海陽人。明神宗萬曆元年（一五七三）舉人。五年官江西廬陵教諭。歷宣化縣令、工部主事、戶部郎中，出爲慶遠知府，改梧州。以平土官亂，擢貴州按察副使。（乾隆《潮州府志》卷二八）

　　歐陽潢於本年中舉人。

　　歐陽潢，字崇積。從化人。明神宗萬曆元年（一五七三）舉人。授歸安教諭，尋升南靖縣令。（清《從化縣志》）

　　鄭堯章於本年中舉人。

　　鄭堯章，字君煥。東莞人。萬曆元年（一五七三）舉人。官福建漳州府同知，捕獲巨寇。監督番舶，一無所取。累官刑部郎中，往廣西巡視，平反多宗冤獄。（宣統《東莞縣志》卷五九）

　　趙襄於本年中舉人。

　　趙襄，字用贊。東莞人。璧玄孫。萬曆元年（一五七三）舉人，歷官江西九江、贛州府同知，爲政寬平，救濟寒士。（宣統《東莞縣志》卷五九）

　　鍾大咸於本年中舉人。

　　鍾大咸，字元聲。高要人。萬曆元年（一五七三）舉人，先知安吉州、橫州，後任梧州府、福州府同知。（阮元《廣東通志》卷二九七）

　　袁璧於本年中舉人。

袁璧，新安（今深圳）人。萬曆元年（一五七三）以《詩經》中鄉試，授廣西龍安縣知縣。（康熙《新安縣志》）

薛克炫於本年中舉人。

薛克炫，字耀甫。博羅人。萬曆元年（一五七三）舉人，授清遠教諭，擢玉山知縣，調盧溪，領縣七載，歸橐蕭然。（光緒《惠州府志》卷三二）

譚士寅於本年成貢生。

譚士寅，一作仕寅。歸善人。明神宗萬曆元年（一五七三）貢生，二年任陽山訓導。事見阮元《廣東通志》卷二三、雍正《歸善縣志》卷五。

朱守魯於本年成貢生。

朱守魯，字葵陽。清遠人。明神宗萬曆元年（一五七三）貢生。官建陽知縣，遷建寧府通判，練兵同知。民國《清遠縣志》卷六有傳。

謝鯤化於本年成貢生。

謝鯤化（？～一五八四），字雲鵬。東莞人。少嗜書，萬曆元年（一五七三）恩貢，選長樂縣訓導，署長樂縣事。聘修《福州志》、《長樂志》。十一年，遷廣西永淳令，到任即捐俸造女監。終於任。曾與謝邦信同修《東莞志》。宣統《東莞縣志》卷五九有傳。

車鶴年於本年成貢生。

車鶴年，博羅人。少有才名，不修邊幅。補諸生。萬曆元年（一五七三）以貢生任肇慶訓導，參修《端州志》，遷恩平教授。（光緒《惠州府志》卷三八）

陳欽宸於本年成貢生。

陳欽宸，字國學。潮陽人。萬曆元年（一五七三）鄉貢。任湖北光化知縣，以廉介稱。（乾隆《潮州府志》卷二八）

梁啟運於本年成副貢生。

梁啟運，字文震。番禺人。萬曆元年（一五七三）副貢，有復興明朝之志。後知事不可爲，乃築水雲別墅隱居不出。殁以別墅施僧，名北亭水雲寺。著有《澄江樓集》。(同治《番禺縣志》卷四二)

歐必元生。

歐必元 (一五七三～一六四二)，字子建。順德人。大任從孫，主遇從兄。十五歲爲諸生，試輒第一。明思宗崇禎間貢生，年已六十。以時事多艱，慨然詣粤省巡撫，上書條陳急務，善之而不能用，當時縉紳稱之爲嶺南端士。嘗與修府縣志乘，頗饜士論。晚年遨遊山水，興至，落筆千言立就。必元能詩文，與陳子壯、黎遂球等復修南園舊社，稱南園十二子。著有《勾漏草》、《羅浮草》、《溪上草》、《璟玉齋稿》、《歐子建集》等。咸豐《順德縣志》卷二四有傳。

陳廷策生。

陳廷策 (一五七三～一六三四)，字穎夫，一字覲墀。海陽 (今潮州) 人。衍虞父。弱冠有文名。爲諸生三十餘年。明思宗崇禎五年 (一六三二)，督學曾化龍以學富行優拔置明經。十七年 (一六四四) 貢生。國亡後不復出。晚年修造西湖山老君巖，建文昌祠，講明心性之學。清康熙二十三年入祀府學鄉賢。著有《世馨堂詩集》、《暘山詩文集》。康熙《潮州府志》卷九上、光緒《海陽縣志》卷三八、阮元《廣東通志》卷二九四有傳。

明神宗萬曆二年　甲戌　一五七四年

三月初四日，林大春賦《萬曆甲戌暮春四日實謝郡丞初度之辰時年六十有四也甲周伊始別墅重開賓朋畢集笙歌滿座予聞而慶以是詩二首》詩云：

別墅春深啓壽筵，曾逢甲子度周天。如今又喜添三歲，欲待桃開定幾千。

朝來禊事酒初醒，又見群仙禮壽星。過客不知蓬島會，還疑逸少醉蘭亭。(林大春《井丹林先生文集》卷六)

除夕，龐嵩賦《除夕二首》詩云：

駒隙馳風奈爾何，年光六十五回過。懸眸北闕恩光舊，回首南荒感慨多。雲谷去年埋碧玉，天關今日憶行窩。無情最是風回雁，欲寄音書恁付那。

宇宙吾家本自寬，誰將三廣隔籬看。偏饒父子同舟話，況有師生伴歲寒。豈必送窮貽鬼笑，向來隨分覺吾安。目中伎倆年年在，流水時光惜去湍。（龐嵩《龐弼唐先生遺言》卷三）

本年歐大任賦《登雪浪閣謁羅太史祠　有引》詩云：

嘉靖壬戌，余過玄潭，望雪浪閣，寄太史詩。太史邀會閣中，談一夕，期往石蓮洞，不能赴。今太史已下世，重登是閣，展拜祠下，追憶十三年矣。江山如故，哲人安在？因次壁間胡學憲韻，以識今昔之感云。

書在名山盡上乘，只今那得拜孫登。齊盟壇坫羣公後，快覯鬚眉十載曾。病起入門惟玉鑰，覺時舍筏即金繩。君看閣外玄潭色，掠海歸來下雪鷹。（歐大任《北軒集》）

本年饒相六十三歲，賦《六十三初度偶成》詩云：

流年駒隙影，屈指六旬三。景物今猶昔，人情北似南。勳名嗟落落，鬚鬢已鬖鬖。村酒聊爲樂，爐香手自拈。願祈堯日永，共祝壽星添。野老依林下，寧忘雨露沾。（饒相《椿桂集》之《三溪詩草》）

本年王粹由吏員考授正九品，改選浙江義烏縣典史。

王粹，號鼇臺。東莞人。明神宗萬曆二年（一五七四）由吏員考授正九品，改選浙江義烏縣典史。事見東莞《鼇臺王氏族譜》。

本年詔建白沙家祠，特賜額聯並祭文肖像，祠中賜額曰“崇正堂”，聯曰：“道傳孔孟三千載，學紹程朱第一支”。（阮榕齡《編次陳白沙先生年譜》）

梁必强於本年中進士。

梁必强，字原沙。瓊山（今屬海南）人。與堂兄雲龍從鄭廷鵠學。明神宗萬曆二年（一五七四）進士，五年（一五七七）任福建晉江知縣。淡於仕途，滿任歸休，設館造士，成就後進，蔚起多才。中年以後怡情山水，每遇名勝流連登眺，題詩磨崖，至老不倦。著有《滄浪集》。民國《海南叢書》第六冊梁雲龍卷附傳，陳是集編選《溟南詩選》卷二有傳。

李良柱於本年中進士。

李良柱，番禺人。鷥子。明神宗萬曆二年（一五七四）進士，官廣西布政司參議。（阮元《廣東通志》卷二八〇）

楊瑞雲於本年中進士。

楊瑞雲，字肖韓。南海人。明神宗萬曆二年（一五七四）進士，官戶部主事。溫汝能《粵東詩海》卷三七、阮元《廣東通志》卷二八一有傳。

梁鵬於本年中進士。

梁鵬，順德人。明神宗萬曆二年（一五七四）進士，先尹崇安，歷官南戶郎中。父祖寅，字誠卿，號冰蘗。祖觀賢，父宗道，皆業儒。祖寅律詩弗售，負笈甌、粵、連、韶，暇則誨二子。長鵬，有聲於庠序。郭棐《粵大記》卷二二有傳。

周宗禮於本年中進士。

周宗禮，澄海（一說海陽）人。明神宗萬曆二年（一五七四）進士，廣西副使。吳道鎔《廣東文徵作者考》卷五有傳。

葉蕚於本年成貢生。

葉蕚，字韡夫，號浮谷。歸善（今惠州）人。明神宗萬曆二年（一五七四）貢生，四年選嚴州教諭，辭官後講學天泉書院。著有《四書精釋》、《全湖大勢論》。雍正《歸善縣志》卷一七有傳。

巫子肖生。

巫子肖（一五七一～一六五三），字孝元。龍川人。萬曆三十一年（一六〇三）舉人。初為順德教諭，後知新喻，因催科不及，降一級，遂拂袖歸。著有《巫子詠言》。（《廣東通志》）

明神宗萬曆三年　乙亥　一五七五年

正月初七日，龐嵩賦《人日》詩云：

天開人日此從新，六十六年春復春。霜鬢日添新樣子，鐵心空作舊時人。千年授受慚鄒魯，三氏依違嘆越秦。我欲擴摧麋赤幟，屬誰帷幄共參論。（龐嵩《龐弼唐先生遺言》卷三）

五月，歐大任賦《詔問邊事有感　萬曆乙亥五月》詩云：

十行頻下問邊陲，偵虜今勞幾萬師。左地雖羈諸校尉，烏孫猶苦兩昆彌。頗勤聚米談兵事，正及飛芻實塞時。金印緋衣殊錫久，不知何以答恩私。

又賦《涼州曲》、《送范宮諭赴留都掌院》、《送顧叔潛使遼陽便歸無錫省覲》、《王太史胤昌奉使上壽太夫人》、《答王中丞元美喜余待詔公車之作》、《送大司馬汪公請告歸省　二首》、《送汪仲淹從長公南歸因懷仲嘉》、《聞子與入賀不果悵然有懷同敬美作》、《蘇子川張元易二光禄見過》、《答紀判官自亳州以論草玄草諸刻見寄》、《吳明卿至都門先枉見贈次韻奉答》、《明卿入賀攜其二子至同敬美謙之出訪報國寺》、《萬壽節賜宴鈔》（以上七律）。（歐大任《廡館集》卷三）

八月二十九日，歐大任賦《午門獻俘侍班紀事　薊鎮以黃臺所擒建州逆酋王杲來獻，時萬曆乙亥八月二十九日》詩云：

鹵簿初齊散曉煙，西山秋色鳳樓前。歌成鳴鳥笙鏞間，禮定牽羊玉帛先。曾憶肩遺經漢月，今來面縛望胡天。槁街已近蠻夷邸，飛檄仍傳過九邊。

千官侍從肅鵷行，鼓吹麾幢滿建章。絕幕策成中執法，請纓生致左賢王。枚皋賦詠能持管，方朔詼諧更上觴。萬里誇胡非羽獵，不勞明主幸長楊。（歐大任《廡館集》卷三）

冬，霍與瑕賦《登觀瀾閣　乙亥冬》詩云：

淡蕩雲容出岫，參差樹影臨江。黃犢晚歸呼子，白鷗晴浴成雙。

水色溶溶薄霧，山光淡淡明沙。試倩漁郎尋去，隔江疑有仙家。

徑來羊仲求仲，菊有黃花白花。昨日南山書到，折腰郎向誰家。

太極圖書易簡，濂溪風月尋常。如何人去千載，高蹤誰嗣遺芳。（霍與瑕《霍勉齋集》卷七）

本年歐大任居燕京，賦《劍閣篇　並序》七言長詩，序云：

余萬曆乙亥居京師，楚人陳君玉叔督學四川，詒余書曰："久不見歐生詩矣，其贈我《劍閣篇》。"於是賦焉。（歐大任《虒館集》卷一）

本年霍與瑕被命出山，別廣州諸友，賦《乙亥被命出山別三城諸君子》詩云：

十載眠雲古粵州，強扶衰病策勳猷。春江畫舫風生鷁，晴日花堤羽拂鳩。故舊關心遙水隔，光陰催鬢有霜浮。奔波半世成何事，回首真慚馬少遊。（霍與瑕《霍勉齋集》卷九）

本年陳吾德賦《蘇門觀泉源　有引》詩云：

京師右拱太行，脈盡蘇門，衛水出焉，東北由天津入海，餉道賴之。蓋國家形勝命脈所在，與尋常名勝供登覽者異矣。憶丙寅以使事經過，太守張公約遊不果，撫今追昔，茌苒十載矣。用此書懷。

蘇門形勝太行來，千里河源一鑒開。星宿乍疑浮瀚海，蛟龍時見起春雷。轉輸東北天津會，襟帶西南地軸迴。十載衛城曾駐馬，獨憐華髮始登臺。（陳吾德《謝山存稿》卷十）

楊傳芳於本年成貢生。

楊傳芳，字體信，號肖齋。歸善（今惠州）人。天祥侄，起元父。明神宗萬曆三年（一五七五）貢生。六年（一五七八）赴選，授潮州府學訓導。郭棐《粵大記》卷一四有傳。

孔煦於本年成貢生。

孔煦，字東熙，號竹城。清遠人。明神宗萬曆三年（一五七五）貢生，官新興教諭，歷仕衡州府教授。著有《遊燕集》、《鐘音集》、《龍山集》、《筠城集》。民國《清遠縣志》卷六有傳。

明神宗萬曆四年　丙子　一五七六年

二月，李英賦《丙子早春送方元素還歙》詩云：

郭生臺畔柳，折贈正逢春。去矣江南客，淒其薊北人。東風吹犬陸，細雨濕征塵。未許辭楓陛，黃山作外臣。（《李英集·歷遊集》卷下）

又賦《送羅范陽山人遊嵩山》、《答田博士》（以上五律）。

三月二十一日，霍與瑕賦《春夜泛湖漫興　丙子三月二十一夜發鄡子》詩云：

昨日攀元洞，今宵泛碧空。舟航絕星漢，機杼見天工。問路迷雲渚，知郎有道風。水晶仙闕是，努力掛高篷。

短棹擊空明，扁舟似葉輕。殘星低兩漢，缺月上三更。木鐸他山響，漁歌隔塢聲。恍疑仙島近，身世在蓬瀛。

天近四更頭，風高載月舟。短簫悲塞雁，長篊起江鷗。農艇紛搖櫓，漁罾遠掛鈎。歌齒誰獻曝，辛苦遍滄洲。

弄月不須疑，蕭疏半世癡。逢人深淺酌，見爾妙高詞。舊有紫之癖，今仍白出奇。幸依盧扁在，箴砭足吾師。

二十二日，與瑕過鄱陽湖，賦《春日泛湖漫興　三月二十二日過鄱湖》詩云：

匆匆春似水，滾滾向東流。細草時迎棹，飛花故傍舟。天孫傳好句，帝子莫多愁。更鼓尋芳楫，光風在隔洲。

闊水飄銀浪，芳汀浸綠雲。遲遲江柳色，藹藹岸花芬。旭日漸加永，涼風欲變薰。暮春千古意，誰共此微醺。

望湖情落落，天遠碧萋萋。綠樹新黃鳥，青山舊錦雞。五風隨鷁舫，三戶傍漁隈。處士高樓在，移舟更水西。

誰開姑射鏡，人在鏡中行。映草船船綠，垂楊岸岸明。西山雲外影，南浦日邊聲。吟弄從吾好，空青一鶴橫。（霍與瑕《霍勉齋集》卷八）

夏，歐大任賦《天馬篇》詩云：

萬曆四年夏，回回國進千里馬，詔卻之，紀事有作。

承天門下黃金闕，高鼻夷人入持謁。表上連錢肉駿馬，俶儻權奇躟慌惚。神行獅子玉花高，氣奮龍媒朱汗沫。歡歸聖德肅靈威，西極來從月氏窟。至尊殿上秉介圭，天閑不重驌驦蹄。越裳雖則獻以雉，黃支何事牽其犀。有詔勿納回回貢，但取成祖御馬題。是日出郊祭方澤，先戒雨師命風伯。鸞輿象輦不動塵，貂冕麟袍在交戟。萬姓都人頌且歌，四夷君長手加額。吉行寧羨大宛種，縱有蒲稍竟奚益。曾聞高帝乘六龍，夕月行騎飛越峯。國初事體今則異，羽書稍達甘泉烽。輦金互市權羈束，實塞修邊計折衝。烈祖撻伐示皇武，神孫端拱歌時雍。元鼎太初貳師出，玉門誰似丸泥封。君不見周家八駿樂何如，豈似明庭壯帝居。大寶之箴今在禦，小臣何用旅獒書。（歐大任《虙館集》卷一）

七月二十日，霍與瑕賦《七月二十朝　江西官署》詩云：

醒夢巡簷行且吟，四更人靜漏聲沉。月乘雲度漢微沒，風與日爭秋淺深。苔蘚砌間晴上篆，石榴花底暗飄金。忽驚時序槐黃近，側耳天南鴻雁音。

又賦《賀省亭殿下新居兼謝見贈》二首、《滕王閣宴集括閣序送張憲長小圃年丈北轉》二首（以上七律）。（霍與瑕《霍勉齋集》卷九）

九月，與瑕賦《臨川諸老邀遊醉鄉別寄　丙子九月》詩云：

無懷三兩人，裹糧雜乾豆。連日醉鄉遊，不記歸時候。

少壯遊醉鄉，別離三十載。舊路渺漫漫，賴有指南在。

昨日遊醉鄉，今朝涉汝水。回首峴山城，蕭蕭烏柏樹。

烏柏飄紅葉，紛紛下碧溪。別離無限恨，詩成不忍題。（霍與瑕《霍勉齋集》卷六）

十二月，與瑕賦《發南浦別郊餞諸丈　丙子臘月》詩云：

宦情鄉思兩漫漫，深謝移尊帶雪寒。去日苦多來日少，別時容易見時難。雲連斷岸迷遙樹，風引高帆過急灘。回首滕王江閣畔，不勝愁緒撫闌幹。（霍與瑕《霍勉齋集》卷九）

除夕前一日，歐大任賦《除前一日方太常邀集朝天宮孟道士館》詩云：

明庭典祀在甘泉，鸞鶴相隨半欲仙。玉曆嘉平秦地臘，金門方朔漢家年。尊前忽下陰山雪，檻外長飛碣石煙。寓直二毛空自笑，將因恬曠學思玄。（歐大任《廡館集》卷三）

除夕，李英賦《丙子除夕》詩云：

窮愁一歲過，何事滯燕臺。栢葉觴仍舉，梅花使不來。銀燈寒影照，玉漏夜聲催。明日南樓望，江鴻漸欲廻。（《李英集·歷遊集》卷下）

本年楊起元賦《初信學題　丙子年》詩云：

一是百是，一非百非。行遠自邇，登高自卑。邇卻無漸，卑卻無梯。聖凡隔處，一悟一迷。口訣無多，格物致知。（楊起元《楊復所文集》卷八）

本年卓光謨任福建永安知縣。

卓光謨，字尚忠。五華人。貢生。萬曆四年（一五七六）任福建永安知縣。曾隻身入盜魁賴興美、林彜桓營寨，促其歸正。又破龍岩盜寇。後辭官歸家，受惠州府嘉獎，官封五品。壽九十餘歲。（乾隆《嘉應州志》）

鄭偉於本年中解元。

鄭偉，番禺人。瓛曾孫。萬曆四年（一五七六）解元，官衢州府同知。（阮元《廣東通志》卷二七五）

徐兆魁於本年中舉人。

徐兆魁（一五五〇～一六三五），字策廷，號海石。東莞鼇峙塘村人。萬曆十四年（一五八六）進士，初任行人司行人，後任山西道監察御史。三十三年（一六〇五），復出，先後任河南道監察御史、浙江道監察御史、太僕寺少卿等，又任會試、殿試監考官。四十四年（一六一六）後，先後出任太僕寺正卿、都察院右僉都御史、協院左副都御史、都察院右副都御史。天啟四年（一六二四）升任吏部左侍郎、資政大夫。六年，任刑部尚書。

時魏忠賢把持朝政，因被閹黨誣陷，免官隱居故里，卒於崇禎八年（一六三五）二月，享年八十六歲。著有《疏草》、《誠求集》、《留餘堂文集》、《未焚草》及《寄思居集》。（《東莞市志》一四一〇頁）

徐有爲於本年中舉人。

徐有爲，字彦案，一字養浩。德慶州人。明神宗萬曆四年（一五七六）舉人。歷任臨安、桐城、繁昌三縣，升武岡州知州，擢靖江王左長史。後辭歸。乾隆《德慶州志》卷一五、光緒《德慶州志》卷一一有傳。

吳遜之於本年中舉人。

吳遜之，澄邁（今屬海南）人。明神宗萬曆四年（一五七六）舉人，官武緣知縣。事見阮元《廣東通志》卷七五。

黎天祚於本年中舉人。

黎天祚，原名時昌，字善原。東莞人。明神宗萬曆四年（一五七六）舉人，授浙江永康教諭。陞福建詔安知縣，遷廣西新寧知州、晋府左長史。張其淦《東莞詩錄》卷一五有傳。

袁敬於本年中舉人。

袁敬，字敬德。東莞人。明神宗萬曆四年（一五七六）舉人，授天長令。著有《白雲集》、《燕粵西征草》。宣統《東莞縣志》卷五九有傳。

麥秀岐於本年中舉人。

麥秀岐，字德徵。南海人。明神宗萬曆四年（一五七六）舉人。任江西萬年知縣，有善政。尋遷任雲南巨津州知州，辭不就。著有《澹遠堂稿》。溫汝能《粵東詩海》卷三七有傳。

崔光玉於本年中舉人。

崔光玉，南海人。明神宗萬曆四年（一五七六）舉人。官通判。子一鳴。事見阮元《廣東通志》卷七五。

龐一德於本年中舉人。

龐一德，字與虞。原籍南海人，隨父寓羅定州西寧縣（今鬱南）。明神宗萬曆四年（一五七六）舉人。初任恩平縣學教諭，晋升嘉魚知縣。後改教職，初任揚州，再任施州。著有《雙瀑堂草（稿)》。阮元《廣東通志》卷二八〇龐嵩傳有附傳。

祁衍曾於本年中舉人。

祁衍曾，字美仲，自號羅浮山人。東莞人。順曾孫。明神宗萬曆四年（一五七六）舉人。曾隨縣令楊寅秋至京，一日名傾都下。會試連連受挫，寄情於山水。遊南昌，因川資盡而撰《乞食文》，湯顯祖見而大異之。與葉春及善。母喪，悲傷過度而卒。著有《匡夷録》、《綠水園集》。工詩，與黎民表、歐大任並稱"嶺南三子"。宣統《東莞縣志》卷五九有傳。

黄朝賓於本年中舉人。

黄朝賓，字伯遷，一字少嘉。順德人。明神宗萬曆四年（一五七六）舉人。任福建長泰教諭。著有《仙石洞稿》。溫汝能《粤東詩海》卷三七有傳。

李玉於本年中舉人。

李玉，字惟良。東莞人。明神宗萬曆四年（一五七六）舉人，官楚府審理。事見阮元《廣東通志》卷七五。

馮名望於本年中舉人。

馮名望，茂名人。明神宗萬曆四年（一五七六）舉人，二十四年（一五九六）任陽山教諭。順治《陽山縣志》卷五、光緒《茂名縣志》卷六有傳。

高爲表於本年中舉人。

高爲表，字正甫。番禺人。明神宗萬曆四年（一五七六）舉人。選滄州學正，遷國子博士，晋刑部主事。以憂去，服闋，改户部，歷員外郎中，出知袁州。乞休歸，年僅五十。嘗修《番禺縣志》。年八十一卒。著有《榆枋齋集》、《田間彙稿》。兄爲儀，萬曆十年（一五八二）舉人。同治《番禺縣志》卷四一有傳。

李元弼於本年中舉人。

李元弼，字靖吾，號（字）相所。東莞人。明神宗萬曆四年

（一五七六）舉人。四十年（一六一二）官江皋分宜令。事母孝，依依子舍四十年。著有《江皋小築集》、《江皋宜陽後生訓纂》、《尊生要覽》。張其淦《東莞詩錄》卷一五有傳。

車鳴時於本年中舉人。

車鳴時，字宜仲。歸善人。明神宗萬曆四年（一五七六）舉人，署文安教諭，旋令政和，遷永安州守，祀名宦、鄉賢。著有《梅花集古詩》。阮元《廣東通志》卷二九一有傳。

陸象賢於本年中舉人。

陸象賢，字肖靜。鶴山人。少孤貧，母蘇氏紡績教之。明神宗萬曆四年（一五七六）舉人，任程鄉教諭，晉福建松溪令。考滿，制府移怒，浩然歸。結社螺源，日與高士吟詠。著有《螺源社集》。朱慶瀾《廣東通志稿》有傳。

王大觀於本年中舉人。

王大觀，海豐人。明神宗萬曆四年（一五七六）舉人。官通判。（《惠州府志》）

馮思曾於本年中舉人。

馮思曾，字紹貫。番禺人。元族人。明神宗萬曆四年（一五七六）舉人。官建安令，不樂吏事，居官一月辭去。（同治《番禺縣志》卷三九）

劉祖泗於本年中舉人。

劉祖泗，龍川人。明神宗萬曆四年（一五七六）經魁。任連山教諭，升詔安令。（《龍川縣志》）

陳果於本年中舉人。

陳果，字稚碩。新安（今深圳）人。明神宗萬曆四年（一五七六）以《詩經》中鄉試，十四年（一五八六）登第二甲會試第八名，授兵部山海關主事。少與新會阮大成友善，大成中年流落，挈妻子依之。大成死，以禮殯葬，並撫其子擇配，嫁其女。二十四年（一五九六）歲荒，出粟賑饑，知縣喻燭匾曰："仁洽里中"。鼎遷學宮，殫心營繕。（康熙《新安縣志》）

陳其美於本年中舉人。

陳其美（？～一五八二），字卿實。海陽人。明神宗萬曆四年（一五七六）舉人。博通經史。少孤，事母至孝。（乾隆《潮州府志》卷二九）

徐有爲於本年中舉人。

徐有爲，字彦采，一字養浩。德慶人。萬曆四年（一五七六）舉人。歷知臨安、桐城、繁昌三縣，累有政績，遷武岡知州。有考績上等，擢靖江王右長史。（《德慶州志》）

崔振皋於本年中舉人。

崔振皋，字淑寰。番禺人。萬曆四年（一五七六）舉人，授懷遠令，調象山知縣，歷官襄府審理。（阮元《廣東通志》卷二八二）

薛藩於本年中舉人。

薛藩，字侯宣。順德人。萬曆四年（一五七六）鄉舉人，十七年（一五八九）進士。日本豐臣秀吉發動侵朝戰事，明朝先派藩以一品行人持節特使往朝鮮，安撫國王。明將李如松獲平壤大捷後，朝人復定故土，藩多經策。回國官至雲南按察副使。致仕歸里，仍不忘救賑災民。（《明史》、《廣東通志》）

羅岳於本年成貢生。

羅岳，順德人。明神宗萬曆四年（一五七六）貢生，授南雄府學訓導，歷仕左州學正。事見康熙《順德縣志》卷五。

周紹虞於本年成貢生。

周紹虞，字裔甫，號雲谷。連平人。明神宗萬曆四年（一五七六）拔貢生，授浙江宣平令，左遷福建臬司經歷，尋調廣西武緣令，後擢江西吉安知府，甫任一月而疾卒。（《連平州志》）

黃公輔生。

黃公輔（一五七六～一六五九），字振璽。新會人。萬曆四十四年（一六一六）進士。晋南京山西道御史，劾權璫魏忠賢、李實，削籍歸里。崇禎七年（一六三四）起復原官，升湖廣參

議。甲申聞國變，北向痛哭。丁亥（一六四七），永曆帝起公輔
爲太僕寺卿。陳子壯、陳邦彥、張家玉同起義兵，公輔亦與王興
起兵於新會。李成棟反正，公輔赴行在，晉刑部侍郎，司尚書
事。庚寅（一六五○），南雄不守，公輔受命與李元胤、馬吉祥
防守三水。永曆帝奔南寧，公輔旋赴行在，桂林破，扶病入深
山，後輾轉歸里，駐王興軍中。丁酉（一六五七），永曆帝幸雲
南，公輔遣其孫確由安南入雲南。明年，確至雲南，帝召見，晉
公輔兵部尚書。清平南王尚可喜差人督公輔來省自明，復書拒
之。己亥（一六五九）以憂卒於王興軍中。著有《北燕巖集》。

　　曾邁生。

　　曾邁（一五七六～一六○三），原名思道，字志甫。揭陽人。
明神宗萬曆二十五年（一五九七）舉人。著有《仙遊稿》。事見
乾隆《揭陽縣志》卷五、阮元《廣東通志》卷七五。

　　李孫宸生。

　　李孫宸（一五七六～一六三五、一六三四），字代玄、伯襄，
號小灣。香山（今中山）人。明神宗萬曆四十年（一六一二）鄉
試第二，四十一年（一六一三）成進士，授翰林院庶吉士。四十
三年（一六一五），予告還里，登羅浮、西樵諸山，與樵牧狎處，
遊屐所至，賦詠成帙。泰昌元年（一六二○）秋入京直《起居
注》，旋掌堂，不欲與中涓作緣，求改掌誥勅，言辭莊嚴有體。
天啟二年（一六二二），較禮闈，晉掌春坊左庶子，奉纂修之命。
五年（一六二五）春，赴京途次，晉南國子祭酒，除納班准撥之
例。六年（一六二六）春，晉詹事府侍讀、學士。教習庶吉士，
以節義相砥礪。晉南禮部右侍郎，攝禮、戶兩尚書事。中官矯旨
命禮部豎逆閹祠額，孫宸竟寢不行。崇禎初，晉禮部左侍郎掌翰
林院察典，晉經筵，充日講，寓箴規於部。崇禎三年（一六三
○）回部頒程式以挽浮，禁異服以還樸茂。四年，知貢舉，進士
井濟文誤犯光廟，讀及禮部主事馮起綸回奏魏光緒參鄧之沛事，
俱下部從重議處，孫宸代爲引罪，極力申救，得輕議。五月亢

暘，詔上書陳言，孫宸具疏，隱刺時政。七年，三疏乞骸，俱奉旨慰留。還山念切，賦《金陵歸思》百韻，年五十有五（九），卒於官。贈太子太保，賜謚文介，諭祭葬，有五門人經紀其喪。祀郡鄉賢。著有《建霞樓詩集》。阮元《廣東通志》卷二八三有傳。孫航，字東苑。增貢生。黃紹昌、劉爛芬《香山詩略》卷三有傳。

明神宗萬曆五年　丁丑　一五七七年

正月初一日，歐大任賦《丁丑元日早朝》詩云：

禁城鐘急玉驑驕，燎火朱光射絳霄。鳴佩行隨玄武仗，獻琛趨入紫宸朝。樂成謁者催班鷺，觴進元臣引珥貂。春色忽從天上至，萬年枝里動祥飆。（歐大任《雒館集》卷三）

同日，陳吾德賦《丁丑元旦》詩云：

倉龍初正馭，萬國睹垂衣。獨有孤臣夢，空懸舊瑣闈。年光隨曉箭，春色到柴扉。旅食真何意，迂疏事事違。（陳吾德《謝山存稿》卷一〇）

初七日，霍與瑕賦《人日喜晴用韻》詩云：

春光淡淡水漫漫，人日晴暉減舊寒。卜歲應知民事泰，樂天寧怨路行難。酒杯入夜邀新月，簫管乘風過遠灘。二十三回來往慣，真能一一數江干。

又賦《走筆　和黃秋宇見贈》三首、《和韻》、《夜坐聞塔鈴》、《聽鶴亭和韻　柴定宇方伯作亭題詩和之》三首。

二月，與瑕賦《晴日登盍簪樓用海嶼韻紀興　丁丑春仲》詩云：

三城處處是樓臺，春望遙遙興未灰。東去海門真咫尺，西臨華桂亦蓬萊。浮雲世界漂殘葉，流水光陰落早梅。舊日盍簪詩總在，幾人先上碧山隈。

野蕨牆梅亦華筵，小爐殘火更烹鮮。乍晴街市歡元夜，時雨農家卜有年。菜吐黃花金滿徑，桃含碧蕊玉拖煙。登樓極目春無限，何處鴻音來遠天。

倚欄猶自北風寒，忽憶皇都舊跨鞍。僻地且便新作業，有人來勸強爲官。詩篇一一從頭和，奧竈紛紛冷眼看。種竹南園方十畝，龍孫遲爾長千竿。

袖手休彈一柱琴，羲皇世遠少知音。獨看銀兔巖頭易，三復銅人背後箴。春去春來千古夢，花開花落百年心。晝晴倘有登臨興，棊局詩囊共半岑。

十尺樓闌三尺臺，碧山綠水自週回。百年老樹春仍媚，半畝方塘天亦開。漫倚南山歌白石，誰從東海問蓬萊。安期一去無回首，且把新醪滿瓦盃。

朱欄畫艇碧波心，幾被風吹雨打沉。晴日自除青藻盡，晚天仍繫綠楊陰。盃盤可泛元宵月，稚子能翻白雪吟。喧櫪散林人尚健，何時還此盍華簪。（霍與瑕《霍勉齋集》卷九）

夏，饒與齡《丁丑夏從京師歸取道杭城金繼泉先生爲居停主人已定交矣一別二十年乙未春北上始得會面款洽數日繾綣難別因步鄭山人韻成俚句一首奉謝》詩云：

春柳拖煙綠漸舒，寒雲黯淡雪晴初。征騎暫紲論交好，下榻淹留嘆會疏。浙水空思湖景媚，薊門遙望隴頭書。相看青鬢俱華髮，拚醉連宵酒再釃。（饒與齡《寶印詩草》）

秋，李英賦《秋日臥病顯恩僧舍承鄔文學汝翼貽詩枉問賦此答之》詩云：

寂寂掩松蘿，秋聲蕭寺多。勞君傳七發，爲我起沈痾。書似文園病，貧能杜甫歌。京江他日夢，迢遞阻滄波。時文學將歸，末二句故云。

又賦《送潘上人舍子朋南歸》、《送陸山人華甫還吳中》、《齋中對菊懷靜修上人》（以上五律）。（《李英集·歷遊集》卷下）

十二月二十日立春，霍與瑕賦《立春和盧星野方伯韻雜興丁丑十二月二十日立春》五律詩十二首。（霍與瑕《霍勉齋集》

卷八）

歲暮，李英賦《歲暮》詩云：

薊北歲欲暮，蹣跚步不勝。天涯雙白髮，客舍一青燈。浪跡
已如此，巖棲尚未能。梅花千樹發，心寄嶺雲層。

又賦《自述》七律。

除夕，英又賦《丁丑除夕》詩云：

爆竹京臺夕，浮生客似星。風塵憐馬走，天地寄鴻冥。易水
迎春白，燕山送晚青。所思千萬里，飛夢下煙汀。（《李英集・歷
遊集》卷下）

本年李英賦《贈別郭太學建初還閩中》五律、《送王體仁之
豫章》五律。（《李英集・歷遊集》卷下）

本年饒與齡賦《丁丑與春元楊雨江等六人過玉山今復由北上
自念漸老勉圖世用志感一首》詩云：

懷玉昔經遊，星移二十秋。山川舊圖畫，儔侶散浮漚。無計
尋丹藥，何由駐碧眸。識途稱老馬，躑躅逐驊騮。（饒與齡《寶
印詩草》）

本年知縣林庭植贈楊雙溪旌匾。

楊雙溪，龍川人。志行高潔。萬曆五年（一五五七）知縣林
庭植贈旌匾，順治四年（一六四七）知縣曲國輔皆贈旌匾。享年
九十七。（《龍川縣志》）

本年起杜英歷任肇慶府訓導、恩平縣教諭。

杜英，字彥實，號充寰。鬱南人。（郝玉麟《廣東通志》）

本年黃南金官英德縣教諭。

黃南金，字東屏。番禺人。萬曆五年（一五七七）官英德縣
教諭。（《韶州府志》卷二八）

王學曾於本年中進士。

王學曾，字唯吾。南海人。明神宗萬曆五年（一五五七）進
士。授醴陵知縣。後調任崇陽知縣，擢南京御史。辛以累言事忤
旨，降興國判官。後遷光祿寺丞。與少卿涂傑疏爭三王並封，削

籍歸，卒於家。明光宗泰昌元年（一六二〇）詔贈太僕寺少卿。著有《入楚吟》、《西遊草》、《飛雲》等集。光緒《廣州府志》卷一一七有傳。

曾象乾於本年中進士。

曾象乾①，字體良，號連城。連州（今連縣）人。嘉靖四十年（一五六一）舉人，明神宗萬曆五年（一五七七）進士，選翰林院庶吉士。典試山西，尋擢福建巡按御史。遷任南京學政，累官至河南道僉都御史。明神宗萬曆二十年（一五九二）致仕歸。年六十餘卒。著有《中秘課程》。同治《連州志》卷七有傳。

金節於本年中進士。

金節，字持甫。南海人。明穆宗隆慶四年（一五七〇）解元。明神宗萬曆五年（一五七七）進士，授官中秘。秩滿，改南京戶部員外郎，晉郎中。出為臨安知府，有平寇功。累官至廣西參政。罷政還，卒於家。著有《吳粵草》、《缶鳴集》。阮元《廣東通志》卷二八一有傳。父詔，字廷言，其先江西廬陵人。從叔貴以水軍千戶調衛廣城。初業儒，後補幕府參，隨靜峰張公總制兩廣，征田州及黎賊，兩遣調兵於思恩、忠州，盡卻常例，督兵所過，秋毫無犯。年七十八，欲往觀金陵形勢，抵南都，鶴髮飄蕭。後歸隱，深居一室，自書對聯曰："萬物靜觀皆自得，弄丸閑里亦相宜。"有司延為鄉飲正賓。初封中書舍人，進封戶部員外。年八十卒。郭棐《粵大記》卷二二有傳。

姚岳祥於本年中進士。

姚岳祥（一五六一～一五九〇），字于定。化州人。明穆宗隆慶四年（一五七〇）舉人，明神宗萬曆五年（一五七七）進士，選翰林庶吉士，時張居正柄政，謝病歸。阮元《廣東通志》卷二九八有傳。

譚耀於本年中進士。

———————————

① 阮元《廣東通志》卷三〇三本傳言後改姓馬。

譚燿（？～一五九〇），字伯彰，號悝堂。東莞人。明神宗萬曆五年（一五七七）進士。任福建道監察御史，管理長蘆鹽政兼河道事務。治河策略同潘季馴。官福建延平知府，卒於任。（宣統《東莞縣志》卷五九）

汪一豐於本年成貢生。

汪一豐，字注之，號芑泉。保昌（今南雄）人。明世宗嘉靖間曾任程鄉縣教諭。明神宗萬曆五年（一五七七）貢生。七年任翁源縣訓導，十四年（一五八六）任羅定州東安縣教諭。官至廣西柳州教授，嘗署象州及武定縣。阮元《廣東通志》卷三〇四有傳。

王仕龍於本年成貢生。

王仕龍，新安人。萬曆五年（一五七七）歲貢生，官訓導，升教授。（康熙《新安縣志》）

黃應中於本年成貢生。

黃應中，字於理。從化人。萬曆五年（一五七七）貢生，授羅城知縣。（清《從化縣志》）

梁大同於本年成貢生。

梁大同，號念劬。德慶人。萬曆五年（一五七七）歲貢生，授金溪縣丞。著有《四禮末論》。曾纂輯《德慶州志》。（《德慶州志》）

林萃芳生。

林萃芳（一五七七～一六五二），字眾茹，號六引。潮陽人。天啟二年（一六二二）進士。授中書舍人。遷戶部主事，奉命犒延綏軍，繼領河西榷務。掛冠歸，優遊林下二十餘年，修東山文天祥祠，立義塾，濟貧賑饑。年七十六卒。（乾隆《潮州府志》卷三十）

明神宗萬曆六年　戊寅　一五七八年

正月初二日，霍與瑕賦《新春再和韻雜興　戊寅正月二日》

五律詩十二首。

二月二十一日清明，與暇賦《二月二十一日清明如樵展掃戊寅》五律八首。（霍與瑕《霍勉齋集》卷八）

十一月，林大春五十六歲生日，賦《歲在戊寅予適返自鐔溪屏居簡出念百年已過半惝修名之不立詎意我生之辰乃辱里中父老搢紳先生之徒儼然造焉愧莫爲謝也詩以代束》詩云：

行年過伯玉，荏苒成五六。四十年來事，是非付流鑿。我生值仲冬，一陽正初復。雪意已含梅，清霜猶在菊。閉門謝高軒，澄心坐林麓。云胡栗里親，壺觴競相屬。祝我好容顏，勉我加饘粥。或期以渭濱，或歌以淇澳。此事在皇天，予敢居然卜。但願共升平，談笑無拘束。無論彭與殤，焉知寵與辱。題詩寄中懷，聊因代赤牘。

又賦《戒酒詞》、《將之羅浮發鳳城途中述懷示同遊》、《題鄭文學吳箎》、《山中辱陳方伯見貽詩扇手持久之扇敝骨存李生取之加白索書因爲賦此》（以上五言詩）。（林大春《井丹林先生文集》卷一）

本年馬叔康以孝上聞，得旌表。

馬叔康，號雙喬生。河源人。明神宗萬曆間諸生。六年（一五七八）以孝上聞，得旌表。康熙《河源縣志》卷六有傳。

本年劉相一奉開續恩科，例授冠帶。

劉相一，字萬鍾。龍川人。以孝名世。（《龍川縣志》）

薛虞畿於本年成貢生。

薛虞畿，改名虞樸，字舜徵（祥）。饒平人。[1]明神宗萬曆六年（一五七八）貢生。[2]隱居不仕。著有《聽雨篷稿》。陳珏編《古瀛詩苑》前集有傳。

容維翰於本年成貢生。

---

[1]　一作海陽（今潮州）人。
[2]　一作萬曆四十八年（一六二〇）貢生。

容維翰，台山人。萬曆六年（一五七八）選貢，授南雄訓導，升廣西潯州府教授，後署桂平、平南二縣事。（《新寧縣志》卷九）

易氏生。

易氏（一五七八～一六四二），新會人。永昌知府道源女，南海諸生朱疇妻，實蓮母。少才慧，工詩歌，善楷法，有陶母風。實蓮令德清，以賑荒不趲漕，逮赴詔獄，易氏流涕曰："不圖垂暮之年，復見滂母之事。"甥陳子壯嘗贈之以詩。著有《名閨吟》、《蘭圃草》。陳融《讀嶺南人詩絕句》卷十五有傳。

梁亭表生。

梁亭表（一五七八～一六四四），字無畸，號昔莪。順德人。明神宗萬曆三十四年（一六〇六）舉人。初授大埔教諭，尋擢國子監助教，遷吏部司務，歷兵部武庫司員外郎，出知南安府。治行第一，擢南京兵備，兼撫蠻副使。詔傳而卒，年六十七。著有《昔莪集》等。康熙《順德縣志》卷八、阮元《廣東通志》卷二八三有傳。

韓日纘生。

韓日纘（一五七八～一六三五），字緒仲，號若海。博羅人。鳴鳳（一五四三～一六一二）子。明神宗萬曆三十五年（一六〇七）進士。選授翰林院檢討。歷官至禮部尚書、經筵講官，纂修兩朝實錄。前後兩充會試同考，得士如方應祥、黃道周、倪元璐、馮元飆等，皆以文章氣節事功著稱於時。晚年奉命教習館員，條上館規六款，曰端心術、習啟沃、敦素風、正文體、練經濟、養器識，砥礪士風，切於時弊。卒諡文恪。光緒《惠州府志》卷三十二、阮元《廣東通志》卷二九一等皆有傳。著有《韓文恪公文集》首二卷（擬御製文、日講講章、疏稿）、二十一卷、末一卷（啟、雜著、詢蕘錄、敬梓錄）。屈大均《廣東文選》卷九、卷十一有傳。

趙焞夫生。

趙煒夫（一五七八～一六六八?），字裕子。番禺人，一作從
化人。崇禎諸生。梁元柱以疏劾魏閹歸，與煒夫遊。黎遂球、歐
必元、李雲龍、梁夢陽、戴柱、梁木公輩重開訶林净社，煒夫與
焉。又與謝長文、韓宗騄（釋函可）相友善。著有《草亭稿》。
陳伯陶《勝朝粵東遺民錄》卷一有傳。

釋通炯生。

釋通炯（一五七八～一六三九），字若星，一字普光，號寄
庵。南海人。俗姓陸。憨山大師首座，後居訶林，開創光孝禪
堂。著有《寄庵集》。光緒《廣州府志》卷一四一有傳。

明神宗萬曆七年　己卯　一五七九年

五月初四日，歐大任賦《遼后妝樓爲雷雨所敗有述　萬曆七
年五月初四日》詩云：

遺蹤深閟寂，異代久崔嵬。自昔瓊爲島，猶傳壁是臺。上都
荒屋社，廢閣棄山隈。井畫多存藻，闌珊半漬苔。凝丹隨日轉，
積翠互天開。林殿黃圖勝，宮池太液廻。脂曾波共膩，鏡與月俱
摧。花尚窺妝發，鸞仍學舞來。千秋餘草木，一夕逐風雷。河嶽
雲俱幻，煙霜劫有灰。秦年驪谷在，漢日柏梁灾。不用留殷鑒，
周基萬歲培。（歐大任《西署集》卷四）

十二月十五日，爲旋波宗丈生日，林大春賦《旋波宗丈少與
予同舉茂才異等蓋長予四歲今年己卯爲華甲重逢臘月之望其初度
也内正齊眉二郎偉器疊見孫枝拜舞堂下可謂人間樂事因爲古體二
十韻以賀之》詩云：

髫年相對人如玉，兩家先子號伯叔。君今容鬢似蒼松，予亦
矍然稱老翁。吾家小兒纔學步，君有機雲能作賦。嗟予澹蕩且薄
遊，憐君留滯數經秋。莫言老手慵折桂，留卻高枝與兒輩。莫道
兒曹數尚奇，人生得意自有時。是日登堂值花甲，新月再圓梅再
發。彩衣起舞正翩翩，又得明珠掌上看。況復齊眉堪並壽，行見
飛黃競馳驟。他年栗里揚休風，不説燕山與河東。（林大春《井

丹林先生文集》卷二）

本年廣東部份地方災傷最重。（陳履《上三閣下言水災書》）

本年陸毛率瑤、僮民起兵。

陸毛（？～一五九○），信宜人。當地瑤族、僮族首領。少習武，善射且熟水性。萬曆七年（一五七九）率瑤、僮民起兵，打擊官軍，劫富濟貧，威震羅定、信宜、西寧、岑溪等縣。十八年（一五九○）被誘殺。（《信宜人物傳略》）

吳國光於本年中解元。

吳國光，字觀光、觀可。新安人。明神宗萬曆七年（一五七九）解元。銓署永福縣教諭，升廣西興安知縣。有顯貴臨縣，長揖不拜，謫泉州府教授，尋升浙江樂清。左遷益府審理，遂辭官歸，數月卒。曾聘修《新安志》。吳道鎔《廣東文徵作者考》卷五有傳。

陳蕚於本年中舉人。

陳蕚，字德輝。高要人。明神宗萬曆七年（一五七九）舉人，官惠安教諭。溫汝能《粵東詩海》卷三七、清道光《肇慶府志》卷一四有傳。

何孫謀於本年中舉人。

何孫謀，更名挺，字學繩，又字翼軒，號表寰。香山（今中山）人。明神宗萬曆七年（一五七九）舉人，官至浙江紹興府知府。事見何天衢《欖溪何氏詩徵》卷一。

謝眖於本年中舉人。

謝眖，字崇勳，號豫臂。東莞人。明神宗萬曆七年（一五七九）舉人，以乙榜任道州學正，遷富川知縣，移建昌通判。著有《誠正堂集》、《經世考》、《藝文輯略》。阮元《廣東通志》卷二八二、陳蘭芝《嶺南風雅》卷二有傳。

盧學益於本年中舉人。

盧學益，一名學易，字懋思，號太初。東莞人，附廣西籍。明神宗萬曆七年（一五七九）舉人。宰連江，轉襄王府長史。閣

臣薦擢京職，固辭。尋遷艖司，亦不赴。張其淦《東莞詩録》卷
一五有傳。

何維翰於本年中舉人。

何維翰，字羽平，一字孔邦。順德人。明神宗萬曆七年（一
五七九）舉人，任仙遊知縣。温汝能《粵東詩海》卷三八有傳。

陳光穎於本年中舉人。

陳光穎，字少敬。順德人。明神宗萬曆七年（一五七九）舉
人，官通判。温汝能《粵東詩海》卷三八有傳。

林志孟於本年中舉人。

林志孟，字淑之，號韋銘。順德人。明神宗萬曆七年（一五
七九）舉人，十二年進士，任江西進賢教諭，官至户部主事。著
有《留餘集》。康熙《順德縣志》卷七、阮元《廣東通志》卷二
八二有傳。

甘守正於本年中舉人。

甘守正，字元甫。南海人。明神宗萬曆七年（一五七九）舉
人，任桂平知縣。事見阮元《廣東通志》卷七五。

徐兆熊於本年中舉人。

徐兆熊，一作兆鼎，字夢祥。清遠人。明神宗萬曆七年（一
五七九）舉人。官大理評事。事見阮元《廣東通志》卷七五。

鄧良佐於本年中舉人。

鄧良佐，字德成。從化人。明神宗萬曆七年（一五七九）舉
人，官知州。温汝能《粵東詩海》卷三八有傳。

黄夢鴻於本年中舉人。

黄夢鴻，字壯猷。番禺人。明神宗萬曆七年（一五七九）舉
人，官淮安府通判。事見阮元《廣東通志》卷七五。

盧欽明於本年中舉人。

盧欽明，字安卿，號靜宇。東莞人。明神宗萬曆七年（一五
七九）舉人，餘杭縣令。事見光緒《廣州府志》卷三九、張其淦
《東莞詩録》卷一五。

鍾萬春於本年中舉人。

鍾萬春，字懋和，號初宇。清遠人。于田子。明神宗萬曆七年（一五七九）舉人，官邵武同知，以艱去，補襄陽同知，陞知府。著有《戔戔言文集》。民國《清遠縣志》卷六有傳。

劉堯佐於本年中舉人。

劉堯佐，字茂良。番禺人。明神宗萬曆七年（一五七九）舉人。事見郭棐、陳蘭芝①《嶺海名勝記》卷五。

唐夢鯤於本年中舉人。

唐夢鯤（？～一六四三），字化卿。番禺人。明神宗萬曆七年（一五七九）舉人，授福寧州學正，擢知浙江仙居。三月，以內艱去。尋知天台，改知廣西富川，復改知浙江分水。撫瑤有功，反譖池州府經歷。甫蒞任，值楚豫兵叛，眾十餘萬，順江而東，遂署縣事，乘城據守，池遂獲存。吏部尚書鄭三俊擢知寶雞。時流寇已至潼關，星馳赴任，繕兵扼險，賊改他道而城完。未幾，李自成據西安，一日晨起自縊於縣署，事聞，詔贈光祿少卿，賜祭葬。潘楳元、譚瑩《廣州鄉賢傳》卷四有傳。

曾養正於本年中舉人。

曾養正，萬州人。萬曆七年（一五七九）己卯科舉人，任懷集知縣。

何日綉於本年中舉人。

何日綉，字邦克。博羅人。萬曆七年（一五七九）己卯科舉人，任綿竹知縣。（光緒《惠州府志》卷三二）

陳見龍於本年中舉人。

陳見龍，字衍德。潮陽人。萬曆七年（一五七九）己卯科舉人，任福建永春知縣。後遷建寧府同知，復擢處州知府，轉浙江鹽運使。以疾乞歸，卒於家。（乾隆《潮州府志》卷二八）

---

①　陳蘭芝，字拂霞。香山人。留寓番禺河南溪峽東街卉木精舍。官州判。增輯郭棐之《嶺海名勝記》三十二卷。

施孔儉於本年中舉人。

施孔儉，字叔中，一字易時。陽江人。萬曆七年（一五七九）舉於鄉，授新安訓導，歷知漳平。生性慷慨，急公濟貧，任新安時捐俸助公，分租給士，新安人德之。知漳平時，聞漳地多毒草，食之輒斃，乃下令芟除以絕禍害。告歸後，屢解囊資助無力婚喪者，其自奉則淡泊儉約，家無餘蓄。晚年買舟，載書琴漂泛中流，自號"水月主人"。一夕舟中遽然仙逝。享年六十四。（《陽江志》卷三十）

徐兆鼎於本年中舉人。

徐兆鼎，清遠人。博學强記，文名早著。萬曆七年（一五七九）舉人。歷官福建晉江縣令、大理寺評事。爲官以仁愛著稱，尤精鑒賞。著有《徐公家語》，佚。邑志存詩二首。子寅諒，恩選英德縣訓導。（《廣州府志》、《清遠縣志》卷六）、

黄應明於本年中舉人。

黄應明，字公兆。東莞人。萬曆七年（一五七九）舉人。任浙江奉化知縣，審案明察秋毫，人稱黄半仙。累官湖廣漢陽別駕。（嘉慶《廣東通志》卷二八二、宣統《東莞縣志》卷五九）

蒙而鎡於本年中舉人。

蒙而鎡，番禺人。學之子。萬曆七年（一五七九）舉人。三水縣學教諭，授蘇州同知。（阮元《廣東通志》卷二七九）

潘豫之於本年成貢生。

潘豫之，順德人。明神宗萬曆七年（一五七九）貢生，授光祿寺署丞。事見康熙《順德縣志》卷五。

鄭文炳於本年成貢生。

鄭文炳，字在中。新安人。明神宗萬曆七年（一五七九）選貢生，初授福建將樂訓導，遷高明教諭，升廣西賓陽學正，署懷遠縣事。卒於官。有《奎亭集》。清嘉慶《新安縣志》卷一九有傳。

陳虞肩生。

陳虞肩（一五七九～一六四二），東莞人。志敬孫。晚明邑災荒，慷慨捐資出粟，救助鄉人飢民，鄉邑賴安，上嘉其最，贈封七品文林郎。（《東莞虎門陳蓮峰墓群勘察與修繕設計簡述》，載《嶺南考古研究》第九期，中國評論學術出版社二○一○年香港版第二百頁）

明神宗萬曆八年　庚辰　一五八○年

正月初七日，李英賦《庚辰人日書懷》詩云：

蚓潛懷舊隱，雁字久沈冥。又值人為日，堪憐客是星。窮愁雙眼白，下走一衣青。木榻誰相問，遼東愧管寧。

又賦《酬楊茂才見訪》五律、《答傅生》五律、《酬容彥存見訪》七律、《贈聶丈人　二首》七絕。（《李英集·歷遊集》卷下）

四月二十八日，林大春賦《萬曆八年歲在庚辰夏四月二十八日曉夜夢五雲見於西北光瑩燭天錦綺奪目覺後猶宛然在前詩以紀之》詩云：

清宵夢繞卿雲起，朵朵芙蓉天外開。疑是應龍騰紫極，還如彩鳳出中臺。為霖為雨終須合，非霧非煙莫浪猜。遙憶漢庭應有矚，群臣同上望星臺。

又賦《聞曾中丞總憲留臺寄贈》、《贈別故令歐公歸莆中》、《訪蘇隱君於青陽山中歸卻寄此》、《久辭典修郡乘乃辱友人以詩趣行因次韻答之》、《平湖韓生景藩嘗以素卷索書予持歸海上者十年庚辰大比予弟仲子就試禮闈而生亦適計偕北上因呼童覓敝篋中卷軸依然遂作是詩書以寄之嗟乎士之遇世品題亦猶是矣一紙之書豈偶然哉》（以上七律）。（林大春《井丹林先生文集》卷五）

伏日，歐大任賦《庚辰伏日道館苦熱時歸懷不遂戲柬胡聶二山人》詩云：

一官雞肋尚悠悠，赤日紅塵老更愁。可怪冷曹偏苦熱，非關衰鬢怯逢秋。青松蔭石山中几，碧浪黏天海上樓。拋卻清涼君莫

笑，靈臺還伴董京遊。（歐大任《西署集》卷六）

七月初七日，李英賦《七夕》詩云：

風塵六載客京師，寥落丹巖桂樹枝。七夕每逢長□□，雙星何事怨將離。多愁宋玉難成賦，短鬢潘郎漸有絲。江漢蒼茫秋色裏，閨門猶自滯歸期。

又賦《秋懷》七律、《酌別友生》七絕、《秋風》、《酬朱子厚方永叔二公子見寄》、《與黃表兄夜話》（以上七律）。（《李英集·歷遊集》卷下）

十月十三日，歐大任賦《宣對紀事爲李又玄管建初賦》詩云：

萬曆紀元今八年，天子聖學勤精一。萬幾稍暇御武英，時爲陽月十三日。公車門下宣畫師，中官貴人跑接膝。小臣李玄管稚圭，次第諸生就班列。同時待詔慶遭逢，有旨上方使給劄。咫尺彤帷伏作圖，天顏一笑首披閱。綵毫氣勢似神助，山河草木蒙題拂。已召主爵錄以官，俸視中書舍人秩。裹號白金更頒賜，殿前叩頭拜恩出。二生逡巡謝薄技，一朝聲價遂無匹。瀛州何羨閻立本，琅玕似勝蕭協律。先朝戴進沈粲儔，往往詞臣爲稱述。恭聞天子昔冲齡，平臺召相咨密勿。六經朝夕延講官，帝鑒丹青感良弼。二生供奉雖小臣，班伯讜言柳公筆。虞箴輿誦古有之，願圖豳風寫無逸。（歐大任《西署集》卷二）

六月十七日夜地震，韓晟賦《庚申六月十七夜地震》詩云：

涼飆在樹月在牖，篝燈方除枕方就。襆被才思睡未酣，一聲礐裂墻欲僕。陡然起視如懸旌，四野沸騰撼猶吼。欲旬蕩漾杳無定，心魂欲摧目欲瞽。初疑屋角起迅雷，更訝綠林來夜寇。須臾始知地震動，大小奔潰人亂走。可是操蛇作幻怪，不然六丁撞鰲首。我聞灾異書春秋，陰乘陽弱語非浮。維星已絕樞星散，縱有智者何能謀。便當兩日均紀異，更與雨雹同爲愁。左掀右簸非一狀，吳儂大叫天台上。排空無翼踏難逃，聲答天風萬木響。銀漢參橫夜柝停，氣定始覺居無恙。始知春秋惡盈陰，茫茫大地折鈞鈥。坤維不守厚地迮，下界那識天公心。此時性命輕於擲，何況大壑與蹄涔。寄語世人寬一步，免令震旦陸俱沉。（乾隆《博羅縣志》卷一三）

本年征羅旁，以火焦鏖和尚石半，改名華表石，後張嗣綱賦《華表石　一名和尚，一名賦星，萬曆八年征羅旁，以火焦鏖其半，改名華表石》詩云：

巍峨兀立聳山靈，世上相傳指賦星。既是肖僧爲地衛，何須助寇動天兵。孤高列炬堪焦爍，半鏖紆謨始戰征。華表柱頭題汝後，永清山水靜西寧。

又賦《梁文仲和尚石》七律。（張嗣綱《戈餘詩草》卷下）

羅旁定後，區大相賦《羅旁定後舟經兩山紀行作》詩云：

此地昔通道，曾勞十萬師。遙傳破膽略，始有息肩期。丹徼疆重辟，蒼梧俗舊疲。萬山羅郡國，千水會黔灘。密樹森如戟，層嵐障似帷。春雲低戰壘，錦石駐兵麾。北首卑前代，西征又此時。皇靈消祲霭，優詔問瘡痍。土俗餘椎結，溪途歷險巇。聽雞知井落，巢燕覓茅茨。楂放新泥潦，猿啼宿霧枝。風前吟越客，花里笑蠻姬。夕泛衝①江漲，歸潮赴海涯。榜先沙鳥發，帆逐岸藤移。漢使裁溪笛，秦軍護竹籬。樓船今罷議，無事更南窺。

本年饒與齡賦《庚辰北上舟次安慶》詩云：

陰風掀揭波濤壯，歌側縱橫浪里舟。回首白雲家萬里，可容身作等閒遊。

揚子江中冒險行，斷魂晨夕嘆長征。祇因不識人間夢，苦把浮名絆此身。（饒與齡《寶印詩草》）

本年陳益隨友人泛舟安南，當地酋長以紅薯食之。

陳益（？～一五九五、一五九二），字德裕，號素訥。東莞人。志敬孫，履胞弟。布衣。明神宗萬曆八年（一五八〇），隨友人泛舟安南，當地酋長以紅薯食之。十年歸國，購數顆藏於銅

① 衝，伍本作“春”。（區大相《區太史詩集》卷一九）

鼓中出境，因之成爲國中引種番薯第一人。二十三年（一説二十年）卒，虎門小捷山其墓地周圍爲我國最早番薯種植地。《鳳岡陳氏族譜》卷七《家傳》有傳。

本年朱士贊捐資辟飛泉洞。

朱士贊，字少襄，號紫峰。清遠人。尤愛飛來峽，號十九峰主人，隱此讀書。萬曆八年（一五八〇）捐資辟飛泉洞，至十六年（一五八八）完工。嘗與郭棐等結浮邱詩社。官詹事府主事。著有《十九峰主人集》。（《廣東文徵作者考》）

本年梁山以貢生任龍門縣訓導

梁山，字靜卿。博羅人。萬曆八年（一五八〇）以貢生任龍門縣訓導。（乾隆《博羅縣志》卷十二）

謝與思於本年中進士。

謝與思，字見齊，一字方壺。番禺人。明神宗萬曆七年舉人，八年（一五八〇）進士。官諸暨知縣，尋調大田，爲蜚語所中，貶秩，築小樓於郊坰以隱居。卒年三十二。著有《抱膝居存稿（草）》。溫汝能《粵東詩海》卷三八、同治《番禺縣志》卷四一有傳。

黃淳於本年中進士。

黃淳（？～一六二八？），字叔化，一字鳴谷，晚號六柳先生。新會人。明神宗萬曆八年（一五八〇）進士，任寧海知縣，尋因事謝病歸。辟洞鳴山，詠歌其中。與王命璿、李以龍同修《新會縣志》。年八十五卒。著有《鳴山堂集》、《李杜或問》。溫汝能《粵東詩海》卷三八、清道光《新會縣志》卷九有傳。

李上馨於本年中進士。

李上馨，番禺人。明神宗萬曆八年（一五八〇）進士。官崇德知縣。事見阮元《廣東通志》卷六九。

黃守謙於本年中進士。

黃守謙，海豐人。萬曆八年（一五八〇）進士，任戶部主事。（《海豐縣志》）

孔麟於本年成貢生。

孔麟，字聖端。五華人。明神宗萬曆八年（一五八〇）歲貢，授汾水教諭，升湖廣德安府教授。（乾隆《嘉應州志》）

楊蕃於本年成貢生。

楊蕃，字植卿。四會人。明神宗萬曆八年（一五八〇）歲貢，授江西萬年訓導、福建連江教諭，升益王府教授。著有《觀光草》、《靜堂集》。（光緒《四會縣志》）

陳溱於本年成貢生。

陳溱，字利川。和平人。明神宗萬曆八年（一五八〇）恩貢，授貴溪縣丞，後署玉山縣。（《和平縣志》）

何藻生。

何藻（一五八〇～一六五〇），原名孫許，字採侯，號潔卿。香山小欖人。明神宗萬曆四十年（一六一二）舉人。官至戶部廣東司郎中，推陞太常寺少卿。著有《普寧宦稿》、《西塘彙刻》、《螽斯集》。清張維屏編《國朝詩人徵略》卷二、清光緒《香山縣志》卷一三有傳。名媛劉苑華（士騰孫女），香山人。慕其才，願爲側室。著詩一卷，題曰《落霞山下女子吟》。溫汝能《粵東詩海》卷九六有傳。

明神宗萬曆九年　辛巳　一五八一年

正月初一日，李英賦《辛巳元日對酒作》詩云：

鳳曆初開日，春風寬客懷。浮生元草莽，縱飲自茅柴。落羽八千里，行歌十二街。飄然吾欲去，丘壑躡芒鞋。

又賦《再酬朱子厚方永叔二公子見寄》七律、《訪曾參軍留酌遇馮朱二山人同集》、《哭芳弟二首》（以上五律）、《出京留別諸君子》七律、《德州晚酌》、《徐州覽眺》、《淮陰夜泊》（以上五律）、《廣陵贈陸秀才無從》七律、《渡江》五律。（李英《李英集·歷遊集》卷下）

二月，區大相賦《辛巳仲春有鶴一雙巢於耆德寺浮屠頂上感而賦之是》詩云：

有鳥雙棲祇樹林，翩然瑤水兩仙禽。月臨蓮界巢初定，雲滿芝田歲已深。健翮風煙時並馭，清歌城郭更留音。千年一度梅花國，霄漢誰知萬里心。（區大相《區太史詩集》卷二二）

秋，李英賦《金陵客館秋日寫懷》詩云：

西風颯颯白雲秋，病後飄零感散裘。一騎乍從燕市下，十年仍作秣陵遊。移舟□醉壚頭酒，問月頻登江上樓。喜得南來家漸近，不堪歸夢過羅浮。（李英《李英集·歷遊集》卷下）

七月初七日，歐大任賦《驚雷篇 並引》詩云：

萬曆辛巳七月七日，舟行江上遇雨，泊瓜步，雷擊舟檣，櫂夫驚恐，余謂：“雷，天威也。物適值之，然不敢不敬也。”既夕，省過，遂成斯篇。

昊天時疾威，積風殆先兆。陰陽適相薄，蓊鬱怒而慓。我舟次江介，迅雷擊檣杪。豐隆破響來，列缺飛光剽。隱隱尚填填，霆奮更火燎。駭氣久奔激，倏閃遠羅曜。斯須匕箸失，顧盼篙師咷。世異景公臺，變似夷伯廟。休咎我方省，善否天所照。震鄰已切躬，察痾蚤求療。在莒能無忘，居鄒懼難肖。夕惕敕戒勤，勵德永思劭。（歐大任《秣陵集》卷一）

九月初九日，李英賦《九日陸山人華甫見過夜集得歌字》詩云：

雙劍頻能合，羈棲思若何。佩萸酬令節，酌酒一高歌。雁字秦關遠，牛衣洛下多。燈前君且醉，行樂在煙蘿。

又賦《訪無著上人》、《答方永叔見寄》、《得朱子厚書卻寄》（以上五律）、《白下逢張太學幼于》七律、《普德寺尋悅上人不遇》、《遊報恩寺訪恩上人》（以上五律）。（李英《李英集·歷遊集》卷下）

本年何應陽參與清丈本縣田地。

何應陽，東莞人。捐資修學宮，建橋樑。出秘方制藥丸，醫治流行病患者。（宣統《東莞縣志》卷五九）

王士龍於本年成貢生。

王士龍，字友夔。東莞人。明神宗萬曆九年（一五八一）貢生，十年（一五八二）任電白訓導，陞教授。事見光緒《高州府志》卷二〇、民國《東莞縣志》卷四五。

黃璉於本年成貢生。

黃璉，字仲瑚。開建（今屬封開）人。明神宗萬曆九年（一五八一）貢生，授訓導，署臨高，陞興化教授。轉貴陽，修黔志，署州篆，創學宮。著有《借壺軒詩》、《莆口編》、《麥新編》、《華陽洞稿》。康熙《開建縣志》卷八有傳。

鄭邦杙於本年成貢生。

鄭邦杙，字崇敬。香山（今中山）人。萬曆九年（一五八一）拔貢，授廣西荔浦縣知縣。縣僻西陲，文化落後，長吏每以地遠，貪婪奸利，多無名之賦。邦杙至，即以德化導之，蠲額外之徵，廢無名之賦，勸課農桑，不期年而其民大治。近縣土司恃險遠，每奪民田，邦杙一一審理，歸復民田數千畝。士民為其建革雜稅碑，築勸農亭，以示不忘。（《香山縣志》）

何吾騶生。

何吾騶（一五八一～一六七〇?），字龍友，號象岡。香山人。明神宗萬曆四十六年（一六一八）舉人，四十七年（一六一九）進士，擬鼎甲，改二甲四名，由庶吉士歷官少詹事。明思宗崇禎初，晉左春坊充經筵日講官。會纂修《神廟實錄》成，晉少詹事兼侍講學士，歷官正詹事。明思宗崇禎五年（一六三二）擢禮部右侍郎。六年十一月加尚書，同王應熊入閣，溫體仁久柄政，欲斥給事中許譽卿，已擬旨，文震孟爭之，吾騶亦助為言。體仁訐奏，帝奪震孟官，兼罷吾騶。居久之，隆武帝立於福州，召為首輔，與鄭芝龍議事，輒相牴牾。閩疆既失，永明王以原官召之，為給事中金堡、大理寺少卿趙昱等所攻，引疾去。順治三年（一六四六）十一月桂王由榔稱號於肇慶，適隆武帝弟唐王與吾騶自閩浮海至南海，關捷先等首倡兄終弟及議，大學士蘇觀生遂與吾騶及布政使顧元鏡、侍郎東莞王應華、南海曾道唯、總督林察等擁立隆武帝弟唐王，改年紹武，就都司署為行宮，應華、道唯並拜東閣大學士。招海上四姓盜，授總兵等官，與肇慶相拒。十二月十五日清兵克廣州，時紹武帝方事閱射，急易服逾垣匿應華家，俄縋城走，為追騎所獲，投繯而絕，吾驢及應華等悉降。卒於家。著有《元氣堂詩文集》三十卷、《經筵日講拜稽錄》四卷、《周易補注》四卷、《雲笈軒稿》二卷和《石刻楷草四種》。阮元《廣東通志》卷二八三有傳。

明神宗萬曆十年　壬午　一五八二年

內閣首輔大臣張居正卒。

正月初一日，李良柱賦《將樂壬午元旦午夢》詩云：

戀闕嵩呼使禮成，五雲偏向薊門明。先春柏葉深深把，送臘梅花片片清。生殺恐歸蕉鹿幻，馳驅都付雪鴻情。驚廻一枕三華夢，已遍江南萬里程。（溫汝能《粵東詩海》卷三七）

秋，歐大任賦《孫楚酒樓歌　有引》詩云：

按：孫楚，字子荊，太原中都人。才藻卓絕，爽邁不羣。少欲隱居。年四十，始參鎮東軍事。後至馮翊太守。負材不羈。相傳其酒樓在金陵，湮沒已久。明萬曆壬午秋，新安王寅從、白下張維聞國初《魚鱗冊》"莫愁湖畔有酒樓遺址"，欣然尋之，邀余作歌。余觀金陵自晉以來，南朝故蹟往往名存，而某水某丘，蒼茫莫辨。是作也，因二字憶子荊，殆亦淵明記桃花源之意云。

五山不可到，十嶽竟未遊。清狂誰如二子者，崎嶔歷落毋所求。不從朝歌理尚平之杖笠，卻來金陵尋孫楚之酒樓。我聞英絢之姿是孫楚，誰容漱石而枕流。征西司馬官不薄，扶風記室交未酬。典午山河日分割，酒樓人已名荒丘。山東才子愛明月，裹巾更著紫綺裘。石頭城下沽美酒，吳姬扶醉秦女謳。澄江淨練望吳越，此事便足三千秋。只今王郎、張郎亦詞伯，訪古好奇挾圖冊。城西鼓櫂女兒湖，醉覓子荊舊榛棘。玉斝空歌零雨篇，繡衣不見迎船客。噫吁嚱，百尺之樓何處無，君其問之李太白。（歐

大任《秣陵集》卷二）

九月初九日，陳吾德賦《壬午九日偕青霞老人龐少舉遊羅浮》詩云：

羅浮秋色隱晴空，拄杖能追負局翁。雛鳳羽毛連碧漢，老龍鱗甲偃蒼松。邀來嶺吹笙月，寒入參軍落帽風。黃菊紫萸聊共醉，更從何處覓仙蹤。（陳吾德《謝山存稿》卷一〇）

本年何其厚賦《聞張江陵訃》詩云：

聖主朝儀罷，師臣畫翣新。冰山消麗日，玉樹瘞清塵。星滅三秋彗，天回萬象春。茂陵如有草，疑是禪封文。（張邦翼《嶺南文獻》卷二七）

本年鄭學醇賦《壬午典試留都事竣恭謁孝陵》詩云：

昌會開黃道，淮圻起赤龍。握符綏化外，輯瑞撫寰中。王氣鍾玄極，坤靈啟閟宮。河山留玉几，霄漢望遺弓。論秀從畿甸，涵濡仰聖功。菁莪思頌美，繪畫若爲工。（鄭學醇《勾漏集》卷二）

本年廣州知府周啟祥入覲，行至贛州病卒，後郭棐爲作《廣州太守周公傳》。（郭棐《廣州太守周公傳》）

本年蔡魁任新寧縣訓導。

蔡魁，高要人。明穆宗隆慶間貢生，明神宗萬曆十年（一五八二）任新寧縣訓導。事見阮元《廣東通志》卷二三、道光《肇慶府志》卷一四、光緒《新寧縣志》卷三。

本年葉明楷任陽山縣教諭。

葉明楷，仁化人。曾任遂溪縣訓導，明神宗萬曆十年（一五八二）任陽山縣教諭。事見阮元《廣東通志》卷二三、卷二八。

馬夢吉於本年中舉人。

馬夢吉，字一甫，一字長悝。南海人。明神宗萬曆十年（一五八二）舉人，任河南滎陽縣教諭。擢成均，歷刑部郎中，出守福建興化縣。秉性鯁直，忤當道罷歸。卒年六十五。溫汝能《粵東詩海》卷三八有傳。

　　陳應龍於本年中舉人。

　　陳應龍，字時見。瓊山人。明神宗萬曆十年（一五八二）舉人，判嘉興督理織造，以抗直罷歸。康熙《瓊山縣志》卷七、阮元《廣東通志》卷三〇二有傳。

　　黃維貴於本年中舉人。

　　黃維貴，字周士，一字懷龍。順德人。明神宗萬曆十年（一五八二）舉人，任浙江樂清知縣，陞溫州府同知。尋以病致仕歸，築室溪上，暇時惟與山膡野叟臨流觴詠，以相娛樂。嘗從學歸善楊起元，高談性命之學，深詣遠到。蘭溪徐魯源時以憲使倡道粵中，維貴復與之參訂異同，娓娓不倦。著有《敦仁堂稿》。溫汝能《粵東詩海》卷三八有傳。

　　羅良信於本年中舉人。

　　羅良信，字惇卓。順德人。明神宗萬曆十年（一五八二）舉人，任河北定州學正，尋陞河南衛輝府司理，歷河南彰德府、雲南姚安府、廣西慶遠府同知，後以勞瘁卒於任上。康熙《順德縣志》卷七有傳。

　　尹守衡於本年中舉人。

　　尹守衡，字用平，號冲玄，晚號懶翁。東莞人。十六補諸生。明神宗萬曆十年（一五八二）舉人，署清溪教諭。二十二年（一五九四）遷知新昌縣，謫趙府審理正。辭歸。著有《史竊》一〇五卷、《懶庵集》。年八十三卒。溫汝能《粵東詩海》卷三八有傳。

　　韓鳴鷟於本年中舉人。

　　韓鳴鷟，字伯舉。博羅人。明神宗萬曆十年（一五八二）舉人。年四十一卒。乾隆《博羅縣志》卷一二有傳。

　　余鏜於本年中舉人。

　　余鏜，新會人。明神宗萬曆十年（一五八二）舉人，二十三年（一五九五）就清河教諭，遷融縣知縣，以入覲卒京邸。事見阮元《廣東通志》卷七五。

温可貞於本年中舉人。

温可貞，字爾淳，一字尚修。新安人。明神宗萬曆十年（一五八二）舉人，授亳州知州，旋移雲南南安州守，以功遷思南府同知，致政歸，年七十餘。嘉慶《新安縣志》卷一九有傳。

何獻科於本年中舉人。

何獻科，字俞之。博羅人。明神宗萬曆十年（一五八二）舉人，官興安知縣。事見阮元《廣東通志》卷七五。

詹一惠於本年中舉人。

詹一惠（一五四八～?），字養吉，一字正迪。惠來人。明神宗萬曆十年（一五八二）舉人，授上猶知縣，官至北流知縣。告歸，倡修邑志。康熙《潮州府志》卷九上有傳。

劉克修於本年中舉人。

劉克修，字少己，號粵愚。番禺人，從化籍。明神宗萬曆十年（一五八二）舉人。除連江教諭，歷仕海州知州。雍正《從化縣新志》、阮元《廣東通志》卷二八〇有傳。

胡與京於本年中舉人。

胡與京，字子谷，號自齋。順德人。孤貧力學。明神宗萬曆十年（一五八二）舉人，授大埔教諭，迎母就署，色養備至。著八行解《玉林摘粹》訓士，以卓異升國子監學錄，轉刑部主事，歷戶部員外郎中，卒，囊無餘金。潘楳元、譚瑩《廣州鄉賢傳》卷續有傳。

黃仕鳳於本年中舉人。

黃仕鳳，字儀廷。揭陽人。明神宗萬曆十年（一五八二）舉人，瀋府長史。吳道鎔《廣東文徵作者考》卷五有傳。

關世教於本年中舉人。

關世教，字維化。新會人。精研《周易》。明神宗萬曆十年（一五八二）舉人，三十三年（一六〇五）進士，授江西清江教諭，轉補南城，稱江門理學正派，後遷杭州通判，署事，歷署昌化、於潛、臨安，均以廉明仁恕爲治。（《廣州府志》卷一二

六）

　　許時謙於本年中舉人。

　　許時謙，饒平人。明神宗萬曆十年（一五八二）舉人，授福建建寧府推官，遷湖廣襄陽府同知。乞歸，築堤捍水。（乾隆《潮州府志》卷二九）

　　張鳳翼於本年中舉人。

　　張鳳翼，字元輝。澄海人。明神宗萬曆十年（一五八二）舉人，由教諭升至刑部郎中，擢雲南按察司副使。著有《四六剩言》。年八十卒。（乾隆《潮州府志》卷二八）

　　蔡春邁於本年中舉人。

　　蔡春邁，海豐人。明神宗萬曆十年（一五八二）舉人，官饒陽知縣。（《惠州府志》）

　　張萃於本年中舉人。

　　張萃，字仲蔚。博羅人。明神宗萬曆十年（一五八二）舉人。讀書金陵，文譽大噪，尤善詩工書。二十六年（一五九八）乙榜，教諭慶元。二十八年分校貴州。翌年又乙榜，擢國子監學錄。（光緒《惠州府志》卷三四）

　　熊昭宙於本年成貢生。

　　熊昭宙，東莞人。飛十二世孫。明神宗萬曆十年（一五八二）貢生，連州學正。張其淦《東莞詩錄》卷一九有傳。

　　張一弘生。

　　張一弘（一五八二～一六五五），字肩一。梅州人。早年爲學使朱恒岳器重，曾任知縣。與李士淳交誼頗深。曾親手購置大片土地，建祖屋一座，後裔孫以祖屋爲中心，先後建二十多座房屋，呈圓月形，故稱其鄉爲張家圍。（張綺光《張氏族譜》）

　　龔克修生。

　　龔克修（一五八二～？），字可永，號遵衡。歸善（今惠州）人。萬曆四十六年（一六一八）舉人，官湖北漢陽知縣。（光緒《惠州府志》卷三二、乾隆《歸善縣志》卷十四）

王仕卒。

王仕（？～一五八二），字欽孚。海陽人。嘉靖四十三年（一五六四）中省試副榜。講學博引古今，發前人所未發，從學者眾。萬曆十年自廣州歸，卒於梅州。（乾隆《潮州府志》卷二八）

明神宗萬曆十一年　癸未　一五八三年

正月初一日，歐大任賦《癸未元日和許奉常作》詩云：

舊京元會傍丹霄，雪照青山玉作橋。雙闕風雲隨劍舄，十年江海夢漁樵。長生豈但思餐柏，上壽惟能學頌椒。郎署馮唐頭已白，自憐何補聖明朝。（歐大任《秣陵集》卷六）

三月，霍與瑕賦《憶弟　癸未三月》詩云：

青山鶯轉初，翠竹護離居。人遠八千里，吾衰六十餘。五餘仍北望，三月又春徂。寂漠無儔侶，時耘荒圃蔬。（霍與瑕《霍勉齋集》卷八）

本年林大春賦《萬曆癸未仲弟拜官三水便道省予予因賦此以壯其行時季弟以督學使至先之韓江》詩云：

吾宗系出殷太師，氏族分封自周武。長林之下始開基，流衍中原散河汝。一朝移家到七閩，潮海三遷肇吾祖。承家奕葉重清修，惟有遺經寄環堵。科名載見洪宣朝，比予乃歷圖書府。積慶實由先大夫，愧予何似空寰宇。嗟汝仲季瑤瑰姿，仲氏如龍季如虎。意氣昂藏逼紫霄，筆端磊落驚風雨。少小從予謁帝都，悲歌擊筑思豪舉。飛蓋盡皆鄴下英，論文半是雲間侶。中年更作越門遊，收拾江山事千古。溟渤波濤指顧中，岱華星月歸談吐。歸來幸汝擢賢科，方以奇策干明主。翩翩季子尚諸生，執經猶待持衡史。柰汝今上策又未收，卻抱青氈向江渚。而兄送汝河之干，汝弟候汝江之滸。河干江滸隨所之，誰知別離心獨苦。但願一鐸啟群蒙，行看吾道回鄒魯。異日褒章動雙闕，從容召對聞天語。而兄雖即老煙霞，汝等應能紹簪組。矧有兒曹讀父書，青雲萬里堪

延佇。天街振翮良在茲，誰云世路多修阻。（林大春《井丹林先生文集》卷二）

本年黃夢鯉授雷州學博。

黃夢鯉，字躍龍。番禺人，萬曆歲貢，十一年（一五八三）授雷州學博。（《廣州府志》卷一三七、阮元《廣東通志》卷二八）

本年裴唐以選貢詣闕下，謁選試銓曹第一。

裴唐，字肇虞，號際宇。保昌（今南雄）人。生而好學。十歲為制舉，文多奇語。隨父宦遊閩浙江淮，與賢豪長者遊。萬曆十一年（一五八三）以選貢詣闕下，謁選試銓曹第一。歸領安慶訓導，兩攝縣事，補常熟教諭，再轉儋州學正。後乞休，年八十三卒。（《南雄府志》卷十四）

梁雲龍於本年中進士。

梁雲龍（？～一六〇六），字會可，號霖雨。瓊山人。明神宗萬曆十一年（一五八三）進士，授兵部武庫司主事。十六年（一五八八）典試貴州，所取多名士。兵部尚書鄭洛經略臨洮，雲龍贊畫建言，奏奇捷，晉副使。治兵井陘，旋調天津。後進參政，治兵開原。受成功，著紀錄，調隴右分守。備兵莊浪，會土營魯氏橫恣不法，奪其營務，遂中蜚語，以參政聽調，遵例候代。無何，解任抵家，以敘前後邊功，復原任，進荊南布政使。以征苗功，荷褒獎晉一品俸。楚藩變起，就陞湖廣巡撫，擘畫楚事。三十四年卒於官，贈兵部左侍郎，賜祭塋，祀鄉賢。雍正《廣東通志》卷四六、阮元《廣東通志》卷三〇二有傳。

盧龍雲於本年中進士。

盧龍雲，字少從，號起溟。南海人。明神宗萬曆四年（一五七六）舉人，十一年（一五八三）進士。授馬平知縣，補邯鄲令，復補長樂。創濬陳唐港圳抵海三千餘丈，疏導濱湖巖湖七十二洋總流。以性耿直，不能俯仰權要，遂左遷江右藩幕。直指馮聞其才名，聘往分考。尋轉南廷尉，晉戶部員外郎，出榷揚州，陞貴州參議。著有《四留堂稿》、《尚論全編》、《易經補義》、《談詩類要》。卒，祀鄉賢。阮元《廣東通志》卷二八二有傳，事又見清潘楳元編、譚瑩續編《廣州鄉賢傳》卷四。

林朝鑰於本年中進士。

林朝鑰，南海人。明神宗萬曆十一年（一五八三）進士。知莆田，改貴縣，歷南戶主事。父曙，字行旦，號曉塘。弱冠遊邑庠，以泰然名其堂，構思邁軒，樂善好施。子三人。次子朝鈺、朝銓，皆明經。郭棐《粵大記》卷二二有傳。

鄧宗齡於本年中進士。

鄧宗齡，徐聞人。明神宗萬曆十一年（一五八三）進士，官翰林院檢討。吳道鎔《廣東文徵作者考》卷五有傳。

劉堅榮於本年成貢生。

劉堅榮，字誠寵。台山人。明神宗萬曆十一年（一五八三）優貢生，授澄邁訓導，授永嘉訓導，轉廣寧衛，晉南監典簿，卒於官。（《新寧縣志》）

明神宗萬曆十二年　甲申　一五八四年

四月二十八日戌時，袁崇煥生。

袁崇煥（一五八四～一六三〇），字元素。東莞人。萬曆四十七年（一六一九）進士。任福建邵武知縣。天啟二年（一六二二）單騎出關，考察形勢，自請守遼。築寧遠城，屢次擊退後金進攻。六年，獲寧遠大捷，後金汗努爾哈赤受重傷死。次年獲寧錦大捷，皇太極敗逃。以功授兵部尚書，督師薊遼。崇禎二年（一六二九），後金繞道自古北口入長城，進圍北京，崇煥星夜馳援。後金設反間計，崇禎帝誤信其通敵，置之極典，自毀長城，天下冤之。《明史》卷二五九有傳。

五月，努爾哈赤起兵。（閻崇年《袁崇煥傳》附《袁崇煥年譜》）

十五日，霍與瑕賦《賀高明尹　甲申五月望日》詩云：

　　滿輪皓彩飛明鏡，烏啼夜半千山靜。城上傳更鼓角齊，叩關行旅候鳴雞。

　　南海高明接近鄉，每聞行客說神君。一堂風月人如玉，四野農桑簇新綠。

　　新成雁塔照黌宮，千秋萬歲聳文峰。帝城春畫花如綺，多是公門杞與李。

　　又賦《山中吟　同祥岡先生居樵》七絕二首。（霍與瑕《霍勉齋集》卷七）

　　九月，霍與瑕賦《送葉蘊西歸龍山　甲申九月》詩云：

　　雞鳴聽書聲，知爾學勤苦。文字多清奇，囊中有簪組。

　　缺月出三更，時起坐清嘯。光霽滿人間，誰領吟風調。

　　悠悠江上水，青青窗畔草。尋樂及華春，吾今已衰老。

　　秋風到嶺海，紅葉滿西溪。別爾兼愁病，無詩可寄題。（霍與瑕《霍勉齋集》卷六）

　　十月，唐伯元賦《自甲申十月至戊子正月》詩云：

　　不是憂生不學禪，持來一戒幾經年。塵緣未了尋常事，猶向春風獨自憐。（唐伯元《醉經樓集》卷一）

　　本年霍與瑕賦《送葉養直歸龍山　甲申》詩云：

　　葉子名機，號養直，精武藝，熟弓矢，少壯以勇烈爲鄉里閭教師，所居鄉，群盜遠避之，其爲衆所推服此止。余以暮夜有戒心，延致之，乃扣其抱負，不可窮詰。若太乙數，若虛實五星，若子平，若斗數，若萬年曆，下至篆隸、《圖》《書》、網罟、射獵、簫弦之屬，無不通曉。尤介於財，分毫不苟取。遊諸巨室數十年，室懸罄也。壬午、癸未，攜其子就余學。甲申告歸，詩以贈之。嗟夫，天下有才而不遇若此，其子當有顯乎。

　　多藝復多材，公真焉學來。屠龍空有技，附鳳乃無媒。歲月催人老，煙花到處開。兩京將走遍，孤劍獨徘徊。

　　水村借寧宇，遠近浥英標。盜似逢鸞雀，人稱逼鼠貓。網羅兼衆技，簫管亦多嬌。草澤遺雄駿，弓旌誰爲招。

　　西石終吾隱，東皋與爾登。笑談花底坐，絲管竹間騰。羊仲聯三逕，龜書抵十朋。年來閒討論，時得問多能。

　　篆隸侵西漢，圖書映泰階。五星懸指掌，千歲坐推排。直道
離弦矢，清標倚壑梅。德滋知裕後，丹桂已根荄。（霍與瑕《霍
勉齋集》卷八）

　　本年方逢皋以貢生選授福建莆田訓導。

　　方逢皋，字明允。惠來人。萬曆十二年（一五八四）以貢生
選授福建莆田訓導，遷江西淮府教授。（乾隆《潮州府志》卷三
〇）

　　本年朱燦然以恩選授樂昌訓導。

　　朱燦然，號復齊。保昌（今南雄）人。家貧力學。萬曆十二
年（一五八四）選授樂昌訓導，歷任開建教諭、桂林教授，擢富
川令，有政聲。（《南雄府志》卷十四）

　　黃履謙於本年成貢生。

　　黃履謙，揭陽人。明神宗萬曆十二年（一五八四）貢生，授
澄邁訓導，二十八年（一六〇〇）陞儋州學正，擢益府教授。事
見光緒《澄邁縣志》卷六、乾隆《揭陽縣志》卷五。

　　林爾張於本年成貢生。

　　林爾張，字四維。惠來人。明神宗萬曆十二年（一五八四）
歲貢生，授貴州天柱知縣，升湖廣桂陽知州，調靖州，張獻忠圍
城，守禦兩月，援絕城陷被殺。（乾隆《潮州府志》卷二八）

　　李覺斯生。

　　李覺斯（一五八四～一六六七），字伯鐸，一字曉湘。晚號
龍水老人。東莞人。明熹宗天啟五年（一六二五）進士。崇禎九
年（一六三六）以南京太僕寺卿守滁州，誓死抗擊李自成軍，卒
保城市。官至刑部尚書。時朝廷持法峻，稍不中旨，輒得重譴。
禮臣黃道周以抗論時事，觸上怒，論死。覺斯上疏力爭，得嚴旨
削藉。歸築東郭洞天，爲娛親計。年八十四卒。著有《晚翠居
集》。溫汝能《粵東詩海》卷四五有傳。

明神宗萬曆十三年　乙酉　一五八五年

正月初一日，唐伯元賦《乙酉元日　八首》五律。（唐伯元《醉經樓集》卷一）

夏，謝與思賦《乙酉夏日喜雨》詩云：

郊壇露禱勞明主，一雨真寬恤瘼心。敢謂旱乾須版築，已看霑灑應桑林。侵畦麥變纖纖動，覆徑榆迴宛宛陰。野老灌園休抱甕，穩眠初稱暮涼深。（謝與思《抱膝居存稿》）

六月，霍與瑕賦《偶題　乙酉六月》詩云：

同亭存石磴，古木亦清幽。永日未徂暑，涼風暗遞秋。薊北音書斷，嶺南羽檄稠。杞人頭半白，且得臥滄洲。

又賦《升平樂》五律。

立秋前二夕，與瑕賦《立秋前二夕聞歌》詩云：

近秋風氣好，入夜暑微消。女伴歌聲合，娥眉月影嬌。密林時落葉，曲澗遠通潮。光霽渺無極，誰同倚玉簫。（霍與瑕《霍勉齋集》卷八）

本年詔以翰林院檢討陳獻章從祀文廟。至此，獻章成爲廣東從祀孔廟之唯一大儒。（阮榕齡《編次陳白沙先生年譜》）

本年歲饑，陳應豸捐資賑濟。

陳應豸，潮陽人。慷慨好施。萬曆十三年（一五八五）歲饑，捐資賑濟，收埋路亡者。四十七年（一六一九）颶風爲禍，沿海無完舍，存恤流民。（乾隆《潮州府志》）

曾仕鑑於本年中舉人。

曾仕鑑，字明吾，一字人倩。南海人。明神宗萬曆十三年（一五八五）舉人。二十年（一五九二）任內閣中書，歷官戶部主事。時值倭寇入侵，趙文懿延仕鑑畫策。仕鑑著《兵略》上之，宋經略應昌得之，疏請加職銜。仕鑑官侍從，尤留意民瘼，錦衣千戶韋夢麒請採珠，仕鑑即上疏止之。又疏修屯政。會差趲南直隸白糧，乘便南還，遂不復出。著有《慶歷》、《公車》、

《洞庭》、《羅浮》、《和杜》諸集。溫汝能《粵東詩海》卷三九有傳。孫君枼，字篤卿。諸生。著有《灌玉園稿》。朱次琦、朱宗琦《朱氏傳芳集》卷外有傳。

梁兆電於本年中舉人。

梁兆電，字曜甫。順德人。明神宗萬曆十三年（一五八五）舉人，官東安知縣。事見阮元《廣東通志》卷七五。

譚岳於本年中舉人。

譚岳，字鯤溟。番禺人。時進子。明神宗萬曆十三年（一五八五）舉人，官博白知縣。事見阮元《廣東通志》卷七五。

陳侯周於本年中舉人。

陳侯周，番禺人。明神宗萬曆十三年（一五八五）舉人，官處州府推官。事見阮元《廣東通志》卷七五。

佘祖頤於本年中舉人。

佘祖頤，字於正，號葆惺。順德人。光裕子。明神宗萬曆十三年（一五八五）舉人，任河南蘭陽教諭，攝西華知縣，陞翰林孔目。康熙《順德縣志》卷七有傳。

張世域於本年中舉人。

張世域，字國藩，號勉齋。東莞人。明神宗萬曆十三年（一五八五）舉人，官廣西博白知縣。事見阮元《廣東通志》卷七五。

曹承詔於本年中舉人。

曹承詔，字丹孺。增城人。明神宗萬曆十三年（一五八五）舉人，官東安教諭。事見阮元《廣東通志》卷七五。

柯時復於本年中舉人。

柯時復，海康人。明神宗萬曆十三年（一五八五）舉人，效杜甫作《七歌》，意調悲壯。居父喪，哀毀盡禮。俄得疾，卒。子鳳翔、孫元芳，皆有文名。阮元《廣東通志》卷三〇〇有傳。

朱淩霄於本年中舉人。

朱淩霄，字宏惠，號湛一。南海人。明神宗萬曆十三年（一五八五）舉人，選新興教諭，官至江西贛州府通判。朱次琦、朱宗琦《朱氏傳芳集》卷正有傳。

盧應元於本年中舉人。

盧應元，字其魁。東莞人。勛曾孫。明神宗萬曆十三年（一五八五）舉人，授湖廣茶陵知州，捐資修學宮，買義田，建橋樑。（宣統《東莞縣志》卷六十）

葉夢熊於本年中舉人。

葉夢熊，字海陽。仁化人。萌楷子。明神宗萬曆十三年（一五八五）舉人，授江西定南縣令，升紹興府別駕、知府，年六十告歸。（《韶州府志》卷三三）

湛自立於本年中舉人。

湛自立，字率甫、雲門。番禺人。明神宗萬曆十三年（一五八五）舉人，授南平縣令。（《廣州府志》卷七五）

姚應揚於本年中舉人。

姚應揚，字起東，號昭宇。東莞人。萬曆十三年（一五八五）舉人。官雲南定遠知縣，革除多收鹽井稅銀數千兩。調江西上饒，治政簡要而寬大，有姚青天之稱。（宣統《東莞縣志》卷六十）

唐政於本年中舉人。

唐政，字以平，一字益所，號文和。香山（今中山）人。萬曆十三年（一五八五）舉人，就應天縣教諭，補廣西永淳縣教諭，升湖廣光化縣知縣，再升雲南順寧府通判。（乾隆《香山縣志》、光緒《香山縣志》）

黃緡於本年中舉人。

黃緡，博羅人。萬曆十三年（一五八五）舉人，十四年進士。除中書舍人，吏部文選司員外郎。（光緒《惠州府志》卷三二、乾隆《博羅縣志》卷一二）

蔡聖詔於本年中舉人。

蔡聖詔，字季宣。東莞人。萬曆十三年（一五八五）舉人，授懷寧知縣，遷淮安府同知，補四川敍州，清理豪強隱瞞多占土

地。（宣統《東莞縣志》卷六〇）

譚大寧於本年中舉人。

譚大寧，字彥貞。高明人。萬曆十三年（一五八五）舉人，授廣西太平司理，拒千金之賄。轉黎平知府，未到任即病逝，家貧不能殮。（《高明縣志》）

譚邦傑於本年中舉人。

譚邦傑，字彥平。高明人。萬曆十三年（一五八五）舉人，任湖廣京山知縣、北城兵馬司、南京工部主事等職。崇禎六年請加高明科舉名額十名。（《高明縣志》）

梁槐於本年成貢生。

梁槐，三水人。喬幹孫。明神宗萬曆十三年（一五八五）貢生，官浦城知縣。以子耀書貴贈文林郎。傳附見嘉慶《三水縣志》卷一一《梁喬幹傳》。

伍瑞隆生。

伍瑞隆（一五八五、一五八六～一六六六、一六六八），字國開，號（一說字）鐵山，晚號鳩艾山人。香山（今中山）人。弱冠補弟子員。明熹宗天啟元年（一六二一）解元。明思宗崇禎十年（一六三七）副榜。初授化州教諭（一說學正），修《高州府志》，以信史稱，擢翰林院待詔，遷戶部主事，再遷員外郎，管倉場。十五年，任河南大梁（開封）兵巡道，旋署藩臬兩司。崇禎朝亡，入金陵，與諸名士結復社，攻阮大鋮、馬士英。謝病歸。南明紹武帝立，拜太僕寺正卿。清兵入廣州被捕。後放還，隱居邑之鳩、艾山中。卒年八十二。善詩書畫。著有《臨雲集》、《辟塵集》、《金門草》、《白榆草》、《石龍草》、《雰樂林草》、《懷仙亭草》、《鐵遂草》、《賦草》、《遊梁草》、《少城別業近草》、《鳩艾山人賦》等，近人輯有《鳩艾山人遺集》一卷。清康熙《香山縣志》卷七、清乾隆《香山縣志》卷六有傳。弟瑞俊，字有開。廩生。官中書。黃紹昌、劉熽芬《香山詩略》卷二有傳。

王守充卒。

王守充（？～一五八五），字美中，號東湖漁父、宅松。歸善人。嘉靖二十九年（一五五〇）進士。歷官戶部主事、邵武知府。詩詞清麗，書宗文徵明。事見《惠州西湖志》卷八。

明神宗萬曆十四年　丙戌　一五八六年

正月，霍與瑕賦《括易送中丞滕少松公祖陟留都　丙戌正月》五律詩四首。

初五日，與暇賦《新春試筆用區封君韻　丙戌正月五日》詩云：

山家寥落午煙浮，煮茗攜壺小徑遊。凍雨自知松耐歲，好風仍卜麥登秋。漸看花落偏憐玉，尚怯春寒且被裘。遙望隔江多喜氣，美人誰伴倚青樓。

江國春來瑞靄浮，招攜清侶結春遊。過村舟楫隨寒水，隔浦漁歌似早秋。濁酒微酣晞鶴髮，新詩無賴續貂裘。太平父老同鄉井，蕭瑟何因賦庾樓。

清世乘桴海上浮，三山真有望中游。丹書點檢朝還夕，錦里追歡春復秋。直向天邊垂任釣，何曾澤畔著羊裘。獨憐碧眼看溟渤，處處凌空結蜃樓。

夏，霍與瑕賦《夏日即事》詩云：

野塘一曲俯高樓，雲白山青江自流。陽月漸收芒種雨，西風吹老稻花秋。時清海國家家樂，日永山齋事事幽。水步浴餘林下坐，兒童齊唱去歸休。

又賦《夏日賓館獨酌》七律。（以上霍與瑕《霍勉齋集》卷八）

五月，周光鎬賦《雪山歌　時五月提兵營次》詩云：

雪山西來橫亙天南幾千里，排云劃霧直控①穹窿而特起。金

①　控，本作“空”，據清陳珏《古瀛詩苑》改。（民國溫廷敬《潮州詩萃》甲編卷五）

沙西流赤日暉，山中之雪常齒齒。憶昔提兵九月秋，雪風泠泠洞壑幽。今來築壘當長夏，舊雪峻嶒新雪下。朝看劍鍔倚青蒼，暮落芙蓉片片霜。疑是崑崙浮玉海，直愁花雨下天荒。昨夜營頭風瑟瑟，曉起嶙峋散空碧。三軍寒色滿弓弢，大將霜威攢列戟。虎牙門傍雪山低，越□之水背城飛。羽檄遙來邛塞北，旌旗直度索撞西。百折千盤冰路滑，崖崩石碎馬蹄脫。偏裨握槊慘不驕，壯士定力凍欲缺。陰風殺氣連宵起，山後山前半營壘。九姓青羌隨漢麾，六州番部俱南徙。山頭有海雲是蛟龍宮，千尋百尺神物潛其中。伐鼓□金蛟子怒，飄風吹雹飛晴空。當年漢帝思汗血，西極流沙通使節。昆明渥水產神駒，苜蓿蒲梢歸漢闕。於今有道服群夷，不是唐蒙建節時。我欲掃盡雪山礨片石，勒銘永照西南陲。

初七日，霍與瑕賦《端午後二日感懷》詩云：

避暑苔磯客少過，納涼竹徑更如何。東風渡海三山近，西水浮天五月多。綠野有詩空在澗，丹心無路獻卷阿。四朝兩世恩光重，報答未能鬢已皤。（霍與瑕《霍勉齋集》卷九）

六月，陳履賦《黃河篇》詩云：

丙戌六月，余過天津，將趁舟入吳，晤王元德觀察、石汝重農部，移舟觴余，鼓枻乘潮，望於東海。諦顧二君，翩翩乎稱仙吏也。余酒後爲作此篇。

黃河水，何渾渾，崑崙道是黃河源。千廻萬折入中土，洪流終古勢若奔。我來天津望東海，主人爲客移仙□。凌風欲訪蓬萊勝，撫景旋開河朔尊。高談迥出形骸外，眼中世態安足言。此時客子亦傾倒，狂來自把長髯掀。翻憐雌伏風塵裏，十年戢翼愁飛騫。人生行樂在適意，且對美酒消憂煩。但看日日隨流水，黃河誰見廻崑崙。

九月，周光鎬賦《出師南征渡瀘河道經白馬堡登曬經臺》詩云：

九月嚴霜曉渡瀘，征南十萬握兵符。天垂竺國連真塞，檄過

羒牁問筰都。象教西來傳白馬，狼煙秋淨插雕弧。曬經臺傍干戈地，消劫還憑佛力無。（溫汝能《粵東詩海》卷三五）

初九日，陳履賦《九日舟中獨酌醉後放歌懷海內諸子》七古長詩。（陳履《懸榻齋稿》卷上）

二十五日，霍與瑕賦《贈效泉之官澄邁　丙戌九月二十五日》詩云：

少年高折蟾宮桂，馨香散滿仙城第。今年挾策謁明君，彤庭拜職榮遭際。儒官原是最清階，授業傳經稱素懷。不妨水遠山長去，涼秋九月渡瓊崖。瓊崖自昔稱奇甸，鍾靈孕秀多文獻。更有白玉諸老仙，愛此明都每留戀。羨爾風流伯仲間，脩脩行役幾關山。高帆萬里馳一刻，吞吐滄溟祇等閒。滄溟東望多煙嶼，想到蓬萊無幾許。我有金函尺素書，憑寄白雲舊真侶。白雲丹水自悠悠，朗吟騎鶴忽千秋。電光泡沫人間世，何當更訂鐵橋遊。

又賦《和何次瀾歸樵》七律、《魯四府考績恩封》、《衡門逸叟歌　爲黎逸叟》、《桂之圃歌》（以上七古）。（霍與瑕《霍勉齋集》卷五）

十一月，與瑕賦《春臺惠紀　爲憲副王積齋作丙戌十一月》七律四首。（霍與瑕《霍勉齋集》卷九）

本年歐大任七旬有一，賦《七十一初度鄧君肅潘子朋李裕德潘仲良舟過村居爲壽》詩云：

住楫溪頭曙色開，蕭條門逕剪蒿萊。正逢松菊邀歡日，況有琳瑯善頌才。皇象醴梅供客醉，朱登遺蟹待賓來。交親欲問長生訣，更煮胡麻共一杯。（歐大任《蘧園集》卷一）

本年楊起元賦《再證學改題　丙戌年》、《羊城示同志》七章、《題夏氏象賢圖》六章、《寄曹魯川》四章、《簡書美董母謝媛之德也謝媛秉德貞文以相君子實生司寇爲時名卿綸綍再褒後命未艾史氏欲傳其懿以爲世訓而作此詩》十八章、《擬古詩二十首》、《擬陶徵君飲酒二十首》、《丁祀師祠恭紀》四首、《箜篌引》、《仙人篇》、《白馬篇》、《名都篇》、《聞雲館爲張洪老作》、

《聞新堤經水不壞志喜》、《轉官志感》、《山中植樹》、《送唐曙臺》、《送顧涇陽》（以上五言詩）。（楊起元《楊復所文集》卷八）

本年王學曾賦《丙戌赴謫下雉過小金山謁蘇祠與諸季言別》詩云：

晚泊靈洲共舉杯，探奇重上妙高臺。且看往哲留青史，肯謂明時棄不才。棠棣風和增繾綣，庭萱日麗重徘徊。詰朝借問陽關路，來往逢人問折梅。（郭棐、陳蘭芝《嶺海名勝記》卷四）

李元暢於本年中進士。

李元暢，字維寔，號雲泉。一號迪子。茂名人。一迪次子。明神宗萬曆十四年（一五八六）進士。著有《前後北征集》、《吹劍編》、《藥房稿》。溫汝能《粵東詩海》卷三八、光緒《茂名縣志》卷六有傳。

許子偉於本年中進士。

許子偉，字用一。瓊山（今屬海南）人。明神宗萬曆十四年（一五八六）進士，官吏科給事中，謫銅仁府經歷。著有《諫垣錄》、《廣易通》、《敦仁編》。阮元《廣東通志》卷三○二有傳。

陳惇臨於本年中進士。

陳惇臨，字彥莊。潮陽人。明神宗萬曆十四年（一五八六）進士。謁選授閩縣令，治行第一，拜留臺御史。調河北僉事，尋晋參議，移轄湖南。調廣西，以平叛功，陞副使，整飭左江兵備，安撫交趾。以染瘴氣病卒，追贈太僕寺少卿，祀鄉賢。乾隆《潮州府志》卷二八有傳。

林承芳於本年中進士。

林承芳，字開先，號（一說字）文峯。三水人。先鍾孫。明神宗萬曆十四年（一五八六）進士，授翰林院編修。未幾，以名高招妬，左遷江西參議。歸，怡情山水，多有吟詠。著有《文峯集》、《竹窗存稿》。嘉慶《三水縣志》卷一一、阮元《廣東通志》卷二八二有傳。

鍾萬禄於本年中進士。

鍾萬禄，字懋功，號同宇。清遠人。于田子。明神宗萬曆四年（一五七六）舉人，十四年（一五八六）進士，官福建福寧道參議。事見阮元《廣東通志》卷六九。

林震於本年中進士。

林震，瓊山（今屬海南）人。明神宗萬曆十四年（一五八六）進士，四川副使。與王尚書宏誨、許給諫子偉爲道義交。事見清道光《萬州志》卷二、陳是集《溟南詩選》卷二。

韓擢於本年中進士。

韓擢，字叔捷。博羅人。明神宗萬曆十四年（一五八六）進士，二十年（一五九二）任南京户部主事。升郎中，調禮部，歷安慶、漳州知府，遷四川按察副使，分部川西，進秩參政。告歸，居里廿餘年，杜門謝客。（光緒《惠州府志》卷三二）

陳策於本年中武進士。

陳策（一五五三～一六二一），字純伯，號（一説字）翼所。東莞人。明神宗萬曆四年（一五七六）、十三年（一五八五）兩中武舉人，明年成武進士，授廣州左衛所鎮撫，擢恩陽守備，遷廣海遊擊，攝廣州海防參將。二十五年（一五九八）二月，從總兵陳璘擊倭於朝鮮，倭平，復從璘督粵軍征楊應龍。二十八年二月，官軍至白泥。楊軍二萬來攻，策敗之，剿滅應龍。後策率兵征皮林苗，收復永從縣，改任四川疊茂遊擊，升威茂參將。尋剿滅鎮雄等地叛匪，升遵義副總兵，鎮撫建南。在任十六年，曾署知州。四十七年（一六一九），加封援遼總兵官，統各路援軍。明熹宗天啓元年（一六二一）二月，努爾哈赤率兵進犯，被策擊退。三月，後金兵臨瀋陽，策駐兵黃山，又分兵駐渾河南。尋遼陽陷，策馳援，渡渾河，於城外分立兩營。後金兵來攻，策率兵數千與十萬之敵激戰，陷重圍，力戰而亡，年六十九。贈少保，左都督，賜祭葬，謚忠滑。與蘇觀生、張家玉、陳象明稱東莞明末四忠。阮元《廣東通志》卷二八四有傳。

徐應寅於本年成貢生。

徐應寅，字邦亮，號慕蘧。東莞人。兆魁父。明神宗萬曆十四年（一五八六）貢生，任海陽訓導。張其淦《東莞詩錄》卷一六有傳。

釋道丘生。

釋道丘（一五八六～一六五八），字離際，晚號棲壑，開山雲頂，因號雲頂和尚。順德柯氏子。七歲能頌《金剛經》。年十七，禮碧崖剃染，十八侍憨山德清於順德大良寶林寺。二十一(二) 歲度嶺參雪浪、一雨、雲棲蓮池，傳蓮池之《净土心要》。親老還鄉，禮法性寺寄庵受圓具戒。復往博山，親見無異元來求證戒。元來示寂，崇禎四年（一六三一）乃歸廣州，陳子壯請住白雲山蒲澗寺。八年（一六三五）前往新興尋訪六祖新州故址，道經端州，望鼎湖山水秀麗，乃策杖而入，主法慶雲寺，爲鼎湖開山祖。光緒《廣州府志》卷一四一有傳。

明神宗萬曆十五年　丁亥　一五八七年

正月，努爾哈赤築佛阿拉城，並建宫室。（閻崇年《袁崇焕傳》附《袁崇焕年譜》）

正月十三日，霍與瑕賦《賀箕野七十一　丁亥正月十三日》詩云：

壽域宏開碧玉林，上元春色更駸尋。水通西極源流遠，花覆前溪雨露深。幾度賓筵陪鄭重，七旬命服稱徽音。江村煙火盈街市，把酒題詩思不禁。

正托茅君寫壽詩，忽驚元夜太生奇。雲間玉質烏裙使，背有紅顏長額兒。月朗朗吟天萬里，風清清唳影參差。數聲橫篴山邊過，知是諸仙慶老箕。用唐明皇揚州觀燈事，雖方外之談，亦八仙慶壽之意也。

又賦《聞紫雲丈丹成志喜》、《賀區玉田七十一用梁穗灣韻》（以上七律）。（霍與瑕《霍勉齋集》卷九）

十六日，保昌教諭汪一豐書《題九星巖①》詩云：

石洞天開巧化工，百年埋没伴蒿蓬。冠裳小賞雲山外，狐豕魂銷草莽中。佛影懸巖留薜跡，仙房幽壑自玲瓏。譚經暇日頻登眺，樂意相關興不窮。（雲浮九星巖汪一豐詩刻）

十月初八日午刻，霍與瑕六十五壽辰，賦《六十五壽晨玉田穗灣諸老見贈和韻　十月八日午刻》詩云：

蕭瑟秋聲感慨餘，年來白髮不堪除。誕辰喜伴松蘿宴，風月偏添水竹居。舊學傳箕歸二仲，高才授簡羡相如。不知明日還能飲，且趁尊前食有魚。（霍與瑕《霍勉齋集》卷九）

本年歐大任七十二歲，連舉兩曾孫，喜賦《丙戌丁亥連舉兩曾孫志喜》詩云：

七十二翁洲上村，兩年喜得兩曾孫。可傳山笥殘書帙，且醉田家老瓦盆。下澤耕惟雙犢健，廣川業以一經存。庭階未論多蘭玉，長養深知雨露恩。（歐大任《蘧園集》卷一）

本年葉春及生辰賦《丁亥生日》詩云：

少年結客五陵遊，老去虛疑是故侯。鏡裏春隨蒲柳變，尊前寒伴菊松秋。四方白髮羞弧矢，三徑青山有莞裘。稱意不能過半百，祇應吾道付滄州。（葉春及《石洞集》卷十八）

本年陳履賦《靈巖篇》云：

靈巖爲吳郡諸山之選，世傳吳王遊樂、僧智棲真，皆此乎在。向余宦茲三年，未嘗一至，丁亥再補是郡，乃有治水之役，再抵胥口，遂登是巖，與僧慧含遍歷奇勝，慨然有世代之感，因作是篇。

吳中勝蹟靈巖山，奇峰秀出侵雲間。夢遊幾載空髣髴，聞來此日窮躋攀。山邊古峒至今在，曾是西施此中醉。吳王履跡翳莓苔，僧智經壇鎖蒼翠。松濤萬頃起高岑，灑似琴臺弦上音。慈雲掩映墨池净，慧綆難探石井深。伯圖只今俱已矣，眼前唯見箭經水。狂來長嘯海天空，安得憑虛訪仙子。（陳履《懸榻齋稿》卷

①　詩後有落款："萬曆十五年正月既望教諭保昌芭泉汪一豐書。"

上）

本年楊起元賦《到任謁廟　丁亥年》、《送友之建昌》、《送李南鎮丞南雄》、《題貞節李氏卷》、《答友人王赤岡》（以上五古）。

起元年四十一，又賦《寄弟》詩云：

我年四十一，亦知四十非。雙親家萬里，夢寐常依依。尚幸我弟賢，夙夜侍庭幃。我無補袞功，只以竊祿違。自從七月來，三命清切司。首展經筵書，再纂曹工題。復令知制誥，代草明光扉。備員立螭蚴，何異立仗騎。天子本聖明，忠臣要防微。秦隴早爲雪，東南潦①是饑。委非親民職，內計誠無奇。肉食每自愧，幾欲抽簪歸。尚抱獻納心，終欲有所施。不然望舊山，歸來慰嚴慈。春初種松竹，想已含綠滋。未種應爲種，勿過青春時。

何南鳳（牧原和尚）生。

何南鳳（一五八七、一五八八～一六五一），字道見。初名雷山，又號訒堂。出家後法名覺從，初稱半僧先生，又稱牧原和尚、跛者道人。興寧人。明神宗萬曆四十三年（一六一五）舉人。性最穎異，十五食餼，即落髮逃禪，父心吾明經苦留之，乃還俗，領舉人。會試燕京，遇黃山普門禪師，談論相契，遂決意出家。遊齊魯吳越山水，訪朱蓼水相國於聊城，訪支寧瑕、周開鴻、任採石諸子於嘉善，禪盟詩社，遍相印證，遠近皈依者甚衆，號牧原和尚，開橫山堂派。嘗居平遠文殊、龍川石嶺、羅浮祥雲、蕭巖同峰及閩之汀杭諸刹，晚棲豫章普濟，其徒迎歸興寧。明桂王永曆五年正月，忽作偈別大衆，復還普濟，六月初六日，沐浴更衣，端坐而逝，年六十四。所著詩文語錄，散行於世，康熙間，所刻諸稿多佚，郇慕山、明經濤，刊其詩文一卷，曰《訒堂餘稿》。其教義傳至江南、福建及東南亞，於泰國建龍

---

① "是"，原作"氏"，據道光本、光緒本改。（楊起元《楊復所文集》卷八）

福寺，泰王常偕王后與公主至寺巡燭禮佛。近人羅香林《興寧二十五家詩選》有傳。事又見咸豐《興寧縣志》卷三。

明神宗萬曆十六年　戊子　一五八八年

春，李英四十五歲，賦《戊子春日督學郭公招遊羅浮值患足瘡不及往悵望賦此》詩云：

敢云禽尚婚嫁畢，五嶽以下擬遊縱。虛度一萬六千日。時英四十五歲也。無緣四百三十峯。只今浮江望綵鷁，憶昔登岱佩蒼龍。值此春光未能往，悵然海水心朝宗。

又賦《得王使君裕參書卻寄　三首》七絕。（《李英集·歷遊集》卷下）

秋，謝與思賦《永安頍氏別業在壽春巘故稱名勝戊子之秋余自大田言歸而門人蕭生汝培獨騎追送薄暮經焉輒辱地主吉泉君偕遊因賦二律》詩云：

主賢能倒屐，客倦此停鑣。洞壑雲扃啟，琴尊玉塵邀。看棊仍掃石，把釣卻過橋。坐使煩囂隔，尋真路不遙。

繡閣橫雲峻，丹梯絕磴通。鳥啼依徑竹，人對颭花風。俯眺湖光白，酣歌燭燄紅。今宵歸興緩，還喜友生同。（謝與思《抱膝居存稿》）

十一月十四日，歐大任賦《雪　萬曆戊子十一月十四日》詩云：

朔雪憑陵旅雁哀，閡寒今見六花開。所思瓊樹移江苑，忽漫瑤華送粵臺。梁客應推能賦入，郢人還更和歌來。此時藜杖臨丹壑，豈少梅花水部才。（歐大任《蓮園集》卷一）

本年楊起元賦《戊子主闈試道宿雄縣》詩云：

朝辭丹陛出幽燕，暮宿天雄易水前。明主千金求駿馬，詞臣四牡向炎天。盈疇禾黍忻迎斾，滿目流移喜受廛。但得仁賢濟饑溺，不妨霖潦泥鞍韉。（楊起元《楊復所文集》卷八）

本年張元憲以歲貢任翁源訓導。

　　張元憲，電白人。萬曆十六年（一五八八），以歲貢任翁源訓導。居鄉里，教育有成。（道光《電白縣志》）

　　本年起龐尚鴻任鹽城訓導、英山知縣

　　龐尚鴻，字少襄。廣寧人。萬曆拔貢。自十六年（一五八八）起任鹽城訓導、英山知縣。後受任治理淮河，因與巡撫不合，降西安教諭、上海縣尉。又受任疏浚吳淞江，後調昆山縣丞。（道光《肇慶府志》卷十八）

　　劉景辰於本年中解元。

　　劉景辰，字紫星，號清源。番禺人。拱辰弟。由南海學撥郡庠，萬曆十六年（一五八八）戊子鄉試第一人，翌年己丑進士，授行人。二十一年（一五九三）癸巳擢雲南道御史。明年甲午按陝蜀茶馬，時西夏兵變，四鎮合擊，營馬多斃，得景辰所輸馬二萬四千餘匹，始克濟繼。巡乾清、坤寧兩宮工，工用得減十之三。援例歸省，卒年四十五。著有《焚餘稿》。阮元《廣東通志》卷二八二有傳。

　　曾受益於本年中舉人。

　　曾受益，字而吉。增城人。明神宗萬曆十六年（一五八八）舉人。會試不第，謁選授福建寧德知縣，以親老不能迎養，乞致仕，嘗主修邑志。年八十九卒。著有《吹劍集》。康熙《增城縣志》卷八有傳。

　　謝正蒙於本年中舉人。

　　謝正蒙，字中吉。惠來人。明神宗萬曆十六年（一五八八）舉人，授安鄉知縣，擢御史，陞河南參議。著有《疏草》。阮元《廣東通志》卷二九四、雍正《惠來縣志》卷一四有傳。

　　何日辛於本年中舉人。

　　何日辛，號銘我。香山人。明神宗萬曆十六年（一五八八）舉人，官廣西陽朔知縣。父誕，字麗湛，號海野。處士。齒德俱尊，閉門不預外事，日以詩書課子。兄日庚，號龍田，邑廩生。弟日寅，號贊明，萬曆二十八年（一六○○）庚子鄉薦，官翰林院典籍。又有述文、日文中庚子鄉試，時有"庚子三何"之目。何天衢《欖溪何氏詩徵》卷一有傳。

陳超然於本年中舉人。

陳超然，字成雅。香山人。明神宗萬曆十六年（一五八八）舉人，授文安教諭，補玉山令。三年惠政，民皆感德，因病解組。逍遙林下二十餘年，年七十五卒。冼玉清《冼玉清文集》下編有傳。

何熊祥於本年中舉人。

何熊祥（一五六六～一六四二），字乾宰。新會人。父上新，好讀書，題"簡"、"肅"二字於座隅，終身奉之。手抄《陰騭錄》，與鄰人共讀勸勉。熊祥中明神宗萬曆十六年（一五八八）舉人，二十年（一五九二）壬辰登進士，授庶吉士，尋改御史，命按上谷。再命巡按福建，發撫臣侵牟關餉二十七萬。未幾，按三吳。出按南畿，奏免稅契十五萬。升太僕少卿，轉大理少卿，晉刑部侍郎。會南京吏、戶、禮三部缺員，命兼署之。久之，遷都察院右都御史，升南京工部尚書、南吏部尚書。以親老歸養，十餘年卒，謚文懿。著有《四巡疏鈔》、《南都疏略》、《馬政事宜》、《平刑八義》。與父並祀鄉賢。潘楳元、譚瑩《廣州鄉賢傳》卷四有傳。曾孫九疇，字澤春，一字蒲澗。貢生。官光祿寺典簿。邑令顧嗣協延入吟社，序其詩。著有《石浪園集》。言良鈺《續岡州遺稿》卷二有傳。女瑤英。溫汝能《粵東詩海》卷九六有傳。

尹遂祈於本年中舉人。

尹遂祈，字鏡陽。東莞人。年十五喜讀《參同契》，既乃遯志江門之學。年二十一，中明神宗萬曆十六年（一五八八）舉人，二十九年（一六〇一）辛丑進士。初授閩令，尋改同安。與稅監動色諍免商稅，見忌落職，歸至贛州卒。著有《天文備考》、《陣法源流》、《璣衡要旨》、《天元玉策解》及《叢桂堂集》二十卷。阮元《廣東通志》卷二八二有傳。

王仁於本年中舉人。

王仁，海豐人。萬曆十六年（一五八八）舉人。官新化知縣。（《惠州府志》）

葉煥於本年中舉人。

葉煥，字文蔚。五華人。萬曆十六年（一五八八）舉人。初官洧川教諭，後升浮梁縣令。終年七十八歲。（《長樂縣志》）

周興於本年中舉人。

周興，字士賓，號濂川。原籍南海，入籍西寧（今鬱南）。萬曆十六年（一五八八）舉人，授江西寧都令，改官龍川教諭，後升浙江湯溪縣令，所至以廉能稱。（康熙《西寧縣志》）

駱效忠於本年中舉人。

駱效忠，徐聞人。萬曆十六年（一五八八）舉人，二十六年（一五九八）進士。歷任鬱林知州、崇榮左史、中憲大夫。清廉豁達，有"一簾秋月"之譽。晚年歸里，在族倡置義田，賑濟貧民。（新編《徐聞縣志·人物編》）

張嗣綱於本年中武舉人。

張嗣綱，字效忠。清遠人。少懷大志，及長，閉戶潛修，於經史外，更習《六韜》、《三略》。明神宗萬曆十六年（一五八八）、二十二年（一五九四）、二十五年（一五九七）連中三榜武魁。按例，官拜新安南頭參將，年八十有五而卒。著有《戈餘詩草》二卷。事見民國《清遠縣志》卷一〇。

陳達於本年成貢生。

陳達，永安（今紫金）人。萬曆十六年（一五八八）歲貢，曾任連江教諭。（《永安三志》）

吳鼎泰生。

吳鼎泰（一五八八～一六四四），字葆忠，號陽衢，謚文敬。吳川人。崇禎元年（一六二八）進士，歷官江陰、東明、龍泉令。著有《兩淮風物記》、《民情結案集》。（《吳川縣志》）

陳鄧氏生。

　　陳鄧氏（一五八八～一六五一），東莞人。其夫陳儒楚爲志敬曾孫、履子，曾任應天府尹經廳，後誥贈金吾將軍，妻陳鄧氏誥贈六品安人。（《東莞虎門陳蓮峰墓群勘察與修繕設計簡述》，載《嶺南考古研究》第九期，中國評論學術出版社二〇一〇年香港版第二百頁）

　　黎遵指生。

　　黎遵指（一五八八～一六四二），字是因，號哲求。歸善（今惠州）人。萬曆四十三年（一六一五）舉人。歷官德慶州學正、邵武府推官，攝府篆。以嚴介忤時，去官。崇禎十五年（一六四二）薦邊材，以母老辭。輯有《東坡寓惠集》。（阮元《廣東通志》卷二九一）

明神宗萬曆十七年　己丑　一五八九年

　　十月，張萱赴新安，賦《黃山歌爲吳孝父作》詩云：

　　己丑冬十月，客行入新安。結束事探討，山水恣盤桓。新安山水天下無，一丘一壑皆畫圖。黃山白嶽稱最勝，神仙窟宅幽人境。蠟屐曾登白嶽顛，芙蓉萬朵青冥連。石楠樹下天門月，榔梅庵畔爐峯煙。高拂爐峯禮白雲，一天晴色正氤氳。薜帷蕙帳遙相待，鶴怨猿愁不忍聞。玄帝祠邊逢五老，揖余爲□黃山好。軒轅曾此九丹成，白日紅顏羽翼生。鼎□龍去非幻妄，名山自是饒精靈。此中幽勝難具説，三十二峯總奇絶。時有幽人自往還，金芝瑤草森羅列。石巉巉，泉洌洌。萬樹桃花，千峯寒雪。陰晴朝夕態倏忽兮，紛變換乎秋春。窈窕繚繞別有天地兮，莽不知漢與秦之日月。聞此心神覺更開，人間亦自有蓬萊。安得乘風而蹁躚兮，直上軒轅之高臺。吁嗟婚嫁苦未畢，悵望名山空歎息。道路驅馳鬢已斑，煙霞夢寐十年間。幾向吳雲思白嶽，遙從粵海憶黃山。黃山主人吳孝父，翩翩詞賦凌千古。藝苑當家六十年，曳裾恥與歌魚伍。潦倒江湖一布衣，籍甚詩名動公府。南浮湘水西入蜀，歷七閩兮遍齊魯。足跡名山幾欲半，回首黃山緊故土。已聞白雪滿奚囊，更貌黃山在縑素。一幅煙霞任卷舒，咫尺溪山千里餘。交遊遍乞瓊瑤句，城市何殊木石居。憐予始作長安客，逢君尚滯長安陌。老向風塵可奈何，呼余爲作黃山歌。披圖欲問煙霞主，軒轅丹竈在何許。紫芝今正腓，白石亦堪煮。我欲從之遊，汝胡爲乎不歸去。今日見汝如見山，他年訪山應訪汝。（張萱《西園存稿》卷三）

十月初一日，區大相賦《己丑孟冬朔日頌曆》詩云：

初冬孟月月爲陽，寶曆欣逢帝道昌。雨露九天隨正朔，衣冠萬國奉春王。瑤階蓂應堯年發，玉座雲扶舜日長。更喜看來新節序，先從霄漢被恩光。（區大相《區太史詩集》卷二三）

十一月，大相賦《仲冬即事》詩云：

帝城雲物逢冬仲，玉署含毫對此辰。恩重歲時多筆劄，地偏清切少風塵。向人梅柳迎陽發，近苑樓臺過雪新。吹律定應回黍穀，負暄終擬獻楓宸。

雪後恩光滿禁闈，閣中吟眺屬清暉。漸看雲物迎祥至，莫遣冰霜逼歲歸。地暖水泉先自動，江寒鴻雁遠相依。九重更籍調元事，早晚陽回力尚微。（區大相《區太史詩集》卷二三）

本年饒與齡賦《己丑都下予請告南歸鄉友中翰樂壺鄒君攜觴別予且示以詩扇近檢篋得扇因依韻和之志思也》詩云：

燕邸清宵飲別樽，江湖萬里一歸人。倚廬獨抱皋魚痛，貽句遙思子建親。載筆代言承渥寵，遷喬佇見御朱輪。河橋分手星霜五，巖穴應慚作逸民。（饒與齡《寶印詩草》）

本年鄧維城參修邑志。

鄧維城，字純大。英德人。萬曆十七年（一五八九）參修邑志。二十九年（一六〇一）貢生，官惠州府訓導、鬱南教諭。（《韶州府志》卷七）

本年王大謨任羅定州西寧縣教諭。

王大謨，電白人。明神宗萬曆間貢生。萬曆十七年（一五八九）任羅定州西寧縣教諭。事見萬曆《西寧縣志》卷五。

區大相於本年中進士。

區大相（？～一六一四、一六一二），字用孺，號海目。高明阮埇人。益長子。明神宗萬曆十七年（一五八九）進士，選庶吉士，授檢討，同修國史，經筵展書。歷官贊善中允，掌制誥，居詞垣十五載。自給諫調南太僕寺丞，二年後病歸，里居八年而卒。爲詩力祛浮靡，還之風雅，嶺南詩人皆翕然宗之。奉命歷齊晋吳越嵩洛衡湘，土風遺蹟，咸著篇詠。著有《區太史詩集》二十七卷、《前、後使集》、《圖南集》、《濠上集》等。康熙《肇慶府志》卷二〇、阮元《廣東通志》卷二九七有傳。

區大倫於本年中進士。

區大倫（一五四九～一六二八），字孝先。高明人。大相弟。明神宗萬曆十七年（一五八九）進士，後授東明令，尋擢御史。以諫不親郊祀忤旨，奪職歸。光宗即位，起光禄丞，歷仕南京户部侍郎，終以奪職歸。思宗即位，還原職用，未幾卒於家。著有《端溪詩稿》、《江門遊稿》、《江洲存稿》。阮元《廣東通志》卷二九七有傳。

梁炫於本年中進士。

梁炫，一名文燦。南海人。明神宗萬曆十七年（一五八九）進士，推官，一作副使，一作主事。事見阮元《廣東通志》卷六九。

王玠於本年中進士。

王玠，字深亭。清遠人。宗源子。明神宗萬曆十七年（一五八九）進士，官光禄寺少卿。事見民國《清遠縣志》卷六。

鄧光祚於本年中進士。

鄧光祚，字正（心）虞，一字日昌。曲江人。明神宗萬曆十七年（一五八九）進士，官南直當塗縣，行取吏部主事，晋文選司郎中。選事竣，當擢京卿，遽引疾歸。吳道鎔《廣東文徵作者考》卷五有傳。

潘益之於今年成監生。

　　潘益之，順德人。光統子，豫之弟。明神宗萬曆十七年（一
五八九）監生。康熙《順德縣志》卷七有傳。

　　梁元柱生。

　　梁元柱（一五八九、一五八一～一六三六？一六四二？一六
二八），字仲玉，號森瑯。順德人。明熹宗天啟二年（一六二二）
進士，初授翰林院庶吉士，拔選陝西道御史。以疏參東廠魏忠
賢，忤旨奪官歸里。[①] 乃構堂粵秀山麓，顏曰“偶然”。思宗崇禎
元年（一六二八），召補福建道御史。三年，監北京鄉試。旋奉
敕按雲南，便道歸省，連遭父母之喪，起補廣西參議，未赴而病
卒。著有《偶然堂集》四卷。事見羅孫耀撰墓誌銘、吳元翰撰行
狀。康熙《順德縣志》卷八、阮元《廣東通志》卷二八三有傳。

　　翟登雲生。

　　翟登雲（一五八九～一？），東莞人。明末徵爲鴻臚寺序班，
不就。康熙七年（一六六八）參加鄉飲，隱居羅浮，談道寫作，
精通醫術。著有《集簡本草》、《翟氏傳方》。（宣統《東莞縣志》
卷七四）

明神宗萬曆十八年　庚寅　一五九〇年

　　九月，努爾哈赤受明封爲建州左衛都督僉事。（閻崇年《袁
崇煥傳》附《袁崇煥年譜》）

　　正月初一日，歐大任賦《庚寅元日立春次庚申舊韻》詩云：

　　慶從天上履端辰，嵩祝聲中廣樂陳。五夜青旂先拂曙，千門
綵仗已迎春。晴光傍檻梅霙照，淑氣垂軒柳色新。椒酼辛盤仍此
日，杖藜空目老江濱。

　　十五日元夕，大任賦《西館元夕諸公見過月下觀燈得看字》
詩云：

────────

　　① 一說時魏忠賢原見之，元柱拒見，大書“不憂不懼，君子乃能遁事；患
得患失，鄙夫安可事君？”忠賢懷恨之，削籍歸。

華館燈方豔，新年月正團。綵妝雙樹密，花綴九枝寒。虯漏春猶淺，鸞簫夜未殘。莫教車騎散，留客醉中看。

又賦《十五夜同潘子朋梁丙孺朱季美集蘇叔大宅雨中觀燈得陵字》詩云：

蘇端今愛客，促騎輿堪乘。海國三城雨，春筵百子燈。錦攢花似洛，觴急酒如澠。誰信清平曲，歌鍾過五陵。

又賦《莆田程慧父自始安道南海訪余洲上不值》、《海上》（以上五律）、《春日浮丘遊眺臨酌西池上》、《環漪亭爲姚太守繼昭賦》（以上五古）、《陳太守於喬草堂一石曰瑤池玉女爲詠六韻》七古、《送黃汝綸遊都下》、《雙井濂源作》、《佚老堂社集》、《青蘿山中張方伯國楨垂問有答》、《寄林廉州》（以上七律）、《園夕》、《驟雨江漲》（以上五律）、《張仲實畫鵝小幅爲謝啟東題》、《夢人問著書》、《聞大司寇王公元美得請還吳中》（以上七絕）、《題灘江萱祝圖爲張博士端孟母夫人壽》七律。（以上歐大任《蘧園集》卷二）

三月，唐伯元賦《庚寅春三月始克赴京至二河留別諸親友奉和薛舜徵兄見贈之韻》詩云：

遄發今晨已後期，親知遠送勸行卮。鶯花處處堪留戀，江舸朝朝對別離。晝省幾違高臥枕，班衣重整拜宸墀。孤征此際情多少，漫說君王雨露私。

又賦《夜宿藍屋驛不寐追和白沙先生臺書春晚之句》七律。

四月初八日，伯元賦《東林寺逢安大行小范遊天池不得偕往是夕至九江承徐刺史見招對月次韻寄慨時四月八日也》詩云：

若爲邂逅惜芳辰，指點峰頭月色新。對眼忽疑天有路，逢君況是玉爲人。虎溪別去多應笑，馬上看來幾處真。不有風流賢刺史，清光今夜共誰論。

又賦《官人行黃梅道中爲役夫述》雜言、《送霍年兄之署教靖江》七律、《陳都運自都門歸壽其母太夫人八十》七絕、《唐寅老母壽日集杜》、《賤辰承呂維師徐獻和李宗誠曾舜徵袁季友諸省

丈及羅布衣汝存攜酒見過集杜》、《病中對雪聞諸省丈在假集杜》（以上七律）。（以上唐伯元《醉經樓集》卷一）

七月，歐大任賦《初秋爾雅堂社集》詩云：

蒿徑逶迤過草堂，雨餘林色入新涼。溪通罨畫雙流玉，岸匝芙蓉半帶霜。近席羣鷗窺染翰，諸山明月照飛觴。雅遊不少沉冥客，誰信郊園似辟疆。

又賦《秋日黎繼薦攜酒同關伯玉諸子過蓮園得停字》七律、《少司馬省吾林公廉州祠堂十二韻》五言排律、《送蘇明府解官還江東》、《送劉季德遊武夷》（以上五律）、《石塘篇壽周先生九十》、《酬吳叔承歙硯歌》、《酬朱孔陽寄余蓮園之作》、《黃明府七十又一社中爲壽》、《聞邊報貢虜有變》、《答林邦介見懷》。（以上七古）（以上歐大任《蓮園集》卷二）

八月十五日，區大相賦《庚寅中秋館中對月》四首、《慈聖皇太后聖節皇極門朝賀》、《制府劉公之移鎮東越破海寇也於時霖雨初霽適有卿雲靈鵲之瑞公既自爲詩紀之不佞守職詞垣遙從萬里外倚和焉》二首（以上七律）。（區大相《區太史詩集》卷二三）

冬，歐大任賦《雷雨經冬有感》詩云：

簷寒猶虓虓，竹濕更颼颼。冬稍行春令，臣應代主憂。泿豱憐病驥，漂粒念饑鷗。況是連陰熱，何人問喘牛。（歐大任《蓮園集》卷二）

十月十一日，唐伯元賦《十月十一日同諸僚友集呂鴻臚宅看菊追次壁間韻二首》詩云：

自是東籬巧傲霜，秋英爛漫豔華堂。白衣似愛陶潛興，青眼從教阮籍狂。此日看花猶帝里，十年起草愧明光。獨憐同舍兼同調，吟得詩成句里香。

盆滿黃金叢滿霜，錦爲屏障畫爲堂。留連不是因花惱，酩酊原非爲酒狂。羈旅魂驚親舍遠，簪袍晚濫主恩光。月明馬上催扶醉，白玉珂聲漢署香。

又賦《假日王駕部同伯惠到湖綿天池茶次韻爲謝》、《老父壽

日次韻》、《病中有懷醉經樓集杜》、《病中書懷寄楊太史貞復兼謝
枉顧集杜》、《魏光禄懋忠自平樂書來兼示見懷之句次韻》、《大司
空曾公見招以病乞改別約集杜》、《冬日承少宰王公見招病不能赴
集杜》、《別李中丞維卿兄之楚集杜　二首》、《送姜仲文督學關
中》、《奉和鄒孚如司封雪中見過不值之韻》（以上七律）。（唐伯
元《醉經樓集》卷一）

十二月，歐大任賦《臘月楊計部草玄堂泛菊》詩云：

黃花留臘色，酒熟興偏新。把待宅邊客，餐分籬下人。壺觴
移磵曲，雪霰過江濱。滿泛頻須漉，陶家有葛巾。

又賦《玉沙草堂陳廷尉玉叔所築命余題句》七律、《李太史
本寧書至時參知汴省也代柬卻寄》七律、《程慧父浣花館十二韻》
五言排律、《黎文學惟仁初度》七律、《讀魯仲連傳》五古。（歐
大任《蓮鬚集》卷二）

除夕日，唐伯元賦《除夕》詩云：

殘臘禪房靜，青燈玉漏遲。不眠成隱几，獨酌更支頤。年盡
他鄉夜，人過半百時。自憐遊子意，吾道況如絲。（唐伯元《醉
經樓集》卷一）

本年王世貞卒，歐大任賦《哭王司寇元美　四首》七律詩四
首。（歐大任《蓮鬚集》卷二）

本年陳九疇授知縣。

陳九疇，歸善人。萬曆十八年（一五九〇）授知縣。康熙
《歸善縣志》卷二十一有傳。

本年何予高任英德訓導。

何予高，河源人。明神宗萬曆十八年（一五九〇）任英德訓
導。事見阮元《廣東通志》卷二八。

梁維梓於本年成貢生。

梁維梓，字彥章。廣寧（今四會）人。明神宗萬曆十八年
（一五九〇）歲貢生，授漳州府通判，以明經授漳州別駕。著有
《瑤溪文集》，未見。事見光緒《四會縣志》編六。

黄若雲於本年成貢生。

黄若雲，永安人。萬曆十八年（一五九〇）歲貢，歷任惠安訓導、益府學正。（《永安三志》）

李孝問於本年補諸生。

李孝問，字萊孺①。南海人。待問兄。明神宗萬曆十八年（一五九〇）童子試首拔。畿省十一試，兩登乙榜。光宗御極，學使者首舉以應成均，抵德安行臺病卒，年五十四。子長象震，副榜；仲象孚，從化歲貢；季象隨，恩貢生。阮元《廣東通志》卷二八二有傳。

黎忻生。

黎忻（一五九〇～一六八九），從化人。貫曾孫。孝親無私，路拾遺金，坐待其人，爲人騙去，出己囊如數還失主。四世同堂，百歲而終。（清《從化縣志》）

明神宗萬曆十九年　辛卯　一五九一年

四月，日本軍隊十五萬八千人於朝鮮釜山登陸，五月攻陷漢城，朝鮮求援，明朝派兵援朝。十一月，明遼東總兵官李成梁解任。年底，成梁子如松率軍四萬渡鴨綠江。（閻崇年《袁崇煥傳》附《袁崇煥年譜》）

正月初一日，楊起元《辛卯試筆》詩云：

爲憐病目拋殘簡，並歇狂心罷遠人。臘月已隨寒律盡，春風應拂柳條新。客來欲問無奇字，酒至當呼有比鄰。四十五年如一夢，尚堪迷復不求真。

唐伯元賦《辛卯元日》詩云：

帝里春廻斗柄東，忽驚春事故園同。雲連粵嶠青天外，人在燕關紫氣中。夢里斑衣常五色，曉來遲日愛初紅。屠蘇強進酬佳節，無奈浮生任轉蓬。（唐伯元《醉經樓集》卷一）

---

① 《南海志》作字"懿衷"。

歐大任賦《辛卯元日夢中作》詩云：

元會衣冠歲又逢，夢回猶聽景陽鐘。彤樓日影三千丈，紫禁煙花一萬重。謁者催班趨北闕，詞臣握管頌東封。西都漢道今方盛，尚有醉榮那曼容。（歐大任《蘧園集》卷二）

初七日，楊起元賦《人日寫懷兼送族兄南歸》詩云：

歸計蹉跎未乞身，皇都新歲又逢人。病存馬骨忍離主，老共難雛思傍親。薊北雲開雙闕曙，嶺南花發故園春。那堪心緒無聊極，更送將歸益愴神。（楊起元《楊復所文集》卷八）

十五日，歐大任賦《元夕鄧君蕭宅同楊肖韓黃用礦飲桃花得枝字》詩云：

度索花偏早，先春爲客移。月中重碧酒，燈下豔紅枝。津晚無勞問，園晴不待窺。嫣然堪一笑，沉醉更何辭。（歐大任《蘧園集》卷二）

立春日，區大相賦《辛卯立春》詩云：

遲日條風散曉寒，東郊迎氣轉仙壇。城邊雪送青旂色，天上春開白玉盤。細草乍侵宮路發，歸鴻欲傍苑雲看。韶光共道今年蚤，走馬聽鶯過上蘭。

十八日，大相賦《上元後三夜陪焦陶二太史王董黃孫四吉士宴大將軍李侯宅》詩云：

盟府金貂奕世功，淹留詞客醉新豐。歌翻都護春調馬，賦就甘泉曉射熊。北里煙花過節麗，西堂樽俎助文雄。當杯又進吹鐃曲，塞上何人更引弓。

又賦《仁聖皇太后聖節朝賀》七律。（區大相《區太史集》卷二三）

八月十五日，區大相賦《辛卯中秋家人置酒亭中玩月》詩云：

秋月正宜看，秋城夜未闌。閨人張宴待，稚子捲簾歡。東壁蟾光入，中庭練影寒。年來種桂意，移傍五雲端。

九月初九日，大相賦《辛卯重九城西禪林登眺》詩云：

　　燕郊載酒日，漢殿佩萸時。强赴重陽會，元無三徑資。寒城淡古木，返景透疏籬。寂寞龍山後，柴桑與我期。

　　清霜塗峻阪，晚日下西岑。客舍黃花滿，關門紅葉深。親朋九日飲，鄉土百年心。落帽胡爲者，風流直至今。（區大相《區太史詩集》卷一二）

　　秋抄，霍尚守作《西樵玉池記》。（霍尚守《西樵玉池記》）

　　本年王天性六十六歲，賦《辛卯歲》詩云：

　　過了六旬又六春，未知還有幾年身。酣歌且縱生前樂，衣食寧憂死後貧。長笑乾坤爲逆旅，時招風月作良賓。露頂赤腳寒松下，真是明朝一散人。

　　又賦《辛卯初誕》七律。（王天性《半憨集》卷上《澄海金砂王槐軒先生遺草》）

　　本年湯顯祖因上《論輔臣科臣疏》，猛烈抨擊宰輔，被貶爲徐聞典史。

　　本年章美任廣西蒼梧知縣。

　　章美，字文偉。海豐坊廓都赤坎鄉（今屬陸豐）人。萬曆十九年（一五九一）任廣西蒼梧知縣。（《陸豐縣志》、《惠州府志》）

　　黎崇敕於本年中舉人。

　　黎崇敕，字銘之，後改名崇勳，字綸閣。番禺人。崇勘弟。明神宗萬曆十九年（一五九一）舉人。有經濟才，會征欽州瑤，中丞戴耀署崇敕贊畫軍務，甚器重之。然性亢爽，不樂下人，爲忌者所中，幾不免。歸築文水居讀書以終。著有《文水居集》。溫汝能《粵東詩海》卷四一、阮元《廣東通志》卷七五有傳。

　　韓晟於本年中舉人。

　　韓晟，字寅仲。博羅人。鳴金長子、葉春及婿。明神宗萬曆十九年（一說二十九年）（一五九一）舉人，授浙江遂安令，解組歸，隱城東別墅。著有《書雲臺稿》、《雁木稿》、《燕市稿》、《遂安政論》諸集。乾隆《博羅縣志》卷一二、阮元《廣東通志》卷七五。

吴秉機於本年中舉人。

吴秉機，定安人。明神宗萬曆十九年（一五九一）舉人，官知縣。事見阮元《廣東通志》卷七五。

羅尚質於本年中舉人。

羅尚質，字黜孚。陽江人。明神宗萬曆十九年（一五九一）舉人，官漵浦知縣。康熙《陽江縣志》卷三有傳。

陳襄於本年中舉人。

陳襄，字尚行，一字贊虞。東莞人。龍孫，鼎弟。明神宗萬曆十九年（一五九一）與兄鼎同中舉人。遊楊復所之門。年四十四卒。祖龍，景泰四年（一四五三）鄉薦，天順七年（一四六三）會場火，躍身棘墻，救舉子七十餘人，時稱陳神仙。成化間判瓊府，值生黎反，督臣委以軍事，以血沙塗皮，兩人共持一張，黎箭不能入，提八十斤鐵簡擒其酋。寇平，升廣西僉事。學士邱濬以詩褒之。張其淦《東莞詩録》卷一六有傳。

伍繩武於本年中舉人。

伍繩武，字宜文。新寧（今屬台山）人。明神宗萬曆十九年（一五九一）舉人，官浙江平江縣知縣。事見阮元《廣東通志》卷七五。

湯敬昇於本年中舉人。

湯敬昇，字小槐。新會人。明神宗萬曆十九年（一五九一）舉人，官教諭，聘主白鹿洞書院。著有《朱翼》及《輯宋明四書》。吴道鎔《廣東文徵作者考》卷五有傳。

曾宏緒於本年中舉人。

曾宏緒，名繩武。瓊山人。廷誼三子。明萬曆十九年（一五九一）辛卯科舉人。

陳鼎於本年中舉人。

陳鼎，字玉鉉。東莞人。萬曆十九年（一五九一）辛卯科舉人。授江西瑞昌令，令姦民不得與宦官勾結。得罪上司，調湖廣

漢川，不屈從楚王，將殺巡撫趙可懷之宗族送官府。卒於任，貧無以殮。（嘉慶《廣東通志》卷二八二）

彭津於本年中舉人。

彭津，字濟之。新興人。萬曆十九年（一五九一）辛卯科舉人，授戶部主事，升戶部郎中。與人同修《新興縣志》。（《新興縣志》）

曾士懋於本年中舉人。

曾士懋，字子德。從化人。綽仲子。萬曆十九年（一五九一）舉人。歷官孝豐教諭、句容令、河池州知州。廉潔敏慧，斷獄莫不折服。尤善拔人，出門下者多致通顯。州多黠酋，舊善行賂，士懋卻之不受，人皆畏服。（清《從化縣志》）

侯用賓於本年成貢生。

侯用賓，字允田。開建（今屬封開）人。明神宗萬曆十九年（一五九一）貢生，任順德縣訓導，陞晉藩教授。生平慷慨仗義。年九十三，卒。康熙《開建縣志》卷八、道光《肇慶府志》卷一八有傳。

岑一麒於本年成貢生。

岑一麒，字兆祥。封川（今屬封開）人。明神宗萬曆十九年（一五九一）貢生。授平遠司訓。丁憂報闋，補本府司訓。秩滿，擢電白教諭。康熙續修《封川縣志》卷一八有傳。

方一鳳於本年成貢生。

方一鳳，字嘉虞，又字肖左。惠來人。明神宗萬曆十九年（一五九一）歲貢生。廷試畢，眷念老母，不謁選而歸。二十四年（一五九六）以母促行，始就銓選，任江西上猶訓導，抵任三月，乞歸終養。父魯，字左峰。由歲貢授廣西靈川縣丞。以母喪歸，服闋，補江西浮梁縣丞，升靖江王府審理，不赴任歸。（乾隆《潮州府志》卷二九、雍正《惠來縣志》卷十四）

林丹九生。

林丹九（一五九一～一六四七），原名際亨，字一桂。鎮平人。少貧，授徒自給。年三十始補博士弟子。生逢鼎革，清世祖順治二年（一六四五），時嶺外尚奉明唐王爲主，丹九乃赴廣州，登隆武舉人。及清師入鎮平，鄉人據險自保，丹九居長潭石砦，清都督許有信暨鎮平令等屢書招之出，丹九答書見志，終以不欲薙髮爲辭。順治四年，喪母，服故明衣冠，投長潭石厓死，門人私諡爲文節先生。道光《石窟一徵》卷九有傳。

明神宗萬曆二十年　壬辰　一五九二年

十月，日本軍侵朝鮮，入漢京（今韓國首爾），抵平壤。明發兵援朝。（閻崇年《袁崇煥傳》附《袁崇煥年譜》）

除夕，袁應文《壬辰除夕澂江守》詩云：

守歲他鄉已十年，此宵何事不成眠。宦情一笑花燈下，鄉緒千條柏葉前。青鏡漸增潘氏鬢，壯懷猶繫祖生鞭。狂歌獨夜憑誰語，悵望關前思惘然。（張其淦《東莞詩錄》卷一五）

本年韓上桂賦《征東歌》詩云：

萬曆壬辰，倭人襲陷朝鮮。國王出奔，請援於朝。師出，聞而歌之。

我皇六月東出師，黑雲高捲羽林旗。維舟瀛海三山石，繫馬扶桑萬仞枝。

樂浪東郡枕相連，萬里金甌護漢邊。聖主恩深勞問罪，此行本爲固朝鮮。

大將橫行海上頭，掀金伐鼓耀神州。甲環蓬島高相並，馬飲東溟竭不流。朝鮮全州南海中，有白衣島。驪江，在朝鮮京畿。

十萬旌旗閃絳雲，三千龍虎鎮雄軍。師行不用傳刁斗，夜半天雞徹曉聞。

猛士投鞭截海流，臨行笑贈拭吳鈎。曩時已斷天驕臂，此日還懸日本頭。日本，古倭奴國。唐咸通初，惡倭名，更號日本。以國近日所出，故名。

邊風蕭颯海雲颷，日足森森照綵旄。鴨綠江頭渾如酒，犒師何用更投醪。

天兵繚繞下勾陳，玉女經行指過津。近見蓬萊較清淺，多因車馬簇成塵。

前旌鳥隼競飛揚，後陣龍蛇勢莫當。精衛亦知銜木石，黿鼉今擬駕橋梁。

萬里長驅出漢關，掃清島嶼始應還。戮取鯨鯢爲巨觀，別開樓閣傍神山。朝鮮有蘭山、白衣、江華、紫燕、和尚、唐人諸島。又有大月嶼、小月嶼。是時，全境幾没。則諸島嶼，皆倭出入之區，故曰"掃清嶼島始應還"。

鵝首朝驚水怪頻，三山官闕總如銀。繫來男女知多少，猶是當年採藥人。

原注：按，《明史》：明年，李如松以連勝輕敵，敗績於碧蹄館。尋倭糧盡，棄王京，走踞釜山。遂議封貢，召應晶、如松還。連歲議不就。二十四年，復遣使封平秀吉爲日本國王。倭已受册，而怒朝鮮報謝無禮，留兵釜山如故。明年，破朝鮮，復逼王京。王師數出無功。二十六年秋，平秀吉死，羣倭皆有歸志。其渠帥清正棄蔚山先遁，行長亦遁。官軍分道擊敗之，羣倭遂揚帆盡去，禍始息。篇内"此日還懸日本頭"，蓋祝願之詞也。餘倣此。（韓上桂《蓮廬稿·七言絶句》）

本年澳門蓮峰廟創建，以釋道丘爲開山祖。（陳樹榮、黃漢強《林則徐與澳門》第三二九頁）

梁民相於本年中進士。

梁民相，原名文，字井卿。南海人。明神宗萬曆二十年（一五九二）進士。官零陵知縣。改廣平郡博。卒於官。溫汝能《粵東詩海》卷四一有傳。

李延大於本年中進士。

李延大，字四余，一字維業。樂昌人。明神宗萬曆二十年（一五九二）進士。授柳州推官，補任鎮江。入爲工部主事，陞吏部稽勳郎中。溫汝能《粵東詩海》卷四一有傳。父相，年十三補諸生。以貢授訓導。（《樂昌縣志》卷十六）

陳元勳於本年中進士。

陳元勳，號礪謙。澄海人。明神宗萬曆二十年（一五九二）進士，授應天府教授，升國子監助教，轉户部清吏司主事。以病乞歸，卒。（乾隆《潮州府志》卷二九）

陳九成於本年成貢生。

陳九成，永安（今紫金）人。明神宗萬曆二十年（一五九二）歲貢，授懷遠教諭。（《永安三志》）

梁大材於本年成貢生。

梁大材，羅定人。明神宗萬曆二十年（一五九二）歲貢，官至廣西象州知州。著有《劬勞集》。（民國《羅定縣志》卷七）

明神宗萬曆二十一年　癸巳　一五九三年

正月，明將李如松率師入朝，攻日軍於平壤、開城，克之。九月，努爾哈赤大敗葉赫等九部聯軍於古勒山，威名大震。（閻崇年《袁崇煥傳》附《袁崇煥年譜》）

正月初一日，黎崇勘賦《癸巳元旦》詩云：

三朔書雲望北辰，天涯鳳曆又王春。庭幃日近蓬山麗，几席香凝藥塢新。迎樹風光初度鳥，卷簾晴色更宜人。願持柏葉供芳宴，歲歲家園樂此身。（溫汝能《粵東詩海》卷四二）

秋，饒與齡賦《癸巳歲秋日謁先大夫墓》詩云：

展叩先塋百感生，空聞虛谷野禽聲。竹梧恍惚羹墻見，先考存日，題壽藏有"翠竹蒼梧"之句。霜露應添風木情。八十春光渾過影，終天遺恨只如醒。式瞻懷土彌情切，莫遏雙眸淚滿膺。

七月初七日，袁應文賦《癸巳七夕寓平夷漫興》詩云：

幾歲他鄉逢七夕，他鄉何事更他鄉。城頭雨過新涼早，枕畔蛩聲客夢狂。到處征衣愁鐵馬，誰家思婦倚銀牀。虛云牛女年年會，看盡明河接曉光。（張其淦《東莞詩錄》卷一五）

九月初九日，區大相賦《癸巳九日同焦弱侯周季平吳會甫董玄宰林咨伯莊得全六太史攜酒興德寺後池臺》詩云：

野寺堆紅葉，秋原隱白蒿。鄉遙愁望遠，病起強登高。爲客慚烏帽，隨人試濁醪。逢時聊引興，能賦愧詞曹。

杖屨侵霜葉，壺觴就徑花。高風疏薜荔，薄霧隱兼葭。山繞

層城暮，橋通小苑斜。正逢邊雁下，西北有塵沙。（區大相《區太史詩集》卷一二）

十一月二十四日，饒與齡賦《癸巳仲冬念四日予五旬有一賤誕憂制未釋因避客新磯書舍漫成俚句姑以詠懷》詩云：

履世躬逢三聖王，懸弧五度荷穹蒼。抱懷糾鬱長如結，毛髮蕭疏漸有霜。悶過園林聊玩日，閒談軒岐攝生方。蓼莪遺詠多慚負，敢向堂前强舉觴。（饒與齡《寶印詩草》）

本年袁應文賦《癸巳生日書懷》、《送臨沅兵備施健所解官歸粵西》（以上七律）。（張其淦《東莞詩錄》卷一五）

本年饒與齡賦《哭座主洗馬師竹王公二首己丑冬別後五年始聞訃音》詩云：

開國勳庸裔，登瀛琬琰才。春風扇陰曠，桃李幾培栽，余與薛吳諸年兄屢試不偶，公始拔擢登第。輿望遷三殿，華名動九垓。玄扃何日掩，猿鶴盡成哀。

忝竊當年伯起知，登龍時復醉瓊飴。公謂予得子卷甚奇異，日勉著清修，無負期望。封章燁燁高南斗，環珮珊珊步赤墀。丑歲浙直大旱，公陳時政數事甚切，以諫草示余輩。松菊興濃還解綬，庚寅歲竹翁請告家居。山河氣壯早騎箕。海濱萬里無過雁，長向西風淚暗垂。（饒與齡《寶印詩草》）

本年雲名山任西寧教諭。

雲名山，文昌人。貢生。明神宗萬曆二十一年（一五九三）任西寧教諭，遷新興教諭。著有《三才廣集》。民國《文昌縣志》卷一〇、民國《西寧縣志》卷一八有傳。

本年區金龍授賓州判。

區金龍，字雲衆。高明人。萬曆二十一年（一五九三）以選貢授賓州判，奉命督賑，活飢民甚衆。升大理府判，管鹽井，清廉爲政。嘗師從區大倫，通心性之學。（道光《高明縣志》）

張一暘於本年成貢生。

張一暘，開建（今屬封開）人。明神宗萬曆二十一年（一五

九三）貢生，任無爲州同知，陞留守經歷，擢郢陽府通判，轉雲
南通安州知州。康熙《開建縣志》卷八、道光《開建縣志》人物
志有傳。

詹一綱於本年成貢生。

詹一綱，字正朝，號肅宇。惠來人。一惠弟。明神宗萬曆二
十一年（一五九三）貢生。①授保定判官，駐赤城，督宣府軍餉。
秩滿，晋廣西河池知州，尋解組歸。乾隆《潮州府志》卷二八
有傳。

袁大敬於本年成貢生。

袁大敬，號澄霖。揭陽人。明神宗萬曆二十一年（一五九
三）貢生，官瓊州府訓導，歷仕荆州府教授。事見乾隆《揭陽縣
志》卷五、溫廷敬《潮州詩萃》甲編卷七。

錢萬選於本年成貢生。

錢萬選，字紹行。歸善人。年十二通《春秋》。弱冠三試第
一，補諸生。明神宗萬曆二十一年（一五九三）貢生，與楊起元
講學西湖，爲士所宗。阮元《廣東通志》卷二九一有傳。

李杜文於本年成貢生。

李杜文，字士楷。新會人。萬曆二十一年（一五九三）拔貢
生，三十五年（一六〇七）任浙江僉判，官至知府，歷官十載，
身無長物。（清《新會通志》）。

鄭士熙於本年成貢生。

鄭士熙，字我純。香山（今中山）人。萬曆二十一年（一五
九三）拔貢。選潮陽縣教諭，遷山東長清縣知縣。會歲荒民饑，
輒開倉借賑，存活甚眾。旋調湖廣城步縣知縣。縣中有橫征陋
例，士熙革除之，勒石示禁。每出，童子百十人迎拜馬首曰：
“公實生我。”在署飲水茹蔬，老歸里，家徒壁立，崇邑學，祀鄉
賢。（乾隆《香山縣志》）

---

① 乾隆《潮州府志》卷二六作“萬曆二十二年拔貢”。

蕭貽朔於本年成貢生。

蕭貽朔，字次倩，號海印。本潮陽人，落籍普寧。馬成孫。萬曆二十一年（一五九三）恩貢。授山西平陽府通判，歷行州縣事。遷廣西左州知州。卒年八十餘。著有《三晉山居草》。（乾隆《潮州府志》卷二八、《潮州志·藝文志》）

李心存生。

李心存（一五九三～一六九二），從化人。樸實勤謹，幼耕鑿，老樵蘇，年百歲而卒。（清《從化縣志》）

柯化鵬生。

柯化鵬（一五九三～一六八二），號聲潮。豐順人。萬曆四十六年（一六一八）亞魁，授浙江省溫州府推官，任內議罪判案公平。時浙江沿海鯊魚爲害農田作物，百姓以爲妖，惶惶不安，設壇祭拜。化鵬聞知視察，所謂“妖”者，實爲鯊魚，遂教百姓釋疑，並組織捕殺膾食，鄉民感恩戴德，建生祠紀念。明亡不仕，棄官歸里。時值動亂，百姓無寧，化鵬倡築城池“柯屋寨”，以保鄉民安寧。（民國《豐順縣志》、一九九二年《客家名人錄》）

蕭九皋生。

蕭九皋（一五九三～?），字伯聲，號鶴汀。羅定州西寧縣（今鬱南）人。明末曾任廣西思恩府同知。入清後，嘗與修康熙六年（一六六七）《西寧縣志》，時年已七十有五。事見清康熙《西寧縣志》卷一〇。

明神宗萬曆二十二年　甲午　一五九四年

本年明朝廷晉封努爾哈赤爲龍虎將軍。（閻崇年《袁崇煥傳》附《袁崇煥年譜》）

正月初一日，歐必元賦《甲午元旦》詩云：

旭日瞳瞳達曙光，江城霽色散嚴霜。南來氣候占春早，北望星辰待漏長。自識傳家裘是業，何如卒歲芰爲裳。微才更有椒花

頌，敢上君王萬壽觴。（歐必元《琭玉齋稿》卷七）

秋，鄧雲霄《燕京秋懷　三首》詩云：

甲午秋作，時有東事之急。

萬里霜天數雁行，飛書隨處急秋防。渥窪漫道來天馬，沙苑仍殘舊驌驦。大樹涼回風瑟瑟，高壇秋盡月蒼蒼。年來遼左功成否，愁見旄頭夜夜光。

薊門遙望古桑乾，易水蕭蕭風正寒。昔日悲歌傳擊筑，近時豪客亦探丸。太行西枕秦關險，碣石平吞晉甸寬。萬世皇居元此地，舊圖如在掌中看。

碧蹄未見奏鐃歌，聞道東倭已請和。邊徼豈無秦日月，旁人休指晉銅駝。元戎擁幕虛談戰，聖主深居實止戈。試問唐皇經略後，到今營壘竟如何。（鄧雲霄《鄧氏詩選·七言律一》）

冬，高忠憲謫尉揭陽，至潮，特訪蕭自麓。

蕭自麓，潮陽人。以主敬爲學，出羅念庵門，最服魏莊渠之教。萬曆二十二年（一五九四）甲午冬，高忠憲謫尉揭陽，至潮，特訪之。鄧淳《廣東名儒言行錄》卷二二有傳。

十月，饒與齡賦《甲午孟冬先姙墳下土圯予督役修理前一夕夢先姙儀容如彌留時語予曰可加一枋不識所謂或者加土厚築之意醒因泫然有感》詩云：

陽月小春景，乾坤姤復時。黃雲覆原野，白霧障江湄。修墓慚非古，崩防祇自悲。三秋如瞬息，夢寐聆音儀。（饒與齡《寶印詩草》）

本年韓上桂中舉人後上春闈，其族祖嶔㰚子賦《甲午送族孫孟鬱赴春闈》詩云：

翹首鵬飛出故林，八千行色照江岑。青萍閃閃星霜去，老眼迢迢煙樹深。薊越風光殊兩地，寸分藜火值千金。不憂上苑無棲處，須慰蒼生引領心。（明韓上桂撰清嘉慶二十一年朵雲山房刊本《韓節湣公遺稿》卷末附錄《家乘藝文》）

嶔㰚子，韓姓，佚其名。番禺人。韓上桂族祖父。事見《韓節滘公遺稿》卷末附録。

本年王舉鴻賦《百載起科甲午王民俊舉人賀教諭靳東瀾作》

丹桂香飄趁子晨，淵涵星斗映澄濱。杏壇日暖清光遍，芹頖香生物色新。一鐸喚廻長夜曉，五經抽出百年春。從今科第綿綿者，譽髦應知造士人。（光緒《澄邁縣志》卷一一）

本年蘇景熙大比落第，賦《送韓芬男上春官》詩云：

甲午大比，余落第，遁跡南山。芬男既舉賢書，將別余北上。余酌芬男酒，謂：“丈夫萬里行自今始，豈徒取高第爲富貴階？達則行，又毋空言自見也。”芬男唯唯。不佞肆爲贈言。

君自天下士，抱奇齎負郭。當其未遇時，跡或似脫畧。予也竊窺之，神龍困溝壑。苟際風雲起，雷雨隨噴薄。高標出妙選，名世信有作。遇合良不偶，豈但榮進樂。明明我元後，求賢一何博。英豪贊經綸，事業在揮擴。一人既有慶，宇宙同清廓。高勳躋前臣，圖畫麒麟閣。始愜平生心，萬古長灼爍。述作固不朽，貧賤之所托。勿以七尺軀，負此千金諾。（韓上桂《韓節滘公遺稿》卷末附録《外集·詩》）

蘇景熙，字汝載，號聞道人。順德人。明神宗萬曆間諸生，援例入太學。工詩，與韓上桂輩交遊。著有《桐柏山房集》等。溫汝能《粵東詩海》卷四五有傳。

本年尹守衡辭官歸，欣然作歌曰：

我聞君子，愛時進趨。時不我與，枉用相驅。出門十載，位卑名微。不才在我，敢爲知希。長裾可曳，王門可遊。爲客弗樂，何如首丘。路長未遠，及時當返。事有不然，悔之則晚。駐馬停繮，問津河梁。望雲以往，知是吾鄉。（崇禎《東莞縣志》卷五）

陳大舉於本年中舉人。

陳大舉，四會人。明神宗萬曆二十二年（一五九四）舉人，官江西寧都知縣。事見光緒《四會縣志》編六。

黎崇勘於本年中舉人。

黎崇勣，字賢之。番禺人。明神宗萬曆二十二年（一五九四）舉人、三十八年（一六一〇）乙榜進士。官交河教諭，任官三月而卒。著有《覺鳴集》。陳恭尹《番禺黎氏存詩彙選》有傳。

楊奇珍於本年中舉人。

楊奇珍，新會人。明神宗萬曆二十二年（一五九四）舉人，官湖廣歸州知府、王府長史。事見阮元《廣東通志》卷七五、道光《新會縣志》卷六。

陳時政於本年中舉人。

陳時政，澄邁（今屬海南）人。明神宗萬曆二十二年（一五九四）舉人。任趙州同知，陞開封府同知。事見光緒《澄邁縣志》卷一一。

王民俊於本年中舉人。

王民俊，澄邁人。明神宗萬曆二十二年（一五九四）舉人。事見清光緒《澄邁縣志》卷十一。

殷輅於本年中舉人。

殷輅，字乘卿。博羅人。明神宗萬曆二十二年（一五九四）舉人。官四川瀘州同知。事見阮元《廣東通志》卷七五。

黎許於本年中舉人。

黎許，字國倩。增城人。元熙次子。明神宗萬曆二十二年（一五九四）舉人。二十九歲病卒。著有《白鹿洞稿》。康熙《增城縣志》卷九有傳。

何荆玉於本年中舉人。

何荆玉，字體孚，一字扶陽。東莞人。明神宗萬曆二十二年（一五九四）舉人。生平豪爽，好聲妓，嘗效長沙擬古樂府而別出心裁，妓多按節歌之。著有《學吟稿》。溫汝能《粵東詩海》卷四二有傳。

翁延壽於本年中舉人。

翁延壽，字仁寰。惠來人。明神宗萬曆二十二年（一五九四）舉人，官至福建鹽運丞。雍正《惠來縣志》卷一四有傳。

羅應許於本年中舉人。

羅應許，字藎侯。順德人。明神宗萬曆二十二年（一五九四）舉人，官至雲南副使。康熙《順德縣志》卷七有傳。

馮執中於本年中舉人。

馮執中，字允甫。東安人，恩平籍。陳璘婿。明神宗萬曆二十二年（一五九四）舉人。二十六年（一五九八）官山東利津知縣，值歲饑，捐俸煮粥散金錢以賑濟窮民；又以士子多貧寒，創置學田三十餘畝，爲諸生贍養之資，士民多頌其德。在任間，曾修纂邑志。康熙《利津縣新志》卷七有傳。

吳絅於本年中舉人。

吳絅，字内閣，一字錦先。增城人。明神宗萬曆二十二年（一五九四）舉人，知黃巖，歲歉，不忍追呼。左遷福建都事，改樂清教諭。寒氈六載，清操逾勵。遷雲門知縣。阮元《廣東通志》卷二八二有傳。

譚煒於本年中舉人。

譚煒，字汝麗、行陽。從化人。明神宗萬曆二十二年（一五九四）舉人，二十九年（一六〇一）辛丑進士。初授行人，三使册封親藩。歷行人正，轉户部郎中。父母連喪，足喪六年。服闋，補户部郎中，出爲平樂知府。考滿，轉福建鹽運使。值魏璫勢焰，不甘謟媚，解組歸。著有《易本蓬溪筆范》。潘楳元、譚瑩《廣州鄉賢傳》卷四有傳。

關驥於本年中舉人。

關驥，字德甫。南海人。明神宗萬曆二十二年（一五九四）舉人，三十二年（一六〇四）甲辰進士，授全椒知縣，多惠政。量移嘉興丞。四十年（一六一二）壬子，當入計，郡邑並缺，總六篆。翌年癸丑升刑部郎，讞獄江南，多所平反。遷知寧國府。天啓二年（一六二二）壬戌入計，與卓異宴。旋擢副使，督學廣西。潘楳元、譚瑩《廣州鄉賢傳》卷四有傳。

衛琛於本年中舉人。

衛琛，字玉之。番禺人。萬曆二十二年（一五九四）舉人，授富陽知縣，秉公執法。（同治《番禺縣志》卷四一）

劉兆元於本年中舉人。

劉兆元，字叔瑁。博羅人。萬曆二十二年（一五九四）舉人，授福建南平知縣。（光緒《惠州府志》卷三二）

阮一道於本年中舉人。

阮一道，字唯仲。博羅人。萬曆二十二年（一五九四）舉人。授新興教諭，擢樂安令。善事繼母，撫侄如子。崇禎五年（一六三二）民變，預作綢繆，防患未然。（光緒《惠州府志》卷三二）

李初榮於本年中舉人。

李初榮，高要人。萬曆二十二年（一五九四）舉人，授義烏令。退歸，結南濠社談藝。著有《家訓顏甲集》。（宣統《高要縣志》卷十八）

李粹中於本年中舉人。

李粹中，字太冲。從化人。萬曆二十二年（一五九四）舉人，以祿養就饒平教諭。著有《讀史管見》、《六經補注》、《東山文集》。（清《從化縣志》）

彭德馨於本年中舉人。

彭德馨，番禺人。孟陽父。萬曆二十二年（一五九四）舉人，官漳州同知。（《粵臺徵雅錄》）

歐達勳於本年中舉人。

歐達勳，鬱南人。達政弟。萬曆二十二年（一五九四）舉人，官山東膠州知州。（郝玉麟《廣東通志》）

袁溫於本年中舉人。

袁溫，字心廣。澄海人。萬曆二十二年（一五九四）舉人，任雲南阿迷州（今開遠）知州，有善政，民多頌之，遷廣西潯州府同知。謝病歸，家居十年。著有《迷陽集》、《昆蟲草木疏》。（《潮州志·藝文志》，嘉慶《澄海縣志》卷十八）

郭用宏於本年中舉人。

郭用宏，號星陽。龍門人。萬曆二十二年（一五九四）舉人。官福建寧德知縣，以清廉著，辭官歸。倡率後學講課文藝，籍其裁成者甚眾。生平正直不阿，非義不取。周濟貧乏，無所吝惜。（康熙《龍門縣志》卷十一）

謝天眂於本年中舉人。

謝天眂，字宣美。番禺人。萬曆二十二年（一五九四）舉人。數上春官不第，垂十餘年。選甌寧教諭，擢石首知縣，勤築水利，民無水患之憂。召見，留部。因不事魏忠賢，受排擠，調撫州同知。未幾，東廠日橫，乃致仕歸。（同治《番禺縣志》卷四一）

廖廷掄於本年中舉人。

廖廷掄，翁源人。萬曆二十二年（一五九四）舉人，授滁州知州。父振，隆慶貢生，任太倉州同知，以父老乞歸。（《韶州府志》卷三四）

王淰（一作宓）於本年成貢生。

王淰，字時見。興寧人。明神宗萬曆二十二年（一五九四）貢生，官南雄府同知。令平樂，晉養利州牧，轉南寧司馬，攝本郡、大平、思明三篆，一芥不取。家居逢歲荒，倡言曰："禁穀出境，價自平矣。"胡曦《梅水會靈集》卷一有傳。

劉王則於本年成貢生。

劉王則，永安（今紫金）人。明神宗萬曆二十二年（一五九四）選貢生，官全州州同知。（《永安三志》）

王舉鴻於本年中副榜。

王舉鴻，字伯逵，號問梅。澄邁（今屬海南）人。明神宗萬曆二十二年（一五九四）副榜，修縣志。光緒《澄邁縣志》卷九有傳。

洪有成於本年中鄉薦副榜。

洪有成，遂溪人。明神宗萬曆二十二年（一五九四）鄉薦副

榜，任湯溪訓導，轉吳川教諭。阮元《廣東通志》卷三〇〇
有傳。

　　周遵於本年成貢生。

　　周遵，字行甫。長樂人。明神宗萬曆二十二年（一五九四）
貢生，任四川大竹知縣，行取留部，陞陝西華州知州。以丁祖母
艱，歸里。服闋，不復赴。檄書至，勉入都門，卒於邸。康熙
《長樂縣志》卷五有傳。

　　李世嶼生。

　　李世嶼（一五九四～？），順德人。二歲不言，善書大字，如
陳白沙體。四歲，貴陽馬御史文卿巡粵，召見，抱膝上令寫，手
甚小而握筆堅牢，作字如碗口大而揮灑甚疾。（《涌幢小品》）

明神宗萬曆二十三年　乙未　一五九五年

　　春，韓上桂罷對，賦《紫陌行》七言長詩，序云：

　　乙未春罷對，自長安抵弊散廬。時春氣盛敷，遊觀絡繹。而余獨塞行道
中，不勝壹鬱之感，雜以成篇。（韓上桂《蓮廬稿·七言古詩》）

　　正月二十三日，唐伯元賦《乙未春正月二十三日早恭遇上御
皇極門觀天下來朝諸侯時有島夷乞封闕下　二首》詩云：

　　曉伏春雲擁漢官，忽瞻龍袞欲躋攀。聲稀玉漏聞天語，色醉
仙桃識聖顏。萬國山呼依北極，兩階干舞肅南蠻。自憐捧日心猶
壯，郎署何妨侍從班。

　　詔選宮人昔奏知，怪來朝講故遲遲。忽逢丹宸垂裳日，正憶
天言罪己時。先帝初年真聖主，輪臺一詔更吾師。微臣舊有千秋
鑒，卻望調元鼎鼐誰。（唐伯元《醉經樓集》卷一）

　　冬，王學曾賦《乙未冬珠江餞金持甫梁文燦友人北上》
詩云：

　　二妙衝寒棹北征，那堪江上別離情。幸逢聖主詢民瘼，爲報
瘡痍尚未平。

　　天開孤島屼中流，誰聽明珠莫暗投。把酒別君君努力，江湖

廊廟足深憂。（郭棐、陳蘭芝《嶺海名勝記》卷三）

區大相賦《石門行　萬曆乙未冬事》詩云：

石門啾啾鬼夜哭，北將詐誘南兵縛。可憐枉死三千人，更有平人被屠戮。憶昔平壤破倭奴，此輩赴難曾捐軀。有功誰分不蒙賞，無罪因何反見誅。本爲勤王誣以反，陽言賞給屠俱盡。皇天悶悶旌旆愁，白日曉曉風沙憤。從來殺降受惡名，況以私憾殺我兵。無人肯向朝廷説，至今道路猶吞聲。誰其爲謀石與李，爾曹安得逃天刑。（區大相《區太史詩集》卷十）

冬杪，楊起元賦《乙未冬杪赴闕過羊城同志集送咸以此學相期予感而述一時贈處之意》詩云：

驅車出北門，冠蓋何濟濟。驪駒委僕夫，壺榼傾肴醴。群公各稱願，勉事聖天子。躋世成唐虞，生光照閭里。聞言内自忸，安能與斯理。無已則有之，長途跬步始。孤掌何由鳴，聚蚊雷可擬。願言各努力，敬以修諸已。無憚悠久成，無厭冲澹旨。韋布可佐皇，肉食反足鄙。平生無寸長，結髪守聖軌。徒嗟白滿頭，始覺玄尚未。多謝誠殷勤，何以報桃李。（楊起元《楊復所文集》卷八）

本年張萱落第，集《乙未落第南還夜泊潞河夢中集唐句及覺止憶記首二句因續成之》詩云：

在世誰非客，李端。吾生半異鄉。曹唐。男兒行處是，杜甫。歲月坐中忘。崔洞。海日生殘夜，王灣。天河落曉霜。李白。相看指楊柳，李季蘭。憔悴不成行。□□□。（張萱《西園存稿》卷十四）

本年饒與齡賦《觀乙未大察報二十四句》五古詩。（饒與齡《寶印詩草》）

本年釋德清因私修寺院罪（一説因立皇儲事得罪皇帝），充軍雷州。

釋德清（一六四六～一六二三），字澄印，號憨山，以號行，又自號天放道人，俗姓蔡。全椒（今屬安徽）人。十九歲出家於棲霞山，修習《華嚴經》，後又習净土宗。此後雲遊四方。明神宗萬曆元年（一五七三）至五臺山，因喜五台山之憨山神奇秀麗，以此爲號。十四年，太后將《大藏經》一部贈駐錫東海牢山（今青島嶗山）之憨山，朝廷即於牢山建海印寺，請其主持。二十三年（一五九五），因私修寺院罪（一說因皇儲事得罪皇帝）充軍廣東雷州，於粵弘揚禪宗，至六祖慧能道場曹溪寶林寺（今南華寺）說法，主張禪宗與華嚴宗融合，佛、道、儒三教合一。在粵五年，竟名滿天下。後獲准回牢山海印寺。天啟三年圓寂，壽七十八。與雲棲蓮池（袾宏）①、紫柏（真可）②、

---

　　①　蓮池（一五三五～一六一五），俗姓沈，名袾宏，法號佛慧，也稱蓮池大師，仁和（今杭州）人。净土宗八祖。出身望族，幼習儒家經典，以孝聞名鄉里。三十二歲時棄功名，離家室，削髮爲僧，雲遊四方。隆慶五年（一五七一），居杭州雲棲寺，故稱"雲棲大師"或稱"雲棲袾宏"。在杭修建西湖放生池、萬工池等名勝，講授佛學教義。本法禪宗，但對净土宗、華嚴宗亦有深厚造詣，精心研究法藏，澄觀華嚴大義，著有《華嚴感應略記》，用華嚴宗解釋净土教義。還主張儒、釋、道三教合一，反對天主教傳入。後世推爲"蓮社"第八祖。出家五十年，潛心佛法，著有《阿彌陀經疏鈔》、《禪關策進》、《四十八問答》、《西方發願文》、《净土疑辨》、《楞嚴經摸象記》等二十多部佛經典籍。還著有《竹窗隨筆》、《類林》、《偶筆》等二十多種文學作品集。後人王宇春彙集其著作，合編爲《雲棲法彙》三十四卷。
　　②　紫柏真可（一五四三～一六〇三），俗姓沈，名真可，字達觀，晚號紫柏。江蘇吳江人。少時剛烈勇猛，慷慨具俠氣。十七歲辭親遠遊，途經蘇州閶門，因大雨，投宿虎丘雲岩寺，偶遇明覺禪師，壯其偉岸，知是法器，遂以傘蔽之，並邀共進晚餐。夜聞寺僧唱誦八十八佛名，心大開悅，即將腰纏十餘金贈明覺禪師，並請求出家。遂至落髮。受具足戒後，曾在嘉興東塔寺，偶遇僧人抄《華嚴經》，心生恭敬，歎道："吾輩能此，足矣！"遂至武塘景德寺，掩關三年。出關後回吳門雲岩寺，辭別明覺禪師，決志策杖遊方，以究明生死大事。一日，偶聽僧唱誦張拙秀才悟道偈，至"斷除妄想徒增病，趨向真如即是邪"時，忽生大疑情。此後每至一處，均書於壁，時時提撕，以至廢寢忘食，頭面俱腫，後用齋時大悟。悟道後，即遍歷禪席，居無定所。曾至廬山，一度深究法相精義，又朝五臺山，旋遊京師，參禮燕京大千佛寺真圓遍融禪師。

蕅益（智旭）① 並稱明代四大高僧。著有《法華經通義》、《莊子內篇注》等十餘種，涉佛、道、儒三教，其門徒又匯編成《憨山夢遊集》五十五卷、《憨山語錄》二十卷。

本年楊夢得以明經授通州判官。

楊夢得，字若益，號箕餘。潮陽人。萬曆二十三年（一五九五）以明經授通州判官，署如皋、泰興二縣事，所至有政聲。官至襄陽府右長史，解組歸，捐資倡築貴嶼圍。歲饑發賑，存活甚眾。（乾隆《潮州府志》卷三十）

李見龍於本年任澄海縣訓導。

李見龍，化州人。明神宗萬曆間貢生，萬曆二十三年（一五九五）任澄海縣訓導。事見阮元《廣東通志》卷三四。

梁有年於本年中進士。

梁有年，字書之，號悝田。順德人。明神宗萬曆二十三年（一五九五）進士，選授翰林院庶吉士。讀書中秘三載，歷授吏、禮、刑三科給事。奉使朝鮮，賜一品服，卻饋金，朝鮮君臣咸異之。為監察御史，在諫垣七年。尋外補，任山東參政，河南、湖

---

① 蕅益智旭（一五九九～一六五五），俗姓鐘，名際明，字蕅益，號八不道人。江蘇吳縣木瀆人。少習儒學，以衛道為職事，曾撰辟佛論數十篇。十七歲時，因讀蓮池袾宏之《自知錄》及《竹窗隨筆》，始悟己非，取所著辟佛論燒毀。二十歲時誦《地藏本願經》，發出世之志。二十三歲發四十八願，自名大朗優婆塞，以聽講《大佛頂首楞嚴經》，對何故有大覺、何以生起虛空和世界等問題生疑，遂決意出家，體究大事。二十四歲從憨山弟子雪嶺剃度，改名智旭。夏秋之間，於雲棲寺聽講唯識論，疑與佛頂經之宗旨矛盾，叩問之，得'性相二宗不許和會'之答，猶不解其意，遂往徑山坐禪，豁然而悟性相二宗本無衝突。二十六歲受菩薩戒，翌年遍閱律藏。偶罹病將危，乃專意求生净土。三十歲時，依道友雪航之請，於龍居寺講律，後至金陵，深切體察宗門流弊，自此決意弘律。三十二歲，欲注梵網經，作四鬮於佛前，拈得天台宗之鬮，乃詳究天台教理。翌年，入浙江孝豐靈峰寺，後歷住九華、温陵、石城、晟溪、新安等地，弘揚台教，注釋經論。年五十六，於靈峰臥病，撰西齋净土詩，另贊補九部之書，名為《净土十要》。病癒後，撰著《閱藏知津》、《法海觀瀾》二書。十月病再發，口授遺囑，並制《求生净土偈》。清順治十二年一月，趺坐繩床，舉手向西示寂，世壽五十七，法臘三十四。

廣按察使，累官至浙江右布政。後以薦升鄖陽巡撫，適以憂歸，旋卒。著有《疏草》及《使東方集》。溫汝能《粤東詩海》卷四二有傳。

袁崇友於本年中進士。

袁崇友（？～一六四一？），字伯益，號伯玉。東莞人。應文長子。明神宗萬曆十九年（一五九一）舉人，二十三年（一五九五）進士。初授福建南安令，多惠政。調宰望江，任滿遷南京戶部主事，授南昌知府，未赴歸。天啟元年（一六二一），起尚寶司丞，趣促至潛山，托疾而返。居家二十年卒。著有《讀老二十四章》、《讀書十五則》、《春草堂集》。阮元《廣東通志》卷二八一有傳。

翟廷策於本年中進士。

翟廷策，字伯勳。東莞人。明神宗萬曆二十三年（一五九五）進士。初授福建清流令，多惠政。調宰浙江武康，卒於任。（宣統《東莞縣志》卷五九）

趙應元於本年中進士。

趙應元，字葆初，一字肖鶴。新會人。明神宗萬曆二十三年（一五九五）進士。初令無錫，擢虞部主事，晉郎中。會奉使易州，取道歸省，尋卒。著有《棲玄集》、《史粹》、《範經》、《至言》等書。溫汝能《粤東詩海》卷四二、道光《新會縣志》卷九有傳。

洪信於本年中會試副榜。

洪信，字孺成，號約吾。東莞人。紹儲子。明神宗萬曆十年（一五八二）舉人，二十三年（一五九五）會試副榜。歷恩平、海門教諭，遷福建連江令。嘗與尹守衡等重結鳳臺詩社倡和，並建鳳臺書院。嘉慶《新安縣志》卷一九、阮元《廣東通志》卷七五有傳。

饒忠學於本年成貢生。

饒忠學，開建（今屬封開）人。明神宗萬曆二十三年（一五

九五）貢生。三十五年（一六〇七）任長樂縣教諭。事見阮元
《廣東通志》卷三一、康熙《開建縣志》卷八有傳。

李元表於本年成貢生。

李元表，字敬可，號飛雲。東莞人。明神宗萬曆二十三年
（一五九五）貢生，歷任至淮府教授。解官後，與歸善葉春及爲
物外遊。著有《飛雲集》。光緒《廣州府志》卷五一、宣統《東
莞縣志》卷六〇有傳。

歐達政於本年成貢生。

歐達政，字仲行。鬱南人。明神宗萬曆二十三年（一五九
五）歲貢生，任梧州府通判。與弟達勳齊名，兄弟和睦，當地有
"歐聯萼"之稱。（清《西寧縣志》）

歐大任卒，歐必元賦《虞部公輓章四首》七律詩悼之。（歐
必元《琭玉齋稿》卷七）

明神宗萬曆二十四年　丙申　一五九六年

春，憨山德清遣戍雷陽，道經廣州長壽庵，信宿而去。（《憨
山大師夢遊全集·憨山老人夢遊集》卷二三）

三月十五日，區大相賦《丙申三月十五日食寓西河驛作》
詩云：

月本爲陰象，輝盈有蝕時。照臨終不滅，圓景得無虧。小驛
冠裳少，荒村鼓角遲。佇看光復處，始解萬方疑。（區大相《區
太史詩集》卷一三）

除夕，韓上桂賦《丙申守歲》詩云：

歲暮陰陽感慨中，春光搖曳柳條風。那堪物序年年隔，敢謂
人情處處同。雙眼欲穿愁落日，片雲空遠斷孤鴻。經營事業心終
在，悵望寒宵愧此躬。（韓上桂《邁廬稿·七言律詩》）

本年英德大饑，鄺汝禧出穀百餘石賑濟。

鄺汝禧，英德人。萬曆二十四年邑大饑，出穀百余石賑濟。
享年百四。（《英德縣志》卷十一）

本年邑大饑，石米千錢，韓諒捐穀二百餘石助賑，全活多人。

韓諒，字道貞。博羅人。孝友務義。築堂，聚鄉黨子弟教之。縣城圯，義築五十丈。（光緒《惠州府志》卷三八）

本年饑荒，鄭鎰出米賑饑，有死者予以葬具，曾遍拾暴骨埋之。

鄭鎰，新安（今深圳）人。爲人剛直好義，曾自誦曰：“吾寧甘食粥，不忍見人哭。”萬曆二十四年（一五九六）饑荒，出米賑饑，有死者予以葬具，曾遍拾暴骨埋之。年七十餘卒。（康熙《新安縣志》）

本年歲饑，鄉人求貸，梁梓量力而應。

梁梓，新安（今深圳）人。爲人淳厚忠直，輕財好義。萬曆二十四年（一五九六）歲饑，鄉人求貸，量力而應，悉焚其券。卒年九十一。（康熙《新安縣志》）

本年韓價以貢授雷州府訓導。

韓價，字潘甫。博羅人。以經術名，人多從遊。官至貴州都勻教授。（乾隆《博羅縣志》卷十二）

趙良說於本年成貢生。

趙良說，別號偶峰。新興人。羽子。明神宗萬曆二十四年（一五九六）貢生。以平樂府教見推當道，攝篆昭平。致任歸，年八十餘始卒。著有《長嘯集》。清乾隆《新興縣志》卷二三有傳。

陳子壯生。

陳子壯（一五九六～一六四七），字集生，號秋濤。南海人。熙昌子。明神宗萬曆四十七年（一六一九）進士，廷對第三，授翰林院編修。明熹宗天啟四年（一六二四），典浙江試，發策刺閹豎，魏忠賢削子壯及其父給事中熙昌籍。明思宗崇禎初起故官，歷官至禮部右侍郎，充經筵講官。每召見，輒稱旨。旋以言宗室事，唐王上疏詆之，下獄，減死放歸。後唐王立福建，召爲相，竟以宿憾而不行。遭國變，於廣州修南園，結詩社。桂王立於肇慶，授子壯東閣大學士兼兵部尚書，督廣東、福建、江西、湖廣軍務。會清兵入廣州，紹武帝被執死，子壯止不行。順治四年（一六四七）春，與陳邦彥、張家玉、王興、賴其肖等先後起兵，駐五羊驛，爲清軍擊敗，走還南海九江。九月，清兵克高明，被執至廣州，不降，被戮，母自縊。永曆帝追贈番禺侯，謚文忠，蔭子上圖錦衣衛指揮使。清朝褒典，追謚忠簡。著有《南宮》、《秋痕》、《雲淙》諸集，後人編有《陳文忠公遺集》十一卷。阮元《廣東通志》卷二八三、《明史》卷二七八有傳。

釋道忞生。

釋道忞（一五九六～一六七四），字木陳，號夢醒、山翁。潮州大埔人。俗姓林，名莊。年二十，補弟子員，次年赴齊昌西席，絕意出家，棄諸生，投智明若昧禪師，剃染於廬山開先寺，曾折回大埔，遵宗親之命，於二十五歲生一子，後於臘月潛身取道閩嶺回匡廬。受戒於釋憨山德清，又走麻城參無念和尚，得法於寧波天童寺釋密雲圓悟①。崇禎十五年，密雲圓悟圓寂，釋道忞繼席。順治三年（一六四六，一作丁亥，即一六四七），退居於慈邑之五磊，遷台之廣潤、越之能仁、吳興之道場、青州之法慶。順治十四年，再住天童。順治十六年（一六五九）奉召入京，賜號弘覺禪師，隨陛，辭還山。年七十九示寂。著有《道忞集》、《布水臺集》、《北遊草》、《弘覺禪師語錄》等。胞兄名涵，字元孺。堂侄于達，歲貢。羅定州教官。于達父淳（一五七

① 釋圓悟（一五五六～一六四二），俗姓蔣，號密雲。江蘇宜興人。家世務農。年輕時以讀《六祖壇經》而知宗門之事。年二十九，從幻有正傳剃度出家，一日過銅棺山，豁然省悟。萬曆三十九年（一六一一），嗣正傳衣缽。四十五年，繼席龍池院。後歷住天台山通玄寺、嘉興廣慧寺、福州黃檗山萬福寺、育王山廣利寺、天童山景德寺、金陵大報恩寺六大名刹，大振宗風。崇禎十五年示寂於通玄寺，世壽七十七。著有《密雲禪師語錄》（《禪宗全書》第五十二冊）行世。其剃度弟子三百餘人，嗣法者十二人。其中多位爲清初名僧。

一～？），年十九爲秀才，廣西平南知縣。

空白禪師生。

空白禪師（一五九六～一六七四），法名性徹，字覺照。增城人。俗姓陳。明朝天啟二年（一六二二），禮惠州六度禪院終南老和尚出家披剃，約於崇禎七年（一六三四），開創歸善平海龍泉寺。康熙十三年（一六七四）甲寅十月二十八日圓寂，世壽七十九歲，僧臘五十三年，乃古榕寺第二世祖、龍泉寺及三摩禪院開山始祖，屬禪宗臨濟宗。

明神宗萬曆二十五年　丁酉　一五九七年

春，盧龍雲賦《三水舟中別諸親族二首　有引》詩云：

前次北上，在丁酉之春，時仲弟少騰、從兄信侯俱至此言別，今作地下人矣。歲月幾何，幽明異代，情見乎詞。

萬里關山道，偏憐後會踈。風霜仍旅食，花月想閒居。前路誰知己，新詩重起余。發船催疊鼓，倚棹更踟躕。

俛仰思前度，魂銷幾弟兄。歸來重聚首，死別已吞聲。未論干時計，先傷造物情。交親期末路，珍重保餘生。（盧龍雲《四留堂稿》卷七）

三月初五日，區大相賦《三月五日遊郭氏園池》詩云：

結軫臨芳郊，回鑣憩園枝。園前綠水池，園後古城基。池館發幽思，花木含春滋。喬柯布新葉，嫩卉舒柔黃。佳鳥向我鳴，好風穆然吹。出門見耕鑿，悠然念東菑。共就池邊酌，還登城上陴。古人長已矣，古城餘若斯。不知千載後，此樂更爲誰。所願樽恒滿，但恐日西馳。

初八日，大相賦《公宴詩　萬曆丁酉春三月八日會己丑同年進士作》五古詩二首。

十五日遊城南韋氏園，大相又賦《三月十五遊城南韋氏園》詩云：

暄風蕩嘉卉，膏露沐時芳。休假出南園，眾友與我行。方塘

溜清渠，珍木秀通莊。谷禽擇樹鳴，水族近人翔。素柰呈雪姿，綺棠絢霞妝。俯仰茂對育，羈累爲之忘。嘉彼中園有，坐歎此流光。取快直時物，歡樂寧詎央。寤言幽澗側，彼子獨褰裳。（區大相《區太史詩集》卷六）

七月，楊起元賦《明神宗萬曆丁酉孟秋思林丁老師次公子慎思兄求子所作墓碑還武林賦贈》詩云：

令威仙去幾何①年，弟子無知爲表阡。道在清時收合浦，碑同明月載江船。一帆西上風煙闊，千里人歸史筆傳。悵望桃岡不可見，送君唯有淚潺湲。

除夕，韓上桂賦《丁酉京邸守歲》詩云：

萬里辭家客，三年望闕情。陰陽催短燭，絲管入新聲。雪重寒廬壓，貂殘瘦骨驚。遥知故鄉處，縷酒到天明。（韓上桂《蘧廬稿·五言律詩》）

歐必元賦《丁酉除夕立春》詩云：

今宵除夕春意動，物色參差殊可憐。竹徑草堂聊自適，椒盤生菜爲誰傳。詩篇久傍江湖里，貧賤長驅歲月前。心折此時無一寸，懶將懷抱問流年。（歐必元《琭玉齋稿》卷七）

本年袁崇焕應廣西藤縣試，補諸生。（閻崇年《袁崇焕傳》附《袁崇焕年譜》）

本年王天性年七十二歲，賦《誕第九男戲筆　時七十二》詩云：

擬待男婚畢，問尋山澤臞。豈知霜滿鬢，還作蚌懷珠。啼攬通宵寐，抱煩終日劬。何時黄口哺，供養白頭烏。（王天性《半憨集》卷上《澄海金砂王槐軒先生遺草》）

本年憨山德清奉鎮橄再度來五羊長壽庵，釋性亮等乞其撰《創建長壽庵記》。（《憨山大師夢遊全集·憨山老人夢遊集》卷二十三）

---

①　何，道光本、光緒本作“多”。（楊起元《楊復所文集》卷八）

陳錫爵於本年中亞魁。

陳錫爵，字儒修。南海人。高祖斌，父嗣光。弱冠中明神宗萬曆二十五年（一五九七）亞魁，授河南光州知州，轉滇南永昌府同知。雲龍土知州段進忠，負險不馴，縛之，得其地爲流。飄然掛冠，年未五十。阮元《廣東通志》卷二八二有傳。

劉澤大於本年中亞魁。

劉澤大，英德人。明神宗萬曆二十五年（一五九七）恩貢生，同年以亞魁中舉。任廣西全州知州，歷官南京戶部員外郎，出知四川敍州府，以功升敍瀘道副使，晋參政，加按察使。同治《韶州府志》卷三四有傳。

張應申於本年中舉人。

張應申（一五六九～一六二二），字維貞（禎），號霍林。東莞人。宏毅子。明神宗萬曆二十五年（一五九七）舉人。著有《二酉山房草》。溫汝能《粵東詩海》卷四二有傳。

陳開泰於本年中舉人。

陳開泰，字侯亮。三水人。明神宗萬曆二十五年（一五九七）舉人，官至鶴慶知府。以勞瘁卒於官。嘉慶《三水縣志》卷一一有傳。

林坦於本年中舉人。

林坦，字坦之。東莞人。烈子。明神宗萬曆二十五年（一五九七）舉人。阮元《廣東通志》卷二七九有傳。

吳仕訓於本年中舉人。

吳仕訓，字光卿。潮陽人。從周子。明神宗萬曆二十五年（一五九七）舉人，初署教福安，陞柳城知縣。曾任鄉試同考官，所取多知名士。轉任福州府同知。清操自持，以疾告歸。著作甚多，曾與修福安、潮陽邑志。年八十六卒。康熙《潮州府志》卷九上、乾隆《潮州府志》卷二九有傳。

曾邁於本年中舉人。

邱道光於本年中舉人。

　　邱道光（一五七四～?），字厚卿。大埔人。明神宗萬曆二十五年（一五九七）舉人。授雲夢知縣，攝孝感事，謫長樂教諭。又五年，陞肇慶府教授，晋鎮遠府推官。值兩江九苗叛，道光單騎往撫之。聞父訃歸，卒於長沙。著有《來青樓稿》、《大雅堂稿》等。康熙《潮州府志》卷九上有傳。

　　梁斗輝於本年中舉人。

　　梁斗輝，字忠旋。新會人。明神宗萬曆二十五年（一五九七）舉人。爲榷監誣，執逮繫大理，在獄五年，與馮應京、華鈺、何棟如等四十餘人，講學讀書不輟。會四十二年赦，削籍歸里，授徒大雲寺。明年，給事中郭尚賓再疏復舉人，詔赴禮闈，以禫服未除，不就道。明熹宗天啟二年（一六二二），任湖廣通城教諭，擢國子學正，遷太平同知，攝繁昌令，以事去官。居林下二十餘年，卒，年九十。著有《取士議》、《採珠議》等。顧嗣協《岡州遺稿》卷四、道光《新會縣志》卷九有傳。

　　李茂蓉於本年中舉人。

　　李茂蓉，字蓮叔。新會人。父本真，嘗拾遺金五十錠，還失主，享年九十。茂蓉中明神宗萬曆二十五年（一五九七）舉人，二十九年（一六〇一）會試副榜。知陽朔縣，多德政。遷辰州府同知，丁內艱歸，補徽州府同知，兩攝休寧縣篆，甚得民心。（清《新會縣志》）

　　陳尚志於本年中舉人。

　　陳尚志，字士道，號煉石山人。惠來人。萬曆二十五年（一五九七）舉人。不仕。家居濱海。夜颶風作，有賈客舟破，攜重金求宿。翌日行，傾囊爲謝，卻不受，遣子弟送之。著有《桑梓會約》。（乾隆《潮州府志》卷二九）

　　陳秉良於本年中舉人。

　　陳秉良，字惺然。東莞人。萬曆二十五年（一五九七）舉人。官山東樂安縣令，起補碭山縣，平反冤獄。以徽州同知致仕。（宣統《東莞縣志》卷六〇）

　　趙環於本年中舉人。

　　趙環，字佩仲，號玉林。東莞人。璧玄孫。萬曆二十五年（一五九七）舉人。官四川永川縣令，招集流亡，鼓勵生產。遷順慶府同知，攝嶽池縣事，清理積賦六千兩，均免徵。（宣統《東莞縣志》卷六十）

　　趙善紀於本年中舉人。

　　趙善紀，字振先。東莞人。璧曾孫。萬曆二十五年（一五九七）舉人。官湖廣蘄州知府，禁止胥吏包攬侵吞，令田戶自交賦稅。得罪上司，調任按察司經歷。卒於任，遺銀不足十兩。（宣統《東莞縣志》卷六十）

　　曾舜漁於本年中舉人。

　　曾舜漁，字澤卿。博羅人。萬曆二十五年（一五九七）舉人，二十六年（一五九八）進士，改庶吉士。授山西道監察御史，出視河東鹽政。時鹽池圮，額餉日縮。舜漁鳩工修築，商集賦充。辟育才館以造士。以不事權貴，謫福寧州判。起南京戶部主事，遷福建參議。擢廣西按察使，未赴，歸里。著有《春秋正義》等書。（光緒《惠州府志》卷三二、乾隆《博羅縣志》卷一二）

　　郭詩於本年成貢生。

　　郭詩，翁源人。明神宗萬曆二十五年（一五九七）貢生，官臨清州州判。嘉慶《翁源縣志》卷三有傳。

　　羅士俊於本年成貢生。

　　羅士俊，字英甫。東莞人。明神宗萬曆二十五年（一五九七）貢生，歷官紹興府訓導、崖州學正、思明府教授，辛勤育才。（宣統《東莞縣志》卷六十）

　　黎民望於本年成貢生。

　　黎民望，字應期，號及泉。羅定人。明神宗萬曆二十五年（一五九七）歲貢生，歷官饒平、任丘訓導。後知景州、義寧縣，升鎮寧知州，有"三不要"、"死不認"之譽。著有《清業錄》、

《續太極圖説》、《鶴村筆談》。入祀鄉賢祠。（郝玉麟《廣東通志》卷四七）

明神宗萬曆二十六年　戊戌　一五九八年

七月，日本權相關白豐臣秀吉卒，尋朝鮮事平。（閻崇年《袁崇焕傳》附《袁崇焕年譜》）

春，楊起元賦《戊戌春日寫懷》詩云：

佳麗皇州又早春，鍾山佳氣曉氤氳。金陵六代空塵跡，聖祖三才是首君。

幾度南州閱歲華，葉和。吾生回首亦堪嗟。葉礎。鏡中舊日紅顏改，頭上新年白髮多。

冬白春紅此處無，皆吾粤中酒名。一般有酒對屠蘇。獨憐雪色凌萱草，又見春來聽鵾鴣。

又賦《問友人病》二首、《燈下吟四首》（以上七絶）、《自警四首》四言詩。（楊起元《楊復所文集》卷八）

正月初一日，歐必元賦《新春飲酒》詩云：

善開朱杏已迎春，懶囀黃鸝喚幾巡。老大漸悲雙短鬢，佯狂羞作獨醒人。非關阮籍窮猶哭，自是陶潛醉後真。二十六年生計拙，恐應無地問垂綸。（歐必元《璆玉齋稿》卷七）

夏至，楊起元賦《長至宿齋中寫懷奉承同署諸君子》五律五首。（楊起元《楊復所文集》卷八）

七月，區大相賦《東征從軍行》五首五古詩，詠抗倭援朝事。（陳永正《嶺南歷代詩選》一八三頁）

九月，大相賦《東征詩　有序》詩云：

萬曆二十六年季秋，國家復有事於東夷。維時朝鮮患倭，至是六七年矣。我師救之，久未報捷。天子赫然震怒，乃命巡撫萬公世德視師，前與總督大臣邢公玠、都督陳公璘以下文武將臣十餘人，兵會於朝鮮。先後濟鴨綠江，數道並進。惟公壯志鷹揚，英風虎視，暨於羣公，罔不協乃心力，竭厥忠謀。將轇樂浪，踰雞林，耀師於釜山，封鯨鯢而後返。太史氏區大相以爲從古帝王出師命將，咸有誦言，以壯軍容，宣國威，伸同仇之誼，軫于役之勞；矧夫以天王之師，征誅□□，算出萬全，事在必克，順治威嚴，於茲爲盛，宜昭示遠服，永詒來祀。於是作詩二章，雖乏孔碩之詞，庶揚有截之威云爾。其詞曰：

皇赫怒兮定夷亂，壯士奮兮不遑宴。橫長戟兮簇勁箭，組甲耀兮星辰煥。蹴溟渤兮波濤晏，倚長劍兮扶桑岸，四極冥兮鼇足斷。

皇靈震兮窮海外，征不庭兮靜殊類。甲旅悅兮從公邁，封鯨鯢兮戢鱗介。加日出兮極地界，標穹碣兮際荒裔，異域來兮嘉王會。

又賦《梟長李公之堂有雉忽來馴擾若家雞數日後錦羽煥爛此治世文明之象異類馴服之符也一時綴文之士咸作詩侈其事予遂爲歌歌曰》七律（區大相《區太史詩集》卷二）、《紀朝鮮　萬曆戊戌九月》七古長詩（區大相《區太史詩集》卷十）、《定朝鮮》三言詩二解（朱彝尊編《明詩綜》卷六一）。

本年張萱與張仲蔚泣別於北京，後賦詩《母夫人遣急足入長安促就子舍從括蒼以家仲蔚見懷詩至正余與仲蔚戊戌長安泣別日也時余亦以迎養引疾者一月矣仲復囑余歸當握手武彝山下循陔在原之感黯然對深因以三詩報焉》七律詩。（張萱《西園存稿》卷六）

本年朝鮮事平，盧龍雲《聞島夷遯歸二首》、《恭遇平倭頒詔答石參藩》（以上七律）。（盧龍雲《四留堂稿》卷十一）

本年吳廣以副總兵援朝禦倭。

吳廣，翁源人。父輔國，嘉靖貢生，授崇善縣知縣。廣以武生參與鎮壓農民暴動，任福建南路參將，坐事罷歸。萬曆二十六年（一五九八）以副總兵援朝禦倭，立奇功。回師後參與征剿播州農民暴動，擢四川總兵官。卒贈都督同知，世蔭千戶，與陳璘齊名。（《明史》卷二四七）

余士奇於本年中進士。

余士奇，字才伯。東莞人。明神宗萬曆二十六年（一五九八）進士。署壽州教諭，分校河南。歷寧國知府，善斷疑獄，卓有政績。張其淦《東莞詩錄》卷一八有傳。

黃琮於本年中進士。

黃琮，號玉田。饒平人。明神宗萬曆二十六年（一五九八）進士。授大理評事，治獄多所平反。出任饒州知府。尋調臨江，陞雲南督學，擢福建按察使，轉布政使。告歸，里居多年，孜孜行善。享年八十九。康熙《潮州府志》卷九上有傳。

陳向廷於本年中進士。

陳向廷，字儀翔。新安人。明神宗萬曆二十六年（一五九八）進士，授徽州府推官，累遷戶部郎中。著有《百尺樓稿》、《覺夢草》。溫汝能《粵東詩海》卷四二有傳。

曾陳易於本年中進士。

曾陳易，字少魯。番禺人。年十五代父行捕賊之役，知縣庭辱之，乃發憤讀書。萬曆二十六年（一五九八）進士，知新淦縣，視民情所樂爲治，一介不取。擢南京御史，官至南京太僕寺卿。時議建魏忠賢生祠，陳易不從，忠賢恨之，由是落職。忠賢伏誅，廷臣議起用，未赴，以疾卒。（同治《番禺縣志》卷四一）

尹體震生。

尹體震（一五九八～？），字恒復。東莞人。諸生。明桂王時官中書舍人。國亡，遁跡羅浮，與釋函昰交遊，著書訓子。著有《與石居稿》。清陳伯陶《勝朝粵東遺民錄》卷二有傳。

劉苑華生。

劉苑華（一五九八～一六四三），香山（今中山）人。士騰孫女，國學生君薦女，太常寺少卿何藻副室。工詩，詩篇甚富。著有《落霞山下女子吟》。（《小欖鎮何氏九郎族譜》）

明神宗萬曆二十七年　己亥　一五九九年

春，許子偉賦《遊青山三首　有序》詩云：

己亥春，會講玉陽書院，從賀明府請，以上丁日文廟祭畢，主祀白沙先生，不自知其僭也。次日，招遊青山嶺，一名玉陽山，書院蓋以是得名云。時春雨淋漓，相歡重別，爰賦誌感。

江門春景自吾鄉，祀罷先生躡玉陽。剩有春風簑一領，不妨投足雨如漿。

年來東道主人翁，靜似潛龍動亦龍。瀟灑不知身透雨，乘風直欲跨崆峒。

春到文昌滿縣花，御盃高處講無遮。微茫雨色團傾蓋，錯認青陽是白沙。（民國《文昌縣志》卷一七）

正月初七日，張萱賦《己亥人日西省寓直小酌得閒字》詩云：

橐筆初隨供奉班，宮雲不動佩珊珊。歲星客共金門隱，人日歡遨玉署閒。苑里聽鶯頻送酒，花前拄笏足看山。深宮自是傳呼少，日日垂鞭得句還。（張萱《西園存稿》卷六）

三月十七日，釋道獨生。（《須知簿》）

釋道獨（一五九九～一六六一、一六六〇），字空隱，又字宗寶。南海陸氏子。年十六，自攜刀就磐石禮佛，剃落縛茅於龍山。事母至孝，母卒，廬墓三月。年二十九，謁博山元來深有領悟，爲之登具。旋應閩人請，住持西禪。還粵，說法海幢，遂主法席。與陳子壯、黎遂球交往尤深，釋函昰、釋函可皆其高足。著有《華嚴寶鏡》、《長慶語錄》。光緒《廣州府志》卷一四一有傳。

五月，楊瀧賦《己亥仲夏遊上杭南泉寺僧月修誦王陽明南征閑遊寺詩因次韻》詩云：

司馬南征甫偃戈，尋幽漫步入藤蘿。坐看劍賣還耕犢，會見農忙理故簑。閩壤煙消清永夜，粵江雨過漲新波。禪堂遺詠徵前古，老我長吟夕照多。（康熙《饒平縣志》卷二四）

本年苦雨，鄧雲霄賦《苦雨己亥有水》詩云：

不畏沙崩損藥欄，遙鄰麥秀落風湍。海童有意迎神女，暴雨

何曾避灌壇。薄暮回颷吹野哭，深更哀角動春寒。臨流欲灑瘡痍淚，祗恐偏增濁水瀾。（鄧雲霄《百花洲集》卷上）

歐日章於本年成貢生。

歐日章，新興人。萬曆二十七年（一五九九）選貢生。任茶陵州同知。著有《抒素稿》。事見乾隆《新興縣志》卷二〇、卷二九。

侯應遴於本年中貢生。

侯應遴，字佐熙。開建（今屬封開）人。明神宗萬曆二十七年（一五九九）貢生。官廣西容縣知縣，清廉恤下，賑濟饑民，存活數萬人。會鄰邑藤縣、北流二邑缺官，父老赴當道陳乞兼攝，皆許可，所至有惠政。（康熙《開建縣志》卷八）

曹士選於本年中貢生。

曹士選，字太連。香山人。萬曆二十七年（一五九九）拔貢。初授浙江杭州府通判，補授湖廣承天府通判，治理藩害有方。（乾隆《香山縣志》）

張和生。

張和（一五九九～一六六五），字會美，號醴泉。東莞人。好讀古書，培育後進。著有《禮記約旨》、《西行草》、《餘園草》。（宣統《東莞縣志》卷六五）

明神宗萬曆二十八年　庚子　一六〇〇年

十二月，耶穌會士利瑪竇至北京。（閻崇年《袁崇煥傳》附《袁崇煥年譜》）本年於廣州琶洲村西山崗上建塔，塔立江中小島，可導航，原名海鰲塔，後至今曰琶洲塔。

正月初一日，張萱賦《庚子元日過趙鈞甫絢霞舘》詩云：

歲獻江邊客，源尋溪上花。林深春似酒，日煖樹爲霞。山向樓心矗，門隨石嘴斜。乘風還有約，從爾覓胡麻。

又賦《夜宴趙文鎮環玉舘》、《大安驛》（以上五律）。

十四日夜，飲朱廣文齋，萱又賦《正月十四夜飲朱廣文齋頭》詩云：

　　春風吹苜蓿，夜色净筥簹。三五分今夕，寒暄敘一觴。尋山
聊輟軺，對月欲沾裳。燈火歸驂晚，應憐似葛疆。（張萱《西園
存稿》卷四）

　　三月初三日，區大相賦《庚子三月三日再效蘭亭體》詩云：

　　春芳時暮，景和氣融。輕飆散靄，薄霞被峯。臨川歎逝，出
谷吟風。高揖巢許，遠慕喬松。

　　又賦《庚子三月三日再效蘭亭體》詩云：

　　春服娛嘉節，命賞怡清川。魚遊被浪側，鶯語流杯前。濯纓
聽新曲，舞雩詠歸篇。齊物非外物，取樂任自然。（區大相《區
太史詩集》卷一）

　　六月，楊奇珍賦《庚子季夏勞梁鍾三孝廉吳別駕奉逮北行愴
然有感》詩云：

　　霜飛六月莽生寒，病骨那堪强據鞍。萬里飄零餘短劍，幾人
慘澹惜南冠。鄒陽梁獄書堪上，李白潯陽淚未乾。慷慨侍臣爭折
檻，書生名已動長安。（康熙《鶴山縣志》卷一二）

　　七月，釋憨山德清前往鼎湖山白雲庵修營，並前往曹溪六祖
祖庭興教。（《鼎湖山》《重修白雲禪寺佛像香燈崇祀永遠碑記》）

　　八月十五日，韓上桂賦《庚子中秋與方伯王公泛舟歌①》
詩云：

　　月出寒林露正清，當波湛爍琉璃明。城中士女喧相雜，海上
鳧鷗寂不驚，山月既迷兮胡不歸。絺綌秋已薄，霜露沾人衣。蟾
蜍輕恣蝕，烏鵲寒無枝。清娛苦不足，羈棲欲何爲。

　　九月初九日，區大相又賦《高正甫出守袁州九月九日予偕家
兄暨諸親友能文者十九人餞之毘盧閣賦詩爲別》五古詩二首。
（區大相《區太史詩集》卷七）

_____

　　①　詩題擬加。（韓上桂《韓節潛公遺稿》卷三《妙高臺別方伯王公歸會稽
序》附録）

十月初一日，大相又賦《庚子十月朔頒曆四》詩云：

鳳紀恩光隔歲傳，萬方正朔仰堯天。卿雲但遣靈臺奏，恒雨何勞太史編。蓬闕曈曈迎曉日，冀階馥馥繞祥煙。從今新令更新政，遂比成周過卜年。（區大相《區太史詩集》卷二五）

本年王弘誨賦《庚子自南禮乞歸再會鄉同年於珠江舟次》詩云：

群仙再聚五羊城，紫氣關門傍斗橫。履道九人稱盛會，洛陽一社盡耆英。波恬海印鷗機息，月照松關鶴夢清。四十年來霄漢侶，幾人重結歲寒盟。（王弘誨《太子少保王忠銘先生文集天池草重編》卷二五）

本年蒙紹基授光祿寺署正。

蒙紹基，番禺人。詔子。國學生。萬曆二十八年（一六〇〇）授光祿寺署正。天啟四年（一六二四）改武英殿中書。崇禎二年（一六二九）擢大理寺評事。致仕，卒於家。（《番禺河南小志》卷八）

薛采於本年中舉人。

薛采，饒平人，海陽籍。雍孫。明神宗萬曆二十八年（一六〇〇）舉人。事見阮元《廣東通志》卷七五。

陸寬於本年中舉人。

陸寬，原名子林，字完瑜。饒平人。明神宗萬曆二十八年（一六〇〇）舉人。任永福知縣，卒於官。康熙《潮州府志》卷九上、光緒《饒平縣志》卷八有傳有傳。

李士安於本年中舉人。

李士安，三水人。明神宗萬曆二十八年（一六〇〇）舉人，官石埭知縣。事見阮元《廣東通志》卷七五。

楊時英於本年中舉人。

楊時英，饒平人。瀧幼子，時芬弟。明神宗萬曆二十八年（一六〇〇）舉人，不仕，卒。傳附見康熙《潮州府志》卷九上《楊一廉傳》。

鍾崇道於本年中舉人。

鍾崇道，字少欽。東莞人。明神宗萬曆二十八年（一六〇〇）舉人。初授崖州學正，歷仕雅州知州。著有《菉猗（漪）集》。黄登《嶺南五朝詩選》卷四有傳。

羅懋義於本年中舉人。

羅懋義，字正徵。四會人。明神宗萬曆二十八年（一六〇〇）舉人。授江西贛縣知縣，藩府審理，陞河南衛王府長史。事見清光緒《四會縣志》編六。

馮昌歷於本年中舉人。

馮昌歷，字文孺（瑞），號啟南。順德人。明神宗萬曆二十八年（一六〇〇）舉人，任寶坻令。著有《一樹齋集》。康熙《順德縣志》卷八有傳。

陳國是於本年中舉人。

陳國是，字伯衡，一字謙光，號左海。東莞人。劉鴻漸徒，精治陳建《學蔀通辨》。明神宗萬曆二十八年（一六〇〇）舉人，授陵水教諭，尋遷江西建昌府推官，廉明執法，不憚權貴。量移浙江寧波府通判，不就，歸構精舍，深究濂洛關閩之旨。温汝能《粤東詩海》卷四二有傳。

王三奇於本年中舉人。

王三奇，字萃乾。增城人。明神宗萬曆二十八年（一六〇〇）舉人。官江西建昌府推官，攝南豐、廣昌。所以直忤權勢，左遷廣西藩司照磨，轉陽朔令。康熙《增城縣志》卷八有傳。

鄭紹武於本年中舉人。

鄭紹武，字子緯。歸善人。明神宗萬曆二十八年（一六〇〇）舉人，爲晋江安溪縣令，調粤西臨桂令。後謝病歸，歸築猗園。年八十三卒。著有《清溪撮要》、《猗園續録》等書。雍正《歸善縣志》卷一七有傳。

韓晃於本年中舉人。

韓晃（一五六八～一六四四），字賓仲，號青嶸。博羅人。明神宗萬曆二十八年（一六〇〇）舉人，授浙江青田知縣，任滿歸休，杜門著述，有《羅浮野乘》、《夢遊倡和集》、《拙修堂、竹素園詩文集》。甲申（一六四四）聞國恤，遂絕粒不食，尅期沐浴而逝，壽七十七。阮元《廣東通志》卷二九一、陳伯陶編《勝朝粵東遺民錄》卷三有傳。

黃琦於本年中舉人。

黃琦，字玱聞。饒平人。琮弟，錦兄。萬曆二十八年（一六〇〇）舉人。著有《杜集約》。（順治《潮州府志》卷六、《潮州志・藝文志》）

歐陽暉於本年中舉人。

歐陽暉，字伯曦。從化人。明神宗萬曆二十八年（一六〇〇）舉人。四十一年（一六一三）癸丑授臨賀知縣。考滿奏最，升南京刑部主事，適丁內艱未赴。服闋，改授香河縣。未幾，再讁南京錦衣衛知事。魏璫擅權，忠良被禍，暉憂憤形諸歌詠，有“陰霾國事非”句，魏璫大怒，立逮系獄中。後杖讁放歸田里，抵飛來峽，赴淵而卒。著有《寓燕草》、《生還草》及《端雲山房》諸刻。潘楳元、譚瑩《廣州鄉賢傳》卷四有傳。

關管於本年中舉人。

關管，字誠要，號巘谷。南海人。明神宗萬曆二十八年（一六〇〇）舉人，官湖廣沔陽知州。著有《軒鳴集》、《存石稿》、《皆山樓草》。朱次琦、朱宗琦《朱氏傳芳集》卷外有傳。

潘濬於本年中舉人。

潘濬，字季深。南海人。明神宗萬曆二十八年（一六〇〇）舉人，翌年辛丑進士。授安福知縣，政聲大著，升兵部主事，改山西道御史，差按貴州，以艱去。四十四年（一六一六）丙辰服闋，巡按雲南。天啟二年（一六二二）壬戌，升太僕少卿，歷三載，擢左僉都御史。甫三月，出爲南京刑部侍郎，未幾，復改北。不附魏璫，出爲南京刑部尚書。僅任二月，以病乞休。久之得旨歸，至豫章卒。潘楳元、譚瑩《廣州鄉賢傳》卷四有傳。

郭尚賓於本年中舉人。

郭尚賓（？～一六二九？），字朝諤。南海人。明神宗萬曆二十八年（一六〇〇）舉人，甲辰（三十二年）進士。授吉安府推官。秩滿，升刑科給事中。四十三年（一六一五）乙卯，典試山東。明年丙辰，上《人主親裁宜審疏》，謫江西檢校。光宗即位，起兵部主事。天啟四年（一六二四）甲子，晋太僕寺少卿，尋選僉都御史，巡撫江西。不附魏璫，因推刑部侍郎，遂削奪去。崇禎二年（一六二九）己巳，起兵部侍郎，以勞瘁卒於京師，贈兵部尚書。潘楳元、譚瑩《廣州鄉賢傳》卷四有傳。

曾學一於本年中舉人。

曾學一，萬州（今屬海南）人。萬曆二十八年（一六〇〇）庚子科舉人。南海縣教諭，升仙居知縣。

曾聞淳於本年中舉人。

曾聞淳，瓊山（今屬海南）人。宏緒長子。萬曆二十八年（一六〇〇）庚子科舉人。

孫森於本年中舉人。

孫森，字灼卿。海陽人。萬曆二十八年（一六〇〇）庚子科舉人。任滁州知州，升台州府同知，擢貴州安順知府，遷屯田監軍副使。以事被逮，總督朱燮元為昭雪。自是杜門不出。（乾隆《潮州府志》卷二八）

陳元烈於本年中舉人。

陳元烈，號學謙。澄海人。萬曆二十八年（一六〇〇）庚子科舉人，任江西萬安知縣，以清操著。（乾隆《潮州府志》卷二八）

陳邦基於本年中舉人。

陳邦基，字士厚。澄海人。萬曆二十八年（一六〇〇）庚子科舉人。閉門著述。著有《古帝王繹》、《孔子世家繹》等，藏於家。（乾隆《潮州府志》卷二八）

陳廷諤於本年中舉人。

陳廷諤，字忠孺。歸善（今惠州）人。萬曆二十八年（一六〇〇）庚子科）舉人。因次子正蒙成進士，始選澄海教諭，遷衡山知縣，政肅刑清。卒於官，篋中惟書數卷而已。著有《瀛海吟》、《澹寧集》等。（乾隆《歸善縣志》卷十四）

盧瑛田於本年中進士。

盧瑛田，字虹仲。東莞人。明神宗二十八年（一六〇〇）舉人，萬曆三十八年（一六一〇）進士，授戶部主事，歷員外郎中，管徐洪船鈔，擢湖廣憲副，以援蜀軍功，遷四川參政，轉河南按察使。卒於四川參政任，贈太僕寺正卿。黃登《嶺南五朝詩選》卷四有傳。

黎寵於本年成貢生。

黎寵，清遠人。明神宗萬曆二十八年（一六〇〇）貢生，授南陵知縣，遷至思明府同知。事見民國《清遠縣志》卷十。

黎淳先於本年鄉試擬元。

黎淳先，字含孺。諸生。僑居順德陳村。明神宗萬曆二十八年（一六〇〇）鄉試擬元。著有《鞸言集》、《澳州草》。清陳恭尹編《番禺黎氏存詩彙選》有傳。

張二果生。

張二果（一六〇〇、一五九九～一六三九），字稛復。東莞人。明熹宗天啟七年（一六二七）舉人。入廬山禮釋道獨為僧，字荔公。創建羅浮華首臺、水簾、洞山諸寺，棲息其中。後卒於廬山。著有《是誰集》、《白業卮言》、《金剛經註釋》、《楞嚴正脈》。阮元《廣東通志》卷二八三有傳。

方鼎生。

方鼎，字巽中。惠來人。讀書羅浮，得名山之勝，工文。明熹宗天啟七年（一六二七）舉人。崇禎七年（一六三四）赴京應試，邑人張杲未試而卒，斂歸其喪。兄鐘為仇所殺，痛憤遍訴當事，勞病卒，年三十三。（乾隆《潮州府志》卷二九）

王應芊生。

王應芊（一六〇〇？～？），字崇芳。東莞人。明思宗崇禎間諸生。禮道獨，法名函聞。事見徐作霖、黄蠡《海雲禪藻集》卷四。

明神宗萬曆二十九年　辛丑　一六〇一年

八月，李成梁復任遼東總兵官。（閻崇年《袁崇煥傳》附《袁崇煥年譜》）

七月，王弘誨賦《壽伯兄歌　有序》七古長詩，序云：

伯兄文銘翁，以今歲辛丑壽七十矣，小弟亦年六十。每歲生日，俱在七夕後八、九二日。惟兄生壬辰，辰，龍也，厥應九日，有九位龍見之象焉。弟生壬寅，寅，虎也，厥應八日，有八風虎變之象也。今兄登從心，弟躋耳順，稱盛際矣！自茲邀惠雙星，永錫遐算，每當烏鵲填橋之會，並開龍虎交會之觴。將天孫七襄與王母蟠桃共被，慶幸何如！是歲也，仲兄德銘行年六十有七，陳氏妹壽五十有二。一時同氣，四人俱偕老齊眉，康強無恙，内外子姓，合計三十餘人，亦天倫之極驩也。弟觀我明作者，無如李、何二公，俱有壽兄之作。李以文，何以詩，俱有聲詞垣，膾炙人口。弟妄不自揣，漫爾學步，勉成七言古風長篇六十句，以侑壽觴云。（王弘誨《太子少保王忠銘先生文集天池草重編》卷二二）

初八日，弘誨六旬生辰，賦《辛丑七月八日賤生六十自述》詩云：

銀魚久向碧山焚，蕉鹿沉吟未易分。弧矢四方曾有志，鼎鐘六秩尚無聞。行藏謾擬從詹卜，嬾拙惟應守召園。每憶向來河鼓夕，幾回卻巧謝天孫。（王弘誨《太子少保王忠銘先生文集天池草重編》卷二五）

又賦《辛丑七月八日賤生六十自述》詩云：

似共雙星別有因，隔宵烏鵲尚歡填。懸弧紫氣依南極，戀闕丹心向北辰。絳縣紀年增甲子，黄庭課日守庚申。遲回退食江湖遠，樗散空慚祝大椿。（明陳是集《溟南詩選》卷二）

八月後，區大相賦《三禮詩　並序》四言詩三首，序云：

皇帝二十九年秋八月□日，有旨諭廷臣：皇長子冊立，冠婚禮以次舉行，其令禮官具儀。於是皇長子以冬十月十日受冊爲太子，諸王並以是日受封。太子乃踐青宮，履乘石，開潛龍之邸，正東朝之位。天下之本定，元良之體備。蘊蘊隆隆，斯乃磐石之宗，維藩之固矣。冬十一月九日冠，其明年春二月八日納妃。臣惟天下臣民，僕心是舉久矣。往者，廷臣念震器之爲重，虞儲位之久虛，連章上請，蓋非一日。皇上明示，以倫序謙讓於沖年。至是，旨由中出，事取上裁。外罔關於羣議，內不牽於私昵，乃知宸衷默定，神明幽贊，遂令國家有道之長，斷自一朝宗社無疆之曆綿於億載。臣奉役藩封，載馳道路，欣聞盛事，未覿曠儀，恭擬詩三章，不無留滯之歎，聊攄慶幸之私云耳。（區大相《區太史詩集》卷一）

本年區大相賦《壽域詩　爲莊得全編修尊人作》四言詩四章、《太和山銘》。（區大相《區太史詩集》卷一）

馮奕垣於本年中進士。

馮奕垣（？～一六〇一），字弱璧。南海人。明神宗萬曆二十九年（一六〇一）進士，選庶吉士，補監察御史，授湖廣道御史。三十四年（一六〇六）巡按貴州，以積勞遘疾卒，追贈光祿寺少卿。阮元《廣東通志》卷二八二有傳。

曾用升於本年中進士。

曾用升，字起東，號九虛。海陽人。萬曆二十九年（一六〇一）進士。授行人，升監察御史，巡按河南。性嚴峻，人稱鐵面。歷官尚寶司少卿。而家計蕭條，二子貧不能自存。（乾隆《潮州府志》卷二八》）

鄧維誠於本年成貢生。

鄧維誠，字純大。英德人。明神宗萬曆二十九年（一六〇一）貢生，授惠州府訓導，遷平南縣教諭、益府教授。清道光《英德縣志》卷一一有傳。

王登賢於本年成貢生。

王登賢，四會人。明神宗萬曆二十九年（一六〇一）貢生，任增城訓導。事見清光緒《四會縣志》編六。

李佺生。

　　李佺（一六〇一～一六五六），原名生厚，字子白。東莞人。受命案累，變名字，避難浙江。工古文，與顧麟士、楊維斗等結社。過赦歸里。崇禎十五年（一六四二）鄉試中舉。著有《研山集》。（宣統《東莞縣志》卷六五）

　　黃章生。

　　黃章（一六〇一～一七〇二），順德人。寄籍鬱南（西寧）。縣學生員。至六十餘歲試優得補廩膳生，八十三歲選貢，康熙三十八年（一六一〇）參加鄉試，大書"百歲觀場"四字。康熙四十一年卒，時壽百二歲。（郝玉麟《廣東通志》、《順德縣志》）

　　翟廓翔生。

　　翟廓翔（一六〇一～?），字興有。東莞人。康熙二十一年（一六八二）貢生。任廣東保昌縣訓導，孜孜不倦教導學生。（宣統《東莞縣志》卷六六）

明神宗萬曆三十年　壬寅　一六〇二年

　　正月初一日，區大相賦《壬寅元日使歸家園作》詩云：

　　正旦迎祥始，王春布令初。幸逢新歲月，言返舊田廬。帝祝無疆曆，人看大有書。頻年困徵斂，茲歲復何如。（區大相《區太史詩集》卷十七）

　　仲春二月，澳門蓮峰廟立"中外留恩"牌匾，款題"萬曆歲次壬申（應爲寅）仲春穀旦"，"創建值理崔吟翰敬奉。"（濠江客《蓮峰廟"一古四多"》，《澳門圖說》，一九七九年三月一日）

　　今年王天性四十九歲生日，賦《辰日荷正峰李諭君賜賀賦謝二首》詩云：

　　流年七七忽蹉跎，來路悠悠信步過。那有夢魂懸魏闕，但將生事寄雲蘿。衰顏不解丹砂訣，老興偏憐白雪歌。親友謾勞難老祝，古仙今問有存麼。

　　對酒當歌興未闌，懷人夢掛杏林端。春風桃李青氈暖，夜雨松蘿白髮寒。泣鬼詩篇容我和，哀時心事仗君看。祇嗟蹤跡雲泥

别，一水盈盈握手難。（王天性《半憨集》卷上《澄海金砂王槐軒先生遺草》）

鄧仕新於本年成貢生。

鄧仕新，開建人。仕章弟。明神宗萬曆三十年（一六〇二）貢生。任歸善訓導，月餘而歿。道光《開建縣志》有傳。

劉慶餘於本年成貢生。

劉慶餘，歸善人。明神宗萬曆三十年（一六〇二）貢生，四十八年（一六二〇）任澄邁教諭。事見雍正《歸善縣志》卷五、光緒《澄邁縣志》卷六。

聶聰於本年成貢生。

聶聰，永安（今紫金）人。萬曆三十年（一六〇二）恩貢，曾任封川訓導。（《永安三志》）

黎遂球生。

黎遂球（一六〇二～一六四六），字美周。番禺人。五六歲可讀書，九歲能文工詩，人稱絕代才子。曾獲番禺童子科試第一名，明熹宗天啟七年（一六二七）舉人。明思宗崇禎元年（一六二八），赴試過金陵，會影園集賦黃牡丹詩，即席成十首，錢謙益置第一，人稱“牡丹狀元”。時邊疆多事，詔舉經濟名儒，禮部侍郎陳子壯首以遂球薦，以母老未就。崇禎十七年，清軍陷北京，遂球聞變痛哭，誓死報國。南明隆武二年（一六四六），徵拜兵部職方司主事，監督廣東兵赴贛。乃罄其家產，治鐵銃五百函，並火器藥弩之屬，以資軍用。督軍援贛州，與清兵苦戰三日，入城與督師楊廷璘會師，同守贛州。城破，遂球下城，督健卒數百人奮呼巷戰，脅中三矢，與其弟遂琪，僕盧從贊、梁阿義、陳廣金等三十餘人，同日戰死。追贈兵部尚書，謚忠湣。著有《蓮鬚閣集》二十六卷。事見集中所附查繼佐撰傳，又屈大均《皇明四朝成仁錄》卷九、阮元《廣東通志》卷二八五有傳。

葉瓊生。

葉瓊（一六〇二～一六六七），字秀崑，號丘園。羅定州東

安縣（其故里宋桂，今屬鬱南）人。諸生。（東安《葉氏族譜》）

彭日貞生。

彭日貞（一作禎）（一六〇二～?），字孟陽，號穩心道人。番禺人。諸生。張喬異性知己，常周濟喬母女，喬卒，爲營造百花塚以葬，並爲喬編其遺著爲《蓮香集》。陳子壯於詞壇甚爲引重，有千金贖二喬事。黎遂球殉節，夢陽歸隱鍾山。陳伯陶《勝朝粤東遺民錄》卷一有傳。

劉大啟生。

劉大啟（一六〇二～一六四四），字君昌。新會人。天啟元年（一六二一）舉人。崇禎十三年（一六四〇）進士，授浙江嘉善知縣。（《廣州府志》卷一二六）

明神宗萬曆三十一年　癸卯　一六〇三年

春，王弘誨賦《癸卯春日同林憲副許給諫楊邑簿鄭馮謝三文學登明昌塔絶頂》詩云：

縹緲丹梯此共登，側身雲壑擬飛騰。天連滄海懸孤嶼，人立青霄最上層。望氣幾年逢尹喜，傳衣何處訂盧能。摩空捧日邀吾黨，雁塔龍門次第升。（王弘誨《太子少保王忠銘先生文集天池草重編》卷二五）

八月初八日，林熙春賦《癸卯八月八余自廣濟橋放舟登鳳凰臺共水撲天有龍見於楓洋白水之間若向臺而來少選乃挾雲飛去余喜甚命僧買酒並酌逮暮始截河而歸即日漫賦紀事其得開字次日爲省試初場詩中及之爲吾潮兆喜》詩云：

獨坐齋亭鬱未開，偶尋一葦强登臺。青山挾日當窗現，秋水浮天對榻來。忽見翔龍騰海嶠，卻從棲鳳轉徘徊。詰朝鏖戰江濤沸，額下明珠掠幾枚。

羅浮紫氣鎖崔巍，秋日龍門此日開。海上祥云常五色，檻前明月逼三臺。片帆撩亂驚魂起，卓錫敲推得句來。盛世幸逢渾欲醉，黃金沽酒酌金罍。（溫廷敬《潮州詩萃》卷二九）

秋杪，李孫宸賦《癸卯秋杪還山作》詩云：

搖落西風一散裘，黃花猶及故園秋。歸心正愜蒓鱸思，野性何妨鹿豕遊。世路幾人憐白璧，生涯聊自委滄洲。門前片石清流上，竟日高眠狎海鷗。

冬，李英賦《冬日酒館即事》詩云：

朔氣蕭蕭遍海濱，寒梅瑞雪隴頭新。五花騎至高陽侶，一葉乘來剡水濱。雞黍無忘中散約，交遊不厭長卿貧。荒涼四壁琅玕密，所得詩人共酒人。

又賦《酬梁文學羲年》、《來鶴洞中訪雲卓道人》、《寒日過伏龍洞草堂歐隱君少玄席上賦贈梁文學羲年歸省》（以上七律）。（《李英集·當壚集》）

歲末，盧龍雲賦《歲暮》詩云：

當時走馬共朝天，屈指長安二十年。歲暮流光思往日，世間萬事皆徒然。東風吹綠變新柳，又見池塘對春酒。且將吾道付滄洲，自古紅顏終老丑。（盧龍雲《四留堂稿》卷四）

除夕，歐必元賦《癸卯歲除作八韻》詩云：

雲霞開曙色，海國動微春。愁自今宵去，年隨明日新。風光聊自異，鄉俗未全真。柏酒從家讞，椒盤憶故人。觀心應不住，夙業豈無因。忤世非關傲，懷憂未爲貧。狂來須自得，事去任時嗔。仰視三千界，毘邪無此身。（歐必元《溪上草》）

李英賦《癸卯除夕》五律。

窮愁憐此夕，秉燭坐更闌。歲月催人老，生涯濁世難。枯腸甘淡薄，霜鬢易摧殘。風木親何在，牛衣只自寒。（《李英集·當壚集》）

本年釋道丘事憨山德清於寶林禪寺（南華寺）。（《鼎湖山志·初代開山主法雲頂和尚年譜》）

李如榴於本年中解元。

李如榴，字美石。東莞人。明神宗萬曆三十一年（一六〇三）解元。事見阮元《廣東通志》卷七五。

曾鳴雷於本年中經魁（舉人）。

曾鳴雷，南海人。明神宗萬曆三十一年（一六○三）經魁。事見阮元《廣東通志》卷七五。

陸有柏於本年中經魁。

陸有柏，四會人。明神宗萬曆三十一年（一六○三）經魁。事見光緒《四會縣志》卷六。

饒燈於本年中舉人。

饒燈，字於岸，一字用恒。大埔人。相孫，與齡子。明神宗萬曆三十一年（一六○三）舉人，官山東寧海州知州，進階奉直大夫。著有《莊言》、《謔言》、《白笑集》諸集。乾隆《潮州府志》卷二八、民國《大埔縣志》卷一九有傳。

容文烶①於本年中舉人。

容文烶，字虛白，號陶庵。新寧（今台山）人。明神宗萬曆三十一年（一六○三）舉人。初任教諭，遷廣西永淳縣知縣。政尚寬簡，不阿權貴，清介自守。曾應邑令余應郊之聘，編纂邑志。王暠修乾隆三年《新寧縣志》卷三、光緒《新寧縣志》卷一九有傳。

毛可珍於本年中舉人。

毛可珍，原名元愷，字美仲。號赤城。香山人。明神宗萬曆三十一年（一六○三）舉人，歷任諸暨、靜海知縣。卒年八十八。阮元《廣東通志》卷二八二、光緒《香山縣志》卷一三有傳。子天朝，字漢翼。有才略，邑令姚啟聖雅重之。及啟聖總制福建，征討臺灣，微天朝從事，多用其計。以選貢官安仁知縣。著有《靜庵詩草》。黃紹昌、劉熻芬《香山詩略》卷三有傳。

韓啟運於本年中舉人。

韓啟運，番禺人。明神宗萬曆三十一年（一六○三）舉人，任平遠教諭。事見康熙《潮州府志》卷六。

----

① 容文烶，阮元《廣東通志》卷七五作“容文燧”。

倫應祥於本年中舉人。

倫應祥，西寧（鬱南）人，南海籍。明神宗萬曆三十一年（一六〇三）舉人，官江西萬載知縣，擢湖廣蘄州（今湖北蘄春）知州，力革陋規，蘄人德之。民國《舊西寧縣志》卷二二有傳。

卞文載於本年中舉人。

卞文載，原名之璧。海陽人。明神宗萬曆三十一年（一六〇三）舉人，潮州衛中千戶所職。事見阮元《廣東通志》卷七五《選舉表》十三。

張博於本年中舉人。

張博，從化人。明神宗萬曆三十一年（一六〇三）舉人。溫汝能《粵東詩海》卷四三有傳。

李陞問於本年中舉人。

李陞問，字晉袞。待問兄。明神宗萬曆三十一年（一六〇三）與弟待問同中舉人。會試乙榜。癸丑領博羅教諭，擢南雍學正，轉刑部員外。時魏璫竊柄，戶曹李桂明以事忤，坐辟熱審，毅然疏救，鐫職追奪。崇禎改元，置璫於法，復官。誥命恩詔錄用，或勸上章自白，曰：“京華夢斷矣。”賦閒居，構逅庵。二年卒。弟應問，字俞袞，登天啟四年（一六二四）甲子榜。阮元《廣東通志》卷二八二有傳。

區繒於本年中舉人。

區繒，高要人。明神宗萬曆三十一年（一六〇三）舉人，官鹽亭知縣。吳道鎔《廣東文徵作者考》卷五有傳。

吳悅於本年中舉人。

吳悅，字麗如。海陽人。明神宗萬曆三十一年（一六〇三）舉人，官四川巴州知州，全蜀循良第一。著有《吳州牧文存》。翁輝東《潮州文概》卷三有傳。

吳允海於本年中舉人。

吳允海（？～一六一六），字懋陳。新安（今深圳）人。明神宗萬曆三十一年（一六〇三）以《書經》與兄允銑同中舉人。

四十四年卒於家。（康熙《新安縣志》）

吳允銑於本年中舉人。

吳允銑，字懋集。新安（今深圳）人。明神宗萬曆三十一年（一六〇三）以《易經》中舉人。不仕奉母。（康熙《新安縣志》）

吳其貴於本年中舉人。

吳其貴，字偉爵，號儼伍。英德人。明神宗萬曆三十一年（一六〇三）舉人、三十八年（一六一〇）進士，初授浙江秀水縣令，母喪歸邑。起補邵武知縣，行取南京刑部主事。天啟元年（一六二一）擢四川北道巡視西城監察御史，後奉命巡按關中臨鞏武洮兼督學。時女真入侵，冒雪夜馳邊地，染病卒於官。（《韶州府志》卷七、三四）

羅成功於本年中舉人。

羅成功（？～一六二九），字惟一。高要人。明神宗萬曆三十一年（一六〇三）舉人，授永平推官。時軍事方急，糧稅叢雜，綜核詳慎，得當道嘉許，升福建興化府同知。崇禎二年（一六二九）清兵攻破永平，自縊於官署。事聞，贈光祿寺卿，賜祭葬，入祀忠義祠。（《廣東文獻》二集）

鍾于乾於本年中舉人。

鍾于乾，字健之，號旋一。曲江人。萬曆三十一年（一六〇三）舉人，授建昌府同知，歷知雲南廣南府、浙江嚴州府。所至有德政。（歐樾華《韶州府志》卷三二、陳金閶《曲江縣志》卷二）

黃炳儒於本年中舉人。

黃炳儒，字士明。順德人。萬曆三十一年（一六〇三）鄉薦，三十二年進士，選庶吉士，授翰林編修，四十三年（一六一五）主試江西。歷官禮部右侍郎兼侍讀學士，充神宗、光宗兩朝實錄館副總裁、吏部左侍郎。著有《影木軒集》、《讀書漫録》。（《廣東通志》、《順德縣志》）

蕭穗於本年中舉人。

蕭穗，字鳴璉。番禺人。萬曆三十一年（一六〇三）舉人，知平樂縣。告歸，築別墅龍騰里，與謝餐霞及兄矩、弟雲、露詩酒往來。（同治《番禺縣志》卷四一）

梁允泗於本年中舉人。

梁允泗，字起麟。三水人。萬曆三十一年（一六〇三）舉人第五。會試不第，署博白教諭，來學者百人。任廣西橫州知州，革常例。（嘉慶《三水縣志》）

梁挺芳於本年中舉人。

梁挺芳，高要人。萬曆三十一年（一六〇三）舉人，任旌德知縣，罷歸。（宣統《高要縣志》）

陳義於本年成貢生。

陳義，開建（今屬封開）人。明神宗萬曆三十一年（一六〇三）貢生，官訓導，升教諭，攝象州學，遷桂林府教授。壽八十七。康熙《開建縣志》卷八有傳。

梁維棟於本年成貢生。

梁維棟（？～一六三七？），字完太。恩平人。明神宗萬曆三十一年（一六〇三）貢生，後任陝西同州州同，兩視州篆，政績大著。將不次擢，遽謝病歸。尋幽山水間，吟詠自適，以壽終。著有《水閣詩鈔》。民國《恩平縣志》卷一九有傳。

梁朝鐘生。

梁朝鐘（一六〇三～一六四六），字未央，號車匿。番禺人。幼孤，依舅氏霍子衡。倜儻不羈，豪氣自舉。好讀書，善文詞，喜談論，性不能容人，雖尊貴亦不可屈。曾師事釋道獨學禪，兩廣總督熊文燦延爲子師。明思宗崇禎十五年（一六四二）舉人，明年中進士乙榜。清軍入關，南明福王、唐王繼立，徵之，均謝去。後蘇觀生等於廣州擁立紹武帝，授朝鐘翰林院檢討，兼兵科給事中，尋授國子監祭酒，上疏拜辭，改授國子監司業。明唐王隆武二年（一六四六）十二月十五日廣州初陷。十六日，朝鐘從容整冠帶，北面成禮，復拜家廟，屏家人，赴池水，淺不能没，鄰人救之。其僕繼至，扶起於屋之東廊，覆之長被，少更蘇。清兵入室，叱令薙髮。朝鐘大罵，被三刃而死，年四十四歲。族人以衣冠葬於其鄉番禺員岡。著有《輔法録》、《家禮補牋》、《日紀録》、《喻園集》。《明史》卷二七八、阮元《廣東通志》卷二八五均有傳；另門人王鳴雷撰有《梁朝鐘傳》，黄佛頤撰有《明贈禮部尚書國子監司業謚文貞梁公朝鐘傳》，見《廣東叢書·喻園集》卷首。

陳邦彦生。

陳邦彦（一六〇三～一六四七），字會斌，一字會份，號巖野。順德龍山人。恭尹父，屈大均師。年輕時居大良錦巖，授徒爲業，人稱巖野先生。弘光初，北走南京，上《中興政要書》三十二策，不用。唐王時蘇觀生薦之，授監紀推官，未赴。明唐王隆武元年（一六四五）舉人。明年，升兵部職司司主事，監粵西“狼兵”。隆武帝死難後，參與擁立永曆帝，授兵科給事中。明桂王永曆元年（一六四七）二月，邦彦説服順德甘竹灘大盜余龍，起兵恢復，招募義軍，聯結張家玉、陳子壯牽制清軍，兵敗退守清遠，城陷被執，不屈遇害。著有《雪聲堂集》、《陳巖野先生集》。《明史》卷二七八有傳。

明神宗萬曆三十二年　甲辰　一六〇四年

正月初一日，李英行年六十有一，賦《甲辰元旦　余生於甲辰，時行年六十有一》詩云：

曆書初啟日，花甲又重逢。文字參詞客，青山伴老農。東風吹薜荔，春水浸芙蓉。夢寐飄然去，羅浮四百峯。

初六日，關、歐、黄諸子過李英飲柏葉酒，英賦《六日承關歐黄諸君子過李英飲柏葉酒》詩云：

何處春山不可遊，雪消漸水下滄洲。野人垂老藏丹壑，詞客高懷念散裘。柏葉杯傳知己飲，魚腸劍合拙機投。夕陽西下趨歸路，乍看梅梢月似鈎。

初七日，英賦《人日承歐山人仰德同乃郎長君見過雅集因懷梁山人啟元》詩云：

玉勒金羈探早春，何勞喬梓訪荆榛。初開社會尊如海，漫賦風光日是人。無恙柳條當眼嫩，蕭然白髮滿頭新。五噫歌在懷之子，共擬乘橈一問津。

十五日，觀壇燈，英賦《元夕觀壇燈》詩云：

紛紛冠履護星辰，魏紫姚黃樹樹匀。五夜昇平歡醉月，一方饒樂逐行塵。香煙近海羣靈集，淑氣廻春萬户新。風土年年還此會，燈花紅照遊俠人。

又賦《春日過黃文士伯興爽然堂聽倫文叔鼓琴於玉蘭花下》、《訪歐文士子敬説劍齋》、《過韋涌再訪方山人際明不遇　有引》（以上七律）、《對酒》、《何奕猷洗于覺二子閒過》（以上七絕）、《歐盧二社長見過得雲字》、《訪張子覺留飲賦此贈之》、《李茂顯見過》（以上五律）。

二月，英賦《仲春日承歐才伯仰德仲瞻過飲李英壚頭得人字》詩云：

縱飲狂歌六十春，風流諸阮幸相親。舊遊闕下傭書客，老作壚頭滌器人。雲臥霞餐懷古誼，鷗盟漁伴絕囂塵。清泉白石頻來往，到處鶯花照新眼。

又賦《譚從事少明往遊中宿見過話別索贈賦此》五律、《酬黃山人元光》七律。（《李英集・當壚集》）

初六日，鄺露生。後露賦《甲辰二月初六甘露降　有序》詩追記之：

余生日，甘露降於庭槐，不餒母乳。憨師至，命提視，摩頂曰：“天上玉麒麟，豈嗅人間乳氣哉？”以露水調米汁餒之。五歲，師與皇考命作此詩，應聲而就。

月浸仙人掌，雲奇帝女臺。清泠花院閉，的皪天宇開。降鶴通宵警，遊鴻達曙哀。集靈三使至，應問長卿杯。（鄺露《嶠雅》

卷二）

　　鄺露（一六〇四～一六五〇），字湛若，號海雪。南海人。明神宗萬曆四十六年（一六一一）補諸生。督學使者嘗以恭、寬、信、敏、慧爲題考試，露以真、行、篆、隸、八分五體書之，督學大怒，黜置五等，露大笑棄去，不復應試。明思宗崇禎七年（一六三四）上元夜，露跨馬與諸公子聯騎遊燈市，值邑令前驅至，露醉不避，且吟詩譏諷。令怒，將加罪。遂亡命廣西，遍尋鬼門、銅柱舊跡，遊於岑、藍、胡、侯、槃五姓土司，爲瑤人女首領雲軿娘掌書記。歸著筆記《赤雅》一書，紀其山川風土及女君、天姬、歌舞、戰陣之制。後更縱遊燕、齊、吳、楚間，賦詩數百篇，聲名震於中原。明桂王永曆二年（一六四八），以薦得擢中書舍人。四年，奉使還廣州。清兵入粵，露與諸將戮力死守，凡十閱月。城陷，不食，抱綠綺琴端坐所居海雪堂，嘯歌以待，從容就死。又著有詩集《嶠雅》二卷。其詩意境深窈，詞采華茂，人稱粵中屈原。阮元《廣東通志》卷二八五有傳。

　　三月，李英生辰，賦《甲辰三月初度自述》詩云：

　　蕭騷老矣芰荷裳，日日持竿釣水鄉。翠竹蒼松爲伴黨，清泉丹壑度星霜。不辭美酒百千斗，已醉韶光二萬場。一子愚癡無所望，只憑猿鶴慰愁腸。

　　又賦《贈洗于覺》五律。

　　夏，李英賦《夏日同歐盧洗諸社長訪杜四隱君居賦贈　二首》詩云：

　　海西臺上結幽盟，聯步溪陰訪杜生。聞道少陵爲汝祖，風騷終古有家聲。

　　清泉隱逸老工詩，自釀松醪熟幾時。掃徑倒迎文學士，登樓問月醉歸遲。

　　又賦《黎梁何諸君見過得歌字》五律、《贈別雲卓道人方外遊》五律、《歐武士紹思見過索贈》七律、《訪方臺卿黃玄通李廷叔三友留酌》、《臥病紀事》（以上五律）。

七月，李英賦《初秋承黃伯安召李英飲偕蘇黃諸文士即席同賦先字韻》詩云：

新秋爽字粵南先，逸士披襟水石邊。白晝飛來雲滿徑，清陰坐看竹參天。分題立馬慚枚叟，作賦冥鴻羨仲宣。豈爲知音情故劇，邀歡不盡酒如泉。

又賦《酬黃文士元玉伯安》七律。（《李英集·當壚集》）

七月初七日，韓上桂賦《甲辰京邸七夕》五律詩三首。

初八日，上桂賦《七夕後一日同黃周士集劉觀國旅館》五律五首

又賦《雨夕同葉斂之論詩賦贈》五律三首。（韓上桂《韓孟鬱雜稿選·五言律》）

八月十八日，李英賦《中秋後三日訪黃茂才君甫留飲元玉伯安偕李英同賦》詩云：

借赤楓林久鑄顏，桂叢招隱幾同攀。酒酣起舞雌雄劍，賦就淩風大小山。當日曹劉推海內，異時王謝大名間。尋真一問朱明館，江月天風吹珮環。

九月初三日，英賦《九月三日承黃茂才君甫元玉伯安攜李英登海西臺》詩云：

社會追歡逸興頻，飲如河朔醉爲真。預酬令節登臺客，先笑王風落帽人。竹杖扶行荒徑遠，菊花采插滿頭新。鴉飛夕照歸舟促，月似銀鈎度海濱。

又賦《訪黃山人元性蓬蒿別業留飲》七律、《紀興二首》四言詩、《梁季參見訪詩以贈之兼憶黃惟讓》五律、《秋日歐盧二社長見過同讀鍾茂才秀貞詩集賦此寄懷》七律、《贈林祥雲爲書當壚集》五律、《霜降日同馮歐諸君子登西臺》雜言、《杪秋黃茂才君甫偕元性元玉元佩伯守伯祥伯安伯任諸文士同賦菊花天分韻得花字》七律、《贈別馮文士緝倩》七絕。（《李英集·當壚集》）

二十三日，張萱賦《贈馮慕岡華省衷何玉峴南還　有序》五律詩四首，序云：

　　三君以楚璫誣逮，辱在詔繫者五年矣。三事而下積，爭之皆不能得。而三君者，桎棘中力學不倦，爲文日益有聲。不意黃次公、杜季雅復見今日，吾黨幸甚。歲甲辰秋九月二十有三日，忽詔釋之，僅削籍去。於是公卿百執事，咸頓首以誦天子明聖，嘉與海內更始。是三君以奇人賈奇禍，復以奇福獲奇恩，真千載一大奇事也。余在臭味，宜有一言，爲三君加額。第未能囊饘以急友誼，惟有囊筆以歌帝德而已。時有奏客星於燕野者，故稍及之。詩凡四章，章四十字。（張萱《西園存稿》卷四）

　　閏九月初八日，李英賦《閏九月八日承茂才元生偕乃兄弟姪諸文士攜酒見過因訂九日之會》詩云：

　　陋巷聯綦履，臨風一賦詩。羣才俱上客，高會即西池。意氣看蘭玉，盤餐有栗梨。百年同幾醉，九日又相期。

　　初九日，英又賦《閏九日同歐黃倫蘇十六詞客雅集伯輿嘉樹園賦得並蒂芙蓉兼贈蘇文士廷魁得臺字》詩云：

　　溪上芙蓉並蒂開，酒人采折贈多才。一羣總是高陽客，閏九重登舊社臺。蘭佩笑談方外事，菊英滿泛掌中杯。半輪新月兼霜白，無數征鴻度嶺來。（《李英集·當壚集》）

　　同日，區大相賦《甲辰閏九日顯靈閣酒會》詩云：

　　閏序嘉重九，高秋會法筵。菊芳猶應候，桃發已經年。昔去人爲鶴，今來海作田。仍看薦壽處，勝覽出三天。

　　鳳閣攜真侶，龍山接勝區。重持黃菊酒，高眺白雲衢。甘露披林玉，秋花散蕊珠。徒言尋白社，何似訪玄都。

　　初十日，李英賦《十日過黃茂才君甫宅留酌偕梁歐黃諸文學同賦黃字韻》詩云：

　　探幽扶竹杖，徐步訪山房。塞雁衝寒色，籬花傲雪黃。初冬明日立，涼夜五更長。滿坐青雲客，分題共舉觴。

　　十一日，英又賦《十一日同梁何倫黃諸君子集爽然堂鼓琴賞菊》詩云：

　　日逐少年塲，相依麋鹿旁。朱絃揮古調，流水滿華堂。几席花如錦，杯盤橘正黃。淹留歸路晚，踏月又衝霜。

十二日，英又賦《十二日遇歐四君子飲壚頭》詩云：

慷慨稱諸俠，沈酣倒接籬。偶逢非所約，不醉是何爲。理釣常浮葦，披雲欲采芝。漁樵容我拙，煙水有幽期。

十三日，英又賦《十三日歐隱君元章見過黃茂才君甫偶至同集》詩云：

知己相投道誼真，茅齋促膝慰吾貧。笑看籬下千枝菊，快食盤中一味蓴。說劍多年雄是玉，隱居高士鬢如銀。杖錢沽酒須酬醉，百歲光陰見幾人。

十四日，英又賦《十四日立冬雨夜過宿黃茂才君甫書館》詩云：

一夜初冬雨，蕭蕭枕上鳴。故人同大被，信宿見高情。蝴蝶三更夢，煙霞百歲盟。天明橈釣艇，別向海門行。

十五日，英又賦《十五日過黃文士元庸宅訪吳茂才子贊留宿》詩云：

老大忘貧賤，扶筇欲問奇。追尋侯子輩，趨訪董生帷。石磴窺霜月，瑤琴奏竹枝。匡牀同一宿，枕上夜聯詩。

又賦《訪盧紹倫隱居》、《贈張醫士君恒》（以上五律）、《壽羅叔可七十一初度》七絕、《過歐隱君□佩宅遇陳山人懋節因憶乃兄□□惟□□昭二公》、《題大酉山房贈黃茂才元生》（以上五律）、《介休四尹達成解官歸養過訪留飲賦贈一首》七律。

十月，李英賦《初冬日承黃四茂才君甫元生元醴伯守黃蘇歐八文士元昌元玉元佩元庸伯起伯安廷魁能見攜李英偕赴吳茂才子贊之約即席同賦輕字韻》詩云：

陶徑憐高會，羣才誼不輕。同傾桑落醑，一泛傲霜英。剚劍時相合，絲桐調轉清。沈酣忘爾我，深快社中盟。

又賦《同黃茂才君甫登海西臺沾飲霍演榮壚頭之酒偕乃兄姪潛甫元聘諸君子同集》七絕、《訪李隱君裕培宅留飲偕次魁玨甫良甫諸茂才同集》、《梁稅課用修自白下轉官柳州巡司寄懷　一首》、《節孝徽音卷爲李隱君裕培賦》（以上七律）、《過黃文士伯興爽然堂閒坐遇吳業伯冼華甫羅載相三山人攜琴偶至雅集》五律、《過江頭李宅拉月野山人再訪庵樸隱君因慰珏甫茂才喪內之憾留飲鳳藻軒偕重甫良甫諸君子同集至夜宿此》七律、《過黃宅書館吳子贊黃君甫二茂才黃元庸歐裔能黃叔和雅集同賦之字韻》、《吳茂才子贊偕黃歐六文士攜酒見過雅集》、《同林紹進夜坐因憶倫耀南》、《訪黃山人希旦留飲得杯字》、《贈歐文士元蘭》、《懷蘇隱君文甫》（以上五律）、《訪黃隱君亮伯》、《酬陳山人出潛》（以上七絕）、《雪日歐山人仰德拉訪盧介休達成乃弟達章留飲達和酒館偕達賢諸君同集》七律。

冬至日，李英又賦《長至日偶遇歐隱君於真見邀李英飲壚頭之酒》詩云：

長至逢高士，篇詩飲幾甌。寒梅花照眼，老叟雪蒙頭。散步登山屐，頻移訪戴舟。呼盧村市上，深戀酒爲儔。

又賦《用韻再贊黃文士伯興婚配之喜席上賦》七絕、《黃山人元光侍養廣城寓館趨訪一首》、《對鏡》（以上七律）、《與黎紹聰話舊》七絕、《步韻寄答何山人敬熙》七律、《雪中同李二山人裕詔良甫過集歐公子孺吉禺南草堂得詩字》、《訪李茂才子玉》（以上五律）。

十二月二十三日小除夕，李英又賦《小除夕訪黃隱君言甫留飲》詩云：

臘盡梅如雪，尋君一杖藜。憑闌滄海近，繞徑暮雲低。白版稱江左，青蓮愧隴西。新春仍結社，花月好招攜。

又賦《羅象先談萬字見過留宿》、《酬歐文士嘉潛解衣相贈》（以上五律）。（《李英集·當壚集》）

二十四日未刻，梁維棟賦《答阮淇漣》詩云：

甲辰臘月二十四日未刻，歸自南京，而兩兒已奉親柩葬君子山之陽，離鄉七十里。策馬忙奔至山腳，則三鼓，山峻不能登。雞鳴起，往抵墓所，則尤未掩。及見雙柩，拜伏嗚咽，蓋葬卜二十五日寅時也。先不相聞，萬里風帆適合。衆戚驚異，淇漣作詩贊感應所致，次韻用答。

一醉燕趙返故鄉，匹馬蕭蕭奔夕陽。新塚偶憐涕淚合，故人遙隔海天長。東來魚雁雙開眼，西望松楸幾斷腸。登眺有期祿不逮，滿山猿鶴助悲傷。（梁維棟《水閣詩鈔》）

同日，區大相賦《小年夜諸客過集　俗以臘月二十四日為小年，是夕竈神上天告人功過，家家祀竈》詩云：

獨有頹年感，偏逢故舊歡。壺觴迎小歲，燈火候仙壇。正直平生是，飛騰晚暮看。寧因祠竈禮，名姓動天官。李少君言祀竈則神仙可見，於是天子乃祀竈神。

除夕日，大相賦《除夕諸客見過守歲》詩云：

杯酒臨除夜，能禁晚暮嗟。願逢新節序，莫改舊容華。歲往偏宜守，春來不待賒。年年帝城裏，文字老生涯。（區大相《區太史詩集》卷一八）

先是隆慶初，光孝寺八僧赴都請經，中途憩柳樹下，拾柳子食之。偶遇風雨大作，八僧俱亡，鄉人葬之。本年黃易亭訪得其遇風雨處，後張嗣綱賦《八僧　隆慶初，光孝寺八僧赴都請經，中途憩柳樹下，拾柳子食之。偶遇風雨大作，八僧俱亡，鄉人葬之。萬曆甲辰，黃易亭訪得其遇風雨處》詩云：

群僧杖舄赴西京，夾道行看柳色青。欲向天邊迎佛骨，豈期樹下聽禪經。殤霞得意忘歸路，采藥何心臥草亭。四十年前遺缽處，至今風雨尚冥冥。（張嗣綱《戈餘詩草》卷下）

本年韓上桂賦《甲辰京邸苦雨》七律詩四首。（韓上桂《蘐廬稿·七言律詩》）

本年歐必元舉長子冡賢，賦《甲辰歲舉長子冡賢吳中顧別駕述夫攜其長公次公暨萬伯文劉季德過村居為湯餅會枉詩見贈奉答一首》詩云：

吳門光練散茹茨，冠蓋朝來自一時。星聚敢論荀氏宅，雲凝差儗謝家兒。談棊夜靜傾桑落，薦客家貧但荔枝。莫笑江鄉無藻翰，草堂新得弄璋詩。（歐必元《溪上草》）

黃應舉於本年中進士。

　　黃應舉，字清霞。南海人。明神宗萬曆三十二年（一六〇四）進士，初授彰浦令。閩之鉅卿若宰輔蔣德璟、黃道周，大參莫廷爌、少參張國經、太守顏公暄，皆出其門。奏最考選晉秋曹，奉差南旋，竟病不起，卒年三十六。黃登《嶺南五朝詩選》卷四有傳。

　　李天培於本年中進士。

　　李天培，字承之。陽江人。明神宗萬曆三十二年（一六〇四）進士，官至南京工部主事。（康熙《陽江縣志》卷三）

　　朱讓於本年中進士。

　　朱讓，字次虁，一字絅菴。南海人。明神宗萬曆三十二年（一六〇四）進士，由戶部主事轉虁州知府。有集，失散未刻。清黃登《嶺南五朝詩選》卷四有傳。

　　李待問於本年中進士。

　　李待問（一五八二～一六四二），字葵孺，號獻衷。南海人。明神宗萬曆三十二年（一六〇四）進士。初授連城知縣，調沙縣，歷仕戶部尚書。諡忠定。著有《松柏軒稿》、《李忠定詩文集》。阮元《廣東通志》卷二八二、溫汝能《粵東詩海》卷四三有傳。兄敬問，字翼衷。授光祿寺署丞。事母至孝。萬曆十四年（一五八六）丙戌，海寇披猖，捐資築柵鑄銃，簡練鄉勇，地方賴安。十六年戊子，歲大饑，蠲產乞糴以賑。卒年七十八。著有《嚼蠟》諸篇。阮元《廣東通志》卷二八二有傳。侄象豐，字炤生。工山水。著有《仲堂詩鈔》。汪兆鏞《嶺南畫徵略》卷三有傳。

　　邢祚昌於本年中進士。

　　邢祚昌，文昌人。明神宗萬曆三十二年（一六〇四）進士，刑部郎中。事見阮元《廣東通志》卷六九。

　　劉觀光於本年中進士。

　　劉觀光，字覲國。順德人（一作南海）人。明神宗萬曆三十二年（一六〇四）進士，官至山東左布政使。事見康熙《順德縣志》卷五、阮元《廣東通志》卷六九。

吉敬勝於本年成貢生。

吉敬勝，字紹武。五華人。明神宗萬曆三十二年（一六〇四）歲貢，官文昌訓導。（《長樂縣志》）

駱千乘於本年成貢生。

駱千乘，永安（今紫金）人。明神宗萬曆三十二年（一六〇四）歲貢，官新會教諭。（《永安三志》）

蔡一慎於本年成貢生。

蔡一慎，字省凡。澄海人。授徒海陽、揭陽，其門多名士。明神宗萬曆三十二年（一六〇四）歲貢，官連山訓導，課士有法，捐修學宮。卒年七十六。（乾隆《潮州府志》卷三〇）

黎景義生。

黎景義（一六〇四～一六六二?），一名內美，字克和。順德人。祖材，嘉靖二十年（一五四一）辛丑進士，官桂林知府。景義少讀於舅氏吏部主事羅虞臣家。明思宗崇禎間諸生。黎遂球、陳邦彥、梁朝鐘、陳子壯、張家玉等皆為其友。明清鼎革，奉母隱居桃山不出。著有《二九居集》八卷、《豔史》四卷。陳伯陶編《勝朝粵東遺民錄》有傳。

明神宗萬曆三十三年　乙巳　一六〇五年

正月初一日，李英賦《乙巳元日訪歐文士宜麗》詩云：

小阮芳聲重，谿山逸興同。雨前金柳嫩，歲首杏花紅。劇飲忘余老，虛心見古風。椒漿憐此會，春色滿簾櫳。

初六日，英賦《獻歲六日歐關黃諸詞客初開海西社會午後見過李英酒館雅談賦此》詩云：

龍津百卉競繁華，風日晴明淑氣賒。北海芳尊青竹葉，西臺深處碧桃花。騷人獻歲初開社，白雪陽春幾大家。司馬壚頭消渴久，何勞長者一停車。

十五日，英賦《元夕過黃隱君言甫宅訪康茂才思魏賞燈醉飲留宿》詩云：

　　燈花酬令節，載酒過玄亭。社好元無約，萍逢偶聚星。相看龍劍合，不放羽觴停。潦倒聯牀宿，春霖夜共聽。

　　又賦《春日同元章隱君過集伯鱗伯羽二文學結綠齋賞菊得生字 二首》五絕。（《李英集・當壚集》）

　　五月初五日，區大相賦《乙巳午日作》詩云：

　　嘉候維中數，披圖驗國禎。縷增王者壽，鏡助聖人明。眾草隨風靡，孤葵待日傾。欲除天下惡，臣願賜梟羹。

　　南國餘風俗，流傳自屈平。蒲觴既羅薦，桂楫亦紛迎。去國留詞賦，思君襲杜蘅。惟應九辨侶，能識獨醒情。

　　又賦《送程生入蜀》、《乙巳夏苦雨　去歲自夏徂秋淫雨連月京輔災大饑》、《自城南過報國寺逢月空上人云與少林寺主道公同學》、《夏日聖安寺常公房》、《張孟奇莊靜父汪公幹方胥成載酒聖安禪房言別》、《寓常公房汪公幹過宿》、《常公房與公幹夜談》（以上五律）。

　　秋，大相居佛寺，又賦《秋日寺居遣興》詩云：

　　野寺誰開徑，秋風獨掩關。逢僧呼白足，為客老紅顏。城闕秋陰晚，郊原夕照閑。繙經深葉底，時見暮禽還。（區大相《區太史詩集》卷一八）

　　七月初八日，韓上桂賦《七夕後一日望月姬渡珠海戲贈》詩云：

　　寶月輝銀漢，瑤華麗綺筵。歌從鸞管合，舞逐綵雲翻。小笑渾生艷，迴眸盡可憐。偶來依洛浦，人道水中仙。（韓上桂《韓孟鬱雜稿選・五言律》）

　　八月十五日，區大相賦《乙巳中秋余將南行因憶四家兄先到灣中艤舟相待》詩云：

　　鳳城今夜月，旅客此秋心。北望杯同把，南飛鵲異林。鴻聲連海右，槎影宿河陰。定有沿洄興，蒹葭白露深。（區大相《區太史詩集》卷一八）

本年區大相自京南還廣州，賦《南行感懷》四十首五律詩。
（陳永正《嶺南歷代詩選》一八六頁）

本年盧龍雲賦《乙巳入京睹饑民載道悵焉成感》詩云：

畿南百里餘，託家在日邊。胡爲多菜色，老稚強相牽。困苦
彌道周，流離滿目前。展轉溝中瘠，感之涕泫然。昊天何不吊，
灾疹屢嬰纏。里巷寡完璧，日午廚未煙。豈無郡邑吏，蒿目恤顛
連。豈不奉明詔，頻煩事賑蠲。謀朝不保夕，微生只暫延。裹馬
千金子，銀鞍白玉鞭。意氣傾燕市，斗酒美十千。立馬聞痛哭，
時或投一錢。所活寧有幾，明惠不足宣。仁人切痌瘝，造物苦無
權。誰當司燮理，密勿贊重玄。暘雨盡時若，蒸黎獲所天。（盧
龍雲《四留堂稿》卷三）

本年趙響以明經薦於廷。

趙響，字心極，號恪存。東莞人。宋進士必璟九世孫，璧曾
孫。璟元孫鐸以諸生講授心性，著《性道管窺》。鐸孫霞士，璧
常同姚江講學，大相契合。響承家學，潛心性道。早從鍾昌讀
《毛詩》，既而師事楊文元，授以羅旴江《識仁編》。一時名賢如
黎民表、袁昌祚、唐伯元、黎允儒、區大相、韓日瓚輩，皆樂與
之遊。萬曆二十四年（一五九六）丙申歲祲，賑粥逾月。三十三
年（一六〇五）乙巳以明經薦於廷，藏修十三年。著有《嶺海志
略》、《文廟崇祀志》。阮元《廣東通志》卷二八三有傳。

本年陳大捷授廣州右衛中所百戶世襲。

陳大捷，字肖彭。三水人。萬曆初年以武生隨總兵陳璘赴朝
鮮抗倭，轉戰於朝鮮露石洋等地，多斬獲功。又隨璘平定播州楊
應龍之亂，鎮壓湘黔苗民暴動。萬曆三十三年（一六〇五）授廣
州右衛中所百戶世襲，又隨征欽州等地民眾暴動，升從化千總世
襲。後歸老家園。（嘉慶《三水縣志》）

本年唐世延任惠州教諭。

唐世延，番禺人。守明子。萬曆三十三年（一六〇五）任惠
州教諭。（阮元《廣東通志》卷三〇、卷二七九）

許國佐生。

許國佐（一六○五～一六四六），字班王，一字欽翼，號舊庵。揭陽人。性豪宕不羈，嗜酒，工詩。明思宗崇禎四年（一六三一）進士。授富順縣知縣，升兵部主事，累官郎中。遣戍，乞歸養。清世祖順治三年（一六四六），劉公顯破揭陽，母被拘。國佐自縛前往，請以身代，並繫之，拷掠無完膚，屬聲大罵而死。時以為死孝云。著有《百洲堂集》、《蜀弦集》、《舊庵拙稿》、《班齋數句話》。康熙《潮州府志》卷九上、乾隆《潮州府志》卷二九有傳。

謝元汴生。

謝元汴（一六○五～一六六八），字梁也，號霜崖。澄海人。口訥，寡言笑。性穎異，讀書過目成誦，博通六經子史。明思宗崇禎十六年（一六四三）進士，主試者奇其才，擬館選，以母老辭，南歸。旋聞李自成破北京，北向慟哭。南明隆武元年（一六四五），赴福州投唐王，授兵科給事中。以直忤鄭芝龍，革職歸里。南明永曆二年（一六四八），至肇慶謁永曆帝，復授兵科給事中。次年，奉命募兵平遠。帝西奔不返，遂奉母隱居豐順大田泥塘。亂定，還居潮州郡城。母卒，披緇入臺灣，不知所終。著有《爐言》、《放言》、《霜崖集》、《霜山草堂詩集》、《和陶》、《霜吟》諸集。康熙《潮州府志》卷九上、乾隆《潮州府志》卷二九有傳。

明神宗萬曆三十四年　丙午　一六○六年

秋，袁崇煥於廣西桂林應萬曆丙午科鄉試，中舉人。十二月，蒙古使臣尊努爾哈赤為昆都侖汗。（閻崇年《袁崇煥傳》附《袁崇煥年譜》）

正月十五日夜，何吾騶賦《丙午元夕　六首》七絕詩。（何吾騶《元氣堂集》卷下）

秋，韓上桂賦《丙午秋集歐子建象觀堂看方渭津黃斗華奕棋

賦贈》七古詩。（韓上桂《韓孟鬱雜稿選·七言古詩》）

八月，巡按御史沈正隆初至廣州，得疾，士民走神祠祝禱，僧爲誦《觀音救苦經》。數日御史夢白衣婦人，疾遂瘳，遂於廣州城西五里順母橋故址鼎建慈度閣，地僅八畝，此即長壽寺前身。（仇巨川《羊城古鈔》卷三《長壽庵》）

十五日，鄧雲霄賦《中秋月食二首　丙午歲》詩云：

黃衢成黑道，靈兔惑妖蟆。祇恐瓊宮女，隨風落別家。霓裳中夜歇，鼓角萬方嗟。鉛粉輕磨鏡，清光應更加。

露華澄月色，可愛是中秋。豈料清光夕，翻成秉燭遊。水輪初掩匣，玉帳乍懸鉤。試問停杯客，何如風雨愁。

又賦《聞陳九吾楚中訃》五律三首。

九月初九日，雲霄賦《九日書懷》詩云：

懷歸心正苦，九日懶登高。舊恨纏孤劍，新霜入二毛。松楸懸遠夢，岐路念緋袍。不作悲秋賦，抽毫漫續騷。

冬至前三日，雲霄賦《冬至前三日對雪時值聖母萬壽與陳裕所同賦禁用雪套》詩云：

黯黯嚴寒旅思催，香醪獸炭對銜杯。慈雲偏向蓬萊繞，寶雨遙從佛國來。六管浮灰將變律，千門殘笛暗驚梅。欲觀淨土琉璃界，更上西風百尺臺。

冬至日，雲霄賦《至日即事二首　丙午歲》詩云：

開閣迎長半捲簾，開尊空對水精鹽。天心暗逐微陽轉，華髮新隨一綫添。歲晏龍蛇藏凍浦，雪晴鴉雀下虛簷。蒼茫殺氣纏遼左，臺上書雲莫浪占。時虜犯山海。

江湖霜雪絕飛鴻，迢遞鄉書杳未通。萬里授衣思履襪，十年羸馬嘆西東。閉關行旅蕭條後，吹律回春想望中。誰道省方當息駕，君王元只在深宮。（鄧雲霄《燃桂集》卷一）

本年何其偉賦《丙午歲族叔懷靈侄禹門孫宇亮鄧甥世田元夕過集》七律詩。（《轂音集》）

本年張萱賦《歲壬午計偕曾憩東林寺今二十有五年矣幸差竣

還朝再過一食撫茲往跡殊愴客懷遂成二律以紀歲月》七律詩（張萱《西園存稿》卷六）、《癸未計偕過王莊驛假舘張北溪鑪頭屈指二十四年矣今差竣還朝午憩驛舘北溪之子崇葵者袖余舊墨來謁且獻盤餐遂以詩二章答之》七絕（張萱《西園存稿》卷十二）。

本年何吾騶公車，賦《別父母北上　丙午公車作》五古詩、《丙午呈張魏兩座師》七古（何吾騶《元氣堂集》卷上）、《丙午公車北上　二首》五律（何吾騶《元氣堂集》卷中）。

本年梁崇廷賦《丙午再入闈闈》詩云：

海內論才重八閩，棘闈從事豈厭頻。花香每擁薇堂席，雨露長隨驄馬塵。白麵多逢新措大，朱衣半是舊同寅。千金市駿非皮相，神骨分明各認真。（康熙《順德縣志》卷一二）

區慶雲於本年中舉人。

區慶雲，字子卿。南海人。次顏子。明神宗萬曆三十四年（一六〇六）舉人。就教宜興，聘修《常州府志》。著有《定香樓集》二十卷及《古文世編》、《歷代大文章》、《四書纂注》。阮元《廣東通志》卷二八三有傳。

黎兆鰲於本年中舉人。

黎兆鰲，字公成（咸），號桂海。番禺人。瞻從孫，遂球從叔。明神宗萬曆三十四年（一六〇六）舉人，官至蓬（蓮）州知州。著有《愧菴集（稿）》。陳恭尹《番禺黎氏存詩彙選》有傳。

張一鳳於本年中舉人。

張一鳳（一五七九～一六四三），字聖瑞，號五若。東莞人。明神宗萬曆三十四年（一六〇六）舉人，授四川夔州推官，擢工部主事，遷員外郎、郎中，升廣西左參議，兩督漕艘。具知人鑒，同里蘇觀生、族弟張家玉俱出其門。崇禎十六年（一六四三）癸未易簀，年六十五。張其淦《東莞詩錄》卷一九有傳。

饒堪於本年中舉人。

饒堪，字用裁，號岱嶼。大埔人。相孫。明神宗萬曆三十四年（一六〇六）舉人。事見阮元《廣東通志》卷七五。

方遂千於本年中舉人。

方遂千，字仞翔，號遲庵。東莞人。明神宗萬曆三十四年（一六〇六）舉人。官湖南黔陽縣令，招收逃亡，鼓勵生産。攝沅州知州，因病告歸，編輯族譜。（宣統《東莞縣志》卷六三）

李之世於本年中舉人。

李之世，字長度（一說慶），號鶴汀。新會東亭人。以麟子。明神宗萬曆三十四年（一六〇六）舉人。晚年始就瓊山教諭，遷池州府推官。未幾移疾罷歸。著作極多，有《圭山副藏》、《剩山水房漫稿》及《北遊》、《南歸》、《雪航》、《家園》、《泡庵》、《朱崖》、《息庵》、《水竹洞》、《不住庵》諸集。傳世者有《鶴汀集》十卷，其中詩集七卷、文集二卷，卷一〇附錄其弟李之標文《鳧渚集》。原刻《朱厓集》，一集《浮槎草》，二集《可廬草》，三集《歇園草》，四集《和蘇草》，五集《韻語》，今已不傳，惟附見於《鶴汀集》之中。《鶴汀集》前有李本寧《圭山副藏敍》、韓上桂《北遊草敍》二文，可供參考。康熙《新會縣志·藝文下》錄其詩三十一首、温汝能《粵東詩海》八首、《明詩紀事》六首。《鶴汀集》錄有邑志小傳，阮元《廣東通志》卷二八一亦有傳。

盧琚於本年中舉人。

盧琚，歸善人。明神宗萬曆三十四年（一六〇六）舉人，官新會教諭，升廣西永淳知縣，卒於官。（光緒《惠州府志》卷三二）

李惟鳳於本年中舉人。

李惟鳳，字鳴周。番禺人。明神宗萬曆三十四年（一六〇六）舉人，官桃源、陸川知縣。以老病辭歸，樂爲善事。（同治《番禺縣志》卷四一）

崔知性於本年中舉人。

崔知性，字彦覺。番禺人。萬曆三十四年（一六〇六）舉人，歷官南安府推官、漳州府同知行府事、楚王府長史。（同治

《番禺縣志》卷四〇）

韓韜於本年中武舉人。

韓韜，字仲六，號玉田。番禺人。上桂仲弟。明神宗萬曆三十四年（一六〇六）武舉，未仕先卒。擅詩文。著有《茹霞稿》。事見《韓節滘公遺稿》卷末附錄。

袁日華於本年成貢生。

袁日華，羅定州西寧（今鬱南）人，東莞籍。萬曆三十四年（一六〇六）貢生，官高州府教授。（民國《舊西寧縣志》卷二〇）

曾惟忠於本年成貢生。

曾惟忠，五華人。萬曆三十四年（一六〇六）歲貢。年幼無依，與兄惟恭研習文理。歷任香山縣訓導、宜山縣教諭、淮安府教授。終年八十四。（《長樂縣志》、乾隆《嘉應州志》）

潘應闕於本年成貢生。

潘應闕，永安（今紫金）人。萬曆三十四年（一六〇六）歲貢，曾任英德教諭。（《永安三志》）

陳學佺生。

陳學佺（一六〇六～一六三七），字全人。東莞人。崇禎六年（一六三三）解元，後禮釋道獨爲居士，法名函全，工白描佛相人物。與番禺梁朝鐘、曾起莘（天然和尚）結交，用性命之道共勉。十年（一六三七）會試不第，歸家數月卒。著有《毫端閣集》。宣統《東莞縣志》卷六三有傳。

明神宗萬曆三十五年　丁未　一六〇七年

正月初一日，李英賦《丁未元旦》詩云：

人世生如寄，遨遊孰有神。少從天下士，幾醉洛陽春。大壑今爲隱，青霞適養真。朝元開鳳曆，何以報楓宸。

初七日，英賦《人日遇鄭宗先晚酌賦別》詩云：

桂林幽隱處，十里過龍津。首聚星爲客，萍逢日是人。行雲

流水渺，疏柳淡煙新。別去情難盡，蒼茫兩地春。（《李英集·餐霞集》）

初九立春日，張萱小憩窰頭公館有感，賦《丁未立春日小憩窰頭公館有感》詩云：

入春經九日，此日始名春。凍宿芟微動，春遲綠未勻。行廚羹菜甲，續食薦盤辛。寄問樓頭望，偏誰憶遠人。

春色何遲莫，客心殊鬱陶。停鑣投野館，撥火煮村醪。細雨釀花氣，凄風屯土膏。自憐同候鴈，歲歲北行勞。

又賦《曉發安義喜晴》五律。

晦，萱賦《自護城驛馳張橋時大雨雪興從多凍人過響馬舖市酒脯慰勞之遂止宿焉因歌蘋澤之詩獲我心矣偶成二律明日乃行則春二月朔也》詩云：

首路嗟疲客，嚴裝尚遠征。天寒日易短，雪重雨猶傾。四牡棲孤店，三宵度一程。由來事行役，不必問陰晴。

荒村名響馬，遠客歎亡羊。凍筆裁黃竹，凄風起白楊。投醨憐墮指，推食遍枯腸。久已慚車儛，休辭解囊裝。（張萱《西園存稿》卷四）

四月晦日，鄧雲霄賦《妖雹歌》七古詩，序云：

丁未四月晦日，京師大雨雹，歌以紀。前一年雷電，僕日壇槐，灾異蓋迭見。杞人私憂，情見夫詞。（鄧雲霄《燃桂稿》卷一）

五月初五日，雲霄賦《丁未午日獨酌》詩云：

密葉咽疏蟬，虛堂坐黯然。壺觴堪自遣，蒲艾故相鮮。久客傷千里，懷歸又一年。江南簫鼓競，心折暮潮邊。（鄧雲霄《燃桂稿》卷二）

立秋日，李孫宸賦《丁未立秋》詩云：

夏來常抱病，炎暑太相欺。復此涼飈至，絺衣林外披。荷衰如怯露，蟬冷乍驚枝。物色皆秋意，寧關一葉知。

又賦《懷歐子建》五律。

七月初七日，孫宸賦《羊城病中七夕》詩云：

枕簟涼風入，他鄉七夕秋。無朋問沽酒，獨坐望牽牛。延想星河近，微吟風露收。茲宵病客夢，應傍故山樓。

又賦《初秋鄧伯喬招同諸子集梁明府西園》、《初秋同歐子建鄧伯喬過朱季美虹岡別業》（以上五律）。（李孫宸《建霞樓詩集》卷六）

七月初八日，王弘誨六十六歲生日，賦《丁未初度自述》詩云：

莫將箕斗問星躔，山澤形骸自輾然。衰謝易凋蒲柳質，劬勞難報蓼莪篇。謀身自擬龍蛇蟄，狎性聊依鷗鷺便。寄謝同心勞問訊，支離幸自保天年。

丁未初秋月八日，吾今六十六年過。風雲自慶明時遇，歲月堪憐暮景多。緱嶺笙簫懷子晋，恆河津筏念彌陀。堯天舜日知何有，白石南山浩浩歌。（王弘誨《太子少保王忠銘先生文集天池草重編》卷二五）

閏七月十五日，韓上桂賦《丁未閏月望日社集呈諸君子》七律詩三首。（韓上桂《韓孟鬱雜稿選·七言律》）

八月十五日夜無月，李孫宸《中秋無月諸從同戴公綸過酌》五律詩二首。

十月，李孫宸賦《初冬同伍國開兄弟雨中尋梅》詩云：

聞道江梅好，相期江水濱。不辭微雨浥，爲覓淡妝人。蕊似含情待，枝偷刺眼新。何須看庾嶺，數朵不勝春。（李孫宸《建霞樓詩集》卷六）

冬至日，鄧雲霄賦《丁未冬至朝罷登白塔臺》詩云：

宮漏微茫玉管催，駸駸車馬散朝回。陰陽應律終須轉，天地無心未易猜。暖入梅根遥待臘，寒冲竹葉且銜杯。層臺漫上休翹首，愁見雲從故國來。

十二月，雲霄賦《詠雪三首效西昆體　時丁未季冬九日後十二日立春》七律。

同月，區懷瑞於峽口逢春，後賦《崧臺舟中立春　丁未臘亦

於峽口逢春相距十九年殊有今昔之感》五律詩二首。（區懷瑞《琅玕巢稿》卷二）

二十一日，張萱賦《立春日胥江驛東方舟友人時丁未冬十二月二十一日也》五律詩二首。（張萱《西園存稿》卷四）

除夕，雲霄賦《丁未除夕書懷》詩云：

守歲孤燈夜欲徂，馮唐郎署胡爲乎。尋常有願非狂誕，四十無聞愧丈夫。轉覺風雲多後進，空嗟犬馬老長途。年年牢落看人意，莫怪高歌擊唾壺。（鄧雲霄《燃桂稿》卷二）

本年區大相賦《九望》騷體長詩九首，序云：

《九望》者，端溪先生之所作也。區子以萬曆丙申歲從使淮還京，再入史局。自守職以來，將一紀於茲。久備記載，誼在獻納。而職事曠焉靡舉，志願頹焉將邁。時朝政多闕，上下否塞，情不能通。思天下日入於散，意忽忽有失。睠言興懷，乃昉九章，本其土風，申騷人之遺，爲《九望》詩以見志焉。懼覽者不察，故粗舉大義云耳。（區大相《區太史集》卷二）

本年何吾騶賦《丁未歸舟見新燕同諸子賦》七律詩（何吾騶《元氣堂集》卷中）、《丁未同諸兄弟過石門》七絕（何吾騶《元氣堂集》卷下）。

本年潘濬上《題減粵東稅銀疏》。（潘濬《題減粵東稅銀疏》）

黃士俊於本年中狀元。

黃士俊，字亮垣，號五岑，晚號碧灘釣叟。順德人。明神宗萬曆三十五年（一六〇七）狀元。授修撰，歷官禮部尚書，官至武英殿大學士。思宗崇禎九年（一六三六）入閣，累加少傅。以事忤溫體仁，罷歸。南明唐王以原官召，未赴。後相桂王，耄不能決事，數爲臺省所論列。帝西奔，士俊坐閣中不去。尋歸里，卒年八十五。康熙《順德縣志》卷八有傳。

樊王家於本年中進士。

樊王家，字孟泰，號珠誠。東莞人。明神宗萬曆三十五年（一六〇七）進士，授江西廣昌知縣，擢工部主事，天啟五年（一六二五）以督造三殿功遷廣西提學副使，未任卒。光緒《廣州府志》卷一二四有傳。

李同芳於本年中進士。

李同芳，字公揚。東莞人。明神宗萬曆十年（一五八二）舉人，署保定教諭。三十五年（一六〇七）進士，授江西南城知縣，歷江都臨漳知縣，擢刑部主事。張其淦《東莞詩錄》卷一六有傳。

倫肇修於本年中進士。

倫肇修，新會人。父大禮，比鄰江門，究心理學。肇修萬曆三十一年（一六〇三）癸卯舉於鄉，三十五年（一六〇七）進士，歷官大理寺少卿。顧嗣協《岡州遺稿》卷四有傳。

韓日瓚於本年中進士。

韓日瓚（？～一六三五），字緒仲，一字若海。博羅人。釋函可父。明神宗萬曆三十五年（一六〇七）進士，授檢討，歷官禮部尚書。魏璫用事，卒不肯一見。以詞臣居講幄，兼總裁實錄，教習館員。積勞於崇禎八年（一六三五）卒官，諡文恪。著有《博羅縣志》、《詢蕘錄》、《文恪集》二十卷。吳道鎔《廣東文徵作者考》卷五有傳。

彭際遇於本年中進士。

彭際遇，字觀卿。東莞人。明神宗萬曆三十五年（一六〇七）進士。官御史，疏言多建樹。視察寧夏，巡按茶馬貿易，貪官自動辭職。遷大理寺少卿，平反冤獄。卒於任。著有《西臺疏草》。（光緒《廣州府志》卷六十）

簡載道於本年成貢生。

簡載道，字伯傳，號我南。新興人。明神宗萬曆三十五年（一六〇七）貢生，歷任歸善訓導、廉州府教授，陞淮王府紀善。乾隆《新興縣志》卷二三有傳。

佘元嶽於本年成貢生。

佘元嶽，順德人。明神宗萬曆三十五年（一六〇七）貢生，歷任武強教諭。事見康熙《順德縣志》卷五。

黄世臣於本年成貢生。

黄世臣（？～一六四四），字趙白，號覺虛。羅定人。萬曆三十五年（一六〇七）歲貢，初任婺源縣丞，升雲南易門知縣，後代知昆陽州，知通安州。崇禎十五年（一六四二）歸休。聞甲申之變，自縊於家。（民國《羅定縣志》、《祀義祠碑》）

吳六奇生。

吳六奇（一六〇七～一六六五），字鑒伯，號葛如，綽號吳鈎。豐順人。出身士大夫之家，幼讀詩書。嗜酒好賭，以致傾家蕩產。曾為郵卒，又曾浪跡閩粵江浙。行乞海寧時遇大雪，為名士查伊璜垂青，贈川資與袍，予信與其回粵入伍。後與弟標糾集鄉勇，稱雄鄉里。鎮壓義軍，永曆帝封為總兵。順治七年（一六五〇），尚可喜從閩入粵東，率部迎降。郝尚久反正，六奇陽奉陰違，從韓江順流而下圍攻尚久，致尚久失敗。十二年（一六五五），又為清廷獻海禁之策。康熙帝賞其太子太保，晋少傅兼太子太保。著有《忠孝堂文集》。（民國《豐順縣志》）

梁以壯生。

梁以壯（一六〇七～？），字又采（採），號芙汀居士。番禺人。以壯祖在明朝歷有宦聲，夙有家學。傳其先世一門并奴婢三百餘口，皆沒於世變，僅留主僕四人。以壯年十一負文字之名，弱冠即有著述，後曾出嶺遊歷。著有全集二十六卷，《蘭局前集》八卷附一卷為其另行編選。

張穆生。

張穆（一六〇七～一六八三），字爾啟，號穆之，又號鐵橋。排行第二，晚輩尊為張二丈。東莞人。明思宗崇禎六年（一六三三），度嶺北遊，思立功邊塞，不得用。十七年，唐王立，入閩謁蘇觀生，觀生以御史王化澄疏，敕穆為靖江王黨人，擯不錄。後又經舉薦，著御營兵部試用，旋詔與張家玉募兵惠州、潮州。會汀州變，張穆見諸臣不以恢復為念，遂不復出，隱居東安，一日無病而卒。能詩善畫馬。著有《鐵橋山人稿》、《鐵橋集》。陳伯陶編《勝朝粵東遺民錄》卷二有傳。

明神宗萬曆三十六年　戊申　一六〇八年

春，鄧雲霄賦《哀滇南》詩云：

戊申之春，金沙江外狡夷鳳酋，倡亂入寇。殘破武定、元謀等郡縣，直逼滇南省城。巡撫陳用賓爲鳳酋所脅，索武定府印而與之，以求解夷，氣益張，所過必屠其城，積屍千里，竟不能以一矢加夷，任其飽揚以去。先是，榷稅中官若虎而翼，十室九空，人無鬭志。用賓政以賄成，軍多虛伍。弛備興戎，皆爲禍本。作是，以當詩史云爾。

昆明池上黑雲浮，魂哭天陰草水愁。狡虜黃金還在肘，荒郊白骨已成丘。幕中坐嘯誰爲主，城下尋盟衆所羞。啟釁興戎非一日，滇南十載困誅求。

又賦《采蓮曲》《相逢行贈別王木仲社丈請急東歸》（以上七古）、《詠得含風蟬》五絕、《花王三詩》七律、《春晝》七絕。

正月十三日，鄧雲霄賦《金鰲洲觀燈歌》詩云：

上元前二夕，闔邑孝廉邀邑侯李父母觀金鰲洲新築塔基。銀燈火樹，繁如星錯，遊人河下，萬艘鱗集。余是夕預飲，大醉。宴罷，即解纜北征，破愁狂樂，大爲遊子壯行色。因歌以紀其勝云。

君不見金鰲海上泛神洲，縹緲蓬壺相對浮。佳氣三天來皓鶴，人家兩岸映紅樓。東官圓沙古有兆　舊有圓沙出狀元之讖，故建塔於此以壓之，已見鰲頭標石嶠。寶塔能將瑞靄籠，桃津定占春江曉。誰持玉尺及青鳥，幻出金莖在畫圖。集事群工來若子，九仞巍峨此經始。成梁不藉祖龍鞭，奠礎實環功德水。萬戶煙花近上元，溶溶新浪起雷門。六鰲忽駕三山至，總向洲前勸綠樽。銀燈火樹春宵合，蚖脂豹髓紛照灼。玳瑁筵中醉使君，同遊才子氣如雲。登龍共是仙舟客，更和青蓮五色文。萬艘千舸相鱗次，妙工名謳歡動地。醉來休問夜何其，但覺鈞天異人世。斗轉參移玉漏稀，火城遙送使君歸。留連諸子猶浮白，立望征帆彩鷁飛。曲江紅杏入袍新，鰲禁猶懸隔歲春。時隔丁未一春。握蘭傲吏沽千石，遲爾看花第一人。（鄧雲霄《解弢集》）

清明日，雲霄賦《戊申清明高梁橋申太僕招遊》詩云：

宿雨初晴麥氣涼，西郊芳草徧春光。舞廻波影流偏駐，歌颺楊風絮更狂。士女行纏金屈膝，少年飛鞚紫遊韁。誰憐散吏容疎放，歲歲看花大道旁。

又賦《李侍御晉同卿貳賦贈》《燕山聞杜鵑》（以上七律）。

三月，雲霄賦《春暮清齋作》詩云：

嫩槐垂檻噪新蟬，屈指春光又一年。作客敢辭花底醉，出郊應欠杖頭錢。聊將蒲殖供朝膳，亦有琴書伴午眠。虛館寥寥如野寺，茶煙輕繞博山煙。

二十四日，京都怪風大作，黄沙蔽天，雲霄賦《風沙詩》詩云：

戊申季春廿四日，京都怪風大作，黄沙蔽天，時滇粵各報警急，山東淮北一路，赤地數千里。

莽互疑龍戰，風沙白日陰。土囊應破裂，地軸恐浮沈。道路無青草，乾坤半綠林。憂時關百慮，造化若爲心。

又賦《暮春登報國寺經樓感滇粵遼陽警報作》七律。

四月，雲霄賦《喜雨　戊申首夏，燕畿旱，將禱而雨》詩云：

山帶曉氤氳，層陰午未分。微風起少女，驚電劃長雲。潤變郊原色，聲衝鸛鶴群。羽書滇粵急，好洗漢家軍。（鄧雲霄《燃桂稿》卷二）

七月初七日，韓上桂賦《戊申七夕社集萬伯文園亭》詩云：

七月七夕雲無陰，遥望銀河深不深。牽牛住軛非無意，織女停梭會有心。流光荏苒含雕戶，芳沼平涵堪共遡。怪石如從槎上來，危橋似可空中度。十二欄干曲曲低，箇中豪客盡能詩。雖無天上鴛鴦錦，剩有人間懊惱詞。（韓上桂《韓孟鬱雜稿選·七言古詩》）

同日，鄧雲霄賦《戊申七夕旅思》詩云：

萬感集蕭辰，羈懷難具陳。還因牛女會，遠憶別離人。雨霽

火雲歇，天空秋氣新。宦遊今十載，依舊阮家貧。（鄧雲霄《燃桂稿》卷二）

十月十四日，曾起莘（釋函昰）生。①（釋今無《光宣臺集》卷十七《（缺題）時十月十四日作本師誕日也》）

曾起莘（一六〇八～一六八五），字宅師。本南雄人，後占籍番禺。與里人梁朝鐘、黎遂球、羅賓王、陳學佺輩縱談時事。崇禎六年（一六三三）舉人。會試不第，謁釋道獨於廬山，祝髮歸宗寺，法名函昰，字麗中，別字天然，後號丹霞老人。既返廣州，主法訶林，一時節烈之士如陳子壯、張家玉、陳邦彥、梁朝鐘、黎遂球等均交遊砥礪。明亡，粤中不願出仕者每遁身空門，投其門下。後徙番禺雷峰，創建海雲寺，父母姐妹咸爲僧尼，舉家事佛。歷主福州長慶、廬山歸宗及海幢、華首、丹霞、芥庵諸刹，晚年主法雷峰。康熙二十四年（一六八五）八月二十七日，作偈投筆而寂。著有《瞎堂詩集》二十卷、《楞伽疏》《楞嚴疏》《金剛疏》《禪醉》《焚筆》《似詩》等。陳伯陶《勝朝粤東遺民錄》卷四有傳。

本年李英六十五歲生辰，賦《生日》詩云：

虛度六十五春，曾遊燕趙咸秦。所觀後史前史，偏憶今人古人。（《李英集·餐霞集》）

戴錦於本年成貢生。

戴錦，字至文。永安（今紫金）人。明神宗萬曆三十六年（一六〇八）貢生。初授高州訓導，陞連州學正，轉江西石城王府教授，年七十告歸。嘗與葉春及、黄宏恕同修縣志。道光《永安縣三志》卷五有傳。

龍河於本年成貢生。

龍河，字聖兆。新安人。明神宗萬曆三十六年（一六〇八）歲貢生，福建汀州府訓導。（康熙《新安縣志》）

① 十月十四日爲天然函昰和尚誕辰。（《須知簿》）

朱訶於本年成貢生。

朱訶，字鴻磬。清遠人。明神宗萬曆三十六年（一六〇八）歲貢生。射策金門，列第一，授福建泉州府訓導，調署安溪學正，升鄞縣教諭。著有《淩敲草廬稿》等。（《清遠縣志》卷六）

郭之奇生。

郭之奇（一六〇八、一六〇七～一六六二），字仲常（一作仲嘗），號菽子，一號正夫，又號三士道人、玉溪子，謚忠節。揭陽人。崇禎元年（一六二八）進士，選庶吉士。明年歸省，家居四年，修《揭陽縣志》成。六年假滿回京，任禮部主事，累官至太僕寺少卿。明亡歸里，與林銘球謀起義兵抗清。南明永曆三年（一六四九）至肇慶謁永曆帝，原官起用，後累官至文淵閣學士，兼禮、兵二部尚書，加太子太保。轉戰兩廣。順治十六年（一六五九），流亡南交，一年間得詩三百六十首，結為《陋吟集》。明年，又得詩一百六十五首，結為《巢居集》。十八年（一六六一）七月，為交趾韋永福誘執，獻於清廷。其時廣西兩司以下官多為之奇門下士，委曲勸降，終不屈，飲酒賦詩而已。康熙元年（一六六二）八月就義於桂林，年五十六。著有《宛在堂集》、《古詩唐詩大觀評語》、《稽古篇》等。（乾隆《潮州府志》卷二八、《潮州耆舊集》卷三三、《粵東遺民錄》）

吳永胤生。

吳永胤（一六〇八～一六九三），字繩甫，號耐庵。海豐人。諸生。卒年八十六。事見朱彭壽《清代人物大事紀年》。

湛緝生。

湛緝（一六〇八～一六八〇），字甫水。河源人，原籍福建。崇禎元年（一六二八）弱冠，由漳南遷河源。躬耕力學，為連平州庠生。順治十七年（一六六〇）舉人，十八年（一六六一）連捷進士，授湖廣辰谷知縣，多德政。康熙十二年（一六七三）冬，西藩叛逆，遂棄官歸里。（《河源縣志》）

酈奕恒生。

　　鄺奕恒（一六○八～一六八三），字伯正，號價藩。河源人。博通經史，領鄉薦。順治九年（一六五二）進士，授山西聞喜令，人稱菩薩。康熙元年（一六六二）補江南碭山縣令。（《河源縣志》）

明神宗萬曆三十七年　己酉　一六○九年

　　三月初三日，林熙春賦《三月三日同曾封君張比部邀阮令公登鳳凰臺①》詩云：

　　永和千載繫吾思，結客相攜酒一卮。且喜步兵遊梓里，張翰。，因偕童冠集蘭池。曾點。興來敵手棋方劇，話到知心席更移。不是嗣宗饒問俗。阮。登臨何以慰襟期。

　　夏，熙春賦《己酉夏觀察金公有祝釐之行余臥病弗獲祖之江干每枕上有懷輒得詩一二句積之綴成四首用當驪歌　　錄一》詩云：

　　天外幾年銷瘴癘，雲中五色擁旌旄。誰遊珠海甘茹蘗，獨上瑤池爲獻桃。萬里肯辭王事苦，九重寧負使臣勞。未央宴罷君恩渥，當有彤弓屬錦弢。（溫廷敬《潮州詩萃》卷二九）

　　四月初一日，日食，區大相賦《四月朔己酉日食　先是，三月十五月食》詩云：

　　日月頻見食，陰陽春夏更。豈應恒失度，無乃暫傷明。白晝麒麟鬭，青天河漢橫。何勞問徵應，宵旰是皇情。　（明區大相《區太史詩集》卷一二）

　　秋，李之標賦《己酉秋歸述懷》七律詩五首。

　　七月初八日，李之標賦《七夕後登粵秀山留別邱齡叔伍國開同羅友國何右文賦》詩云：

　　憑高千古意悠悠，況復風煙是素秋。同社幾人今聚散，蹔時勝地且夷猶。峰廻翠岫雲光滿，夜轉銀河海氣流。指點家山聊悵

────────────

　　①　清光緒《海陽縣志》卷二六題作《偕阮令公登鳳凰臺》。

望，可堪別袖更牽愁。（李之標《鳧渚集》）

秋杪，李孫宸賦《己酉秋杪還山伍國開有開何景言諸子過訪》詩云：

歸來三徑在，寂寞見吾真。誰道無知己，猶能枉故人。窮途交有態，秋色暮逾新。已謝塵鞿束，青尊肯厭貧。（李孫宸《建霞樓詩集》卷六）

秋暮，伍瑞隆賦《己酉秋暮詹伯潤何襄武詹季莖三子過訪》七古詩。（伍瑞隆《臨雲集》卷二）

冬，張萱賦《己酉冬夜泊海珠寺書懷時有出守之報計當投劾故稍及之》七律詩四首。（張萱《西園存稿》卷六）

除夕，鄧雲霄賦《己酉除夕同蘇汝載守歲》詩云：

名香手自焚，虛室坐氤氳。客是他鄉聚，年從殘燭分。頭顱空老大，雞鶩恥同群。明日探春去，相期弄白雲。（鄧雲霄《鄧氏詩選·五言律》）

本年羅儀以歲貢授福建同安訓導。

羅儀，字于孚。高明人。萬曆三十七年（一六〇九）以歲貢授福建同安訓導。正氣自凜，以孝道教諸生，不計學金，稱端樸先生。（道光《高明縣志》）

李希孔於本年中進士。

李希孔，字子鑄。三水人。明神宗萬曆三十七年（一六〇九）進士。官至南道御史。為官剛正，屢上疏糾劾奸官，尚書周嘉謨謂海瑞復出。泰昌元年（一六二〇）冬，條陳時務七款以佐熹宗，天啟年間又彈劾兵部尚書邵輔忠等。為閹黨誣陷，調屯馬之職，未到任而卒於客寓。著有《南臺疏草》、《斥邪議》。（《粵中見聞》人部二）

黃公儀於本年中舉人。

黃公儀，字元禮。順德人。明神宗萬曆三十七年（一六〇九）舉人，十上公車不第。謁選上猶教諭，歷仕湖廣武昌府同知。致政歸，年八十二始卒。著有《北征草》、《易軒集》、《猶川稿》及《九轉佚老堂稿》、《粵州》諸草。康熙《順德縣志》卷八有傳。

胡秉忠於本年中舉人。

胡秉忠，陽春人。明神宗萬曆三十七年（一六〇九）舉人，任江南六安州知州。事見康熙《陽春縣志》卷八。

梁元最於本年中舉人。

梁元最，番禺人。士楚子。明神宗萬曆三十七年（一六〇九）舉人。著有《隱圃吟草》。光緒《廣東府志》卷二九有傳。

羅奕佐於本年中舉人。

羅奕佐，字幼良。番禺人。明神宗萬曆三十七年（一六〇九）舉人。事見阮元《廣東通志》卷七五。

趙希孔於本年中舉人。

趙希孔，字象聖。東莞人。明神宗萬曆三十七年（一六〇九）舉人，授湖廣華容知縣，多德政。宣統《東莞縣志》卷六三有傳。

陳熙韶於本年中舉人。

陳熙韶，字仲慈，號蘭砌。南海人。紹儒孫。弱冠與弟熙昌同選貢，稱“嶺南二陳”。明神宗萬曆三十七年（一六〇九）舉人，授梧州府同知，升南戶部員外，轉郎中。出守思恩府，一無所取。返里後杜門吟詠，不事干謁。歿，祀鄉賢。吳道鎔《廣東文徵作者考》卷五有傳。

梁鋐於本年中舉人。

梁鋐，字恭先。南海人。明神宗萬曆三十七年（一六〇九）舉人，明年進士，授浙江紹興府教授。四十年（一六一二）壬子，聘分考福建鄉試，尋丁艱去。服闕，起補戶部主事。日夜勞瘁，遂得心病，解餉至天津，以疾乞南還，抵里七日卒。潘楳元、譚瑩《廣州鄉賢傳》卷四有傳。

劉如性於本年中舉人。

劉如性，字淡然。南海人。明神宗萬曆三十七年（一六〇九）舉人，由英德教諭擢知賀縣。崇禎間起補雲南陽宗知縣，遷趙州知州。張獻忠入蜀，如性講武爲捍禦計，得無恙。孫可望據川黔，以聾聵自托，堅拒之。年逾八旬，間關歸里。未幾卒，年八十三。陳伯陶《勝朝粵東遺民錄》卷補有傳。

馮挺衡於本年中舉人。

馮挺衡，初名國柱，字鼎臣。番禺人。元之曾孫。明神宗萬曆三十七年（一六〇九）舉人，知湖廣善化縣。崇禎十年（一六三七），臨藍礦工數萬攻城，卻之。四攝長沙縣事，調江西奉新。後事唐王，授工部主事。後桂王走桂林，遂遁跡龍巖。（同治《番禺縣志》卷四二）

麥應時於本年中舉人。

麥應時，字思中。從化人。明神宗萬曆三十七年（一六〇九）舉人，選和平教諭。（《從化縣志》）

吳鼎元於本年中舉人。

吳鼎元，號仁衢。吳川人。鼎泰弟。明神宗萬曆三十七年（一六〇九）舉人，任袁州府通判。四十四年（一六一六）奉詔討河南飢民起義，殺李荆楚，因功升順慶府同知，未幾歸里。（《吳川縣志》）

黃感戊於本年中舉人。

黃感戊，新安西鄉（今屬深圳）人。萬曆三十七年（一六〇九），以《詩經》中鄉試。（康熙《新安縣志》）

潘起鵬於本年中舉人。

潘起鵬，字以淩，號扶翼。新會人。明神宗萬曆三十七年（一六〇九）舉人，天啓七年（一六二七）知象山縣，胥吏畏若神明。遷南康推官，未至，左轉大庾，晋鬱林知州。著有《象山防寇事宜》二十五條。（清《新會縣志》）

孔從先於本年中舉人。

孔從先，字存雅。清遠人。煦子。明神宗萬曆三十七年（一六〇九）舉人。任養利州知州，歷仕淮安府同知，兼理淮徐兩屬河務。民國《清遠縣志》卷六有傳。

鍾萬芳於本年成貢生。

鍾萬芳，清遠人。于田子，萬春弟。明神宗萬曆三十七年（一六〇九）貢生。事見民國《清遠縣志》卷六。

陸中田於本年成貢生。

陸中田，四會人。明神宗萬曆三十七年（一六〇九）貢生。事見光緒《四會縣志》編六。

梁岳於本年成貢生。

梁岳，饒平人。明神宗萬曆三十七年（一六〇九）貢生，官興化教授。事見光緒《饒平縣志》卷七。

吳士華於本年成貢生。

吳士華，潮陽人。明萬曆三十七年（一六〇九）鄉貢，授四川漢州學正，升夔州新寧知縣。張獻忠來攻，督壯士抵禦，城陷死。（乾隆《潮州府志》卷二八）

釋今儆生。

釋今儆（一六〇九～一六六九?），字敬人。番禺人。族姓陳，原名虯起，字智藏。諸生。明桂王永曆十二年（一六五八）始薙落受具於雷峰。後居丹霞，因病辭歸雷峰，未幾坐蛻。同治《番禺縣志》卷四九有傳。

蘇夢陽殉國。

蘇夢陽（? ～一六〇九），字伯乾。封川（今封開）人。先任潮陽訓導，後官雲南祿豐令。居二年，緬酋倡亂攻陷武定府，夢陽誓死守縣。萬曆三十七年（一六〇九），緬亂兵入祿豐，夢陽率兵出戰，手斬三級，兵寡力困被執，拒降斥賊，不屈死。（《明史·忠義傳》）

明神宗萬曆三十八年　庚戌　一六一〇年

十二月二十四日，明思宗朱由檢生。（閻崇年《袁崇煥傳》附《袁崇煥年譜》）

二月，鄧雲霄賦《聞虜大入遼陽》詩云：

先是壞邊事者若而人，余上疏之，竟未正法。諸將習故套，上下相遁，瞞入不殺。戮之慘，千里無煙。時廢帑金三十萬，招募新兵，依然虛靡，不得一卒之用。感事憂憤，情見乎詩。蓋萬曆庚戌之仲春也。

不見雷霆怒，悲風白日陰。誰傳塞外箭，空費帑中金。鬼哭川流血，春歸燕在林。江南佳麗地，莫憶翠華臨。（鄧雲霄《鄧氏詩選·五言律》）

三月，黃淳賦《庚戌三日（月）即事》詩云：

地僻煙霞古，心閒歲月長。道人談白石，孺子歌滄浪。洗竹驚猿鶴，惜花勝稻粱。太平天子德，稽首望宸光。（顧嗣協《岡州遺稿》卷四）

閏三月，鄧雲霄賦《閏三月》詩云：

庚戌歲，余方抱病乞身，又值外推不下，杜門幽棲，花事都廢。

春殘逢閏日舒長，何處遊人尚著忙。漫道花深催綠酒，轉愁官厄似黃楊。空齋藥裏耽新病，微雨瓜田憶故鄉。郎署從來能滯客，古今奚但有馮唐。

除夕日，林熙春賦《庚戌除夕》詩云：

無計廻天聽，棲遲十五春。今宵塵垢淨，明日歲華新。未獻南山頌，先開北海樽。庚星留德曜，長照八千椿。（溫廷敬《潮州詩萃》卷二九）

本年何吾騶賦《庚戌舟中讀羅隱嘲雲英詩我未成名君未嫁可能俱是不如人代雲英答亦以自嘲》詩云：

便語雲英嫁有期，如君名籍更何時。到頭老女稱新婦，只恐儒冠老便癡。（何吾騶《元氣堂集》卷下）

本年釋道丘參雲棲蓮池大師付以衣鉢，授淨土法門。（《鼎湖山志·初代開山主法雲頂和尚年譜》）

本年淫雨城圮，龔用宏捐工助築。

龔用宏，歸善（今惠州）人。萬曆四十五年（一六一七）歲饑，施賑活多人。助修學宮。贈文林郎。（光緒《惠州府志》卷

三八）

　　區龍貞於本年中進士。

　　區龍貞，一作龍禎，字象先。順德人。明神宗萬曆三十八年
（一六一〇）進士。初授漳浦令，歷任福建漳浦、河北魏縣知縣，
戶部郎中、廣西左江兵備道，升滇南屯道左參政。爲忌者所中，
以年老例致仕，卒年八十四。有《遼陽全書》、《滄浪洞詩稿》
等。康熙《順德縣志》卷八有傳。

　　王安舜於本年中進士。

　　王安舜，字性甫。南海人。明神宗萬曆三十八年（一六一
〇）進士，初授濟南司李，擢巡按御史。著有《蘭玉山房集》。
黃登《嶺南五朝詩選》卷四有傳。

　　曾道唯於本年中進士。

　　曾道唯，字元魯，一字自菴。南海人。明神宗萬曆三十八年
（一六一〇）進士，授刑部主事，轉郎中，奉差江南審決，浙江
恤刑多所平反，陞常鎮兵備道。明思宗崇禎七年（一六三四），
歷陞湖廣左參政，晉都察院左都御史，以父九十在堂，陳情終
養。卒年七十六。著有《介石齋》諸集。清黃登《嶺南五朝詩
選》卷四有傳。塚孫貫，字豫良。茂才。著有《楚遊草》、《寄園
集》。黃登《嶺南五朝詩選》卷十一有傳。

　　黃聖期於本年中進士。

　　黃聖期，初名希睿，字逢一，號濟石。順德人。明神宗萬曆
三十八年（一六一〇）進士。授戶部主事。尋移疾歸，卒年甫三
十六。著有《春暉堂稿》。溫汝能《粵東詩海》卷四四有傳。

　　鄭懋緯於本年中進士。

　　鄭懋緯，字承聚。南海人。明神宗萬曆三十八年（一六〇
一）進士，授江西新淦縣尹，卒於任。溫汝能《粵東詩海》卷四
四有傳。

　　文翔鳳於本年中進士。

文翔鳳，字天瑞，號太青。三水人。明神宗萬曆三十八年（一六○一）進士，歷官至太僕寺少卿。嘗自製五嶽冠，以五嶽爲號，亦稱東極。著有《東極篇》、《文太青文集》等。（陳高春《中國語文學家辭典》）

葉天啟於本年中進士。

葉天啟，一名廷祚，字啟明。番禺人。明神宗萬曆三十八年（一六一○）進士，官太常寺正卿。（阮元《廣東通志》卷六九）

譚作相卒。

譚作相（？～一六一○），字帝賚。曲江人。由貢生任江西德化縣令，後調廣西蒼梧令，民受其惠。萬曆三十八年（一六一○）入覲，卒於京。（《韶州府志》卷三二）

明神宗萬曆三十九年　辛亥　一六一一年

十月，努爾哈赤第八次入京朝貢。（閻崇年《袁崇煥傳》附《袁崇煥年譜》）

春，李如榴《辛亥春日讀書鳳臺社中此先君論文地也感而賦之》詩云：

危亭百尺絕塵埃，蘭砌花陰長綠苔。大地山河收一抹，小窗燈火罩層臺。鶴歸猶憶千年事，鳳翥遙從萬仞迴。縹緲白雲還想像，如聞笑語半空來。（張其淦《東莞詩錄》卷一八）

二月初一日，何吾騶賦《辛亥春二月朔日襄事先父於鹿鳴灣月山感賦》詩云：

吞聲執紼不禁愁，纔到天明便一丘。反哺只今空有血，望雲何處更停眸。青山杳杳千年路，滄海悠悠百里舟。寒食春風歲時事，蒿廬行傍此山頭。（張邦翼《嶺南文獻》）

四月，鄧雲霄賦《遊衡山詩　十二首，並序》七律詩，序云：

衡嶽在衡山縣治西，隸上湖南道。余於萬曆庚戌季冬，由諫垣出臬楚，提兵湖南，自署爲南嶽長。辛亥孟夏，史侍御以巡方至，公事竟，探奇同

登。侍御病目畏炎，故登以夜，詰晨，遍覽全勝。衡居離位，遊以夏初，尚寒如仲冬，高可知矣。（鄧雲霄《鄧氏詩選·七言律一》）

八月十五日，鄧雲霄賦《辛亥中秋招徐圓海湘流玩月》詩云：

空水亭亭兩鏡明，微瀾不動夕流清。誰傳桂闕霓裳曲，來和湘靈鼓瑟聲。露冷蘅蘭秋未老，風恬烏鵲夜休驚。扁舟無限騷人意，欲下江潭弔屈平。

九月初八日，鄧雲霄賦《辛亥重陽前一日行部永郡遇雨宿烏符觀觀白玉蟾驅蟒靈符及呂純陽真筆詩》詩云：

瀟瀟暮雨濕行裝，託宿仙宮夜正長。自有靈符驅毒蟒，至今靈氣護虛堂。常懷鶴背人如玉，未就丹砂鬢漸霜。嘆息登高無限意，天涯明日又重陽。

次日賦《祁陽道中逢九日》詩云：

露洗寒山秋色新，驅車空惹路旁塵。白雲天外悲遊子，黃菊籬邊笑主人。歲歲難拋三尺組，悠悠虛負百年身。蓴鱸更比茱萸好，欲向湘江問釣綸。

又賦《謁曾植齋先師墓》、《得張無名雁字詩書此報之》（以上七律）。（鄧雲霄《鄧氏詩選·七言律二》）

除夕，張萱賦《辛亥守歲》詩云：

三徑蕭條兩鬢皤，尊開柏葉老顏酡。驅除虛耗何須盡，貨買癡獃莫厭多。卻笑兒童爭媚竈，欲呼鄉里共迎儺。儺以驅厲，屬已晝行，里俗不迎，故欲復之。焚香細祝神荼輩，爲護蓬蒿舊雀羅。（張萱《西園存稿》卷七）

同日，鄧雲霄賦《辛亥郴州除夕憶家慈舍弟》詩云：

年年除夕在天涯，宦跡如萍黯自嗟。鏡裏形容看漸老，燈前兒女漫爲家。北堂佳氣依萱草，南國春光入棣花。願倩蘇耽雲外鶴，乘風歸去酌流霞。（鄧雲霄《鄧氏詩選·七言律二》）

本年改建學宮，李極讓地數十畝以成盛舉。

李極，始興人。（民國《始興縣志》卷十二）

尹琦於本年成貢生。

尹琦，字崑獻，號瑞雲。東莞人。明神宗萬曆三十九年（一六一一）貢生。事見清羅嘉蓉《寶安詩正續集》卷一。

葉高於本年成貢生。

葉高，字子昇。封川（今屬封開）人。明神宗萬曆三十九年（一六一一）貢生。官吳川縣訓導，升廣西武緣縣教諭。事見康熙續修《封川縣志》卷一七。

韓宗騄（釋函可）生。

韓宗騄（一六一一～一六五九），字猶龍。博羅人。日纘長子。諸生。受業於梁朝鐘，有濟世之志。崇禎十二年（一六三九）落髮爲僧，法名函可，字（一說號）祖心，爲釋道獨第二法嗣。曾充羅浮山華首臺都寺，又在廣州小北門外創不是庵。甲申之變，悲慟形辭色。弘光元年（一六四五）以請藏入金陵，值國再變，紀爲私史。順治四年（一六四七），以"私攜逆書"爲清將所拘，械送北京。部審免死，流放遼陽，因自號揾搵和尚。先在瀋陽南塔（廣濟寺）開法，又於普濟等七大寺說法，又與遼陽流寓者三十三人結冰天吟社。家人均抗節死，故自號千山剩人。永曆十三年（一六五九）圓寂，世壽四十九。著有《千山詩集》二十卷（補遺一卷）等。陳伯陶《勝朝粵東遺民錄》卷四有傳。

李貞生。

李貞（一六一一～一六七二），字定夫，號萍庵。東莞人。十七補諸生，二十遊北雍。北都陷，感憤激烈。聞贛州圍，舉兵往援，題授兵部職方司主事，監督粵東義旅。贛失守，復同張家玉起義。家玉敗，貞被執下獄，後得釋。戊子（永曆二年，一六四八）奔行在，擢兵科給事中，轉戶科。廣州再破，禿髮僧服，自稱大呆和尚。著有《乙丙遊草》、《寄遠樓集》、《自知錄》、《逸民傳贊》、《教忠堂疏草》。陳伯陶《勝朝粵東遺民錄》卷二有傳。子緱，字昭度，順治間布衣。張其淦《東莞詩錄》卷二六有傳。

　　釋弘贊生。

　　釋弘贊（一六一一～一六八六），字在犙。新會人。俗姓朱，名子任。執二親喪，因斷葷腥。閱《壇經》，遂矢志參學。崇禎六年（一六三三），初入肇慶鼎湖蓮花洞創立精舍。翌年，禮釋道丘於蒲澗，剃染受具。服侍二年，以己事未明，乃請釋道丘主鼎湖，遂度嶺而北，參雪關①，又與棲霞竺庵成公及白巖位中符公書信往來。後歸鼎湖，爲二代住持，號草堂和尚。著有《鼎湖山木人居在犙禪師剩稿》（《木人剩稿》）等百六十餘卷。光緒《廣州府志》卷一四一有傳。

　　釋今錫生。

　　釋今錫（一六一一～一六七六），字解虎。新會人。族姓黎，原名國賓。邑諸生。少修梵行，早有出世之志，遇天然老人即求脫白受具。初爲海雲典客，會阿字大師分座海幢，營建方興，百務叢集，監院甚難其人，禪師命錫充之。左右助維，法門大振。尋遷都寺。性慈和，生平無屬色暴聲，與人殷殷有真意。工行書，臨帖以指劃襟，襟爲之穿。其子月旋（古豪）亦依止海幢，並稱耆德。

明神宗萬曆四十年　壬子　一六一二年

　　正月初一日，林熙春賦《壬子元日》詩云：

昨夜猶然剛六十，五更六甲忽重逢。燕臺豈意勞推轂，駒隙何心嘆轉蓬。椿樹百年幾九袠，椒花一日勝三公。自知聚首皆明賜，海上嵩呼願歲豐。（溫廷敬《潮州詩萃》卷二九）

　　同日，張萱賦《壬子元日賦閒園試筆呈同會諸君子》詩云：

晴旭芳林散曉煙，甘分膝繞板輿前。百年已半今餘五，一日

---

　　①　即瀛山智闇（一五八五～一六三七），博山元來弟子。

能聞即大千。造次林花渾欲放，菁蒽庭樹喜爭妍。長開酒社從今日，莫擲韶光似去年。

玉曆初開淑氣新，今年猶似去年身。已成項領從時輩，能老煙霞有幾人。往事總銷棋一局，壯懷須付酒千巡。入林把臂身同健，剩水殘山日日春。（張萱《西園存稿》卷七）

同日，鄧雲霄賦《壬子元日書懷》詩云：

微雨蒸霞似曲塵，山城含暖早知春。誰移北斗迎新曆，偶遇東風識故人。楚客三年淹旅服，湘江萬里老波臣。年來無復長安夢，昨夜還驚入紫宸。

又賦《衙齋晝長無事掃地焚香一日數次几案淨纖塵猶時拂拭泠然自善聊書一章》、《戲題榆錢　二首》、《楚雨彌旬戲作禁體釋悶》、《春夜聞鵑》（以上七律）。（鄧雲霄《鄧氏詩選·七言律二》）

初七日，林熙春賦《次韻寄答李司勛人日之作》詩云：

年來底事賦清流，讀易陶園歲幾周。天地風塵還自語，弟兄簪笏久同抽。側聞天子頻招隱，盡道山公尚壯猷。千里曲江傳勝事，寧知褊性合棲幽。（溫廷敬《潮州詩萃》卷二九）

同日，張萱賦《壬子人日雷雨大作》詩云：

去年人日春生色，人日今年雷發聲。階前雨點大如掌，江上雲頭渾壓城。攬柳摧花亦太急，鳴條破塊何須驚。咄嗟晦暝復開朗，倏忽飄怒空縱橫。田夫爭問休與咎，歲事果爾陂耶平。逢人兩耳轉絮數，揖我一老殊丁寧。杜陵詩句誠孟浪，天寶治亂由陰晴。石濠健吏似餒虎，新安點卒如奔鯨。人事或亦有占驗，天公何必常分明。聞言不覺笑一發，閉戶但願杯長傾。稚兒競帖鏤金勝，小婦更進膠牙餳。缾頭一瓶餘脫粟，甑底七菜能充羹。共付陰晴還造物，莫將得失較人生。（張萱《西園存稿》卷三）

立春日，張萱賦《韓緒仲太史以歲杪喬遷新第而寧馨彌月則

壬子立春之日也蓋在斯干之章矣頌考室而禱吉夢君子善之余世講
式好慶幸有加因節取其語韻爲近體以附大人之末□善頌善禱非曰
能之願學焉》詩云：

薇垣紫氣滿芳辰，共説遷鶯更綵麟。嚘嚘寧居□送臘，喤喤
彌月喜當春。香凝莞簟花爭麗，吉葉熊羆夢正頻。爲語大人占已
葉，斯□□帯日振振。（張萱《西園存稿》卷七）

二月，鄧雲霄賦《大觀樓歌》詩云：

壬子仲春落成，攜郡邑諸公同登賦。

縱横千里目，浩蕩萬古心。乾坤何寥廓，山水自高深。樓頭
縹緲諸天近，玲瓏八面祥飆引。誰言新成來賀燕，只恐孤騫如結
蜃。披襟臨水攬蒸湘，揮手憑空捫翼軫。遊絲搖曳扇微和，城郭
郊廛樂事多。正看晴景浮煙樹，又送春聲入棹歌。棹歌殘，漁歌
起。紫蘭落遠洲，斑竹垂清淚。白雲片片自南來，借問蒼梧何處
是。微茫七澤盤心胸，憑欄一嘯生雄風。我欲挾赤帝，鞭赤龍，
劃長空而倚劍，蹴天山而掛弓。平生慷慨羞懷土，去國懶裁王粲
賦。平生散慢恣豪狂，興來還踞庾公床。世上人空老，壺中日自
長。爭名與爭利，臧谷俱亡羊。君看醯雞不出甕，亦有鵬背摩青
蒼。誰是誰非園吏夢，無憂無喜曲生鄉。我爲登樓歌，高聲振林
木。曾聞芥子納須彌，肯道吾身同一粟。幕天席地無邊幅，倦來
且抱希夷宿。（鄧雲霄《鄧氏詩選・三五七言雜體》）

清明，鄧雲霄賦《壬子清明》詩云：

每逢簪柳日，卻憶上墳時。雨露親恩重，松楸節序移。春殘
無北雁，客淚灑南枝。多謝啼鵑意，吾歸未有期。

又賦《後園課僕藝植》五律。（鄧云霄《鄧氏詩選・五言
律》）

四月，鄧雲霄賦《壬子首夏衡郡苦雨城郭閭閻幾至陸沉濕氣
薰蒸十家九病衙齋愁坐脈脈無緒戲作反言拗體詩聊索笑以自解》
詩云：

讀罷離騷一問天，今世何世是堯年。行雲神女太有意，抱甕

丈人宜晏眠。翻疑比屋爲鮫室，便可騎魚學水仙。休嘆群芳垂玉箸，簪花還勝瓊花鮮。

又賦《嘉晴詩亦作反言拗體》七律。（鄧雲霄《鄧氏詩選·七言律二》）

十五日，鄧雲霄賦《四月十五月食半輪》詩云：

明明三五夜，正好舞霓裳。何處麒麟鬥，翻爲蟾兔傷。寶奩愁半掩，桂影澹無光。可是嫦娥懶，才成半面妝。

又賦《梅雨》、《虛亭》（以上五律）。（鄧雲霄《鄧氏詩選·五言律》）

六月，雲霄賦《夏杪夜坐玩月》詩云：

雨過空階夜轉幽，微涼先送一堂秋。靜看碧漢搖輕浪，欲泛紅蓮作小舟。桂闕寂寥聞搗藥，榆花早晚問牽牛。興來直挾飛仙去，不數人間庾亮樓。（鄧雲霄《鄧氏詩選·七言律二》）

秋，黃公輔中舉人，賦《壬子秋捷》詩云：

秋風淡蕩拂天衢，策蹇駛駛逐轍途。賴有孫陽勤顧盼，得從造父效馳驅。五羊騫斾翻槐潁，七駿。同門七人。聯鑣漾海珠。香桂插餘含雨露，十年燈火念庭趨。（黃公輔《北燕嚴集》卷二）

七月初五日，鄧雲霄賦《七夕前二日焚香夜坐聽張無名侍兒吹簫》詩云：

吹簫延爽籟，一半是商音。清夜寥寥永，長河澹澹陰。篆煙浮月上，鳳曲度雲沉。試問停梭女，能忘弄玉心。

又賦《秋夜雨》、《萬歲節》、《西湖塘》、《出塞曲》（以上五律）。（鄧云霄《鄧氏詩選·五言律》）

初七日，雲霄於衡陽賦《衡南秋夕有懷陳儀翔年丈卻寄》詩云：

楚水楓林帶晚霞，誰憐爲客近長沙。峰前雁陣三秋斷，天上鶺行萬里賒。愁絕懶調湘女瑟，夢回猶聽薊門笳。思君更憶同遊地，爲問玄都幾度花。（鄧雲霄《鄧氏詩選·七言律二》）

冬，鄧雲霄賦《冬夜夢》詩云：

斗帳睡梅花，霜華隔牖紗。疏鐘遙拂曙，殘夢乍離家。鑷白形容老，還丹日月賒。卻嫌眠興劇，思飲建溪茶。

十月，雲霄賦《孟冬同陳袁諸子泛舟入郴》詩云：

樓船纖錦纜，簫鼓散江天。此夕瀟湘上，人看李郭仙。卷簾初上月，流水入鳴弦。試問波間鳥，應知隱吏賢。

又賦《永興道中人家》、《送西席陳玉陽攜年兒南歸　二首》、《夜坐》、《郴陽署中冬夜》（以上五律）。

十二月初二日，雲霄賦《郴陽珠雪　季冬二日後十三日立春》詩云：

萬壑風雲壯，鳴珠打牖紗。寒應催臘變，怪不作春花。署冷獨眠鹿，城孤只噪鴉。宿爐殘火在，綠酒不須賒。（鄧雲霄《鄧氏詩選‧五言律》）

本年張萱賦《題宋石門山水》詩云：

宋旭，字初陽。吳興人。姓名不出里門。余往來吳越間，以繪事納交者最眾，而最晚乃得初陽。《松窗讀易圖》，則初陽甲午筆也，時年已七十矣。初陽慧根，不失爲戴錢塘；而習氣究竟，亦堪作沈周。兩廡一時吳兒，以畫名家者，恐皆不能望其腳板。壬子，吳興友人吳允兆以此幀見寄。不知初陽尚在人間否，而此圖去《讀易圖》已十年，而點染才情，不以衰暮少拙。吳兒惟文待詔徵仲晚年，始能賈此餘勇，故足藏耳。允兆名夢陽，號北海。老於太學生，以文筆爲江南領袖。富於收藏，名賞鑑家，與余爲布衣交最歡。千古交情，故自不淺。而千里雙魚，止此一幀。豈以西圉公別來情況，自當於坐石看山，孤琴雙杖，間寄其癡寐耶？偶爾展玩，欣然有得，意固不在畫也，故以詩識其上方。

看山坐石閒揮麈，結伴穿林復抱琴。珍重故人千里意，卻從天外覓知音。（張萱《西圉存稿》卷十二）

本年興寧胡國瓚死，其妻吳氏年二十。

吳氏，興寧吳慶女，胡國瓚室。萬曆四十年（一六一二）國瓚卒，吳年二十，子大鴻甫生，撫至廿七又死，無子。復抱夫兄大勳之子運禧爲後。年五十二卒。有"苦節撫孤"之旌。陳融《讀嶺南人詩絕句》卷十五有傳。

本年廣州光孝寺僧釋通岸刻《碑記》，載區亦軫爲寺之六祖
髮塔、菩提壇繪圖刻石。

區亦軫，南海人。善丹青。汪兆鏞《嶺南畫徵略》卷一
有傳。

本年饒愨學任澄邁訓導。

饒愨學，開建人。明神宗萬曆四十年（一六一二）任澄邁訓
導，遷教諭。修縣志。事見阮元《廣東通志》卷三九、光緒《澄
邁縣志》卷一一。

本年區配乾任化州學正。

區配乾，字健吾。高明人。萬曆四十年（一六一二）任化州
學正，官至蓬州知府，卒於官。（光緒《高明縣志》）

何亮於本年中舉人。

何亮，字子明。番禺人。隱西樵白雲洞，人稱白雲先生。明
神宗萬曆四十年（一六一二）舉人。性不樂仕進。著有《白雲洞
集》。溫汝能《粵東詩海》卷四四有傳。又事見郭棐、陳蘭芝
《嶺海名勝記》卷二。

張應泰於本年中舉人。

張應泰，順德人。明神宗萬曆四十年（一六一二）舉人，官
邵武知縣。事見康熙《順德縣志》卷五。

俞士琮於本年中舉人。

俞士琮，字子旦，別號寰瞻。新會人。明神宗萬曆四十年
（一六一二）舉人。崇禎四年（一六三一）司教程鄉，九年（一
六三六）陞南京國子助教，十年（一六三七）司南刑部務，入爲
北京戶部主事，尋轉員外郎，出爲雲南僉事，分巡安普，累陞太
僕寺丞、光祿少卿。歸臥林下者十餘年，年八十一而終。著有
《二吹堂》、《怕雲軒》等集。子滋慧，順治十四年（一六五七）
賢書，選授江寧知縣。顧嗣協《岡州遺稿》卷五、道光《新會縣
志》卷九有傳。

楊鳳鳴於本年中舉人。

楊鳳鳴，字訒圭。陽春人。明神宗萬曆四十年（一六一二）舉人。康熙《陽春縣志》卷一三有傳。

劉獻臣於本年中舉人。

劉獻臣，仁化人。泰然子。明神宗萬曆四十年（一六一二）舉人，任萬安知縣。事見民國《仁化縣志》卷五。

何仕塚於本年中舉人。

何仕塚，字文定，號純弼。海陽（今屬豐順）人。明神宗萬曆四十年（一六一二）舉人，官衡山知縣。事見阮元《廣東通志》卷七五。

李廷龍於本年中舉人。

李廷龍，字勳臣。順德人。明神宗萬曆四十年（一六一二）舉人，天啟二年（一六二二）壬戌進士，授江西寧都知縣。四年甲子，分校江西。秩滿，升南京吏部主事，尋改北。歷稽勳、驗封、考功，轉文選郎中。崇禎四年（一六三一）辛未冬，召對內殿，賜匾曰“力定如山，心止如水”。翌年壬申，以親老陳請侍養。卒年五十六。著有《毛詩翻疑》、《綱鑑翻疑》、《可亭集》。潘楳元、譚瑩《廣州鄉賢傳》卷四有傳。

朱光祖於本年中舉人。

朱光祖，字象之，號海若。南海人。明神宗萬曆四十年（一六一二）舉人，授廣西融縣知縣，充崇禎三年（一六三〇）庚午廣西鄉試同考官，遷直隸揚州府通判。朱次琦、朱宗琦《朱氏傳芳集》卷正有傳。

張恂於本年中舉人。

張恂（？～一六四七），字士和，號種穀。東莞人。明神宗萬曆四十年（一六一二）舉人，授湖廣衡州府同知，帶兵圍剿峒源盜，救人民萬計，創建嘉禾、新田二縣，遷永州知府。因病，以湖廣兵備副使歸。應張家玉起兵抗清，失敗自殺。（《皇明四朝成仁錄》卷十）

陳龍佑於本年中舉人。

陳龍佑（？～一六四七），新安（今深圳）人。明神宗萬曆四十年（一六一二）以《詩經》中舉人，授國子監助教，後升湖廣歸州知州，因丁艱未任，卒。（康熙《新安縣志》）

林壽之於本年中舉人。

林壽之，字蘭谷。惠來人。明神宗萬曆四十年（一六一二）舉人，授江西南豐知縣。（乾隆《潮州府志》卷二九）

梁棟隆於本年中舉人。

梁棟隆，字洛文。番禺人。明神宗萬曆四十年（一六一二）舉人，授鬱林知州，遷吉安同知、蜀府長史。（《廣州府志》卷一二〇）

王中耀於本年中武舉人。

王中耀（？～一六一五），字稚韜。原相次子。番禺人。膂力過人。初赴諸生，屢試不第，棄而就武，中萬曆四十年（一六一二）武舉，任廣州府前衛指揮僉事。四十二年（一六一四）征安南寇，益恭授樂定營守。次年初戰死，贈明威將軍。（同治《番禺縣志》卷四〇）

廖師聖於本年成貢生。

廖師聖，永安（今紫金）人。萬曆四十年（一六一二）歲貢。曾任南雄訓導。（《永安三志》）

翟朝弼於本年成貢生。

翟朝弼，新安（今深圳）人。萬曆四十年（一六一二）歲貢。曾任訓導。（康熙《新安縣志》）

劉勉於本年中副榜。

劉勉，字瑞騰，號青藜。德慶人。萬曆四十年（一六一二）副榜。天啟元年（一六二一）恩選，任上虞縣丞，倪元璐爲之傳。（《德慶州志》）

霍師乾生。

霍師乾（一六一二～一六四一），字始生。南海人。梁朝鐘表弟。崇禎六年（一六三三）舉人。十四年因病卒，年三十。事見梁朝鐘《喻園集》卷二《祭霍始生表弟文》。

釋今湛生。

釋今湛（一六一二、一六一三～一六七七），字旋庵。三水人。族姓李，原名廷輔。出世住雷峰隆興寺。聞釋函昰倡道訶林，躬延作開山祖。時寺湫隘，湛行募三年，殿閣鼎新，改名海雲。永曆二年（一六四八）登具，爲海雲、海幢兩山都寺。趺化於康熙十六年（一六七七），世壽六十五。事見釋今無《光宣臺集》卷十四。

江祖雒生。

江祖雒（一六一二～一六七〇），字伊原，號禹書。河源人。順治十七年（一六六〇）舉人，授潮州府澄海訓導。康熙九年（一六七〇）知澄海縣事，未到任而卒。（《河源縣志》）

明神宗萬曆四十一年　癸丑　一六一三年

正月初一日，鄧雲霄賦《郴陽癸丑元日》詩云：

乾坤車蓋里，日月轉雙輪。三載官仍舊，今朝歲雙新。悠悠長作客，事事不如人。已占深山住，何須羨隱淪。

又賦《新春獵戶獻虎》詩云：

昔日食官馬，今朝逢獵人。金晴寧爍電，玉爪不妨身。殺氣消長嘯，寒山入早春。持將勸元惡，勿與禍爲鄰。（鄧雲霄《鄧氏詩選·五言律》）

正月元宵節前，王弘誨賦《慶仲兄七十九壽章》七古長詩。（明王弘誨《太子少保王忠銘先生文集天池草重編》卷二一）

十五日，鄧雲霄於郴州賦《元夕郴民數百人各持燈獻看魚龍曼衍頗慰岑寂》詩云：

張燈元舊俗，冒雨且冲泥。雜遝魚龍戲，熒煌火樹齊。山歌聲上下，野舞影東西。節序同民樂，孤城且暫棲。

又賦《元夕曲回文學梁陳體》詩云：

冰開暖水綠，午夜賞春華。燈捧蟾宮月，火銜蓮炬花。繩危袅利屣，坿小鬥輕車。朋好聯歌宴，漉如酒味嘉。

又賦《春夜雨》、《詠東園鵲巢》、《春晴》、《擬春閨曉起》（以上五律）。（鄧雲霄《鄧氏詩選·五言律》）

二十五日，張萱賦《癸丑正月二十五日客有以街談見示者悲而賦之》詩云：

去年正月十九夜，豺虎入户殊咆哮。今年正月十九夜，狐狸滿穴何悲號。此番報應亦太速，吁嗟天公無乃勞。虎威可假不可久，爾狐毋謂皇天高。夜行晝伏胡爲者，依草附木攢戈矛。豈知厲鬼瞰其屋，一狐忽化爲神獒。雄狐不死雌狐死，蕭墻禍起安能逃。人言爾獒亦莫逃，天公有眼鬼有腳，此日明年及爾曹。（張萱《西園存稿》卷三）

晦日晴，鄧雲霄賦《正月晦日晴》詩云：

久雨沉山郭，苔衣上半墻。晴雲噪烏鵲，晦日足風光。把酒春愁破，攤書午夢長。東園花正好，蜂蝶不須忙。

五月，云霄賦《下瀧暴潦忽漲險過呂梁定後戲筆》詩云：

潦漲翻驚險，裝輕自覺夷。浮生元有命，蹈水信無私。傲骨寒崖並，貞心鬼物知。悠悠看出峽，對酒夕陽遲。

初五日，雲霄於韶陽觀競渡，賦《下瀧後逢午日韶陽觀競渡》詩云：

危瀧天上落，小艓片時過。幸不填魚腹，那堪吊汨羅。雙龍騰暮雨，兩岸激洪波。酌罷敲韶石，臨風奏九歌。

又賦《歸里恭謁先墓》、《題盧元明白雲樓》、《端溪舟中聽雨與陳永平對酌》（以上五律）（鄧雲霄《鄧氏詩選·五言律》）、《啖荔》、《夏日同周昆彥集祁恒季綠水園竹下聽雨既醉祁仲魚適至乘興酩酊俄晴得月泛舟而返》、《飛來寺留題》、《夜泊韓瀧宿昌黎廟下感異夢醒聞瀧聲作》（以上七律）（鄧雲霄《鄧氏詩選·七言律》）。

七月初八日，王弘誨七十二歲生辰，賦《癸丑七月八日賤生七十有二初度日舉高年會約家兄八十翁德銘偕莫吳周程褚五老在

坐合五百餘歲爰賦詩五言古風七章以侑壽觴云》。（王弘誨《太子
少保王忠銘先生文集天池草重編》卷二一）

八月十三日夜，何其偉賦《癸丑八月十三夜緯章招飲宇亮舘
分得身字》詩云：

蕭蕭落木下江濱，節近中秋爽氣新。寶鏡乍移攙出匣，冰壺
初湧未舒輪。冥冥海樹飄丹葉，颯颯秋霜網白萍。後夜南樓情不
淺，風光聊得寄閒身。（《穀音集》）

十一月，鄧雲霄賦《雪月雙清篇　有序》七言長詩，序云：

余癸丑冬仲自黃州還，宿九峰寺。時大雪方霽，素月流空，銀海生花，
清輝徹骨。先是蔡敬夫憲長寄我《雪月雙清篇》，此夕誦之，正與景對。揮
毫引滿，亦繼斯章，因寄蔡君，猶慚倚玉云爾。（鄧雲霄《鄧氏詩選·
七言古詩、五七言雜體》）

冬至，雲霄賦《癸丑冬至瀧上感懷》詩云：

那堪行役日，正值閉關時。水落灘瀧險，風高舟楫遲。誰添
繡里線，空長鬢邊絲。剝復無窮盡，浮生只自疑。

又賦《瀧險》詩云：

高流奔急峽，一轉一回新。日夜聞風雨，艱危泣鬼神。水花
舷上棹，泡影幻中身。行路難如此，年年有問津。

十二月，鄧雲霄賦《癸丑季冬過黃州柴羽元方伯胡存蓼張玄
中兩憲副招遊赤壁時江風不可以舟同酌蘇祠臺上得五首》五律。

又賦《遊黃州赤壁有懷海內舊社諸子　二首》、《赤壁謁大蘇
祠問而吊之》、《歲暮過長安驛有感》（以上五律）。

十六日，雲霄賦《歲暮十六日大雪夜行衡山道中》詩云：

殘冬寒作陣，半夜遠遊身。雪墜花千片，雲沉月一輪。問更
呼驛吏，分酒勞輿人。茅屋多瓊樹，誰知村落貧。（鄧雲霄《鄧
氏詩選·五言律》）

又賦《過岳陽有懷呂仙》詩云：

時癸丑歲暮，余此行凡六度，經三醉矣，念之增感。

亦曾三醉洞庭旁，未向純陽乞酒方。閱世自憐春夢短，望仙

空嘆水雲長。紅塵赤日勞奔走，黄鶴青蛇竟杳茫。更憶吾家蓬島近，羅浮東去即扶桑。

又有《癸丑歲暮沿洞庭沙洲入湖南時微雪欲集氣暄成雨回望岳陽樓沉煙霧中追憶舊遊星分雨散感賦志恨》、《洞庭湖畔吊君山二首》、《歲暮宿青岡館聞雨時家眷後來杳無消息》（以上七律）。（鄧雲霄《鄧氏詩選・七言律二》）

除夕，張萱賦《癸丑守歲》詩云：

爆爐簾前滿碧苔，辛盤薦罷斗杓廻。清尊已解驅寒去，畫角何須送暖來。臘盡一旬惟釀雨，春前三日已聞雷。臘月二十七日立春。二十三日，雷即發聲。今宵再按今年曆，爲數陰晴有幾回。（張萱《西園存稿》卷七）

同日，何吾騶賦《癸丑村居除夕》詩云：

溪光冉冉獨長眠，抱膝酣看樹杪煙。風雨夢中過一歲，藤蘿洲上送殘年。青山長得酬杯酒，白雪何人問簡編。煮茗幽窗春亦好，深居寧肯受人憐。（何吾騶《元氣堂集》卷中）

同日，伍瑞隆賦《癸丑除夕》詩云：

驚心憐節序，況復雨中看。共道往年好，不如今夜寒。淒迷三徑竹，繾綣五辛盤。醉里愁風物，長歌對鶡冠。

何龍禎於本年中進士。

何龍禎，字卜熙，號勝（一作騰）虛。新會人。明神宗萬曆四十一年（一六一三）進士。初授鎮江府儒學教授，轉學正。尋轉工部虞衡清吏司員外郎，出守贛州、鳳翔兩府知府，累陞雲南按察司副使兵巡洱海道，尋陞太僕寺少卿。顧嗣協《岡州遺稿》卷五有傳。

吳殿邦於本年中進士。

吳殿邦，字彤覢，一字爾達，號海日。海陽人。明神宗萬曆四十年（一六一二）解元、四十一年（一六一三）進士，歷官尚寶卿。著有《古懽堂集》、《匏谷詩集》、《浮雲吟》諸稿。光緒《海陽縣志》卷八有傳。

崔奇觀於本年中進士。

崔奇觀，字岷瀾。番禺人。明神宗萬曆四十一年（一六一三）進士，山陰知縣。丁憂，服闋，補金谿。天啟初，擢御史。卒於任，贈太常少卿。吳道鎔《廣東文徵作者考》卷五有傳。

王命卿於本年中進士。

王命卿，字簡之，號匪蓼。上番禺（今花都）人。萬曆四十一年（一六一三）進士。授福建福清縣令，調五河縣。遷刑部主事，歷郎中，升湖廣長沙知府。（光緒《花縣志》卷三）

李挺於本年中進士。

李挺，字柱可。高要人。萬曆四十一年（一六一三）進士。授如皋縣令。四十三年縣大饑，多方存活飢民，掩埋死者千計。（宣統《高要縣志》卷四八）

林聯綬於本年中進士。

林聯綬，字淡生。新會人。萬曆四十一年（一六一三）進士，授秀水縣令，擢刑部主事，遷員外郎，恤刑粵西，平反冤案百四十宗。升延平知府，補汀州府。未幾，解組歸，悠然自樂。（《廣州府志》卷一二六）

歐莒於本年成貢生。

歐莒，順德人。明神宗萬曆四十一年（一六一三）貢生。事見康熙《順德縣志》卷五。

尹璿於本年成貢生。

尹璿，字仲玉。東莞人。明神宗萬曆四十一年（一六一三）貢生，武宣知縣。光緒《廣州府志》卷五一有傳。

黃卷於本年成貢生。

黃卷，龍川人。萬曆四十一年（一六一三）貢生，官順德訓導。（《龍川縣志》）

吳獻生。

吳獻（一六一三～一六六一），字呈偉，一字紉更。鶴山人。崇禎五年（一六三二）貢生。隆武元年（一六四五）舉人。清兵南下，擁戴永曆帝，任兵部左侍郎。永曆四年（一六五〇）肇慶陷，獻避居順德。永曆朝滅，獻憂憤而卒，年四十八。事見乾隆《鶴山縣志》卷九。

梁雲扶生。

梁雲扶（一六一三～一六五九），字輝生，號圓嶠。香山小欖人。崇禎十二年（一六三九）舉人。順治九年（一六五二）進士，授山東高密知縣，德政卓異，召爲吏部驗封清吏司主事。年四十七卒於任。著有《圓嶠詩文集》。（小欖《梁吏部祖族譜》）

羅定材生。

羅定材（一六一三～一六五〇），字君簡。番禺人。南明永曆時，官都司兼參謀。廣州城再破，定材戎服執兵，與敵巷戰，揮刀殺十餘人，力竭被執。不屈死，年三十八歲。（同治《番禺縣志》卷四二）

羅萬傑生。

羅萬傑（一六一三～一六八〇），字貞卿，號庸庵。揭陽人。明思宗崇禎七年（一六三四）進士。初官行人，兩奉使冊封吉、荊二藩。十三年（一六四〇），召對，給筆劄，問修練儲備四事，侃侃陳利弊，切中時艱，擢吏部主事，轉驗封員外郎。塚宰鄭三俊澄清吏政，力薦其誠實不阿，破格畀以選事，在職一年，丁內艱歸。值歲祲，倡富戶出谷平糶，全活甚衆。甲申之變，會南都迎立，徵拜副都御史。聞馬士英、阮大鋮用權，辭不出，矢志巖壑，結廬於埔陽之雙髻峯，草衣蔬食，與樵牧高僧爲侶。林居三十年，足跡不入城市。晚號樵子，鄉人私諡曰文節先生。著有《瞻六堂集》。康熙《潮州府志》卷九上、乾隆《潮州府志》卷二八有傳。

明神宗萬曆四十二年　甲寅　一六一四年

正月初一日，李孫宸賦《甲寅元旦早朝詩二首》詩云：

禁苑春光引直廬，日華高捧紫宸居。風廻輦道煙光繞，天應鉤陳法象舒。鵷佩萬年瞻斗極，龍顏何日御簪裾。小臣接跡夔龍後，願擬岡陵頌九如。

柳外珂鳴紫陌塵，班齊玉筍拜楓宸。芙蓉露擢金莖曉，閶闔天開玉燭新。朔雪漸消梅萼暖，條風初入柏尊春。蕭韶九奏傳仙樂，曲度雲中聽未真。（李孫宸《建霞樓詩集》卷一二）

張萱賦《甲寅元日試筆》詩云：

獻歲慈闈喜不禁，兒孫羅列酒頻斟。春光欲換蟠桃面，雨色先催寸草心。避世數年猶覺晚，入山今歲更須深。憐春尚有江淹筆，獨對梅花一醉吟。

又賦《甲寅春興十章》七言律詩。（張萱《西園存稿》卷七）

正月初一日，鄧雲霄賦《甲寅永郡元日　是日家春至》詩云：

去歲還今歲，郴州又永州。乾坤元客舍，身世與雲浮。薄宦好藏拙，攜家且緩愁。年來心事澹，湘水共悠悠。

二月十五日午後，雲霄賦《花朝午後忽晴　坐舍清閣》詩云：

常疑天似漏，青帝懶司花。豈料喧靈鵲，還能轉日車。芳菲明綠野，點綴倩紅霞。最愛斜陽外，遙村四五家。

又賦《午睡》、《悲長城》（以上五律）。

寒食，雲霄賦《寒食雨》詩云：

孤城細雨中，惆悵度佳節。禁火食猶寒，思鄉心轉熱。花兼春共老，世與人相閱。何事不歸來，官閑好藏拙。

次日又賦《清明又雨》詩云：

層雲暗遠郊，驟雨打虛牖。無計護殘花，何心簪弱柳。春遊滯泥濘，旅況消杯酒。昨日釀葡萄，床頭餘數斗。

又賦《衙齋清曠獨缺名花璽卿周元汀繕部屈鐘湘各貽我牡丹一本喜賦》五律。

夏，雲霄賦《夏朝閣望》詩云：

清晨登小閣，爽氣似新秋。風靜爐煙直，園深鳥語幽。楚山和霧睡，湘水夾霞流。望望芳洲外，遙憐不系舟。

又賦《遙村》、《暑雨新霽登閣眺望》、《暑夜起坐》、《看僕鋤園灌蔬》、《暑坐詠懷》、《啖藕　永郡藕最佳香帶花氣》（以上五律）。

六月苦旱，雲霄賦《甲寅六月苦旱祈禱　二首》詩云：

暗灑瘴痍淚。悲歌雲漢詩。那堪望霂候，已過濯枝時。永日煩巫祝，中宵驗畢箕。瀟湘通水府，無路問玄夷。

曠宇雲屯火，清江浪沸湯。蒼生呼涸轍，赤帝轉驕陽。金石將焦鑠，風沙屢作狂。兒童紛拜舞，何不學商羊。（鄧雲霄《鄧氏詩選·五言律》）

秋，張萱賦《甲寅秋興十首》七言律詩。（張萱《西園存稿》卷七）

七月初七日，韓日纘賦《秋夕同林元培曾元魯集李伯襄宅次伯襄韻》詩云：

一尊聊共薊門秋，秋色憑陵倚檻收。涼月祇應留客醉，清砧何事搗鄉愁。漫憐宋玉空裁賦，誰似相如故倦遊。時元培剡倦遊吟。當席朱絃君獨奏，慚予巴唱若爲酬。

又賦《甲寅秋日》八首、《壽傅封君》（以上七律）。（韓日纘《韓文恪公詩集》卷五）

立秋，鄧雲霄賦《立秋書懷》詩云：

一葉下梧梢，微涼入遠郊。鄉山夢里到，歲月客中拋。宦況秋偏淡，塵容鏡代嘲。蒹葭迎早露，天末憶貧交。

又賦《小著》、《秋夜》（以上五律）。（鄧雲霄《鄧氏詩選·五言律》）

八月十五日，韓日纘賦《中秋寄弟》詩云：

十載爲郎典石渠，庭闈千里近何如。心懸故國今宵月，望切他鄉隔歲書。荒逕穿林還有筍，北堂每食可無魚。那堪伏臘西郊路，原草芊芊眼未舒。

雁影清秋客況中，孤尊緩酌好誰同。此時見月情偏劇，是處看雲望不窮。薄宦風塵寧作我，故園瓜芋憶爲童。閒來剩有池塘夢，念爾齊門瑟未工。

九月初九日，日纘賦《九日獨坐》詩云：

爽氣蕭森亦快哉，佳辰懷抱若爲開。棲遲又過重陽節，搖落還登何處臺。此日關心惟有菊，經旬病肺阻銜杯。閉門獨坐空搔首，剝啄無勞送酒來。

又賦《對菊》、《送張茂卿之任房山》、《寄余士翹》、《壽阮母》、《賈太母》（以上七律）。（韓日纘《韓文恪公詩集》卷五）

冬，張萱賦《往余家金陵獲交於蕭崑陽民部今二十有七年遠矣民部健飯難老彼此音問闕然甲寅冬其介弟蕭還拙還泰和賦此往訊》詩云：

當年結襪石頭城，傾蓋空慚國士名。老我孤生投世網，多君壯歲解塵纓。山川已間丘中賞，臭味遥同物外情。念別忽驚三十載，空瞻南極一星明。（張萱《西園存稿》卷七）

除夕前三日，韓日纘賦《除夕前三日過李伯襄宅看梅次韻》

臘盡年華客鬢知，庭梅喜見茁新枝。人緣近節情偏劇，酒爲憐香杯不遲。先藥衝寒應自放，餘葩隔歲尚相期。巡簷索笑真吾事，弄雪含風是爾時。

大年除夕，日纘賦《除夕》詩云：

禁城虯箭漏聲遥，坐擁紅爐客意饒。故國親知俱萬里，孤燈柏酒又今宵。漸看春逼星須轉，莫惜更殘夜尚迢。歲莫感時多不寐，催班好入紫宸朝。（韓日纘《韓文恪公詩集》卷五）

除夕，鄧雲霄賦《芝城甲寅除夕對表舅錢荆石守歲》詩云：

剪燭酌深夜，山城寂不嘩。冬春分歲色，梅柳競年華。北斗頻瞻闕，南雲苦望家。願持千日酒，得免二毛嗟。（鄧雲霄《鄧氏詩選·五言律》）

本年張萱五十七歲生日，賦《甲寅生日李康侯廣文以詩見壽對使走筆用來韻》詩云：

蕭蕭短徑雨斑斑，何事投珠滿竹關。雌甲自憐同犬馬，餘年
祇合付溪山。驚看苜蓿慚分餉，欲辦茅柴共破顏。珍重新晴堪把
臂，入林休羨鳥知還。

又賦《諸親朋小園讌集賦此奉謝》、《韓寅仲以詩見壽對使走
筆用來韻賦謝》、《黃見河陳悍白兩廣文見壽用前韻賦謝》。（以上
七律）（張萱《西園存稿》卷七）

本年韓日纘生辰，賦《甲寅生日憶弟》詩云：

三十七年成底事，疏慵空自媿宮袍。時虛載筆官仍散，晝臥
看雲望轉勞。一出風塵違夜雨，半生勳業且春醪。即今蠹帙吾堪
老，人世何須歎二毛。

又賦《送馬時良齋哀詔之江西兩廣》、《送成靖之年兄使遼
東》、《新城道中》、《壽詩》、《傅封君》（以上七律）。（韓日纘
《韓文恪公詩集》卷五）

蘇復生於本年成貢生。

蘇復生，字孟陽。陽江人。明神宗萬曆四十二年（一六一
四）貢生，遂昌訓導，兩署邑篆，任龍門教諭。清康熙《陽江縣
志》卷三、民國《龍門縣志》卷一一有傳。

陳子升生。

陳子升（一六一四～一六九二），字喬生，號中洲。南海人。
子壯弟。年十五應童子試，補諸生。與黎遂球、陳邦彥等以文章
聲氣遙應江南社，又與薛始亨等結詩社於仙湖。明福王弘光帝
立，以明經舉第一。明唐王隆武元年（一六四五），赴閩追隨唐
王，授中書科舍人。使粵而閩陷，遂歸里。永曆帝立，復往奔
之，拜吏科給事中，遷兵科給事中。清兵攻襲肇慶，永曆帝西
奔，子升追之不及，久之乃歸。晚遊黃山、青原，繼而入盧山歸
宗寺，受戒於函昰。歸後杜門不出，未幾而卒。著有《中洲草堂
遺集》。陳伯陶《勝朝粵東遺民錄》卷一有傳。

陳慶雲生。

陳慶雲（一六一四～一六九四），字德燦，號菉瞻。東莞人。

十六歲可寫奇文。康熙二十年（一六八一）貢生，三十三年官陽春教諭，卒於任。（宣統《東莞縣志》卷六六）

釋元浮（葉挺英）生。

葉挺英（一六一四～一六八三），字昌胤（一作裕），號潔吾。歸善人。夢熊曾孫，猶龍從子。崇禎十二年（一六三九）補邑諸生。入清拒穿清諸生服，隱居不出，釋澹歸爲作《如來藏歌》。後從雪槱和尚爲僧於西湖準提閣，法號元桴（一作浮、一作元浮），字石新。年七十燈下能作蠅頭書，從樓上墜地數四，卒無恙。工詩。釋澹歸遊惠州，常與往還唱和。書畫得雪槱之傳，尤精人物山水。康熙二十二年癸亥十月坐化，三日神色如生。著有《夢餘集》、《雲水殘言》等。陳伯陶《勝朝粵東遺民錄》卷三有傳。

釋澹歸生。

釋澹歸（一六一四～一六八〇），俗姓金，字道隱，本名浚，更名堡，自號唐捐、衞公，又號舵石翁、甘蔗生，法名今釋，字澹歸，以字行。浙江仁和人。崇禎十三年（一六四〇）進士，任山東臨清知州。隆武元年（一六四五）十月，入明隆武朝，授兵科給事中。次年，堡疏請隆武帝離閩赴湘。八月，帝遇害，堡旋赴湖南辰、沅。永曆五年（一六五一），堡謁見永曆帝，復任兵科給事中，上《時政八疏》。七年，永曆帝出奔梧州，堡被陷入獄，戍貴州清浪（今貴溪）。途逢清兵，堡脫身流寓桂林爲僧，法名性因。九年（一六五五），參釋函是，更法名爲今釋，字澹歸。康熙元年（一六六二）後，奉師命構建丹霞山別傳寺。七年，釋函昰付以大法，爲第四法嗣。十七年（一六七九）夏，離粵赴嘉興請藏。兩年後，示寂於江蘇平湖。著有《徧行堂集》四十八卷①及續集十六卷等。

釋行森生。

---

① 另有四十六卷本者。

　　釋行森（一六一四～一六七七），字慈翁，號茆溪，博羅黎
氏子。二十七歲出家，參雪嶠信。信寂，參玉林琇，即命居首
座。順治十六年（一六五九）六月入京，召對甚契。十七年爲清
順治帝凈髮。十月十五日玉林琇聞之，即命集薪燒之，帝聞，許
蓄髮，乃止。二十八日請南還。十八年正月初二日復召入京爲保
母秉炬。帝崩，詔命指目録《五燈全書》，並爲帝舉火火浴。後
還龍溪。著有《玉録》。雍正時追封明道正覺禪師。阮元《廣東
通志》卷三二八有傳。

明神宗萬曆四十三年　乙卯　一六一五年

　　**五月，薊州人張差持梃入太子居慈慶宮，擊傷守門太監，引
發梃擊案。十一月，努爾哈赤確立亦軍亦民之八旗制度。**（閻崇
年《袁崇焕傳》附解立紅《袁崇焕年譜》）

　　立春日，鄧雲霄賦《谷日立春喜晴》詩云：

好鳥語高枝，東風轉日遲。流年催白髮，生菜妒青絲。歲色
晴明里，農祥宴喜時。獨憐新彩勝，不照故園戹。

　　又賦《歸興詩　六首》、《挽孝廉張無名　二首》、《聞尹禺
陽下第愁病賦此代柬招過劇談》、《送林坦之北上春官》（以上五
律）。（鄧雲霄《鄧氏詩選・五言律》）

　　七月晦，林熙春生辰，賦《乙卯賤辰買舟抵北溪課耕時兒孫
及葉印峰堪與蔡同州楷書行而西席黄悟一亦尾舟後至呼盧劇飲頗
屬勝遊爲賦近體四首　録二》五律詩。（温廷敬《潮州詩萃》卷
二九）

　　閏八月十五日，鄧雲霄賦《乙卯閏中秋同林愚庵鍾柱明族兄
玉宇集袁伯益江上園亭泛舟弄月醉後留宿　時呼琵琶伎不至，但
雅歌清談而已　五首》（七律）。（鄧雲霄《鄧氏詩選・七言律
二》）

　　九月初九日，雲霄賦《天坐歌　並序》七古長詩，序云：

余新制小舟如葉，朱欄都雅，兩人操之若飛，顏曰“天坐軒”，取杜詩

中語也。乙卯九日，招林垂之、尹昆璧、周貴諤小酌同泛，醉後作《天坐歌》。自以爲興壓龍山，登高臨流，各適其適耳。（鄧雲霄《鄧氏詩選·三五七言雜體》）

十四日夜，雲霄賦《乙卯九月十四之夕徐海石同卿尹冲玄令尹溫瑞明少府陳美用民部招集天坐軒泛月作　三首》（七律）。（鄧雲霄《鄧氏詩選·七言律二》）

十九日，雲霄賦《乙卯季秋十九日周劍云尹和石周石林載酒集予天坐軒鼓吹乘潮訪祁恒季緑水園招祁伊吾同酌弄月江上酣劇而返得二首》詩云：

主人元習静，酬對了清言。門恭俗塵遠，琴書世業存。松風寒泛酒，江練澹浮軒。不是求羊輩，誰過蔣詡園。

明月美清夜，金波拂棹流。風霜纏急管，天地肅高秋。向若醉還語，飛仙挾共遊。玉繩低可綴，倩汝暫維舟。

又賦《送尹禺陽應貢北上三首》。（鄧雲霄《鄧氏詩選·五言律》）

冬，李孫宸賦《乙卯冬何龍友北上卒卒未及一言爲別嗣得其度嶺書賦此寄之》詩云：

浪跡歸來戀古歡，故人天路促征鞍。駝山客去梅初淺，庾嶺書廻雪未殘。價重千金高自許，名收片玉倚誰看。清時事業憑君在，饒得東山老謝安。（《建霞樓集》）

冬至口，鄧雲霄賦《乙卯至日集周貴諤龍洲草堂是夕主人醉寐如泥而客終不散也》詩云：

載筆書雲懶上臺，輕寒微雨對傳杯。拍浮有興須沉醉，歲月無情任暗催。酒政頗驚秦令急，談鋒如挾晋人來。東家夢里能投轄，不盡千鍾客未回。（鄧雲霄《鄧氏詩選·七言律二》）

本年何其偉賦《乙卯庭中丫蘭一盆兩莖並出詩以紀之》詩云：

光風泛楚澤，迤邐到山家。九畹同舒玉，雙莖竝吐丫。異香稱大國，紉佩襲綃紗。倘是花神意，禎祥獻物華。（《縠音集》）

　　吴邦佐於本年任陽山訓導。

　　吴邦佐，德慶人。萬曆四十三年（一六一五）任陽山訓導。事見康熙《新修廣州府志》卷二一。

　　陳其羲於本年中舉人。

　　陳其羲，遂溪人。明神宗萬曆四十三年（一六一五）舉人，考選知州，未仕而終。著有《尚書注解》。道光《遂溪縣志》卷九有傳。

　　孫光祚於本年中舉人。

　　孫光祚，南海人。蕙子。明神宗萬曆四十三年（一六一五）舉人，貴州布政。事見阮元《廣東通志》卷七五。

　　張問政於本年中舉人。

　　張問政，字道統。博羅人。明神宗萬曆四十三年（一六一五）舉人。事見阮元《廣東通志》卷七五。

　　羅賓王於本年中舉人。

　　羅賓王（？～一六四八?），字季作。番禺人。萬曆四十三年（一六一五）舉人，官南昌同知，告歸，築哭斯堂於越秀山前，與曾起莘（釋函昰）、黎遂球、梁朝鐘、韓宗騄（釋函可）等遊。禮釋道獨爲居士，法名函駱。丙戌（一六四六）清兵初陷廣州，與王鳴雷俱下獄，久之乃得釋。後年餘卒於家。著有《散木堂集》、《獄中草》。同治《番禺縣志》卷四二有傳。

　　黎遵指於本年中舉人。

　　陳運於本年中舉人。

　　陳運，字子昌。歸善人。師從楊起元。明神宗萬曆四十三年（一六一五）舉人，授湖廣瀏陽令，母艱歸，不復仕。著有《瀟湘草》、《披雲草》。雍正《歸善縣志》卷七、阮元《廣東通志》卷二九一有傳。

　　趙家璧於本年中舉人。

　　趙家璧，字城易，號褐玉。新寧（今屬台山）人。明神宗萬曆四十三年（一六一五）舉人，官無錫知縣。乾隆《新寧縣志》

卷三有傳。

梁挺於本年中舉人。

梁挺，字孟修。番禺人。明神宗萬曆四十三年（一六一五）舉人，官巨鹿知縣，多德政。時所轄九邑，相次淪陷，而巨鹿獨存。署唐山縣，政績尤多。因念母解組歸。著有《金臺集》、《觸奸論》。

尹守禮於本年中舉人。

尹守禮，字用敬。守衡弟。東莞人。與李一麟善，麟卒，爲經紀其家，麟子夢雷、夢日相繼舉於鄉。撰教學七篇，以淑其門人，曰《士品》、《士制》、《士范》、《士學》、《士恥》、《士養》與《士課》。明神宗萬曆四十三年（一六一五）舉人（一作貢生）。官揭陽訓導。丁母憂，補廣西思明府教授，未幾卒於任。阮元《廣東通志》卷二八二有傳。

關季益於本年中舉人。

關季益（？～一六二四），字小謙。南海人。明神宗萬曆四十三年（一六一五）舉人，四十七年（一六一九）己未進士。養母三年，赴選，授江西新建知縣，多德政。天啟四年（一六二四）甲子，分考出闈，即抱恙告致，舟行數日，遂卒，士民護喪至嶺乃返。潘楳元、譚瑩《廣州鄉賢傳》卷四有傳。

朱光允於本年中舉人。

朱光允，字嗣之，號松蘿。南海人。明神宗萬曆四十三年（一六一五）舉人，選龍川教諭，升國子監助教、監丞，擢戶部陝西司主事、戶部員外郎、監督寶泉局。卒於官。著有《戶部籌餉政議》。朱次琦、朱宗琦《朱氏傳芳集》卷正有傳。

葉逢春於本年中舉人。

葉逢春，字燮鉉。海豐人。明神宗萬曆四十三年（一六一五）舉人，選騰越州知州，升贛州同知。（《惠州府志》）

李夢日於本年中舉人。

李夢日，字爾明。東莞人。明神宗萬曆四十三年（一六一五）舉人。任湖廣寶慶府判官，判刑從寬。以戶部主事歸。崇禎十七年（一六四四）饑荒，買米煮粥賑濟，招募僧人埋葬棄屍。（宣統《東莞縣志》卷六三）

吳一善於本年中舉人。

吳一善（？～一六三七），改名應祥。吳川人。明神宗萬曆四十三年（一六一五）舉人。後七上公車不第。始授徐聞教諭，改建學署。崇禎十年會試，旅寓南雄寺中，以疾卒。（《吳川縣志》）

陳邦奎於本年中舉人。

陳邦奎，字士文。澄海人。明神宗萬曆四十三年（一六一五）舉人。授南海教諭，升湖廣蘄州知州。遇張獻忠入湘，多方謀劃守城拒之，城乃全。未幾乞歸。（乾隆《潮州府志》卷二八）

胡其偉於本年中舉人。

胡其偉，字爾漢。鬱南人。萬曆四十三年（一六一五）舉人，初任閩甌寧縣知縣，升戶部主事，解運軍儲不稽延，有績，升江西九江府知府。居鄉忠厚慈和，爲人稱道。（《西寧縣志》卷九）

徐即震於本年中舉人。

徐即震，字英卿。五華人。萬曆四十三年（一六一五）舉人，官授雲南永昌司理。性剛介，執法不撓。後以功升永昌同知，政績顯著。曾發明適應永昌使用之筒車，頗受喜愛。順治初年，長樂城陷被俘，不屈而死。（《長樂縣志》）

蕭來鳳於本年中舉人。

蕭來鳳，字羽庭。香山人。萬曆四十三年（一六一五）舉人，歷任龍川、合浦縣教諭，遷知廣西河池州事，升南寧府同知，嘗署邊州事。（乾隆《香山縣志》）

劉僑於本年成貢生。

劉僑，饒平人。明神宗萬曆四十三年（一六一五）歲貢。熹宗天啓二年（一六二二）任英德教諭，官至興業縣知縣。（阮元

《廣東通志》卷二八、康熙《饒平縣志》卷七）

袁呈祥於本年成貢生。

袁呈祥，石城（今廉江）人。萬曆四十三年（一六一五）歲貢。初任豐城縣丞，因督修蓮湖堤，有惠於民，民爲建生祠，尋升陸川令。所到之處，人皆稱廉能。後歸鄉里四十餘年，以耕爲事。壽百歲。（光緒《石城縣志》）

張喬生。

張喬（一六一五～一六三三），字喬婧，號二喬。番禺人。其先本吳籍，母入粵，生喬。性巧慧，小即能記歌曲，尤好詩詞。每長吟唐人“銅雀春深”句，因自命二喬，以其本吳女流滯粵自況云。善彈琴，工畫蘭竹，爲彭日貞校書。常與黎遂球諸名流聯吟酬唱，才色傾動一時。年十九，小病而逝。日貞爲營葬於白雲山下之小梅坳。送者百十人，人詩一章，植花一株紀念之，名曰百花塚，又曰張麗人墓。黎遂球爲撰墓誌銘，學士大夫題詠殆遍，世豔傳之，日貞輯喬詩及諸人詠喬詩爲《蓮香集》四（一説五）卷。

明神宗萬曆四十四年　清太祖天命元年　丙辰　一六一六年

正月，努爾哈赤於赫圖阿拉稱覆育列國英明汗，建國號爲金（史稱後金），年號天命。（閻崇年《袁崇煥傳》附《袁崇煥年譜》）

春，黄公輔中進士，賦《丙辰登第》詩云：

世業由來只一經，青蘋磨礪發新硎。豐城認氣憑雷煥，唐師豐人，故用雷煥，籠禁提衡有志寧。于志寧十八學士，老師官翰林。三百五人同虎拜，一千半運協彤庭。草茅下士風雲際，國士難酬仗心靈。（黄公輔《北燕巖集》卷二）

正月初一日，李之世賦《元旦詞　丙辰作》七絕詩十四首。（李之世《鶴汀詩集》卷六）

同日，鄧雲霄賦《丙辰元日同林垂之集周貴諤二有亭是日主人齋不設葷》詩云：

晴雲送暖散朝暾，新綠盈盈已撲軒。獻歲主賓宜雅集，持齋香茗稱清門。春歸南國花先笑，人醉東風鳥代言。卻羨閑亭正臨水，扁舟吾欲採蘭蓀。

又賦《五十又一初度酬李煙客陳冲玄見贈之作》七律。（鄧雲霄《鄧氏詩選·七言律二》）

五月初五日，黃士俊賦《丙辰午日水災紀事》詩云：

農事頻年嘆水鄉，忽驚洪潦發端陽。千疇入舸波仍撼，萬竈鳴蛙夜卻長。北土纔聞傷旱魃，西江何事重懷襄。嗷嗷滿目堪垂涕，願借函封達建章。（康熙《順德縣志》卷一二）

六月，韓晟賦《丙辰大水》七古長詩。（乾隆《博羅縣志》卷一三）

秋，鄧雲霄又賦《新秋飲囘卿徐海翁山亭》七律詩。（鄧雲霄《鄧氏詩選·七言律二》）

七月初六日，李孫宸賦《丙辰初秋六夕何似公伍國開有開同諸弟過集小樓　俗以是夕爲七夕》詩云：

靜夜涼秋欲雨時，共懷幽興借佳期。未從機石窺靈匹，且喜風林待妙詞。幾處針樓人並倚，阿誰銀漢獨相思。狂來搔首青天外，曙色星河到檻垂。

次日，賦《七夕與國開諸子夜坐分賦》詩云：

涼風七夕覺秋多，牛女佳期竟若何。靈媛共傳先夕會，星橋曾待此宵過。白雲天外誰騎鶴，清月樓頭客放歌。不用更窺銀漢影，溪流當户接明河。（李孫宸《建霞樓詩集》卷一三）

初七日，鄧雲霄又賦《七夕宴李相所江皋池亭觀妓　二首》詩云：

竹里群賢水外亭，佳期惆悵醉還醒。銀河浸月秋來淺，玉珮行空夜可聽。天上鵲橋迎窈窕，人間鳳管奏娉婷。扁舟載妓仙槎近，誰道雙星勝客星。

彼美休歌水一方，樽前紅袖列成行。輕盈妙舞低垂手，宛轉清聲急繞梁。乞巧誰家針線冷，沉酣此夕夢魂香。百年樂事知能幾，總付柔鄉與醉鄉。

又賦《酬沈參軍華伯寄我山中之作》、《丙辰七夕盂山池館攜妓泛舟》（以上七律）。

九月初九日，雲霄賦《丙辰九日同周石林張五若集李伯修將軍署中對月時苦旱　二首》詩云：

落帽龍山未是豪，尊前作賦勝登高。將軍詩興誇橫槊，詞客酣歌攬佩刀。世上光陰嗟過鳥，人間樂事在持螯。誰能日送東籬酒，三徑人歸已傲陶。

曲奏商聲咽竹枝，年來赤地轉堪悲。欲翻銀漢吹爲雨，直恐滄溟淺作池。憂國有心空撫劍，謀生無計恥攢眉。疏狂更好耽狂藥，一任旁人笑□。（鄧雲霄《鄧氏詩選·七言律二》）

冬至日，何其偉賦《丙辰至日謁祭侍御公視祠》詩云：

六管飛灰雨雪天，感時忽動薦蘋鮮。千秋勳業垂鐘鼎，一代忠魂儼几筵。古柏祠前森雨露，芝蘭階下各風煙。趨蹌肅穆禮成後，擬紹弓裘早著鞭。（《彀音集》）

除夕，李孫宸賦《丙辰除夕》詩云：

病廢鄉園久，明朝又見春。無聞四十老，有盡百年身。違俗寧關傲，微官祗益貧。夜闌望北斗，坐待日華新。（李孫宸《建霞樓詩集》卷七）

同日，蘇昇賦《丙辰除夕》詩云：

百年真一瞬，除夕已逢春。舉目看殘景，低頭懷所親。鄉心驚爆竹，客路但風塵。堪笑爲官日，依稀似買臣。（蘇昇《讀易堂稿》卷上）

本年鄉中水災堤決，黃鎬捐金易土以石，人稱黃公堤。

黃鎬，字建周。順德人。爲里塾師。年五十，每外歸，必懷果嬉戲母前。母終，哀毀骨立。萬曆四十四年（一六一六）丙辰鄉中水災堤決，捐金易土以石，人稱黃公堤。子士俊，廷對第一，官至禮部尚書，鎬六封誥命。崇禎三年（一六三〇）庚午，

年近百齡，奉旨遣官造廬存問。年九十六猶能作蠅頭小楷。清潘
楳元、譚瑩《廣州鄉賢傳》卷四有傳。

　　本年淩枝秀助遼餉一萬兩解赴熊廷弼軍營。

　　淩枝秀，番禺淩邊人。萬曆四十四年（一六一六）助遼餉一
萬兩解赴熊廷弼軍營。授按察司知事。（同治《番禺縣志》卷五
〇）

　　蘇昇於本年中進士。

　　蘇昇，字孺子，號紫輿。順德人。明神宗萬曆四十四年（一
六一六）進士，官新建知縣。著有《讀易堂稿》。溫汝能《粤東
詩海》卷四五有傳，事又見阮元《廣東通志》卷六九、卷七五。

　　王猷於本年中進士。

　　王猷（一五八二～一六三一），字胤方，號壯其。東莞人。
希文族孫。明神宗萬曆四十四年（一六一六）進士，授行人，升
戶部主事，視稅崇文門。時魏忠賢專權，猷力求外補，因出任泉
州知府。值海盜鄭芝龍擁兵進逼府城，內外空虛，人無守志。猷
督兵嚴守，屢挫其銳，芝龍知不可犯，退兵求撫。後芝龍舊部李
魁奇等復叛，猷授芝龍方畧，命討之。又捐俸築炮臺以扼其險。
會官兵失利，叛軍舟師直抵內港，猷親身督戰，發巨炮擊沉其
舟，敵潰逃。又先後擒獲海盜首領，浙閩粤海患乃平。升興泉道
副使，卒於任。追贈太僕寺卿。著有《壯其遺集》。崇禎《東莞
縣志》卷五、康熙《東莞縣志》卷一二、阮元《廣東通志》卷
二八三有傳。

　　陳熙昌於本年中進士。

　　陳熙昌（？～一六二八），字當時，號果菴。南海人。子壯
父。萬曆三十四年（一六〇六）解元，四十四年（一六一六）進
士，擢吏科給事中。天啟四年（一六二四），因與子子壯發策刺
魏忠賢，父子同削籍歸，崇禎元年（一六二八）起吏科，尋卒。
康熙《南海縣志》卷十一有傳。

　　林枝橋於本年中進士。

　　林枝橋（？～一六四二），字陽仲。新會人。明神宗萬曆二十七年（一五九九）舉人，四十四年（一六一六）進士。初授當塗令，征授禮部主事，改吏部，歷員外郎、郎中。以忤魏忠賢，與李邦華、周宗建、周順昌、李日宣同日奪職。崇禎初，詔復官，出爲湖廣參議，進福建副使，以事謫官。起貴州參政，進按察使。尋以憂歸，十五年壬午夏六月卒於家。著有《白鶴山房集》。道光《新會縣志》卷九有傳。

　　陳正蒙於本年中進士。

　　陳正蒙，字穉開，別號洞生。歸善人。明神宗萬曆四十年（一六一二）經魁，四十四年（一六一六）進士。知福建歸化縣，卒於任內，貧不能斂。雍正《歸善縣志》卷一七有傳。

　　袁玉佩於本年中進士。

　　袁玉佩，字仲符。東莞人。崇焕族叔。萬曆四十四年（一六一六）進士。授平樂府推官。天啟二年（一六二二）帶廣東援遼軍往山海關，受崇焕調遣。五年升南京兵部主事，彈劾巡撫趙彥借鎮壓徐鴻儒起義殺良冒功，累官南京兵科、刑科給事中。後家居，卒於清初。（宣統《東莞縣志》卷六一）

　　陳策於本年成貢生。

　　陳策，字文臺。新會人。萬曆四十四年（一六一六）歲貢。初授封川訓導、定安教諭、江西瑞州教諭，有江門宗風。制府熊文燦榜其序曰：“嶺南碩望。”壽九十八。著有《愛竹齋詩》二卷。阮元《廣東通志》卷二八四有傳。

　　游應蛟於本年成貢生。

　　游應蛟，字南溟。歸善人。萬曆四十四年（一六一六）歲貢，歷官石城訓導、揭陽教諭。海寇猝至，城門閉，城外百姓不得入，應蛟涕請知縣開門，全活甚多。遷梧州教授。崇禎七年（一六三四）賑飢濟貧。卒年八十三。（乾隆《歸善縣志》卷十四）

　　張懋學於本年成貢生。

張懋學，永安（今紫金）人。萬曆四十四年（一六一六）歲貢，曾任高要訓導。（《永安三志》）

潘成於本年成貢生。

潘成，新安（今深圳）人。萬曆四十四年（一六一六）歲貢，曾任訓導，升教授。（康熙《新安縣志》）

張家玉生。

張家玉（一六一五、一六一六～一六四七），字玄子，號芷園。東莞萬家租（今萬江）人。崇禎十六年（一六四三）進士。北京陷，家玉哭明崇禎帝於東華門。旋乘間南歸。阮大鋮惡其附東林黨，構罪下獄。明年，南都失守，脫羈入閩從隆武帝。隆武元年（一六四五）十一月，率軍敗清兵於許灣，解撫州之圍。次年，請募兵惠、潮，得眾數萬，立武興營。聞帝被殺，乃歸里。永曆元年（一六四七），毀家招義兵據東莞，與陳子壯、陳邦彥相呼應。永曆帝授兵部尚書、提督嶺東軍務右副都御史。家玉與清兵數戰，取龍門、博羅、連平、長寧，攻惠州，克歸善，還屯博羅，糧盡而潰。十月，復募兵圍攻增城。清提督李成棟率兵來擊，家玉三分其兵，力竭而敗，被圍數重，中箭投野塘死。追贈太保、武英殿大學士、增城侯，諡文烈。著有《名山集》、《張文烈公遺詩》一卷。另著有《大易篡義》、《詞林館課》、《歷代世說》、《名臣論贊》、《百將妙略》、《燕山吟》、《南遊草》、《西征集》、《軍中遺稿》等。後人編成《張文烈遺集》六卷，附錄一卷。《明史》卷二七八有傳。

范漢陣亡。

范漢（？～一六一六），字印泉。英德白石鄉（今屬佛崗）人。與弟潮以武略聞。萬曆四十四年（一六一六）十八山強人劫掠村民，漢兄弟率兵追至野豬灣（村名，在白石鄉境），救出被虜男女數百人。後因救援不至，皆陣亡。鄉人祀之保安廟側。（《佛崗廳志》、《韶州府志》、《英德縣志》）

明神宗萬曆四十五年　清太祖天命二年　丁巳　一六一七年

正月初一日，鄧雲霄賦《丁巳元日》詩云：

昨夜東風入草堂，滿園花鳥獻年芳。浮生虛度簪前日，淑氣難消鬢裏霜。老去心情偏向懶，往時名利爲誰忙。韶光澹蕩薰人醉，兒女牽衣又進觴。

十五日夜，雲霄召客，值月食，賦《元夕召客值月食　三首》詩云：

華筵才唱月重輪，別調翻成破鏡吟。可嘆仙妝開半面，誰云春夜值千金。紅蓮亟吐銀燈焰，黑道輕遮桂影陰。遥憶廣寒簾幕冷，寥寥雲水若爲心。

深籠皓魄澹金波，淺綴疏星出絳河。幾處秋千喧士女，不知瓊闕泣嫦娥。霓裳掩袖初停曲，象板當筵且緩歌。寄語雲邊修月者，好將冰鏡更重磨。

雲箔霞綃卷太清，仙宫環珮正盈盈。新裁團扇呈歌態，又蹙蛾眉怨薄情。天上春陰生積靄，人間芳宴待重明。妖蟆掃盡銀蟾在，依舊同遊不夜城。

又賦《早春雨》、《送周太翁北上應選　二首》、《城中小築新成夏月餘涼堪賈雖僅容膝亦頗遠俗漫裁十律以暢幽襟》（以上七律）。（鄧雲霄《鄧氏詩選・七言律二》）

三月十一日，張萱賦《丁巳三月十一日乘漲過鴻華庵偶成六絕題壁》七絕詩。（張萱《西園存稿》卷十二）

夏，鄧雲霄賦《夏日同陳美用酌尹冲玄蓮花幃二首》、《夏日從邑中諸先達集徐海翁篁溪新居題延曦留餘二堂各一律時翁有開府楚中之報並志喜》、《村居春興秋興各十章俱步張孟奇園居韻》（二十首）、《寄懷馬康莊太史》、《理藥》、《送王壯其進士北上謁選》、《聞李煙客失意窮愁賦以唁之》（以上七律）。（鄧雲霄《鄧氏詩選・七言律二》）

七月初七日，蘇昇賦《丁巳署中七夕》詩云：

　　天上惟牛女，人間亦弟兄。幾何長夜飲，轉快一秋清。有意
還栽秫，無緣問落英。何當學乞巧，吾輩但忘情。

　　又賦《秋夜署中與兄汝載話別詩以贈之步其留別詩韻》七
律。（蘇昇《讀易堂稿》卷上）

　　八月十五日，鄧雲霄賦《中秋集徐孚遠南園同應黃李陳周賦
時微雲籠月西風甚高載酒街遊沉醉而返》詩云：

　　園林爽籟中清商，杯酒流連水石旁。錦石有心邀桂子，仙宮
何意掩雲房。風傳玉漏寒偏急，歌徹銅鞮夜未央。共是煙霞方外
客，六街堪混少年場。

　　又賦《秋夜同林垂之昆季邀周明府適園泛舟弄月賦》、《送袁
青瑤進士北上謁選》、《秋蓮一律爲龍玄珠先生賦　並序》、《秋日
簡念蒙尹禺陽過訪留酌夜話》、《紫煙樓夜讀》、《送燕詩》、《嶺
海秋懷九首》（以上七律）。

　　十九日，雲霄賦《續夢詩　並序》詩云：

　　丁巳中秋後四日，臥紫煙樓，夢攜羽客四人，皆仙標玉映，星
冠霞裳，同泛彩舟，飄搖大江。江中白浪千頃，冰輪湛湛，冷風射人。予問此何處，
曰："瓊華江。"分韻賦詩，予得一聯云："風露雙清秋萬里，水天一色月重
輪。"予滿志大叫，眾賓擊節，曼聲合歌。中有一人，吹玉笛而和之，悠揚
縹緲，上戛行雲，星河搖動。忽聞鶴唳，驚寤，已報曉鐘矣。肌骨猶寒，遍
身起粟。夢中景歷歷可記，數日構思，方足前律。書此瑞夢，徵之將來。

　　瓊華江上問仙津，夜半乘槎近紫宸。風露雙清秋萬里，水天
一色月重輪。飛來赤壁舟前鶴，喚醒黃粱夢裡人。最愛歌聲調玉
笛，梅花飄落五湖濱。

　　九月初九日，雲霄賦《九日旗峰二首》詩云：

　　振衣千仞氣橫秋，萬里江山對獻酬。把菊重酤今日酒，呼鷹
還憶少年遊。登臨勝地憑雙屐，放浪閒身笑五侯。誰說風流誇落
帽，林間狂客已科頭。

　　盤回石磴上丹梯，秋色蒼茫入望迷。紅樹疏村分遠近，黃茅
荒塚自高低。悲歌轉覺愁如海，縱飲全拚醉似泥。好釀南溟變爲

酒，糟邱應與紫峰齊。

又賦《遊旗峰後復上南樓觀伎》七律。（鄧雲霄《鄧氏詩選·七言律二》）

十二日，蘇昇賦《重陽後三日飲彥成宗侯宅》詩云：

九日登臺興未闌，侯門猶得更追歡。秋涵桂樹香風遠，月入梁園夜色寒。白雁先霜何處度，黃花一逕借相看。酣來作賦多公等，授簡低頭愧子安。

又賦《重陽後三日飲希舉宗侯宅》詩云：

秋光一望滿江城，偏見朱門月獨明。逕里菊英凝露濕，庭前桂影入簾清。錦屏香篆和風散，歌吹樓頭徹夜鳴。興比龍山還劇甚，更饒佳句令人驚。（蘇昇《讀易堂稿》卷上）

冬，張萱賦《丁巳冬日攜兒妾輩歸寧五羊黃元卿歐子建鄧伯喬李煙客歐嘉可黃逢永相次載酒汎集得三十六韻賦謝》五言排律詩云：

家在羅浮下，攜來珠海濱。棲棲憐數口，擾擾忽三旬。蜃氣吹風急，潮聲攪夢頻。波跳船灟灟，石出月粼粼。老樹丹為幄，荒郊綠減茵。霜嚴鴉陣合，天闊鴈行勻。短日翻多事，窮途畏惡賓。如何事薑笠，猶復理冠巾。拙效從吾好，狂憨任爾嗔。故侯休再問，醉尉莫須瞋。自是馬牛走，羞稱草莽臣。友生那可仗，僮僕且相親。見帝常因鬼，褰裳不問津。雖非設醴者，幸有饋漿鄰。野老從爭席，衰容恥抗塵。悠悠萍梗日，凜凜雪霜辰。所遇渾非故，相知不用新。癡兒跳作虎，小婦首為蟂。酌酒日與飲，裁紈夜對紉。因思雙鳳侶，欲汎五湖春。北道誰供屨，東家竊效顰。遊囊已羞澀，歸計尚邅迍。客散堪羅雀，書成欲泣麟。物情能自諳，賓戲不須申。眷戀青雲器，徘徊綠水瀕。過從勤剝啄，晤對輒周諄。解帶話疇昔，停鑣問隱淪。言尋黃髮老，不負素心人。得句真無敵，論文別有神。鵬摶何日運，龍性不須馴。努力千秋業，加餐七尺身。形骸原骯髒，杯炙莫悲辛。道在用宜拙，

交窮老更真。所嗟皆哲匠，何以共蕭晨。聚散不足問，寒暄難具陳。知惟希乃貴，此語請書紳。（張萱《西園存稿》卷十）

冬，韓上桂以憂去官，賦《五惜　有序》雜言長詩五首，序云：

> 萬曆丙辰，余春秋四十有五，始以乙榜受一廛於中山。其明年冬，以憂去。追惟少時，賴先人之教，頗有知識，爲海內羣公所賞拔。乃賢書列後，惑志他歧，矩矱輒違，進取復謬。今雙親繼歿，疇昔名流，寥落罕存。而余行業罔聞，鍾釜靡慰。生我知我，不兩負耶！感而作《五惜》，以識余過，煢煢在疚，語多不文，觀者尚哀其意焉。（韓上桂《蓮廬稿·五惜》）

本年張萱年六十，舉一女，賦《西園女兒彌月吟》長篇七古詩。（張萱《西園存稿》卷三）

本年林熙春賦《丁巳買米》五古詩。（溫廷敬《潮州詩萃》卷二九）

本年韓日纘賦《劉約我孝廉先刺史莫逆交也余壬子冬之官孝廉觴余江上丁巳返棹孝廉已没兹來墓木拱矣令子宗魯美秀而文握手道故愀然有感漫成一律》詩云：

> 經過宿草感居諸，劍氣依然在斗墟。異代已同高士傳，《國朝獻徵錄》以孝廉入儒林傳。十年重訪故人廬。里中頌擬庚桑後，時邑人舉孝廉祀鄉賢。架上書傳酉穴餘。世業青箱今不忝，相逢觸目盡琳琚。

（韓日纘《韓文恪公詩集》卷七）

本年何吾騶賦《丁巳過聽潮閣見徐校書感念陳同年》詩云：

> 明眸皓齒發纖歌，醉眼看花奈樂何。紅粉十年猶似玉，黃粱一夢已殘柯。江邊擊楫追鴻雁，湖上裁衣憶芰荷。不聽山陽夜中笛，誰知司馬淚痕多。（何吾騶《元氣堂集》卷中）

林淳於本年成貢生。

林淳，字崇古。大埔人。明神宗萬曆四十五年（一六一七）貢生，授廣州訓導，遷平南知縣。卒年六十六。清康熙《埔陽志》卷四、民國《大埔縣志》卷一九有傳。

梁櫃於本年成貢生。

梁檟，字喬楚。封川（今屬封開）人。明神宗萬曆四十五年（一六一七）貢生，入北監。事見康熙續修《封川縣志》卷一七。

凌先颺生。

凌先颺（約一六一七～一六九三），字培風。始興人。少從叔祖雲遊，雲爲天啟七年（一六二七）舉人，深於經學。先颺蒙其指授，歸里入縣學，文學兼優。後築球山草堂，授徒講學。康熙二十三年（一六八四）），以歲薦入京廷試，以父老力辭。待父卒，居喪盡禮。孫元駒，乾隆五年（一七四〇）拔貢。著有《球山草堂制義》。又參修縣志。（民國《始興縣志》卷十）

薛始亨生。

薛始亨（一六一七～一六八六），字剛生，號劍公，別署甘蔗生、二樵山人。順德人。明思宗崇禎間諸生。少與屈大均同學於嶺南名儒陳邦彥。明亡後，始亨與大均同棄諸生，不復仕進，隱於草莽。國亂，寓於羊城，後返龍江。年五十出遊於羅浮、西樵間。後入羅浮山爲道士。年七十而卒。著有《蒯緱館十一草》、《南枝堂稿》等。陳伯陶《勝朝粵東遺民錄》卷二有傳。

明神宗萬曆四十六年　清太祖天命三年　戊午　一六一八年

三月，鄧雲霄賦《暮春招四明王右仲李元生同周貴諤集小齋酌賦》詩云：

閑園菜甲雨中新，濁酒黃雞未是貧。客勝公榮堪與飲，人非北海亦留賓。好拚沉醉酬花鳥，但覺高歌有鬼神。君看遊絲長百丈，可能縮結系殘春。

又賦《暮春紫煙樓八詠步陳儀翔年兄百尺樓韻》八首、《壽張九嶽先生六秩　六首》、《和李煙客對雪見懷之作》、《寄段幻然給諫》、《樂土》、《張孟奇遠訪我如水居與陳儀翔酌賦二首》、《張孟奇乘五石瓠來觀龍潭競渡宴集同賦》、《鄉村賞荔》（以上七律）。（鄧雲霄《鄧氏詩選・七言律二》）

清明日，雲霄賦《戊午清明旗峰踏青因憶客歲是日攜常湘雲賦春遊篇往事東流共增感嘆　二首》詩云：

共有杖頭錢，同鳴郭外鞭。平蕪初歇雨，嫩綠遠連天。遊興看簪柳，春聲乍聽鵑。桃花思往日，對酒一潸然。

綠陰團翠幄，白袷染紅霞。宴笑宜長日，從容數落花。行廚非宿火，洗碗試新茶。餘興還酣暢，城南問酒家。

夏，雲霄賦《夏日清涼處賞蓮聽雨臨池泛觴同玉宇兄賦》詩云：

回風吹雨灑紅蓮，蕭颯涼生四月天。神女行雲偏窈窕，潘妃微步更嬋娟。欄前香珮翻珠翠，花外鶯聲雜管弦。試問小池同泛酒，何如搖漾若耶船。

又賦《送陳群石遊武夷便道春試》、《題朱惟四新構峽山清音樓二首》（以上七律）。（鄧雲霄《鄧氏詩選・七言律二》）

夏，張萱賦《贈張儀吉還錢塘　有序》五古長詩，序云：

戊午之夏，我生之初也，錢塘張儀吉復過小園，蓋別五年遠矣，手持一詩以壽，園公敢不九頓？第掌不復合，袍不復方，豈嘗遇徐湛之，不能無揚州從事之想耶？儀吉否否。渠有援儒入佛，借名錢太史者。儂欲援佛入儒，入亦借名釋惠休耳，遂相視而笑，兒輩爲之投轄者數日。余值病，臂不能相把，入林且有婚嫁之累，卒卒言別。夫昔之來也，一宿而覺；今之來也，三宿而去；何去何來，何儒何佛？如彼化人，入阿閦國，誰爲儀吉，誰爲園公？報之以詩，亦酬來美云爾。

又賦《初度日酒罷客退偶讀白太傅首夏詩豈爲園公而作耶異乎其撰者惟身閒官不輕料錢隨月用十字耳余戲易之以書於壁有所短有所長吾二人者孰爲前身孰爲後身不必暗中摸索也》五古。

五月初五日，張萱賦《五日乘漲放舟赴尹冲玄鄧玄度陳儀翔龍潭競渡之約用玄度見懷來韻報之喜可知也》詩云：

月帆斜日出林丘，急漲初消事遠遊。白晝龍蛇曾起陸，空江簫鼓正從流。尋盟卻喜天中節，把臂應同海上樓。爲報主人休讓席，且將蹤跡混沙鷗。

同日，何其偉賦《戊午湍陽看大龍》詩云：

荒津競度破漣漪，錦纜蘭橈逐岸移。賓客共攄梁苑思，江山猶帶汨羅悲。翻輪錯認天邊轉，策駟還疑水上馳。倚棹臨風歌一曲，佳人隨進上筵卮。

初六日，張萱賦《戊午夏五月六日過訪鄧玄度如水居偕陳儀翔留酌用玄度韻賦謝》七律二首。

又賦《又用玄度韻》、《戊午初度寶安陳儀翔鄧玄度觀察以詩見壽用來韻附使卻謝凡四章　有序》、《梁翼明廣文以詩見壽用來韻卻答》、《戊午初度車宜仲內兄偕羊鵞二城諸君子爲笠屐圖以詩見壽賦此奉答》二首、《勳姪瑩兒堪臺兩孫偕試棘闈詩以勉之》（以上七律）。（張萱《西園存稿》卷七）

六月初六日，颶，海舶溺者無數，鄧雲霄賦《颶　戊午六月六日，海舶溺者無數》詩云：

颶母掛殘虹，飆輪戰雨工。呼號萬竅怒，箕蕩四方風　颶者，具四方之風也。急恐南溟覆，遙憐海舶空。招魂何處角，聲咽黑雲中。

又賦《團碧亭前兩石池新成水藻鰷魚頗供静玩》、《暑夜曉起》（以上五律）。

立秋日，蘇昇賦《戊午立秋》詩云：

夏雨過新秋，凄清到枕頭。柳條仍帶喜，荷葉莫須愁。世事應無定，吾生自百憂。葛巾亦無恙，空負酒人遊。（蘇昇《讀易堂稿》卷上）

秋，鄧雲霄賦《戊午交秋患臂作》詩云：

涼吹驚秋至，屛軀苦病侵。蕭條一葉下，凄惻百年心。壯志看孤劍，流光惜寸陰。閑庭聊抱膝，梁父若爲吟。（鄧雲霄《鄧氏詩選·五言律》）

七月初七日，張萱賦《戊午巧夕天問臺宴集諸君子用韓緒仲太史來韻》詩云：

新秋風日好，有客停飆輪。晴霞渡遠水，夕照翻重闉。睠言
金蘭契，願結煙霞憐。君非避秦人，來問桃花津。入林已把臂，
何必冠與紳。灑酒登高臺，笑語排蒼旻。清夜美遨遊，燕衍娛嘉
賓。威儀何幡幡，爲樂難具陳。三壽既有朋，四美亦足珍。舉頭
望河漢，乃值鵲橋辰。誰云一夕歡，我有千年身。離多會且嘉，
會少意更真。數會亦數叛，古語聞先民。永好期千年，共此蘭
醑申。

八月，張萱賦《戊午入五羊阻風赤嶺有懷五羊諸君子》
五古。

又有《有以羅隱弄錢圖來乞書者戲筆應之》五古（張萱《西
園存稿》卷二）、《湯泉路頭花》、《歐子建鄧伯喬招同黃元卿李
煙客雅集即席探題各賦一體余得竹素草堂走筆卻贈》、《題海屋橫
簫圖壽翟寅未襟兄老親家六十有一》、《奇石歌》、《載酒小桃源主
人重席留憩以詩見投用來韻卻答》（以上七古）。（張萱《西園存
稿》卷三）

十四日，李孫宸賦《中秋先一夕浮邱社集同黎君選傳貞父陶
搖光何龍友彭伯時戴安仲從弟代驪賦①》詩云：

白社分攜憶歲時，招邀此地即蓬池。山家幾變仙靈在，秋色
將分烏鵲知。大藥不傳丹竈火，遠心應共白雲期。清光容易留杯
底，肯惜更闌席更移。

又賦《送冼覲之任武昌　時方以遼事徵兵於楚》、《送張君弼
大參捧賀》、《寄訊歐子建鄧伯喬伍國開三子下第》（以上七律）。
（李孫宸《建霞樓詩集》卷一四）

十五日，鄧雲霄賦《戊午中秋夜泛》詩云：

懶將長笛倚高樓，愛玩波光狎海鷗。西北烽塵迷鳳闕，東南
天地落漁舟。千金不買中秋月，一醉能消萬古愁。分付驪龍莫沉

---

① 抄本題下有“戊午”二字。又“夕”字抄本作“日”。

睡，弄珠今夜且同遊。（鄧雲霄《鄧氏詩選・七言律二》）

同日，張萱賦《八月十五夜兒輩試畢宿浮翠堂家宴對月》詩云：

露下天高夜色新，林光掩映水粼粼。九霄正喜無纖翳，萬里同看已滿輪。桂闕影隨飛蓋客，冰壺寒對弄珠人。應憐此夕高寒處，好與霜娥仔細論。

綵筆翩翩淩紫氛，開尊繞膝共論文。更嚴畫角悲能語，地僻清砧寂不聞。誰散天香飛桂子，人從玉宇集仙羣。相攜佳句酬今夕，領畧秋光已十分。

又賦《奉贈雲河張侯入覲二章　有序》、《贈黎是因舘甥阮唯仲中表偕試南宮望之勉之情見乎詞》、《戊午初度顧鄰初太史以文見壽賦此奉謝》二首、《鄭松門太史以詩送其里人紀貞石司訓歸善並以見懷賦此附謝》、《寄懷焦弱侯太史時弱侯以空名參軍粤闈者十年矣懷賢徇知情見乎詞》、《寄懷米仲詔計部畢孟侯侍御兩社友》、《寄懷湯嘉賓太史社丈》、《寄懷朱元價太史社丈》、《寄懷西省舊寮吳仁仲水部》、《戊午初度曾澤卿太史親家從金陵函文走幣見壽賦此奉謝並訊弄璋之喜》、《寄懷江藩學憲黃貞父》、《寄懷鄭龍興比部》、《黎是因舘甥計偕北上海內舊遊不能治書遍候倘有見訊者幸以此詩語之》（以上七律）。（張萱《西園存稿》卷七）

同日，韓日纘賦《戊午中秋明府兄攜諸姪省試杜詩見懷次韻奉答》詩云：

詩魔酒態各淩競，幾度山堂臥古藤。忽憶連床常聽雨，那堪今夕獨篝燈。瑣闥嶺表風雲異，佳節珠江水月澄。遙望少年鏖戰處，翩翩小謝亦憑陵。

又賦《中秋飲孝廉兄約園》詩云：

幾度中秋賦別離，今年把酒城東陲。坐看桂魄懸荆樹，翻喜蟾光入雁池。移席正當月出皎，飛籌那問夜何其。胡床不淺庾公興，任醉清輝倒接䍦。（韓日纘《韓文恪公詩集》卷六）

九月初九日，鄧雲霄登東莞祖山黃旗山，賦《戊午九日黃旗峰登高時遼左夷警孔棘兵衄將殘神京岌岌觴不成醉詩以志之》詩云：

惆悵登高酒數巡，南來孤雁帶邊塵。秋深烽火傳榆塞，天遠江湖泣朽人。萬里未酬鳴劍志，百年空老據鞍身。莫囊漢殿今何似，莽莽蒼煙隔紫宸。（鄧雲霄《鄧氏詩選·七言律二》）

同日，李孫宸賦《戊午九日同諸弟及奇兒泛舟》詩云：

尋常競逐登高伴，嬾厭逢人此避喧。短髮不緣風落帽，病懷聊借節開尊。江光鷗鷺晴相狎，秋色芙蓉暮正繁。何事插萸兄弟會，菰蘆生計一家存。（李孫宸《建霞樓詩集》卷一四）

冬，鄧雲霄賦《冬日朱惟四同周陳李三君枉顧小齋時予方臥病强起留酌品諸名家畫卷朱君談家園小青林之勝索予題詠漫賦二章》、《冬日净友道人過訪登紫煙樓賦贈》（以上七律）。（鄧雲霄《鄧氏詩選·七言律二》）

十一月十四日，伍瑞隆賦《古松行　有序》七古詩，序云：

歲在戊午仲冬十四日，余與家霞舉文度自都城還山，經行有倫滘村者。詰朝登眺，於鄭氏祠前墟市間，見古松一株，高二丈許，周旋可百步，下蔭溪水，經營屈錯，如有制度。因問屠宰諸人，咸謂松生不知年代。故老相傳，松下有石斛，今不可見。但此地舊名水亭邊，意昔人園館地也。余爲悵然，賦以志感。

十二月初七日，伍瑞隆賦《紀霰　戊午臘月初七夜作》五古詩。（伍瑞隆《臨雲集》卷二）

同日，瑞隆賦《紀霜　戊午臘月初七日》詩云：

十日九風雨，乍晴天有霜。凄清動高閣，飛灑到虛堂。積柳疑飄絮，凝花作淡妝。山中無一事，對此意何長。（伍瑞隆《臨雲集》卷三）

又賦《歲暮寄陳時獻》五律。

立春日，張萱賦《戊午臘月立春日攜諸小婦及幼稚兒孫從遊西園戲筆》七古長詩。（張萱《西園存稿》卷三）

小除前三日，伍瑞隆賦《戊午小除前三日立春》詩云：

坐覺春風轉，蹉跎歲近除。一年看又盡，雙鬢感何如。暖入花爭笑，寒歸柳尚疏。野人相喚飲，隨意剪青蔬。（伍瑞隆《臨雲集》卷三）

又賦《山中漫賦二首　戊午冬作》五古。（伍瑞隆《臨雲集》卷四）

除夕，鄧雲霄賦《戊午除夕書懷　二首》詩云：

碌碌浮生自歲年，屠蘇一酌亦陶然。向來寵辱驚金注，老去逍遙且瓦全。半醉唾壺今懶擊，長途疲馬若爲鞭。明朝酒伴如相問，酬答東風有百錢。

嘆老嗟貧滿世間，匆匆華髮換朱顏。可憐斗柄隨時轉，試問羲和幾日閑。萬事馳驅沉火宅，一窩安樂近蓬山。春來佳事知多少，除卻登臨即閉關。（鄧雲霄《鄧氏詩選·七言律二》）

張萱賦《戊午守歲》詩云：

餘寒接夕雨聲頻，卻喜星廻霽色新。不向盤鈴看傀儡，且將詩句賽童侲。律窮尚戀半宵臘，曆換先開十日春。得歲不須憐失歲，白頭曾作少年人。

畫角寒嘶玉漏沉，煖生殘臘且開襟。階梅已放爭舒素，櫪馬無誼憶盍簪。短燭頻燒驚轉斗，深杯共把到橫參。今年筆剗今宵祭，賈島事，爲祝明年莫苦吟。（張萱《西園存稿》卷七）

林熙春賦《戊午除夕》詩云：

屈指當年驚戊午，今年戊午益堪傷。甘泉烽火三韓急，瀕海風濤八月狂。復以梧摧增涕淚，更於星變轉倉皇。幸當此夕銷除盡，坐待明朝瑞氣翔。（溫廷敬《潮州詩萃》卷二九）

本年袁崇煥赴京會試。（閻崇年《袁崇煥傳》附《袁崇煥年譜》）（《穀音集》）

本年張萱生日，賦《戊午初度里中諸君子皆以詩見壽賦此奉謝且訂西園雅集》五律詩。（張萱《西園存稿》卷五）

本年南海海嘯，林熙春賦《戊午海嘯歌》七古長歌。（乾隆《潮州府志》卷四二）

本年大水，陳秉銓收瘞漂殁者。

陳秉銓，字公鑰。潮陽人。惇臨孫。萬曆中隨陳惇臨督師右江，多所贊畫。惇臨卒，扶櫬歸家。生平好善。濟孤貧以錢米，歲以爲常。卒年七十三。（乾隆《潮州府志》卷三十）

本年吳邦佐任陽山縣訓導。

吳邦佐，德慶人。明神宗萬曆四十六年（一六一八）任陽山縣訓導。事見阮元《廣東通志》卷二三。

馮仕琦於本年中舉人。

馮仕琦，陽春人。明神宗萬曆四十六年（一六一八）舉人，任四川雙流知縣。事見康熙《陽春縣志》卷八。

黃聖年於本年中舉人。

黃聖年，字逢永，號石備，又號大藥山人。順德人。維貴子。明神宗萬曆四十六年（一六一八）舉人，授湖廣當陽教諭。以足疾歸，與陳子壯等十二人修復南園詩社。卒年六十二。生平好學能文，與其兄聖期少受庭訓，著述甚富，尤工書法。著有《墙東草》、《壬遊草》、《薛蕊齋》等集。溫汝能《粵東詩海》卷四五有傳。

梁繼善於本年中舉人。

梁繼善，字子才，號木公。順德人。明神宗萬曆四十六年（一六一八）舉人，就外翰三載，遷石屏知州，不赴，隱林下閉戶著書。有《易韻》、《易摩》、《南枝》、《南還》、《西舟》、《筆興》、《玉林》等集。康熙《順德縣志》卷八有傳。

李之標於本年中舉人。

李之標，字文度。新會東亭人。以麟子，之世弟。所居曰青竹園。明神宗萬曆四十六年（一六一八）舉人。著有《鳧渚集》。清言良鈺《續岡州遺稿》有傳。

盧躍龍於本年中舉人。

盧躍龍，字仲霖。順德人。明神宗萬曆四十六年（一六一八）舉人，授東安縣令，歷仕淮安二守。康熙《順德縣志》卷八有傳。

盧應徵於本年中舉人。

盧應徵（？～一六二五），字稚名。增城人。綸孫。明神宗萬曆四十六年（一六一八）舉人。會試以後場謄錄者漏幅不第，病於公車。歸里次日，賫志以歿。康熙《增城縣志》卷九有傳。

陳迪祥於本年中舉人。

陳迪祥，字之祺。順德人。明神宗萬曆四十六年（一六一八）舉人，官國子監博士、兵部司務。事見康熙《順德縣志》卷五、阮元《廣東通志》卷七五。

李雲程於本年中舉人。

李雲程，字爾揚，號齊璧。東莞人。明神宗萬曆四十六年（一六一八）舉人。羅嘉蓉《寶安詩正續集》卷一有傳。

簡知遇於本年中舉人。

簡知遇，字伯葵。東莞人。明神宗萬曆四十六年（一六一八）舉人，官四川銅梁令，歷仕兵部主事。清初隱居東皋，沉醉詩酒。著有《頑庵稿（集）》。張其淦《東莞詩錄》卷一九有傳。

胡曰乾於本年中舉人。

胡曰乾，字酉仲，號鷺園。順德人。與京子。年十二爲諸生。明神宗萬曆四十六年（一六一八）舉人，官澄海教諭，薦南助教，未赴。會國變，遂杜門著述。遷界，所藏彝鼎圖籍盡失，嘗上書巡撫王來任請復界。陳伯陶《勝朝粵東遺民錄》卷二有傳。

陳鑒於本年中舉人。

陳鑒（一五九四～一六七六），字子明。化州人。明神宗萬曆四十六年（一六一八）舉人。入清，授華亭知縣。著有《癖草》、《天南酒樓集》。溫汝能《粵東詩海》卷七六有傳。

趙恂如於本年中舉人。

趙恂如,字聖侯（侯聖）,號守真。順德人。明神宗萬曆四十六年（一六一八）舉人,明年進士,授中書舍人。三膺使命,遍歷閩、楚、吳、越。分考順天鄉試。升吏部主事,晋員外郎中。魏璫柄國,以養疴謝事歸。年七十卒。潘楳元、譚瑩《廣州鄉賢傳》卷四有傳。

區志遠於本年中舉人。（阮元《廣東通志》卷七五《選舉表》十三）

區志遠,字爾遂。新會人。明神宗萬曆四十六年（一六一八）舉人,官至郎中。南都破,遁清江深山中,口占一句卒,妻自縊,二子削髮爲僧。陳融《讀嶺南人詩絕句》卷四有傳。

張大韶於本年中舉人。

張大韶,字元聲。樂昌人。明神宗萬曆四十六年（一六一八）舉人,授安嶽知縣。父喪服終,改公安知縣。因忤權貴,乞休歸里。（《樂昌縣志》卷十六）

蕭嗣立於本年中舉人。

蕭嗣立（？～一六四一）,字而權。番禺人。萬曆四十六年（一六一八）舉人,初任潁上宰。時義軍四起,製火器守城。士人禮多悖古,刻《家禮易簡編》以曉之。崇禎十四年（一六四一）卒於任。（阮元《廣東通志》卷二八三）

羅黃庭於本年中武舉人。

羅黃庭,初名善略,後改名登。號詡文。東莞人。明神宗萬曆四十六年（一六一八）武舉人,天啟元年（一六二一）辛酉鄉薦。與鄧虛舟（雲霄）、尹沖玄、周石林、洪約吾輩聯社,與唱和者黎美周（遂球）、鄺湛若（露）。張其淦《東莞詩録》卷十七有傳。

張志規於本年成貢生。

張志規（？～一六二九、一六三九），字則之。歸善人。明神宗萬曆四十六年（一六一八）貢生，授福建興化訓導，遷粵西修仁縣令，攝永安、荔蒲。崇禎二年卒（又注十二年卒）。雍正《歸善縣志》卷一七有傳。

陳立禮於本年成貢生。

陳立禮，長寧（今新豐）人。明神宗萬曆四十六年（一六一八）歲貢生，授仁化教諭、汝寧教授，升廣西博白知縣。（《長寧縣志》卷七）

王邦畿生。

王邦畿（一六一八～一六六八），字誠籥，一字說作。番禺人。明思宗崇禎副貢生，隆武元年（一六四五）舉人。明唐王紹武中，以薦官御史。後永曆帝都於肇慶，邦畿復舍家與陳恭尹同往從之。及桂林陷，帝西奔不返，邦畿乃遁歸，終隱於順德龍江。迨帝及從亡諸臣蒙難，邦畿自著禪衣於雷峰，號今吼，字說作。清嘉慶間順德羅學鵬所編《廣東文獻》，以邦畿為清初嶺南七子之一。著有《耳鳴集》十四卷。陳伯陶《勝朝粵東遺民錄》卷一有傳。

陳舜系生。

陳舜系（一六一八～一六八二），號華封。吳川人。終身不務科舉，屢拒聘不入官場，以設館任教、行醫、堪輿風水之術為務。曾為晉王李定國治癒各種頑癥。一生功力為撰寫《亂離見聞錄》一書，記吳川明清鼎革間六十二年間事，對民間疾苦記述催人淚下。光緒《吳川縣志》多引其事。（《吳川縣志》、《吳川歷代名人錄》）

張來大生。

張來大（一六一八～一六九一），字爾開，號鷗侶。東莞人。明思宗崇禎十五年（一六四二）舉人。好讀書，寒暑不輟。不畏強暴，有顯宦奪人田產，上門面斥。入清隱居，嚴教子侄。工古

樂府。著有《强笑集》。（《東莞張氏族譜》卷九）

釋今攝生。

釋今攝（一六一八、一六一九～一六八六），字廣慈。番禺人。俗姓崔。參天然和尚，即披緇衣三十年。居侍寮最久，後充雷峰監院諸職。清聖祖康熙十四年（一六七五）離亂中入净成侍天然。十九年（一六八〇）付法偈，越六年示寂。著有《巢雲遺稿》。事見宣統《番禺縣續志》卷二七。

明神宗萬曆四十七年　清太祖天命四年　己未　一六一九年

二月，經略楊鎬於遼陽誓師，分兵四路，進攻赫圖阿拉。三月，鎬四路師兵敗於薩爾滸，從此明取守勢。十八日，袁崇焕中莊際昌榜進士。後授福建邵武知縣。（閻崇年《袁崇焕傳》附《袁崇焕年譜》）

正月初一日，蘇昇賦《己未元旦入朝　二首》詩云：

萬國寺璋向紫宸，禁鐘敲徹曙光新。乾坤白白開青帝，閶闔森森御聖人。星落天高金闕迥，煙生柳釋玉階春。欲知此日龍顏喜，朝罷從容問侍臣。

丹墀次第繞鵷行，燒罷庭燎夜欲央。旭日遠分金闕色，祥雲低引御爐香。新鶯啼破千官柳，碧玉敲殘萬國璜。此日臨軒籌社稷，諸公應有報君王。

同日，鄧雲霄賦《己未元日雨》詩云：

正報鼓鐘催獻歲，那堪風雨妒新春。相過豈惜障泥錦，拚醉從敧折角巾。草本含滋添秀色，魚龍冲浪起潛鱗。晴來好放東郊馬，嫩綠平鋪不動塵。

雲霄又賦《送净友道人遊飛來兼寄朱惟四》七律。（鄧雲霄《鄧氏詩選·七言律二》）

同日，張萱賦《己未元日西園雨中試筆》七律詩二首。（張萱《西園存稿》卷七）

初七日，萱賦《己未人日有感》詩云：

宿雨初收日正晞，迎暄花氣滿春衣。饒它巧作薰天餅，不及園公菜甲肥。

莫砌晴開七葉春，宜人春色一番新。若教剪綵爲人勝，莫像新人像舊人。（張萱《西園存稿》卷十三）

十四日夜，萱賦《正月十四夜曝書臺候月不至》詩云：

春遊午夜正蹁躚，秉燭登臺思黯然。塵匣未開天上鏡，星橋惟放火中蓮。歌聲舞影爭相媚，雨意雲情轉可憐。怪底嫦娥亦羞澀，清光不到酒尊前。

十五日夜，萱賦《正月十五夜清音閣宴集符迺九廣文改席多績堂步月觀燈》詩云：

春郊步屨共逶迤，放夜嚴城淑氣移。萬樹網雲籠鶴唳，一庭璧月浸皋比。喜看今夕冰成繭，莫問前宵雨濯枝。自笑白頭真勃窣，亦隨人踏五花兒。（張萱《西園存稿》卷七）

同日，鄧雲霄賦《己未元夕曲八首　市橋踏月聽淨友道人浩歌盡醉漫賦》七絕詩。（鄧雲霄《鄧氏詩選·七言絕句》）

十六日夜，張萱賦《正月十六夜燈下獨酌是夕爲耗磨之辰昔人□□□□日飲酒詩》七律。（張萱《西園存稿》卷七）

二月初一日，萱賦《己未中和節柬韓寅仲》詩云：

春光殊澹蕩，令節是中和。斗酒喜初熟，啼鶯何處多。聞君親藥裹，有客理漁簑。欲向桃源去，迷津可若何。（張萱《西園存稿》卷五）

初四日，李之世賦《遊月華寺　並紀》詩云：

按《曹溪志》：梁天監初，西域智藥三藏禪師航海而來，登五羊法性寺，以所攜菩提樹一株植於宋求那跋陀三藏所建戒壇側，讖曰：吾後一百六十年當有肉身菩薩於此樹下，開演大乘，度人無量。及至韶，聞溪水香，掬而飲之，謂其徒曰：此水與西天無異，源上必有勝地。乃遡流入曹溪，四顧山水，歎曰：宛如西天寶林也。因謂居民可建梵刹，百六十年後當有無上法寶於此演化。時韶州牧侯敬中表建寺宇，額曰寶林，即今之南華寺基也。蓋自大鑒祖師授法黃梅，駐錫曹溪而宗教大振。然揆天監至龍朔，適符所讖，則智藥禪師實爲開山法祖，顧可忘其所自乎？師肉身在濛［水衷］之月華寺，其來舊矣，曾經火災，蓮座煨燼，金骨歸然，至萬曆間始重新之。予舟次濛［水衷］，訪藥禪師遺跡。瞻禮之餘，篝燈展視，見其跏趺端坐，鬚眉面目，儼然如生，兩脛作鐵石色，以手捫摩，胸坎似簧，眘然有聲，亦可異也。詢之主僧及居人，俱不能詳師履歷之由與本寺興廢之故，即志所云備載周公刻石者，今亦刊落。因借筆題詩，併述其大畧以告之。余既出寺門，徘徊瞻眺，尚不忍去。忽於林下逢一老僧訶余曰：前山有虎，可早廻舟。余始驚悟，行數武，復卻顧，僧亦不見矣。時己未二月初四日也。

跋陀壇邊懸表誌，留下菩提真種子。百七十年似彈指，袈裟罩卻墳前壘。誰將一滴遍河沙，二葉依然結五蕊。至今人飲曹溪沚，盡是吾師功德水。石龕閟骨一千襈，劫火燒空永不毀。有口無言坐堆堆，落葉歸恨水見底。瓦澄如漆絳羅委，行人瞻拜淚灕灕。（李之世《鶴汀詩集》卷二）

三月，張萱賦《暮春望湖樓宴謝諸縉紳潘隆宇先生不至以詩見投用來韻卻答》詩云：

擁樹歸雲拂檻來，樓頭暑意漸恢臺。驚看麗句傳金薤，不見高軒破碧苔。望水衹應長把臂，論文何日更啣杯。西園剩有王猷棹，欲向青山共剪萊。

萱又賦《吳興閔諫廷來遊羅浮以寶安尹用平同人書至與鄧觀察玄度皆損詩貽之且見訊西園公此遊當不落莫矣余方苦目眚諫廷工鼓琴又以醫名因問諫廷此白眼老子不知兩瞳亦可方否若羪羪洋洋之音西園公尚能觀之請舍石室不必更尋稷丘公也》、《過白鶴峯追和東坡先生新居成步韻二章》、《鄧玄度以荷池同內弄孫聽雨詩見示用來韻答之》、《潘隆宇六十有一》、《壽陳石渠明府》、《陳石渠明府枉書先訊詩以謝之》、《李念劬觀察分俸貽書見和小園春興六詩並詢宿憾訟事時方聽讞在宥賦此附謝故篇中數致意焉》二首（以上七律）。（張萱《西園存稿》卷七）

三十日，萱賦《三月三十日問韓寅仲病》詩云：

不到桃源久，今聞春水生。憐君尚高枕，繫我已深耕。欲挽殘春住，空將濁酒傾。停雲頻徙倚，飛絮故縈縈。（張萱《西園存稿》卷五）

四月，鄧雲霄賦《己未首夏於清涼處小敞石池長三丈餘水高於地二尺許栽蓮蓄魚近玩甚適喜賦二詩》七律詩。

五月初五日，雲霄賦《香淡齋蓮池新成淨友道人午日自飛來寺回過訪小酌同賦》詩云：

客至呼童整簰冠，別來蹤跡夢中看。名山踏遍回龍杖，小院重逢倚石欄。地淨一泓元自遠，潭清五月亦生寒。蒲觴漫道聊隨俗，九節因君起羽翰。

又賦《夏日蓮池同內弄孫聽雨小酌》七律。

秋，張萱賦《尹用平同人以八睡詩見示二年矣己未秋日園居尚寢無覺因憶用平來詩戲筆復之遂得四章諸君子珠玉滿前西園公瓦礫繼進者雅終不妨奏曲噴飯亦足解頤也》詩。

七月初七日，蘇昇賦《己未西昌七夕同諸子分賦得寒字》詩云：

可恨銀河約，年年但一歡。穿針停夜巧，揮扇問秋寒。落葉催詩急，疏燈靜酒闌。吾生相視處，天上一般難。

昇又賦《秋日龍沙與萬元白年兄小酌得秋字》七律。

十六日，鄧雲霄賦《中元後一日池蓮盛開招陳抱一小酌聽雨》詩云：

歲月關心暗自驚，又聽微雨送秋聲。留連杯酒香風滿，蕭颯軒池暑氣清。翠袖輕翻偏有態，紅妝晚沐更含情。不知漢殿涼多少，昨夜銀盤弄化生。

雲霄又賦《近事感懷二首》、《題雲鶴飄然卷贈別淨友道人》、《送計部陳儀翔年兄還朝》、《明府尹冲玄七秩又一》、《送琴師閔諫廷遊羅浮兼寄博羅張孟奇》。（以上七律）（鄧雲霄《鄧氏詩選・七言律二》）

八月二十四日，伍瑞隆賦《夢後書事六首　有序》七絕詩，序云：

己未仲秋念四日，予攜家入五羊。詰朝，就宿於聽梧亭邊小書室。是夜，夢一麗人年可十七八，乃昔一友人意中物也。因憶此女，在當時於女伴中最爲高出。既與友人善，當時月下花前，實每窺其風致。今事將二十載，予年三十五矣，一片芳心如死灰稿木，而此女復入吾夢，情事宛然如昔，余雖枯槁，能不自憐。因漫述往事，爲詩數首，見者須憫我，勿笑我也。（**伍瑞隆《臨雲集》卷五**）

九月，鄧雲霄賦《和黃士明太史遼左聞報六首　己未九月》詩云：

廊廟關心肺病中，年來妖異屬遼東。御溝流水翻紅浪，殺氣經天化白虹。星落危壇諸將盡，烏啼殘壘幾營空。封章久矣懸高閣，露布何時達漢宮。

夢破霜天角一聲，起憑殘月望邊城。徒誇門下三千客，誰具胸中十萬兵。地僻雲深高士榻，時危淚滿逐臣纓。心長髮短慚圖報，匣里雙龍莫浪鳴。

雄關列戟似金湯，誰縱天驕任跳梁。百里伏屍邊草赤，千山落日陣雲黃。詞臣捧詔親擐甲，墨客無文吊戰場。聞道朝鮮堪犄角，急當傳檄促勤王。

棄地通夷蓄異謀，遼陽世將薄封侯。十年浪效長沙哭，一疏曾懷曲突憂。十年前，余叨南垣，疏論寧遠伯李成梁通夷，棄地三百里，當斬，不報。馬革未收邊士骨，槁街應斬叛臣頭。野人錯料蒙塵事，但願鐃歌拜冕旒。

徵兵插羽亂如麻，轉餉東南路更賒。力盡孤城同破竹，計窮中夜只量沙。鴉餐腐肉盤成陣，雪避腥風不作花。借問遼陽春燕子，舊巢何處覓人家。

元戎惟數漢嫖姚，劉杜齊名亦勇驍。劉綎、杜松並勇將，同時覆沒。老馬昔曾諳遠道，饑鷹何意墮層霄。背城自合增軍氣，擊楫憑誰翊聖朝。寄語同舟須努力，勿如河上漫逍遙。

雲霄又賦《秋杪舟泊羊城李煙客載酒過訪感賦》、《秋杪入羊城訪韓孟鬱年兄不遇賦此奉訊》（以上七律）。（鄧雲霄《鄧氏詩選·七言律二》）

初九日，蘇昇賦《己未九日同徐豐城見初寅丈陳南昌君馮年兄登龍沙》詩云：

龍沙一曲枕城隈，今古登高酒數杯。日暮紫霞山外落，秋深紅葉寺邊催。最憐南國歸鴻蚤，羞見東籬有菊開。作賦只今公等在，北風還爲孟嘉來。

又賦《杪秋蕭雁宕丈招飲學中即席賦　二首》七絕。（蘇昇《讀易堂稿》卷上）

冬，張萱賦《冬日偕尹用平同人過鄧玄度紫煙樓以兩歌鬟侍飲得十五刪時諸縉紳爲瑤池圖以壽鄧太夫人故稍及之》詩云：

紫煙樓畔月初彎，家釀頻傾共破顏。梅放淡香檀蕊小，苔侵團碧玉紋斑。青衫舊淚憐司馬，翠袖新裁學小蠻。遲日瑤池集仙子，好隨青鳥獻雙環。團碧、淡香，皆亭舘名。

又賦《玄度以詩責償卜築之約用來韻答之》七律。（張萱《西園存稿》卷七）

十一月，萱賦《歸舟紀夢　有序》詩，序略云：

己未仲冬，浪跡五羊，韓孟鬱孝廉、黃元卿太學、鄧伯喬文學朝夕過從。一日，以議復五先生舊社見屬，曰："是議也，數十年於茲矣。今有天幸，高正甫太守、梁幼寧明府、劉覲國觀察、黃士明官允、李伯襄吉士，或巋然靈光，或翩然晝錦，誓代興於一矢，抗藝苑之前旌。文士依以揚聲，大雅於焉再作，誠五羊之奇遘，亦千載之一時也。二三兄弟，齊犠既承，馬首是瞻。緊五先生幸未墜地，文壇故址儼然具存，締巨搆而復舊觀，從先進而詔來學，以時考之，則亦可矣。然必乞靈於當事，而求友於嚶鳴，先生得無意乎？"余謝不敏，敢有差池，歲暮遄歸，請以異日。臘月三之日解纜，四之日宿黃木灣。鼉更將半，輒得一夢。有兩客焉，衣冠肅若，偕五先生而至，徘徊於舊社之址，曰張文獻公、崔清獻公也。頃之，直指虞石王公亦惠然登堂，賓朋秩秩。時則薦紳縫掖，鴈行麏至。有攝齊而升者，有揚觶而揖者，有負劍而辟咡者，繽紛雜遝，不可指數，亦不可名狀。孟鬱三君子，亦皆旅進。而不佞萱，則循牆而走也。正爾分曹，相與授簡，潮聲拍枕，榜人呼風，遂蘧然而覺。噫，亦一奇矣！夫社議方定於將歸數日之前，此夢遽呈於社議既聞之後，文不在茲乎？文不在茲乎？孰謂此境爲夢境乎？因張燈呼筆，而詮次之，得二十韻，寄諸五羊同社者。客曰："是役也，五先生在上矣，文獻、清獻胡爲乎來？而直指公方報命中朝，在帝左右，豈以黼黻之章，同黺帨之繡，與二三子逶迤於五先生之堂乎？"余竊否否。夫朱鳥燦離明之象，南海盛衣冠之氣，五先生技雖雕龍，身常屈蠖，非困躓畢世，則偃蹇一官，至伏斧鑕而隕非命者，不得當也。今地文合，天睨應。文章勳業，有開必先。凡我同盟，當有登三事而鵲起，繼二獻而龍躍者。故五君同席，而二獻分庭乎？況文章司命，是爲臺公；不睞齊盟，公旦主鬯。今茲之夢，實式靈焉。其周旋一室，以鎮撫多士，又何疑哉！竊獻俚言，敢持左券，二三兄弟，勉旃無忽。

大雅久寂寞，吾徒今合併。飛揚二三子，響往五先生。問水有遺勝，躡塵尋舊盟。盤墩常左右，壇坫復經營。不失山林氣，相關湖海情。我遊殊草草，君意轉縈縈。晏歲催歸棹，空江聞遠更。如何有清夢，忽漫見羣英。寤寐由同調，精靈葉至誠。曲江曾贈錦，清獻共影縭。肅穆柏臺使，招搖藝苑旌。已饒天際想，亦向夢中迎。臭味原冥契，機緣卜大貞。文昌七曜聚，執法一星明。糾合匪朝夕，周旋仗弟兄。老農堪受役，敝賦誓專征。努力共千古，連鑣馳兩京。斯文在後死，我輩且先鳴。盛事自不朽，壯圖今竟成。諸君賈餘勇，先哲藉榮名。（張萱《西園存稿》卷二）

冬至前一日，張萱賦《徐念陽觀察以長至前一日招飲賦謝》七律詩二首。

冬至日，張萱賦《至日珠江聞遼警》詩云：

不書雲物不登臺，萬里濤聲隔岸來。共說荔生曾結蚓，何因蚊響尚成雷。一年消息葭灰動，亞歲芳菲柳色催。爲憶玉關吹月笛，不知曾放幾枝梅。

萱又賦《謁謝王虞石直指四章》、《鄧伯喬韓孟鬱區啟圖同集

黃元卿淥水草堂得龍字》、《文凝谷幕中偶作見示步來韻卻贈》、
《劉覲國觀察于役還里先睨見訊詩以復之》、《壽何和陽參戎》、
《寄懷潮陽同人黃元宇黃玉田兩方伯林仰晋給諫張惺初觀察》。
（張萱《西園存稿》卷七）

　　除夕日，張萱賦《己未除夕　有序》詩云：

　　博羅之俗，女人爲政。歲時伏臘，宴享饋遺，皆行於女人，而廢於男
子，雖薦紳家亦然，不可聞於鄰國也。己未除夕，偶讀蘇子瞻《寄子由餽
歲詩》曰：“我欲舉鄉風，獨倡無人和。”豈亦女人爲政耶？時子瞻官鳳翔，
思歸不可得，故云爾。我輩里居，而餽歲之禮，即肺腑之親、金蘭之好，亦
不一通，何也？因步其韻，併和《別歲》、《守歲》二韻，爲婪尾一佐。

　　明日肇三陽，今夕同五佐。卒歲幸優遊，闔室鮮究貨。里婦
競豪奢，餽問無小大。筐筥鶩脩衢，我獨高枕臥。一介不到門，
半刺不窺坐。餼䭇列長筵，食力自井磨。辟寒與迎煖，共向杯中
過。閉門覓老句，自唱還自和。右餽歲

　　四序遞往來，安知速與遲。遲固不可留，速亦誰能追。天運
自有常，吾生亦有涯。所以古賢人，行樂須及時。歲功幸已畢，
不在甘與肥。歲既舍我去，我豈爲歲悲。兒孫羅酒漿，痛飲翁莫
辭。千秋尚努力，誰云久矣衰。右別歲

　　至人存其身，一龍復一蛇。里俗賤衰老，嘲訕殊周遮。冉冉
過隙駒，歲月能幾何。高燭照深杯，杯行且莫譁。牀頭有精怪，
咄咄老鐵撾。把舞守此歲，老態何欹斜。歲去已超忽，歲來空嗟
跎。衰老勿復道，少壯休矜誇。右守歲（張萱《西園存稿》卷二）

　　本年張萱生日，賦《己未生日郭善伯以詩見壽率爾賦謝》
詩云：

　　初甲已加二，開尊憶去年。昔投青玉案，今惠白雲篇。花底
正堪醉，竹根誰共眠。舊遊君莫忘，已辦杖頭錢。（張萱《西園
存稿》卷五）

　　本年梁維棟賦《己未攜諸友預登石壇》詩云：

　　挈友飛觴上石壇，諸峰晴霽客懷寬。青松濤入笙歌藹，白雁

鳶連稚語歡。雨氣欲從九月黯，菊花先插萬人看。醉扶落帽還穿屐，莫問參軍與謝安。（梁維棟《水閣詩鈔》）

何吾騶於本年中進士。

黃應秀於本年中進士。

黃應秀，字伯毓。南海人。明神宗萬曆四十七年（一六一九）進士，初授戶部主事，官至江西糧儲道，即告致歸隱。著有《九江草》。清黃登《嶺南五朝詩選》卷四有傳。子德濤，字文徵。茂才。著有《樵雲稿》。清黃登《嶺南五朝詩選》卷八有傳。嫡姪濚，字無竟。懷才不仕，賣文字以贍母。著有《深柳堂草》。孫榆，字綸簡。著有《東溪集》。黃登《嶺南五朝詩選》卷九有傳。

朱祚昌於本年中進士。

朱祚昌，字可大。東莞人。明神宗萬曆四十七年（一六一九）進士。官至浙江參議，分守金衢嚴道，以廣西按察副使歸里。（宣統《東莞縣志》卷六三）

姚鈿於本年中進士。

姚鈿，字生金，號谷神。東莞人。萬曆四十七年（一六一九）進士，任浙江嘉興府推官，精心調查審理案件，有姚青天之稱，以順天府丞致仕。（宣統《東莞縣志》卷六三、《明清進士題名碑錄牽引》）

夏懋學於本年中進士。

夏懋學（？～一六四四？），字力庸。海陽（今潮州）人。弘子。萬曆四十七年（一六一九）進士，授浙江海寧知縣，歷順天府知事、推官，擢戶部福建司郎中。（乾隆《潮州府志》卷二八）

黎躍龍於本年中進士。

黎躍龍，字伯鱗。新興人。萬曆四十七年（一六一九）進士，累官至禮部尚書。餘事吟詠，委婉挺秀，意境高深。（《新興縣人物志稿》）

蒙堯佐於本年成貢生。

蒙堯佐，字宏勳。封川（今屬封開）人。明神宗萬曆四十七年（一六一九）貢生。事見康熙續修《封川縣志》卷一七。

釋今覷生。

釋今覷（一六一九、一六一八～一六七八），字石鑒。本姓楊，名大進，字翰序，一說字無見。新會人。年十五補諸生。甲申聞京師陷，即訪求釋函昰，論儒佛異同。後遂謝諸生，會釋道獨，扣擊頗銳。逾年，復見釋道獨。永曆十四年（一六六〇），落髮於雷峰寺。釋函昰授大法，爲第二法嗣。甲辰（一六六四）領西堂，復繼棲賢席。康熙十七年（一六七九）年在棲賢寺嘔血而逝。著有《石鑒集》、《直林堂全集》。光緒《廣州府志》卷一四一有傳。

明神宗萬曆四十八年　明光宗泰昌元年　清太祖天命五年　庚申一六二〇年

七月丙申，明神宗崩，年五十有八。八月初一日，太子常洛即位，是爲明光宗，九月初一日崩，在位僅一月，年三十有九。（《明史》卷二十一《神宗本紀》二）同月庚辰，皇長子由校即位，是爲明熹宗，改萬曆四十八年八月後爲泰昌元年，以明年爲天啟元年。（《明史》卷二十二《熹宗本紀》）

正月初一日，韓日纘賦《庚申元日試筆》詩云：

我從休沐後，獻歲已更三。簪紱心偏遠，斕斑態轉憨。導輿時藉草，遠膝或分柑。采采蘭堪擷，循陔每自南。

臘殘已擲舊，朝旭喜呈新。自覺春歸好，那驚歲去頻。條風寬酒力，軟節暢花神。彩仗煙霄上，沈情鬱未申。（韓日纘《韓文恪公詩集》卷三）

鄧雲霄賦《庚申歲首張孟奇書來約人日爲旗峰之遊竟弗踐盟且貽詩自嘲賦酬》詩云：

新向旗峰結幔亭，丹崖爲障翠爲屏。已沽春酒酬人日，不見仙槎度客星。書割往來煩雁使，巖扉寂寞怨山靈。停雲賦就徒延佇，腸斷羅浮一片青。（鄧雲霄《鄧氏詩選・七言律二》）

同日，林熙春賦《庚申元日　此日庚辰》詩云：

庚元元日耀長庚，萬國衣冠祝聖明。九五天邊懸虎座，八千里外結鷗盟。遼陽戎馬徵求急，粵海崔苻殺氣橫。最是一腔饒熱血，老臣何計請長纓。（溫廷敬《潮州詩萃》卷二九）

同日，張萱賦《庚申元日試筆》詩云：

西園有遺老，六十復加三。湖海氣不減，煙霞癖轉憨。看花啼一鳥，呼酒擘雙柑。何處春光好，青山南又南。

帝曆今朝啟，王春次日新。聰明鞭得盡，富貴祝空頻。人老酒無力，春來詩有神。不須論甲子，我欲守庚申。

又賦《春日雞足山人和陶元亮歸去來辭見訪攝病愁霖不得言晤賦此奉謝》、《曾文卿先輩以便面詩作奇字並畫見投對使用來韻賦答僕嗜古文嘗有六書故梓行於世獨老腕有鬼不能數作奇字時文卿年僅十六既精六書復攻古文真可畏也》（以上五律）。

十五日，蘇昇賦《庚申元夜雨》詩云：

春雨來何早，幾宵不放晴。江流空有湧，樹色半分明。燈燭隨鄉土，尊醪憶弟兄。故園今夜月，獨坐一含情。

又賦《元夜滕王閣酌陸甯州陳武甯陳南昌諸丈》七律。

三月晦日，鄧雲霄賦《三月晦日同匡雲上人作送春詩四首》七律。

雲霄又賦《哭陳儀翔年兄十二首》七律。（鄧雲霄《鄧氏詩選・七言律二》）

夏，張萱賦《庚申夏來送劉觀國少參以入賀還蒞武昌並訊楚中任白甫龍君御諸社友時觀國方夢臼而里中南園舊社之役觀國捐貲主盟故詠歎及之》詩云：

冬歸夏去及秋初，鳳駕星言畏簡書。獻鏡何因逢破鏡，脂車

曾否詠同車。莫將宦轍悲留滯，且向文壇共掃除。爲問依劉彈鋏
者，可能長飽武昌魚。

萱又賦《小集大忠祠議復五先生南園舊社呈直指虞石王公得
十五刪二冬》二首、《朱惟四文學重修禹峽飛泉洞以詩見投對使
用來韻卻答》（以上七律）。

秋，鄧雲霄又賦《秋晨坐蓮池上意態欲仙因釣魚作鱠代粥涼
沁詩脾喜賦一章》詩云：

爽氣淒清水檻開，垂綸濯足興悠哉。閑身已坐冰壺里，鮮鱠
還擎雪片來。傳得魚經新鑿沼，更烹蓴菜佐銜杯。銀鱗翠鬣時堪
掇，何必淞江有四鰓。

雲霄又賦《酬歐子建》、《登湛文簡釣魚臺》（以上七律）。
（鄧雲霄《鄧氏詩選·七言律二》）

秋，李孫宸由家鄉入京師，直起居注。（阮元《廣東通志》
卷二八三）

七月初七日，張萱賦《庚申巧夕遇雨》詩云：

涼宵初霽月初移，正是雙星脈脈時。聽雨幸饒今夕酒，挑燈
惟讀去年詩。梧桐一葉飄何處，河漢三更會轉遲。寄問西園兒女
輩，香奩曾否綴蛛絲。

輭軕停梭向玉津，一年一渡一番新。星橋疏雨疑雙淚，月帳
流雲妒二神。夫婦不須期世　楊貴妃事，衾裯惟願抱頻頻。離多
合少空相憶，怪底嫦娥不嫁人。

同日，林熙春賦《七夕雨德進欲枉草堂不果以二絶見貽依韻
呈政　録一》詩云：

天河浮動肅清宵，一合經年興正饒。卻怪西來寒夜雨，只勞
烏鵲結星橋。

林熙春又賦《集唐六絶送駱見義廣文歸延津》七絶。（溫廷
敬《潮州詩萃》卷二九）

初九日，張萱賦《七月九日五噫》五律詩五首。

萱又賦《匡雲僧以詩見訪用來韻卻答》二首、《秋日李伯開從豫章來訪應門者不能肅客投詩而去因用來韻以詩代書竊效盍簪即圖投轄》二首、《李伯開見過小園共訂羅浮之遊用來韻卻答》（以上五律）。

立秋日，蘇昇賦《庚申立秋》詩云：

金風初入小亭幽，白髮依稀送上頭。籬菊笑人徒歲月，盤荷不自解春秋。西山禾黍收空急，紫塞干戈練未休。世事關心憂總切，豈堪重上仲宣樓。（蘇昇《讀易堂稿》卷上）

八月十四日夜，張萱賦《八月十四夜得直指虞石王公書既以還朝束急不果羅浮之遊因偕里中諸縉紳攀宴小園賦此候別》七律二首。

十五日夜，鄧雲霄賦《浮雲妒月歌　並序》七言古詩，序云：

得月多者，衙署露臺最矣。庚申中秋夕，余載酒就李將軍飲。滿擬攬盡月華，泛金波，傾雲液，鯨吞入五內也。亡何浮雲四匝，漫天作陣，頓令桂宮仙子，隔絳幔窺人，脈脈不語。樽罍無色，強坐更闌，惱屏翳多妒，故敗人意。吳剛失職，不揮斧力劃層陰，余將以倚天長劍代之，鬱勃引滿，戲爲《浮雲妒月歌》，妄比《天問》，愧異楚音云耳。（鄧雲霄《鄧氏詩選·七言古詩、五七言雜體》）

九月，韓上桂、李雲龍、陳治甫、朱惟四、曾文卿集於廣州海珠寺，爲羅浮之遊。（韓上桂《韓節湉公遺稿》卷末附錄《軼事》）

李雲龍，字煙客。諸生。以貲遊國學，無所成，走塞上，爲督師袁崇煥幕府。崇煥死，遂爲僧，稱二嚴和尚。明亡，不知所終。著有《雁水堂集》、《嘯樓前後集》。同治《番禺縣志》卷四二有傳。

初七日，張萱賦《九月七日雨中李伯開欲過小園用前韻以詩促之》詩云：

重陽妒風雨，佳客悵東西。倒影霞明樹，晚晴雲度溪。提壺今入市，騎馬且衝泥。縞帶盟初合，誰能復解攜。

萱又賦《羊城某文學宣泰昌新詔於潮取道榕溪以詩見投因同舟入循賦此卻贈》、《米山人客困寶安詩以招之》（以上五律）。（張萱《西園存稿》卷五）

初九日，張萱賦《九日李伯開偕韓緒仲胡虞卿登百尺樓得四豪時伯開有期遠適緒仲亦當還朝》詩云：

蕭蕭木葉下庭皋，縹緲危樓首重搔。羣鴈聲中一水濶，六龍飛處五雲高。老翁早出　杜少陵《九日》詩　逢芳節，佳客能來共濁醪。欲問明年今日會，美人天外夢魂勞。

萱又賦《李伯開以詩言別用來韻賦贈》、《夕佳亭主人以詩見懷用來韻卻答》、《懷夕佳亭再用前韻》、《蕭給諫損之社集對月》、《秋夕與韓伯舉寅仲泛月得山字》、《九日槎江》、《留題平山驛》（以上七律）。（張萱《西園存稿》卷六）

十九日，林熙春賦《九月十九辱德進招飲時適邀黃將軍爲改次日德進惠以二絕次韻奉答　錄一》詩云：

九日龍山遊未罷，平原莫酒有餘香。將軍趣駕遲君約，卻負東籬自向陽。（溫廷敬《潮州詩萃》卷二九）

十月初九日，鄧雲霄邀張萱、韓上桂、李雲龍、陳治甫、梁伯亭登東莞旗峰（今名黃旗山），雲霄有《庚申十月九日邀博羅張孟奇羊城韓孟鬱李煙客陳治甫梁伯亭續旗峰登高之遊分得七陽八齊勉成二律》七律詩記之。

雲霄又賦《庚申孟冬韓孟鬱年兄遊羅浮歸攜諸詞客過訪留宿紫煙樓賦》詩云：

滿袖煙霞稱壯遊，飛來仙舄自羅浮。雄談客詫陳驚座，麗句人傳趙倚樓。語罷虛簷低北斗，夢回高榻在南州。十年離索逢今夕，遠勝山陰半夜舟。

冬至，雲霄又賦《庚申至日》詩云：

柴門半掩有餘閑，至日何須更閉關。曝背自憐心尚赤，問年空嘆鬢全斑。九天閶闔瞻新生，六載煙霞戀舊山。聞道盈虛同節序，功成曾見幾人還。

次日，雲霄又賦《長至後一日陳永平表弟同梨涌諸鄉老集我德星堂步永平韻》詩云：

迎長命酌小堂開，有客翩翩結駟來。杖屨喜隨三老後，葭灰初報一陽回。清酣欲作梅花夢，淑氣先薰竹葉杯。痛飲留髡仍聽雨，客散，留永平再酌。詩成無待黑雲催。

又賦《至日閱邸報偕高正甫並列直指薦牘感懷寄贈》、《老友米君夢昔旅食京華結社三載今不遠數千里訪我隱居話舊論心悵然賦贈》、《冬夜讀新會陳抑之李長度集賦寄》、《寄米君夢省城慰其窮愁相招過歲二首》（以上七律）。（鄧雲霄《鄧氏詩選·七言律二》）

十二月，韓上桂遊羅浮，攜衆人過訪鄧雲霄，宿於雲霄之紫煙樓。[①]

除夕，雲霄又賦《庚申除夕邀米君夢守歲》詩云：

歲除家食尚淒然，更念窮愁滯客邊。新主龍飛當九五，壯圖鵬運後三千。林泉未破煙霞夢，日月空催犬馬年。小榻短檠方丈室，與君趺坐共參禪。（鄧雲霄《鄧氏詩選·七言律二》）

同日，林熙春賦《庚申詔起留儀》七律詩。

熙春又賦《庚申除夕》詩云：

寶曆萬年接泰昌，致身天地半維桑。久捐枕上黃扉夢，任是巾中白髮長。丘壑自知甘角里，聖明豈忍廢高陽。幸從此夕未稱老，且向壚前百舉觴。（林熙春《賜還草》）

同日，陳子壯在史館，與李孫宸至何吾騶處同守歲。（何吾

驦《元氣堂詩集》卷中《七律》①）

同日，韓日纘賦《庚申除夕與胡虞卿唐其引家弟德仲德安守歲》詩云：

> 詰旦欣傳御曆新，山城茲夕且停輪。歲時風俗非吾土，柏酒蘭燈自故人。剩有隔年枝上雪，潛移半夜坐中春。天涯相對難成寐，想像鴛班集紫宸。（韓日纘《韓文恪公詩集》卷七）

本年曾起莘（釋函昰）年十二，擬注《周易》，問太極相生於塾師，爲依文解説，起莘曰：“此名言耳。太極究爲何物？且兩儀未生，極從何往？兩儀既判，極何從去？”塾師不能答。性好施與，有僧欺之再四，遂不喜見僧。（汪宗衍《天然和尚年譜》）

本年萬曆、泰昌二帝次第崩，張萱賦《恭奉萬曆哀詔用韻》詩云：

> 仙馭靈蹤躡結鄰，前有先後哀詔。橋山神鼎屹嶙峋。自憐溝壑餘黃髮，猶憶絲綸奉紫宸。萬里逐臣空灑血，三良遺恨未埋身。號天欲問須材事，芮畢彤毛復幾人。

又賦《恭奉泰昌哀詔用韻》詩云：

> 病起吞聲泣泰昌，夜來驚夢侍先皇。九天龍逝髯雙墮，滿地鵑啼血萬行。犬馬一年三易主，河山孤淚再霓裳。莫言舜日三旬六，四海謳歌萬古長。（張萱《西園存稿》卷八）

本年韓日纘賦《壬子之歲余襄先君大事啟吾遊君實主卜焉倏忽九霜君來重訪感歲月之如馳傷風木之不待賦贈一律情見乎詞》七律詩（韓日纘《韓文恪公詩集》卷六）、《南安恭聞光宗哀詔有感》七律二首。（韓日纘《韓文恪公詩集》卷七）

---

① 何吾騶有《除夕李伯襄陳集生崔芝林過余守歲拈銀燭朝天紫陌長用四平聲》四首，其二云：“今夕何夕漏迢迢，卻憶先皇淚未消 本年神廟賓天。繞殿風雲開盛世，闔城花燭徹清朝。同時漫步夔龍後，促坐甯論鄉國遥。容易主恩難報稱，紛紛飛雪度殘宵。”

　　本年李孫宸賦《予壬子歲過峽山正當衝圮茲出山重過阻風兩日獲登焉勝蹟多新頗復舊觀則邑人朱惟四所捐貲也朱與予別亦十年餘矣留題二首》七律詩。（李孫宸《建霞樓詩集》卷一五）

　　本年袁崇煥任福建邵武知縣，在任期間，曾著官服上屋爲民救火。（閻崇年《袁崇煥傳》附《袁崇煥年譜》）

　　本年何惟恕以恩貢授福建建寧縣丞。

　　何惟恕，字養矩。高明人。泰昌元年（一六二〇）以恩貢授福建建寧縣丞，升浙江衛參軍，不就。回鄉隱居，讀書著述。工書畫，所畫水墨葡萄爲世所珍。（道光《高明縣志》）

　　鍾士楚於本年成貢生。

　　鍾士楚，字匪材。程鄉（今梅州）人。泰昌元年（一六二〇）貢生，官至貴州都勻經歷。光緒《程鄉志》卷二三有傳。

　　黎邦瑊於本年成貢生。

　　黎邦瑊（？～一六四四？），字君選，號洞石。從化人。民表猶子。泰昌元年（一六二〇）貢生，興業教諭。以世多難，告歸。工詩能文，善隸草、竹石、山水。陳子壯修復南園詩社，與焉。與陳邦彥尤契。甲申國變，以憂憤卒。著有《洞石稿》。陳伯陶《勝朝粵東遺民錄》卷三有傳。

　　黃居俊於本年成貢生。

　　黃居俊，開建（今屬封開）人。泰昌元年（一六二〇）貢生，選普寧主簿，卒。事見康熙《開建縣志》卷五。

　　謝君言於本年成貢生。

　　謝君言，字道謨。德慶人。膺萬曆四十八年（一六二〇）歲薦，歷河源、瓊山二學博士，升太平教諭。辭歸田里，人稱樂庵先生。朱慶瀾《廣東通志稿》有傳。

　　馮光翰於本年成貢生。

　　馮光翰，字國賓。新安人。萬曆四十八年（一六二〇）貢生，任博羅訓導，升廣西賓州學正，轉廉州教授。（康熙《新安

縣志》）

　　李日煒於本年成貢生。

　　李日煒，號乾寶。澄海人。泰昌元年（一六二〇）恩貢生，初授湖南岳州府照磨。以拒張獻忠勞績，升浙江江山知縣。（乾隆《潮州府志》）

　　鄒日就於本年成貢生。

　　鄒日就，永安（今紫金）人。萬曆四十八年（一六二〇）歲貢生，曾任平樂知縣。（《永安三志》）

　　黃如龍於本年成貢生。

　　黃如龍，號起溟。和平人。萬曆四十八年（一六二〇）恩貢，授江西玉山縣丞。（《和平縣志》）

　　賴道南於本年成貢生。

　　賴道南，永安（今紫金）人。泰昌元年（一六二〇）恩貢生，曾任瑞金知縣。（《永安三志》）

　　黎遂琪生①。

　　黎遂琪（一六二〇～一六四七），字美東。番禺人。遂球三弟。善詩，工楷隸，猶精刻篆。倜儻好談兵，擊劍馳射，驍勇善戰。年二十七以參將出師，官至副總兵。與兄遂球同赴贛州圍，城陷，死之。同治《番禺縣志》卷四二有傳。

　　高儼生。（《疑年偶録》）

　　高儼（一六二〇～一六九一），字望公。新會人。工詩、畫、草書，時稱三絶，晚年畫益精。明亡後不出仕，與張穆、陳子升、王邦畿、陳恭尹遊。嘗以赭石染布爲野人服，見者無不知。又因其姓，稱爲高士望公。尚可喜入粵，屢辟不就。年七十二卒。著有《獨善堂集》。陳伯陶《勝朝粵東遺民録》卷三有傳。

---

　　①　《先高士行狀》："既歸而遂球生，又一年而庶母乃生遂璧。又八年而生遂琪。"（黎遂球《蓮鬚閣集》卷二三）